개정증보판

A C C O U N T I N G

금융감독원 제정
'내부회계관리제도 평가 및 보고 기준, 가이드라인' 내용 완벽 반영

2025년판

내부회계관리제도 실무

김형남 · 김덕래 공저

SAMIL | 삼일인포마인

www.samili.com 사이트 **제품몰** 코너에서 본 도서 **수정사항**을 클릭하시면
정오표 및 중요한 수정 사항이 있을 경우 그 내용을 확인하실 수 있습니다.

2025년 개정증보판 서문

본서는 대한민국의 회계 투명성에 일말(一抹)의 도움이 되길 기대하는 마음에서 집필하였다. 하지만, 아직도 일부 현장에서는 내부회계관리제도를 회계위험 및 부정을 막기 위한 위험관리시스템(Risk Management System)으로 받아들이지 못하고, 형식적이고 기술적인 기법만 강조되는 현실이 안타깝다. 이는 제도가 발전하는 데 필연적으로 수반되는 성장통일 것이다. 하지만, 매년 본서를 개정함으로써 이러한 기간을 조금이라도 줄일 수 있다면 큰 보람이 될 것이라 생각한다.

2025년의 개정증보판의 개정은 다음의 내용을 중점적으로 보완하였다.

첫 번째로, 금융감독원의 내부회계관리제도 평가・보고 기준 및 가이드라인을 분석하여 실무에 바로 적용할 수 있도록 안내하였다. 2025년부터 운영실태보고서의 (붙임)으로 자금 부정통제에 대해 구체적으로 공시하여야 하는데 이에 대한 상세한 설명을 기술하였다.

두 번째로, 자금부정을 방지하기 위한 실무적이고 구체적인 내부통제 기법을 설명하였다. 부정은 대기업, 은행, 공공기관을 막론하고 매년 상상하기 힘든 규모로 발생하고 있다. 이러한 부정을 예방하거나 적발하기 위한 4 eyes concept, 수평적 업무분장, Master-Slave accounts, 카이제곱테스트를 활용하는 벤포드 법칙(Benford's law), Reforecasting 등의 기법은 독자에게 큰 도움이 될 것이라 기대한다.

마지막으로, 실무 적용에 직접 참고할 수 있는 다양한 양식(template)을 보완하였다. 이는 본서는 내부회계관리제도의 이론을 전달할 뿐만 아니라, 실무 적용에도 도움이 되어야 한다는 저자들의 다짐을 반영한 것이다. 지면의 한계로 인해 모든 양식을 수록할 수는 없었으나, 본서와 연계하여 온라인이나 다양한 매체를 통해 지속적으로 새로운 양식을 지원할 예정이다.

본서의 발간에 도움을 주신 모든 분들께 진심으로 감사의 말씀을 드린다.

먼저, 여러 번의 질의와 저자 의견을 전달하였는데, 바쁘신 와중에도 매번 친절하게 대응, 논의해주신 금융감독원 관계자 여러분께 진심으로 감사의 말씀을 드린다.

또한, 매년 실무적 해결책을 제시하며 날카로운 지적으로 도와주시는 후배 회계사님들에게 감사를 드린다. 특히, 본서의 내용을 직접 실무에 적용하고 피드백을 제공해 주신 노진희, 차승렬 회계사님. 양식지 개발 및 부정위험과 관련하여 조언을 주신 김태우, 박종훈 회계사님. 그리고, 본서의 방향성을 함께 고민해 주신 삼정회계법인의 민혜영, 심재길 회계사님께도 고마움을 전하고 싶다.

마지막으로 항상 응원과 격려를 아끼지 않는 사랑하는 아내 문성희와 아들 현성이, 어머님께 감사의 말씀을 전한다.

삼성동 집무실에서

김형남 씀

2025년 1월

초판 서문

저자들은 지난 2019년 '내부회계관리제도 구축 및 운영 매뉴얼'을 발간하였다. 내부회계관리제도가 국내에 도입된 지 십수 년이 지났지만 관련 서적이 전무한 환경에서 '내부회계관리제도 구축 및 운영 매뉴얼'은 메마른 땅의 단비처럼 기업실무자 등의 독자에게 큰 지지를 받았다.

하지만, 이러한 기본서만으로는 여전히 다양한 실무적인 지적 욕구에 대한 갈증을 충족시키기에는 부족함이 있는 것이 사실이다. 많은 독자의 요구에 따라 저자들은 Management review control, Information produced by Entity, Service Organization Control, 연결내부회계관리제도 등의 세부적인 각론의 내용과 실무적 적용해설을 보충하여 "중급"의 내용으로 발간하게 되었다.

2019년 외부감사법의 개정과 더불어 아직 회계 선진화 개혁이 진행중이다. 본서는 재무제표의 신뢰성 확보라는 내부회계관리제도의 도입이념과 목적을 달성할 수 있도록 대한민국의 회사에 완전하게 정착되기를 기원하는 마음에서 집필되었다. 이러한 집필원칙에 따라 본서는 다음과 같은 특징이 있다.

첫 번째, 내부회계관리제도의 이론적 배경을 충분하게 설명하였다. 국내규정인 외부감사법, 내부회계관리제도 개념체계와 적용기법의 내용을 반영하여 기술하였다. 또한, 내부회계관리제도는 미국의 Sarbanse-Oxley Act에 기반한 만큼 미국의 SEC와 PCAOB의 해석, 해외 컨설팅 기관의 적용기법을 이용하여 그 배경이론을 설명하였다.

두 번째, 내부회계관리제도의 실무적 내용을 풍부하게 포함하였다. 회계학은 실무와 함께하는 실천학문이다. 따라서, 실무적용에 있어서 이론적 내용이 어떻게 적용되어야 하는지에 대한 실무적 기법과 사례를 포함하여 설명하였다.

세 번째, 위험기반접근법(Risk-based approach)에 근거하여 내부회계관리제도를 해설하였다. 내부회계관리제도는 재무제표에 대하여 절대적 확신(absolute assurance)이 아니라 합리적 확신(reasonable assurance)을 달성하는 것을 목표로 하고 있다. 따라서, 재무제표 신뢰성이라는 효과성(effectiveness)을 달성하면서도 효율적(efficiency)으로 설계 및 운영되어야 한다. 내부회계관리제도를 구축 및 운영함에 있어서 조직의 자원이 불필요하게 남용될 필요가 없도록 최선을 다하여 설명하였다.

마지막으로 연결내부회계관리제도에 대한 설명을 추가하였다. 외부감사법 개정과 더불어 연결실체의 최상위지배회사는 연결내부회계관리제도의 도입에 큰 어려움을 겪고 있다. 본서에서는 연결내부회계관리제도의 개념적인 도입방향을 제시하였다.

내부회계관리제도는 회계학의 한 분야이지만 다른 회계분야와 달리 국제회계기준(K-IFRS) 및 기업회계기준 등의 회계기준과 조직구조 및 문화, 시스템에 대한 이해, 회계감사와 금융감독원과 같은 감독기관의 감리 및 규제사항 등을 포괄적으로 이해하여야 하는 어려움이 따른다. 그러한 어려움에도 불구하고 본서가 아무쪼록 내부회계관리제도의 실무적 적용에 있어서 많은 도움이 되어 대한민국의 회계투명성 향상에 한줌의 발전이라도 기여하길 기대해본다.

이 자리를 빌려, 바쁘다는 핑계로 가족에게 시간을 내어주지 못해도 항상 남편과 아빠를 응원해주는 사랑하는 아내 문성희와 현성이. 그리고, 인생의 길라잡이로서 냉철한 조언을 주시는 멘토 배현기 박사님과 삼정회계법인 석명기 전무님께 감사의 말씀을 올립니다.

삼성동 집무실에서

저자 씀

2020년 1월 15일

차 례

차 례

차례

차 례

차례

01 들어가며

2002년 미국에서 엔론社와 월드콤社의 대형 회계부정 스캔들이 터지면서 기업의 재무 보고에 대한 투자자 신뢰 회복을 위해 그 해 일명 SOX법이라 불리는 Sarbanes-Oxley Act(사베인즈-옥슬리 법)이 제정되었다(채수완, [채수완의 4차산업혁명 읽어주는 남자] IT 활용과 스마트한 내부통제 구축, 일간투데이, 2018.10.15.). 이 법의 명칭은 법안을 처음 발의한 메릴랜드 주 민주당 상원 의원 폴 사베인즈와 오하이오 주 공화당 하원 의원 마이클 옥슬리, 두 사람의 이름에서 따왔다.

SOX법[1]은 미국 법률 제정 이래 가장 강력하다는 평가를 받고 있다. 국내에 2003년 처음 도입된 내부회계관리제도는 미국의 SOX법에 기초해 재무제표 작성 및 공시를 위한 회계 정보의 투명성과 신뢰성을 확보하기 위한 기업의 내부통제 운영을 경영진이 인증하는 제도다.

하지만, 국내의 내부회계관리제도는 그동안 자율적으로 운영돼 실효성이 낮다는 지적을 받아왔다. 이에 따라 정부는 외감법을 개정함으로써 금융당국이 내부회계관리제도를 직접 감독하고 징계하는 방안을 추진하는 것이다. 앞으로 기업이 내부회계관리제도를 제대로 운영하지 않으면 임직원 해임 권고와 직무 정지 등 강력한 제재를 받게 될 전망이다.

1.1 내부회계관리제도의 변화의 개요

국내의 기존 내부회계관리제도는 다음과 같이 3가지 문제점을 지적받아 왔다.

첫째, 대표이사의 무관심이다. 내부회계관리자가 이사회 및 감사에 운영실태를 보고하다보니 대표이사의 관여도는 낮을 수밖에 없고 업무 후순위로 밀려났던 것이 현실이다.

---

1) Public Company Accounting Reform and Investor Protection Act
Corporate and Auditing Accountability, Responsibility, and Transparency Act

둘째, 검증 책임자의 검증이 소홀할 수밖에 없어 형식적으로 진행되는 경우가 다반사였다. 내부 감사와 외부감사인이 내부통제 검증을 단순한 '요식 행위'로 처리해왔던 것이 사실이다. 실제로, 국내의 경우 공식회의 시간에 부의된 안건 승인의 방식으로 진행되는 경우가 많아 감사위원회 활동시간의 대부분을 공식회의 준비 및 참여에 소요하고 있다. 반면, 해외 선진기업 감사위원회의 경우 본사 회의실 밖에서의 활동을 강조하고 있으며 감사위원이 경영진 없이 현장을 방문하거나 공식적 미팅 외에 이해관계자와의 만남을 가질 것을 권고하고 있다. 실례로, 제네럴 일렉트릭스(GE)의 경우 예전에는 감사위원업무의 90%가(회의가 진행되는) 빌딩 안에서 이뤄졌으나 오늘날 GE 감사위원회 업무시간의 70%는 GE 사업현장을 방문하고 직접보고 이야기하는 식으로 진행된다.

셋째, 감독 수단이 부재하였다. 부실 검증 및 부실 운영에 대한 법적 통제 수단이 부재하다 보니 제도의 실효성이 낮다는 고질적인 병폐를 안고 있었다.

기존 문제점
1. 대표이사 무관심 • 내부회계관리자가 이사회 및 감사에 운영실태 보고 • 대표이사의 관심이 낮아짐
2. 검증책임자의 검증소홀 • 내무감사와 외부감사인은 내부통제 검증에 소홀
3. 감독수단 부재 • 부실검증 또는 부실운영에 대한 감독 수단 부재로 제도의 실효성이 낮다는 문제 제기

그렇다면, 개정된 외감법을 통해 내부회계관리제도가 어떻게 변화된 것인가?

첫째, 형식적인 내부회계관리제도 운영에서 벗어나 실질적인 내부통제 운영 및 문서화가 요구된다. 한국과 미국에 동시 상장사를 둔 삼성전자, 포스코 등 일부 대기업을 제외하고 내부회계관리제도를 제대로 운영하고 있는 곳이 거의 없다는 것이 회계전문가들의 평이다. 하지만 앞으로는 내부통제 운영을 위한 조직과 전담 인력의 구성 및 실질적인 운영, 더 나아가 체계적인 증빙 자료 작성이 이뤄져야 한다. 최근에는 전략적 경영파트너로서 내부감사의 역할에 대한 기대가 높아지고 있다. 이는 기업 가치 창조의 주요 동인으로서 다양한 역할을 수행하는 것을 의미하는데, 이는 내부감사의 본질적인 존재 의미가 무엇인가에 대한 답을 제시하고 있는 것이다. 과거의 내부감사가 현재의 상황에 초점을 맞추고 부정 및 오류의 적발에 중점을 두었다면, 앞으로의 감사는 기업 가치 제고를 위한 위험의 예방과 해결에 더욱 치중하는 모습이어야 한다.

둘째, 재무제표 작성의 적정성뿐만 아니라 재무제표 작성 과정의 적정성 역시 중요해진다. 이를 보다 쉽게 이해하기 위해서 전자제품 제조와 비교해보자. 수십 년 전만 하더라도 전자제품의 제조업체의 품질 관리 시스템은 최종 완성품의 규격, 성능 등에 집중하는 것에 머물렀다. 하지만 ISO 9001 도입 이후에는 제조 공정의 절차와 품질 관리 시스템을 평가하기 시작하였다. 이러한 완성품 중심의 평가/인증에서, 과정 중심의 평가/인증으로 변화가 이번 내부회계관리제도에 그대로 적용된 것이다. 이에 따라, 지금까지는 회사에서 회계법인에 내부통제 보고서를 제공하는 수준에 그쳤지만, 앞으로는 회계법인이 요구하는 증빙서류(임원 등의 결재 문서)를 잘 준비해야 한다.

회계 개혁은 금융당국(감리제도 개선, 제재 강화, 감사인지정제, 감사인등록제), 회계법인(핵심감사제, 표준감사시간), 기업(내부회계관리제도, 내부감사 강화) 등 3대 축으로 진행된다(하수정/김병근, [마켓인사이트] "기업, 내부회계관리제도 부실 운영 땐 임직원 해임권고·직무정지 등 강력 제재", 한국경제, 2018.3.21.). 하지만, 전문가들은 이 중 가장 중요한 축은 기업이라고 입을 모은다. 선진국과 한국의 기업 지배구조 차이는 소유와 경영의 분리가 아니라 내부통제 시스템 수준에서 오는 것이라는 설명이다.

1.2 회계 투명성 강화를 위한 3단계 장치

회계 투명성 강화는 아래와 같이 3단계로 촘촘하게 구성되어 있다.

첫째, 기업 내부통제의 강화이다. 기업들은 내부통제 시스템을 강화함으로써 내부회계관리제도 실효성을 제고할 수 있다. 또한, 재무제표를 직접 작성할 수 있는 능력이 강화되며 더 나아가 내부 고발 제도 실효성을 확보할 수 있다.

둘째, 기업 내부 감독의 강화이다. 이는 감사위원회 역할 및 책임이 강화됨으로써 가능한 것으로써 회계 부정 조사 및 보고 의무가 부여되며 외부 감사인 선임, 시간/보수 결정에 대한 권한이 부여된다.

셋째, 기업 외부 감독의 강화이다. 이를 위해서는 외부 감사인의 독립성 강화가 필수불가결하다. 직권지정 대상 확대 및 주기적 지정제 도입이 필요하며, 내부회계관리제도 인증 수준을 강화해야 한다. 또한, 회계법인 품질 관리 책임 역시 강화되어야 하며, 표준 감사시간 제도 도입 역시 필요하다.

이처럼 오랜 논의와 진통 끝에 어렵게 출발한 내부회계관리제도가 제대로 싹을 틔우게 하기 위해서는 체계적인 제도적 보완이 필요하다. 내부회계관리제도 실효성 제고를 위한 3가지 방안을 살펴보자.

1.3 내부회계관리제도 실효성 제고를 위한 3대 방안

첫째, 대표이사의 보고 의무가 강화되었다. 그동안 내부회계관리제도는 경영진과 이사회의 무관심으로 유명무실한 제도라는 지적이 끊임 없이 제기되어 왔다. 이에 따라, 정부는 외감법을 개정하면서 기업의 내부회계관리제도 운영을 강화하는 것을 골자로 대표이사가 직접 주주총회, 이사회, 감사 또는 감사위원회에 내부회계관리제도 운영실태를 보고하도록 의무화했다. 이와 동시에, 감사위원회 감독 활동의 공시가 확대되었다. 이에 따라 감사위원회의 대면 회의 횟수나 평가 절차 등 구체적인 활동의 내용과 결과가 공시 대상으로 포함되었다. 감사위원회의 감독 활동을 단순한 '요식 행위'로 처리할 수 없도록 구체적인 가이드라인을 마련한 것이다.

둘째, 내부회계관리제도가 현행 검토에서 감사 대상으로 전환된다. 내부회계관리제도는 회사가 회계처리를 하는 과정에서 사고 위험성을 줄일 수 있도록 내부통제 장치를 구축하도록 한 것이다. 미국에서는 내부회계관리제도에 대해서도 '감사'를 진행해왔지만, 국내에선 그간 '검토'하는 수준에 머물렀었다. 외감법 및 시행령 개정에 따라 자산규모 1천억 원 이상 상장사에 대해서는 '감사'단계로 상향됐다.

직전연도 자산 총액[2]	비상장사	상장사
5천억 원 이상	내부회계관리제도 대상 외부감사인 검토	내부회계관리제도 대상 외부감사인 감사
5천억 원 미만 (사업보고서 제출대상 혹은 금융회사)	내부회계관리제도 대상 외부감사인 검토	내부회계관리제도 대상 외부감사인 감사
5천억 원 미만 (사업보고서 미제출대상 혹은 비금융회사)	내부회계관리제도 면제	내부회계관리제도 대상 외부감사인 감사
1천억 원 미만	내부회계관리제도 면제	내부회계관리제도 대상 외부감사인 검토

2) 외감법 제8조 제1항과 외감법 시행령 제9조 제1항 제3호에서 규정하고 있다(2023년 개정). 당연히 이러한 자산총액에 따라 판단할 때 직전 사업연도 말 금액을 기준으로 적용대상을 판단하는 것이다.

비상장대기업이 회계연도 중에 상장법인이 된 경우 언제부터 新모범규준을 적용하여야 하나요? 그리고 언제부터 감사 대상에 포함되나요? (내부회계관리제도운영위원회 답변)

외감법 부칙 제3조에서는 감사보고서 작성일 기준 전년 말 자산총액을 기준으로 감사인의 내부회계관리제도 감사의 적용시기를 정하고 있습니다. 또한, 내부회계관리제도 모범규준 적용의견서 18-1에 따르면 주권상장법인의 경우 모범규준 등은 외감법 제8조 제6항 및 동 법률 부칙 제1조 및 제3조에 따른 내부회계관리제도 감사대상 사업연도 개시일부터 적용됩니다. 따라서 비상장기업이 회계연도 중에 주권상장법인이 된 경우에는 내부회계관리제도 감사의 대상이 되는 시기에 따라 모범규준 등이 적용됩니다.

한편, 내부회계관리제도 감사의 대상이 되는 시기는 다음과 같이 자산총액에 따라 달라질 수 있습니다.

1) 직전 사업연도 말 자산총액이 2조 원 이상 : 2019 회계연도부터
2) 직전 사업연도 말 자산총액이 5천억 원 이상 : 2020 회계연도부터
3) 직전 사업연도 말 자산총액이 1천억 원 이상 : 2022 회계연도부터

셋째, 모범 규준이 변경되어 법적 근거가 마련되었다. New COSO의 17개 원칙 및 75개 중점 고려사항이 도입되었으며 내부회계감사에 대한 감리가 강화되었다. 더 나아가, 감리 근거를 규정한 시행령이 마련되었다.

그렇다면 우리 기업들은 변화된 내부회계관리제도에 대해서 어떻게 생각하고, 준비하고 있을까?

1.4 국내 기업들의 이해와 대비 수준

1.4.1 전반적인 준비수준

EY 한영회계법인은 2018년 10월에 〈2019년 내부회계관리제도 대응 전략 세미나〉를 진행하면서 회계담당자 200명을 대상으로 설문을 진행하였다.

우선, 응답자 중 74%는 새 내부회계관리제도 도입으로 회사 내부 투명성이 증대될 것이라고 긍정적인 전망을 표했다. 또한, 응답자 중 86%는 새로운 내부회계관리제도 시스템이 필요하다고 대답했다. 하지만, 34%는 도입 준비 관련 진행이 전혀 없다며 우려를 표시했다.

한편, 변경된 내부회계관리제도 구축 및 운영에 있어 예상되는 가장 큰 어려움으로 운영 인력의 부족(55.5%), 경영진의 인식 부족(52.9%), 현업과의 의사 소통(49.6%)을 꼽았다.

1.4.2 내부회계관리자 교육 이수 실태

개정 외감법에 맞춰 상장사들이 내부회계관리제도를 강화하고 있지만 정작 회계 담당자가 관련 교육을 이수한 비율은 절반도 되지 않는 것으로 나타났다. 삼일회계법인은 2019년 8월 발간한 트렌드리포트에서 "올해부터 내부회계관리제도 감사를 받아야 하는 자산총액 2조 원 이상 대형 상장사 119곳의 사업보고서를 분석한 결과 내부회계관리자의 교육 이수 비율이 45%로 집계됐다"고 밝혔다.

교육 이수 시간은 5시간 미만이 51%로 가장 많고 5~10시간 21%, 10~20시간 13%, 20시간 이상 15% 등이었다. 회계 담당 임직원의 경우 교육 이수 비율이 55%로 내부회계관리자보다 높았지만 교육 이수 시간은 5시간 미만 비율이 67%에 달했다.

이 보고서는 "미국의 경우 내부회계관리제도에 대한 외부감사가 의무화된 지 15년이 됐는데, 최근 부적정 의견을 받은 회사의 56%가 내부회계 관련 전문 인력의 부족과 교육 부족을 지적받았다"며 "재무제표에서 외부감사인이 발견한 오류로 내부회계관리제도의 취약점이 보고되는 경우가 많은 만큼 내부회계관리제도 운영을 위해 전문성 향상에 주의를 기울여야 한다"고 강조했다.

1.4.3 내부회계관리제도 조직 구축 현황

삼정KPMG는 내부회계관리제도 담당조직 현황을 분석한 '2019 내부회계관리제도 담당조직 서베이 리포트'를 발간했다.

내부회계관리제도 구축기업 · 자산 2조 원 이상 기업 124개 사 중 73개 사(58.9%)가 내부회계관리제도 담당조직을 보유하고 있는 것으로 나타났다. 내부회계관리제도 담당조직은 평균 4.5명이며, 51개 사(69.9%)가 CFO 산하에 편재돼 있는 것으로 조사됐다.

조사 결과 124개 기업 중 92개 사(74.2%)가 경영진의 내부회계관리제도 평가를 담당하는 조직을 보유하거나 신설 중이었다. 73개 사(58.9%)는 담당조직을 보유하고 있으며, 19개 사(15.3%)가 현재 조직 설계 중인 것으로 조사됐다.

또한 내부회계관리제도 담당조직을 설치한 73개 사 중 39개 사(53.4%)는 다른 업무를 수행하지 않고 내부회계관리제도 관련 업무만을 전담하는 팀을 별도로 설치한 것으로 확인됐다. 내부회계관리제도 담당조직은 평균 4.5명이었으며, 51개 사(69.9%)가 CFO 산하에 편재돼 있는 것으로 조사됐다.

감사(위원회)의 내부회계관리제도 평가업무를 지원하는 조직을 보유한 기업은 총 62개 사(50%)이며, 지원 조직 중에서는 내부감사조직이 39개 사(62.9%)로 가장 높은 비중을 차지했다. 감사(위원회)가 지원 조직에 대한 인사권, 성과 평가권을 보유하고 있는 회사는 10개 사(16.1%)인 것으로 분석됐다.

1.5 내부통제 실패 사례를 통한 시사점

전 세계적으로 대규모 기업의 실패 사례를 보면 가장 많이 언급되는 원인 중 하나가 바로 내부통제(internal control)의 실패이다. 내부통제는 건전한 기업 경영을 위한 일차적 안전장치로서 일상의 경영, 내・외부 감사 등으로 요약되며 이는 내부회계관리제도와 그 맥을 같이 한다.

국내외 주요 내부통제 실패 사례를 통해 내부회계관리제도의 중요성과 나아갈 방향에 대해서 되짚어 보도록 하겠다.

1.5.1 베어링스 사례[3)]

베어링스는 1862년 영국에서 설립된 세계 유수의 금융회사였다. 233년의 유구한 역사와 명성을 자랑하던 이 회사는 닉 리슨(Nicholas Leeson)이라는 28세의 젊은 직원으로 인해 파산하고 만다. 그리고 1995년 2월 네덜란드의 ING(International Netherland Group)에 단돈 1파운드에 구제합병되었다. 이 사건은 한 직원으로 인해 거대한 회사가 파산했다는 점에서 전 세계적으로 큰 충격을 주었는데, 금융위험관리 측면에서는 전 세계적으로 파생상품거래의 위험성에 대한 논의에 불을 붙인 계기가 되기도 하였다.

베어링스는 아시아 선물시장에 진출하기 위해 싱가포르에 자회사인 베어링 선물회사(Baring Futures, Singapore)를 설립하였다. 당시 일본 오사카 거래소(OSE)와 싱가포르 거래소(SIMEX) 간 Nikkei 225 지수선물의 차익거래를 담당하던 닉 리슨은 1992년 3월에 베어링스 선물회사에 둥지를 트게 된다.

본래, 차익거래란 두 거래소 중 지수가 싼 곳에서 매입하고 동시에 비싼 곳에 매도하여

---

3) 아이투자의 "베어링스사건"(2014.10.7.)의 글을 참조하여 작성하였다.

위험없이 차익을 얻고자 하는 거래전략으로서 합법적으로 할 경우 아무런 문제가 없는 전통적인 투자 방식 중 하나이다. 하지만 닉 리슨이 일으킨 사건의 발단은 당시 그가 거느리던 팀의 사소한 거래 실수에서 비롯된다. 이 실수를 빠르게 인정하고 넘어갔다면 역사상 최악의 내부통제 실패 사례 중 하나였던 베어링스 사례는 없었을 수도 있다. 더 나아가 베어링스는 지금도 유수의 글로벌 금융기업으로 남아있었을지도 모를 일이다.

이와 달리, 리슨은 이 실수를 감추기 위해 특별 계좌를 몰래 만든다. 사실, 금융회사들이 실수를 정리하거나 고객 지원 등을 위해 제한된 편법거래를 행하는 과정에서 일시적으로 가공계좌를 이용하는 것은 드문 일은 아니다. 그러나 리슨은 이 가공계좌를 보다 적극적인 목적으로 활용하기 시작했다. 리슨은 초기의 작은 손실을 만회하기 위해 차익거래뿐 아니라 시장가격의 움직임 방향에 베팅을 거는 투기거래(directional trading)에 나섰다.

문제는 손익 처리 방식이었다. 그는 이익이 날 경우 이를 정식 계좌에 등록한 반면, 손실이 날 경우 어김없이 가공계좌에 반영하였다. 결론은 불을 보듯 뻔한 것이었다. 리슨은 회사 내에서 가장 높은 성과를 거둔 슈퍼스타에 등극한다.

그러나 당연히 숨겨진 손실은 점점 쌓여 1992년에 200만 파운드에서 1993년에는 2300만 파운드로 증가하였다. 하지만 가공 계좌의 힘을 통해 위기를 모면한 그는 다시 한번 모험을 하게 된다. 1995년 1월 일본에서는 고베 지진이 발생하면서 Nikkei 225 지수가 다시금 하락하였다. 리슨의 손실이 증가했음은 당연하다. 하지만, 그는 고베 지진 복구를 위한 재정지출 증가로 일본경제가 회복되고 주가도 상승할 것이라는 전망을 근거로 그간의 누적손실을 일시에 만회하기 위하여 주가지수선물을 대량 매입하였다.

그러나 기대와 달리 주가지수는 하락을 거듭한 결과 1995년 1~2월 중 15% 이상 하락하여, 리슨은 주가지수선물거래에서만 3억 파운드의 손실을 내게 되었다. 더불어 스트래들 추가 매도에 따른 손실 1억 2천만 파운드, 일본국채선물거래 손실 1억 9천만 파운드, 합계 6억 1천만 파운드라는 막대한 손실이 발생하면서 결국 닉 리슨의 도피, 체포 그리고 베어링스의 파산으로 이어졌다.

마지막 순간 베어링스의 총손실 금액은 14억 달러에 달한 것으로 보고되었다. 결국 베어링스의 주주들은 10억 달러에 달하는 회사 자기자본의 시장가치가 완전 소멸되어 사실상 빈털털이가 되었으며, 채권자들은 채권액의 20분의 1만큼만을 겨우 건질 수 있었다. 리슨은 도피 중 체포되어 싱가포르로 인도되어 6년 6개월의 징역형을 선고받았다.

베어링스 파산은 파생금융상품의 등장으로 훨씬 위험해진 국제금융 환경을 상징할 뿐 아니라 금융기관 내부의 감시체제 미비 등 국제금융계의 많은 문제점을 노출시킨 사건이었다.

베어링스 사례는 제임스 디어슨 감독, 이완 맥그리거 주연의 영화로 1999년 제작된 바 있다. 국내에서는 '겜블'이란 제목으로 상영되었으며 원제는 'Rogue Trader'이다. 영화에서는 권한남용 및 내부통제의 무력화(override) 사례가 비교적 상세하게 묘사되어 있다.

| 베어링스 사태를 다룬 영화 : Rogue Trader |

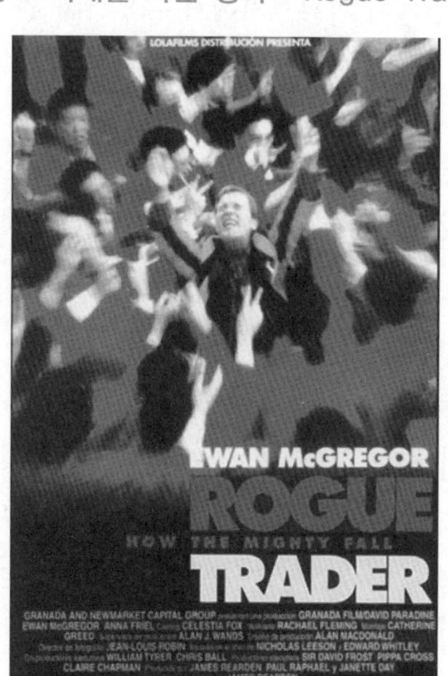

1.5.2 프랑스 소시에테 제네랄(SG)의 내부통제 실패 사례[4)]

2008년 1월 하순 프랑스 내 은행자산규모 2위인 소시에테 제네랄(SG : Société Générale) 은행에서 주식선물투자 조작거래관련 손실이 49억 유로(72억 달러)에 달하는 세계최대규모의 금융사고 발생했다. 소시에테 제네랄은 1864년 설립되어 파리에 본사를 두고 전 세계 70여 개국에서 은행, 투자, 자산관리분야에서 영업 중인 글로벌 금융기관이다.

SG은행의 금융사고 규모는 비슷한 사례인 베어링스 선물거래사고 8.6억 파운드(14억 달러, 당시 환율 적용)의 5배 수준이었다. 또한, SG은행의 사고와 관련된 거래규모도 손실규모의 10배를 상회하는 550억 유로(722억 달러)로 추정되어 역사상 최악의 금융사고 중 하나로 기록되고 있다.

사실 이번 사고는 SG은행의 직원인 J. Kerviel의 거래 조작에서 비롯됐다. J. Kerviel은 프랑스 출생(31세)으로서 2000년 SG은행 입행하였으며 파리 리옹Ⅱ대학에서 경제학(금

4) 전경련의 "최근 프랑스 SG은행의 금융사고 내용 및 평가"(2008.2.1.)의 자료를 발췌·참조하여 작성하였다.

융시장)을 전공한 석사학위 소지자였다. 그는 자신이 초래한 유럽주가지수 선물거래관련 거액투자손실을 은폐하기 위해 동료의 ID를 도용하여 가상의 거래상대방과 헤지 포지션을 취한 것처럼 기록을 위조했다.

사실, J. Kerviel은 2005년부터 창구부서에서 근무하여 왔으나 동 업무담당이전 자금결제, 리스크관리를 담당하는 거래지원부서(back office)에서 3년간 근무한 경험이 있었다. 따라서 그는 자연스럽게 자금결제과정을 숙지하고 있는 데다 관련부서 직원과 유대관계를 유지하고 있어 손쉽게 사기 거래가 가능했다.

SG은행은 이러한 거래조작 사실을 사전에 포착하였으나 정확한 사실파악 전에 금융사고 내용이 알려질 경우 회사 및 금융시장에 심각한 손실을 미칠 것을 우려하여 그동안 사실공개를 연기했다고 해명했다.

한편, SG은행은 이번 금융사고 외에 미국 모기지투자 손실 11억 유로, 미국 모노라인(monoline) 보험회사 투자손실 5.5억 유로 등 모기지관련 투자손실이 20.5억 유로(29.9억 달러)이며 손실보전 및 자기자본 비율 확충을 위해 55억 유로(80.2억 달러)의 우선주를 발행할 계획이라고 밝혔다. SG은행 순이익도 투자손실로 인해 2006년 52억 유로 → 2007년 6~8억 유로 수준으로 급감할 것으로 전망되었다.

1.5.3 도시바의 내부감사기능 실패 사례[5)]

2015년 발생한 일본 대기업 도시바의 분식 회계 사건은 그 규모뿐만 아니라 장기간에 걸쳐 암암리에 발생했다는 점에 당시 글로벌 금융시장에 큰 후폭풍을 불러왔다. 일차적으로는 경영진과 이를 공정하게 감사할 외부감사인이 가장 큰 책임 당사자들이었지만, 기업내부의 감시자인 내부통제 부서의 잘못도 문제를 키우는 데 기여를 했다고 평가받는 사건이다.

아이러니하게도 도시바는 감사제도에 있어 당시 일본 내에서도 선도적인 기업이었다. 경쟁사에 앞서 감사위원회 제도를 우선적으로 도입한 것은 물론, GE 등 글로벌 기업들이 도입한 순환근무제도 그리고 적발위주의 감사가 아닌 컨설팅형 내부 감사제를 적극적으로 도입하는 등 베스트 프랙티스를 누구보다 앞서 실천한 회사였다.

그렇다면 과연 도시바 내부통제 조직의 문제는 어디서 시작되었을까? 국제내부감사 협회 회장인 Richard Chamber에 따르면 도시바 내부감사실은 내부감사 본연의 기능을 넘어 지나치게 선진적으로 제도를 운영했다는 치명적 단점을 내포하고 있었다.

---

5) 삼정회계법인의 "「기업지배구조와 회계투명성」 확보를 위한 감사위원회 역할"(감사저널 2016년 4월호)을 참조하여 작성하였다.

1.5.3.1 지나친 순환 근무 제도

당시 도시바의 순환 근무 제도는 '지나치게' 체계적이었다. 무슨 말인가 하면, 순환 근무 제도가 너무나도 기계적으로, 예측 가능하게 이뤄지다보니 모든 부서의 직원들이 몇 년 뒤 자신이 어디로 이동할지 대략 감을 잡을 수 있었다는 것이다. 이러한 순환 근무 제도는 통제 기능을 갖춘 부서에는 아킬레스 건이다. 도시바의 내부감사 인력은 일정 기간 해당 부서에서 근무 후 다른 부서로 보직 이동이 될 것을 미리 알고 있었다. 이에 따라, 감사부서로 배속되더라도, 몇 년 뒤 타 부서로 이동할 것을 알고 있기 때문에 감사에 대한 동기부여가 저하되었다. 또한, 여러 부서에서 순환형으로 배속되다 보니 회계전문성 등 효과적인 감사를 수행할 수 있는 능력을 확보하지 못했다.

1.5.3.2 컨설팅에 편중

도시바의 경우 컨설팅 위주로 내부감사를 수행했다고 한다. 컨설팅 감사는 변화하는 경영환경에서 내부수요자들의 입장을 반영한 진일보한 감사형태이다. 규정준수나 성과이행을 점검하는 감사보다 다양한 시점에서 높은 수준의 식견을 요구하기에 고난이도의 감사임에는 틀림이 없다. 그러나 내부감사 기능이 컨설팅 업무위주로 진행되는 경우 내부감사의 본연적 기능인 Assurance(검증 및 확신)가 약화될 수밖에 없다.

1.5.3.3 감사위원회에 대한 보고라인 부재

도시바 내부감사실의 경우 감사위원회에 대한 직접적인 보고라인이 없었다. 감사위원회에 대한 보고라인 여부는 단순한 커뮤니케이션 채널의 유무를 떠나 내부감사실의 독립적인 기능을 위한 필수불가결한 요소였다. 하지만 당시 도시바는 내부감사실과 감사위원회를 조직상 멀리 둠으로써 소통을 어렵게 하였으며 이는 내부통제의 독립성을 기대하기 어려운 구조를 초래하였다. 앞서 내부감사팀이 컨설팅에 편중했다는 사례도 결국 독립성이 보장되지 않은 상황에서의 선진감사제도 도입은 경영진에 순응하고 동료애를 지향하는 식으로 변질될 수 있음을 시사한다.

1.5.4 카스 대표이사 횡령 혐의 사례[6)]

1983년 설립된 카스는 전자저울 시장을 개척해 글로벌 기업으로 성장한 국내 1세대 벤

---

6) 머니투데이의 김지민 기자의 "국내 최대 저울업체 대표이사 횡령사건 '3대 미스터리'"(2015.1.22.) 기사를 발췌・참조하여 작성하였다.

처기업이다. 국내뿐 아니라 중국, 터키, 인도, 폴란드 등에도 생산설비를 보유 중이며 국내 시장점유율은 약 70%에 달했다. 2013년 매출 1316억 원, 영업이익 56억 원을 달성하는 등 국내 벤처기업 역사상 놀라울 정도의 성공가도를 달리던 회사였다.

그러던 와중, 카스의 창업주가 횡령혐의로 물러나는 사건이 발생했다. 카스 직원에 따르면, "내부고발에 따른 진상조사 결과 김 전 대표이사의 횡령혐의 발생 사실을 인지했다"고 한다.

대표이사 횡령 공시가 나간 이후 주권은 곧바로 거래정지에 들어갔지만 투자자들은 혼란에 빠지기 시작했다. 카스는 중소기업청이 강소기업 육성을 위해 추진하는 '월드클래스300 프로젝트'에 속하는 회사다. 월드클래스에 선정된 기업들은 대부분 국내 또는 세계시장 점유율 1위 제품을 보유하고 있던 탄탄한 회사였기에 투자자들의 충격은 쉽게 가시지 않았다.

횡령 대상사로 지목된 김 전 대표이사는 사임과 동시에 혐의발생 금액 전액을 회사에 예치했다. 사실상 횡령을 인정한 것과 다름없는 행동이었다. 이 같은 정황을 미뤄봤을 때 업계 종사자들 사이에서는 내부 지배구조에 근본적인 문제가 있었던 것이 아니냐는 의구심이 일고 있다. 김 전 대표는 1983년 카스를 세운 창업주다. 재직기간은 31년이나 된다. 회사 경영전반에 대한 감시 업무를 맡는 상근감사의 재직기간은 15년에 달한다. 임기 3년의 감사업무를 무려 5번이나 연임해 온 것이다. 그 밖에 상해법인장, 터키법인장, 연구소장 등의 평균 재직기간도 26년에 이르며 장기 집권 행태를 지속해온 것으로 확인됐다.

업계 관계자는 "공정성과 준법성이 요구되는 상장사의 감사 업무를 10년 이상 한 사람이 했다는 것만으로도 문제의식을 가질 수 있다"며 "이런 상황에서는 제대로 된 견제와 감시라는 감사 본연의 업무를 제대로 하기 어려울 수 있다"고 지적했다.

1.5.5 여수시 횡령 사건[7)]

맛집이 많기로 유명한 평화로운 여수시에서 2012년 횡령 사건이 발생했다. 여수시청에 대한 감사원 감사 중 발각된 사건으로서, 회계과 소속 기능직 8급 김○○의 공금횡령 사실이 포착되면서 그 전모가 드러났다.

급여 지출업무의 담당자이자 세입세출 외 현금 출납원인 김○○는 2009년 7월 9일부터 2012년 9월 24일 사이에 상품권 회수대금(약 29억 원), 소득세 주민세 환급액(약 7억 원), 급여서류 위변조(약 40억 원) 등으로 공금 80억 7,700만 원을 횡령했다. 범행 수법도 각양

7) 박희정 외 2인의 "회계비리 근절을 위한 내부통세 개선 연구 : 여수시 횡령사건을 중심으로"(지방행정연구 제27권 제3호(통권 94호) 2013.9. pp.65~96)을 참조·발췌하였다.

각색이었다.

상품권 회수대금은 여수시가 발행한 상품권을 현금으로 교환해주는 업무를 수행하면서 환급대상액을 부풀려 차액을 횡령하였다. 그리고 소득세 주민세 환급액은 공문서 위조 등을 통해 횡령하였으며, 급여의 경우는 직원급여 총액을 과대 처리하여 차액을 차명계좌로 빼돌렸다.

공무원의 회계비리 사건은 잊혀질만 하면 발생하는 고질적인 문제다. 정권이 바뀔 때마다 정부는 청렴한 공직 사회를 표방하며 회계비리 척결에 나섰지만, 땜질식 처방이라는 비판에서 자유롭지 못하다. 사실, 회계비리의 효율적 통제를 위한 환경적 요소로서 관리자와 직원들의 청렴 유지를 위한 윤리적 의지가 중요하다. 이를 위해 윤리강령을 채택하고 직원들이 이를 적극적으로 수용 실천 하려는 노력을 통해 조직문화를 변화시켜야 하는데 여수시는 당시 이러한 노력이 부족했다.

여수시의 경우, 오○○ 전 여수시장은 2007~2010년의 재직기간 동안 공사업체 선정 등과 관련하여 총 7억 원 이상의 뇌물을 수수하였고, 2차례에 걸친 선거법 위반으로 총 17년 6개월의 징역형을 선고받고(e조은뉴스, 2011.7.5.) 현재 복역 중이다. 동 사건에 연루된 전남 및 여수시의 지방의원만 11명에 이를 정도로 조직 기강 해이를 단적으로 보여주는 사례이다. 이처럼 어수선한 분위기 속에서 여수시 회계과 소속 공무원인 김○○는 2009년 7월부터 2012년 9월까지 약 80억 원을 횡령하였는데 회계과 근무 1주일 만에 범행을 시작하였다는 점은 다소 충격적이다.

마지막으로, 회계비리의 효율적 통제를 위한 환경적 요소로서 조직 및 인력구조 또한 중요하다. 이번 사건의 경우, 회계공무원인 김○○는 혼자서 매달 2,000여 여수시 직원의 급여를 e-호조(지방재정관리시스템)에 입력하고 지급하는 업무와 세입세출 외 현금 관리 업무를 함께 담당하고 있었다. 이러다 보니 책임과 권한이 명확하지 못하고 보고체계도 허술할 수밖에 없었다. 여수시의 경우 경리관(자치행정국장), 분임경리관(회계과장), 지출원(경리계장), 세입세출 외 현금출납원(8급)이 지정되어 있었으나 지급원인행위, 지급명령, 지급 간의 역할분담이 명확하게 이루어지지 않았고 상급자의 지도·감독이 제대로 이루어지지 않았다. 또한, 세입세출 외 현금을 통합관리함으로써 특정 항목의 지출(상품권대금, 소득세 등)이 비정상적으로 과다하게 이루어졌음에도 적발하지 못했다.

이러한 가운데 HR 관리 측면에서도 허술하기 짝이 없었다. 재산 및 신상조사를 거친 직원에 한해 회계부서 직원으로 배치할 필요성이 있으나 제도적 미비로 부인이 사채놀이로 수 십억 원의 빚을 지고 있는 직원을 회계부서에 배치한 것이 대표적이다. 또한, 특정인을 회계부서에서 6년 이상 근무케 한 조치 등은 인사관리 측면에서 내부통제가 전혀 이뤄지지 않았음을 단적으로 보여준다.

우리나라 지자체에서는 체계적인 내부통제시스템이 작동하지 않는 상황에서 주로 상급자의 일상적인 통제 활동에 의존하는 측면이 강하다. 하지만, 여수시의 경우 일상적인 지시통제도 제대로 이루어지지 않았다. 이번 여수시 횡령사건은 상품권 회수대금 허위지급을 통한 횡령, 급여 부풀리기를 통한 횡령, 원천징수세액 부풀리기를 통한 횡령 등 세 가지 유형의 범행방법이 동원되었다. 여기서 상품권 회수대금 허위지급을 통한 횡령의 경우 1 상품권 회수대금 지급요청 공문의 전자문서 결재 사실이 없는데 이를 간과하고 상급자가 '지출결의서'를 결재하였고, 2지출결의서에 지역경제과 담당자가 아닌 김○○ 본인도장이 날인되어 있음에도 이를 확인하지 않아 지출원인 직근 상급자의 관리소홀이 여실하게 드러났다(감사원, 2013).

급여 부풀리기를 통한 횡령의 경우도 증액된 금액의 급여총괄표를 출력한 후 결재받을 때는 정상급여가 표시된 급여내역서를 첨부하여 상급자 결재를 득한 후 임의로 급여 공제내역서를 허위 작성하여 시 금고에 제출하였는데 이 경우도 통상 연말정산시 외에는 수억 원의 소득세, 주민세를 환급해주는 경우가 없는데도 상급자는 결재 과정에서 이를 전혀 발견하지 못하였다고 한다.

1.5.6 오스템임플란트 사건[8)]

주식시장에서 투자자의 신뢰는 필수다. 신뢰와 믿음 없이 자신의 돈을 투자할 투자자는 많지 않다. ESG의 중요성이 강조되고 있는 트렌드에 맞지 않게 오스템임플란트에서는 두 번째 횡령사건이 발생했다.

재무팀장이 회삿돈 2,215억 원에 손을 대는 동안 누구도 눈치채지 못했다. 자연스레 회사 내부 통제 시스템을 지적하는 목소리가 나왔고, 최규옥 회장을 향한 책임론도 막을 수 없게 됐다.

오스템임플란트는 2014년 이후부터 '오너 리스크'가 제기된 회사다. 과거 9,000만 원 횡령 및 97억 원 배임 전적이 있기 때문이다. 최규옥 회장은 지난 2014년 6월 치과의사들에게 리베이트를 제공하고 회삿돈을 해외법인에 부당 지원한 혐의로 기소됐다. 이로 인해 2016년 서울고등법원 2심에서 징역 3년, 집행유예 4년을 선고받았다.

---

8) 시사오늘, 시사ON, 시사온, 김자영 기자의 "오스템임플란트 횡령사건과 최규옥 회장" 기사를 참조·발췌하였다.

이번 '2,215억 원' 횡령 사건이 처음 세상에 공개됐을 때, 배후에 회장이 있을 가능성이 제기된 이유도 이런 전적 때문이었다. 하지만 이 씨가 경찰 조사에서 "개인적으로 금품을 취득하기 위해 단독으로 저지른 범행"이라고 진술하며 '윗선 개입' 의혹을 부인했고, 경찰도 최 회장 개입에 대해 '혐의 없음'으로 결론냈다.

하지만 이 씨의 단독 범행이라 할지라도 내부 통제 시스템을 제대로 관리하지 못한 것에 대해서는 경영진이 책임을 져야 한다는 목소리가 나왔다. 오스템임플란트는 내부 직원 횡령사건이 발생했음에도 주주들에게 주주 피해 최소화를 목적으로 한다며 '주식 매매거래 정지 해제를 위한 탄원서' 제출을 요청하기도 했다. 피해를 보상해도 모자랄 상황에 되레 주주들에게 도움을 요청한 것이다. 오스템임플란트 측이 2022년 1월 25일 홈페이지에 공지한 주주 사과문은 사건 발생 이유와 반성보다는 회사의 성장성 이야기에 집중됐다. 재발방지대책 마련이나 근본적인 지배구조 개선에 대한 근본적인 대책은 여전히 의문이다.

주주들은 회계법인이 작성한 감사보고서 혹은 공시된 사실을 믿고 기업에 투자한다. 하지만 담당 회계법인조차 알아차리지 못하는 내부 통제 시스템 관리 부실 문제로 주주들은 3개월째 거래 정지 상태에 발이 묶였다. 경영진의 윤리의식은 기업의 경영투명성, 지속가능성과 직결된다. 이들의 방향이 곧 회사의 조직문화를 결정하기 때문이다.

경영투명성의 중요성이 강조되고 있는 21세기 사회에서 정직한 기업문화와 경영진의 윤리의식은 기본이다. 이를 고취시키기 위해서는 기존 경영진이 책임을 지고 근본적인 문제 해결에 나서야 한다. 이런 과정 없이, 실질적 방안이 마련되지 않은 상태로 거래가 먼저 재개된다면, 또다시 피해를 보는 건 소액주주가 될 게 뻔하다.

앞서 언급한 다양한 내부통제 실패 사례를 통해 횡령, 분식회계, 내부사취 등의 사건이 얼마나 다양하게 일어날 수 있는지 살펴보았다. 업무 프로세스, 조직 기강 및 문화, 개인의 윤리의식 등 여러 변수가 복합적으로 작용함으로써 다양한 방식으로 내부통제 제도가 무너지는 것을 알 수 있다. 따라서 내부회계관리제도는 그 어떤 업무 영역보다 사소한 실수는 물론, 일체의 타협이 작용되어서는 안되며 원리원칙이 극도의 주의하에 매우 신중하게 이뤄져야 하는 영역임을 이해할 수 있다.

1.6 내부회계관리제도 감사 도입

외감법 개정에 따라 자산규모 2조 원 이상의 상장회사에 대한 내부회계관리제도 감사보고서가 2020년 중 발행되었다. 금융감독원에 따르면 2019년 내부회계관리제도 감사의견이 표명된 상장법인 160사 중 156사는 적정의견을 받았으며 4사는 비적정의견을 받았다.

2조 원 이상의 대형 상장법인은 대부분이 내부회계관리제도 감사에 대비하여 회계법인으로부터 자문을 받아 내부회계시스템을 정비하는 등 상대적으로 풍부한 인적·물적 인프라를 갖춘 것이 상대적으로 적정의견의 비중이 높은 것으로 분석되었다.

미국의 경우 내부회계관리제도 감사가 도입된 첫해 비적정의견의 비율이 15.7%에 달하였으며 최근 5년간의 비적정의견 평균비율도 6%로 높은 수준이다. 금융감독원은 향후 중소형 상장법인으로 내부회계관리제도의 감사대상이 단계적으로 확대되는 경우 내부회계관리제도의 비적정의견 비율은 증가할 것으로 전망하였다.

내부회계관리제도 감사제도가 처음으로 시행된 2019년도 내부회계관리제도 감사결과에 대하여 금융감독원에서 밝힌 시사점 및 유의사항은 다음과 같다.[9]

첫 번째로는 감사(위원회)는 독립적이고 실효성 있는 내부회계관리제도의 평가가 필요하다는 측면이다. 회사의 감사(위원회)는 경영진이 실시한 평가 절차와 운영실태 평가 결과의 적정성을 감독자의 관점에서 독립적으로 평가하고 문서화하여 이사회에 보고하여야 하나, 2019 회계연도에 내부회계관리제도 감사를 받은 상장법인 대부분은 경영진의 운영실태 평가와 동일한 취지의 감사(위원회) 평가의견을 공시하였다. 특히, 외부감사인이 비적정의견을 표명한 4사 중 1사만 감사위원회 평가의견이 비적정(나머지 3사의 감사위원회 평가의견은 적정)으로 감사(위원회)의 평가가 실효성 있게 진행되었는지 의문이 제기되었다. 한편, 금융감독원 설문조사 결과[10] 대형 상장사 중 감사위원회 직할부서를 통해 평가를 지원하는 회사는 37.1%로 낮은 수준이다. 이를 통하여 볼 때 결국, 감사(위원회)의 내부회계관리제도 평가는 독립적으로 수행되어야 하며, 평가업무 수행 시 외부감사인과 충분한 커뮤니케이션을 거쳐 내부회계관리제도에 대한 평가의견을 형성할 필요성이 있다.

두 번째로는 내부회계 주요 취약점은 아직까지는 재무제표 오류 또는 결산통제에만 편중되고 있다는 점이다. 내부회계 비적정의견 4사의 경우, 재무제표 작성 프로세스와 관련한 통제 미비점만을 중요한 취약점으로 공시한 반면, 미국의 경우 내부통제환경 구축 미흡, 회계인력이나 경영진의 전문성 미비 등 내부통제의 본질적 요소와 관련된 사유로 비적정의견을 받은 회사가 약 60% 수준(2018 회계연도)으로 높은 비중을 차지하고 있다. 내

---

9) 금융감독원 보도자료(2019 회계연도 상장법인 내부회계관리제도 감사의견 분석 및 시사점)

10) 금융감독원 설문조사 결과 자산 2조 원 이상 상장사 105사 중 39사(37.1%)가 감사위원회 직할부서를 통해 감사위원회의 내부회계 평가를 지원하고 있다고 회신

부회계관리제도의 목적 및 도입취지를 고려할 때, 회사와 감사인 모두 결산통제에 대한 취약점 발견 시 이와 연관된 내부회계의 본질적 요소(통제환경, 회계역량 등)에 대해서도 충분히 살펴보고 평가할 필요성이 있다.

세 번째로는 정보이용자는 내부회계관리제도 감사의견이 갖는 정보효과에 유의할 필요성이 있다는 것이다. 내부회계관리제도 감사의견은 회사의 재무제표 산출과정에 대한 내부통제가 그 기능을 효과적으로 발휘하고 있는지에 대한 정보를 제공하는 것이다. 재무제표에 대한 감사의견과는 별개로 내부회계관리제도 감사의견에 중요한 취약점이 포함되어 감사의견이 변형된 경우, 정보이용자는 중요한 취약점의 의미와 회사가 공시한 중요한 취약점의 원인, 개선계획 등을 충분히 살펴보고 이에 유의할 필요성이 있다.

마지막으로는 감독당국은 내부회계 감사제도의 안정적 정착을 위한 지원을 지속할 예정이다. 내부회계관리제도 감사 제도가 처음으로 시행된 2조 원 이상 상장법인의 내부회계 비적정의견 비율은 2.5%로, 미국과 비교하여 볼 때 내부회계 감사가 도입된 직후인 2004 회계연도에 내부회계관리제도(ICFR)에 대한 비적정의견 비율이 15.7%에 달하였고, 최근 5년간 비적정의견 평균비율은 6.0% 수준인 점을 고려한다면 아직 다소 낮은 수준이다.

이는 대형 상장법인은 상대적으로 풍부한 인적·물적 인프라를 활용하여 효과적으로 내부회계 감사를 준비한 것으로 평가한 반면, 가용자원이 상대적으로 취약한 중소형 상장법인이 내부회계관리제도 감사대상으로 편입되는 회계연도 이후부터는 비적정의견 비율이 증가할 것으로 전망된다.

본 서적은 새롭게 변화된 내부회계관리제도의 구축 및 운영에 있어 외부감사인, 경영진과 실무진이 두루 참조할 수 있는 실질적인 가이드라인을 제시하고자 한다. 내부회계관리제도 관련 각종 이론적 배경, 다양한 사례 및 실질적 행동 매뉴얼을 제시함으로써 본 서적 한 권만으로도 내부회계관리제도의 실무를 충분히 커버할 수 있을 만큼 내용의 깊이와 폭을 확보하고자 노력하였다.

내부회계관리제도와 관련하여 어려움을 겪을 때 아무쪼록 본 서적이 언제든지 꺼내어 볼 수 있는 친절한 안내서가 되기를 바란다.

연습문제

문제 1

내부회계관리제도의 대상(공인회계사 2차 응용, 2016년)

주식회사의 외부감사에 관한 법률(이하 '외감법')에 따르면 일정한 요건에 해당하는 회사는 신뢰할 수 있는 회계정보의 작성과 공시를 위하여 내부회계관리제도를 갖추어야 한다. 또한, 감사인은 회사의 내부회계관리제도가 적정하게 설계 · 운영되고 있는지를 감사 및 검토하고 그 결과를 감사보고서에 첨부하여야 한다.

(질문1) 외감법 및 동법 시행령에 따라 내부회계관리제도를 의무적으로 적용해야 하는 회사의 범위(적용대상)를 제시하시오.

(질문2) 외감법에 따라 내부회계관리제도의 감사를 받아야 하는 경우, 내부회계관리제도 감사의 대상이 되는 시기를 제시하시오.

해설 **내부회계관리제도의 대상**

1. 내부회계관리제도를 의무적으로 적용해야 하는 회사의 범위

외감법 제8조 제1항에서는 직전 사업연도 자산총액이 1천억 원 이상인 회사를 그 대상으로 하고 있다. 다만, 다음의 대통령령으로 정하는 회사는 내부회계관리제도의 대상에서 제외한다.

- 유한회사
- 직전 사업연도 말의 자산총액이 5천억 원 미만인 회사. 다만, 다음 각 목의 어느 하나에 해당하는 회사는 제외한다.
  가. 주권상장법인
  나. 직전 사업연도 말 기준 공시대상기업집단에 속하는 국내 회사
  다. 직전 사업연도 말 기준 사업보고서 제출대상법인
  라. 금융회사
- 법인세법 제51조의2 제1항 각 호의 어느 하나에 해당하는 회사
  1. 「자산유동화에 관한 법률」에 따른 유동화전문회사
  2. 「자본시장과 금융투자업에 관한 법률」에 따른 투자회사, 투자목적회사, 투자유한회사, 투자합자회사(같은 법 제9조 제19항 제1호의 경영참여형 사모집합투자기구는 제외한다) 및 투자유한책임회사
  3. 「기업구조조정투자회사법」에 따른 기업구조조정투자회사
  4. 「부동산투자회사법」에 따른 기업구조조정 부동산투자회사 및 위탁관리 부동산투자회사
  5. 「선박투자회사법」에 따른 선박투자회사
  6. 「민간임대주택에 관한 특별법」 또는 「공공주택 특별법」에 따른 특수 목적 법인 등으로서

대통령령으로 정하는 법인

7. 「문화산업진흥 기본법」에 따른 문화산업전문회사
8. 「해외자원개발 사업법」에 따른 해외자원개발투자회사
9. 제1호부터 제8호까지와 유사한 투자회사로서 다음 각 목의 요건을 갖춘 법인일 것
   가. 회사의 자산을 설비투자, 사회간접자본 시설투자, 자원개발, 그 밖에 상당한 기간과 자금이 소요되는 특정사업에 운용하고 그 수익을 주주에게 배분하는 회사일 것
   나. 본점 외의 영업소를 설치하지 아니하고 직원과 상근하는 임원을 두지 아니할 것
   다. 한시적으로 설립된 회사로서 존립기간이 2년 이상일 것
   라. 「상법」이나 그 밖의 법률의 규정에 따른 주식회사로서 발기설립의 방법으로 설립할 것
   마. 발기인이 「기업구조조정투자회사법」 제4조 제2항 각 호의 어느 하나에 해당하지 아니하고 대통령령으로 정하는 요건을 충족할 것
   바. 이사가 「기업구조조정투자회사법」 제12조 각 호의 어느 하나에 해당하지 아니할 것
   사. 감사는 「기업구조조정투자회사법」 제17조에 적합할 것. 이 경우 "기업구조조정투자회사"는 "회사"로 본다.
   아. 자본금 규모, 자산관리업무와 자금관리업무의 위탁 및 설립신고 등에 관하여 대통령령으로 정하는 요건을 충족할 것

• 그 밖에 회사의 특성을 고려할 때 내부회계관리제도를 운영하기가 어려운 회사로서 금융위원회가 정하여 고시하는 기준에 맞는 회사

2. 내부회계관리제도 감사의 대상연도

외감법 제8조 제6항에서는 외부감사인은 내부회계관리제도의 운영실태에 관한 보고내용을 검토하여야 한다고 규정하고 있으며, 주권상장법인의 감사인은 내부회계괸리제도의 운영실태에 관한 보고 내용을 감사하도록 하고 있다. 외감법 부칙에서 자산총액에 따라 도입시점을 정하고 있는데 이는 다음의 표와 같다. 물론 자산총액에 대한 판단은 직전 사업연도 말의 금액을 기준으로 판단하여야 한다.

상장회사 자산 총액	감사 적용 시점	연결기준 감사 적용 시점
2조 원 이상	2019년	2023년
5천억 원 이상	2020년	2029년
1천억 원 이상	2022년	2030년

매일경제 : 내부회계감사 '열공'하는 CFO들

상장사들이 내부회계관리제도 '열공'에 나섰다. 내년부터 자산 2조 원 이상인 상장사는 내부회계감사를 받아야 하기 때문이다.

한국상장회사협의회는 최근 '2019년도 결산감사 대비 주요 이슈와 기업의 대응'을 주제로 한 최고재무책임자(CFO) 포럼을 개최했다. 이날 강의 핵심은 내부회계관리제도였다.

외감법 개정에 따라 올해 사업연도부터 자산 총액 2조 원 이상인 상장사는 내부회계관리제도 인증 수준이 '검토'에서 '감사'로 높아진다. 코스피 211곳과 코스닥 3곳은 내년 3월 내부회계관리 감사보고서를 제출해야 한다. 내부회계감사는 2020 사업연도 자산 5,000억~2조 원, 2022년 1,000억~5,000억 원, 그리고 2023년엔 1,000억 원 미만 상장사로 확대된다. 내부회계관리제도는 국제회계기준(IFRS)에 따라 작성한 재무제표 신뢰성에 합리적인 확신을 줄 수 있도록 제정한 내부회계관리규정과 이를 관리·운영하는 조직을 일컫는다. 이동근 한영회계법인 품질리스크관리본부장은 "내부회계관리제도 관련 전담 조직과 경영진의 통제 운영이 필요하다"고 설명했다.

내부회계관리 관련 중소기업들은 걱정이 크다.

시스템이 갖춰진 대기업과 달리 중소기업은 인력이나 제도가 미비하기 때문이다. 또한, 2년 연속 내부회계관리 비적정 의견을 받으면 상장적격성 실질심사 대상에 올라가는 것도 중소기업들에게는 부담이다.

이에 따라 한국거래소 기업지원서비스 태스크포스(TF)와 공인회계사회는 상장시 대상 내부회계 컨설팅을 실시하고 있다. 상장사협의회도 회원사들을 상대로 내부회계관리 교육을 진행하고 있다.

02 내부회계관리제도 개요

2.1 본 서적의 목적 및 한계

본 서적은 회사가 내부회계관리제도 설계 및 운영 개념체계 및 평가 및 보고 기준에 따라 회사의 내부회계관리제도(Internal Control over Financial Reporting)[11]를 구축하고 그 유효성 여부를 평가하기 위한 절차를 수립하기 위한 것이다.

또한, 본 서적은 내부회계관리제도 설계 및 운영 개념체계, 설계 및 운영 적용기법, 평가 및 보고 기준, 평가 및 보고 가이드라인 및 해외자료(Guide to the Sarbanes-Oxley Act : Internal Control Reporting Requirements, Framework for evaluating control exceptions and deficiencies, COSO report, SEC 및 PCAOB 관련문서 등)를 참고하였다.

회사의 임직원, 외부감사인, 공인회계사 수험생이 내부회계관리제도에 대한 이해를 증진하기 위한 목적으로 작성되었으므로 이 책자의 내용이 각종 법규 및 규제와 상충한다면 법규 및 규제의 내용이 우선시 되어야 한다.

2.2 내부회계관리제도 관련 법률

주식회사 등의 외부감사에 관한 법률(이하 "외감법") 제8조에서는 신뢰할 수 있는 회계정보의 작성 및 공시를 위하여 내부회계관리규정과 이를 관리·운영하는 조직(이하 "내부회계관리제도"라 한다)을 갖추어야 할 것을 요구하고 있다.

11) 미국의 Internal Control over financial reporting을 국내에서 내부회계관리제도로 번역하였다. 재무보고 내부통제로 번역되기도 한다.

2.3 내부회계관리제도 구성체계

사베인스-옥슬리 법안과 같은 국제적 시장변화에 발맞추어 국내에서는 '내부회계관리제도 모범규준'과 '내부회계관리제도 모범규준 적용해설서'가 2007년 6월에 제정된 바 있다.

2007년의 모범규준 및 적용해설서 발표 이후 가장 큰 대·내외적 변화는 국내 내부회계관리제도 모범규준 및 적용해설서의 준거기준으로 사용한 COSO Internal Control-Integrated Framework을 2013년 5월에 전면 개정·발표한 것이다.

국내에서는 2019년에 내부회계관리제도에 대한 외부감사인의 인증수준 강화(검토→감사)가 포함된 '주식회사 등의 외부감사에 관한 법률'이 개정되었다. 이에 발맞추어 내부회계관리제도는 모범규준과 적용해설서의 개정 전 구조에서 ① 설계 및 운영 개념체계와 ② 평가 및 보고 모범규준의 이원화된 구조로 변경되었다.

2023년에는 내부회계관리제도 운영위원회가 갖고 있던 평가 및 보고와 관련된 규정의 제·개정 권한을 금융감독원으로 이전하여 [평가 및 보고 기준]과 [평가 및 보고 가이드라인]을 발표하였다.

관련 내용은 '외부감사 및 회계 등에 관한 규정 시행세칙'을 통해 반영되었는데, 기존의 내부회계관리제도 평가 및 보고 모범규준의 내용을 원칙적으로 유지하되, 미반영된 법규 요구사항을 반영하고 자금 관련 내부통제활동, 감리 관련 시정조치 계획 등을 새롭게 반영되었다. 이러한 제·개정 권한의 이전으로 인하여 더욱 명확한 해석과 적용이 기대된다.

새로운 [내부회계관리제도 평가 및 보고 기준] 및 [가이드라인]의 시행시기는 2024년 1월 1일 이후 시작되는 사업연도부터 적용된다. 다만, 이관에 따른 시장혼란을 방지하기 위해 2024년 1월 1일 이후 시작되는 1개 사업연도에 한해 현행 준거기준인 평가 및 보고 모범규준에 의해서도 수행이 가능하다.[12)]

즉, 2024년 한해 동안은 새로운(新) 기준과 구(舊) 기준을 모두 적용하는 것이 한시적으로 가능하지만, 2025년부터는 금융감독원에서 발표한 [평가 및 보고 기준] 및 [평가 및 보고 가이드라인]에 따라 수행하여야 한다.

12) 외감규정 시행세칙 부칙 제1조, 제2조

| 내부회계관리제도 규정의 구성체계 |

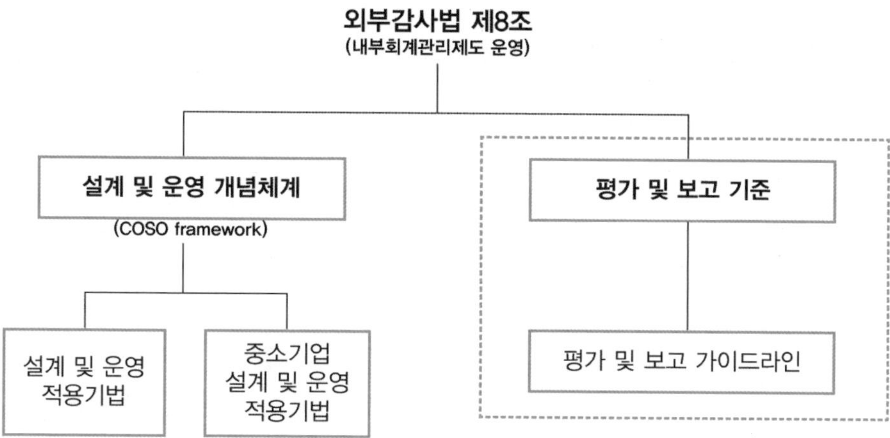

[설계 및 운영 개념체계]와 [평가 및 보고 기준]을 준수한다면 외감법 제8조(내부회계관리제도의 운영 등)에 대한 목적이 충족될 수 있을 것이다.

2.4 내부회계관리제도의 목적

외부에 공시되는 재무제표의 신뢰성을 확보하기 위한 노력은 과거로부터 계속되어져 왔다. 하지만, 대규모 회계부정 사건으로 전통적인 회계감사만으로는 재무제표에 신뢰성을 확보하는 데에는 한계가 있다는 것을 인지하고 인정하는 계기가 되었다. 이러한 비판하에 추가적인 신뢰성을 확보하기 위한 절차가 필요할 수밖에 없었고, 내부회계관리제도는 재무제표가 산출되는 과정에 추가적인 확신을 부여하여 회계의 최종산출물인 재무제표의 신뢰성을 확보하도록 하는 것이 그 목적이다.

| 내부회계관리제도와 재무제표 신뢰성 |

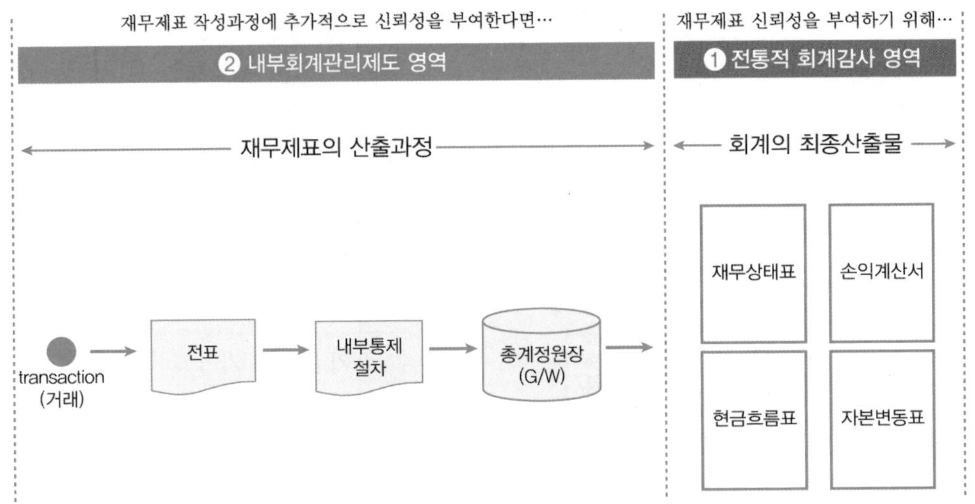

즉, 내부회계관리제도는 외부에 공시되는 재무제표의 신뢰성을 확보하는 것을 그 목적으로 한다. 따라서, 회사의 재무제표가 일반적으로 인정되는 회계처리기준에 따라서 작성 및 공시되었는지 합리적 확신(reasonable assurance)[13]을 제공하여야 한다.

합리적 확신을 제공한다는 것은 절대적 확신(absolute assurance)을 제공한다는 것과 대비되는 개념으로써, 모든 내부통제에는 한계가 존재하고 정확하게 예측할 수 없는 불확실성과 위험이 존재한다는 것을 인정한다는 것이다.

이는 내부회계관리제도를 설계 및 운영한다고 하더라도 재무제표에 부정이나 오류에 의한 중요한 왜곡표시가 없다는 것을 100% 보증·보장하는 절대적 확신을 얻을 수 없다는 것을 의미한다. 이는 내부회계관리제도에서 운영되는 내부통제가 결정적인(conclusive) 증거를 요구하는 것이라기보다 재무제표가 신뢰성 있게 작성되었다는 설득적인(persuasive) 증거를 요구한다고 볼 수 있다.

따라서, 회사의 경영진 및 이사회는 재무제표의 신뢰성을 저해하는 왜곡표시 위험을 허용 가능한 수준(tolerable risk)으로 감소시키기 위한 절차를 내부회계계관리제도 설계·운영 개념체계에 따라 구축·운영하여야 한다.

---

13) 합리적 확신 : 높은 수준의 그러나 절대적이지 아니한 수준의 확신(감사기준서 200)
합리적 확신이란 내부회계관리제도가 효과적으로 설계·운영되고 있다는 사실에 대해 평가자가 제공하는 높은 수준의 확신(절대적 수준이 아님)을 말하며, 회사의 회계와 내부회계관리제도에 충분한 전문지식을 갖춘 객관적인 관리자를 만족시키기에 충분한 확신과 정교함의 수준을 말한다(평가 및 보고 기준 문단2.가).

내부회계관리제도는 재무제표의 신뢰성을 확보하기 위해 재무제표 산출과정에 확신을 부여하는 것이고, 이러한 재무제표 작성과정에 신뢰성을 확보하는 방법론(=합리적 확신을 확보할 수 있는 방법론)으로 내부회계관리제도 설계 및 운영 개념체계를 통해 제시하고 있다. 설계 및 운영 개념체계는 미국의 COSO Framework을 거의 그대로 벤치마크하고 있으므로 이에 대한 이해가 중요하다.

참고목적으로 합리적 확신에 대해서는 미국 SEC의 Securities Exchange Act에 규정되어 있는데 합리적 확신을 부여하기 위해서는 신중한 관리자(prudent official, 회계와 내부회계관리제도에 충분한 전문지식을 갖춘 객관적인 관리자)의 판단을 만족시키는 정도를 의미하고 있으며, 다음과 같은 보편적인 내부통제를 구축하도록 하고 있다.[14)]

- 거래는 경영진의 일반승인 혹은 특별승인에 의해 수행된다.
- 거래는 일반적으로 인정된 회계원칙 혹은 기타 준거기준에 의거하여 재무제표에 기록되며 자산에 대한 관리책임이 유지된다.
- 자산에 대한 접근은 경영진의 일반승인 혹은 특별승인에 의해서만 수행된다.
- 기록된 자산은 주기적 혹은 비주기적으로 실제 존재하는 자산과 비교하고 차이가 발생하는 부분에 대해서 적절한 조치가 취해진다.

---

14) SEC Securities Exchagne Act Sec.13

(2) Every issuer which has a class of securities registered pursuant to section 12 of this title and every issuer which is required to file reports pursuant to section 15(d) of this title shall—

(B) devise and maintain a system of internal accounting controls sufficient to provide reasonable assurances that—

(i) transactions are executed in accordance with management's general or specific authorization;

(ii) transactions are recorded as necessary (I) to permit preparation of financial statements in conformity with generally accepted accounting principles or any other criteria applicable to such statements, and (II) to maintain accountability for assets;

(iii) access to assets is permitted only in accordance with management's general or specific authorization; and

(iv) the recorded accountability for assets is compared with the existing assets at reasonable intervals and appropriate action is taken with respect to any differences;

2.5 COSO 보고서[15)]

내부회계관리제도 설계·운영 개념체계는 내부통제를 이해하고 정의하는 데 있어 새롭고 창의적인 새로운 개념모형을 개발하기보다는 COSO 보고서의 Internal Control-Integrated Framework을 주요 준거기준으로 채택하였다. 따라서, 내부회계관리제도의 유효한 구축과 이해를 위해서는 COSO 보고서의 기본개념을 이해하는 것이 매우 중요하다.

COSO 보고서는 내부통제의 목적을 운영목적, 보고목적, 법규준수목적으로 구분하여 포괄적으로 정의하고 있으며, 내부통제의 표준 모델로 받아들여지고 있다. 다만, 실무에서 오해가 많은 부분으로 COSO 보고서를 내부회계관리제도와 동일시하는 경우가 있었다. COSO 보고서는 내부통제(Internal controls) 전체를 다루는 모형이고, 반면 내부회계관리제도는 그 구현 방법에 있어 COSO 보고서를 준용한 것으로 이해하여야 한다.

2.5.1 COSO 프레임워크(COSO Framework)

COSO 프레임워크 정육면체의 상층부는 다음의 내부통제의 3가지 목적(Objectives of Internal control)을 나타내고 있다.

- Operations - 기업운영의 효과성 및 효율성 확보(운영목적)
- Reporting - 보고정보의 신뢰성 확보(보고목적)
- Compliance - 관련법규 및 정책의 준수(법규준수목적)

전면부는 내부통제의 목적을 달성하기 위한 5가지 구성요소(COSO components)를 표시한다.

- 통제환경(Control Environment)
- 위험평가(Risk Assessment)
- 통제활동(Control Activities)
- 정보 및 의사소통(Information & Communication)
- 모니터링(Monitoring)

측면부는 단위 조직 혹은 활동을 구분하고 있는데 이는 전사수준의 내부통제뿐만 아니라 하부 조직단위 혹은 활동까지도 내부통제의 3가지 목적 및 5가지 구성요소를 적용할

15) Internal Control - Integrated Framework(COSO, The Committee of Sponsoring Organizations of the Tradeway Commission)

수 있음을 의미한다.

| COSO 프레임워크(Internal Control – Integrated Framework) |

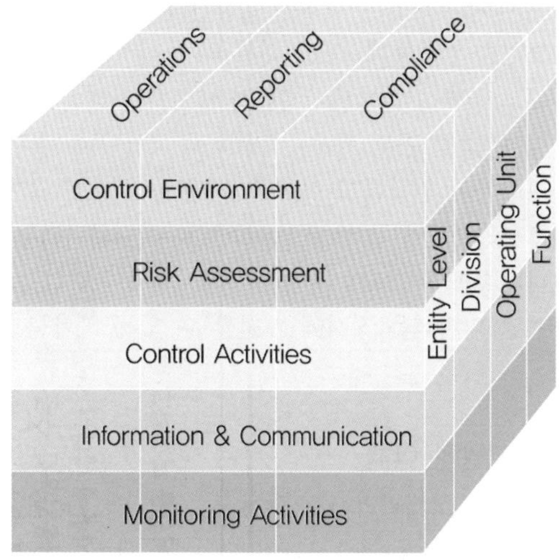

(Internal Control – Integrated Framework)

각 구성요소의 정의는 내부회계관리제도 설계 및 운영 개념체계 문단 6에 따르면 아래와 같으며, 세부 사항은 전사수준통제 부분에서 설명된다.

| 내부통제 구성요소의 정의 |

구성요소	내 용
통제환경 (Control Environment)	내부통제제도의 기반을 이루는 구성요소로, 도덕성과 윤리적 가치에 대한 태도를 기반으로 한다. 이사회, 감사 및 감사위원회를 포함한 내부통제제도 관련 조직의 책임을 명확히 하고 해당 업무를 수행할 수 있는 조직 체계의 구성, 교육을 포함한 인력 운용 및 성과평가와의 연계가 이뤄질 수 있는 체계를 포함한다.
위험평가 (Risk Assessment)	내부통제제도의 목적 달성을 저해하는 위험을 식별하고 평가 및 분석하는 활동을 의미한다. 구체적이고 명확한 목적을 설정하여 관련된 위험을 파악하고, 파악된 위험의 중요도(심각성) 정도를 평가한다. 동 절차에서 부정위험 평가를 포함하여 고려하고, 회사의 중요한 변화사항을 고려하여 기존에 평가한 위험을 지속적으로 유지·관리하는 것을 포함한다.

구성요소	내 용
통제활동 (Control Activities)	조직 구성원이 이사회와 경영진이 제시한 경영방침이나 지침에 따라 업무를 수행할 수 있도록 마련된 정책 및 절차가 준수될 수 있는 통제활동이 선택, 구축될 수 있는 체계를 포함한다. 통제활동은 경영진의 업무성과 검토, 정보기술 일반통제, 승인, 대사 및 물리적 통제 등 다양한 방법이 포함된다.
정보 및 의사소통 (Information & Communication)	조직 구성원이 내부통제제도의 책임을 수행할 수 있도록 신뢰성 있는 정보를 활용할 수 있는 체계를 구비한다. 4가지 통제 구성요소에 대한 대·내외 의사소통이 원활하게 이뤄질 수 있는 체계를 포함한다.
모니터링 (Monitoring)	내부통제제도의 설계와 운영의 효과성을 평가하고 유지하기 위해 상시적인 모니터링과 독립적인 평가 또는 두 가지의 결합을 고려한 평가를 수행하고, 발견된 미비점을 적시에 개선할 수 있는 체계를 포함한다.

❑ COSO 프레임워크의 개괄적 이해

앞서 언급한 바와 같이 「내부회계관리제도 설계 및 운영 개념체계」는 COSO 보고서에 기반하고 있기 때문에, 내부회계관리제도의 근간이 되는 「설계 및 운영 개념체계」를 이해하기 위해서는 COSO 프레임워크에 대한 이론적인 이해가 반드시 선행되어야 한다.

하지만, 저자는 내부회계관리제도의 실무 혹은 실무강의의 과정에서 실무자 혹은 독자의 대부분이 COSO 프레임워크를 정확하게 이해하는 데 어려움을 겪는다는 것을 경험하게 되었다. 이는 내부통제 혹은 내부회계관리제도의 용어를 처음 접하여 익숙하지 않으며, 관련 개념이 매우 추상적인 데다가, 「설계 및 운영 개념체계」자체가 영문을 그대로 번역한 것에 기인한 것으로 생각된다. 따라서, 내부회계관리제도를 처음 접하는 독자는 위의 「설계 및 운영 개념체계」에서 설명하고 있는 정의를 처음부터 완벽하게 이해하려고 하기보다 다음 페이지의 설명으로 전반적인 이해를 선행할 것을 권고한다.

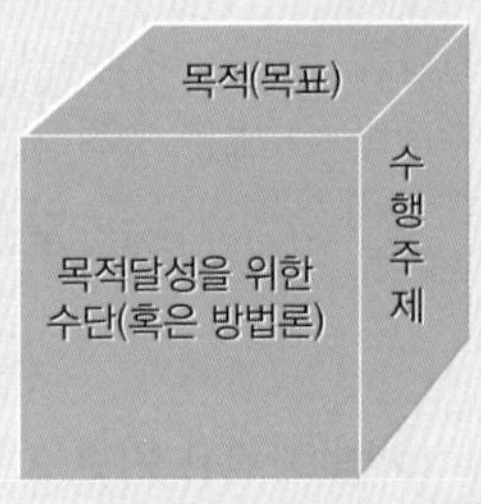

COSO 프레임워크는 사실상 대단히 어렵고 전문적인 모형이라기보다는 목적달성을 위한 일반적 접근방법론에 가깝다. COSO 프레임워크는 정육면체의 모형에 의해 설명되는데 상층부는 「목적(혹은 목표)」[16]를 나타내며 전면부는 그 목적을 달성할 수 있는 「수단(혹은 방법)」을 의미한다. 측면부는 그 「수단(혹은 방법)」을 누가 수행할 것인가의 의미라고 이해하는 것이 쉽다.

우선, 다음의 이야기로 COSO 프레임워크에 대한 이해를 선행하여 보자.

16) 상층부는 영문으로 objectives이며, 이는 '목적' 혹은 '목표'라고 번역될 수 있다(something toward which effort is directed, an aim, goal, or end of action).

학부모A는 '자녀의 성적향상'이라는 목표를 세웠다. 학부모A는 그 목표를 달성하기 위해 수험생 자녀의 공부시간을 더 확보하고 학원에 열심히 보냈다. 하지만 이내 그러한 노력이 '자녀의 성적향상'이라는 목표를 완전하고 충분히 달성하는 데 부족하다는 사실을 깨닫게 되었다. 이러한 부족함을 만회하고자 학부모A는 학부모B의 자녀들이 항상 좋은 성적을 거둔다는 것에 주목하여 학부모B와 대화를 나누게 되었다.

학부모B는 목적달성을 위해 더욱 세련되고 발전된 전략을 구사하고 있었다. 물론, 학부모B도 자녀가 공부시간을 확보하고 학원에 열심히 다니는 것은 성적향상을 위한 핵심활동(key activity)으로, 이를 배제할 수는 없다는 사실도 잘 알고 있었다. 하지만, 학부모A는 학부모B가 아래와 같은 방법을 동원하고 있다고 결론을 내렸다.

첫 번째로 학부모B는 공부 잘하는 집안이 있다는 점을 주목하였다. 이러한 집안의 특징은 '올바른 교육은 매우 중요하다'는 '학부모의 매우 강력한 의지와 가풍'이 있다는 것을 분석해 내었다. 그러한 부모의 강력한 의지는 올바른 학습환경 분위기를 조성하고 학생에게 교육과 성적에 대한 강한 책임감을 부여하게 된다. 학부모B는 이러한 올바른 분위기 조성을 위해 실제로 대단한 노력을 경주하고 있음을 주목한 것이다.

두 번째로 시간을 효율적으로 사용하기 위한 학습방법을 사용하고 있다는 것이었다. 시간이라는 자원은 누구에게나 한정되어 있기 때문에, 성적향상(목적)을 방해하는 요소를 식별, 분석하고 그에 따른 대비를 하도록 하였다. 따라서, 대상 학습항목 모두에 동일하게 시간을 배분하는 것이 아니라, 성적이 오르지 못하게 발목을 잡고 있는 과목이나 챕터의 분석에 따라 공부시간을 배분하고 대응방안을 마련하고 있었다.

세 번째로는 공부시간을 확보하고 열심히 공부하는 것이었는데, 이는 학부모A의 방법과 유사한 것이었다.

네 번째로는 학부모B는 성적향상을 위해 양질의 정보를 수집하고 사용하고 있으며 원활한 의사소통에 주안점을 두고 있다는 점이었다. 출제성향은 어떤지, 최근 유형과 입시정보, 그리고 가장 좋은 수업은 어떤 것인지에 대한 정보 수집과 활용에 많은 노력을 기울이고 있었다. 또한, 학생과의 원활한 의사소통을 통해 애로사항을 파악하고 학교 선생님과도 양방향 의사소통을 통해 문제점이나 개선사항을 적시에 파악하고 있었다.

마지막으로 앞서 첫 번째부터 네 번째까지의 방법이 말로만 끝나는 것이 아니라는 점이었다. 잘 수행되고 있는지 상시로 모니터링하거나 잘 수행되고 있지 않을 것이라고 의심이 드는 부분은 별도로 확인하고 있었다. 실제로 처음 확인하였을 때, 자녀가 학원에 공부하러 간다고 했지만 놀러나간 사례가 다수 발견되었다고도 하였다.

학부모A는 큰 충격에 휩싸였다. 그동안 수없이 많은 노력을 경주하여도 목적을 달성할 수 없었던 이유를 이해할 수 있었다. 노력, 그 자체가 목적달성을 의미하지 않으며, 올바른 방법에 의한 노력만이 목적달성에 더 가깝게 다가갈 수 있다는 것을 깨닫게 되었다.

물론 위의 사례는 COSO 프레임워크의 설명을 위해 가상으로 만든 이야기이다. 하지만, 학부모A와 학부모B 중 어떤 방법이 목적을 달성하기에 더 유리한 모형인가?

학부모B의 방법은 COSO 프레임워크의 개념을 개괄적으로 설명하고 있다. COSO 프레임워크는 내부통제의 목적을 달성하기 위한 방법론이다.

앞선 이야기에서 목적은 '자녀의 성적향상'이었는데 이에 해당하는 부분이 COSO 프레임워크의 상층부에 해당한다. COSO 프레임워크에서는 내부통제가 달성하고자 하는 목적(objectives)을 ① 기업운영의 효율성 및 효과성 확보(operations), ② 보고 정보의 신뢰성 확보(Reporting), ③ 관련 법규 및 정책의 준수(compliance)의 3가지로 제시하였다.

'자녀의 성적향상'이라는 목적을 달성하기 위해 학부모B는 5가지의 접근방법을 보유하고 있었는데 COSO 프레임워크의 전면부가 이에 해당한다. 이를 내부통제 구성요소(COSO components)라고 하는데 ① 통제환경, ② 위험평가, ③ 통제활동, ④ 정보 및 의사소통, ⑤ 모니터링으로 구성되어 있다.

내부통제의 목적(3가지)을 달성하기 위해서 첫 번째로 내부통제에 대한 조직문화 혹은 건전한 분위기 조성이 필수적이며 이는 경영진의 강력한 의지(tone at the top)로부터 출발한다(통제환경). 또한, 조직의 목적달성을 저해하는 것을 위험으로 정의하고 그 위험을 식별, 분석하고 대응방안을 마련할 수 있어야 한다(위험평가). 물론, 당연히 내부통제의 목적을 달성하기 위해서 내부통제 활동의 수행은 필수적일 것이다(통제활동). 내부통제 구성요소를 수행하기 위해서는 양질의 정보를 사용하여야 하며, 조직 내·외부적으로 원활한 의사소통 체계를 구축하고 수행하는 것이 중요하다(정보 및 의사소통). 마지막으로 통제환경, 위험평가, 통제활동, 정보 및 의사소통이 잘 지켜지고 있는지 들여다보아야 한다. 잘 지켜지지 않는 부분은 심각성을 판단하여 그에 대한 보완을 하여야 할 것이다(모니터링).

실무 과정에서 COSO 프레임워크의 이해에 대한 어려움을 겪을 뿐만 아니라, COSO 프레임워크(혹은 COSO보고서) 자체가 내부회계관리제도를 위한 보고서로 오해하는 경우도 많았다. 하지만, COSO 프레임워크는 내부통제 전체에 대한 내용이며, 내부회계관리제도는 내부통제의 목적 중 외부 재무보고(external financial reporting)에 한정된다. 그 방법론을 위해 COSO 프레임워크를 준용하고 있다는 것으로 이해해야 한다.

우리회사(혹은 조직)의 내부통제는 조직의 목적을 달성하기에 충분하다고 자신 있게 말할 수 있을 것인가? 우리회사(혹은 조직)는 혹시 학부모A는 아니었는지 돌이켜 보아야 한다.

2.5.2 COSO 보고서의 체계

COSO 보고서는 5가지 구성요소(COSO components)만을 제시하는 것이 아니라 더욱 구체적인 적용을 위해 17가지 원칙(17 principles)과 중점고려사항(Points of focus)을 제시하고 있으며, COSO 보고서를 기반으로 제정된 내부회계관리제도 설계 및 운영 개념체계에서도 동일하게 준용하고 있다.

구성요소와 원칙은 내부회계관리제도 대상인 모든 기업이 반드시 적용하여야 하는 강제규정이다. 따라서 관련 17가지 원칙이 존재(present) · 기능(functioning)하지 않는 경우에는 내부통제 5가지 구성요소가 존재 · 기능할 수 없는 것이므로 효과적인 내부회계관리제도가 구축되었다고 할 수 없다.[17)]

중점고려사항(Points of Focus, POF)은 원칙을 달성하기 위한 구체적인 항목을 제시한다. 회사의 특수한 환경을 고려하여 일부 중점고려사항을 적용하는 것이 적합하지 않거나 필요한 경우 변경 또는 추가할 수 있다. 하지만, 저자의 의견으로는 17가지 원칙이 존재하고, 기능한다는 것을 객관적으로 증명하기 위해서는 모든 중점고려사항을 적용할 것을 권고한다.

| 5가지 구성요소 - 17원칙 - 중점고려사항의 체계 |

2.6 내부회계관리제도의 역할과 책임

외감법 및 동법 시행령에서 회사는 내부회계관리제도를 구축하고 이를 운영하도록 하고 있는데, 그 책임에 대해서는 대표이사 및 내부회계관리자의 책임과 이사회 및 감사(위원회)의 책임으로 구분하고 있다.

---

17) 다만, 내부회계관리제도 설계 · 운영 개념체계 문단19에서는 관계 법령, 산업 및 운영환경상의 특성에 따라 특정 원칙이 적용 가능하지 않다고 경영진이 판단할 수 있는 극히 예외적인 경우가 있을 수 있다고 기술하고 있다.

| 내부회계관리제도 보고 |

보고받는 주체 (Recipient)

작성 및 보고주체(Reporter)	내부통제팀 담당자	내부회계관리자 (일반적으로 CFO)	대표이사	내부감사 (혹은 감사위원회)	이사회	주주총회
내부통제팀 담당자		운영실태보고서 (서명)				
내부회계관리자 (일반적으로 CFO)			운영실태보고서 (서명)			
대표이사				운영실태보고서 (보고)	운영실태보고서 (보고)	운영실태보고서 (보고)
내부감사 (혹은 감사위원회)					평가보고서 (서명) (보고)	

주) 문서로 사유서를 제출하는 경우 이사회 및 감사위원회에 대한 보고는 내부회계관리자가 대표이사를 갈음하여 보고할 수 있음.

2.6.1 대표이사 및 내부회계관리자의 역할과 책임

회사의 대표이사는 효과적인 내부회계관리제도 설계 및 운영에 대한 궁극적인 책임을 진다. 또한, 내부회계관리제도 운영에 필요한 전문적 지식을 보유한 상근이사 1인을 내부회계관리자로 지정하여야 한다. 단, 담당하는 이사가 없는 경우에는 해당 이사의 업무를 집행하는 자를 내부회계관리자로 임명할 수 있다.

대표이사 및 내부회계관리자는 필수적으로 내부회계관리제도 및 관련 통제절차를 문서화하여야 하며 그 효과성에 대해 평가해야 한다.

외감법 제8조 및 시행령 제9조에서는 내부회계관리제도가 원활히 운영되도록 다음과 같은 사항에 대해 제반조치를 강구할 것을 명문화하고 있다.

주식회사 등 외부감사에 관한 법률

제8조 (내부회계관리제도의 운영 등) ① 회사는 신뢰할 수 있는 회계정보의 작성과 공시(公示)를 위하여 다음 각 호의 사항이 포함된 내부회계관리규정과 이를 관리·운영하는 조직(이하 "내부회계관리제도"라 한다)을 갖추어야 한다. 다만, 주권상장법인이 아닌 회사로서 직전 사업연도 말의 자산총액이 1천억 원 미만인 회사와 대통령령으로 정하는 회사는 그러하지 아니하다.

1. 회계정보(회계정보의 기초가 되는 거래에 관한 정보를 포함한다. 이하 이 조에서 같

다)의 식별·측정·분류·기록 및 보고 방법에 관한 사항
2. 회계정보의 오류를 통제하고 이를 수정하는 방법에 관한 사항
3. 회계정보에 대한 정기적인 점검 및 조정 등 내부검증에 관한 사항
4. 회계정보를 기록·보관하는 장부(자기테이프·디스켓, 그 밖의 정보보존장치를 포함한다)의 관리 방법과 위조·변조·훼손 및 파기를 방지하기 위한 통제 절차에 관한 사항
5. 회계정보의 작성 및 공시와 관련된 임직원의 업무 분장과 책임에 관한 사항
6. 그 밖에 신뢰할 수 있는 회계정보의 작성과 공시를 위하여 필요한 사항으로서 대통령령으로 정하는 사항

② 회사는 내부회계관리제도에 의하지 아니하고 회계정보를 작성하거나 내부회계관리제도에 따라 작성된 회계정보를 위조·변조·훼손 및 파기해서는 아니 된다.

③ 회사의 대표자는 내부회계관리제도의 관리·운영을 책임지며, 이를 담당하는 상근이사(담당하는 이사가 없는 경우에는 해당 이사의 업무를 집행하는 자를 말한다) 1명을 내부회계관리자로 지정하여야 한다.

④ 회사의 대표자는 사업연도마다 주주총회, 이사회 및 감사(감사위원회가 설치된 경우에는 감사위원회를 말한다. 이하 이 조에서 같다)에게 해당 회사의 내부회계관리제도의 운영실태를 보고하여야 한다. 다만, 회사의 대표자가 필요하다고 판단하는 경우 이사회 및 감사에 대한 보고는 내부회계관리자가 하도록 할 수 있다.

⑤ 회사의 감사는 내부회계관리제도의 운영실태를 평가하여 이사회에 사업연도마다 보고하고 그 평가보고서를 해당 회사의 본점에 5년간 비치하여야 한다. 이 경우 내부회계관리제도의 관리·운영에 대하여 시정 의견이 있으면 그 의견을 포함하여 보고하여야 한다.

⑥ 감사인은 회계감사를 실시할 때 해당 회사가 이 조에서 정한 사항을 준수했는지 여부 및 제4항에 따른 내부회계관리제도의 운영실태에 관한 보고내용을 검토하여야 한다. 다만, 주권상장법인(직전 사업연도 말의 자산총액이 1천억원 미만인 주권상장법인은 제외한다)의 감사인은 이 조에서 정한 사항을 준수했는지 여부 및 제4항에 따른 내부회계관리제도의 운영실태에 관한 보고내용을 감사하여야 한다.

⑦ 제6항에 따라 검토 또는 감사를 한 감사인은 그 검토결과 또는 감사결과에 대한 종합의견을 감사보고서에 표명하여야 한다.

⑧ 제1항부터 제7항까지에서 규정한 사항 외에 내부회계관리제도의 운영 등에 필요한 사항은 대통령령으로 정한다.

주식회사 등 외부감사에 관한 법률 시행령

제9조 (내부회계관리제도의 운영 등) ① 법 제8조 제1항 각 호 외의 부분 단서에서 "대통령령으로 정하는 회사"란 다음 각 호의 어느 하나에 해당되는 회사를 말한다.

1. 유한회사
2. 「법인세법」 제51조의2 제1항 각 호의 어느 하나에 해당하거나 「조세특례제한법」 제104조의31 제1항에 해당하는 회사
3. 직전 사업연도 말의 자산총액이 5천억원 미만인 회사. 다만, 다음 각 목의 어느 하나에 해당하는 회사는 제외한다.
   가. 주권상장법인
   나. 직전 사업연도 말 기준 공시대상기업집단에 속하는 국내 회사
   다. 직전 사업연도 말 기준 사업보고서 제출대상법인
   라. 금융회사
4. 그 밖에 회사의 특성을 고려할 때 법 제8조 제1항에 따른 내부회계관리제도(이하 "내부회계관리제도"라 한다)를 운영하기가 어려운 회사로서 금융위원회가 정하여 고시하는 기준에 맞는 회사

② 법 제8조 제1항 제6호에서 "대통령령으로 정하는 사항"이란 다음 각 호의 사항을 말한다.

1. 법 제8조 제1항에 따른 내부회계관리규정(이하 "내부회계관리규정"이라 한다)의 제정 및 개정을 위한 절차
2. 법 제8조 제3항에 따른 내부회계관리자(이하 "내부회계관리자"라 한다)의 자격요건 및 임면절차
3. 법 제8조 제4항에 따른 운영실태[회사의 대표자, 감사[회사에 법 제2조 제6호에 따른 감사위원회(이하 "감사위원회"라 한다)가 설치되어 있는 경우에는 감사위원회를 말한다. 이하 이 조에서 같다], 내부회계관리규정을 관리·운영하는 임직원 및 회계정보를 작성·공시하는 임직원(이하 이 조에서 "회사의 대표자 등"이라 한다)이 법 제8조 제2항을 준수하였는지를 포함한다] 보고의 기준 및 절차
4. 법 제8조 제5항에 따른 평가·보고의 기준 및 절차
5. 법 제8조 제5항에 따른 평가 결과를 회사의 대표자 등의 인사·보수 및 차기 사업연도 내부회계관리제도 운영계획 등에 반영하기 위한 절차 및 방법
6. 연결재무제표에 관한 회계정보를 작성·공시하기 위하여 필요한 사항(지배회사가 주권상장법인인 경우만 해당한다)
7. 내부회계관리규정 위반의 예방 및 사후조치에 관한 다음 각 목의 사항
   가. 회사의 대표자 등을 대상으로 하는 교육·훈련의 계획·성과평가·평가결과의 활용 등에 관한 사항
   나. 회사의 대표자 등이 내부회계관리규정을 관리·운영하는 임직원 또는 회계정보를 작성·공시하는 임직원에게 내부회계관리규정에 위반되는 행위를 지시하는 경우에 해당 임직원이 지시를 거부하더라도 그와 관련하여 불이익을 받지 아니하도록

보호하는 제도에 관한 사항

다. 내부회계관리규정 위반행위 신고제도의 운영에 관한 사항

라. 법 제22조 제3항·제4항에 따른 조사·시정 등의 요구 및 조사결과 제출 등과 관련하여 필요한 감사의 역할 및 책임에 관한 사항

마. 법 제22조 제5항에 따른 자료나 정보 및 비용의 제공과 관련한 회사 대표자의 역할 및 책임에 관한 사항

바. 내부회계관리규정을 위반한 임직원의 징계 등에 관한 사항

8. 그 밖에 내부회계관리규정에 포함하여야 할 사항으로서 금융위원회가 정하는 사항

③ 회사는 내부회계관리규정을 제정하거나 개정할 때 감사의 승인 및 이사회의 결의를 거쳐야 한다. 이 경우 감사와 이사회는 승인 또는 결의의 이유 등을 문서(전자문서를 포함한다. 이하 같다)로 작성·관리하여야 한다.

④ 회사의 대표자는 법 제8조 제4항 본문에 따라 다음 각 호의 사항이 포함된 문서(이하 "내부회계관리제도 운영실태보고서"라 한다)를 작성하여 이사회 및 감사에게 대면(對面) 보고를 하여야 한다. 다만, 법 제8조 제4항 단서에 따라 내부회계관리자가 보고하는 경우에는 보고 전에 회사의 대표자가 그 사유를 이사회 및 감사에게 문서로 제출하여야 한다.

1. 내부회계관리제도의 운영실태를 점검한 결과 및 취약 사항에 대한 시정조치 계획
2. 직전 사업연도에 보고한 제1호에 따른 시정조치 계획의 이행 결과
3. 다음 각 목의 사항을 확인하고 서명하여 보고 내용에 첨부하였다는 사실

가. 보고 내용이 거짓으로 기재되거나 표시되지 아니하였고, 기재하거나 표시하여야 할 사항을 빠뜨리고 있지 아니하다는 사실

나. 보고 내용에 중대한 오해를 일으키는 내용이 기재되거나 표시되지 아니하였다는 사실

다. 충분한 주의를 다하여 보고 내용의 기재 사항을 직접 확인·검토하였다는 사실

⑤ 감사는 법 제8조 제5항 전단에 따라 내부회계관리제도의 운영실태를 평가(감사위원회가 설치되어 있는 경우에는 대면 회의를 개최하여 평가하여야 한다)한 후 다음 각 호의 사항을 문서(이하 "내부회계관리제도 평가보고서"라 한다)로 작성·관리하여야 한다.

1. 해당 회사의 내부회계관리제도가 신뢰성 있는 회계정보의 작성 및 공시에 실질적으로 기여하는지를 평가한 결과 및 시정 의견
2. 내부회계관리제도 운영실태보고서에 거짓으로 기재되거나 표시된 사항이 있거나, 기재하거나 표시하여야 할 사항을 빠뜨리고 있는지를 점검한 결과 및 조치 내용
3. 내부회계관리제도 운영실태보고서의 시정 계획이 회사의 내부회계관리제도 개선에 실질적으로 기여할 수 있는지를 검토한 결과 및 대안

⑥ 감사 또는 감사인은 법 제8조 제5항 또는 제6항에 따른 평가 또는 검토 등을 하는데 필요한 자료나 정보를 회사의 대표자에게 요청할 수 있다. 이 경우 회사의 대표자는 특별한 사유가 없으면 지체 없이 이를 제공하여야 한다.

⑦ 감사는 정기총회 개최 1주 전까지 내부회계관리제도 평가보고서를 이사회에 대면 보

고하여야 한다.
⑧ 주권상장법인의 감사인은 법 제8조 제6항 단서에 따라 감사를 할 때에는 법 제16조에 따른 회계감사기준(이하 "회계감사기준"이라 한다)을 준수하여야 한다.
⑨ 사업보고서 제출대상법인은 금융위원회가 정하는 바에 따라 다음 각 호의 사항을 공시하여야 한다.
1. 내부회계관리제도 운영실태보고서
2. 내부회계관리제도 평가보고서
3. 그 밖에 금융위원회가 정하는 사항
⑩ 제1항부터 제9항까지에서 규정한 사항 외에 내부회계관리제도를 효과적으로 운영하는 데 필요한 사항은 금융위원회가 정한다.

외감법에 따른 대표이사 및 내부회계관리자의 주요 책임을 정리하면 다음과 같다.

- 내부회계관리규정(이사회의 승인이 필요)
- 내부회계관리제도의 설계 및 운영(문서화)
- 내부회계관리제도 유효성 평가
- 조직 내 내부회계관리제도에 대한 책임/권한/보고관계의 명확화

대표이사 및 내부회계관리자는 단지 내부회계관리규정을 보유하고 있는 것으로는 내부회계관리제도가 효과적이라고 할 수 없으며, 그 책임을 다하였다고 할 수 없다.

2.6.2 이사회의 역할과 책임

이사회는 대표이사 및 내부회계관리자가 설계하고 운영하는 내부회계관리제도에 대한 감독책임이 있다. 따라서, 효과적인 내부회계관리제도의 운영을 위해 독립적인 이사(사외이사)를 이사회의 구성원으로 포함시키는 것이 바람직하다.

이사회는 내부회계관리제도를 직접 관리·감독할 수도 있고 필요한 경우 감사(위원회)에 일부를 위임할 수도 있다. 관련하여 설계·운영 개념체계 문단 39.1에서는 외감법 등 법률에서 정하는 사항과 내부회계관리제도, 내부감사 및 부정방지 프로그램 등의 감독책임을 감사(위원회)에 위임할 수 있도록 하는 근거를 마련하고 있다.

만약 내부회계관리제도의 감독책임을 감사(위원회)에 일부 위임하는 경우에는 내부회계관리규정에 이사회가 직접 수행하는 부분과 감사(위원회)에 위임된 부분을 명확하게 정의하는 것이 필요하다. 일부기능이 위임된 경우에는 당연히 설계·운영 개념체계 등에서 "이사회"로 규정되어 있는 문구는 "감사(위원회)"로 해석되어야 한다.

이사회가 내부회계관리제도를 직접 관리 · 감독하여야 하는지요?
(내부회계관리제도운영위원회 답변)

이사회의 내부회계관리제도 관리 · 감독에는 아래의 업무가 포함됩니다(평가 · 보고 모범규준 문단 94).

내부회계관리규정 및 중요 정책의 승인

- 내부회계관리제도와 관련된 조직구조의 승인
- 회사 내 재무보고 및 자산보호와 관련된 제반 위험에 대한 이해
- 파악된 위험에 대한 경영진의 대응 방안 및 통제 미비점에 대한 경영진의 조치에 대한 확인
- 내부회계관리제도의 효과성에 대한 경영진의 모니터링 및 평가활동에 대한 확인 등

가능한 경우에는 이사회가 내부회계관리제도를 직접 관리 · 감독할 수 있고, 필요한 경우 감사(위원회)에 일부를 위임할 수도 있습니다. 설계 · 운영 개념체계와 설계 · 운영 적용기법에서는 외감법에서 요구하는 감사(위원회)의 내부회계관리제도 운영실태 평가와 이사회 대면 보고를 고려하여, 이사회는 외감법 등 법률에서 정하는 사항과 내부회계관리제도, 내부감사 및 부정방지 프로그램 등의 감독책임을 감사(위원회)에 위임할 수 있다고 설명하고 있습니다(설계 · 운영 개념체계 문단 39.1 및 A9). 따라서 회사는 내부회계관리제도에 대한 관리 · 감독 책임과 관련하여 이사회가 직접 수행할 부분과 감사(위원회)에 위임할 부분을 정의하고 이를 내부회계관리규정에 반영하는 것이 바람직합니다.

2.6.3 감사(감사위원회)의 역할과 책임

감사(감사위원회)는 내부회계관리제도에 대한 독립적 평가 기능을 통해 내부회계관리제도의 적정한 운영 및 개선을 지원한다.

감사(위원회)는 대표이사 및 내부회계관리자와의 독립적인 입장에서 내부회계관리제도의 운영실태를 평가하고 그 결과를 이사회에 통보하여 문제점을 시정하게 함으로써 내부회계관리제도가 원활하게 작동되도록 하는 역할을 수행하게 된다.

- 내부회계관리제도에 대한 전반적 평가를 이사회에 보고
- 내부회계관리제도의 개선권고안 제시
- 내부회계관리제도상의 취약점 및 개선방안에 대한 이행 여부 확인

| 내부회계관리제도 플레이어별 책임과 역할 |

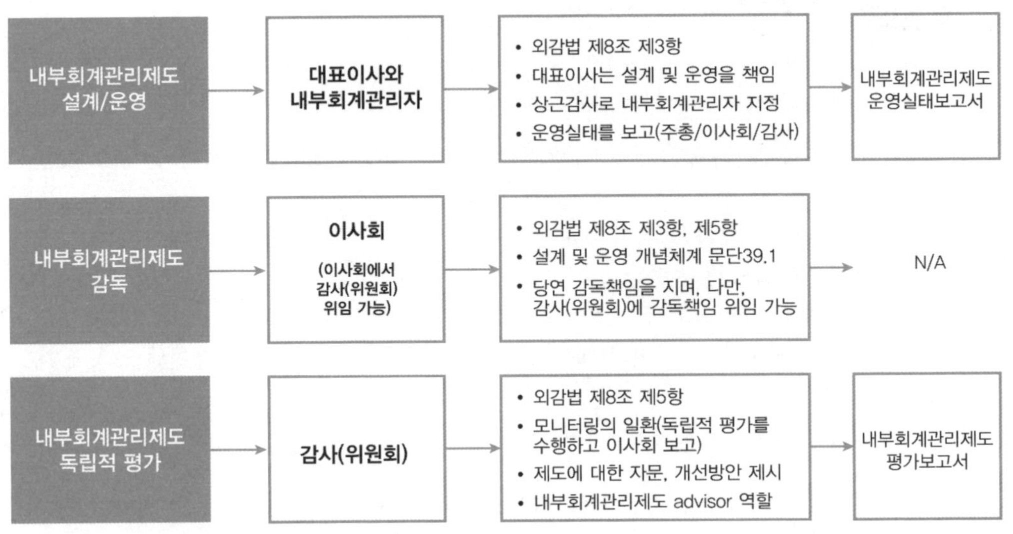

내부회계관리제도 설계/운영
대표이사와 내부회계관리자
• 외감법 제8조 제3항
• 대표이사는 설계 및 운영을 책임
• 상근감사로 내부회계관리자 지정
• 운영실태를 보고(주총/이사회/감사)
내부회계관리제도 운영실태보고서
내부회계관리제도 감독
이사회
(이사회에서 감사(위원회) 위임 가능)
• 외감법 제8조 제3항, 제5항
• 설계 및 운영 개념체계 문단39.1
• 당연 감독책임을 지며, 다만, 감사(위원회)에 감독책임 위임 가능
N/A
내부회계관리제도 독립적 평가
감사(위원회)
• 외감법 제8조 제5항
• 모니터링의 일환(독립적 평가를 수행하고 이사회 보고)
• 제도에 대한 자문, 개선방안 제시
• 내부회계관리제도 advisor 역할
내부회계관리제도 평가보고서

2.6.4 '외부감사 및 회계 등에 관한 규정 시행세칙'에 따른 책임 강화

新외감법 및 관련규정 개정의 후속조치로 회계 감사기준위반에 대한 조치양정기준을 전면 개편하고 재무제표 심사제도 세부절차 마련하기 위해 2019년 4월 1일을 시행일로 하는 외부감사 및 회계 등에 관한 규정 시행세칙(외감규정 시행세칙)을 개정하였는데 내부회계관리제도에 대한 책임도 강화되었다.

직무상 주의의무를 현저히 결하였다고 판단할 수 있는 상황이고(행위판단기준), 회계정보이용자의 판단에 큰 영향을 미치는 회계정보에 해당하는 경우(정보의 중요성 판단기준)에는 중과실로 판단한다. 외감규정 시행세칙 별표 1에서는 위법행위의 동기 판단시 내부회계관리규정이나 회계감사기준에서 요구하는 통상적인 절차를 명백하게 거치지 않은 경우 중과실에 의한 위법행위로 규정하고 있다. 회계감사기준은 감사기준서 1100을 포함하고 있으므로 내부회계관리제도를 적절하게 구축하고 운영하지 않게 되면 중과실에 해당할 가능성이 높아지게 된다. 또한 외감규정 시행세칙에서는 기본조치에 대하여 가중하거나 감면할 수 있는 조항을 마련하고 있는데 만약 내부회계관리제도에 중요한 취약점이 있는 경우에는 회사 및 임직원에 대하여 가중하여 처벌할 수 있도록 하고 있다.

외감규정 시행세칙 별표 1 [심사 · 감리결과 조치양정기준]

Ⅲ. 위법행위의 동기 판단

2. 고의적인 위법행위가 아닌 경우에는 과실에 따른 위법행위로 본다. 다만, 위법행위가 다음 요건을 모두 충족하는 경우에는 중과실(重過失)에 의한 위법행위로 판단할 수 있으나, 피조사자가 합리적으로 소명하는 경우에는 그러하지 아니하다.

가. 직무상 주의의무를 현저히 결(缺)하였다고 판단할 수 있는 상황으로서 다음의 어느 하나에 해당하는 경우

2) **회계처리기준 위반과 관련하여 내부회계관리규정 또는 회계감사기준에서 요구하는 통상적인 절차를 명백하게 거치지 않거나, 형식적으로 실시한 경우**

Ⅵ. 기본조치의 가중 · 감경

2. 기본조치의 가중사유

가. 위법행위가 다음의 어느 하나에 해당하는 경우에는 회사(임직원 포함)에 대하여 기본조치를 가중할 수 있다.

5) **내부회계관리제도에 중요한 취약사항이 있는 경우**

| 내부회계관리제도 제재 내용 |

관련법규	구 분	대 상	내 용
외감법 47.2.1	내부회계관리제도를 갖추지 아니한 자	회사	3천만 원 이하의 과태료
외감법 47.2.1	내부회계관리자를 지정하지 아니한 자	대표자	
외감법 47.2.2	내부회계관리제도 운영실태를 보고하지 아니한 자	대표자 또는 내부회계관리자	
외감법 47.2.2	내부회계관리제도 운영실태를 보고하지 아니하거나 그 평가보고서를 본점에 비치하지 아니한 자	감사	
외감법 47.2.3	내부회계관리제도 운영실태에 관한 보고내용 등에 대하여 검토 및 감사하지 아니하거나 감사보고서에 종합의견을 표명하지 아니한 자	외부감사인	

18) 코스피 기업의 경우 실질적인 제재의 내용이 없다.

관련법규	구 분	대 상	내 용
코스닥시장 상장규정 28-2.1.2.가	내부회계관리제도 비적정 시	코스닥 기업[18]	투자주의 환기종목 지정
코스닥시장 상장규정 38.2.5.하	2개년 연속 내부회계관리제도 비적정 시	코스닥 기업	상장실질심사, 심사 후 상장폐지도 가능
외감법 15.2 시행령 21.3.2	2개년 연속 내부회계관리제도 비적정 시	회사	외부감사인에 의한 감사계약 해지 가능
외감규정 시행세칙	회계처리기준위반 등 위법행위가 발생한 경우로써, 내부회계관리제도에 중요한 취약사항이 있는 경우	회사, 임직원	기본조치 가중
외감규정 시행세칙	회계처리기준위반 등 위법행위가 발생한 경우로써, 내부회계관리규정에서 요구하는 통상적인 절차를 명백하게 거치지 않거나 형식적으로 실시한 경우	회사, 임직원	중과실에 의한 위법행위로 판단

2.7 외감법 규정 준수에 따른 준비사항

앞서 살펴본 바와 같이 회사는 신뢰할 수 있는 회계정보의 작성과 공시를 위하여 외감법 제8조 제1항에 따라 내부회계관리규정과 이를 관리·운영하는 조직을 갖추어야 한다. 또한, 제4항에 따라 회사의 대표자는 사업연도마다 주주총회, 이사회 및 감사(위원회)에 내부회계관리제도의 운영실태를 보고하여야 하고, 제5항에 근거하여 감사(위원회)는 내부회계관리제도의 운영실태를 평가하여 이사회에 사업연도마다 보고하고 그 평가보고서를 회사의 본점에 5년간 비치하여야 한다.

회사에서 설계 및 운영하는 내부회계관리제도는 외감법 제8조 제6항에 따라 외부감사인은 외감법의 준비사항을 준수하였는지 여부에 대하여 내부회계관리제도에 대한 감사(또는 검토)를 수행한다.

따라서 내부회계관리제도와 관련된 문서화된 근거자료를 통해 회사 스스로 내부회계관리제도 운영실태 보고와 평가에 대한 결론을 입증하여야 하며, 외부감사를 받는 경우 외부감사인이 감사(또는 검토)를 수행하는 데 필요한 자료를 제시할 것을 요구할 수 있다.

내부회계관리제도에서 준비하여야 하는 자료를 요약하면 다음과 같다.[19]

19) 내부회계관리제도운영위원회의 '내부회계관리제도 모범규준 등 적용 FAQ'을 참고하여 작성하였다.

| 외감법 규정의 준수 여부에 대한 필요 자료 |

자료명	관련근거	비 고
내부회계관리규정	법 제8조 제1항	• 외감법 제8조 제1항 각호의 사항 및 시행령 제9조 제2항에의 각호에서 규정한 사항을 포함 • 상장사협의회에서 제시하고 있는 내부회계관리규정 사례를 참조
내부회계관리규정 제·개정시 의사록 (이사회 및 감사 (위원회))	영 제9조 제3항	당기 중 내부회계관리규정의 제·개정이 있는 경우
내부회계관리제도 운영실태보고서	법 제8조 제4항, 영 제9조 제4항 외감규정 시행세칙 제6조 제3항 제1호	• 대표자 대면보고 수행(내부회계관리자 위임시 제출한 사유 문서화) • 영 제9조 제4항 각호의 내용을 포함한 운영실태 보고서 작성 및 보고 • 외감규정 시행세칙을 고려한 기준 및 절차 규정
내부회계관리제도 운영보고 의사록 (이사회 및 감사(위원회))	법 제8조 제4항, 영 제9조 제4항 외감규정 시행세칙 제6조 제3항 제1호	평가·보고 기준 문단 25에서 언급된 내용을 포함
감사의 평가보고서	법 제8조 제5항, 영 제9조 제5항, 영 제9조 제7항, 외감규정 시행세칙 제6조 제3항 제2호	• 시행령 내용을 포함한 평가보고서 작성 및 보고 • 정기총회 개최 1주 전까지 이사회 대면보고 수행 • 외감규정 시행세칙 제6조 제3항 제2호를 고려한 기준 및 절차 규정
내부회계관리제도 감사평가 보고 의사록 (이사회)	법 제8조 제5항, 영 제9조 제5항, 영 제9조 제7항, 외감규정 시행세칙 제6조 제3항 제2호	평가·보고 기준 문단 28에서 언급된 내용 포함
금융위원회 규정에 따른 공시자료	영 제9조 제9항	• 영 제9조 제9항 및 외감규정 시행세칙 제7조 • 자본시장과 금융투자업에 관한 법률 제159조 제1항에 따른 사업보고서 제출 대상법인의 경우

| 경영자 내부회계관리제도 구축 및 운영 근거자료 |

자료명	관련근거	비 고
양적 중요성	평가 · 보고 가이드라인 문단 10	• 중요성 및 수행 중요성 금액 산정 근거 및 결과 • 평가시점 변동된 경우 그 변경을 고려
질적 중요성	평가 · 보고 가이드라인 문단 11	계정 특성 및 프로세스 특성을 고려한 질적 요소 고려방법 및 결과
유의한 계정과목 및 주석 유의한 업무프로세스 평가대상 사업단위 선정	평가 · 보고 가이드라인 문단 9, 14	• 양적/질적 기준을 고려한 유의한 계정과목, 주석 항목 선정결과 • 유의한 계정과목 등과 업무프로세스 연계표 • 재무적으로 유의한 사업단위 선정 근거
내부회계관리제도 평가계획	평가 · 보고 가이드라인 문단 4, 5, 6, 7, 8, 60	• 위험평가에 기반한 내부회계관리제도 효과성 평가계획 및 보고문서 • 중간평가 및 기말평가 수행범위, 대상, 시기 등 • 당기 주요 변화사항에 대한 대응 및 미비점 시정조치
업무기술서	평가 · 보고 가이드라인 문단 28, 29	각 프로세스 단위에서 수행되는 내용을 기술
업무흐름도	평가 · 보고 가이드라인 문단 28, 29	• 조직 내에서 업무흐름 및 제반문서 등을 도식적, 동태적으로 표현 • 통제기술서 등을 보완하기 위한 목적으로 활용
통제기술서	평가 · 보고 가이드라인 문단 28, 29	• 하위프로세스별 경영자주장, 위험평가, 통제목표, 통제활동, 통제유형, 수행빈도 등을 일목요연하게 제시 • 통제활동에 대한 설명과 속성, 빈도 등을 항목을 포함하여 작성

| 내부회계관리제도 효과성 평가 근거자료 |

자료명	관련근거	비 고
설계평가 근거자료	평가 · 보고 가이드라인 문단 40	• 추적조사(Walkthrough test). 매년 반드시 필요하지는 않으나 변경이 존재하는 경우 추적조사 수행 • 변경이 없는 경우 대체적 절차로 통제설계 적정성을 확인할 수 있으며 관련절차를 문서화
운영평가 근거자료	평가 · 보고 가이드라인 문단 43~47	• 운영효과성 평가절차 및 결과 • 테스트 방법(질문/검사/관찰/재수행) 및 샘플링 근거자료(모집단, 표본수, 표본위험) • 테스트 수행자(독립성, 적격성)

| 내부회계관리제도 보고 근거자료 |

자료명	관련근거	비 고
미비점 리스트	평가 · 보고 가이드라인 문단 50~59	• 전사수준통제 및 프로세스수준통제의 설계 및 운영상 미비점 리스트(if any) • 미비점 중요성 구분 근거(미비점, 유의한 미비점, 중요한 취약점)
운영실태보고서	평가 · 보고 가이드라인 문단 60~62	• 대표자의 내부회계관리제도 평가 및 검토내역 • 대표자의 내부회계관리제도 운영실태보고서
평가보고서	평가 · 보고 가이드라인 문단 63~65	• 감사(위원회)의 내부회계관리제도 운영실태평가 및 검토내역 • 감사(위원회)의 내부회계관리제도 평가보고서

2.8 내부회계관리제도 구축 흐름

내부회계관리제도의 구축은 ① Scoping(대상범위 선정), ② 전사수준통제, ③ 업무수준통제, ④ 유효성 평가 및 개선사항, ⑤ 보고 단계 등 5국면으로 설명될 수 있다. 본 서적의 구성은 이와 같은 5국면에 대해 하나씩 기술하였다.

구축 흐름을 도식화하면 다음과 같다.

| 내부회계관리제도 구축 흐름 |

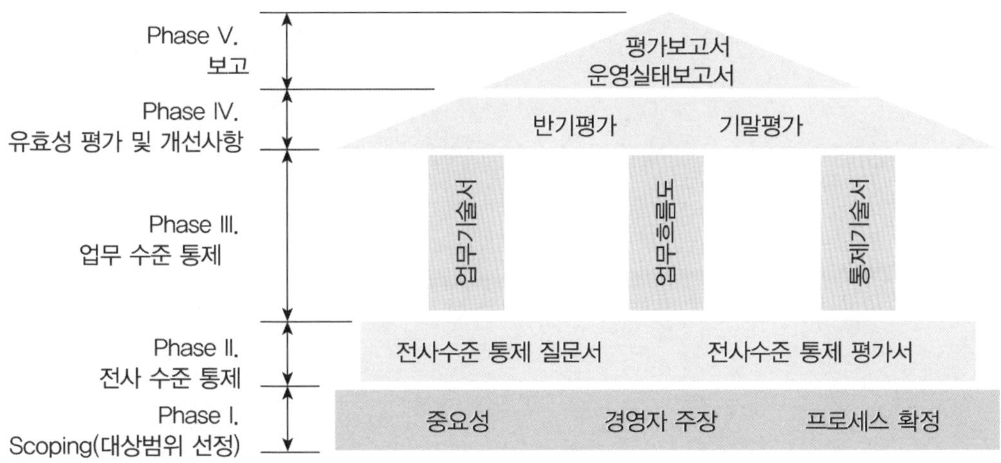

내부회계관리제도 시스템 도입도 필수적으로 수행해야 하나요?

(내부회계관리제도운영위원회 답변)

아닙니다.

내부회계관리제도 시스템 도입 여부는 내부회계관리제도의 효과성에 직접적인 영향을 미치지 않습니다. 시중의 내부회계관리제도 시스템이 제공하는 기능은 단순한 문서관리기능부터 Workflow를 제공하는 것까지 다양합니다. 회사가 내부회계관리제도를 설계, 운영하고 주기적으로 평가하는데 시스템이 필요한지를 판단하는 것이 바람직합니다.

참고로, 내부회계관리제도 관련 시스템의 주요 기능은 다음과 같습니다.

- 내부회계관리제도 관련 주요 업무 흐름 관리(계획 → 평가 → 보고)
- 내부회계관리제도 관련 주요 업무별 문서관리(업무흐름도, 업무기술서, 통제기술서, 테스트 절차서 및 테스트 조서, 미비점 리스트 및 평가 결과서 등 각종 보고 문건 등)
- 문서의 버전 관리 및 변화관리(Master data 관리 등)
- 테스트 계획의 구체화(담당자 지정, 일정 및 결과 취합 등)

연 습 문 제

문제 1

합리적 확신과 절대적 확신

A회사는 자산규모 5,000억 원 이상인 회사로 주식회사 등 외부감사에 관한 법률(이하 외감법)에 따라 내부회계관리제도를 구축하고 운영하여야 한다. 내부회계관리제도의 구축과 관련하여 회사내부적으로 임원 갑돌이와 을순이가 이야기하고 있다.

갑돌이 : 내부회계관리제도는 재무제표의 신뢰성을 확보하는 것을 목표로 하고 있습니다. 따라서 외감법을 준수하기 위해 완전하고 완벽한 재무제표를 산출하기 위한 내부회계관리제도를 구축하여야 할 것입니다.

을순이 : 절대적이고 완벽한 내부회계관리제도를 구축하기 위해서는 예산을 초과하는 비용이 발생할 것으로 예상됩니다.

갑돌이 : 하지만, 재무제표에는 한치의 털끝만한 오류도 허용할 수 없습니다. 모든 불확실성을 제거하고 더 이상 왜곡위험이 존재하지 않도록 하여 완벽한 재무제표가 작성되도록 하여야 합니다.

을순이 : 내부회계관리제도 설계 및 운영 개념체계에서는 내부회계관리제도는 [절대적 확신]이 아니라 [합리적 확신]을 제공하도록 하고 있습니다.

갑돌이 : 그렇다면, 내부회계관리제도를 구축하기 위한 다음의 3개 회계법인의 제안서를 검토하고 선택하도록 합시다.

3개 회계법인의 내부회계관리제도 구축 제안서를 비교, 요약한 결과 및 제공되는 확신의 수준과 구축비용은 다음의 그림과 같이 요약할 수 있다.

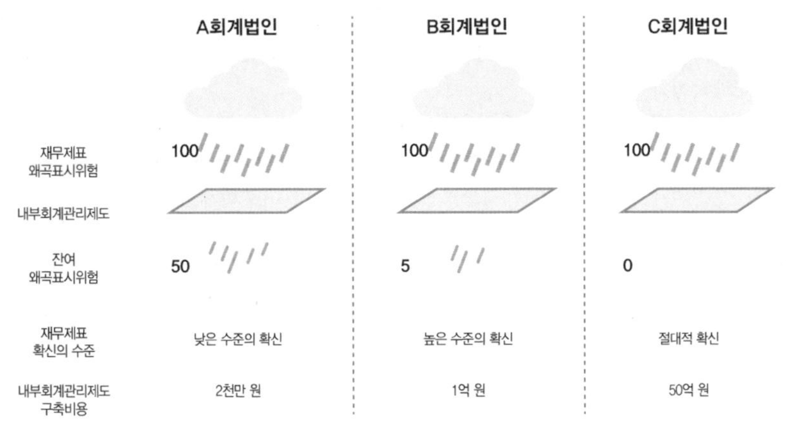

을순이 : 대안별 구축비용의 차이가 크군요. 효과적인 내부회계관리제도는 재무보고의 신뢰성 확보라는 목적 달성을 저해할 수 있는 위험을 합리적인 수준에서 감소시켜야 합니다. 모든 내부통제제도에 대해서는 한계가 존재하고, 정확하게 예측할 수 없는 불확실성이 존재하기 때문입니다.

갑돌이 : 그렇다고 한다면 절대적 확신은 부여하기도 불가능하며 필요하지 않다는 말씀이 되겠군요.

을순이 : 예 맞습니다. 우리회사가 재무제표의 신뢰성 확보를 위해 내부회계관리제도가 설계 및 운영되고 있다는 것을 절대적으로 보증할 수는 없습니다. 절대적인 수준은 아니지만 높은 수준의 확신을 적극적으로 표명하면 될 것입니다.

(질문) 합리적인 대안을 선택하고, 그 선정에 대한 근거를 기술하라.

해설 **합리적 확신과 절대적 확신**

아무리 잘 설계된 내부회계관리제도라 하더라도 모든 위험을 완벽하게 통제할 수 없다. 효과적인 내부통제제도는 경영진과 이사회에 회사의 목적달성에 관한 합리적 확신을 제공한다.

절대적 확신이 아닌 합리적 확신이라는 개념은 모든 내부통제제도에 한계가 존재하고 정확하게 예측할 수 없는 불확실성과 위험이 존재하는 것을 인정하는 것이다. 이러한 한계로 인하여 이사회를 포함한 경영진은 절대적인 확신을 부여할 수 없다. 즉, 내부회계관리제도는 합리적 확신만을 제공하며 절대적인 확신을 제공하지 못한다.

따라서, 3가지의 제안을 비교하여 보았을 때 C회계법인의 제안은 절대적 확신을 부여할 수 있도록 내부회계관리제도를 구축하는 것으로 제안되었다. 하지만 앞서 언급한 바와 같이 내부통제의 본질적 한계로 인하여 절대적인 확신을 부여하는 것은 불가능하며, 경영진은 내부회계관리제도가 효과적으로 설계·운영되고 있다는 것을 절대적으로 보증할 수도 없다. 따라서, C회계법인의 제안은 절대적인 확신을 부여한다고 되어 있으나 실제는 높은 수준의 확신만을 제공할 것으로 예상된다. 하지만 구축비용이 50억 원으로 매우 비효율적으로 자원이 사용될 것이다.

반면, A회계법인의 제안은 구축비용은 3가지 대안 중에서 가장 낮지만 내부회계관리제도가 낮은 수준의 확신밖에 제공하지 못하고 있다. 내부회계관리제도 설계 및 운영 개념체계에 따라 합리적 확신(=높은 수준의 확신)을 부여하는 효과적인 내부회계관리제도를 구축하여야 하므로 A회계법인의 제안은 비효과적이다.

B회계법인의 제안은 잠재적인 재무제표 왜곡표시위험의 크기 100을 내부회계관리제도에 의해 5 정도의 수준으로 낮추었다. 이는 재무제표에 대한 신뢰수준이 95% 이상이므로 일반적으로 합리적 확신(=높은수준의 확신)을 부여된 것으로 보아 효과적인 내부회계관리제도를 구축·운영한 것으로 이해될 수 있다. C회계법인의 제안도 효과적인 내부회계관리제도라고 할 수 있으나 동일한 목적달성을 위한 구축비용을 비교한 경우 B회계법인은 1억 원으로 C회계법인 제안에 비하여 1/50 정도로 효율적(efficient)이다.

내부회계관리제도의 효과성을 달성할 수 있는 제안 중에 가장 효율적인 대안인 B회계법인의 제안을 선택하는 것이 합리적이다.

참고목적으로 합리적 확신에 대해서는 미국 SEC의 Securities Exchange Act에 규정되어 있는

데 합리적 확신을 부여하기 위해서는 신중한 관리자(prudent official, 회계와 내부회계관리제도에 충분한 전문지식을 갖춘 객관적인 관리자)의 판단을 만족시키는 정도를 의미하고 있으며, 아래와 같은 보편적인 내부통제를 구축하도록 하고 있다.

- 거래는 경영진의 일반승인 혹은 특별승인에 의해 수행된다.
- 거래는 일반적으로 인정된 회계원칙 혹은 기타 준거기준에 의거하여 재무제표에 기록되며 자산에 대한 관리책임이 유지된다.
- 자산에 대한 접근은 경영진의 일반승인 혹은 특별승인에 의해서만 수행된다.
- 기록된 자산은 주기적 혹은 비주기적으로 실재 존재하는 자산과 비교하고 차이가 발생하는 부분에 대해서 적절한 조치가 취해진다.

문제 2

COSO 보고서

내부회계관리제도 설계운영 개념체계는 내부통제를 이해하고 정의하는 데 있어 새롭고 창의적인 새로운 개념모형을 개발하기보다는 COSO 보고서의 Internal Control-Integrated Framework(May 2013)을 주요 준거기준으로 채택하였다.

COSO 보고서에 따르면 모형의 상부는 내부통제의 목적 3가지를 의미하고, 앞면(colums)은 내부통제의 목적을 달성하기 위한 내부통제 구성요소(COSO components)를 의미한다.

| Internal Control - Integrated Framework(2013) |

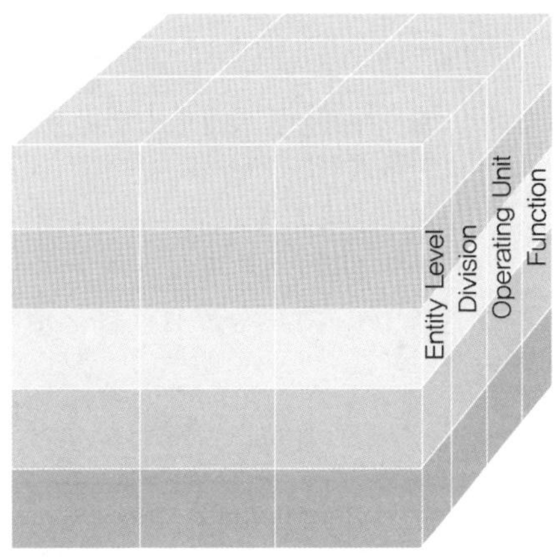

(질문1) 내부통제의 목적 3가지의 종류와 그 의미를 기술하라.
(질문2) 내부통제 구성요소 5가지의 종료와 그 의미를 기술하라.

해설 COSO 보고서

1. 내부통제의 목적

상층부는 다음의 내부통제의 3가지 목적(Objectives of Internal control)을 나타내고 있다.

- Operations(운영의 효율성 및 효과성)
- Reporting(보고정보의 신뢰성)
- Compliance(관련 법규 및 정책의 준수)

| Internal Control – ntegrated Framework(2013) |

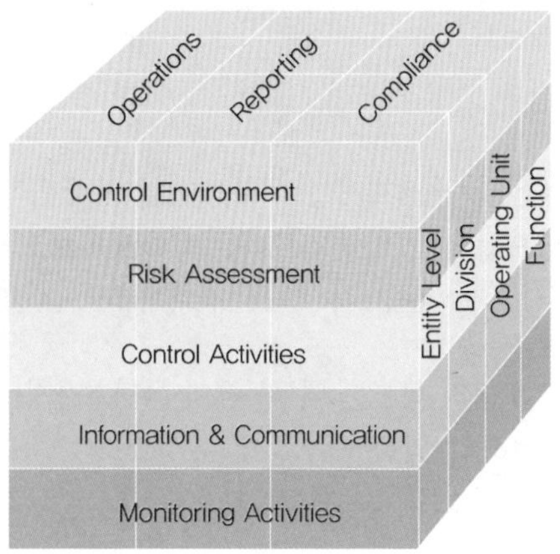

내부회계관리제도 설계 및 운영 개념체계 문단5에 따른 내부통제 목적의 정의는 다음과 같다.

목 적	내 용
운영의 효율성 및 효과성 (Operations)	회사가 업무를 수행함에 있어 자원을 효과적이고 효율적으로 사용하고 있다.
보고정보의 신뢰성 (Reporting)	회사는 내부 및 외부 보고를 위해 정확하고 신뢰할 수 있는 재무정보와 비재무정보의 작성 및 보고체계를 유지하고 있다.
관련법규 및 정책의 준수 (Compliance)	회사의 모든 활동은 관련 법규, 감독규정, 내부정책 및 절차를 준수하고 있다.

2. 내부통제의 구성요소

전면부는 내부통제의 목적을 달성하기 위한 5가지 구성요소(COSO components)를 표시한다.

- 통제환경(Control Environment)
- 위험평가(Risk Assessment)
- 통제활동(Control Activities)
- 정보 및 의사소통(Information & Communication)
- 모니터링(Monitoring)

내부회계관리제도 설계 및 운영 개념체계 문단 6에 따른 정의는 다음과 같다.

구성요소	내 용
통제환경 (Control Environment)	내부통제제도의 기반을 이루는 구성요소로, 도덕성과 윤리적 가치에 대한 태도를 기반으로 한다. 이사회, 감사 및 감사위원회를 포함한 내부통제제도 관련 조직의 책임을 명확히 하고 해당 업무를 수행할 수 있는 조직 체계의 구성, 교육을 포함한 인력 운용 및 성과평가와의 연계가 이뤄질 수 있는 체계를 포함한다.
위험평가 (Risk Assessment)	내부통제제도의 목적 달성을 저해하는 위험을 식별하고 평가 및 분석하는 활동을 의미한다. 구체적이고 명확한 목적을 설정하여 관련된 위험을 파악하고, 파악된 위험의 중요도(심각성) 정도를 평가한다. 동 절차에서 부정위험 평가를 포함하여 고려하고, 회사의 중요한 변화사항을 고려하여 기존에 평가한 위험을 지속적으로 유지·관리하는 것을 포함한다.
통제활동 (Control Activities)	조직 구성원이 이사회와 경영진이 제시한 경영방침이나 지침에 따라 업무를 수행할 수 있도록 마련된 정책 및 절차가 준수될 수 있는 통제활동이 선택, 구축될 수 있는 체계를 포함한다. 통제활동은 경영진의 업무성과 검토, 정보기술 일반통제, 승인, 대사 및 물리적 통제 등 다양한 방법이 포함된다.
정보 및 의사소통 (Information & Communication)	조직 구성원이 내부통제제도의 책임을 수행할 수 있도록 신뢰성 있는 정보를 활용할 수 있는 체계를 구비한다. 4가지 통제 구성요소에 대한 대·내외 의사소통이 원활하게 이뤄질 수 있는 체계를 포함한다.
모니터링 (Monitoring)	내부통제제도의 설계와 운영의 효과성을 평가하고 유지하기 위해 상시적인 모니터링과 독립적인 평가 또는 두 가지의 결합을 고려한 평가를 수행하고, 발견된 미비점을 적시에 개선할 수 있는 체계를 포함한다.

문제 3

내부회계관리제도 설계 및 운영 개념체계의 구현

내부회계관리제도 설계 및 운영 개념체계에 따르면 효과적인 내부회계관리제도는 내부통제제도의 일반적인 5가지 구성요소(통제환경, 위험평가, 통제활동, 정보 및 의사소통, 모니터링 활동)와 각 구성요소별 원칙을 모두 고려하여 설계하도록 하고 있다.

이외에도 내부회계관리제도에서는 다양한 용어와 개념이 존재하는데 이를 나열하면 다음과 같다.

- 효과적인 내부회계관리제도
- 전사수준통제(Entity Level Controls, ELC)
- 17원칙(Principles)
- 통제환경(Contorl Environment)
- 정보 및 의사소통(Information and Communication)

- 위험평가(Risk Assessment)
- 통제활동(Control Activities)
- 모니터링(Monitoring)
- 중점고려사항(Points of Focus, POF)
- 업무수준통제(Process Level Controls, PLC)
- 내부통제 구성요소(5요소)(COSO components)

재무제표 신뢰성 제고라는 내부회계관리제도의 목적달성을 위해서 위에 나열된 세부 개념은 상호 연관되어 있다.

(질문) 다음 페이지의 개념도를 이용하여 빈칸을 채우시오.

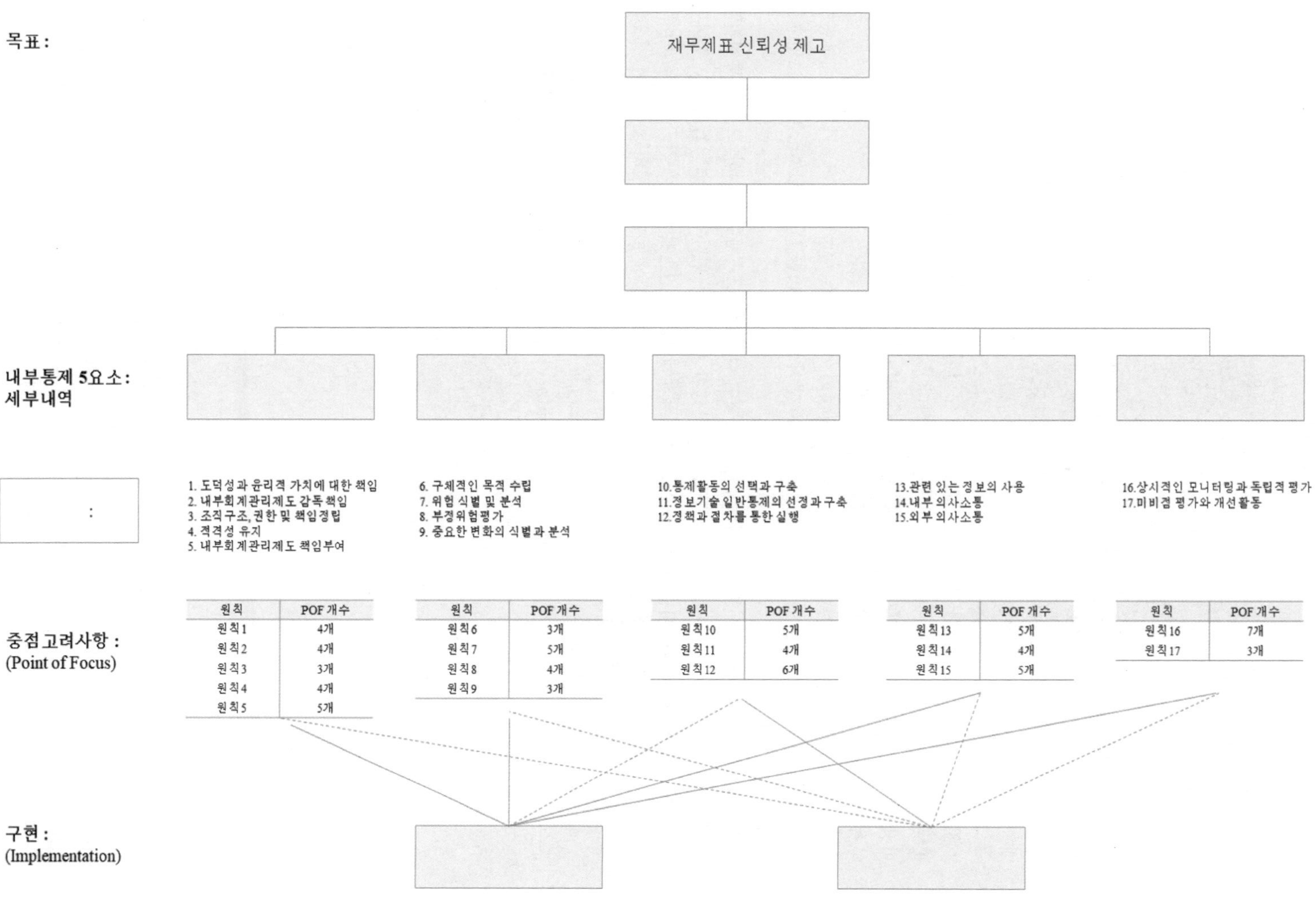

원칙	POF 개수
원칙1	4개
원칙2	4개
원칙3	3개
원칙4	4개
원칙5	5개

원칙	POF 개수
원칙6	3개
원칙7	5개
원칙8	4개
원칙9	3개

원칙	POF 개수
원칙10	5개
원칙11	4개
원칙12	6개

원칙	POF 개수
원칙13	5개
원칙14	4개
원칙15	5개

원칙	POF 개수
원칙16	7개
원칙17	3개

해설 내부회계관리제도 설계 및 운영 개념체계의 구현

내부회계관리제도 설계 및 운영 개념체계는 재무제표의 신뢰성을 달성할 수 있도록 하는 효과적인 내부회계관리제도를 설계 및 구축하는 데 필요한 기본원칙을 제시한다.

내부회계관리제도 설계 및 운영 개념체계는 미국의 COSO 보고서(Internal Control-Integrated Framework)의 주요내용을 그 준거기준으로 채택하였다.

효과적인 내부회계관리제도를 구축하여 운영한다면 재무제표의 신뢰성이 향상되고 재무제표에 내재된 위험이 감소한다. 내부회계관리제도 설계 및 운영 개념체계(혹은 COSO 보고서)는 어떻게 내부통제(혹은 내부회계관리제도)를 구축하여야 목적달성을 위한 효과적인 제도를 구현하는 것인지에 대한 세부 방법론을 제시한다.

첫 번째로 목적달성을 위한 효과적인 내부통제를 구현하기 위해서 5가지의 내부통제 구성요소가 모두 존재(present)하고 기능(functioning)하여야 한다. 5가지의 내부통제 구성요소는 통제환경, 위험평가, 통제활동, 정보 및 의사소통, 모니터링 활동을 의미한다. 만약 이 중 한 가지 요소라도 만족하지 못한다면 효과적인 내부회계관리제도를 구현하였다고 할 수 없을 것이다.[20]

5가지의 구성요소는 개념적 내용으로 실무상 적용하기 어려울 수 있다. 따라서 5가지의 내부통제 구성요소의 하부속성으로 17가지 원칙을 세부적으로 제시한다. 이러한 17원칙(Principle)은 필수적인 요구사항이다.

내부회계관리제도 설계 및 운영 개념체계는 효과적인 내부회계관리제도를 위한 특정한 통제활동을 제시하지 않는다. 어떠한 통제활동을 구축하고 운영할 것인지는 회사의 다양한 특성을 반영하여 경영진이 고려할 사항이다. 이를 해소하기 위해 개념체계에서는 17원칙에 대한 72가지의 중점고려사항(Points of Focus)을 제시하고 있다. 중점고려사항은 회사의 상황에 따라 적절히 조정하여 적용할 수 있지만, 17원칙 준수를 위한 가이드라인을 제시한다.

따라서 중점고려사항(POF)이 만족되면 원칙(Principle)에 대한 준수를 의미하며, 17원칙에 대한 준수는 5가지 내부통제 구성요소(COSO components)가 존재하고 기능한다는 것을 의미한다.

이러한 내부통제 구성요소, 원칙, 중점고려사항의 실무적 적용은 전사수준통제와 업무수준통제로 구분하여 구현된다. 이를 위하여 전사수준통제기술서와 업무흐름도, 업무기술서, 업무수준통제기술서 등이 문서화 된다.

---

20) 내부회계관리제도 설계 및 운영 개념체계(문단 16)
효과적인 내부회계관리제도는 외부 재무보고의 신뢰성 확보라는 목적 달성을 저해할 수 있는 위험을 합리적인 수준에서 감소시킬 수 있으며, 그러한 목적은 다음의 요건이 모두 충족될 때 달성될 수 있다.
- 내부회계관리제도의 각 구성요소와 관련 원칙이 존재하고 기능한다.
- 내부회계관리제도의 구성요소가 연계되어 통합적으로 운영된다.

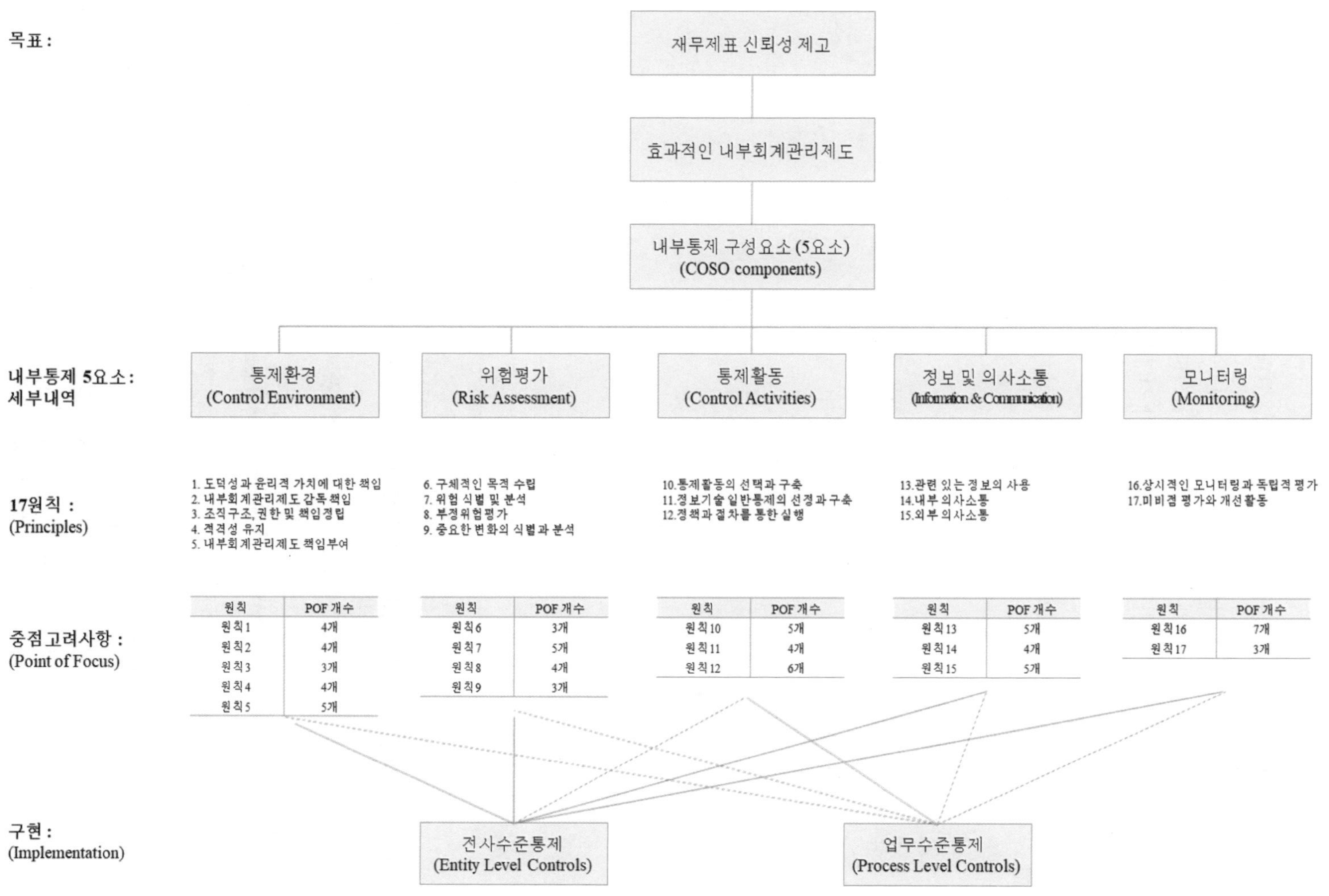
목표 :
재무제표 신뢰성 제고
효과적인 내부회계관리제도
내부통제 구성요소 (5요소)
(COSO components)
내부통제 5요소 :
세부내역
통제환경
(Control Environment)
위험평가
(Risk Assessment)
통제활동
(Control Activities)
정보 및 의사소통
(Information & Communication)
모니터링
(Monitoring)
17원칙 :
(Principles)
1. 도덕성과 윤리적 가치에 대한 책임
2. 내부회계관리제도 감독책임
3. 조직구조, 권한 및 책임정립
4. 적격성 유지
5. 내부회계관리제도 책임부여
6. 구체적인 목적 수립
7. 위험 식별 및 분석
8. 부정위험평가
9. 중요한 변화의 식별과 분석
10.통제활동의 선택과 구축
11.정보기술 일반통제의 선정과 구축
12.정책과 절차를 통한 실행
13.관련 있는 정보의 사용
14.내부 의사소통
15.외부 의사소통
16.상시적인 모니터링과 독립적 평가
17.미비점 평가와 개선활동
중점고려사항 :
(Point of Focus)
원칙 | POF 개수
원칙1 | 4개
원칙2 | 4개
원칙3 | 3개
원칙4 | 4개
원칙5 | 5개
원칙6 | 3개
원칙7 | 5개
원칙8 | 4개
원칙9 | 3개
원칙10 | 5개
원칙11 | 4개
원칙12 | 6개
원칙13 | 5개
원칙14 | 4개
원칙15 | 5개
원칙16 | 7개
원칙17 | 3개
구현 :
(Implementation)
전사수준통제
(Entity Level Controls)
업무수준통제
(Process Level Controls)

문제 4

내부회계관리제도의 책임(공인회계사 2차 응용, 2016년)

주식회사의 외부감사에 관한 법률(이하 '외감법')에 따르면 일정한 요건에 해당하는 회사는 신뢰할 수 있는 회계정보의 작성과 공시를 위하여 내부회계관리제도를 갖추어야 한다. 또한 감사인은 회사의 내부회계관리제도가 적정하게 설계 · 운영되고 있는지를 감사 및 검토하고 그 결과를 감사보고서에 첨부하여야 한다.

(질문) 내부회계관리제도의 설계 · 운영과 관련하여 회사의 대표이사, 이사회, 감사(감사위원회)의 주요 역할 또는 책임을 [답안양식]에 따라 서술하시오.

(답안양식)

구 분	주요 역할 또는 책임
대표이사	
이사회	
감사(위원회)	

해설 내부회계관리제도의 책임(공인회계사 2차 응용, 2016년)

내부회계관리제도의 책임은 외감법 및 내부회계관리제도 설계 및 운영 개념체계에서 규정하고 있다.

회사의 대표이사는 효과적인 내부회계관리제도 설계 및 운영에 대한 궁극적인 책임을 진다. 또한, 내부회계관리제도 운영에 필요한 전문적 지식을 보유한 상근이사 1인을 내부회계관리자로 지정하여야 한다. 단, 담당하는 이사가 없는 경우에는 해당 이사의 업무를 집행하는 자를 내부회계관리자로 임명할 수 있다.

대표이사 및 내부회계관리자는 필수적으로 내부회계관리제도 및 관련 통제절차를 문서화하여야 하며, 그 효과성에 대해 평가해야 한다.

이사회는 대표이사 및 내부회계관리자가 설계하고 운영하는 내부회계관리제도에 대한 감독책임이 있으며, 감사(감사위원회)는 내부회계관리제도에 대한 독립적 평가 기능을 통해 내부회계관리제도의 적정한 운영 및 개선을 지원한다. 다만, 이사회는 그 감독기능의 일부를 감사(감사위원회)에 위임이 가능하다.

감사(위원회)는 대표이사 및 내부회계관리자와의 독립적인 입장에서 내부회계관리제도의 운영실태를 평가하고 그 결과를 이사회에 통보하여 문제점을 시정하게 함으로써 내부회계관리제도가 원활하게 작동되도록 하는 역할을 수행하게 된다.

답안양식에 따른 주요역할 및 책임은 다음과 같이 정리할 수 있다.

구 분	주요 역할 또는 책임
대표이사	회사의 대표자는 내부회계관리제도의 관리・운영을 책임지며, 이를 담당하는 상근이사(담당하는 이사가 없는 경우에는 해당 이사의 업무를 집한하는 자) 1명을 내부회계관리자로 지정하여야 한다(외감법 제8조 제3항). 회사의 대표자는 사업연도마다 주주총회, 이사회 및 감사(위원회)에게 해당 회사의 내부회계관리제도의 운영실태를 보고하여야 한다. 다만, 회사의 대표자가 필요하다고 판단하는 경우 이사회 및 감사에 대한 보고는 내부회계관리자가 하도록 할 수 있다(외감법 제8조 제4항).
이사회	이사회는 경영진으로부터 독립성을 유지하며 내부회계관리제도의 설계 및 운영을 감독한다(내부회계관리제도 설계 및 운영 개념체계 문단 39 (원칙 2)).
감사(위원회)	회사의 감사는 내부회계관리제도의 운영실태를 평가하여 이사회에 사업연도마다 보고하고 그 평가보고서를 해당 회사의 본점에 5년간 비치하여야 한다. 이 경우 내부회계관리제도의 관리・운영에 대하여 시정의견이 있으면 그 의견을 포함하여 보고하여야 한다(외감법 제8조 제5항).

전자신문 : 넷마블, 엔씨소프트, NHN 3사 새해부터 내부회계관리 감사 받아

게임산업계에 외부감사에 관한 법률 전부 개정안(신외감법) 여파가 미칠 전망이다. 내년부터 2조 원 이상 상장사 내부회계관리제도가 '검토'에서 '감사'로 상향되고 모바일 상품권에도 과세가 된다.

21일 업계에 따르면 내년부터는 자산 2조 원 이상 상장사는 회계 내부통제시스템이 제대로 작동하는지 감사를 받아야 한다. 그동안 외부감사인 검토를 통해 외부 검증만 받아왔다. 2023년에는 자산 1,000억 원 미만 상장사까지 확대 적용된다. 내부회계관리제도 조직과 운영법 변화가 수반된다.

올해 6월 기준 넷마블(5조 7,939억 원), 엔씨소프트(3조 1,763억 원), NHN(2조 3,807억 원)이 적용 대상이다. 한은섭 KPMG 삼정회계법인 대표는 "올해는 개정 외감법이 도입된 첫해로 기업환경 패러다임에 많은 변화가 있었다"며 "게임 기업은 회계·세무 분야에서 전략적 대응을 반드시 해야 한다"고 말했다.

신외감법은 지난해 11월 시행됐다. 상장법인 감사인 등록제도 마련, 감사인 지정방식 개선, 회계처리기준 위반 시 과징금 강화 등이 골자다. 외부 감사인 권한을 감사하고 부실회계에 대한 과징금을 신설했다.

강화된 외감법으로 비적정 의견이 늘어났다. 비적정을 받으면 상장폐지 사유가 된다. 상장폐지는 1년간 유예할 수 있다. 그 다음 회계연도에서 적정 의견을 받으면 한국거래소의 상장 적격성 실질 심사 이후 상장이 유지될 수 있다. 와이디온라인과 파티게임즈는 2018 감사보고서와 2019 반기보고서 비적정 의견을 받았다.

03 Scoping(대상범위 선정)

3.1 Scoping의 목적

내부회계관리제도의 목적은 외부에 공시되는 재무제표의 신뢰성을 제고하기 위해 합리적 확신을 부여하는 것으로 재무제표상의 모든 항목을 그 대상에 포함할 필요는 없다.

회사는 적절한 Scoping[21)]을 통해 회사의 재무제표에 중대한 영향을 미칠 수 있는 중요 계정과목/주석사항과 관련 프로세스만을 평가대상에 포함시킴으로써 평가대상이 외감법, 내부회계관리제도 설계 및 운영 개념체계 및 관련 기준을 충족하고 있다는 근거를 제시할 수 있다.

또한, Scoping은 재무제표에 중대한 영향을 미치지 않는 계정과목/주석사항과 관련 프로세스를 제외시킴으로써 경영진의 내부회계관리제도 준수 업무를 효율적으로 수행할 수 있도록 한다.

3.2 Scoping의 시기

Scoping은 1년을 주기로 이루어지며 내부회계관리제도 유효성 평가의 계획단계이므로 매 회계연도 초(평가절차 개시 이전)에 이루어져야 한다. 다만, 회사의 중요한 변화(예를 들어, 중요 범위의 변화 등)로 인하여 수정이 필요한 경우에는 이를 인지한 시점에 적절히 수정한다.

3.3 Scoping의 수행 주체

대상범위 선정은 경영진의 책임 하에 이루어져야 하며, 실무적으로는 회사의 사업, 프로

21) Scoping은 Scaling이라는 용어를 사용하기도 한다.

세스 및 재무제표에 대한 충분한 지식을 가진 인원을 포함한 내부회계관리 주관부서에서 수행하고 그 적정성에 대해 외부감사인과 충분히 협의한 후 확정한다.

3.4 Scoping의 방법론

내부회계관리제도 평가 및 보고 가이드라인에서는 대상범위 선정을 위해 다음과 같은 단계를 제시하고 있다. 내부회계관리제도 평가 및 보고 가이드라인을 준용하여 대상범위를 선정한다 하더라도 중요한 제외사항에 대해서는 외부감사인과 협의가 필요할 수도 있다.

- 유의한 계정과목 및 주석정보의 파악
- 경영자 주장의 식별
- 유의한 업무프로세스의 파악

3.4.1 유의한 계정과목 및 주석정보의 파악(중요성 기준)

내부회계관리제도는 재무제표의 신뢰성에 대한 절대적인 확신(absolute assurance)이 아닌 합리적 확신(reasonable assurance)을 제공하는 것을 목적으로 한다. 따라서 경영진이 합리적인 확신을 갖기 위해 모든 계정과목 및 주석정보에 대해 내부회계관리제도를 파악하고, 설계 및 운영의 효과성을 평가하여야 하는 것은 아니며, 유의한 계정과목과 주석정보만을 대상으로 할 수 있다.

내부회계관리제도 설계 및 운영 개념체계 문단 43.3에서 경영진은 중요성을 고려하도록 하고 있으며, 이러한 중요성의 설정은 내부회계관리제도의 관리대상이 되는 재무보고 요소의 범위를 결정하는 중요한 요인으로 이용된다(A29).

유의한 계정과목 및 주석정보를 파악하는 기준은 중요성 기준(Materiality)이라고도 할 수 있다. 중요성 기준이란 재무제표상 정보의 누락 또는 왜곡표시가 재무제표 이용자의 경제적 의사결정에 영향을 미치는지 여부에 따라서 결정된다. 만약 정보의 누락 또는 왜곡표시의 효과가 의사결정에 영향을 미친다면 그러한 정보는 중요하다고 할 수 있다. 그러므로 중요성은 정보의 유용성에 대한 경계선이나 구분점을 제공한다.

재무보고체계에서는 재무제표의 작성과 표시라는 관점에서 중요성의 개념을 이용하여 설명하고 있다. 재무보고체계에서 중요성은 일반적으로 다음과 같이 설명된다(감사기준서 320 문단 2).

- 누락 등 왜곡표시가 개별적으로 또는 집합적으로 재무제표에 기초한 이용자의 경제적

의사결정에 영향을 미칠 것으로 합리적으로 예상될 수 있는 경우 중요하다고 간주한다.

- 중요성에 대한 판단은 주변 상황에 비추어 내려지며 왜곡표시의 크기나 성격 또는 양자의 결합에 의해 영향을 받는다.
- 재무제표 이용자에게 중요한 사항인지 여부는 집단으로서 이용자들의 공통적인 재무정보 수요를 고려하여 판단한다. 개별 이용자별 정보 요구사항은 광범위하게 다양할 수 있으므로 왜곡표시가 특정의 개별 이용자에게 미치는 영향은 고려하지 않는다.

감사기준서 320(감사의 계획수립과 수행에 있어서의 중요성)에 따르면 중요성을 설정할 때에는 ① 재무제표 이용자의 의사결정에 영향을 미칠 수 있는 사항, ② 양적 및 질적 사항을 모두 고려하며 ③ 특정 개별적인 이용자에게만 미치는 영향은 고려하지 않는 것이다.

따라서, 내부회계관리제도에서도 중요성 기준을 설정할 때에는 중요한 계정과목을 식별할 때에는 양적 요소와 질적 요소를 함께 고려하여야 하며, 양적 요소와 질적 요소 중 하나의 기준이라도 충족하는 경우에는 중요한 계정과목으로 식별하여야 한다.

| 중요성: Materiality |

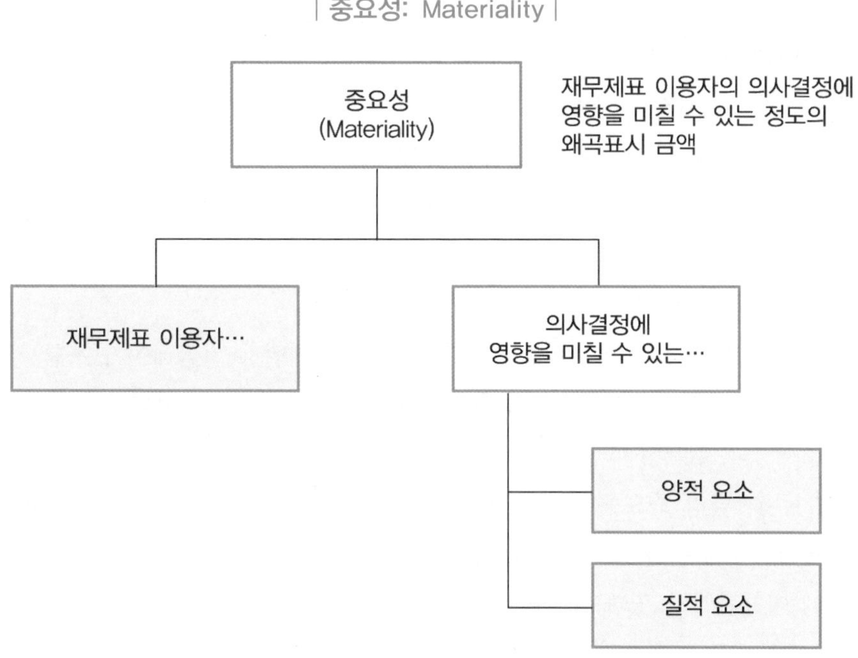

결국, 중요성은 재무제표 이용자의 의사결정에 영향을 미치는 금액으로 양적 요소와 질적 요소를 모두 고려하여 판단하되, 최종결정은 전문가적인 판단기준에 의해 결정하여야 한다.

감사기준서 1100(내부회계관리제도의 감사) 문단 22에서 감사인은 내부회계관리제도의 감사와 재무제표감사의 계획수립과 수행을 위해 동일한 중요성을 사용하도록 하고 있다.

이와 동일하게 미국 PCAOB에서도 Auditing Standard No.5(AS 2201)에 따라 감사인은 재무제표와 내부회계관리제도의 감사에 있어서 동일한 중요성 기준을 적용하도록 하고 있다. 따라서, 중요성 금액을 설정은 외부감사인과의 협의가 반드시 필요하다.

중요성 기준의 설정은 일관되고 정형화된 방법이 존재하지 않는다. 본 책자에서는 내부회계관리제도의 중요성을 판단함에 있어 양적 요소는 회계감사기준 320에 근거한 일반적인 외부감사인의 판단기준을 준용하였고 질적 요소는 내부회계관리제도 평가 및 보고 가이드라인을 참고하였다.

3.4.1.1 재무제표 이용자

중요성의 결정은 전문가적 판단사항이다. 하지만, 중요성은 재무제표 이용자의 의사결정을 오도할 수 있는 정도의 금액을 의미하므로 재무제표 이용자가 어떠한가에 따라 그 금액이 변화할 수도 있을 것이다.

한국채택국제회계기준(K-IFRS)에서는 재무보고를 위한 개념체계에서 주요 정보이용자에 대해 현재 및 잠재적 투자자, 대여자 및 기타 채권자로 그 범위를 한정하여 규정하고 있다. 기타 이해관계자들, 예를 들어 감독당국 및 일반대중도 일반목적 재무보고서가 유용하다고 여길 수 있지만 일반목적 재무보고서는 이러한 기타 집단을 주요대상으로 한 것이 아닌 것으로 명시적으로 규정하고 있다(한국채택국제회계기준 재무보고를 위한 개념체계 OB10).

반면, 일반기업회계기준에서는 정보이용자를 투자자, 채권자(자금대여자 포함) 및 기타 정보이용자로 구분하고, 기타 정보이용자는 경영자, 재무분석가와 신용평가기관 같은 정보중개인, 조세당국, 감독규제기관 및 일반대중을 포함하는 것으로 정의하고 있다. 한국채택국제회계기준과 달리 주요 정보이용자로 투자자와 채권자, 자금대여자로 국한하지 않으나, 재무회계개념체계 문단 14에서 투자자와 채권자(자금대여자 포함)만이 기업실체에 대해 직접적인 이해관계가 있다고 규정하고 있다.

중요성은 재무제표 이용자의 재무정보에 대한 인식에 의해 영향을 받는다. 따라서 재무제표 이용자가 어느 정도 재무정보에 대해 지식을 보유하며 이해하고 있는지에 의해 변화할 수 있다. 중요성 산정을 위해 재무제표 이용자에 대하여 다음과 같이 가정한다(감사기준서 320 문단 4).

- 이용자는 사업과 경제활동 및 회계에 대하여 합리적인 지식을 보유하고 있으며, 합리적인 주의를 기울여 재무제표에 담긴 정보를 연구하려는 의향을 가지고 있음.
- 이용자는 재무제표가 중요성 수준에서 작성, 표시되고 감사가 이루어지고 있다는 점을 이해하고 있음.
- 이용자는 추정치의 사용, 판단 그리고 미래 사건들에 대한 고려에 기초한 금액 측정에 내재하는 불확실성을 인식하고 있음.
- 이용자는 재무제표에 담긴 정보에 기초하여 합리적인 경제적 의사결정을 함.

3.4.1.2 양적 요소

유의한 계정과목을 식별하기 위한 양적 중요도 기준은 일반적으로 수행 중요성(Performance materiality, PM)을 적용한다. 앞서 언급한 바와 같이 양적 기준은 국제감사기준에 정하여진 바를 응용하나 절대적으로 정하여진 방법론이 있는 것은 아니다. 4대 회계법인(PwC, KPMG, EY, Deloitte)에서는 각각 회계법인별로 국제감사기준을 응용한 중요성 기준 산출방법론을 보유하고 있으며, 재무제표 회계감사나 내부회계관리제도 회계감사시 적용한다.

다음은 일반적으로 적용될 수 있는 방법을 예시적으로 설정한 것이다.

첫 번째 단계로, 경영진은 양적 중요성 기준을 결정하기 위하여 먼저 중요성 기준을 재무제표 전체적인 수준에서 결정해야 한다.

두 번째 단계로, 내부회계관리제도 평가과정에서 회사에 존재하는 미비점을 발견하지 못할 가능성에 대비하여 이 중요성 금액을 바탕으로 수행 중요성 기준을 산정하고, 그 기준을 유의한 계정과목 선정시 활용한다.

중요성(Materiality)

중요성은 재무제표 전체에 대한 중요성을 결정하는 것으로서 보통 벤치마크로 선정된 항목에 대해 일정한 비율(백분율)을 적용하여 산정된다.

벤치마크는 중요성 설정의 출발점으로 회사의 비즈니스 환경, 외부환경 등을 고려하여 재무제표 전반을 가장 잘 대표하는 요인을 설정하여야 한다. 적합한 벤치마크의 식별에 영향을 미칠 수 있는 요인은 다음과 같다.

- 재무제표의 요소(예를 들어, 자산, 부채, 자본, 수익, 비용)
- 특정 기업의 재무제표 이용자가 중점을 둘 가능성이 높은 항목들이 존재하는지 여부(예를 들어, 이용자는 재무성과의 평가를 위하여 이익, 매출 또는 순자산에 중점을

둘 수도 있을 것이다)

- 기업의 성격, 기업 수명주기 상의 위치 그리고 기업이 속한 산업 및 경제환경
- 기업의 소유구조와 자본조달 방법(예를 들어, 어떤 기업이 자본이 아닌 부채만으로 자금을 조달한다면 이용자는 기업의 이익보다는 자산 및 이에 대한 청구권에 더욱 중점을 둘 것이다)
- 벤치마크의 상대적 변동성

기업의 상황에 따라 다르지만, 적합한 벤치마크의 예로는 법인세비용차감전 순이익, 총매출, 매출총이익과 총비용과 같은 보고이익의 범주, 총자본이나 순자산가치 등이 사용된다.

선택된 벤치마크와 관련하여 관련된 재무데이터는 당기의 재무제표 금액을 사용하는 것이 가장 이상적일 것이다. 하지만, 중요성 금액 산출시점에서 당기 재무제표 금액을 정확하게 알 수 없으므로 일반적으로 과거 보고기간의 재무결과 및 재무상태, 기초부터 현재까지의 재무성과 및 재무상태, 당기의 예산이나 예측이 포함되며, 이러한 데이터들은 기업 상황의 중요한 변화(예를 들어, 사업상 중요한 취득)나 기업이 속한 산업, 경제적 환경 변화가 반영되어 조정된다.

예를 들어, 벤치마크로 법인세비용차감전계속영업이익의 일정비율로 중요성을 결정하는 경우가 있다. 당기의 법인세비용차감전계속영업이익의 예외적인 증감이 발생하고 있지 않은 상황에서는 당기의 재무제표와 전기의 재무제표가 유사할 것으로 예상된다. 이러한 경우에는 과거 실적에 기초한 법인세비용차감전계속영업이익 수치를 사용하여 중요성을 결정하는 것이 보다 적합하다고 결론을 내릴 수 있을 것이다.

〈중요성 금액 산정 실무〉

중요성은 기업이 처한 환경 및 비즈니스 속성에 따라 다양하게 결정될 수 있지만 일반적인 영리기업의 경우 세전순이익을 벤치마크로 가장 많이 활용한다. 중요성 금액이 세전순이익을 근거로 결정되는 경우, 동 금액은 세전순이익의 5%를 초과하지 않도록 설정하는 것이 일반적이다.

그 이유는 세전순이익의 5%를 초과하는 왜곡표시사항 자체가 재무제표 이용자의 의사결정을 오도할 수 있다는 의미를 내포한다. 즉, 재무제표 이용자의 재무제표 최대허용오류율은 5%이며, 95%의 신뢰구간을 가정하는 것으로도 볼 수 있다.

회사의 과거 경험에 비추어 중요성 금액을 결정하는 데 사용되는 세전순이익이 비정상적인 규모라고 판단될 경우, 경영진은 비경상적이거나 비반복적인 성격의 항목을 고려하

여 동 세전순이익을 조정할 수 있다. 이는 중요성 금액이 회사의 규모를 적절하게 대표할 수 있도록 하기 위한 것이며, 세전순이익을 조정한 경우에는 경영진은 그 근거를 문서화하여야 한다.

세전순이익이 중요성 금액을 결정하는 데 적절하지 않다고 판단되는 경우에는, 총자산 또는 영업수익을 이용한다. 이러한 경우에는 총자산 또는 영업수익을 이용하게 된 근거를 문서화하여야 한다. 이 경우에는 총자산 또는 영업수익의 0.5%를 초과하지 않게 설정한다.

세전순이익 기준보다 총자산 또는 영업수익 기준을 적용하는 것이 더 적절한 경우의 예는 다음과 같다.

- 손실이 발생했거나 손익분기점에 가까운 경우
- 사업초기단계로서 이익의 변동성이 크거나 빠르게 성장하는 경우
- 투자회사(Investment Companies)처럼 자산이 성과평가에 대한 주요 측정치로 사용되는 산업에 속하는 경우(REITs나 SPC의 경우)
- 영업활동이 거의 없는 회사의 경우
- 세전순이익이 영업의 규모를 적절히 대표하지 못하는 경우(예를 들면, 유통업 회사의 경우 많은 거래량에 비해 마진이 매우 낮을 수 있으며, 이 경우 중요성 금액을 결정하기 위한 기준으로 세전순이익을 선택하는 것은 중요성 금액이 회사의 규모를 적절하게 대표하지 못하는 결과를 초래할 수 있다)

중요성 금액이 세전순이익의 5%를 초과하거나 총자산 또는 영업수익의 0.5%를 초과하게 결정된 경우에는 경영진은 그 타당성을 재검토하여 문서화하여야 한다.

수행 중요성(Performance materiality, PM)

경영진은 내부회계관리제도 평가 과정에서 회사에 존재하는 미비점을 발견하지 못할 가능성에 대비하여 수행중요성을 산정한다. 이를 통해 경영진이 내부회계관리제도의 평가를 그르칠 위험을 최소화하기 위함이다.

이는 수행 중요성은 미수정 혹은 미발견 왜곡표시의 합계가 중요성 수준을 초과할 가능성을 적절하게 낮은 수준으로 감소시키기 위해 사용된다는 것을 의미하는데, 이는 단순한 기계적 계산이 아니라 전문가적 판단에 의해 결정한다. 특히 위험평가절차에 의한 결과, 과거의 식별된 왜곡표시사항의 성격과 범위 그리고 이에 따른 당기의 왜곡표시와 관련된 예상치에 의해 영향을 받는다.

실무적으로 수행 중요성은 1차적으로 산정된 중요성 금액의 일정비율을 적용하여 산정한다. 내부회계관리제도 평가 및 보고 가이드라인 문단10.가에서는 일반적으로 적용되는 비율은 회사에 내포한 위험에 따라 50~75% 범위로 적용할 수 있도록 기술하고 있다.

〈수행 중요성 산정 실무〉

경영진은 중요 계정과목 식별에 적용하기 위한 수행 중요성(PM)을 중요성 금액의 50~75% 이내로 결정하고 이를 문서화하여야 한다. 질적 요소 등을 고려하면, 계정과목/주석사항에 따라 보다 낮은(보수적인) 수행 중요성을 적용하는 것이 더 적합할 수도 있다. 이러한 경우의 보다 낮은 기준금액은 해당 계정과목/주석사항에 국한되며, 재무제표 이용자의 의사결정에 영향을 미칠 수 있는 요소(질적 요소)를 고려하여 최종 결정한다.

Q 예시 계정과목 성격별 중요성 금액의 설정

> 회사는 재무제표 전반에 대한 중요성 금액뿐만 아니라 재무상태표 계정과목과 손익계산서 계정과목에 대해 각각의 양적 중요도 기준을 적용하는 것이 더 적합한 것으로 판단하였다.
>
> 따라서, 회사는 다음의 기준을 적용하여 산정된 수행 중요성을 양적 중요도 기준으로 사용한다.
>
> - 재무상태표 계정과목 : 수행 중요성 = 총자산 × 0.5% 이하 × 75% 이하
> - 손익계산서 계정과목 : 수행 중요성 = 세전순이익 × 5% 이하 × 75% 이하
>   (세전순이익 기준이 적절하지 않은 경우 :
>   수행 중요성 = 영업수익 × 0.5% 이하 × 75% 이하)

양적 중요도 기준의 변경

재무보고 내부통제 평가를 위한 계획단계에서 양적 중요도 기준을 결정한 이후 평가시점에서 실제 재무상태나 경영성과가 크게 변동되었다면 양적 중요도 기준을 변경하여야 한다.

예를 들어, 계획단계에서의 양적 중요도 기준이 해당 회계연도의 추정 세전순이익에 의해 결정된 경우 기말시점의 실제 세전순이익이 추정금액과 크게 다르다면 이러한 것을 경영성과에 대한 중요한 변화로 판단할 수 있다. 따라서, 실제 경영성과에 따라 양적 중요도 기준의 변경 여부를 검토하여야 한다.

양적 중요도 기준이 크게 변경되었다면, 경영진은 변경 이유를 문서화하여야 한다.

예시 양적 요소에 의한 중요성 금액의 산정

중요성 금액의 산정

1. 작성목적

내부회계관리제도를 운영하기 위해서는 재무제표의 신뢰성에 대한 판단을 위한 준비작업으로 재무제표 전체적인 수준에서 중요성(Materiality)을 결정해야 합니다. 이 중요성을 바탕으로 계정과목, 거래유형 및 공시사항에 적용될 수행 중요성(Performance materilaity)이 결정됩니다.

2. 재무제표 전체 수준에서 중요성(Materiality)

(1) 벤치마크 요소의 결정

고려요소	검토내용
가. 재무제표 요소	당사 재무제표에 대해 총자산, 총부채, 순자산, 매출액, 영업이익, 세전순이익 등이 재무제표를 대표하는 Benchmark로 사용될 수 있음.
나. 재무제표 이용자가 중점을 둘 가능성이 높은 항목들이 존재하는지 여부	당사는 제조업을 영위하고 있으나 부채비율이 높지 않으며 사채비율이 동종업계 타사에 비해 낮은 편임. 따라서, 재무제표 이용자는 부채비율 등의 안정성 요소보다는 당사의 수익력에 관심이 높은 편으로 영업이익이나 세전순이익이 주된 관심사임.
다. 기업의 성격, 기업 수명주기 상의 위치 그리고 기업이 속한 산업 및 경제환경	당사는 설립 25년이 된 중견기업으로 최대 시장점유율과 함께 시장선도자임. 당사는 안정적인 수요처를 확보하고 있으며 향후 10년간은 완전대체품의 출시는 어려울 것으로 관측됨.
라. 기업의 소유구조와 자본조달 방법	당사는 대주주가 20%를 소유하고 있으며, 80%는 유가증권시장에 상장되어 있음. 당사는 누적 이익잉여금 및 현금을 충분하게 보유하고 있어 장기차입금 및 사채, 신종자본증권 등의 타인자본 조달계획은 없음.
마. 벤치마크의 상대적 변동성	당사의 자산 및 영업이익, 세전순이익의 변동성은 과거 5년간 5% 미만으로 높지 않음.

위의 분석에 기초하여 적절한 벤치마크로 세전순이익 을(를) 선정하였습니다.

(2) 벤치마크 요소의 조정

재무제표 전체적인 수준에서 중요성 금액을 결정함에 있어서 사용하는 세전순이익이 비정상적이라 판단되는 경우, 비경상적이거나 비반복적인 성격의 항목을 고려하여 조정한 벤치마크를 사용할 수 있습니다.

고려요소	검토내용
가. 과거 보고기간의 재무결과 및 재무상태	전기 당기순이익은 전전기 대비 3% 증가하였으며, 총자산의 증가율은 2%로 변동사항은 크지 않음.
나. 당기의 예산이나 예측	당기의 예산금액은 전년 대비 5% 미만 수준임.
다. 당기의 중요한 기업상황의 변화(영업부문)	당기에 새로 시작되는 영업부문은 없음.
라. 당기의 중요한 기업상황의 변화(투자부문)	당기에 대규모 투자부문은 없음.
마. 당기의 중요한 기업상황의 변화(조달부문)	당기에 특정한 장기 자금조달 계획 없음.

위의 분석에 기초하여 벤치마크를 조정하지 아니하였습니다.

(3) 적용비율의 선정

중요성 기준 산정시 적용비율은 총액요소(총자산, 매출액, 총비용 등 Gross benchmark)에 대해서는 0.5~2%를 적용하며, 순액요소(세전순이익, 당기순이익 등 Net benchmark)에 대해서는 3~5%를 적용합니다.

높은 비율	낮은 비율	검토내용
일부 대주주에 집중되어 소유된 경우	주식이 유가증권시장에 상장된 경우	상장회사로 이해관계자가 많음.
대주가 제한적이며 재무제표만을 의지하지 않는 경우	채권이 유가증권시장에 상장된 경우	장기차입금 및 사채로 조달된 금액이 없음.
안정되고 전통적인 영업환경인 경우	시장의 변동성이 크거나 신규 시장에서 영업을 하는 경우	전통적 제조업 시장이며 영업환경이 매우 안정화되어 있음.
영업의 내용이 단순하거나 제품 혹은 서비스의 수가 제한적인 경우	영업의 내용이 복잡하거나 제품 혹은 서비스의 수가 많은 경우	주력상품의 수는 5~10개로 제한적임.
재무제표 혹은 재무비율에 대한 규제가 존재하는 경우	재무제표 혹은 재무비율이 감독당국에 의해 규제되는 경우	재무제표 혹은 재무비율에 대한 규제사항 없음.
영업의 주요한 변동이 예상되지 않는 경우	영업의 매각, M&A, 기타 신규사업 진출 등 영업의 주요한 변동이 예상되는 경우	주요한 변동이 예상되지 않음.
기타	기타	특이사항 없음.

위의 분석에 기초하여 세전순이익 의 5% 를 적용합니다.

(4) 중요성 산정

기준요소(Critical component)	직전 사업연도 세전순이익
기준요소 금액(Critical component balance)	49,487,229,277
기준월	12월
Annualizing factor (세전순이익일 경우 annualized amount로 전환)	1
적용비율	5%
계획단계의 재무제표 전체 수준의 중요성 (Overall materiality)	2,474,361,464

한편, 세전순이익을 사용하는 경우 중요성 금액은 총자산이나 총수익 중 큰 금액의 0.5%를 초과할 수 없습니다.

직전 사업연도 총자산	1,197,693,495,403
직전 사업연도 총수익	605,204,214,516
제약조건	5,988,467,477
제약조건 반영 후 재무제표 전반적인 수준의 중요성 (Overall materiality)	2,474,361,464

3. 수행 중요성(PM : Performance Materiality)

(1) 수행 중요성 비율산정

수행 중요성 비율은 위험평가절차에 의한 결과, 과거 식별된 왜곡표시사항의 성격과 범위 그리고 이에 따른 당기의 왜곡표시와 관련된 예상치에 의해 영향을 받으며, 1차적으로 산정된 중요성 금액의 50~75% 범위에서 적용합니다.

고려요소	검토내용
가. 위험평가	• 기준서 개정 : 당사에 적용되는 개정 기준서 없음. • 외부환경 변화 : 중대하게 변동되는 시장환경, 규제사항 없음. • 내부환경 변화 : 회계 왜곡을 야기할 수 있는 신규 비즈니스 진출은 없으나, 재무시스템 변경으로 인한 내부환경 변화가 존재함. • 중요한 자산 : 중요한 자산은 금고, 은행 등에 안전하게 보관되고 있으며 부정사고의 개연성은 높지 않음.
나. 과거 식별된 왜곡표시사항	전기 내부회계관리제도 운영평가결과 적정하였으나 3건의 유의한 미비점(Significant deficiency)이 발견되었음.
다. 경영진의 중요한 변동	당기에 주요 경영진의 변동은 없음.

라. 기타	해당사항 없음.

위의 분석에 기초하여 중요성의 50% 을(를) 선정하였습니다.

(2) 수행 중요성 산정

제약조건 반영 후 재무제표 전반적인 수준의 중요성 (Overall materiality)	2,474,361,464
적용비율	50.00%
(PM : Performance Materiality)	1,237,180,732

3.4.1.3 질적 요소

유의한 계정과목을 식별하는 것은 양적 요소(수행 중요성)뿐만 아니라 질적 요소도 함께 고려한다. 내부회계관리제도 평가 및 보고 가이드라인 문단11에서는 유의한 계정과목 등을 식별하기 위해 고려할 질적 요소를 다음과 같이 구체적으로 제시하고 있다.

계정과목 내 개별 거래의 복잡성, 동질성

특정 계정과목이 다양한 거래와 관련하여 처리되거나, 관련 거래가 복잡할수록 그 계정과목(예를 들어, 복잡한 구조의 투자 상품)은 재무제표 왜곡표시를 야기할 위험이 크기 때문에 중요성 금액 또는 수행 중요성 기준 이하라 하더라도 내부회계관리제도의 평가범위에 포함할 것을 고려한다.

추정이나 판단이 개입되는 회계처리 및 평가

회계처리상 복잡한 추정이나 판단을 요하거나 불확실성이 높은 계정과목(예를 들어, 판매보증충당부채, 공사손실충당부채, 소송충당부채 등)은 계산상의 오류나 경영진의 의도적인 재무제표 왜곡표시가 발생할 가능성이 상대적으로 높다.

회계처리 및 보고의 복잡성

신규 또는 복잡한 회계처리의 영향을 받는 계정과목(특히, 당해 회계처리와 관련하여 다양한 해석이 존재하는 경우)은 재무제표 왜곡표시의 위험이 상대적으로 높다.

우발채무의 발생가능성

특정 계정과목과 관련되어 수행하는 업무프로세스에서 유의한 우발채무가 발생할 가능성이 높은 경우 양적 요소에 추가하여 고려한다.

특수관계자와 유의적 거래의 존재 여부

특수관계자와의 거래는 제3자와의 거래에 비하여 의도적인 재무제표 왜곡표시의 가능성이 상대적으로 높기 때문에 양적 요소에 추가하여 고려한다.

계정과목 성격의 변화 및 당기 금액 변화 정도

회사의 회계정책 등의 변경으로 당기 계정과목의 성격이 변화한 경우나 당기 금액의 급격한 변화가 존재하는 경우는 재무제표 왜곡표시 위험이 상대적으로 높다. 당기 이전부터 계속 유의한 계정과목으로 분류된 계정과목의 금액이 당기에 중요성 금액 또는 수행 중요성 기준에 미치지 못하는 경우 계정과목 규모의 감소가 일시적인 것인지의 여부를 추가적으로 검토하고, 향후 지속적으로 양적 요소를 충족시키지 못할 가능성이 낮지 않은 경우에는 유의한 계정과목 등으로의 분류를 고려한다.

비경상적인 거래

빈번하게 발생하지 않는 거래와 관련된 회계처리의 경우 재무제표 왜곡표시 위험이 크다고 판단할 수 있다.

관련 회계처리기준의 변경

회사가 회계기준을 변경하거나 새로운 회계기준의 도입과 관련된 계정과목 역시 재무제표 왜곡표시 위험이 증가한다.

법규 및 감독당국의 강조 사항

금융감독원 등의 규제기관에서 강조하거나 감리 등을 통해 지적되는 항목은 일반적으로 재무제표 왜곡표시 위험이 크다고 판단할 수 있다. 금융감독원에서는 매년 말 회계현안설명회 등을 통하여 감사보고서 감리결과 및 중점 점검 회계이슈 등을 제시하고 있는데 이러한 강조사항은 내부회계관리제도에서 질적으로 고려되는 것이 타당하다. 또한 금융감독원 회계포탈 등에서 공시되고 있는 최근연도 감리사례를 점검하여 내부회계관리제도에 포함시키는 것을 권고한다.

주요한 외부환경의 변화가 존재하는 계정

회사의 사업을 영위하는 외부환경에 중요하거나 급격한 변화가 존재하는 경우 이와 관련된 계정과목은 일반적으로 재무제표 왜곡표시 위험이 크다고 판단할 수 있다.

한편, 미국 SEC에서 양적 요소에 추가하여 고려하여야 하는 질적 요소를 아래와 같이 예시적으로 나열하고 있다. 내부회계관리제도 평가 및 보고 가이드라인에서 제시하는 질적 요소와 함께 중요성에 대한 전문가적인 판단 기준으로 활용될 수 있을 것이다.

- 왜곡표시사항이 정확한 측정이 가능한 항목으로부터 발생한 것인지 여부
- 왜곡 표시사항이 추정으로부터 발생한 것인지 여부
- 왜곡표시사항이 당기순이익 등의 기타 추세의 변화를 가져오는지 여부
- 왜곡표시사항이 회사의 성과 혹은 재무상태가 애널리스트 등의 기대수준을 맞추지 못하였다는 사실을 숨기기 위한 것인지 여부
- 왜곡표시사항이 순손실을 순이익으로 바꾸는지 여부(반대의 경우도 동일함)
- 왜곡표시사항이 규제 요구사항 준수에 영향을 미치는지 여부
- 왜곡표시사항이 대출약정 및 기타 약정의 요구사항 준수에 영향을 미치는지 여부
- 왜곡표시사항이 경영진의 보상에 영향을 미치는지 여부
- 왜곡표시사항이 불법적인 거래를 숨기기 위한 것과 관련되었는지 여부

부정 발생의 가능성

부정한 재무보고(fraudulent reporting), 자산의 보호(asset misappropriation), 부패(corruption)와 같은 부정에 쉽게 노출될 가능성을 고려한다. 부정위험과 관련하여서는 “4.6.2 전사수준 통제평가서 - 위험평가”의 (원칙 8) 및 “8. 부정위험과 포렌식”에 구체적으로 기술하였다.

예시 회계현안설명회(2024.12) (발췌)

중점 심사 회계이슈 및 유의사항

1. 매출채권 손실충당금 회계처리

(1) (선정배경) 플랫폼 산업의 발전 등으로 거래의 형태가 다양해지면서 수익기준(K-IFRS 제1115호)에 근거하여 계약을 식별하고 대가를 산정하는 과정 등에서 회계처리 오류가 발생함에 따라,

○ 수익인식모형(5단계)에 따라 수익을 적정하게 인식(총액·순액 판단 등)하고 있는지 점검할 필요

(2) (대상업종) 제조업, 도·소매업 및 정보서비스업

(3) (선정기준) 동종업종 대비 수익 변동성 등을 감안하여 대상 회사 선정

(4) (유의사항) 수익기준(K-IFRS 제1115호)에 따라 고객과의 계약 조건과 관련 사실 및 상황을 모두 고려하여 수익을 인식하고, 주석 요구사항을 충실하게 기재

① 아래 5단계 수익인식모형을 적용하여 수익을 인식

② 범주별(계약유형 및 존속기간 등) 수익 구분, 계약 잔액, 수익인식 판단 근거 등을 충실하게 주석 공시

(5) 회계위반 예시

① D사는 여러 공급자로부터 다양한 상품을 매입하여 온라인 플랫폼(모바일 앱 등)을 통해 상품을 판매하는 과정에서, 일부 공급자와는 상품 매입 단가 협상과 연계하여 해당 공급자에게만 제공하는 '광고 및 운송대행 용역' 계약을 체결하였음에도, 동 용역 계약(매출)과 상품 매입 계약(매출원가)을 별도* 계약으로 판단하여 용역 매출을 상품 매출원가에서 차감하지 않고 별도 매출로 계상하여 매출과 매출원가를 과대계상

* 재화 및 용역의 상호의존도나 상호관련성이 매우 높아 별도로 식별해 낼 수 없음

② E사는 자동차부품을 제조하여 판매하는 업체로 하도급업체에 대한 유상사급 거래가 존재함. 즉, 회사는 하도급업체에 원재료를 공급(매출)하고, 하도급업체에서 가공된 반제품을 재구매(매출원가)하여 추가 가공 후 완성된 부품을 판매하고 있음. 원재료는 회사가 부품생산을 의뢰하면서 공급한 것으로, 가공업체는 실질적으로 원재료(자산)를 통제하고 있지 않음*에도 불구하고, 회사는 해당 유상사급 거래의 매출 및 매입을 순액이 아닌 총액으로 과대계상

* 하도급업체는 회사의 승낙 없이 원재료를 다른 용도에 사용하거나 처분하는 등의 권리를 보유하고 있지 않고 단가는 적정이윤이 보장되어 보유에 따른 위험에 노출되지 않음

③ F사는 태양광발전소 설비업을 영위중으로 설비의 납품 및 설치 계약을 각각 구분하여 체결하고 설비의 납품은 x1년, 설치용역은 x2년에 각각 완료하였음. 다만, 계약서상 설비(제품)는 설치용역을 제공한 이후 검수가 완료된 시점에 위험과 효익이 이전되어 잔금지급이 이루어지는 등 납품과 설치용역을 구분할 수 없음에도(단일의 수행의무에 해당) 회사는 납품 완료시점 (x1년)에 구분하여 수익을 인식, 매출 및 매출원가를 과대계상

2. 비시장성 자산평가

(1) **(선정배경)** 경기회복 지연 등에 따른 경영환경 악화로 비상장주식, 영업권 등 비시장성 자산의 평가 및 손상여부 검토를 부실하게 수행하는 등 회계위반 가능성이 증가 관련 기준서(K-IFRS 제1113호, 제1036호 등)에 근거하여 보유자산의 공정가치 및 회수 가능액 등을 적정하게 산정할 필요

(2) **(대상업종)** 全 업종

(3) **(선정기준)** 주요사항보고서 등을 통해 공시된 자산양수, 주식인수 등 거래금액 현황, 비시장성 자산의 비중 및 관련 주석공시사항 등을 종합적으로 고려하여 대상회사 선정

(4) **(유의사항)** 평가에 사용된 평가기법, 투입변수 관련 가정 등의 적정성 등에 유의하고, 주석 요구사항을 충실하게 기재

① (비시장성 자산 인식) : 취득시 금융자산 분류의 적정성, 관련 약정 등 검토를 통한 내재파생상품 존재 여부, 사업결합의 경우 식별가능 취득자산, 인수부채 및 영업권의 인식요건 등에 유의

② (평가방법 점검) : 거래 상황에 적합하며, 관측할 수 있는 투입 변수를 최대한 사용할 수 있는 평가기법을 적용- 공정가치 측정시에는 사용되는 가정의 합리성 및 관련 투입변수가 통상적으로 인정되고, 신뢰할 만한 수준인지 여부 등 유의

* 할인율, 목표 자본구조, 시장규모, 매출성장률, 영구성장률, 임금상승률 등

③ (주석 공시사항 점검) : 정보이용자가 공정가치 측정 내용을 충분히 이해할 수 있도록 관련 주석 요구사항을 상세히 기재

(5) 회계위반 예시

① G사는 사업부의 영업권에 대한 손상검사시, 과거 실적하락의 원인과 외부증거(경쟁업체 실적 등) 등을 충분히 고려하지 않고 미래 매출에 대한 낙관적 기대를 반영하여 미래 매출액을 과다하게 추정함에 따라 영업권을 과대계상

② H사는 종속회사의 할부판매중단 등 영업에 유의적인 상황 변화가 예상됨에도 사업결합으로 취득한 영업권 등의 손상검사를 소홀히* 하여, 종속기업투자주식과 영업권 등을 과대계상

* 과거 추정한 현금흐름과 실제 현금흐름의 차이 및 가정의 합리성 평가 미실시, 할부중단 효과 미반영 등

③ I사는 보유한 비상장주식에 대하여 공정가치 평가를 위한 충분한 정보를 얻을 수 있는 상황임에도, 취득 당시 원가로 계상하여 자기자본을 과소계상

3. 특수관계자 거래 회계처리

(1) **(선정배경)** 특수관계자와 거래를 통해 손익을 왜곡시킨 후 이를 은폐·축소하기 위해 관련 거래내역을 주석으로 상세히 기재하지 않는 경우가 빈번하게 발생

최근 논의중인 기업 밸류업 측면에서도 특수관계자 거래 내역의 충분한 공시*는 기업가치(주주가치)를 판단하는 데 기초 자료로 활용될 수 있음을 고려하여, 특수관계자 수익 인식 및 주석 공시에 유의할 필요

* 내부거래를 통해 상장사의 이익을 특수관계가 있는 비상장 개인회사로 이전하는 등의 이해상충 우려를 해소하기 위해 충분한 수준의 공시 필요

(2) **(대상업종)** 全 업종

(3) **(선정기준)** 특수관계자 수익 비중 및 변동성 등을 감안하여 대상 회사 선정

(4) **(유의사항)** 특수관계자와의 거래에 대하여 수익기준서(K-IFRS 제1115호)를 적용하여 거래의 객관적 증빙과 실질에 따라 회계처리하고, 관련 주석 요구사항*을 충실 기재

* 거래금액, 채권잔액(대손충당금 설정액 및 당기중 인식된 대손상각비 포함) 등

(5) 회계위반 예시

① J사의 최대주주 및 대표이사는 해외에 비영리법인(K사)을 설립하고 이사장으로 취임하였음. 이후 J사는 직접 개발한 코인 시스템을 K사에 공급하고 마케팅 용역을 제공하는 등의 거래로 매출을 인식하였음에도, 비정상적 거래를 은폐하기 위한 목적 등으로 K사와의 특수관계 여부 및 거래 내역을 주석에 미기재

② L사는 종속회사가 투자자를 대상으로 신주를 발행하는 과정에서 '종속회사가 계약을 위반하여 투자자에게 손해가 발생하는 경우, 회사가 배상책임을 진다'는 약정을 투자자와 체결함에 따라, 해당 약정은 회사가 특수관계자인 종속회사를 위한 사실상의 보증에 해당함에도 이를 주석에 미기재

③ M사는 최대주주 등에 대한 금전대여 사실을 은폐할 목적으로 동 대여금을 특수관계자(N사)에 대한 대여금으로 허위 계상하고, 다른 특수관계자(O사)에 대한 채무와 부

당 상계함으로써 자산·부채를 과소계상하고, 특수관계자 거래 주석을 허위로 기재

4. 가상자산 회계처리

(1) **(선정배경)** 블록체인 기술 산업의 발전으로 그 매개체인 가상자산 거래가 활발해지면서 기업회계에 미치는 영향 증대

지난해 말 금융위·금감원은 가상자산 발행·보유기업의 명확하고 상세한 정보 공개를위해 「가상자산 회계감독지침」 및 「주석공시 모범사례」를 발표('23.12.20.)

기업이 개발·발행·보유하는 가상자산에 대하여 올바른 회계처리 관행이 정착될 수 있도록 선제적으로 점검할 필요

(2) **(대상업종)** 全 업종

(3) **(선정기준)** 무형자산, 관련 수익 증감 및 주석 공시사항 등을 종합적으로 감안하여 대상 회사 선정

(4) **(유의사항)** 가상자산 발행기업은 가상자산의 판매와 관련하여 수익 기준서(K-IFRS 제1115호 등)에 따라 발행기업이 수행해야 할 의무를 이행한 시점(또는 기간)에 관련 대가를 수익으로 인식해야 함

※ 발행기업이 발행 후 내부유보(Reserved)한 토큰은 자산계상 금지(주석공시)

가상자산 보유기업은 가상자산의 취득목적 및 금융상품 해당 여부에 따라 재고자산, 무형자산 또는 금융상품 등으로 적정하게 분류하고, 최초 및 후속 측정에 유의할 필요

가상자산 사업자(거래소)는 고객이 위탁한 가상자산에 대한 통제권이 거래소에 있는 경우 거래소의 자산·부채로 인식하여야 함

※ 또한, 가상자산 발행기업, 가상자산 보유기업 및 가상자산 사업자(거래소) 모두 K-IFRS 제1001호(재무제표 표시) 및 가상자산 회계감독지침 등에서 주석공시하도록 요구한 사항을 주석으로 공시할 필요('23.12. 가상자산 주석공시 모범사례 참고)

(5) 회계위반 예시

① A사는 가상자산을 고객에게 판매하는 과정에서 추후 플랫폼에서 토큰 결제시 재화·용역을 제공(수행 의무*)하기로 약속하였음에도 그보다 앞선 토큰 이전 시점에 관련 대가를 수익으로 인식

* 백서, 판매 약정 등을 통해 확인가능하며, 백서 등에 명시되지는 않았지만 회사가 고객에게 재화·용역을 이전할 것이라고 정당하게 기대하도록 하는 경우도 포함

수행의무 별 수익인식 시기 예시

수행의무		수익인식 시기
토큰 이전(추가 의무 없음)	▷	토큰 이전 시점
토큰이 사용되는 플랫폼 구현을 약속	▷	플랫폼 활성화 시점
플랫폼에서 토큰 결제시 재화 · 용역을 제공하기로 약속	▷	재화 · 용역 제공시

② B사는 가상자산 발행 후 타인에게 이전하지 않고 보관중인 가상자산(유보(Reserved) 토큰)을 재무제표상 자산으로 인식*

* 발행 후 내부유보한 토큰은 자산으로 인식할 수 없으며, 향후 제3자에게 이전될 경우 유통중인 가상자산의 가치에 영향을 미칠 수 있으므로 유보 토큰의 수량 및 향후 활용계획 등을 주석으로 공시할 필요

③ C사(거래소)는 고객이 위탁한 가상자산에 대한 통제권*을 보유하고 있음에도, 거래소의 자산(부채)로 인식하지 아니함

* 경제적 자원의 통제는 통상 법적 권리를 행사할 수 있는 능력에서 비롯되며, ① 사업자와 고객 간 사적계약, ② 가상자산법, 특금법 등 사업자를 감독하는 법률 및 규정, ③ 사업자의 고객 위탁 토큰에 대한 관리·보관수준 등 여러 지표를 종합적으로 고려하여 누가 통제하는지를 판단해야 함

예시 최근 5년간 금융감독원 중점 점검 회계이슈 선정현황

최근 5년간 중점 점검 회계이슈

해당연도	중점 점검 회계이슈
2024년	• 수익인식 회계처리 • 비시장성 자산평가 • 특수관계자 거래 회계처리 • 가상자산 회계처리
2023년	• 매출채권 손실충당금 • 전환사채 콜옵션 • 장기공사수익 • 우발부채 공시
2022년	• 종속·관계기업 투자주식에 대한 손상처리의 적정성 • 특수관계자에 대한 수익 인식의 적정성 • 금융부채 인식 및 측정의 적정성 • 영업이익 표시 및 영업부문정보 공시의 적정성
2021년	• 재고자산 회계처리의 적정성 • 무형자산 회계처리의 적정성(영업권, 개발비 제외) • 국외매출 회계처리의 적정성 • 이연법인세 회계처리 적정성
2020년	• 新리스기준서에 따른 회계처리의 적정성 • 충당부채·우발부채 등의 인식·측정 및 관련 주석 적정성 • 장기공사계약(조선·건설 외) 등 관련 수익인식 적정성 • 유동·비유동 분류의 적정성

3.4.1.4 유의한 계정과목 및 주석항목의 선정

양적 기준 및 질적 기준에 의한 중요성 산정을 기반으로 하여 회사의 주석을 포함한 재무제표에서 유의한 계정과목을 결정한다. 일반적으로 인정된 회계원칙(Generally Accepted Accounting Principles : GAAP)에 따라 작성된 재무제표에 대한 주석사항은 모두 중요한 주석사항으로 간주되어 평가대상에 포함한다.

유의한 계정과목을 선정하기 위해서는 일정한 양식을 사용하는 것이 편리하다. 실무적으로는 아래의 예시에서 제시하는 것과 같이 세부화된 양식을 사용한다.

예시 유의한 계정과목 및 주석항목 선정 사례

유의한 계정과목 및 주석항목 선정 양식

1. 작성목적

내부회계관리제도는 재무제표의 신뢰성에 대한 절대적인 확신(absolute assurance)이 아닌 합리적 확신(reasonable assurance)을 제공하는 것을 목적으로 합니다. 따라서 경영진이 합리적인 확신을 갖기 위해 유의한 계정과목 및 주석정보를 중요성 기준에 의해 설정하여야 합니다.

2. 유의한 계정과목 및 주석항목 선정표

계정 과목명	전기잔액 및 변동성	양적요소	질적 요소									
		수행 중요성	거래의 복잡성, 동질성	추정 및 판단	회계처리 복잡성	우발채무 가능성	특수관계자 거래	계정성격 및 금액변화	비경상적 거래	회계기준 변경	법규 및 감독당국 강조사항	중요한 외부환경 변화

3. 작성요령

(1) 계정과목명 : 재무상태표와 포괄손익계산서 및 주석사항에 영향을 미치는 계정과목을 입력합니다. 계정과목의 수준은 반드시 공시용 재무제표보다 상세한 계정과목을 사용하되 거래의 입력단계에서 사용되는 수준의 계정과목을 사용하는 것이 권고됩니다.

(2) 전기잔액 및 변동성 : 전기의 감사후(audited) 재무제표의 금액을 사용합니다. 전전기와의 금액차이에 의해 변동성을 확인합니다.

(3) 수행 중요성 : 사전에 산정된 수행 중요성(Performance Materiality) 금액을 입력합니다. 중요성 금액은 벤치마크에 일정비율에 의해 산정되며 수행 중요성은 중요성 금액의 75~50% 범위에서 선정될 수 있습니다.

(4) 거래의 복잡성 및 동질성 : 계정과목에서 다양한 거래가 처리되거나 거래의 복잡성을 판단하여 그 결과를 상(3), 중(2), 하(1)로 판단합니다.

(5) 추정 및 판단 : 복잡한 추정이나 판단을 요하거나 불확실성이 높은 항목 여부에 대하여 그 결과를 상(3), 중(2), 하(1)로 판단합니다.

(6) 회계처리 복잡성 : 해당 계정과목이 신규인지 또는 복잡한 회계처리를 요하는지 여부를 판단하여 그 결과를 상(3), 중(2), 하(1)로 판단합니다.

(7) 우발채무 가능성 : 수행하는 업무프로세스에서 유의한 우발채무가 발생할 가능성 여부를 판단하여 그 결과를 상(3), 중(2), 하(1)로 판단합니다.

(8) 특수관계자 거래 : 특수관계자와의 거래가 있는 경우에는 그 금액과 관련없이 결과를 상(3)으로 판단합니다. 만약, 특수관계자와 거래가 없는 경우 하(1)로 판단합니다.

(9) 계정성격 및 금액변화 : 당기 계정과목의 성격이 변화한 경우나 당기 금액의 급격한 변화가 존재하는 경우를 판단하여 그 결과를 상(3), 중(2), 하(1)로 판단합니다.

(10) 비경상적 거래 : 빈번하게 발생하지 않는 거래와 관련된 회계처리인지 여부를 판단하여 그 결과를 상(3), 중(2), 하(1)로 판단합니다.

(11) 회계기준 변경 : 회사가 회계기준을 변경하거나 새로운 회계기준의 도입과 관련된 계정과목이 있는 경우 그 영향을 고려하여 상(3), 중(2), 하(1)로 판단합니다.

(12) 법규 및 감독당국 강조사항 : 금융감독원 등의 규제기관에서 강조하거나 감리 등을 통해 지적되는 항목이 있는지 여부를 판단하여 그 결과를 상(3), 중(2), 하(1)로 판단합니다.

(13) 중요한 외부환경 변화 : 회사의 사업을 영위하는 외부환경에 중요하거나 급격한 변화가 존재하는 경우 이와 관련된 계정과목 영향 여부에 대해 상(3), 중(2), 하(1)로 판단합니다.

(14) 질적 평가기준은 다음의 예시표를 참고할 수 있습니다.

구 분	상(3)	중(2)	하(1)
거래의 복잡성	높은 업무지식, IT지식 필요	보통의 업무지식, IT지식 필요	단순업무
추정 및 판단	추정 및 판단의 영향이 재무제표에 미치는 영향이 큰 경우	추정 및 판단을 요하지만 기초 외부증빙 등에 의해 증명되는 경우로, 그 영향이 재무제표에 미치는 영향이 크지 않은 경우	추정 및 판단을 요하지 않는 경우
회계처리 복잡성	특수한 회계기준 및 세부적인 정보에 의해 산출되는 특수항목(파생상품, 금융상품 및 충당금, 건설중인 자산 등)	회계기준서에 대한 이해가 필요한 경우로 특수한 회계기준 및 세부정보가 필요하지 않은 경우	역사적 원가 및 전표에 근거하는 단순 회계처리(경비처리 비용 지급 등)
계정금액변화	작년 대비 금액변화가 20% 이상인 경우	작년 대비 금액변화가 10~20%인 경우	작년 대비 금액 변화가 10% 이상인 경우

구 분	상(3)	중(2)	하(1)
회계기준 변경	최근 2년간 회계기준서가 변경된 경우	회계기준서가 변경된 경우로서 그 시행일이 3~5년 사이인 경우	최근 5년간 회계기준서의 변경이 없는 경우
감독당국 강조사항	금융감독원 감리사례가 5년 내에 존재하는 경우, 회계현안설명회 등의 중점감리항목인 경우	과거에 감리사례가 존재하는 경우이나, 동일항목에 대해 5년 이내 감리사례가 없는 경우	과거에 감리사례가 없는 경우

4. 유의한 계정과목 및 주석항목 최종선정

유의한 계정과목의 선정은 전문가적인 판단에 의하여야 합니다. 양적 요소와 질적 요소, 둘 중 하나라도 유의하다면 최종적으로 유의한 계정과목으로 선정합니다.

계정 과목명	전기잔액	양적 요소 유의성 판단	질적 요소 유의성 판단	유의한 계정과목 여부	비 고
리스 사용권 자산	1,503,033,535	전기잔액이 수행 중요성보다 크므로 이 계정과목은 유의함.	당기에 회계처리기준이 개정되었으며, 금융감독원의 중점감리항목이므로 이 계정과목은 유의함.	유의함. (significant)	

감사인이 식별한 유의적 계정과목 및 공시가 경영진이 식별한 내용과 다르면 내부회계관리제도 미비점에 해당하는지요? (한국공인회계사회 답변)

경영진이 모범규준 등에서 제시한 방법에 따라 유의적 계정 등을 식별하였다면 경영진이 식별한 유의적인 계정 등이 감사인과 다르다는 점 자체로 미비점에 해당하지 않습니다.

다만 감사인이 식별한 유의적인 계정 등을 경영진이 유의적인 계정 등으로 선정하지 않음에 따라 감사인이 테스트 대상으로 선정한 통제를 회사가 핵심통제로 선정하지 않았다면 이는 기업의 위험 평가프로세스에 미비점이 있음을 시사할 수 있습니다.

예시 계정과목별 양적 요소 및 질적 요소에 의한 중요성 판단

계정과목	당기	전기	증감율	비율	양적 중요성 (SMT)	질적 중요성													최종 중요성 판단 (유의한 계정과목)
						1) 추정이나 판단이 개입되는 회계처리 및 평가 (상=3) (중=2) (하=1)	2) 계정과목 내 개별거래의 규모, 복잡성, 동질성 (상=3) (중=2) (하=1)	3) 계정과목의 고유속성 (상=3) (중=2) (하=1)	4) 회계처리 및 보고의 복잡성 (상=3) (중=2) (하=1)	5) 우발채무의 발생가능성 (상=3) (중=2) (하=1)	6) 특수관계자 거래의 존재 여부 (상=3) (중=2) (하=1)	7) 계정과목 특성의 변동여부 (상=3) (중=2) (하=1)	8) 비 경상적인 거래 (상=3) (중=2) (하=1)	9) 관련 회계 처리 기준의 변경 (상=3) (중=2) (하=1)	10) 법규 및 감독당국의 강조사항 (상=3) (중=2) (하=1)	11) 주요한 외부환경의 변화가 존재하는 계정 (상=3) (중=2) (하=1)	질적중요성 점수 집계	질적 중요성 전체등급	
					SMT 1,237,180,732														
Balance Sheet																			
유동자산	**320,807,663,150**	**252,600,283,240**																	
당좌자산	**264,159,262,542**	**195,194,661,138**																	
현금및현금등가물(주17)	6,995,288,833	3,592,754,770	48.6%	0.3%	Significant	1	1	3	1	1	3	2	1	1	3	1	1.60	Significant	Significant
매출채권(주4,6,17,18,19,27)	258,223,921,634	231,334,077,116	10.4%	21.4%	Significant	1	3	3	1	1	3	1	1	2	3	1	1.90	Significant	Significant
대손충당금	(19,019,037,152)	(45,979,712,069)	141.8%	-4.3%	Significant	3	1	3	1	1	3	3	1	3	3	1	2.00	Significant	Significant
미수금	2,848,261,124	733,932,363	74.2%	0.1%	Significant	1	1	1	1	1	1	3	3	2	3	1	1.50	Significant	Significant
대손충당금	(240,361,103)	(240,361,103)	0.0%	0.0%	Non-significant	3	1	3	1	1	1	1	1	1	3	1	1.60	Significant	Significant
단기대여금(주6)	125,000,000	300,000,000	140.0%	0.0%	Non-significant	1	1	1	1	1	1	3	3	1	3	1	1.40	Non-significant	-
미수수익	106,618,134	91,226,497	14.4%	0.0%	Non-significant	1	1	1	2	1	1	1	3	1	3	1	1.50	Significant	Significant
선급금	-	880,214,042	100.0%	0.1%	Non-significant	1	1	1	1	1	1	3	3	1	1	1	1.20	Non-significant	-
선급비용	1,995,514,668	2,478,704,718	24.2%	0.2%	Significant	1	2	1	1	1	1	2	3	1	1	1	1.30	Non-significant	Significant
만기보유증권(주5)	100,336,150	555,383,010	453.5%	0.1%	Non-significant	3	2	3	3	1	1	3	3	1	3	1	2.10	Significant	Significant
기타의당좌자산	87,324,444	1,448,441,794	1558.7%	0.1%	Non-significant	3	3	1	3	2	1	3	3	1	3	1	2.10	Significant	Significant
이연법인세자산(주25)	12,936,395,810	-	100.0%	0.0%	Significant	1	2	3	3	2	1	3	1	1	3	1	1.80	Significant	Significant
재고자산	**56,648,400,608**	**57,405,622,102**																	
제품	12,636,869,076	7,534,357,247	40.4%	0.7%	Significant	2	3	3	3	1	1	2	1	1	1	1	1.70	Significant	Significant
제품평가충당금	(123,696,496)	(81,513,069)	34.1%	0.0%	Non-significant	3	2	3	2	1	1	2	1	1	1	1	1.60	Significant	Significant
원재료	13,432,079,704	12,558,226,849	6.5%	1.2%	Significant	2	3	3	1	1	1	1	1	1	1	1	1.50	Significant	Significant
원재료평가충당금	(6,879,275)	(29,122,656)	323.3%	0.0%	Non-significant	3	2	3	2	1	1	3	1	1	1	1	1.60	Significant	Significant
소모품	1,514,891,584	1,889,634,668	24.7%	0.2%	Significant	2	2	3	1	1	1	2	1	1	1	1	1.40	Non-significant	Significant
소모품평가충당금	-	(267,490,046)	100.0%	0.0%	Non-significant	3	2	3	2	1	1	3	1	1	1	1	1.60	Significant	Significant
재공품	26,310,384,592	28,399,771,050	7.9%	2.6%	Significant	2	3	3	3	1	1	1	1	1	1	1	1.70	Significant	Significant
미착품	1,586,416,333	6,351,783,338	300.4%	0.6%	Significant	2	2	3	1	1	1	3	1	1	1	1	1.40	Non-significant	Significant
선전품	1,291,240,790	1,049,974,721	18.7%	0.1%	Significant	2	2	3	1	1	1	1	1	1	1	1	1.40	Non-significant	Significant
기타의재고자산	7,094,300	-	100.0%	0.0%	Non-significant	2	1	1	1	1	1	3	1	1	1	1	1.10	Non-significant	-
고정자산	**767,768,172,467**	**827,581,405,450**																	
유형자산	**497,859,644,617**	**537,464,198,533**																	
토지	204,833,172,667	208,568,645,457	1.8%	19.3%	Significant	2	3	3	2	1	1	1	1	1	1	1	2.00	Significant	Significant
건물	196,421,258,599	196,600,421,706	0.1%	18.2%	Significant	2	3	3	2	1	1	1	1	1	1	1	2.00	Significant	Significant
감가상각누계액	(39,089,674,130)	(34,402,269,773)	12.0%	-3.2%	Significant	3	1	3	2	2	1	1	1	1	1	1	2.00	Significant	Significant
구축물	42,092,619,752	40,511,188,002	3.8%	3.8%	Significant	2	3	3	2	1	1	1	1	1	1	1	2.00	Significant	Significant
감가상각누계액	(19,161,639,607)	(17,107,374,072)	10.7%	-1.6%	Significant	3	1	3	2	2	1	1	1	1	1	1	2.00	Significant	Significant
기계장치	479,627,976,038	458,786,940,748	4.3%	42.5%	Significant	2	3	3	2	1	1	1	1	1	1	1	2.00	Significant	Significant
감가상각누계액	(403,395,126,713)	(366,578,947,042)	9.1%	-33.9%	Significant	3	1	3	2	2	1	1	1	1	1	1	2.00	Significant	Significant
용기	129,261,369,805	123,687,870,342	4.3%	11.5%	Significant	2	3	3	2	1	1	1	1	1	1	1	2.00	Significant	Significant
감가상각누계액	(108,533,350,731)	(96,404,607,224)	11.2%	-8.9%	Significant	3	1	3	2	2	1	1	1	1	1	1	2.00	Significant	Significant
차량운반구	4,249,414,226	3,819,567,739	10.1%	0.4%	Significant	2	3	3	2	1	1	1	1	1	1	1	2.00	Significant	Significant
감가상각누계액	(2,945,794,047)	(2,510,825,530)	14.8%	-0.2%	Significant	3	1	3	2	2	1	1	1	1	1	1	2.00	Significant	Significant
공기구	5,542,599,063	4,703,420,149	15.1%	0.4%	Significant	2	3	3	2	1	1	1	1	1	1	1	2.00	Significant	Significant
감가상각누계액	(4,270,843,092)	(3,782,440,846)	11.4%	-0.4%	Significant	3	1	3	2	2	1	1	1	1	1	1	2.00	Significant	Significant
비품	81,517,311,009	79,502,288,027	2.5%	7.4%	Significant	2	3	3	2	1	1	1	1	1	1	1	2.00	Significant	Significant
감가상각누계액	(70,155,631,974)	(66,685,087,952)	4.9%	-6.2%	Significant	3	1	3	2	2	1	1	1	1	1	1	2.00	Significant	Significant
건설중인자산	1,865,983,752	8,755,408,802	369.2%	0.8%	Significant	2	3	3	2	1	1	3	1	1	1	1	2.00	Significant	Significant
무형자산	**269,908,527,850**	**290,117,206,917**																	
영업권	266,753,777,891	286,396,059,770	7.4%	26.5%	Significant	2	3	1	3	1	1	1	1	1	1	1	1.83	Non-significant	Significant
산업재산권	612,264,132	722,171,641	18.0%	0.1%	Non-significant	1	1	1	2	1	1	1	1	1	1	1	1.17	Non-significant	-
소프트웨어	2,542,485,827	2,998,975,506	18.0%	0.3%	Significant	2	1	1	2	1	1	1	1	1	1	1	1.33	Non-significant	Significant

3.4.2 경영자 주장[22]의 식별

경영진은 파악된 유의한 계정과목 및 주석사항에 대한 경영자 주장(Assertions)을 식별한다.

재무제표에 대한 경영자 주장(financial statements assertions)이란 재무제표의 계정과목 및 주석사항에 대하여 경영자가 명시적 혹은 묵시적으로 주장하는 내용을 말하며, 일반적으로 인정된 회계처리기준에 의하여 재무제표를 작성 및 공시하였다는 사실을 주장하는 것이다.

내부회계관리제도는 위험관리시스템(Risk management system)으로 재무보고와 관련된 내부통제(Internal Control over financial reporting)의 유효성을 평가하기 위해 (1단계) 위험을 식별하고, (2단계) 그 위험에 대한 내부통제를 식별하여, (3단계) 그 내부통제가 관련된 위험을 예방하거나 적발할 수 있는가를 평가하게 된다.

경영자 주장은 유의한 계정과목별로 재무제표의 신뢰성을 훼손할 수 있는 위험을 구체적으로 식별하는 (1단계)에서 주로 사용된다.

| 위험관리시스템 절차에 따른 내부회계관리제도 |

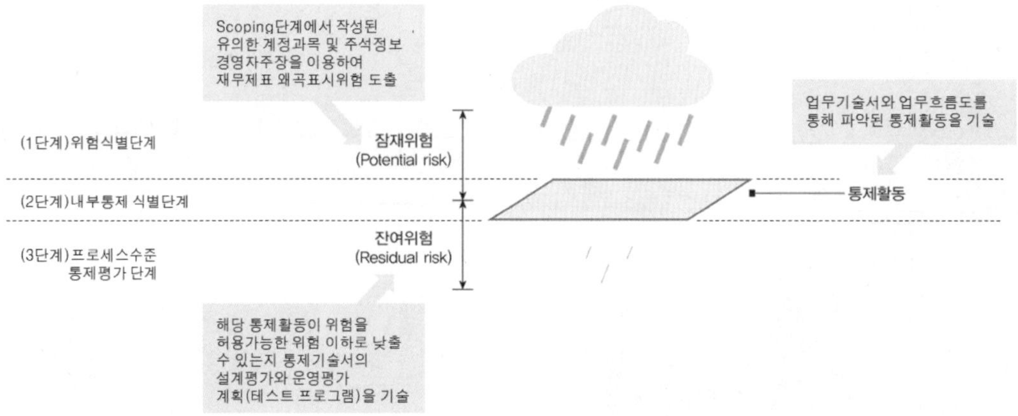

Scoping단계에서 작성된
유의한 계정과목 및 주석정보
경영자주장을 이용하여
재무제표 왜곡표시위험 도출

업무기술서와 업무흐름도를
통해 파악된 통제활동을 기술

(1단계)위험식별단계
잠재위험
(Potential risk)

(2단계)내부통제 식별단계
통제활동

(3단계)프로세스수준
통제평가 단계
잔여위험
(Residual risk)

해당 통제활동이 위험을
허용가능한 위험 이하로 낮출
수 있는지 통제기술서의
설계평가와 운영평가
계획(테스트 프로그램)을 기술

경영자 주장(경영진 주장)은 회계감사 서적, 감사기준서, 대형 회계법인별로 그 구체적인 구분은 일부 다르지만 내포하고 있는 내용은 거의 동일하다. 평가 및 보고 가이드라인 문단 13에서는 재무제표에 대한 경영자 주장에 대해 다음과 같이 정의하고 있다.

---

22) 감사기준서 등에서는 경영자 주장이 경영진 주장으로 용어가 변경되었으나, 내부회계관리제도 평가 및 보고 가이드라인에 따라 경영자 주장으로 표시하였다.

실재성 (existence)

실재성이란 재무상태표에 기록되어 있는 자산, 부채 및 자본이 보고기간 종료일 등 주어진 특정 일자 현재 존재하고 있으며, 기록된 거래들이 특정 기간 동안 실제로 발생한 사건을 기록하고 있음을 주장하는 것이다. 예를 들면, 재무상태표 상의 재고자산은 회사가 보고기간 종료일 현재 실제로 보유하고 있는 자산을 나타낸다고 경영진은 주장한다.

완전성 (completeness)

완전성이란 특정한 기간 동안 발생한 모든 거래와 사건들이 해당 기간의 기록으로 모두 기록되었음을 주장하는 것이다. 이는 재무제표에 기록되지 않은 자산, 부채, 거래나 사건 혹은 공시되지 않은 항목은 없다는 주장이다. 예를 들어, 경영자는 모든 이자비용이 빠짐없이 손익계산서에 표시되었고 재무상태표에 표시되지 않은 부채는 존재하지 않는다고 주장한다. 완전성에 대한 주장은 재무제표에 포함되어야 할 항목의 누락 여부에 관한 주장으로 일반적으로는 부채와 비용 계정과 관련되는 것에 반하여, 실재성 또는 발생사실의 주장은 재무제표에 포함되지 않아야 할 가공의 항목이 없다는 사실에 관한 주장으로 자산이나 수익 계정과 보다 밀접하게 관련된다.

권리와 의무 (right and obligation)

권리와 의무는 재무제표 상에 표시된 자산에 대해 해당 일자에 회사가 소유권 혹은 독점적인 사용권을 보유하고 있으며, 부채는 해당 일자에 회사가 변제하여야 할 의무가 있는 채무가 존재한다는 주장이다. 예를 들어, 회사가 차입을 통하여 유형자산을 구입한 경우 재무상태표상의 유형자산은 회사가 미래 경제적 효익을 받을 수 있는 독점적 권리를 나타내고, 차입금은 회사가 상환하여야 하는 의무를 나타낸다는 주장이다.

평가 (valuation)

재무제표상의 자산, 부채, 자본, 수익과 비용 항목은 회계기준에 따라 적정한 금액으로 표시되었다는 주장이다. 거래들이 계산적으로 수학적으로 옳게 계산되고, 적절하게 요약되어 회사의 장부에 반영되었음을 의미한다. 예를 들어, 재고자산은 제조원가 또는 매입가액에 부대비용이 가산되어 원가계산방법에 따라 산정된 취득원가(순실현가능가치가 취득원가보다 낮은 경우에는 순실현가능가치)로 기록되었고, 유가증권은 보고기간 종료일 현재 공정가액으로 평가되었다는 주장이다.

재무제표 표시와 공시 (disclosure and presentation)

재무제표 구성항목 및 주석사항은 회계기준에 따라 공시, 분류 및 기술되어 있다는 주장이다. 예를 들어, 재무상태표상 장기차입금으로 기록된 채무는 1년 이내에 상환되지 않는 채무임을 주장하는 것이다.

발생사실 (accrual)

거래나 사건은 회계기간 동안에 실제로 발생하였다는 주장으로 일반적으로 손익계산서 계정과목에 해당한다. 예를 들어, 손익계산서의 이자수익은 예금 또는 대여금을 통해 당기 중에 실제로 발생한 금액이라고 경영진은 주장한다.

측정 (measurement)

회계적인 거래나 사건은 적절한 금액으로 재무제표에 기록되었으며, 수익이나 비용은 발생주의 원칙에 따라 적절한 회계기간에 배분되었다는 주장이다. 예를 들어, 유형자산의 취득가액은 적절한 내용연수 동안에 체계적인 방법을 통하여 감가상각비로 배분되었다는 주장이다.

프로세스-계정과목-경영자주장 현황표 (PAA : Processes-Accounts-Assertions Matrix)

Cycle	Mega process	Sub process	Relevant Accounts	실재성 (Existence)	발생 사실 (Occurr-ence)	완전성 (Complet-eness)	권리와 의무 (Right & Obligation)	평가 (Valuation)	측정 (Measu-rement)	재무제표 표시와 공시 (Presentation & Disclosure)
영업 관리	매출관리	고객관리	매출채권	●	-	-	●	●	●	●
			장기성매출채권	●	-	-	●	●	●	●
			제품매출	-	●	-	-	-	●	●
			시장개척비	-	●	-	-	-	●	-
		주문접수 및 처리	매출채권	●	-	-	●	●	●	●
			장기성매출채권	●	-	-	●	●	●	●
			미지급금	-	-	-	●	-	●	●
			제품매출	-	●	-	-	-	●	●
		수익인식 및 대금청구	매출채권	●	-	-	●	●	●	●
			장기성매출채권	●	-	-	●	●	●	●
			수입보증금	-	-	●	●	-	●	-
			제품매출	-	●	-	-	-	●	●
		대금회수 및 채권관리	매출채권	●	-	-	●	●	●	●
			장기성매출채권	●	-	-	●	●	●	●
			대손충당금	-	-	-	-	●	●	-
			대손상각비	-	●	-	-	-	●	-
			대손충당금환입	-	●	-	-	-	●	-
		출고관리	매출채권	●	-	-	●	●	●	●
			장기성매출채권	●	-	-	●	●	●	●
			제품	●	-	-	●	●	●	●
			제품매출	-	●	-	-	-	●	●
			운반보관비	-	●	-	-	-	●	-
			용기운반보관비	-	●	-	-	-	●	-
			용기지급수수료	-	●	-	-	-	●	-
			용역비	-	●	-	-	-	●	-
		반품관리	매출채권	●	-	-	●	●	●	●
			장기성매출채권	●	-	-	●	●	●	●
		광고선전비	선전품	●	-	-	●	-	●	●
			미지급금	-	-	-	●	-	●	●
			광고선전비	-	●	-	-	-	●	-
		국제거래	매출채권	●	-	-	●	●	●	●
			제품매출	-	●	-	-	-	●	●
			미지급금	-	-	-	●	-	●	●
			운반보관비수출	-	●	-	-	-	●	-

감사기준서 315에서는 여러 가지 발생 가능한 잠재적인 왜곡표시의 유형들을 고려하기 위해 이용하는 경영자 주장은 두 가지 범주로 분류된다고 규정하고 있다. 경영자 주장의 분류가 내부회계관리제도의 평가 및 보고 가이드라인과 일부 차이가 있으나 경영자 주장의 식별을 위해 참고할 수 있다. 감사기준서에 따른 범주별 분류는 아래와 같다(감사기준서 315 문단A124).

(1) 감사대상기간의 거래 및 사건의 유형에 대한 경영진 주장

- 발생사실 - 기록된 거래와 사건은 발생되었고 기업에 귀속됨.
- 완전성 - 기록되어야 하는 모든 거래와 사건은 기록되었음.
- 정확성 - 기록된 거래와 사건에 관련된 금액 및 기타 데이터는 적합하게 기록되었음.
- 기간귀속 - 거래와 사건은 해당 보고기간에 기록되었음.
- 분류 - 거래와 사건은 적절한 계정으로 기록되었음.

(2) 보고기간말 계정잔액에 대한 경영진 주장

- 실재성 - 자산, 부채 및 주주지분은 실재함.
- 권리와 의무 - 기업은 자산에 대한 권리를 보유하거나 통제하고 있으며 부채는 기업의 의무임.
- 완전성 - 기록되어야 하는 자산, 부채 및 주주지분은 모두 기록되었음.
- 평가와 배분 - 자산, 부채 및 주주지분은 적합한 금액으로 재무제표에 계상되어 있으며, 평가나 배분의 결과는 적합하게 기록되어 있음.

| 경영진 주장의 범주 |

구 분	감사대상기간의 거래 및 사건의 유형에 대한 경영진 주장	보고기간말 계정잔액에 대한 경영진 주장
발생사실	●	
완전성	●	●
정확성	●	
기간귀속	●	
분류	●	
실재성		●
권리와의무		●
평가		●
배분		●

3.4.3 유의한 업무 프로세스의 파악

유의한 계정과목 및 주석사항이 결정되면, 이 계정과목들에 영향을 미치는 업무 프로세스를 파악하여야 한다. 유의한 업무 프로세스를 파악하는 것은 다음의 방법에 의해 수행될 수 있다. 어떠한 방법을 사용한다고 하더라도 기말 재무제표 작성절차는 항상 유의한 업무 프로세스로 식별되어야 하는 것에 주의하여야 한다(평가 및 보고 가이드라인 문단15.마).

거래유형별 프로세스 정립

이 방식은 유의한 계정과목 및 주석사항에 중요하게 영향을 미치는 관련 회계 시스템과 거래의 유형별로 프로세스를 요약하는 방법이다. 이 방법은 비즈니스와 회계 시스템을 상호 연관된 거래 흐름에 따라 제한된 수로 구분하고, 구분된 거래 흐름을 비슷한 경제적 사건에 따라 그룹핑하여 업무 프로세스를 결정할 수 있다. 예를 들어 매출, 구매, 급여, 자금, 재무보고 등으로 구분된다.

가치사슬(value chain)을 이용한 프로세스 정립

이 방식은 기업의 가치 창출 활동을 체계적으로 분석하여 프로세스를 식별하는 방법이다. 회사는 가치를 창출하기 위해 존재하며, 가치를 창출하기 위한 회사내 프로세스는 가치사슬 모델(Value Chain Model)에 기반한다고 본다. 기업의 활동을 주요 활동과 보조 활동으로 나누고 가치를 창출하는 과정을 단계별로 식별한다.

파악된 프로세스의 이용

마지막 방식은 실제 프로세스에 따라 비즈니스를 구분하는 방법이다. 이미 다양한 업무 프로세스를 구분하여 보유하고 있다면, 각 프로세스가 재무보고와 관련이 있는지, 내부통제 미비점의 발생 가능성이 높은지, 프로세스에 이슈사항이 있는지 여부를 고려하여 핵심 프로세스를 결정한다. 다시 결정된 핵심 프로세스를 유의한 계정과목 및 주석사항과 연결한다.

어떤 방식을 사용한다고 하더라도 신뢰할 수 있는 재무제표의 작성 및 공시를 위해서는 재무제표 작성 및 보고절차뿐만 아니라 개별 거래들이 발생, 승인, 기록 및 처리되는 전반적인 과정이 중요하다. 따라서, 경영진은 내부회계관리제도의 설계 및 운영 시 회계 등 조직 내의 특정 부서뿐만 아니라 유의한 업무 프로세스를 포괄적으로 고려하여야 한다.

 계정과목 및 업무프로세스

Cycle	code-level 1	Process	code-level 2	Sub-Process	code-level 3	Sub process code	관련부서	프로세스 오너
영업관리	A	매출관리	SA	고객관리	01	ASA01	영업본부	홍길동
				주문 접수 및 처리	02	ASA02	영업본부	홍길동
				수익인식 및 대금청구	03	ASA03	영업본부	홍길동
				대금회수 및 채권관리	04	ASA04	영업본부	홍길동
				반품관리	05	ASA05	영업본부	성춘향
				출고관리	06	ASA06	영업본부	성춘향
				광고선전비	07	ASA07	영업본부	성춘향
				국제거래	08	ASA08	영업본부	성춘향
생산관리	B	구매관리	PU	구매계획 수립	01	BPU01	구매부	이몽룡
				구매업체계약 및 관리	02	BPU02	구매부	이몽룡
				구매요청 및 발주	03	BPU03	구매부	이몽룡
				입고 및 검수	04	BPU04	구매부	이몽룡
				매입채무인식 및 대금지급	05	BPU05	구매부	이몽룡
		제조관리	MF	생산계획 수립	01	BMF01	생산부	변학도
				생산 및 공정관리	02	BMF02	생산부	변학도
				제조원가 계산	03	BMF03	생산부	변학도
				재고관리	04	BMF04	생산부	변학도
				재고실사	05	BMF05	생산부	변학도
				재고자산 평가 및 장기불용	06	BMF06	생산부	변학도
경영관리	C	급여관리	SL	급여/제수당 계산 및 지급	01	CSL01	인사부	심청
				퇴직금 계산 및 지급	02	CSL02	인사부	심청
				퇴직급여충당금 계산	03	CSL03	인사부	심청
		고정자산	TA	고정자산 취득	01	CTA01	총무부	연흥부
				고정자산 유지보수 및 평가	02	CTA02	총무부	연흥부
				고정자산 처분	03	CTA03	총무부	연흥부
				감가상각비 계산	04	CTA04	총무부	연흥부
		자금관리	TR	자금조달	01	CTR01	자금부	심학규
				자금집행	02	CTR02	자금부	심학규
				시재마감	03	CTR03	자금부	심학규
				외환관리	04	CTR04	자금부	심학규
				유가증권 관리	05	CTR05	자금부	심학규
				법인카드 관리	06	CTR06	자금부	심학규

Cycle	code-level 1	Process	code-level 2	Sub-Process	code-level 3	Sub process code	관련부서	프로세스 오너
		재무보고	FR	일반회계관리	01	CFR01	재무부	연놀부
				결산관리	02	CFR02	재무부	연놀부
				일반세무관리	03	CFR03	재무부	연놀부
		IT	IT	응용시스템 개발 및 변경	01	CIT01	전산기획부	이향단
				정보시스템 운영 및 외주관리	02	CIT02	전산기획부	이향단
				시스템 접근통제 및 보안	03	CIT03	전산기획부	이향단

예시 계정과목 및 업무프로세스의 연결표

계정과목	매출관리								구매관리					제조관리							급여관리			고정자산				자금관리						재무보고			공시통제		IT관리		
	01 고객관리	02 주문접수 및 처리	03 수익인식 및 대금청구	04 대금회수 및 채권관리	05 출고관리	06 반품관리	07 광고선전비	08 국제거래	01 구매계획 수립	02 구매업체계약 및 관리	03 구매요청 및 발주	04 입고 및 검수	05 매입채무 인식 및 대금지급	01 생산계획 수립	02 생산공정관리	03 제조원가계산	04 재고관리	05 재고실사	06 주세관리	07 재고자산 평가 및 장기 불용재고 관리	01 급여/제수당 계산 및 지급	02 퇴직금 계산 및 지급	03 퇴직급여충당금 계산	01 고정자산 취득	02 고정자산 유지보수 및 평가	03 고정자산 처분	04 감가상각비 계산	01 자금조달	02 자금집행	03 시재마감	04 외환관리	06 유가증권 관리	05 법인카드관리	01 일반회계관리	02 결산관리	03 일반세무관리 (공장 주세 제외)	01 정기공시	02 주석공시	01 시스템 개발 및 변경	02 시스템 운영	03 시스템 접근통제/보안
	중	상	상	상	상	상	상	중	중	중	상	상	상	중	상	상	상	상	상	중	상	상	상	상	중	상	상	상	상	상	중	중	중	중	상	중	중	중	중	중	상
Balance Sheet																																									
유동자산																																									
당좌자산																																									
현금및현금등가물(주17)																														X	X			X	X		X	X			
매출채권(주4,6,17,18,19,2*)	X	X	X	X	X	X		X																								X		X	X		X	X			
대손충당금				X																														X	X		X	X			
미수금																										X								X	X		X	X			
대손충당금																																									
단기대여금(주6)																																									
미수수익																																									
선급금																																									
선급비용																																		X	X		X	X			
만기보유증권(주5)																																X		X	X		X	X			
기타의당좌자산																															X			X	X		X	X			
이연법인세자산(주25)																																		X	X	X	X	X			
재고자산																																									
제품					X	X								X	X	X	X	X		X														X	X		X	X			
제품평가충당금						X														X														X	X		X	X			
원재료									X	X	X	X		X	X	X	X	X		X														X	X		X	X			
원재료평가충당금																				X														X	X		X	X			
소모품																X	X	X		X														X	X		X	X			
소모품평가충당금																				X														X	X		X	X			
재공품														X	X	X	X	X		X														X	X		X	X			
미착품									X	X	X																							X	X		X	X			
선전품							X																											X	X		X	X			
기타의재고자산														X	X	X	X	X		X																					
고정자산																																									
유형자산																																									
토지																								X	X	X								X	X		X	X			
건물																								X	X	X								X	X		X	X			
감가상각누계액																											X							X	X		X	X			
구축물																								X	X	X								X	X		X	X			
감가상각누계액																											X							X	X		X	X			
기계장치																								X	X	X								X	X		X	X			
감가상각누계액																											X							X	X		X	X			
용기																								X	X	X								X	X		X	X			
감가상각누계액																											X							X	X		X	X			
차량운반구																								X	X	X								X	X		X	X			
감가상각누계액																											X							X	X		X	X			
공기구																								X	X	X								X	X		X	X			
감가상각누계액																											X							X	X		X	X			
비품																								X	X	X								X	X		X	X			
감가상각누계액																											X							X	X		X	X			
건설중인자산																								X										X	X		X	X			
무형자산																																									
영업권																											X							X	X		X	X			
산업재산권																																									
소프트웨어																											X							X	X		X	X			

연 습 문 제

문제 1

Risk-based approach

A회사는 내부회계관리제도를 운영 중이며, 관련자료는 다음과 같다.

(1) 직전년도의 재무상태표와 포괄손익계산서

(단위 : 원)

재무상태표

계정과목	금액
I. 유동자산	
1. 현금및현금성자산	349,517,546
2. 단기금융상품	10,000,000
3. 매출채권	283,045,694
4. 재고자산	116,384,050
II. 비유동자산	
1. 기타포괄손익-공정가치측정 금융자산	1,107
2. 유형자산	227,036,825
3. 리스사용권자산	19,147,389
4. 투자부동산	1,365,819
5. 관계회사주식	7,178,626
자산총계	1,013,677,056
I. 유동부채	
1. 매입채무	391,526,322
2. 단기차입금	3,342,565
3. 당기법인세부채	57,751,357
II. 비유동부채	
1. 순확정급여부채	26,989,117
2. 충당부채	11,832,252
3. 이연법인세부채	1,234,456
4. 비유동리스부채	101,685,652
부채총계	594,361,721

포괄손익계산서

계정과목	금액
I. 매출액	1,542,126,175
II. 매출원가	913,161,786
III. 매출총이익	628,964,389
IV. 판매비와 관리비	536,970,420
1. 급여	332,646,431
2. 퇴직급여	65,554,640
3. 지급수수료	34,861,684
4. 임차료	46,549,876
5. 감가상각비	54,687,633
6. 충당부채전입액	2,670,156
V. 영업이익	91,993,969
VI. 영업외손익	4,066,216
1. 이자수익	3,216,546
2. 이자비용	(156,876)
3. 지분법손익	1,006,546
VII. 법인세비용차감전순이익	96,060,185
VIII. 법인세비용	11,962,230
X. 당기순이익	84,097,955
XI. 기타포괄손익	(4,654,633)
확정급여제도의 재측정요소	(4,654,686)
기타포괄손익-공정가치측정 금융자산 평가이익	53
XI. 총포괄손익	79,443,322

(2) 당기에 재무제표왜곡표시위험에 대한 양적수행 중요성 기준(PM)은 2,000,000원이다.

(3) 회사의 프로세스 리스트 및 해당 계정과목을 발췌한 내용은 다음의 표와 같다.

Level 1	Level 2	Level 3	계정과목1	계정과목2	계정과목3	계정과목4
영업관리	매출관리	고객관리	매출채권	매출액	충당부채전입액	충당부채
		수익인식	매출채권	매출액		
		대금청구	매출채권	현금및현금성자산		
생산관리	구매관리	구매발주	재고자산	매입채무		
		입고/검수	재고자산	매입채무		
		대금지급	재고자산	매입채무	현금및현금성자산	
	제조관리	제조원가계산	재고자산	매출원가		
		제조관리	재고자산			
		재고물리실사	재고자산			
		재고자산평가	재고자산	재고평가충당금		
경영관리	급여관리	급여계산 및 지급	급여			
		퇴직금계산 및 지급	퇴직급여	확정급여채무		
		확정급여부채 계산	퇴직급여	확정급여채무		
	고정자산관리	취득	유형자산			
		유지보수 및 평가	유형자산			
		처분	유형자산			
		감가상각비계산	감가상각비			
		임차자산관리	리스사용권자산	리스부채	이자비용	감가상각비
	자금관리	자금조달	단기차입금	현금및현금성자산	이자비용	
		자금/비용집행	현금및현금성자산	수수료비용	임차료	
		시재마감	현금및현금성자산	이자수익		
	투자관리	투자상품관리	단기금융상품	이자수익		
		투자주식관리	FVOCI금융자산	FVOCI평가손익		
		관계/종속회사관리	관계회사주식	지분법손익		
		비영업용부동산관리	투자부동산			
		세금관리	법인세비용	당기법인세부채	이연법인세부채	

* FVOCI금융자산 : 기타포괄손익-공정가치측정 금융자산
* FVOCI평가손익 : 기타포괄손익-공정가치측정 금융자산 평가이익/손실

(4) 작년 내부회계관리제도 운영시 이연법인세부채 계산이 틀린 부분이 발견되었다. 해당 예외사항은 단순한 미비점으로 평가되었으나 매년 오류가 간헐적으로 발생하는 부분으로 주목하여야 하는 부문이다. 기타 질적 중요성 기준은 단순화를 위해 고려하지 않는다.

(5) 당기의 비즈니스는 작년과 비슷할 것으로 예상된다. M&A나 기타 사업결합의 계획이 없으며 경쟁의 정도도 동일할 것으로 예상하고 있다. 당사의 사업계획도 작년 실적대비 5% 이내의 차이가 발생할 것으로 예상된다.

(질문) Risk-based approach에 따라 내부회계관리제도를 구축 및 운영하는 경우, 다음 페이지의 양식을 이용하여 대상범위에서 제외할 수 있는 계정과목 혹은 프로세스를 설명하라.

[표1]

계정과목	금액	실계정	양적중요성		질적중요성	범위 포함
			significant	non-significant	significant	
I. 유동자산						
1. 현금및현금성자산	349,517,546					
2. 단기금융상품	10,000,000					
3. 매출채권	283,045,694					
4. 재고자산	116,384,050					
II. 비유동자산						
1. 기타포괄손익-공정가치측정 금융자산	1,107					
2. 유형자산	227,036,825					
3. 리스사용권자산	19,147,389					
4. 투자부동산	1,365,819					
5. 관계회사주식	7,178,626					
I. 유동부채						
1. 매입채무	391,526,322					
2. 단기차입금	3,342,565					
3. 당기법인세부채	57,751,357					
II. 비유동부채						
1. 순확정급여부채	26,989,117					
2. 충당부채	11,832,252					
3. 이연법인세부채	1,234,456					
4. 비유동리스부채	101,685,652					
I. 매출액	1,542,126,175					
II. 매출원가	613,161,786					
III. 매출총이익						
IV. 판매비와 관리비						
1. 급여	332,646,431					
2. 퇴직급여	65,554,640					
3. 지급수수료	34,861,684					
4. 임차료	46,549,876					
5. 감가상각비	54,687,633					
6. 충당부채전입액	2,670,156					
V. 영업이익						
VI. 영업외손익						
1. 이자수익	3,216,546					
2. 이자비용	(156,876)					
3. 지분법손익	1,006,546					
VII. 법인세비용차감전순이익						
VIII. 법인세비용	119,622,304					
X. 당기순이익						
XI. 기타포괄손익						
확정급여제도의 재측정요소	(4,654,686)					
기타포괄손익-공정가치측정 금융자산 평가이익	53					
XI. 총포괄손익						

[표2]

계정과목	범위 포함	영업관리			생산관리							경영관리															
		매출관리			구매관리			제조관리				급여관리			고정자산관리					자금관리			투자관리 등				
		고객 관리	수익 인식	대금 청구	구매 발주	입고 검수	대금 지급	제조원 가계산	제조 관리	재고 물리 실사	재고 자산 평가	급여 계산 지급	퇴직금 계산 지급	DBO 계산	취득	유지 보수 평가	처분	감가 상각비 계산	임차 자산 관리	자금 조달	자금 비용 집행	시재 마감	투자 상품 관리	투자 주식 관리	관계 회사 관리	비영업 용부동 산관리	세금 관리
현금및현금성자산																											
단기금융상품																											
매출채권																											
재고자산																											
FVOCI 금융자산																											
유형자산																											
리스사용권자산																											
투자부동산																											
관계회사주식																											
매입채무																											
단기차입금																											
당기법인세부채																											
순확정급여부채																											
충당부채																											
이연법인세부채																											
비유동리스부채																											
매출액																											
매출원가																											
급여																											
퇴직급여																											
지급수수료																											
임차료																											
감가상각비																											
충당부채전입액																											
이자수익																											
이자비용																											
지분법손익																											
법인세비용																											
확정급여제도의 재측정요소																											
FVOCI 평가이익																											

해설 Risk-based approach

내부회계관리제도는 재무제표가 한국채택국제회계기준 혹은 일반기업회계기준과 같은 준거기준에 따라 작성·공시되었는지 합리적 확신을 제공하는 것을 목적으로 한다.

따라서 재무제표에 존재하는 모든 계정과목이나 회사의 모든 업무 프로세스를 대상으로 하지 않을 수 있다. 중요한 왜곡표시가 존재할 가능성이 높은 계정과목 및 주석정보에 집중하여 관련 프로세스, 거래유형만을 평가하여 내부회계관리제도를 효율적, 효과적으로 운영이 가능하다.

앞선 사례에서 양적 중요성 기준은 2,000,000원으로 설정되었다. 이는 2,000,000원 미만의 오류 혹은 왜곡표시는 재무제표이용자의 의사결정에 중대한 영향을 미치지 않는다는 것을 의미한다. 당기의 회사의 비즈니스의 변동이 거의 없으며 작년과 같으므로 각 계정과목별로 왜곡표시될 수 있는 최대금액(total risk exposure)도 작년의 잔액과 비슷할 것으로 예상된다. 각 계정과목별로 발생할 수 있는 최대 왜곡표시금액은 직전년도 잔액으로 예상할 수 있으며 중요성 미만의 계정과목은 중요한 왜곡표시가 존재할 가능성이 없으므로 대상범위에서 제외하여 내부회계관리제도를 효율적으로 운영할 수 있다.

[표1]에서 non-significant로 표시된 계정과목은 중요성 미만의 총노출액이 발생하는 계정과목이다.

FVOCI금융자산, FVOCI평가이익, 투자부동산, 이자비용, 지분법손익 및 이연법인세부채는 중요성 기준에서 non-significant한 계정과목으로 식별되었다. 하지만, 계정과목과 해당 프로세스를 서로 연관(mapping)시켜 프로세스 관점에서 접근하는 경우, 다른 프로세스는 모두 significant한 계정과목과 연관되어 있으므로 [투자주식관리 프로세스]와 [비영업용부동산관리 프로세스]만 범위에서 제외할 수 있다[표2].

[표1]

계정과목	금액	실계정	양적중요성		질적중요성	범위 포함
			significant	non-significant	significant	
I. 유동자산						
1. 현금및현금성자산	349,517,546	●	●			●
2. 단기금융상품	10,000,000	●	●			●
3. 매출채권	283,045,694	●	●			●
4. 재고자산	116,384,050	●	●			●
II. 비유동자산						
1. 기타포괄손익-공정가치측정 금융자산	1,107	●		●		
2. 유형자산	227,036,825	●	●			●
3. 리스사용권자산	19,147,389	●	●			●
4. 투자부동산	1,365,819	●		●		
5. 관계회사주식	7,178,626	●	●			●
I. 유동부채						
1. 매입채무	391,526,322	●	●			●
2. 단기차입금	3,342,565	●	●			●
3. 당기법인세부채	57,751,357	●	●			●
II. 비유동부채						
1. 순확정급여부채	26,989,117	●	●			●
2. 충당부채	11,832,252	●	●			●
3. 이연법인세부채	1,234,456	●		●	●	●
4. 비유동리스부채	101,685,652	●	●			●
I. 매출액	1,542,126,175	●	●			●
II. 매출원가	913,161,786	●	●			●
III. 매출총이익						
IV. 판매비와 관리비						
1. 급여	332,646,431	●	●			●
2. 퇴직급여	65,554,640	●	●			●
3. 지급수수료	34,861,684	●	●			●
4. 임차료	46,549,876	●	●			●
5. 감가상각비	54,687,633	●	●			●
6. 충당부채전입액	2,670,156	●	●			●
V. 영업이익						
VI. 영업외손익						
1. 이자수익	3,216,546	●	●			●
2. 이자비용	(156,876)	●		●		
3. 지분법손익	1,006,546	●		●		
VII. 법인세비용차감전순이익						
VIII. 법인세비용	11,962,230	●	●			●
X. 당기순이익						
XI. 기타포괄손익						
확정급여제도의 재측정요소	(4,654,686)	●	●			●
기타포괄손익-공정가치측정 금융자산 평가이익	53	●		●		
XI. 총포괄손익						

[표2]

계정과목	범위 포함	영업관리			생산관리							경영관리															
		매출관리			구매관리			제조관리				급여관리			고정자산관리					자금관리			투자관리 등				
		고객 관리	수익 인식	대금 청구	구매 발주	입고 검수	대금 지급	제조 원가 계산	제조 관리	재고 물리 실사	재고 자산 평가	급여 계산 지급	퇴직급 계산 지급	DBO 계산	취득	유지 보수 평가	처분	감가 상각비 계산	임차 자산 관리	자금 조달	자금 비용 집행	시재 마감	투자 상품 관리	투자 주식 관리	관계 회사 관리	비영업 용부동 산관리	세금 관리
현금및현금성자산	●			V			V													V	V	V					
단기금융상품	●																						V				
매출채권	●	V	V	V																							
재고자산	●				V	V	V	V	V	V	V																
FVOCI 금융자산																								V			
유형자산	●														V	V	V										
리스사용권자산	●																		V								
투자부동산																										V	
관계회사주식	●																								V		
매입채무	●				V	V	V																				
단기차입금	●																			V							
당기법인세부채	●																										V
순확정급여부채	●												V	V													
충당부채	●	V																									
이연법인세부채	●																										V
비유동리스부채	●																		V								
매출액	●	V	V	V																							
매출원가	●							V																			
급여	●											V															
퇴직급여	●												V	V													
지급수수료	●																				V						
임차료	●																				V						
감가상각비	●																	V	V								
충당부채전입액	●	V																									
이자수익	●																					V	V				
이자비용																			V	V							
지분법손익																									V		
법인세비용	●																										V
확정급여제도의 재측정요소	●													V													
FVOCI 평가이익																								V			

문제 2

업무범위 선정(객관식)

다음의 설명과 관련성이 높은 항목은 무엇인가?

'내부회계관리제도는 재무제표에 대한 절대적인 확신이 아니라 합리적 확신을 제공하는 것을 목적으로 한다. 따라서 정보이용자의 의사결정에 영향을 줄 수 있는 정도를 설정하여야 한다.'

① 중요성
② 위험
③ 경영자 주장(경영진 주장)
④ 전사통제

해설 업무범위 선정(객관식)

정답 : ①

내부회계관리제도 설계 및 운영 개념체계 문단 43.3에서 경영진은 중요성을 고려하도록 하고 있으며, 이러한 중요성의 설정은 내부회계관리제도의 관리대상이 되는 재무보고 요소의 범위를 결정하는 중요한 요인으로 이용된다(A29).

유의한 계정과목 및 주석정보를 파악하는 기준은 중요성 기준(Materiality)이라고도 할 수 있다. 중요성 기준이란 재무제표상 정보의 누락 또는 왜곡표시가 재무제표 이용자의 경제적 의사결정에 영향을 미치는지 여부에 따라서 결정된다. 만약 정보의 누락 또는 왜곡표시의 효과가 의사결정에 영향을 미친다면 그러한 정보는 중요하다고 할 수 있다. 그러므로 중요성은 정보의 유용성에 대한 경계선이나 구분점을 제공한다.

문제 3

질적 중요성 기준(객관식)

다음 중 내부회계관리제도 평가 및 보고 기준에 따른 질적요소 항목이 아닌 것은?

① 회계처리 및 보고의 복잡성
② 법규 및 감독당국의 강조사항
③ 특수관계자와의 거래 여부
④ 수행 중요성 기준의 산정

해설 질적 중요성 기준(객관식)

정답 : ④

수행 중요성은 재무제표의 왜곡표시사항(미수정왜곡표시와 미발견왜곡표시의 합계)이 재무제표 전체에 대한 중요성을 초과할 가능성을 적절하게 낮은 수준으로 감소시키기 위해 설정하는 것으로 양적중요성 기준의 50~75%의 범위로 산정하는 것이 일반적이다.

내부회계관리제도 평가 및 보고 기준 문단12에서는 재무보고요소 왜곡표시의 발생가능성에 영향을 미치는 질적요소를 다음과 같이 구체적으로 제시하고 있다.

- 계정과목 내 개별 거래의 복잡성, 동질성
- 추정이나 판단이 개입되는 회계처리 및 평가
- 회계처리 및 보고의 복잡성
- 우발채무의 발생가능성
- 특수관계자와 유의적 거래의 존재 여부
- 계정과목 성격의 변화 및 당기 금액 변화 정도
- 비경상적인 거래
- 관련 회계처리기준의 변경
- 법규 및 감독당국의 강조 사항
- 주요한 외부환경의 변화가 존재하는 계정

문제 4

양적 중요성 금액의 산정

A회사는 맥주 제조회사로서 설립 후 25년이 된 중견기업이며 유가증권시장에 상장된 회사이다. 맥주시장은 매년 유사한 규모의 시장크기를 갖고 있으며 A회사는 국내에서 최대 시장점유율 보유한 시장선도자이다. A회사는 25년간의 영업으로 매우 안정적인 수요처(판매처)를 보유하고 있으며 최근 분석한 바로는 향후 10년간 완전한 대체품의 등장이 어려울 것으로 예상된다. 회사는 전략적으로 제품의 수를 5개에서 10개 사이로 제품믹스를 운영한다.

이러한 안정적인 시장기반은 A회사의 재무상황에서도 그대로 보여진다. A회사는 안정적인 영업이익으로 부채비율이 높지 않으며 사채 비율은 동업업계의 타 경쟁사보다 현격히 낮은 편이다. A회사는 유가증권상장시장에서 대표적인 배당주로 이해관계자는 수익력에 매우 관심이 높다. A회사의 주식은 대주주가 20%를 보유하고 있고, 80%는 유가증권 시장에서 유통되고 있다.

누적 이익잉여금 및 현금을 충분하게 보유하고 있으며, 향후 장기차입금 및 사채, 신종자본증권 등의 타인자본 조달 계획은 없다. 또한, 자산 및 영업이익, 세전순이익의 변동성은 과거 5% 미만으로 높지 않았다.

전기 당기순이익은 전전기 대비 3% 증가하였으며, 총자산의 증가율은 2%로 과거 5년간 변동성은 5% 미만이다.

당기의 예산금액은 전년 대비 5% 미만 수준이고, 당기 새로 시작되는 영업부문 및 당기 대규모 투자부문에 대한 계획은 없다.

A회사에 적용되는 기준서 개정은 존재하지 않으며, 중대한 영향을 초래할 만한 외부환경 변화 및 규제사항은 존재하지 않는다. 회사 내부적으로 회계 왜곡을 야기할 수 있는 신규 비즈니스 진출은 없으나, 재무시스템 변경으로 인한 내부환경의 변화는 존재한다.

중요한 자산은 금고, 은행 등에 안전하게 보관되고 있으며, 부정사고의 개연성은 높지 않다.

전기 내부회계관리제도 운영평가결과는 적정하였으나 3건의 유의한 미비점이 발견되었다. 당기에 주요 경영진의 변동은 없다.

(1) 직전년도의 재무상태표와 포괄손익계산서

(단위 : 원)

재무상태표

계정과목	금액
I. 유동자산	
1. 현금및현금성자산	349,517,546
2. 단기금융상품	10,000,000
3. 매출채권	283,045,694
4. 재고자산	116,384,050
II. 비유동자산	
1. 기타포괄손익-공정가치측정 금융자산	1,107
2. 유형자산	227,036,825
3. 리스사용권자산	19,147,389
4. 투자부동산	1,365,819
5. 관계회사주식	7,178,626
자산총계	1,013,677,056
I. 유동부채	
1. 매입채무	391,526,322
2. 단기차입금	3,342,565
3. 당기법인세부채	57,751,357
II. 비유동부채	
1. 순확정급여부채	26,989,117
2. 충당부채	11,832,252
3. 이연법인세부채	1,234,456
4. 비유동리스부채	101,685,652
부채총계	594,361,721

포괄손익계산서

계정과목	금액
I. 매출액	1,542,126,175
II. 매출원가	913,161,786
III. 매출총이익	628,964,389
IV. 판매비와 관리비	536,970,420
1. 급여	332,646,431
2. 퇴직급여	65,554,640
3. 지급수수료	34,861,684
4. 임차료	46,549,876
5. 감가상각비	54,687,633
6. 충당부채전입액	2,670,156
V. 영업이익	91,993,969
VI. 영업외손익	4,066,216
1. 이자수익	3,216,546
2. 이자비용	(156,876)
3. 지분법손익	1,006,546
VII. 법인세비용차감전순이익	96,060,185
VIII. 법인세비용	11,962,230
X. 당기순이익	84,097,955
XI. 기타포괄손익	(4,654,633)
확정급여제도의 재측정요소	(4,654,686)
기타포괄손익-공정가치측정 금융자산 평가이익	53
XI. 총포괄손익	79,443,322

(질문) A회사의 양적 중요성 기준을 다음의 양식에 따라 산정하라.

중요성 금액의 산정

1. 작성목적

내부회계관리제도를 운영하기 위해서는 재무제표의 신뢰성에 대한 판단을 위한 준비작업으로 재무제표 전체적인 수준에서 중요성(Materiality)을 결정해야 합니다. 이 중요성을 바탕으로 계정과목, 거래유형 및 공시사항에 적용될 수행 중요성(Performance materiality)이 결정됩니다.

2. 재무제표 전체 수준에서 중요성(Materiality)

(1) 벤치마크 요소의 결정

고려요소	검토내용
가. 재무제표 요소	
나. 재무제표 이용자가 중점을 둘 가능성이 높은 항목들이 존재하는지 여부	
다. 기업의 성격, 기업 수명주기 상의 위치 그리고 기업이 속한 산업 및 경제환경	
라. 기업의 소유구조와 자본조달 방법	
마. 벤치마크의 상대적 변동성	

위의 분석에 기초하여 적절한 벤치마크로 ________ 을(를) 선정하였습니다.

(2) 벤치마크 요소의 조정

재무제표 전체적인 수준에서 중요성 금액을 결정함에 있어서 사용하는 세전순이익이 비정상적이라 판단되는 경우, 비경상적이거나 비반복적인 성격의 항목을 고려하여 조정한 벤치마크를 사용할 수 있습니다.

고려요소	검토내용
가. 과거 보고기간의 재무결과 및 재무상태	
나. 당기의 예산이나 예측	
다. 당기의 중요한 기업상황의 변화 (영업부문)	
라. 당기의 중요한 기업상황의 변화 (투자부문)	
마. 당기의 중요한 기업상황의 변화 (조달부문)	

위의 분석에 기초하여 벤치마크를[ ]

(3) 적용비율의 선정

중요성 기준 산정시 적용비율은 총액요소(총자산, 매출액, 총비용 등 Gross benchmark)에 대해서는 0.5~2%를 적용하며, 순액요소(세전순이익, 당기순이익 등 Net benchmark)에 대해서는 3~5%를 적용합니다.

높은 비율	낮은 비율	검토내용
일부 대주주에 집중되어 소유된 경우	주식이 유가증권시장에 상장된 경우	
대주가 제한적이며 재무제표만을 의지하지 않는 경우	채권이 유가증권시장에 상장된 경우	
안정되고 전통적인 영업환경인 경우	시장의 변동성이 크거나 신규 시장에서 영업을 하는 경우	
영업의 내용이 단순하거나 제품 혹은 서비스의 수가 제한적인 경우	영업의 내용이 복잡하거나 제품 혹은 서비스의 수가 많은 경우	
재무제표 혹은 재무비율에 대한 규제가 존재하는 경우	재무제표 혹은 재무비율이 감독당국에 의해 규제되는 경우	
영업의 주요한 변동이 예상되지 않는 경우	영업의 매각, M&A, 기타 신규사업 진출 등 영업의 주요한 변동이 예상되는 경우	
기타	기타	

위의 분석에 기초하여 [ ]의 [ ]를 적용합니다.

(4) 중요성 산정

기준요소(Critical component) [ ]

기준요소 금액(Critical component balance) [ ]

기준월 [ ]

Annualizing factor [ ]
(세전순이익일 경우 annualized amount로 전환)

적용비율 [ ]

계획단계의 재무제표 전체 수준의 중요성
(Overall materiality) [ ]

한편, 세전순이익을 사용하는 경우 중요성 금액은 총자산이나 총수익 중 큰 금액의 0.5%를 초과할 수 없습니다.

직전 사업연도 총자산	
직전 사업연도 총수익	
제약조건	
제약조건 반영 후 재무제표 전반적인 수준의 중요성 (Overall materiality)	

3. 수행 중요성(PM : Performance Materiality)

(1) 수행 중요성 비율산정

수행 중요성 비율은 위험평가절차에 의한 결과, 과거 식별된 왜곡표시사항의 성격과 범위 그리고 이에 따른 당기의 왜곡표시와 관련된 예상치에 의해 영향을 받으며, 1차적으로 산정된 중요성 금액의 50~75% 범위에서 적용합니다.

고려요소	검토내용
가. 위험평가	
나. 과거 식별된 왜곡표시사항	
다. 경영진의 중요한 변동	
라. 기타	

위의 분석에 기초하여 중요성의 ________ 을(를) 선정하였습니다.

(2) 수행 중요성 산정

제약조건 반영 후 재무제표 전반적인 수준의 중요성 (Overall materiality)	
적용비율	
수행 중요성 기준(Performance Materiality)	

해설 양적 중요성 금액의 산정

중요 계정과목을 식별하기 위한 양적 중요도 기준은 국제감사기준에 정하여진 바를 응용하나 절대적으로 정하여진 방법론이 있는 것은 아니다. 4대 회계법인(PwC, KPMG, EY, Deloitte)에서는 개별 회계법인별로 국제감사기준을 응용한 중요성 기준 산출방법론을 보유하고 있으며 재무제표 회계감사나 내부회계관리제도 회계감사시 적용한다.

첫 번째 단계로 양적 중요성 기준을 결정하기 위하여 먼저 중요성 기준(Materiality)을 재무제표 전체적인 수준에서 결정하고, 두 번째 단계로 내부회계관리제도 평가과정에서 회사에 존재하는 미비점을 발견하지 못할 가능성에 대비하여 수행 중요성 기준(PM)을 산정하고 그 기준을 유의한 계정과목 선정시 활용한다.

1. 중요성 기준(Materiality)

중요성은 기업이 처한 환경 및 비즈니스 속성에 따라 다양하게 결정될 수 있지만 일반적인 영리기업의 경우 세전순이익을 벤치마크로 가장 많이 활용한다. 중요성 금액이 세전순이익을 근거로 결정되는 경우, 동 금액은 세전순이익의 5%를 초과하지 않도록 설정하는 것이 일반적이다.
그 이유는 세전순이익의 5%를 초과하는 왜곡표시사항 자체가 재무제표 이용자의 의사결정을 오도할 수 있기 때문인 것을 내포한다. 즉, 재무제표 이용자의 재무제표 최대허용오류율은 5%이며, 95%의 신뢰구간을 가정하는 것으로도 볼 수 있다.
회사의 과거 경험에 비추어 중요성 금액을 결정하는 데 사용되는 세전순이익이 비정상적인 규모라고 판단될 경우, 경영진은 비경상적이거나 비반복적인 성격의 항목을 고려하여 동 세전순이익을 조정할 수 있다. 이는 중요성 금액이 회사의 규모를 적절하게 대표할 수 있도록 하기 위한 것이며, 세전순이익을 조정한 경우에는 경영진은 그 근거를 문서화하여야 한다.
세전순이익이 중요성 금액을 결정하는 데 적절하지 않다고 판단되는 경우에는, 총자산 또는 영업수익을 이용한다. 이러한 경우에는 총자산 또는 영업수익을 이용하게 된 근거를 문서화하여야 한다. 중요성 기준이 총자산 또는 영업수익에 의해 결정될 때 총자산 또는 영업수익의 0.5%를 초과하지 않게 설정한다.

2. 수행 중요성(Performance materiality, PM)

수행 중요성은 재무제표의 왜곡표시사항(미수정왜곡표시와 미발견왜곡표시의 합계)이 재무제표 전체에 대한 중요성을 초과할 가능성을 적절하게 낮은 수준으로 감소시키기 위해 설정된다. 경영진은 중요 계정과목 식별에 적용하기 위한 수행 중요성(PM)을 중요성 금액의 75% 이내로 결정하고 이를 문서화하여야 한다. 질적 요소 등을 고려하면, 계정과목/주석사항에 따라 보다 낮은(보수적인) 수행 중요성을 적용하는 것이 더 적합할 수도 있다. 이러한 경우의 보다 낮은 기준금액은 해당 계정과목/주석사항에 국한되며, 재무제표 이용자의 의사결정에 영향을 미칠 수 있는 요소(질적 요소)를 고려하여 최종 결정한다.

양적 중요성 기준을 설정하는 방법은 절대적 혹은 일률적으로 정하여진 바는 아니다. 일반적으로 중요성 금액은 세전순이익의 5%를 적용하며, 내부회계관리제도 평가 및 보고 가이드라인에서는 수행 중요성 기준은 중요성 금액의 50~75%를 범위로 적용할 수 있도록 한다. 해당 양식에 따른 양적 중요성 산정 사례는 다음과 같다.

중요성 금액의 산정

1. 작성목적

내부회계관리제도를 운영하기 위해서는 재무제표의 신뢰성에 대한 판단을 위한 준비작업으로 재무제표 전체적인 수준에서 중요성(Materiality)을 결정해야 합니다. 이 중요성을 바탕으로 계정과목, 거래유형 및 공시사항에 적용될 수행 중요성(Performance materiality)이 결정됩니다.

2. 재무제표 전체 수준에서 중요성(Materiality)

(1) 벤치마크 요소의 결정

고려요소	검토내용
가. 재무제표 요소	당사 재무제표에 대해 총자산, 총부채, 순자산, 매출액, 영업이익, 세전순이익 등이 재무제표를 대표하는 Benchmark로 사용될 수 있음.
나. 재무제표 이용자가 중점을 둘 가능성이 높은 항목들이 존재하는지 여부	당사는 제조업을 영위하고 있으나 부채비율이 높지 않으며 사채 비율이 동종업계 타사에 비해 낮은 편임. 따라서, 재무제표 이용자는 부채비율 등의 안정성 요소보다는 당사의 수익력에 관심이 높은 편으로 영업이익이나 세전순이익이 주된 관심사임.
다. 기업의 성격, 기업 수명주기 상의 위치 그리고 기업이 속한 산업 및 경제환경	당사는 설립 25년이 된 중견기업으로 최대 시장점유율과 함께 시장 선도자임. 당사는 안정적인 수요처를 확보하고 있으며 향후 10년간은 완전 대체품의 출시는 어려울 것으로 관측됨.
라. 기업의 소유구조와 자본조달 방법	당사는 대주주가 20%를 소유하고 있으며, 80%는 유가증권시장에 상장되어 있음. 당사는 누적 이익잉여금 및 현금을 충분하게 보유하고 있어 장기차입금 및 사채, 신종자본증권 등의 타인자본 조달계획은 없음.
마. 벤치마크의 상대적 변동성	당사의 자산 및 영업이익, 세전순이익의 변동성은 과거 5년간 5% 미만으로 높지 않음.

위의 분석에 기초하여 적절한 벤치마크로 세전순이익 을(를) 선정하였습니다.

(2) 벤치마크 요소의 조정

재무제표 전체적인 수준에서 중요성 금액을 결정함에 있어서 사용하는 세전순이익이 비정상적이라 판단되는 경우, 비경상적이거나 비반복적인 성격의 항목을 고려하여 조정한 벤치마크를 사용할 수 있습니다.

고려요소	검토내용
가. 과거 보고기간의 재무결과 및 재무상태	전기 당기순이익은 전전기 대비 3% 증가하였으며, 총자산의 증가율은 2%로 변동사항은 크지 않음.
나. 당기의 예산이나 예측	당기의 예산금액은 전년 대비 5% 미만 수준임.
다. 당기의 중요한 기업상황의 변화(영업부문)	당기에 새로 시작되는 영업부문은 없음.
라. 당기의 중요한 기업상황의 변화(투자부문)	당기에 대규모 투자부문은 없음.
마. 당기의 중요한 기업상황의 변화(조달부문)	당기에 특정한 장기 자금조달 계획 없음.

위의 분석에 기초하여 벤치마크를 [조정하지 아니하였습니다.]

(3) 적용비율의 선정

중요성 기준 산정시 적용비율은 총액요소(총자산, 매출액, 총비용 등 Gross benchmark)에 대해서는 0.5~2%를 적용하며, 순액요소(세전순이익, 당기순이익 등 Net benchmark)에 대해서는 3~5%를 적용합니다.

높은 비율	낮은 비율	검토내용
일부 대주주에 집중되어 소유된 경우	주식이 유가증권시장에 상장된 경우	상장회사로 이해관계자가 많음.
대주가 제한적이며 재무제표만을 의지하지 않는 경우	채권이 유가증권시장에 상장된 경우	장기차입금 및 사채로 조달된 금액이 없음.
안정되고 전통적인 영업환경인 경우	시장의 변동성이 크거나 신규 시장에서 영업을 하는 경우	전통적 제조업 시장이며 영업환경이 매우 안정화되어 있음.
영업의 내용이 단순하거나 제품 혹은 서비스의 수가 제한적인 경우	영업의 내용이 복잡하거나 제품 혹은 서비스의 수가 많은 경우	주력상품의 수는 5~10개로 제한적임.
재무제표 혹은 재무비율에 대한 규제가 존재하는 경우	재무제표 혹은 재무비율이 감독당국에 의해 규제되는 경우	재무제표 혹은 재무비율에 대한 규제사항 없음.
영업의 주요한 변동이 예상되지 않는 경우	영업의 매각, M&A, 기타 신규 사업 진출 등 영업의 주요한 변동이 예상되는 경우	주요한 변동이 예상되지 않음.
기타	기타	특이사항 없음.

위의 분석에 기초하여 [세전순이익]의 [5%]를 적용합니다.

(4) 중요성 산정

기준요소(Critical component)	직전 사업연도 세전순이익
기준요소 금액(Critical component balance)	96,060,185

기준월	12월
Annualizing factor (세전순이익일 경우 annualized amount로 전환)	1
적용비율	5%
계획단계의 재무제표 전체 수준의 중요성 (Overall materiality)	4,803,009

한편, 세전순이익을 사용하는 경우 중요성 금액은 총자산이나 총수익 중 큰 금액의 0.5%를 초과할 수 없습니다.

직전 사업연도 총자산	1,013,677,056
직전 사업연도 총수익	1,542,126,175
제약조건	7,710,630
제약조건 반영 후 재무제표 전반적인 수준의 중요성 (Overall materiality)	4,803,009

3. 수행 중요성(PM : Performance Materiality)

(1) 수행 중요성 비율산정

수행 중요성 비율은 위험평가절차에 의한 결과, 과거 식별된 왜곡표시사항의 성격과 범위 그리고 이에 따른 당기의 왜곡표시와 관련된 예상치에 의해 영향을 받으며, 1차적으로 산정된 중요성 금액의 50~75% 범위에서 적용합니다.

고려요소	검토내용
가. 위험평가	• 기준서 개정 : 당사에 적용되는 개정 기준서 없음. • 외부환경 변화 : 중대하게 변동되는 시장환경, 규제사항 없음. • 내부환경 변화 : 회계 왜곡을 야기할 수 있는 신규 비즈니스 진출은 없으나, 재무시스템 변경으로 인한 내부환경 변화가 존재함. • 중요한 자산 : 중요한 자산은 금고, 은행 등에 안전하게 보관되고 있으며 부정사고의 개연성은 높지 않음.
나. 과거 식별된 왜곡표시사항	전기 내부회계관리제도 운영평가결과 적정하였으나 3건의 유의한 미비점(Significant deficiency)이 발견되었음.
다. 경영진의 중요한 변동	당기에 주요 경영진의 변동은 없음.
라. 기타	해당사항 없음.

위의 분석에 기초하여 중요성의 50% 을(를) 선정하였습니다.

(2) 수행 중요성 산정

제약조건 반영 후 재무제표 전반적인 수준의 중요성 (Overall materiality)	4,803,009
적용비율	50.00%
수행 중요성 기준	2,401,505

문제 5

경영자 주장(경영진 주장, Management assertions)

재무제표에 대한 경영자 주장이란 재무제표의 계정과목 및 주석사항에 대하여 경영자가 명시적 혹은 묵시적으로 주장하는 내용을 말하며, 일반적으로 인정된 회계처리기준에 의하여 재무제표를 작성 및 공시하였다는 사실을 주장하는 것이다.

내부회계관리제도 평가 및 보고 가이드라인에서 서술하고 있는 경영자 주장의 내용은 다음과 같다.

경영자 주장	내 용
실재성	실재성이란 재무상태표에 기록되어 있는 자산, 부채 및 자본이 보고기간 종료일 등 주어진 특정 일자 현재 존재하고 있으며, 기록된 거래들이 특정기간 동안 실제로 발생한 사건을 기록하고 있음을 주장하는 것이다.
완전성	완전성이란 특정한 기간 동안 발생한 모든 거래와 사건들이 해당 기간의 기록으로 모두 기록되었음을 주장하는 것이다.
권리와 의무	권리와 의무는 재무제표상에 표시된 자산에 대해 해당 일자에 회사가 소유권 혹은 독점적인 사용권을 보유하고 있으며, 부채는 해당 일자에 회사가 변제하여야 할 의무가 있는 채무가 존재한다는 주장이다.
평가	재무제표상의 자산, 부채, 자본, 수익과 비용 항목은 회계기준에 따라 적정한 금액으로 표시되었다는 주장이다.
재무제표 표시와 공시	재무제표 구성항목 및 주석사항은 회계기준에 따라 공시, 분류 및 기술되어 있다는 주장이다.
발생사실	거래나 사건은 회계기간 동안에 실제로 발생하였다는 주장으로 일반적으로 손익계산서 계정과목에 해당한다.
측정	회계적인 거래나 사건은 적절한 금액으로 재무제표에 기록되었으며, 수익이나 비용은 발생주의 원칙에 따라 적절한 회계기간에 배분되었다는 주장이다.

(1) 직전년도의 재무상태표와 포괄손익계산서

(단위 : 원)

재무상태표

계정과목	금액
I. 유동자산	
1. 현금및현금성자산	349,517,546
2. 단기금융상품	10,000,000
3. 매출채권	283,045,694
4. 재고자산	116,384,050
II. 비유동자산	
1. 기타포괄손익-공정가치측정 금융자산	1,107
2. 유형자산	227,036,825
3. 리스사용권자산	19,147,389
4. 투자부동산	1,365,819
5. 관계회사주식	7,178,626
자산총계	1,013,677,056
I. 유동부채	
1. 매입채무	391,526,322
2. 단기차입금	3,342,565
3. 당기법인세부채	57,751,357
II. 비유동부채	
1. 순확정급여부채	26,989,117
2. 충당부채	11,832,252
3. 이연법인세부채	1,234,456
4. 비유동리스부채	101,685,652
부채총계	594,361,721

포괄손익계산서

계정과목	금액
I. 매출액	1,542,126,175
II. 매출원가	913,161,786
III. 매출총이익	628,964,389
IV. 판매비와 관리비	536,970,420
1. 급여	332,646,431
2. 퇴직급여	65,554,640
3. 지급수수료	34,861,684
4. 임차료	46,549,876
5. 감가상각비	54,687,633
6. 충당부채전입액	2,670,156
V. 영업이익	91,993,969
VI. 영업외손익	4,066,216
1. 이자수익	3,216,546
2. 이자비용	(156,876)
3. 지분법손익	1,006,546
VII. 법인세비용차감전순이익	96,060,185
VIII. 법인세비용	11,962,230
X. 당기순이익	84,097,955
XI. 기타포괄손익	(4,654,633)
확정급여제도의 재측정요소	(4,654,686)
기타포괄손익-공정가치측정 금융자산 평가이익	53
XI. 총포괄손익	79,443,322

(질문1) 다음 페이지의 양식을 이용하여 계정과목에 대한 경영자 주장을 식별하라.
(질문2) 경영자 주장을 식별하는 이유에 대하여 설명하라.

[표1]

계정과목	실재성	완전성	권리와 의무	평가	재무제표 표시와 공시	발생 사실	측정
현금및현금성자산							
단기금융상품							
매출채권							
재고자산							
FVOCI 금융자산							
유형자산							
리스사용권자산							
투자부동산							
관계회사주식							
매입채무							
단기차입금							
당기법인세부채							
순확정급여부채							
충당부채							
이연법인세부채							
비유동리스부채							
매출액							
매출원가							
급여							
퇴직급여							
지급수수료							
임차료							
감가상각비							
충당부채전입액							
이자수익							
이자비용							
지분법손익							
법인세비용							
확정급여제도의 재측정요소							
FVOCI 평가이익							

해설 경영자 주장(경영진 주장, Management's assertions)

1. 경영자 주장의 파악

제시된 사례에 대한 경영자 주장 식별의 예시는 다음과 같다.

계정과목	실재성	완전성	권리와 의무	평가	재무제표 표시와 공시	발생사실	측정
현금및현금성자산	●		●		●		
단기금융상품	●		●		●		
매출채권	●		●	●	●		
재고자산	●		●	●	●		
FVOCI 금융자산	●		●	●	●		
유형자산	●		●		●		●
리스사용권자산	●		●		●		●
투자부동산	●		●	●	●		
관계회사주식	●		●	●	●		
매입채무		●	●		●		
단기차입금		●	●		●		
당기법인세부채		●	●		●		
순확정급여부채		●	●	●	●		
충당부채		●	●	●	●		
이연법인세부채		●			●		●
비유동리스부채		●	●		●		●
매출액						●	
매출원가						●	
급여		●				●	●
퇴직급여		●				●	●
지급수수료		●				●	●
임차료		●				●	●
감가상각비						●	●
충당부채전입액						●	●
이자수익						●	●
이자비용		●				●	●
지분법손익				●		●	●
법인세비용		●				●	●
확정급여제도의 재측정요소			●	●	●	●	
FVOCI 평가이익				●	●	●	

2. 경영자 주장 식별의 이유

내부회계관리제도는 재무제표의 신뢰성을 확보하는 것을 목표로 하고 있다. 따라서 유효한 내부회계관리제도가 구축되기 위해서는 재무제표의 왜곡표시위험을 구체적으로 파악할 필요가 있다. 재무제표의 왜곡표시위험이란 재무제표에 대하여 경영진이 주장하는 바, 즉 경영자 주장(혹은 경영진 주장)이 왜곡될 수 있는 상황을 의미한다. 따라서, 경영자 주장의 식별은 재무제표가 구체적으로 왜곡표시될 위험을 식별하기 위한 기초 전제가 된다.

경영자 주장(혹은 경영진 주장)은 감사기준서, 회계감사 서적이나 대형 회계법인의 자료에 따라 일부 항목에 차이가 있다. 하지만, 내부회계관리제도 평가 및 보고 가이드라인에서는 실재성, 완전성, 권리와 의무, 평가, 재무제표 표시와 공시, 발생사실, 측정의 7개 항목으로 제시하고 있다. 경영자 주장은 재무제표에 대해서 경영진이 명시적 혹은 묵시적으로 계정잔액 및 공시사항이 공정하게 표시되었다고 하는 주장이다. 따라서, 경영자 주장의 식별은 계정과목별로 절대적인 것은 아니며, 회사의 상황에 따라 전문가적 판단(professional judgement)에 의하는 사항이다.

아시아경제 : "이젠 내부회계관리 강화" 한목소리

"내부 감사기구의 역량을 높이고 관련 애로사항을 줄이는 데 지원할 계획이다. 감사위원 회계 조사 관련 프로세스 성실하게 안내하는 감독 지침을 준비 중이고, 올해 안에 발표할 예정이다."(손병두 금융위원회 부위원장)

"기업 내부의 회계관리제도가 효과적으로 운영되는지 감독하는 것도 감사위원회가 하는 일이다. 독립적인 외부감사인을 잘 선임해서 감사의 품질을 보장해주는 것도 감사위원이 할 일이다. 상장법인 220곳의 외부감사인이 지정된 상황에서 손 차관의 말대로 세계 최초로 실시되는 주기적 감사인 지정제(지정제) 등은 세계의 주목을 받고 있다."(최중경 한국공인회계사회 회장)

정부와 회계사회 측은 3일 서울 종로구 포시즌스호텔에서 열린 '감사위원회 포럼 설립 1주년 기업 세미나'에서 이번엔 기업 내부회계관리제도 정착이 절실하다며 이같이 밝혔다. 이들은 '지정제 - 감사인 등록제(등록제) - 표준감사시간제도' 등 회계개혁의 3대 축에 이어 이번엔 기업 내부회계관리제도 차례라고 말했다.

손 부위원장은 감사위원회가 감사인 보수, 감사 시간, 내부회계제도의 핵심감사제도, 회사의 회계규정 조사 및 사후조치, 처벌 등 중요한 역할을 수행하는 주체인 만큼 기업 회계 투명성을 높이는 데 큰 역할을 해줘야 한다고 강조했다.

최 회장은 감사위가 기업 내부회계관리제도가 효과적으로 운영되는지 제대로 감독해야 한다고 말했다. 주기적 지정제가 세계의 주목을 받고 있으며, 금융 선진국인 영국의 4대 법인조차도 의회로부터 감사인 독립성을 제대로 보장하지 못하고 있다는 이유로 곤욕을 치르고 있다고 설명했다.

최 회장은 "감사위원은 회사의 친구가 아니라 회계사의 친구가 돼야 한다"며 "외감법 벌칙규정은 한 번 걸리면 인생을 망칠 정도로 강력하다"며 "서비스 제공자인 회계사가 '갑질'을 하는 일은 있을 수 없다. 갑질을 한 회계사는 전문가 본인의 위치를 망각한 것이므로 즉시 퇴출시켜야 한다"고 말했다.

04 전사수준통제 (Entity-level Control)

4.1 개요

재무제표의 신뢰성을 높이기 위해서는 업무수준에서 재무제표 작성이 적절하게 설계되고 운영되면 목적한 바를 달성할 수 있다고 생각할 수 있다. 하지만, 개별 업무수준에서 다양한 통제절차가 존재한다고 하더라도 경영진이 재무제표 신뢰성을 지키고자 하는 태도 혹은 철학 등(tone at the top)에 문제가 있다면 업무수준에서의 통제활동은 그 의미가 퇴색하게 된다.

만약, A회사와 B회사가 완전하게 동일한 업무수준의 내부통제를 설계하여 운영하고 있다고 가정하여 보자. 다만, 두 회사가 다른점은 최고경영진인데 A회사의 최고경영진은 대단히 높은 수준의 윤리의식을 갖고 있으며 법규 및 회계기준을 준수한 재무제표의 작성을 독려하고 있는 반면, B회사의 최고경영진은 준법정신의 고취나 정확한 재무제표의 작성보다는 매출액(영업 볼륨)만을 독려하고 강조한다고 가정하여 보자.

만약, A회사와 B회사에 완전하게 동일한 거래가 발생하였다고 한다면 A회사의 재무제표와 B회사의 재무제표에 존재할 수도 있는 잠재적인 왜곡표시위험이 동일할까?

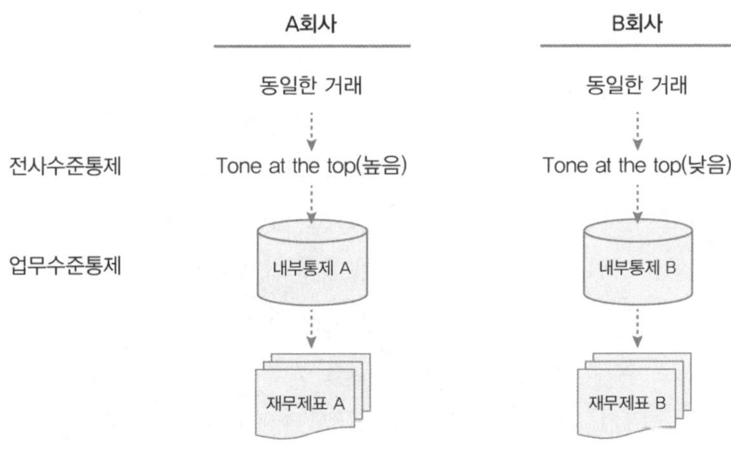

재무제표에 존재하는 왜곡표시위험은?

결론은 당연히 A회사 재무제표에 존재하는 잠재적 왜곡표시위험과 B회사 재무제표의 잠재적 왜곡표시위험은 동일하지 않다. B회사 최고경영진의 경우 영업활동만을 강조하고 재무제표의 작성 및 준법정신에 문제가 있는 만큼 Tone at the top(최고경영진의 의지)에 해당하는 전사수준통제가 유효하게 작동하고 있지 않다. 따라서, 높은 윤리의식의 고취 및 정확한 재무제표 작성에 대한 의지를 표명을 통하여 강력한 전사수준통제를 설계/운영하고 있는 A회사보다 B회사 재무제표의 왜곡표시위험이 높을 수밖에 없다.

A회사와 B회사의 업무수준통제는 완전하게 동일하지만 상대적으로 다른 Tone at the top으로 인하여 결론적으로 A회사의 왜곡표시위험이 50위험으로, B회사의 경우 100위험으로 식별되었다. 재무제표에 대한 허용가능위험(risk tolerance)의 수준이 30위험이라고 한다면 재무제표에 잠재적으로 포함하고 있는 왜곡표시위험을 낮추기 위하여 각 회사는 어떻게 하여야 할 것인가?

| 전사수준통제와 업무수준통제, 허용가능위험의 관계 |

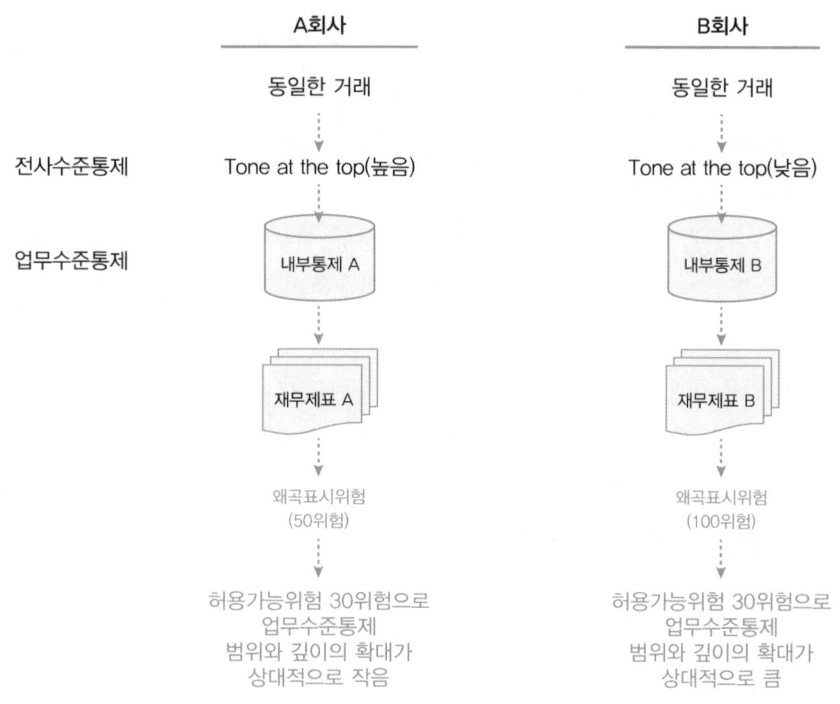

당연히 두 회사 모두 잠재적인 왜곡표시위험을 허용가능위험 수준으로 낮추기 위해 업무수준통제의 범위와 깊이를 확대하는 방안을 고려할 수밖에 없을 것이다. 이때 B회사의 경우 100위험을 30위험으로 낮추기 위해서 업무수준통제의 범위와 깊이의 확장은 A회사(50위험 → 30위험)보다 클 수밖에 없으며, 효과적인 내부회계관리제도의 운영을 위해서는 A회사보다 비교적 많은 자원과 비용이 소요될 것이다.

이와같이 내부회계관리제도에서 전사수준통제와 업무수준통제의 구분은 위험기반접근법(risk-based approach)에 기반한 내부회계관리제도의 효과적, 효율적인 운영을 가능하게 한다.

내부회계관리제도에서는 이와 같이 회사전반에 영향을 미칠 수 있는 사항, 재무제표에 직·간접적으로 영향을 미칠 수 있는 사항에 대해서도 범위에 포함하고 매년 설계 및 운영을 평가하도록 하여 재무제표가 신뢰성 있게 작성되고 있다는 주장을 뒷받침하도록 하고 있다.

전사수준통제는 회사 전체(entity wide)에 영향을 미치거나 업무수준통제에 전반적으로 영향을 미치는 내부통제로 정의할 수 있다. 전사수준통제는 거래수준에 대한 통제활동의 기본적인 인프라를 형성할 뿐만 아니라 경영진이 효과적인 내부회계관리제도를 유지 및 관리·감독할 수 있도록 하는 체계적인 관리수단을 제공한다.

또한, 전사수준통제는 회사에 전반적인 영향을 미치고 업무수준의 내부통제의 기반을 형성하므로 업무수준통제보다 전사수준통제의 적정성 여부를 우선적으로 파악하여야 한다.

이는 전사수준통제의 적정성 여부에 따라 하위수준의 통제활동(즉, 업무수준의 통제활동)의 의존성 여부가 결정된다는 것을 의미한다. 만약 전사수준통제가 효과적이지 않거나 그 효과성에 의문이 있다고 한다면 '내부회계관리제도가 유효하다'고 결론 내리기 위해서 더 많은 업무수준통제에 의존하여야 하며, 이는 결국에 더 많은 수의 업무수준통제에 대한 테스트를 필요로 한다.

[내부회계관리제도 평가 및 보고 가이드라인] 문단 21에서는 전사수준통제에 대해 다음과 같은 예시를 제시하고 있다.

| 전사수준통제 예시 |

구 분	내 용
통제환경	최고경영자의 의지 및 철학, 권한과 책임의 위임, 일관성 있는 정책과 절차 및 조직 전반에 걸쳐 적용되는 윤리강령, 부정방지 프로그램 등
위험평가	내부회계관리제도 목적 상 위험평가 절차는 유의한 계정과목 등의 선정, 업무프로세스와의 연계, 평가 대상 사업부문의 선정 등으로 구성
영업성과에 대한 모니터링	경영진이 사업단위별 영업성과 및 재무제표, 또는 전사 재무제표에 대한 검토를 통하여 중요한 재무제표 왜곡표시를 사전에 예방하거나 적시에 발견할 수 있기 때문에 영업성과에 대한 모니터링은 전사적 수준의 내부회계관리제도로 구분됨.
통제활동에 대한 모니터링	내부감사 및 감사(위원회) 활동, 자체평가 프로그램 등은 전사적 수준, 현업부서의 일상적인 업무수행과정에서 수행되는 모니터링(경영진이나 중간관리자의 검토, 거래나 회계기록의 승인 등)은 업무프로세스 수준의 내부회계관리제도로 구분됨.
재무제표 작성절차	업무프로세스 수준에서 이루어지는 모든 거래를 회사가 선택한 회계처리 정책에 의해 회계처리하고 각 사업부문에서 작성 및 제출되는 결산 관련 자료를 취합하는 등의 기말 재무제표 작성절차는 전사적 수준의 내부회계관리제도로 구분할 수 있으며, 아래의 내용이 포함됨. 재무제표 작성절차는 거래 수준의 내부회계관리제도로 구분할 수도 있고 회계정책을 선택하고 적용하는 절차는 위험평가 절차의 항목으로 구분하기도 함. • 회계정책을 선택하고 적용하는 절차 • 회계전표를 작성, 승인, 기록하고 총계정원장에 전기하는 절차 • 결산 조정사항 및 수정사항의 반영절차 • 재무제표 및 관련 주석사항의 작성절차
경영진의 권한 남용 및 통제 무시(override) 위험과 관련한 통제	경영진이 내부통제가 존재함에도 불구하고, 권한을 남용하여 이를 무시할 위험을 줄일 수 있는 제도 및 관련 통제활동 등
중앙집중적인 업무처리활동 및 통제활동	통합구매, 급여 계산, 자금 등 회사에 전반적인 영향을 미치는 업무처리활동 및 관련 통제
이사회가 승인한 중요정책, 내부회계관리규정 및 조직 등	외감법규에 따른 내부회계관리규정의 제·개정과 내부회계관리제도 관련 조직구조에 대한 승인 등

4.2 전사수준 통제활동의 속성구분

앞서 언급한 바와 같이 경영진은 전사수준 통제활동[23]이 유효하지 않은 경우에는 업무수준 통제활동에 의존할 수밖에 없다. 이 경우에는 업무수준 통제활동에 대한 설계와 운영평가가 확대된다.

반면, 전사수준 통제활동이 유효하다고 결론낼 수 있으면 전사수준 통제활동이 재무제표에 중요한 영향을 직접적으로 미치는지 여부를 고려하여야 한다. 직접적인 영향을 미친다는 것은 결국 전사수준 통제활동이 재무제표에 대한 경영자의 주장 왜곡위험을 직접적으로 감소시킬 수 있는 것인가에 대해 평가하여야 한다는 의미이다.

| 전사통제 유효성과 업무수준 내부통제 평가 |

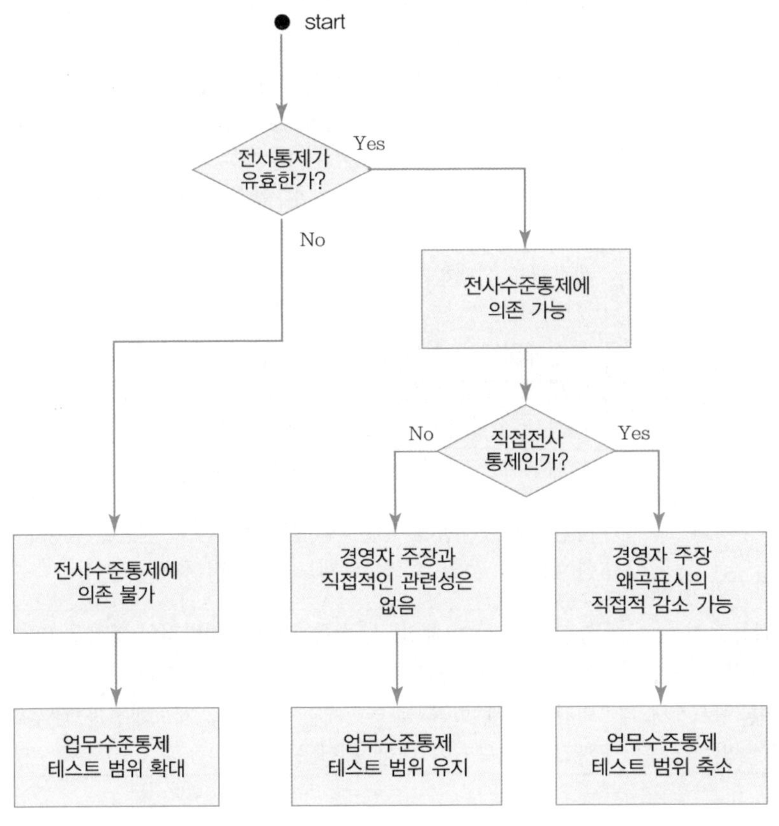

23) 미국 SEC 해석 가이던스에 따르면 전사수준 통제활동은 [재무제표의 중요한 왜곡표시를 초래]할 수 있는 [하나 혹은 그 이상의 구성요소]를 [적시에 적절하게 예방 혹은 적발]할 수 있도록 [정확성 수준 및 업무수준, 애플리케이션 수준, 거래 수준, 계정과목 수준]에서 작동하도록 설계되는 [내부통제 절차]라고 설명하고 있다.

하지만, 재무제표 신뢰성에 직접적으로 영향을 미치는 전사통제뿐만 아니라 윤리강령(code of conduct), 부정위험에 대한 예방 활동과 같이 회사 전반적으로 영향을 미치는 항목이나 경영진의 철학과 같이 간접적으로 재무제표에 영향을 미치는 전사수준의 내부통제활동도 존재한다.

이렇게 재무제표에 간접적으로 영향을 미치는 전사수준 통제활동은 그 성격 자체로 판단해 보건대 재무제표의 왜곡표시 사항을 예방하거나 혹은 적발하는 데 명시적인 인과관계를 찾기 어려울 수도 있다. 내부회계관리제도 평가 및 보고 가이드라인 문단 20에서는 직접적으로 영향을 미치는 전사수준 통제활동과 더불어 간접적으로 영향을 미치는 전사수준 통제활동을 모두 언급하고 있으며 다음과 같이 구분하여 정의한다.

직접 전사통제(Direct Entity-level Control)

재무제표와 관련된 경영자 주장이 왜곡될 위험을 적절히 방지하거나 적시에 적발할 수 있을 정도로 설계된 전사수준통제를 직접 전사통제라 한다.

따라서 직접 전사통제가 특정 재무제표 왜곡표시 위험을 효과적으로 적발 또는 예방하고 있다고 평가된다면, 해당 위험과 관련된 업무수준 통제활동을 평가 대상에서 제외할 수 있다. 예를 들어, 경영진이 기말 재무제표 작성절차(직접 전사통제에 해당)를 통해 관련 왜곡표시 위험이 적절히 적발된다고 평가한 경우 동 위험과 관련된 거래수준 통제의 식별 및 평가를 생략할 수 있을 것이다.

간접 전사통제(Indirect Entity-level Control)

통제환경처럼 회사의 내부회계관리제도의 효과성에 전반적인 영향을 미치지만 중요한 재무제표 왜곡표시의 발생을 예방 및 적발하는 데에는 간접적인 영향을 미치는 전사적 수준의 통제를 의미한다.

또한, 일부 간접 전사통제는 다른 통제의 효과성을 모니터링하는 기능을 수행하기도 하며, 이러한 간접 전사통제가 효과적으로 운영되는 경우 모니터링의 대상이 되는 통제의 평가범위를 조정할 수 있다. 다음의 표는 전사통제의 예시를 직접 전사통제와 간접 전사통제로 구분한 예시이다.[24)]

---

24) Protiviti Guide to the Sarbanes-Oxely Act : Internal control reporting requirement 재인용

| 직접 전사통제와 간접 전사통제 구분 |

전사통제 예시	직접 전사통제	간접 전사통제
통제환경 • 윤리(청렴성 및 도덕성) • 적격성 유지 • 이사회 및 감사(위원회) • 경영진의 철학과 운영방식 • 조직체계 구조 • 권한과 책임의 위임 • 인력운용정책 및 교육정책		●
위험평가절차		●
영업성과에 대한 모니터링	●	●
통제활동에 대한 모니터링	●	●
재무제표 작성절차	●	●
경영진의 권한남용 혹은 내부통제 무시를 방지하기 위한 통제		●
중앙집중적인 업무처리활동 및 통제활동	●	

4.3 전사수준통제에 의존하기

경영진은 전사수준 내부통제가 재무제표에 대한 경영진 주장(assertions)의 왜곡위험을 유효하게 낮출 수 있다고 판단되면, 재무제표가 신뢰성 있고 내부회계관리제도가 유효하게 작동하고 있다고 증명하기 위한 업무수준의 증거 및 증적의 범위를 확대하지 않을 수 있다.

결국, 전사수준통제의 유효성은 내부회계관리제도를 얼마나 효율적으로 운영할 수 있느냐의 문제로 직결되며 전사수준통제에 의존하기 위해서는 다음과 같은 4단계의 접근방식을 고려한다.

1단계 : 경영진이 의존할 수 있는 전사수준 통제활동의 결정

첫 번째 단계는 현재 존재하는 전사수준 통제활동을 이해하는 단계이다. 이 단계에서는 통제활동, 위험평가, 내부감사기능, 기타 모니터링 프로그램 등에 대한 이해를 수반하여야 한다. 이를 위해서 내부회계관리제도 설계 및 운영 개념체계에서 정의하고 있는 각각의 내부통제 구성요소에 대한 17원칙을 이용할 수 있을 것이다.

2단계 : 전사수준통제에 의존할 수 있는 중요한 재무제표의 영역을 결정

1단계에서는 17원칙 및 중점고려사항을 이용하여 현재 존재하는 전사수준통제를 파악(혹은 mapping)하였다. 2단계에는 파악된 전사수준통제를 재무제표에 직접적으로 영향(direct impact)을 미치는 직접 전사통제와 재무제표에 전반적으로 영향을 미치는 간접 전사통제로 구분한다.

여기서 '직접적인 영향(direct impact)'의 의미는 전사수준 통제활동이 하나 이상의 재무제표에 대한 경영자 주장을 형성하는 데 있어 유효한가의 여부이다. 이를 다시 말한다면 관련 전사수준 통제활동이 특정 경영자 주장(assertions)의 왜곡위험을 효과적으로 감소시킬 수 있는 전사수준통제를 의미한다.

이러한 구분은 매우 중요한 의미가 있다. 왜냐하면 경영자 주장의 왜곡위험을 방지하거나 적발할 수 있는 직접 전사통제만이 업무수준 통제활동을 대체하여 직접 의존할 수 있기 때문이다.

경영진은 업무수준, 거래수준에서 발생할 수 있는 위험을 경감시키기 위해 간접 전사통제에 단독적으로 의존할 수 없다. 하지만 간접 전사통제의 존재유무는 재무제표가 적정하게 작성되었다고 주장하기 위해 경영진이 수집하여야 하는 증적(evidence)의 범위와 테스트의 범위선정에 있어 충분히 고려되어야 한다.

3단계 : 위험을 감소시키는 전사수준 통제활동에 대한 증거를 문서화

중요한 재무제표 왜곡위험을 감소시키는 내부통제에 대한 문서화를 진행할 때, 우선적으로 관련된 전사수준 통제활동이 존재하며 유효한지 고려하여야 한다.

만약 재무제표 신뢰성에 대한 최고 경영진의 확고한 의지(strong tone at the top)가 있으며, 금액적 중요성의 측면에서도 적절하게 운영되고 있다고 판단된다면 전사수준통제에 대한 문서화를 우선적으로 진행한다. 여기서 관련 전사수준 통제활동이 중요성의 측면에서 적절하게 운영된다는 것은 다음의 내용을 참고하여 판단할 수 있다.

- 관련 전사수준 통제활동은 계획단계에서의 중요성(materiality) 금액보다 낮은 금액의 오류 및 누락사항에 대해 적발할 수 있도록 설계된 내부통제이다.
- 관련 전사수준 통제활동은 잠재적인 오류 및 누락을 발견하기 위해 예외사항, 차이내역, 이상내역 등을 지속적이며 일관되게 식별할 수 있도록 한다.
- 관련 전사수준 통제활동은 식별된 잠재적 오류 및 누락사항에 대한 즉각적인 조사를 실시하는 것을 포함한다.

• 관련 전사수준 통제활동은 재무제표가 공시되기 전에 오류 및 누락사항이 적시에 수정되고 조치사항이 완료되었는지를 확인하기 위한 조사사항을 면밀히 모니터링한다.

4단계 : 의존가능한 전사수준통제에 대한 경영진의 최종 검토

경영진은 재무제표 왜곡위험을 방지하거나 적발할 수 있는 전사수준 통제활동에 의존하는 경우 적용되는 내부통제에 대한 확신을 보유하여야 한다. 따라서 경영진은 후보로 선정된 전사수준 통제활동의 정확성, 작년 대비 변동내역, 재무제표 왜곡위험에 대한 직접적 영향 등의 항목을 종합적으로 검토한 후 최종적으로 의존가능한 전사수준통제 항목을 결정한다. 경영진이 의존가능한 전사수준통제 항목을 결정할 때 다음의 관점이 도움이 될 수 있다.

- 직접 전사통제 : 이 전사수준 통제활동으로 인하여 업무수준 통제활동의 테스트 범위를 축소할 수 있을 것이다.
- 간접 전사통제 : 이 전사수준 통제활동이 없다면 업무수준 내부통제의 실패 위험(risk of control failure)을 증가시킬 것이다.

전사수준통제에 의존할 수 있다는 것은 업무수준통제에 대한 테스트를 모두 제외시켜도 된다는 의미가 아니다. 전사수준통제가 유효하다면 업무수준통제의 테스트 범위를 확대시키지 않거나(유지) 혹은 축소만 할 수 있다는 것을 이해하여야 한다.

4.4 내부통제 구성요소(COSO components)

내부회계관리제도 관련 기준에서는 명시적으로 언급하고 있지는 않으나 COSO 프레임워크의 내부통제 5 구성요소(COSO components) 중 통제활동(Control activity)을 제외한 4가지 구성요소에 대하여 전사수준통제를 통해 구현하는 것이 일반적이다. 즉, 전사수준통제는 4가지 구성요소(통제환경, 위험평가, 정보 및 의사소통, 모니터링)에 대한 경영진의 통제목적을 파악하고 그 통제목적을 달성하기 위한 내부통제를 식별하고 문서화하는 절차로 구성된다. 따라서 전사수준통제를 구축하기 위해서는 먼저 내부통제 5 구성요소의 개념에 대해 이해하여야 한다.

| COSO 프레임워크와 전사수준통제와의 관계 |

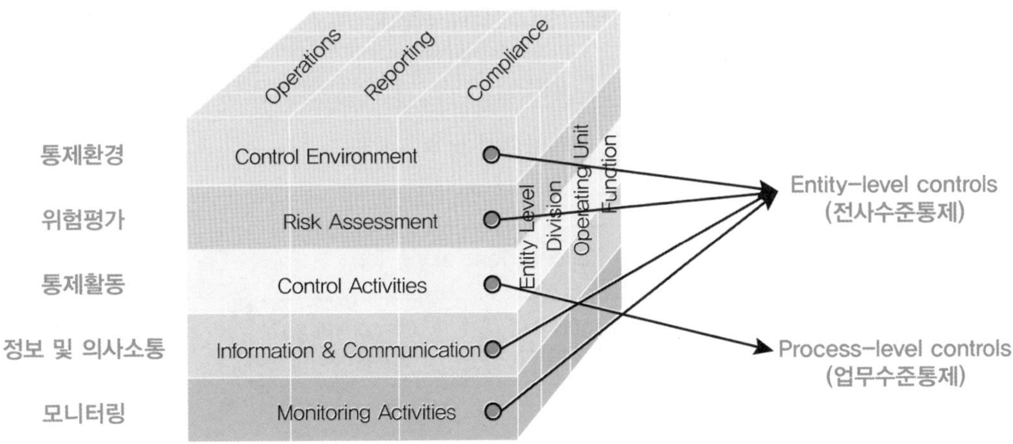

앞서 설명한 바와 같이 COSO 프레임워크의 내부통제 구성요소(COSO components)는 5가지로 구분되며, 5가지 구성요소는 17가지 하부원칙으로 세분화 된다. 내부회계관리제도 설계 및 운영 개념체계는 2013년 개정된 COSO 프레임워크를 그대로 적용하고 있는데, 더욱 명확한 의미를 제시하기 위해 내부회계관리제도 설계 및 운영 개념체계의 17원칙과 COSO 프레임워크의 17원칙의 원문(영문)을 비교하여 설명하였다. 내부통제 구성요소 17원칙에 대한 정확한 의미전달과 적용을 위해서 영문으로 된 원문도 반드시 참고할 것을 권장한다.[25)]

4.4.1 통제환경(Control Environment)

통제환경은 회사의 내부통제에 대한 경영자 및 직원의 전반적인 태도, 의식, 행동 및 조직문화를 의미하며, 조직내 내부통제의 시작점 혹은 기반이다.

통제환경은 조직 구성원의 내부통제 의식에 영향을 미치므로 전반적인 조직 분위기 형성에 영향을 끼친다. 이는 사규 및 규정을 포함한 회사의 조직구조 등을 통해 구현되는데 다른 내부통제 구성요소의 기초가 된다.

다른 내부통제의 기초가 되는 건전한 통제환경을 구축하는 것, 즉, 경영진을 포함한 내부통제의 구성원이 내부통제를 바라보는 시선, 문화, 분위기의 형성이 올바르게 자리잡는 것은 결코 쉬운 일이 아니다.

25) 중점고려사항에 대한 국문 및 영문 비교표는 "부록"에 제시되어 있다.

그러므로, 내부회계관리제도에서는 유효하고 건전한 통제환경이 이루어지기 위해서 5가지의 원칙이 지켜질 것을 요구한다. 이는 내부회계관리제도 설계 및 운영 개념체계의 원칙 1~5로 명시되어 있다.

| 통제환경의 구조 |

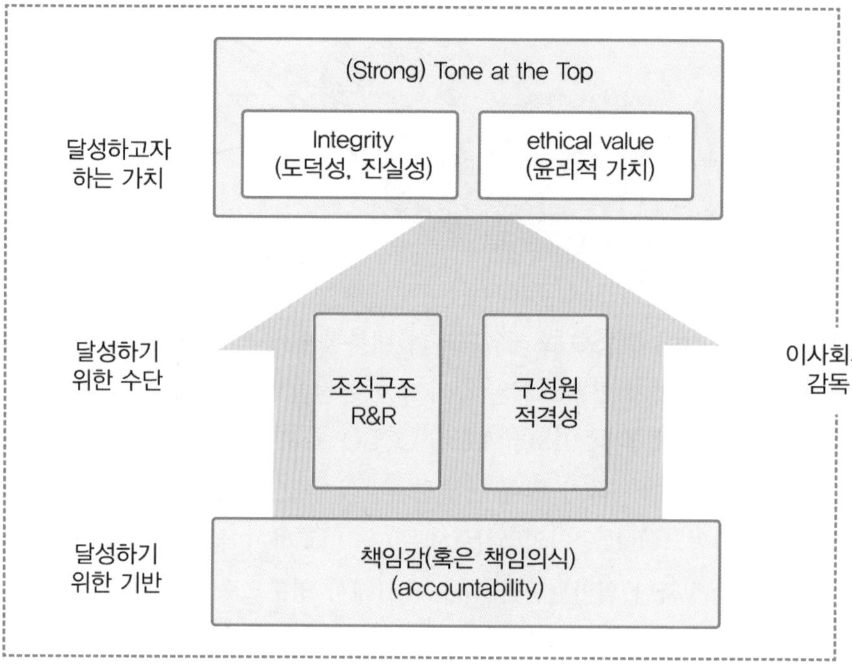

달성하고자 하는 가치
(Strong) Tone at the Top
Integrity (도덕성, 진실성)
ethical value (윤리적 가치)
달성하기 위한 수단
조직구조 R&R
구성원 적격성
이사회의 감독
달성하기 위한 기반
책임감(혹은 책임의식) (accountability)

이러한 분위기 형성, 조직문화는 고위 경영진과 이사회의 의지를 강력하게 하는 것으로부터 출발한다. 따라서, 내부통제의 중요성을 강조하는 Tone at the Top(경영진과 이사회의 의지)을 설정하여야 한다. 이러한 내부통제 중요성의 강조는 말로써만 이루어지는 것이 아니라 확약(commitment)되어야 한다.

확약한다는 것은 대단히 중요한 의미이다. 이는 Tone at the Top(경영진과 이사회의 의지)을 한단계 더 구체화 한다면 도덕성[26](integrity, 신의성실 혹은 진실성)과 윤리적 가치(ethical value)가 되는데, 이를 윤리강령(혹은 행동규범)을 통해 지키겠다는 강력한 약속이 된다.

---

26) integrity는 올곧음, 도덕성, 신의성실 혹은 진실성을 나타내는 단어로, 영문을 한단어로 번역하기에 어려운 단어이다. 어떤 미션이나 명제를 수행하기 위해 진심으로 마음싶이 남고 올바르세 수행하는 태도를 의미한다. 내부회계관리제도 설계 및 운영 개념체계에서는 도덕성으로 번역하고 있다.

경영진과 이사회의 의지가 강할수록 조직 내 다양한 수준(고위 경영진, 중간 경영진, 관리자, 책임자, 실무진 등)에서도 내부통제를 더욱 잘 준수할 것이라고 합리적으로 기대할 수 있을 것이다.

경영진이 도덕성(integrity)과 윤리적 가치(ethical value)를 지키겠다고 확약한다고 해서 자동적으로 조직문화 및 내부통제의 분위기가 형성되는 것이 아니다. 이를 구체적으로 수행하는 것은 조직과 구성원이다.

따라서, 내부통제에 대한 책임과 권한이 조직 내 적절하게 배분되어 있어야 한다. 또한, Tone at the Top을 잘 수행하기 위해서는 경쟁력 있고 능력있는 구성원의 보유가 필요하다. 이를 위한 구성원의 선발(attracting), 개발(developing), 보유(retaining)가 적절하게 설계·운영되고 있는지도 검토하여야 한다.

조직과 구성원의 내부통제 수행의 밑바닥은 책임감(혹은 책임의식, accountability)이 기반이 된다. 이를 위해 내부통제를 적절한 수행을 유도하고 강력한 책임감을 부여하기 위해서는 보상체계의 마련 및 성과측정의 기준이 수립되어야 한다.

마지막으로, 이사회는 통제환경의 목적을 달성하기 위해 앞선 원칙이 지켜지고 있는지, 이를 통해 도덕성(진실성, 신의성실, integrity)과 윤리적 가치(ethical value)가 마련되었는지 감독한다. 5가지의 원칙이 마련되었을 때 건전하고 유효한 통제환경이 구축되었다고 할 수 있다.

유효하고 건전한 통제환경은 ① 회사의 목적을 달성하는 데 저해가 되는 위험요소를 평가하거나, ② 통제활동을 수행하거나, ③ 정보 및 의사소통을 사용하거나, ④ 모니터링 활동을 수행하는 것을 지원한다. 통제환경의 결과는 조직 내 내부통제 전반에 영향을 미친다.

사회가 더욱 발전하면서 내·외부의 경영환경 변화는 더욱 심화되고 있다. 심화되는 내·외부의 압박에 더욱 유연하게 대처하기 위해서는 강력한 통제환경의 구축과 유지가 필요하다. 강력한 통제환경의 구축은 앞서 설명한 ① 도덕성과 윤리적 가치에 대한 확약(commitment), ② 이사회의 적절한 감독 프로세스, ③ 적절한 책임과 권한의 할당과 더불어 회사의 목적을 달성하도록 지원하는 조직구조 설계, ④ 구성원의 높은 수준의 경쟁력 보유, ⑤ 목적달성에 대한 강력한 책임감(책임의식)과 같은 5가지 원칙과 일치하는 행동을 보여주는 것으로 달성된다.

내부회계관리제도 설계 및 운영 개념체계에서 설명하고 있는 통제환경의 하부 원칙은 다음과 같다.

내부회계관리제도 설계 및 운영 개념체계	COSO framework(2013)
(원칙 1. 도덕성과 윤리적 가치에 대한 책임) 회사는 도덕성과 윤리적 가치에 대한 책임을 강조한다.	The organization demonstrates a commitment to integrity and ethical value
(원칙 2. 내부회계관리제도 감독 책임) 이사회는 경영진으로부터 독립성을 유지하며 내부회계관리제도의 설계 및 운영을 감독한다.	The board of directors demonstrates independence from management and exercises oversight of the development and performance of internal control
(원칙 3. 조직구조, 권한 및 책임 정립) 경영진은 내부회계관리제도의 목적을 달성하기 위해 이사회의 감독을 포함한 조직구조, 보고체계 및 적절한 권한과 책임을 정립한다.	Management establishes, with board oversight, structures, reporting lines, and appropriate authorities and responsibilities in the pursuit of objectives
(원칙 4. 적격성 유지) 회사는 내부회계관리제도 목적에 부합하는 적격성 있는 인력을 선발, 육성하고 관리한다.	The organization demonstrates a commitment to attract, develop, and retain competent individuals in alignment with objectives
(원칙 5. 내부회계관리제도 책임[27] 부여) 회사는 조직 구성원들에게 내부회계관리제도의 목적을 달성하기 위해 필요한 책임을 부여한다.	The organization holds individuals accountable for their internal control responsibilities in the pursuit of objectives

4.4.2 위험평가(Risk Assessment)

모든 조직은 규모, 조직, 산업 혹은 기타 특성과 관계없이 다양한 위험에 직면한다. COSO 프레임워크에서 정의하는 위험은 조직의 목적달성에 부정적으로 영향을 미치는 사건이 발생할 수 있는 가능성을 의미한다.

위험은 어떠한 기준으로부터 얼마만큼 벗어나 있는가로 정의할 수도 있는데 여기서 "부정적"이라는 의미는 음(－)의 편차뿐만 아니라 양(＋)의 편차까지도 모두 포함하는 개념이다. 예를 들어 매출이 10,000개의 수량이 발생할 것으로 예상하여 모든 생산계획 및 물류의 흐름을 설정하였다고 가정하여 보자. 하지만 실제로 20,000개의 주문이 발생하였다면 10,000개의 매출 목표를 달성했지만 상대적으로 생산원가, 고객만족 등에서 매우 부정적인 영향을 미쳤을 것이다. 따라서 결론적으로 계획된 물량보다 초과 달성된 매출물량은 판매수량에 대한 목표 이외의 항목에서는 부정적인 영향을 미치게 된다.

27) 원칙 5에서 서술되는 책임은 accountability(책임감, 책임의식)로 원칙 3에서의 책임인 responsibility와 완전히 다른 내용이므로 구분되어야 한다. accountability는 역할에 오너십을 부여하는 내용으로 "이러한 중요한 자리에 대한 막중한 책임감을 느낍니다"처럼 사용되며, resoponsibility는 역할 및 의무를 다하지 않았을 때의 내용으로 "제 실수로 접촉사고가 발생하였으니 제가 책임지셨습니나"와 같이 사용된다.

위험을 식별하거나 평가하는 과정에 있어서, 조직은 목적달성에 긍정적으로 영향을 미칠 수 있는 사건의 발생가능성을 식별하게 된다. 그러한 가능성은 기회(opportunities)라고 정의되는데, 기회는 조직의 목표를 설정하는 과정에서 반영되는 것이 매우 중요하다. 위의 예시에서 보자면 경영진은 새로운 판매기회를 개척하였지만, 이러한 잠재적인 판매기회에 대한 평가를 내부통제의 일부로서 설계·운영하지 않았기 때문에 성과달성 이외의 측면에서는 부정적인 영향을 발생시켰다고 할 수 있다.

위험은 조직의 성공, 경쟁력, 강력한 재무적 성과, 긍정적인 평판뿐만 아니라 제품, 서비스 및 조직 구성원의 전반적인 질적 향상을 유지하는 데 영향을 미친다. 하지만 위험을 완전하게 제거하는 방법은 존재하지 않는다. 게다가 비즈니스에서 다양하게 발생하는 의사결정 그 자체가 위험을 발생시키기도 한다. 따라서 경영진은 반드시 얼마만큼의 위험을 수용할 수 있는지 신중하게 결정하여야 하고 그 위험수준을 유지하기 위해 얼마만큼을 감수하여야 하는지 이해하고 있어야 한다.

결국 위험평가란 조직의 목적달성을 저해할 수 있는 요인들을 식별하고, 평가하고, 대처방안을 마련하여 발생가능한 위험을 허용가능한 수준 이하로 줄이는 일련의 절차를 의미한다.

| 위험평가 절차 |

위험의 정의 자체가 "목적 달성을 저해하는 것"이기 때문에 위험평가에서 우선적으로 중요한 내용은 내부통제의 목적을 구체적으로 정하는 것으로부터 출발한다. 즉, 목적이 ① 운영의 효과성 및 효율성 제고(Operation)인지, ② 재무보고 등의 신뢰성(Reporting)인지 아니면 ③ 규정 및 법률의 준수(Compliance)인지에 따라 위험식별의 내용이 달라진다.

예를 들어 성희롱과 관련된 내용은 ③ 규정 및 법률의 준수를 목적으로 한다면 주요한 위험의 내용이 될 수 있지만, ② 재무보고의 신뢰성을 목적으로 하는 경우에는 비관련 위험이 된다. 또한, 위험은 지속적으로 변하는 경제상황, 산업별 동향, 법규와 규정, 운영 환경에 영향을 받는다. 따라서 위험평가체계는 변화하는 환경에 따라 특정 위험을 파악하고 처리할 수 있도록 고안되어야 한다.

위험이 식별되면 그 위험의 중요도가 어떤지에 대해 분석한다. 위험의 중요도(risk priority)는 그 발생가능성(likelihood)과 위험이 발현되었을 때 금액적 중요성(impact, significance)에 의해 분석된다. 만약 발생가능성과 금액적인 중요성이 높다면 High risk로 평가되며, 발생가능성과 금액적 중요성이 모두 낮다면 Low risk로 평가될 수 있다. 만약 둘중에 하다만 높거나 낮다고 한다면 Moderate risk로 평가된다.

위험이 식별 및 평가되고 나면 그 위험의 중요도에 따라 수용, 회피, 경감, 전가(혹은 공유)와 같은 위험대응방안을 통해 식별된 위험의 크기를 허용 가능한 수준 이하로 줄이는 것이 필요하다. 이를 위험 허용한도[28)]라고 하는데 조직의 목적달성과 관련하여 발생하는 차이에 대한 수용 가능한 수준을 의미한다.

위험 허용한도 내의 운영은 조직의 목적을 달성하기 위한 내부통제를 효율적으로 운영하는데 큰 도움이 된다. 위험 허용한도는 내부통제의 목적(Operation, Reporting, Compliance)에 따라서 다르게 표현될 수도 있다. 하지만 내부회계관리제도의 목적이 외부에 공시되는 재무제표의 신뢰성에 있으므로 위험허용한도는 중요성(Materiality) 기준에 의해 표현된다.

내부회계관리제도 설계 및 운영 개념체계에서 설명하고 있는 위험평가의 하부 원칙은 원칙 6~8로 제시되고 있는데, 이를 구분하여 원칙 6, 7을 묶어서 하나의 개념으로, 원칙 8, 9를 별도의 각각의 개념으로 이해해도 된다.

첫 번째 개념으로 원칙 6과 7은 전통적인 위험관리시스템(risk management system)의 내용을 설명하고 있다. 앞서 설명한 바와 같이 조직의 목적을 Operation, Repoting, Compliance 중 어떤 것으로 하느냐에 따라 위험관리시스템의 대상(관리해야 하는 위험의 개념)이 달라진다. COSO framework(COSO리포트)에서는 3가지 목적을 모두 대상으로 하기 때문에 원칙 6이 반드시 필요하지만, 내부회계관리제도에서는 설계 및 운영 개념체계 문단1에서 외부에 공시되는 재무제표의 신뢰성을 확보하는 것을 원칙으로 정하였기 때문에 중복되는 내용이다.

원칙 7은 위험 식별 및 분석으로 제목이 설정되어 있다. 하지만, 위험관리시스템(Risk manag ement system) 적용으로 제목을 바꾼다면 위험식별 → 위험중요성 평가 → 위험대응방안 설정이라는 전통적 위험관리시스템(Risk management system)의 절차라는

---

28) 허용가능위험, 수용가능위험으로 표현하기도 한다. 영문으로는 Risk tolerance이다.

것을 더 직관적이고 쉽게 이해할 수 있다.

원칙 8과 원칙 9는 전통적 위험관리기법 외 부정위험과 변화관리의 내용을 담고 있는데, 이는 "4.6.1 전사수준통제평가서－통제환경"과 "8. 부정위험과 포렌식"에서 더욱 상세하게 설명하였다.

내부회계관리제도 설계 및 운영 개념체계	COSO framework(2013)
(원칙 6. 구체적인 목적 수립) 회사는 관련된 위험을 식별하고 평가할 수 있도록 내부회계관리제도의 목적을 명확하게 설정한다.	The organization specifies objectives with sufficient clarity to enable the identification and assessment of risks relating to objectives : • Operations objectives • External financial reporting objectives • External Non-financial reporting objectives • Internal reporting objectives • Compliance objectives
(원칙 7. 위험 식별 및 분석) 회사는 목적 달성에 영향을 미치는 위험을 전사적으로 식별하고, 위험 관리방안을 수립하기 위해 위험을 분석한다.	The organization identifies risks to the achievement of its objectives across the entity and analyzes risks as a basis for determining how the risks should be managed
(원칙 8. 부정위험 평가) 내부회계관리제도 목적 달성에 대한 위험 평가 시 잠재적인 부정 가능성을 고려한다.	The organization consider the potential for fraud in assessing risks to the achievement of objectives
(원칙 9. 중요한 변화의 식별과 분석) 회사는 내부회계관리제도에 중요한 영향을 미치는 변화를 식별·분석하여 내부회계관리제도를 유지·관리한다.	The organization identifies and assesses chan- ges that could significantly impact the system of internal control

4.4.3 통제활동(Control Activities)

회사의 목적 달성 및 위험 경감을 위하여 경영진이 구축한 통제환경 내에 있는 제반 정책과 절차와 관련한 것으로, 통제활동에 대해서는 회사는 전사수준통제에서 고려하지 않고 프로세스수준통제에서 적용하였다. 통제활동에 구체적인 내용은 "5. 업무수준통제"에서 설명하고 있으며 관련 원칙은 다음과 같다.

내부회계관리제도 설계 및 운영 개념체계	COSO framework(2013)
(원칙 10. 통제활동의 선택과 구축) 회사는 내부회계관리제도의 목적 달성을 저해하는 위험을 수용 가능한 수준으로 줄일 수 있는 통제활동을 선택하고 구축한다.	The organization selects and develops control activities that contribute to the mitigation of risks to the achievement of objectives to acceptable levels
(원칙 11. 정보기술 일반통제의 선정과 구축) 회사는 내부회계관리제도 목적 달성을 지원하는 정보기술 일반통제를 선정하고 구축한다.	The organization selects and develops general control activities over technology to support the achievement of objectives
(원칙 12. 정책과 절차를 통한 실행) 회사는 기대사항을 정한 정책과 그 정책을 실행하기 위한 절차를 통하여 통제활동을 적용한다.	The organization deploys control activities through policies that establish what is expected and procedures that put policies into action

4.4.4 정보와 의사소통(Information and Communication)

정보와 의사소통은 구성원의 역할 수행에 필요한 적절한 정보의 제공 및 원활한 의사소통과 관련된 것이다. 내·외부로부터 신뢰할 수 있는 적절한 정보의 적시 전달은 기업의 운영과 통제를 원활하게 수행하는 데 기초가 된다.

정보와 의사소통은 다른 내부통제 구성요소와 결합하여 재무제표 신뢰성 확보라는 내부회계관리제도의 목적을 달성하도록 지원한다. 정보 및 의사소통과 관련된 내부통제는 조직의 구성원들이 내부통제 책임을 수행하거나 내부통제시스템 내의 올바른 정보를 사용하도록 지원하는 것이다. 결국, 정보 및 의사소통은 내부통제의 다른 구성요소(통제환경, 위험평가, 통제활동, 모니터링)를 지원하기 위해 양질의 정보, 관련성 있는 정보를 제공하도록 하는 체계를 의미한다.

원칙 13은 양질의 정보, 관련성 있는 정보를 다루고 있다. 정보는 요구사항과 관련하여 요약, 축약되거나 혹은 결합된 데이터로 구성된다. 데이터는 그 자체로서 가치가 있는 것이 아니라 정보 요구사항을 정확하게 만족시키는 것을 통해 그 필요성과 가치가 발생한다. 정보 요구사항은 다른 내부통제 구성요소(즉, 통제환경, 위험평가, 통제활동, 모니터링)의 지속적인 운영에 의해 발생하며 결정된다. 또한 정보시스템은 조직의 내·외부로부터 관련성이 있는 양질의 정보를 적시에 전달하게 하는 등 정보의 질적속성을 만족시킴으로써 내부통제가 적절하게 작동하도록 지원하거나, 정보에 근거한 의사결정을 하는 데 도움을 준다.

| 내부통제를 수행하기 위한 양질의 정보 생성 |

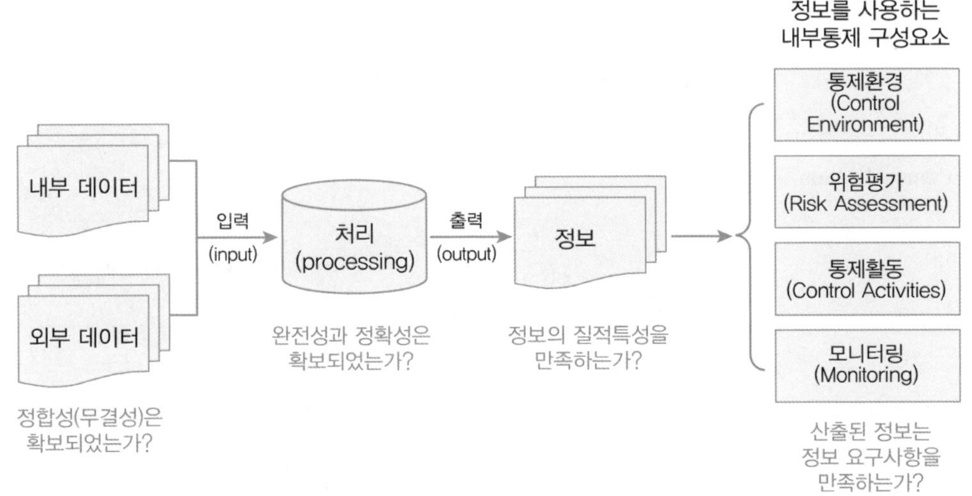

원칙 14, 15는 의사소통을 다룬다. 의사소통은 관련성(relevant) 있는 양질의 정보를 조직의 내・외부적으로 공유하거나 전달하는 것이다. 의사소통은 내부통제를 설계하고 구축 및 운영하는데 그리고 내부통제의 유효성 평가에 있어서 필요한 정보를 제공하는 역할을 수행한다. 의사소통은 결국 채널(channel)의 문제로 귀결된다. 따라서, 의사소통을 원활하게 하기 위한 채널이 마련되었는지 그리고 그 채널이 유효하게 작동하고 있는지를 살펴보는 내용으로 구성되어 있다고 보면 된다. 원칙 13에서는 조직 내부의 의사소통 채널에 대해 다루고 있으며, 원칙 14에서는 조직과 조직 외부와의 의사소통 채널을 다룬다.

내부 의사소통(internal communication)은 경영진이 채널의 중심이 된다. 경영진은 내부통제의 책임에 대한 중요성과 조직의 목적을 내부 임직원에게 이해시키기 위한 정보를 의사소통한다. 이러한 내부 의사소통은 관련성 있는 정보를 조직 상하(이사회와 경영진 간의 의사소통 채널) 혹은 전체적으로 공유(경영진과 조직구성원 전체의 의사소통 채널)하게 함으로써 내부통제가 적절하게 작동될 수 있도록 촉진한다.

또한 외부 의사소통(external communcation)은 조직과 조직 외부자 간에 발생할 수 있는 위험, 규제사항, 환경변화, 고객만족 혹은 내부통제을 위한 기타정보 등을 획득하거나 공유할 수 있도록 한다. 외부 의사소통은 조직 외부로부터 정보를 전달받는 inbound 채널과 조직 외부에 정보를 전달하는 outbound 채널로 구분하여 의사소통 채널이 마련되었는지, 그 채널은 유효한지를 확인한다.

| 내부통제를 수행하기 위한 의사소통 체계 |

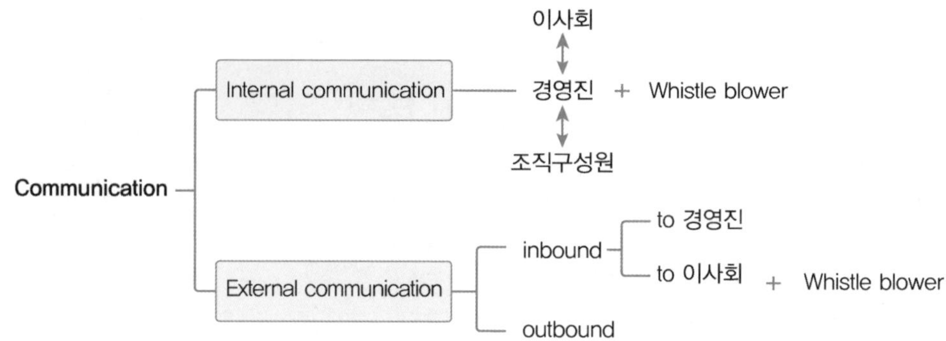

내부회계관리제도 설계 및 운영 개념체계에서 설명하고 있는 정보 및 의사소통의 하부 원칙은 원칙 13~15에 제시되어 있으며, 다음과 같다.

내부회계관리제도 설계 및 운영 개념체계	COSO framework(2013)
(원칙 13. 관련 있는 정보의 사용) 회사는 내부회계관리제도의 운영을 지원하기 위하여 관련 있는 양질의 정보를 취득 또는 생산하고 사용한다.	The organization obtains or generates and uses relevant, quality information to support the functioning of other components of internal control
(원칙 14. 내부 의사소통) 회사는 내부회계관리제도의 운영을 지원하기 위하여 필요한 내부회계관리제도에 대한 목적과 책임 등의 정보에 대해 내부적으로 의사소통한다.	The organization internally communicates information, including objectives and responsibilities for internal control, necessary to support the func tioning of other components of internal control
(원칙 15. 외부 의사소통) 회사는 내부회계관리제도의 운영에 영향을 미치는 사항에 대해 외부 관계자와 의사소통한다.	The organization communicates with external parties regarding matters affecting the functioning of other components of internal control

4.4.5 모니터링(Monitoring)

회사의 내부통제제도가 효과적으로 작동하는지 확인하는 것과 관련한 것이다. 지속적인 모니터링은 내부통제 운영과정 중에서 발생하며, 내부통제를 설계하고 운영하는 구성원에 의한 평가를 포함한다. 독립적인 평가는 전문성과 독립성을 갖춘 내부감사기능 또는 기타 외부 감사기관에 의해 수행될 수 있으며, 독립적인 평가의 범위와 빈도는 주로 위험평가와 상시 모니터링의 효과성에 달려 있다. 상시 모니터링이나 독립적 평가를 통해 발견된 예외사항은 즉시 경영진 혹은 책임있는 자(이사회, 감사위원회)에게 보고되어야 한다.

회사는 내부통제 구성요소가 존재하며 적절하게 운영되는지 확신을 부여하기 위하여 상시 모니터링과 독립적인 평가(혹은 둘의 결합)를 사용한다. 모니터링은 내부통제의 유효성에 대한 평가에 있어서 핵심적인 활동이며, 내부통제시스템의 유효성에 대한 주장에 있어서 중요한 근거를 제공한다.

회사의 내부통제는 영속적인 것이 아니며 수시로 변화한다. 회사의 목적과 내부통제 구성요소도 또한 시간이 흐름에 따라 변화할 것이다. 시간이 흐름에 따라 어떤 통제는 더이상 유효하지 않거나 진부화될 수도 있고, 어떤 통제는 새로운(혹은 업데이트된) 목적을 달성하기 위해 충분하지 않을 수도 있다.

이러한 변화를 고려하는 경우에도 내부통제 구성요소가 여전히 적절하게 구현되어 있으며, 기능하고 있는지 확신을 부여하기 위해 경영진은 모니터링 활동을 선정하고 실행한다. 이러한 모니터링 활동은 경영진이 새로운 위험에 맞서서 현재의 내부통제시스템이 여전히 유효한지 판단할 수 있도록 의미있는 정보를 제공한다.

적절한 모니터링 활동은 예외사항 및 비정상적 활동 등을 식별하거나 조사한다. 이를 통해 내부통제에 미비점이 있는지에 대한 결과를 도출할 수 있다. 이러한 예외사항 및 미비점을 검토하는 데 있어 일반적으로 근본원인(root cause)을 조사한다.

미비점에 대한 결과는 내부통제를 수정할 수 있는 권한이 있는 자에게 보고되어 치유되어야 한다. 이를 통해 경영진은 내부회계관리제도의 5가지 내부통제 구성요소가 적절하게 설계 및 운영되어 있는지에 대한 확신을 부여할 수 있다. 경영진은 각 구성요소의 내부통제를 평가하고 이들이 어떻게 원칙과 유기적으로 작동하는지 조사한다.

내부회계관리제도 설계 및 운영 개념체계에서 설명하고 있는 모니터링의 하부 원칙은 원칙 16 및 17과 같다. 원칙 16은 모니터링을 하는 기술적 기법(technique)인 2가지 요소(ongoing evaluation, separate evaluation)를 소개한다. 원칙 17은 기술적 기법 2가지에 의해 모니터링을 수행하게 되면 예외사항(exception)이 발생하게 되는데, 이를 발생시킨 내부통제 항목을 평가하여 미비점의 심각성(severity)을 구분하고, 이를 수정할 수 있는 권한있는 자에게 보고하는 체계에 대해 설명한다.

내부회계관리제도 설계 및 운영 개념체계	COSO framework(2013)
(원칙 16. 상시적인 모니터링과 독립적인 평가수행) 회사는 상시적인 모니터링과 독립적인 평가 방안을 수립하여 내부회계관리제도 설계 및 운영의 적정성을 평가한다.	The organization selects, develops, and performs ongoing and/or separate evaluations to ascertain whether the components of internal control are present and functioning
(원칙 17. 미비점 평가와 개선활동) 회사는 내부회계관리제도의 미비점을 평가하고 필요한 개선활동을 적시에 수행한다.	The organization evaluates and communicates internal control deficiencies in a timely manner to those parties responsible for taking corrective action, including senior management and the board of directors, as appropriate

4.5 전사수준통제 구축 흐름

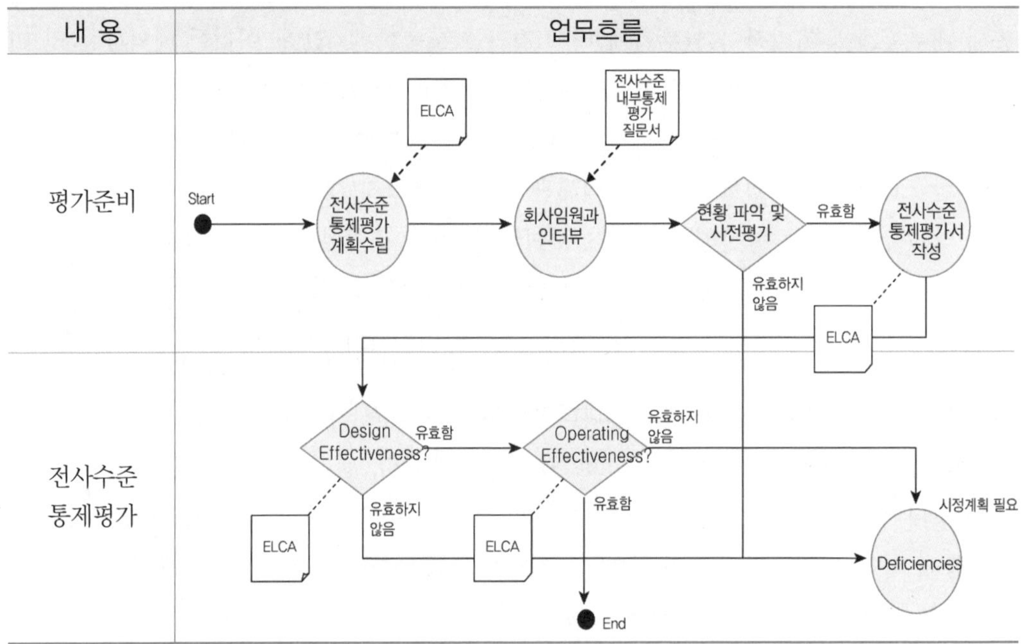

전사수준 내부통제를 평가하기 위해 전사수준의 내부통제를 파악하고 문서화하여야 한다. COSO 프레임워크의 내부통제 구성요소(COSO components)와 연관된 질문서를 준비하고 대표이사, 내부회계관리자를 포함한 회사임원과의 인터뷰를 통해 통제환경 및 전사수준통제의 개괄적인 수준을 평가한다.

개괄적인 평가 결과 전사수준 내부통제가 미비한 경우에는 그 사항에 대해 시정계획을 마련하고 수행하여야 한다. 만약 적시에 시정될 수 없다면 업무수준 통제활동의 테스트 범위가 확장될 수 있도록 고려되어야 한다.

개괄적인 평가 결과가 유효하다고 판단되면 전사수준 통제평가서(ELCA : Entity Level Control Assessment)를 작성한다. 전사수준 통제평가서는 내부통제 구성요소(COSO components)별로 회사에서 수행하고 있는 전사수준의 내부통제를 요약하고 평가할 수 있는 계획이 수립되어 있다. 회사는 전사수준 통제평가서에 기재된 계획대로 테스트를 수행하여 전사수준통제의 유효성을 평가한다.

4.5.1 전사수준 내부통제 인터뷰

전사수준 내부통제는 대표이사, 내부회계관리자 및 각 부분의 임원 등과 반드시 인터뷰를 실시하여 개괄적인 평가를 실시하고 전사적 수준의 내부통제의 현황을 파악한다. 각 인터뷰는 전사수준 내부통제 질문서(Entity-level control Questionnaires)에 의해 실시되는데, 평가 질문서는 내부통제 구성요소(COSO components)별로 구성되어 있다.

전사수준 내부통제 질문서를 통해 임원진 인터뷰를 수행하였다면 인터뷰 수행자는 회사의 전사수준 내부통제에 대해 파악 및 이해가 가능하므로 이에 대한 일반적이고 개괄적인 평가를 할 수 있다.

만약 일부 부분에 대해 전사수준 내부통제가 미비하다고 판단된다면 그 부족한 부분은 미비점으로 고려하고 시정계획을 작성하여야 한다. 개괄적인 평가가 유효하다고 판단된다면 전사수준 통제평가서(ELCA, Entity Level Control Assessment)를 작성하여 그 설계 및 운영의 유효성을 평가하게 된다.

예시 전사수준 내부통제 질문서

경영진을 위한 전사수준 내부통제 질문서

Ⅰ. 통제환경

Points to consider　　　　Responses/Comments

도덕성과 윤리적 가치

1. 회사는 공식적인 윤리강령 또는 관련 정책을 확립하여 준수되도록 하고, 이러한 강령 또는 정책은 적절한 윤리적인 행동기준에 대해서 언급하고 허용 가능한 업무 사례들과 이해 상충의 경우에 대해서 기술해야 합니다.

윤리강령은 부적절한 지출, 회사자원의 적절한 사용, 이해상충 불공정 경쟁 방지, 내부자 거래 등과 같은 항목에 대해서 포괄적이고 직접적으로 기술하고 있습니까?	*Yes*	*No*
모든 임직원은 윤리강령에 저촉되는 행동 및 윤리강령의 위반 행위를 목격한 경우 수행해야 하는 행동에 대해 인식하고 있습니까?	*Yes*	*No*

2. 경영진의 회사 운영에 대한 윤리적 의지가 확고하여야 하며, 이러한 의지가 모든 임직원에게 전달되어야 합니다.

윤리강령은 부적절한 지출, 회사자원의 적절한 사용, 이해상충 불공정 경쟁 방지, 내부자 거래 등과 같은 항목에 대해서 포괄적이고 직접적으로 기술하고 있습니까?	*Yes*	*No*
모든 임직원은 윤리강령에 저촉되는 행동 및 윤리강령의 위반 행위를 목격한 경우 수행해야 하는 행동에 대해 인식하고 있습니까?	*Yes*	*No*

3. 승인된 정책과 절차의 시행 또는 윤리강령의 위반 시에는 규범의 준수를 위한 적절한 교육 또는 처벌이 이루어져야 합니다.

경영진은 윤리강령의 위반행위에 대하여 적절하게 대응하고 있습니까?	*Yes*	*No*
윤리강령의 위반행위에 대한 처벌은 회사의 모든 임직원에게 알려지며 임직원은 이를 통하여 윤리강령 위반에 따르는 처벌을 인식하고 있습니까?	*Yes*	*No*

4. 회사의 내부회계관리규정을 예외적으로 적용할 수 있는 사항에 대해서 사전에 정의하여야 합니다.

공식화된 문서에 회사의 내부회계관리규정을 예외적으로 적용할 수 있는 사항과 이런 권한을 가진 사람에 대하여 기술되어 있습니까?	*Yes*	*No*
내부회계관리규정을 준수하지 못한 경우, 이에 대한 이유와 수행된 내용이 자세히 기록되어 있습니까?	*Yes*	*No*

5. 회사는 비윤리적 행위가 일어나지 않도록 예방하기 위한 적절한 조치를 수행하여야 합니다.

현실적이고 실현 가능한 윤리강령을 제정하여야 하며, 비현실적인 윤리수준을 강요하지는 않습니까?	*Yes*	*No*
공정하고 적절한 보상체계를 제공하여 윤리강령이 지켜질 수 있도록 동기를 부여하고 있습니까?	*Yes*	*No*

<u>전문성</u>

1. 회사는 특정 업무의 수행을 위해서 요구되는 작업과 관련 담당자를 파악하여 정의하여야 합니다.

특정 업무에 대해서 수행될 필요가 있는 작업들을 분석하고 그러한 작업에 요구되는 관리/감독의 정도를 고려하고 있습니까?	*Yes*	*No*

2. 회사는 업무의 수행에 필요한 지식, 기술, 능력 등에 대한 분석을 수행하여야 합니다.

다양한 업무를 위해서 필요한 지식, 기술, 능력 등을 정의하여 임직원에게 알리고 있습니까?	*Yes*	*No*

3. 회사는 임직원이 업무에 필요한 역량을 유지하고 향상시키기 위한 교육 기회를 제공하여야 합니다.

임직원에게 필요한 적절한 교육과정이 존재하고 있습니까?	*Yes*	*No*
관리, 감독을 수행하는 담당자는 업무 수행에 필요한 역량을 보유하고 있으며, 이들의 효과적인 업무 수행을 위한 교육이 제공되고 있습니까?	*Yes*	*No*
임직원에게 업무 수행에 대한 적절한 조언들이 제공되고 있습니까?	*Yes*	*No*

4. 경영진은 일반적인 관리 능력 및 회사의 사업운영에 있어서의 풍부한 경험을 보유하고 있습니까?

	Yes	*No*

<u>이사회 및 감사</u>

1. 이사회와 감사는 경영진으로부터 독립적이어야 합니다.

이사회 및 감사는 경영진이 내린 의사결정, 중요 사안에 대한 업무처리에 대하여 적극적으로 감사를 수행하고 있습니까?	*Yes*	*No*

2. 이사회 및 감사는 경영진 및 외부감사인과 긴밀하게 업무 협의를 하여야 합니다.

이사회 및 감사는 재무보고 절차의 합리성, 내부회계관리제도, 중요 지시사항, 경영진의 업무성과에 대하여 경영진 및 외부감사인과 회의를 갖고 있습니까?	*Yes*	*No*

3. 경영진의 목적과 전략, 조직의 재무상태, 운영성과, 중요계약에 대한 모니터링을 수행할 수 있도록 이사회에 충분한 정보를 적시에 제공해야 합니다.

재무제표, 중요계약 및 협상내용과 같은 중요 정보를 이사회가 정기적으로 검토하고 있습니까?	*Yes*	*No*

4. 부정 조사 및 감찰 등의 주요 발견사항에 대하여 이사회 또는 감사는 적절한 조치를 수행하여야 합니다.

이사회 및 감사는 경영진에게 수행하여야 할 세부조치사항을 전달하고 있습니까?	*Yes*	*No*
이사회 및 감사는 전달한 조치들에 대하여 사후 진행상황을 감독하고 있습니까?	*Yes*	*No*

<u>경영진의 철학 및 운영방식</u>

1. 경영진은 회계운영, 정보처리 등 재무보고의 신뢰성과 관련된 업무에 대해 주의를 기울여야 합니다.

경영진은 회계 및 정보처리 등을 회사의 정상적인 운영을 위한 필수요소로 인식하며 다양한 업무 활동에 대한 통제를 수행하고 검증하는 수단으로 인식하고 있습니까?	*Yes*	*No*
재무관리, 회계처리, 예산집행 부서는 경영진의 관리하에 운영되어야 하며 각 부서별 업무협조가 긴밀하게 이루어지고 있습니까?	*Yes*	*No*
경영진은 중요 회계적 예외사항을 보고받고 해결하며, 필요한 경우 외부에 공시하고 있습니까?	*Yes*	*No*
경영진은 내부/외부 감사 및 평가 활동 등의 중요성을 인식하고 있으며, 이러한 활동의 결과에 대해 적절한 조치가 수행되고 있습니까?	*Yes*	*No*

2. 회사의 중요 자산 및 정보는 인가되지 않은 접근 및 사용으로부터 보호되고 있습니까?

	Yes	*No*

<u>조직구조</u>

1. 회사는 규모와 업무 성격에 적합한 조직 구조를 가지고 있어야 합니다.

회사의 조직은 정보 흐름을 원활하게 할 수 있는 구조입니까?	*Yes*	*No*

2. 회사의 업무 영역별로 권한과 책임이 정의되고 조직 전반에 알려져야 합니다.

주요 업무 활동과 기능들을 담당하고 있는 책임자들은 그들의 의무와 책임을 명확하게 알고 있습니까?	*Yes*	*No*
주요 책임자들과 관리자들은 내부회계관리제도와 관련한 책임들에 대해서 이해하며 그들의 팀 구성원들도 각자의 책임을 이해하고 있습니까?	*Yes*	*No*

3. 경영진은 적절하고 명확한 내부 보고 체계를 확립하여야 합니다.

확립된 보고 체계는 관리자들의 책임과 수행할 업무에 대한 정보를 효과적으로 제공하고 있습니까?	*Yes*	*No*
중간관리자들은 보고 체계를 통해 상위 관리자들과 원활하게 의사소통을 할 수 있는 상태입니까?	*Yes*	*No*

권한과 책임의 위임

1. 회사는 조직의 목표를 달성할 수 있도록 임직원에게 적절한 권한을 부여하고 책임을 할당하여야 합니다.

임직원의 권한과 책임은 조직 전체적으로 명확하게 정의되어 있으며 모든 임직원에게 알려져 있습니까?	*Yes*	*No*
권한의 수준 및 책임의 범위를 결정하기 위하여 적절한 정보가 제공되고 있습니까?	*Yes*	*No*

2. 위임된 권한은 부여된 책임과 관련하여 적절하여야 합니다.

적절한 직위의 임직원은 문제를 정정하고 개선점을 구현할 권한을 부여받고 있습니까?	*Yes*	*No*
하위 관리자에 대한 권한 위임과 상위 관리자의 참여 사이에 적절한 균형이 존재하고 있습니까?	*Yes*	*No*

3. 직무기술서 등에 내부회계관리제도와 관련하여 발생하는 책임에 대한 규정 및 절차가 존재하여야 합니다.

직급에 대한 내부회계관리제도 책임을 기술한 규정이 있습니까?	*Yes*	*No*

인사 정책 및 기준

1. 임직원에 대한 인사 정책 및 절차들이 적절하게 갖추어져 있어야 합니다.

개인의 청렴성 및 윤리성 등이 업무수행 능력 평가에 반영되고 있습니까?	*Yes*	*No*
회사의 정책이나 윤리강령에 어긋나는 행위에 대해서 적절한 징계 또는 문제점의 개선 등이 이루어지고 있습니까?	*Yes*	*No*
회사는 임직원의 고용 유지를 위한 기준을 확립하고 있으며 이때 일정 기간 동안 많은 수의 구성원들이 이직 또는 퇴직할 경우 회사에 미치는 영향 등을 고려하고 있습니까?	*Yes*	*No*

2. 임직원에 대한 관리/지도가 적절히 이루어져야 합니다.

업무에 대한 잘못된 이해를 줄이고 부정 등의 발생 가능성을 낮추기 위해 해당 관리자는 업무에 대한 소개, 교육 등을 실시하고 있습니까?	*Yes*	*No*

Evaluation of Control Environment : Effective / Non-effective

Summarize the reasons supporting the evaluation or other comments :

Ⅱ. 위험평가

Points to consider Responses/Comments

위험의 인식 및 식별

1. 회사에는 위험을 인식하고 이에 대응하는 체계가 수립되어 있어야 합니다.

발생할 수 있는 위험의 유형과 판단 기준(예, 위험관리지침) 등에 대한 공식적인 관리 지침이 마련되어 있습니까?	*Yes*	*No*
위험을 인식하고 분석하는 절차가 정형화되어 있고 이러한 절차가 회사의 업무에 활용되고 있습니까?	*Yes*	*No*

2. 관리자는 적절한 방법론을 사용하여 위험을 식별하여야 합니다.

회사는 위험을 식별하고 이에 대한 위험 등급을 정하기 위해 정량적, 정성적 기법을 사용하고 있습니까?	*Yes*	*No*
위험의 식별, 등급 결정, 분석, 관리하는 방법에 대해 담당자 간에 충분한 의사소통이 이루어지고 있습니까?	*Yes*	*No*
중장기 전략 계획 수립시 식별된 위험을 고려하고 있습니까?	*Yes*	*No*
감사보고서 등에 반영될 수 있는 "위험"사항을 검토하여 업무에 반영하고 있습니까?	*Yes*	*No*
실무자 및 관리자에 의해 식별된 위험이 상위 관리자에게 전달되고 있습니까?	*Yes*	*No*

3. 회사 외부로부터 발생할 수 있는 위험을 식별하기 위한 절차가 존재해야 합니다.

회사가 다음 위험 등을 식별하고 있습니까? - 기술변화로 인하여 발생할 수 있는 위험 - 법안이 신설되거나 규제가 강화됨으로써 발생할 수 있는 위험 - 천재지변, 범죄, 전쟁으로 인하여 발생할 수 있는 위험 - 산업동향, 정치 및 경제적 변화로 인하여 발생할 수 있는 위험 - 고객 및 채권자와 관련된 위험 및 경쟁사로부터 발생될 수 있는 위험	*Yes*	*No*

4. 회사 내부적으로 발생하는 위험을 식별하기 위한 절차가 존재해야 합니다.

회사가 다음 위험 등을 식별하고 조사하고 있습니까? - 회사 운영상 발생할 수 있는 위험이나 인력 감축으로 인한 위험 - 회사의 업무처리절차를 개선하거나 운영 절차를 재설계함으로써 발생할	*Yes*	*No*

수 있는 위험 - 전산정보시스템이 중단되거나 백업 시스템이 원활하지 않을 경우의 위험 - 실무자의 자질이나 교육이 부족할 경우에 발생될 수 있는 위험 - 계약상의 과도한 약정사항으로 인하여 발생될 수 있는 위험 - 현재 진행중이거나 신규로 실시할 사업의 자금 조달과 관련된 위험 - 임직원들이 회사의 자산에 불법적으로 접근할 경우 발생할 수 있는 위험 - 관리자가 변경되었을 경우 책임소재의 불확실성에 따르는 위험이나 인수인계가 완전하게 이루어지지 않거나 성과보상체계가 잘못되는 등 인사관리와 관련된 위험	

<u>위험의 분석과 평가</u>

1. 관리자는 위험을 식별한 후 위험이 미치는 영향에 대해 철저히 분석하여야 합니다.

관리자는 위험을 분석하기 위한 정형화된 절차를 염두에 두고 있습니까?	*Yes*	*No*
위험의 수준(예, 상/중/하)을 측정하기 위한 기준이 있습니까?	*Yes*	*No*
업무추진시 식별/분석한 위험이 관련 업무의 목표(예, 사업계획)와 일관성이 있습니까?	*Yes*	*No*
위험을 분석할 때에 해당 위험의 "중요성"을 평가하고 있습니까?	*Yes*	*No*
위험을 분석할 때에 해당 위험이 발생할 가능성과 빈도를 평가하고 위험수준을 결정하고 있습니까?	*Yes*	*No*

2. 평가된 위험을 기초로 하여 통제를 설계하여야 합니다.

위험이 얼마나 다양한지, 위험에 대하여 회사가 어느 정도 수용할 것인지 등에 따라 위험을 관리하는 방법(위험관리 접근방법)이 결정되고 있습니까?	*Yes*	*No*
회사는 여러 위험을 최소화하고 관리하기 위하여 통제활동을 구축하고 이행실태를 모니터링하고 있습니까?	*Yes*	*No*

Evaluation of Risk Assessment : Effective / Non-effective

Summarize the reasons supporting the evaluation or other comments :

Ⅲ. 정보 및 의사소통

Points to consider Responses/Comments

<u>정보</u>

1. 회사의 운영성과를 보고하고 대내외적으로 생성된 정보를 수집하여 담당 경영진에게 보고하여야 합니다.

내부적으로 회사의 운영 목적을 달성하는 데 중요한 정보(핵심성공요인)가 파악되고 정기적으로 보고되고 있습니까?	Yes	No
회사의 임무, 목표, 목적 달성에 영향을 미치는 관계 법령규제의 신설, 정치적/경제적 변화의 발생 등 대내외적 정보를 파악하여 회사의 경영진에게 보고되고 있습니까?	Yes	No

2. 담당자가 역할과 책임을 효과적이고 효율적으로 수행할 수 있도록 목적 적합한 정보를 파악하고 정리하여 적시에 적절한 형태로 보고하여야 합니다.

회사의 경영진은 향후 취하여야 할 조치사항을 파악하기 위하여 분석적 정보를 제공받고 있습니까?	*Yes*	*No*
회사의 경영진에게 해당 업무에 적합한 정보가 제공되고 있습니까?	*Yes*	*No*
정보를 적절히 요약하여 종합적으로 이해할 수 있게 하고 동시에 상세내역을 추가적으로 확인할 수 있도록 하고 있습니까?	*Yes*	*No*
대내외 활동과 사건을 효과적으로 감독하고 즉각적으로 대응하기 위해 필요한 정보가 적시에 제공되고 있습니까?	*Yes*	*No*
정책/사업의 책임자는 관련 업무에 대한 전략 및 연간성과 계획을 만족시키고 투명한 자원활용을 하기 위한 운영정보와 재무정보를 제공받고 있습니까?	*Yes*	*No*
회사의 경영진은 회사의 운영 정보를 획득하여 수행 업무가 관련법령 및 법규를 준수하고 있는지에 대해 검토하고 있습니까?	*Yes*	*No*
대내외 회계보고를 위해 적절한 회계 및 예산관련 정보가 제공되고 있습니까?	*Yes*	*No*

<u>의사소통</u>

1. 회사의 경영진은 회사 내부의 의사소통이 효과적으로 이루어지도록 하여야 합니다.

경영진은 내부회계관리제도의 중요성과 목적을 임직원들에게 명확히 전달하고 있습니까?	*Yes*	*No*
회사 구성원은 본인의 직무와 내부회계관리제도를 이해하고 자신의 역할을 어떻게 이에 부합시킬 것이며 다른 업무와 어떻게 관련되는지 이해하고 있습니까?	*Yes*	*No*
회사 내에서 직속상사 외의 다른 수단을 통해서 상부로 의사소통하는 수단을 가지고 있고 회사의 경영진은 이러한 의사소통에 주의를 기울이고 있습니까?	*Yes*	*No*
구성원은 통상적인 의사소통 방법이 아닌 비공식적이거나 별도의 의사소통 방법이 존재한다는 사실을 인지하고 있습니까?	*Yes*	*No*
불리한 정보, 부적절한 행동이나 내부회계관리규정의 위반 사실에 대하여 보고를 하여도 불이익이 없다는 사실을 회사의 모든 구성원이 인식하고 있습니까?	*Yes*	*No*

2. 경영진은 정책, 사업, 회계, 재무 및 기타 업무에 큰 영향을 미칠 수 있는 외부당사자와 효과적인 의사소통이 이루어질 수 있도록 하여야 합니다.

회사의 모든 구성원은 운영에 관한 개선안을 제안할 수 있고 회사의 경영진은 적절한 보상을 통하여 제안을 장려하고 있습니까?	*Yes*	*No*
회사의 경영진은 각종 위원회와 내부감사부서 같은 내부적인 감사 조직과 자주 의사소통하고 있으며 성과, 위험, 주요 동기요인 및 중요사건에 대한 정보를 제공하고 있습니까?	*Yes*	*No*
조직 내부의 보고체계가 명확히 수립되어 있고 외부와 의사소통이 원활히 이루어지고 있습니까?	*Yes*	*No*
판단이 중요한 영향을 주는 중요한 조사 자료가 누락되거나 왜곡되지는 않습니까?	*Yes*	*No*
위험 요인에 대한 보고 및 사후관리가 적절히 이루어지고 있습니까?	*Yes*	*No*
모니터링 대상 부서 및 관련 부서 등에 모니터링 결과가 공식적으로 통보되고 있습니까?	*Yes*	*No*

3. 회사의 경영진은 예산 및 회계를 포함한 정책, 사업, 재정관리 및 기타 활동에 큰 영향을 미칠 수 있는 외부당사자와 효과적인 의사소통이 이루어질 수 있도록 하여야 합니다.

회사는 모든 외부 관련자에게 회사의 윤리규정과 불법 청탁, 금품 및 향응 제공 등의 부적절한 행동에 대해 이해할 수 있도록 명확하게 통지하고 있습니까?	*Yes*	*No*
경영진이 대외적 감독기관이나 평가기관의 처분요구 또는 권고 통보 사항을 충분히 고려하고 이에 대한 적정한 조치를 취함으로써 지적된 문제점과 취약점을 개선하고 있습니까?	*Yes*	*No*
업무와 관련된 불만 문의사항을 접수 분석하면 문제점과 취약점을 쉽게 발견할 수 있으므로 불만 문의를 자유롭게 할 수 있도록 장려하고 있습니까?	*Yes*	*No*
외부 이해당사자 및 관계기관과의 정보 공유가 원활히 이루어지고 있습니까?	*Yes*	*No*

<u>의사소통 형태 및 수단</u>

1. 회사는 구성원들 간의 중요 정보에 대한 의사소통을 위하여 다양한 의사소통의 형식과 수단을 활용하여야 합니다.

회사의 경영진은 정책, 절차, 지침, 지시, 공지, 인터넷 및 인트라넷, 메시지, 전자메일 등을 포함하여 효과적인 의사소통 수단을 사용하고 있습니까?	*Yes*	*No*

2. 회사는 정보소통의 유용성과 신뢰성을 지속적으로 개선하기 위하여 정보시스템을 관리·개발 수정하여야 합니다.

회사에는 새로운 정보에 대한 요구사항을 인식하는 체계가 존재하고 있습니까?	*Yes*	*No*

회사의 경영진은 파악된 정보, 보유하고 있는 정보, 의사소통된 정보의 내용, 적시성, 정확성, 활용도와 같은 요소를 근거로 정보의 품질을 감독하고 있습니까?	*Yes*	*No*
필요한 정보시스템의 개발을 위하여 적절한 인력 및 자금지원 등을 포함한 회사 경영진의 지원이 이루어지고 있습니까?	*Yes*	*No*

Evaluation of Information & Communication : Effective / Non-effective

Summarize the reasons supporting the evaluation or other comments :

Ⅳ. 모니터링

Points to consider Responses/Comments

<u>지속적인 모니터링</u>

1. 회사의 경영진은 지속적인 모니터링이 효과적으로 이루어지도록 하고 문제점이 발견되거나 중요 시스템의 주기적인 테스트가 필요한 경우 평가가 이루어지도록 하여야 합니다.

회사 경영진은 반복적인 피드백과 성과 및 통제 목적의 모니터링 체계를 수립하고 있습니까?	*Yes*	*No*
모니터링 체계에는 중요한 운영 및 시스템의 통제활동에 대한 주기적인 평가계획이 포함되어 있습니까?	*Yes*	*No*

2. 회사의 구성원은 일상 업무를 수행하는 동안 내부통제가 적절하게 기능을 수행하는지에 대한 정보를 획득하여야 합니다.

업무 담당자는 일상적 업무활동을 통해 시스템에서 생성된 운영정보를 비교하고 부정확한 사항이나 예외사항 등 발견된 문제점에 대하여 후속조치를 취하고 있습니까?	*Yes*	*No*
업무 담당자는 재무보고서의 정확성에 대한 확인 작업을 수행하고 오류가 발생하였을 경우 담당자가 책임지도록 되어 있습니까?	*Yes*	*No*
사전에 예방될 수 있었던 통제를 미리 적절히 통제하지 못한 사항에 대한 조사가 이루어지고 있습니까?	*Yes*	*No*

3. 외부와의 정보교류를 통하여 내부적으로 생성된 데이터를 확증하고 내부회계관리제도 관련 문제점을 지적하여야 합니다.

회사의 경영진은 외부로부터 이의가 제기될 경우 그 자체가 회사의 내부통제 수단이 된다는 사실을 인지하고 있으며, 이와 같은 외부로부터의 이의제기 내용을 적절히 사후 관리하고 있습니까?	*Yes*	*No*

규제당국과 회사의 내부회계관리제도의 준수현황 등 다양한 문제에 대한 정보를 교류하고, 경영진은 제시된 문제점에 대해 후속조치를 적절히 취하고 있습니까?	*Yes*	*No*

4. 내부통제의 감시기능을 수행하는 데 도움이 될 수 있도록 적합한 조직구조를 갖추고 적절한 감독이 수행되어야 합니다.

직무를 분리하고 책임을 부여하여 사전에 부정행위를 예방하는 조직구조를 갖추고 있습니까?	*Yes*	*No*
내부감사부서는 독립적이고, 경영진에게 직접적으로 보고할 권한을 가지고 있으며 회사의 일반업무에 직접 참여하지 않도록 하고 있습니까?	*Yes*	*No*

5. 장부와 회사의 물리적 자산을 정기적으로 비교하여 그 차이를 조사하여야 합니다.

자산실사 등을 통해 자산의 보유 수준을 정기적으로 확인하고, 장부와 실사 수량과의 차이를 조정하며 차이 원인을 규명하고 있습니까?	*Yes*	*No*
자산 및 자원 보관에 대한 책임자를 임명하여 책임을 추적할 수 있도록 하고 있습니까?	*Yes*	*No*

6. 회사 구성원과의 협의를 통해 내부회계관리제도가 효과적으로 작동되고 있는지를 파악한 결과가 회사의 경영진에게 전달되어야 합니다.

교육 훈련, 세미나, 회의 등을 통해 제기된 내부회계관리제도에 관한 현황, 의견 등이 상부에 보고되고, 이에 대한 조치가 이루어지고 있습니까?	*Yes*	*No*

7. 구성원들이 회사의 윤리강령 및 중요 절차규정을 준수하는지를 정기적으로 점검해야 합니다.

구성원들이 윤리강령을 준수하는지 정기적으로 확인하고 있습니까?	*Yes*	*No*
자료의 대사와 같은 중요한 내부통제에 대해서는 대사작업자의 서명, 날인 등을 받고 있습니까?	*Yes*	*No*

8. 모니터링 업무는 효율적으로 이루어져야 합니다.

모니터링을 전담하는 조직 및 절차가 공식화되어 있습니까?	*Yes*	*No*
평가자는 적격성과 독립성을 갖추고 있습니까?	*Yes*	*No*
모니터링 결과에 따라 정해진 해결 방안이 완전히 이행되고 있습니까?	*Yes*	*No*

Evaluation of Monitoring : Effective / Non-effective

Summarize the reasons supporting the evaluation or other comments :

4.6 전사수준 통제평가서(ELCA, Entity Level Control Assessment)

대표이사, 재무담당이사 등 임원진 및 현업 담당자와의 인터뷰, 관련규정 검토 등을 통해 파악된 전사수준통제에 대해 문서화한다. 전사수준통제의 문서화는 전사수준 통제평가서에 의해 작성되는데, 앞서 기술한 바와 같이 편의상 '통제활동'을 제외한 내부통제 구성요소별로 작성하는 것으로 설명하였다.

| 전사수준 통제평가 내용의 구성 |

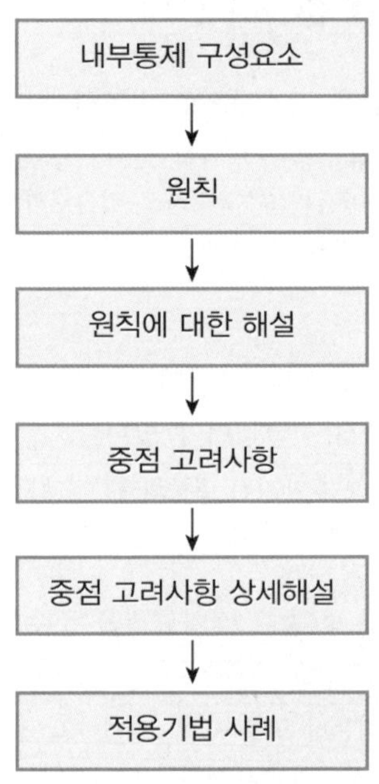

다음 페이지부터 전사수준 통제평가서의 설명은 각 내부통제 구성요소에 대한 원칙별로 작성되었다. 원칙에 대한 해설은 원칙에 대한 전반적인 이해를 도모할 수 있도록 하였다. 원칙은 다시 중점고려사항으로 구성되는데 중점고려사항에 대한 상세해설을 통해 중점고려사항의 내용이 무엇이며 실무적으로 어떻게 적용되어야 하는지 이해할 수 있도록 하였다. 마지막으로는 내부회계관리제도 설계 및 운영 적용기법을 제시하여 관련 실무적 예시를 찾아볼 수 있다.

전사수준 통제평가서를 작성시에는 2018년 발표된 내부회계관리제도 설계 및 운영 개념체계에 따른 17원칙과 75개의 중점 고려사항을 확인하여 17원칙은 반드시 포함되도록 하여야 한다.

4.6.1 전사수준 통제평가서 - 통제환경

원칙 1 도덕성과 윤리적 가치에 대한 책임 : 내부회계관리제도는 도덕성과 윤리적 가치에 대한 책임을 강조한다.

도덕성과 윤리적 가치에 대한 책임이 강조되지 않는다면 경영진의 내부통제무력화(management override)가 발생하게 되어 재무제표 왜곡위험이 수반될 것이다. 이러한 최고위층의 의지는 단순히 법과 규정을 준수하는 것이 아닌 기업가치에 부합하는 옳은 행위(not 'do the things right', but 'do the right thing')를 수행하는 것을 명확하게 제시하여 회사 임직원에게 우선순위가 무엇인지를 이해하게 하고 행동에 옮기게 한다.

내부통제를 강조하는 최고위층의 의지가 없다면 인지된 위험이 저평가되거나 위험에 대응하는 절차가 부적절하거나 통제활동이 잘못 설계 또는 운영될 수 있으며, 정보에 대한 의사소통이 약화되고 모니터링 활동이 수행되지 않을 수 있다. 따라서 최고위층의 의지 여부에 따라 효과적인 내부통제제도를 지원할 수도 있으며, 반대로 내부통제의 효과성을 저해하는 요인이 될 수도 있다.

도덕성과 윤리적 가치에 대한 책임을 준수하기 위해 내부회계관리제도 설계 및 운영 개념체계에서는 중점고려사항으로 4가지 항목을 제시하였다. 경영진과 이사회가 내부회계관리기준 및 기타 컴플라이언스, 재무보고 사항 등의 준수를 위한 강력한 의지(strong tone at the top)를 갖고 있으며, 이를 위해 윤리강령을 수립하고 운영한다면 도덕성과 윤리적 가치에 대한 책임을 준수(혹은 확약)하는 것으로 이해될 수 있다.

원 칙	중점고려사항 제목	중점고려사항 내용[29)]
원칙 1. 도덕성과 윤리적 가치에 대한 책임	경영진과 이사회의 의지	경영진과 이사회는 내부회계관리제도가 효과적으로 기능할 수 있도록 지침, 조치, 행동을 통해 도덕성과 윤리적 가치의 중요성을 강조한다.
	윤리강령 수립	회사의 윤리강령은 도덕성과 윤리적 가치에 관한 이사회와 고위 경영진의 기대사항을 반영하고 있으며, 회사의 모든 임직원, 외부서비스제공자 및 협력업체가 이를 숙지하고 있다.
	윤리강령 준수 평가	윤리강령의 준수에 대한 개인과 팀의 성과를 평가하는 프로세스가 수립되어 있다.
	윤리강령 위반사항의 적시 처리	윤리강령의 위반사항은 적시에 일관된 방식으로 식별되고 개선된다.

원칙 1 ① 경영진과 이사회의 의지(Tone at the top and throughout the organization)

경영진과 이사회는 조직가치 및 철학을 수립하고 회사 운영방식을 설계하고 실제 운영하는 데 있어서도 모범을 보이고 솔선수범하여야 한다. 경영진과 이사회는 임직원, 공급업체, 고객, 투자자와 같은 다양한 이해 관계자의 기대사항을 고려하며, 기업이 운영되는 시장, 사회적, 윤리적 규범에 의해서도 영향을 받게 된다. 법적 혹은 규제사항을 준수하도록 장려하는 것 외에도 경영진과 이사회는 도덕적, 사회적, 환경적 또는 기타 책임있는 행동의 측면에서 조직 전체의 분위기를 설정하기 위한 특정 조치를 취하게 된다. 경영진과 이사회의 의지는 다음과 같은 형식으로 표현될 수 있다.

- 미션(사명) 및 가치
- 윤리헌장, 윤리강령 및 윤리규범
- 정책 및 관행
- 운영원칙
- 지침, 조치 및 기타 커뮤니케이션
- 다양한 수준의 경영진과 이사회의 의사결정 및 조치(행동)
- 윤리강령의 위반에 대한 태도 및 대응
- 비공식적이고 일상적인 조치와 중간관리자를 포함한 리더의 커뮤니케이션

이러한 요소는 도덕성 및 윤리적 가치에 대한 기대치를 반영하고 있으며, 조직의 모든 단계 및 외부서비스제공자 및 협력업체에 의해 내려진 결정에도 적용된다. 단순히 법과 규정을 준수하는 것뿐만 아니라 옳은 일을 하겠다는 약속을 명확히 하고 이 우선순위가 조직 전체에서 이해되고 수용되어야 한다.

옳은 일을 하겠다는 약속과 이에 대한 의사소통이 형식에 그친다면 의미가 없을 수도 있다. 그러므로 이러한 의지는 이사회, 고위경영진 및 모든 단계의 관리자에 적용되고 실행되어야 한다. 조직 전체의 분위기는 그러한 의지가 적용되고 실행되는 정도에 따라 특정되는 것이다.

분위기(혹은 의지, tone)는 경영진과 이사회의 개인적 행위, 위험에 대한 태도, 보수적이거나 공격적인 성향(예 : 추정치에 대한 입장, 정책 선택에 있어서 성향), 규정에 기반한 운영방식(예 : 소규모 가족 사업의 내부통제는 더 비공식적일 수 있음) 등에 의해 영향을 받는다.

---

29) 각 중점고려사항의 영문 원문은 "부록"에 제시되어 있다(Internal control – Integrated framework COSO, 2013).

개인적인 무분별한 행위, 부정적인 소식에 대한 수용 부족, 불공정한 보상 등은 기업문화에 악영향을 미치고 궁극적으로 부적절한 행동을 유발할 수 있다. 이와 대조적으로 경영진과 이사회가 윤리적이고 책임감 있는 행동과 위법행위 해결에 대한 의지를 보여주는 것은 도덕성을 뒷받침하는 데 있어서 강력한 메시지를 전달한다.

임직원들은 경영진이 보여주는 것과 같이 올바른 일과 잘못된 일, 그리고 위험과 통제에 대하여 동일한 태도를 보일 가능성이 높다. 각 구성원의 행동은 일반적으로 최고 경영자가 어려운 비즈니스 결정에 직면했을 때 윤리적으로 행동했으며, 모든 중간관리자가 잘못된 행위를 해결하기 위해 적시적 조치를 취했는지 여부에 의해 영향을 받게 된다.

이사회 및 고위경영진부터 중간관리자 수준까지 일관된 의지를 갖는 것은 가치와 비즈니스를 성공으로 이끄는 요인(business driver)에 대한 공통적인 이해를 수반한다. 공통적인 이해는 임직원 및 협력업체의 행동양식을 확립하는 데 도움이 된다.

이러한 일관성은 조직의 목표를 추구하는 것에 있어서도 필요하다. 일관성을 위협하는 위험은 다양한 형태로 발생할 수 있다. 예를 들어, 각각의 시장마다 동기부여 방식, 공급업체 평가방식, 고객 서비스 수준 등을 각각 다르게 요구할 수 있는데, 경영진이 이러한 압박에 대해 어떻게 반응하는지에 따라 조직문화(분위기 혹은 의지)가 형성된다.

어떤 것이 허용가능하며, 어떤 것이 허용가능하지 않다는 것에 대한 경영진의 메시지는 특정문제를 해결하기 위해 환경에 따라 달라질 수도 있다. 하지만, 최고 경영진과 이사회의 의지(tone at the top)가 일관되고 강력할수록, 내부통제 책임에 대한 동질적인 수행을 기대할 수 있다.

이사회와 최고경영진 의지의 설정과 적용은 내부통제시스템이 작동하기 위한 가장 기본적인 요소이다. 내부통제를 강조하는 조직 문화를 만들기 위한 최고위층의 의지가 없다면 모든 내부통제 구성요소(통제환경, 위험평가, 통제활동, 정보 및 의사소통, 모니터링)가 적절하게 작동될 수 없다. 따라서 최고위층의 의지를 어떻게 설정하느냐에 따라 효과적인 내부회계관리제도를 지원하는 요인이 되거나, 이를 가로막는 장벽이 될 수도 있다.

Q 예시 Tone at the Top(KT&G 윤리헌장 사례)

윤리헌장

전 문

우리는 투명·윤리경영이 지속성장의 밑바탕이라는 신념을 가지고, 공명 정대한 가치관을 최우선 기준으로 삼아 행동하고 실천함으로써 KT&G의 경영이념인 '바른 기업', '깨어있는 기업', '함께하는 기업'의 위상을 계승·발전시켜 나갈 것을 다짐한다.

하나, 우리는 국내외 관련 법규를 준수하고, 투명하고 윤리적인 경영을 실천하는 기업을 지향한다.

하나, 우리는 항상 고객의 입장에서 생각하고 행동하며, 고객에게 최상의 가치를 제공하도록 노력한다.

하나, 우리는 합리적인 경영을 통하여 기업 가치를 극대화함으로써, 주주의 권익향상을 위해 최선을 다한다.

하나, 우리는 정당한 경쟁과 공정한 거래 질서 확립을 통하여, 밝고 건전한 기업문화 조성에 전력한다.

하나, 우리는 항상 성실하고 정직하게 행동하며, 올바른 근무자세를 견지하여 KT&G인으로서 역할과 책임을 다한다.

제1장 총 칙

이 윤리헌장은 회사와 임직원이 지켜야 할 올바른 행동과 가치판단 기준을 제공하는 것을 목적으로 만들어진 것으로서, 주식회사 케이티앤지의 모든 임직원은 윤리헌장을 올바로 이해하고 준수해야 한다.

제2장 국가와 사회에 대한 윤리

1. 우리는 국가와 지역사회의 일원으로 사회적 가치, 국내 법규와 국제적으로 통용되는 제반 규범을 준수한다.
2. 우리는 국제경제협력개발기구(OECD)의 '국제상거래뇌물방지협약'과 '국제상거래에 있어서 외국공무원에 대한 뇌물방지법', '부패방지 및 국민권익위원회의 설치와 운영에 관한 법률', '독점규제 및 공정거래에 관한 법률' 및 '부정청탁 및 금품등 수수의 금지에 관한 법률'등 국내외 관련 법규를 준수한다.
3. 우리는 고용의 창출과 균등한 고용의 기회 부여, 조세의 성실한 신고납부 및 이윤의 일부를 지속적으로 사회에 환원함으로써 기업의 사회적 책임을 다한다.
4. 우리는 자연을 보호하고 깨끗한 환경의 보전을 위하여 환경보호와 관련한 제반법규를

준수하고, 자원의 낭비적 소모를 없애며, 공해 및 오염방지를 위해 최선을 다한다.

제3장 고객에 대한 윤리

1. 우리는 고객의 의견에 항상 귀를 기울이고 고객을 모든 의사결정과 행동의 최우선 기준으로 삼는다.
2. 우리는 신뢰에 기반한 제품과 서비스를 통해 고객의 감성을 충족시킴으로써 고객만족을 극대화한다.
3. 우리는 고객의 발전이 곧 우리의 발전이라는 인식하에 고객이 필요로 하는 가치를 찾으려고 항상 노력한다.
4. 우리는 고객에게 실질적으로 도움이 되고 만족을 줄 수 있는 참된 가치를 계속해서 창조한다.

제4장 주주와 투자자에 대한 윤리

1. 우리는 지속적인 경영혁신과 성장전략을 통하여 기업 가치를 증대시킨다.
2. 우리는 투명한 의사결정과 효율적인 경영활동으로 정당한 이익을 실현함으로써 주주가치의 극대화를 추구한다.
3. 우리는 주주 및 투자자의 정당한 요구를 존중하여 상호신뢰 관계를 구축한다.
4. 우리는 경영자료를 제반법규와 기준에 맞게 작성하고 투자자의 이익을 보호하기 위하여 관련 정보를 법규에 따라 성실하게 제공한다.

제5장 협력회사와 경쟁사에 대한 윤리

1. 우리는 협력회사에 대해 공정한 거래 기회를 부여하고 우월적 지위를 이용한 부당행위를 하지 않는다.
2. 우리는 경쟁사와 선의의 경쟁을 추구하고 공정한 거래질서를 준수한다.
3. 우리는 신뢰와 협력을 바탕으로 협력회사와 공정하고 투명한 거래풍토를 조성하기 위하여 상호 노력한다.

제6장 회사의 임직원에 대한 윤리

1. 회사는 임직원의 존엄과 가치를 인식하고 개인의 존엄성을 존중한다.
2. 회사는 임직원의 능력을 향상시킬 수 있는 기회를 공정하게 제공하고, 자질과 능력에 따라 업무 기회를 공평하게 부여한다.
3. 회사는 임직원의 성별, 학력, 출신지역, 연령 및 기타 사유를 이유로 부당한 차별 대우를 하지 않는다.
4. 회사는 임직원이 깨끗하고 안전한 작업환경에서 근무할 수 있도록 안전사고 방지를 위하여 최선의 노력을 다한다.

제7장 임직원의 윤리

1. 임직원은 긍지와 자부심을 가지고 명예와 품위를 지키며 청렴한 업무자세를 견지한다.
2. 임직원은 성장에 대한 강한 열정과 신념, 창의적 사고를 통한 도전, 변화와 혁신을 추구한다.
3. 임직원은 회사의 경영이념을 지향하고 사회법규 및 회사의 업무 방침에 의거하여 맡은 바 사명을 성실히 수행한다.
4. 임직원은 본인에게 주어진 권한과 책임을 명확히 인식하고, 권한의 범위 내에서 회사의 목표와 핵심가치에 부합하도록 의사결정하고 행동한다.

원칙 1 ② 윤리강령(Standard of conduct)

윤리강령은 조직의 목표를 달성하기 위한 의사결정, 행동, 활동 측면에서 지침이 되며 아래와 같은 내용을 포함한다.

- 옳고 그름을 확립
- 위험의 존재 여부에 대한 판단기준
- 법률 또는 규제사항 등 회사에 요구되는 다양한 기대사항

윤리적 기대, 규범 및 관습은 국가마다 다를 수 있다. 경영진과 이사회는 조직이 올바른 일을 수행하고 규범을 준수하기 위한 기준을 설정하고 이에 대한 예외사항을 분석, 해결하기 위한 프로세스와 리소스를 구체화하여 적용한다. 이러한 사항은 결국 조직의 미션(사명), 가치 혹은 윤리강령이 된다.

조직은 특히 어려운 결정에 직면했을 때 지속적으로 도전적인 질문을 하고 윤리강령을 적용함으로써 도덕성과 윤리적 가치를 고수하는 데에 대한 확약을 보여줄 수 있다. 예를 들어 "조직의 행동 기준을 위반하는가?", "합법적인가?", "우리는 주주, 고객, 규제 기관, 공급 업체 또는 기타 이해 관계자가 이에 대해 알기를 원하는가?", "개인이나 조직에 부정적인 영향을 미치게 되는가?" 같은 질문을 계속적으로 던질 수 있을 것이다.

| 예시 : 윤리강령 준수를 위한 질문(하나금융그룹 사례) |

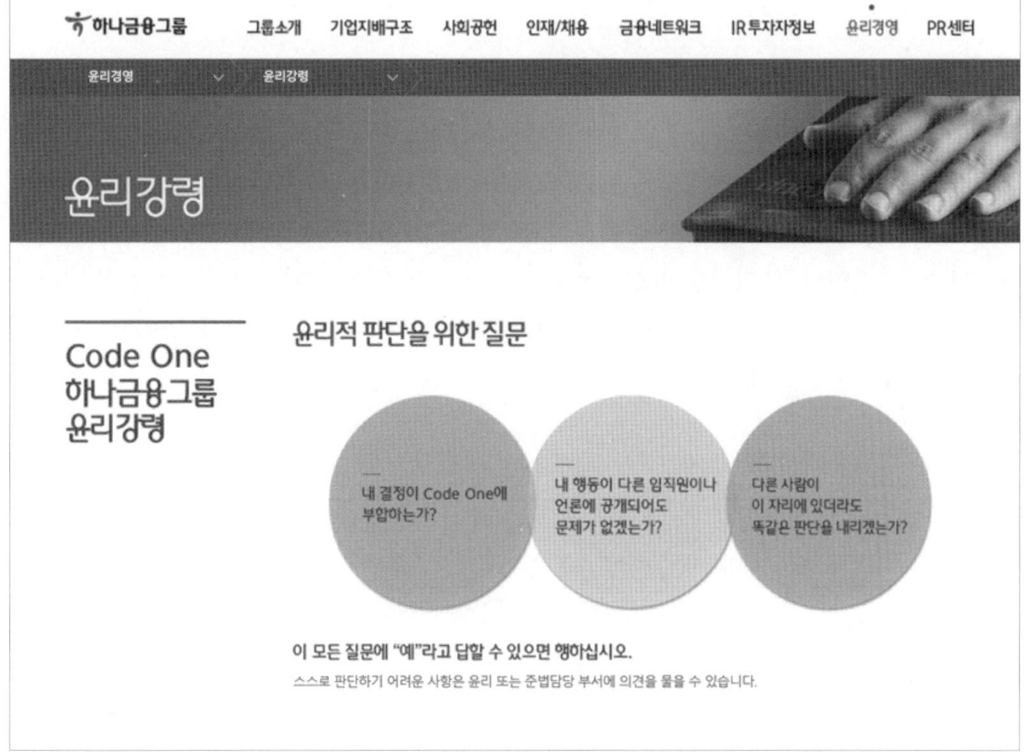

조직의 윤리강령은 조직의 모든 수준뿐만 아니라 외부서비스제공자에게도 정기적으로 전달되고 강조되어야 한다. 경영진은 계약을 통해 외부서비스제공자와 협력업체에게 위임한 내부통제 활동에 대해서도 궁극적인 책임을 진다. 그러므로, 외부서비스제공자 및 협력업체가 기업의 윤리강령을 준수하도록 하는 커뮤니케이션, 감독 및 기타 활동이 필요하다. 이에 영향을 미칠 수 있는 사항은 다음과 같다.

- 아웃소싱된 서비스 특성
- 외부서비스제공자(혹은 협력업체) 윤리강령과 회사의 윤리강령의 일치 정도
- 외부서비스제공자 감독활동의 정도, 빈도(직원에 대한 윤리강령 준수 감독)
- 기업의 공급망 및 비즈니스 모델의 규모와 복잡성

외부서비스제공자 및 협력업체의 부적절한 행위는 경영진에게 궁극적인 책임이 있다. 외부서비스제공자의 부적절한 행위는 평판에 부정적 영향을 미칠 수도 있으며 고객, 이해관계자에 피해를 발생시키고 많은 비용을 발생시킬 수 있으므로 대책 마련이 필요하다.

경영진은 외부서비스제공자 또는 협력업체에게 위임된 업무에 대해서도 회사의 윤리강령을 준수할 수 있도록 적극적으로 의사소통하며 감독할 책임이 있다.

원칙 1 ③ 윤리강령의 준수와 위반사항(Adherence and Deviations)

확립된 윤리강령은 회사가 도덕성과 윤리적 가치를 준수하는지 여부를 평가하기 위한 기반을 제공한다. 이러한 윤리강령은 정책, 실무, 고용계약 및 기타 서비스계약의 형태로 전달되거나 공유된다. 일부 회사는 이러한 윤리강령에 이해와 준수에 대한 공식적인 답변을 요구하기도 한다. 윤리강령이 실제로 준수되고 있는지 확인하기 위해 의사결정 과정과 내용, 업무수행 내용 및 태도는 경영진에 의해 평가될 수도 있으며 감사(위원회)와 같은 독립된 감독기구에 의해 평가되기도 한다.

| 윤리강령이 준수되지 못하도록 하는 환경 |

구 분	내 용
낮은 Tone at the top	윤리강령 준수에 대한 경영진과 이사회의 의지(tone at the top)가 없는 경우
이사회의 감독	이사회가 경영진의 윤리강령 준수여부에 대한 감독을 성실하게 수행하지 않는 경우
분권화 정도	분권화의 정도가 높아 고위경영진이 하위수준에서 취해진 조치를 인식하지 못하는 경우
강요 및 가담	상사, 동료 또는 외부기관의 강요를 통해 눈감아주거나, 부정 또는 기타 불법행위에 가담하는 경우
과도한 성과목표	윤리적 행동을 타협하도록 압박거나 유발하는 성과목표
채널의 부재	임직원이 잘못된 사항을 개인의 불이익에 대한 우려없이 신고할 수 있는 적절한 채널이 없는 경우
위반행위의 은폐	비효과적인 내부통제 및 내부통제 부재를 적절히 적시에 수정하지 않아 잘못된 행위를 숨길 수 있는 기회를 제공하는 경우
수정 프로세스 부재	의심되는 위법행위의 조사 및 해결을 위한 프로세스가 적절하지 않은 경우
부실한 내부감사기능	부적절한 행위를 감지하고 보고할 수 있는 내부감사기능이 부실한 경우
위반행위에 대한 조치	부적절한 행위에 대한 처벌이 일관성 없거나 중요하지 않게 다루어지는 경우
위반행위의 미공개	부적절한 행위가 공개되지 않아 내부통제가 잘못된 행위의 억제기능을 상실한 경우

회사가 허용가능한 위반사항의 수준 및 범위를 정하고 그 내용이 전체적으로 공유되어야 구성원들은 구체적으로 어느 행위까지 가능한지 이해할 수 있다. 위반사항이 발생하는 경우 그 중요성에 따라 회사가 취해야 하는 조치는 달라질 수 있다. 하지만, 그 적용에 있어서는 일관성이 요구된다.

경영진은 상시 모니터링 또는 독립적 평가를 통하여 윤리강령의 준수 여부를 확인할 수 있다. 구성원들은 다양한 공식적이거나 비공식적 의사소통 채널을 통하여 위반사항을 보고할 수 있어야 한다.

| 윤리강령 평가 시 고려사항 |

구 분	내 용
지표 정의	조직 전체의 윤리규범 준수여부를 확인할 수 있는 지표의 정의(외부서비스제공자 포함)
평가 빈도	지속적, 주기적인 평가절차 수립
보고 채널	인사부서나 내부고발제도 등을 포함한 보고체계
보상 연계	성과평가, 보상 및 승진시 고려
독립성(객관성)	독립성을 갖춘 인원에 의한 평가
개선체계	발견된 문제점에 대한 개선체계 수립

윤리강령의 위반사항은 적시에 일관된 방식으로 식별되고 개선되어야 한다. 경영진은 위반사항에 대한 평가를 수행하고 위반사항의 심각성에 따라 경고, 정직 또는 퇴사 등의 적절한 조치를 취해야 한다. 해당 조치에 대해서는 적절한 의사소통 채널을 통해 회사 임직원과 공유한다.

내부회계관리제도 설계 및 운영 적용기법은 원칙 및 중점고려사항에 대해 실질적으로 적용 가능한 구체적인 사례를 제시하고 있다. 설계 및 운영 적용기법은 모든 기업이 반드시 적용하여야 하는 절차는 아니며, 기업의 성격 및 상황에 따라 다양하게 적용될 수 있다.

적용기법 1.1 윤리 · 행동강령 및 제반 절차의 제정

1. 도덕성과 윤리적 가치에 대한 이사회와 대표자(또는 대표이사, 이하 동일)의 지침에 따라, 회사의 주요 경영진은 조직의 윤리 · 행동강령을 규정하고 전사의 직원이 실천할 수 있는 정책과 절차를 수립한다.

- 윤리 · 행동강령 정책
- 윤리 · 행동강령 교육 프로그램
- 윤리 · 행동강령 준수 여부 조사 절차
- 윤리 · 행동강령을 준수하지 않은 사항에 대한 조치 및 공지 절차
- 재무보고 절차에 관련된 인원의 윤리 · 행동강령

2. 이러한 윤리 · 행동강령은 이사회와 대표자의 명확한 경영 철학이 반영되어야 하며, 단순히 법적인 요구사항을 준수하는 것에 국한되지 않는다. 회사의 전문 영역인 회계, 법률, 재무, 정보기술, 연구부서 등의 경우 관련 전문가 집단의 행동강령을 활용할 수 있다. 특히, 회계부서를 포함한 회사의 재무보고 과정에서 발생할 수 있는 도덕적 해이를 방지할 수 있는 추가적인 윤리 · 행동강령을 제시하는 것이 바람직하다.

3. 주요 경영진은 회사의 모든 인원이 윤리 · 행동강령을 숙지하고 실천에 옮길 수 있는 다음과 같은 다양한 절차를 마련하여 제공한다.
   - 모든 직원에게 다음 항목을 명확하게 전달
     - 윤리 · 행동강령의 중요성과 이를 준수하여야 한다는 사실
     - 윤리 · 행동강령과 관련된 제반 절차
     - 윤리 · 행동강령 미준수 시 개인 및 조직에게 초래될 결과
   - 신입사원을 포함한 모든 임직원에 대한 정기적 교육과 사업관계에 있는 외부 인원에게 요구할 회사 윤리 · 행동강령에 대한 충분한 설명
   - 윤리 · 행동강령 미준수가 발생하기 쉬운 지역 및 영역에 대한 추가 방안 고려
   - 윤리 · 행동강령에 부합되지 않을 수 있는 사항에 대한 임직원의 행동 요령
   - 설문조사 및 영역별 윤리감사 등 윤리 · 행동강령의 준수 여부 조사 절차
   - 윤리 · 행동강령에 부합하지 않은 사항에 대한 조사 및 조치 절차
   - 윤리 · 행동강령 준수를 촉진시키는 성과평가 프로세스 및 인센티브 제도와 연계 방안
   - 사업관계에 있는 외부 조직의 경우 서비스 수준 합의서(상세한 서비스의 수준을 정의한 문서) 등에 윤리 · 행동강령 준수 요구와 위배 시 조치를 반영하는 방식 고려

적용기법 1.2 도덕성과 윤리성에 대한 경영진의 솔선수범

4. 대표이사 및 주요 경영진은 전사에 도덕성과 윤리적 가치의 중요성을 강조하고 솔선수범하며, 이를 위해 다음의 다양한 방식을 고려한다.
   - 회사의 윤리 · 행동강령과 제반 절차에 부합하는 대표이사 및 주요 경영진의 일관된 의사소통과 지속적 강조
   - 모든 사업부와 팀에서 윤리 · 행동강령에 부합하는 일상적인 의사결정과 행동을 하도록 독려
   - 공급업체, 고객 및 기타 외부 업체와 업무 진행 시, 공정한 거래가 이뤄질 수 있는 체계
   - 전사 임직원의 윤리 · 행동강령 준수를 독려하기 위한 성과평가 및 인센티브 체계

- 회사의 윤리·행동강령에 부합하지 않는 위반 혐의에 대한 적시의 질문 및 조사가 이뤄질 수 있는 체계
- 윤리·행동강령 위반사항에 대한 조치 및 공지 방안

5. 경영진이 도덕성과 윤리적 가치를 위해 솔선수범하지 않더라도 윤리·행동강령 및 제반 절차의 제정만으로 충분하다고 판단하는 경우가 있다. 그러나 관련 절차와 체계가 잘 갖춰지고 충분한 교육이 이뤄졌음에도 불구하고 경영진이 도덕성과 윤리적 가치에 대한 명확한 방향을 지속적으로 강조하고 솔선수범하지 않는 경우, 회사의 경영철학과 방향성에 대해 임직원의 오해를 불러일으킬 수 있다. 따라서, 윤리·행동강령의 제정뿐 아니라 경영진이 도덕성과 윤리적 가치에 대해 솔선수범하여야 한다. 또한, 대표이사, 이사 및 주요 경영진 중 특히 재무보고과정에 연관되는 주요 임원(등기 여부를 불문한다)의 부정이 발생한 경우 중요한 취약점의 징후로 간주하여야 한다.

적용기법 1.3 **사업관계에 있는 외부 조직을 포함한 회사의 임직원의 윤리규범 준수 여부 평가**

6. 이사회 및 주요 경영진은 회사의 윤리규범 준수 여부를 평가한다. 이는 다음과 같은 다양한 방법을 고려한다.
   - 윤리 교육 및 인증 절차에 대한 평가
   - 사업 운영성과 및 재무성과에 대한 상세한 검토를 수행하여 왜곡된 재무보고 또는 기타 부정행위를 암시할 수 있는 예외적인 정보에 대한 확인 수행(예를 들어, 특정 사업부의 매출이 기말에 집중되었다가 기초에 취소되는 경우 등)
   - 외부 재무보고 과정에 연관된 중요한 정보를 제공하는 외부서비스제공자 및 사업 관계가 있는 외부 조직에 대한 상시적인 모니터링이나 독립적인 평가 결과를 고려
   - 윤리·행동강령 준수에 대한 설문조사를 주기적으로 수행 및 분석
   - 회사의 내부고발제도나 유사한 제도를 통해 접수되는 사항의 분석 결과에 따른 대응방안 수립
   - 회사의 재무제표 및 내부회계관리제도에 영향을 줄 수 있는 정보가 입수되는 경우에 대한 조치 방안 수립

적용기법 1.4 **윤리·행동강령 위반사항에 대한 보고와 즉각적인 조치 절차의 수립**

7. 감사(위원회)는 외부서비스제공자 및 사업 관계가 있는 외부 조직을 포함한 전사에서 발생하는 윤리·행동강령에 대한 위반사항을 신속하게 조사·보고하며 시정 조치를 위한 정책 및 절차를 수립하고 일관되게 준수한다. 세부 절차는 다음 사항을 고려한다.
   - 혐의 사실에 대해 독립적인 인원이 조사를 실시(단, 혐의의 심각성, 광범위한 정도, 경영진의 관여 정도, 감독당국의 관심도를 고려하여 중대하다고 판단되는 경우 감사(위원회)가 별도의 독립된 인원을 구성하여 조사하는 것이 바람직함)
   - 회계부정 발견 시 외부전문가를 선임하여 조사 및 시정 조치를 수행하고 보고하는 절차

- 일정한 기준에 따른 위반사항의 우선순위 결정(예를 들어 금액의 정도, 평판에 미치는 영향, 위반의 정도와 성격 및 발생 추세 등)
- 위반사항에 대한 철저한 분석을 위해 근본적인 원인과 그로 인한 발생가능한 위반사항을 조사
- 재무제표 및 내부회계관리제도에 연관되는 경우, 관련된 내부통제가 위반사항을 적발하지 못한 원인과 해당 내부통제의 적정성에 대한 평가 수행
- 관련 증빙을 포함한 문서화와 보고 절차 수립
- 조사 중이거나 조사 이후 개선 조치 중인 임직원과 회사의 지침에 따라 일관되고 적시에 의사소통이 이뤄질 수 있는 방안 수립
- 혐의와 관련한 개인의 민감한 정보에 대한 조사권자의 접근 권한을 적절히 제한
- 예외적인 규정 적용 사항이나 규정 적용이 면제되는 경우에 대한 감사(위원회) 보고
- 위반사항 및 조치 결과의 내/외부 공개 여부와 전달 방식의 결정 절차
- 적절한 조사와 시정조치가 취해졌음을 회사의 모든 임직원에게 공지
- 발생한 위반 사항의 성격과 광범위함 정도에 따라 특정 과거 기간에 대한 개선 조치와 향후의 개선 방향 수립을 위한 개선 절차를 결정하고 수립하는 절차

8. 개선 절차는 재무제표 및 회계정보의 수정, 내부회계관리제도의 개선, 시스템 개발 또는 개선, 책임 강화, 교육 및 윤리·행동강령 개정과 경영진, 구성원 또는 제3자에게 강령 적용의 중요성에 대한 인식 제고 및 기타 조치를 포함할 수 있다. 이사회 및 감사(위원회)는 개선 조치 및 개선 경과 보고서를 검토하고 승인한다.

예시 전사수준 통제기술서(ELCA) - 통제환경(원칙 1)

Ⅰ. 통제환경(Control environment)

통제환경은 내부통제제도의 기반을 이루는 구성요소로 도덕성과 윤리적 가치에 대한 태도를 기반으로 이사회 및 감사 및 감사위원회를 포함한 내부통제제도 관련 조직의 책임을 명확히 하고 해당 업무를 수행할 수 있는 조직체계의 구성, 교육을 포함한 인력운용 및 성과평가의 연계가 이루어질 수 있는 체계를 포함한다.

(원칙 1) 회사는 도덕성과 윤리적 가치에 대한 책임을 강조한다.

중점고려사항	통제내용	테스트 절차	관련규정	주관부서
1. 경영진과 이사회의 의지 - 경영진과 이사회는 내부회계관리제도가 효과적으로 기능할 수 있도록 지침, 조치, 행동을 통해 도덕성과 윤리적 가치의 중요성을 강조한다.	회사는 회사경영 및 기업활동에 있어 윤리 및 준법경영을 실천하고 임직원의 도덕성과 윤리적 가치를 최고의 덕목과 최우선가치의 경영이념으로 삼아 중요성을 강조하고 있다. 최고경영진은 회사홈페이지에 [윤리강령 선언문 및 청탁금지법준수서약서]를 제시하고 있으며, 임직원 및 협력업체에게 정기적으로 회사소식, 서안, 게시판공지, 팝업창알림 등과 같은 방법을 통해 윤리규범준수 및 윤리적 문화의 중요성을 강조한다.	1. 회사 경영진의 [윤리(준법)경영방침 강조] 사항을 테스트하기 위해 아래 자료를 징구한다. - 홈페이지 게시된 [윤리강령선언문] 및 [청탁금지법준수서약서] 화면 - 대표이사가 전사 임직원에게 보낸 윤리규범 및 법규준수에 대한 실천과 당부 서안, 게시판 공지, 팝업창 알림 2. 통제활동의 테스트절차로 아래를 확인한다. - 홈페이지 내 [홈페이지〉회사소개〉윤리경영] 게시되어 외부업체와 임직원에게 윤리 및 준법경영에 대한 중요성이 강조되었는지 확인한다. - 테스트 기간 동안 회사의 주요 임원인 대표이사가 외부업체 및 전사 임직원에게 보낸 윤리규범 및 법규 준수에 대한 실천과 당부에 대한 소식, 서안, 게시판 공지, 팝업창 알림 등을 확인한다.	윤리강령, 영업행위 윤리준칙 윤리경영 실천사례, 윤리적 의사원칙	컴플라이언스팀

중점고려사항	통제내용	테스트 절차	관련규정	주관부서
		3. 예외사항이 발견된 경우, 원인을 파악하고 어떻게 조치하였는지를 확인한다.		
2. 윤리강령 수립 – 회사의 윤리강령은 도덕성과 윤리적 가치에 관한 이사회와 고위경영진의 기대사항을 반영하고 있으며, 회사의 모든 임직원, 외부서비스제공자 및 협력업체가 이를 숙지하고 있다.	회사는 [사내 인트라넷에 사규 게시판]에 윤리강령을 공시하고 있으며 회사 및 서비스제공자는 매년 혹은 계약시 윤리강령에 대한 [윤리강령서약서]에 서명한다. [사규 게시판]에 윤리규정은 다음과 같으며, 규정 재개정시 임직원에게 적시에 공유된다. – 윤리강령 – 영업행위윤리준칙	1. 회사 경영진의 [윤리(준법)정책/기준 수립] 사항을 테스트하기 위해 아래 자료를 징구한다. – 윤리강령, 영업행위윤리준칙 게시 화면 – 윤리서약서(부정청탁 및 금품 등 수수 금지서약서, 윤리준법서약서) 2. 통제활동의 테스트 절차로 아래를 확인한다. – 업무자료실 사규 게시판을 확인하여 최신 버전의 윤리강령, 영업행위윤리준칙 게시가 되어 있는지 확인한다. – 인사부서로부터 현재 기준 임직원 리스트를 모집단으로 하여 샘플을 무작위로 추출한다. 해당 샘플의 [윤리강령서약서]를 징구하여 테스트 연도에 서명이 이루어졌는지 확인한다. – 서비스용역계약서 중 1천만 원 이상의 건에 대해 벤더사(서비스제공자)가 [윤리강령서약서]를 서명하였는지 확인한다. 3. 예외사항이 발견된 경우, 원인을 파악하고 어떻게 조치하였는지를 확인한다.	윤리강령, 영업행위 윤리준칙 윤리경영 실천사례, 윤리적 의사원칙 청탁금지법 서약서	컴플라이언스팀
3. 윤리강령 준수 평가 – 윤리강령의 준수에 대한 개인과 팀의 성과를 평가하는 프로세스가 수립되어 있다.	회사의 윤리 및 준법경영 주관부서인 컴플라이언스팀은 임직원 및 외부 서비스제공자를 대상으로 윤리경영/준법교육을 연 1회 이상 주기적으로 수행하고 있으며, 직무윤리 퀴즈 및 윤리경영	1. 회사 경영진의 [윤리강령준수평가] 사항을 테스트하기 위해 아래 자료를 징구한다. – 컴플라이언스팀 교육 계획표 – 윤리교육 이수 증빙(교안, 기안, 출석표 등) – 직무윤리퀴즈 결과 보고 – 감사부의 내부감사 결과(감사위원회 보고사항)	윤리강령, 영업행위 윤리준칙 윤리경영 실천사례,	컴플라이언스팀 감사부

중점고려사항	통제내용	테스트 절차	관련규정	주관부서
	관련 설문조사 등을 활용하여 해당 팀과 개인의 준수 및 인식 여부에 대한 성과를 평가한다. 또한, 감사부에서는 임직원 및 외부 서비스제공자가 윤리규정 등을 준수하였는지 여부에 대하여 분기별로 감사를 수행하고 위반사항에 대하여는 감사위원회에 보고한다.	2. 통제활동의 테스트 절차로 아래를 확인한다. - 임직원에게 실시한 직무윤리퀴즈 결과를 확인하여, 회사가 실시한 윤리교육 후 임직원의 윤리경영관련 숙지상태에 대한 점검하고 해당팀과 개인별 평가내역을 보고하였는지 확인한다. - 외부서비스 제공업체 대상으로 실시하고 있는 설문조사 결과를 확인하여, 윤리경영 실태를 점검하여 윤리경영을 강화하고자 하였는지 확인한다. - 감사팀의 윤리규정 점검결과를 확인하여 임직원 및 외부서비스제공자의 윤리규정 위반사항이 있는 경우 감사위원회에 보고되었는지 확인한다. 3. 예외사항이 발견된 경우, 원인을 파악하고 어떻게 조치하였는지를 확인한다.	윤리적 의사원칙 청탁금지법 서약서	
4. 윤리강령 위반사항의 적시 처리 - 윤리강령의 위반사항은 적시에 일관된 방식으로 식별되고 개선된다.	회사는 임직원 및 외부의 서비스제공업체들이 윤리/행동강령 위반사항을 회사에 신고할 수 있도록 별도의 의사소통채널을 운영하고 있으며, 감사부에서는 주기적으로 윤리강령 위반사항을 점검한다. 윤리강령 위반으로 신고된 사항 및 감사부에서 적발한 사항은 감사위원회에 보고한다. 불공정거래행위, 금융사고 및 부조리신고와 같은 부정 제보는 [홈페이지__윤리경영__내부고발자신고센터]를 통해 내/외부신	1. 회사 경영진의 [윤리강령위반 적시처리] 사항을 테스트하기 위해 아래 자료를 징구한다. - 내부고발신고센터 화면 - 이사회/감사위원회 보고자료 - 부조리 신고 접수 리스트 2. 통제활동의 테스트 절차로 아래를 확인한다. - 홈페이지 내 [홈페이지〉회사소개〉윤리경영〉금융사고 부조리신고센터] 화면을 확인하여 익명 제보가 가능한지 확인한다. - 내부신고건에 대한 조치사항에 대하여 내부통제활동보고, 감사부 및 결과보고를 통해 감사위원회에게 보고가 이루어지는지 확인한다. - 테스트기간 해당 연도에 감사부에서 수행한 윤리강	내부고발 운영지침 윤리강령	컴플라이언스팀 감사부

중점고려사항	통제내용	테스트 절차	관련규정	주관부서
	고자에게 불이익이 없도록 제도를 시행하고, 주기적으로 임직원 및 외부업체에게 홍보가 되고 있다. 또한, 신고된 사항은 필요시 감사위원회에 보고된다. 감사부에서는 위반사항의 근본원인을 조사하고 단순한 위반사항이 아닌 경우 재발방지를 위한 개선책 대안을 감사위원회에 제시한다. 감사위원회는 필요한 경우 이사회에 보고하여 제도의 개선이 이루어질 수 있도록 권고한다.	령 위반사항 점검내역을 확인한다. - 감사부에서 적발한 윤리강령 위반건 및 조치사항에 대하여 감사위원회에 보고되었는지 확인한다. - 주요한 위반사항에 대하여는 감사부에서 보고한 재발방지 대책(案)이 감사위원회에 제공되었는지 확인한다. 3. 예외사항이 발견된 경우, 원인을 파악하고 어떻게 조치하였는지를 확인한다.		

원칙 2 **내부회계관리제도 감독 책임 : 이사회는 경영진으로부터 독립성을 유지하며 내부회계관리제도의 설계 및 운영을 감독한다.**

내부회계관리제도 설계 및 운영 개념체계에서는 내부회계관리제도가 건전하게 운영되고 유지되기 위한 두 번째 통제환경 원칙으로, 이사회의 역할을 강조하고 있다.

최고경영자를 포함한 경영진은 내부회계관리제도를 설계하고 운영할 직접적인 책임을 갖는 반면, 이사회는 이에 대한 감독책임을 갖는다(단 외감법 등 법률에 정하는 바에 따라 감독책임을 감사(위원회)에 위임 가능하다).

이사회는 감독책임을 수행하기 위해 경영진과 독립적이어야 하며, 적절한 전문성과 기술을 보유할 필요가 있다. 물론 업무담당자가 프로세스 및 업무에 대한 깊이 있는 이해를 보유할 수 있지만, 관련 전문지식이 있는 이사회의 구성원이 전문가적인 의구심으로 공정하며 편향되지 않는 평가를 수행한다면 감독책임의 목적을 달성할 수 있다.

내부회계관리제도에 대한 감시·감독 책임을 준수하기 위해 내부회계관리제도 설계 및 운영 개념체계에서는 중점고려사항으로 4가지 항목을 제시하였다.

중점고려사항은 이사회가 재무제표 및 내부회계관리제도에 대한 책임을 인지하여야 하고, 유효한 감시·감독을 위해서는 이사회가 적격성과 독립성을 갖출 것을 요구한다. 따라서, 이사회는 전문성이 확보된 이사회 구성원을 확보하고 객관성을 유지하여 경영진이 구축, 설계 및 운영하는 내부회계관리제도에 대한 감독을 수행하여야 한다.

원 칙	중점고려사항 제목	중점고려사항 내용
원칙 2. 내부회계관리제도 감독 책임	이사회의 감독 책임 정립	이사회는 수립된 요구사항 및 기대사항과 관련된 감독 책임을 인지하고 수용한다. 단, 이사회는 외감법 등 법률에서 정하는 사항과 내부회계관리제도, 내부감사 및 부정방지 프로그램 등의 감독 책임을 감사(위원회)에 위임할 수 있다.
	이사회의 전문성 확보	이사회는 이사회 구성원에게 필요한 기술과 전문지식을 정의하고, 유지하며, 주기적으로 평가한다. 이를 통해 이사회 구성원들이 고위 경영진에게 면밀한 질문을 하고 상응하는 조치를 취할 수 있게 한다.
	이사회의 독립적 운영	이사회는 경영진의 의사결정을 평가하고 감독함에 있어 경영진으로부터 독립적이며 객관성을 갖춘 충분한 인력을 보유한다.
	내부회계관리제도 감독 수행	이사회는 경영진의 내부회계관리제도 설계, 구축 및 운영에 대한 감독 책임을 가진다.

원 칙	중점고려사항 제목	중점고려사항 내용
		• 통제환경 – 도덕성 및 윤리적 가치, 감독 체계, 권한 및 책임, 적격성에 대한 기대사항 및 이사회의 책임 정립 • 위험평가 – 경영진이 평가한 내부회계관리제도의 목적 달성을 저해하는 위험 요소에 대한 감독(중요한 변화, 부정 및 내부회계관리제도에 대한 경영진의 권한 남용으로부터 야기되는 잠재적 영향 포함) • 통제활동 – 경영진의 통제활동 설계 및 운영에 대한 감독 • 정보 및 의사소통 – 회사의 내부회계관리제도 목적 달성과 관련된 정보의 분석 및 논의 • 모니터링 활동 – 모니터링 활동의 성격과 범위, 경영진의 통제 미비점 및 개선활동의 평가 및 감독

원칙 2 ① 권한과 책임(Authorities and Responsibilities)

이사회는 법적, 규제 요구사항을 이해하고 있어야 하며 관련된 위험을 잘 알고 있어야 한다. 이뿐 아니라 고객, 임직원, 투자자 및 일반 대중을 포함한 다양한 이해관계자의 기대사항과 회사의 비즈니스를 잘 이해하고 있어야 한다. 이러한 요구사항 및 기대사항은 회사의 목적(목표)을 형성하는 데 도움을 주고, 이사회는 이에 따라 감독책임과 조직에 필요한 자원을 결정할 수 있다.

이사회는 회사의 전략, 목표달성 및 내부통제(내부회계관리제도 포함) 수행에 책임이 있는 최고 경영진을 필요에 따라 선임 및 해임할 권한을 갖고 있으며 이에 따라 최고경영진 승계계획을 수립한다. 이사회는 경영진에 대한 감독과 건설적인 도전(constructive challenge, 경영진의 의사결정에 대한 의문제기)을 할 책임이 있다.

경영진에 대한 감독책임은 지역 혹은 국가에 따라서 달라지며 자연발생적으로 생기거나 혹은 자본시장법과 같은 법규에 의해 강제되기도 한다. 일반적으로 상장법인은 다음과 같은 내용을 다루기 위해 이사회 내 위원회 수준의 감독이 요구된다.

- 이사회 및 고위경영진의 평가를 감독하기 위한 위원회
- 이사회 위원 위촉을 위한 위원회
- 고위경영진에 대한 보상, 동기부여, 장단기 성과에 대한 균형잡힌 인센티브, 전략적 목표와 성과의 연결 등에 대한 정책 및 실무절차를 감독하기 위한 보상위원회
- 재무제표 및 외부보고의 투명성과 도덕성에 감독 및 내부회계관리제도를 감독하는 감사위원회

• 기업의 목표달성을 위해 중요한 특수 문제를 다루기 위한 기타 위원회(예 : 리스크 관리위원회, 준법관리위원회 등)

이사회의 감독은 경영진이 업무수행을 위하여 설정한 조직구조 및 프로세스에 기반하여 수행된다. 경영진은 회사 운영환경에서 변화에 의해 노출되는 위험(새로운 기술의 출현, 규제사항의 강화, 비즈니스 모델 진화)을 지속적으로 평가하고 내부통제시스템에 미치는 영향을 분석하고 그 대응방안을 마련하여야 한다.

최고경영자 및 고위경영진은 내부통제를 설계하고 운영할 책임이 있다. 내부회계관리제도에 한정시켜 보자면 외감법에 따라 대표자에게 관리·운영 책임이 있다. 경영진은 조직의 유형과 전략, 구조 및 목표에 따라 내부통제가 유효하도록 하는 프로세스 및 조직구조의 설계는 어느 정도 자율성을 갖게 된다. 예를 들어, 어떤 회사는 표준화된 프로세스와 내부통제를 ERP를 통해 구현할 수 있지만 다른 회사는 이러한 기능을 각 부서별로 맡겨 그 영업활동에 가장 적합한 것을 결정하고 운영하도록 할 수 있다.

내부회계관리제도는 경영진이 설정한 프로세스 및 내부통제에 기반하여 구축된다. 이사회는 내부회계관리제도에 대하여 감독책임을 갖는 반면 경영진은 내부회계관리제도를 설계하고 운영할 직접적인 책임을 진다. 단, 이사회는 외감법 등 법률에서 정하는 사항과 내부회계관리제도, 내부감사 및 부정방지 프로그램에 대한 감독책임을 감사(혹은 감사위원회)에 위임할 수 있다[30].

원칙 2 ② 독립성 및 관련 전문성(Independence and Relevant Expertise)

이사회는 감독 책임을 수행함에 있어 경영진으로부터 독립적이어야 하며 관련된 기술과 전문성을 보유하고 있다는 점을 입증할 필요가 있다. 독립성은 이사회 구성원의 신념, 태도와 같은 실질적 독립성과 외관 및 사실의 객관성과 같은 외관상 독립성에 의해 입증된다. 특히 상장기업은 그 이사회 구성의 대다수가 독립적이어야 하며 직업적 이해관계가 없어야 한다. 만약, 이사회의 구성원이 다른 회사 이사회 구성원인 경우에는 의석수를 고려하여 발생할 수 있는 이해상충이나 편향성을 제한하거나 제거하여야 한다.

이사회는 항상 적극적으로 참여하고 경영진의 활동에 대해 질문하고, 면밀히 조사하고, 다른 견해를 제시하며, 명백하거나 의심되는 부정 및 오류에 직면하여 행동할 수 있는 용기를 가져야 한다. 이런 이유로 이사회에 독립적인 사외이사를 포함시키는 것이 필요하다.

물론 회사의 임직원이 회사에 대하여 더 깊이 있는 지식을 보유하고 있기는 하지만 전

30) 반면, 이사회는 내부회계관리규정의 제개정 및 중요의사결정 사항은 감사(위원회)에 위임할 수 없다.

문지식을 갖춘 사외이사와 같이 독립성을 갖춘 이사회 구성원은 공정성, 건강한 의구심 및 편향성 없는 평가를 통하여 회사에 가치를 제공한다.

개인회사, 비영리단체 등 회사의 규모와 상황에 따라 전문성 및 독립성을 갖춘 사외이사를 확보하는 것이 비용이 많이 들거나 어려울 수 있다. 이러한 상황에서는 이를 대체할 수 있도록 감사(혹은 감사위원회)와 같이 적절한 수준의 감독을 수행할 수 있는 다른 프로세스 및 내부통제를 고려하여야 한다.

이사회 구성시에는 경영진을 적절하게 감독, 조사 및 평가하는 데 필요한 기술과 전문성을 갖추고 있는지 고려하여야 한다. 이사회의 규모는 건설적인 비판, 토론 및 의사결정을 적절하게 촉진할 수 있는 적합한 구성원 수로 구성하되, 모든 이사회 구성원은 도덕성 및 윤리적 기준, 리더십, 비판적 사고 및 문제해결능력을 갖추어야 한다. 또한 관련된 전문성과 특화된 기술을 한 명이 아니라 여러 명(혹은 여러 겹)으로 구성하여 토론과 심의가 충분히 심도 있게 진행되도록 한다.

| 전문성 및 특화된 지식의 예 |

구 분	내 용
내부통제 전문성	내부통제에 대한 전문성 및 지식, 태도(예 : 전문가적 의구심, 위험식별 및 대응을 위한 접근방식, 내부통제시스템 유효성 평가)
산업 전문성	시장 및 기업에 대한 지식(예 : 제품 및 서비스, 가치사슬(value chain), 고객기반, 경쟁사에 대한 지식)
회계 전문성	재무보고를 포함한 재무 전문성(예 : IFRS와 같은 회계기준, 재무재표 공시 및 보고등과 관련한 규제사항)
법률 전문성	법률 및 규제에 대한 전문성
인사 전문성	인센티브 및 보상체계(예 : 보상체계 및 관행에 대한 이해)
IT 전문성	발견된 문제점에 대한 개선체계 수립

회사는 동적으로 계속 변화하며 발전하므로 이사회의 전문성과 독립성은 주기적으로 계속 평가받아야 한다. 현재 보유하고 있는 전문성과 기술을 적절하게 유지하기 위해 이사회 구성원에 대한 교육훈련이 지속적으로 필요하다.

원칙 2 ③ 이사회의 감독(Oversight by the Board of Directors)

이사회는 5가지 내부통제 구성요소(통제환경, 위험평가, 통제활동, 정보 및 의사소통, 모니터링)의 설계와 운영에 대하여 감독을 수행한다. 이사회가 감독해야 하는 항목으로 COSO는 다음과 같은 활동을 제시하고 있다.

| 이사회의 감독활동 예시[31] |

내부통제 구성요소	이사회의 감독활동
통제환경	• 윤리강령의 수립 및 적용에 대한 감독 • 최고경영진(혹은 고위경영진)의 도덕성, 윤리적가치에 대한 기대를 형성하고 이에 대한 성과를 평가 • 조직의 목표와 일관된 감독구조와 프로세스 정립(예 : 적절한 기술과 전문성을 갖춘 위원회 및 이사회) • 내부통제 유효성에 대한 감독, 개선에 대한 기회를 제공 • 주주 등에 대한 수탁책임 의무의 수행. 일상적인 Due care에 대한 감독(주주총회 등 미팅의 준비와 참석, 재무제표 및 공시사항에 대한 검토) • 고위경영진에게 회사의 예산과 실적의 차이에 대한 질문을 하며, 필요하다면 후속적인 조치나 잘못된 것이 수정되도록 조치를 요구
위험평가	• 회사의 목적달성을 방해하는 유의한 위험에 노출되도록 하는 내부적, 외부적 요소의 고려(예 : 회사 사업의 지속가능한 경영에 대한 영향) • 경영진의 위험평가(신규 사업의 진출 등 주요한 변화의 잠재적 영향, 부정/부패를 포함)에 대한 의문제기 • 새로운 기술이나 경제적, 정치적 측면 등에 의해 유발되는 변화와 혁신과 관련하여 어떻게 회사가 위험을 선제적으로 식별, 평가하였는지에 대한 감독
통제활동	• 유의한 위험이 존재하는 부분에 대한 통제활동의 선택, 개발 및 배치와 개선에 대해 경영진에게 구체적으로 질문 • 통제활동 수행에 있어서 고위경영진의 활동을 감독
정보 및 의사소통	• 의사소통의 방향과 최고경영진의 의지(tone at the top) • 회사의 목적달성과 관련한 정보에 대한 논의, 검토 및 획득 • 제공된 정보에 대한 면밀한 조사와 대안적인 견해의 제공 • 정확성, 관련성, 완전성 측면에서 외부 이해관계자에게 제공되는 공시사항의 점검 • 중요한 이슈에 대하여 고위 경영진 등 상향적인 커뮤니케이션이 제공되는지 여부
모니터링	• 모니터링 활동, 경영진의 통제무력화(management override), 경영진의 평가 및 미비점의 개선에 대한 범위와 성격에 대하여 평가하고 감독 • 진화하고 변화하는 비즈니스, 인프라, 규제 및 기타사항이 회사의 전략과 목표, 위험 및 내부통제에 미치는 영향에 대하여 경영진이 충분하게 인지하고 있는지 평가하기 위하여 최고경영진, 내부감사 및 외부감사인과 협력하고 참여

31) Internal control-Integrated framework(COSO, 2013)

투명성에 대한 의무는 고위 경영진과 이사회 모두의 책임을 강화한다. 공시의무 및 공시에 대한 기대사항은 산업, 회사 사정에 따라 다를 수 있지만 이사회는 회사가 이러한 요구사항을 이해하고 있으며 이를 충족시키는 내부통제를 운영하는지 감독한다. 내부회계관리제도를 포함한 내부통제에 대한 이사회 보고는 이사회가 내부통제시스템을 감독할 수 있도록 필요에 따라 정기적 혹은 비정기적으로 이루어진다.

내부회계관리제도 설계 및 운영 적용기법에서 (원칙 2)에 대한 구체적인 사례를 살펴보면 다음과 같다.

적용기법 2.1 이사회의 역할, 책임 및 위임 규정 수립

9. 이사회의 역할, 책임 및 위임 권한은 관련 법규와 상장회사 요건을 고려하여 회사 정관 및 이사회 규정 등에 정의된다.
10. 이사회는 다음과 같은 업무를 포함하여 경영진을 관리 감독한다. 단, 내부회계관리규정 제·개정의 결의 및 중요 정책의 승인을 제외한 항목은 감사(위원회)에 위임할 수 있다.
    - 내부회계관리규정 제·개정의 결의 및 중요 정책의 승인
    - 내부회계관리제도와 관련된 조직구조, 보고체계 및 성과평가 연계 방식 검토
    - 회사 내 재무보고 및 부정위험과 관련된 제반 위험에 대한 이해
    - 내부회계관리제도의 설계 및 운영에 대한 경영진의 중요한 조치사항 검토
    - 내부회계관리제도의 중요한 변화 사항에 대한 경영진의 조치사항 검토
    - 내부회계관리제도의 평가 결과 및 개선조치에 대한 확인 등
11. 감사(위원회)는 외부 재무보고 및 내부회계관리제도를 관리 감독하기 위해 다음 사항을 포함하는 역할, 책임 및 위임 규정을 수립한다. 다음 항목 중 내부회계관리제도와 관련된 항목은 내부회계관리규정에도 반영한다. 이미 감사위원회 규정에 반영한 경우에는 이를 인용하는 사항을 내부회계관리규정에 반영할 수 있다.
    - 내부회계관리제도에 대한 관리 감독
      - 내부회계관리제도 설계 및 운영과 관련된 정책, 절차 및 역할과 책임
      - 내부회계관리조직 및 성과평가의 적정성
      - 내부회계관리제도 중요한 변화사항 및 대응 방안
      - 내부회계관리제도의 상시적/독립적 평가 절차 및 결과
      - 평가에 포함되는 위험평가 결과 및 미비점 평가 결과(외부감사인의 평가 결과를 포함)
      - 발생한 재무보고 관련 이슈가 관련된 내부통제에 의해 적발되지 않은 원인과 해당 내부통제의 적정성에 대한 평가 결과
      - 기업의 재무관련 주요 공시 사항과 관련된 재무보고 과정의 적정성 및 재무제표의 신뢰성 검토

- 중요한 회계정책 및 회계기준의 적용
- 추정이나 판단이 개입되는 주요 회계처리의 타당성 등
- 기업의 재무활동의 건전성과 타당성 감사
- 필요한 경우 내부회계관리제도를 포함한 회사 전체 내부통제
- 내부회계관리규정 제·개정의 승인

• 내부 감사부서에 대한 관리 감독
  - 내부 감사부서 책임자의 임면을 포함한 조직
  - 내부 감사부서의 역할, 예산 및 보고의 적절성
  - 내부 감사부서의 주요 업무 활동 및 결과
• 외부감사인에 대한 관리 감독
  - 외부감사인 관리 감독 정책, 절차 및 역할과 책임
  - 외부감사인의 선임 및 해임
  - 외부감사인의 위험평가 결과에 근거한 핵심감사사항 혹은 주요 감사항목
  - 외부감사인의 내부회계관리제도 평가 계획 및 평가 결과
  - 외부감사인의 재무제표감사 계획 및 주요 결과
  - 외부감사인의 유의적 발견사항
  - 자료 획득 및 감사 수행 과정 중의 애로사항
  - 왜곡표시 및 미수정 왜곡표시의 전기 및 당기에 미치는 영향(내부회계관리제도 유효성에 미치는 영향 포함)
  - 외부감사인의 독립성과 비감사활동의 적절성 평가
  - 부정방지 프로그램에 대한 관리 감독
  - 부정위험 평가 등에 기반하여 수립된 부정방지 프로그램 정책, 절차 및 역할과 책임
  - 대표이사 및 주요 경영진의 통제 무시(특히 내부회계관리규정을 위반한 지시사항)에 대응할 수 있는 제도
  - 내부고발제도 및 업무분장 등의 부정방지 프로그램
  - 회계 부정에 대한 조사 및 보고
• 기타 감사(위원회) 관련 정책, 절차 및 보고에 대한 관리 감독
  - 감사위원회 규정과 관련 정책 및 절차
  - 감사(위원회)의 주요 업무 수행에 대한 문서화 포함
  - 내부 및 외부 감사결과에 따른 개선조치
  - 주주총회를 포함한 적절한 보고체계
  - 내부감사 및 외부감사인과 주기적 회의

12. 회사는 법규 요구사항과 이사회 구성의 독립성 및 전문성을 고려하여 상기 항목 중 일부를 감사(위원회)가 아닌 이사회에서 수행하는 것으로 결정할 수 있다.
13. 이사회 혹은 감사(위원회)는 법적으로 요구되는 사항은 물론이고 감독기관에서 강조하는 재무보고와 관련된 감사(위원회) 역할을 충분히 고려하여 반영하여야 한다.

14. 감사(위원회)는 상기 업무를 수행하기에 충분한 전문성과 독립성을 보유하여야 한다. 일반적으로 감사(위원회)가 중요한 재정적인 연관관계나 개인적인 유대관계가 존재하지 않는 경우에 편견 없는 감사(위원회) 활동을 수행할 수 있는 정신적, 물질적인 독립성을 유지하는 것으로 간주할 수 있다.
15. 이사회와 감사(위원회)의 책임은 경영진의 내부회계관리제도를 포함한 내부통제 수행을 관리 감독하는 것이므로 이사회와 감사(위원회)는 경영진에 대한 객관적인 자세를 유지해야 한다.

적용기법 2.2 이사회와 경영진 간 회의 정책 및 절차 수립

16. 이사회는 경영진과의 회의 등을 통해 사업 전반에 걸쳐 운영되는 내부통제가 실질적으로 적용될 수 있는 정책 및 절차를 정기적으로 검토하고 승인한다.
17. 특히 감사(위원회)는 앞서 제시한 역할 등을 수행하기 위해 다음의 주요 항목과 방식을 고려한다. 물론, 제시하는 항목과 방식에만 국한되지는 않는다.
    - 주요 회계정책과 회계처리 절차에 대한 검토
      - 새로 제정 혹은 적용되는 기준과 재무제표에 미치는 영향
      - 중요한 추정이나 판단이 개입되는 항목
      - 비경상적인 거래나 회계처리
      - 주요한 공시 항목
    - 내부회계관리제도의 설계와 운영에 대한 평가 절차
    - 부정을 포함한 감사(위원회)가 제기한 문제에 대한 경영진의 개선 현황
    - 필요시 정책과 절차에 따라 외부 전문가를 참여시키는 절차
    - 감사(위원회)가 경영진에게 면밀하게 질문할 수 있는 형태의 회의
    - 일정표를 이용한 경영진과의 회의 시기 및 빈도 설정
    - 필요에 따라 특별 회의와 긴급 회의를 소집하는 기준 및 절차
    - 내/외부 감사인, 법률 고문 및 외부 전문가와 토론을 위한 최소 시간이나 횟수 지정
    - 상기의 정책 및 절차는 감독 당국의 중점 사항과 관련 법규 등을 포함한 내부 및 외부의 변화를 반영하기 위해 업데이트된다.

적용기법 2.3 이사회 위원의 선임과 주기적 검토

18. 이사회와 감사(위원회)는 경영진의 업무처리에 대한 효과적인 관리 감독을 수행할 수 있는 전문성과 독립성을 포함한 종합적인 능력을 주기적으로 평가하고 확인한다. 자가평가 및 독립적인 평가를 통해 이사회와 감사(위원회)가 충분히 독립적이고 적절한 전문성을 보유하고 있는 인원인지 확인하여 이사회 구성의 적정함을 확인한다.
19. 회사의 외부 재무보고의 신뢰성 제고를 위해서, 이사회는 경영진 및 회사 모두와 독립적이고 회계기준, 회계감사 및 내부통제에 대한 전문성을 보유한 이사가 포함되도록 감사위원회를 구성한다. 선발된 위원이 회계기준, 회계감사 및 내부통제 중 특정 부분에 대한

전문성이 부족한 경우에는 이를 충분히 보완할 수 있는 방안을 마련하여야 한다. 예를 들어, 외부 전문가 지원 확대, 내부 전문조직의 보고 횟수 증대나 세부적인 보고 수행 및 외부 감사인과의 미팅 확대 등을 종합적으로 고려할 수 있다.

20. 이사회는 감사(감사위원)의 전문성과 독립성이 적정한지 검토를 수행하며 다음 항목을 고려하여 검토를 수행한다.
    - 조직이 직면한 주요 위험평가 결과에 부합하는 자격요건
    - 후보자의 배경 조사 및 평판 조사
    - 경영진 및 회사와의 독립성을 유지하기 위해 후보가 소속한 조직에서 현재 후보의 역할과 직급 등의 적정성
    - 회사의 외부 재무보고에 영향을 미칠 수 있는 문제를 이해하는데 필요한 회계기준, 회계감사, 내부통제, 관련 법규 및 각종 기술적 지식을 포함한 전문성
    - 보유한 경력과 자격증이 전문성을 입증할 수 있는지 여부
    - 회사, 경영진 및 외부감사인과의 재무적인 관계 및 기타사항의 관계에 대한 검증 결과
    - 전문성과 독립성에 대한 후보의 자기평가 결과
    - 후보 검증 절차를 관리 감독하기 위해 독립적인 이사회 추천위원회 또는 외부 기관을 활용하는 방안
    - 후보자 선정과 후보 검증 절차의 주기적 검토 및 적용의 적정성

21. 감사(감사위원)는 선임 이후에도 전문성과 독립성을 유지하여야 한다. 이를 위해 회사에 대한 지식과 전문성을 유지하기 위한 방안을 마련하여 제공하는 것이 바람직하다. 이러한 감사(위원회) 전문성은 주기적인 자기 평가와 독립적인 평가를 통해 지속적으로 확인되어야 한다.

적용기법 2.4 경영진의 중요한 판단에 대한 검토

22. 이사회는 면밀한 질문을 함으로써 재무보고에 영향을 미치는 경영진의 주장과 판단에 대한 적절한 수준의 의구심을 가져야 한다. 특히, 감사(위원회)는 다음 항목이 회계처리기준(이하 "회계기준"이라 함)과 내부회계관리규정에 부합하는지 확인하여야 한다.
    - 회계 고유의 정책의 선택과 적용 방안
    - 중요한 회계 추정치 결정
    - 가정이 포함된 회계처리 및 각종 평가나 보고에 사용되는 주요 가정 결정
    - 재무보고에 잠재적 영향을 미칠 수 있는 조직이 직면하고 있는 다른 종류의 위험 평가

23. 이를 위해 상기의 같은 모든 중요한 항목이 감사(위원회)에 보고되어 논의될 수 있는 체계가 수립되어야 한다.

적용기법 2.5 외부 정보와의 비교 검토

24. 감사(위원회)는 내부회계관리제도 평가 조직뿐 아니라 내부 및 외부 감사인과 정기적으로(필요한 경우 비공개로) 다음 사항을 검토하고 논의한다.

- 회사가 당면한 주요 재무제표 왜곡 표시 위험
- 감사 범위 및 테스트 계획(해당하는 경우 핵심감사항목 포함)
- 중요성 금액 산정의 근거
- 회계정책의 변경
- 회계처리에 사용된 모델 및 계산에 사용된 가정
- 감사에 필요한 지원 및 인원(감사투입시간 등 포함)
- 감사에 대응하는 조직과 문화
- 내부회계관리제도에 대한 경영진의 평가
- 중요한 감사 발견사항
- 재무보고 및 공시의 품질 및 신뢰성
- 내부고발자 및 부정 관련 프로그램 관련 제반 사항

25. 상기 항목뿐 아니라 감독당국이 강조하는 항목 및 감사기준에서 제시하는 항목에 대한 적극적인 고려가 필요하다.

적용기법 2.6 내부회계관리제도에 대한 내부고발 정보 고려

26. 감사(위원회)는 재무제표 왜곡표시 위험을 방지하기 위한 내부회계관리제도 관리·감독 수행 시, 내부 고발제도 및 부정방지 프로그램 등에서 얻은 정보를 고려한다. 여기에는 임직원의 부정 행위 및 경영진의 통제 무시 위험이 포함된다. 특히 내부회계관리규정 위반 행위와 관련된 항목은 관련 내용과 적절한 조치가 이뤄졌는지를 검토한다. 감사(위원회)는 재무제표 오류, 비경상적인 거래 및 추세 등에 대한 내부고발 사항에 대한 확인 과정 및 결과, 특히 재무제표 및 내부회계관리제도에 미치는 영향과 취해져야 할 후속 조치가 적절한지 평가한다. 이러한 후속 조치는 인사 조치와 개선 조치 등이 포함된다.

예시 전사수준 통제기술서(ELCA) – 통제환경(원칙 2)

Ⅰ. 통제환경(Control environment)

통제환경은 내부통제제도의 기반을 이루는 구성요소로 도덕성과 윤리적 가치에 대한 태도를 기반으로 이사회 및 감사 및 감사위원회를 포함한 내부통제제도 관련 조직의 책임을 명확히 하고 해당 업무를 수행할 수 있는 조직체계의 구성, 교육을 포함한 인력운용 및 성과평가의 연계가 이루어질 수 있는 체계를 포함한다.

(원칙 2) 이사회는 경영진으로부터 독립성을 유지하며 내부회계관리제도의 설계 및 운영을 감독한다.

중점고려사항	통제내용	테스트 절차	관련규정	주관부서
1. 이사회의 감독 책임 정립 – 이사회는 수립된 요구사항 및 기대사항과 관련된 감독 책임을 인지하고 수용한다. 단, 이사회는 외감법 등 법률에서 정하는 사항과 내부회계관리제도, 내부감사 및 부정방지 프로그램 등의 감독 책임을 감사(위원회)에 위임할 수 있다.	이사회는 [내부회계관리규정]을 정하고 있으며, 경영진은 내부회계관리제도를 설계하고 운영할 직접적인 책임을 갖는다. [내부회계관리규정]의 내용에는 다음 사항을 포함한다. – 내부회계관리제도 운영의 감독/책임에 대한 전반적인 내용 – 감사위원회의 역할 및 책임에 관한 사항 – 대표자의 역할 및 책임에 관한 사항 – 내부회계관리제도 보고를 위한 절차	1. 회사의 [내부회계관리제도 감독과 책임 정립] 사항을 테스트하기 위해 아래 자료를 징구한다. – [내부회계관리규정] – [내부회계관리규정 업무지침] 2. 통제활동의 테스트 절차로 아래를 확인한다. – 내부회계관리규정 및 업무지침에 ① 내부회계관리제도 운영의 감독/책임에 대한 전반적인 내용(내부회계전담부서의 업무수행 사항), ② 감사위원회의 역할 및 책임에 관한 사항, ③ 대표자의 역할 및 책임에 관한 사항, ④ 내부회계관리제도 보고를 위한 절차가 포함되었는지 확인한다. 3. 예외사항이 발견된 경우, 원인을 파악하고 어떻게 조치하였는지를 확인한다.	내부회계 관리규정	내부회계 관리팀

중점고려사항	통제내용	테스트 절차	관련규정	주관부서
2. 이사회의 전문성 확보 - 이사회는 이사회 구성원에게 필요한 기술과 전문지식을 정의하고, 유지하며, 주기적으로 평가한다. 이를 통해 이사회 구성원들이 고위 경영진에게 면밀한 질문을 하고 상응하는 조치를 취할 수 있게 한다.	이사회 규정을 통하여 이사의 전문성에 대한 기준을 마련하고 이를 통하여 이사회 구성원을 선임한다. 이사회 구성원은 법률전문가와 회계전문가를 반드시 포함하도록 한다. 매년 이사회의 위원회별 평가를 수행하여 그 결과를 반영한 교육과정 등을 수립하고 있다.	1. 회사의 [이사회 전문성] 사항을 테스트하기 위해 아래 자료를 징구한다. - 이사회규정 및 이사회 구성원 명부 2. 통제활동의 테스트 절차로 아래를 확인한다. - 중요사항에 대해서 입회해서 유관 의사록을 확인하고, 이사회 평가 결과서를 징구하여 적격성 평가의 적정성 등을 확인한다. - 이사회 구성원 명부를 확인하여 회계전문가의 포함 여부를 확인한다. 3. 예외사항이 발견된 경우, 원인을 파악하고 어떻게 조치하였는지를 확인한다.	이사회 규정 유관의사록	법무팀, 전략기획부
3. 이사회의 독립적 운영 - 이사회는 경영진의 의사결정을 평가하고 감독함에 있어 경영진으로부터 독립적이며 객관성을 갖춘 충분한 인력을 보유한다.	이사회 구성원은 독립성 및 객관성을 확보하기 위하여 매년 다음의 사항을 감사위원회에 제출한다. - 회사 경영진과의 재무적 관계 - 이사회 후보검증절차 - 이사회 구성원과 경영진과의 특수관계 여부 - 기타 독립성을 훼손할 수 있는 상황	1. 회사의 [이사회 독립성] 사항을 테스트하기 위해 아래 자료를 징구한다. - [이사회 구성원 독립성 평가 자료] 2. 통제활동의 테스트 절차로 아래를 확인한다. - 이사회 구성원의 독립성 평가자료를 확인하여 내부회계관리규정상의 독립성 위반사항이 없는지 확인한다. - 감사부의 이사회 구성원의 독립성을 확인하였는지 내부감사 계획문서 및 수행문서를 확인한다. - 회사 혹은 경영진과 재무적 이해관계 혹은 특수관계자의 경우에는 그 이유를 불문하고 외관상 독립성이 훼손된 것으로 판단하였는지 검사한다. 3. 예외사항이 발견된 경우, 원인을 파악하고 어떻게 조치하였는지를 확인한다.	내부회계 관리규정	감사부

중점고려사항	통제내용	테스트 절차	관련규정	주관부서
4. 내부회계관리제도 감독수행–이사회는 경영진의 내부회계관리제도 설계, 구축 및 운영에 대한 감독 책임을 가진다.	내부회계관리규정에서는 이사회는 내부회계관리제도의 감독책임을 보유하고 있으며 이에 대한 실행권한을 감사위원회에 위임하고 있다는 사실을 명시하고 있다. 이에 따라 감사위원회는 내부회계관리제도 운영실태를 독립적으로 평가한다. 평가 시에는 평가기준을 수립하여 '운영실태 점검계획서'와 '운영실태 보고서'에 각각 적용한다.	1. 회사의 [감사위원회의 내부회계관리제도 평가 기준 수립] 사항을 테스트하기 위해 아래 자료를 징구한다. –내부회계 운영실태 평가 보고서 2. 통제활동의 테스트 절차로 아래를 확인한다. –내부회계관리 운영실태 평가보고서 평가기준에 ① 운영실태 점검결과 및 미비점 평가결과의 적정성, ② 미비점에 대한 시정조치계획이나 시정조치결과의 적정성, ③ 운영실태보고에 포함된 항목에 거짓이나 누락이 존재하는지 검토, ④ 회계정보의 위조 · 변조 · 훼손 · 파기확인된 사항과 적절한 대응조치 여부, ⑤ 내부회계관리제도 관련 내부고발사항에 대한 적절한 처리결과 확인, ⑥ 전기대비 내부회계관리제도 개선된 영역의 적정성, ⑦ 기타 인지하고 있는 재무보고 관련 이슈와 관련된 재무보고 내부통제의 적정성' 포함 여부를 확인한다. –감사위원회는 독립적으로 평가를 수행하고 그 결과 내부회계관리제도에 대한 '감사위원회의 평가보고서'를 발행하여 그 세부적인 사항과 함께 이사회에 보고하였는지 확인한다. 3. 예외사항이 발견된 경우, 원인을 파악하고 어떻게 조치하였는지를 확인한다.	내부회계 관리규정, 감사위원회 운영규정	감사부

원칙 3 **조직구조, 권한 및 책임정립 : 경영진은 내부회계관리제도의 목적을 달성하기 위해 이사회의 감독을 포함한 조직구조, 보고체계 및 적절한 권한과 책임을 정립한다.**

경영진과 이사회는 회사의 활동을 계획, 실행, 통제하며 주기적으로 평가하는 등 감독책임을 수행하기 위하여 필요한 조직구조와 보고체계를 수립하여야 한다. 다양한 상황을 고려한 조직구조 및 보고체계를 수립함으로써 다각도에서 내부회계관리제도가 평가될 수 있다.

이사회는 1차적으로 경영진에게 권한과 책임을 위임 및 부여한 후, 경영진은 순차적으로 하위조직에 권한을 위임하고 책임을 부여한다. 이때 내부회계관리제도와 관련된 충분한 권한이 부여되어야 하지만 회사의 목적달성을 위해서 필요한 범위 내에서만 권한을 부여하도록 한다.

조직구조, 권한 및 책임정립의 원칙을 준수하기 위해 내부회계관리제도 설계 및 운영 개념체계에서는 중점고려사항으로 다음의 3가지 항목을 제시하고 있다.

원 칙	중점고려사항 제목	중점고려사항 내용
원칙 3. 조직구조, 권한 및 책임 정립	조직구조 고려	경영진과 이사회는 회사의 목적 달성을 지원하기 위해 다양한 조직구조(운영단위, 법적 실체, 지역적 분포, 외부서비스제공자 포함)를 고려한다.
	보고체계 수립	경영진은 각각의 조직이 권한과 책임을 이행하고 정보 교류가 가능한 보고체계를 설계하고 평가한다.
	권한과 책임의 정의, 부여 및 제한	경영진과 이사회는 권한을 위임하고 책임을 정의하며 적절한 프로세스와 기술을 활용하여 조직의 다양한 수준의 필요성에 따라 책임을 부여하고 업무를 분장한다. • 이사회 : 중요한 의사결정 권한 보유 및 경영진이 부여한 권한과 책임의 적정성 검토 • 고위 경영진 : 임직원이 내부회계관리제도와 관련된 책임을 이해하고 이행할 수 있도록 방향성 제시, 지침 및 통제 수립 • 경영진 : 고위 경영진의 지침과 통제가 회사 및 하위 조직 내에서 실행될 수 있도록 실무지침을 제시하고 지원 • 직원 : 윤리강령, 위험 요소, 조직 각 계층의 통제활동, 정보 및 의사소통 흐름, 모니터링 활동에 대한 이해 • 외부서비스제공자 : 모든 외부 직원의 권한 및 책임 범위에 대해 경영진이 정한 사항의 준수

원칙 3 ① 조직구조 및 보고체계(Organizational structure and Reporting lines)

고위경영진과 이사회는 기업의 활동을 계획, 실행, 통제, 평가하는 등 수탁책임의무를 수행하기 위해 필요한 조직구조 및 보고체계를 설정한다. 수탁책임의무의 수행은 전사적 혹은 단위조직별로 명확한 책임의 부여와 정보의 흐름에 의해 수행되는데 이를 위한 프로세스 정의와 IT기술이 필요하다.

| 보고체계 설정시 고려사항 |

구 분	내 용
비즈니스 구조	신제품 및 신규 서비스 개발 촉진, 마케팅 활동 최적화, 생산 효율성 증대, 고객 서비스 또는 기타 운영측면의 개선 등을 고려하여 결정될 수 있음.
법적실체 구조	법적실체는 비즈니스 위험 관리, 유리한 법인세 구조, 해외사업장 관리에 대한 권한 부여 등을 고려하여 결정될 수 있음.
시장 구조	시장지역에 따라 별도의 성과집계 및 관리 필요성이 있을 수 있으며 추가적인 조직구조 및 보고체계가 고려될 수 있음.
외부서비스제공자	회사는 그 조직의 목표를 달성하기 위해 외부서비스제공자 등과 다양한 관계를 가질 수 있음. 이러한 경우에 추가적인 조직구조나 보고체계가 형성될 수 있음.

위의 고려사항은 내부통제시스템 측면에서 각기 다른 위험에 대한 평가를 제공할 수 있다. 즉, 한 측면에서는 위험이 존재하지 않았다고 하더라도 다른 측면에서는 중요한 위험을 발견할 수 있다. 조직구조와 보고체계의 각 수준에 부여된 권한과 책임은 다각적인 측면에서의 검토와 분석을 가능하게 한다.

조직구조는 비즈니스가 발전함에 따라 진화한다. 따라서 경영진은 내부통제시스템 측면에서 효과적이고 효율적인지 지속적으로 그 조직구조를 검토한다. 법적실체, 사업단위 혹은 지역별 특성에 따라 그 재무성과를 보고하거나 내부통제시스템의 유효성을 보고하는 회사의 경우, 현행 비즈니스 모델을 적절하게 반영하기 위해 보고체계를 정기적으로 재검토하지 않는다면 새로운 위험의 출현, 적절한 내부통제 부재 및 보고 부적절성에 대하여 인지하지 못할 가능성이 높다.

경영진은 지역별 시장구조, 비즈니스 구조, 법적실체 구조 등 실제 운영되는 각각의 조직구조가 그 책임을 충실하게 수행하고, 필요한 정보가 의사소통 될 수 있도록 하는 보고체계를 설계하고 주기적으로 평가한다. 또한, 회사전체 및 외부서비스제공자를 통한 책임수행에도 있어서 내재된 이해상충관계가 없는지 확인한다.

공식적이고 정형화된 조직구조와 보고체계를 갖추는 것도 중요하지만 고위경영진에게 중요한 문제에 대하여 이사회에 직접 보고할 수 있는 개방된 의사소통라인을 허용하는 것과 마찬가지로, 부서 단위를 뛰어넘는 책임을 부여하기 위해서는 별도의 의사소통채널을 마련하는 것이 필요할 수 있다. 이러한 비공식적인 보고체계로 내부고발자제도가 대표적이며 조직체계와 관련없이 모든 수준에서 위반사항에 대한 보고가 가능하다.

조직구조를 설정하고 평가할 때 고려해야 하는 변수는 다음과 같다.

- 비즈니스 성격, 규모 및 지리적 분포
- 비즈니스 프로세스 및 회사(조직)의 목표와 관련된 위험. 이러한 위험은 내부적으로 발생하거나 아웃소싱으로부터 발생할 수도 있음
- 최고경영진, 운영단위, 지역별 단위에 대한 권한과 책임의 부여
- 보고체계 및 의사소통채널
- 재무, 세무, 규제 및 기타요건

현재 조직구조에 대한 주기적인 평가는 새로운 규제에 대한 적응력을 강화시키고 부서를 횡적으로 넘나드는 구조조정 등을 통해 회사의 효율성을 증대시킨다. 회사에서는 다음과 같이 3중 방어선(혹은 3차 방어선)[32] 모델을 사용하는 것이 일반적이다. 3차 방어선 모델을 적용한다고 하더라도 조직구조에 대한 주기적인 평가가 권고된다.

| 3중(3차) 방어선 모델 |

구 분	내 용
1차 방어선	경영진 및 전방부서 책임자는 일상활동에서 1차 방어선을 제공한다. 경영진 및 책임자는 매일의 내부통제의 유효성을 유지하는 책임을 갖고 있다. 보상체계는 목표달성의 성과에 기반하여 연계되어 있다.
2차 방어선	후방부서(혹은 지원조직이라고도 함)는 내부통제의 요구사항에 대한 가이드를 제공하며 원칙의 적용에 대하여 평가한다. 이러한 후방부서는 기능적으로 비즈니스의 목표와 일관된 방향으로 일치하고 있으나 보상체계에 있어서는 전문적 지식이나 조언을 제공하는 등과 관련된 성과와 직접적으로 연계되어 있지 않다.
3차 방어선	내부감사는 내부통제의 평가와 보고, 시정조치 권고, 개선사항 권고를 통해 3차 방어선을 제공한다. 내부감사의 조직상의 위치 및 보상은 내부감사가 검토하는 비즈니스 영역과 구별된다.

32) Three line of defense의 번역으로 3선 방어, 3중 방어선, 3차 방어선 모델이라고 번역하기도 한다. 구체적인 내용은 IIA(The Institute of Internal Auditors)의 Three line of Defense in effective risk management and control을 참고할 수 있다.

| IIA(Institute of Internal Auditor)의 3차 방어선 모델 |

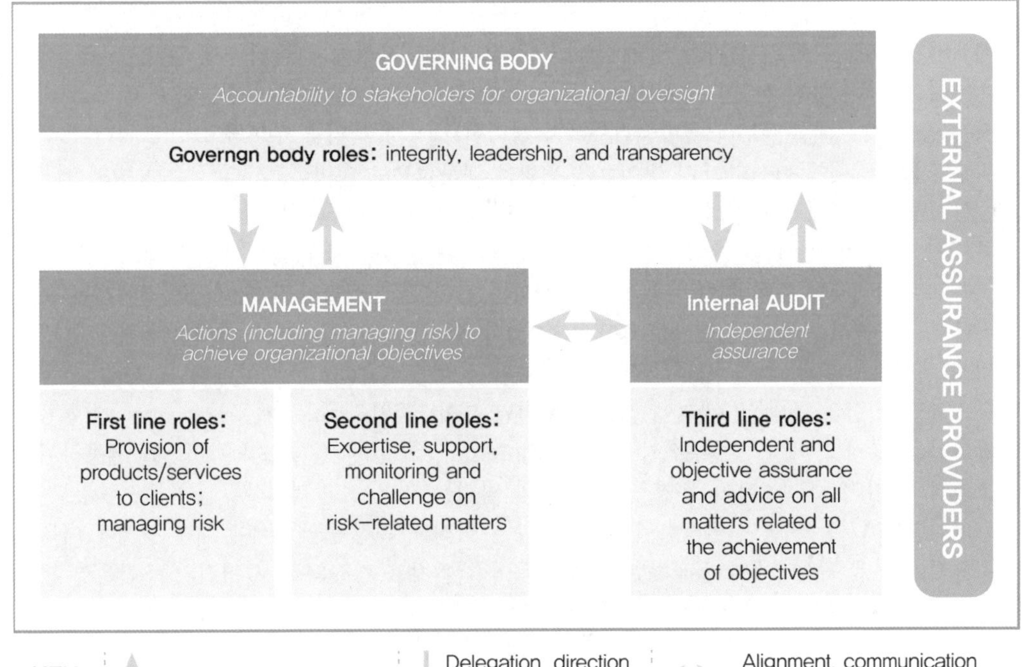

❑ 축구경기에서 실점은 누구의 책임인가?

"감독의 문제다. 6골 실점은 실감나지 않는다"

김학범 감독이 멕시코전 대패와 그로 인한 4강 진출 실패에 대해 죄송하다는 뜻을 전했다. 경기 후 기자회견을 통해 김 감독은 "대비를 철저히 했어야 했는데 감독이 대응을 잘못해서 오늘 같은 결과가 일어났다고 생각한다"며 패인을 자신에게 돌렸다.

한국 올림픽 축구대표팀은 지난달 31일 일본 요코하마 국립경기장에서 열린 멕시코와의 2020도쿄올림픽 8강전에서 무려 6골을 내주며 3-6으로 패했다. 지난 2012년 런던 대회 이후 9년만에 메달권 진입을 노렸지만 무산됐다.

쉽지 않은 경기가 될 것으로 예상된 멕시코전이었다. 하지만 6골이나 실점한 것은 예상치 못한 결과였다. 경기 후 김 감독은 "늦게까지 응원해준 축구팬들과 국민 여러분께 죄송하다"는 말로 말문을 열였다.

6골이라는 대량 실점에 대해 "실감이 나지 않는다"고 밝혔지만 "수비적으로 준비한 것이 아니라 충분히 맞받아칠 수 있다고 생각했다"고 답했다. 또 김 감독은 이날 대패에 대해 "모든 것은 감독인 내 책임"이라며 "감독이 잘못해서 선수를 힘들게 했고 실망하게 해드렸다"

고 패인을 자신에게 돌렸다('머니S' 경제신문 발췌).

축구에는 이런 말이 있다. 스트라이커가 골을 넣는 것이 아니라 팀이 골을 넣는 것이고, 골키퍼가 골을 먹는 것이 아니라 팀이 골을 먹는 것이다. 특히, 중요한 경기에서 실점하여 패배하게 되면 감독은 사과의 말을 전하고 전격적으로 자리에서 물러나게 된다.

특히, 실점은 특정 한 명 플레이어의 문제가 아니다. 상대편으로부터 실점하지 않기 위해서는 공을 빼앗긴 순간부터 전방공격수(1차 방어선)에 1차 책임을 부여하고, 미드필더나 수비수가 2차 방어에 나선다. 2차 방어선은 위험을 전문적으로 대비하고 적극적으로 방어한다.

마지막으로 골키퍼가 실점을 방지하기 위한 최후의 보루로써 3차 방어에 나선다. 이렇게 1차, 2차, 3차 방어선이 유기적으로 각 역할을 수행할 때 실점을 할 확률은 점차 낮아지게 된다.

축구 경기에서는 목적달성(=승리)을 저해하는 것이 결국 실점이 되듯, 기업환경에서는 목적달성을 저해하는 것을 위험으로 정의할 수 있다. 이러한 위험은 축구경기에서와 같이 한명의 플레이어로 모두 막을 수 있는 것이 아니다. 전방부서(front office)에서 1차 방어선을 구축하고, 위험의 예방 및 관리에 전문성을 지닌 부서 및 인력(middle, back office)이 2차 방어선을, 그리고 마지막 보루로써 내부감사(internal auditor) 등이 3차 방어선을 제공하여 조직적, 유기적으로 조직이 운영될 때 위험의 방지는 더욱 효과적이다.

기업환경에서는 위험이 발생하면 내부적으로는 아직도 특정 플레이어에 대한 징계에 더욱 적극적이다. 축구경기에서 실점하였을 때 감독이 책임지고 경질되듯, 경영진의 조직운영 전략의 실패는 아니었는지 생각해 볼 여지가 있다.

원칙 3 ② 권한과 책임(Authorities and Responsibilities)

이사회는 경영진에 권한을 위임하고 책임을 부여한다. 경영진은 순차적으로 하부조직에 권한을 위임하고 책임을 할당한다.

권한과 책임은 입증된 역량을 기반하여 위임되며, 역할은 누가 의사결정에 대해 보고받고 책임이 있는지에 근거하여 정의된다. 이사회 및 고위경영진은 목적달성을 추구하거나 혹은 문제를 해결하기 위한 권한 부여뿐만 아니라 권한제한에 대해서도 결정한다.

할당된 주요역할 및 책임은 일반적으로 다음과 같다.

구 분	내 용
이사회	이사회는 중요한 결정에 대한 지침을 제공하기 위해 필요한 정보를 지속적으로 파악하고 고위경영진의 결정에 대하여 지속적인 의문을 제기함.
고위경영진	고위경영진은 경영진과 직원이 자신의 책임을 이해하고 수행할 수 있도록 지침, 조치를 제정하고 내부통제를 설정하는 데 궁극적인 책임이 있음.
중간 경영진	의사결정자 및 감독자를 포함하는 중간경영진은 고위 경영진의 지침을 회사수준 혹은 하위조직 수준에서 실행함.

구 분	내 용
구성원	조직의 모든 구성원은 다음에 대한 이해 및 수행이 요구됨. • 윤리강령 및 그들의 책임과 관련하여 설정된 목표 • 목표와 관련된 위험을 평가 • 조직의 각 수준에서 관련된 통제활동 • 정보 및 의사소통의 흐름 • 목적달성과 관련된 모니터링
외부서비스제공자	경영진 및 관련 임직원은 외부서비스제공자에 의해 수행되는 아웃소싱 프로세스에 대해 직접적인 책임을 보유함. 아웃소싱 서비스는 회사의 목표, 수행/성과의 기대수준, 전문성, 정보 및 의사소통의 흐름 등의 측면에서 불필요한 문구 없이 명확하고 간결한 계약조건에 의하여야 함. 외부서비스제공자는 경영진을 대신하여 업무를 수행하지만 그 내부통제의 책임은 여전히 경영진에게 있음.

회사는 목표달성을 위해 고위경영진이 설정한 지침에 따라 의사결정할 수 있도록 중간경영진 및 구성원에게 권한과 책임을 할당하고 위임한다. 더 많은 시장점유율을 확보하기 위하여 그 중간관리자에게 제품가격 할인과 관련한 권한을 위임하는 것을 예로 들 수 있을 것이다.

회사는 그 조직구조를 매번 새로 검토하여 관리계층을 줄이거나, 더 낮은 수준으로 권한을 위임하거나 혹은 다른 외부서비스제공자와 협력적인 관계를 구축할 수도 있다.

하지만, 권한과 책임은 적절한 의사결정을 내릴 수 있도록 그 능력이 입증된 자(윤리강령 및 정책과 절차의 고수할 수 있는 능력, 의사결정으로 인한 위험의 결과와 이에 대한 이해)에게만 위임되거나 할당되어야 한다.

권한에 대한 위임은 조직이 더욱 민첩하게 움직일 수 있는 기회를 제공하지만 관리해야 하는 위험의 복잡성도 증가시키는 것이 사실이다. 고위 경영진은 무엇이 수용 가능하며 무엇이 수용 가능하지 않은지에 대한 기준을 제공하여야 한다. 이러한 기준은 물론 이사회의 지침을 벗어나지 않아야 할 것이다.

원칙 3 ③ 권한의 제한(Limitation of Authority)

권한은 주어진 역할을 수행할 수 있도록 충분히 부여되어야 하지만, 권한의 한계를 정의하는 것 또한 필요하다. 권한의 제한은 다음의 내용을 포함한다.

• 위임은 기업의 목표를 달성하는 데 필요한 범위까지만 이루어짐(예 : 신제품 검토 및 승인에는 영업팀과 별도로 기타 후방부서의 관여가 이루어져야 함).
• 부적절한 위험은 허용되지 않음(예 : 실사(due diligence) 없이 새로운 업체를 인수).
• 업무분장(SoD, Segregation of Duties)은 목표달성에 있어서 부적절한 수행에 대한 위험을 감소시킴. 또한, 견제와 균형(check and balance)은 조직의 최상부로부터 하단까지 적절하게 유지됨(예 : 이해상충으로 발생하는 잠재적인 위험을 줄기기 위한 책임과 역할(R&R)의 정의, 성과측정 등).
• IT기술은 비즈니스 프로세스 내의 책임과 역할(R&R)을 제한하거나 정의하는 활동을 용이하게 하도록 적절하게 활용됨.
• Third-party와 같은 외부서비스제공자는 SLA(서비스수준합의서)에 의해 의사결정 권한에 대한 범위를 이해하고 있음.

내부회계관리제도 설계 및 운영 적용기법에서는 조직구조, 권한 및 책임정립을 구현하기 위해서 다음의 구체적인 사례를 제시하고 있다.

적용기법 3.1 역할과 보고체계의 정의 및 적정성 평가

27. 대표자는 외부 재무보고 신뢰성을 확보하기 위해 내부회계관리제도 설계, 운영 및 평가를 위한 조직을 구성한다. 내부회계관리조직은 단순히 회계부서나 내부통제전담부서에 국한되지 않는다. 외부 재무보고 목적 달성과 관련된 회사 내의 핵심적인 역할을 담당하는 임직원을 포함한다. 이를 위해 외부 재무보고 목적에 연관되는 프로세스를 정의하고 해당 프로세스와 주요 통제활동의 책임자를 확인한다. 각 부서나 조직별로 책임을 명확하게 정하여 제시하기 위해 조직도, 프로세스 정의서 및 직무기술서 등의 문서를 활용한다. 관련 문서는 다음의 사항을 확인할 수 있도록 작성되는 것이 바람직하며 중요한 사항은 내부회계관리규정에 반영한다.
   • 효과적인 내부회계관리제도 설계, 운영 및 평가를 위한 권한과 책임의 명확한 정의 및 담당자 지정
   • 감사(위원회)의 충분한 관리 감독을 지원할 수 있는 조직 및 보고체계 수립
   • 연간 평가 계획, 주요 사항별 보고체계와 보고의 주요 항목 및 시기
   • 독립적인 평가를 포함한 모니터링 활동의 결과 보고 방식
   • 조직의 특성을 고려한 다양한 보고 방식의 정의
   • 외부감사인 대응을 포함한, 내부회계관리제도와 관련된 역할 및 책임 간의 연관관계
28. 내부회계관리제도와 관련된 각 부서가 내부회계관리제도 설계, 운영, 평가 및 보고를 원활하게 수행할 수 있도록 각각의 역할과 책임을 정의한다. 대표이사와 내부회계관리자는

내부회계제도의 설계와 운영에 궁극적인 책임을 부담한다. 이를 위해 외부 재무보고 과정에 연관된 각 부서가 수행할 역할과 책임을 명확히 부여한다. 내부회계관리규정 등을 통해 감사(위원회)의 내부회계관리제도에 대한 감독 책임과 이를 지원할 부서의 지정과 책임도 명확히 한다. 대표이사, 이사회 및 감사(위원회)는 기업의 현재 외부 재무보고 목적 달성을 지속적으로 지원하는 다양한 조직구조(사업 부문, 지리적 위치, 법적 실체 또는 기타) 내의 적정성과 보고체계를 평가한다. 내/외부의 변화사항을 고려하여 주기적으로 내부회계관리제도 조직 구조의 목적 적합성 및 적정성을 재평가한다.

적용기법 3.2 전결 권한 등의 정의

29. 이사회는 대표이사와 내부회계관리자의 내부회계관리제도 책임과 감사(위원회)의 감독 책임을 명시한다. 각 프로세스의 권한과 책임을 지정할 때, 통제환경에 미치는 영향과 효과적인 업무분장의 중요성을 고려한다. 규정 등을 통해 전결권한을 정의하고, 거래의 승인과 회계처리 및 재무보고에 대한 권한이 서로 견제되고 균형되도록 한다. 해당 거래나 처리가 모니터링되지 않아서 발생할 수 있는 위험과 효율적으로 업무를 처리하고자 하는 목적 사이에서 적절한 균형을 고려하여 권한과 책임을 분리하고 제한한다. 경영진은 필요한 경우 임직원이 문제를 해결하거나 담당하는 프로세스를 지속적으로 개선할 수 있도록 충분한 권한을 부여한다.

적용기법 3.3 직무기술서와 서비스 수준 합의서 관리

30. 경영진은 내부회계관리조직의 임직원에게 위임된 권한을 고려하여, 외부 재무보고와 관련된 책임을 명시하는 직무기술서를 유지 관리한다. 필요한 경우 혹은 주기적으로 업데이트를 수행한다. 또한, 경영진은 각 임직원이 내부회계관리제도와 관련된 본인의 책임을 숙지하고, 맡겨진 업무를 수행할 때, 성실하고 주의 깊게 판단하여 적용하는 것을 강조하는 지침을 제공한다. 회사의 재무보고와 관련된 모든 업무에 대한 직무기술서의 작성이 실질적이지 않은 경우에는 내부회계관리제도 목적에 핵심적인 접근권한관리와 업무분장의 기반이 될 수 있는 문서를 유지 관리할 수 있다. 동 문서에는 주요 역할, 권한 및 자격요건을 명시하고 통제운영자의 적격성 관리의 기반으로 사용할 수 있다.
31. 중요한 재무보고와 관련된 직책의 경우, 이사회는 관련 권한 및 책임에 대한 규정이나 직무기술서 등을 검토하고, 규정 등에 따라 내부회계관리제도가 효과적으로 운영될 수 있는 권한과 책임이 부여되고 적절한 인원이 임명되었는지를 확인한다.
32. 외부서비스제공자의 경우에는 가급적 서비스수준합의서 내 서비스제공자의 책임에 내부회계관리제도와 설계, 운영, 평가 및 보고와 관련된 책임을 명시하여 내부회계관리제도 관련 통제활동의 설계, 운영 및 평가의 책임이 회사와 외부서비스제공자 중 누구에게 있는지를 명시한다.

적용기법 3.4 내부회계관리제도 관련 부서의 역할 정의

33. 내부회계관리제도 전담부서가 존재하는 경우, 이사회는 내부회계관리제도 전담부서에 제도 운영을 위한 충분한 권한을 이양한다. 여기에는 이사회 및 감사(위원회)에 직접 보고할 수 있는 권한을 포함한다. 내부회계관리제도 전담부서는 해당 업무를 부여받은 개인이나 부서 혹은 내부감사 기능을 담당하는 부서까지 다양할 수 있다. 이사회 또는 감사(위원회)는 위험평가의 과정과 결과를 적극적으로 검토하고, 전담부서의 위험평가에 근거한 평가 계획이 핵심 위험 영역을 충분히 평가 대상으로 포함하고 있는지를 확인한다. 또한, 전담부서의 전문성과 독립성이 유지될 수 있도록 관리한다. 전담부서의 조직상의 위치나 임금 등의 보상체계가 독립성을 훼손시키지 않도록 관리 감독한다.

예시 전사수준 통제기술서(ELCA) – 통제환경(원칙 3)

Ⅰ. 통제환경(Control environment)

통제환경은 내부통제제도의 기반을 이루는 구성요소로 도덕성과 윤리적 가치에 대한 태도를 기반으로 이사회 및 감사 및 감사위원회를 포함한 내부통제제도 관련 조직의 책임을 명확히 하고 해당 업무를 수행할 수 있는 조직체계의 구성, 교육을 포함한 인력운용 및 성과평가의 연계가 이루어질 수 있는 체계를 포함한다.

(원칙 3) 경영진은 내부회계관리제도의 목적을 달성하기 위해 이사회의 감독을 포함한 조직구조, 보고체계 및 적절한 책임과 권한을 정립한다.

중점고려사항	통제내용	테스트 절차	관련규정	주관부서
1. 조직구조 고려 – 경영진과 이사회는 회사의 목적 달성을 지원하기 위해 다양한 조직구조(운영단위, 법적 실체, 지역적 분포, 외부서비스제공자 포함)를 고려한다.	내부회계관리규정에 따르면 회사는 지역별, 법적 실체별 조직구조를 고려하여 내부회계관리제도를 구축한다. 일정부분의 경영권이 포함된 자율권(autonomy)이 부여된 통제단위가 존재하는 경우 반드시 별도의 보고체계를 구축하도록 하고 있다. 통제단위에 따라 재무제표 왜곡표시위험을 평가하여 별도의 문서화 포함 여부를 결정한다. 만약 재무제표 계정과목을 구성하는 항목이 각각의 통제단위에서 발생하는 경우에는 모든 통제	1. 회사의 [내부회계관리제도 조직구조] 사항을 테스트하기 위해 아래 자료를 징구한다. –[내부회계관리제도 통제단위 구분내역] 2. 통제활동의 테스트 절차로 아래를 확인한다. –내부회계관리규정 및 업무지침에 내부회계관리제도 운영과 관련된 조직에 대한 업무분장 및 보고체계가 명시적으로 제시되어 있는지 확인한다. –통제자율권이 부여된 통제단위를 확인한다. 통제단위는 본사, 미국지점, 중국유한공사로 구성되어 있으며 변경내역이 있는지 확인하고, 각 통제단위별 내부회계관리제도 문서화 및 평가결과에 대한 보고체계를 확인한다. 3. 예외사항이 발견된 경우, 원인을 파악하고 어떻게 조치하였는지를 확인한다.	내부회계 관리규정	내부회계 관리팀

중점고려사항	통제내용	테스트 절차	관련규정	주관부서
	단위가 운영되는지 평가하여야 한다.			
2. 보고체계 수립 - 경영진은 각각의 조직이 권한과 책임을 이행하고 정보교류가 가능한 보고체계를 설계하고 평가한다.	전략기획부는 주주총회, 이사회(개별 위원회), 협의회에 보고된 대내 보고서 관리체계를 관리하며, 직제규정과 직무전결규정에 따라 각종 보고체계를 관리한다.	1. 회사의 [내부회계관리제도 보고체계] 사항을 테스트하기 위해 아래 자료를 징구한다. - [직무전결규정] - [직제규정] 2. 통제활동의 테스트 절차로 아래를 확인한다. - 직무전결규정과 직제규정을 확인하여 내부회계관리제도 보고체계 R&R의 배분현황을 확인한다. - 전략기획부에 보고서 관리체계 Template을 징구하여 설계된 보고체계가 직무전결규정 및 직제규정과 일치하는지 확인한다. 3. 예외사항이 발견된 경우, 원인을 파악하고 어떻게 조치하였는지를 확인한다.	직무전결 규정, 이사회 규정	전략기획부
3. 권한과 책임의 정의, 부여 및 제한 - 경영진과 이사회는 권한을 위임하고 책임을 정의하며 적절한 프로세스와 기술을 활용하여 조직의 다양한 수준의 필요성에 따라 책임을 부여하고 업무를 분장한다.	회사는 내부회계관리제도 평가대상이 되는 업무의 효과적인 업무분장과 책임에 대한 [직무전결규정]을 운영하고 있다. 내부회계관리제도 운영과 관련된 조직에 대한 업무분장 및 보고체계 등은 [내부회계관리규정 및 업무지침]에 명시된다.	1. 회사의 [내부회계관리제도 조직 편성 및 운영 규정 수립] 사항을 테스트하기 위해 아래 자료를 징구한다. - [직무전결규정] - [내부회계관리규정 및 업무지침] 2. 통제활동의 테스트 절차로 아래를 확인한다. - 직무전결규정에 재무관리 업무에 대한 업무분장과 책임이 규정되어 있는지 확인한다. - 내부회계관리규정 및 업무지침에 내부회계관리제도 운영과 관련된 조직에 대한 업무분장 및 보고체계가 명시적으로 제시되어 있는지 확인한다. 3. 예외사항이 발견된 경우, 원인을 파악하고 어떻게 조치하였는지를 확인한다.	내부회계관리 규정, 직무전결 규정	내부회계 관리팀

원칙 4 **적격성 유지 : 회사는 내부회계관리제도 목적에 부합하는 적격성 있는 인력을 선발, 육성하고 관리한다.**

내부회계관리제도가 원활하게 유지되기 위해서는 이를 운영하는 자의 전문성이 필수적이다. 만약 운영하는 자의 전문성이 확보되지 않는다면 오류 및 누락 등의 통제위험을 증가시킬 것이며 이는 재무제표 신뢰성을 확보하는 데에 어려움을 가져올 수 있다. 따라서, 회사는 경쟁력 있는 인력을 선발, 육성 및 유지하기 위한 노력과 이를 준수하겠다는 확약(commitment)을 보여주어야 한다.

(원칙 4)에서는 적격성을 유지하기 위해 정책 및 실무절차를 수립하고 조직 구성원(외부서비스제공자 포함)에 대해 평가하여 미비한 사항을 보완하도록 하고 있다. 또한, 적합한 인력(외부서비스제공자 포함)을 선발 및 확보하고 지속적으로 교육과 훈련을 통해 목적을 달성할 수 있도록 한다.

이와 더불어 최고경영진, 내부회계관리조직, 외부서비스제공자가 일시적 혹은 영구적으로 공석이 되는 경우의 영향을 평가한 후, 이들 역할이 공백이 발생하더라도 회사의 목적 달성에 지장이 없도록 업무승계 계획을 수립하고 업무승계 후보자에게는 적합한 교육과 훈련이 이루어져야 한다.

적격성 유지 원칙을 준수하기 위해 내부회계관리제도 설계 및 운영 개념체계에서는 중점고려사항으로 다음의 4가지 항목을 제시하고 있다.

원 칙	중점고려사항 제목	중점고려사항 내용
원칙 4. 적격성 유지	정책 및 실무절차 수립	정책 및 실무절차는 내부회계관리제도 목적 달성 지원을 위해 필요한 적격성의 기대사항을 반영한다.
	적격성 평가 및 보완	경영진과 이사회는 정책 및 실무절차에 의거하여 조직 구성원 및 외부서비스제공자들의 적격성을 평가하고, 평가 결과 파악된 미비사항을 보완하기 위해 필요한 조치를 취한다.
	인력 선발, 육성 및 유지	회사는 내부회계관리제도 목적 달성을 지원하기 위해, 충분하고 적격성 있는 인력 및 외부서비스제공자를 선발, 육성하고 유지하는 데 필요한 교육과 훈련을 제공한다.
	승계계획 및 준비	고위 경영진과 이사회는 내부회계관리제도상 중요한 책임에 관한 승계계획을 수립한다.

원칙 4 ① 정책 및 실무절차(Policies and Practices)

정책 및 실무절차는 투자자, 규제기관 및 기타 이해관계자의 기대사항과 요구사항을 반영한 전사수준의 지침이며 행동절차이다. 정책 및 실무절차는 조직내에서 필요한 역량을 정의하는 데 토대를 제공한다. 또한, 필요한 경우 개선조치 결정뿐만 아니라 성과에 대한 평가, 집행에 대한 구체적 절차의 기반을 제공한다.

| 정책과 실무절차 예시 |

구 분	예 시
요구사항 및 근거	제품안전에 대한 법률, 시행령, 시행규칙, 회사의 기준 등
내부통제를 위해 필요한 기술	비즈니스 프로세스를 뒷받침하는 IT운영에 대한 지식 등
주요 비즈니스 기능의 성과와 수행에 대한 책임	재품안정성에 대한 책임자, 조직내 책임의 영역
미비점을 평가하고 시정조치 하기 위한 기준	프로세스 수정, 경영진 및 임직원의 기술 강화
변화에 동적으로 대응하는 수단	새로운 규제사항, 새로 식별된 위험, 비즈니스 프로세스를 수정하기 위한 내부 의사결정을 반영하기 위한 운영절차

정책 및 실무절차는 이사회를 비롯한 최고경영자 및 고위 경영진으로부터 다양한 계층의 구성원에게 순차적으로 적격성의 중요성이 공유될 수 있도록 한다. 적격성은 프로세스 수행 방법과 어떤 기술과 행동이 적용되어야 하는지 설정하기 때문에 각 하위조직 및 외부서비스제공자가 목표달성을 하였는지 성과측정을 용이하게 한다.

원칙 4 ② 적격성 평가(Evaluate Competence)

적격성은 부여받은 책임을 완수하기 위한 자격요건을 의미하며, 관련된 기술과 전문성을 필요로 한다. 이러한 기술과 전문성은 실무경험, 교육훈련 및 공인인증된 자격증을 통해 획득할 수 있으며 책임을 수행하기 위한 개인의 태도, 지식 및 행동으로 나타난다.

조직의 인사관리(Human Resource, HR) 부서는 일반적으로 직무기술서(Job description) 같은 문서에 의해 직무별 역할에 필요한 수행인력의 전문성 수준을 정의한다. 이러한 직무별 역할의 정의는 교육훈련의 촉진, 전문성 개발의 평가에 있어 도움이 된다. 조직은 목표달성을 위해 적격성의 요구사항을 정의하는데 이는 다음과 같은 사항을 고려할 수 있다.

- 필요한 지식, 기술 및 경험
- 특정직위 수행에 필요한 판단의 성격과 수준, 권한의 제한

• 기술과 경험에 대한 비용-효익 분석

이사회는 최고경영자의 적격성을 평가한다. 그리고, 경영진은 수립된 정책 및 절차에 따라 회사전체 및 외부서비스제공자의 적격성을 평가한 후 그 결과에 따라 필요한 소치를 취하도록 한다. 회사는 내·외부 환경의 변화에 따라 새로운 위험요소를 식별하는 경우, 이러한 위험에 적절히 대응하기 위해 적격성 있는 인력을 활용하는 것을 고려한다.

예를 들어 회사가 신제품을 시장에 출시할 때 영업 및 마케팅 팀의 인력을 늘리거나 혹은 새로운 규제가 발표된 경우 이를 충족시키기 위해 그 규제에 대한 전문성이 있는 인력을 활용하는 방안 등이 있다.

수행인력의 수준, 전문성 혹은 둘의 조합이 완전하게 만족될 수 없는 경우도 있을 것이다. 경영진은 이러한 미비한 부분이 발생하는 경우 이를 수정하기 위한 조치를 적시에 취해야 할 책임이 있다.

원칙 4 ③ 인력 선발, 육성 및 유지(Attracting, Developing and Retaining Individuals)

적격성은 적절한 인적자원을 채용, 평가 및 유지하기 위한 인사관리 정책에 포함되어 있으며 이를 통해 유지된다. 인적자원의 적절한 규모(인원수)는 조직의 목적달성을 위해 완화/축소되어야 하는 위험의 중요성을 고려하여 결정하고 주기적으로 재조정된다. 경영진은 경쟁력 있는 인력선발, 육성 및 유지를 위해 다음과 같은 프로세스를 설정한다.

| 인력선발, 육성, 유지를 위한 프로세스 |

구 분	내 용
채용 프로세스	기업문화, 운영 스타일 및 조직 요구사항에 부합하고 제안된 역할에 대해 역량이 있는 후보자를 구함.
교육훈련 프로세스	역할과 책임에 적합한 역량을 개발하기 위한 교육훈련을 수행함. 윤리강령의 준수 및 업무에 대하여 기대되는 역량의 수준을 강화하고, 역할과 필요에 따라 맞춤화된 교육을 수행함. 교육훈련으로는 OJT, 자가학습 및 수업 등 다양한 방법을 고려함.
멘토링 프로세스	업무수행 기대수준과 적격성을 달성하기 위한 지침을 제공하고 개인의 기술 및 전문성을 조직의 목표와 일치시킴. 또한, 직원이 변화하는 환경에 적응하도록 지원함.
평가 프로세스	목표달성에 대한 개인 및 외부서비스제공자에 대한 보상을 측정함.
유지 프로세스	예상 성과를 강화하거나 요구되는 행동의 준수에 대한 동기부여를 하기 위한 인센티브를 제공함.

이러한 프로세스를 통해서 윤리강령(혹은 행동지침), 정책과 실무절차, 내부통제 책임을 수행하는 데 적격성이 없다고 판단되는 업무수행이 있다고 한다면 적시에 식별되고 수정되도록 하여야 한다. 이는 목표달성을 위하여 지속적으로 적격성을 유지, 보완한다.

원칙 4 ④ 승계계획 및 준비(Plans and Prepares for Succession)

경영진은 회사의 목표달성에 필수적이라고 판단되는 역할을 지속적으로 확인하고 그 적정성을 평가한다. 각 역할의 중요성은 해당 역할이 일시적 또는 영구적으로 공석이 될 경우 어떤 영향을 미치는지를 평가함으로서 결정된다. 최고경영자와 고위경영진, 외부서비스제공자는 일반적으로 업무 승계계획을 필요로 하는 대표적인 예로, 이들이 수행하는 역할에 공백이 발생하더라도 회사의 목적달성에 지장이 없다는 확신을 부여할 수 있도록 업무 승계계획을 수립하여 대비하여야 한다.

고위경영진 및 이사회는 내부통제의 중요한 책임에 대하여 비상계획을 준비한다. 특히, 핵심 임원에 대해서 업무승계 계획이 수립되어야 하고, 그 승계 후보자에게는 역할승계를 가정한 교육과 훈련이 이루어져야 한다.

승계계획은 계약을 통해 외부서비스제공자에게 중요한 기능을 위임할 때에도 마찬가지이다. 외부서비스제공자에게 많이 의존하는 경우, 그 외부서비스제공자의 프로세스내에 존재하는 위험이나 시스템이 붕괴되는 경우 조직의 목표달성에 미치는 영향을 평가하면 승계계획이 필요한지 여부를 확인할 수 있다. 지속적인 지식공유나 문서화는 새로운 외부서비스제공자를 이용하게 될 때 그 승계계획을 더욱 용이하게 한다.

내부회계관리제도 설계 및 운영 적용기법에서는 적격성 유지를 구현하기 위해서 다음의 구체적인 사례를 제시하고 있다.

적용기법 4.1 필요한 지식, 기술 및 경험을 정의

34. 감사(위원회)는 내부회계관리제도와 관련된 주요 역할을 하는 개인 및 감사(위원회)의 모든 구성원이 업무 수행을 위해 필요한 역량을 지녔는지 검토 및 승인한다. 이러한 검토 및 승인은 법률 및 규정에서 요구하는 사항과 외부 재무보고와 관련된 회사의 정책 및 절차를 수행하는데 필요한 전문 지식을 고려하여 수행한다.
35. 경영진은 회사의 가치와 내부회계관리제도 목적을 반영하는 정책 및 절차를 수립하고 유지·관리한다. 이러한 정책의 일부로 업무 수행에 필요한 적격성을 포함할 수 있다. 예를 들어, 직무기술서에 각 재무보고 직책의 책임을 효과적으로 수행하는데 필요한 지식, 기술, 전문성 및 자격증과 관련한 요구사항을 반영한다.

36. 재무 부서에서는 주기적으로 회사의 회계정책 및 절차, 내부회계관리규정 및 재무보고 관련 규정 등을 검토하고, 변화하는 회계기준 등을 포함한 외부 규제사항과 내부 요구사항에 부합하게 업데이트한다. 동시에 재무 부서 인력의 적격성에 대한 검토와 업데이트를 포함한다.
37. 인사 부서에서는 직무기술서 등을 통해 제시된 적격성을 유지하기 위해 인력 채용, 교육훈련, 코칭, 평가 및 유지에 관련한 정책과 절차를 설명하고 공유할 수 있는 자료를 업데이트한다.

적용기법 4.2 인사정책과 절차에 적격성 기준을 연계

38. 내부회계관리제도 주요 역할에 요구되는 적격성은 다음 사항을 포함한 인사 정책과 절차에서 활용된다.
- 채용 인터뷰
- 경력, 배경 및 평판 조사
- 채용, 유지, 승진 및 해고 결정 과정
- 교육 커리큘럼 개발
- 적격성의 기대치 설정
- 내부회계관리제도와 관련한 미비점을 확인하기 위한 퇴직자 면접 실시

적용기법 4.3 필요한 교육의 선정 및 수행

39. 교육 대상 인원에게 법적 요구사항, 새로운 회계 및 보고 기준, 그리고 사내에서 개선이 필요한 영역에 대한 교육을 수행한다. 조직 내/외부환경 변화가 발생하는 정도를 고려하여 교육의 우선 순위를 결정한다.

적용기법 4.4 적격한 외부서비스제공자 선정

40. 경영진은 회사의 내부회계관리제도 목적에 필요한 기술과 경험을 식별하여 해당 기술 및 경험이 있는 임직원을 채용할 것인지 외부의 제3자를 이용할 것인지 결정한다. 외부 제3자의 적격성은 기술 및 경험 평가뿐만 아니라, 공급업체 관련 회사의 정책 및 윤리적 기준을 고려하여 결정한다. 외부서비스제공자와의 계약에 적격성 측면의 요구사항을 포함하는 것은 아웃소싱 서비스 제공업체의 적격성을 정기적으로 평가할 수 있는 근거를 제공한다.

적용기법 4.5 적격성에 부합하는 업무처리 여부 평가

41. 경영진은 임직원들이 적격성 및 업무처리 방식에 대한 기준을 이해하고 적용하는 것을 장려하기 위하여 해당 사항을 정책이나 절차 등에 포함하고 지속적인 의사소통을 수행한다. 또한 해당 정책이나 절차에 부합하는 방식으로 업무를 처리하고, 다음과 같은 방식

으로 준수 여부를 확인 및 평가한다.

- 업무처리 방식과 업무성과의 다양한 측면을 고려한 인센티브 및 보상 정책
- 업무 적격성 달성 여부 및 지속적인 개선을 요구
- 외부 재무보고 목적을 포함한 기업 목적 달성을 위한 개인 및 팀의 목표를 정의하고 식별 및 측정 가능한 지표를 적용하여 개인에게 전달
- 목표 달성에 대한 직원의 업무 진행 정도 및 회사의 달성 정도에 대한 임직원의 인지 여부를 확인하는 성과평가 절차 개발
- 임직원의 능력이 현재의 직무기술서 등에 적합한지 확인하기 위해, 정기적으로 임직원의 적격성을 검토하고 성과평가를 수행
- 성과평가를 토대로 적절한 승진 또는 징계 조치
- 신규 전략 및 운영 목표의 변화를 성과평가 프로세스에 반영
- 적격성에 부합하는 행동은 지속적으로 장려하고 그와 상반되는 행동은 억제

42. 이사회가 대표이사, 최고 재무 책임자, 내부회계관리자 및 최고 감사 책임자와 같은 주요 재무보고 역할을 담당하는 개인의 적격성을 평가할 시 동일한 기준을 사용한다. 특히 내부회계관리자의 적격성은 내부회계관리규정에 반영한다.

적용기법 4.6 내부회계관리조직의 능력 평가

43. 경영진은 재무정보를 기록하고 보고하는 임직원과 재무보고와 연관된 IT 시스템을 설계 및 개발하는 임직원의 능력을 평가한다.
44. 경영진은 관련 부서의 적격성 평가 시, 다음과 같은 능력을 충분히 보유하고 있는지 고려한다.
    - 해당 부서가 재무보고 관련 문제점을 파악하는 능력
    - 회계기준 등에 부합되는 명확한 대안과 입장을 정할 수 있는 능력
    - 재무보고와 관련된 기술적인 발전에 보조를 맞추는 능력
45. 재무보고 인력 배치의 적정성과 및 재무보고 인력의 적격성을 평가할 시에는 다음 항목을 고려한다.
    - 개인의 전문성 정도
    - 제공되는 교육의 성격과 빈도
    - 업무량 및 재무보고 전담 인원수 등

적용기법 4.7 외부 재무보고에 대한 핵심적인 역할의 승계 관리

46. 이사회는 회사의 재무보고 목적을 달성하기 위하여 대표이사, 최고재무책임자, 내부회계관리자와 같은 핵심적인 역할을 확인한다. 각각의 역할에 대해 경영진은 지속적인 업무처리가 이뤄질 수 있도록 역할 승계 계획을 수립하고 수행한다. 이사회 혹은 감사(위원회)는 이러한 절차를 관리 감독하여 경영진이 역할 승계 계획과 관련된 위험을 적절히 관리하는지 확인한다.

예시 전사수준 통제기술서(ELCA) – 통제환경(원칙 4)

Ⅰ. 통제환경(Control environment)

통제환경은 내부통제제도의 기반을 이루는 구성요소로 도덕성과 윤리적 가치에 대한 태도를 기반으로 이사회 및 감사 및 감사위원회를 포함한 내부통제제도 관련 조직의 책임을 명확히 하고 해당 업무를 수행할 수 있는 조직체계의 구성, 교육을 포함한 인력운용 및 성과평가의 연계가 이루어질 수 있는 체계를 포함한다.

(원칙 4) 회사는 내부회계관리제도 목적에 부합하는 적격성 있는 인력을 선발, 육성하고 관리한다.

중점고려사항	통제내용	테스트 절차	관련규정	주관부서
1. 정책 및 실무절차 수립 –정책 및 실무절차는 내부회계관리제도 목적 달성 지원을 위해 필요한 적격성의 기대사항을 반영한다.	회사는 내부회계관리제도 운영과정에서 필요한 주요 재무보고 업무를 수행하는 임직원을 대상으로 [임직원의 적격성 기준]을 수립하고 평가하여 감사위원회에 보고한다. 〈적격성기준수립 및 평가대상임직원〉 –재무관리팀 소속 전원 (내부회계전담조직 포함) –통제활동책임자, 통제활동담당자	1. 회사의 [내부회계관리제도 운영상 적격성 요건 수립과 평가] 사항을 테스트하기 위해 아래 자료를 징구한다. –[임직원의 적격성 기준] –[내부회계관리제도 운영실태 점검 계획] 2. 통제활동의 테스트 절차로 아래를 확인한다. –내부회계관리제도 목적을 위한 통제활동책임자, 통제활동 담당자, 재무관리팀 소속 직원들의 적격성 기준이 수립되어 관리되고 있는지 확인한다. 3. 예외사항이 발견된 경우, 원인을 파악하고 어떻게 조치하였는지를 확인한다.	내부회계 관리규정, 임직원의 적격성 기준	내부회계 관리팀

중점고려사항	통제내용	테스트 절차	관련규정	주관부서
2. 적격성 평가 및 보완－경영진과 이사회는 정책 및 실무절차에 의거하여 조직 구성원 및 외부서비스제공자들의 적격성을 평가하고, 평가 결과 파악된 미비사항을 보완하기 위해 필요한 조치를 취한다.	내부회계관리팀에서는 [임직원의 적격성 기준]에 따라 필요한 사항에 따라 각 R&R이 부여되었는지 확인한다. 〈적격성 기준 필요내용〉 －관련 자격증 보유 여부 －관련 업무경력 －해당 업무 경력 －관련 교육이수 여부 －기타 판단되는 전문지식 보유 여부	1. 회사의 [적격성 평가 및 보완] 사항을 테스트하기 위해 아래 자료를 징구한다. －[임직원의 적격성 기준] －[적격성 평가 결과 문서] 2. 통제활동의 테스트 절차로 아래를 확인한다. －적격성 평가를 실시하여 [적격성 평가 결과 문서]로 문서화하고 [내부회계관리제도 운영실태 점검 계획]에 첨부하여 감사위원회에 보고되었음을 확인한다. 3. 예외사항이 발견된 경우, 원인을 파악하고 어떻게 조치하였는지를 확인한다.	내부회계 관리규정, 임직원의 적격성 기준	내부회계 관리팀
3. 인력 선발, 육성 및 유지－회사는 내부회계관리제도 목적 달성을 지원하기 위해, 충분하고 적격성 있는 인력 및 외부서비스제공자를 선발, 육성하고 유지하는 데 필요한 교육과 훈련을 제공한다.	회사의 임직원의 선발은 JD(Job Description)에 기술된 지식, 경험, 기능을 충족하는 자만을 선발하도록 [임직원인력선발기준]에 따라 이루어진다. 또한, 회사는 내부회계관리제도 운영과정에서 필요한 임직원 및 감사위원의 개인별로 필요한 적격성을 보완하기 위해 [필요한 교육을 실시]하고 그 결과를 평가해야 한다.	1. 회사의 [내부회계관리제도 인력 육성] 사항을 테스트하기 위해 아래 자료를 징구한다. －내부회계관리제도 수행을 위한 교육실시 결과문서 －[임직원인력선발기준]에 따른 적격성 확인문서 2. 통제활동의 테스트 절차로 아래를 확인한다. －통제담당자 및 통제책임자, 내부회계관리팀을 대상으로 연간 1회 이상 내부회계관리제도에 영향을 미칠 수 있는 회사의 변화사항 및 내부회계관리제도 관련 교육실시 여부 －내부회계관리자 관련 임원(대표이사, 이사회, 감사위원회 포함)을 대상으로 연 1회 내부회계관리제도에 내부회계관리제도 관련교육 이수 여부가 성과평가 목표로 포함되어 있음을 확인한다. －당해연도 새로 선발된 책임자(L3 이상)에 대하여 [임직원 인력 선발기준]에 의한 적격성이 확인되었는지 인	내부회계 관리제도 운영규정 임직원인력 선발기준	내부회계 관리팀 인사부

중점고려사항	통제내용	테스트 절차	관련규정	주관부서
		사부에게 질문하고 관련 증빙을 확인한다. 3. 예외사항이 발견된 경우, 원인을 파악하고 어떻게 조치하였는지를 확인한다.		
4. 승계계획 및 준비-고위 경영진과 이사회는 내부회계관리제도상 중요한 책임에 관한 승계계획을 수립한다.	경영진은 내부회계관리제도 핵심인력(대표이사 및 내부회계관리자)의 승계 계획을 수립하고 수행하며, 감사위원회는 이를 관리·감독한다. [내부회계관리자지정] 1. 내부회계관리자(CFO)는 CEO가 지정하고 있다. 2. 내부회계관리제도와 직접적으로 관련된 CFO는 해당 업무에서 재무 전문성을 보유하면서 재무실무 업무경험이 풍부한지에 대한 검증 후 이사회에서 임명하고 있다. ※ CEO 승계계획 1. 당사는 기업지배구조헌장 2.1이사회기능에 경영의사 결정 및 감독기능으로서 CEO선발과 승계계획이 명시되어 있다.	1. 회사의 [내부회계관리제도 승계계획] 사항을 테스트하기 위해 아래 자료를 징구한다. -[이사회규정] -[내부회계관리규정] 2. 통제활동의 테스트 절차로 아래를 확인한다. -내부회계관리 전담조직 담당자에게 주요 담당자에 대한 승계계획을 질의하고, 증빙을 징구하여 다음 사항을 확인한다. -내부회계관리제도 핵심인력의 승계계획 관련 규정 유무 -효과적 내부회계관리를 위한 내부회계관리제도 핵심인력의 승계계획 수립 여부 -재무보고 핵심인력 Pool 및 교육훈련 방안 등 3. 예외사항이 발견된 경우, 원인을 파악하고 어떻게 조치하였는지를 확인한다.	이사회규정, 내부회계관리규정	내부회계관리팀

원칙 5 **내부회계관리제도 책임 부여 : 회사는 조직 구성원들에게 내부회계관리제도의 목적을 달성하기 위해 필요한 책임을 부여한다.**

내부회계관리제도에 대한 설계, 운영 책임은 경영진(대표이사와 내부회계관리자)에게 있고 이에 대한 감독책임은 이사회에 있다. 이러한 설계, 운영책임과 감독역할을 부여하는 것만 갖고 효과적인 통제환경을 구축할 수 있을 것인지에 대한 의문을 제기할 수 있을 것이다. 왜냐하면 내부통제활동을 실제로 수행하는 대상은 경영진이나 이사회뿐만 아니라 회사의 전체 구성원이기 때문이다. 그러므로 (원칙 5)는 조직 구성원에게 내부통제에 대한 책임(responsiblity)을 부여하는 것에 더불어 강력한 책임감(accountablity)을 갖도록 하는 내용으로 구성되어 있다.

고위경영진의 의지가 강할수록 내부회계관리제도에 대한 이해 수준이 높아지고, 실행력을 가지며 조직 전반에 걸쳐 지속적으로 책임이 부여된다. 이러한 책임 부여는 조직의 내부통제 문화에도 전반적인 영향을 미친다. 하지만, 책임(responsibility)의 부여만으로 조직구성원의 행동에 완전한 영향을 미친다고 기대하기는 어렵다.

그러므로 회사는 목적달성에 부합될 수 있도록 개인의 성과평가, 보상, 징계 조치를 균형 있게 배치하여 각 구성원이 강력한 책임감(accountablity)을 느끼도록 하고 행동으로 옮기게 한다.

(원칙5)를 이해하는 핵심적인 내용은 책임(responsibility)과 책임감(혹은 책임의식, accountability)의 구분이다. 책임은 내부통제 역할에 대한 수행할 의무를 다하는 것을 의미하며, 책임감은 내부통제 수행에 대한 역할(의사결정 수행에 대한 소유권 혹은 오너쉽)을 부여하는 것을 의미한다.

내부회계관리제도 책임감(책임의식) 부여 원칙을 준수하기 위해 내부회계관리제도 설계 및 운영 개념체계에서는 중점고려사항으로 다음의 5가지 항목을 제시하고 있다.

원 칙	중점고려사항 제목	중점고려사항 내용
원칙 5. 내부회계관리제도 책임 부여	조직구조, 권한 및 책임을 통한 내부회계관리제도 책임 부여	경영진과 이사회는 조직 전체 구성원들과 내부회계관리제도 수행에 관한 책임에 대해 의사소통을 하고, 그들에게 책임을 부여하며 필요한 경우 개선활동을 이행하도록 하는 체계를 수립한다.
	성과 평가 및 보상정책 수립	경영진과 이사회는 장단기 목적 달성의 균형을 고려하고, 조직 전체 구성원의 내부회계관리제도 책임 이행에 적합한 성과평가와 보상정책을 수립한다.

원 칙	중점고려사항 제목	중점고려사항 내용
	성과 평가 및 보상정책과의 연계	경영진과 이사회는 내부회계관리제도 목적 달성을 위해 내부회계관리제도 책임 이행과 그에 따른 성과평가 및 보상을 연계한다.
	과도한 압박 고려	경영진과 이사회는 조직 구성원들에게 책임을 부여하고 성과평가지표를 수립하고 평가할 때 관련된 압박이 존재하는지를 평가하고 조정한다.
	개인의 성과 평가, 보상 또는 징계 조치	경영진과 이사회는 내부회계관리제도 책임 이행(윤리강령의 준수 및 적격성의 기대 수준 충족 포함)에 대한 성과를 평가하고, 그 결과에 따라 보상하거나 필요시 징계 조치를 취한다.

원칙 5 ① 내부통제에 대한 책임감(책임의식)[33](Accountability for Internal Control)

이사회는 최고경영자에게 회사가 직면하고 있는 위험을 식별하여야 하는 책임과 그 위험을 적절하게 관리할 수 있는 내부회계관리제도를 포함한 내부통제시스템을 구축할 책임을 부여한다. 그러므로 최고경영자는 회사 내의 모든 구성원들에게 내부회계관리제도에 대한 강력한 책임감(책임의식)을 부여하기 위해 필요한 조직구조, 권한 및 의무를 설계 및 구축, 실행하며 주기적으로 평가하여야 한다.

경영진은 조직 구성원에게 관련된 위험을 이해하고 내부통제를 원활하게 수행하도록 하기 위한 지침을 제공하기도 하는데 이러한 지침을 통한 역할부여는 구성원에게 책임감을 부여하게 된다.

내부통제 역할 수행시 외부서비스제공자가 활용되는 경우도 있다. 이러한 경우, 외부서비스제공자가 수행한 내부통제의 궁극적인 책임은 경영자에게 있다. 그러므로, 경영진은 외부서비스제공자의 수행 결과물에 대한 필수 요구수준 및 감독체계를 수립하여야 한다.

책임감(책임의식)은 리더십과 상호 연관되어 있다. 이사회와 경영진의 의지(Tone at the Top)가 강할수록 내부통제 책임에 대한 이해의 수준이 높아지고 더 강력한 실행력을 수반한다. 강력한 이사회와 경영진의 의지는 지속적으로 내부통제를 강화시키며 책임감, 도덕성 및 공동목표의 달성에도 도움이 된다.

33) 원칙 5에서 서술되는 책임은 accountability(책임감, 책임의식)로 원칙 3에서 살펴본 책임인 responsibility와 구분되어야 한다.

| 리더십과 책임감(책임의식, accountability)의 연관 |

구 분	내 용
이사회와 경영진 의지	• 도덕성, 윤리, 이해상충, 불법 혹은 기타 부적절한 활동, 반경쟁적 조치와 같은 이슈를 해결하기 위한 이사회와 경영진의 의지 구체화 • 예를 들어 윤리강령을 제정하여 직원, 외부서비스제공자 등에게 전파하고 시행하도록 함.
경영진의 지침	• 경영진의 철학 및 운영방식을 통해 제공되는 경영진의 지침. 이는 내부통제에 대한 마음가짐, 형식, 지속성 등의 형태로 표현됨 . • 예를 들어 중요한 위험을 성공적으로 감수한 기업은 그렇지 못한 기업보다 내부통제에 대한 다른 관점과 시야를 보유할 것임.
내부통제 및 정보	• 내부통제 및 정보의 흐름 • 의사결정 방법에 대한 의사소통, 성과에 대한 360도 피드백 요청 및 수행
의사소통 채널	• 직원 및 외부서비스제공자가 윤리기준 위반을 자유롭게 보고하도록 할 수 있는 상향식 혹은 기타 커뮤니케이션 채널 • 익명이나 기밀이 보장되는 의사소통 채널(내부고발자제도 등)
경영진 대응	• 잘못된 행위에 대한 경영진의 대응 • 기준, 성과평가, 보상체계를 준수하지 않는 행위에 대한 경고, 해고 등의 조치는 조직의 목표달성에 상응함.

원칙 5 ② **성과측정, 인센티브 및 보상(Performance Measures, Incentives, and Reward)**

개인에게 부여된 책임감은 성과에 대한 보상에 의해 크게 영향을 받는다. 경영진과 이사회는 회사의 장단기 목표달성과 연계하여 조직구성원이 내부통제에 대한 책임감을 느끼기에 적합한 성과측정 및 인센티브를 포함한 보상체계를 수립한다.

회사는 미래결과에 대하여 현재시점에서 보상하게 되면 의도치 않은 결과를 초래할 수 있다는 사실을 인지하여야 한다. 그러므로 회사는 성과지표 수립시 목적달성에 부합할 수 있도록 ① 성공에 대한 보상과 ② 징계대상 행위를 균형있게 배치하여야 한다.

회사의 목적에 맞게 조정되고 필요에 따라 능동적으로 진화하는 성과측정, 인센티브, 보상체계는 효과적인 내부통제시스템을 지원한다. 다음의 표는 높은 성과를 내기 위한 동기부여를 하고, 그 성과를 측정하며, 성과에 따른 보상정책을 수립시 고려하여야 하는 사항이다.

| 성과에 대한 동기부여, 측정, 보상시 고려사항[34] |

구 분	고려사항
명확한 목표 설정	• 모든 구성원이 조직의 목표를 달성하는데 지원하는지 여부를 고려함. • 협력업체, 외부서비스제공자, 조직의 기대되는 행위와 성과의 다양한 측면을 고려함. • 목표와 관련 인센티브, 압박을 식별함.
영향 식별	• 조직의 목표에 대하여 의사소통함. • 각 부서 및 하위부서는 조직의 목표달성을 위해 어떻게 지원하여야 하는가에 대한 의사소통 포함함. • 동일한 행위가 과거에 시장에서 보상을 받았는지 혹은 징계를 받았는지 조사함. • 목표를 달성하였는지, 부문적으로 달성하였는지 그 결과(긍정적, 부정적)에 대하여 의사소통함.
의미있는 측정지표	• 성과측정에 있어 의미있는 정보로 변환된 지표를 사용함. • 실제치와 기대치를 대비하여 측정. 차이가 긍정적 혹은 부정적인 영향을 미치는지 평가함. • 조직의 목적달성에 미치는 영향을 평가함.
변화에 대한 조정	• 보상 자격요건에 대한 성과측정지표를 주기적으로 재조정함. • 시간의 흐름에 따라 위험의 잠재적 영향에 근거하여 성과측정지표를 주기적으로 재조정함.

인센티브는 임직원들이 성과를 내도록 동기를 부여하는 것이다. 인센티브는 보통 급여 인상이나 상여 등의 형태가 사용된다. 보다 큰 역할을 부여하거나 조직내에서의 인정 등 비금전적 형태도 효과적인 인센티브가 될 수 있다. 경영진은 부적절한 행동을 조장하지 않도록 회사의 성과평가지표와 보상체계를 지속적으로 적용하고 정기적으로 적절한지 검토한다. 예를 들어 매출목표와 다른 목표간에 이해상충이 발생하는 경우 윤리강령 등 업무수행기준에 위배되는 행위를 야기할 수 있다.

보상의 형태에 고용 및 승진구조를 포함하는 경우에는 그 적용시 윤리적 행위에 대하여 실제 준수하였는지 그 결과를 검토하도록 한다. 회사의 윤리강령 등 업무수행기준을 준수하지 않는 구성원은 제재를 받고 승진대상에서 제외되며 기타 보상을 받지 못한다.

인센티브는 그 형식과 관련없이 특정한 행위를 유발하게 된다. 만약, 당기순이익 증대에만 초점을 맞춘 회사가 있다면 이러한 동기부여는 분식회계, 매출 밀어내기 등과 같은 의도치 않은 행위를 유발할 수도 있다.

34) Internal control-Integrated framework(COSO, 2013)

경영진과 이사회는 성과측정과 관련하여 개인과 팀의 성과를 정기적으로 평가한다. 여기에는 비즈니스 성과, 윤리강령 준수, 적격성의 입증 등이 포함된다. 성과측정 방법에 있어서도 인센티브 및 성과체계와 관련하여 적정한지 혹은 관련성이 있는지 주기적으로 검토하고 만약 필요하다면 측정방법을 재조정한다.

원칙 5 ③ 과도한 압박(Pressures)

경영진과 이사회는 목적을 달성하기 위한 목표를 설정하며, 이러한 목표설정은 그 본질적으로 회사 내부적으로 압박(pressure)를 만들어낸다. 또한, 압박은 환경이 주기적인 변화하면서도 발생할 수 있다. 이 경우 회사는 업무량을 재조정하거나 리소스 수준을 적절하게 조정함으로써 목표달성에 해를 끼칠 수 있는 위험을 감소시킬 수 있다.

이러한 압박은 개인이 단기간 및 장기간에 걸쳐 기대에 부응하는 행동과 성과를 내도록 긍정적으로 동기부여한다. 하지만, 과도한 압박은 직원이 목표를 달성하지 못할 경우, 결과를 두려워하게 하고 그로 인하여 정하여진 프로세스를 우회하거나 부정 또는 부패에 가담하게 할 수 있다.

| 과도한 압박을 유발하는 상황 |

구 분	내 용
비현실적 목표	• 달성할 수 없는 수준의 비현실적인 목표, KPI는 과도한 압박을 유발한다. 이는 특히 단기 결과와 관련성이 높다.
이해상충	• 이해관계자 간 서로 다른 목표와 이해관계의 상충은 과도한 압박을 유발할 수 있다.
장단기 불균형	• 단기 재무성과에 대한 보상과 장기적으로 고려된 보상간의 불균형이 있는 경우 과도한 압박을 유발한다. • 예를 들어 단기성과와 지속가능경영 목표간의 괴리가 이에 해당한다.

과도한 압박의 예로 부정적인 시장상황에 맞지 않게 공격적인 판매수량 목표를 세운다면 판매관리자는 숫자를 위조하거나 혹은 부정, 기타 불법행위를 저지를 수도 있다.

다른 예시로서 투자 트레이더에게 높은 수익성을 입증하라는 과도한 압박을 가한다면, 발생한 손실을 충당하기 위해 감당할 수 없는 위험에 대한 투자행위를 할 수도 있다. 마찬가지로 시장에 제품을 빠르게 출시하고 수익을 창출하도록 하는 압박은 제품개발 혹은 안전테스트에 있어서 완전하지 않은 제품이 출고될 수도 있다. 이러한 과도한 압박은 고객에게 해를 끼치거나 평판에 손상을 가하는 등의 부정적 효과를 가져오게 된다.

전략변경, 인수/분할 등의 사업구조개편 등의 비즈니스의 변화도 압박을 만들어낸다. 따라서, 경영진과 이사회는 이러한 압박을 이해하고 적절한 메시지, 인센티브와 보상간의 균형을 맞추어야 한다. 이를 위해 경영진과 이사회는 책임할당, 성과측정, 성과평가에 있어서 인센티브와 보상에 대한 압박을 적절하게 설정하고 미세하게 조정한다.

원칙 5 ④ 성과평가 및 보상(Performance Evaluation and Reward)

성과 목표가 이사회에서 최고경영자, 고위경영진 및 기타직원으로 계단식으로 내려가는 것처럼 성과평가 역시 각 단계에서 수행된다. 이사회는 최고경영자의 성과를 평가하고, 차례로 고위경영진의 성과를 평가한다. 각 수준에서 윤리강령의 준수 여부 및 예상되는 역량 수준을 평가하고 보상을 할당하거나 적절한 징계 조치를 취하게 된다. 보상은 금전, 주식, 승진 등의 다양한 형태일 수 있다. 이러한 평가의 결과는 바람직한 행동을 유도할 수 있도록 보상 또는 징계의 형태로 실행된다.

보상정책 및 실무절차는 조직의 보상철학을 기반으로 하며 회사가 시장에서 취하고 있는 경쟁적 위치를 고려하여 설정된다. 특히, 최고의 인재를 유치하기 위해서는 업계평균보다 높은 인센티브 및 보상이 요구된다. 보상은 성과평가, 적격성에 대한 역량과 기술, 시장가격(업계평균)을 기반으로 설정된다. 이런 방식의 보상은 높은 성과를 낸 인력은 유지하고 기대되는 성과수준을 맞추지 못한 인력은 이탈하도록 유도한다. 인사관리부서는 보상과 관련있는 정보를 획득하고 보상정책을 실행 및 관리하는 프로세스를 설정한다. 성과평가 및 보상정책과 관련된 중요한 내용은 임직원과 공유되어야 한다.

성과측정은 장단기 관점에서 목표달성(예 : 재무적 목표달성)과 위험을 허용가능위험 수준 이하로 관리하는 능력(예 : 내부통제 수행)에 대하여 측정되며, 과거(retrospective, historical)와 미래(perspective, looking forward)의 위험을 모두 고려하여 측정된다.

성과측정과 보상체계 연결과 관련한 실무적 사례는 "4.9 성과와 보상체계 연결"을 참고하기 바란다.

내부회계관리제도 설계 및 운영 적용기법에서는 내부회계관리제도 책임부여를 구현하기 위해서 다음의 구체적인 사례를 제시하고 있다.

적용기법 5.1 내부회계관리제도 관련 책임 정의 및 강조

47. 경영진은 효과적인 내부회계관리제도의 설계·운영을 위해 필요하다고 판단되는 다양한 역할별 책임에 대한 설명을 정의하여 제시한다. 외부 재무보고의 목적을 달성하기 위해

이사회와 경영진은 윤리, 청렴성 및 역량에 대한 강한 의지를 보여주는 철학과 경영 방식을 유지한다.

48. 내부회계관리제도에 궁극적인 책임을 지는 대표이사와 내부회계관리자는 내부회계관리제도의 예외사항이나 미비점을 강조하고, 내부회계관리제도 관련 인원들에게 일정기간 동안 각각의 책임을 준수하고 있음을 확인하도록 한다.

적용기법 5.2 균형 잡힌 성과평가, 인센티브 및 보상 개발

49. 경영진은 다음 사항을 고려한 성과 평가, 인센티브 및 보상 정책을 수립한다.
  - 기업의 윤리적 가치와 일치
  - 내부회계관리제도 장단기 목표를 달성하는 데 필요하다고 판단되는 모든 조직에 적용
  - 균형적으로 재무 및 비재무 조치를 모두 포함
  - 채용정책, 평가 절차 및 승진정책 등과 연계
  - 내부회계관리제도 평가 결과 및 내부고발제도와의 연계

50. 경영진은 성과평가, 인센티브 및 보상정책의 핵심적인 요소와 해당 요소가 어떻게 목적 달성에 긍정적으로 작동할 것인지 이사회에 보고한다.

적용기법 5.3 성과측정지표의 적정성 검토

51. 이사회와 경영진은 회사의 임직원이 성과 달성에 대한 압박, 인센티브 및 보상에 어떻게 반응하는지를 확인하는 과정을 통해 평가지표가 의도한대로 작동하고 있는지를 검토하고 주기적으로 성과평가지표의 적정성을 평가한다. 평가는 다음을 포함할 수 있다.
  - 산업 동향, 규제 변화 또는 기업의 목표 변화를 고려한 성과측정지표의 적정성 재평가
  - 발생한 재무적 오류, 윤리적 위반, 법률 위반사례를 확인하여 현재 성과평가지표가 통제를 우회할만한 과도한 압박을 초래하는지 여부 고려
  - 기존 통제를 우회하거나 편법 사용을 초래할 정도의 과도한 압박이 존재하는 항목의 원천과 변화사항을 모니터링
  - 외부기관을 통한 벤치마킹 및 직원 인터뷰 수행
  - 선택한 회계정책이나 절차가 현재 성과측정방법에 의해 왜곡될 수 있는지 고려
  - 성과측정지표 평가 결과를 고려한 성과측정지표 개선과 채용, 평가 및 승진 방식을 변경

52. 이사회는 성과평가가 적절하게 완료되었음을 관리・감독하고, 관련 보상 계획을 승인한다. 특히, 이사회는 고위 경영진을 위해 수립된 성과측정 및 보상 계획이 기업의 전략 목표와 적절히 일치하고 부정한 재무보고를 유발시킬 수 있는 과도한 압박을 주지 않으면서 바람직한 책임감을 고취할 수 있도록 감독한다.

적용기법 5.4 성과에 대한 보상을 연계

53. 경영진은 필요에 따라 정기적인 개별 보상이나 징계 조치에 대한 객관적인 직원 평가 및 보상 시스템을 설계한다. 보상 및 징계 결정은 임직원의 윤리・행동강령 및 내부회계관리제도에 대한 개인과 조직의 목표 준수 여부를 기반으로 한다.

Q 예시 전사수준 통제기술서(ELCA) – 통제환경(원칙 5)

Ⅰ. 통제환경(Control environment)

통제환경은 내부통제제도의 기반을 이루는 구성요소로 도덕성과 윤리적 가치에 대한 태도를 기반으로 이사회 및 감사 및 감사위원회를 포함한 내부통제제도 관련 조직의 책임을 명확히 하고 해당 업무를 수행할 수 있는 조직체계의 구성, 교육을 포함한 인력운용 및 성과평가의 연계가 이루어질 수 있는 체계를 포함한다.

(원칙 5) 회사는 조직 구성원들에게 내부회계관리제도의 목적을 달성하기 위해 필요한 책임을 부여한다.

중점고려사항	통제내용	테스트 절차	관련규정	주관부서
1. 조직구조, 권한 및 책임을 통한 내부회계관리제도 책임 부여-경영진과 이사회는 조직 전체 구성원들과 내부회계관리제도 수행에 관한 책임에 대해 의사소통을 하고, 그들에게 책임을 부여하며 필요한 경우 개선활동을 이행하도록 하는 체계를 수립한다.	회사는 내부회계관리제도 평가 대상이 되는 업무의 효과적인 업무분장과 책임에 대한 [위임 전결규정]을 운영하고 있다. 내부회계관리제도 운영과 관련된 조직에 대한 업무분장 및 보고체계 등은 [내부회계관리규정 및 업무지침]에 명시된다. 내부회계관리제도의 R&R은 내부회계관리시스템에서 관리되고 있으며 Scoping 단계에서 실무적으로 조정하고 있다.	1. 회사의 [내부회계관리제도 조직 편성 및 운영 규정 수립] 사항을 테스트하기 위해 아래 자료를 징구한다. -[내부회계관리규정 및 업무지침] 2. 통제활동의 테스트 절차로 아래를 확인한다. -위임 전결 규정에 재무관리 업무에 대한 업무분장과 책임이 규정되어 있는지 확인한다. -내부회계관리규정 및 업무지침에 내부회계관리제도 운영과 관련된 조직에 대한 업무분장 및 보고체계가 명시적으로 제시되어 있는지 확인한다. -내부회계관리시스템에서는 각 임직원별로 규정된 내부회계관리제도 권한 및 책임에 대하여 Scoping 단계가 완료되는 경우 개별 이메일로 통보한다. 3. 예외사항이 발견된 경우, 원인을 파악하고 어떻게 조치하였는지를 확인한다.	내부회계관리규정, 위임전결규정	내부회계관리팀

중점고려사항	통제내용	테스트 절차	관련규정	주관부서
2. 성과평가 및 보상정책 수립 - 경영진과 이사회는 장단기 목적 달성의 균형을 고려하고, 조직 전체 구성원의 내부회계관리제도 책임 이행에 적합한 성과평가와 보상정책을 수립한다.	내부회계관리제도의 효과적 설계 및 운영을 위해 운영결과(미비점 발생 및 개선노력)를 성과평가 요소에 반영하고 보상정책과 연계된다. 또한 평가에 이의가 있는 경우 평가 조정사항에서 관련 지표/가중치/목표수준을 조정하거나 실적에서 해당 영향을 조정, 목표 또는 실적을 합리적으로 수정하거나 평가주기 및 방법을 조정하여 평가할 수 있다.	1. 회사의 [성과평가 및 보상정책] 사항을 테스트하기 위해 아래자료를 징구한다. - 성과평가 및 보상정책 규정 - 운영평가 결과 성과평가 반영 여부 자료 - 급여관리규정 2. 통제활동의 테스트 절차로 아래를 확인한다. - 전략기획부 담당자에게 성과평가 방법 및 보상정책에 대해서 질의하고 증빙을 징구하여 내부회계관리제도 운영평가 결과가 성과평가에 반영되었는지 여부 등을 확인한다. - 급여관리규정을 수령하여 평가에 이의가 있는 경우 평가방법, 주기 등을 조정하여 평가할 수 있음을 확인한다. 〈참고-내부회계관리제도 성과평가요소〉 • CEO단기경영평가반영 - 지표명 : 투명/윤리경영 기반 강화(가중치 5%) - 목표 : 내부회계관리제도 실효성 강화 - 내부회계관리제도 인프라 구축 및 운영 프로세스 정립, 평가 및 개선 이행 모니터링 - 내부회계관리제도 설계 및 운영평가 효과성 확보 • 조직경영평가 Penalty 부여 - Penalty 유형 : 내부회계관리제도 운영실태 점검결과 발견된 중요한 미비점 - 감점기준 : 조직 평가총점에서 감점(1점~3점) • 본사본부장 평가반영	내부회계 관리규정 급여관리 규정 성과평가 및 보상정책 규정	내부회계 관리팀 인사부

중점고려사항	통제내용	테스트 절차	관련규정	주관부서
		- 지표명 : 경영진 지시사항(본부별 가중치 5~10%) 지표 내 별도 가중치 반영 - 목 표 : 내부회계관리제도 구축 Plan 이행, 내부회계 검토 결과 반영 - 평가방식 : 세부적인 평가방식 및 시기는 내부회계관리팀에서 결정 예정 • 본사각실, 지역본부 평가에 반영 - 각 본부에서 하위기관(실, 지역본부, 공장) 평가시 내부회계관리제도 운영 관련 평가 반영 3. 예외사항이 발견된 경우, 원인을 파악하고 어떻게 조치하였는지를 확인한다.		
3. 성과평가 및 보상정책과의 연계-경영진과 이사회는 내부회계관리제도 목적 달성을 위해 내부회계관리제도 책임 이행과 그에 따른 성과평가 및 보상을 연계한다.	회사는 외감법 및 동법 시행령과 내부회계관리제도 설계 및 운영 개념체계에 따라 내부회계 관리제도 성과평가 및 보상정책을 내부회계관리규정에 명문화한 제도를 마련하고 있다. 회사의 대표이사, 내부회계관리자, 감사위원회, 내부회계관리팀, 프로세스오너, 내부통제오너는 운영실태 평가결과(예외사항, 미비점, 의무교육이수 현황, 개선권고사항 이행 여부 등)에 대해 평가받고 KPI에 내부회계관리제도 평점을 가감하여 성과에 대한 보상을 측정한다.	1. 회사의 [성과평가 및 보상정책 연계] 사항을 테스트하기 위해 아래 자료를 징구한다. - 성과평가 및 보상정책 상세규정 - 운영평가결과 성과평가 반영 여부 자료 - 급여관리규정 2. 통제활동의 테스트 절차로 아래를 확인한다. - 급여관리규정 및 성과평가 및 보상정책규정의 별첨 #1의 평가방법에 최종 KPI의 평가는 KPI평점에 부서장 정성평가, 내부회계관리제도 평가내용이 모두 반영되어 있는지 확인한다. - 당해연도의 성과급 지급시 내부회계관리제도 평가내역 반영 여부에 대하여 인사부에 질문하고 평가내역 반영 여부를 문서확인한다. 3. 예외사항이 발견된 경우, 원인을 파악하고 어떻게 조치하였는지를 확인한다.	내부회계 관리규정 급여관리 규정 성과평가 및 보상정책 규정	내부회계 관리팀 인사부

중점고려사항	통제내용	테스트 절차	관련규정	주관부서
4. 과도한 압박 고려 – 경영진과 이사회는 조직 구성원들에게 책임을 부여하고 성과평가지표를 수립하고 평가할 때 관련된 압박이 존재하는지를 평가하고 조정한다.	회사는 임직원의 성과를 측정하는 수단과 절차를 마련하여, 성과평가제도 운영 시에는 목표수립 및 성과 달성 실적 사항을 입력토록 인트라넷에 공지하고 있다. 임직원은 공지사항에 따라 매년 성과 목표 입력사항을 입력하고 해당 팀장은 임직원의 목표수립에 대한 적정성에 대한 검토 후 확정한다.	1. 회사의 [전사 성과평가 제도 운영] 사항을 테스트하기 위해 아래 자료를 징구한다. –성과평가 계획 및 목표설정 공지 게시판 캡처 화면 –성과평가 결과입력 공지 –성과목표 입력 화면(팀장승인 완료) 2. 통제활동의 테스트 절차로 아래를 확인한다. –성과평가제도가 임직원에서 공유되어 설명하고 있는지 여부(제도 설명 공지 등) –목표설정과 성과평가 결과 작성을 전사 차원에서 안내하고 진행하고 있는지 여부를 확인한다. –목표 입력 후, 해당 팀장의 검토가 이루어지고 있는지 확인한다. 3. 예외사항이 발견된 경우, 원인을 파악하고 어떻게 조치하였는지를 확인한다.	급여관리 규정 성과평가 및 보상정책 규정	인사부
5. 개인의 성과평가, 보상 또는 징계조치 – 경영진과 이사회는 내부회계관리제도 책임 이행(윤리강령의 준수 및 적격성의 기대 수준 충족 포함)에 대한 성과를 평가하고, 그 결과에 따라 보상하거나 필요 시 징계조치를 취한다.	회사의 대표이사, 내부회계관리자, 감사위원회, 내부회계관리팀, 프로세스오너, 내부통제오너는 운영실태 평가결과(예외사항, 미비점, 의무교육이수 현황, 개선권고사항 이행 여부 등)에 대해 평가받고 KPI에 내부회계관리제도 평점을 가감하여 성과에 대한 보상을 측정한다. 내부회계관리제도 운영실태 평가시 [성과평가 및 보상정책규정]의 [별첨 #1]에 따라 다음의	1. 회사의 [성과평가 및 보상정책] 사항을 테스트하기 위해 아래 자료를 징구한다. –성과평가 및 보상정책 규정 –운영평가결과 성과평가 반영 여부 자료 –급여관리규정 2. 통제활동의 테스트 절차로 아래를 확인한다. –[성가평가 및 보상정책규정] 별첨 #1에 개인의 성과평가 반영 여부 및 징계조치에 대한 규정의 포함 여부를 확인한다. –운영평가테스트 결과 [중요한 취약점]에 해당하는 결과가 존재하는 경우, 해당 프로세스오너, 내부통제오너, 관련 본부장, 내부회계관리자, 대표이사의 징계	내부회계 관리규정 급여관리 규정 성과평가 및 보상정책 규정	내부회계 관리팀 인사부

중점고려사항	통제내용	테스트 절차	관련규정	주관부서
	항목에 대하여 보상 및 징계 여부를 결정한다. - 내부회계관리제도를 효과적, 효율적으로 운영하기 위한 제도개선 제안에 대하여 평가하여 가점을 부여하며 중요한 개선사항에 대해서는 [임직원 상벌규정]에 따라 포상한다. - 내부회계관리제도 개선권고사항에 대하여 기한 내 이행한 경우에는 최초 감점에서 30%~70%를 보고기간 내와 보고기간 이후 개선사항으로 구분하여 경감한다. - [중요한 취약점]이 존재하는 경우 해당 임직원을 징계위원회에 회부하여 [임직원 상벌규정]에 따라 징계 여부를 결정한다.	내역에 대하여 검토한다. - 당기 중 임직원의 내부회계관리제도의 개선권고사항이 존재하는지 확인한다. 만약 개선권고사항이 존재하는 경우 그 실행가능성과 위험개선효과를 평가한 문서를 징구하고, 그 결과에 따라 [임직원 상벌규정]에 따라 포상하였는지 확인한다. 3. 예외사항이 발견된 경우, 원인을 파악하고 어떻게 조치하였는지를 확인한다.		

4.6.2 전사수준 통제평가서 – 위험평가

원칙 6 구체적인 목적 수립 : 회사는 관련된 위험을 식별하고 평가할 수 있도록 내부회계관리제도의 목적을 명확하게 설정한다.

위험평가의 전제조건은 목적(혹은 목표)을 설정하는 것이다. 위험의 정의는 조직의 목표달성을 방해하거나 저해하는 것으로 규정할 수 있기 때문에, 목적을 명확하게 설정하면 관련된 위험을 구체적으로 식별할 수 있다.

내부회계관리제도 설계 및 운영 개념체계와 COSO의 Internal Control–Integrated Framework에서 규정하고 있는 내부통제 목적은 ① 운영의 효율성 및 효과성(Operations), ② 보고정보의 신뢰성(Reporting), ③ 법규 및 정책의 준수(Compliance)이다.

즉, 내부통제의 목적 중 어떤 것을 대상으로 하느냐에 따라서 위험의 내용이 달라진다. 만약, 법규 및 정책의 준수(Compliance)를 목적으로 한다면 직장 내 성희롱이 발생하거나, 취업규칙을 위배하는 등의 상황은 중요한 위험으로 판단될 수 있다. 하지만, 보고정보의 신뢰성(Reporting)을 목적으로 한다면 위에서 언급한 위험(성희롱 및 취업규칙 위배)은 중요한 위험의 대상이 아니게 된다.

내부회계관리제도는 내부통제제도의 목적 3가지 중에서 보고정보의 신뢰성(Reporting)을 그 대상으로 하고 있다. 보고정보의 신뢰성은 다음과 같이 다시 세부적으로 구분될 수 있는데 내부회계관리제도의 대상은 그중에서 외부 재무보고(external financial reporting) 목적이므로 이와 관련된 위험만을 식별하는 데 집중하여야 한다.

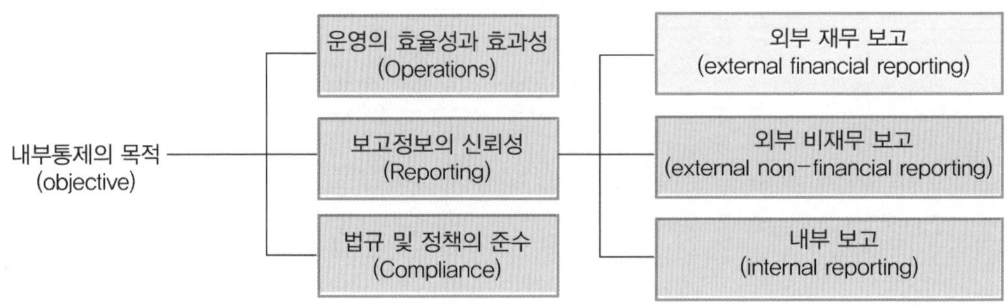

위험의 식별 및 정의는 '무엇이 잘못 될 수 있을 것인가(What could go wrong?)'라는 질문으로부터 출발한다. 여기서 무엇이 잘못된다는 의미는 특정 사건이 기준으로부터 얼마나 벗어나 있는 것인가(이탈하여 있는가)라는 의미로 해석될 수 있다. 그러므로 위험을 정의하고 식별하기 위해서는 기준과 이탈에 대한 측정요소가 필요하다.

기준과 관련하여서는 내부회계관리제도의 목적을 고려하여 본다면 일반적으로 인정된 회계기준(GAAP, Generally accepted accounting principle)을 사용할 수 있을 것이다. 왜냐하면 회사의 재무제표는 회사 내 거래와 사건의 실질을 반영하기 위해서 기업회계기준이나 국제회계기준과 같은 명확한 회계기준에 따라 중요성의 관점에서 적정하게 작성되어야 하기 때문이다.

또한, 회계정보는 회계기준에 따라 작성된 재무제표가 유용한 정보로써 갖추어야 할 질적 특성을 반영하여야 한다. 이는 그 거래의 속성을 충분하게 표현할 수 있어야 하며 비교가능성, 검증가능성, 적시성 및 이해가능성을 갖추어야 한다는 의미이다. 이러한 질적 특성은 적절한 회계원칙과 경영자 주장을 통해 적용된다.

이탈에 대한 측정요소와 관련하여서는 중요성 기준이 적용될 수 있다. 중요성은 특정 재무정보의 누락 혹은 왜곡표시가 정보이용자의 의사결정에 영향을 미치는지에 대한 여부이다. 중요성의 결정에는 국제감사기준(ISA)을 준용할 수 있으며, 이에 대한 세부적인 내용은 앞서 "3.4.1 유의한 계정과목 및 주석정보의 파악(중요성 기준)"에서 기술하였다.

내부회계관리제도 구체적인 목적수립 원칙을 준수하기 위해 내부회계관리제도 설계 및 운영 개념체계에서 중점고려사항으로 다음의 3가지 항목을 제시하고 있다.

원 칙	중점고려사항 제목	중점고려사항 내용
원칙 6. 구체적인 목적 수립	적합한 회계기준의 준수	신뢰할 수 있는 외부 재무제표를 작성할 때, 경영진은 회사에 적용되는 회계기준을 고려한다. 또한 경영진은 회사의 상황과 목적에 적합한 회계원칙을 채택하고 일관성 있게 적용한다.
	회사 활동의 실질 반영	외부 재무보고는 재무정보의 질적 특성과 경영자 주장을 뒷받침할 수 있는 기초 거래와 사건을 반영한다.
	중요성 고려	경영진은 재무제표 표시에 있어 중요성을 고려한다.

원칙 6 ① 적합한 회계기준 준수(Complies with Accounting standards)

회사는 외감법의 준수 및 내외부의 이해관계자에 대한 의무를 준수하기 위해 신뢰성 있는 재무보고를 수행하여야 할 의무가 있다. 공시된 재무제표 및 재무정보는 자본시장의 필수요소이며 계약을 체결하거나 공급업체 등과 거래하는 데 중요하게 사용될 수 있다. 그뿐만 아니라 투자자, 애널리스트 및 채권자는 재무제표 및 기타 재무정보를 사용하여 회사의 성과를 다른 기업들과 비교하고 투자대상을 선정하는 데 사용한다.

재무보고 목적을 준수한다는 것은 회사에 적합한 회계기준을 일관성 있게 적용한다는 것과 일맥상통한다. 외부 재무보고는 공시되는 재무제표를 그 주된 대상으로 하지만 외부 이해관계자가 비교목적 등으로 사용할 수도 있는 재무제표 등을 기반으로 작성된 주석사항 및 기타 재무정보도 대상에 포함한다.

- 외부공시를 위한 재무제표는 한국채택국제회계기준, 일반기업회계기준 등 회사가 적용해야 하는 회계기준에 따라 작성된다. 이러한 재무제표는 연간 및 중간재무제표, 요약 재무제표 및 기타 재무정보를 포함한다. 예를 들어, 이러한 재무제표는 금융감독원에 공시를 위하여 제출하거나, 사업보고서 및 annual report를 통해 배포하거나, 법인의 웹사이트에 게시하는 등 다양한 매체를 통해 배포된다.
- 공시용 재무제표외의 기타 재무정보 및 보고서도 회계기준에 따라 작성된다. 일반적으로 국세청과 같은 세무당국, 기타 정부기관 등 규제와 계약사항을 충족시키기 위해 배포된다(대출계약에 따라 은행에 제출, 국세청에 법인세 등 세무신고, 비영리단체의 경우 자금조달 기관에 보고 등).
- 외부에 공시/보고되는 기타 재무정보의 예로는 이익 공표, 회사의 웹사이트 등에 공시되는 선별적 재무정보, 세무신고 및 기타 규제사항을 충족시키기 위해 보고되는 정보 등이 있으며, 이는 회사의 재무제표나 장부로부터 파생된다. 일반적으로 이해관계자는 이러한 정보도 회계기준 및 회계정책에 부합할 것으로 기대한다.

원칙 6 ② 회사활동의 실질반영(Qualitative Characteristics, Assertions)

회사활동의 실질반영의 내용은 회계정보 질적특성과 경영진 주장[35]의 내용으로 구성된다.

회계정보 질적특성은 근본적 질적특성(Fundamental qualities)과 보강적 질적특성(Enhancing qualities)으로 구분되며, 정보가 정보이용자에게 유용하기 위해 갖추어야 할 비계량적 속성을 의미한다.

근본적 질적특성은 목적적합성과 표현의 충실성으로 표현되며, 관련된 내용은 다음과 같다.

---

35) 회계감사기준은 경영진 주장으로 사용하고 있으나, 내부회계관리제도에서는 경영자 주장 및 경영진 주장을 혼용하여 사용하고 있다.

| 근본적 질적특성 |

구 분	내 용
목적적합성	정보가 의사결정자의 의사결정과 관련성이 있어야 한다는 것을 의미함.
표현의 충실성	정보는 완전성(completeness), 중립성(neutrality) 및 오류의 최소화(Free from error)의 속성을 갖추어야 한다는 것을 의미함.

보강적 질적특성은 비교가능성 및 일관성, 검증가능성, 적시성 및 이해가능성으로 구성되며 다음과 같다.[36)]

| 보강적 질적특성 |

구 분	내 용
비교가능성	이용자들이 항목 간의 유사점과 차이점을 식별하고 이해할 수 있게 하는 질적특성을 의미함.
일관성	한 보고기업 내에서 기간 간 또는 같은 기간 동안에 기업 간, 동일한 항목에 대해 동일한 방법을 적용하는 것을 말함. 비교가능성은 목표이고 일관성은 그 목표를 달성하는 데 도움을 줌.
검증가능성	합리적인 판단력이 있고 독립적인, 서로 다른 관찰자가 어떤 서술이 표현 충실성에 있어, 비록 반드시 의견이 일치하지는 않더라도, 합의에 이를 수 있다는 것을 의미함.
적시성	의사결정에 영향을 미칠 수 있도록 의사결정자가 정보를 제때 이용 가능하게 하는 것을 의미함.
이해가능성	정보를 명확하고 간결하게 분류하고, 특징 지으며, 표시하는 것은 정보를 이해가능하게 함.

재무보고의 질적특성은 적절한 회계원칙과 경영진 주장을 통하여 적용된다. 경영진 주장은 재무제표의 계정과목 및 주석사항과 관련하여 경영자가 명시적 혹은 묵시적으로 주장하는 내용을 말하며, 일반적으로 인정된 회계처리기준에 의하여 재무제표를 작성 공시하였다는 사실을 주장하는 것이다. 경영진 주장의 항목은 다음과 같이 열거할 수 있으며, 세부내용은 "3.4.2 경영자 주장의 식별"을 참고하기 바란다.

- 실재성
- 완전성
- 권리와 의무

36) 한국채택국제회계기준(재무보고를 위한 개념체계)

• 평가
• 재무제표 표시와 공시
• 발생사실
• 측정

원칙 6 ③ 중요성(Materiality)[37)]

중요성 개념은 목적적합성과 관련이 깊다. 중요성은 특정 재무적 금액의 목적적합성을 결정하는 임계치가 된다. 만약 특정 재무정보의 누락 또는 왜곡표시가 재무정보에 기반한 정보이용자의 의사결정에 영향을 줄 수 있다면 그 정보는 의사결정에 관련성이 높은 것이고 중요한 것이다. 중요성은 누락 및 왜곡표시가 발생하는 특정상황에서 판단 대상이 되는 항목과 오류의 크기에 따라 달라질 수 있다. 외부보고의 경우, 중요성은 외부 정보이용자들의 요구에 부합할 정도의 정확성을 반영하고, 허용 가능한 범위 내에서 회사의 활동, 거래 및 사건을 표시하게 한다. 또한, 내부회계관리제도의 관리 대상이 되는 재무보고요소의 범위를 결정하는 중요한 요인으로 이용된다.

내부회계관리제도 설계 및 운영 적용기법에서는 (원칙 6) 구체적인 목적 수립을 구현하기 위해서 다음의 구체적인 사례를 제시하고 있다.

적용기법 6.1 재무제표 계정, 공시 및 경영진의 주장 확인

54. 경영진은 공시사항을 포함한 재무제표 작성 과정의 신뢰성을 확보하고 중요한 왜곡표시가 발생하지 않도록 주요 계정과 공시사항에 대한 명확한 목적을 제시한다.
55. 이를 위해 각각의 외부 재무보고가 관련된 회계기준 및 규제사항을 준수하여야 하며, 주요 계정과 공시사항에 대한 회계정책, 지침 및 절차 등을 통해 목적을 명확하게 제시할 수 있다. 일반적으로 회사는 재무제표 계정과 공시사항에 대해 명시적 혹은 암묵적으로 경영자의 주장을 적용한다. 내부회계관리제도가 모든 왜곡표시 위험을 관리할 수 없으므로, 다음에 제시되는 중요성 금액을 고려하여 중요한 왜곡표시가 발생할 수 있는 재무제표 계정을 선정한다. 선정된 각 계정과 공시사항의 정보를 구성하는 기초 거래와 프로세스도 대상에 포함된다.

37) 중요성의 구체적인 적용 방법 및 해설은 "3.4.1 유의한 계정과목 및 주석정보의 파악(중요성 기준)"을 참고하기 바란다.

적용기법 6.2 재무보고 목적의 구체화

56. 일반적으로 대표이사는 구체적이고 다양한 목적을 포괄할 수 있는 재무보고 목적을 제시한다. 이러한 목적을 구체화하기 위해 경영진은 구체적이고, 측정 가능하며, 달성 가능하고, 관련성 있고, 적시에 처리할 수 있는 방식을 적용한다. 경영진은 회사의 정책, 지침 및 절차에서 제시하는 재무보고의 주요 항목들에 대한 목적이 회사의 사업 및 거래 성격에 따라 구체적으로 제시되고 회계원칙에 부합하는지 확인하여야 한다.

적용기법 6.3 중요성의 고려

57. 계정과목 및 주석정보가 개별적 또는 다른 계정과목이나 주석정보와 결합하여 재무제표의 중요한 왜곡표시의 발생가능성이 낮지 않다면(reasonable possibility), 이를 유의한 계정과목 및 주석정보("유의한 계정과목 등"이라 함)라 한다.
58. 경영진은 다음과 같은 양적 요소와 질적 요소를 모두 고려하여 외부 재무보고의 유의한 계정과목 등을 선정한다.
   - 재무제표 정보이용자가 누구인지
   - 재무제표 정보이용자의 판단이나 의사결정에 중요한 영향을 미치는 항목
   - 재무제표 요소의 크기(예 : 유동자산, 유동부채, 총자산, 총수익, 순이익) 및 재무제표 종류(예 : 재무상태표, 손익계산서, 현금흐름표)
   - 회사 업종의 특성
   - 잔액이나 특정 거래 평가가 어려운 정도
   - 재무제표의 주요 추세(예 : 이익, 매출, 현금흐름 등)

적용기법 6.4 회계정책의 수립 및 변경

59. 경영진은 회계기준에 따른 회계처리를 위해 회사 고유의 회계정책, 지침 및 절차 등이 필요한 부분을 파악하고 관련된 정책과 절차를 구비한다. 회사의 모든 중요한 항목에 대해 정책이 마련되어야 하나, 항목별로 요구되는 회계정책 등의 구체적인 문서화 수준은 다음 항목에 비례하여 그 필요성이 증대된다.
   - 회사의 회계처리가 복잡하거나, 높은 수준의 판단이 개입되는 경우
   - 회사의 거래가 복잡하고 다양한 경우
   - 업무처리 인력의 회계 및 관련 업무 전문성이 충분하지 경우
60. 또한, 경영진은 회사의 사업과 관련된 회계기준의 제/개정이 존재하는지 여부를 확인하고 회계정책의 변경 필요성을 검토한다. 주기적으로 경영진은 재무보고에 중요한 영향을 미칠 만한 회계기준뿐 아니라, 최근의 주요 이슈 항목 및 감독당국의 강조사항에 대한 분석 결과를 감사(위원회)에 보고한다. 동종 산업 내 유사기업의 회계정책과 유의적인 차이점을 확인한 내용을 포함한다. 해외 사업장의 경우에는 추가적으로 해당 국가 회계기준에 부합하는 재무제표 작성을 위한 정책 및 절차 관리 활동까지를 포함한다.

적용기법 6.5 다양한 기업활동의 고려

61. 경영진은 감사(위원회)의 감독하에서 회사의 모든 주요 활동이 재무제표에 적절하게 반영되었는지 여부를 확인하기 위해 다양하게 진행된 기업 활동을 고려한다. 또한, 경영진은 재무제표 정보이용자가 기업의 중요한 거래와 사건을 이해할 수 있도록 재무제표가 표시되고 공시되었는지를 확인한다. 특히 위험평가 절차에서 누락될 수 있는 회사의 비경상적인 활동에 대해 유의한다.

Q 예시 전사수준 통제기술서(ELCA) - 위험평가(원칙 6)

Ⅰ. 위험평가(Risk Assessment)

위험평가는 내부통제제도의 목적 달성을 저해하는 위험을 식별하고 평가 및 분석하는 활동을 의미한다. 구체적이고 명확한 목적을 설정하여 관련된 위험을 파악하고, 파악된 위험의 중요도(심각성) 정도를 평가한다. 동 절차에서 부정위험 평가를 포함하여 고려하고, 회사의 중요한 변화사항을 고려하여 기존에 평가한 위험을 지속적으로 유지·관리하는 것을 포함한다.

(원칙 6) 회사는 관련된 위험을 식별하고 평가할 수 있도록 내부회계관리제도의 목적을 명확하게 설정한다.

중점고려사항	통제내용	테스트 절차	관련규정	주관부서
1. 적합한 회계기준의 준수 - 신뢰할 수 있는 외부 재무제표를 작성할 때, 경영진은 회사에 적용되는 회계기준을 고려한다. 또한 경영진은 회사의 상황과 목적에 적합한 회계원칙을 채택하고 일관성 있게 적용한다.	재무회계부는 회계기준에 따른 회계처리를 위해 회사 고유의 회계정책, 지침 및 절차 등이 필요한 부분을 파악하고 회계처리규정에 따라 다음과 같은 사항을 관리한다. - 회계정책서 관리목록 - 회계기준 재/개정에 따른 영향 분석자료(필요시 수행)	1. 회사의 [적합한 회계기준 준수] 사항을 테스트하기 위해 아래 자료를 징구한다. - [회계정책서 관리목록] - [회계기준 재/개정에 따른 영향 분석자료] 2. 통제활동의 테스트 절차로 아래를 확인한다. - 회계정책서를 징구하여 회사의 중요 계정과목 중 정하여진 절차 및 기준을 모두 포함하고 있는지 문서검사한다. - 당기에 한국채택국제회계기준 개정/제정 내용을 확인하여 재무회계부에 신규로 변경된 회계정책서 관리목록, 영향분석자료와 대사 확인한다. 3. 예외사항이 발견된 경우, 원인을 파악하고 어떻게 조치하였는지를 확인한다.	회계처리 규정 회계정책서	재무회계부

중점고려사항	통제내용	테스트 절차	관련규정	주관부서
2. 회사 활동의 실질 반영 - 외부 재무보고는 재무정보의 질적 특성과 경영자 주장을 뒷받침할 수 있는 기초 거래와 사건을 반영한다.	회사의 재무제표는 회계정보의 질적 특성인 목적적합성, 신뢰성, 이해가능성을 반영하도록 작성되며 이는 재무회계부와 CFO의 검토를 받아 외부에 공시된다. -주요 추정 및 판단에 대한 신뢰성 및 목적적합성은 MRC 문서에 의해 심도있게 분석된다. MRC는 전문성과 독립성을 구비한 책임자가 작성한다. -주요 경영내용 및 비경상적 활동은 모두 이사회에 보고된다. 주요 질적 내용을 검토하여 주석사항으로 공시한다. -재무제표를 구성하는 기초정보의 신뢰성과 완전성을 확보한다. ITGC, ITAC 이외의 기초정보의 활용은 IPE inventory를 작성하고 신뢰성을 확보한다. IPE는 IT정보개발부 책임자의 승인을 받는다.	1. 회사의 [회사의 실질활동 고려] 사항을 테스트하기 위해 아래 자료를 징구한다. -[이사회 의사록] -[MRC 문서화자료] -[IPE inventory] 2. 통제활동의 테스트 절차로 아래를 확인한다. -이사회 의사록을 확인하여 신규 비즈니스의 개설 여부, 관련된 경영활동이 발생주의 기준으로 공시 및 반영되었는지 확인한다(목적적합성). -회사의 주요 추정 및 계정과목 사항이 MRC 통제로 선정되어 관리되는지 확인한다. -주요 추정 및 판단이 포함되는 계정과목이 검증가능한 방법에 의해 산출되었는지 확인한다(신뢰성, 검증가능성). -주요 추정 및 판단에 포함되는 계정과목은 경영진의 예측정보와 차이가 발생하였는지 확인한다. 만약 차이(정도(Precision))가 10%를 초과한 경우 그 원인에 대하여 조사하였는지 문서검사한다. -주요 추정 및 판단에 사용되는 기초정보가 완전하며 정확한지에 대한 검증내용을 확인한다(IPE를 통한 신뢰성). 3. 예외사항이 발견된 경우, 원인을 파악하고 어떻게 조치하였는지를 확인한다.	내부회계 관리규정	내부회계 관리팀 재무회계부
3. 중요성 고려-경영진은 재무제표 표시에 있어 중요성을 고려한다.	회사는 다음의 내용을 포함하여 매년 [중요성 기준 문서]를 작성하고 있다.	1. 회사의 [중요성 고려 사항을 테스트하기 위해 아래 자료를 징구한다. -[내부회계관리제도 중요성 산정 문서]	내부회계 관리규정	내부회계 관리팀

중점고려사항	통제내용	테스트 절차	관련규정	주관부서
	-벤치마크 요소(매출액, 세전이익, 순자산, 총자산 등)를 고려하여 중요성 기준을 수립하고 이의 50~75%를 적용한 수행 중요성기준으로 유의한 계정과목을 선정한다. -벤치마크 요소에 대한 고려요소(재무제표요소, 재무제표이용자의 중점 고려항목, 기업의 성격 및 수명주기상 위치, 자본조달방법, 벤치마크 상대적 변동성)를 분석하고 그 합리적 검토내용을 기재한다. -벤치마크 요소에 대한 조정사항, 적용비율(Net exposure X 3~5%, Gross exposure X 0.5 ~ 2%)에 대한 검토내역을 기재한다.	2. 통제활동의 테스트 절차로 아래를 확인한다. -총자산/순자산/매출액에 따라 중요성 수행기준의 50~75%로 Scope-in 대상 계정과목을 선정하였는지 확인한다. -벤치마크로 사용된 총자산, 총수익, 세전순이익의 요소는 회사의 상황과 비즈니스 현황을 고려하여 선정되었는지 확인한다. -중요성 기준 선정에 대한 감사인 협의 및 이사회 보고자료를 검토한다. 3. 예외사항이 발견된 경우, 원인을 파악하고 어떻게 조치하였는지를 확인한다.		

원칙 7 **위험 식별 및 분석 : 회사는 목적 달성에 영향을 미치는 위험을 전사적으로 식별하고, 위험 관리방안을 수립하기 위해 위험을 분석한다.**

내부회계관리제도는 위험기반접근법(risk-based approach)에 기반하고 있어 합리적 확신을 얻기 위해 모든 위험과 내부통제에 대해 완전한 검증을 요구하지 않는다. 따라서, 누락 및 왜곡사항의 발생가능성이 높은 곳에 집중적인 자원을 투입하게 되는데 이를 위해서는 위험의 식별 및 평가가 수반되어야 한다.

내부회계관리제도에서의 위험은 전사수준 위험과 업무수준 위험으로 구분된다. 특히, 업무수준 위험의 식별은 경영자 주장의 왜곡표시 위험, 자산의 보호에 대한 실패 위험, 부패 위험으로 규정할 수 있는데 위험의 정의와 분석에 대한 부분은 "5.4.2.2 위험식별(risk identification)"에 자세히 기술하였다.

위험관리방안은 ① 위험을 식별하고 ② 분석하여 ③ 위험대응방안을 수립하도록 하는데 (원칙 7)의 중점고려사항에서는 이를 구분하여 제시한다.

| 위험관리절차의 3단계 |

위험식별 (Risk Identification) → 위험분석 (Risk Analysis) → 위험대응방안 수립 (Risk Response)

위험을 식별할 때에는 전사수준과 업무수준에서 분석될 수 있으며 회사(조직)의 내부뿐만 아니라 외부서비스제공자, 주요 공급처 및 협력업체 등 외부요인에서 유발될 수 있는 위험을 포함하여야 한다.

위험의 평가는 일반적으로 금액적 중요성과 발생가능성에 의해 평가된다. 금액적으로 중요하고 발생가능성이 높다면 그 위험은 중요한 것으로 판단될 수 있다. 금액적 중요성의 판단기준은 실무적으로 Scoping 단계에서 양적 중요성 기준을 사용한다. 발생가능성은 높은 경우(probable), 가능성이 있는 경우(reasonably possible) 및 가능성이 낮은 경우(remote)로 구분한다. 위험평가에 대한 구체적인 기술은 "5.4.2.2 ② 위험의 중요도 판단"에 기술하였다.

내부회계관리제도 위험의 식별 및 분석 원칙을 준수하기 위해 내부회계관리제도 설계 및 운영 개념체계에서는 중점고려사항으로 다음의 5가지 항목을 제시하고 있다. 관련된 중점고려사항은 중점고려사항별로 설명하는 것보다 위험식별, 위험분석, 위험대응방안으로 그룹핑하여 설명하였다.

원 칙	중점고려사항 제목	중점고려사항 내용
원칙 7. 위험 식별 및 분석[38]	회사 내 다양한 조직 수준 고려	회사는 회사, 종속회사, 부문, 운영 팀 및 기능 단위 등 회사 전체 조직 단위에서 목적 달성과 관련된 위험을 식별하고 평가한다.
	외부 재무보고에 영향을 미치는 내부 및 외부 요인 분석	내부 및 외부 요인과 그 요인들이 외부에 공시되는 재무제표의 신뢰성을 확보하는 목적을 달성하는 데 미치는 영향을 고려한다.
	적절한 수준의 경영진 참여	적절한 수준의 경영진이 참여하는 효과적인 위험평가체계를 구축한다.
	식별된 위험의 중요성 평가	회사는 해당 위험의 잠재적인 중요성을 평가하는 절차를 포함한 프로세스를 통해 식별된 위험을 분석한다.
	위험 대응 방안 결정	위험평가 결과 식별된 재무제표 왜곡표시 위험에 대하여는 적절한 위험 대응 방안을 결정하여 시행한다.

원칙 7 ① 위험식별(Risk Identification)

위험을 식별하고 분석하는 절차는 목적달성에 대한 능력을 향상시키기 위한 지속적이고 반복적인 과정이다. 회사는 모든 목적을 명시적으로 설정하지 않을 수 있다. 하지만, 목적을 명시하지 않았다는 사실이 조직 내외부에 위험이 없다는 것을 의미하는 것은 아니다. 따라서, 회사의 목표가 명시되었던 명시되지 않았던 간에 기업은 발생할 수 있는 모든 위험을 식별하고 관리하여야 한다. 이러한 위험식별 및 평가는 IT기술, 다양한 활동분석 등이 활용되며 경영진은 이를 위한 내부통제 활동을 개발하고 구현하여야 한다.

경영진은 회사에서 발생할 수 있는 다양한 위험을 고려하고 이에 대한 대응방안을 마련하여야 한다. 위험을 평가할 때에는 위험의 심각성, 영향을 미치는 속도, 위험의 지속성, 손실의 발생가능성 등 운영, 보고 및 법규준수와 같은 내부통제의 목적에 얼마나 영향을 미치는지 고려하여야 한다. 또한 회사는 허용가능위험의 수준(tolerance level)을 인지하고 있어야 하며, 그 범위내에서 어떻게 운영할 수 있는지에 대한 이해가 요구된다.

내부회계관리제도의 목적은 재무보고의 신뢰성을 확보하는 것이다. 하지만 다른 내부통제의 목적(운영목적, 법규준수목적)을 위배하는 상황도 재무보고 측면에서도 영향을 미칠 수 있다. 법률이나 규제를 위반하는 경우 관련된 벌금이나 과징금으로 인해 재무적으로

38) (원칙7)의 제목은 "위험 식별 및 문석"으로 기재하여 위험관리방안의 3단계 중 위험대응방안의 수립이 빠져 있다. 이러한 제목보다 "위험관리절차의 수립" 등의 정도가 더 명확한 표현이다.

영향을 미치는 경우와 같이 발생할 수도 있다. 따라서, 회사는 재무보고에 대한 위험식별을 주된 위험으로 고려하여야 하며, 운영 및 법규준수목적과 같은 다른 범주의 위험이 재무제표에 유의한 영향을 미친다면 이를 함께 고려하여야 한다.

목적에 맞는 위험의 식별을 위해서는 두 가지 속성을 만족하여야 한다.

첫 번째로 위험의 식별은 포괄적이어야 한다는 점이다.

위험식별시에는 내부거래인지 혹은 외부서비스제공자와 같은 외부와의 거래인지 여부에 상관없이 모든 유의한 거래를 포함하여야 한다. 뿐만 아니라 새롭게 개정된 법률 및 규제 등 외부적 요인으로 발생하는 위험도 함께 고려한다.

두 번째로 위험의 식별은 지속적이고 반복적이어야 한다는 점이다.

지속적 반복적이라는 특성이 있지만 단순하게 전기의 검토중에 발생한 위험의 목록을 작성하는 것에 그치는 것이 아니다. 항상 식별된 위험에 대하여 새로운 관점(fresh look)을 갖도록 하여 위험관리측면에서 유용성을 확보하여야 한다. 내부회계관리제도에 국한하여 보자면 재무제표를 왜곡표시할 수 있는 모든 잠재적 위험을 설정된 주기별로 찾아내고 그 위험을 관리하기 위한 절차를 반복한다.

① 회사 내 다양한 조직수준의 고려

위험은 회사의 다양한 조직구조를 고려하여 식별된다. 위험은 회사전반의 측면에서, 하위부서 측면에서 그리고 매출, 인사, 구매, 영업 등의 업무 수준(프로세스 수준)에서 발생한다. 그러므로 위험은 전사수준(Entity-level)과 업무수준(Process-level, Transaction-level)으로 구분하여 식별할 수 있다.

일반적으로 전사수준에서는 업무수준에서 식별되거나 다루어질 수 없는 조직전체에 영향을 미치는 상위수준(High level)의 위험을 식별한다. 반면, 업무수준에서는 본질적으로 그 거래에서 발생할 수 있는 고유한 위험을 구체적으로 상세하게 도출한다. 위험식별은 조직내부에서 발생하는 전사수준 및 업무수준 위험뿐만 아니라 외부서비스제공자, 주요공급처 등의 외부관계자로부터 유발될 수 있는 위험도 포함한다.

② 내부 및 외부 요인 분석

경영진은 위험식별을 위해 내부 및 외부요인을 고려한다. 위험은 고정되어 있는 것이 아니라 역동적으로 변모하는 특성을 갖고 있다. 따라서, 목표달성, 운영 우선순위 및 비용에 대한 측면에서 위험의 변동성은 일반적으로 위험평가 프로세스 주기를 결정하기 위한 중요한 고려요소가 된다. 만약에 내외부적 요인의 변화가 잦다면, 관련된 위험식별 및 평가의 빈도를 높이거나 실시간으로 수행하는 것이 유리하다.

| 위험분석시 고려할 수 있는 외부요인[39) |

구 분	고려사항
경제	자금조달, 자본 가용성, 경쟁자의 진입장벽에 영향을 미치는 변화
자연환경	원자재 가용성 감소, 정보시스템 붕괴, 우발상황 등을 초래 할 수 있는 자연재해 및 인재
규제적 요인	기존 재무보고에 변경을 필요로 하는 새로운 재무보고 기준이나 규정
해외기업활동	해외 진출 국가의 정부 변화로 인한 신규 법규, 규제 및 세금 제도
사회적 요인	제품개발, 생산 공정, 고객 서비스, 가격 및 보증제도에 영향을 미치는 고객의 요구사항 및 기대사항
기술적 요인	데이터 이용, 인프라 비용 및 기술 기반 서비스 수요에 영향을 미치는 기술적 발전

| 위험분석시 고려할 수 있는 내부요인 |

구 분	고려사항
인프라	회사 인프라 운영 및 상시적 이용가능성에 영향을 미치는 자본 조달구조 결정
경영구조	특정 통제활동 방식에 영향을 미칠 수 있는 경영진의 책임과 권한 변화
인사	회사 내 통제활동 인식 수준에 영향을 미칠 수 있는 인적자원의 역량 수준, 인사 교육 및 동기부여 방침
자산에 대한 접근권한	회사 자산의 남용·횡령을 초래할 수 있는 조직 활동 성격 및 직원의 자산 접근가능성
기술	회사 운영에 부정적 영향을 미칠 수 있는 정보시스템의 장애 등

내·외부요인을 파악하는 것은 포괄적인 위험평가를 위해서 반드시 필요한 사항이다. 만약 주요한 요소의 변화가 감지되면 경영진은 관련성과 유의성을 고려하여 위험이 어디에서 발생할 수 있는지 판단한 후 특정 통제활동과 연결한다.

39) [내부회계관리제도 설계 및 운영 개념체계]에서는 위험분석시 고려할 내부 및 외부요소로 규정하고 있지만, COSO의 Internal Control-Integrated Framework에서는 전사수준 위험을 발생시키는 내외부요인으로 기술하고 있다.

원칙 7 ② 위험분석(Risk Analysis)

전사수준과 업무수준에서 위험이 식별되면 식별된 위험에 대하여 위험분석을 수행한다. 위험은 정량화하는 것이 어렵기 때문에 위험을 분석하는 방법은 매우 다양하다. 하지만, 일반적으로 위험을 분석하는 방법은 발생가능성(likelihood)과 금액적 중요성 영향(impact)에 의해 평가한다.

① 적절한 수준의 경영진 참여

내부통제 내의 다른 프로세스와 마찬가지로 위험식별 및 분석에 대한 책임은 회사전체 및 부분, 부서에 있는 각 임직원에게 있다. 회사는 각 부분의 임직원이 전문성을 갖고 관여할 수 있는 효과적인 위험평가 프로세스를 마련하여야 한다.

② 위험의 중요성 평가

식별된 위험에 대하여 중요성을 평가한다. 중요성 평가시 다음과 같은 기준이 사용될 수 있다.

- 위험의 발생가능성(likelihood)
- 금액적 중요성, 영향(impact of risk, significance of risk)
- 위험발생으로 인한 영향이 발현하는데 걸리는 시간(velocity)
- 위험발생으로 인한 영향의 지속성 및 지속시간(duration)

위험의 중요성 평가시 가장 일반적으로 사용되는 방법은 발생가능성과 금액적 중요성에 의해 판단하는 방법이다.[40] '발생가능성'은 이벤트가 발생할 수 있는 확률을 의미하며 '금액적 중요성'은 그 이벤트가 발생한 경우에 미치는 영향을 의미한다.

발생가능성은 High/Low와 같이 2가지의 구분만을 사용하기도 하며, 더욱 구체화하여 적용될 수도 있으며, 백분율과 같은 정량적인 요소에 의해 측정할 수 있는 확률을 적용할 수도 있다[41]. 위험평가(위험의 중요도 판단)와 관련하여서는 "5.4.2.2 위험식별"에서 구체적인 적용방법론을 참고하기 바란다.

---

40) 회사와 상황에 따라서 likelihood와 impact은 probability, severity, seriousness, consequence 등의 용어가 사용될 수 있다.

41) 회계에서는 remote/reasonably possible/probable의 구분을 사용하며, 일반적인 위험관리시스템에서는 improbable/remote/ocational/probable/frequent의 구분을 사용하기도 한다.

| 위험판단도표(Risk Map)[42] |

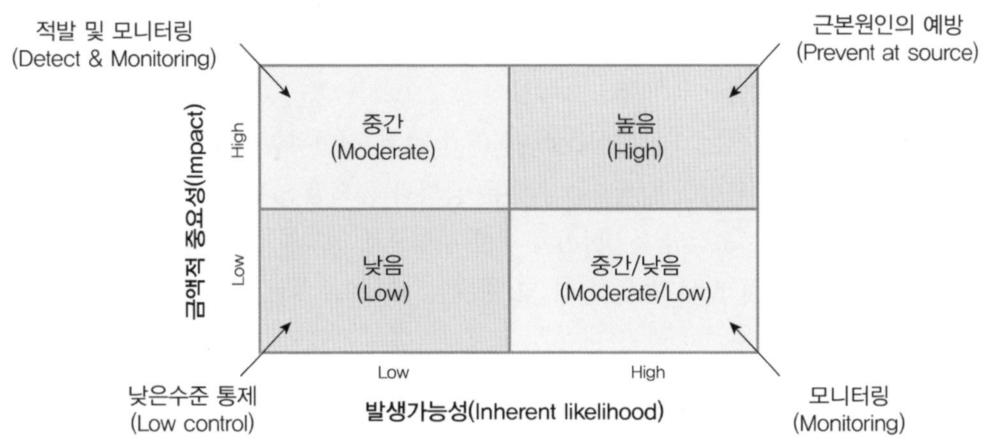

실제로 발생가능성도 낮고, 금액적 중요성도 낮은 위험에 대해서는 구체적인 위험대응방안이 필요하지 않다. 하지만, 반대로 발생가능성이 높거나 영향의 금액적 중요성이 큰 경우에는 상당한 수준의 주의를 요한다.

반면, 발생가능성은 낮지만 금액적 중요성이 큰 위험도 관리되기 위해 함께 고려되어야 한다. 발생가능성이 낮지만 금액적 영향이 높은 위험은 그 위험의 영향이 장기간에 걸쳐 지속될 때 더 커지게 된다. 특히 이러한 위험은 예측을 벗어나 예기치 못한 극단적인 상황이 발생할 수 있는 블랙스완 효과(Black Swan effect)를 발생시키는 요인이 되기 때문이다. 따라서, 발생가능성이 낮기 때문에 이러한 위험은 발생하지 않을 것이다는 고정된 관념과 잘못된 생각을 피하는 것이 중요하다.

금액적 중요성에 대한 추정은 과거 사건의 데이터를 사용하여 결정할 수 있다. 위험프로파일링 등에 의한 과거 데이터를 사용하게 되면 완전히 전적으로 주관적인 추정에 의하는 것보다 객관적일 수 있다. 금액적 중요성을 추정할 때 회사 자체 데이터를 사용하면 외부에서 조달된 데이터보다 관련성이 더욱 높고 더 나은 추정이 가능하다. 하지만, 내부데이터라고 하더라도 위험의 발현이 불규칙적인 경우에는 완전하지 않을 수 있으므로, 외부데이터는 위험분석을 보완·향상시키거나 내부 데이터에 의한 추정값의 검증 용도로 사용된다.

많은 기업들은 단기목표 및 중기목표에 초점을 맞추어 조직을 운영한다. 그러므로 경영진은 단/중기목표에 대한 시간선상에서 위험을 평가하기를 원할 수도 있다. 하지만 어떤

42) Heat map이라고 표현하기도 한다

위험은 장기적으로 노출되어 향후에 더욱 심각한 문제를 발생할 수도 있다. 단기/중기에 영향을 미치는 위험뿐만 아니라 장기적 성격의 위험도 같이 고려되어야 한다.

③ 고유위험과 잔여위험

위험에 대한 분석시에는 고유위험(Inherent risk)과 잔여위험(Residual risk)을 모두 고려하여야 한다. 고유위험은 발생가능성 혹은 금액적 중요성 영향을 낮추기 위한 경영진의 대응이 부재한 경우 조직의 목적달성에 대한 위험으로 정의할 수 있다. 즉, 회사의 내부통제시스템이 존재하지 않는 경우 거래 및 경제적 사건으로부터 발생할 수 있는 위험을 의미한다.

잔여위험은 경영진의 위험에 대한 대응방안이 적용된 이후에도 남아있는 위험이다. 다시 말하면 거래 및 경제적 사건의 고유한 특성으로부터 발생한 위험이 회사의 내부통제시스템을 거치고 나더라도 완전히 사라지지 않고 남아 있는 위험을 의미한다.

위험분석은 고유위험을 우선적으로 먼저 고려한다. 그후, 고유위험에 대한 내부통제를 설계하고 운영하고 나면 경영진은 잔여위험을 고려한다. 고유위험과 잔여위험을 함께 고려하면 회사가 필요한 위험대응방안의 범위를 이해하는 데 도움이 된다.

❑ 위험관리시스템과 감사위험

고유위험, 통제위험, 잠재위험, 잔여위험 등 다양한 위험의 분류와 개념이 혼용되어 사용되므로 혼동이 있을 수 있다. 이는 위험을 바라보는 관점에 따라, 혹은 목적에 따라 달라질 수 있는데 위험관리시스템과 회계감사에 따른 위험의 개념을 구분할 수 있다.

첫 번째로 위험관리시스템은 아래와 같은 그림으로 표현될 수 있다.

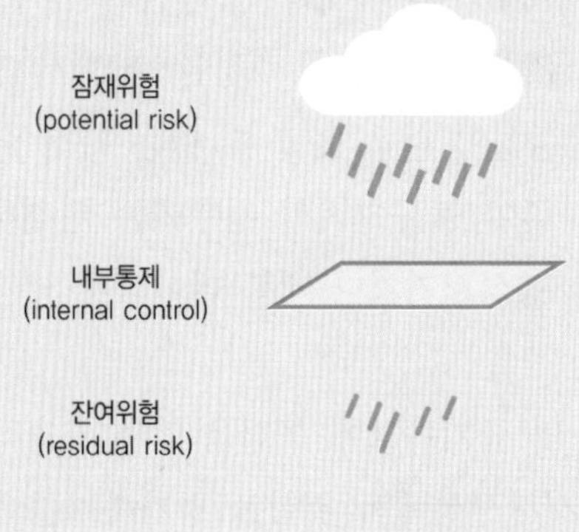

위험관리시스템은 관리하려고 하는 대상에 존재하는 잠재위험(potential risk)을 회사의 여러 가지 절차 혹은 내부통제로 관리한다. 하지만, 내부통제의 고유한계로 인하여 위험을 완전히 제거할 수는 없으며 위험을 축소하는 것만 가능하다. 이때, 남게 되는 위험을 잔여위험(residual risk)이라고 하는데, 위험관리시스템의 목적은 이 잔여위험을 허용가능위험(telerable risk)보다 낮게 만드는 것이다.

반면, 감사위험(audit risk)은 외부감사인이 재무제표를 감사한 이후에도 제거되지 않고 남아 있는 위험을 의미한다. 이러한 위험은 3가지의 복합 확률로 구성되어 있다. 거래 및 계정 잔액에서 발생한 고유한 위험(고유위험, inherent risk)이 회사의 내부통제에 의해 예방 혹은 적발되지 않거나(통제위험, control risk), 외부감사인에 의해 적발되지 않는 경우(적발위험, detection risk) 발생한다.

감사위험(AR) = 고유위험(IR) × 통제위험(CR) × 적발위험(DR)

내부회계관리제도는 회계 위험을 관리하기 위한 위험관리시스템이다. 그러므로 위험관리시스템과 감사위험을 모두 이해하고 적용하여야 한다. 위험관리시스템의 잠재위험(potential risk)은 내부통제를 고려하기 전이므로 재무제표에 존재하는 왜곡표시 위험을 고유위험(inherent risk)의 개념으로 식별하여야 한다. 경영진은 고유위험의 개념으로 식별된 잠재위험을 예방하거나 적발하기 위해 내부통제를 개발하고 운영한다. 이때, 내부통제가 잘 설계되지 않거나 운영되지 않을 수 있는데 이러한 통제실패(control failure) 상황을 통제위험(control risk)이라고 한다. 내부통제가 잘 작동한다고 하더라도 그 내재적인 한계로 인하여 잠재위험을 모두 제거할 수는 없다. 그때 남아있는 위험이 잔여위험(residual risk)이 된다.

이 잔여위험을 허용가능위험보다 낮추는 것이 내부회계관리제도의 목표이므로, 경영진은 잔여위험을 최소화하도록 노력하여야 한다. 이는 고유위험을 식별하고 적절한 내부통제를 설계 및 운영하여 통제위험을 낮추는 것에 의해 실현된다.

원칙 7 ③ 위험대응방안(Risk Response)

잠재적 위험의 중요성이 평가되면 경영진은 위험관리에 대한 방법을 고려한다. 위험관리는 위험의 중요성과 위험을 감소시키는 데 소요되는 비용을 함께 분석하여 적용한다. 위험관리안은 잔여위험을 완전하게 제거하거나 이상적인 측면에서 가장 작게 만드는 것이 아니다. 반면, 잔여위험이 허용가능위험 수준 이상인 경우에 경영진 및 이사회는 그 위험 대응방안을 재조정하고 수정하여 잔여위험을 허용가능위험 수준 미만으로 감소시켜야 한다. 따라서, 잔여위험과 허용가능위험을 지속적으로 균형을 맞추어 가는 반복하는 작업이 된다.

경영진은 잠재적 위험에 대하여 위험대응방안을 수립시 다음의 범주 내에서 결정하게 된다. 어떠한 범주의 위험대응방안을 선택하든지 간에 합리적 확신을 부여할 수 있어야 하므로 잔여위험이 허용가능위험 수준의 범위 내이어야 한다.

- 수용(acceptance) : 발생가능성과 영향의 금액적 중요성에 영향을 주는 조치를 취하지 않음.
- 회피(avoidance) : 위험을 유발하는 활동을 수행하지 못하도록 함.
- 경감(reduction, mitigation) : 발생가능성이나 영향의 금액적 중요성을 줄이기 위한 조치를 취함.
- 공유 혹은 전가(sharing, transfer) : 위험의 일부를 제3자에게 전가하거나 공유하여 발생가능성이나 영향을 금액적 중요성을 감소시키는 행위(보험가입 등)

경영진은 수용, 회피, 경감, 공유와 같은 구체적인 대응방안을 마련할 때 다음의 사항을 고려한다.

- 위험의 금액적 중요성을 고려한 대응방안이 허용가능위험에 부합하는지 여부
- 위험을 유의하게 감소시키기 위한 업무분장의 필요성 정도
- 위험대응방안의 비용-효익 분석

| 위험대응방안 |

구 분	내 용
수용	• 위험이 발생하기 전에 어떠한 조치도 취하지 않음. • 적극적 수용과 소극적 수용으로 구분할 수 있음. ① 적극적 수용 : 위험이 발생하려고 하거나 발생한 경우 어떠한 식으로 대처하겠다는 비상계획(위험징후(risk trigger)에 따른 구체적 시나리오)을 개발하여 두는 것 ② 소극적 수용 : 발생가능성과 금액적 중요성의 영향이 낮기 때문에 어떠한 조치도 취하지 않고 그대로 내버려 두는 것
회피	• 위험을 유발하는 활동을 수행하지 못하게 함으로써 발생시키는 원인을 원천적으로 제거하는 것 • 수행가능영역이 제한됨으로써 수익증대이나 비용절감과 같은 기회를 축소시킬 가능성이 존재함.
경감	• 허용가능위험의 수준까지 위험의 발생가능성이나 영향의 금액적 중요성을 낮추는 방법 • 가장 보편적인 위험대응방안 • 위험완화를 위하여 시간 및 비용 등이 소요되는 것이 일반적임.

구 분	내 용
공유 혹은 전가	• 위험의 영향 및 대응의 주체를 제3자에게 이동시키는 것 • 위험을 제3자에게 이전하는 것으로써 위험자체를 제거하는 것이 아니며, 제3자에 이전함에 따라 리스크프리미엄을 지불하여야 함.

내부회계관리제도 설계 및 운영 적용기법에서는 내부회계관리제도 위험을 식별 및 분석을 구현하기 위해서 다음의 구체적인 사례를 제시하고 있다.

적용기법 7.1 위험 식별 절차

62. 경영진은 재무제표에서 중요한 누락이 발생하거나 왜곡이 발생할 위험을 확인하고 주요 계정의 경영진의 주장 및 공시사항별로 위험의 발생 가능성을 확인하는 위험 식별 절차를 수행한다. 동 과정에서 각 재무제표 계정 및 공시사항의 근거가 되는 거래의 식별, 처리, 측정, 분류, 기록 및 보고와 연계된 업무 프로세스 및 사업단위를 파악한다. 관련 부서와 업무프로세스를 파악하는 것이 복잡하고 어려울 수 있으므로, 각 사업부나 팀의 리더 혹은 프로세스 오너와의 논의를 통해 확인하는 것이 바람직하다. 또한 관련 부서와 업무프로세스를 지원하는 정보기술 시스템(IT system)을 식별하는 것을 포함한다. 계정과목 프로세스 연계표 등을 이용하여 계정과목과 연관된 프로세스 및 연관 위험을 표시하는 것이 도움이 된다.

적용기법 7.2 계정과목 등에 대한 위험 평가

63. 경영진은 계정과목 각각의 경영자 주장을 고려하여 잠재적으로 중요한 왜곡표시가 발생할 위험을 평가한다. 재무제표와 공시항목 단위에서 위험평가 시에는 전사적 통제의 수준, 계정과 관련된 위험 및 프로세스에 관련된 위험을 종합적으로 고려하여 평가한다. 위험을 식별하고 평가하는 절차에서 양적 요소와 질적 요소를 모두 고려하여 유의한 계정과목 등을 선정한다. 특정 계정과목이 유의한 계정과목으로 선정되지 않은 경우에도 다른 계정과목이나 주석정보와 결합하여 중요한 왜곡표시가 발생할 위험이 낮지 않은지(reasonable possibility) 고려하여야 한다.
64. 하기와 같은 양적 요소와 질적 요소를 고려하여 주요 재무제표 항목별 잠재적인 중요한 왜곡표시 발생 위험을 평가하고 그 결과를 높음, 중간 및 낮음 등으로 분류한다. 만일 특정 계정에 속하는 세부 계정에 따라 위험의 정도가 다른 경우 세부 계정의 수준에서 계정의 위험의 정도를 결정한다. 위험을 식별하고 분석하는 절차는 다음을 포함하는 양적 요소와 질적 요소를 모두 고려한다. 이러한 위험평가 결과와 위험 대응 방안은 감사(위원회) 및 내부회계관리자의 확인과 검토가 필요하다. 이에 위험평가 절차가 문서화되지 않거나 적절하지 않은 경우에는 내부회계관리제도가 적절하게 설계 운영되지 못할 가능성이 높다.

- 재무제표에 미치는 영향 : 일반적으로 잠재적인 왜곡표시 위험은 정량적으로 측정된다. 영리기업의 중요성 금액은 일반적으로 직전 평가기간의 세전순이익 또는 당해 평가기간 예상 세전순이익의 일정 비율로 결정한다. 다만, 회사의 과거 경험에 비추어 특정 평가기간의 중요성 금액을 결정하는데 사용하는 세전순이익이 비경상적이라고 판단하는 경우, 경영진은 비경상적이거나 비반복적인 성격의 항목을 고려하여 조정한 세전순이익을 사용할 수 있다. 한편, 세전순이익이 중요성 금액을 결정하는데 적절하지 않다고 판단하는 경우에는, 총자산 또는 영업수익(또는 매출액)을 이용할 수 있다. 경영진은 중요성 금액의 산출근거를 적절히 문서화한다.

65. 중요성 금액으로 총자산 기준을 사용하는 경우 총자산의 구성내용에 대한 검토가 필요한 경우도 있다. 예를 들어, 총자산 중 영업권 등 무형자산의 비중이 큰 경우 이를 포함한 중요성 금액이 회사의 규모 및 특성을 대표할 수 있는지 검토한다.

66. 세전순이익 기준보다 총자산 또는 영업수익(또는 매출액) 기준을 적용하는 것이 더 적절한 경우의 예는 다음과 같다.
   - 직전 평가기간에 손실이 발생했거나 이익규모가 적은 경우(또는 당해 평가기간에 손실이 발생하거나 적을 것으로 예상되는 경우)
   - 사업 초기단계로서 세전순이익의 변동성이 크거나 빠르게 성장하는 경우
   - 영업활동이 거의 없는 회사의 경우
   - 세전순이익이 영업의 규모를 적절히 반영하지 못하는 경우

67. 실무적으로 재무제표에 대한 중요한 왜곡표시 위험을 충분히 감소하기 위해 1차적으로 정해진 중요성 금액의 일정비율에 해당하는 수행 중요성을 적용한다. 일반적으로 일정한 비율은 전사적 수준 통제와 고유위험을 고려한 위험평가 결과에 따라 50~75%로 적용할 수 있다.

68. 또한 경영진은 특정 계정의 왜곡표시 위험이 과소평가될 수 있는 가능성에 대하여 정성적 평가를 수행한다. 이를 위해 다음의 질적 요소를 고려한다.
   - 계정 특성
     - 계정과목 내 개별 거래의 복잡성, 동질성
     - 추정이나 판단이 개입되는 회계처리 및 평가
     - 회계처리 및 보고의 복잡성
     - 우발채무의 발생가능성
     - 특수관계자와 유의적 거래의 존재 여부
     - 계정과목 성격의 변화 및 당기 금액 변화 정도
     - 비경상적인 거래
     - 관련 회계처리기준의 변경
     - 법규 및 감독당국의 강조 사항
     - 주요한 외부환경의 변화가 존재하는 계정
   - 계정과 관련된 프로세스의 특성

- 프로세스의 복잡성
  - 프로세스의 변경 정도
  - 중앙 집중화 및 동질성 정도
  - 프로세스를 지원하는 IT 시스템의 복잡성 및 변화 정도
  - 프로세스에 개입하는 내부 · 외부 이해관계자의 수(혹은 부서의 수)
- 부정위험
  - 부정에 쉽게 노출되는 계정으로 부정 행위 발생 가능성의 정도
- 전사적 수준의 요소
  - 계정, 프로세스 및 부정위험에 영향을 미칠 수 있는 전사적 수준의 정책, 절차 및 통제 수준을 고려(예를 들어 내부회계관리조직의 변화, 부정관리 프로그램의 수준, 교육의 수준, 회계정책 관리 등을 고려)

적용기법 7.3 기업 구성원과의 논의

69. 주요 재무회계 및 내부회계관리제도 관리 인력은 다음 구성원들과 정기적인 회의를 통해 위험 평가가 적절하였는지를 확인한다.
    - 재무보고와 관련된 위험에 영향을 미칠 수 있는 중요한 사업계획, 주요 약정 및 활동을 확인하기 위한 경영진과의 회의
    - 내부회계관리제도와 관련된 위험에 영향을 미칠 수 있는 정보기술(IT)의 변화를 모니터링하기 위한 IT 담당자와의 논의
    - 인력 및 직원의 이동이 내부회계관리제도에 필요한 역량에 어떤 영향을 미치는지 파악하고 평가하기 위한 인사 담당자와의 논의
    - 법률 및 규제 변경사항 대응을 위한 법무팀과의 논의
    - 경영진이 관심을 가지는 기타 분야의 담당자

적용기법 7.4 식별된 위험의 중요도와 발생 가능성에 대해 평가

70. 경영진은 중요한 누락 및 왜곡표시가 발생할 고유 위험의 중요도와 그 발생 가능성에 따라 위험을 분석하고 평가한다. 이후 위험평가 결과를 기반으로 어떻게 해당 위험을 허용 가능한 수준 이하로 관리할 것인지 결정한다.

적용기법 7.5 내/외부 요인 고려

71. 경영진은 재무보고 목적 달성을 위한 회사의 능력에 영향을 줄 수 있는 다음의 외부 요인을 고려한다.
    - 경기 변동
    - 자연재해, 인재 또는 환경 변화
    - 회계기준 제/개정

• 법률 및 규제 변화
• 소비자 수요 변화
• 기술 변화

72. 경영진은 재무보고 목적 달성을 위한 회사의 능력에 영향을 줄 수 있는 다음의 내부 요인을 고려한다.
• 자본 조달 방식
• 경영진 책임의 변화
• 인사 채용 및 교육 고려사항
• 직원의 회사 자산에 대한 접근성
• 내부 IT 시스템의 변화

73. 이러한 요소가 확인되는 경우, 경영진은 각 요소를 고려한 위험평가 결과의 수정 및 이후 적절한 대응 조치를 취한다. 뿐만 아니라, 중요한 변화사항 및 대응 방안에 대한 내/외부 의사소통이 필요한지 고려한다.

적용기법 7.6 위험 대응 방안에 대한 평가

74. 경영진이 허용 가능한 수준 이하로 위험이 감소되었는지를 평가할 때 회피, 수용, 감소, 공유와 같은 다양한 위험 대응 방안을 고려한다. 내부회계관리제도는 이 과정에서 경영진이 외부 재무보고 목적과 관련된 위험을 충분히 고려할 것을 요구하나, 경영진은 운영위험 등 다른 종류의 위험을 종합적으로 고려할 수 있다. 경영진은 또한 결정한 위험 대응 방안들이 어떻게 상호작용하여 위험을 수용 가능한 수준으로 감소시키는지 고려한다.

75. 내부회계관리제도는 경영진이 재무제표에 중요한 왜곡표시가 발생하지 않을 것이라는 합리적인 확신을 가질 것을 요구한다. 그러므로 경영진은 중요한 재무제표 요소가 왜곡표시될 위험을 충분히 고려하여 위험 대응 방안을 결정하여야 한다.

예시 전사수준 통제기술서(ELCA) – 위험평가(원칙 7)

Ⅱ. 위험평가(Risk Assessment)

위험평가는 내부통제제도의 목적 달성을 저해하는 위험을 식별하고 평가 및 분석하는 활동을 의미한다. 구체적이고 명확한 목적을 설정하여 관련된 위험을 파악하고, 파악된 위험의 중요도(심각성) 정도를 평가한다. 동 절차에서 부정위험 평가를 포함하여 고려하고, 회사의 중요한 변화사항을 고려하여 기존에 평가한 위험을 지속적으로 유지·관리하는 것을 포함한다.

(원칙 7) 회사는 목적 달성에 영향을 미치는 위험을 전사적으로 식별하고, 위험의 관리방안을 판단하기 위해 위험을 분석한다.

중점고려사항	통제내용	테스트 절차	관련규정	주관부서
1. 회사 내 다양한 조직 수준 고려 – 회사는 회사, 종속회사, 부문, 운영 팀 및 기능 단위 등 회사 전체 조직 단위에서 목적 달성과 관련된 위험을 식별하고 평가한다.	이사회에서는 각 조직부분별로 매년 주요 경영지표를 산정하고 배부하고 있다. 주요 경영지표 배부시에는 조직부분별 당해연도 위험에 대해 분석한다. – 조직부분별의 지역 및 조직의 성격을 구분하며 FY20X9에 적용되는 내용은 다음과 같다(해외영업, 국내영업, 국내제조본부, 북미자회사, 중국유한공사). – 해당 조직부문별 위험은 해당 조직부문장이 작성하고 리스크관리부에서 검토한다. 리스크관리부에서는 재무제표왜곡표시위험, 운영위험 및 컴플라	1. 회사의 [다양한 조직구조를 고려한 위험평가] 사항을 테스트하기 위해 아래 자료를 징구한다. –[해당 부분별 위험평가자료(이사회보고자료)] –[리스크관리위원회 의사록] 2. 통제활동의 테스트 절차로 아래를 확인한다. –[해당 부분별 위험평가자료]를 징구하여 각 부분별로 재무제표왜곡표시위험, 운영위험, 컴플라이언스 위험을 식별하였는지 확인하고 해당 부서장의 승인을 득하였는지 확인한다. –[리스크관리위원회 의사록]을 징구하여 해당 위험평가자료에 의해 파악된 주요위험의 관리방안이 마련되었는지 확인한다. 3. 예외사항이 발견된 경우, 원인을 파악하고 어떻게 조치하였는지를 확인한다.	위험관리 규정	리스크 관리부

중점고려사항	통제내용	테스트 절차	관련규정	주관부서
	이언스위험을 구분하여 상세한 내역이 파악되었는지 확인한다. - 중요위험으로 파악된 내용은 별개의 문서를 작성하고 리스크관리위원회에서 최종 검토한다. 리스크관리위원회에서는 해당 리스크의 관리방안을 문서화하여 5년간 보관한다.			
2. 외부 재무보고에 영향을 미치는 내부 및 외부 요인 분석 - 내부 및 외부 요인과 그 요인들이 외부에 공시되는 재무제표의 신뢰성을 확보하는 목적을 달성하는 데 미치는 영향을 고려한다.	내부회계관리팀은 정기적/비정기적인 미팅 등을 통해 내외부 환경 변화에 따른 위험을 식별평가하고 대응방안을 마련한다. [내/외부 변화관리 체계] - 내부회계관리팀은 외부 규제환경 변화 / 조직변경 / 프로세스 변경 / 시스템 도입 및 변경 등에 대한 신규위험요소를 적시에 식별하고 대응하기 위해 매월 본사 각 본부로부터 재무이슈보고서를 수령하여 이슈를 파악하는 체계를 마련하여 운영하고 있다. - 이를 통해, 신규 위험을 식별 및 개선한 결과는 내부회계시스템 상의 내부회계관리제도	1. 회사의 [내외부요인 변화분석] 사항을 테스트하기 위해 아래 자료를 징구한다. - [각 부서의 재무이슈보고서] - [통제기술서] 2. 통제활동의 테스트 절차로 아래를 확인한다. - 내부회계관리팀 담당자에게 내부요인분석 체계에 대해서 질문한다. 정기적/비정기적으로 내부요인분석 위해 내부회계관리팀에서 수행한 문서내역을 확인한다. - 각 본부로부터 재무이슈보고서 수령 내역을 확인한다. - 내/외부 요인분석을 위한 조직별 역할 및 책임과 변화관리 미팅의 정기적 수행 여부를 확인한다. - 미팅 결과 공유 및 내부회계관리제도 운영상에 반영 여부를 확인한다. 3. 예외사항이 발견된 경우, 원인을 파악하고 어떻게 조치하였는지를 확인한다.	내부회계 관리규정	내부회계 관리팀

중점고려사항	통제내용	테스트 절차	관련규정	주관부서
	(통제기술서 등)에 반영하는 변화관리를 수행한다. [중장기 경영전략을 통한 변화관리] - 내/외부 환경변화에 따른 위험 인식 및 대응은, 정기적인 중장기 경영전략 등의 사업계획을 통해 관리된다. - 중장기 경영전략 및 20X9년 사업계획의 주요 사항은 다음과 같다. • 경영환경 : 글로벌 경제, 국내경제, 법인세, 4차 산업혁명 등 • 국내매출 : 사회의 인식, 트렌드, 경쟁사 분석, 관련 산업규제 등 • 해외매출 : 글로벌 시장 분석, 지역별 인구 추세, 규제 등 • **부문 : 기능성 소재, 건기식 시장 성장, 신유통 채널의 성장 등 • **부문 : 타사 성장전략, 보건정책 주요 이슈 등			

중점고려사항	통제내용	테스트 절차	관련규정	주관부서
3. 적절한 수준의 경영진 참여 - 적절한 수준의 경영진이 참여하는 효과적인 위험평가체계를 구축한다.	내부회계관리팀은 내부회계관리제도의 통제기술서 상 주요 위험평가에 대해서 리스크관리위원회에게 보고한다. 리스크관리위원회에 보고되는 위험내역은 다음과 같다. - 위험평가결과 High로 판단되는 주요위험(Key risks) - 직전연도 재무제표 왜곡이 발생된 사항(감사인 지적사항 포함) - 중요위험에 대한 주요 관리사항 - 영업의 내용 중 우발상황으로 회사의 재무현황에 영향을 미칠 수 있는 사항	1. 회사의 [적절한 수준의 경영진 참여] 사항을 테스트하기 위해 아래 자료를 징구한다. - [주요위험 보고자료] - [주요위험 관리사항 보고자료] 2. 통제활동의 테스트 절차로 아래를 확인한다. - 경영진에게 보고된 주요위험 보고자료를 징구하여 파악된 주요한 위험이 리스크관리위원회에 보고되었는지 확인한다. - 주요위험 관리사항에 대한 리스크관리위원회의 승인 여부를 확인한다. 3. 예외사항이 발견된 경우, 원인을 파악하고 어떻게 조치하였는지를 확인한다.	내부회계 관리규정	내부회계 관리팀 리스크관리 위원회
4. 식별된 위험의 중요성 평가 - 회사는 해당 위험의 잠재적인 중요성을 평가하는 절차를 포함한 프로세스를 통해 식별된 위험을 분석한다.	회사는 발생 가능한 재무보고 누락 및 오류 위험을 식별하고, 내부회계관리제도의 관련 위험의 정도를 [통제기술서]에 문서화한다. - 식별된 위험은 [금액적 중요성]과 [발생가능성]에 의해 판단한다. 금액적 중요성은 수행 중요성 기준을 사용하며 발생가능성은 50%(more lilely than not) 이상인 경우를 높음으로 한다.	1. 회사의 [식별된 위험의 중요성] 사항을 테스트하기 위해 아래 자료를 징구한다. - [통제기술서] - [내부회계관리규정] 2. 통제활동의 테스트 절차로 아래를 확인한다. - [내부회계관리규정]에 위험평가(risk priority) 구분에 대한 명확한 근거가 제시되어 있는지 확인한다. 위험평가는 금액적 중요성과 발생가능성을 고려하고 기타 질적 요소를 고려하여야 한다. - 파악된 위험에 대한 추가적인 질적 요소 고려사항이 적절하게 문서화되었는지 확인한다. 3. 예외사항이 발견된 경우, 원인을 파악하고 어떻게 조치	내부회계 관리규정	내부회계 관리팀

중점고려사항	통제내용	테스트 절차	관련규정	주관부서
	-High : 금액적 중요성 높음, 발생가능성 높음 -Moderate : 금액적 중요성 높음, 발생가능성 낮음/ 금액적 중요성 낮음, 발생가능성 높음 -Low : 금액적 중요성 낮음, 발생가능성 낮음	하였는지를 확인한다.		
5. 위험 대응 방안 결정-위험평가 결과 식별된 재무제표 왜곡표시 위험에 대하여는 적절한 위험 대응 방안을 결정하여 시행한다.	내부회계관리팀은 식별된 발생가능한 재무보고 누락 및 오류 위험을 구분하여 다음과 같이 회피, 수용, 감소, 전가(공유)에 의해 위험을 통제하며 잔여위험을 허용가능한 수준으로 낮추도록 하고 있다. 당사의 위험관리세칙은 위험구분에 따라 다음과 같이 관리하도록 규정하고 있다. -High risk : 감소, 회피, 전가 -Moderate risk : 감소, 회피, 전가 -Low risk : 수용, 감소, 회피, 전가 위험관리세칙에 따른 감소, 회피, 수용, 전가의 정의는 다음과 같다. -위험감소 : 위험을 감소시킬 수 있는 대책을 채택 -위험회피 : 위험이 존재하는	1. 회사의 [위험대응방안결정] 사항을 테스트하기 위해 아래 자료를 징구한다. -[위험관리세칙] -[통제기술서] 2. 통제활동의 테스트 절차로 아래를 확인한다. -위험관리세칙에 따라 식별된 위험에 대해 통제절차가 설정되었는지 통제기술서를 확인한다. -High Risk로 구분된 위험에 대하여 감소, 회피, 전가에 의해 통제가 설계되었는지 확인한다. -High Risk로 식별된 위험에 대한 내용과 내부통제가 리스크관리위원회에 보고되었는지 확인한다. 3. 예외사항이 발견된 경우, 원인을 파악하고 어떻게 조치하였는지를 확인한다.	위험관리 세칙	내부회계 관리팀 리스크관리 위원회

중점고려사항	통제내용	테스트 절차	관련규정	주관부서
	프로세스나 사업을 수행하지 않는 것 - 위험수용 : 현재의 위험을 받아들이고 잠재적 손실비용을 감수 - 위험전가 : 보험이나 외주 등으로 잠재적인 위험을 제3자에게 이전하거나 할당하는 것			

원칙 8 **부정위험 평가 : 내부회계관리제도 목적 달성에 대한 위험 평가 시 잠재적인 부정 가능성을 고려한다.**

내부회계관리제도는 재무제표의 왜곡표시 사항뿐만 아니라 부정과 관련된 위험을 포함한다. 경영진은 앞서 살펴본 (원칙 7)의 위험식별(Risk identification) 및 위험분석(Risk analysis) 단계에 세분화된 부정위험을 포함하여 수행하여야 한다.

부정위험의 관리는 일상적 환경에서의 관리절차와 부정위험이 발생하였거나 개연성이 매우 높은 경우의 절차로 구분하여 접근한다.

| 부정위험관리의 구분 |

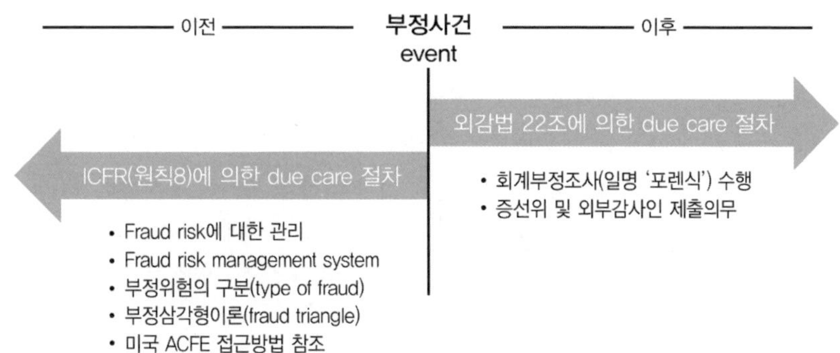

즉, 일상적 환경에서는 부정위험에 대한 due care 절차는 내부회계관리제도에 포함하여 (원칙8)에 의해 관리하며, 부정이 발생하였거나 발생할 개연성이 매우 높은 경우에는 외감법 제22조에 따른 부정위험 due care 절차를 수행하여야 한다.

(원칙8)에서는 4가지의 중점고려사항을 제시하여 설명하고 있다. 하지만, 그 내용적인 측면에서는 2가지를 다루고 있다.

| (원칙8)에 의한 부정위험관리 절차 |

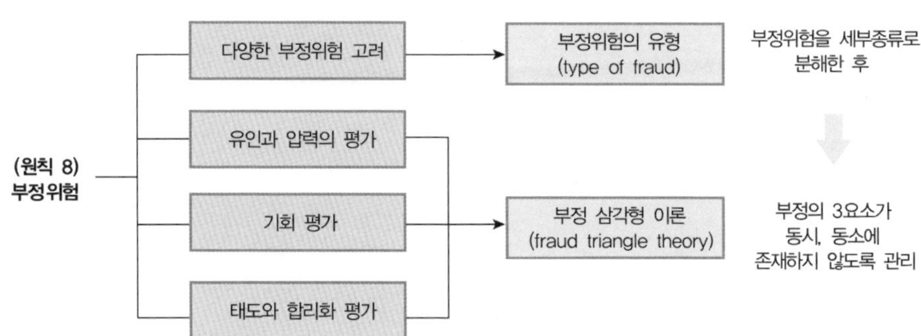

첫 번째는 부정위험을 세분화하기 위한 ① 부정위험의 유형을 다룬다. 이러한 부정위험은 범죄이기 때문에 그 관리기법 범죄학자에 의해 개발 및 연구가 이루어져 왔다. 두 번째 주제로 부정위험을 예방하거나 적발하기 위한 ② 부정 삼각형 이론을 다룬다.

(원칙 8)에서는 부정위험을 내부회계관리제도에 반영시키기 위하여 부정위험의 유형을 아래의 3가지로 구분한다. 내부회계관리제도 부정위험을 도출할 때에는 부정위험의 유형에 따라서 재무제표가 왜곡될 위험(경영자 주장이 왜곡될 위험)뿐만 아니라 자산의 보호(asset misappropriation)와 부패(corruption) 위험을 같이 고려하여야 한다.

| 부정위험의 유형 |

구 분	내 용
부정한 재무보고 (fraudulent financial reporting)	회사의 재무정보가 의도적으로 왜곡표시되거나 누락되는 경우 부정한 재무보고가 발생할 수 있음.
자산의 보호[43)] (asset misappropriation)	자산의 보호는 권한 없이 자산을 획득하고 사용하거나 처분하는 등의 행위를 사전에 예방하거나 적시에 적발하는 것을 의미함.
부패 (corruption)	부정위험 평가 시 뇌물 수수, 과도한 접대 등을 포함한 비윤리적인 행위 등을 의미함.

또한, 세분화된 부정위험의 관리에 있어서는 내부회계관리제도는 부정 삼각형 이론을 이용한다. 부정 삼각형 이론 혹은 부정 다이아몬드 이론[44)]에 따르면, 부정은 유인(incentive) 혹은 압력(pressure)과 기회(opportunity)가 존재하며 합리화(rationalization)를 통해 발생하게 된다.

이러한 요인이 존재한다고 반드시 부정이 발생했거나 발생할 것을 의미하지는 않으나 이러한 요인들이 존재할 경우 부정의 발생가능성을 증가시킬 수 있다. 유인/압력/기회/합리화 요인 모두가 충족되지 않더라도 부정은 발생할 수 있다.

43) 자산의 보호는 safeguarding of assets 혹은 assets misappropriation으로 번역된다.

44) Fraud Triangle Theory(Cressey, 1953), (Wells, J.T, 2005)
Fraund Diamond Theory(Wolfe and Hermanson, 2004)

| 유인/압력/기회/합리화에 대한 예시[45] |

구 분	내 용
유인/압력	실질적인 압박 또는 심리적인 압박, 개인의 재정적 압박, 경영목표 달성에 대한 부담 및 성과에 기초한 보너스 제도 등에서 압박이 생성될 수 있다.
기회	재무보고와 관련된 내부통제가 취약하거나, 자산 보호가 불충분할 경우, 부정 행위자가 분식회계 또는 자산 유용을 보다 용이하게 수행할 수 있다. 통제를 회피할 수 있는 지위에 있는 임직원이 있다면, 부정을 행할 기회가 제공될 수 있다. 부정행위가 적발될 가능성이 낮다는 인식과 부정행위에 대한 조직 내의 징계가 미약할 경우, 부정이 발생할 가능성을 증가시키게 된다. 또한 공모는 부정 행위자에게 현행 통제를 무력화시키거나, 우회할 수 있는 기회를 제공한다.
합리화	부정 행위자의 합리화란 회사 공금의 유용을 일시적인 대출로 간주한다거나, 상위 경영진에서 해오던 부정적인 관행을 단순히 모방하는 경우, 회사의 부당한 처우를 부정에 의한 금전적인 이익으로 보상받고자 하는 경우와 자신의 부정행위에 따른 피해자가 없을 것으로 보는 경우 등이 부정을 유발시키는 대표적인 자기 합리화로 볼 수 있다.

다음은 내부회계관리제도에서 부정위험 평가 원칙을 준수하기 위해 설계 및 운영 개념체계에서 중점고려사항으로 제시하는 사항이다. 중점고려사항의 내용 중 다양한 부정의 유형 고려는 ① 부정위험 유형의 세분화로 설명하였고, ② 나머지 3가지(유인과 압력의 평가, 기회평가, 태도와 합리화에 대한 평가)는 부정 트라이앵글 및 다이아몬드 이론의 내용으로 설명하였다.

원 칙	중점고려사항 제목	중점고려사항 내용
원칙 8. 부정위험 평가	다양한 부정의 유형 고려	부정위험 평가 시 다양한 방식의 부정과 비리행위로부터 비롯되는 부정한 재무보고, 자산의 잠재적 손실, 부패 등을 고려한다.
	유인과 압력의 평가	부정위험 평가 시 유인(incentive)과 압력(pressure)으로 인한 부정의 발생가능성을 고려한다.
	기회 평가	부정위험 평가 시 취약한 통제활동 등으로 인해 승인되지 않은 자산의 취득·사용·처분, 재무보고기록의 변경, 기타 부적절한 행위 등 부정을 저지를 수 있는 기회가 발생할 수 있는 가능성을 고려한다.
	태도와 합리화에 대한 평가	부정위험 평가 시 임직원이 어떻게 부적절한 행위에 연관되는지와 어떻게 부적절한 행위를 정당화 하는지를 고려한다.

45) 한국감사협회

원칙 8 ① 부정위험의 유형(Types of fraud)

위험 평가 시에는 부정한 재무보고 위험과 자산의 보험에 대한 경영진의 평가를 포함하여야 한다. 또한, 경영진은 회사의 임직원이나 외부서비스제공자에 의해서 발생할 수 있는 부패의 발생가능성을 함께 고려한다.

부정위험도 다른 위험관리절차와 마찬가지로 구체화, 세분화 되지 않으면 관리될 수 없다. 내부회계관리제도에서 포함되어야 하는 부정위험의 유형은 ① 부정한 재무보고(fraudulent financial reporting), ② 자산의 보호(Asset misappropriation), ③ 부패(corruption)로 구성된다.[46)]

(원칙 8)의 일환으로 수행되는 조치는 위험식별 및 위험분석 단계[47)]와 밀접하게 관련이 있으며 경영진, 임직원, 외부서비스제공자가 윤리강령을 준수할 것이라는 대전제하에 수행하게 된다. 그러므로 개인의 행동이 윤리강령에 일치하지 않는 경우 다른 관점과 맥락에서 부정위험을 평가하게 된다.

부정위험을 관리하기 위해서는 위험을 세분화(type of fraud)하고, 그 세분화된 위험을 관리하는 절차(fraud triangle theory)로 구성된다. 부정위험의 세분화는 미국의 ACFE (Association of Certified Fraud Examiner, 공인부정조사사협회)에서 Fraud Tree로 상세화하여 제시하고 있다. 부정위험의 세분화는 "8. 부정위험과 포렌식"에 소개되어 있다.

① 부정한 재무보고(fraudulent financial reporting)

부정한 재무보고는 의도적으로 정보를 누락하거나, 의도적으로 잘못된 금액으로 재무정보를 작성하는 경우에 발생하게 된다. 부정한 재무보고는 승인되지 않은 자에 의한 수익의 수령과 비용의 지출, 재무적 부정행위, 공시 부정행위와 같은 형태로 나타날 수 있다.

---

46) COSO framework에서 내부통제의 목적을 operation, reporting, compliance로 구분하는데, 부정위험의 유형도 내부통제의 목적과 유사하다. operation과 관련된 부정위험은 자산보호(asset misappropriation)로 볼 수 있으며, repoting과 관련한 부정위험은 부정한 재무보고(fraudulent reporting)이고, compliance의 부정위험은 부패(corruption)로 이해하면 쉽다.

47) 세부내역은 (원칙 7)을 참고

| ACFE Fraud Tree[48] |

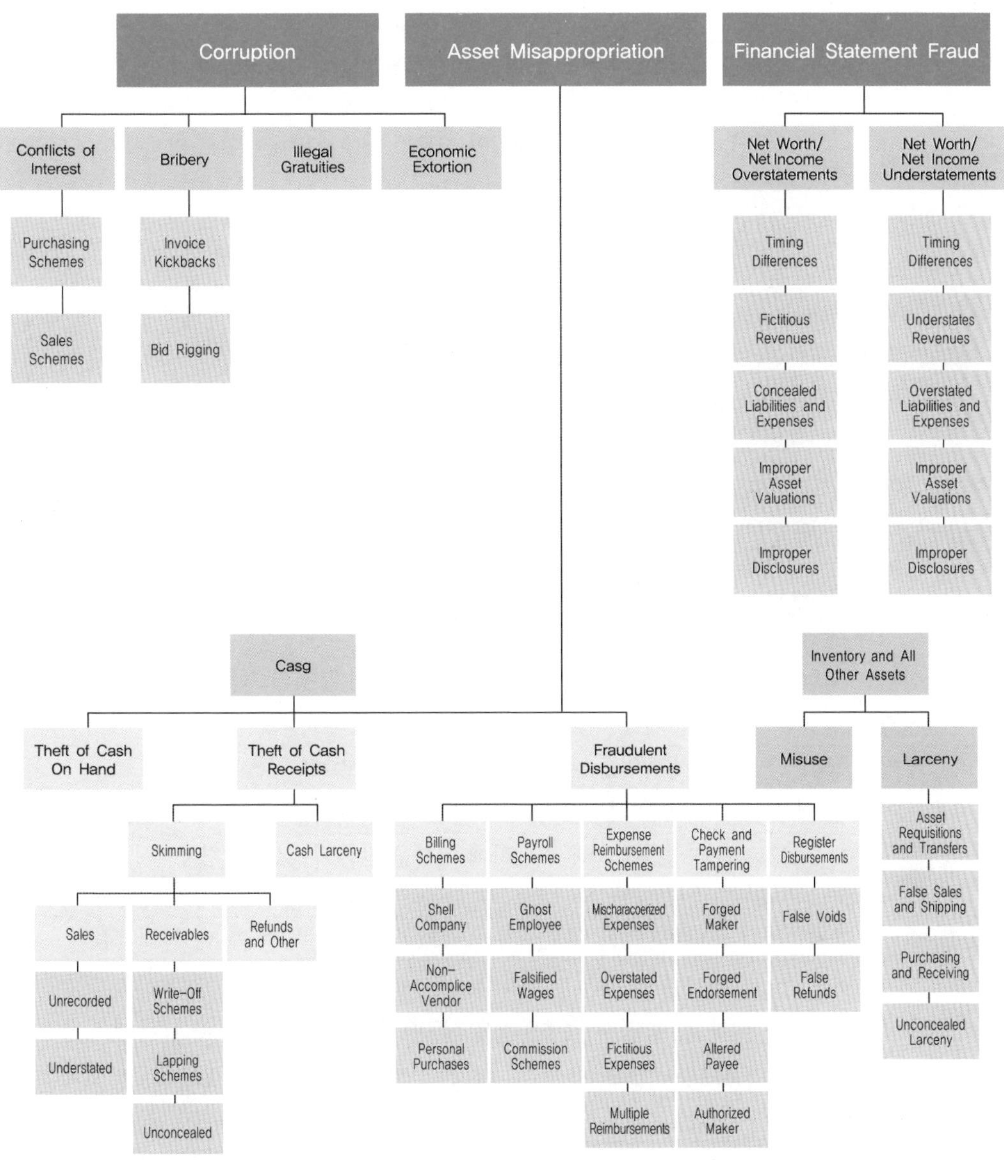

48) ACFE, Occupational fraud and abuse classification system

| 부정한 재무보고 예시[49] |

구 분	내 용
조작	재무제표 작성의 기초가 되는 회계기록이나 근거문서를 조작, 위변조 또는 수정함.
허위기재, 누락	사건, 거래 또는 기타 유의적인 정보를 재무제표에 허위로 기재하거나 의도적으로 누락함.
의도적인 회계기준 적용	금액, 분류, 표시방법 또는 공시에 대한 회계원칙을 의무적으로 잘못 적용함.

내부회계관리제도는 이러한 재무제표에 발생할 수도 있는 중요한 부정이나 오류에 대하여 적시에 적발하거나 예방할 수 있도록 설계 및 운영되는 것이 중요하다.

| 부정한 재무보고의 위험유형 |

구 분	내 용
경영진의 편의(bias)	회계정책 및 회계처리 방법 선택시 편향되게 개입할 위험
추정과 판단	공시용 재무제표를 작성하기 위한 회계처리시 추정과 판단의 정도
산업별 위험	동종산업에서 일반적으로 발생하는 부정의 형태 및 시나리오
지역별 위험	사업을 운영하는 지역에서 발생하는 부정의 유형
부정의 동기	부정행위를 유발할 수 있는 동기 부여
기술 및 능력	회계정보를 위조, 변조 및 훼손할 수 있는 기술이나 경영진의 능력
비경상적 거래	경영진에 의해 중대하게 영향을 받을 수 있는 비경상적이거나 복잡한 거래
통제우회 및 통제무력화	내부통제를 우회하거나 경영진의 통제무력화에 대한 취약점

부정한 재무보고의 결과는 경영자 주장(경영진 주장)의 왜곡으로 표시된다.

의도적으로 정보를 누락하는 경우 실재성, 완전성, 권리와 의무, 발생사실, 재무제표 표시와 공시 등의 왜곡이 발생하며, 의도적으로 잘못된 금액으로 작성하는 경우에는 평가, 측정, 재무제표 표시와 공시와 같은 경영자 주장(경영진 주장) 항목이 왜곡된다.

② 자산의 보호(Asset misappropriation)

자산의 보호는 자산의 무단 취득, 사용 및 처분으로부터 발생하는 위험의 대응절차를 마련할 것을 요구한다. 회사에서는 의도적이거나 의도적이지 않든 간에 개인이나 특정 그

49) 회계감사기준 240 (A5), (회계감사(도정환), 2020, 재인용)

룹의 이득을 위해서 회사 자산을 부적절하게 사용하는 경우가 발생한다.

자산의 보호는 일반적으로 내부통제의 목적 중 운영 효율성(operation objectives) 목적과 관련성이 있지만, 불법적인 마케팅활동, 물리적 자산 및 지적재산권의 절도행위, 자금세탁 같은 과정에서 승인되지 않은 자산의 취득, 사용 및 처분활동이 발생하는 경우 재무적인 영향을 수반한다.

| 자산의 보호 예시[50) |

구 분	내 용
횡령	입금의 횡령 (예 : 매출채권 회수액의 횡령, 상각채권 추심액의 개인구좌 입금)
절도	물리적 자산이나 지적재산권 절도 (예 : 사적인 이용이나 판매를 위한 재고자산 절도, 재판매를 위한 부산물 절도, 경쟁기업과 공모하여 대가를 받고 기술적 데이터를 유출)
가공의 지급	수취하지 아니한 재화나 용역을 위하여 지급하게 함. (예 : 가공의 공급자에게 지급, 납품가격을 부풀려 준 대가로 납품자가 구매담당자에게 리베이트를 지급, 가공의 종업원에 대한 급여 지급)
개인적 사용	기업자산을 개인용도로 이용 (예 : 기업자산을 개인 또는 특수관계자의 차입을 위한 담보로 이용)

③ 부패(corruption)

경영진은 부정위험 평가시 부정한 재무보고, 자산의 보호뿐만 아니라 회사에서 발생할 수 있는 부패의 상황도 함께 고려한다. 부패는 일반적으로 내부통제의 목적 중 법규준수목적(compliance objectives)과 관련이 있다. 하지만 부패는 보고정보의 신뢰성 확보(보고목적)를 준수하기 위한 통제환경에 영향을 미치게 되므로 내부회계관리제도에서 포함하여야 한다. 특히, (원칙 4. 적격성 유지)와 (원칙 5. 내부회계관리제도 책임 부여)를 위한 활동, 윤리강령의 준수와 같은 목적을 달성하기 위한 인센티브와 압박이 부패를 발생시키는지 고려하여야 한다. 일반적으로 외부 재무보고와 관련한 부패는 정부에서 요구하는 법규나 법령위반과 관련된 불법행위와 관련하여 발생한다.

부패와 관련된 위험을 평가함에 있어 경영진은 외부서비스제공자, 고객 등 제3자 조직(third party)의 직원 개개인의 행동을 직접 관리하여야 하는 것은 아니다. 하지만, 위험식별 및 분석의 결과에 따라 경영진은 제3자와의 계약을 통해 윤리강령의 준수 등을 명백하

50) 회계감사기준 240 (A5), (회계감사(도정환), 2020, 재인용)

게 규정화하고, 이에 대한 감독을 강화하거나 새로운 통제활동을 개발할 수 있다. 필요하다고 판단하는 경우 비경상적이거나 일반적이지 않은 행동에 대한 대응조치를 마련한다.

원칙 8 ② **부정 트라이앵글 및 다이아몬드 이론(fraud triangle theory, fraud diamond theory)**

부정과 관련된 이론은 1950년대에 유명한 범죄학자인 Donald R. Cressey[51]에 의해 부정 트라이앵글이 처음으로 개발되었으며, Wells J.T 및 Wolfe, Hermanson 등의 학자에 의해 더욱 심도 있게 발전하여 왔다.

| Fraud triangle theory와 Fraud diamond theory |

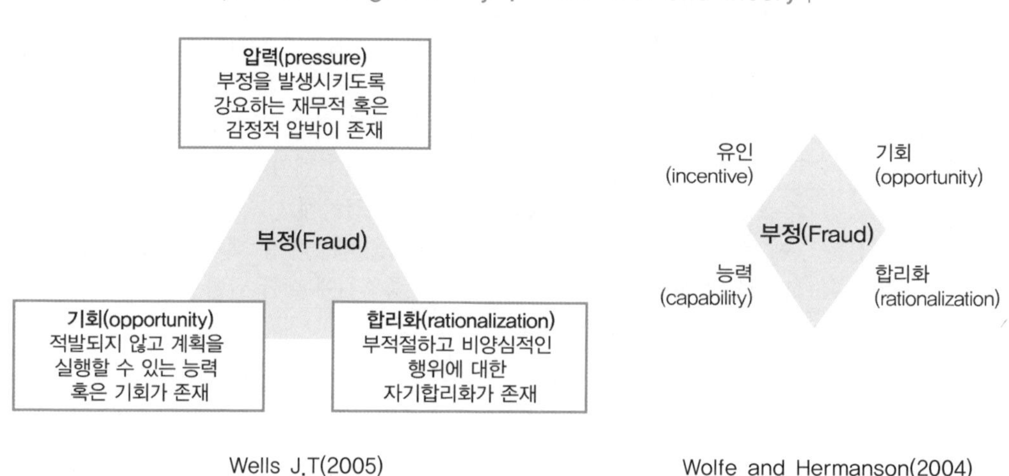

Wells J.T(2005)　　　Wolfe and Hermanson(2004)

본질적으로 기회, 압력(혹은 유인이나 동기부여) 및 합리화(정당화, 태도)의 세 가지 요소가 있으면 부정이 발생한다. 이는 화재를 유발하는 연료, 스파크 및 산소와 비유할 수 있다. 이 세 가지가 함께 작용하면 필연적으로 화재가 발생하는 것과 같은 이치이다.[52]

| 부정의 3요소 |

구 분	내 용
압력	수많은 횡령·착복사고에 대한 조사에 따르면 경제적 곤란이 금전사고의 가장 큰 원인임에 틀림없다. 평소 직장에서 착실하다는 평가를 받고 있던 직원이 주식투자 실패, 과도한 부채, 가족의 장기투병으로 인한 생활고 등 경제적인 어려움 때문에 횡령 등 범죄를 저지르는 경우가 많다.

51) Other People's Money : A Study in the Social Psychology of Embezzlement(Donald R. Cressey)
52) 사단법인 직업부정방지연구원, 부정의 삼각형 이론

구 분	내 용
	이처럼 경제적 곤란이 아니라도 도벽이 있거나 사치가 심해 정상적인 수입만으로는 감당하기 어려운 경우 등도 넓은 의미에서 압박에 해당한다. 이뿐만 아니라 압박을 야기하는 상황은 다음과 같다. ① 의무의 위반 만약 신뢰받을 만한 직업에 있는자가 사채업이나 유흥업 등으로 비난 혹은 체면손상이 있을만한 일에 연루되었다가 큰 빚을 지게되는 경우 ② 개인적인 실패에서 발생하는 문제 개인의 투자실패 등에서 비롯되고 그 원이이 스스로 떳떳하게 여기지 못하는 경우에 발생 ③ 사업의 좌절 개인적 실패와 유사하지만 고금리, 경기의 후퇴 등 외부상황 변화에서 비롯된 경우에 부정을 통해 해결하려는 경향 ④ 물리적인 소외 재정적인 문제를 다른사람에게 의지하거나 믿을 수 있는 사람이 없는 경우 횡령을 통해 문제를 해결 ⑤ 지위의 획득 지위를 잃지 않기위해서 부정이 발생하기도 하지만 지위에 대한 상향욕구에 의해 발생하기도 함. ⑥ 노사관계 본인이 직장으로부터 받는 월급이 대가로서 매우 부족하다고 느끼는 경우 다른식으로 해결하려는 경향이 발생함. ⑦ 실적에 대한 압박 실적이 나빠 실직할 수 있다는 두려움이 부정을 유발하는 원인이 됨.
기회	부정의 동기가 되는 기회는 내부통제에 허점이 있을 때 나타날 수 있다. 즉, 내부통제가 취약하거나 쉽게 회피할 수 있는 경우, 자산보호가 불충분할 경우 등 허점이 있을 때 부정행위를 저지를 수가 있다. 또한, 부정행위가 적발될 가능성이 낮다는 인식과 부정행위에 대한 조직 내의 분위기가 느슨할 경우, 부정이 발생할 가능성은 높아지게 된다. 다음은 부정을 유발하는 기회에 대한 일반적인 구분이다. ① 부정행위를 예방하거나 적발하는 내부통제의 부재 내부통제의 5요소 중 통제환경과 관련성이 있음. 내부통제를 설정하고 준수하겠다는 의지가 결여되면 부정이 발생하는 개연성이 높음. ② 부정행위자를 징계하지 않는 관행 과거 부정행위로 처벌되지 않은 자는 계속적으로 부정행위를 반복하게 됨. 처벌될 가능성이 높으면 인지된 기회를 실행으로 옮기지 않음.

구 분	내 용
	③ 정보에 대한 접근권한 제한 재무제표에 대한 부정과 관련성이 높음. 정보를 은폐할 수 있는 능력이 있을 때 부정이 발생할 수 있음. ④ 무지, 무관심, 무능력 피혜자가 피해에 대해 무지하거나 관심이 없는 경우. 또한, 부정감지 및 발견 능력 또는 이해력이 부족한 경우에 발생 ⑤ 감사증적의 결여 거래증빙 및 감사증적을 남기지 않아도 되는 경우 부정의 기회가 증가함.
합리화	부정을 행하는 사람은 자신의 범죄행각에서 오는 죄책감을 완화시킬 방법이 필요하다. 합리화는 해도 괜찮다고 설득하는 능력이라고 할 수 있다. 그러기 위해서는 복잡한 사고과정(mental gymnastics)이 필요한데 바로 이것이 핵심이다. 사람은 이러한 사고과정을 거치고 나면 이전에는 잘못이라고 생각했던 것이 잘못이 아니라고 받아들일 수 있는 것이 된다. ① 차용 "나는 심각한 문제가 있어서 다음 월급날까지 단지 이 돈을 빌리는 것이다. 그러고 나서 갚을 것이다." 그런데 다음 월급날이 되어서도 문제가 사라지지 않으면 "조금 더 빌리고 다음 달에 갚을 것이다"로 생각이 바뀌게 됨. 이 모든 것은 합리화로 인해 내부적인 억지력이 사라졌기 때문에 가능하게 됨. ② 자격의식 "나는 이 조직을 위해 열심히 노력해 왔으므로 급여를 올려 받을 자격이 있다. 그래 이것은 단지 인상분일 뿐이다." 또는 "나는 훨씬 많은 급여를 받고 다른 곳에 취업할 수도 있는데 이 정도의 보상을 받으면서 희생을 하고 있다. 따라서 급여를 크게 올려 받을 자격이 있다."고 생각하는 것 ③ 상대적 금액 "나는 경영진이 무엇을 빼돌리는지 알고 있다. 이 정도는 아무것도 아니다"라고 합리화하는 것 ④ 모두 다 회사 내에서 일부 직원들이 부정 행위를 저지르지만, 제재를 받지 않고 있는 것을 본 다른 직원이 "다른 사람들도 다 그렇게 하고 있으니 나도 괜찮다"고 생각하는 것. 이는 사회적 규범이 무너진 상황에서 자신의 행위를 정당화하는 흔한 방법임.

잠재적인 부정가능성을 고려하기 위해 우선적으로 부정이 발생하도록 하는 유인과 압력이 존재하는지 파악한다. 이러한 유인과 압력의 발생은 통제환경과 밀접한 관련이 있으므로 통제환경(원칙 5. 내부회계관리제도 책임부여)과 함께 고려되어야 한다.

만약 유인과 압력이 존재한다면 부정을 저지를 수 있는 기회에 대해 고려하여야 한다.

부정에 대한 기회는 취약한 통제활동과 경영진의 허술한 감시 및 경영진의 내부통제 무시(override) 등으로부터 기인한다.

- 복잡하거나 불안정한 조직구조
- 담당임직원(회계, 운영, 위험관리, 내부감사, IT직원)의 빈번한 교체
- 효과적이지 못한 통제활동의 설계나 운영
- 효과적이지 못한 정보시스템

부정위험을 평가하기 위해서는 이외에도 태도 및 사후합리화 행위를 함께 고려하여야 한다. 부적절하거나 비양심적인 행위를 정당화하려는 합리화 행위는 다음과 같은 사례가 있다.

- 회사 자산의 사용을 '차용'이라 여기고, 해당 자산을 '상환'하려는 의도
- 직무 불만족 사항(급여, 업무 환경 및 대우 등)에 기인한 피해의식
- 사회 통념 및 신의에 반하는 자신의 행동으로 비롯될 영향에 대한 무지 및 무관심

부정의 징후로 볼 수 있는 특정한 이벤트는 적절한 경영진에게 반드시 보고되어야 한다. 아래는 부정요인 또는 부정위험 징후에 대한 예시이다.[53]

구 분		내 용
자산횡령 위험징후	유인/압력	개인적인 부채는 현금 또는 환가성이 높은 자산을 관리하는 임직원에게 압박/동기를 생성한다. 현금 또는 환가성이 높은 자산을 관리하는 임직원에 대한 부적절한 관리는 해당 임직원이 자산을 횡령할 동기를 제공할 수 있다.
	기회	아래와 같은 특징 또는 환경은 자산 횡령의 기회를 증가시킨다. • 큰 금액의 현금 자산 보유 또는 처리 • 고가, 소형의 시장성 있는 재고자산의 존재 • 환가성이 높은 자산(무기명 채권, 다이아몬드, 컴퓨터 칩 등)의 존재 • 관리 책임이 불분명한 소형의 시장성 있는 고정자산의 존재 아래와 같이 자산에 대한 내부통제가 부적절할 경우, 자산횡령의 기회는 증가한다. • 부적절한 업무 분장 • 임원 등 고위직의 비용에 대한 부적절한 관리 • 자산 관리자에 대한 부적절한 관리(예 : 원격지에 대한 감독 및 모니터링) • 자산 관리자 채용시의 부적절한 사전 점검 • 자산에 대한 부적절한 등록 관리

53) 한국감사협회

구 분		내 용
		• 자산 처리에 대한 부적절한 권한 관리 및 승인(예 : 구매 처리) • 현금, 예금, 투자자산, 재고자산, 고정자산에 대한 부적절한 실물 관리 • 시의적절하고 완전한 자산 대사의 미수행 • 거래에 대한 시의적절하고 적정한 문서화의 미수행 • 중요한 업무를 수행하는 담당자에 대한 강제 휴가의 미수행 • IT 담당자의 부적절한 행동을 가능하게 하는 정보시스템 기술에 대한 경영진의 불충분한 이해 • 시스템 로그에 대한 적절한 통제 및 검토의 미수행 및 로그 파일 등에 대한 접근 권한 관리의 미수행
	합리화	• 자산 유용에 대한 위험을 감소하거나 모니터링해야 하는 필요성의 무시 • 식별된 내부통제 결함의 미보완 또는 현행 통제의 우회 등 자산 유용과 관련된 통제의 무시 • 회사 또는 처우에 대한 불만족 또는 불평 등의 행동 • 행동이나 라이프 스타일의 변화 • 소액 자산의 도난 등에의 관대함
부정한 재무보고 위험징후	유인/압력	아래 항목과 같은 경제, 산업, 운영 여건 등에 의해 재무적 안정성과 수익성이 저해될 경우 • 이익 감소를 수반한 시장 경쟁의 심화 • 기술의 변화, 제품의 진부화 가속화, 이자율의 변동 등 급격한 변화에 대한 노출 • 고객 수요의 급격한 감소와 동종산업 또는 경제전반의 부도율 증가 • 부도, 경영권 위협 등을 초래하는 경상손실의 발생 • 영업활동에서의 지속적인 현금 유출, 즉 회계상으로는 이익이 발생하고 이익이 증가하나 영업활동으로부터 현금 유입이 발생하지 않음. • 동종 산업의 타기업에 비해 비정상적으로 수익성과 성장성이 높을 경우 • 새로운 회계기준 및 관련 법규의 도입 • 이익 또는 수익에 기초한 보너스 제도
	기회	아래 항목과 같은 산업 또는 기업의 특성은 재무보고를 조작할 기회를 제공한다. • 감사를 받지 않거나 타감사인이 다른 관계회사와의 비일상적인 대규모 거래 • 불확실하거나 주관적인 판단이 필요한 추정이 요구되는 자산/부채/수익/비용의 존재 • 결산일에 인접하여 발생하는 예외적이고 복잡한 중요 거래의 존재 • 경영 환경과 문화가 상이한 국가에서 운영되는 중요한 기능의 존재 • 명확한 이유 없는 중개인의 존재 • 명확한 이유 없는 조세피난처 은행계좌 또는 지사/지점의 운영

구 분		내 용
	합리화	• 윤리규정의 미비 또는 미정착 • 비현실적인 공격적인 사업전망 수립 및 공시 • 식별된 내부통제의 중요한 결함에 대한 시의적절한 보완의 미수행 • 비정상적인 방법을 통한 이익 축소로 세금을 줄이려 할 경우 • 소유 경영인이 공사의 구분이 없을 경우

부정위험평가보고서 (약식 예시)

부정위험 평가보고서(약식 예시)

1. 부정위험 평가근거
   - '내부회계관리제도 설계 및 운영 개념체계' 원칙8에 따라 부정위험을 식별하고 위험관리 방안을 수립하여야 함. 외감법 제8조에서는 이에 대해 외부감사를 받도록 하고 있음.
   - 당사 감사직무규정에 따라 부정행위의 가능성을 모니터링하고 법령이나 정관에 위반되는 중대한 사항을 발견하는 경우 이사 및 집행임원에게 보고하고 외부감사인에게 통보하여야 함.
   - 따라서, 당사는 [내부회계관리제도 설계 및 운영 개념체계 원칙8] 및 [외감법 제22조] 절차를 준수하기 위해 아래와 같은 부정위험을 평가함.

2. 부정위험 평가방법
   - 부정위험의 평가는 미국 ACFE(공인부정조사사협회) 및 Donal R. Cressy에 의해 연구된 부정이론에 따라 부정삼각형이론(Fraud triangle theory)에 기반
   - 이는 ① 부정위험을 유형화(type of fraud)하고 ② 압력(pressure), 기회(opportunity), 합리화(rationalization)에 대해 평가함.
   - 압력의 경우 당사는 노동/윤리 모니터링에 따라 고충처리제도를 운영하고 있으며, 해당 직원이 재무적 혹은 비재무적 압력이 기인한 부정위험의 유인의 여부에 대해 평가함.
   - 기회의 경우, 부정위험이 실제 발생하지 않도록 하는 기술적인 내부통제 제도가 운영되었는지를 평가하며 부정징후가 있는지 검토함(업무분장 등).
   - 합리화의 경우, 아래와 같은 부정위험의 합리화 예시에 대해 부정위험 교육(외부전문강사)을 통해 해당행위가 범죄가 될 수 있다는 사실을 인지하도록 실시할 예정임.
   - 다만, 부정위험의 유형 중 부패(corruption)와 관련하여서는 회계감사기준 240(재무제표감사에서 부정에 대한 감사인의 책임)에서 배제하고 있으므로 당사의 당해연도에는 평가대상에서 제외함.

3. 결과보고

- 내부회계관리제도의 부정위험 평가는 일상적 환경에서 부정위험의 징후를 평가하는 절차로, 이러한 평가결과 부정위험의 구체적 징후가 발견되는 경우에는 추가적인 조치를 취할 수 있도록 경영진에게 보고할 예정
- 추가적인 조치로는 구체적 포렌식 절차(forensic investigation)를 포함할 수 있으며 징후 및 혐의에 대한 사실관계를 밝히며, 구체적 부정위험이 발생하였거나 징후의 가능성이 높은 경우 외감법 제22조에 따라 외부감사인 및 증권선물위원회에 보고하여야 함.

4. 20×× 회계연도 부정위험 평가대상

(부정위험 유형별 카드를 작성하여 압력, 기회, 합리화를 평가하고 그 근거를 문서화 합니다. 부정과 관련된 구체적 징후 및 제보가 있는 경우 그 대상은 추가될 수 있습니다)

(부정위험 유형1) 유령직원 (ghost employee)

실제 근무하지 아니하는 임의의 직원을 급여대장에 기재하고, 실제로 급여가 지급되는 것을 통해 회사의 자금을 횡령하는 유형의 부정위험

구분	평가절차	평가결과
압력	RBA 기준사항으로 노동/인권에 대한 위반사항여부를 점검하기 위한 노동/윤리 모니터링 점검결과를 활용함. 해당 모니터링 대상으로 해당 위험을 발생시킬 수 있는 인원을 대상으로 고충처리프로세스를 실시함. (해당 팀장이 직원을 대상으로 고충처리프로세스 면담을 통해 직원의 고충을 이해함 → 고충으로부터 부정위험을 발생시킬 수 있는 유인이 있는지를 파악함 → 유인이 없는 경우 해당 사항이 없음을 표시)	유효함
기회	20XX년 1월부터 10월까지 샘플로 3달을 선정하여, 급여 지급화일(은행) 내역을 확인하고 급여가 지급된 수령자의 인원과 급여대장의 인원이 일치하는지 확인한다. 급여대장의 인원과 인사카드(인사현황)이 일치하는지 확인한다. 동일인력에 대해 이중지급되었는지 여부까지 확인하기 위해 중복값이 있는지 확인을 포함 급여지급내역과 급여대장에서 금여/상여의 금액(대외비자료)을 삭제하여 검토함.	유효함
합리화	부정위험에 대한 경각심과 부정위험이 발생하도록 하는 결정적인 심리상태(도덕심을 경감)가 발생하지 않도록 외부전문가의 교육을 실시함. 부정위험 교육의 내용으로는 다음의 내용을 포함(**부정위험 유형**3) **부당한 지급** - 부정위험의 유형 - 부정위험의 사례 - 부정위험의 합리화(차용, 자격의식, 상대적 금액) - 발생시 조치	유효함

(부정위험 유형2) 비용의 이중지급 (expense reimbursement schemes, multiple payment)

하나의 거래 영수증으로 시기를 달리하여 여러 번 청구하여 자금을 횡령하는 수법의 부정위험(가장 빈번한 사례로는 하나의 거래에 대한 다양한 증빙을 수취하여 청구하는 방식으로 카드영수증, 인터넷거래명세서, 인보이스 등을 사용하는 방법이 있음)		
구분	평가절차	평가결과
압력	RBA 기준사항으로 노동/인권에 대한 위반사항여부를 점검하기 위한 노동/윤리 모니터링 점검결과를 활용함. 해당 모니터링 대상으로 해당 위험을 발생시킬 수 있는 인원을 대상으로 고충처리프로세스를 실시함. (해당 팀장이 직원을 대상으로 고충처리프로세스 면담을 통해 직원의 고충을 이해함 → 고충으로부터 부정위험을 발생시킬 수 있는 유인이 있는지를 파악함 → 유인이 없는 경우 해당 사항이 없음을 표시)	유효함
기회	당해연도 중 비용청구에 대한 자료를 인별/금액/거래처/개요 등이 포함된 화일을 수보하여, 해당 데이터에서 금액으로 일치하는 항목(소액제외)을 모두 색출한 후, 중복데이터에 대한 세부항목을 검토하여 이중지급을 검증함.	유효함
합리화	부정위험에 대한 경각심과 부정위험이 발생하도록 하는 결정적인 심리상태(도덕심을 경감)가 발생하지 않도록 외부전문가의 교육을 실시함. 부정위험 교육의 내용으로는 다음의 내용을 포함 - 부정위험의 유형 - 부정위험의 사례 - 부정위험의 합리화(차용, 자격의식, 상대적 금액) - 발생시 조치	유효함

(부정위험 유형3) 부당한 지급

당사의 수많은 지급내역 중 체계적이고 반복적, 지속적으로 지급이 발생하는 유형의 부정위험		
구분	평가절차	평가결과
압력	RBA 기준사항으로 노동/인권에 대한 위반사항여부를 점검하기 위한 노동/윤리 모니터링 점검결과를 활용함. 해당 모니터링 대상으로 해당 위험을 발생시킬 수 있는 인원을 대상으로 고충처리프로세스를 실시함. (해당 팀장이 직원을 대상으로 고충처리프로세스 면담을 통해 직원의 고충을 이해함 → 고충으로부터 부정위험을 발생시킬 수 있는 유인이 있는지를 파악함 → 유인이 없는 경우 해당 사항이 없음을 표시)	유효함
기회	실제 발생한 현금유출 거래에 대해 Benford law(벤포드 법칙)에 따라 20××년 1월 1일부터 20××년 9월 30일까지의 거래에 대해 수행한다. 만약, 현금유출의 거래가 벤포드 법칙과 유의적인 차이가 발생한다고 판단하는 경우 카이제곱검정(Chi-square goodness-of-fit test)를 수행하고 그에 상응하는 p값에 따라 검증한다.	유효함

합리화	부정위험에 대한 경각심과 부정위험이 발생하도록 하는 결정적인 심리상태(도덕심을 경감)가 발생하지 않도록 외부전문가의 교육을 실시함. 부정위험 교육의 내용으로는 다음의 내용을 포함 - 부정위험의 유형 - 부정위험의 사례 - 부정위험의 합리화(차용, 자격의식, 상대적 금액) - 발생시 조치	유효함

(부정위험 유형4) Tax - 비공범자청구서 (tax pay and return scheme)

부가가치세 신고, 법인세 신고시 외부세무대리인 및 세무신고서에 따른 금액을 신고하지 아니하고, 더 많은 금액을 신고한 후 사후에 부당하게 환급받아 자금을 유용 및 횡령하는 유형의 부정위험

구분	평가절차	평가결과
압력	RBA 기준사항으로 노동/인권에 대한 위반사항여부를 점검하기 위한 노동/윤리 모니터링 점검결과를 활용함. 해당 모니터링 대상으로 해당 위험을 발생시킬 수 있는 인원을 대상으로 고충처리프로세스를 실시함. (해당 팀장이 직원을 대상으로 고충처리프로세스 면담을 통해 직원의 고충을 이해함 → 고충으로부터 부정위험을 발생시킬 수 있는 유인이 있는지를 파악함 → 유인이 없는 경우 해당 사항이 없음을 표시)	유효함
기회	세무서에 제출된 최종 세무신고서를 홈택스에서 확인하여 외부세무대리인(XX회계법인)이 작성한 신고서의 금액과 동일한지 확인한다. 만약, 환급액이 있는 경우 그 금액이 회사의 계좌로 입금되었는지 확인한다.	유효함
합리화	부정위험에 대한 경각심과 부정위험이 발생하도록 하는 결정적인 심리상태(도덕심을 경감)가 발생하지 않도록 외부전문가의 교육을 실시함. 부정위험 교육의 내용으로는 다음의 내용을 포함 - 부정위험의 유형 - 부정위험의 사례 - 부정위험의 합리화(차용, 자격의식, 상대적 금액) - 발생시 조치	유효함

(부정위험 유형5) 부당한 지급처 (shell company)

실제는 실체가 존재하지 않는 회사(일종의 SPC 등과 같이 실체가 없는 형태)를 설립하여 청구서를 작성하고 세금계산서를 발행하여 대금을 지급하는 유형의 부정위험

구분	평가절차	평가결과
압력	RBA 기준사항으로 노동/인권에 대한 위반사항여부를 점검하기 위한 노동/윤리 모니터링 점검결과를 활용함. 해당 모니터링 대상으로 해당 위험을 발생시킬 수 있는 인원을 대상으로 고충처리프로세스를 실시함.	유효함

	(해당 팀장이 직원을 대상으로 고충처리프로세스 면담을 통해 직원의 고충을 이해함 → 고충으로부터 부정위험을 발생시킬 수 있는 유인이 있는지를 파악함 → 유인이 없는 경우 해당 사항이 없음을 표시)	
기회	당사의 2매입세금계산서 목록을 홈택스로부터 다운로드 받아, 매입세금계산서를 발행한 벤더 및 협력업체, 서비스제공자에 대해 검토한다. - 동일 벤더 검색: 업체명이 상이하나 업체의 주소가 동일한 업체가 있는지 확인한다. - 동일 대표자 검색: 업체명이 상이하나 대표자의 이름이 동일한 업체가 있는지 확인한다. - 유효하지 않은 사업자주소: 실제 주소명이 없으며 우체국 서함 주소만 존재하는 건이 있는지 확인한다. - 대표자 검색: 업체명의 대표자가 당사의 임직원이 있는지 확인한다. 만약 동명인이 있는 경우 당사의 임직원에게 업체의 대표자가 아님을 등기부등본을 확인한다 (주민등록번호 앞자리 확인)	유효함
합리화	부정위험에 대한 경각심과 부정위험이 발생하도록 하는 결정적인 심리상태(도덕심을 경감)가 발생하지 않도록 외부전문가의 교육을 실시함. 부정위험 교육의 내용으로는 다음의 내용을 포함 - 부정위험의 유형 - 부정위험의 사례 - 부정위험의 합리화(차용, 자격의식, 상대적 금액) -- 발생시 조치	유효함

다음은 (원칙 8) 부정위험 평가를 구현하기 위해서 내부회계관리제도 설계 및 운영 적용기법에서 제시하는 구체적인 사례이다.

적용기법 8.1 부정위험 평가 수행

76. 경영진은 부정행위가 발생할 수 있는 다양한 방식을 확인하기 위해 다음 사항을 고려한 종합적인 부정위험 평가를 수행한다.
    - 회사가 속한 산업과 시장에서 발생하는 부정 유형 및 시나리오
    - 과거 일정기간 회사에서 발생한 부정의 유형(내부고발 정보 등을 고려)
    - 회사가 사업을 수행하는 지역적 특성
    - 부정을 유발할 수 있는 유인
    - 자동화의 정도
    - 재무보고와 관련한 판단과 추정의 정도
    - 특정 계정과목을 기록하고 계산하는 방법(예 : 재고자산을 일시에 기록하고 계산하는 방식)
    - 경영진이 중대한 영향을 미치는 복잡하고 비경상적인 거래
    - 기말에 집중된 거래

• 통제활동을 우회하는 경영진의 통제 무시 및 권한 남용에 대한 취약한 정도

적용기법 8.2 통제를 무시하거나 우회하는 접근법 고려

77. 경영진은 평가된 위험의 대응 방안으로 부정방지 프로그램과 거래수준의 통제활동을 고려한다. 수립된 부정방지를 위한 통제활동에 불구하고 이를 우회하거나 무시할 수 있는 다음과 같은 방법을 고려한다.
   - 허위의 사건이나 거래를 기록
   - 정상적인 거래의 기간 귀속 변경(특히 회계기간 말에 근접한 거래)
   - 준비금이나 충당금을 임의로 설정하거나 취소
   - 중요한 또는 비경상적인 거래와 관련된 계약 조건 등의 회계정보의 위조, 변조, 훼손

적용기법 8.3 부정위험에 대한 대응 방안

78. 경영진은 부정위험 평가에 대한 대응 방안으로 내부회계관리제도와 내부감사 수행을 고려한다. 특히 부정위험 중 부정한 재무보고 위험이나 자산의 유용 위험을 고려한 부정위험 평가 결과를 기반으로 내부회계관리제도를 통한 관리를 수행하는 것을 일차적으로 고려하되, 통제활동을 통한 관리가 어렵거나 내부감사를 통한 대응이 효과적이고 효율적인 경우에는 내부감사를 이용한 관리를 수행한다. 다음 항목을 부정위험에 대한 내부회계관리제도로 고려한다.
   - 윤리·행동강령 및 경영진의 의지 표명
   - 내부고발제도(익명성 보장 및 내부고발자 보호제도 포함)
   - 내부회계관리규정 위반 행위에 대한 신고 제도(내부회계관리제도와 통합관리 가능)
   - 업무분장, 중요 자산 및 DB에 대한 접근제한
   - 예외 없이 적용되는 시스템에 의한 통제 등
   - 재무보고절차, 재무제표, 자산/부채 건전성에 대한 내부감사
   - 채용 및 승진 시 윤리적 요소 고려
79. 감사(위원회)는 주기적인 내부감사의 수행 여부, 해당 절차가 부정위험에 대한 검토를 충분히 수행하고 있음을 확인한다. 또한 부정위험 평가 결과와 이에 대한 대응 방안 등은 이사회 혹은 감사(위원회)의 검토 확인이 필요하다.

적용기법 8.4 보상정책과 연관된 유인과 압박에 대한 검토

80. 경영진은 성과평가, 보상 또는 채용의 과정과 결과로 인해 임직원이 자신의 행동을 합리화 할 가능성을 고려한다. 이사회와 경영진은 기업의 보상 프로그램 및 성과평가 절차를 검토하여 구성원이 부정을 저지를 수 있는 잠재적 유인과 압력을 파악한다. 검토에는 재무 목표의 달성 또는 미달성이 잠재적으로 개인의 업무평가, 보상 및 고용에 영향을 미치는 방식을 포함한다. 이러한 검토 결과는 주로 내부감사 계획에 고려된다.

예시 전사수준 통제기술서(ELCA) – 위험평가(원칙 8)

Ⅱ. 위험평가(Risk Assessment)

위험평가는 내부통제제도의 목적 달성을 저해하는 위험을 식별하고 평가 및 분석하는 활동을 의미한다. 구체적이고 명확한 목적을 설정하여 관련된 위험을 파악하고, 파악된 위험의 중요도(심각성) 정도를 평가한다. 동 절차에서 부정위험 평가를 포함하여 고려하고, 회사의 중요한 변화사항을 고려하여 기존에 평가한 위험을 지속적으로 유지·관리하는 것을 포함한다.

(원칙 8) 내부회계관리제도 목적 달성에 대한 위험 평가 시 잠재적인 부정 가능성을 고려한다.

중점고려사항	통제내용	테스트 절차	관련규정	주관부서
1. 다양한 부정의 유형 고려 – 부정위험 평가 시 다양한 방식의 부정과 비리행위로부터 비롯되는 부정한 재무보고, 자산의 잠재적 손실, 부패 등을 고려한다.	영업부서에서는 부정위험에 대한 자체 모니터링을 수행하고 모니터링 결과보고서를 감사부에 송부한다. 감사부에서는 영업행위 적정성 점검결과를 수행하고 감사위원회에 보고한다. 또한, 감사부에서는 매년 부정발생 사건을 유형화하여 프로파일링 데이터를 업데이트하며, 부정한 재무보고, 자산유용, 부패의 측면에서 부정위험 평가를 매년 실시한다. 부정위험 프로파일링 및 부정위험평가 결과에 대해 내부회계관리제도, 내부감사 계획 및 교육	1. 회사의 [부정위험 식별과 평가] 사항을 테스트하기 위해 아래 자료를 징구한다. –[영업부서 자체 모니터링 결과 보고서] –[영업행위 적정성 점검결과 보고서] –[내부고발 조사결과 보고서] –[감사부 감사계획서(감사계획 의결 문서)] –[내부회계관리제도 통제기술서] 2. 통제활동의 테스트 절차로 아래를 확인한다. –영업부서의 자체 모니터링 결과보고서와 감사부의 영업행위 적정성 점검결과 보고서를 확인하여 새로운 유형의 부정위험이 모두 프로파일링되었는지 확인한다. –감사부의 감사계획서를 확인하여 회사의 모든 부정위험 유형이 고려되어 감사계획이 세워지는지 확인한다.	내부회계 관리규정	내부회계 관리팀, 감사부

중점고려사항	통제내용	테스트 절차	관련규정	주관부서
	계획에 반영한다. 부정위험 관리 및 활동 내역은 감사위원회에 보고된다.	-내부회계관리제도 통제기술서에 회사에서 발생 가능한 주요 부정위험유형이 반영되고 있는지 확인한다. 3. 예외사항이 발견된 경우, 원인을 파악하고 어떻게 조치하였는지를 확인한다.		
2. 유인과 압력의 평가-부정위험 평가 시 유인(incentive)과 압력(pressure)으로 인한 부정의 발생가능성을 고려한다.	회사는 임직원의 성과를 측정하는 수단과 절차를 마련하여, 성과평가제도 운영 시에는 목표수립 및 성과 달성 실적 사항을 입력토록 인트라넷에 공지하고 있다. 감사부에서는 유인과 압력과 관련한 부정위험을 발생가능성을 고려하여 내부감사계획을 작성 및 실행한다. -임직원의 성과평가, 보상 또는 채용의 과정과 결과로 인해 임직원이 자신의 행동을 합리화 할 가능성 파악 -유관 성과평가/보상절차를 검토하여 유인과 압력에 대한 평가수행	1. 회사의 [유인과 합력의 평가] 사항을 테스트하기 위해 아래 자료를 징구한다. -[감사부 감사계획서(감사계획 의결 문서)] 2. 통제활동의 테스트 절차로 아래를 확인한다. -감사부에 감사계획서 작성시 유인과 압력으로 인한 부정위험 평가가 반영되었는지 질문한다. -부정위험(국내영업부, 해외영업부, 투자기획부, 자금부, 파생상품운용부, 인사부) 발생가능성이 높은 부서에 대해 유인과 압력으로 인한 위험평가 내역을 확인하는 절차가 감사부 감사계획서에 포함되었는지 확인한다. 3. 예외사항이 발견된 경우, 원인을 파악하고 어떻게 조치하였는지를 확인한다.	감사업무 규정 부정위험 관리지침	감사부
3. 기회 평가-부정위험 평가 시 취약한 통제활동 등으로 인해 승인되지 않은 자산의 취득·사용·처분, 재무보고	감사부에는 위험관리체크리스트에 의해 부정위험을 평가한다. 위험관리체크리스트는 부정위험을 임직원의 횡령 등 자산보호위험과 부정한 재무보고위험으	1. 회사의 [기회평가] 사항을 테스트하기 위해 아래 자료를 징구한다. -[감사부 위험관리체크리스트] 2. 통제활동의 테스트 절차로 아래를 확인한다. -감사부 위험관리체크리스트를 징구하여 각 위험징후	부정위험 관리지침	감사부

중점고려사항	통제내용	테스트 절차	관련규정	주관부서
기록의 변경, 기타 부적절한 행위 등 부정을 저지를 수 있는 기회가 발생할 수 있는 가능성을 고려한다.	로 구분하고 부정위험징후를 나타내는 사례를 예시하고 있다. 감사부는 체크리스트 항목 위험징후(기회, 합리화 등)에 대한 평가를 부서별로 수행하고 관련 결과를 감사위원회에 보고한다.	항목이 기회 및 합리화에 대한 항목을 포함하고 있는지 확인한다. - 부정위험(국내영업부, 해외영업부, 투자기획부, 자금부, 파생상품운용부, 인사부) 발생가능성이 높은 부서에 대해 위험관리체크리스트에 의해 부정징후가 발생되었는지 확인한다. - 위험관리체크리스트 결과에 대해 감사위원회에 보고한 내용을 검토한다. 3. 예외사항이 발견된 경우, 원인을 파악하고 어떻게 조치하였는지를 확인한다.		
4. 태도와 합리화에 대한 평가 – 부정위험 평가 시 임직원이 어떻게 부적절한 행위에 연관되는지와 어떻게 부적절한 행위를 정당화하는지를 고려한다.	감사부에는 위험관리체크리스트에 의해 부정위험을 평가한다. 위험관리체크리스트는 부정위험을 임직원의 횡령 등 자산보호위험과 부정한 재무보고위험으로 구분하고 부정위험징후를 나타내는 사례를 예시하고 있다. 감사부는 체크리스트 항목 위험징후(기회, 합리화 등)에 대한 평가를 부서별로 수행하고 관련 결과를 감사위원회에 보고한다.	1. 회사의 [태도와 합리화] 사항을 테스트하기 위해 아래 자료를 징구한다. - [감사부 위험관리체크리스트] 2. 통제활동의 테스트 절차로 아래를 확인한다. - 감사부 위험관리체크리스트를 징구하여 각 위험징후 항목이 기회 및 합리화에 대한 항목을 포함하고 있는지 확인한다. - 부정위험(국내영업부, 해외영업부, 투자기획부, 자금부, 파생상품운용부, 인사부) 발생가능성이 높은 부서에 대해 위험관리체크리스트에 의해 부정징후가 발생되었는지 확인한다. - 위험관리체크리스트 결과에 대해 감사위원회에 보고한 내용을 검토한다. 3. 예외사항이 발견된 경우, 원인을 파악하고 어떻게 조치하였는지를 확인한다.	부정위험 관리지침	감사부

원칙 9 **중요한 변화의 식별과 분석 : 회사는 내부회계관리제도에 중요한 영향을 미치는 변화를 식별 · 분석하여 내부회계관리제도를 유지 · 관리한다.**

특정한 상황에서 효과적이던 내부회계관리제도는 관련된 조건이 변경되는 경우 더 이상 효과적이지 않을 수 있다. 그러므로 변화 그 자체는 위험을 발생시키는 중요한 요인이 된다.

내부회계관리제도가 지속적으로 유효하기 위해서는 경제, 산업, 규제환경과 같은 외부환경 변화뿐만 아니라 회사의 리더십, 사업모델, 조직, 업무프로세스, 사업활동의 범위와 같이 내부환경이 변화하는 상황에 따라서도 적합하게 유지 · 관리되어야 한다.

| 내부통제시스템에 중요한 영향을 미치는 변화 |

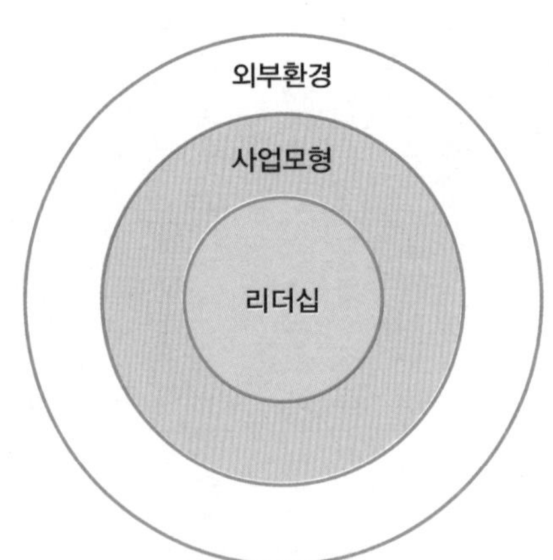

내부회계관리제도는 영구 불변적인 성격이 아니므로, 회사에 중요한 영향을 미칠 수 있는 내용을 외부환경 변화, 사업모델 변화, 리더십 변화로 구분하여 관련 위험을 식별하고 필요한 조치를 취하도록 하고 있다. 이는 기업환경에 중요한 영향을 미치는 변화를 예상하고 이에 대한 대비책을 마련하도록 하기 위함이다. 기업에 중대한 영향을 미칠 수 있는 새로운 위험을 식별할 수 있는 조기경보시스템을 마련한다는 차원으로 이해할 수 있다.

특히, 변화관리 프로세스는 효과적인 내부회계관리제도에 매우 중요한 영향을 미치지만 일상업무를 우선적으로 처리하는 관행으로 인해 충분한 주의가 기울여지지 않을 수 있다. 그러므로 정규 위험평가 프로세스와 별도로 구분되어 내부회계관리제도에 영향을 미칠 수 있는 중요한 변화사항을 신속하게 식별하도록 한다.

(원칙 9)와 관련한 내부회계관리제도 설계 및 운영 개념체계의 중점고려사항의 내용은 다음과 같다.

원 칙	중점고려사항 제목	중점고려사항 내용
원칙 9. 중요한 변화의 식별과 분석	외부 환경 변화의 평가	위험을 식별하는 과정에서 사업과 관련된 규제의 변화, 경제적인 변화, 물리적 환경의 변화 등이 내부회계관리제도에 미치는 영향을 고려한다.
	사업모델 변화의 평가	새로운 사업영역이나 기존 사업구성의 급격한 변화, 기업인수나 사업양수도, 급격한 성장, 해외 의존도의 변화, 새로운 기술 등이 내부회계관리제도에 미치는 영향을 고려한다.
	리더십 변화의 평가	회사는 경영진의 변경과, 이에 따른 경영진의 태도 및 철학의 변화가 내부회계관리제도에 미치는 영향을 고려한다.

원칙 9 ① 외부환경 변화(External Environment)

COVID19은 전 세계적으로 빠르게 퍼져나갔고, 팬데믹 감염병은 산업전반에 걸쳐 그 기반을 송두리째 바꾸어 놓았다. 이처럼 외부환경 변화는 비즈니스 운영환경뿐만 아니라 재무제표에도 중대한 영향을 미치게 된다. 특히 COVID19의 경우에는 금융상품 및 영업권 등의 손상평가 등에 미치는 직접적인 영향을 미쳤다. 내부회계관리제도에서는 이러한 외부환경 변화를 적시에 인식할 수 있는 위험평가 프로세스를 포함하도록 하고 있다.

① 외부환경 변화(Changing external environment)

규제 및 경제환경의 변화는 경쟁을 심화시키거나 비즈니스의 운영 요구사항을 변경시키는 등 기존환경과는 상당히 다른 위험을 초래할 수 있다. 예를 들어, 상장회사의 재무제표(혹은 기타 재무정보) 공시와 관련하여 투명성이 의심되는 정보가 지속적으로 이슈화 된다면 금융감독원과 같은 감독기관에서는 관련된 보고 요건을 강화하는 조치를 취할 수 있고 이러한 외부환경 변화는 기업 내부적으로 위험을 발생시킨다.

② 물리적 환경 변화(Changing physical environment)

회사 및 공급망, 다른 협력업체에게 직접적인 영향을 미치는 자연재해는 비즈니스를 유지하기 위해 고려하여야 하는 위험을 증가시킬 수 있다. 이러한 물리적 환경 변화는 일반적으로 운영의 효과성 및 효율성 제고 목적(Operation)의 위험과 관련성이 높다. 하지만, 물리적 환경 변화 자체가 재무제표에도 대단히 영향을 미칠 수 있으므로 관련된 위험이 내부회계관리제도에 미치는 영향을 평가하여야 한다.

원칙 9 ② 사업모델 변화(Business model)

경영진 및 이사회는 회사의 목적달성을 위해서 항상 사업모델의 변화를 도모한다. 경쟁이 심화되는 경영환경에서 살아 남기 위해 모든 측면에서 변화는 필수적인 요소가 되었다. 하지만, 이러한 사업모델의 변화는 회사에게 기회를 제공하여 주기도 하지만 위험도 수반한다는 동전의 양면 같은 측면이 있다. 기업의 운영 측면에서는 변화의 기회 측면(forward looking)을 우선적으로 바라보지만, 내부회계관리제도에서는 변화가 가져올 수 있는 위험을 식별하고 평가하도록 하여 균형을 이루도록 한다.

사업모델의 변화로 기존에 내부통제가 더 이상 유효하지 않을 수 있는 상황에 직면할 수도 있다. 따라서 사업모델의 변화가 있는 경우에는 새롭게 구성된 조직 및 비즈니스에 적합한 내부통제 활동을 신설하거나 개선해야 할 가능성이 높다.

| 사업모델의 변화 예시 |

구 분	내 용
영업의 변화	• 새로운 사업에 진입하는 경우 • 새로운 아웃소싱계약을 통하여 서비스 제공방식을 변경하는 경우 • 기존 사업영역을 급격하게 변경하는 경우
사업인수 및 매각	• 회사가 새로운 사업부문을 인수하는 경우(M&A, 사업양수 등) • Spin-off, 분할, 사업부 매각의 경우
해외 영업	• 해외로 사업부문을 직접 확장하여 운영하는 경우 • 해외 사업확장을 위해 사업운영을 아웃소싱하는 경우 • 해외 사업을 인수하는 경우
급속한 성장	비즈니스가 급속도로 확장되어 기존의 조직구조, 업무프로세스, IT시스템, 인적자원 등의 한계가 발생하는 경우
신기술	새로운 기술이 생산, 서비스 제공, IT시스템에 적용되어 기존의 내부통제 활동이 수정되어야 하는 경우(예 : 과거에는 물리적 실체가 있는 장소에서 세금계산서 발행 등으로만 판매하였으나 핸드폰을 통한 판매가 가능하게 되는 경우 새로운 내부통제가 필요할 수 있음)

원칙 9 ③ 리더십 변화(Leadership changes)

회사에 새로 임명된 경영진은 회사의 문화를 이해하지 못하고 다른 경영철학을 고집할 수도 있으며, 내부통제 활동을 배제한 채 성과에만 치중할 수도 있다. 이는 최고경영진이 성과에 의하여 연임 등이 평가되는 경우에 빈번하게 발생한다. 특히, 매출의 증가에만 집중된 메시지를 전 구성원에게 전달한다면 상대적으로 내부통제에 대한 중요성은 낮게 인식된다. 또한, 임직원의 빈번한 교체도 내부통제에 부정적인 영향을 가져오게 되므로 주의하여야 하는 부분이다.

예시 변화관리점검 체크리스트

변화관리점검 체크리스트

1. 정기 점검 업무절차
   - Step1. 기획팀 내부회계관리제도 담당자의 전체 부서 공문 발신 (정기점검 체크리스트 및 내부회계관리제도 문서 첨부)
   - Step2. 부서별 체크리스트 점검 및 부서장 승인 후 기획팀 회신
     프로세스 및 통제 소관/수행부서내의 업무변경 등에 따른 단순/경미한 수정, 부서명/담당자 변경 등 변화 정도가 비교적 낮은 수준의 개선사항이 발견되는 경우, 각 부서의 내부회계관리제도 담당자와 협의하여 내부회계관리제도 문서의 항목을 검토 및 수정하여 내부회계팀에 송부
     변경사항이 신규사업 도입, 대규모 프로세스 개선 등 재무제표에 미치는 영향이 중요할 것으로 판단되고, 유관부서의 업무에도 영향이 미칠 것으로 판단되는 경우 내부회계팀을 수신으로, 유관부서를 합의로 하여 공문을 발송하며 내부회계관리제도 문서의 검토 내역을 회람
   - Step3. 내부회계관리제도 담당자 취합 후 내부회계팀장 앞 결과 보고 품의 (변화관리 체크리스트 정기 점검 결과보고)
   - Step4. 통제 수정사항은 내부회계관리제도 정기정검 문서화 업데이트 시 내부회계관리제도 문서 (업무기술서, 통제기술서 등)에 반영

2. 변화관리 체크리스트
   - 점검 항목에 대해 해당사항이 없는 경우 'N'으로, 해당사항이 있는 경우 'Y'로 체크한다.
   - 만약 'Y'로 체크된 경우 즉, 업무 프로세스 등의 변화가 식별된 경우, 식별된 변화 사항의 중요도 및 개선 절차 복잡성 등을 고려하여 '자체 개선' 또는 '협의 개선' 사항을 고려한다.
   - 내부회계관리제도 변화관리 체크리스트

안내사항
각 부서의 관리자는 내부회계관리제도에 영향을 미치는 /외부요인의 변화 사항을 식별하고, 이를 내부회계관리제도 문서(업무기술서, 통제기술서 등)에 적시에 정확하게 반영해야 합니다.
이를 위해 다음의 질문 사항에 대해 귀부 서에 해당 검토하고, 만약 해당 사항이 있는 경우 식별된

<table>
<tr><td colspan="3">사항이 내부 회계관리제도운영에 반영될 수 있도록 내부회계담당자와 협의를 진행해야 합니다.</td></tr>
<tr><td colspan="3">Start. 공통 점검</td></tr>
<tr><td>1</td><td>귀하는 내부회계관리제도 책임자로서 내부통제 개념과 수 귀부서의 업무 역할을 이해하고 있습니까?</td><td>Y/N</td></tr>
<tr><td>2</td><td>귀하는 내부회계관리제도 책임자로서 귀부서의 프로세스에 대해서 이해하고 있습니까?</td><td>Y/N</td></tr>
<tr><td colspan="3">Chapter 1. 설계문서 관련 점검 - 내부 요인분석</td></tr>
<tr><td>3</td><td>대상 기간 중 귀부 서의 내부회계관리제도와 관련하여 등 중요한 역할 및 책임의 변동이 있었습니까?
※ 업무 담당자 변경 등 중요역할, 책임 변동시 설계문서(업무기술서, 통제기술서, 추적조사서, 설계평가서)상 업무 담당자/책임자 등을 변경하고 인수인계 시행해야 합니다.</td><td>Y/N</td></tr>
<tr><td>4</td><td>귀 부서의 현 수행 업무가 아래의 내부통제 관련 문서에 적정하게 반영되지 않은 사항이 있습니까?
- 업무흐름도, 업무기술서, 통제기술서, 추적조사서, 설계평가서
※ 소속 부서의 내부통제 관련 문서는 기획팀을 통해 확인할 수 있으며, 내부통제 관련 문서를 점검한 결과 현행 업무와 불일치하는 경우, 이를 수정해야 하며 필요한 경우 새로운 항목을 신설하거나 관련 항목을 삭제해야 합니다.</td><td>Y/N</td></tr>
<tr><td>5</td><td>대상 기간 중 내부회계관리제도에 영향을 미칠 수 있는 귀 부서 소관 내규 등의 제개정이 있었습니까?
※ 내규(규정, 지침, 정책 등) 변경에 따른 업무프로세스 변동 시, 관련 통제 설계문서 수정 검토가 필요합니다.
[예시]
○ 업무기술서, 통제기술서 상 관련 규정 및 지침명과 내용 수정</td><td>Y/N</td></tr>
<tr><td>6</td><td>대상 기간 중 내부회계관리제도에 영향을 미칠 수 있는 조직변경 또는 업무분장 개편이 있었습니까?
※ 직제 변경시 설계문서 및 통제 소관부서, 통제 수행부서, 문서관리자 등 변동사항을 확인하여 관련 문서에 반영이 필요합니다.
[예시]
○ 부서명, 문서관리자 등의 변경 사항을 업무기술서, 업무흐름도, 통제기술서상 수정</td><td>Y/N</td></tr>
<tr><td>7</td><td>대상 기간 중 신규 업무를 시작하거나 예정인 건이 있습니까?
※ 신규 업무 관련 위험 식별 및 통제 대응 검토 필요합니다.
[예시]
○ 유가증권 취득 및 평가 관련 업무 등</td><td>Y/N</td></tr>
<tr><td>8</td><td>대상 기간 중 국내외의 중요한 사업을 인수(예정)하거나 매각(예정)할 건이 있습니까?
※ 중요한 사업의 인수/매각시, 재무제표 영향 파악, 인수한 사업의 규모가 큰 경우 평가범위 재선정 고려, 매각사업 관련 통제 삭제 검토가 필요합니다.</td><td>Y/N</td></tr>
</table>

<table>
<tr><td></td><td>[예시]
○ 자회사로 편입된 경우 자회사의 제도운영 관련 범위선정 수행
○ 투자회사 인수 또는 매각에 따라 투자 의사결정 및 승인, 기표 관련 통제 신설
○ 해외사업 확장 또는 인수 의사결정 및 승인, 기표 관련 통제 신설</td><td></td></tr>
<tr><td>9</td><td>대상 기간 중 내부회계관리제도에 영향을 미칠 수 있는 새로운 시스템 도입(예정)이 있거나, 기존에 사용하는 시스템의 변경이 있습니까?
※ 차세대 시스템의 도입, 거래시스템 개선 등 재무제표의 작성 및 공시에 영향을 미치는 시스템 신규/변경사항 발생시 업무프로세스 변동 파악, 설계문서 신설/변경을 검토해야 합니다.
[예시]
○ 차세대시스템 도입: 전산데이터의 신뢰성 및 완전성 관련 통제 신설 등
○ 거래시스템 개선: 수기통제에서 자동통제로 내용 수정 검토 등</td><td>Y/N</td></tr>
<tr><td>10</td><td>대상 기간 중 재무팀으로부터 질의회신, 사전협의 또는 결산검토 과정 등을 통해 회계처리 변경을 권고 받은 사항이 있습니까?
※ 회계처리 관련 권고사항이 있는 경우, 관련 내부통제 설계문서 반영 필요성을 검토해야 합니다.</td><td>Y/N</td></tr>
<tr><td>11</td><td>대상 기간 중 내부회계관리제도와 관련하여 내부감사부서 또는 내부회계관리제도 주무부서로부터 지적사항 또는 정정 권고를 받은 사항이 있습니까?
※ 내부감사부서 또는 내부회계팀으로부터 권고사항이 있는 경우, 적시 관리 및 조치가 필요합니다.</td><td>Y/N</td></tr>
<tr><td colspan="3">Chapter 2. 설계 문서 관련 점검 - 외부 요인 분석</td></tr>
<tr><td>12</td><td>귀 부서의 업무단위수준통제(PLC) 프로세스와 관련해서 새로운 기준서도입과 관련하여 회계팀과 협의한 사항이 있습니까?
※ 기준서의 신설/변경에 따라 업무 프로세스 변동되거나 신설되는 경우 이를 설계문서(업무기술서, 통제기술서 등)에 신설/수정 여부를 검토해야 합니다.
[예시]
○ IFRS 제1109호 '금융상품' 기준서 도입: 유가증권 취득시 사업모형 평가 및 SPPI Test 수행을 통한 유가증권의 분류 검토 후 전결권자의 승인을 득한다.
○ IFRS 제1116호 '리스' 기준서 도입: 업무 담당자는 임차료 지급내역이 사용권자산 등록시 전산에 입력한 내용과 일치하는지 여부를 확인한다.</td><td>Y/N</td></tr>
<tr><td>13</td><td>대상 기간 중 내부회계관리제도에 영향을 미치는 주요한 법규 개정 등 감독 환경의 변화(예정) 사항이 있었습니까?
※ 법규개정 등 감독 환경 변화로 인해 발생한 업무 중 내부회계관리제도 관련 설계 문서화 고려 필요
[예시]
○ 부가가치세 대리납부 의무 관련 통제
○ 감사 전 외부감사인과 증선위(또는 감독원) 앞 재무제표 사전 제출 의무 관련 통제</td><td>Y/N</td></tr>
<tr><td>14</td><td>대상기간 중 외부감사인으로부터 내부회계관리제도와 관련하여 권고를 받은 사항이 있었습니까?</td><td>Y/N</td></tr>
</table>

	※ 외부감사인으로부터 내부회계관리제도 관련 권고사항이 있는 경우, 중요도에 따라 내부회계관리제도 주무부서와 협의하여 개선 고려	
Chapter 3. 외부서비스제공자 혹은 경영진측전문가 (아웃소싱) 활용 관련 점검		
15	재무제표(주석 포함)의 작성 및 보고 목적, 가치평가, 계리평가 등에 활용하는 새로운 외부서비스제공자 및 경영진측전문가 (아웃소싱) 계약이 있습니까? ※ 외부서비스제공자 및 경영진측전문가(아웃소싱) 활용시 해당 제공자의 적격성을 판단하기 위한 절차 및 통제가 필요하므로 외부서비스제공자(아웃소싱) 리스트 업데이트 및 소관부서 보고 필요 [예시] ❍ 법인세 세무조정 및 당기법인세/이연법인세 산출 대행 업무 계약 ❍ 회계 이슈 점검, 재무제표/주석 작성 및 공시 절차 상시 모니터링 업무 계약 ❍ 비시장성 유가증권 공정가치 평가 업무 계약 ❍ 확정급여채무 계리 평가 업무 계약	Y/N
16	재무제표 작성에 영향을 미치는 기존 계약 외부서비스제공자 및 경영진측전문가 (아웃소싱) 업체의 업무 범위의 변동사항이 있습니까? ※ 기존 계약 당사자의 업무 범위가 변동되는 경우 해당 사항이 재무제표 작성 및 공시에 미치는 영향을 평가하고 해당 업체의 신뢰성을 검토해야 함	Y/N
Chapter 4. EUC(End User Computing, 최종 사용자 파일) 관련 점검		
17	대상기간 중 신설/변경/삭제되어야 할 EUC가 있는 지 점검하고 EUC 신설/변경/삭제와 관련된 설계문서를 수정하였습니까? Ex) 전월 결산 과정에서 수정분개사항 발생하여 EUC 신설 등록/관련 통제 번호 등록 및 관련 통제기술서 문구 수정 ※ EUC의 신설/변경/삭제 등 관리가 필요한 경우, 내부회계관리제도 시스템상 등록/관리 및 관련 설계문서 수정	Y/N
18	대상기간 중 등록해야할 EUC 중 등록기간이 경과된 EUC가 있습니까? ※ EUC 등록기간이 경과된 경우, 즉시 EUC 등록 실시(결산일정 이내 등록 완료해야 함)	Y/N
19	대상기간 중 등록된 EUC 중 EUC 검토자의 적정한 검토 수행없이 등록된 EUC가 있습니까? (내용의 적정성 검토, EUC 산식 적정성 검토 등) ※ EUC 등록시 반드시 검토자가 검토 실시 후 등록 (미검토시 재수행)	Y/N
End. 최종점검		
20	모든 질문에 대하여 정확하고 진실되게 답변하였음을 확인합니까?	Y/N

다음은 (원칙 9) 중요한 변화의 식별과 분석을 구현하기 위해서 내부회계관리제도 설계 및 운영 적용기법에서 제시하는 구체적인 사례이다.

적용기법 9.1 내/외부 변화 파악

81. 경영진은 내/외부 환경 변화를 지속적으로 관찰하고 회사의 사업과 외부 재무보고에 대한 잠재적 영향을 평가할 수 있는 절차를 수립한다. 먼저 다음과 같은 방안을 포함하여

외부 환경 변화를 확인한다.

- 뉴스 클리핑 서비스
- 웹 사이트 및 소셜미디어
- 웹 사이트 트래킹 툴(tracking tools)
- 검색 엔진
- 무역 출판물 및 전시회
- 컨퍼런스
- 전문 기관 등

82. 이러한 외부 환경 변화의 대응 방안을 포함하여 원칙 7 "위험 식별 및 분석"의 중점 고려사항인 "내부 및 외부 요인 분석"을 수행하는 것은 일회성이 아닌 평가기간 동안 반복적이고 지속적이어야 한다. 이를 위해 내부회계관리제도에 영향을 미칠 수 있는 다음과 같은 항목을 정의하고 관련 사항을 파악한다.

- IT를 포함한 프로세스의 변경
- 조직 및 대규모 인력의 변경
- 경영진 및 경영구조 등의 변화
- 주요 사업의 변화(신규 사업, 신규 지역 등)

83. 확인된 내부회계관리제도 변화사항의 영향 정도를 평가하고, 기존 내부회계관리제도 통제의 개선이나 신설이 필요한지를 결정한다. 통제가 변경되거나 신설되는 경우에는 설계의 효과성을 평가하고 적용하는 것이 필요하다. 이와 같이 일상적으로 중요한 변화를 파악하고 변화하는 통제의 설계의 효과성을 평가하는 변화관리체계를 유지하는 경우에는 별도의 설계 평가를 수행하지 않을 수 있다. 이러한 변화관리체계는 해당 업무를 처리하는 부서가 수행하고 내부회계관리제도 전담부서 혹은 해당 업무 담당자가 확인하는 절차가 적절하다.

적용기법 9.2 중요한 변화에 대한 위험평가 수행 및 대응 방안 수립

84. 새로운 사업전략을 추진하거나 현재 전략을 중요하게 변경하는 경우, 경영진은 변경 사항이 기업 전반에 걸쳐 설정된 모든 목표 달성, 특히 외부 재무보고 목적에 어떠한 영향을 미치는지 세부적인 위험평가를 수행한다. 정기적인 위험평가절차와 별도로 내부회계관리제도에 영향을 미칠 수 있는 변화를 파악하고 관련된 위험을 평가하는 변화관리체계를 유지한다. 변화관리체계에 따라 평가된 위험에 대한 대응 방안은 정기 위험평가절차에 따라 통제활동을 수립하는 절차와 동일한 방식을 적용한다. 즉, 중요한 변화에 대해 기존 통제절차의 적정성을 검토하고, 변화된 위험에 따라 통제활동을 수정한다. 일반적으로 동 과정에서 통제활동의 설계뿐만 아니라, 변경된 통제활동의 설계 적정성을 평가하고 의사소통을 포함하는 것이 효율적이다. 효과적인 내부회계관리제도 변화관리체계를 근거로 매년 수행하여야 하는 설계의 적정성 평가를 효율적으로 진행할 수 있다.

적용기법 9.3 업무승계를 통한 변화 고려

85. 전반적인 업무승계 프로세스의 일환으로, 경영진은 내부회계관리제도의 주요 직책의 변경 계획을 확인하고, 회사 임직원과의 인터뷰 등을 통해 현재 재직 중인 경영진의 경영 방식 및 가치를 검토·확인한다.

적용기법 9.4 대표이사 및 고위 경영진 변경 고려

86. 대표이사 및 내부회계관리제도의 주요한 역할을 담당하는 임원 선정 시 다음과 같은 지표를 자격 요건으로 포함할 수 있다.
    - 위험에 대한 태도
    - 위험 허용치의 수준
    - 내부통제 및 내부회계관리제도에 대한 전문성
87. 후보자 평가 시 해당 지표를 사용하고, 내부회계관리제도에 대한 의지, 성과 및 비용 절감과 내부회계관리제도와의 균형 유지 방안 및 과거 업무 수행 실적 등을 고려한다.

예시 전사수준 통제기술서(ELCA) - 위험평가(원칙 9)

Ⅱ. 위험평가(Risk Assessment)

위험평가는 내부통제제도의 목적 달성을 저해하는 위험을 식별하고 평가 및 분석하는 활동을 의미한다. 구체적이고 명확한 목적을 설정하여 관련된 위험을 파악하고, 파악된 위험의 중요도(심각성) 정도를 평가한다. 동 절차에서 부정위험 평가를 포함하여 고려하고, 회사의 중요한 변화사항을 고려하여 기존에 평가한 위험을 지속적으로 유지·관리하는 것을 포함한다.

(원칙 9) 회사는 내부회계관리제도에 중요한 영향을 미칠 수 있는 변화를 식별분석하여 내부회계관리제도를 유지·관리한다.

중점고려사항	통제내용	테스트 절차	관련규정	주관부서
1. 외부 환경 변화의 평가 - 위험을 식별하는 과정에서 사업과 관련된 규제의 변화, 경제적인 변화, 물리적 환경의 변화 등이 내부회계관리제도에 미치는 영향을 고려한다.	내부회계관리팀에서는 각 팀으로부터 발생하는 외부환경 변화내역을 취합하여 내부회계관리제도위험을 도출한다. 중요한 위험내역은 리스크관리위원회에 보고한다. - 컴플라이언스부 : 자본시장법 및 시행령 등 변경내역, 외감법 변경내역 - 재무회계부 : 한국채택국제회계기준 변경내역, 법인세법 변경내역, 외감법 변경내역 - 기타부서 : 서비스조직(Service organization)의 내부통제 변경내역 - 자금부 : 국제금융시장 변화내역	1. 회사의 [외부환경변화] 사항을 테스트하기 위해 아래 자료를 징구한다. - 각 부서에서 취합한 외부환경 변경내역 2. 통제활동의 테스트 절차로 아래를 확인한다. - 각 부서에서 취합된 외부환경 변경내역에 대하여 질문하고 내부회계관리제도에 미치는 영향을 어떻게 분석하였는지 질문한다. - 내부회계관리제도에 영향을 미치는 주요 외부환경 변화내역이 있는 경우, 그 내역에 따라 통제기술서가 적절하게 변경되었는지 확인한다. 3. 예외사항이 발견된 경우, 원인을 파악하고 어떻게 조치하였는지를 확인한다.	내부회계 관리규정	내부회계 관리팀 컴플라이언스부 자금부 재무회계부 등

중점고려사항	통제내용	테스트 절차	관련규정	주관부서
2. 사업모델 변화의 평가 - 새로운 사업영역이나 기존 사업구성의 급격한 변화, 기업인수나 사업양수도, 급격한 성장, 해외 의존도의 변화, 새로운 기술 등이 내부회계관리제도에 미치는 영향을 고려한다.	내부회계관리팀에서는 경영계획, 이사회 의사록을 검토하여 새로운 비즈니스 영역이나 사업결합 등 사업모델 변화에 수반된 위험을 식별한다. 중요한 위험내역은 리스크관리위원회에 보고한다.	1. 회사의 [사업모델 변화] 사항을 테스트하기 위해 아래 자료를 징구한다. -[이사회 의사록], [20X9 경영계획] 2. 통제활동의 테스트 절차로 아래를 확인한다. -이사회의사록 및 경영계획에서 논의된 새로운 비즈니스 영역이나 사업결합 등이 있는지 확인한다. -새로운 비즈니스 모델 및 사업결합과 관련된 위험평가내역을 검토한다. -새로운 비즈니스 모델 및 사업결합이 있는 경우 내부회계관리제도의 수정(프로세스 신설에 따른 업무기술서/업무흐름도, 통제기술서 수정) 여부를 확인한다. 3. 예외사항이 발견된 경우, 원인을 파악하고 어떻게 조치하였는지를 확인한다.	내부회계 관리규정	내부회계 관리팀 리스크관리 위원회
3. 리더십 변화의 평가-회사는 경영진의 변경과, 이에 따른 경영진의 태도 및 철학의 변화가 내부회계관리제도에 미치는 영향을 고려한다.	경영진 및 내부회계관리자 교체 시 다음의 사항을 평가하여 문서화하고 인사관리위원회에 제출한다. (위험평가 결과가 전사통제에 미치는 영향을 분석내용 포함) -내부회계관리제도 전문성 -위험에 대한 태도 -회계관련 금융감독원 징계사항	1. 회사의 [리더십 변화] 사항을 테스트하기 위해 아래 자료를 징구한다. -[경영진 교체에 따른 전사통제 영향] 2. 통제활동의 테스트 절차로 아래를 확인한다. -새로운 경영진 및 내부회계관리자 교체가 있었는지 질문한다. -전사통제 혹은 표본수에 영향을 미치는 사항이 있는 경우 적절하게 문서화 되었는지 확인한다. 3. 예외사항이 발견된 경우, 원인을 파악하고 어떻게 조치하였는지를 확인한다.	인사규정 내부회계 관리규정	내부회계 관리팀

4.6.3 전사수준 통제평가서 – 정보 및 의사소통

원칙 13 관련 있는 정보의 사용 : 회사는 내부회계관리제도의 운영을 지원하기 위하여 관련 있는 양질의 정보를 취득 또는 생산하고 사용한다.

신뢰성 있는 재무제표를 작성하고 효과적인 내부회계관리제도를 설계, 운영하기 위해서는 그 근간이 되는 정보의 완전성과 정확성을 확보하는 것이 필요하다. 원천정보에 대한 데이터를 효과적으로 관리하는 것은 재무제표 신뢰성과 직결된다고 할 수 있다.

회사(또는 조직)는 정보 및 의사소통 외의 기타 내부통제구성요소(통제환경, 위험평가, 통제활동, 모니터링)가 유효하게 작동하고 있다는 사실을 증명하기 위해 다양한 정보를 사용한다. 정보 및 의사소통은 이를 지원하기 위해서 양질의 정보를 취득, 생산, 사용하는 정책과 절차를 구성할 것을 명시하고 있다.

(원칙 13)에서는 ① **정보 요구사항을 식별하고 처리**하여 ② **의미 있는 회계정보로 변환**하는 모든 일련의 과정에 대해 고려하도록 하고 있다.

첫 번째 단계에서는 내부회계관리제도에서 사용되는 모든 정보를 명확하게 구체화하는 단계이다. 내부통제의 다른 구성요소(통제환경, 위험평가, 통제활동, 모니터링)가 효과적으로 작동하기 위한 관련 있는 정보 및 원천데이터를 식별하는 내부통제활동을 구축하여야 한다. 정보는 원천에 따라 내부데이터와 외부데이터로 구분할 수 있다.

두 번째 단계는 데이터를 재무제표 작성 등을 위해 재무정보로 변환하는 단계이다. 특정 계정과목 혹은 일반 회계정보 산출을 위해서 회사는 내부/외부에서 수집한 데이터를 목적 적합한 정보로 전환할 수 있는 IT시스템을 개발하여 운영하기도 한다. 단순한 데이터가 의미있는 재무정보로 전환되기 위해서는 데이터의 완전성과 정확성이 요구된다. 재무정보의 신뢰성은 원천 데이터의 품질로부터 출발하기 때문이다.

이와 관련하여 미국 PCAOB(Public company accounting oversight board)에서는 외부감사인에 대해 IPE(information produced by entity) 테스트 절차를 요구하고 있는데, 감사기준서 1100에 따라 국내의 내부회계관리제도 감사에도 동일한 절차가 요구된다고 할 수 있다.

IPE는 회사의 의사결정에 이용되는 모든 정보(감사목적으로 사용되는 모든 정보)를 의미하는데 내부회계관리제도에서는 내부통제에 활용되는 모든 데이터에 국한하여 정의할 수 있다. IPE는 4가지 유형으로 정보를 분류하며, 각 유형별 회사의 리뷰절차는 아래와 같다(자세한 내역은 “4.8 IPE(Information produced by Entity)” 참조).

구 분	개 념	회사의 리뷰절차
표준보고서	• 회사 ERP에서 도출되는 데이터로 최종사용자가 관련 parameter(기간, 생성자 등)만 입력하여 도출되는 리포트를 의미 • 시스템 쿼리 등을 이용하여 수정할 수 없는 데이터를 의미	• 경영진은 해당 리포트 추출 시 이용된 parameter를 스크린 캡처하는 방식 등으로 문서화를 강제함. • 해당 parameter를 실행하여 도출된 결과값도 문서화함.
비표준보고서	• 회사의 ERP에 add-on된 시스템에서 도출되는 데이터로 회사가 추가 개발/변경한 리포트 등의 데이터를 의미	• 경영진은 해당 리포트 추출 시 이용된 parameter를 스크린 캡처하는 방식 등으로 문서화를 강제함. • 해당 parameter를 실행하여 도출된 결과값도 문서화함. • Accuracy 등 해당 데이터의 신뢰성 관련 통제 및 검토 필요
제3자 발행 보고서	• 외부 서비스 조직 또는 벤더 등으로부터 취득한 정보 • 회계법인의 평가보고서, 신용평가사의 평가보고서, 감정평가법인의 평가보고서 등이 해당될 수 있음.	• 경영진은 외부에서 제공된 해당 정보에 대해 완전성과 정확성을 확인할 수 있는 적절한 통제절차를 마련하여야 함.
스프레드시트	• 엑셀 등 spreadsheet를 이용하여 작성된 데이터	• 해당 스프레드시트의 계산로직 등을 포함하여 개발, 변경, 접근권한, 보관 등에 대한 통제활동을 수행하여야 함. • 스프레드시트의 원천데이터의 이해 및 신뢰성과 관련한 통제절차를 수행하여야 함. • 결국, 단위 IT시스템에 대한 ITGC 수준의 통제절차를 요구

(원칙 13)과 관련한 내부회계관리제도 설계 및 운영 개념체계의 중점고려사항의 내용은 다음과 같다.

원 칙	중점고려사항 제목	중점고려사항 내용
원칙 13. 관련 있는 정보의 사용	정보 요구사항의 식별	회사의 내부회계관리제도 목적 달성과 내부회계관리제도 구성요소들의 기능을 지원하기 위해 필요하고 요구되는 정보를 식별하는 절차가 수립되어 있다.
	내부 및 외부의 데이터 원천 포착	정보시스템은 내부 및 외부의 데이터 원천을 포착한다.
	관련 있는 데이터를 의미 있는 정보로 변환	정보시스템은 관련 있는 데이터를 처리하여 의미 있는 정보로 변환한다.
	정보 처리 과정에서 품질의 유지·관리	정보시스템은 시의적절하고, 최신의, 정확하고, 완전하고, 접근가능하고, 보호되고, 검증가능한 정보를 생산하고 유지하며 동 정보가 내부회계관리제도 구성요소 지원에 적절한 정보인지 검토한다.
	비용과 효익 고려	의사소통 대상이 되는 정보의 성격, 양, 상세한 정도는 회사의 내부회계관리제도 목적에 부합하고, 목적 달성을 지원한다.

원칙 13 ① 정보 요구사항(Information Requirement)

데이터나 정보는 그 존재 자체로 가치를 갖고 있는 것이 아니라 정보의 요구사항 혹은 필요성에 의해 가치가 발생하게 된다. 예를 들어 자녀의 대학입시를 앞둔 학부모에게는 대학입시와 관련된 정보가 매우 가치있는 정보겠지만, 대학졸업을 앞둔 자녀를 둔 부모에게는 관련성이 없는 정보가 된다.

내부통제의 수행과정에서도 이러한 내용은 동일하다. 내부통제의 목적을 달성하기 위해서는 다양한 정보를 필요로 하게 되는데, 필요한 요구사항을 명확하게 정의하여 구체화하는 것은 효과적인 내부회계관리제도를 운영하기 위한 필수절차이다. 이러한 요구사항을 식별하는 작업은 일회성 절차로 끝나는 것이 아니라 내부회계관리제도를 운영하는 과정에서 반복적이며 계속 발생하는 절차이다.

조금 더 구체적으로 살펴보자면 정보 요구사항은 다른 내부통제 구성요소(통제환경, 위험평가, 통제활동, 의사소통, 모니터링)에 포함된 내부통제 활동으로부터 발생하게 된다. 그러므로 경영진을 포함한 모든 임직원은 관련성이 있으며 신뢰할 만한 정보 및 데이터의 원천을 알고 있어야 내부통제가 필요로 하는 정보 요구사항을 만족시킬 수 있다.

하지만 때로는 정보원천이 필요 이상으로 다양하거나 데이터 처리 기술의 발전으로 데이터의 양이 너무 많아 유용하지 않을 수도 있다. 그러므로 비용과 효익을 분석하는 것은 요구사항을 충족시키는 데 있어서 고려하여야 하는 주요요소가 된다.

| 예시 : 내부통제 구성요소에 따른 정보사용 → 정보 요구사항이 발생 |

내부통제 구성요소	정보사용 및 요구사항 예시
통제환경	• 경영진은 윤리강령 준수여부에 대한 정보를 수집하기 위하여 회사 전체적으로 모든 임직원에 대해 연간수행 내역에 대한 서베이 및 조사를 실시함. • 이러한 서베이 및 조사는 통제환경을 준수하였다는 것에 대한 정보를 생산하게 됨.
위험평가	• COVID19의 영향으로 신용카드를 이용한 온라인 판매가 급격하게 증가하였음. • 신용카드와 관련한 개인정보보호 유출 등의 위험을 평가하기 위한 목적으로 신용카드 거래의 수, 총취급액 등의 정보가 요구됨.
통제활동	• 대손충당금을 산출하기 위하여 Roll-rate의 방법론이 사용되며 재무기획부 책임자는 대손충당금 산출을 위한 기초정보를 리뷰하도록 하고 있음. • PD(Probability of default), LGD(loss given at default)를 산출하기 위한 기초정보 과거 월령별 연체정보, 회수정보, 상각정보, 상각 후 회수정보, 자산건전성분류, 고객구분, 상품구분 등의 정보가 요구됨.
모니터링	• 지속적 모니터링(Ongoing evaluation)의 일환으로 5천만 원 이상의 거래에 대해서는 일별로 그 거래내역을 감사부에서 확인하기로 하였음. • 5천만 원 이상의 현금지급 거래내역 및 계약내역을 파악하기 위하여 최근 6개월간 동일업체에 지급한 금액이 5천만 원 이상인 정보의 집계가 요구됨.

원칙 13 ② 내부 및 외부의 데이터 원천 포착(Information from relevant sources)

중점고려사항의 두 번째 내용인 '내부 및 외부의 데이터 원천 포착'은 정보 요구사항이 정하여지면 적합한 정보를 제공할 수 있는 정보원천(information source)을 선택하여야 한다는 내용으로 요약할 수 있다.

정보의 요구사항이 정하여지면 신뢰할 수 있는 정보원천으로부터 관련성 있는 데이터를 수집하여야 하는데 이를 위해서 이용가능하며 신뢰할 만한 데이터 원천을 나열한 후 그 필요성에 맞는 가장 관련성 높은 원천을 선택하도록 하는 절차가 필요하다.

당연히 정보 요구사항은 시간흐름 혹은 환경변화와 함께 변화하게 되므로 이를 위한 데이터 원천의 선택도 함께 변경할 것을 고려하여야 한다.

| 예시 : 관련성 있는 정보의 원천 |

내부 데이터 원천(예시)	내부 데이터(예시)
• 이메일 발신내역 등 • 생산(재고)시스템 출하 보고서 • 업무수행자의 근무시간 입력 시스템(time sheet) • 회원에 대한 서베이 조사결과 • 내부고발자제도(whistle-blower hotline)	• 조직변경 • 한달간 배송된 제품 수량 • 프로젝트별 투입 시간 • 회원 이탈율에 영향을 미치는 요소 • 중간관리자의 태도 및 행동에 대한 불만
외부 데이터 원천(예시)	**외부 데이터(예시)**
• 외부서비스제공자로부터 세부 배송 데이터 • 산업조사기관(리서치 기업)의 보고서 • 관련 규제 당국 • 소셜미디어 및 기타 블로그 등 • 외부고발자(공익신고자)제도(whistle-blower hotline)	• 외부업체로부터 배송된 제품 수량 • 경쟁사의 제품 정보 • 새로운 법률 및 규제사항 • 회사에 대한 평판 등 • 뇌물수수 및 자금의 부적절한 사용

원칙 13 ③ 관련 있는 데이터를 의미있는 정보로 변환(Processing data through information system)

정보 요구사항이 식별되었으며, 이를 위한 목적적합하고 신뢰성 있는 정보의 원천을 선택할 수 있다면 그 다음 단계로 구제적인 데이터 및 정보를 수집하는 일이 남게 된다.

정보 요구사항을 충족시키기 위한 원천 데이터는 회사 내부에서 취득할 수도 있으며 회사 외부에서 획득할 수도 있다. 또한 그 데이터가 변환없이 그대로 쓰일 수도 있지만 일반적으로는 정보로서의 가치를 갖기 위해 상당한 정도의 변환작업이 필요할 수도 있다. 이러한 변환작업을 위해 회사는 IT시스템을 개발하여 사용하기도 한다.

내부통제를 구축 및 운영함에 있어서 잘못된 정보를 사용한다면 그 목적을 달성할 수 없으며 잘못된 결론에 도달할 것이다. 그러므로 관련성이 높으며 양질의 정보만을 사용하여야 하는데, 정보의 생성과정에서 무엇인가 잘못되지 않았을까라는 전문가적 의구심으로 보게 된다면 구체적으로 아래와 같은 두 가지의 질문에 직면하게 된다.

① IT시스템에 입력된 기초데이터의 정합성(무결성, integrity)[54]은 확보되었는가?

54) 데이터 무결성(data integrity) : 데이터의 정확성과 일관성을 유지하고 보증하는 것을 의미한다.

② 데이터가 정보로 변환되는 과정에서 완전성(completeness)과 정확성(accuracy)은 확보되었는가?

따라서 경영진은 앞선 두 가지의 핵심질문을 해소하기 위해서 IT시스템에 입력된 기초 데이터의 정합성(무결성)과 이러한 데이터가 변환되는 과정에서 완전성과 정확성을 확보하기 위한 통제활동을 구축하고 운영하여야 한다.

| 데이터를 정보로 변환 |

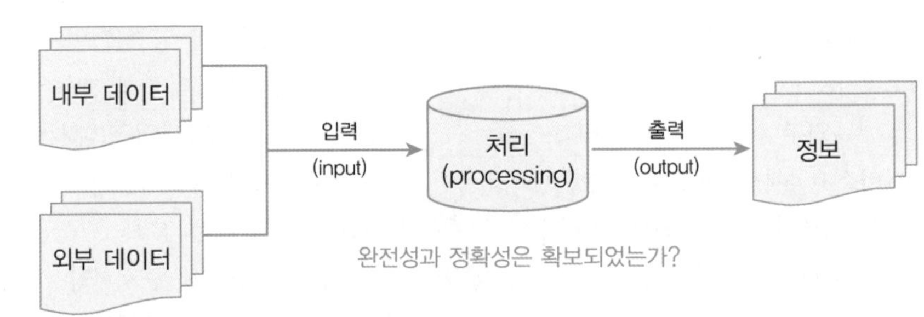

정보 요구사항의 성격과 범위, 정보의 복잡성과 양, 외부당사자에 대한 의존도는 양질의 정보를 산출하기 위해 회사가 갖추어야 할 IT시스템의 복잡성 및 정교함(sophistication)에 영향을 미치게 된다. 이러한 복잡성 및 정교함의 수준과 관계없이, IT시스템은 관련된 프로세스 전반에 걸쳐 양질의 일관된 정보를 수집, 저장 및 요약할 수 있도록 한다.

원칙 13 ④ 정보 처리과정에서 품질의 유지 관리(Information quality)

생성된 정보는 내부통제의 운영을 위해 통제환경, 위험평가, 통제활동, 모니터링 등에서 사용된다. 부정확하고 불완전한 데이터에서 생성된 정보를 사용하는 것은 잘못된 의사결정이나 잘못된 판단의 원인이 된다. 데이터를 정보로 변환시 Input과 Processing의 과정에서 내부통제를 설계, 운영하는 것이 필요하다는 것은 앞서 설명한 바 있다. 마지막으로 Output으로 생성된 정보가 아래와 같은 속성을 만족시키는지 여부를 확인함으로써 양질의 정보가 사용되는지 고려한다.

| 정보의 품질을 결정하는 요소[55] |

제 목	내 용
접근가능성(accessible)	• 정보를 필요로하는 임직원이 쉽게 정보를 얻을 수 있음. • 즉, 가용한 정보가 어떤 것이고 어떤 시스템에 있는지 알고 있음.
정확성(correct)	• 기초 데이터는 정확하고 완전함. • IT시스템은 정확성과 완전성을 확보하기 위한 정합성(validation) 확인절차를 갖고 있음. • 필요한 경우 예외사항에 대한 해결절차를 포함
현재성(current)	데이터는 필요한 주기에 따라 최신의 원천으로부터 수집됨.
보안성(protected)	민감한 정보에 대한 접근은 권한이 부여된 직원에게만 한정됨.
보존성(retained)	외부기관의 조사 혹은 질의에 대응하기 위해 일정기간 정보를 보존함.
충분성(sufficient)	• 정보 요구사항에 맞는 충분한 정보가 있으며 적절한 수준으로 상세하게 기재되어 있음. • 과도한 정보는 비효율, 오남용, 오해 등을 피하기 위해 제거됨.
적시성(timely)	• 필요한 시점에 IT시스템에서 정보를 이용할 수 있음. • 적시적 정보는 조기에 이슈 등을 식별하는 데 도움이 됨.
유효성(valid)	정보는 검증된 원천에서 취득하고 정해진 절차에 따라 수집하며 실제 발생한 사건에 근거함.
입증가능성(verifiable)[56]	• 정보는 원천으로 얻은 증거에 의해 뒷받침됨. • 경영진은 정보의 질을 위하여 명확한 R&R을 포함하는 정보관리정책을 수립함.

산출된 정보는 보관기간을 정하여 관리한다. 보관기간은 내부적으로 필요한 기간 및 법규나 규정에서 요구하는 사항을 만족시키기 위한 기간을 모두 고려하여야 한다. 실시간 정보처리만 의존하고 있는 경우 데이터의 양, 저장공간, 복구 등을 고려한다면 이러한 요구사항을 만족시키는 것은 매우 어려운 일이 될 수도 있다.

다음은 (원칙 13) 관련있는 정보의 사용을 구현하기 위해서 내부회계관리제도 설계 및 운영 적용기법에서 제시하는 구체적인 사례이다.

55) 내부회계관리제도 설계 및 운영 개념체계 문단 A81

56) 설계 및 운영 개념체계 본문 문단 50.4에서는 verifiable을 검증가능성으로 번역하고 있으나 문단 A81에서는 입증가능성이라고 번역하여, 개념체계 내에서도 동일한 용어를 다르게 번역하고 있다. 실무에서는 verifiable을 일반적으로 검증가능성이라는 용어로 번역한다.

적용기법 13.1 정보 요구사항 목록 작성

120. 경영진은 다양한 출처로부터 광범위한 정보를 획득 및 이용할 수 있다. 관련 있는 정보가 되기 위해서는 외부 재무보고를 감독하고 내부통제체계를 모니터링하는 임직원의 요구와 책임에 부합하고 유용성과 신뢰성을 갖춰야 한다. 경영진은 내부회계관리제도의 설계, 운영 및 평가에 필요한 정보를 식별하고 정보 요구사항 목록을 작성함으로써 내부회계관리제도 측면에 필요한 정보에만 집중할 수 있을 것이다. 효과적인 내부회계관리제도를 위해 경영진은 내부회계관리제도 관련 문서에 포함되는 중요한 정보를 파악하고 이의 신뢰성을 확보하기 위해 다음과 같은 절차를 취할 수 있다.
   - 통제가 효과적으로 작동하기 위해 필요한 중요한 정보를 파악(예 : 재고수불리포트, 각종 평가보고서, 평가에 사용되는 각종 예측 정보 등)
   - 필요한 정보의 취득과 관리 방안(적용기법 13.2~13.5에 기술함)
   - 해당 정보의 원천과 산출 방식의 신뢰성에 관련된 통제의 파악, 통제가 존재하지 않는 경우에는 신설을 고려(적용기법 13.6에 기술한 품질관리 방안)
   - 재무정보를 포함한 관리 방안(적용기법 13.7에 기술함)
121. 이를 위해 재무보고 관리자는 외부 재무보고 목적 및 경영진이 강조하는 관련 위험에 해당하는 정보의 영역별 유형을 정의한다. 각 영역별로 최적의 내부 및 외부 원천에서 관련 있는 정보를 식별하고 정보 목록을 작성한다. 각각의 정보마다 한 명 이상의 내부회계관리조직의 경영진 등을 지정하여 필요한 정보를 수집하는 업무 수행 인원을 정하는데 정보 목록을 사용한다.
122. 다음과 같은 영역별 정보 유형을 구분한다.
   - 외부 위험과 추세정보 : 애널리스트 보고서, 경쟁자 분석 보고, 인수 대상 분석 및 소송 활동 등
   - 주요 재무정보 및 추세정보 : 주가, 원재료가격, 환율, 총이익률 및 판가
   - 내부위험과 추세정보 : 계약실적, 매출실적 정보, 현금수지 예측, 월별 재무제표 및 재고수불부 등 내부회계관리제도에 사용되는 주요 정보
   - 규정 관련 변경사항 : 외감법, 내부회계관리제도 감독규정, 회계기준, 감사기준 및 내부회계관리제도와 관련된 규정
123. 내부회계관리제도에 사용되는 정보는 시스템에서 산출되는 정보를 포함하고 있으며, 정보의 신뢰성 검토는 정보의 중요성과 성격에 따라 다양한 방안이 적용될 수 있다.

적용기법 13.2 외부 원천에서 정보 취득

124. 재무 담당자는 관련 있는 정보를 수집하기 위해 외부의 간행물, 이벤트 및 기타 정보에 의존한다. 데이터 및 정보의 출처는 다양하며 다음을 포함할 수 있다.
   - 업계 간행물 구독 및 규정 업데이트 서비스
   - 산업 컨퍼런스, 박람회 및 기타 행사 참여

- 공급업체, 고객 또는 외부서비스제공자와의 일상적인 커뮤니케이션
- 관련 단체에 회원 가입 및 활동
- 산업의 연구 보고서
- 동종업계 간 정보 교환 및 공시 분석 자료

125. 재무 담당자는 수집된 외부 정보를 확인하고 중요한 사건, 추세 및 변경사항을 내부회계관리제도에 반영한다. 또한, 회계기준이나 각종 규정의 변경사항을 확인하고 분석하여 내부회계관리조직을 포함한 외부 재무보고 관련자에게 전달한다.

적용기법 13.3 비재무 부문 경영진으로부터의 정보 수집

126. 내부회계관리제도는 사업 전반에 걸쳐 발생하는 비재무 활동의 영향도 받는다. 회계, 공시 및 내부회계관리제도를 유지 관리하기 위해서는 비재무 부서를 포함한 타 부서의 새로운 사건, 변화 또는 중요한 추세에 대한 정보가 필요하다. 따라서 회계 및 재무 임원 및 담당자는 현업, 인사 부서, 준법 및 제품 개발 부서와 같은 다른 사업 영역의 경영진 및 담당자와 최소한 한 달에 한 번 이상의 회의를 수행한다. 이러한 회의를 통해 다음과 같은 정보를 포함한 주요한 사업 계획이나 변화사항을 구두 및 서면으로 수집하고 확인한다.
   - 신규 고객 및 거래가 중단된 중요 고객, 공급업체 또는 기타 이해관계자
   - 직원 이직률 및 영향 분석
   - 예상하지 못한 긍정/부정적인 추세
   - 윤리·행동강령에 부합하지 않는 행동의 징후
   - 예산 대비 실적 분석이나 예측치
   - 계약상, 준법 또는 규제 관련 이슈사항
   - 고객 또는 공급업체의 불만사항
   - 내부감사 및 내부통제 평가보고서의 결과
   - 기타 내부회계관리제도에 영향을 미치는 항목과 관련된 정보
127. 회계 및 재무 담당자는 수집된 정보가 재무제표 및 내부회계관리제도에 미치는 영향을 평가하기 위하여 충분한 논의를 수행한다. 중요한 분석결과를 내부회계관리자 및 감사(위원회)에 보고하고 변경이 필요한 정책 및 절차에 적절한 조치를 취한다.

적용기법 13.4 정보의 저장과 관리

128. 경영진은 재무제표 및 내부회계관리제도를 위한 정보를 수집, 변경, 생성, 공유하기 위한 정책을 수립한다. 이러한 정책의 목적은 회사의 임직원이 정보를 효율적으로 이용하고 관련 있는 정보를 이용할 수 있도록 하는 것이다.
129. 내부회계관리조직의 역할을 담당하는 경영진 및 직원 역시 정보를 식별하고 분류하는 절차를 따른다. 이러한 절차는 각 정보가 기록되어 저장되기 전에 다음을 포함하는 속성을 지정할 것을 요구한다.

- 정보 소유자
- 정보 이용 가능 인원
- 출처(시스템 및 담당자 포함)
- 정보 중요성
- 빈도 및 시점
- 관련 프로세스
- 보유 기간

130. 일단 저장된 정보는 완전성, 정확성, 보안, 유효성 및 중복방지를 위한 통제활동의 대상이 된다. 정보는 시스템이나 물리적인 보관소에 저장될 수 있다. 경영진은 이와 같이 재무제표의 기초가 되는 회계정보의 위조, 변조, 훼손 및 파기 방지를 위한 통제활동을 설계 및 운영하여야 한다.

적용기법 13.5 시스템을 이용한 데이터의 정보화

131. 경영진은 IT시스템의 응용프로그램을 이용하여 내부 및 외부 원천에서 데이터를 수집하고, 해당 데이터를 정보로 변환하며, 처리 및 보고 과정에서 데이터와 정보의 품질을 유지 관리한다. 재무보고 관련 거래에 대한 데이터 수집 및 처리(예 : 개시/입력, 승인, 측정, 분류, 기록, 처리 및 보고) 활동은 회사 정책 및 절차 설명서에 문서화된다. 시스템의 응용프로그램 설계 시 실재성 및 유효성에 대한 입력 관련 통제 및 완전성과 정확성에 대한 출력 관련 통제와 같은 자동통제 활동이 포함된다. 이러한 응용프로그램은 정보기술 일반통제를 통해 그 신뢰성과 유효성이 보전될 수 있다.

적용기법 13.6 정보의 품질 관리 방안

132. 경영진은 내부회계관리제도와 이에 사용되는 정보의 신뢰성을 보장하기 위해 데이터 품질 관리 방안 등을 수립한다. 경영진은 다양한 데이터 원천에서 신속하게 취합하고 배포하기 위해 관련 정책, 절차 및 책임을 공식화한다.
133. 대상 정보의 양, 복잡성, 사용자 요구 및 수요 등을 고려하고, 데이터 품질 관리 방안에는 다음 사항에 대한 정책 및 절차를 포함한다.
    - 데이터 관리 부서, 현업 부서 및 IT 부서 간의 역할 및 책임 설정
    - 특정 정보의 원천 데이터 유효성 확인 방안
    - 시스템 인터페이스나 주요 데이터 입력 이전에 확인할 데이터 신뢰성 검토 항목(특히, 프로그램 개발 및 변경 시 고려)
    - 기초 데이터 및 처리 과정에서 생성된 정보에 대한 접근 권한
    - 전송 중이거나 저장된 데이터의 보호
    - 통제활동에 이용되는 주요 정보의 신뢰성 검토를 위해 사용자가 확인할 사항

적용기법 13.7 **재무보고 관련 데이터 및 정보의 식별 및 유지 · 관리**

134. 경영진은 데이터 등급이나 유형을 정의하고 데이터를 보호, 유지 · 관리하기 위해 준수할 사항을 포함한 정책 및 절차를 수립한다. 동 정책 및 절차에 회계정보를 기록 · 보관하는 장부(자기테이프 · 디스켓, 그 밖의 정보보존장치를 포함)의 관리 방법과 위조, 변조, 훼손 및 파기를 방지하기 위한 통제절차를 포함한다. 이를 통해 임직원의 승인되지 않은 접근이나 변경으로부터 정보를 보호하고, 법률 등에서 요구하는 데이터 보관 및 삭제 요구사항을 준수하도록 한다. 데이터 관리자는 데이터 관리 정책을 이행하기 위한 프로세스와 저장소를 개발하고, 주기적으로 공지사항 등을 통해 거래 프로세스 책임자에게 데이터 관련 요구사항을 전달한다. 동 과정에서는 법률 요구사항을 준수하고 정보를 관리 · 저장하는데 따른 기업의 효익과 비용 및 정보의 상대적인 가치를 고려하는 것이 중요하다.

예시 전사수준 통제기술서(ELCA) - 정보 및 의사소통(원칙 13)

Ⅳ. 정보 및 의사소통(Information and Communication)

정보 및 의사소통은 조직 구성원이 내부통제제도의 책임을 수행할 수 있도록 신뢰성 있는 정보를 활용할 수 있는 체계를 구비하고 4가지 통제 구성요소에 대한 대·내외 의사소통이 원활하게 이뤄질 수 있는 체계를 포함한다.

(원칙 13) 회사는 내부회계관리제도의 운영을 지원하기 위하여 관련 있는 양질의 정보를 취득 또는 생산하고 사용한다.

중점고려사항	통제내용	테스트 절차	관련규정	주관부서
1. 정보 요구사항의 식별 - 회사의 내부회계관리제도 목적 달성과 내부회계관리제도 구성요소들의 기능을 지원하기 위해 필요하고 요구되는 정보를 식별하는 절차가 수립되어 있다.	내부회계관리제도에서는 재무제표 작성을 위해 사용되는 모든 정보의 원천을 식별하고 해당 내부통제에 대하여 설계 및 운영을 평가한다. - 해당 시스템의 ITGC와 ITAC의 수행 - 경영진측 전문가 활용시 사용되어지는 원천데이터 리뷰 - 서비스조직을 이용시 SOC 보고서 - EUC list 작성 - 기타 원천정보 확인을 위한 IPE inventory 작성 및 확인 - 재무정보에 대한 경영진 보고자료 및 외부공시자료	1. 회사의 [정보요구사항 식별] 사항을 테스트하기 위해 아래 자료를 징구한다. - [ITGC, ITAC 통제기술서] - [IPE inventory], [EUC list] 2. 통제활동의 테스트 절차로 아래를 확인한다. - 재무제표 왜곡위험과 관련한 모든 원천정보의 완전성과 정확성을 확보하는 내부통제 절차를 구축하고 있는지 확인한다. - 내부회계관리제도에 활용되는 모든 정보가 리스트화 되었는지 확인한다. 3. 예외사항이 발견된 경우, 원인을 파악하고 어떻게 조치하였는지를 확인한다.	내부회계 관리규정	내부회계 관리팀

중점고려사항	통제내용	테스트 절차	관련규정	주관부서
	- 전사통제를 구성하는 각종 규정 및 절차			
2. 내부 및 외부의 데이터 원천 포착 - 정보시스템은 내부 및 외부의 데이터 원천을 포착한다.	회사의 재무정보 구성에 기초가 원천정보를 다음과 같이 구분하고 추정 및 판단, 중요한 계정과목에 대하여는 IPE inventory에 추가하여 관리한다. - 단위시스템 기초정보(유가증권관리시스템, 매출관리시스템, 고객신용관리시스템, 대여금관리시스템, 대손충당금시스템 등) - 외부서비스 의존통제(해외지점 payroll) - 경영진측 전문가 활용 계정과목(비상장주식평가, DBO 평가) - 회계시스템 - EUC	1. 회사의 [내/외부 데이터원천 포착] 사항을 테스트하기 위해 아래 자료를 징구한다. - [계정과목별 데이터원천 구분 현황표] - [IPE inventory] 2. 통제활동의 테스트 절차로 아래를 확인한다. - [데이터 원천 구분 현황표]를 징구하여 유의한 계정과목(significant account)에 대한 데이터 원천이 모두 파악되었는지 확인한다. - [IPE inventory]를 징구하여 중요한 추정 및 판단이 포함되거나 중요한 계정과목의 데이터 원천의 완전성과 정확성을 판단할 수 있는 절차가 포함되어 있는지 확인한다. 3. 예외사항이 발견된 경우, 원인을 파악하고 어떻게 조치하였는지를 확인한다.	내부회계 관리규정	내부회계 관리팀
3. 관련 있는 데이터를 의미 있는 정보로 변환 - 정보시스템은 관련 있는 데이터를 처리하여 의미 있는 정보로 변환한다.	재무정보를 산출하는 정보시스템이 개발되어 있으며, 일부 재무정보는 외부서비스제공자에 의존하고 있다. 재무정보를 산출하는 시스템은 다음과 같으며, 재무제표 계정과목과 관련 재무정보 산출시스템	1. 회사의 [의미있는 정보로 전환] 사항을 테스트하기 위해 아래 자료를 징구한다. - [재무제표 계정과목과 시스템 mapping] 2. 통제활동의 테스트 절차로 아래를 확인한다. - 재무정보를 산출하는 신규 시스템이 있는지 질문한다. - 해당 시스템은 ITAC, ITGC 대상에 포함되어 있는지	정보기술 관리규정	정보기술부

중점고려사항	통제내용	테스트 절차	관련규정	주관부서
	을 연결시킨 mapping table을 작성한다. 해당 내역은 정보기술부 부장이 업데이트한다. -ERP 회계처리시스템 -대손충당금 시스템 -유가증권 단위시스템 -파생상품평가시스템 -해외정보 시스템 -블룸버그단말	확인한다. -해당 시스템이 사용하는 원천데이터가 있는 경우 IPE inventory에 포함되어 있는지 확인한다. 3. 예외사항이 발견된 경우, 원인을 파악하고 어떻게 조치하였는지를 확인한다.		
4. 정보 처리 과정에서 품질의 유지·관리-정보시스템은 시의적절하고, 최신의, 정확하고, 완전하고, 접근가능하고, 보호되고, 검증가능한 정보를 생산하고 유지하며 동 정보가 내부회계관리제도 구성요소 지원에 적절한 정보인지 검토한다.	재무정보를 산출하는 정보시스템은 그 완전성과 정확성 확보를 위해 시스템별로 다음의 통제절차를 구비하고 있으며 시스템의 개발, 변경시에는 단위테스트, 통합테스트를 실시하고 문서화한다. -형상관리(최신업데이트) -정확성 및 완전성 -엔터티정의서 -단위테스트, 통합테스트 결과서	1. 회사의 [정보처리 과정에서 품질유지] 사항을 테스트하기 위해 아래 자료를 징구한다. -[단위테스트, 통합테스트 결과서] 2. 통제활동의 테스트 절차로 아래를 확인한다. -형상관리에 대한 통제활동을 확인하여 시스템 변경시에는 반드시 정보처리의 품질이 유지될 수 있도록 단위테스트, 통합테스트를 실시하는지 확인한다. -각 시스템별로 단위테스트, 통합테스트를 실시하였는지 확인하고 그 결과는 정보기술부장 및 정보기술 담당임원에게 보고되었는지 확인한다. 3. 예외사항이 발견된 경우, 원인을 파악하고 어떻게 조치하였는지를 확인한다.	정보기술 관리규정	정보기술부
5. 비용과 효익 고려-의사소통 대상이 되는 정보의 성격, 양, 상세한 정도는 회사의 내부회계관리제도 목적에 부	세부정보의 완전성과 신뢰성은 유의한 계정과목(significant account)으로 선정되는 항목 중 핵심통제(Key control)에 대하여 수행한다.	1. 회사의 [비용 효익 고려] 사항을 테스트하기 위해 아래 자료를 징구한다. -[Scoping table] -[Key control 선정] 2. 통제활동의 테스트 절차로 아래를 확인한다.	내부회계 관리규정	내부회계 관리팀

중점고려사항	통제내용	테스트 절차	관련규정	주관부서
합하고, 목적 달성을 지원한다.	- 유의한 계정과목은 계정과목의 잔액이 수행중요성(PM) 이상이거나 질적 중요성 항목을 모두 고려하여 선정한다(Scoping table 참조). - 핵심통제의 선정기준은 관련 재무제표 왜곡위험을 허용가능한 수준(tolerable rate) 미만으로 줄일 수 있는 통제능력이 있는 내부통제 활동을 선정한다(Key control 선정 참조).	- Scoping table의 중요계정과목 선정을 검토하여 관련 계정과목 중 수행중요성 기준 이상이거나 질적 중요성항목(주요 질적 위험항목: 기준서 변경항목, 금융감독원 강조항목, 특수관계자 거래항목 등)이 모두 포함되어 있는지 확인한다. - Key control 선정 문서를 징구하여 핵심통제는 관련 재무제표 왜곡위험을 허용가능한 수준으로 낮출 수 있는 항목 및 기타 고려사항에 대하여 적절히 문서화 되었는지 확인한다. 3. 예외사항이 발견된 경우, 원인을 파악하고 어떻게 조치하였는지를 확인한다.		

원칙 14 **내부 의사소통 : 회사는 내부회계관리제도의 운영을 지원하기 위하여 필요한 내부회계관리제도에 대한 목적과 책임 등의 정보에 대해 내부적으로 의사소통한다.**

재무제표의 신뢰성을 갖추기 위한 다른 환경적인 요소가 갖추어졌다고 하더라도 조직 내부적인 의사소통이 원활하지 않다면 그 목적한 바를 달성하는 데에 효과적이지 않을 수 있다. 따라서, (원칙 14)에서는 내부 커뮤니케이션에 대한 원칙을 규정하고 이를 내부회계관리제도에 포함하도록 하고 있다.

(원칙 14)에 대한 중점고려사항으로 4개의 항목을 제시하고 있다. 내부 의사소통은 최고경영진을 중심으로 그 구조를 이해하는 것이 편리하다.

| 내부 의사소통 |

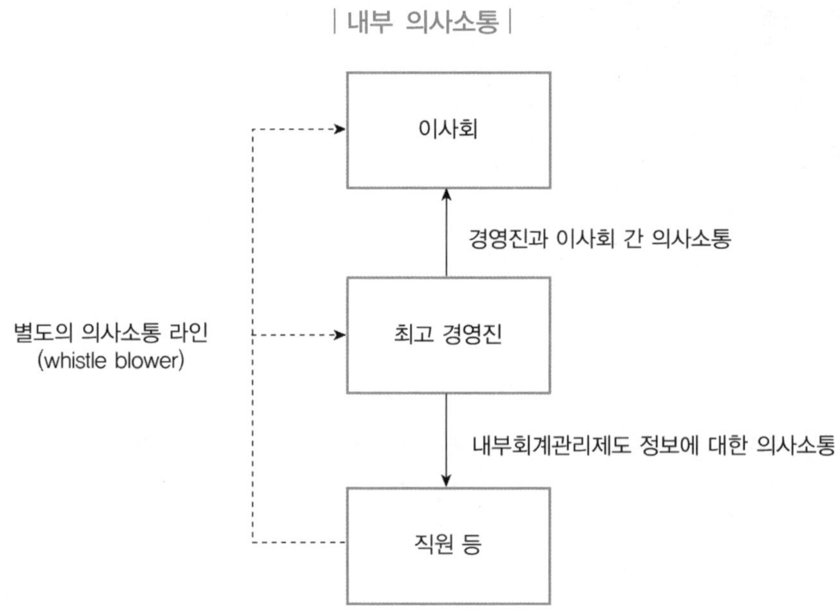

내부회계관리제도 정보에 대한 의사소통은 첫 번째로 경영진과 직원과의 의사소통을 의미한다.

최고 경영진은 내부회계관리제도의 목적을 직원에게 명확하게 전달하여 구성원 개개인의 역할이 회사의 목적달성에 어떠한 영향을 미치는지 이해할 수 있도록 한다.

특히 내부 의사소통을 통해 정보가 공유될 수 있게 할 뿐만 아니라 경영진 스스로와 직원들이 내부회계관리제도에 관한 책임을 이해할 수 있도록 내부통제를 구축하고 운영하여야 한다.

두 번째로 경영진과 이사회 간의 의사소통은 이사회가 감독의무를 수행할 수 있도록 하는 의사소통을 의미한다. 이사회는 경영진으로부터 주요한 문제에 대해 보고받고 의사소통하여 이에 대한 시의적절한 대응을 할 수 있어야 한다.

조직 내에서 발생하는 다양한 문제들은 공식적인 채널만으로는 효과적이지 않을 수 있으며 특정상황에서는 익명 또는 비밀유지가 보장되는 의사소통 채널이 필요할 수 있다. 따라서, 회사에서는 이러한 별도의 의사소통라인을 제공하고 임직원에게 알릴 필요가 있으며, 이러한 별도의 의사소통라인은 내부고발자제도(whistle blower)가 가장 대표적이다.

(원칙 14)와 관련한 내부회계관리제도 설계 및 운영 개념체계의 중점고려사항의 내용은 다음과 같다.

원 칙	중점고려사항 제목	중점고려사항 내용
원칙 14. 내부 의사소통	내부회계관리제도 정보에 대한 의사소통	모든 직원이 내부회계관리제도 책임을 이해하고 이행하기 위해 필요한 정보를 교환하는 프로세스가 존재한다.
	경영진과 이사회 간의 의사소통	경영진과 이사회는 회사의 내부회계관리제도 목적과 관련한 각자의 역할 수행을 위해 요구되는 정보를 얻을 수 있도록 양자 간에 의사소통한다.
	별도의 의사소통 라인 제공	통상적인 의사소통 채널이 비효과적인 경우를 대비하여 익명 또는 비밀이 보장된 의사소통이 가능하도록 내부고발제도 같은 별도의 의사소통 채널이 갖추어져 있다.
	적절한 의사소통 방법 선택	시기, 대상자 및 정보의 성격을 고려하여 의사소통의 방법을 선택한다.

원칙 14 ① 내부회계관리제도 정보에 대한 의사소통(Internal control communication)

경영진은 효과적인 내부 의사소통을 활성화하기 위한 정책 및 실무절차를 수립하고 실행하여야 한다. 이러한 정책 및 실무절차는 임직원이 책임 및 권한을 수행하고 윤리강령을 준수할 수 있도록 하는 구체적인 커뮤니케이션 절차를 포함한다.

경영진은 모든 임직원에게 조직의 목표가 무엇인지 명확하게 전달한다. 목표에 대하여 명확하게 의사소통하는 것은 조직구성원뿐만 아니라 외부서비스제공자까지도 조직에서 각각의 역할이 무엇인지 이해할 수 있도록 한다. 특히, 본인의 역할과 책임이 조직의 목표 달성에 어떠한 영향을 미치는지 알 수 있게 하는 것이 중요하다.

경영진의 의사소통은 각 구성원이 내부통제에 대한 책임을 진지하게 받아들일 수 있을 만큼 명확하게 메시지를 전달하여야 한다. 즉, 구체적인 목표(혹은 세분화된 하위목표)를 설정하는 것은 각 구성원에게 본인의 내부통제 책임은 무엇인지 그에 따라 무엇을 해야 하는지 혹은 어디까지 허용 가능한지 이해할 수 있게 하는 방법이 된다.

| 내부 의사소통 : 경영진으로부터 각 구성원으로 |

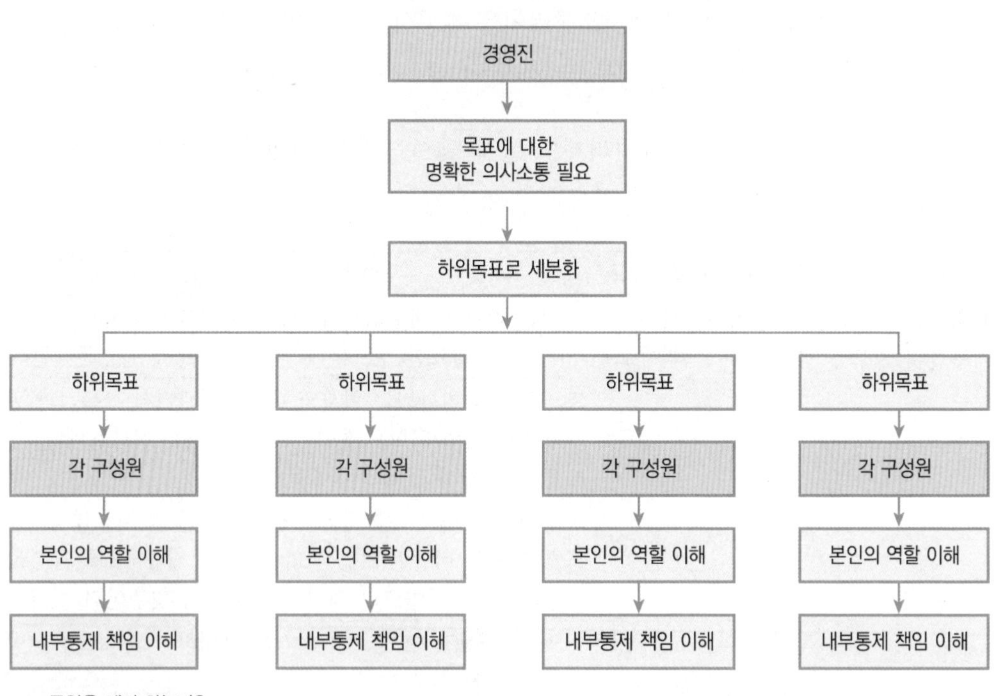

하지만, 내부통제 책임에 대한 의사소통만으로는 모든 조직구성원이 의도된 대로 그 책임을 수용하고 수행할 것이라는 확신을 갖기에 충분하지 않을 수 있다. 따라서, 경영진은 한번 의사소통된 메시지가 적절하게 수행될 수 있도록 적시에 재차 강조하는 것이 필요하다.

원칙 14 ② 경영진과 이사회 간의 의사소통(Internal control communication with Board)

앞서 살펴본 바와 같이 경영진은 내부회계관리제도를 설계, 운영할 책임이 있으며 이사회는 외감법 등 법률에서 정하는 사항과 내부회계관리제도, 내부감사 및 부정방지 프로그램 등의 감독책임을 갖고 있다.[57)]

57) 외감법 제8조 제3항, 내부회계관리제도 설계 및 운영 개념체계(원칙 2, 내부회계관리제도 감독 책임)

이사회가 감독책임을 성실하게 수행하기 위해서는 경영진으로부터 필요한 정보를 제공받아야 한다. 특히, 이사회는 대표이사 및 내부회계관리자로부터 내부회계관리제도에 대한 운영실태를 보고 받는다.

| 이사회에 보고되는 내용 |

구 분	내 용
운영실태 점검결과	내부회계관리제도의 운영실태를 점검한 결과를 이사회에 보고하여야 함.
시정조치 계획	운영실태 점검결과에 따른 시정조치 계획을 이사회에 보고하여야 함.
시정조치 이행결과	직전 사업연도에 시정조치가 있었던 경우 시정조치 이행결과를 이사회에 보고하여야 함.
미비점	내부회계관리제도의 미비점은 개선활동을 수행할 책임이 있는 담당자와 책임자(일반적으로 차상위자, 필요시 고위 경영진과 이사회 포함), 이사회와 적절하게 의사소통하여야 함.
내부회계관리규정	내부회계관리규정을 제정하거나 개정하는 경우 이사회의 결의를 거쳐야 함.

이사회에 보고되는 내용은 일상적인 내부회계관리제도 운영실태의 내용도 있지만 내부회계관리제도와 관련한 중요한 이슈가 모두 보고된다. 이러한 의사소통은 정보의 양과 질적인 측면뿐만 아니라 의사소통의 횟수(frequency) 또한 충분하여야 한다.

원칙 14 ③ 별도의 의사소통 라인 제공(Communication beyond normal channel)

경영진과 이사회 간의 의사소통뿐만 아니라 임직원과 이사회 간 직접적인 의사소통 라인이 필요할 수도 있다. 공식적인 의사소통 채널은 경우에 따라서는 접근이 너무 어렵거나, 민감하거나 비밀이 보장되어야 하는 내용이 모든 공식적인 단계를 거쳐야 한다면 그 의사소통의 유효성을 보장할 수 없다.

이러한 이유에서 많은 회사에서는 공식적인 의사소통 채널 이외에도 내부고발자제도와 같이 감사위원회나 이사회가 정보를 수신할 수 있는 독립적인 의사소통 채널을 구축한다. 이러한 별도의 의사소통 채널의 유효성을 확보하기 위해서는 다음의 요소가 필요하다.

| 별도의 의사소통 채널에 필요한 요소 |

구 분	내 용
익명성	별도의 의사소통 라인에 정보를 제공하는 자의 익명성이 보장되어야 함.
비밀유지	보고된 정보는 일반적으로 법규위반, 부정부패 및 부조리 등 민감한 정보가 많으므로 보고된 정보는 외부로 유출되어서는 안 됨.
제도의 홍보	모든 임직원이 내부고발자제도와 같은 별도의 의사소통 채널이 존재하고 있으며 유효하게 작동하고 있다는 사실을 인지하고 있어야 함.

중요한 위반사항 및 관련 정보에 대하여 보고한 임직원이 보복에 대한 두려움이 없어야 이러한 별도의 의사소통채널은 작동된다. 따라서 경영진은 의사소통에 대하여 개방적이어야 하며, 보고한 임직원에 대한 보호와 보고받은 정보에 대하여 책임있는 조치를 취할 것이라는 것에 대하여 단호하고 명확한 메시지를 전달하여야 한다.

❑ 내부자 고발 해외 사례… 닉슨 美대통령 하야시킨 워터게이트 사건(세계일보)

1972년 6월 17일 미국의 '워터게이트 사건'은 '내부고발자'라는 용어를 세상에 알렸다.

닉슨 대통령을 하야시킨 미국 역사상 초유의 사건은 한 인물이 내부고발자(딥 스로트, Deep Throat)란 이름으로 워싱턴포스트 기자에게 결정적 단서를 제보하면서 시작됐다. 당시 미 연방수사국(FBI) 부국장이던 마크 펠트는 91세가 되던 2005년 5월 31일 월간지 베니티 페어(Vanity Fair)에서 자신을 딥 스로트라고 고백했고, 워싱턴포스트도 이를 확인해 미국 현대 정치사 최대의 미스터리가 풀렸다. 이 사건은 33년 동안 내부고발자의 신상이 보호됐다는 데 의의가 크다.

이탈리아의 부패추방운동인 '마니풀리테(깨끗한 손)'도 내부고발자의 양심선언으로 정치권의 지각변동을 가져왔다. 한 중소기업인의 부패 고발로 1992년 검찰이 수사에 착수해 3,000여 명의 정·재계 인사를 체포·구속했고, 이 중 고위 공직자와 정치인은 1,000여 명이나 됐다. 전체 의원의 30% 가까이 되는 177명이 조사를 받았고, 다음 선거에서 정권이 바뀌었다.

1998년 2,460억 달러(약 250조 원)에 달하는 배상금을 이끌어낸 미국 담배소송도 내부고발자의 폭로가 단초가 됐다.

2002년 말 미국 시사주간지 타임의 표지에는 3명의 여성이 등장한다. 각자 팔짱을 껴 언뜻 영화 '미녀삼총사'를 떠올리게 하는 표지에는 '내부고발자'(휘슬블로어, The Whistleblowers)라는 문구가 새겨 있다. 이들은 각각 미 FBI가 9·11 테러 직전 수사요청을 묵살한 사실, 거대기업인 엔론과 월드컴의 회계부정 비리 등을 폭로해 '올해의 인물'로 선정됐다.

원칙 14 ④ 적절한 의사소통 방법 선택(Method of Communication)

의도된 대로 의사소통의 내용이 전달되려면 전달하는 정보의 정확성과 전달방식의 효과성이 중요하다. 중점고려사항 '적절한 의소소통 방법 선택'에서는 전달방식의 효과성을 확보하기 위한 내용을 설명하고 있다.

대면회의(face-to-face meeting)와 같은 능동적 방식의 의사소통은 수동적 방식인 이메일이나 사내전산망을 통한 의사소통 채널보다 일반적으로 효과가 높다. 따라서, 메시지의 전달이 중요하거나 민감한 내용을 다루는 경우에는 능동적 방식의 의사소통 채널을 이용하는 것이 효과적이다.

또한, 의사소통 채널을 주기적으로 평가하게 되면 그 의사소통 채널이 효과적으로 작동하는지 확인할 수 있다. 이러한 주기적인 의사소통 평가는 임직원 성과평가, 연간 경영진 성과평가, 기타 피드백 프로그램과 같은 기존에 존재하고 있는 프로세스를 통해 수행될 수 있다.

효과적인 의사소통 채널의 선택은 크게 3가지를 고려하여 선택한다. 첫 번째로는 법적 혹은 기타 규제적 요구사항을 만족시키는지 여부이다. 예를 들어 퇴직급여제도와 같은 의사소통은 근로자퇴직급여보장법이나 근로기준법 등의 요구사항을 만족시켜야 하며, 이에 따라 공식적인 채널이나 의사소통의 증거가 보관될 수 있는 방식을 선택한다.

두 번째는 화자(話者)가 아니라 청자(聽者)가 중심이 되는 의사소통 채널의 선택이다. 청자는 문화적인 다양성, 세대의 다양성, 출신 국가 등에 따라 이해의 방식이 달라질 수 있다. 만약 SNS를 통한 의사소통 채널은 젊은 세대에게는 익숙하며 빠르고 비용이 들지 않는 의사소통 채널일 수 있으나, 일부 나이가 많은 세대에게는 접근 및 이해가 어려울 수도 있다.

마지막으로는 비용-효익(Cost-Benefit)에 따른 의사소통 채널의 선택이다. 효과적이어야 하지만 비용 효율적이어야 하므로 내용의 중요도, 적시적인 처리 등을 종합적으로 고려하여 의사소통 방법을 선택한다.

| 의사소통 채널 선택시 고려요소 |

구 분	내 용
구두 의사소통	구두로 의사소통을 하는 경우 전달자의 어조 및 비언어적인 단서를 통해 메시지의 중요성을 강조할 수도 있으며, 이를 통해 수신자의 이해도를 높일 수 있다.

구 분	내 용
다양성의 고려	문화적, 인종, 윤리적 차이, 연령 차이 등의 다양성은 메시지의 수용성에 영향을 미칠 수 있으므로 청자(聽者)가 가장 잘 이해할 수 있는 의사소통 방법을 사용한다.
의사소통 보관	직접적으로 내부통제 유효성에 영향을 미치는 의사소통은 문서화와 같이 장기간 보관할 수 있는 방법을 사용한다(예 : 윤리강령, 자금세탁방지 및 보안).
비공식적 의사소통	전달하는 정보의 비밀유지 및 증빙보관과 같은 것이 필요하지 않은 경우에는 비공식적인 의사소통(예 : 이메일, SNS, 문자메시지) 채널이 적시적이며, 비용 측면에서도 유효한 의사소통 채널이 될 수 있다.
공식적 의사소통	공식적인 의사소통 채널만으로는 임직원들이 의도한 상대방과 의사소통이 이루어지지 않을 수도 있다. 비공식적 의사소통 방식에 익숙한 사람으로부터는 회신을 받지 못할 수도 있다.

다음은 (원칙 14) 내부 의사소통 구현하기 위해서 내부회계관리제도 설계 및 운영 적용기법에서 제시하는 구체적인 사례이다.

적용기법 14.1 **내부회계관리제도의 목적과 내부통제 관련 의사소통**

135. 경영진은 내부회계관리제도의 목적, 내부회계관리규정을 포함한 정책과 절차, 통제활동 및 이의 중요성에 대해 충분한 의사소통을 수행한다. 의사소통 방안은 의사소통 대상, 정보의 성격, 시기의 민감도, 비용, 법적 또는 규제사항 및 기술적 실현가능성 등에 따라 다양한 방법을 적용한다.
   - 눈에 잘 띄는 게시판이나 회사의 홈페이지 등에 부서별 비전 또는 목표 게시
   - 내부통제 관련 사항 또는 회계정책 변경 등을 논의하기 위한 회계 및 재무팀과 내부회계관리 부서의 미팅
   - 내부회계관리규정, 주요 정책 및 절차의 인지도, 준수와 관련된 정기 설문조사
   - 윤리·행동강령, 역할과 책임, 정책 및 절차 등을 포함한 내부회계관리제도 목적의 특정 인트라넷 사이트 구축
   - 내부통제 관련 정기적인 전사 메일, 뉴스레터, 컨퍼런스콜, 웹캐스트, 미팅 등
   - 공장, 영업 사무소, 주요 고객 및 기타 지역에 대한 재무담당 임원 및 경영진의 방문

적용기법 14.2 **내부회계관리제도의 책임에 대한 의사소통**

136. 재무적으로 유의한 프로세스와 시스템과 관련한 내부회계관리제도 문서 등은 내부회계관리자를 포함한 주요 역할 수행자와 감사(위원회)의 접근이 가능한 곳에 보관된다. 보관될 항목은 다음을 포함한다.

- 내부회계관리규정 등
- 위험평가 관련 문서
- 업무흐름도와 보조적인 업무기술서를 포함한 업무프로세스 문서
- 위험평가에 대응하여 수립된 내부통제 활동
- 개별 내부통제 활동의 수행자, 검토 및 책임자 등 담당자 목록

137. 내부회계관리조직은 상시적인 모니터링 및 독립적인 평가를 통해 해당 문서를 검토 확인한다. 특정 내부통제 관련 수정 및 변경사항은 정보의 저장 위치가 포함된 링크 등을 통해 통제 수행자, 검토 및 책임자와 공유된다.

적용기법 14.3 이사회 보고 및 논의를 위한 지침 수립

138. 이사회는 이사회에서 공유되어야 할 정보의 범위, 충분한 논의 및 검토 책임 및 방법 등을 규정하는 지침을 수립한다. 핵심적인 사항으로 다음을 포함할 수 있다.
- 이사회를 포함한 위원회 회의 빈도 및 회의 횟수
- 각 이사회 또는 위원회 회의 목적(사업전략 검토, 연간 예산, 사업계획 검토 등)
- 각 회의 시 공유될 정보의 성격 및 범위
- 회의록의 준비 및 승인과 관련한 책임

적용기법 14.4 경영진과 이사회 간의 의사소통

139. 최고재무책임자, 재무담당 임원 및 내부회계관리자는 주요 재무정보, 예측치와의 비교 결과 및 조정된 예측치, 예산 실적 대비 분석을 포함한 재무보고에 중요한 영향을 미치는 사항에 대해 이사회에 보고하고 논의한다. 감사(위원회)는 이러한 논의 정보를 확인하고 재무제표와 재무보고 절차에 미칠 수 있는 영향을 확인한다.

140. 주기적으로 대표자와 최고재무책임자는 공시용 재무제표 초안을 이사회 혹은 감사(위원회)에 제시하고, 직전 보고 이후 중요한 사건, 중요한 추정이나 가정의 변경사항 및 중요한 신규 주석사항 등에 대한 충분한 논의가 이뤄질 수 있도록 한다. 동 회의에 참석하거나 혹은 별도 회의를 통하여 외부감사인의 독립적인 의견을 확인한다.

141. 이러한 주기적으로 진행하는 공시 전 회의에서 최고재무책임자와 내부회계관리자는 내부회계관리제도의 주요 변경사항, 평가 결과, 확인된 재무보고 관련 이슈, 이와 관련된 내부회계관리제도 미비점 및 조치사항을 보고한다. 유의적인 사항은 모두 서면으로 보고되어야 한다. 감사(위원회)는 회의 이전에 최고재무책임자 혹은 내부회계관리자 및 외부감사인과 각각 별도로 회의를 수행한다. 이러한 과정에서 감사(위원회), 경영진 및 외부감사인 간에 민감한 정보를 공유하고 면밀한 질문을 할 수 있는 기회를 제공하여 내부회계관리제도와 관련한 각자의 책임을 충실하게 수행할 수 있도록 한다.

적용기법 14.5 회사 임직원에 대한 내부고발제도 홍보

142. 경영진과 이사회는 직원들이 우려되거나 알게 된 비윤리적 행위 사례, 외부 재무보고 관련 문제, 기타 내부통제 관련 중요한 사항 등을 직접 소통할 수 있는 내부고발제도를 마련한다. 해당 제도를 직원들에게 적극적으로 홍보하기 위해 사무실 내 유동 인구가 많은 곳의 게시판 등을 이용하거나 인사 부서의 정기적인 메일링 등 다양한 방식을 사용한다. 내부고발제도의 의의, 대상이 되는 항목, 조사 절차, 조치 및 보고절차와 익명성 보장 방안 등이 포함되어 충분한 인지와 적극적인 참여를 유도하도록 한다.

143. 내부고발제도는 직원의 익명성뿐 아니라 소통되는 정보의 완전한 비밀을 보장하여야 한다. 제기된 문제는 독립적이고 객관적인 제3자에 의해 적시에 검토되고, 이사회나 감사(위원회)에 보고되어야 한다. 외감법에서 규정한 바에 따라 감사(위원회)는 필요시 외부전문가를 선임하여 위반사실 등을 조사하도록 하고 그 결과에 따라 회사의 대표자에게 시정 등을 요구하여야 한다.

적용기법 14.6 대체적인 보고 방식을 통한 의사소통 활성화

144. 경영진은 직속 상관 이외 사람에게 보고할 수 있는 대체적인 방식을 제공하여 직원들에게 의견 개진 기회가 충분히 있다는 인식과 신뢰도를 제고한다. 이러한 대체적인 보고 방식을 통해 개진된 의견이 일방적으로 무시되거나 악용되지 않도록 내부고발장치 등을 통한 보완장치를 마련하는 것이 실질적인 제도 운영에 효과적이다. 대체적인 보고 및 의사소통 방식에는 다음과 같은 다양한 방안이 포함될 수 있다.
- 직속 상관과는 별개로 직원을 지원하는 멘토링 프로그램
- 직원들이 자유롭게 의견을 제시하고 질의 가능한 형식의 회의
- 다양한 문제를 논의하고 경영진에게 의견을 개진할 수 있는 여러 부서의 특정 직급 이하 직원들로만 구성된 직원협의회

적용기법 14.7 부서 내외 간 다방면의 내부통제 의사소통 프로세스 및 회의체 구성

145. 각 부서의 경영진은 사업부 내외간의 의사소통 프로세스를 구축하고 회의체를 구성하여, 임직원들이 내부통제 문제를 전사차원에서 논의할 수 있도록 한다. 각 부서의 내부통제 책임자에게 이러한 절차와 회의를 통해 내부회계관리제도를 포함한 내부통제에 대한 사항을 논의할 역할과 책임을 부여한다. 이러한 절차와 회의는 내부통제 관련 이슈, 경향 및 중요한 변화사항 등을 논의하기 위해 주기적으로 수행한다. 공유서비스센터(Shared Service Center)의 이슈는 해당 서비스를 제공받는 조직 및 부서와 공유하고 검토한다. 특정 영업 조직 또는 부서 내에서 발견된 내부통제 이슈는 타 영업조직 또는 부서와 공유하고 검토한다. 각 조직 및 부서에서는 해당 이슈의 영향 여부를 평가하고 대응 방안을 협의하여 실행한다. 이러한 절차는 내부통제전담부서의 관리하에 진행되는 것이 효과적이고 효율적이다.

예시 전사수준 통제기술서(ELCA) – 정보 및 의사소통(원칙 14)

Ⅲ. 정보 및 의사소통(Information and Communication)

정보 및 의사소통은 조직 구성원이 내부통제제도의 책임을 수행할 수 있도록 신뢰성 있는 정보를 활용할 수 있는 체계를 구비하고 4가지 통제 구성요소에 대한 대·내외 의사소통이 원활하게 이뤄질 수 있는 체계를 포함한다.

(원칙 14) 회사는 내부회계관리제도의 운영을 지원하기 위하여 필요한 내부회계관리제도에 대한 목적과 책임 등의 정보에 대해 내부적으로 의사소통을 한다.

중점고려사항	통제내용	테스트 절차	관련규정	주관부서
1. 내부회계관리제도 정보에 대한 의사소통 – 모든 직원이 내부회계관리제도 책임을 이해하고 이행하기 위해 필요한 정보를 교환하는 프로세스가 존재한다.	내부회계관리팀은 원활한 내부회계관리제도 운영을 위한 공지사항 배포, 평가계획 배포, 주요한 평가 결과 공유, KICS시스템 안내 등의 의사소통 활동을 수행한다. [내부회계시스템을 통한 의사소통] – 내부회계시스템은 공지사항, Q&A기능을 통해 내부회계관련 담당자들과 의사소통을 지원한다. – 필요시, E-mail 등의 연계를 통한 평가계획 배포(알림) 등	1. 통제활동의 테스트 절차로 아래를 확인한다. – 내부회계관리팀 담당자에게 질의하여 내부회계관리제도 커뮤니케이션 방안을 확인 – 내부회계관리제도 시스템에 대한 안내 여부(홈페이지 바로가기 여부 등 포함) – 정기적, 비정기적 내부회계관리 관련 공지를 통한 알림 여부 – 평가계획에 대한 공식적 공유 여부 – 주요한 평가결과에 대한 공유 여부(단, 모든 결과를 공유할 필요는 없음) – 위험평가 결과에 대한 회사 구성원과의 논의 – 내부회계관리제도 포털의 공시 여부 2. 예외사항이 발견된 경우, 원인을 파악하고 어떻게 조치하였는지를 확인한다.	내부회계 관리규정	내부회계 관리팀

중점고려사항	통제내용	테스트 절차	관련규정	주관부서
	의 기능으로 내부회계관리제도의 효율적 운영을 지원한다.			
2. 경영진과 이사회 간의 의사소통-경영진과 이사회는 회사의 내부회계관리제도 목적과 관련한 각자의 역할 수행을 위해 요구되는 정보를 얻을 수 있도록 양자 간에 의사소통한다.	내부회계관리팀은 내부회계관리제도 운영실태에 대해 경영진과 감사 및 이사회 간 의사소통을 수행한다. 또한 분기별 재무제표는 재무담당이사가 이사회에 보고한다. -내부회계관리제도 중간평가 보고 -내부회계관리제도 기말평가 보고 -내부회계관리제도 운영평가보고서 -주요위험에 대한 이사회 보고 -분기별 재무제표	1. 회사의 [경영진과 이사회간 의사소통] 사항을 테스트하기 위해 아래 자료를 징구한다. -[내부회계관리제도 보고자료(중간/기말)] -[내부회계관리제도 운평평가보고서] 2. 통제활동의 테스트 절차로 아래를 확인한다. -내부회계관리제도 보고자료를 징구하여 이사회에 내부회계관리제도 운영과 관련된 중요한 내용이 보고되었는지 확인한다. -내부회계관리제도 운영평가보고서를 대표이사가 이사회에 대면보고하는지 확인한다. 3. 예외사항이 발견된 경우, 원인을 파악하고 어떻게 조치하였는지를 확인한다.	내부회계 관리규정	내부회계 관리팀
3. 별도의 의사소통 라인 제공-통상적인 의사소통 채널이 비효과적인 경우를 대비하여 익명 또는 비밀이 보장된 의사소통이 가능하도록 내부고발제도 같은 별도의 의사소통 채널이 갖추어져 있다.	감사부는 내부신고제도의 익명성보장, 조사절차 등에 대해 임직원 및 이해당사자(고객, 공급업체 아웃소싱 업체 등)에게 홍보를 수행한다. [내부고발자제도] -위법/업무집행행위 등에 대한 사항은 준법, 윤리규정위반은 소속부서장 또는 윤리경영소	1. 회사의 [별도의 의사소통 라인] 사항을 테스트하기 위해 아래 자료를 징구한다. 2. 통제활동의 테스트 절차로 아래를 확인한다. -감사부 담당자에게 내부신고제도의 홍보 내역을 질의하고 증빙을 징구하여 다음 사항을 확인한다. -당사 임직원에 대한 신고방법 안내(홈페이지 및 신고방법에 대한 교육프로그램 포함) -외부이해관계자에 대한 신고 방법 안내(홈페이지 및 설문조사 안내 여부 포함) 등 3. 예외사항이 발견된 경우, 원인을 파악하고 어떻게 조치	내부고발자 규정 윤리규정	감사부

중점고려사항	통제내용	테스트 절차	관련규정	주관부서
	속부서장에게 신고하도록 하고 있음 - 컴플라이언스부서에도 직접 신고할 수 있는 내부통제제보장치를 설치하여 임직원에게 의사소통 채널이 구성되어 있음 [신고 방법 및 조치] - 누구나 홈페이지를 통해서 내부신고가 가능하며, 익명성이 보장됨 - 의무적으로 수행하는 임직원 대상 윤리교육 시 내부신고 방법을 안내 - 외부이해관계자에 대한 설문조사 시 내부신고 방법을 안내	하였는지를 확인한다.		
4. 적절한 의사소통 방법 선택-시기, 대상자 및 정보의 성격을 고려하여 의사소통의 방법을 선택한다.	회사는 임직원의 의사소통 활동 개선과 의견 개진을 위한 다양한 의사소통라인을 운영한다. 각 의사소통라인의 효과성은 분기별로 평가된다. - 노사협의회 - 고충처리상담실 - 내부고발자제도 - 인트라넷 게시판 - 보상정책과 절차에 대한 이메일	1. 회사의 [적절한 의사소통 방법] 사항을 테스트하기 위해 아래 자료를 징구한다. - [노사협의회회의록], [고충처리대장] - [의사소통 효과성 검토문서] 2. 통제활동의 테스트 절차로 아래를 확인한다. - 특정 분기를 임의로 1건을 선정하여 노사협의회회의록이 작성되었는지 확인한다. - 내부회계관리제도 운영평가 결과가 내부회계관리제도 포털을 통해 전파되는지 확인한다. - 고충처리위원회가 운영되고 있는지 고충처리 상담실 담당자에게 질의 후, 고충처리대장을 최신으로 유지	윤리규정 내부회계 관리규정	내부회계 관리팀 노사협의회 등

중점고려사항	통제내용	테스트 절차	관련규정	주관부서
	-내부회계관리제도 포털	하고 있는지 확인한다. -채널별 의사소통 유효성 회수를 측정한다. 의사소통 라인 효과성에 대한 검토내역을 문서검사한다. 3. 예외사항이 발견된 경우, 원인을 파악하고 어떻게 조치하였는지를 확인한다.		

원칙 15 **외부 의사소통 : 회사는 내부회계관리제도의 운영에 영향을 미치는 사항에 대해 외부 관계자와 의사소통한다.**

(원칙 15)는 외부 의사소통에 대해 규정하고 있으며 (원칙 14)의 연장선상에 있다. 외부 의사소통은 외부기관 혹은 관계자에 대한 의사소통과 외부기관 혹은 관계자로부터의 의사소통으로 구분할 수 있으며, 이에 대한 이사회 보고와 공익신고자제도와 같은 별도의 의사소통라인을 강조한다.

조직을 둘러싼 다양한 이해관계자가 존재할 수 있는데 이러한 외부기관 혹은 이해관계자에는 주주, 규제기관, 재무분석가, 고객, 협력업체, 외부감사인 등을 예로 들 수 있다.

(원칙 15)와 관련한 내부회계관리제도 설계 및 운영 개념체계의 중점고려사항의 내용은 제목만으로 이해하기에 조금 난해할 수도 있으나, 아래의 구조를 생각하면서 중점고려사항을 이해한다면 쉽게 접근할 수 있다.

조직 외부와의 의사소통이므로 외부로부터 정보를 접수받는 채널(inbound communication)과 조직 외부에 정보를 전달하는 채널(outbound communication)로 구분될 수 있다.

그리고 외부로부터 정보를 접수받는 채널(inbound communication)은 조직 내부의 누구에게 정보를 전달할 것인가에 따라 다시 경영진과 이사회로 구분된다.

정보는 일상적인 채널(inbound and outbound communication)을 통해 전달하려고 하는 경우 정보의 질적속성이 모두 훼손되는 경우가 있을 수도 있다. 따라서 조직은 외부 관계자가 중요한 정보를 직접 전달할 수 있는 별도의 의사소통 채널을 마련할 것을 요구한다. 이러한 제도는 공익신고자제도(whistle blower, 외부공익신고자)로 구현된다.

| 외부 의사소통 채널의 구분 |

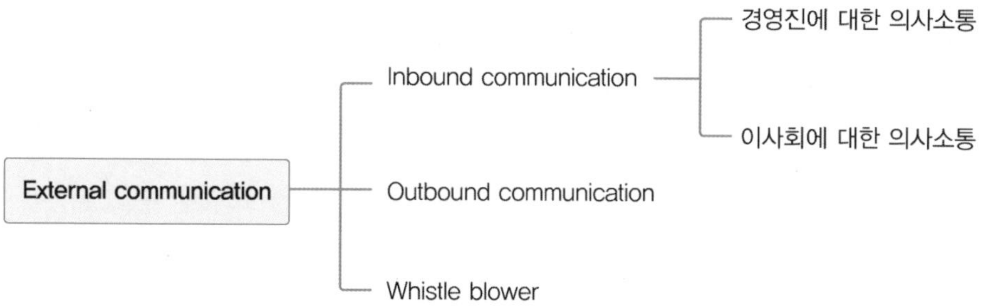

- External communication
  - Inbound communication
    - 경영진에 대한 의사소통
    - 이사회에 대한 의사소통
  - Outbound communication
  - Whistle blower

원 칙	중점고려사항 제목	중점고려사항 내용
원칙 15. 외부 의사소통	외부관계자와의 의사소통	주주, 협력업체, 소유주, 규제기관, 고객, 재무분석가 등 외부관계자와 관련 있는 정보를 적시에 의사소통할 수 있는 프로세스가 구축되어 있다.
	외부로부터의 의사소통	고객, 소비자, 공급자, 외부감사인, 규제기관, 재무분석가 등 외부관계자의 의견을 수렴하여 경영진과 이사회에 관련 있는 정보를 제공할 수 있는 개방된 의사소통 채널을 마련한다.
	이사회와의 의사소통	외부관계자가 수행한 평가로부터 도출된 관련 있는 정보는 이사회와 의사소통된다.
	별도의 의사소통 라인 제공	통상적인 의사소통 채널이 작동하지 않거나 비효과적인 경우를 대비하여 익명 또는 비밀이 보장된 의사소통이 가능하도록 내부고발제도와 같은 별도의 의사소통 채널이 갖추어져 있다.
	적절한 의사소통 방법 선택	의사소통의 시기, 대상, 성격뿐만 아니라 법률, 규제, 주주 및 이해관계자의 요구사항 및 기대를 고려하여 의사소통 방법을 선택한다.

원칙 15 ① 외부관계자와의 의사소통(Outbound communication)

의사소통은 조직 내부에서만 일어나는 것이 아니라 외부의 이해관계자에 대해서도 발생한다. 경영진은 개방된 의사소통 채널을 마련하여 주주, 협력업체, 금융감독원이나 국세청과 같은 규제기관, 증권사의 펀드매니저 같은 재무분석가 등과 회사의 목표와 관련한 중요한 내부정보를 제공하거나 공유할 수 있다. 그러므로 회사는 외부 의사소통을 용이하게 할 수 있는 정책과 절차를 마련하여야 하고, 관련된 내부통제 활동을 개발・구현한다.

특히 외부공급업체, 외부서비스제공자 및 고객과의 의사소통은 회사가 적절한 수준의 통제환경을 유지하는 데 필요하다. 외부공급업체, 외부서비스제공자 및 고객[58]에게 회사의 윤리규정을 전달하고 그 상대방의 책임을 인지하도록 하여, 그들이 윤리강령을 준수하고 있는지 판단하는 데 도움을 줄 수 있다. 예를 들어, 새로운 협력업체를 등록하거나 최초 거래에 앞서 회사의 윤리규정을 전달하고 이를 준수할 것을 요구할 수 있다.

58) 고객이라고 하더라도 특정 비즈니스의 제품은 정하여진 용도로만 사용되고 불법적인 용도로 사용하지 않는 등의 회사의 윤리규정을 준수하여야 할 필요가 있으며, 이러한 의사소통은 회사에 의해 전달되어야 한다.

원칙 15 ② 외부로부터 경영진 의사소통(Inbound communication to Management)

외부관계자로부터의 의사소통 내용 또한 회사의 내부통제가 유효하게 운영될 수 있도록 하는 중요한 정보를 제공할 수 있을 것이다. 외부로부터 경영진에게 제공되는 주요 정보는 다음과 같다.

| 경영진에게 전달되는 외부로부터 정보 |

구 분	내 용
SOC 보고서	• 외부서비스제공자의 내부통제에 대한 독립적인 평가 • 서비스조직 통제에 대한 인증업무기준 3402에 따른 독립된 감사인의 인증보고서(SOC 보고서)가 대표적임.
내부회계관리제도 감사보고서(혹은 검토보고서)	• 회사의 내부회계관리제도에 대한 외부감사인의 감사보고서(혹은 검토보고서) • 외감법 제8조에 따라 상장사는 감사보고서를 발행하여야 하며, 비상장사는 검토보고서를 발행하여야 함. • 외부감사 과정에서 요구되는 서면진술서 • 감사인은 외부감사 중 발견된 미비점, 유의한 미비점, 중요한 취약점의 내용을 감사고보고 발행 전에 의사소통함.
규제사항	• 제정되거나 개정된 법률, 규제사항 • 규제 유관기관의 요구사항(정부부처, 금융감독원, 금융위원회, 공정거래위원회 등)
규제기관 조사결과	• 금융감독원, 국세청 등과 같은 규제 유관기관의 검사 및 세무조사 등의 결과 • 금융감독원의 주요 감리사례 • 세법해석에 대한 판례, 세무조사 사례 결과
협력업체 질의사항	판매된 제품에 대한 대금지급 미납, 대금지급 지연 등에 대한 질의사항
기타정보	회사가 운영하는 SNS, 홈페이지 및 기타 의사소통 채널에 기재된 내용

원칙 15 ③ 외부로부터 이사회 의사소통(Inbound communication to Board)

내부회계관리제도의 설계 및 운영에 대한 외부로부터 얻어진 정보에 대하여 경영진이 검토하고 이사회에 보고된다. 외부와 이사회의 의사소통은 재무제표에 영향을 미칠 수 있는 내부회계관리제도의 미비점을 적시에 인지할 수 있도록 한다. 이사회에 대한 의사소통은 이사회가 내부회계관리제도의 감독책임을 유효하게 수행할 수 있도록 도움을 준다.

이러한 대표적인 부분이 외부감사인으로부터의 의사소통이다. 감사기준서 1100에서는 유의한 미비점이나 중요한 취약점이 존재하는 경우에 지배기구와 서면으로 커뮤니케이션

할 것을 요구하고 있다. 만약, 지배기구의 감시가 비효과적이라고 판단되는 경우에는 감사인은 이사회에게 서면으로 의사소통하여야 한다.

| 이사회에게 전달될 수 있는 감사인으로부터 정보 |

구 분	내 용
유의한 미비점 및 중요한 취약점	• 감사인은 통합감사 중에 시정되었거나 이전에 커뮤니케이션되었으나 아직 시정되지 않은 유의한 미비점과 중요한 취약점(감사기준서 1100 문단63) • 통합감사 중 식별된 유의한 미비점과 중요한 취약점(감사기준서 1100 문단63) • 만약, 재무보고 및 내부회계관리제도에 대한 지배기구의 감시가 비효과적이라고 결론을 대리면 이사회에 서면으로 커뮤니케이션 함(감사기준서 1100 문단64).

원칙 15 ④ 별도의 의사소통 라인 제공(Communication beyond normal channels)

내부 의사소통과 마찬가지로 외부로부터의 의사소통도 공식적인 별도의 의사소통 라인이 필요하다. 외부서비스제공자, 고객 등 외부관계자와의 갈등이 초래될 수 있으며 이러한 경우 적시에 정보가 제공될 수 있는 채널이 마련된다면, 불법적인 리베이트나 부조리와 같은 부정위험을 적발하거나 평판에 악영향을 끼칠 수 있는 요소를 제거할 수 있다.

영문으로는 Whistle-blowers라는 용어를 '공익신고자제도'라고 번역하는 것이 올바르다. 하지만, 내부 의사소통의 경우에는 전통적으로 내부고발자제도라는 용어를 사용하는 경우가 많아, 외부 의사소통의 경우에만 공익신고자제도(외부고발자제도)라고 하는 경우도 있다.[59)]

❑ 권익위 '의료 리베이트' 공익신고자에 9천600만 원 보상금(연합뉴스)

국민권익위원회는 20일 의료 리베이트 제공, 과장 의료광고 등 부당행위를 알려낸 공익신고자 10명에게 보상금·포상금·구조금 1억1천568만 원을 지급했다고 밝혔다.

보상금은 '공익신고자보호법'에 따른 공익신고로 국가나 지자체에 직접적 수입을 가져온 내부 공익신고자에게, 포상금은 국가 및 지자체에 재산상 이익을 가져오거나 손실을 방지한 내외부 공익신고자에게 지급된다. 구조금은 공익신고로 인한 비용 손실을 보전해주기 위해 지급된다.

이번에 가장 많은 보상금을 받은 사례는 '한 제약회사가 거래처 병원 의사들에게 자사 의약품 처방을 유도하기 위해 리베이트를 제공하고 있다'고 검찰에 알린 공익신고자다.

---

59) 내부공익신고자, 외부공익신고자로 구분하여 사용하기도 한다.

원칙 15 ⑤ 적절한 의사소통 방법 선택(Method of communication)

경영진이 외부 의사소통 채널을 선택하는 것은 ① 필요한 정보를 획득하는 것과 ② 외부에서 어떻게 회사를 바라보는지에 대한 핵심정보를 수신하고 이해하는 능력에 영향을 미치게 된다. 내부 의사소통의 방법을 선택하는 것과 마찬가지로 경영진은 의사소통 상대방, 의사소통의 성격, 적시성, 법적 요구사항 등을 고려하여 가장 합리적이고 효과적인 의사소통의 방법을 선택한다.

| 외부 의사소통 채널 선택의 예시 |

구 분	내 용
홈페이지	정기적으로 회사정보를 홈페이지에 게시하여 외부관계자에게 정보를 제공함.
언론 및 매체	보도자료 등을 통해 배포되는 자료는 광범위하게 전달되는 데 효과적임.
SNS 등	SNS, 블로그, 이메일 등을 통한 의사소통 방법은 외부이해관계자가 정보를 가장 신속하게 받을 수 있을 것으로 예상됨.

다음은 (원칙 15) 외부 의사소통 구현하기 위해서 내부회계관리제도 설계 및 운영 적용기법에서 제시하는 구체적인 사례이다.

적용기법 15.1 외부관계자에게 정보 제공

146. 경영진은 외부 재무보고에 대한 회사의 내부통제 정보에 관심을 가지고 있거나 정보를 얻고자 하는 외부 정보이용자를 고려한다. 회사의 공시담당 위원회(혹은 외부 의사소통을 담당하는 기구)는 회사의 외부 재무보고 목적에 중요한 진행 중인 사건, 정책, 활동 및 외부관계자에게 영향을 미치는 사항을 평가하는 프로세스를 수립한다. 공시담당 위원회는 다음과 같은 정보를 고려하여 필요하다고 판단하는 공시 정보를 결정한다.
- 중요한 채무, 채권 또는 외부이해관계자와의 약정사항을 반영하는 거래 및 잔액에 대한 내부통제
- 약정사항 준수 여부에 대한 모니터링 결과
- 정상적인 거래과정에서 외부관계자로부터 수집한 정보 보호정책
- 웹 기반 고객 주문 시스템의 미승인 주문을 방지하기 위하여 고객사 임직원의 접근을 관리할 고객사 책임
- 배경조사 및 신용조사 수행 또는 채권회수대행기관 사용과 관련된 정책

적용기법 15.2 외부 정보의 입수

147. 경영진 및 기타 구성원은 외부 재무보고 목적이나 관련 내부회계관리제도에 직접 또는

간접적인 영향을 줄 수 있는 변화사항을 파악하고 대응하기 위해, 담당 분야의 새로운 주요사항을 지속적으로 파악한다. 각 사업부 또는 기능별 관리자는 회사 외부로부터 정보를 받을 수 있는 적절한 수단을 확인하고, 회사 내에서 관련 정보를 수집, 검토, 공유할 책임이 있는 관리자와 기타 구성원의 역할을 지정한다. 정보의 출처는 다음을 포함할 수 있다.

- 재무회계, 재무보고, 공시 기준 관련 최근 공시자료
- 재무회계 및 재무보고 이슈의 영향을 분석하는 연구 저널
- 경쟁사 혹은 동종업계에 대한 감독기관의 규제 내용
- 산업협회 또는 무역협회 등의 모임에서 습득된 정보
- 핵심 통계자료나 회계 추정과 관련된 업계, 시장, 경제 또는 경쟁업체의 데이터
- 법적 규제 변경사항에 대한 외부 고문으로부터의 주의사항
- 새로운 회계 및 공시 요구사항을 이해하기 위한 외부감사인 및 자문업체와의 정기적인 회의
- 주요 거래 또는 사건에 대한 복잡한 회계처리 및 공시사항을 평가할 전문 지식을 갖춘 외부 자문기관 또는 전문가와의 회의
- 회계기준, 감사 및 내부회계관리제도 관련 기준 설정 기관 및 규제기관의 주요 진행사항과 간행물
- 후원사, 소셜 미디어 웹 사이트 또는 다양한 방식의 게시물

적용기법 15.3 외부관계자에 대한 설문조사

148. 경영진은 고객, 공급업체 및 기타 관련자에게 그들이 인식하는 회사 임직원의 청렴성 및 윤리 준수 여부에 대한 설문조사를 수행한다. 이러한 설문조사는 주요 고객/공급업체 담당자와는 독립적인 직원이 수행한다. 이는 회사 고객과 공급업체의 의견을 수집하는 통로이며, 고객 등과의 약속이나 약정에 대한 중요한 정보를 얻는 방법이다. 또한 현재 당사자 간의 공식적인 계약이 이러한 약정 사항을 정확하게 반영하고 일치하는지 여부를 확인시켜 줄 수 있다.

149. 경영진은 다양한 방법으로 외부관계자의 설문조사를 수행하며, 다음과 같은 방법이 이용될 수 있다.
    - 모든 고객에게 회사 및 제품/서비스와 관련된 표준 질문이 기재된 설문조사를 정기적으로 발송
    - 회사의 홈페이지에 의견개진 공간을 제공하거나 외부관계자에게 보내는 정기적인 문서에 의견개진 기능을 제공
    - 필요한 경우 직접 면담 또는 화상 회의 등 외부관계자와 회의 시 정기적으로 조사

적용기법 15.4 외부관계자에게 내부고발 제도 소개

150. 부적절하고 신뢰할 수 없는 재무보고에 대한 의견개진 방안으로 고객, 공급업체, 아웃소싱 업체 등의 외부관계자들에게 신고 가능한 번호, 이메일 주소 등을 제공한다. 연락처 정보는 회사의 홈페이지, 고객에게 발송한 인보이스 등 다양한 곳에서 확인 가능하도록 한다. 내부 인원의 고발제도와 마찬가지로 익명성과 조사절차의 독립성을 포함하여 소개한다.

적용기법 15.5 외부 감사 논의사항에 대한 검토

151. 경영진은 외부감사인이 재무제표 감사 및 독립적인 내부회계관리제도의 효과성 평가 과정에서 확인한 유의한 사항의 내용을 서면으로 제공받는다. 이사회는 동 항목의 검토를 위해 외부감사인과 발견된 내용을 확인하고, 경영진은 제시된 해결방안을 논의한다.

예시 전사수준 통제기술서(ELCA) – 정보 및 의사소통(원칙 15)

Ⅲ. 정보 및 의사소통(Information and Communication)

정보 및 의사소통은 조직 구성원이 내부통제제도의 책임을 수행할 수 있도록 신뢰성 있는 정보를 활용할 수 있는 체계를 구비하고 4가지 통제 구성요소에 대한 대·내외 의사소통이 원활하게 이뤄질 수 있는 체계를 포함한다.

(원칙 15) 회사는 내부회계관리제도의 운영에 영향을 미치는 사항에 대해 외부관계자와 의사소통한다.

중점고려사항	통제내용	테스트 절차	관련규정	주관부서
1. 외부관계자와의 의사소통–주주, 협력업체, 소유주, 규제기관, 고객, 재무분석가 등 외부관계자와 관련 있는 정보를 적시에 의사소통할 수 있는 프로세스가 구축되어 있다.	IR팀에서는 내부회계관리제도 대상, 절차, 평가결과, 기타 사항 중 외부이해관계자에게 영향을 미칠 수 있는 사항을 공시한다. 해당 공시내용은 IR팀장의 승인 및 주요사항에 대해서는 대표이사에게 보고되며 회사 홈페이지, DART에 공시된다. –내부회계관리제도 운영실태보고서 –내부회계관리제도 평가보고서 –윤리규정 –정보보호정책 –주요사항보고서(사업결합, 주요 매출거래 등 주요 경영사항) –부정평가결과	1. 회사의 [외부관계자 의사소통] 사항을 테스트하기 위해 아래의 사항을 확인한다. –회사 홈페이지에 내부회계관리제도 운영실태보고서와 내부회계관리제도 평가보고서가 공시되고 있는지 확인한다. –윤리규정이 홈페이지에 공시되는지 확인한다. –회사의 주요경영사항이 금융감독원 DART에 공시되는지 확인한다. –감사부에서 실시한 부정평가 결과에 대해서 홈페이지를 통해 외부에 공시되는지 확인한다. –IR미팅, NDR, 기업설명회 개최 여부를 확인한다. 2. 예외사항이 발견된 경우, 원인을 파악하고 어떻게 조치하였는지를 확인한다.	공시규정	IR팀

중점고려사항	통제내용	테스트 절차	관련규정	주관부서
	-IR 미팅과 NDR, 기업설명회, 기타 고객센터 또는 전화를 통해 외부 기관/투자자와 커뮤니케이션을 수행			
2. 외부로부터의 의사소통 -고객, 소비자, 공급자, 외부감사인, 규제기관, 재무분석가 등 외부관계자의 의견을 수렴하여 경영진과 이사회에 관련 있는 정보를 제공할 수 있는 개방된 의사소통 채널을 마련한다.	고객, 감독기관, 자문기관, 외부감사인의 의견은 주기적으로 취합되어 이사회에 보고된다. 이사회에 보고되는 외부기관으로부터 주요정보는 다음과 같다. -회사의 상품과 서비스의 품질, 이미지, 의견에 대해서 주기적으로 외부 서베이기관을 통하여 고객의 의사를 취합하여 보고 -금융감독원의 당해연도 중점감리사항 및 강조사항, 보고자료를 요약하여 보고 -외부감사인의 Finding에 대하여 보고 -회계자문법인의 주요이슈 정기보고 -법무자문법인의 주요이슈 정기보고	1. 회사의 [외부 정보 입수] 사항을 테스트하기 위해 아래의 사항을 확인한다. -[고객 서베이 자료] -[금융감독원 보도자료 및 강조사항 이사회 보고자료] -[자문법인(회계/법무) 이사회 보고자료] -[외부감사인 이사회 보고자료] 2. 통제활동의 테스트 절차로 아래를 확인한다. -상기 자료가 모두 이사회에 보고되었는지 이사회 의사록을 통하여 확인한다. 3. 예외사항이 발견된 경우, 원인을 파악하고 어떻게 조치하였는지를 확인한다.		CR팀 재무부 내부회계 관리팀

중점고려사항	통제내용	테스트 절차	관련규정	주관부서
3. 이사회와의 의사소통 – 외부관계자가 수행한 평가로부터 도출된 관련 있는 정보는 이사회와 의사소통된다.	외부감사인이 내부회계관리제도 및 회계감사를 수행한 결과는 이사회에 보고된다. 외부감사인은 평가결과 미비점을 포함한 예외사항을 이사회에서 직접 보고한다. Findings(예외사항 및 미비점)에 대해서는 해당 본부장이 그 원인과 보완대책을 마련하여 문서로 내부회계관리팀에 보고하고 내부회계관리팀은 최종 취합하여 이사회에 서면보고한다.	1. 회사의 [이사회와의 의사소통] 사항을 테스트하기 위해 아래 자료를 징구한다. – 외부감사인 이사회보고자료 – 내부회계관리팀 이사회보고자료(감사인지적사항에 대한 원인 및 보완대책) 2. 통제활동의 테스트 절차로 아래를 확인한다. – 이사회에 보고시 보고내용에 대한 회사의 압력 등이 존재하지 않았는지 외부감사인에게 질문한다. – 감사인지적사항에 대한 원인 및 보완대책 문서를 검토하여 감사인지적사항 내용이 완전하게 포함되어 있는지 확인한다. 3. 예외사항이 발견된 경우, 원인을 파악하고 어떻게 조치하였는지를 확인한다.	내부회계 관리규정	내부회계 관리팀 재무부
4. 별도의 의사소통 라인 제공 – 통상적인 의사소통 채널이 작동하지 않거나 비효과적인 경우를 대비하여 익명 또는 비밀이 보장된 의사소통이 가능하도록 내부고발제도와 같은 별도의 의사소통 채널이 갖추어져 있다.	감사부는 내부신고제도의 익명성 보장, 조사절차 등에 대해 임직원 및 이해당사자(고객, 공급업체 아웃소싱 업체 등)에게 홍보를 수행한다. [내부고발자제도] – 위법/업무집행행위 등에 대한 사항은 준법, 윤리규정위반은 소속부서장 또는 윤리경영소속부서장에게 신고하도록 하고 있음 – 컴플라이언스부서에도 직접 신고할 수 있는 내부통제제보	1. 회사의 [별도의 의사소통 라인] 사항을 테스트하기 위해 아래 자료를 징구한다. – 내부신고제도 신고내역 2. 통제활동의 테스트 절차로 아래를 확인한다. – 감사부 담당자에게 내부신고제도의 홍보 내역을 질의하고 증빙을 징구하여 다음 사항을 확인한다. – 당사 임직원에 대한 신고방법 안내(홈페이지 및 신고방법에 대한 교육프로그램 포함) – 외부이해관계자에 대한 신고 방법 안내(홈페이지 및 설문조사 안내 여부 포함) 등 3. 예외사항이 발견된 경우, 원인을 파악하고 어떻게 조치하였는지를 확인한다.	내부고발자 규정 윤리규정	감사부

중점고려사항	통제내용	테스트 절차	관련규정	주관부서
	장치를 설치하여 임직원에게 의사소통 채널이 구성되어 있음 [신고 방법 및 조치] - 누구나 홈페이지를 통해서 내부신고가 가능하며, 익명성이 보장됨 - 의무적으로 수행하는 임직원 대상 윤리교육 시 내부신고 방법을 안내 - 외부이해관계자에 대한 설문조사 시 내부신고 방법을 안내			
5. 적절한 의사소통 방법 선택 - 의사소통의 시기, 대상, 성격뿐만 아니라 법률, 규제, 주주 및 이해관계자의 요구사항 및 기대를 고려하여 의사소통 방법을 선택한다.	회사는 외부 의사소통 활동 개선과 의견 개진을 위한 다양한 의사소통라인을 운영한다. 각 의사소통라인의 효과성은 분기별로 평가된다. - 홈페이지(내부회계관리제도 포털) - 외부고발자제도 - 홈페이지(고객의 소리) - 금융감독원 이메일 - 국세청 이메일	1. 회사의 [적절한 의사소통 방법] 사항을 테스트하기 위해 아래 자료를 징구한다. - [의사소통 효과성 검토문서] 2. 통제활동의 테스트 절차로 아래를 확인한다. - 내부회계관리제도 주요 결과가 내부회계관리제도 포털을 통해 전파되는지 확인한다. - 채널별 의사소통 유효성 회수를 측정한다. 의사소통라인 효과성에 대한 검토내역을 문서검사한다. 3. 예외사항이 발견된 경우, 원인을 파악하고 어떻게 조치하였는지를 확인한다.	윤리규정 내부회계 관리규정	내부회계 관리팀

4.6.4 전사수준 통제평가서 - 모니터링

원칙 16 상시적인 모니터링과 독립적인 평가 수행 : 회사는 상시적인 모니터링과 독립적인 평가 방안을 수립하여 내부회계관리제도 설계 및 운영의 적정성을 평가한다.

모니터링 활동은 상시 모니터링과 독립적인 평가 혹은 두 가지가 결합된 형태로 수행된다. 각 방법의 가장 큰 특징은 상시 모니터링의 경우 프로세스에 내재되어 운영된다는 것이고, 독립적인 평가는 평가자의 객관성(독립성)이 강조되어 더 높은 신뢰성을 부여할 수 있다는 것이다.

상시 모니터링은 일상적인 업무수행과정에서 내부회계관리제도의 구성요소가 존재하고, 운영(present and functioning)되고 있는지 모니터링하게 된다. 반면, 독립적인 평가는 조직 내부에서 객관적이고 적격성을 갖춘 인력, 또는 외부전문가에 의해 주기적으로 수행된다.

평가는 일반적으로 질문, 검사, 관찰, 재수행의 방법을 통해 이루어진다. 테스트를 통해 회사 내에 설계된 통제활동이 이행되었는지 설계 및 운영 측면에서 점검한다. 독립적인 평가는 다양한 평가조직에 의해 구현될 수 있는데 피평가자가 수행하는 자가평가는 평가자의 독립성이 결여되기 때문에 배제하는 것이 바람직하다.[60)]

따라서, 프로세스의 변화가 빈번하며 적시에 문제점을 발견해야 하는 상황에서는 상시 모니터링의 절차가 유리하고, 더 높은 신뢰성(확신)을 부여해야 하는 경우에는 독립적인 평가가 사용되도록 한다.

설계 및 운영 개념체계에서는 상시 모니터링(ongoing evaluation) 및 독립적인 평가(separate evaluation) 외에도 변화의 정도, 출발점의 설정 등 다양한 사항을 중점고려사항으로 제시하고 있다. (원칙 16)과 관련된 중점고려사항 내용은 다음과 같다.

60) 평가조직에 대한 자세한 사항은 "6. 유효성 평가 및 개선사항"에서 기술하였다. 중소기업의 경우에는 자가평가의 경우 예외적인 상황에서 허용하고 있다.

원 칙	중점고려사항 제목	중점고려사항 내용
원칙 16. 상시적인 모니터링과 독립적인 평가 수행	상시적인 모니터링과 독립적인 평가의 결합 고려	경영진은 상시적인 모니터링과 독립적인 평가의 균형을 고려한다.
	변화의 정도 고려	경영진은 상시적인 모니터링과 독립적인 평가를 선택하고 구축할 때, 업무와 업무프로세스의 변화의 정도를 고려한다.
	출발점(Baseline)의 설정	내부회계관리제도의 설계와 현재 상태는 상시적인 모니터링과 독립적인 평가를 위한 출발점을 수립하는 데 활용된다.
	충분한 지식을 갖춘 인력 활용	상시적인 모니터링과 독립적인 평가를 수행하는 평가자들은 평가 대상에 대한 충분한 지식을 보유하고 있다.
	업무프로세스와의 통합	상시적인 모니터링은 업무프로세스에 내재되고 변화하는 상황에 따라 조정된다.
	범위와 빈도 조정	경영진은 위험의 중요성에 따라 독립적인 평가의 범위와 빈도를 달리 한다.
	객관적인 평가	객관적인 피드백을 제공하기 위해 주기적으로 독립적인 평가가 수행된다.

원칙 16 ① 상시적인 모니터링과 독립적인 평가의 결합 고려(Ongoing and separate evaluation)

모니터링은 그 기술적인 방법으로 상시 모니터링과 독립적인 평가로 구성된다. 물론 모니터링 활동으로서 기술적인 방법은 각각 별도로 수행될 수도 있으며, 두 가지 평가가 결합된 방식으로 수행될 수도 있다.

상시 모니터링은 프로세스에 내재되어 일상적인 업무처리 과정의 일부로서 수행된다. 반면, 독립적인 평가는 객관성이 강조되는데 독립적 인력(내부감사, 외부전문가를 포함한다)에 의해 정기적으로 내부통제를 평가하도록 한다. 독립적인 평가는 상시 모니터링과 기술적으로 동일한 기법을 사용할 수 있지만 정기적으로 내부통제를 평가하고, 기업의 일상적인 프로세스의 일환으로 수행되지 않는 점이 다르다.

일반적으로 상시 모니터링이 프로세스를 수행하는 과정에 수행된다는 특성으로 인하여 독립적인 평가보다 문제를 더욱 빨리 발견할 수 있다는 장점이 있다. 상시 모니터링이 유효하게 작동한다고 하더라도 독립적인 평가를 수행하여 내부통제에 대한 확신을 높이는 것이 일반적이다.

특히, 내부회계관리제도 평가 및 보고 기준에서는 설계 및 운영의 효과성을 평가하도록 하고 있는데 이는 (원칙 16)에 따른 독립적인 평가의 일환으로 고려할 수 있다.

| 상시적 모니터링과 독립적 평가의 비교 |

상시 모니터링(ongoing evaluation)	독립적 평가(separate evaluation)
프로세스에 내제된 일상적 업무처리 과정의 일환으로 처리됨.	• 주기적으로 독립적인 평가자에 의해 평가됨. • 내부감사의 평가, 독립된 외부전문가에 의한 평가
• 일반적으로 업무 처리과정에 내재되어 업무의 처리과정에서 진행됨. • 문제가 존재하는 경우 적시에 발견할 수 있는 장점이 있음.	• 일반적으로 업무 처리과정에 내재되어 있지 않음. • 독립적인 평가자에 의해 수행되므로 객관성 확보에 용이함.
업무 처리과정에 내재되어 있으므로 변화하는 환경에서 더욱 적합함.	• 기법상으로는 상시 모니터링과 동일한 기법이 사용될 수 있으나, 주기적·독립적으로 수행된다는 점에서 내부통제에 대한 더 높은 확신을 부여할 수 있음.
상시 모니터링을 위해서 IT시스템을 활용할 수도 있으며 이러한 경우 대량의 데이터를 적은 비용으로 효율성 있게 검토할 수 있음(예 : 예외사항편집보고서, 특정금액 이상의 거래가 있는 경우 내부감사부서에 통보 등).	• 질문, 검사, 관찰, 재수행 등의 테스트 기법이 활용됨. • 독립적 평가의 범위와 빈도는 위험의 중요성, 위험대응방안, 상시모니터링 결과, 내부통제에 미치는 영향 등을 고려하여 조정됨.

경영진은 내부통제 구성요소 5가지(통제환경, 위험평가, 통제활동, 정보 및 의사소통, 모니터링)에 대하여 적절하게 존재하고 기능하고 있는지 확신을 얻기 위하여 설계와 운영을 평가하여야 한다. 이때 상시 모니터링과 독립적 평가를 상황에 맞게 조합하여 절차를 수립하고 실행한다. 절차를 수립할 때에는 관련된 위험, 내외부 환경요소, 그 거래 및 운영환경에서의 특성을 고려하여야 한다.

원칙 16 ② 변화의 정도(Rate of Change)

회사가 급격한 변화에 노출되어 있는 경우 더 빠른 평가주기가 필요하므로 모니터링 활동을 수행시 산업 혹은 회사의 변화속도를 고려해야 한다.

변화의 정도가 높은 경우에는 그렇지 않은 회사보다 더욱 독립적 평가의 주기를 짧게 수행하여야 하며, 그 방식에서도 독립적 평가와 상시 모니터링을 적절하게 활용한 방식이 사용되어야 한다.

원칙 16 ③ 출발점 설정(Baseline information)

내부통제는 속성적인 측면을 갖고 있으므로 한번 잘못 설계된 내부통제는 체계적인 위험을 지속적으로 발생시킬 수 있는 반면, 효과적으로 설계된 내부통제는 발생가능한 위험을 설계된 대로 지속적으로 감소시키거나 제거할 수 있게 한다.

그러므로 내부회계관리제도를 포함한 내부통제시스템의 설계 및 현재 상태를 이해하는 것(As-Is analysis)은 어떠한 모니터링 활동 기법(Ongoing vs. Separate)을 사용할 것인가를 결정하는 데 도움이 된다.

❑ 출발점 설정 이해

경영진이 모니터링 활동을 지속적으로 수행하여 경험을 축적하게 되면 이에 따라 내부통제에 대한 이해를 지속적으로 발전시킬 수 있다. 위험이 높은 영역을 식별하는 것과 더불어 관련된 내부통제의 설계 및 상태에 대한 기준점(baseline understanding)을 설정할 필요가 있다. 예를 들어 내용연수가 한정되어 있지 않은 영업권에 대하여 1년에 1회 이상 손상징후에 대한 검토를 하여야 한다. 영업권 평가는 높은 수준의 추정과 판단을 필요로 하고 금액적인 영향도 클 것으로 예상되어 평가와 관련한 왜곡표시위험이 높은 것으로 판단되었다. 영업권 손상징후 검토와 관련된 내부통제에 대하여 모니터링을 수행하려고 한다면 범위와 깊이를 정하는 데 있어서 기준점(출발점, baseline)을 필요로 한다.

(Case I)

영업권 손상징후 검토를 위한 내부통제 활동에 대한 현재 상태(current status)를 잘 이해하고 있다. 작년에 설계평가를 위해 추적조사(walkthrough test)를 수행한 바가 있으며, 독립적이고 전문적인 평가자의 검토 결과 유효한 것으로 판단되었다. 당기에도 동일한 내부통제가 수행되고 있으며 변화가 있는 부분은 없다고 가정해보자.

이 경우에는 설계의 유효성에 대한 확신은 이미 부여되어 있으므로 그 부분을 출발점으로 설정한다. 당기에는 내부통제에 대한 변화가 없으므로 설계평가에 대한 모니터링은 수행할 필요가 없다.

(Case II)

영업권 손상징후 검토를 위한 내부통제 활동에 대한 이해가 명확하지 않다(현재 상태에 대한 이해가 부족하다). 기준점이 명확하지 않으므로 경영진은 설계에 대한 독립적인 평가를 수행하여 기준점을 설정할 필요가 있다.

만약 새로 신설된 내부통제에 대하여 독립적인 평가로 확신이 부여되었다면 그 사실을 출발점(baseline)으로 하여, 향후에는 변화된 내부통제에만 더욱 초점을 맞추어 평가를 수행할 수 있다. 내부회계관리제도의 최초 설계평가시 추적조사(walkthrough test)를 통하여 설계에 대한 확신이 부여되었다면, 그 이후 회계연도에는 변화가 없다는 사실만을 확인함으로써 내부통제에 대한 설계평가를 수행할 수 있다.

출발점의 설정에 대한 이해는 내부회계관리제도 모니터링 활동을 효율적으로 수행할 수 있게 하는 것이다.

원칙 16 ④ 충분한 지식을 갖춘 인력 활용(적격성, Knowledgeable personnel)

충분한 지식을 갖춘 인력 활용은 모니터링을 위한 평가자의 적격성에 대한 내용이다. 내부통제에 대한 모니터링이 유효하게 수행되기 위해서는 평가자가 평가대상에 대해 충분한 지식을 보유하고 있어야 한다. 적격성을 갖춘 평가자만이 내부통제 구성요소가 존재하고 있으며, 작동하고 있는지 판단할 수 있다.

평가자의 목표는 최종적으로 내부통제 구성요소(통제환경, 위험평가, 통제활동, 정보 및 의사소통, 모니터링)가 존재하고 있으며 유효하게 운영되고 있는지 분석하는 것이다. 그 분석은 결국 경영진이 설정한 내부통제 활동에 대하여 수행된다. 평가자는 분석결과로서 관련 내부통제가 재무제표의 신뢰성 확보라는 측면에서 합리적인 확신을 제공하는지 여부를 결정해야 하기 때문에 충분한 지식이 필요하다.

평가자의 적격성은 상시 모니터링이나 독립적인 평가에 모두 필요하다. 하지만, 상시 모니터링의 경우 관련 업무를 수행하는 업무 프로세스에 내재되어 있기 때문에 해당 내부통제에 대한 이해가 높을 가능성이 있다. 하지만 독립적인 평가의 경우에는 평가자의 독립성 및 객관성이 강조되어 해당 비즈니스와 내부통제에 대한 이해도가 낮을 수 있다. 다음은 평가자가 적격성을 갖추기 위해 이해하고 있어야 하는 내용이다.

| 평가자가 적격성을 갖추기 위해 이해하여야 하는 내용 |

구 분	내 용
해당 비즈니스의 이해	해당 계정과목 혹은 거래 및 비즈니스의 본질을 이해하여야 관련된 내부통제의 필요성을 이해할 수 있다.
내부통제에 대한 이해	내부통제의 수행자, 수행방법, 증적(evidence), 잔여위험 등의 내용을 이해하여야 한다.
평가대상에 대한 이해	무엇을 평가하여야 하는지 그 대상을 정확하게 알고 있어야 한다. 평가대상인 내부통제가 관련된 위험을 예방하거나 적발하기에 충분한가?
변화에 대한 이해	내부통제 활동은 최초에 설계된 대로 운영되지 아니하고 시간의 경과에 따라 수정될 수도 있으며, 더 이상 수행되지 않을 수도 있다. 평가자는 내부통제의 변화내용에 대한 이해를 필요로 한다.

원칙 16 ⑤ 객관적인 평가(독립성(객관성), Objectively evaluates)

'객관적인 평가'는 '충분한 지식을 갖춘 인력 활용'과 더불어 평가자가 갖추어야 할 자질이다. 조금 더 익숙한 용어로 풀어쓰자면 평가자는 적격성(혹은 전문성)과 독립성(혹은 객관성)을 갖추어야 한다는 내용이다.

상시 모니터링이나 독립적인 평가를 수행하는 평가자는 내부감사, 내부회계전담부서, 외부전문가가 될 수도 있으며 운영조직 간 교차평가, 자가평가 등 다양한 형식이 가능하다. 하지만 자가평가는 객관성이 결여될 수 있으므로 주의를 기울여야 한다.

뿐만 아니라 내부회계관리제도에 평가 및 보고 가이드라인 문단 37에 따르면 동일 부서의 다른 인력의 평가, 전문부서가 아닌 다른 부서의 평가도 낮은 수준의 독립성을 갖는다고 규정하고 있다. 따라서, 핵심통제 평가는 통제운영자가 직접 평가하는 자가평가 방식은 원칙적으로 불가하며, 낮은 수준의 독립성을 갖는 평가자의 경우에는 보완조치를 마련한 경우에만 가능하다.

| 평가자의 독립성에 따른 핵심통제 평가 가능 여부[61] |

평가자 구분	독립성 수준	평가유형	핵심통제 평가	비핵심통제 평가
통제운영자	매우 낮음	자가평가	불가	가능
통제운영자와 동일 부서 인력	낮음	자가평가	보완조치시 가능	가능
통제운영자와 타 부서 인력	낮음과 중간 사이	독립적 평가	보완조치시 가능	가능
별도의 전담부서	중간 또는 높음	독립적 평가	가능	가능
외부 아웃소싱	높음	독립적 평가	가능	가능

61) 통제운영자와 타 부서의 인력 등이 평가자가 되는 경우에는 평가·보고 가이드라인에 따라 아래와 같은 보완방안을 고려하여야 한다.
- 내부통제팀 등 독립적인 평가자가 문서검사 및 재수행을 통하여 평가결과의 일정부분을 검토
- 내부통제팀 등 독립적인 평가자가 테스트 모집단과 샘플을 직접 선정하여 전달
- 테스트 절차가 구체적으로 기술되어 별도의 전문성이 필요 없다고 판단되는 경우
- 평가를 적절하게 수행하지 않은 인원에 대한 성과 반영이 이뤄지는 경우

원칙 16 ⑥ 범위와 빈도(Scope and Frequency)

내부통제 구성요소가 존재하고 기능[62]하는지 확인하기 위한 독립적인 평가는 다양한 요소에 의해 그 범위와 빈도가 영향을 받는다.

내부회계관리제도의 목적은 재무제표에 존재할 수 있는 잠재적인 위험을 내부통제를 통해 허용 가능한 수준으로 낮추는 데에 있다. 따라서, 평가자의 객관성이 확보되지 못하였거나, 상시 모니터링의 결과에 따라 중요한 위험이 식별되었거나 혹은 내부통제가 잠재적 위험을 줄이는 데 효과적이지 않다고 판단된다면 독립적인 평가의 범위와 빈도를 증가시켜야 한다.

| 독립적인 평가의 범위와 빈도를 증가시켜야 하는 경우 |

구 분	내 용
위험의 중요성	위험평가 결과 위험의 중요도(significance of risks)가 높게 평가된 경우
위험대응방안	위험대응방안은 수용, 회피, 경감, 공유(전가)의 방식이 있는데 위험을 충분하게 줄이지 못하는 대응방안이라고 판단된 경우
평가자	평가자(평가수행자)의 독립성과 객관성이 완전하게 확보되지 못하였다고 판단되는 경우
모니터링 결과	상시 모니터링 활동 및 업무처리 과정에서 내부회계관리제도의 잠재적 미비점이 제기되는 경우(설계 및 운영 적용기법 문단153)
핵심지표	내부회계관리제도의 잠재적 미비점과 연계된 핵심지표 기존에 설정된 임계치를 초과하는 경우(설계 및 운영 적용기법 문단153)

다음은 (원칙 16) 상시 모니터링과 독립적인 평가를 구현하기 위해서 내부회계관리제도 설계 및 운영 적용기법에서 제시하는 구체적인 사례이다.

적용기법 16.1 모니터링 활동의 조합에 대한 정기적인 검토

152. 고위 경영진은 주기적인 회의를 통하여 내부회계관리제도에 대한 모니터링 활동인 상시적인 모니터링(ongoing evaluations)과 독립적인 평가(separate evaluations)가 적절한 비율로 수행되고 있는지 검토한다. 이 두 가지 모니터링 활동의 비중은 선택이 가

62) 내부회계관리제도 설계 및 운영 개념체계 문단 20
"구성요소 및 원칙이 존재한다"함은 내부회계관리제도 구성요소 및 관련 원칙이 설계 및 구축되어 있다고 판단할 수 있어야 함을 의미한다.
"구성요소 및 원칙이 기능한다"함은 내부회계관리제도 구성요소 및 관련 원칙이 계속적으로 운영되고 있다고 판단할 수 있어야 함을 의미한다.

능하고 이를 결정하는 것은 다음 항목의 평가 결과에 따라 달라질 수 있다.

- 감독 및 규제기관의 요구사항과 내부회계관리제도 목적의 수준
- 산업 및 규제 환경의 변화 정도
- 내부회계관리제도 효과성에 대한 과거의 평가 결과
- 프로세스별 상시적인 모니터링에 해당하는 통제활동의 정도
- 내부회계관리제도의 구성요소에 영향을 주는 당해 연도의 변경사항

153. 고위 경영진은 다음과 같은 상황에서 독립적인 평가의 빈도를 증가시킬 수 있다.

- 기존 모니터링 활동 과정이나 업무처리 과정에서 내부회계관리제도의 잠재적 미비점이 제기된 경우
- 내부회계관리제도의 잠재적 미비점과 연계된 핵심 지표가 설정된 임계치(threshold)를 초과하는 경우

154. 회사는 외감법에서 정한 내부회계관리제도 평가 절차를 내부회계관리규정이나 세부지침에 반영한다.

- 내부회계관리자의 운영실태평가
  - 대표자, 내부회계관리자 및 관련 조직의 역할 및 책임
  - 대표자, 내부회계관리자 및 관련 조직의 평가 절차
  - 외감법 등의 법규 요구사항 준수 여부를 평가하는 방식 및 절차
  - 평가 계획 및 결과 등 감사(위원회) 보고 시기, 항목 및 방식(대면보고 포함)
  - 내부회계관리제도 평가 결과를 고려한 임직원의 인사 및 보수 등 성과평가 반영 계획 및 내역
  - 내부회계관리규정 위반사항의 존재 여부 및 위반 시 조치 내역
  - 발견된 미비점에 대한 개선 계획 및 현황(직전연도의 개선조치 이행 결과 포함)
- 감사(위원회)의 평가
  - 감사(위원회)의 평가 관련 역할 및 책임
  - 대표자 및 내부회계관리자의 주요 보고사항에 대한 감사(위원회)의 평가 절차(즉, 재무제표에 중요한 왜곡표시 발생가능성이 존재하지 않도록 적절한 평가 계획과 실행이 이뤄졌는지 확인하는 절차)
  - 보고된 시정 계획의 적정성 및 개선 조치 내역의 적정성 검토
  - 임직원의 성과평가에 반영되었거나 반영될 계획의 적정성 검토
  - 유의한 미비점 및 중요한 취약점이 누락 없이 보고되었는지를 평가하는 절차(기중에 발생한 외부재무보고 관련 문제점이 내부회계관리제도에서 관리되지 않은 원인을 파악하는 등의 절차)
  - 평가 결과의 보고 시기, 항목 및 방식(대면보고 포함)

적용기법 16.2 출발점(Baseline)의 설정

155. 경영진은 다음과 같은 절차를 통해 현재 내부회계관리제도의 설계된 상태를 이해하는

출발점을 설정하고 관리한다.

- 내부회계관리제도 통제활동의 적용이 이뤄진 시점의 확인
- 내부회계관리제도 통제활동의 설계의 효과성에 대한 최초 평가가 이뤄진 출발점의 결정
- 출발점 이후 내부회계관리제도 관련 변경사항 관리

156. 경영진은 설정된 출발점을 다음과 같이 활용할 수 있다.

- 내/외부에서 발생한 중요한 변화로 인해 통제활동의 설계 및 운영에 필요한 변화가 있는지 여부를 확인
- 통제활동의 설계와 운영에 영향을 미치는 회사의 인력, 프로세스 및 시스템 등의 영향에 대한 평가
- 이전 출발점에 중요한 변화로 인한 새로운 출발점의 설정
- 설계 효과성에 대한 독립적인 평가 방법의 결정

157. 고위 경영진은 상시적인 모니터링과 독립적인 평가 중 적정한 방법을 선택하기 위해 출발점 정보를 사용할 수 있다.

적용기법 16.3 업무성과 검토 시 측정지표 설정 및 적용

158. 경영진은 통제활동의 상시적인 모니터링을 수행하는 방안으로 재무거래의 완전성이나 정확성을 관리할 수 있는 업무성과 검토 시 측정지표 수립을 고려한다. 모니터링 대상이 되는 프로세스와 통제활동을 고려하고, 해당 통제의 효과성이나 프로세스의 효과성 및 효율성을 모니터링 할 수 있는 업무성과 검토 방안을 마련한다. 업무성과의 유의적인 사항에 대한 확인이 가능한 측정지표, 모니터링의 방식과 빈도를 결정한다. 이는 통상적으로 수행되는 영업 및 예산 실적 분석 등이 세분화된 방식으로 수행된다면 적용 가능할 것이다.

159. 해당 측정지표는 다음과 같은 정보가 이용될 수 있다.

- 현재 실적 분석 정보와 과거 실적 분석 정보의 비교 분석
- 예상 업무실적과 비교한 현재 업무실적의 원인 분석 및 핵심 지표의 비교 등 포함

160. 일부 측정지표에는 현재 실적 및 성과 데이터 각각에 대한 허용 가능한 차이가 명확하게 정의되어 예외사항을 파악하는 데 사용된다. 허용 가능한 차이가 명확하게 정의되기 어려운 측정지표의 경우에는 지식과 경험이 있는 임직원이 합리적인지 여부를 검토한다. 예를 들어, 일부 중소기업의 경우 판매가격 적용의 분석을 통해 허용 가능한 차이와 그 이상의 차이로 구분한 보고서를 검토하고, 예외사항에 대한 사후 조치를 통해 통제활동을 지속적으로 모니터링 할 수 있을 것이다.

적용기법 16.4 현황판의 사용

161. 상시적인 모니터링의 일환으로 경영진은 일상적인 활동에서 내부회계관리제도 평가자 및 감사(위원회)가 활용할 수 있는 현황판을 설계하여 구축한다. 현황판의 책임자는 회

사의 프로세스, 위험관리 및 내부통제 등에 최고의 전문지식을 보유한 인원으로서 내부회계관리제도 평가의 주요 역할을 담당하는 관리자로 지정한다. 현황판에는 다음과 같은 항목이 포함될 수 있다.

- 통제 설계 및 운영 현황과 관련된 상세 정보 및 요약 정보
- 상시적인 모니터링 방안의 업무성과 검토 지표별 측정치와 예외사항 조치 현황
- 통제활동의 각종 현황에 대한 시각화된 정보
- 전사 수준 및 거래 수준 통제활동의 성숙도
- 평가 주기와 가장 최근의 평가에 대한 상세 현황
- 발견된 통제 미비사항 및 항목별 개선 현황
- 프로세스 및 하위 프로세스의 핵심 관계자 및 연락처

적용기법 16.5 모니터링 활동을 위한 IT 활용

162. 경영진은 자동화된 모니터링 프로그램(Automated monitoring application, 이하 "상시 모니터링 시스템"이라 함)을 이용하여 내부회계관리제도에 대한 모니터링을 수행할 수 있다. 경영진은 상시 모니터링 시스템을 사용하여 객관적인 방식과 저렴한 비용으로 대량의 데이터를 효율적이고 지속적으로 검토할 수 있다. 상시 모니터링 시스템에는 다음이 포함된다.

- 사전에 정의된 기준을 벗어난 거래의 예외사항을 확인하여 취합(전결권한을 초과하여 진행되는 거래, 생성자와 승인자가 동일한 전표 등)
- 비경상적인 거래의 추세 또는 패턴 모니터링(거래별 예외처리 건수)
- 프로세스의 개선 방향이나 개선점을 제시할 수 있는 자동화된 성과지표 및 측정지표(예를 들어 특정 재고의 비율 증가, 음수재고 현황 및 추세분석, 재고 실사 차이의 추세와 재고 입고 이후의 invoice 금액의 변경 비율 등)

적용기법 16.6 독립적인 평가의 수행

163. 경영진은 다음과 같은 방식을 활용하여 내부회계관리제도에 대한 독립적인 평가를 수행할 수 있다. 고유위험과 통제위험이 높을수록 충분한 전문성과 독립성이 확보될 수 있는 방안을 선택하여야 한다.

- 경영진의 통제활동 검토 시, 계획되지 않는 방문을 통한 검토
- 회사 내 유사한 업무를 담당하는 수평적 위치의 다른 부서와 상호 검토 수행
- 위험이 낮은 특정 업무나 통제활동별 자가평가서 개발
- 평가를 위한 독립적인 외부 전문 기관 선임

적용기법 16.7 내부통제전담부서(혹은 내부감사부서)를 활용한 독립적인 평가 수행

164. 경영진은 내부회계관리제도에 대한 객관적인 관점에서의 평가를 수행하기 위해 독립적

이고 전문성을 지닌 인원으로 구성된 내부통제전담부서나 내부감사부서를 이용한다. 내부회계관리제도에 대한 운영실태보고는 미비점에 대한 개선조치를 취할 임직원과 감사(위원회), 이사회 및 주주총회 등에 보고 및 배포된다. 독립적인 평가는 다음에 의해 영향을 받을 수 있다.

- 규제 및 감독기관에서 제시하는 평가 및 보고 지침
- 외부 재무보고 목적, 즉 왜곡표시 위험의 관리 수준
- 감사(위원회) 및 외부감사인 등과 논의된 내부회계관리제도가 유의한 위험을 관리하는 방식
- 감사(위원회)에 보고·승인된 독립적인 평가 계획

적용기법 16.8 외부서비스제공자의 통제 이해

165. 경영진은 내부회계관리제도에 영향을 미칠 수 있는 변경사항을 파악할 수 있도록 외부서비스제공자로부터 다음과 같은 주기적인 정보를 입수하고 검토한다.
    - 외부서비스제공자의 적용 가능한 통제 목적
    - 외부서비스제공자의 내부통제 중 검토되고 보고서에 포함된 부분에 대한 세부 정보
    - 독립적으로 수행된 감사의 세부내역 및 결과
    - 보고서에 영향을 미치는 외부서비스제공자에 대한 추가 고려사항
166. 식별된 변경사항이 내부회계관리제도에 미치는 영향을 판단하기 위해 다음 사항을 평가할 수 있다.
    - 경영진이 비즈니스 프로세스의 변경사항과 내부회계관리제도에 미치는 영향을 적절하게 고려했는지, 그리고 변경사항이 외부서비스제공자에게 전달되었는지 여부(해당 변경사항이 회사 내부통제의 목표 및 설계에 영향을 미칠 수 있으므로)
    - 경영진의 추가 검토가 필요한 예외사항이 발견되었는지 여부
    - 보고서의 독립성과 객관성이 충분한지 여부
167. 경영진의 이러한 검토 결과를 기반으로 외부서비스제공자에 대한 독립적인 재평가가 필요하다고 결정할 수도 있다.

예시 전사수준 통제기술서(ELCA) - 모니터링(원칙 16)

Ⅳ. 모니터링(Monitoring)

모니터링 활동은 내부통제제도의 설계와 운영의 효과성을 평가하고 유지하기 위해 상시적인 모니터링과 독립적인 평가 또는 두 가지의 결합을 고려한 평가를 수행하고 발견된 미비점을 적시에 개선할 수 있는 체계를 포함한다.

(원칙 16) 회사는 상시적인 모니터링과 독립적인 평가 방안을 수립하여 내부회계관리제도 설계 및 운영의 적정성을 평가한다.

중점고려사항	통제내용	테스트 절차	관련규정	주관부서
1. 상시적인 모니터링과 독립적인 평가의 결합 고려 - 경영진은 상시적인 모니터링과 독립적인 평가의 균형을 고려한다.	감사부(모니터링팀)에서는 Audit-On 프로그램을 통해 상시모니터링을 수행한다. - Audit-On 프로그램은 회사의 재무상태표에 영향을 미칠 수 있는 거래 중 수행중요성기준의 10% 해당하는 거래에 대해 자동으로 예외사항 리포트를 발행한다. - 모니터링팀에서는 예외사항에 대해 검토를 수행하고 필요한 경우 모니터링팀장의 승인을 득하여 해당 팀에 추가자료를 요청할 수 있다. - 주요거래에 대해서는 내부회	1. 회사의 [상시모니터링과 독립적 평가] 사항을 테스트하기 위해 아래 자료를 징구한다. - [당해연도 Audit-On에서 발행된 예외사항보고서] - [내부회계관리제도 중간/기말평가 계획] - [분개장] 2. 통제활동의 테스트 절차로 아래를 확인한다. - 당기 분개장 중 수행중요성의 10% 이상에 해당하는 금액을 추출한다. - 해당 거래가 Audit-On에서 예외사항보고서가 발행되었는지 질문한다. - 내부회계관리제도 중간/기말평가 계획상 Audit-On 예외사항보고서에 대한 독립적인 평가가 계획되어 있는지 확인한다. 3. 예외사항이 발견된 경우, 원인을 파악하고 어떻게 조치하였는지를 확인한다.	내부회계 관리규정	감사부 내부회계 관리팀

중점고려사항	통제내용	테스트 절차	관련규정	주관부서
	계관리제도에서 독립적인 평가가 이루어질 수 있도록 내부회계관리팀에 해당 거래를 통보한다. 내부회계관리팀은 중간평가와 기말평가로 구분하여 내부회계관리제도 중 핵심통제에 대하여 독립적인 평가를 수행한다. 내부회계관리팀에서 수행된 독립적인 평가결과는 감사위원회, 이사회에 보고된다.			
2. 변화의 정도 고려 – 경영진은 상시적인 모니터링과 독립적인 평가를 선택하고 구축할 때, 업무와 업무프로세스의 변화의 정도를 고려한다.	당기에 신설된 프로세스, 회계기준서 변경에 해당하는 프로세스, 주요 컴플라이언스 변경으로 수정된 프로세스는 통계적 기법에 의한 표본추출 및 통계적 감사기법을 이용하여 기말평가를 수행한다.	1. 회사의 [변화의 정도 고려] 사항을 테스트하기 위해 아래 자료를 징구한다. –[내부회계관리제도 중간/기말평가 계획] 2. 통제활동의 테스트 절차로 아래를 확인한다. –[내부회계관리제도 중간/기말평가 계획]에 당기에 신설된 프로세스, 회계기준서 변경에 해당하는 프로세스, 주요 컴플라이언스 변경으로 수정된 프로세스에 대한 평가계획이 식별되어 있는지 확인한다. –내부회계관리팀 담당자에게 변경으로 인하여 주요위험이 발생할 수 있는 프로세스, 계정과목에 대한 신뢰성 확보절차에 대해 질의한다. 3. 예외사항이 발견된 경우, 원인을 파악하고 어떻게 조치하였는지를 확인한다.	내부회계 관리규정	내부회계 관리팀

중점고려사항	통제내용	테스트 절차	관련규정	주관부서
3. 출발점(Baseline)의 설정 - 내부회계관리제도의 설계와 현재 상태는 상시적인 모니터링과 독립적인 평가를 위한 출발점을 수립하는 데 활용된다.	통제활동 유효성의 출발점(base-line)은 직전연도 설계 및 운영평가 결과로 한다. - 직전연도에 설계 및 운영이 유효한 것으로 평가된 통제활동에 대하여 당해연도에 변경내용이 없는 경우에는 "변경내용 없음"을 기재하고 당해연도 설계평가(walkthrough) 대상에서 제외한다. - 직전연도에 설계 및 운영이 유효한 것으로 평가된 통제활동에 대하여 내부회계관리제도 FAQ에서 제공하는 최소샘플링 개수에 의해 유효성을 평가한다. - 당기에 신설된 프로세스, 회계기준서 변경에 해당하는 프로세스, 주요 컴플라이언스 변경으로 수정된 프로세스는 통계적 기법에 의한 표본추출 및 통계적 감사기법을 이용하여 기말평가를 수행한다.	1. 회사의 [출발점 설정] 사항을 테스트하기 위해 아래 자료를 징구한다. - [내부회계관규정 시행세칙] - [내부회계관리제도 중간/기말평가 계획] 2. 통제활동의 테스트 절차로 아래를 확인한다. - [내부회계관리규정 시행세칙]에 출발점(baseline)은 직전연도 평가결과로 규정하고 있는지 확인한다. - [내부회계관리제도 중간/기말평가 계획]에 당기에 신설된 프로세스, 회계기준서 변경에 해당하는 프로세스, 주요 컴플라이언스 변경으로 수정된 프로세스에 대한 평가계획이 식별되어 있는지 확인한다(변화의 정도에 대한 테스트 계획과 동일). 3. 예외사항이 발견된 경우, 원인을 파악하고 어떻게 조치하였는지를 확인한다.	내부회계 관리규정	내부회계 관리팀

중점고려사항	통제내용	테스트 절차	관련규정	주관부서
4. 충분한 지식을 갖춘 인력 활용-상시적인 모니터링과 독립적인 평가를 수행하는 평가자들은 평가 대상에 대한 충분한 지식을 보유하고 있다.	내부회계관리제도 시행세칙에서는 평가자의 자격에 대해 규정하고 있으며 내부회계관리팀에서는 중간/기말평가시 이를 고려하여 평가계획을 수립한다. -MRC 통제수행자 및 평가자는 관련 적격성(근속연수, 관련경험, 전문지식, 교육이수시간)이 확보되었는지 문서화한다. -설계 및 운영평가시 프로세스별 평가자 팀장은 10년 이상의 경험을 보유하여야 하며, 외부 전문가 활용시에도 동일하다. -내부회계관리팀에서는 중간/기말평가시 평가자에 대하여 3시간의 평가교육을 수행한다.	1. 회사의 [평가자의 적격성] 사항을 테스트하기 위해 아래 자료를 징구한다. -[평가자 이력서] -[내부회계관리팀의 평가자 교육내역] 2. 통제활동의 테스트 절차로 아래를 확인한다. -평가팀장의 이력서를 확보하여 관련경험의 충분성과 10년 이상의 경험을 보유하였는지 확인한다. -내부회계관리팀의 평가자 교육내용에 대해 질문하고 평가내역을 확인한다(사진 및 문서). 3. 예외사항이 발견된 경우, 원인을 파악하고 어떻게 조치하였는지를 확인한다.	내부회계 관리규정	내부회계 관리팀
5. 객관적인 평가-객관적인 피드백을 제공하기 위해 주기적으로 독립적인 평가가 수행된다.	내부회계관리팀은 중간평가와 기말평가로 구분하여 내부회계관리제도 중 핵심통제에 대하여 독립적인 평가를 수행한다. 내부회계관리팀에서 수행된 독립적인 평가결과는 감사위원회, 이사회에 보고된다. 감사부에서는 내부회계관리제도에 대한 독립적인 평가를 수행한	1. 회사의 [객관적인 평가] 사항을 테스트하기 위해 아래 자료를 징구한다. -[중간/기말평가 이사회 보고자료] -[내부회계관리제도 독립평가 보고자료] -[감사위원회 미비점 개선 이행상황보고] -[내부회계관리제도 평가보고서] 2. 통제활동의 테스트 절차로 아래를 확인한다. -[내부회계관리제도 중간/기말평가 계획]에 따라 매년 주기적으로 평가가 계획되었는지 확인한다. 평가결과에 대한 이사회 보고자료를 확인하여 중요한 사	내부회계 관리규정	내부회계 관리팀 감사부

중점고려사항	통제내용	테스트 절차	관련규정	주관부서
	다. 감사부에서는 직전연도 예외사항 및 미비점으로 지적된 사항에 대한 이행결과를 점검한다. 감사부에서는 당해연도에 대한 독립적인 평가와 직전연도 조치사항에 대한 이행결과에 대하여 감사위원회에 보고하며 감사위원회는 내부회계관리제도 평가보고서를 작성하여 이사회에 보고한다.	항이 보고내용에 누락되지 아니하였는지 질문한다. - 감사부의 독립적인 평가수행결과에 대한 감사위원회 보고자료를 문서검사한다. 지난해의 조치사항의 이행결과가 감사위원회에 유효하게 피드백되었는지 질문한다. 3. 예외사항이 발견된 경우, 원인을 파악하고 어떻게 조치하였는지를 확인한다.		

내부회계관리제도를 위한 상시모니터링 시스템 도입이 필요한가요?
(내부회계관리제도운영위원회 답변)

반드시 필요한 것은 아닙니다.

상시모니터링 시스템을 사용하여 객관적인 방식이 저렴한 비용으로 대량의 데이터를 효율적이고 지속적으로 검토할 수 있으나, 상시모니터링 시스템을 반드시 도입해야 하는 것은 아닙니다.

즉, 상시 모니터링 시스템 이외에도 일상적인 업무수행과정에서 이루어지는 경영진의 관리·감독이나, 설계·운영 적용기법에서 예시한 업무성과 검토의 측정지표 설정 및 적용(문단 158~16), 현황판의 사용(문단 161) 등을 회사의 상황에 맞게 선택하여 적용할 수 있습니다.

참고로, 내부회계관리제도에서 이용 가능한 상시모니터링 시스템은 그 목적에 따라 두 가지로 구분할 수 있습니다.

1) 내부회계관리제도에 포함된 통제활동의 모니터링 활동을 자동화한 시스템

예를 들어, 250개의 핵심통제를 보유한 회사가 매년 다수의 통제활동을 테스트하는 것이 효율적 또는 효과적이지 않다고 판단하는 경우, 일부 통제활동에 대한 테스트를 자동화할 수 있습니다. 시스템 설정(Configuration), 업무분장(Segregation of Duties:SoD), 접근제한(Restricted Access)과 관련된 자동통제 혹은 IT에 의존하는 수동통제가 주요 대상이 될 수 있습니다. 물론 식별된 미비점을 확정하고 개선하는 것까지는 시스템으로 수행할 수 없기 때문에 사후 확인 및 조치 수행이 뒤따라야 합니다.

2) 부정방지 목적으로 모니터링 활동을 자동화한 시스템

경영진 및 임직원의 부정을 방지하기 위해 다양한 시나리오에 기반을 둔 부정방지 상시모니터링 시스템을 운영하는 회사들이 있습니다. 신용카드의 부정사용, 전표의 임의작성 및 기타 구매 절차의 부정 등이 주요 대상입니다. 내부회계관리제도 역시 부정방지를 위한 통제활동을 포함할 것으로 요구하고 있으므로 내부회계관리제도와 이러한 시스템을 연계하는 것은 바람직합니다. 이러한 시스템이 존재하지 않는 경우에는 내부회계관리제도 설계 시 부정방지를 위한 통제활동을 고려하여 반영하는 것이 필요합니다.

원칙 17 **미비점 평가와 개선활동 : 회사는 내부회계관리제도의 미비점을 평가하고 필요한 개선활동을 적시에 수행한다.**

상시 모니터링 및 독립적인 평가결과 발견된 미비점은 그 중요성을 평가하고, 보고되어야 한다. 내부회계관리제도 미비점은 기본적으로 그 잠재적 크기(potential magnitude of misstatement)와 발생가능성(likelihood of misstatement)에 의해 심각성(severity)을 구분하되 기타 질적 고려사항을 참고하여야 한다. 미비점 분류에 대한 상세한 내용은 "6.4 미비점"을 참고하기 바란다.

| 미비점의 심각성 분류 |

발생가능성(Likelihood of misstatement)

잠재적인 금액적 크기 (Potential magnitude of misstatement)

	가능성이 매우 낮음 (Remote)	합리적으로 발생가능함 (Reasonably possible)	가능성이 매우 높음 (Probable)
유의성 미만	단순한 미비점 (Deficiency)	단순한 미비점 (Deficiency)	단순한 미비점 (Deficiency)
유의함	유의한 미비점 (Significant deficiency)	유의한 미비점 (Significant deficiency)	유의한 미비점 (Significant deficiency)
중요함	유의한 미비점 (Significant deficiency)	중요한 취약점 (Material weakness)	중요한 취약점 (Material weakness)

예외사항 및 미비점에 대해서는 대표이사와 내부회계관리자가 서명된 내부회계관리제도 운영평가보고서를 통해 이사회, 감사(위원회) 및 주주총회에 보고되고 감사(혹은 감사위원회)는 평가보고서를 발행한다. 평가보고서에는 미비점에 대한 내용뿐만 아니라 개선사항에 대한 내용을 포함하여야 한다. 운영실태보고서 및 평가보고서와 관련한 상세한 내용은 "7. 보고"에서 기술하였다.

전사평가에는 미비점 결과평가 및 개선활동에 대한 회사의 통제활동을 포함하여야 하며 (원칙 17)과 관련된 중점고려사항 내용은 다음과 같다.

원 칙	중점고려사항 제목	중점고려사항 내용
원칙 17. 미비점 평가와 개선활동	결과 평가	경영진과 이사회는 상시적인 모니터링과 독립적인 평가 결과에 대해 적절히 평가한다.
	미비점 의사소통	내부회계관리제도의 미비점은 개선활동을 수행할 책임이 있는 담당자와 책임자(일반적으로 차상위자, 필요시 고위 경영진과 이사회 포함), 이사회와 적절하게 의사소통된다.
	개선활동에 대한 모니터링 활동	경영진은 통제 미비점들이 적시에 개선되는지 확인한다.

원칙 17 ① 결과 평가(Assess result)

상시 모니터링이나 독립적인 평가가 수행되면 그 결과로 예외사항이 발견된다. 수험생이 시험을 치르면 아무리 준비를 열심히 했다고 하더라도 항상 100점을 받을 수 없으며 틀린 문제가 발생하게 되는 것과 같은 이치이다. 내부통제의 설계와 운영은 고유한계를 갖고 있기 때문에 완벽할 수는 없다.

모니터링의 결과로 발견된 예외사항은 회사가 주의를 집중해야 하는 사안이다. 이러한 예외사항은 기업의 목표달성에 부정적인 영향을 미치는 잠재적인 문제점이나 결함이 될 수도 있기 때문이다. 따라서, 회사는 모니터링 결과로 발견된 예외사항에 대하여 우선적인 단계로 미비점인지 미비점이 아닌지를 구분하고, 미비점으로 판단된 경우 그 심각성(severity)에 따라 단순한 미비점, 유의한 미비점, 중요한 취약점으로 세부적으로 구분한다(세부내역은 "6.4.1 미비점 분류"를 참조).

| 심각성에 따른 미비점의 분류 |

구 분	내 용
미비점 (Deficiency)	평상시의 회사 내부통제의 설계 및 운영에 의해서 경영자 혹은 직원이 왜곡사항에 대해 적시에 예방 혹은 적발하지 못하는 경우이다.
유의한 미비점 (Significant deficiency)	중요한 취약점으로 분류될 수준은 아니지만 회사의 재무보고를 감독할 책임이 있는 이사회, 감사(위원회) 등이 주목할 만한 하나 또는 여러 개 통제상 미비점의 결합을 의미한다.
중요한 취약점 (Material weakness)	하나 또는 여러 개 미비점을 결합으로서 재무제표상 중요한 왜곡표시가 예방 또는 적시에 발견되지 못할 가능성이 낮지 않은 경우를 말한다.

미비점의 식별은 내부회계관리제도를 포함한 내부통제의 유지, 관리를 위해 필수적이다. 경영진은 통제 미비점의 식별을 통해 내부통제 효과성(effectiveness)과 효율성(efficiency) 측면에서 개선이 필요한 영역을 포착할 수 있다.[63)]

원칙 17 ② 미비점 의사소통(Communicating internal control deficiencies)

내부통제에 대한 모니터링 결과를 평가하고 미비점을 그 심각성에 따라 3가지로 구분하는 이유는 무엇일까? 물론 미비점의 구분에 따라서 내부회계관리제도가 효과적인지 아닌지를 구분하는 판단의 기준이 되며, 그 구분에 따라 운영실태보고서 및 평가보고서의 의견이 달라지기 때문이다. 하지만, 내부통제 평가결과 미비한 부분이 존재하는 경우 그 심각성에 따라 적시에 개선될 수 있도록 유도하는 데에 그 궁극적인 목적이 있다고 할 수 있다.

일반적으로 이러한 미비점은 미비한 내부통제에 책임이 있는 담당자뿐만 아니라 개선조치를 취할 수 있는 권한이 있는 자에게 보고되어야 한다는 점이 가장 중요하다. 그러므로 내부통제를 수행하는 담당자보다 조직에서 최소한 한 단계 위의 위치에 보고되는 것이 필요하다.

중점고려사항에서는 미비점에 대하여 이를 수정할 수 있는 권한이 있는 최고경영진, 이사회에 적절하게 보고되도록 하고 있다. 하지만 2023년 12월에 개정된 내부회계관리제도 평가 및 보고 기준 및 가이드라인의 '유의한 미비점'에 대해서는 미국의 공시수준과 유사하게 개정하였다.

---

63) 내부회계관리제도 설계 및 운영 개념체계 문단 A107에서는 '내부회계관리제도의 효과성을 개선시킬 수 있는 기회를 발굴하거나 현재의 내부회계관리제도를 개선하여 회사의 신뢰성 있는 재무보고 목적을 달성할 수 있다'라고 규정하고 있으나, COSO framework의 원문을 보았을 때 효과성과 효율성 측면에서 개선기회를 식별하는 데 도움을 준다고 이해하는 것이 올바르다.
The organization may identify opportunities to improve the <u>efficiency of internal control, or areas where changes to the current system of internal control may provide a greater likelihood that the entity's objectives will be achieved.</u>

| 심각성에 따른 미비점의 의사소통 |

구 분	미비점	유의한 미비점	중요한 취약점
운영실태보고서	의견이 변형되지 않음.	의견이 변형되지 않음.	의견이 변형됨.
평가보고서	의견이 변형되지 않음.	의견이 변형되지 않음.	의견이 변형됨.
경영진	경영진에게 보고되며 미비점이 적시에 시정될 수 있는 체계를 마련	경영진에게 보고되며 미비점이 적시에 시정될 수 있는 체계를 마련	경영진에게 보고되며 미비점이 적시에 시정될 수 있는 체계를 마련
감사위원회	반드시 감사위원회 보고가 필요하지 않음.	개선방안과 함께 감사위원회에 보고	개선방안과 함께 감사위원회에 보고
이사회	• 운영실태보고서를 통해 보고되지 않음. • 발견된 미비점은 이사회에 보고되는 것이 권고됨.	• 운영실태보고서를 통해 보고되지 않음. • 개선방안과 함께 유의한 미비점을 이사회에 보고	• 운영실태보고서를 통해 보고됨. • 개선방안과 함께 중요한 취약점을 이사회에 보고
주주	운영실태보고서를 통해 보고되지 않음.	운영실태보고서를 통해 보고되지 않음.	운영실태보고서를 통해 보고됨.

원칙 17 ③ 개선활동에 대한 모니터링 활동(Monitoring corrective actions)

내부통제의 미비점이 평가되고 그 결과에 대하여 개선할 수 있는 권한을 갖고 있는 자(예를 들어 고위경영진 및 이사회)에게 보고되고 나면 적시에 수정될 수 있도록 조치를 취하고 추적관리하여야 한다.

일반적으로 개선조치에 대한 책임을 갖고 있는 자와 모니터링 활동을 수행하는 자는 분리된다. 미비점을 치유하기 위해서는 미비점과 관련된 ① 내부통제를 선정하고, ② 책임자를 배치하고, ③ 개선방법을 정하여야 하는데 이는 모두 판단을 요하는 사항이다.

만약, 적시에 개선조치가 이루어지지 않은 경우에는, 개선조치에 대한 책임이 있는 자보다 조직에서 한 단계 위에 보고되어야 한다. 경영진은 미비점에 대한 치유활동이 지속적으로 진행되고 있는지 개선조치가 완료될 때까지 상시 모니터링 및 독립적인 평가 등을 통해 모니터링하여야 한다.

다음은 (원칙 17) 미비점 평가와 개선활동을 구현하기 위해서 내부회계관리제도 설계 및 운영 적용기법에서 제시하는 구체적인 사례이다.

적용기법 17.1 미비점 평가 및 보고

168. 경영진은 기업의 모니터링 활동 등으로 확인된 미비점을 주기적으로 평가하고 전달하기 위한 정책 및 절차를 수립한다. 경영진은 중요성에 관계없이 내부회계관리제도의 모든 미비점이 해당 통제의 책임자와 한 직급 이상의 관리자에게 보고될 수 있는 절차를 수립하며, 보고 받은 관리자들은 시정 조치를 취하고 조치 현황을 관리 감독한다. 또한 경영진은 내부회계관리제도 평가 및 보고 모범규준에 따라 고위 경영진, 이사회 및 감사(위원회) 등에 추가 보고해야 하는 미비점을 분류한다. 다음 항목을 고려한 분류를 수행한다.

- 미비점의 성격 및 특성(과거 미비점 비교 등)
- 미비점의 근본 원인 및 연계된 5가지 통제요소 및 17가지 원칙
- 미비점의 원천 부서 및 프로세스
- 평가 기간 동안 발생한 재무제표의 실제 왜곡표시 금액과 내부회계관리제도에 미치는 영향 및 개선 방안
- 미비점으로 인한 기업 재무제표의 왜곡표시의 발생가능성 및 잠재적인 규모
- 유사한 영역이나 구분별 미비점의 취합 및 취합된 미비점들의 종합적인 영향 평가

적용기법 17.2 시정조치에 대한 모니터링

169. 경영진은 보고된 미비점이 적시에 해결되었는지 확인하기 위해 시정조치의 진행 상태를 검토하는 절차를 수립한다. 절차에는 다음이 포함될 수 있다.

- 시정조치의 진행 상태를 검토하기 위한 정기 회의
- 시정조치가 요약된 문서 또는 보고서
- 내부통제전담부서 및 내부감사에 모니터링 감독 책임 부여

적용기법 17.3 미비점 보고를 위한 지침 수립

170. 이사회 및 감사(위원회)는 보고되는 통제 미비점에 대해 고위 경영진과 해결방안 등 관련 논의를 수행한다. 이사회 및 감사(위원회)는 외부 재무보고에 영향을 미치는 내부통제 미비점에 관한 내용과 상황을 이해하고, 경영진의 결론과 시정 계획을 감독한다.

예시 전사수준 통제기술서(ELCA) - 모니터링(원칙 17)

Ⅳ. 모니터링(Monitoring)

모니터링 활동은 내부통제제도의 설계와 운영의 효과성을 평가하고 유지하기 위해 상시적인 모니터링과 독립적인 평가 또는 두 가지의 결합을 고려한 평가를 수행하고 발견된 미비점을 적시에 개선할 수 있는 체계를 포함한다.

(원칙 17) 회사는 상시적인 모니터링과 독립적인 평가 방안을 수립하여 내부회계관리제도 설계 및 운영의 적정성을 평가한다.

중점고려사항	통제내용	테스트 절차	관련규정	주관부서
1. 결과 평가-경영진과 이사회는 상시적인 모니터링과 독립적인 평가 결과에 대해 적절히 평가한다.	내부회계관리팀에서는 미비점의 사항(항목, 해당팀, 근본원인, 예상 왜곡표시금액)을 취합하여 대표이사, 내부회계관리자, 이사회에 보고한다. 이사회 보고자료에는 미비점의 심각성(severity)에 대한 초안을 마련한 후 그 심각성에 대한 확정을 이사회 안건으로 부의한다. 이사회(내부회계관리제도 평가위원)에서는 해당 미비점의 발생가능성과 금액적 중요성 등을 고려하여 미비점의 심각성(미비점, 유의한 미비점, 중대한 취약점)을 확정한다.	1. 회사의 [결과평가] 사항을 테스트하기 위해 아래 자료를 징구한다. -[미비점 보고자료] -[이사회 의사록] 2. 통제활동의 테스트 절차로 아래를 확인한다. -이사회에 부의된 미비점의 구분은 사전에 정하여진 중요성(materiality) 및 발생가능성(likelihood) 등에 근거하여 적절하게 분류되었는지 검토한다. -미비점 심각성에 대한 이사회의 평가 및 확정내용을 검토한다. 3. 예외사항이 발견된 경우, 원인을 파악하고 어떻게 조치하였는지를 확인한다.	내부회계 관리규정 이사회규정	내부회계 관리팀

중점고려사항	통제내용	테스트 절차	관련규정	주관부서
2. 미비점 의사소통-내부회계관리제도의 미비점은 개선활동을 수행할 책임이 있는 담당자와 책임자(일반적으로 차상위자, 필요시 고위 경영진과 이사회 포함), 이사회와 적절하게 의사소통된다.	중간 및 기말평가결과 발견된 예외사항에 대해서는 평가자가 내부회계관리시스템에 등록하면 해당 팀장에게 예외사항 리포트의 내역이 통보된다. 해당 팀장은 그 원인에 대하여 조사하여 [내부회계관리시스템-예외사항 리포트]에 [근본원인기술]에 그 성격을 구분하여 상세하게 기술한다. 내부회계관리팀은 예외사항의 [근본원인]을 보고받고 추가 테스트를 수행할 것인지 판단하여야 한다. 해당 예외사항이 미비점으로 판단되는 경우 그 근본원인(root cause)와 예상 왜곡표시금액을 포함한 미비점 리포트를 작성하고 해당 팀장이 서명하여 내부회계관리자, 대표이사, 이사회에 보고된다.	1. 회사의 [미비점 의사소통] 사항을 테스트하기 위해 아래 자료를 징구한다. -[예외사항리포트] -[미비점 보고자료] 2. 통제활동의 테스트 절차로 아래를 확인한다. -모든 예외사항에 대해 해당 팀장에게 통보되었으며 해당 팀장은 예외사항 리포트의 근본원인기술을 작성하였는지 확인한다. -미비점에 대하여 이사회 보고자료를 확인한다(혹은 이사회의사록). 3. 예외사항이 발견된 경우, 원인을 파악하고 어떻게 조치하였는지를 확인한다.	내부회계 관리규정	내부회계 관리팀
3. 개선활동에 대한 모니터링 활동-경영진은 통제 미비점들이 적시에 개선되는지 확인한다.	내부회계시스템에 등록된 조치사항 대한 이행결과는 감사부에서 관련 증빙을 통해 검토하여 감사위원회에 보고한다. 또한 이행이 지연되고 있는 사안에 대해서는 사유를 문서화하며, 감사위	1. 회사의 [개선활동 모니터링] 사항을 테스트하기 위해 아래 자료를 징구한다. -[감사위원회 미비점 개선 이행상황보고] 2. 통제활동의 테스트 절차로 아래를 확인한다. -내부회계관리시스템의 미비점에 대한 조치사항이 모두 점검되었는지 감사부 담당자에게 질문한다.	내부감사 규정 내부회계 관리규정	감사부

중점고려사항	통제내용	테스트 절차	관련규정	주관부서
	원회 보고에 포함한다. [감사위원회 미비점 개선 이행 상황보고] - 내부회계관리제도 평가결과에서 인식된 미비점은 내부회계관리시스템에서 관리된다. - 현업이 개선결과를 제시하면 감사부는 이를 검토하여 개선이 완료되었는지를 확인한다. - 개선사항 완료 여부 및 관련자료는 모두 내부회계시스템에서 관리(문서화)되며, 해당 결과는 감사위원회에 정기적/비정기적으로 보고된다. - 감사부는 '내부감사'를 수행하고 있으며, 이때 인식된 미비점 및 조치결과(개선결과)도 감사위원회에 정기적(분기단위, 내부감사결과 보고서)/비정기적으로 보고한다.	- 감사위원회 보고내용, 의사록을 확인하여 관련내용이 감사위원회에 보고되었는지 확인한다. 3. 예외사항이 발견된 경우, 원인을 파악하고 어떻게 조치하였는지를 확인한다.	내부감사 규정 내부회계 관리규정	감사부

4.7 MRCs(Management Review Controls)

MRC란 회사가 수립한 리뷰 통제를 의미하는 것으로 회사 프로세스상의 통제 중에 경영진이 해당 통제가 적절히 운영되고 있는지 모니터링하기 위해 수행하는 통제절차를 의미하는 것으로서 "회사의 내부통제에 대한 경영진의 리뷰통제"라고 할 수 있다.

이러한 MRC의 대표적인 예로서는 (1) 예상 매출 및 판매비와 관리비 등의 비용과 실제 결산 내역의 월별 비교, (2) 매출총이익률, 매출액 대비 판관비율 등의 계수 간의 비교, (3) 분기별 재무상태표 검토 등의 형태가 있다. 이러한 리뷰 통제의 대표적인 것으로는 예상금액과 재무제표 실적을 비교하고, 중요한 차이가 발생하는 것에 대한 상세한 조사를 실시하는 것 등이다.[64)]

PCAOB에서는 Staff Audit Practice Alert No.11에서 회사의 내부통제를 모니터링하기 위한 MRC에 대해 설계와 운영의 유효성 평가를 실시하도록 하고 있는데, 국내에서도 내부회계관리제도에 대한 감사를 받아야 하는 상장사는 PCAOB의 요구사항에 준하여 MRC에 대한 문서를 준비하여야 할 것으로 판단된다.

PCAOB에서도 밝힌 바와 같이 대부분의 MRC는 그 정의에 근거하여 보면 전사수준통제에 해당될 가능성이 높을 것이다. 하지만, 실무적으로는 구현되는 전사통제와 더불어 계정과목수준에서 발생하는 위험에 대한 구체적인 검토를 필요로 한다.

MRC는 다양한 형태와 방법으로 수행될 수 있으나 대상항목에 대한 경영진의 기대치(expectation)를 형성하고 실제치(actual)와 비교한다. 그 차이가 특정 정도를 벗어나면 왜곡표시의 가능성이 있으므로 추가적인 조사를 통해 확신을 부여한다.

미국의 많은 기업들이 위험기반 접근법에 근거한 하향식 접근방법(Top-down approach)을 적용함에 있어, MRC가 재무제표의 왜곡표시 위험을 적절하게 낮출 수 있는 것인가라는 물음에 대한 충분한 고려없이 불필요하게 설계되고 운영되는 것으로 파악된 바 있다. 따라서, 효과적인 MRC가 설계되기 위해서는 재무제표 왜곡위험을 낮출 수 있는 내부통제인가에 집중하여야 하며 구체적으로 아래와 같은 요소를 고려하여야 한다.

---

64) Auditors often select and test management review controls in audits of internal control. Such management reviews might be performed to monitor the results of operations, such as (1) monthly comparisons of actual results to forecasted revenues or budgeted expenses; (2) comparisons of other metrics, such as gross profit margins and expenses as a percentage of sales; and (3) quarterly balance sheet reviews. These reviews typically involve comparing recorded financial statement amounts to expected amounts and investigating significant differences from expectations. (PCAOB Staff Audit Practice Alert No.11)

원 칙	구 분	유효성 수준이 높은 정도
재무제표의 왜곡표시 위험을 낮추는 데 직접적으로 관련된 전사통제인가?	MRC의 목적	단지 예상과 실제의 차이를 도출하고 설명하는 것보다 재무제표 왜곡표시위험을 예방 및 적발하는 것과 관련된 경영진리뷰통제가 유효성이 높음.
	통합의 정도	재무제표 전반수준에서 검토하는 절차보다 세부적인 수준에서 검토하는 것이 유효성이 높음. 예를 들어, 회사 전체 수준에서 매출액에 대한 분석보다 지역별, 제품라인별 분석이 더욱 상세화된 형태임.
	수행의 일관성	비정기적 수행보다 주기적, 일관성을 갖고 수행되는 경영진리뷰통제가 유효성이 높음.
	경영자주장과 연관성	재무제표에 대한 경영자주장과 직접 연관된 경영진리뷰통제가 직접적으로 연관되지 않은 경영진리뷰통제보다 왜곡위험을 예방하거나 적발하는 데 적합함. 예를 들어 매출채권의 기표상 금액적 오류를 적발하기 위한 경영진리뷰통제는 매출채권의 손상이나 연체에 대한 평가를 하기에 충분한 확신을 부여할 수 없음.
	예상치에 대한 신뢰성	만약 핵심성과지표(KPI) 혹은 보고된 재무정보에 대한 기대치 정보 등을 사용하여 재무제표의 왜곡표시를 적발하기 위해 설계된 경영진리뷰통제가 있다고 할 때, 이러한 경영진리뷰통제의 유효성은 잠재적 왜곡표시위험을 얼마나 잘 정확하게 예측할 수 있는지에 의존함.
	추가적인 검사를 수행하는 기준(유의성 기준)	만약 예측치와 실제치의 차이가 특정금액 이상인 경우 세부적인 내역 조사하는 경우, 그 기준금액이 낮을수록 상세화된 경영진리뷰통제임. 만약 재무제표 중요성 기준에 근접하는 기준금액을 적용한다면, 낮은 수준의 기준금액을 적용하는 경영진리뷰통제보다 왜곡표시를 예방하거나 적발하지 못할 유의한 위험이 있을 수 있음.

MRC는 설계된 내부통제가 서명(혹은 결재)되었다는 사실 자체만으로는 거의 증거력이 없다. MRC가 관련된 위험을 예방하거나 적발할 수 있는 능력을 갖고 있는지에 대해 판단하기 위해서는 다음의 사항이 검증되어야 한다.[65)]

65) PCAOB Audit Practice Alert No.11 (October 24, 2013), page 21

구 분	내 용
통제목적	유의한 계정과목 혹은 공시사항과 관련된 경영자 주장에 대한 중대한 왜곡위험을 낮출 수 있는 것인지 여부
유효성 정도	잠재적인 중요한 왜곡표시사항에 대한 리뷰의 목적, 예상치에 대한 신뢰성, 통합의 정도, 추가적인 검사를 실시하는 기준(유의성 기준) 등 MRC 유효성에 영향을 미치는 요소가 적정한지 여부
절차의 적정성	예상치와 실적의 유의한 차이를 도출하고, 조사하며, 원인을 분석하는 절차가 존재하며, 유효한지 여부
수행 적격성	MRC를 수행하는 자가 권한과 능력을 갖고 있는지 여부
수행주기	재무제표 왜곡사항을 적시에 적발하거나 수정할 수 있도록 MRC가 충분한 주기로 수행되는지 여부
정보의 질	MRC에 사용되는 정보가 적정한지 여부 시스템 생성 데이터이거나 보고서 등의 형태인지 여부 등에 따라 추가적으로 IPE 절차를 취해야 할 수 있음.

실무적으로는 MRC의 대상이 되어야 하는 통제의 유형이 반드시 정하여져 있는 것은 아니나 관련 경영자주장의 왜곡표시위험이 높으며 주관적이고 복잡한 판단이 수반되는 내부통제는 MRC의 대상으로 식별하는 것이 필요하다. 관련 내부통제의 목적과 유형을 고려하여 단순한 대사, 승인 등의 통제 등 지나치게 많은 내용이 MRC로 선정되지 않도록 유의할 필요가 있다. 특히, MRC를 대신할 수 있는 내부통제가 프로세스 수준에서 존재할 수 있는데, 다른 내부통제가 효과적으로 설계 및 운영될 것으로 기대된다면 그 내부통제를 테스트하는 것으로 해당 왜곡표시위험에 대한 유효성을 판단할 수도 있다.

경영진 검토 통제에 포함되는 통제의 유형은 무엇인지, 그리고 다른 거래수준 통제를 경영진 검토 통제를 대신하여 식별하고 테스트 대상으로 선정할 수 있는지요? (한국공인회계사회 답변)

경영진 검토 통제는 주관적이고 복잡한 판단이 필요하여 특별한 설계·운영 테스트가 필요한 유형의 검토 통제를 의미합니다. 따라서 감사인은 통제가 대응하는 관련경영진주장의 왜곡표시위험이 높으며 주관적이고 복잡한 판단이 수반되는 통제를 경영진 검토 통제로 식별합니다. 통제의 목적과 유형을 고려하여 단순한 대사·승인 목적의 통제 등 지나치게 많은 통제가 경영진 검토 통제로 선정되지 않도록 유의할 필요가 있습니다.

경영진 검토 통제를 대신할 수 있는 다른 거래 수준 통제가 존재할 수 있습니다. 따라서 감사인은 회사의 활동을 세분화하여 경영진 검토 통제를 대신할 수 있는 다른 거래 수준

통제를 식별하고 해당 통제가 효과적으로 설계·운영될 것으로 기대하는 경우 해당 통제를 테스트 대상으로 선정할 것입니다. 운영효과성 테스트 시 승인 대상이 되는 내용까지 검토해야 하는지는 통제의 성격에 따라 다릅니다.

Management Review Control(영업권 검토)

Management Review Control(영업권 검토문서)

1. 검토개요

(1) 매기말 영업권에 대한 손상 여부를 판단하여 경영자주장 '평가'에 대한 내부통제가 적절하게 수행되고 있는지 검토한다.

(2) 영업권 검토는 매년 9월에 수행하며 12월 이전에 최종결과가 보고된다.

(3) 영업권 손상 여부 및 손상차손 금액은 현금창출단위의 회수가능가액과 장부금액을 비교하여 결정된다.

(4) 회수가능금액은 사용가치 계산에 의한다. 사용가치 계산에 활용되는 주요 재무추정치는 외부경제연구소, Economist Intelligent Unit 등의 외부기관의 자료를 활용한다.

(5) "영업권손상테스트" 파일을 작성하고 그 결과에 대해 회계부장 및 재무담당임원에게 보고한다.

(6) 예측치와 실제치의 10%의 차이가 발생하면 그 원인을 조사한다.

2. 통제수행자의 적격성 검토

(1) 역량 적격성 검토

고려요소	검토내용
가. 검토자 인적사항	재무관리팀 홍길동 과장
나. 근속기간 및 통제수행기간	근속기간 10년, 통제수행기간 3년
다. 업무경험 기술	통제수행자는 해당 유관부서에서 영업권 손상검토를 3년간 수행하였다.
라. 전문지식	통제수행자는 공인회계사 자격증을 보유하고 있으며, 연간 24시간 이상의 관련 교육을 이수하고 있다.

위의 분석에 기초하여 통제수행자는 업무에 대한 이해와 회계지식을 고려하였을 때 해당 통제를 수행하기 위한 역량을 갖추었다고 판단 **됩니다 / 되지 않습니다**

3. 영업권 손상 여부 검토절차

(1) 경영진의 기대치

영업권에 대한 손상검토를 수행함에 있어서 검토되는 정보에 대한 경영진의 기대치를 서술한다.

고려요소	검토내용
가. 현금창출단위	식별된 CGU는 독립적인 현금유입을 창출하는 식별 가능한 최소자산 집단이다.
나. 사업계획	영업권 손상 검토에 사용된 "사업계획"은 당사 경영진에게 최종 보고된 자료이다.
다. 할인율	Risk Free Rate 및 Maket Risk Premium은 Bloomberg에서 조회한 외부 데이터이며, β는 비교가능기업의 평균을 적용한다.
라. 영업수익/비용	과거 실적자료를 기준으로 적절한 벤치마크를 이용하여 추정하고, 사업계획의 내용과 비교하여 유의적인 차이를 보이지 않는다.
마. 판매관리비	판매관리비 항목들은 인력계획, 소비자물가상승률, 경제성장률, 명목임금증가율 등 적절한 원가동인을 적용하여 추정한다.
바. 현금흐름추정기간	현금흐름 추정기간은 5년을 초과하지 않는다.
사. 영구성장률	영구성장률은 1%를 초과하지 않는다.
아. 순운전자본	과거 3년간 평균 매출채권회전율, 재고자산회전율 등의 turnover rate을 활용한다.
자. 신규투자액	유·무형자산 등 일상적인 투자건의 경우 감가상각비만큼 신규로 투자된다고 가정한다. 다만, 중장기사업계획에서 비경상적 지출이 예상되는 투자건의 경우 추가로 반영한다.

(2) 실제치 조사

실제정보를 식별하고 기술한다.

고려요소	검토내용
가. 현금창출단위	식별된 CGU는 독립적인 현금유입을 창출하는 식별 가능한 최소자산 집단임.
나. 사업계획	영업권 손상 검토에 사용된 사업계획은 이사회의 승인을 득한 최종 자료임.
다. 할인율	Risk Free Rate는 Bloomberg에서 조회한 10년만기 국채수익률을 사용하였으며, Maket Risk Premium은 Bloomberg에서 조회한 10년만기 국채_최근 12개월 평균 수익률을 사용하였음. β는 유사증권사의 평균 베타를 적용하였음.
라. 영업수익/비용	과거 실적자료를 기준으로 현재의 시장점유율이 유지되는 것을 가정하여 매출액을 추정하였고, 기타 수수료수익에 대해서는 경기 전반을 고려한 GDP성장률을 벤치마크하여 추정하였음. 해당 추정치는 사업계획의 내용과 비교하여 유의적인 차이를 보이지 아니하였음.

고려요소	검토내용
마. 판매관리비	판매관리비 항목들은 인력계획, 소비자물가상승률, 경제성장률, 명목 임금증가율 등 적절한 원가동인을 적용하여 추정되었음.
바. 현금흐름추정기간	현금흐름 추정기간은 20×1~20×5년으로 5년을 초과하지 않음.
사. 영구성장률	영구성장률은 0%를 가정하여 1%를 초과하지 아니하였음.
아. 순운전자본	과거 3년간 평균 매출채권회전율, 재고자산회전율을 사용하였음.
자. 신규투자액	유·무형자산 등 일상적인 투자건에 대해서는 감가상각비만큼의 금액이 재투자되는 것으로 가정하였으며, 중장기사업계획상에서 예상되는 비경상적인 지출이 없으므로 추가적으로 고려한 투자건은 없음.

(3) 기대치와 실제치 간 유의적 차이

고려요소	유의적 차이
가. 현금창출단위	기대치와 실제 정보 사이의 유의적인 차이 없음.
나. 사업계획	기대치와 실제 정보 사이의 유의적인 차이 없음.
다. 할인율	기대치와 실제 정보 사이의 유의적인 차이 없음.
라. 영업수익/비용	기대치와 실제 정보 사이의 유의적인 차이 없음.
마. 판매관리비	기대치와 실제 정보 사이의 유의적인 차이 없음.
바. 현금흐름추정기간	기대치와 실제 정보 사이의 유의적인 차이 없음.
사. 영구성장율	기대치와 실제 정보 사이의 유의적인 차이 없음.
아. 순운전자본	기대치와 실제 정보 사이의 유의적인 차이 없음.
자. 신규투자액	기대치와 실제 정보 사이의 유의적인 차이 없음.

4. 영업권 손상 여부 검토 결과

영업권 손상차손 계산내역에 사용된 가정과 기초변수, 계속적인 방법론 적용 여부 등에 대한 검토결과 당기말 현재 손상차손은 발생하지 아니한 것으로 판단됨.

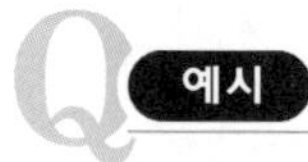 Test of Management Review Control(PCAOB Audit Practice Alert No. 11)

Management Review Control에 대한 감사인 테스트 예시

다음은 PCAOB에서 제시하고 있는 예시이다.

MRC 테스트 절차를 설명하기 위해 4개의 유사한 지역별 지점을 갖고 있는 기업(일반 상기업)이 회계감사 수감 중에 있다고 가정한다. 감사인은 급여, 감가상각비, 수도광열비와 같은 판매비와관리비에 대한 실재성, 완전성 등에 대한 월별 내부통제를 검토하기로 하였다.

검토를 위해 선정된 내부통제는 각 지점의 콘트롤러가 지점 재무제표에서 판관비 계정의 실적금액을 (1) 전년도 및 (2) 추정치와 비교하고, 그 차이가 CFO에 의해 사전 결정된 기준금액을 초과하는 경우 그 원인을 추가조사하는 것을 포함하고 있다. 각 지점의 콘트롤러는 중요한 차이내역에 대한 원인을 이해할 수 있도록 그 분석결과를 CFO와 논의하고, 재무제표를 수정해야 하거나 기타 조치가 필요한지 의사결정할 수 있도록 한다.

감사인은 이 MRC가 중대한 왜곡표시 위험을 발생시킬 수 있는 "몇 개의 중요한 계정과목"에 대한 "수개의 경영자주장"에 적용되므로 "높은 수준의 위험"으로 평가하였다.

이 예시에서 감사인은 다음의 사항을 감사절차에 포함할 수 있을 것이다.

가. 관련 MRC가 의도된 대로 판매비와관리비의 관련 경영자 주장에 대한 중대한 왜곡표시위험을 감소시킬 수 있는지에 대해 평가한다.

나. 지점 수준에서 (1) 전년도 금액 및 (2) 추정치 금액을 사용하는 것이 잠재적 왜곡표시를 식별하기 위한 기대치 설정에 대한 적절한 기준인지 여부를 평가한다.

다. 개별적으로 다른 사항과 합쳐서 재무제표에 중대할 수도 있는 왜곡표시사항을 지점의 콘트롤러가 식별할 수 있도록, 추가적인 절차 수행을 위해 사용되는 차이점 식별 기준이 적절한 수준인지 여부를 평가한다.

라. 감사인의 계속적인 회계감사와 경험에 기반하여 CFO와 지점 콘트롤러의 통제수행 적격성 여부를 평가한다.

마. 관련 MRC가 중대한 왜곡표시사항이 재무제표에 반영되기 이전에 예방되거나 적발될 수 있도록 충분하게 운영되는지 여부에 대하여 평가한다.

바. 감사인은 지점의 콘트롤러가 분석을 위해 사용한 정보를 취득하고, 유의한 차이점에 대해 추가적인 조사를 실시한 경우 그 절차를 이해하여 분석을 재수행 검증한다. 감사인은 독립적으로 유의한 차이점을 식별하고 그 결과에 대한 평가 결과를 지점 콘트롤러에 의한 분석결과와 비교한다.

사. 감사인은 분석의 결과에 대하여 지점 콘트롤러가 CFO에게 보고한(혹은 논의한) 회의록(meeting minute, summary) 등을 이해하고 관찰한다. CFO에게 보고된 정보에 대해 검

사하고, 논의된 이슈, 도달된 결과, 수정을 위해 취하여진 절차(action plan)를 평가한다.

감사인은 MRC에서 동일한 IT시스템에서 산출되는 재무제표와 재무추정 정보 사용하는 것으로 판단하였다. 회사의 IT시스템은 중앙집중적으로 관리되고 있으며, 회사의 IT시스템의 내부통제는 다른 재무제표 IT통제에 대한 테스트와 함께 검증되었다.

이 예시는 일상적이고 예측가능한 것으로 보이는 계정과목에 대한 테스트 접근방법의 예를 보여준다. 만약 계정과목과 경영자주장에 대한 내부통제에 대한 테스트가 복잡할수록 혹은 덜 예측가능할수록, 예산(혹은 추정치)과 실제치를 단순하게 비교하는 것만으로 구성된 MRC는 정확성(precision, 정도) 측면에서 충분하지 않다. 이러한 경우에는 회사의 내부통제가 유의한 계정과목에 대한 관련 경영자주장의 왜곡표시위험을 충분하게 낮추는지 결론짓기 위하여 MRC를 다른 내부통제와 함께 테스트를 하는 것이 필요할 수 있다.

감사인이 승인통제의 운영효과성을 테스트할 때 승인 대상이 되는 내용까지 테스트하여야 하나요? (한국공인회계사회 답변)

운영효과성 테스트 시 승인 대상이 되는 내용까지 검토해야 하는지는 통제의 성격에 따라 다릅니다.

해당 통제가 단순히 거래의 유효성을 확인하고 승인하는 통제(예 : 특정 금액 이하의 구매 승인)라면 전결규정에 따른 승인 여부만 테스트할 수 있습니다.

그러나 해당 통제에 검토활동(review element), 즉 특정한 정보를 검토하고 검토의 결과에 기초하여 필요한 조치를 취하는 활동이 포함된다면 승인권자가 검토하는 정보, 승인 전에 이루어지는 일련의 검토과정을 테스트하여야 합니다.

4.8 IPE(Information Produced by Entity)

내부회계관리제도 설계 및 운영 개념체계(원칙 13)에서는 내부회계관리제도를 운영하기 위한 양질의 정보를 사용하도록 하고 있다. 특히, 재무제표의 신뢰성을 확보하기 위해서는 재무정보의 원천이 되는 모든 정보를 확인하여 확신을 부여하여야 하는데 미국의 PCAOB Audit Practice Alert No.11에서는 많은 회사가 시스템에서 생성된 데이터나 내부통제의 운영에 사용되는 정보나 보고서의 완전성과 정확성에 대해서 충분하게 테스트하지 않은 경우가 발생하였다고 밝히고 있다.

IPE(Information produced by Entity)는 기본적으로 회사에서 생성된 정보로 감사증거로 제시되는 정보이다. IPE는 내부회계관리제도의 규정상에서는 구체적인 내용이 명시되어 있지 않다. 하지만, 상장사의 경우에는 내부회계관리제도에 대한 감사를 받아야 하는데 외부감사인이 감사기준서 1100에 따라 해당 정보의 완전성과 정확성을 확인하여야 하는 절차를 수행해야 하기 때문에, 결국 회사는 IPE 절차를 문서화하고 감사인에게 제시하여야 한다.

| 재무정보를 산출하기 위한 기저정보 분류 |

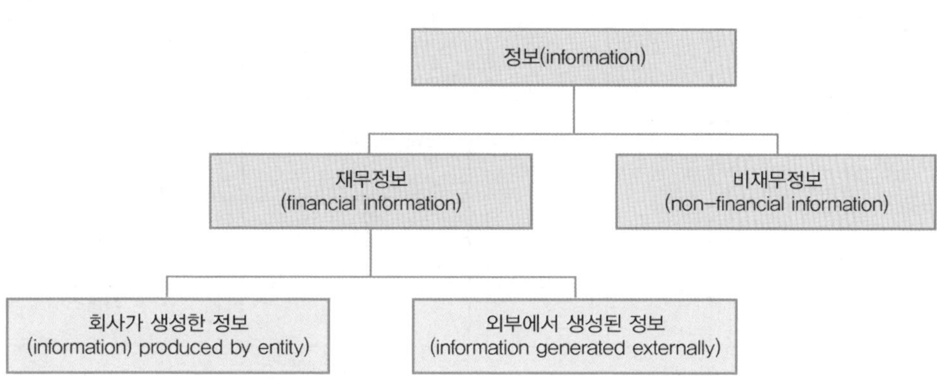

IPE는 어떤 경우에는 '전자적 감사증거(EAE, Electronic audit evidence)'라고 불리기도 하는데 이는 IPE의 일부 성격만을 나타내므로 완전한 개념을 설명하는 데에는 부족하다. 정보는 재무정보와 비재무정보로 구분하고, 재무정보를 생성하기 위한 원천 혹은 기저정보는 '회사가 생성한 정보'와 '외부에서 생성된 정보'로 구분된다.

IPE는 원칙적으로는 '회사가 생성한 정보'에 대한 신뢰성을 확보하는 절차를 의미한다. 하지만, 내부회계관리제도에서 내부적으로 생성한 정보에만 신뢰성을 부여하는 절차만을 강조하게 되면 '외부에서 생성된 정보'에 대해서 별도로 신뢰성을 부여하는 절차가 필요하다.

실무적으로는 IPE라고 하면 원칙적인 개념에서 확장하여 재무정보를 생성하기 위한 모든 기저정보, 즉, '회사가 생성한 정보'와 '외부에서 생성한 정보'를 모두 포함하여 신뢰성을 확보하기 위한 절차를 운영한다.

예를 들어 재무상태표에 대한 경영진 검토, 매출채권의 연령분석, 대손충당금의 추정, 충당부채 설정시에는 다양한 기초정보를 사용한 내부통제에 의존할 수밖에 없다. 이러한 스프레드시트나 보고서의 밑바닥을 구성하고 있는 기저(基底) 정보에 대한 완전성과 정확성 확보를 위한 내부통제 절차를 구성하여야 한다.

재무제표의 금액을 구성하는 정보의 원천은 매우 다양하고 복잡하여 정리된 하나의 표로 나타내기에는 한계가 있지만 일반화 요약하여 개념도를 나타내면 다음과 같이 볼 수 있다.

| 정보원천과 내부회계관리제도 간의 관계 예시 |

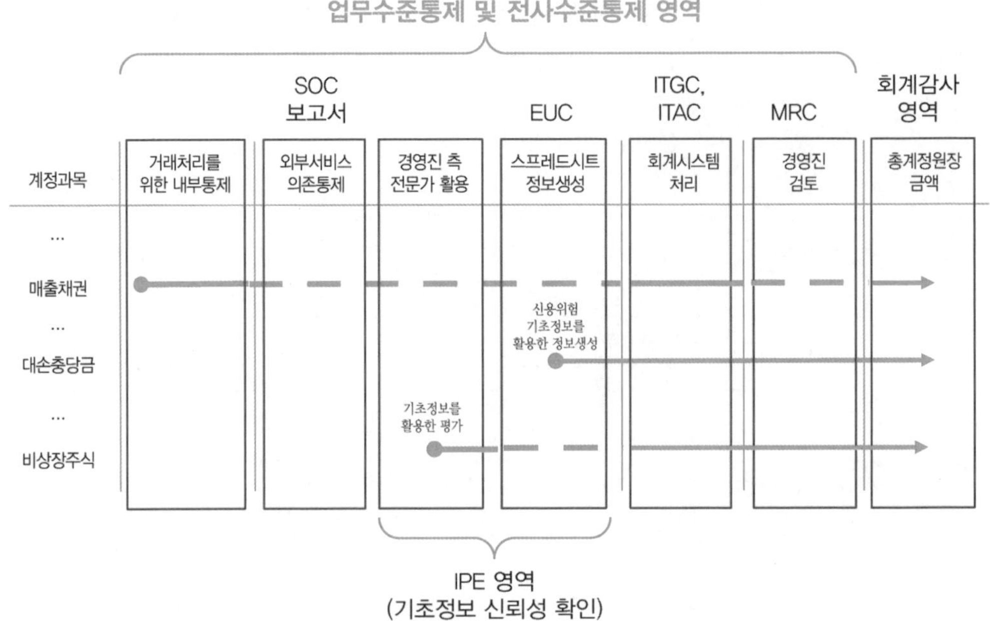

Q FAQ **IPE에 대한 완전성과 정확성에 대한 회사의 통제에 미비점이 있다면 해당 정보를 사용하는 통제에도 미비점이 있는 것인지요?** (한국공인회계사회 답변)

기업이 생성한 정보(IPE)의 완전성과 정확성에 대한 통제에 미비점이 있으면서 다른 보완통제가 없다면 통제 운영에 해당 정보를 사용하는 통제 역시 미비점이 있는 것으로 식별하고 미비점의 심각성을 평가하여야 합니다.

IPE를 구축하고 운영하기 위해서는 실무적으로 아래와 같은 3단계의 절차가 이용된다.

- Step1 : IPE 목록 작성
- Step2 : IPE 범주화
- Step3 : IPE 유효성(validation) 평가

첫 번째 단계로는 IPE 목록을 생성하는 단계이다. IPE 목록이란 내부회계관리제도의 핵심통제중 IPE에 해당하는 데이터와 관련된 통제활동, IPE 해당 문서명, 관련시스템, 테스트 절차 등을 한눈에 알아볼 수 있도록 집계한 표이다.

실무적으로 IPE 목록의 작성은 통제기술서에서 핵심통제와 관련있는 문서를 모집단으로 선정한 후, 특정 조건에 부합하는 경우에는 제외시켜 최종 IPE 목록을 식별한다. (원칙 13)의 중점고려사항과 같이 정보요구사항을 식별, 데이터 원천 포착, 정보로 변환하는 과정에서 유효한 절차가 존재하는지를 고려한다.

IPE 목록을 작성하는 경우 아래와 같은 내용이 검토될 수 있다.

- 정보가 최종적으로 사용되는 형태(스프레드시트, 외부평가보고서 등)
- 통제기술서의 통제번호
- 데이터 원천(시스템명, 프로그램명, 데이터베이스)
- 정보를 생성하기 위한 도구
- 정보원천의 오너

다음 단계로는 정보의 산출을 카테고리화(범주화)하는 작업이다. 정보의 원천에 따라 표준보고서, 비표준보고서, 제3자 발행보고서, 스프레드시트와 같이 구분할 수 있다. 이렇게 구분하는 목적은 산출된 정보의 속성을 이해하여 완전성과 정확성을 확보하기 위한 테스트 절차를 구성하기 위함이다.

범 주	내 용
표준보고서	• 회사 ERP에서 도출되는 데이터로 최종사용자가 관련 parameter(기간, 생성자 등)만 입력하여 도출되는 리포트를 의미 • 시스템 쿼리 등을 이용하여 수정할 수 없는 데이터를 의미
비표준보고서	• 회사의 ERP에 add-on된 시스템에서 도출되는 데이터로 회사가 추가 개발/변경한 리포트 등의 데이터를 의미
제3자 발행 보고서	• 외부 서비스 조직 또는 벤더 등으로부터 취득한 정보 • 회계법인의 평가보고서, 신용평가사의 평가보고서, 감정평가법인의 평가보고서 등이 해당될 수 있음.
스프레드시트	• 엑셀 등 spreadsheet를 이용하여 작성된 데이터

세 번째 단계로는 범주별로 구분된 내역에 따라 유효성(validation)을 평가하는 단계이다. IPE와 관련해서 평가해야 할 속성은 정확성과 완전성이다. '정확하고 완전함'은 IPE가 관련된 모든 정보를 포함하고 있으며, 데이터에 포함되어야 하는 정보가 올바른 값인

경우라고 말할 수 있다. 범주별로 데이터의 완전성과 유효성을 확보하기 위해서 다음의 증거를 수집하는 절차가 포함될 수 있다.

- 정보를 산출하기 위한 쿼리 혹은 단위프로그램에 대한 평가
- 정보를 산출하기 위해 사용된 파라미터에 대한 평가
- 결과값 샘플데이터 검토
- 데이터베이스나 시스템 구분
- 프로그램 코드나 쿼리문
- 최종결과값을 산출하기 위한 파라미터 스크린캡처(스크린샷)
- 데이터 산출일

범 주	회사의 유효성 평가절차
표준보고서	• 경영진은 해당 리포트 추출 시 이용된 parameter를 스크린 캡처하는 방식 등으로 문서화를 강제함. • 해당 parameter를 실행하여 도출된 결과값도 문서화함.
비표준보고서	• 경영진은 해당 리포트 추출 시 이용된 parameter를 스크린 캡처하는 방식 등으로 문서화를 강제함. • 해당 parameter를 실행하여 도출된 결과값도 문서화함. • Accuracy 등 해당 데이터의 신뢰성 관련 통제 및 검토 필요
제3자 발행 보고서	• 경영진은 외부에서 제공된 해당 정보에 대해 완전성과 정확성을 확인할 수 있는 적절한 통제절차를 마련하여야 함.
스프레드시트	• 해당 스프레드시트의 계산로직 등을 포함하여 개발, 변경, 접근권한, 보관 등에 대한 통제활동을 수행하여야 함. • 스프레드시트의 원천데이터의 이해 및 신뢰성과 관련한 통제절차를 수행하여야 함. • 결국, 단위 IT시스템에 대한 ITGC 수준의 통제절차를 요구

예시 IPE Inventory 사례

Ⅰ. IPE Inventory

재무제표의 기초정보를 구성하는 항목을 구분하고 완전성과 정확성을 확보할 수 있도록 관련 정보의 목록을 마련한다.

(1) 대출 프로세스

통제활동 No.	통제내용	기초정보	범주	관련 시스템	MRC	ITGC	input parameter	정보산출활동내역 및 로직
SDR-02-05	리스크관리부 담당자는 대출채권시스템으로부터 과거 5년간의 연체월령정보를 다운로드 받아 '대손충당금 설정' 엑셀파일을 이용하여 부도율(Probability of default)을 산정한다. 산정된 부도율은 리스크관리부 팀장의 승인을 받는다.	대출채권 계좌별 정보 계좌별 계정분류 자산건전성분류 내역 여신 실행일 여신 잔액 만기일 최종이자납입일 연체시작일 연체일/연체월령	비표준 보고서	대출채권 시스템	Yes (대손충당금 MRC)	대손충당금 시스템에 대한 ITGC 수행	대출채권 계좌별정보 계좌별 계정분류 자산건전성분류내역 여신 실행일 여신 잔액 만기일 최종이자납입일 연체시작일 연체일/연체월령	리스크관리부 담당자는 정보기술부 담당자에게 매월 말일을 기준으로 다음의 기초정보를 요청한다. 정보기술부 담당자는 대출채권시스템에서 쿼리문(별첨 #1 참조)을 작성하여 관련 데이터를 추출하고 엑셀파일로 저장한다. 추출된 기초정보는 정보기술부 팀장의 승인을 득하여 리스크관리부 담당자에게 이메일로 발송된다.

4.9 성과와 보상체계 연결

내부회계관리제도가 조직 내에서 안정적으로 정착되고 효과적으로 운영되기 위해서는 참여하는 인력의 충분한 관심과 노력이 경주되어야 한다. 외감법 시행령 제9조에서는 내부회계관리규정에 성과평가에 대한 내용을 명시적으로 포함하도록 하고 있기 때문에 반드시 성과와 보상체계가 연결된 건전한 평가체계를 구축하여야 한다.

주식회사 등 외부감사에 관한 법률 시행령

제9조 (내부회계관리제도의 운영 등)

② 법 제8조 제1항 제6호에서 "대통령령으로 정하는 사항"이란 다음 각 호의 사항을 말한다.

7. 내부회계관리규정 위반의 예방 및 사후조치에 관한 다음 각 목의 사항
   가. 회사의 대표자 등을 대상으로 하는 교육 · 훈련의 계획 · 성과평가 · 평가결과의 활용 등에 관한 사항

성과평가와 보상체계를 연결하는 것이 중요하다는 것에 대한 강조는 내부회계관리제도 전반에 걸쳐 설명되고 있다. 특히, 내부회계관리제도 설계 및 운영 개념체계(원칙 5)의 중점고려사항에서는 조직 전체 구성원이 내부회계관리제도 책임 이행에 적합한 성과평가와 보상정책을 수립하도록 하고 있으며, 내부회계관리제도 설계 및 운영 적용기법에서도 다양한 면에서 성과평가에 반영 여부를 권고하고 있다.

내부회계관리제도 설계 및 운영 적용기법 2.1 문단 10 발췌

이사회는 다음과 같은 업무를 포함하여 경영진을 관리 감독한다. 단, 내부회계관리규정 제 · 개정의 결의 및 중요 정책의 승인을 제외한 항목은 감사(위원회)에 위임할 수 있다.

- 내부회계관리제도와 관련된 조직구조, 보고체계 및 성과평가 연계 방식 검토

내부회계관리제도 설계 및 운영 적용기법 4.4 문단 41 발췌

경영진은 임직원들이 적격성 및 업무처리 방식에 대한 기준을 이해하고 적용하는 것을 장려하기 위하여 해당 사항을 정책이나 절차 등에 포함하고 지속적인 의사소통을 수행한다. 또한 해당 정책이나 절차에 부합하는 방식으로 업무를 처리하고, 다음과 같은 방식으로 준수 여부를 확인 및 평가한다.

- 목표 달성에 대한 직원의 업무 진행 정도 및 회사의 달성 정도에 대한 임직원의 인지 여부를 확인하는 성과평가 절차 개발

내부회계관리제도 설계 및 운영 적용기법 5.2 문단 49 발췌

경영진은 다음 사항을 고려한 성과 평가, 인센티브 및 보상 정책을 수립한다.

- 내부회계관리제도 장단기 목표를 달성하는 데 필요하다고 판단되는 모든 조직에 적용
- 내부회계관리제도 평가 결과 및 내부고발제도와의 연계

내부회계관리제도 설계 및 운영 적용기법 16.1 문단 154 발췌

회사는 외감법에서 정한 내부회계관리제도 평가 절차를 내부회계관리규정이나 세부지침에 반영한다

- 내부회계관리자의 운영실태 평가
  - 내부회계관리제도 평가 결과를 고려한 임직원의 인사 및 보수 등 성과평가 반영 계획 및 내역
  - 내부회계관리규정 위반사항의 존재 여부 및 위반 시 조치 내역

내부회계관리제도의 성과와 보상체계를 연결하는 다양한 방식으로 구현될 수 있다. 하지만, 대부분의 회사에서는 내부회계관리제도를 효과적이고 정확하게 운영하여 재무제표의 신뢰성 향상에 기여한 경우 추가적인 보너스 지급과 같은 포지티브 방식의 성과보상체계보다, 내부회계관리제도의 유효성에 영향을 미칠 수도 있는 미비점, 예외사항이 발견되는 경우에는 해당 인원에게 불이익을 부여하는 네거티브 방식의 성과보상체계를 구현하고 있는 것이 일반적이다.

내부회계관리제도가 규제사항의 일종으로 인식되어서는 전문 운영인력의 질적 확대 및 양적 확대를 꾀하기 어렵다. 내부회계관리제도가 국내에 건전하게 자리잡아 나아가면서 포지티브 방식의 성과평가가 더욱 확대되어 도입되기를 기대해 본다.

내부회계관리제도 성과평가 예시

내부회계관리제도 성과평가 연동(예시)

1. 성과평가 연동 개요

외감법 시행령 제9조, 내부회계관리제도 설계 및 운영 개념체계, 당사의 내부회계관리규정에 의거하여 평가대상자의 제도 운영실태에 대해 성과평가 및 보안 연계방안을 수립한다.

2. 대상 및 평가항목

내부회계관리제도 운영에 해당되는 모든 임직원에 대하여 사전에 정하여진 평가항목을 사전에 고지하고, 매년 4월 내부회계관리제도 외부감사인 감사 이후 최종평가한다.

<table>
<tr><th>구 분</th><th>내 용</th></tr>
<tr><td>가. 평가대상</td><td>대표이사
내부회계관리자
감사위원회
재무기획부, 내부회계관리부
내부회계관리제도상 Process Owner(현업 팀장)
내부회계관리제도상 Control Owner(현업 책임자)</td></tr>
<tr><td>나. 평가항목</td><td>운영실태 평가결과상 예외사항
운영실태 평가결과상 미비점
감사위원회의 독립적 평가결과
내부회계관리제도 의무교육 이수 현황
개선권고사항에 대한 이행 여부
외부감사인 지적사항</td></tr>
<tr><td>다. 평가방법</td><td>기존의 KPI 정기평가와 부서장 정성평가에 내부회계관리제도 평점을 가감하여 최종평가를 도출함.
최종평점 = KPI평점 + 부서장평점 + ICFR평점</td></tr>
<tr><td>라. 평가등급</td><td><table><tr><td>점수</td><td>95 이상</td><td>90 이상</td><td>80 이상</td><td>70 이상</td><td>70 미만</td></tr><tr><td>등급</td><td>S</td><td>A</td><td>B</td><td>C</td><td>D</td></tr></table></td></tr>
</table>

3. 세부평가 기준

구 분	평가항목	평가기준
가. 내부회계관리제도 평가결과	내부회계관리제도 지적건(예외사항)	내부회계관리부, 감사위원회의 지적사항으로 내부회계관리자 및 감사위원회 보고대상인 설계미비점, 운영미비점 및 예외사항 감사인 지적사항으로 내부회계관리자 및 감사위원회에 보고대상인 모든 미비점 및 예외사항 • 중요한 취약점 : (−)10점 • 유의한 미비점 : (−)5점 • 단순 미비점 및 예외사항 : (−)2점
나. 내부회계관리제도 운영관리	내부회계관리제도 변화관리 보고의무	내부회계관리제도상의 문서화 대상에 대하여 변화가 발생하였음에도 불구하고 기한 내 변화사항 보고를 누락한 경우 • 중요한 취약점 : (−)3점 • 유의한 미비점 : (−)2점 • 단순 미비점 및 예외사항 : (−)1점
다. 내부회계관리제도 전문성	내부회계관리제도 의무교육 준수 여부	의무교육 미준수 시 감점 • 기한일 5일 이내 : (−)1점 • 기한일 10일 이내 : (−)2점 • 기한일 10일 이후 : (−)3점
라. 내부회계관리제도 개선	개선권고사항에 대한 기간 내 이행 여부	내부회계관리제도 지적사항에 대하여 내부회계관리제도 기준일(재무상태표일) 이전에 조기 개선되는 경우에는 지적사항에 대한 경감 부여 • 보고기간 내 개선 : 최초 감점에서 70% 경감 • 보고이간 이후 개선 : 최초 감점에서 30% 경감 • 미개선 : 해당 지적사항 감점을 그대로 적용
마. 내부회계관리제도 개선제안	효율적·효과적 운영을 위한 제안건 평가	내부회계관리제도를 효과적·효율적으로 운영하기 위한 제도개선 제안에 대하여 평가하여 가점부여. 제도개선 제안은 실행가능성과 위험개선효과를 평가하여야 한다. • 제도개선 혁신안 : (+)10점 • 제도개선 우수안 : (+)5점 • 제도개선 장려안 : (+)2점

4.10 전사수준통제의 평가

전사수준통제는 그 성격상 핵심통제를 구분하기가 어렵다.[66] 따라서 평가대상으로는 '설계 및 운영 개념체계'에서 제시하고 있는 각 원칙별 중점고려사항이 모두 테스트 되도록 포함시키는 것이 권고된다. 전사수준통제는 테스트 시 그 유효성을 평가하기 위해 설계와 운영으로 구분하여 평가한다.

대표이사, 내부회계관리자 및 각 부분의 임원과 인터뷰 수행 시 혹은 전사수준 통제평가서(ELCA) 작성 시에 개념체계 등에서 요구되는 통제목적(중점고려사항 등)을 만족시키는 전사수준 내부통제가 없거나 유효하지 않다고 판단되면 설계상 미비점으로 분류한다.

설계가 유효하지 않다고 평가되는 전사수준통제는 개선권고사항(Recommendation), 시정조치(Remediation)를 마련하고 지속적으로 관리하여야 한다.

설계상 유효성(Design effectiveness)이 검증된 전사수준통제에 대해서는 그 운영상 유효성(Operational effectiveness)을 평가한다. 운영상 유효성 평가 시 테스트는 일반적으로 질문(Inquiry), 검사(Inspection, examination), 관찰(Observation), 재수행(Reperformance)의 4가지 방법에 의해 이루어진다(자세한 내용은 "5.4.3.3 내부통제의 운영상 유효성 평가(Determine operating effectiveness－Test plan)" 참조).

전사수준통제의 평가에서 중요한 점은 그 목적을 고려하였을 때 간접전사통제에서 미비점이 식별된다고 하더라도 그 미비점 자체가 내부회계관리제도의 유의한 미비점이나 중요한 취약점에 해당하지 않는다는 점이다. 이는 프로세스 수준에서 재무제표의 중요한 왜곡표시를 예방하거나 적발할 수 있는 통제가 설계되어 있고 유효하게 작동된다면 충분한 신뢰를 부여할 수 있기 때문이다.

물론 간접전사통제의 미비점이 있다고 한다면 전사수준통제에 의존할 수 없으므로 프로세스 수준에서 관련된 내부통제의 설계 및 운영테스트의 성격 · 시기 · 범위를 확대하여야 잔여위험의 수준을 허용가능한 수준 이하로 낮출 수 있다. 즉, 간접전사통제의 미비점이 발견되면 프로세스수준 통제와 같은 다른 내부통제의 설계 · 운영에 부정적인 영향을 미치게 되므로 다음의 절차를 취하고 문서화하여야 한다.

---

66) 전사수준통제는 그 성격상 회사 전체 혹은 다른 내부통제구성요소, 업무프로세스에 전반적으로 영향을 미치므로 특정 경영자 주장(혹은 특정 재무제표 왜곡위험)과 연관시키기 어려운 경우도 있다. 핵심통제는 관련 재무제표 왜곡위험(즉, 경영자 주장 왜곡위험)을 허용가능수준 이하 등으로 줄일 수 있는지 여부에 의해 판단하기 때문이다.

1단계 : 간접전사통제 미비점이 다른 통제의 효과성에 미치는 영향분석
2단계 : 프로세스수준 통제의 테스트 성격 · 시기 · 범위를 조정(확대)

또한, 간접전사통제의 미비점이 내부회계관리제도에서 예시하고 있는 중요한 취약점의 징후나 유의한 미비점의 징후에 해당할 수 있으므로 해당 미비점을 신중하게 고려하여야 한다.

특히, 설계 및 운영 개념체계에서는 5가지의 내부통제 구성요소를 모두 내부회계관리제도에 포함할 것을 요구하고 있으며, 평가 및 보고 가이드라인에서도 17원칙이 존재하지 않거나 기능하지 않는 경우에는 유의한 미비점이나 중요한 취약점으로 구분되는 것으로 명시하고 있다. 또한, (원칙 8)에서 다루었던 부정위험과 관련된 내용이 부실한 경우에는 중요한 취약점으로 고려될 수 있으므로 주의하여야 한다.

간접 전사통제의 운영효과성을 테스트 할 때 테스트 표본 수는 어떻게 결정하나요?
(한국공인회계사회 답변)

간접전사통제의 성격상 많은 경우 질문과 문서검사로 설계효과성 테스트를 수행하고 1~2개의 표본을 추출하여 운영효과성 테스트를 수행하는 것으로 충분한 감사증거를 입수할 수 있습니다(예 : 윤리강령, 부정위험 평가 등).

다만, 간접전사통제에 통제활동과 같이 구별되는 절차나 활동이 있다면 거래수준통제와 유사하게 실제 활동의 빈도 수에 따라 테스트 표본을 추출할 필요가 있습니다(예 : 행동강령 준수 여부 서약, 내부고발 프로그램 고발건 후속 조치 등).

예시 전사수준 통제 평가서(ELCA, Entity Level Control Assessment)

| ELCA(Entity Level Control Assessment) |

통제환경(Control Enviroment)

> 통제환경은 회사의 내부통제에 대한 경영자 및 직원의 전반적인 태도, 의식, 행동 및 조직문화를 의미한다.
> 통제환경은 결국 직원들의 내부통제 의식에 대해 영향을 미치게 되므로 조직 전반적인 분위기 형성에 영향을 미치게 되며, 사규 및 규정을 포함한 회사의 조직구조, 체계를 통해 다른 내부통제 구성요소의 기초가 된다.

(1) 원칙1 : 내부회계관리제도는 도덕성과 윤리적 가치에 대한 책임을 강조한다.

ELCA No.	중점고려사항 (point of focus)	통제내용 (Control description)	주관부서 (Department in charge)	설계의 유효성 (Design effectiveness)	설계 유효성 근거 (Evidences)	설계 미비점 개선 권고사항 (Recommendations of design deficiencies)
ELCA-CI-01	경영진과 이사회는 내부회계관리제도가 효과적으로 기능할 수 있도록 지침, 조치, 행동을 통해 도덕성과 윤리적 가치의 중요성을 강조한다.	업무수행준칙(Code of conduct)이 존재하며, 이를 통하여 업무 수행시 윤리, 도덕적 행동기준을 따르도록 하고 있다. 업무수행준칙은 사내 인트라넷에 게시하여 모든 임직원이 공유하도록 하고 있다. 업무 수행준칙에 포함된 내용은 다음과 같다. (1) 법률, 경쟁법 및 공정거래법 준수 (2) 정직함과 윤리적인 행동 (3) 이해의 상충 (4) 회사 자산의 사용 (5) 장부의 기록관리 (6) 선물과 특혜 (7) 정치기부, 공직출마 (8) 주식거래준칙 (9) 마케팅 커뮤니케이션 준칙 (10) 보안유지 (11) 대외 정보공개	감사팀	유효 (Effectiveness)	업무 수행 준칙 (Code of conduct)	N/A

- ELCA는 내부통제 구성요소 중 통제활동을 제외한 통제환경(Control Environment), 위험평가(Risk Assessment), 정보 및 의사소통(Information and Communication), 모니터링(Monitoring)으로 구성된다.
- 통제목적(Control objectives) : 내부통제 구성요소의 하부속성별로 전사수준통제에 필요한 통제목적을 기술한다.
- 통제내용(Control description) : 통제목적과 관련한 회사의 통제내용을 기술한다.
- 설계 미비점 개선권고사항(Recommendations of design deficiencies) : 전사수준의 통제가 미비한 경우에는 그 미비점 내용을 기술하고 그 미비점에 대한 개선권고내용을 기재한다.

예시 전사수준 통제 평가서 테스트 플랜 (ELCA, Entity Level Control Assessment – Test plan)

| ELCA(Entity Level Control Assessment) – Test plan |

통제환경(Control Enviroment)

이 문서는 회사의 전사수준통제(Entity level control)에 대해 그 운영의 유효성을 판단하기 위한 테스트 플랜이다.

(1) 원칙1 : 내부회계관리제도는 도덕성과 윤리적 가치에 대한 책임을 강조한다.

ELCA No.	중점고려사항 (point of focus)	통제내용 (Control description)	테스트 플랜 (Test plan)	운영의 유효성 (Operating effectiveness)	운영 미비점 시정조치 (Remediations of operating deficiency)
ELCA-CI-01	경영진과 이사회는 내부회계관리제도가 효과적으로 기능할 수 있도록 지침, 조치, 행동을 통해 도덕성과 윤리적 가치의 중요성을 강조한다.	업무수행준칙(Code of conduct)이 존재하며, 이를 통하여 업무 수행시 윤리, 도덕적 행동기준을 따르도록 하고 있다. 업무수행준칙은 사내 인트라넷에 게시하여 모든 임직원이 공유하도록 하고 있다. 업무 수행 준칙에 포함된 내용은 다음과 같다. (1) 법률, 경쟁법 및 공정거래법 준수 (2) 정직함과 윤리적인 행동 (3) 이해의 상충 (4) 회사 자산의 사용 (5) 장부의 기록관리 (6) 선물과 특혜 (7) 정치기부, 공직출마 (8) 주식거래준칙 (9) 마케팅 커뮤니케이션 준칙 (10) 보안유지 (11) 대외 정보공개	회사의 사내 인트라넷에 업무수행준칙(Code of conduct)가 게시되어 있는지 확인한다. 또한, 무작위로 회사의 임직원중 5명과 인터뷰를 실시하여 회사의 업무수행준칙의 내용과 그 공유방식에 대해 숙지하고 있는지 질문한다.		

- 테스트 플랜(Test plan) : 전사수준통제의 설계가 유효한 경우에는 운영테스트를 실시한다. 따라서 테스트 플랜은 설계평가가 유효한 부분에 대해서만 작성된다.
- 운영 미비점 시정조치(Remediation of operating deficiencies) : 테스트 결과 전사수준의 통제의 운영이 미비한 경우에는 그 미비점 내용을 기술하고 그 미비점에 대한 시정조치를 기재한다.

연 습 문 제

문제 1

전사수준통제(객관식)

다음의 설명 중 올바른 것은 무엇인가?

① 업무수준통제가 전사사준통제보다 우선하여 평가되어야 한다.
② 전사수준통제를 반드시 구축할 필요는 없다.
③ 직접전사통제는 업무수준통제의 평가범위를 축소할 수 있다.
④ 전사수준통제가 완벽하다면 업무수준통제를 구축할 필요는 없다.

해설 **전사수준통제(객관식)**

정답 : ③

직접전사통제는 재무제표의 왜곡표시위험을 직접적으로 낮출 수 있는 통제로 직접전사통제에 의존하는 경우 업무수준통제의 평가의 범위를 축소할 수 있어 효율성이 증대된다.

문제 2

부정위험(객관식)

내부회계관리제도 설계 및 운영 개념체계 (원칙 8)에서는 부정위험을 고려하도록 하며 이는 Fraud Triangle Theory에 기반하고 있다. 부정위험 평가시 고려되는 요소가 아닌 것은?

① 유인과 압력
② 기회
③ 태도에 대한 합리화
④ 환경변화

해설 **부정위험(객관식)**

정답 : ④

(원칙 8)의 중점고려사항으로 유인과 압력의 평가, 기회평가, 태도와 합리화에 대한 평가를 제시하고 있다. 본질적으로 기회, 압력(혹은 유인이나 동기부여) 및 합리화(정당화, 태도)의 세 가지 요소가 있으면 부정이 발생한다. 이는 화재를 유발하는 연료, 스파크 및 산소와 비유할 수 있다. 이 세 가지가 함께 작용하면 필연적으로 화재가 발생하는 것과 같은 이치이다.

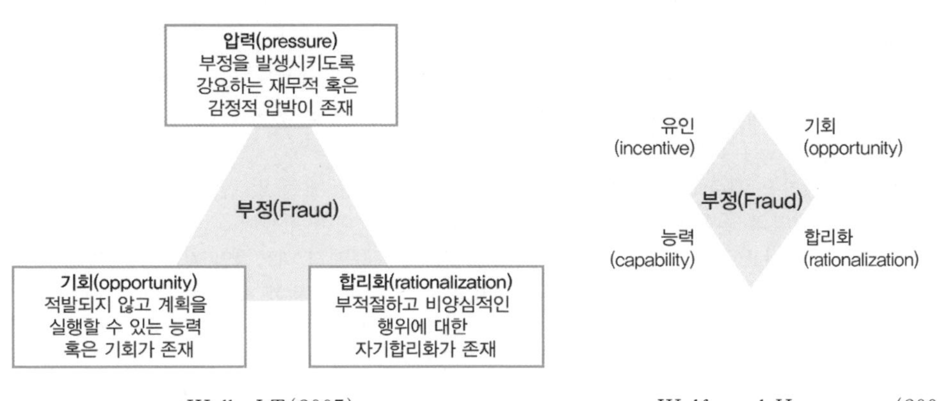

Wells J.T(2005) Wolfe and Hermanson(2004)

이러한 요인이 존재한다고 반드시 부정이 발생했거나 발생할 것을 의미하지는 않으나 이러한 요인들이 존재할 경우 부정의 발생가능성을 증가시킬 수 있다. 유인/압력/기회/합리화 요인 모두가 충족되지 않더라도 부정은 발생할 수 있다.

문제 3

전사수준통제의 특수항목(객관식)

다음은 PCAOB에서 설명하고 있는 내용(Staff audit practice alert No.11)이다. 무엇에 대한 설명인가?

> 회사가 수립한 프로세스상의 통제 중에 경영진이 해당 통제가 적절히 운영되고 있는지 모니터링하기 위해 수행하는 통제절차를 의미하는 것으로서 "회사의 내부통제에 대한 경영진의 통제"라고 할 수 있다.
>
> 이는 경영진의 기대치를 설정하고 실제치와 비교하여 그 차이금액이 일정 정도를 초과하는 경우 상세한 추가적인 조사를 취하는 것으로 구성된다.

① 회사가 생성한 정보(IPE, Information produced by Entity)
② 서비스 조직 통제(SOC, Service Organization control)

③ 경영진 리뷰 통제(MRC, Management review control)
④ 정보기술 일반통제(ITGC, IT General control)
⑤ 전사수준통제(ELC, Entity-level control)

해설 **전사수준통제의 특수항목(객관식)**

정답 : ③

경영진 리뷰 통제에 대한 PCAOB의 정의이다. PCAOB에서는 Staff Audit Practice Alert No.11에서 회사의 내부통제를 모니터링하기 위한 경영진 리뷰 통제에 대해 설계와 운영의 유효성 평가를 실시하도록 하고 있다.

이러한 경영진 리뷰 통제의 대표적인 예로서는 (1) 예상 매출 및 판매비와 관리비 등의 비용과 실제 결산 내역의 월별 비교, (2) 매출총이익률, 매출액 대비 판관비율 등의 계수 간의 비교, (3) 분기별 재무상태표 검토 등의 형태가 있다. 이러한 리뷰 통제의 대표적인 것으로는 예상금액과 재무제표 실적을 비교하고, 중요한 차이가 발생하는 것에 대한 상세한 조사를 실시하는 것 등이다.

문제 4

전사수준통제기술서 작성(Entity-level controls assessment)

A회사의 경영진은 지속가능한성장(sustainable growth)을 달성하기 위해 윤리경영을 강조하고 있으며, 이에 기반한 내부회계관리제도를 구축·운영할 계획이다.

윤리경영을 위해서 윤리헌장을 공표하고 이에 따른 윤리강령과 구체적인 행동강령을 마련하고 적용하고 있다.

(질문1) 아래 제시된 정보에 근거하여 통제환경 (원칙 1)에 대한 전사수준통제기술서 (ELCA, Entity-Level Control Assessments)를 작성하라.
전사수준통제기술서는 문제의 마지막에 제시되어 있다.

<u>전사수준통제기술서 작성을 위한 추가정보</u>

(1) 윤리헌장은 다음과 같으며 홈페이지와 인트라넷을 통해 내외부적으로 공표되고 있다.

윤 리 헌 장

ABC제조그룹은 고객에게 최상의 품질의 제품과 서비스를 제공하고, 주주의 권익을 우선하며, 임직원의 성장과 삶의 질 향상을 도모한다.

아울러, 건전하고 공정한 기업문화 창달과 사회공헌 활동을 통하여 국가와 사회의 발전에 이바지한다.

이를 위하여 ABC제조그룹의 모든 구성원은 윤리적 가치를 최우선 기준으로 삼아 행동하고자 윤리헌장을 제정하고 적극 실천할 것을 다짐한다.

- 우리는 항상 고객의 입장에서 생각하고 행동하며, 최고의 제품과 서비스를 제공함으로써 고객감동 실현을 위해 노력한다.
- 우리는 투명하고 합리적인 경영을 통하여 그룹의 가치를 극대화함으로써 주주의 권익향상을 위해 최선을 다한다.
- 우리는 제반 법규를 준수하고 다양한 문화와 가치를 존중하며, 국가경제와 사회의 발전 및 인류 공존번영을 위해 노력한다.
- 우리는 그룹의 정책방향을 공유하고, 계열사 상호 간 신뢰를 바탕으로 그룹의 역량을 결집하여 그룹이 지속성장할 수 있도록 노력한다.
- 우리는 항상 성실하고 정직하게 행동하며, 올바른 근무자세를 견지하여 모범적인 기업인의 표상이 된다.

(2) 윤리강령은 다음과 같으며 홈페이지와 인트라넷을 통해 내외부적으로 공표되고 있다.

윤 리 강 령

ABC제조그룹은 윤리경영의 의지를 선언한 윤리헌장의 정신을 구체화하고, 모든 임직원이 지켜야 할 올바른 가치판단의 기준과 행동원칙을 제시하기 위해 윤리강령을 제정하고 적극 실천할 것을 다짐한다.

제1장 고객에 대한 윤리

1. 고객 우선
   고객이 모든 행동의 최우선 기준임을 인식하고 항상 고객의 입장에서 생각하고 행동하며, 고객의 요구와 기대에 부응하는 최상의 상품과 서비스를 제공하여 고객감동을 위해 노력한다.
2. 고객 보호
   고객의 재산과 안전 및 개인정보를 보호하고 고객의 권익을 침해하는 어떠한 비도덕적, 비윤리적 행위도 하지 않는다.
3. 고객 예절
   모든 임직원은 진실하고 호의적인 태도로 업무에 임하며, 수준 높은 전문지식을 바탕으로 윤리적 마케팅 활동을 수행한다.

제2장 주주와 투자자에 대한 윤리

1. 주주 및 투자자의 이익 극대화
   주주와 투자자의 권리를 보호하고, 주주와 투자자의 정당한 요구와 제안을 존중하며, 투명하고 합리적인 의사결정 과정과 건전한 경영활동을 통하여 주주 및 투자자로부터 신뢰를 확보하며, 안정적인 수익을 창출하여 기업의 시장가치를 제고한다.
2. 주주의 권익 보호

소액주주와 외국인 주주를 포함한 모든 주주를 공정하고 평등하게 대우하며, 전체 주주의 이익을 고려하여 경영의사를 결정함으로써 주주의 이익이나 권리가 부당하게 침해되지 않도록 한다.

3. 적극적인 정보제공

일반적으로 인정된 회계원칙에 따라 회계자료를 기록・관리하고 재무상태와 경영성과를 투명하게 제공한다.

또한, 정확한 경영정보를 관련법규에 따라 완전하고, 공평하며, 신속정확하고 이해가 가능하도록 적시에 공시하여 미래의 주주인 투자자 등 정보이용자가 합리적인 투자판단을 할 수 있도록 한다.

제3장 국가와 사회에 대한 윤리

1. 국가 경제 및 사회발전에 기여

국가경제에 기여하는 회사로서 고용의 창출 및 조세의 성실한 납부를 통해 국가경제 발전에 이바지한다.

또한, 교육・문화예술 지원 및 기부・봉사활동 등 사회공헌활동을 실천하여 기업의 사회적 책임을 다한다.

2. 재해예방 및 환경보호

안전관련 제반 법규와 국내외 환경관련 법규를 준수하고 재해・위험의 예방관리 및 깨끗한 환경보전을 위해 노력한다.

3. 정치관여금지

특정정당이나 후보를 지지하는 의견을 표명하거나, 지원하는 행동으로 정치적 중립을 침해하는 행위를 하지 않으며, 각종 정치 또는 자선단체 기부금은 반드시 관련 법령을 준수하여 기부한다.

제4장 경쟁사 및 거래 업체에 대한 윤리

1. 국내외 법규의 준수

국가 및 지역사회의 일원으로 부패・뇌물・자금세탁의 방지 등과 관련된 각종 법규를 준수할 뿐만 아니라, 국제사회의 구성원으로서 국제협약・ 규정 등 국제적으로 통용되는 제반 규약과 현지국의 법규 및 문화와 관습을 존중한다.

2. 다른회사와의 공정한 경쟁

자유경쟁의 원칙에 따라 공정하고 자유로운 시장경제 질서를 존중하고 다른 회사와 정당하게 경쟁하며 공정 거래 관련 법규를 준수한다.

3. 거래업체와의 공정한 거래

공정하고 투명한 업무수행을 통해 거래업체와 상호신뢰 및 협력관계를 구축함으로써 공동의 발전을 추구한다.

또한 우월적 지위를 이용하여 어떠한 형태의 부당한 요구도 하지 않으며, 청렴한 계약을 체결하고 준수한다.

제5장 제조그룹으로의 윤리

1. 그룹가치 극대화

그룹 경영이념과 비전을 공유하고 각 사업영역간 시너지 창출 및 경영자원의 효율적 활용을 통하여 그룹가치 극대화를 도모한다.

2. 계열사 존중

계열사에 대한 명확한 목표 부여와 공정한 평가를 바탕으로 자율경영을 보장하며, 그룹의 가치 증대에 관한 계열사의 의견을 수렴하여 그룹경영에 반영한다.

제6장 임직원에 대한 윤리

1. 인격존중과 공정한 대우

임직원 개개인의 인격과 사생활을 존중하고, 지연·혈연·학연·성별· 종교·연령·장애·혼인 여부에 따른 부당한 차별대우를 하지 않으며, 능력과 자질에 따라 평등한 기회를 부여하고, 공정하게 평가한 성과에 의해 합리적으로 보상한다.

2. 인재 육성

임직원 개개인의 자율과 창의를 존중하고, 능력을 향상시킬 수 있는 직무기회를 공정하게 부여함으로써 직무만족도를 높이고, 업무전문성 제고를 위한 다양한 교육 프로그램을 운영하여 인재를 육성함과 동시에 임직원의 자아실현을 지원한다.

3. 삶의 질 향상

임직원을 회사의 가장 소중한 자산으로 여기고, 일과 삶이 조화를 이룰 수 있는 여건 마련과 직무수행에 따른 건강과 안전을 위한 쾌적한 근무환경을 조성한다.
또한 임직원의 독립적 인격과 기본권을 존중하며, 상호신뢰를 바탕으로 자유로운 제안과 건의를 할 수 있는 성숙한 조직문화를 만들기 위해 노력한다.

제7장 임직원의 근무윤리

1. 기본윤리 준수

1.1 임직원은 그룹의 경영이념을 공유하고 회사가 추구하는 목표와 가치 실현을 위해 각자에게 부여된 사명을 성실히 수행한다.

1.2 임직원은 파벌문화를 배척하며, 상하 및 동료간 상호존중과 원활한 의사소통을 바탕으로 하는 열린 조직문화를 만들어 간다.

1.3 임직원은 업무과 관련된 모든 회계처리를 일반적으로 인정되는 회계원칙에 의거 수행하여야 하며, 대내외 법규 및 회계원칙에 의거 완전하고 공평하며, 신속 정확하고 이해가 가능하도록 적시에 제공하여야 한다.

1.4 임직원은 업무와 관련된 제반 법규를 준수하고, 사회의 기본가치 및 양심을 지키며 맡은 바 임무를 성실히 수행한다.

2. 이해상충행위 금지

2.1 임직원 개인과 회사의 이해 또는 회사 내 부서간의 이해가 상충될 경우에는 회사의 이익을 우선하여 행동하여야 하며, 다른 부서의 업무에 부당하게 개입하거나 위법·부당한 거래를 알선하는 행위를 하여서는 아니된다.

2.2 임직원으로 활동하던 중 포착하게 된 사업기회는 회사에 우선적으로 귀속시켜야 한다.

2.3 임직원은 업무수행에 영향을 주거나 줄 가능성이 있는 대상에 대한 투자, 가까운 친인척 및 지인과의 거래, 외부강연 등으로 인한 개인적인 이해관계가 회사의 이익과 상충되지 않도록 하여야 하며, 이해관계의 상충이 예상되는 경우에는 윤리규범 담당부서 및 상사에게 사전에 이해상충과 관련된 모든 사실을 밝혀야 한다.

3. 내부자 거래 등 불공정거래 금지

3.1 임직원은 업무상 취득한 내부정보를 이용하여 유가증권의 매매, 시세조종, 미공개정보 이용행위 등 개인적인 이익을 위한 불공정거래를 하지 않으며, 단기매매차익 반환대상인 경우에는 발생한 이익을 관련 법규에 따라 반환한다.

3.2 임직원은 적법한 절차에 의하지 아니하고 주가에 영향을 미칠 수 있는 미공개 중요정보를 제3자에게 제공하지 않는다.

4. 회사 재산의 보호

4.1 임직원은 회사의 물적 재산, 지적재산권, 영업비밀 등 회사의 모든 유·무형의 자산을 회사의 가치증대를 위한 업무목적으로만 사용하여야 하며 개인적인 이익을 위하여 사용하지 않는다.

4.2 임직원은 회사자금 및 자산을 규정된 용도에 따라 회사가 승인한 목적만을 위해 합리적이고 투명하게 사용하여야 한다.

5. 정보의 보호 및 보안 유지

5.1 임직원은 업무수행 중 접한 공개되지 않은 정보를 적법하지 않은 방법으로 외부에 제공하여서는 안되며, 권한 없는 제3자가 그러한 정보에 접근하지 못하게 적절히 통제하여야 하고, 만약, 제3자가 접근하거나 접근을 시도할 경우에는 즉시 관련부서에 보고하여야 한다.

5.2 신문, 방송 등 언론기관에의 정보제공은 정당한 권한을 부여 받은 임직원에 의해서만 제공되어야 한다.

6. 금품 및 향응수수 금지

6.1 임직원은 거래업체 등 이해관계자로부터 금품이나 향응을 제공받지 않으며, 또한 회사업무와 관련하여 이해관계자에게 위법하거나 사회통념상 인정되는 범위를 벗어나는 금품이나 향응을 제공하지 않는다.

6.2 임직원 상호 간에도 금품이나 향응을 제공하여서는 안된다.

7. 정치관여 금지

7.1 임직원은 근무시간 중에 정치활동을 하지 않으며 회사의 조직, 인력 및 재산을 정치적 목적으로 이용하지 않는다.

7.2 임직원 개개인의 참정권과 정치적 견해는 존중되어야 하나, 각자의 정치적 견해나 정치관여가 회사의 입장으로 오해 받지 않도록 해야 한다.

8. 성희롱 등 금지

임직원은 지위를 이용하거나, 육체적·언어적·시각적인 행위를 통한 성희롱, 폭언, 폭행 등 일체의 무례하거나 위압적인 행위를 하지 않는다.

9. 윤리규범의 준수

9.1 임직원은 제반 윤리규범(헌장·강령·행동기준)을 성실히 준수하여야 하며, 이를 위반한 경우에는 해당 행위에 책임을 진다.

9.2 임직원은 제반 윤리규범 및 법령에 반하는 행위를 강요받거나 그러한 부당한 행위를 인지하였을 경우에는 윤리규범 담당부서에 신고하여야 한다.

9.3 임직원의 윤리규범 위반행위 발생시 철저한 원인 규명과 교육을 통해 재발방지를 위해 노력해야 한다.

(3) 임직원윤리행동강령은 다음과 같으며 인트라넷을 통해 전 임직원에게 공유된다.

임직원윤리행동강령

제1조 (목적)

이 행동강령은 임직원이 윤리강령을 준수하기 위하여 필요한 구체적인 판단기준 등 세부사항을 규정하는 것을 목적으로 한다.

제2조 (정의)

이 강령에서 사용하는 용어의 뜻은 다음과 같다.

1. "직무관련임직원"이란 임직원의 직무수행과 관련하여 이익 또는 불이익을 직접적으로 받는 다른 임직원 중 다음 각 목의 어느 하나에 해당하는 임직원을 말한다.
   가. 임직원의 소관 업무와 관련하여 직무상 명령을 받는 하급자
   나. 인사·예산·감사·상훈 또는 평가 등의 직무를 수행하는 임직원과 이와 직접 관련된 해당 임직원
   다. 사무를 위임·위탁하는 경우 그 사무의 위임·위탁을 받는 임직원
2. "선물"이란 대가 없이(대가가 시장가격 또는 거래관행과 비교하여 현저하게 낮은 경우를 포함한다) 제공되는 물품 또는 유가증권, 숙박권, 회원권, 입장권, 그 밖에 이에 준하는 것을 말한다.
3. "향응"이란 음식물·골프 등의 접대 또는 교통·숙박 등의 편의를 제공하는 것을 말한다.

제3조 (적용대상)

이 강령은 모든 임직원에 대하여 적용한다.

제4조 (행동강령책임관)

① 이 강령의 원활한 운영을 위하여 지주회사 준법감시인을 행동강령책임관으로 한다.

② 행동강령책임관은 다음 각 호의 업무를 수행한다.

1. 강령의 교육·상담에 관한 사항
2. 강령의 준수여부 점검 및 평가에 관한 사항
3. 강령의 위반행위 신고접수·조사처리 및 신고인 보호에 관한 사항
4. 그 밖에 강령의 운영을 위하여 필요한 사항

③ 행동강령책임관은 제2항에 따른 업무를 수행하면서 알게 된 내용을 업무 목적 외에는 누설해서는 아니된다.

제5조 (준수여부 점검)

행동강령책임관은 지주회사 임직원의 강령 이행실태 및 준수여부 등을 점검할 수 있으며 휴가철, 명절전후 등 임직원의 강령 위반이 우려되는 시기에는 수시로 점검을 실시할 수 있다.

제6조 (공정한 직무수행을 해치는 지시 등에 대한 처리)

① 임직원은 하급자에게 자기 또는 타인의 이익을 위하여 법령이나 규정에 위반하여 공정한 직무수행을 현저하게 해치는 지시를 하여서는 아니 된다.

② 상급자로부터 제1항을 위반하는 지시를 받는 임직원은 그 사유를 그 상급자에게 소명하고 지시에 따르지 아니하거나, 행동강령책임관과 상담할 수 있다.

③ 제2항에 따라 지시를 이행하지 아니하였는데도 같은 지시가 반복될 때에는 즉시 행동강령책

임관과 상담하여야 한다.

④ 제2항이나 제3항에 따라 상담요청을 받은 행동강령책임관은 지시내용을 확인하여 이사회와 감사위원회에 보고하여야 한다.

⑤ 제4항에 따라 보고를 받은 이사회와 감사위원회는 필요하다고 인정되면 지시를 취소·변경하는 등 적절한 조치를 하여야 한다.

제7조 (이해관계직무의 회피)

① 임직원은 자신이 수행하는 직무가 다음 각 호의 어느 하나에 해당하는 경우에는 그 직무의 회피 여부 등에 관하여 행동강령책임관과 상담한 후 처리하여야 한다. 다만, 부서장이 공정한 직무수행에 영향을 받지 아니한다고 판단하여 정하는 단순 민원업무의 경우에는 그러하지 아니한다.

1. 자신, 자신의 직계 존속·비속, 배우자 및 배우자의 직계 존속·비속의 금전적 이해와 직접적인 관련이 있는 경우
2. 4촌 이내의 친족(『민법』 제767조에 따른 친족을 말하며 이하 같다)이 직무관련자인 경우
3. 자신이 2년 이내에 재직하였던 단체 또는 그 단체의 대리인이 직무관련자인 경우
4. 그 밖에 행동강령책임관이 공정한 직무수행이 어려운 관계에 있다고 정한 자가 직무관련자인 경우

② 제1항에 따라 상담요청을 받은 행동강령책임관은 해당 임직원이 그 직무를 계속 수행하는 것이 적절하지 아니하다고 판단되면 이사회, 감사위원회에 보고하여야 한다.

③ 제2항에 따라 보고를 받은 이사회, 감사위원회는 직무가 공정하게 처리될 수 있도록 인력을 재배치하는 등 필요한 조치를 하여야 한다.

제8조 (특혜의 배제)

임직원은 직무를 수행함에 있어 지연·혈연·학연·종교 등을 이유로 특정인에게 특혜를 주거나 특정인을 차별하여서는 아니 된다.

제9조 (예산의 목적 외 사용금지)

임직원은 출장비·업무추진비 등 업무수행을 위한 예산을 목적 외의 용도로 사용하여 지주회사에 재산상 손해를 입혀서는 아니 된다.

제10조 (정치인 등의 부당한 요구에 대한 처리)

① 임직원은 공무원, 정치인 또는 정당 등으로부터 부당한 직무수행을 강요받거나 부당한 청탁을 받은 경우에는 행동강령책임관에게 보고한 후 처리하여야 한다.

② 제1항의 규정에 의한 보고를 받은 행동강령책임관은 당해 임직원이 공정한 직무수행을 할 수 있도록 적절한 조치를 하여야 한다.

제11조 (인사 청탁 등의 금지)

① 임직원은 자신의 임용·승진·전보 등 인사에 부당한 영향을 미치기 위하여 타인으로 하여금 인사업무 담당에게 청탁을 하도록 해서는 아니 된다.

② 임직원은 직위를 이용하여 다른 임직원의 임용·승진·전보 등 인사에 부당하게 개입하여서는 아니 된다.

제12조 (투명한 회계관리)

임직원은 관련법령과 일반적으로 인정된 회계원칙 등에 따라 사실에 근거하여 정확하고 투명하게 회계를 관리하여야 한다.

제13조 (이권개입 등 금지)

임직원은 자신의 직위를 직접 이용하여 부당한 이익을 얻거나 타인이 부당한 이익을 얻도록 해서는 아니 된다.

제14조 (직위의 사적이용 금지)

임직원은 직무의 범위를 벗어나 사적 이익을 위하여 회사의 명칭이나 직위를 공표·게시하는 등의 방법으로 이용하거나 이용하게 해서는 아니 된다.

제14조의2 (사적 노무의 요구 등 금지)

임직원은 자신의 직무권한을 행사하거나 지위·직책 등에서 유래되는 사실상 영향력을 행사하여 직무관련자 또는 직무관련임직원으로부터 사적 노무를 제공받거나 요구 또는 약속해서는 아니 된다.

제15조 (알선·청탁 등의 금지)

① 임직원은 자기 또는 타인의 부당한 이익을 위하여 다른 임직원의 공정한 직무수행을 해치는 알선·청탁 등을 해서는 아니 된다.

② 임직원은 직무수행과 관련하여 자기 또는 타인의 부당한 이익을 위하여 직무관련자를 다른 직무관련자 또는 『부정청탁 및 금품등 수수의 금지에 관한 법률』 제2조 제2호에 따른 공직자 등에게 알선하거나, 동 법률에서 금지하는 청탁을 하여서는 아니 된다.

③ 임직원은 가족, 지인 등의 임용·승진·전보 등 인사 등을 위해 지주 회사, 농협중앙회, 계열사, 농·축협 등의 임직원에게 직·간접적으로 인사 청탁을 하여서는 아니 된다.

④ 임직원은 고객 등을 상대로 본인 또는 다른 임직원의 취업을 위한 청탁 행위를 하여서는 아니 된다.

제16조 (직무관련 정보를 이용한 거래 등의 제한)

① 임직원은 직무수행 중 알게 된 미공개 정보를 이용하여 주식 등 유가증권·부동산 등과 관련된 재산상 거래 또는 투자를 하거나 타인에게 그러한 정보를 제공하여 재산상 거래 또는 투자를 돕는 행위를 해서는 아니 된다.

② 임직원은 직무수행 과정에서 수집한 개인정보를 수집 당시 정보주체가 동의한 범위를 벗어나 이용하거나, 제3자에게 제공하는 행위를 하여서는 아니 된다.

제17조 (공용재산의 사적사용·수익 금지)

① 임직원은 업무용 차량, 부동산 등 지주회사의 소유재산을 정당한 사유 없이 사적인 용도로 사용·수익하여서는 아니 된다.

② 임직원은 예산을 사용함으로써 부수적으로 제공받은 항공마일리지, 상품권 등을 정당한 사유 없이 사적인 용도로 사용하여서는 아니 되고, 사업추진 등의 목적으로 사용하여야 한다.

제18조 (금품 등을 받는 행위의 제한)

① 임직원은 직무관련자로부터 금전·부동산·선물 또는 향응(이하 "금품 등"이라 한다)을 받아서는 아니 된다. 다만, 다음 각 호의 어느 하나에 해당하는 경우에는 그러하지 아니하다.

1. 채무의 이행 등 정당한 권원에 의하여 제공되는 금품 등
2. 직무를 수행하는 과정에서 부득이한 경우에 3만원 한도 내에서 제공되는 소액의 음식물 또는 편의
3. 직무와 관련된 공식적인 행사에서 주최자가 참석자에게 일률적으로 제공하는 교통·숙박 또는 음식물

4. 불특정 다수인에게 배포하기 위한 기념품 또는 홍보용 물품
5. 질병, 재난 등으로 인하여 어려운 처지에 있는 임직원을 돕기 위하여 공개적으로 제공되는 금품 등
6. 그 밖에 원활한 직무수행 등을 위하여 5만 원 한도 내에서 제공되는 금품 등

② 임직원은 직무관련 임직원으로부터 금품 등을 받아서는 아니 된다. 다만, 다음 각 호의 어느 하나에 해당하는 경우에는 그러하지 아니하다.

1. 제1항 각 호의 어느 하나에 해당하는 경우
2. 직원 상조회 등에서 공개적으로 제공되는 금품 등
3. 상급자가 하급자에게 위로 · 격려 · 포상 등 사기를 높일 목적으로 제공하는 금품 등

③ 임직원은 직무관련자이었던 자나 직무관련 임직원이었던 사람으로부터 당시의 직무와 관련하여 금품 등을 받아서는 아니 된다.

제19조 (배우자 등의 금품수수 등 제한)

임직원은 배우자 또는 직계존 · 비속이 제18조 및 제20조에 따라 수령 및 제공이 금지되는 금품 등을 수수하지 아니하도록 하여야 한다.

제20조 (금품 등을 주는 행위의 제한)

① 임직원은 제18조 제2항에 따라 자신으로부터 금품 등을 받는 것이 금지된 임직원에게 금품 등을 제공해서는 아니 된다. 다만, 제18조 제2항 각 호에서 정한 경우는 제외한다.

② 임직원은 「청탁금지법」에 따라 금지된 금품등을 공직자등에게 제공해서는 아니 된다.

제21조 (청렴한 계약의 체결 및 이행)

① 임직원은 지주회사에서 시행하는 입찰, 계약 및 계약이행 등에 있어서 관계 법령에서 정한 절차에 따라 공정하고 투명하게 업무를 수행한다.

② 임직원은 제1항의 입찰, 계약 및 계약이행 과정에서 거래상의 우월적인 지위를 이용하여 금지된 금품 등을 요구하거나 불공정한 거래조건의 강요, 경영간섭 등 부당한 요구를 해서는 아니 된다.

③ 임직원은 제1항의 입찰, 계약 및 계약이행 과정에 있는 직무관련자와 업무상 협의, 회의 등을 할 경우 회사의 업무 · 회의시설을 이용하여야 하고, 부득이한 출장 등의 경우에는 복무규정을 준수하여야 한다.

④ 제3항의 업무수행 중에 직무관련자와 식사 등을 같이하지 않도록 하고, 부득이 식사 등을 같이 하여야 할 경우 제18조 제1항 제2호에 불구하고 직무관련자로부터 식사비용 등을 제공받아서는 아니 된다.

⑤ 임직원은 계약업무 수행 시 계약업체 및 계약업체의 임직원과 제7조에 해당하는 관계가 있는지 확인하여야 하고, 이해관계직무의 회피대상이 되는 경우 이를 인지한 즉시 소속 사무소장에게 보고하여야 한다. 이 경우 보고를 받은 사무소장은 업무담당자 변경 등 적합한 조치를 취하여야 하고, 필요한 경우 행동강령책임관과 상담하여 처리할 수 있다.

제22조 (외부강의 · 회의 등의 신고)

① 임직원은 대가를 받고 세미나, 공청회, 토론회, 발표회, 심포지엄, 교육과정, 회의 등에서 강의, 강연, 발표, 토론, 심사, 평가, 자문, 의결(이하 "외부강의 · 회의 등"이라 한다)을 할 때에는 미리 외부강의 · 회의 등의 요청자, 요청사유, 장소, 일시 및 대가를 행동강령책임관에게 신고하여야 하며, 대가 등을 미리 알수 없는 경우에는 해당 사항을 제외한 사항을 신고한 수 해당 사항을 안 날부터 5영업일 이내 보완하여야 한다. 다만, 외부강의 · 회의 등의 요청자가 국가나 지방자치단체(그 소속기관을 포함한다)인 경우에는 그러하지 아니한다.

② 임직원이 제1항에 따라 외부강의·회의 등을 할 때 받을 수 있는 대가는 외부강의·회의 등의 요청자가 통상적으로 적용하는 기준을 초과하여서는 아니 된다.

제23조 (금전의 차용금지 등)

① 임직원은 직무관련자(4촌 이내의 친족을 제외한다. 이하 이 조에서 같다) 또는 직무관련 임직원에게 금전을 빌리거나 빌려 주어서는 아니 되며 부동산을 무상(대여의 대가가 시장가격 또는 거래관행과 비교하여 현저하게 낮은 경우를 포함한다. 이하 이 조에서 같다)으로 대여 받아서는 아니 된다. 다만, 『금융실명거래 및 비밀보장에 관한 법률』 제2조에 따른 금융기관으로부터 통상적인 조건으로 금전을 빌리는 경우는 제외한다.

② 제1항 본문에도 불구하고 부득이한 사정으로 직무관련자 또는 직무관련 임직원에게 금전을 빌리거나 빌려주는 것과 부동산을 무상으로 대여 받으려는 임직원은 행동강령책임관에게 신고하여야 한다.

제24조 (건전한 경조사 문화의 정착)

① 임직원은 건전한 경조사 문화의 정착을 위하여 솔선수범하여야 한다.

② 임직원은 직무관련자에게 경조사를 알려서는 아니 된다. 다만, 다음 각 호의 어느 하나에 해당하는 경우에는 경조사를 알릴 수 있다.

1. 친족에 대한 통지
2. 현재 근무하고 있거나 과거 근무하였던 단체의 소속직원에 대한 통지
3. 신문, 방송 또는 사내통신망 등을 통한 통지
4. 임직원 자신이 소속된 종교단체·친목단체 등의 회원에 대한 통지

③ 임직원은 경조사와 관련하여 10만 원을 초과하는 경조금품을 주거나 받아서는 아니 된다. 다만, 다음 각 호의 어느 하나에 해당하는 경우에는 제외한다.

1. 임직원과 친족 간에 주고받는 경조사 관련 금품 등
2. 임직원 자신이 소속된 종교단체·친목단체 등에서 그 단체 등의 정관·회칙 등에서 정하는 바에 따라 제공되는 경조사 관련 금품
3. 그 밖의 행동강령책임관이 정하는 경조사 관련 금품 등

제25조 (위반여부에 대한 상담)

① 임직원은 직무를 수행하면서 이 강령을 위반하는 자가 분명하지 아니할 때에는 행동강령책임관과 상담한 후 처리하여야 한다.

② 각 부서장은 제1항에 따른 상담이 원활하게 이루어질 수 있도록 필요한 조치를 취하여야 한다.

제26조 (위반행위에 대한 조치)

① 누구든지 임직원이 이 강령을 위반한 사실을 알게 되었을 때에는 행동강령책임관에게 신고할 수 있다.

② 제1항에 따라 신고하는 자는 본인과 위반자의 인적사항과 위반내용을 구체적으로 제시해야 한다.

③ 행동강령책임관은 제5조 및 제26조 제1항에 따라 신고된 위반행위를 확인한 후, 해당 임직원으로부터 소명자료를 첨부하여 내부회계관리자, 이사회, 감사위원회에 보고하여야 한다.

④ 내부회계관라자, 감사위원회는 보고받은 내용을 검토한 후 필요한 조치를 이행하여야 한다.

제27조 (신고인의 신분보장)

① 행동강령책임관은 제26조에 따른 신고인과 신고내용에 대하여 비밀을 보장하여야 하며, 신고

인이 신고에 따른 불이익을 받지 아니하도록 하여야 한다.

② 전항에도 불구하고 불이익을 받은 신고인은 행동강령책임관에게 불이익의 구제 등을 요청할 수 있으며, 이 경우 행동강령책임관은 그에 필요한 적절한 조치를 취하여야 한다.

③ 제26조에 따른 신고로 자신의 위반행위가 발견된 경우 그 신고인에 대한 징계 처분 등을 함에 있어서는 이를 감경 또는 면제할 수 있다.

④ 제1항부터 제3항까지는 이 강령에 의한 상담·보고 등의 경우에도 준용한다.

제28조 (징계 등)

① 이 강령에 위반된 행위를 한 임직원에 대하여는 징계 등 필요한 조치를 할 수 있다.

② 제1항에 따른 징계의 종류, 절차, 효력 등은 회사의 징계관련 규정에 따른다. 다만, 다음 각 호의 경우 징계기준에 따라 가중하여 징계할 수 있다.

1. 제27조에 위반하여 신고자에게 불이익 등을 가한 경우
2. 「청탁금지법」을 위반한 경우

③ 제18조를 위반하여 금품 등의 수수로 징계처분을 받은 자에 대해서는 지주회사의 인사관련 제규정에 따라 전보 및 해당 직무의 보직 제한 조치를 할 수 있다.

제29조 (금지된 금품 등의 처리)

① 이 강령에 위반하여 금품 등을 받는 임직원은 제공자에게 그 기준을 초과한 부분이나 받는 것이 금지된 금품 등을 즉시 반환하여야 한다. 이 경우 그 임직원은 증명자료를 첨부하여 그 반환비용을 행동강령책임관에게 청구할 수 있다.

② 제1항에 따라 반환하여야 하는 금품 등이 멸실·부패·변질 등의 우려가 있거나 그 제공자나 제공자의 주소를 알 수 없거나 제공자에게 반환하기 어려운 사정이 있을 때에는 즉시 행동강령책임관에게 신고하여야 한다.

③ 제2항에 따른 신고를 받은 행동강령책임관은 그 금품 등을 다음 각 호의 어느 하나의 기준에 의하여 처리할 수 있다.

1. 부패·변질 등으로 경제적 가치가 없는 금품 등은 폐기처분
2. 부패·변질 등으로 경제적 가치가 훼손될 우려가 있는 금품 등은 사회복지시설 또는 공익단체 등에 기증
3. 제1호 및 제2호 이외의 경우로서 다른 법률에 특별한 규정이 있는 경우를 제외하고는 사회복지시설 또는 공익단체 등에 기증
4. 기타 회장이 정하는 기준

④ 행동강령책임관은 제3항에 따라 처리한 금품 등에 대하여 제공자 및 제공받는 자, 제공받은 금품, 제공일시, 처리내용 등을 금품 등 접수처리대장에 기록·관리하고, 제공자에게 관련 사실을 통보하여야 한다. 다만 제공자의 주소를 알 수 없는 경우에는 통보하지 아니할 수 있다.

제30조 (윤리강령 및 윤리행동강령 준수여부 평가)

① 행동강령책임관은 윤리강령 준수여부를 개인별 및 팀별로 평가하고 그 결과를 이사회에 보고하여야 한다.

② 윤리강령 및 윤리행동강령의 평가항목은 다음의 각 호에 의한다.

1. 윤리교육 이수여부
2. 윤리강령 및 윤리행동강령에 대한 주기적 퀴즈 및 설문조사
3. 제5조 및 제26조에 따른 이행실태 점검결과

(4) 모든 임직원은 매년 사업연도 개시일에 [윤리강령준수서약서]에 서명한다. 이러한 윤리강령서약서는 회사의 모든 임직원뿐만 아니라 1천만 원 이상의 서비스를 제공하는 외부서비스제공자에게도 모두 동일하게 적용된다.

윤 리 강 령 서 약 서

본인은 아래 사항을 준수할 것을 서약합니다.

1. 본인은 당사의 윤리강령을 숙지하였으며 윤리강령을 준수할 것을 확약합니다.
2. 본인은 관련 법령을 준수하며 일체의 불공정거래행위를 하지 않을 것을 확약합니다.
3. 본인은 업무과정에서 임직원 및 이해관계자로부터(에게) 직간접적으로 금품이나 향응 등의 부당한 이익을 제공받거나(하거나) 뇌물수수, 알선 또는 권유하지 않을 것을 확약합니다.
4. 본인은 업무를 수행함에 있어 재정적 이익을 취하거나 기타 이해관계가 발생할 수 있는 일체의 활동에 참여하지 않을 것을 확약합니다.
5. 본인은 본 서약서 위반과 관련하여 발생하는 모든 법적 분쟁 및 행정적, 형사적 조사에 대하여 신의성실 의무를 다하겠습니다.

20×1.01.03

담당자 김 갑 돌 (서명)

(5) 대표이사 및 주요 경영진은 홈페이지에 도덕성과 윤리적 가치의 중요성을 강조하고 각 임직원이 윤리강령을 준수하도록 독려하고 있다. 홈페이지의 윤리강령 하단부에는 대표이사 및 주요경영진이 서명하여 솔선수범할 것을 확약한다.

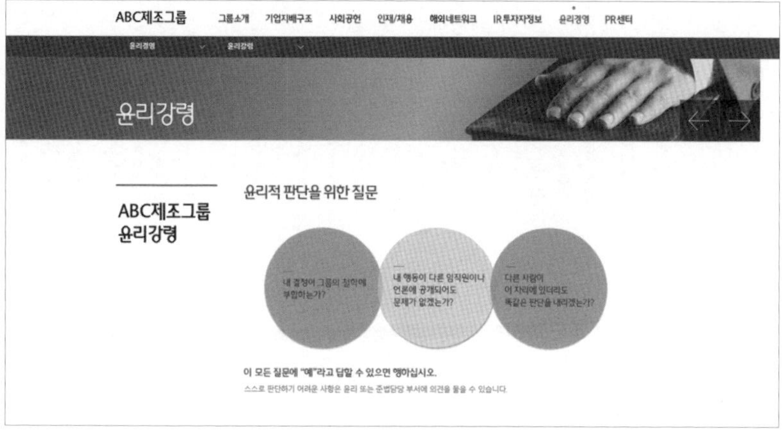

I. 통제환경(Control environment)

통제환경은 내부통제제도의 기반을 이루는 구성요소로 도덕성과 윤리적 가치에 대한 태도를 기반으로 이사회 및 감사 및 감사위원회를 포함한 내부통제제도 관련 조직의 책임을 명확히 하고 해당업무를 수행할 수 있는 조직체계의 구성, 교육을 포함한 인력운용 및 성과평가의 연계가 이루어질 수 있는 체계를 포함한다.

원칙	중점고려사항	중점고려사항 내용	통제내용
원칙 1. 도덕성과 윤리적 가치에 대한 책임 (The organization demonstrates a commitment to integrity and ethical values)	경영진과 이사회의 의지 (set the tone at the Top)	경영진과 이사회는 내부회계관리제도가 효과적으로 기능할 수 있도록 지침, 조치, 행동을 통해 도덕성과 윤리적 가치의 중요성을 강조한다. (The board of directors and management at all levels of the entity demonstrate through their directives, actions, and behavior the importance of integrity and ethical value to support the functioning of the system of internal control)	
	윤리강령 수립 (Establishes standard of conduct)	회사의 윤리강령은 도덕성과 윤리적 가치에 관한 이사회와 고위 경영진의 기대사항을 반영하고 있으며, 회사의 모든 임직원, 외부서비스제공자 및 협력업체가 이를 숙지하고 있다. (The expectations of the board of directors and senior management concerning integrity and ethical values are defined in the entity's standards of conduct and understood at all levels of the organization and by out-sourced service providers and business partners)	
	윤리강령 준수 평가 (Evaluates adherence to standards of conduct)	윤리강령의 준수에 대한 개인과 팀의 성과를 평가하는 프로세스가 수립되어 있다. (Processes are in place to evaluate the performance of individuals and teams against the entity's expected standards of conducts)	
	윤리강령 위반사항의 적시 처리 (Address deviations in a timely manner)	윤리강령의 위반사항은 적시에 일관된 방식으로 식별되고 개선된다. (Deviations from the entity's expected standards of conduct are identified and remedied in a timely and consistent manner)	

해설 전사수준통제(Entity-level controls assessment)

I. 통제환경(Control environment)

통제환경은 내부통제제도의 기반을 이루는 구성요소로 도덕성과 윤리적 가치에 대한 태도를 기반으로 이사회 및 감사 및 감사위원회를 포함한 내부통제제도 관련 조직의 책임을 명확히 하고 해당업무를 수행할 수 있는 조직체계의 구성, 교육을 포함한 인력운용 및 성과평가의 연계가 이루어질 수 있는 체계를 포함한다.

원칙	중점고려사항	중점고려사항 내용	통제내용
원칙 1. 도덕성과 윤리적 가치에 대한 책임 (The organization demonstrates a commitment to integrity and ethical values)	경영진과 이사회의 의지 (set the tone at the Top)	경영진과 이사회는 내부회계관리제도가 효과적으로 기능할 수 있도록 지침, 조치, 행동을 통해 도덕성과 윤리적 가치의 중요성을 강조한다. (The board of directors and management at all levels of the entity demonstrate through their directives, actions, and behavior the importance of integrity and ethical value to support the functioning of the system of internal control)	회사는 회사경영 및 기업활동에 있어 윤리 및 준법경영을 실천하고 임직원의 도덕성과 윤리적 가치를 최고의 덕목과 경영이념으로 삼아 중요성을 강조한다. - 지침(directives) : 대표이사와 이사회는 회사의 경영이념을 반영한 윤리헌장을 제정하고 홈페이지와 인트라넷을 통해 내·외부적으로 공표하여 도덕성과 윤리적 가치를 강조한다. - 조치(actions) : 윤리헌장의 정신을 구체화하고 실천할 수 있는 윤리강령을 도덕성과 윤리적 가치를 실천할 수 있는 행동원칙으로 제정하여 홈페이지와 인트라넷을 통해 내·외부적으로 공표하여 도덕성과 윤리적 가치를 강조한다. - 행동(behavior) : 임직원이 윤리강령을 준수하기 위한 구체적인 판단기준 및 세부사항을 정함에 있어 임직원 윤리행동강령을 제종하고 인트라넷을 통해 전임직원에게 공유한다.
	윤리강령 수립 (Establishes standard of conduct)	회사의 윤리강령은 도덕성과 윤리적 가치에 관한 이사회와 고위 경영진의 기대사항을 반영하고 있으며, 회사의 모든 임직원, 외부서비스제공자 및 협력업체가 이를 숙지하고 있다. (The expectations of the board of directors and senior management concerning integrity and ethical values are defined in the entity's standards of conduct and understood at all levels of the organization and by out-sourced service providers and business partners)	윤리헌장은 이사회와 경영진의 윤리경영에 대한 철학을 담고 있다. 윤리강령은 윤리헌장의 정신을 구체적으로 실천하도록 하는 행동강령이다. 전 임직원뿐만 아니라 외부서비스 제공자 및 협력업체는 윤리강령을 숙지하고 준수하여야 한다. - 기대사항의 반영 : 윤리강령은 이사회 및 경영진이 설정한 윤리헌장이 구체적으로 반영되어 있다. - 임직원/외부서비스제공자 등의 숙지 : ① 윤리강령은 회사의 홈페이지 및 인트라넷에 공지되어 임직원 및 외부서

원칙	중점고려사항	중점고려사항 내용	통제내용
			비스제공자 등에게 공유된다. ② 회사의 전 임직원은 매년 사업연도 개시일에 [윤리강령준수서약서]에 서명한다. ③ 1천만 원 이상의 서비스를 제공하는 외부서비스제공자 및 협력업체는 회사 임직원과 동일하게 [윤리강령준수서약서]를 서명하여 제출하여야 한다.
	윤리강령 준수 평가 (Evaluates adherence to standards of conduct)	윤리강령의 준수에 대한 개인과 팀의 성과를 평가하는 프로세스가 수립되어 있다. (Processes are in place to evaluate the performance of individuals and teams against the entity's expected standards of conducts)	행동강령책임관은 윤리강령 준수 여부를 개인별 및 팀별로 평가하고 그 결과를 이사회에 보고하여야 한다. - 윤리교육 이수여부 - 윤리강령 및 윤리행동강령에 대한 주기적 퀴즈 및 설문조사 - 임직원윤리행동강령 제5조 및 제26조에 따른 이행실태 점검결과
	윤리강령 위반사항의 적시 처리 (Address deviations in a timely manner)	윤리강령의 위반사항은 적시에 일관된 방식으로 식별되고 개선된다. (Deviations from the entity's expected standards of conduct are identified and remedied in a timely and consistent manner)	이사회 및 경영진은 회사의 윤리강령 준수여부를 검토한다. 만약, 위반사항이 발견된 경우에는 내부회계관리자, 이사회, 감사위원회에 보고하여 적시에 시정될 수 있도록 보고된다. - 위반사항 식별 : 행동강령책임관은 임직원윤리행동강령 제5조에 따라 강령 이행실태 및 준수여부를 점검한다. - 위반사항 개선 : ① 임직원윤리행동강령 제5조 및 제26조 등의 절차에 따라 행동강령책임관이 위반사항을 확인한 경우 해당임직원으로부터 소명자료를 첨부하여 내부회계관리자, 이사회, 감사위원회에 보고한다. ② 내부회계관리자와 감사위원회는 보고받은 내용을 검토하여 필요한 조치를 이행하여야 한다.

연합뉴스 : "대형 상장사도 내부회계관리자 교육이수 절반 이하"

새 외감법에 맞춰 상장사들이 내부회계관리제도를 강화하고 있지만 정작 회계 담당자가 관련 교육을 이수한 비율은 절반도 되지 않는 것으로 나타났다.

삼일회계법인은 28일 발간한 트렌드리포트에서 "올해부터 내부회계관리제도 감사를 받아야 하는 자산총액 2조 원 이상 대형 상장사 119곳의 사업보고서를 분석한 결과 내부회계관리자의 교육 이수 비율이 45%로 집계됐다"고 밝혔다.

교육 이수 시간은 5시간 미만이 51%로 가장 많고 5~10시간 21%, 10~20시간 13%, 20시간 이상 15% 등이었다.

회계 담당 임직원의 경우 교육 이수 비율이 55%로 내부회계관리자보다 높았지만 교육 이수 시간은 5시간 미만 비율이 67%에 달했다.

이 보고서는 "미국의 경우 내부회계관리제도에 대한 외부감사가 의무화된 지 15년이 됐는데, 최근 부적정 의견을 받은 회사의 56%가 내부회계 관련 전문 인력의 부족과 교육 부족을 지적받았다"며 "재무제표에서 외부감사인이 발견한 오류로 내부회계관리제도의 취약점이 보고되는 경우가 많은 만큼 내부회계관리제도 운영을 위해 전문성 향상에 주의를 기울여야 한다"고 강조했다.

조사 대상 119개 사 중 47개 사는 내부회계관리자가 회계담당 임원을 겸하고 있고 72개 사는 별도의 회계 담당 임원이 있는 것으로 집계됐다. 109개 사는 내부회계관리자, 회계 담당 임원을 제외하고도 1명 이상의 회계담당 직원을 두고 있는 것으로 조사됐다.

내부회계관리자의 회계 관련 경력은 20년 이상이 59명으로 가장 많고 10~20년 28명, 5년 미만 21명, 5~10년 10명 등이다.

회계사 인력을 보유한 회사의 비율은 70개 사(59%)로 나타났다.

김재윤 삼일회계법인 감사위원회 센터장은 "회계사 보유 여부는 외부이해관계자들에게 회사의 내부회계관리제도를 보여주는 요소로 작용할 수 있다"고 말했다.

내부회계관리제도는 기업의 회계 정보 신뢰성을 확보하기 위해 기업 내부에 설치하는 통제 시스템으로, 작년까지 외부감사인이 기업 내부회계관리제도를 '검토'만 했으나 올해 사업연도부터는 자산 2조 원 이상 상장사의 경우 내부회계관리제도 '감사'를 시행해야 한다.

05 업무수준통제 (Process-level Control)

5.1 개요

전사수준통제는 재무제표의 각 계정과목과는 직접적인 연관관계가 적은 것이 일반적인 반면, 업무수준통제는 개별 거래가 실제로 발생, 기록, 처리 및 보고되는 과정에 대한 통제절차로 구성되어 재무제표의 계정과목에 직접적인 영향을 미치게 된다.

앞서 기술한 COSO 프레임워크의 내부통제 구성요소(COSO components) 중 통제환경, 위험평가, 정보 및 의사소통, 모니터링은 일반적으로 전사수준통제를 통해 구현되며, 통제활동은 업무수준통제를 통해 구현된다.

| COSO 프레임워크와 업무수준통제와의 관계 |

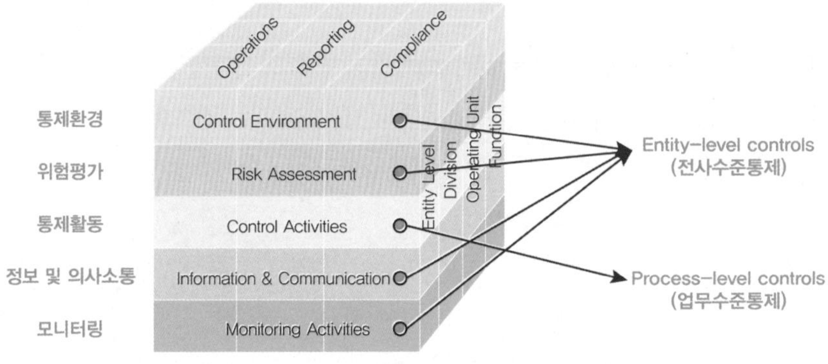

업무수준통제를 구축하기 위해서는 통제활동에 대한 심층적인 이해가 필요하다. 통제활동은 그 하위 속성을 갖고 있는데 다음의 통제범주로 설명된다.

5.2 통제범주(Control Category)

통제범주는 내부통제 구성요소 중 하나인 통제활동의 하부속성으로, 통제활동의 세부적인 성격을 나타낸다. 회사의 내부통제 활동은 그 성격의 유사성에 의해 몇 가지의 범주로 분류될 수 있다. 통제활동을 속성에 따라 분류하는 것은 회사가 갖추고 있는 내부통제를 식별하는 데 유용하다. 다음은 통제에 대한 일반적인 몇 가지 범주이다.

승인(Authorization)

승인은 회사가 설정한 일반적 혹은 세부적 정책과 절차에 따라 수행되는 ① 거래의 집행에 대한 허가를 말하며, ② 자산 및 기록에 대한 접근을 포함한다.

모든 거래의 집행 및 자산, 기록에 대한 접근과 관련하여 적절한 승인절차가 이루어져야 한다. 이러한 승인은 일반승인과 개별승인의 두 유형으로 분류될 수 있다. 일반승인은 전체 조직구성원이 공통적으로 준수해야 할 정책 및 절차를 의미하며, 개별승인은 개별거래에 대해 매번 별도의 승인을 받는 사항을 의미한다.

상호대사(Reconciliation)

상호대사는 두 가지 항목의 일관성 여부를 확인하기 위한 통제절차이다. 업무를 수행하다 보면 동일한 자료를 이용하여 상이한 목적의 문서나 데이터 등이 생성되게 된다. 만일 그러한 둘 이상의 자료가 서로 부합되지 않을 경우 이는 통제가 제대로 이루어지지 않았다고 판단할 수 있다. 가령 거래명세서와 매입세금계산서를 서로 맞추어 보는 절차가 존재한다면 이는 상호대사로 볼 수 있다.

시스템설정(System Configuration)

조직의 방침에 기초하여 부적절한 절차의 실행, 혹은 자료를 보호하기 위하여 시스템 내에 활성화 혹은 비활성화되어 있는 기능을 의미한다. 시스템 설정에 의한 업무절차의 구현은 수작업 시 발생할 수 있는 오류나 부정을 사전에 예방할 수 있으며 모니터링도 용이하다.

예를 들어 입력값/결과값에 대한 한도 또는 허용범위 확인 기능, 입력값의 형식적 유효성에 대한 확인 기능, Field에 대한 수정 불가능 기능, 동일거래의 중복처리에 대한 확인 기능 등이 있다.

핵심성과지표(Key Performance Indicator)

핵심성과지표란 회사의 목표달성 정도를 평가하기 위하여 지속적·주기적으로 수집되고 경영진에 의해 사용되는 재무/비재무적인 양적 측정 지표를 말한다.

예외사항/편집보고서(Exception/Edit Report)

통제활동을 벗어나는 예외사항이 발생했거나 발생할 가능성이 높은 경우 생성되는 보고서를 의미한다. 예외사항이 발생하게 되면 권한 있는 관리자에게 적시에 보고되어야 하며 이러한 관련 사건(거래)들에 대한 의문점이나 이슈가 해결될 때까지 지속적으로 추적관리 할 수 있어야 한다.

인터페이스 통제(Data Interface)

데이터 인터페이스란 두 컴퓨터 시스템 사이에서 수동이나 자동 혹은 이 두 가지 방법을 동시에 사용하여 데이터를 주고받는 것을 의미한다. 인터페이스 통제는 전환된 자료의 정확성 및 완전성, 무결성을 보증할 수 있도록 하는 통제활동이다.

시스템접근(System Access)

권한 있는 자에 의해서만 시스템, 자산의 접근 및 액세스가 가능하도록 하는 통제를 의미한다. 중요한 시스템에 대하여 모든 사람이 쉽게 접근이 가능하고 데이터의 액세스가 가능하다면 이는 통제가 미비한 것으로 판단될 수 있다. 시스템접근의 예시로 응용프로그램에 대한 사용자의 접근 권한을 부여하거나 삭제하는 절차상의 통제, 시스템접근을 위한 인증수단(통상 ID/패스워드)의 관리, 시스템 상에서 사용자에게 부여된 권한 이외의 기능 실행 방지 등이 있다.

경영진 검토(Management Review)

경영진 검토는 수행된 업무에 대해 제3의 검토자(대개의 경우 관리자가 수행하나 때로는 동료가 검토자가 될 수 있다)에 의해 수행되는 검토행위를 말한다.

특히, 미국 PCAOB에서는 Staff Audit Practice Alert No.11에서 회사의 내부통제를 모니터링하기 위한 MRC에 대해 설계와 운영의 유효성 평가를 실시할 것을 명시하고 있는데, 이는 "4.7 MRC"에서 구체적인 개념과 사례를 설명하였다.

업무분장(Segregation of Duties)

거래의 승인, 기록 및 보관, 유지에 대한 책임과 의무를 분리하는 것이고 개인이 오류나 부정을 저지르고 은폐할 수 있는 위치에 있는 것을 막을 수 있게 관리하는 것이다. 예를 들어 상품주문 직원과 검수담당 직원의 분리, 결산전표 작성 및 승인 권한의 분리 등이 있다.

❑ 통제유형(Type of controls)

통제범주는 통제유형과 동일한 용어이다. 내부회계관리제도 설계 및 운영 개념체계 문단 A53에서는 통제유형으로 아래와 같은 범주로 설명하고 있다.

구 분	내 용
승인	승인은 거래가 유효하다는 사실을 확인한다. 승인은 일반적으로 상위 경영진이 거래의 유효성을 검증 및 확인하는 형식을 취한다.
검증	두 개 이상의 항목을 서로 비교하거나 회사정책과 비교하여, 두 항목이 일치하지 않거나 회사정책에 부합하지 않을 때 후속조치를 수행한다.
물리적 통제	설비, 재고자산, 유가증권, 현금 및 기타 자산은 물리적으로 안전하게 보관되며, 주기적으로 점검되고, 기록된 수량과 비교/대사된다.
기준정보 관리통제	가격 마스터 파일과 같은 기준 정보는 종종 업무프로세스상 거래처리를 지원하는 데 사용된다. 회사는 기준 정보의 정확성, 완전성 및 유효성을 관리하는 프로세스에 대한 통제활동을 설계한다.
대사	대사는 두 개 이상의 데이터를 비교하는 것이다. 차이가 발견될 경우 해당 차이 내역의 소명을 위한 조치가 취해진다. 대사는 일반적으로 거래처리의 완전성 및 정확성과 관련된다.
감독통제	감독통제는 다른 거래통제(즉, 특정한 검증, 대사, 승인, 기준정보 관리 통제, 물리적 통제)가 완전하고, 정확하며, 정책 및 절차에 따라 수행되었는지 평가하는 것이다. 경영진은 일반적으로 위험이 높은 거래에 대하여 감독통제를 선택하고 구축한다.

❑ 업무분장의 범위와 대체적 통제

업무분장은 위험이 발생할 수 있을 것이라고 예상되는 업무의 권한과 책임을 두 명 이상의 담당자나 혹은 두 개 이상의 부서에 분리하여 관리하게 된다. 일반적으로 업무분장은 통제범주 중 가장 강력한 통제력을 갖고 있는 것으로 인정된다.[67] 예를 들면 소규모 회사에서

67) 업무분장이 매우 효과적인 내부통제 활동 중 하나이나 내부통제의 고유한 한계 때문에 모든 위험을 막을 수 있는 것은 아니다. 특히 공모에 의하여 발생될 수 있는 위험은 업무분장으로도 완벽하게 대응할 수는 없으며, 통제환경이 더욱 강조되어야 하는 부분이다.

68) 보완통제(compensating controls)라고 설명하기도 하나 핵심통제와 대비되는 개념으로도 사용되므로 대체적 통제라는 용어를 사용하였다.

는 controller와 treasurer로 분리하여 회계정보와 자금관리 대한 업무를 분장할 수도 있으며 회계부서나 자금부서와 같이 조직적인 측면에서 업무분장이 실현되기도 한다. 자금부서 내부에서도 현금지출에 대한 승인권한과 실제 집행권한을 분리하여 사고나 위험의 개연성을 근본적으로 분리하는 것도 가능하다.

업무분장은 효과성이 높은 내부통제이므로 내부회계관리제도에서도 다양한 부분에서 언급되고 있다. 내부회계관리제도 설계 및 운영 개념체계 문단 A57에서도 업무분장은 경영진의 내부통제 무력화(management override)나 공모(collusion)과 같은 부정위험을 감소시키기 위해 필수적인 것으로 설명하고 있다. 또한, 내부회계관리제도 설계 및 운영 적용기법 문단 102에서도 복잡한 시스템하에서 업무처리가 이루어지는 경우 업무분장을 반드시 고려할 것을 기술하고 있다.

하지만, 회사의 사정에 따라 인력이 충분하지 않거나 업무처리과정에서 권한 및 책임의 분리가 어렵다거나 기타 다른 제약조건에 따라 업무분장이 충분하게 이루어지지 못할 가능성도 있다. 또한 업무의 특성에 따라 비용 대비 효율이 낮거나 매우 비효율적일 가능성도 있다.

이러한 경우에 회사는 업무분장의 공백을 보완할 수 있는 다른 절차를 마련하여야 한다. 이러한 절차는 대체적 통제(alternative controls)[68]라고 표현되는데 대체적 통제를 통해서 관련 위험을 축소하거나 완화할 수 있다.

하지만, 업무분장이 내부통제 효과성 측면에서 가장 강력한 내부통제 활동이기 때문에 이러한 대체적 통제는 업무분장만큼의 통제력을 갖고 있지 않을 가능성이 높다. 따라서 대체적 통제 적용시에는 관련 위험을 얼마나 완화시킬 수 있는지에 대해 충분하게 고려하여야 한다.

업무분장은 중요한 부정위험을 예방하기 위해서는 반드시 구축이 필요할 수도 있다. 그럼에도 불구하고 회사 사정에 따라 업무분장을 할 수 없는 경우에는 대체적 통제를 신중하게 고려하여야 하며, 하나의 대체적 통제로 위험을 충분히 막을 수 없는 경우에는 2중, 3중의 안전망을 확보하는 것이 필요하다.

구 분	부정위험 개연성	업무분장	업무분장 내용
급여관리	급여담당자가 가공의 직원을 생성하거나, 모든 직원의 급여에서 소액을 차감하여 본인의 계좌로 입급하는 등 부정의 개연성이 높다고 판단됨.	급여정보 처리	인사부서의 급여담당자는 급여대장을 매월 작성하고 인사부장의 승인을 받아 인별 급여 내역을 작성하여 자금부에 송부한다.
		급여지급 처리	자금부의 책임자는 인사부장의 승인을 받은 급여대장과 임직원의 은행 계좌정보(수급자) 및 지급금액이 일치하는지 대사하고 자금집행 담당자에게 송부한다. 자금집행담당자는 자금부 책임자의 승인을 받은 급여지급내역 정보를 은행의 급여지급 프로세스를 이용하여 집행하고 관련 문서를 출력하여 자금부장의 승인을 받는다.

5.3 통제절차의 문서화

내부회계관리제도 설계 및 운영 개념체계에서는 내부회계관리제도 및 관련 통제절차에 대해 문서화하도록 요구하고 있다. 업무수준에서의 통제절차 문서화에는 업무기술서 및 업무흐름도 및 통제기술서 등이 사용되며 다음의 내용이 포함된다.

- 중요한 계정과목과 관련된 재무제표 주장과 관련된 통제 설계
- 부정을 적발하거나 예방할 수 있는 통제 설계
- 기말 재무보고 절차에 관한 통제 설계
- 자산을 보호하기 위한 통제 설계

효과적인 내부회계관리제도의 설계와 운영을 확신하기 위해서 문서화는 반드시 필요하다. 특히 외부감사인의 감사 혹은 검토 시에 경영진은 내부회계관리제도가 효과적으로 운영된다는 것을 입증할 수 있는 근거를 제시하여야 한다. 특히 내부회계관리제도의 평가를 위한 범위선정(Scoping)이나 평가근거 및 결과 등은 문서화 없이 고위 경영진의 머릿속에서만 수행될 수 없다는 점을 고려하여야 한다. 따라서, 평가를 포함한 통제절차에 대한 문서화는 반드시 필요할 것으로 보인다.

내부회계관리제도 평가 및 보고 기준

6. (문서화) 경영진은 내부회계관리제도 평가 결과에 대한 합리적 확신을 제공하기 위해 다음 사항을 포함하여 문서화하여야 한다.
   가. 내부회계관리제도 평가 계획, 대상, 범위 및 과정
   나. 내부회계관리제도 설계의 효과성 평가
   다. 내부회계관리제도 운영의 효과성 평가
   라. 내부회계관리제도의 효과성에 대한 최종 결론
   마. 내부회계관리제도의 평가 결과의 보고

문서화에 대한 수준은 조직의 규모와 복잡성에 따라 달라질 수 있다.

규모가 큰 기업은 일반적으로 규모가 작은 기업보다 복잡한 내부통제시스템과 업무프로세스로 구성되어 있을 것이므로 보다 정교한 업무기술서, 업무흐름도, 통제기술서 등의 문서가 필요하다. 반면, 중소기업은 일반적으로 인력과 관리조직이 복잡하지 않고 수시로 확인이 가능한 일상적 업무처리 방식을 통해 업무가 진행되는 경우가 많다. 따라서 중소기업

의 경영진은 직접적인 관찰을 통해 통제활동이 기능하고 있는지를 판단할 수 있으므로 공식적인 문서화의 수준이 상대적으로 낮을 수 있다.

5.3.1 통제활동에 대한 중점고려사항

편의를 위해 전사수준통제에서 5개 중 4개의 내부통제구성요소(통제환경, 위험평가, 정보 및 의사소통, 모니터링)가 전사수준 통제기술서(ELCA)를 통해 구현되는 것으로 설명하였다.

이는 전사수준 통제기술서에 반드시 1가지 구성요소인 통제활동을 제외하고 4가지 구성요소만을 포함하여야 한다는 의미는 아니다. 하지만, 대부분의 실무사례에서 통제활동에 대한 부분은 업무수준통제(Process-level control)를 통해 구현하고 기타 4요소는 전사수준통제를 통해 구현되고 있어 통제활동을 업무수준통제에서 설명하였다.

내부회계관리제도 설계 및 운영 개념체계에서는 통제활동에 대해 3가지 원칙(원칙 10~원칙 12)을 제시하고 있으며 이에 대한 하부 중점고려사항 16가지를 제시하고 있다.

따라서, 업무수준통제 문서화시 통제활동에 대한 3가지 원칙을 반드시 필수적으로 반영하여 작성하여야 하며 이에 대한 중점고려사항은 앞서 설명한 바와 마찬가지로 회사의 사정에 따라 적절히 조정하여 적용이 가능하다.

원칙 10 통제활동의 선택과 구축 : 회사는 내부회계관리제도의 목적 달성을 저해하는 위험을 수용 가능한 수준으로 줄일 수 있는 통제활동을 선택하고 구축한다.

재무제표에 대한 중요한 왜곡위험 또는 부정발생 위험 등이 식별되고 평가되면 고유위험이 발생할 수 있는 업무를 확인하고 위험을 감소시킬 수 있는 통제활동을 수립하여야 한다. 이러한 통제활동 수립은 업무기술서, 업무흐름도 및 통제기술서 등을 통해 식별되고 구현된다.

내부회계관리제도 설계 및 운영 개념체계에서는 (원칙 10) 통제활동의 선택과 구축에 대한 중점고려사항으로 다음의 5가지 항목을 제시하고 있으며, 이는 업무수준통제활동에 대한 문서화에 고려되어야 하는 내용이다. 특히, (원칙 10)과 관련된 중점고려사항은 통제기술서 단계에서 작성되거나 범위선정 단계에서 이미 작성이 완료된 내용과 연관되어 있다.

원 칙	중점고려사항 제목	중점고려사항 내용
원칙 10. 통제활동의 선택과 구축	위험평가와의 통합	위험평가 결과 확인된 위험을 관리하고 줄일 수 있는 통제활동을 마련한다.
	회사의 고유한 요인 고려	경영진은 통제활동 선택 및 구축 시, 회사의 고유한 특성뿐만 아니라 사업 환경, 복잡성, 성격 및 범위 등의 영향을 고려한다.
	관련 있는 업무프로세스 결정	경영진은 통제활동이 필요한 관련 있는 업무프로세스를 결정한다.
	통제유형의 조합	위험을 완화시키기 위해 다양한 속성을 결합한 균형 잡힌 통제활동을 고려한다(수동통제와 자동통제, 예방통제와 적발통제 등).
	다양한 수준의 통제활동 적용 고려	경영진은 회사 내 다양한 수준의 통제활동을 고려한다.
	업무분장 고려	경영진은 양립할 수 없는 직무를 분리하되, 업무분장 적용이 가능하지 않을 경우 대체적인 통제활동을 선택하고 구축한다.

다음은 (원칙 10) 통제활동의 선택과 구축을 구현하기 위해서 내부회계관리제도 설계 및 운영 적용기법에서 제시하는 구체적인 사례이다.

적용기법 10.1 **통제 매트릭스, 워크숍 및 동일 업종의 통제활동 등을 이용하여 식별 및 분석된 위험에 대응하는 통제활동을 설계**

88. 재무제표 등의 중요한 왜곡위험이 경영진의 주장별로 식별되어 평가되면, 다음과 같이 고유 위험이 발생하는 프로세스를 확인하고 각각의 위험을 감소시킬 수 있는 통제활동을 수립한다. 상기 위험에는 부정위험을 포함한다.
   - 각 계정의 전표가 기표되는 프로세스와 전표의 기초 정보의 확인
   - 전표의 기초 거래가 시작되고 처리되는 프로세스 확인
   - 각 프로세스의 정책 및 절차를 고려하여 발생할 수 있는 위험과 연계
   - 위험은 계정별 경영자 주장 혹은 정보처리위험(완전성, 정확성, 유효성, 접근제한)을 고려
   - 위험의 평가 결과를 고려한 통제 수준의 선택 및 설계
89. 다만, 이미 프로세스별 위험분석 및 평가가 수행된 경우에는 중복적인 절차를 수행할 필요는 없다. 회사는 위험평가 수행 과정 혹은 이후 통제 설계 과정에서 계정과목 프로세스 연계도를 작성하는 것이 다음과 같이 유용하다.
   - 계정과목과 관련된 통제활동을 확인할 수 있는 가시성 증대

- 특정 프로세스의 변화 시, 혹은 계정의 변화 시 검토 대상이 되는 프로세스와 통제활동에 대한 파악이 용이
- 추적조사의 단위 설정이 유용

90. 일반적으로 경영진은 외부 재무보고 과정의 신뢰성을 제고하기 위한 회계정책 및 절차를 수립하고, 회계정보의 기반이 되는 거래처리에도 적용할 수 있는 업무처리 정책, 절차 및 지침 등을 마련하여 임직원에게 제시한다. 혹은 시스템을 통해 이러한 정책과 절차를 내재화하기도 한다. 이러한 전사 수준 통제의 정책 절차가 미흡할수록 관련 회계처리 및 거래처리와 관련된 통제활동은 더욱 정교하게 설계되어야 할 것이다.
91. 적절한 통제활동을 식별하거나 설계하기 위해 담당자 간의 논의과정이 필요하다. 예를 들어, 해당 프로세스 담당자, 통제활동 담당자, 회계부서 및 내부회계관리제도 전담팀 또는 내부통제 전문가를 포함한 논의를 진행한다. 효과적인 논의를 위해서는 추적조사의 방법 등을 통해 문서화한 업무흐름도와 통제기술서가 유용할 것이다. 내부회계관리제도 전담팀 혹은 유사한 부서는 내부회계관리제도 변화관리체계의 일환으로 통제활동의 유지 관리가 적절히 이뤄졌는지 확인하기 위해 주기적으로 통제기술서 및 업무흐름도의 검토를 수행하는 것이 바람직하다. 업무흐름도 및 통제기술서의 변화관리가 적절하게 이뤄지지 않은 경우에는 확대된 추적조사를 수행하여 내부회계관리제도 설계의 적정성을 확인할 수도 있다.
92. 통제활동의 수립은 다양한 방법을 통해 이뤄질 수 있으며, 다음의 방안을 포함한다.
    - 통제기술서, 업무흐름도 등의 문서를 기반으로 식별된 위험에 대응하는 통제활동을 식별
    - 식별된 위험을 관리하기 위한 통제활동 식별을 위한 미팅 및 워크숍 수행
    - 유사 업종, 시스템을 사용하는 회사의 통제활동의 수정 적용
93. 통제활동의 설계 시 다양한 유형의 통제활동을 조합하여 적용하는 것이 바람직하다. 업무분장, 거래 관련 다양한 통제활동 및 업무성과 검토 등의 통제활동을 고려한다. 경영진은 일반적으로 자동통제를 우선적으로 고려할 것이나, 자동통제의 적용이 불가능하거나 비효율적으로 판단한 경우에는 수동통제를 적용한다.

적용기법 10.2 제3자에게 아웃소싱하는 경우 통제활동의 수립 또는 평가

94. 회사는 일부 프로세스를 외부의 제3자에게 아웃소싱 할 수 있고, 해당 서비스업체는 해당 지역 또는 국제 기준에 따라 "서비스조직의 통제에 대한 인증보고서"를 발행하거나 또는 발행하지 않을 수 있다. 예를 들어 국내에서는 ISAE3402 인증 기준에 따른 3402 보고서를 발행할 수 있다.
95. 회사가 일부 프로세스, 정책 및 절차를 수행하기 위해 아웃소싱 서비스 조직에 의존하더라도, 효과적인 내부회계관리제도를 설계 및 운영하는 궁극적인 책임은 경영진에게 있다.
96. 경영진은 외부서비스제공자의 활동에 대하여 이해하고, 이러한 활동이 회사의 외부 재무보고 프로세스에서 중요한 거래처리 유형, 계정 또는 공시사항에 영향을 미치는지 여부

를 파악한다. 재무제표와 관련된 외부서비스제공자 활동의 중요성을 결정할 때, 다음과 같은 양적·질적 요소를 고려한다.

- 재무제표와 관련하여 외부서비스제공자가 처리한 거래나 정보의 금액적 중요성
- 외부서비스제공자의 프로세스에 의해 영향을 받는 경영진 주장과 관련하여 중요하게 누락 또는 왜곡표시될 위험(부정위험을 포함)
- 외부서비스제공자가 제공하는 서비스의 성격과 복잡성
- 서비스가 많은 회사에서 널리 사용되고 표준화되었는지 혹은 일부 기업에서만 사용되는지 여부
- 외부서비스제공자의 프로세스와 통제활동을 관리하는 회사의 프로세스와 통제활동이 충분하게 정교한지 여부
- 외부서비스제공자의 프로세스에 영향을 받는 회사의 거래와 관련된 통제활동의 수준
- 기업과 외부서비스제공자 간의 계약 조건 및 외부서비스제공자에 위임된 권한의 크기

97. 경영진은 외부서비스제공자의 프로세스가 외부 재무보고, 즉 내부회계관리제도에 중요하다고 판단되면 중요한 왜곡표시를 방지하기 위해 다음 절차를 수행한다.
    - 재무제표 왜곡표시와 관련하여 외부서비스제공자가 수행하는 통제활동을 식별
    - 외부서비스제공자가 수행하는 활동에 관련된 회사의 통제활동을 수립

98. 외부서비스제공자의 통제에 대한 인증보고서가 발행되는 경우 다음을 확인할 수 있다.
    - 어떤 중요한 재무프로세스가 인증 대상인지
    - 관련된 적절한 통제활동이 설계되고 운영되고 있는지
    - 왜곡표시 위험을 방지하기 위해 회사에 필요한 통제활동이 무엇인지

99. 적절한 인증보고서가 존재하지 않는 경우, 경영진은 외부서비스제공자와의 사전 협의를 통해 외부 재무보고의 중요한 왜곡이 발생하지 않도록 외부서비스제공자의 통제활동과 회사의 통제활동을 수립하여야 한다. 외부서비스제공자와의 협의가 이뤄지지 않았다는 이유로 해당 프로세스를 제외한 내부회계관리제도의 평가는 인정되지 않는다. 이에 내부회계관리제도의 평가 시 외부서비스제공자의 통제활동을 회사가 직접 평가하는 방안을 고려한다.

적용기법 10.3 통제활동의 유형과 통제위험을 고려

100. 재무제표 등의 중요한 왜곡표시 위험을 감소시킬 수 있는 통제활동 수립 시, 설계·운영 개념체계에서 제시한 다양한 유형의 통제활동을 고려한다. 업무성과 검토 통제의 적용을 고려하는 경우에는 거래 수준 통제활동과의 연계하는 방안을 고려한다. 또한 적발통제만으로 구성된 프로세스의 경우 위험에 대한 대응이 늦어질 수 있는 가능성을 고려한다. 경영진은 통제활동 수립 시, 통제활동별로 통제가 효과적으로 운영되지 않을 위험을 고려한다. 즉 잔여위험을 고려할 때, 왜곡표시 위험이 일정 수준 이하로 감소하였는지를 확인하는 것이다. 통제활동별 통제위험 평가 시 다음을 포함하는 다양한 요인을 평가한다.

- 통제의 유형(예 : 수동 또는 자동) 및 운영 빈도
- 통제의 복잡성
- 경영진의 통제 무시 위험
- 통제를 수행하는 데 필요한 판단의 정도
- 통제를 수행하는 인원에게 요구되는 역량
- 통제를 수행하는 핵심 인력의 변경
- 통제가 예방 또는 적발하고자 하는 왜곡표시의 성격 및 중요성
- 통제가 다른 통제(예 : 정보기술 일반통제)의 효과성에 의존하는 경우 해당 통제의 평가 결과
- 과거 기간의 통제 운영에 대한 증거

101. 재무보고와 관련된 중요한 회계 추정이나 각종 평가, 특수관계자 거래 또는 판단의 정도가 큰 회계정책의 적용은 통제위험이 높은 것으로 평가된다. 통제활동의 위험이 높거나 여러 개의 통제활동으로 구성된 경우에는 왜곡표시 발생을 방지할 수 있도록 더욱 정교하게 설계되어야 한다. 예를 들어, 경영진의 검토 통제는 통상적으로 보고서를 검토하는 활동으로 구성된다. 이러한 경우, 해당 보고서를 검토함으로써 왜곡표시 위험을 방지하기 위해서는 명확한 검토 항목과 항목별 허용치를 기준으로 비교하고 확인하는 절차를 포함한다. 검토 항목에는 중요 가정들의 적정성, 근거 자료의 신뢰성 및 적용된 각종 계산 방법의 적정성이나 올바른 계산결과 등을 포함한다. 동 항목은 다양한 평가 보고서의 적정성을 검토하는 통제활동에 포함하여야 하는 항목과 동일하다.

적용기법 10.4 업무분장이 어려운 경우 보완통제 활동 고려

102. 업무분장은 매우 효과적인 거래 수준 통제활동 중 하나다. 특히 복잡한 시스템하에서 업무처리가 이뤄지는 경우 업무분장은 반드시 고려되어야 하는 항목이다. 그러나 충분한 인력이 확보되지 않는 경우나 다른 제약조건으로 인해 업무분장이 제대로 이뤄지지 않을 수 있다. 실질적인 적용이 어렵다는 이유로 왜곡표시 위험이 감소하는 것은 아니므로 경영진은 업무분장이 이뤄지기 어려운 경우 적절한 보완통제 활동을 수립한다. 예를 들어, 재고의 입고 처리와 대금 지급 업무가 분리되지 않는 경우, 이로 인한 재무제표 왜곡표시 위험을 충분히 제거할 수 있는 재고 실사 등의 보완통제 활동을 수립하여 적용한다.

적용기법 10.5 업무분장 기준 수립

103. 경영진은 동일인이 처리하는 것이 부적절한 업무에 대한 업무분장 기준을 수립하여야 한다. 이를 위해 외부 재무보고 과정의 업무흐름도, 관련 조직도 및 자동 분석 프로그램 등을 이용할 수 있다. 회사의 특성에 따라 업무분장이 필요한 기준의 정도는 다양할 수 있다. 시스템을 통한 업무분장은 일종의 자동통제로 매우 효율적이고 효과적일 수 있으나, 이의 적용을 위해서는 업무의 재설계 등이 필요하고, 기존 방식의 업무처리와 통제

활동을 고수하려는 인원의 반대에 직면할 것이다. 그러나 시스템의 중요도가 지속적으로 증가하는 현실에서 시스템상 업무분장은 필수적인 항목이 되어가고 있다. 예를 들어, 대부분의 재무제표와 거래처리 전표가 시스템을 통해 산출되는 경우 실물전표를 작성하고 승인하는 업무분장이 이뤄졌다 하더라도, 시스템상의 업무분장이 이뤄지지 않는 경우 실물전표에 대한 업무분장은 무력화될 가능성이 크다. 회사의 업무분장 기준이 수립되는 경우 특정 업무에 해당하는 시스템상의 업무분장이 필수적으로 고려되어야 한다. 또한, 이러한 업무분장 기준이나 민감한 정보에 대한 접근제한은 권한을 부여하는 정책과 절차를 수립하거나 주기적으로 권한의 적정성을 재검토할 때 고려되어야 한다.

104. 이러한 업무분장 기준은 접근제한 기준과 함께 내부회계관리제도 조직과 관련된 원칙 등에서 강조하는 직무기술서 등을 통해 제시되는 것이 바람직하다. 또한, 회사의 조직, 인원, 프로세스 및 시스템의 변경 등을 고려하여 주기적으로 업데이트한다.

원칙 11 정보기술 일반통제의 선정과 구축 : 회사는 내부회계관리제도 목적 달성을 지원하는 정보기술 일반통제를 선정하고 구축한다.

업무는 기술의 발전과 더불어 전산화가 확대되고 있고, 회사(혹은 조직) 역시 업무와 정보의 효율적 관리를 위해 전산화에 점점 더 많이 의존하고 있다. 따라서, 회사의 전산시스템이 제대로 운영되고 있는지 점검하고 이를 기반으로 한 정보가 재무제표의 신뢰성을 유지하기 위해 사용되는지 내부회계관리제도 내에서 테스트되어야 한다.

IT통제는 일반통제와 응용통제라는 두 가지 범주로 구분될 수 있다.

일반통제(IT General Control)는 개별 거래에 대한 처리 및 전송 또는 회계프로그램이나 특정 재무 애플리케이션에 관한 것은 아니다. 일반통제는 응용통제에 필요한 기반을 제공하며 응용통제의 효과성에 영향을 미치는 것으로, IT 시스템 관리체계 등의 운영뿐만 아니라 정책, 지침, 절차 등을 통해 구현된다. 일반통제의 범주는 아래와 같이 일반적으로 4가지로 구분한다.

- APD(Access to programs and data)
- PD(Program development)
- PC(Program change)
- CO(Computer operation)

IT일반통제가 중요한 이유는 일반통제가 유효하지 않다고 한다면 관련된 응용통제 혹은 자동화된 통제의 운영 유효성이 확보되지 않는다는 데에 있다. 회사의 재무제표의 정보는 많은 부분을 IT시스템에 의존하고 있는데 IT일반통제가 유효하지 않다면 관련 프로그램이나 IT시스템 내부통제를 활용할 수 없다는 이야기가 된다.

IT일반통제와 IT응용통제는 "5.7 IT 내부통제"에서 사례와 함께 구체적인 내용을 구체적으로 기술하였으므로 반드시 참고하기 바란다. 내부회계관리제도 설계 및 운영 개념체계의 (원칙 11)에서 IT일반통제(ITGC)를 선정 · 구축하도록 하고 있으며, 중점고려사항으로 다음의 4가지 항목을 제시하고 있다.

원 칙	중점고려사항 제목	중점고려사항 내용
원칙 11. 정보기술 일반통제의 선정과 구축	업무프로세스에서 사용되는 정보기술과 정보기술 일반통제 간 의존도 결정	경영진은 업무프로세스 및 자동통제와 정보기술 일반통제 간의 의존성과 연관성을 이해하고 결정한다.
	정보기술 인프라 통제활동 수립	경영진은 정보처리의 완전성, 정확성 및 이용가능성을 확보하기 위한 정보기술 인프라에 대한 통제활동을 선택하고 구축한다.
	보안관리 프로세스에 대한 통제활동 수립	경영진은 업무 책임에 상응하는 정보기술 접근권한을 허가된 담당자로 제한하고, 외부의 위협으로부터 회사의 자산을 보호하기 위한 보안 관련 통제활동을 선택하고 구축한다.
	정보기술의 취득, 개발 및 유지보수 프로세스에 대한 통제 수립	경영진은 내부회계관리제도 목적 달성을 위하여 정보기술 및 인프라의 취득, 개발, 유지보수 활동에 대한 통제활동을 선정하고 구축한다.

아래는 (원칙 11) IT일반통제 선정과 구축을 구현하기 위해서 내부회계관리제도 설계 및 운영 적용기법에서 제시하는 구체적인 사례이다.

적용기법 11.1 통제기술서를 이용한 IT 연관 항목(IT dependency) 문서화

105. 회사는 통제기술서, 업무흐름도 또는 업무기술서를 통해 통제활동 적용에 사용되는 시스템과 관련 기능을 문서화한다. 이는 단순히 자동통제뿐 아니라, IT 연관성을 가진 모든 통제활동을 포함한다. 이러한 IT 연관 항목 문서는 IT와 외부 재무보고와 연관된 통제활동 간의 연관성을 명확하게 한다. IT 연관 항목은 자동통제, 리포트, 보안, 계산, 인터페이스 등으로 구분할 수 있다. 경영진은 문서화된 IT 연관 항목과 관련된 시스템을 외부 재무보고와 관련된 시스템으로 정하고 IT 연관 항목이 적정하게 작동하기 위해 필요한 정보기술 일반통제의 각 항목(개발, 변경, 보안, 운영)과의 연관관계를 이해한다. 또한 다양해지는 애플리케이션을 포함한 여러 기술 간의 연관관계에 대해서도 이

해한다. 이러한 이해를 기반으로 최종적으로 정보기술 일반통제를 수립할 대상 시스템을 정한다.

적용기법 11.2 최종 사용자 컴퓨팅(End-User Computing)에 대한 평가

106. 경영진은 재무보고의 중요한 프로세스나 관련 통제활동에 사용되는 엑셀, 스프레드시트 등을 포함한 최종 사용자 컴퓨팅(이하 "EUC"라 함)의 사용 현황을 확인하고, 해당 EUC의 사용으로 인해 발생할 수 있는 재무제표 왜곡위험을 평가한다. 평가된 고유위험과 통제위험의 수준에 따라 회사는 다음과 같은 절차에 관련된 통제활동들을 설계하고 운영한다. 이는 정보기술 일반통제 항목과 유사하다.
    - 정보기술 인프라 관련 통제활동
    - 보안 관리 통제활동
    - EUC 개발 및 유지 관리 통제활동
    - EUC 정보와 다른 시스템 간 완전성 및 정확성 관련 통제활동
107. EUC 항목에 대한 위험평가 결과가 높은 것으로 판단되는 경우, 해당 EUC를 시스템의 애플리케이션으로 전환하는 것을 고려한다. 일반적으로 EUC에 대한 통제활동은 시스템 애플리케이션에 대한 정보기술 일반통제와 같이 강력하게 설계하지 않는다. 따라서 EUC의 복잡성이 증가하여 왜곡위험이 증가될수록 EUC 통제활동으로 충분하지 않을 수 있다.

적용기법 11.3 IT 기능의 제3자 아웃소싱 시 통제활동 수립 혹은 평가

108. 경영진은 IT 기능의 특정 부분을 외부업체에 아웃소싱할 수 있다. 외부서비스제공자는 인증업무기준서 3402에 따른 "서비스조직의 통제에 대한 인증보고서"를 제공하거나 제공하지 않을 수 있다.
109. 보고서를 이용할 수 있는 경우 경영진은 다음 항목을 확인한다.
    - 재무적으로 중요한 IT 관련 기능과 프로세스가 대상으로 포함되었는지
    - 서비스제공업체의 통제활동이 적절하게 설계되고 운영되었는지
    - 관련 프로세스 및 기능에 대한 회사의 통제가 적절한지
110. 적절한 인증보고서가 존재하지 않는 경우, 경영진은 외부 재무보고의 중요한 왜곡이 발생하지 않도록 외부서비스제공자와 회사의 통제활동을 수립하여야 한다. 또한, 내부회계관리제도의 평가 시 외부서비스제공자의 통제활동을 직접 평가하는 방안이 적용된다.

적용기법 11.4 접근제한 및 업무분장이 실행될 수 있는 시스템 구성

111. 재무적으로 중요한 프로세스를 지원하는 응용프로그램, 데이터베이스, 운영 체제 및 네트워크에 회사의 정책 및 절차에 따라 접근제한과 업무분장을 구현한다. 특히 재무적으

로 중요한 기능이나 데이터에 대한 접근제한이 적절히 이뤄져야 한다. 보안관리 프로세스 관련 통제활동 수립 시 이러한 접근제한과 업무분장을 고려한다. 이러한 통제활동에는 권한관리절차, 사용자 및 시스템 인증절차, 암호설정 등이 모두 포함된다. 시스템의 광범위한 접근권한을 보유하는 슈퍼유저 권한 사용으로 인한 위험 역시 관리하여야 한다. 업무분장이 이뤄지기 어려운 경우에 보완통제가 필요한 것과 마찬가지로 접근제한이 이뤄지기 어려운 경우에도 보완통제가 필요하다.

적용기법 11.5 거래 및 데이터 처리의 완전성, 정확성 및 유효성을 지원하는 시스템 구성

112. 경영진은 배치(batch) 단위든 실시간(real-time)이든 상관없이 거래가 완전하고 정확하며 유효하게 처리되도록 하는 통제활동을 선택하고 개발한다. 거래 및 데이터 처리 과정에 문제가 존재하는지 여부를 확인하기 위해 시스템 상태 및 로그를 수작업으로 일일이 검토할 수도 있고, 문제 발생시 자동 경보체계를 갖춘 시스템을 사용할 수 있다. 경영진은 문제가 누락없이 확인되고 확인된 문제에 필요한 조치가 적시에 취해질 수 있는 통제활동을 수립한다. 경영진은 중요 재무 데이터 및 프로그램이 주기적으로 백업되며, 완전하고 정확하게 복원할 수 있는 절차와 통제를 마련한다. 이러한 복원절차는 실제 복원의 적정성 확인을 위해 주기적으로 테스트하여 백업 및 복원 프로세스가 올바르게 작동하는지 확인한다. 이는 외감법에서 요구하는 회계정보를 기록·보관하는 장부(자기테이프·디스켓, 그 밖의 정보보존장치를 포함)의 관리 방법과 위조·변조·훼손 및 파기를 방지하기 위한 통제에 해당한다.

적용기법 11.6 보안 및 권한 관리

113. 재무 관련 경영진 혹은 관리자는 재무적으로 중요한 시스템 및 프로세스에 대해 수행할 업무에 필요한 적절한 접근권한을 정의하는 정책을 수립한다. 동 정책은 업무분장을 포함하며 일반적으로 직무기술서와 연계된다. 시스템 접근제한 정책의 적절한 운영을 위해서는 각 기능별로 필요한 화면, 프로그램, 보고서 등을 정의하는 것을 고려한다. 시스템(예 : 응용프로그램, 데이터베이스, 운영 체제 또는 네트워크)에 새로운 접근권한의 요청이나 변경 요청이 발생하는 경우 접근 요청을 승인하는 인원은 수립된 시스템별 접근제한 정책에 따른 검토를 수행하여야 한다. 일반적으로 이러한 통제절차는 계속적인 프로세스 및 시스템의 변경으로 인해 통제위험이 높아질 수 있다. 이에 경영진은 재무적으로 중요한 접근제한과 업무분장이 적절히 준수되는지를 확인하는 통제활동을 주기적으로 수행하는 것이 바람직하다. 이와 같은 통제활동은 외감법에서 요구하는 회계정보를 기록·보관하는 장부의 관리 방법과 위조·변조·훼손 및 파기를 방지하기 위한 통제에 해당한다. 이외에 부적절한 경로 등을 통해 과다하게 시도되는 로그인 등과 같은 문제를 포함한 문제보고서(Problem report)는 주기적으로 검토하며, 문제가 확인되면 적절한 후속 조치를 취한다.

적용기법 11.7 **패키지 소프트웨어에 대한 시스템 개발 방법론 적용**

114. 경영진은 새로운 패키지 소프트웨어를 선택할 때 기능성, 응용프로그램 통제, 보안 기능 및 데이터 변환 요구사항을 포함한 많은 요소를 고려한다. 경영진은 충분한 능력을 보유한 내부 인력을 활용하거나 외부의 공급업체를 통해 조직의 요구사항을 고려하여 소프트웨어를 구현한다.

115. 경영진은 재무적으로 중요한 패치를 설치하거나 시스템을 업그레이드하기 위해 정의된 변경절차를 준수한다. 동 절차는 업그레이드나 패치의 성격과 적합한 사항인지를 확인하는 것을 포함한다. 이후 적절한 것으로 판단되면 패치 또는 업그레이드를 실제 운영시스템에서 적용하기 전에 실제 운영시스템과 동일한 환경의 시스템에서 시스템 테스트 및 사용자 테스트를 수행한다. 변경 대상 기능 사용자, 재무팀 및 IT팀과 같은 주요 이해관계자는 변경사항이 적용되기 전에 이를 검토 승인하고 변경 절차가 적절히 이뤄졌음을 증명하는 문서화를 수행한다.

적용기법 11.8 **사내에서 개발된 소프트웨어(In-house 시스템)에 대한 시스템 개발 방법론 적용**

116. 경영진은 주요 시스템 개발 및 변경 관련 문제 해결을 다루는 시스템 개발 방법론을 따른다. 동 방법론은 다음 항목을 포함한 여러 프로세스 및 통제활동을 제시한다.

- 개시, 진행에 대한 승인, 증적 기록 및 분석 – 프로그램 변경사항은 변경로그가 빠짐없이 기록되고 개발사항은 개발사양서에 기록된다. 프로그램 변경 및 개발의 진행사항은 추적이 가능하고, 적절한 이해관계자는 진행 여부에 대한 검토와 승인 절차를 수행한다. 외부 재무보고 내부통제, 즉 내부회계관리제도에 미칠 수 있는 영향이 존재하는 프로그램 변경 및 개발의 경우 관련 재무보고 절차의 담당자의 승인이 필요하다.
- 설계 및 구성 – 설계 단계에서 프로그래밍 표준을 따르고 프로그램 버전 통제(version · control)를 수행한다.
- 테스트 및 품질 보증 – 실제 운영시스템에 적용하기 전(Go-Live하기 전에) 변경사항이 요청사항을 만족하고 기존 소프트웨어에 의도하지 않은 문제를 발생시키는지 여부를 확인하는 테스트를 수행한다. 테스트의 양과 종류는 변경의 성격(크기, 복잡성 등)에 따라 단위, 시스템, 통합 및 사용자 승인 테스트가 다양하게 고려될 수 있다.
- 데이터 변환 – 데이터가 변환되는 경우 기존 시스템의 데이터가 완전하고 정확하며 유효하게 변환할 수 있는 절차와 통제를 수행한다.
- 프로그램 적용 및 이관 승인 – 변경사항은 실제 운영시스템에 적용하기 전에 관련 이해관계자가 승인하고, 승인된 프로그램만이 적용될 수 있는 절차와 통제를 수행한다.
- 문서화 및 교육 – 필요한 경우 최종 사용자 매뉴얼 및 IT 매뉴얼을 업데이트하고 교육을 수행한다.

원칙 12 **정책과 절차를 통한 실행 : 회사는 기대사항을 정한 정책과 그 정책을 실행하기 위한 절차를 통하여 통제활동을 적용한다.**

위험을 완화할 수 있는 통제활동을 선택하거나 유효할 것으로 기대되는 통제활동의 개발만으로는 재무제표의 신뢰성 확보라는 목표를 달성할 수 없으며 통제활동이 유효하게 작동하여야 한다.

유효하게 작동하도록 하기 위해 회사(조직)는 '실행에 옮길 수 있는 절차'와 '목표를 달성하기 위한 정책'을 확립하여야 할 것이다.

| 정책과 절차를 통한 실행 |

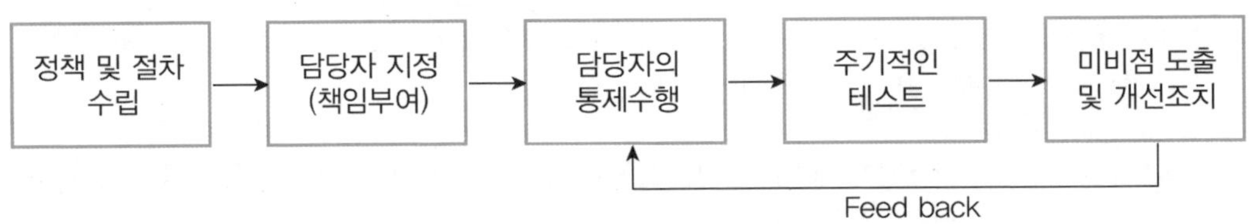

(원칙 12)의 중점고려사항은 위에서 언급한 절차와 정책을 확립하기 위한 세부적인 사항을 제시하고 있다. 내부회계관리제도의 통제활동의 실행은 중점고려사항에 따라 5단계로 정리할 수 있는데 ① 정책과 절차를 수립하고 ② 담당자를 지정하여 책임을 부여하면, ③ 책임 있고 적격성이 있는 담당자는 통제활동을 수행한다. 수행된 통제환경에 대해 ④ 주기적으로 설계와 운영평가를 실시하고 미비점에 대해서는 적시에 개선될 수 있도록 ⑤ 개선조치를 이행하여야 한다.

(원칙 12)에 따른 내부회계관리제도의 운영을 위한 정책과 절차는 실무적으로는 외감법 제8조 및 시행령에 따라 갖추어야 하는 내부회계관리규정에 포함할 수 있다.

다음은 (원칙 12) 정책과 절차를 통한 실행에 대한 중점고려사항 내용이다.

원 칙	중점고려사항 제목	중점고려사항 내용
원칙 12. 정책과 절차를 통한 실행	경영진의 지침 전달을 지원하기 위한 정책 및 절차 수립	경영진은 기대사항을 정한 정책과 이를 실행 가능한 구체적 절차로 제시하여 업무프로세스 및 구성원의 일상적인 활동에 통제활동이 내재화되도록 한다.
	정책과 절차의 적용을 위한 책임 확립과 담당자의 지정	경영진은 관련 위험이 존재하는 사업단위 또는 부서의 경영진(또는 지정된 인원)과 함께 통제활동에 대한 책임을 확립하고 담당자를 지정한다.

원 칙	중점고려사항 제목	중점고려사항 내용
	통제활동의 적시 수행	통제활동별로 지정된 담당자가 정책과 절차에 정해진 대로 통제활동을 적시에 수행한다.
	개선조치 이행	통제활동 수행 결과 식별된 문제점에 대하여 책임 있는 담당자가 조사하고 조치를 취한다.
	적격성 있는 담당자의 수행	충분한 권한을 가진 적격성 있는 담당자가 지속적인 관심과 주의를 기울여 통제활동을 수행한다.
	정책, 절차 및 통제활동의 주기적인 재평가	경영진은 정책, 절차 및 통제활동이 지속적으로 적정한지 판단하기 위하여 주기적으로 검토하고, 필요시 정책, 절차 및 통제활동을 개정 또는 개선한다.

아래는 (원칙 12) 정책과 절차를 통한 실행을 구현하기 위해서 내부회계관리제도 설계 및 운영 적용기법에서 제시하는 구체적인 사례이다.

적용기법 12.1 **정책 및 절차 수립 및 문서화**

117. 경영진은 외부 재무보고 과정의 중요한 모든 통제활동과 관련된 정책 및 절차를 수립하고 문서화한다. 회사가 선택한 회계기준에 부합하는 회사의 회계기준과 관련된 업무절차서 등은 내부회계관리제도가 효과적으로 운영되기 위한 기반에 해당한다. 내부회계관리제도 통제기술서의 통제는 이러한 정책 및 절차와 연계되어 관리 운영될 필요가 있다. 회사의 다양한 절차는 업무흐름도, 업무기술서 및 통제기술서와 같은 다양한 형식을 사용하여 문서화할 수 있다. 경영진은 다음과 같은 사항을 포함하는 정책 및 절차를 제시하기 위한 표준화된 문서 형식을 정한다.

- 외부 재무보고의 중요한 잠재적 왜곡표시 위험에 대한 정책과 절차
- 회사가 적용할 주요 회계정책 및 절차 및 연관된 현업 부서의 정책과 절차
- 정책과 절차가 적용되는 지역, 사업부와 부서 및 프로세스
- 정책 및 절차의 최종 책임자와 생성, 구축, 실행, 유지관리 담당자와 해당 인원의 역할과 책임
- 통제활동을 실행하는 과정의 일부로 취해지는 시정조치를 포함한 정책과 절차를 적용하는데 필요한 항목
- 정책이 적용되지 않는 예외사항에 대한 보고 절차
- 관련된 정책과 절차 간의 상호 참조사항
- 통제활동 및 절차를 수행하는 담당자에게 요구되는 역량
- 통제활동 및 절차 수행이 필요한 시기
- 적정성에 대한 최종 검토 일자

적용기법 12.2 사업본부장 혹은 부서장을 통한 통제활동의 적용

118. 사업본부장 혹은 부서장 등은 관련 정책 및 절차를 일상 업무에 적용함으로써 본인의 책임하에 있는 부분에서 통제활동을 적용하게 된다. 경우에 따라 내부통제전담부서나 유사한 기능을 통해 각 사업본부장이나 부서장과 협력하여 회사 전체에서 일관되게 정책 및 절차를 적용할 수 있도록 지원하기도 한다. 정책 및 절차는 교육 프로그램, 회의 및 공식 및 비공식 문서 배포 등 다양한 방법으로 전달된다.

적용기법 12.3 정책, 절차 및 통제활동의 정기적/비정기적 유효성 평가

119. 정기적으로 혹은 재무보고의 중요한 프로세스와 시스템이 변경되는 경우, 통제활동의 최종 책임자는 재무보고 및 통제 전문가와 함께 통제활동의 유효성을 확인하기 위해 통제기술서, 업무흐름도 및 업무기술서 등 관련 문서를 검토한다. 통제활동과 관련된 문서화가 정교하고 체계적일수록 유효성 평가가 적절히 진행될 수 있다. 중복 혹은 진부화되거나 효과적이지 않은 통제활동을 개선한다. 업무흐름도가 존재하지 않거나 통제활동 관련 문서가 적절히 업데이트되지 않는 경우 통제활동 설계의 유효성 평가는 문서 검토보다 추적조사를 적용하는 것이 바람직하다.

5.4 업무수준통제 구축 흐름

업무수준통제의 구축 흐름은 다음 표와 같다.

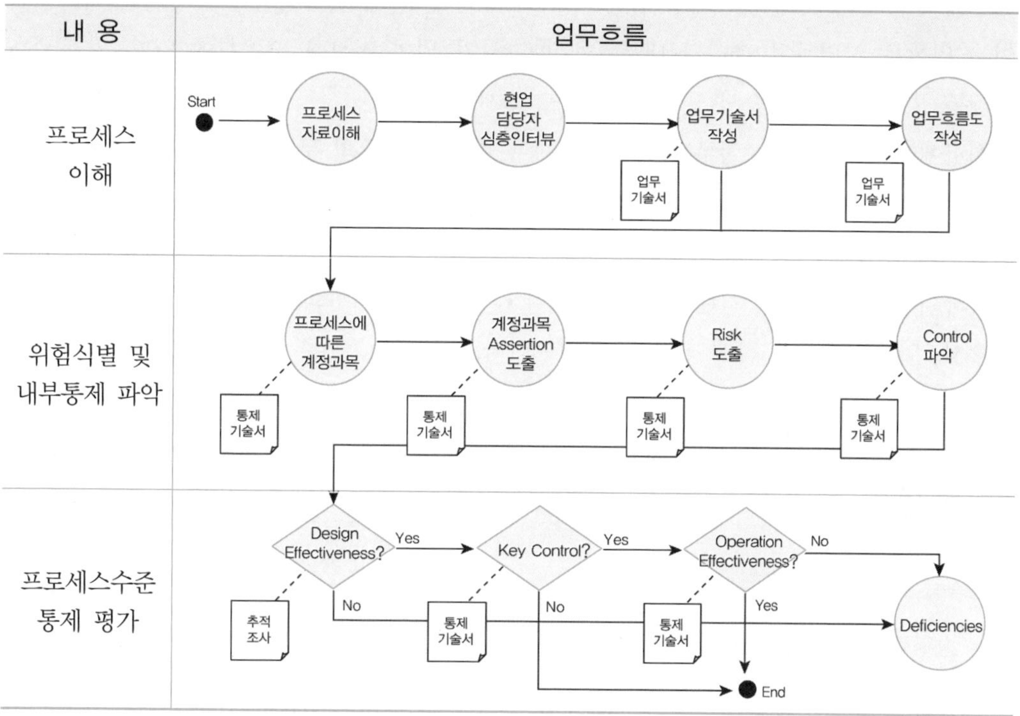

업무수준통제는 '프로세스 이해' 단계, '위험식별 및 내부통제 파악' 단계 및 '프로세스수준 통제평가' 단계로 구분된다.

'프로세스 이해' 단계에서는 현업 담당자 인터뷰와 기타 자료를 이용하여 Scoping 단계에서 구분된 단위별 하위 프로세스에 대해 이해하고 그 내용을 업무기술서와 업무흐름도에 문서화한다.

'위험식별 및 내부통제 파악' 단계에서는 업무기술서와 업무흐름도에 의한 프로세스의 이해를 기반으로 위험을 식별하고 그 위험에 대한 내부통제를 파악한다. 위험 및 내부통제의 내역은 통제기술서 양식에 기술되고 관리된다.

'프로세스수준 통제평가' 단계에서는 관련 내부통제에 대해 그 설계에 대한 적정성을 판단하고 그 운영이 유효한지에 대해 평가하기 위한 계획을 수립한다.

5.4.1 프로세스 이해

현업 담당자 인터뷰와 기타 자료 등을 이용하여 Scoping 단계에서 구분된 단위별 하위 프로세스에 대해 이해하는 과정이다. '프로세스 이해' 단계의 목적은 프로세스에 내재되어 있는 위험을 식별하고 관련된 내부통제 파악하기 위한 정보를 제공함에 있다. 프로세스 이해를 위해서 업무기술서 및 업무흐름도가 사용된다.

회사에서는 전결규정, 업무절차서, 업무매뉴얼 등의 기존의 문서를 보유하고 있을 수 있다. 하지만 기존의 문서는 내부회계관리제도에서 목적하고 있는 재무제표 왜곡표시의 위험과 내부통제의 관점에서 작성되지 않았기 때문에 내부회계관리제도에서 필요한 내용을 포함하지 않을 수 있다. 기존의 문서가 있다고 하더라도 내부회계관리제도 관점에서 업무기술서, 업무흐름도가 작성되는 것이 필요하다.

회사가 보유하고 있는 기존의 문서로 내부회계관리제도 설계의 문서화를 갈음할 수 있나요? (내부회계관리제도운영위원회 답변)

경영진은 정책 및 절차를 수립하여 업무프로세스 및 구성원의 일상적인 활동에 통제활동이 내재화되도록 하여야 합니다(설계 · 운영 개념체계 문단 49.1). 또한, 경영진은 외부재무보고 과정의 중요한 모든 통제활동과 관련된 정책 및 절차를 수립하고 문서화하며, 회사가 선택한 회계기준에 부합하는 회사의 회계기준과 관련된 업무절차서 등은 내부회계관리제도가 효과적으로 운영되기 위한 기반에 해당합니다(설계 · 운영 적용기법 문단 117).

회사의 문서화된 정책이나 규정 등은 그 자체로 내부통제(또는 내부회계관리제도)의 중요한 일부분을 구성합니다. 그러나 기존의 업무매뉴얼 등은 통제보다는 업무의 흐름을 중심으로 작성되어 당해 프로세스에 내재된 통제를 구체적으로 식별하지 못하거나, 평가 · 보고 적용기법(문단 62~87)에서 제시하는 내부회계관리제도 설계 문서화에 필요한 중요한 내용을 포함하지 않는 경우가 많습니다. 따라서, 회사가 기존에 보유하고 있는 문서는 그 자체로 내부회계관리제도 설계의 문서화 목적을 충족한다기보다는 그 내용의 관련성과 적합성 정도에 따라 내부회계관리제도 설계 관련 문서의 일부를 구성하거나 보완하는 목적으로 사용할 수 있습니다.

5.4.1.1 업무기술서(Process narrative)

업무 프로세스 단위별로 거래의 시작, 승인, 기록, 진행 및 보고되는 일련의 과정에 대해 파악하고 그 내용을 업무기술서에 문서화한다. 업무기술서는 해당 프로세스에 대한 이해를 증진시키기 위한 목적으로 작성된다. 이러한 프로세스에 대한 이해는 재무제표의 신뢰성에 대한 위험, 부정 및 자산보호에 대한 위험을 식별하고 그와 관련된 내부통제를 파악할 수 있도록 하는 기반을 제공한다.

업무기술서는 일반적으로 현업담당자와의 심층 인터뷰와 회사의 업무매뉴얼 등의 관련 자료를 이용하여 작성하게 된다. 업무수준통제의 구축은 COSO 프레임워크의 통제활동(Control activity)을 그 대상으로 하므로 업무기술서 작성시에는 통제활동 및 그 하위속성인 통제범위(Control category)의 관점에서 기술되어야 한다. 통제활동의 하부속성인 통제범위를 확실하게 이해한 후 현업담당자와 인터뷰를 수행하거나 관련자료를 검토한다면 목적에 적합한 문서화 작성이 용이하다.

업무기술서의 작성은 프로세스 분해(process decomposition), 활동분석(activity analysis), 프로세스 재조립(process recomposition)의 단계로 이루어진다.

| 업무기술서 작성단계별 설명 |

단 계	단계별 설명
프로세스 분해 (Process decomposition)	업무기술서의 대상이 되는 하위 프로세스 업무를 분해하는 과정이다. 프로세스 내에 존재하는 업무를 의미 있는 단위로 구분하여 나열한다. 이렇게 작은 단위로 분해된 업무단위를 활동(activity)이라고 정의한다면 결국 프로세스는 활동으로 구성되어 있다고 볼 수 있다.
활동분석 (Activity analysis)	단위로 분해된 업무, 즉 활동에 대하여 1차적으로 업무활동과 통제활동으로 구분한다. 프로세스 내에 존재하는 다양한 활동 중에서 어떠한 활동이 통제활동인지 구분하기 위해서는 "5.2 통제범주(Control Category)"를 이용한다. 만약 특정활동이 통제범주의 속성(승인, 상호대사, 시스템설정, 핵심성과지표, 예외사항/편집보고서, 인터페이스통제, 시스템 접근, 경영자 검토, 업무분장)과 일치한다면 그 활동은 통제활동으로 정의되어질 수 있다. 활동에 대해 업무활동과 통제활동의 구분이 완료되면 해당 활동에 대한 상세한 업무활동을 기술한다. 업무활동의 기술은 내부회계관리제도의 목적을 달성하기 위한 위험(즉, 재무제표왜곡표시위험, 자산보호, 부정방지)을 이해하고 도출하기에 충분한 정도로 기술되어야 하며, 통제활동은 관련 위험을 예방하거나 적발하기에 충분한지 판단할 수 있을 정도인지의 관점에서 충분히 자세하게 기술되도록 한다.

단 계	단계별 설명
프로세스 재조립 (Process recomposition)	활동에 대해 분석된 이후에는 분석된 활동을 업무의 진행순서 혹은 시간경과에 따른 진행순서에 따라 나열한다. 최종적으로 업무흐름의 관점에서 혹은 위험발생의 단계에서 단위활동의 순서가 적절한지 검토한다.

업무기술서는 다양한 양식에 따라 작성될 수 있으나, 다음의 내용을 포함하여 작성하는 것이 일반적이다.

업무기술서 칼럼	내 용
작성 일반정보	• 하위 프로세스명 • 하위 프로세스 오너(프로세스 책임자) • 업무기술서 작성책임자 및 최종수정일
활동번호	• 해당 프로세스와 활동의 순서를 고려하여 고유번호를 채번하여 기술
활동명	• 해당 활동의 이름은 간단하게 기술한다.
관련계정과목	• 해당 활동이 관련된 계정과목을 기술한다. • 범위선정(Scoping) 단계에서 작성된 계정과목과 프로세스 mapping table을 활용한다.
활동의 상세내용	• 해당 활동에 대한 상세 업무내용을 기술한다. 업무내용은 담당자의 인터뷰, 해당 업무서류, 업무매뉴얼 등의 다양한 자료가 활용될 수 있다. • 만약, 해당 활동이 통제활동이라면 통제범주의 관점에서 구체적으로 기술하여 해당 위험을 적시에 적발하거나 예방할 수 있는지 판단할 수 있어야 한다.
관련시스템	• 해당 활동이 IT시스템을 이용한다면 관련 시스템명을 기술한다.
수행팀	• 조직도상 해당 활동을 수행하는 담당 팀명을 기재한다.
수행담당자	• 해당 활동을 수행하는 담당자를 기재한다. 담당자의 기재는 실명으로 기술될 수도 있으나 해당팀 조직도상의 업무담당자를 지정할 수 있을 정도로 기재되기도 한다.
기타사항	• 기타 중요한 정보사항이 있는 경우 기재한다.

예시 업무기술서

Cycle	경영관리
Process	재무보고
Sub process	결산관리

작성책임자	
작성관리자	
최종수정일	

No.	활동	관련 계정과목	활동 내용	관련 문서명	관련 시스템	통제번호
1	결산기 및 결산 업무분장	재무제표 전계정	회사의 결산은 월결산을 원칙으로 하며 반기 및 기말에만 주석사항을 집계하고 작성한다. 회계팀에서 전표의 마감 전에 e-mail 및 유선으로 각 부서 및 팀에 마감에 대한 협조 통보를 한다. 반기 및 기말에는 주석을 작성하므로 각 팀에 주석사항에 대한 정보를 같이 요청한다. 말일로부터 2.5 영업일에 전표를 마감하며 3.5영업일 시점에 대차대조표 및 손익계산서를 작성한다. 결산조정사항에 대해서 각 부서별로 업무분장 되어 있다. 결산사항에 대한 각 팀의 업무분장 내용은 다음과 같다. **회계팀** 취급가계정 정산, 자료의 취합, Service Fee, 미지급금 계산, 사채할인발행차금 및 현재가치할인차금 계산 및 전표입력, 대손충당금 계산, 감가상각비 계산, 원가계산(M/L계산), 재무제표의 작성 등 작성의 총괄 **자금팀** 외환매매율표, 차입금 선급(미지급)비용 명세서, 운용리스 선급(미지급)비용 명세서, USANCE 선급(미지급)비용 명세서, Commitment fee 미지급비용 명세서, 사채 및 유동성사채 명세서, 회사채 상환계획, 장기차입금 명세서, 장기차입금 상환계획, 외화부채 평가 및 손익 명세서, 단기차입금 명세서, 장기차입금 상환계획, 외화부채 평가 및 손익 명세서, 단기차입금 명세서. 자금팀에서는 결산 시에 자금팀 결산자료에 대해 담당자가 작성하여 서명한 후 자금팀장, 담당임원의 결재를 득하여 보관한다.	결산 control sheet 자금팀결산서	SAP FI	

- 작성 책임자 : 업무기술서 작성 대상 부서의 팀장 및 프로세스 오너를 의미한다.
- 작성 관리자 : 실무적으로 업무기술서를 작성 및 수정해야 하는 담당자를 기재한다.
- 활동 : 프로세스에서 이루어지는 업무단위를 말한다.
- 관련계정과목 : 활동과 연관된 재무제표 계정과목을 기입한다.
- 활동내용 : 업무내역을 통제범주(Control category) 관점과 더불어 기술한다.
- 관련 문서명 : 관련 활동에서 참조되거나 발생하는 문서이다.
- 관련 시스템 : 관련 활동에서 사용되어지거나 연결된 시스템명을 기입한다.
- 통제번호 : 통제기술서에 작성된 통제번호를 연결시킨다.

5.4.1.2 업무흐름도(Process flowchart)

업무흐름도는 통일된 일정한 기호를 사용하여 업무 프로세스를 도식적으로 나타낸 도표이다. 회사의 업무흐름도는 상위 프로세스 수준과 하위 프로세스 수준으로 구분하여 작성할 수 있다.

업무흐름도는 그 목적과 범위에 따라 다양한 양식으로 작성될 수 있다. 회사의 내부회계관리제도 구축 시 적용된 업무흐름도는 다음과 같은 특징을 갖고 있다.

- 상위 프로세스 수준의 업무흐름도를 작성하여 상위 프로세스와 하위 프로세스 간의 관련성 및 하위 프로세스의 흐름을 알 수 있다.
- 하위 프로세스 수준의 업무흐름도 작성 시에 통제범주(Control category)로 구분되는 활동을 도식화하여 표현한다면 업무흐름도만으로도 프로세스에 내재되어 있는 통제활동 및 그 성격을 직관적으로 이해할 수 있다.

업무흐름도는 프로세스를 직관적으로 이해할 수 있도록 하며 발생 가능한 위험 및 관련 통제활동을 쉽게 파악할 수 있는 장점이 있다. 하지만, 그 자체만으로는 통제목적, 경영자 주장 및 재무제표 계정과목 등과 연계시키기가 어려운 단점이 있기 때문에 일반적으로는 업무기술서 및 통제기술서를 보완하는 목적으로 사용된다.

업무흐름도는 그 작성 세부화 정도에 따라서 Level 1, 2, 3으로 구분될 수 있다.

- Level 1(하향식 업무흐름도) : 회사의 프로세스가 매우 복잡한 경우에는 상세화된 업무흐름도는 일반적인 업무흐름을 나타내기에 너무 복잡할 수 있다. 이러한 경우에는 하향식의 6~7개의 활동으로 단순화된 업무흐름도가 업무흐름을 직관적으로 설명할 수도 있다. 하지만 Level 1의 하향식 업무흐름도는 단순한 업무흐름만을 나타내기 때문에 구체적인 위험의 원천과 관련된 내부통제점을 도출하기에 충분하지 않을 수 있다. 하향식 업무흐름도는 하위 프로세스 수준에서 사용되기보다 상위 프로세스와 하위 프로세스 간의 관계를 나타내는데 유용할 수 있다.
- Level 2(부서를 구분하지 않는 업무흐름도) : 업무실행의 흐름과 의사결정라인을 알기 쉽게 도형으로 표현한다. Level 2의 업무흐름도에서는 부서를 구분하지는 않지만 입력정보, 활동, 인터페이스와 산출물을 표현하기 때문에 위험의 원천과 관련된 내부통제점을 이해할 수 있다. 이러한 Level 2의 업무흐름도는 재무제표 마감일의 결산활동과 같이 다양한 부서에 영향을 미치는 하위 프로세스에는 적합하지 않지만, 그 대부분의 활동이 1개 부서에서 이루어지는 경우에는 유용하게 사용될 수 있다.

- Level 3(부서를 구분하는 업무흐름도) : 이 단계의 업무흐름도는 프로세스 내에 존재하는 부서별로 수행되는 활동을 표시하는 방법이다. 관련된 위험이 부서 간의 활동에서 발생하지 않거나, 재무제표 작성과정에 있어서 중요한 프로세스가 아닌 경우에는 불필요하게 복잡한 업무흐름도가 작성될 수도 있다. 하지만, 회사의 규모가 클수록 한 개의 부서 내에서 업무가 처리되기보다 부서 간 업무분장으로 위험이 다각도에서 관리되는 경우가 많다. 이러한 경우에는 Level 3 업무흐름도는 업무의 내용(혹은 관련위험)을 입체적으로 분석할 수 있어 구체적인 분석의 도구를 제공한다. Level 3 업무흐름도는 실무적으로는 가장 많이 쓰이는 방법이다.

예시 업무흐름도 작성 기호

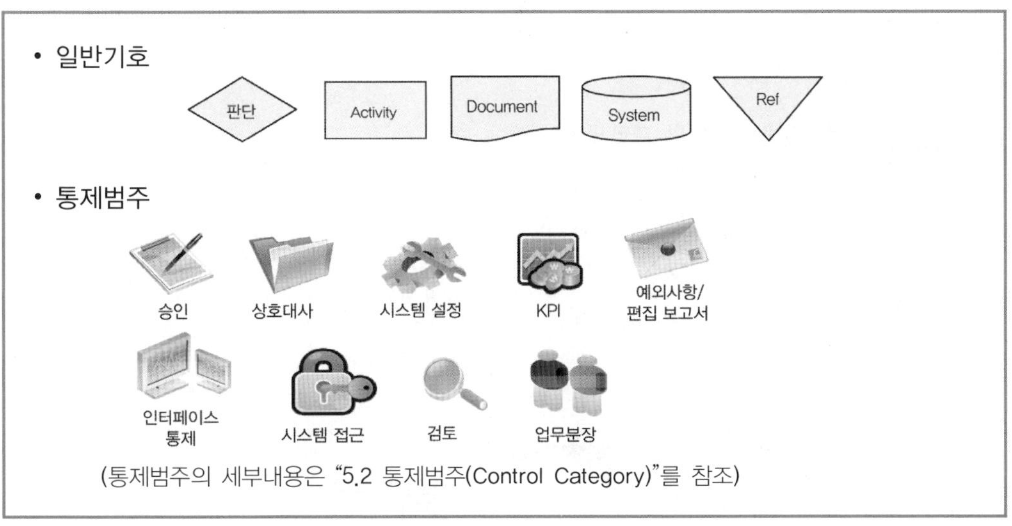

예시 업무흐름도 - 상위 프로세스 수준

상위 프로세스 수준 업무 흐름도(Mega process level flowchart)

	Cycle	경 영 관 리	최 종 수 정 일	
	Mega Process	고 정 자 산	작 성 자	

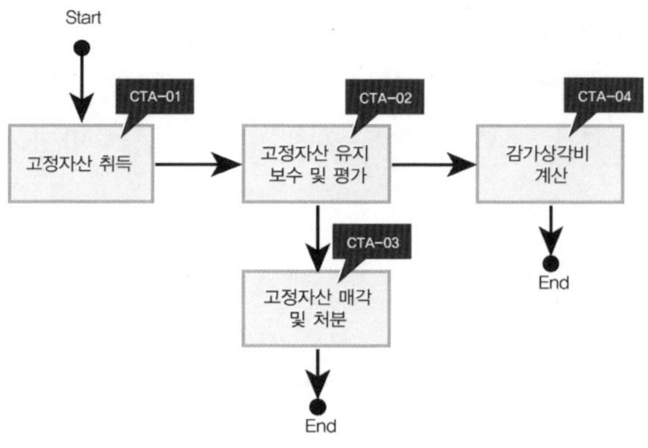

예시 업무흐름도 - 하위 프로세스 수준

하위 프로스세 수준 업무 흐름도(Sub process level flowchart)

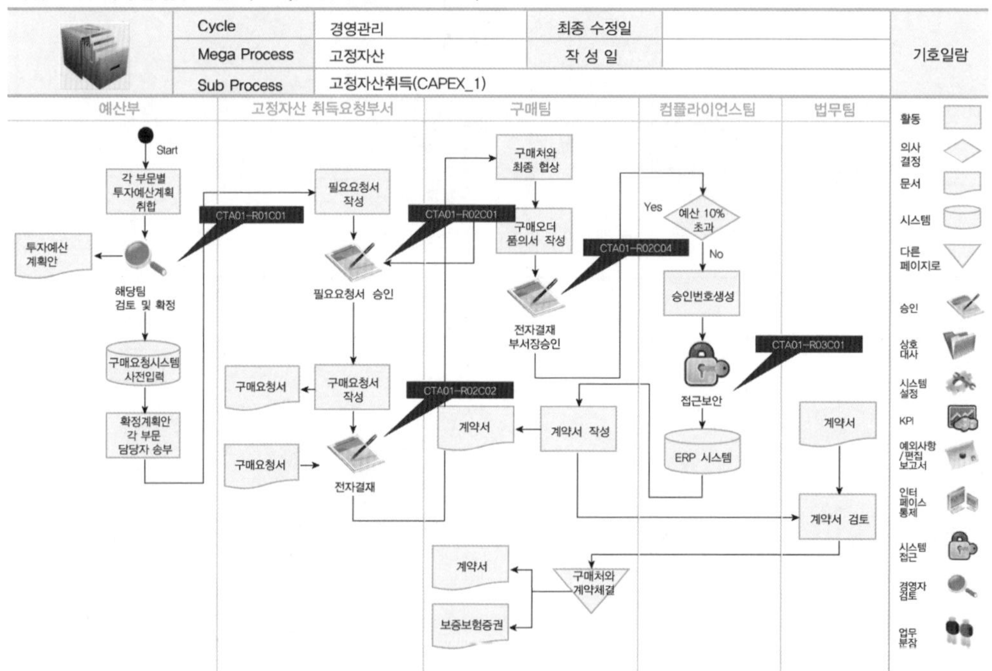

감사인이 회사의 통제설계 문서화가 적절하지 않은 경우 내부통제 미비점에 해당하는지요? 이 경우 감사인이 수행하여야 할 절차는 무엇인가요? (한국공인회계사회 답변)

회사의 통제 설계 문서화는 전사적 수준 통제(예 : 위험평가 프로세스)의 일부입니다. 따라서 감사인이 회사의 통제설계 문서화가 충분하지 않다고 판단하였다면 이는 전사적 수준 통제 미비점에 해당할 수 있습니다.

회사의 통제 설계 문서화가 충분하지 않을 경우 다음과 같이 통제와 연관된 위험이 높아질 수 있으므로, 감사인은 이러한 위험을 반영하여 통제의 설계·운영 효과성 테스트의 성격, 시기, 범위를 조정하여야 합니다.

- 경영진이 통제를 식별하는 데 실패하여 통제가 실행되지 않음.
- 통제 수행에 책임이 있는 사람에게 적절한 커뮤니케이션이 이루어지지 않아 통제가 효과적으로 운영되지 않음.
- 통제가 모니터링되지 않음.

5.4.2 위험식별 및 내부통제의 파악

"위험식별 및 내부통제 파악" 단계에서는 업무기술서와 업무흐름도에 의한 프로세스의 이해를 기반으로 위험을 식별하고 그 위험에 대한 내부통제를 파악한다. 위험 및 내부통제의 내용은 통제기술서(RCM)에 기술되고 관리된다.

5.4.2.1 통제기술서(RCM : Risk Control Matrix) – 위험식별 및 내부통제 파악 단계

통제기술서는 위험을 식별하고 내부통제를 파악하며 그 내부통제를 평가하기 위한 절차들에 대해 체계적으로 관리하기 위해 작성되는 총괄표이다. 통제기술서는 하위 프로세스 단위로 작성된다.

5.4.2.2 위험식별(risk identification)

실무적으로 내부회계관리제도가 제대로 작동하지 못하거나 기대효과가 낮은 이유는 내부회계관리제도를 내부통제의 관점에서만 바라보기 때문이다. 내부회계관리제도는 내부통제라는 개념보다 더 확장하여 재무제표 왜곡표시라는 위험을 대응하고 적발할 수 있는 위험관리시스템(Risk management system)으로 바라보는 것이 바람직하며, 내부회계관리제도 설계 및 운영 개념체계, 평가 및 보고 기준에서도 이러한 관점은 동일하다.

이러한 위험관리시스템이 적절하게 작동하기 위해서 가장 중요한 내용 중 하나가 위험도출(risk identification)이라고 해도 과언이 아니다. 하지만, 위험을 도출하고 기술하는 것은 실무적으로 내부회계관리제도 구축 시 가장 어려운 부분 중의 하나이다.

위험이 부적절하게 작성되는 이유는 크게 두 가지인데, 첫 번째로는 위험에 대한 개념정립 없이 위험을 도출하는 경우이다. 내부회계관리제도의 목적을 살펴보았을 때 기본적으로 경영자 주장 왜곡을 유발하는 고유위험(inherent risk)으로 기술되어야 한다. 하지만 실무 적용 시에 '~적절한 승인을 득하지 않을 위험'과 같이 통제의 실패상황(통제위험)을 기술하는 경우가 많이 발생하였다.

두 번째로는 위험의 기술이 구체적이지 않다는 점이다. 모호하거나 너무 상위수준(high level)으로 기술된 위험은 관련된 내부통제가 그 위험을 예방하거나 적발할 수 있는지 판단을 어렵게 한다. 구체적 위험 기술은 많이 경험과 지식을 필요로 하나 경험부족 등의 이유로 '~적정하지 않을 위험', '~적합하게 통제되지 않을 위험', '~재무제표가 왜곡표시될 위험' 등의 표현과 같이 포괄적으로 기술된 사례가 다수 발견되었다.

예시 잘못된 위험의 기술

내부회계관리제도下 잘못된 위험의 기술	내부회계관리제도 기대효과를 낮추는 원인
- 자금지출과 관련된 적절한 승인이 이루어지지 않을 위험	고유위험(inhernet risk)으로 위험이 식별되어야 함.
- 매출채권의 실재성이 훼손될 위험	모호함(결과만 포괄적으로 표현).
- 적절하지 않은 거래로 재무제표가 왜곡표시될 위험	모호함(원인과 결과가 너무 포괄적).
- 안전장치의 미설치로 인해 중대한 인명사고가 발생할 위험	Operation 위험은 ICFR의 대상이 아님.
- 주요 외환거래를 신고하지 아니하여 법령을 위반할 위험	Compliance 위험은 ICFR의 대상이 아님.

하지만, 위험도출 자체가 머리로 쉽게 이해된다고 하더라도 실무적으로 가장 어려운 부분 중의 하나이기 때문에 아래의 단계별 접근법을 따른다.

① (단계1) 위험의 정의

위험의 도출을 위해서는 위험을 정확하게 정의하고 이해하는 것이 필요하다. 그러하지 않다면 내부회계관리제도에서 목적하고 있지 않은 엉뚱한 위험을 도출할 수도 있다.

위험(risk)은 불확실성(uncertainty)하에서 특정 상황이 발생할 수 있는 잠재적인 가능성이라 할 수 있다. 이는 무엇이 잘못될 수 있는가(What could go wrong?)란 질문에서 출발한다. 무엇이 잘못될 수 있다 것은 조직의 목적 달성이 방해받고 저해될 수 있다는 의미이다. 따라서, 조금 더 구체적으로 위험을 다시 정의하자면 조직의 목적(objectives) 달성을 저해하는 것으로 정의할 수 있다.

그러므로 위험은 목적에 따라서 다르게 정의될 수 있으므로, 내부회계관리제도하에서 위험의 의미를 파악하기 위해서는 내부회계관리제도의 목적을 살펴볼 필요성이 있다.

내부회계관리제도의 1차적인 목적은 재무제표의 신뢰성을 확보하기 위한 것이다. 부수적으로 운영의 효과성 및 효율성 제고 목적이나 법률 및 법규의 준수 목적이 재무제표의 신뢰성 확보와 관련이 있는 경우에는 관련사항도 내부회계관리제도의 범위에 포함된다. 내부회계관리제도 평가 및 보고 기준 문단8에서도 경영진은 개별적으로 또는 다른 요소와 결합하여 재무제표에 중요한 왜곡표시를 발생시킬 수 있는 재무보고 위험을 식별하도록 규정하고 있다. 내부회계관리제도 설계 및 운영 개념체계 (원칙 8) 부정위험 평가에서는 부정한 재무보고, 자산의 보호 및 부패를 위험의 범위에 포함하도록 하고 있으므로 이를 함께 고려하여야 한다.

내부회계관리제도 목적이 재무제표의 신뢰성(reliability of financial reporting)을 확보하는 것이라면 위험이란 궁극적으로는 재무제표의 신뢰성을 저해하는 것이다. 재무제표의 신뢰성이란 재무제표에 대한 경영자 주장(assertions)에 대한 믿음이라고 할 수 있으므로, 재무제표의 신뢰성을 저해하는 위험은 재무제표 계정과목에 대한 경영자 주장이 왜곡될 수 있는 상황을 의미한다고 할 수 있다.

내부회계관리제도에서의 식별해야 하는 위험을 나열하면 다음과 같다.

- 재무제표에 대한 경영자 주장이 왜곡될 수 있는 상황(재무제표 신뢰성에 영향을 미치는 운영의 효과성/효율성과 규정/법률 준수의 왜곡상황을 포함한다)
- 자산의 보호가 실패할 수 있는 상황
- 부패 방지가 실패할 수 있는 상황

| 내부회계관리제도하의 위험의 의미 |

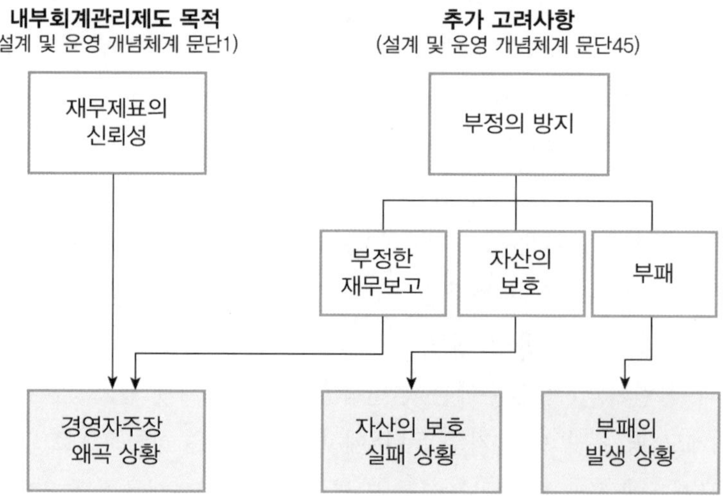

| 위험의 정의 단계에서 주요 개념 요약 |

구 분	내 용
위험	• 목적(objectives) 달성을 저해하는 것
내부회계관리제도의 목적	• 외부에 공시되는 재무제표의 신뢰성(reliability of financial reporting)을 제고하는 목적
부정위험 평가	• 설계 및 운영 개념체계 및 평가 및 보고 기준에서 부정위험을 포함할 것을 명시하고 있으며, 부정위험은 아래의 3가지 항목으로 구분됨. ① 부정한 재무보고(fraudulent reporting) ② 자산의 보호(남용)(asset misappropriation) ③ 부패(corruption)
내부회계관리제도하 위험 정의	• (위험 1) 계정과목의 경영자주장 왜곡표시 상황 → 재무제표 신뢰성 목적(설계 및 운영 개념체계 문단1) 달성 저해 → 부정한 재무보고(원칙 8, 평가 및 보고 기준 문단2.사) • (위험 2) 자산의 보호가 실패할 수 있는 상황 → 자산의 보호(남용)(원칙 8, 평가 및 보고 기준 문단2.사) 저해 • (위험 3) 부패 방지가 실패할 수 있는 상황 → 부패(원칙 8, 평가 및 보고 기준 문단2.사)

내부회계관리제도 평가 및 보고 기준

7. (재무보고 위험의 식별)
   가. 경영진은 개별적으로 또는 다른 요소와 결합하여 재무제표에 중요한 왜곡표시를 발생시킬 수 있는 재무보고 위험을 식별하여야 한다.
   나. 경영진은 사업 및 조직, 운영과 업무프로세스에 대한 지식과 이해를 바탕으로 재무보고요소의 왜곡표시가 발생하는 원천과 왜곡표시가 발생할 가능성을 고려하여야 한다. 이 과정에서 재무보고요소의 양적 요소와 질적 요소를 고려한다.
   다. 경영진은 재무보고 위험을 식별하는 과정에서 부정위험을 고려하여야 한다. 이때, 회사의 경영진(회사의 경영에 사실상 영향력을 미칠 수 있는 자 포함)이 회계정보의 작성 및 공시과정에 부당하게 개입하여 내부회계관리규정이나 통제를 무시할 위험을 평가하여야 한다.

② (단계2) 위험 프로파일링

내부회계관리제도에서 식별해야 하는 위험의 종류가 이해되고 식별되었다 하더라도 구체적인 위험을 찾아내기에는 한계가 있다. 위험을 구체화 되지 않으면 위험관리시스템에서는 아무 소용이 없으므로 구체화하고 상세화하는 작업이 필요하다. 하지만, (단계1)에서 바로 상세화된 위험을 찾아내기에 불가능하므로 (단계2) 위험 프로파일링 단계를 거쳐서 (단계3) 구체화하는 작업을 진행한다.

위험 프로파일링이라는 것은 위험의 외형(outline of risks)를 기술하는 단계이다. 업무수준통제에서 찾아야 하는 위험은 아직 내부통제를 대응시키기 전에 발생한 위험이므로, 위험 프로파일링은 통제위험이나 적발위험이 아닌 고유위험(inherent risk)을 나타내야 한다. 이는 고유위험으로 기술되어야 관련 통제활동이 해당 위험을 차단하는 데 유효한 것인지 판단할 수 있기 때문이다.

Q 예시 위험 프로파일링

- 프로세스 : 급여의 지급
- 관련 계정과목 : 급여
- 경영자 주장 : 발생사실
- 위험 프로파일 : 급여의 발생사실이 왜곡표시될 위험

이 단계에서는 Scoping 단계에서 파악된 정보를 그대로 이용하여 조합한다. 따라서, 추가적인 분석이 필요하지 않으며 해당 프로세스, 유의한 계정과목, 경영자 주장은 실무적으로 작성하는 scoping table(범위선정테이블)의 내용을 이용한다.[69)]

❑ 감사위험(Audit risks)

감사위험은 '중요한 왜곡표시가 포함된 재무제표에 대하여 감사인이 부적합한 감사의견을 표명할 위험'을 말한다. 감사인이 부적합한 감사의견을 표명하기 위해서는 회사의 재무제표에 중요한 왜곡표시가 존재해야 하고 감사인이 그 중요한 왜곡표시를 적발하지 못했어야 한다. 따라서 감사위험은 중요왜곡표시위험과 적발위험 때문에 발생하는 것이고, 중요왜곡표시위험은 고유위험과 통제위험으로 인하여 발생하므로 다음과 같이 표현할 수 있다(회계감사, 도정환).

감사위험(AR) = 중요왜곡표시위험(RMM) × 적발위험(DR)

↓

감사위험(AR) = 고유위험(IR) × 통제위험(CR) × 적발위험(DR)

구 분	내 용
고유위험 (Inherent risk)	고유위험이란 모든 관련 통제를 고려하기 전에 거래유형, 계정잔액 혹은 공시에 대한 경영진 주장(=경영자 주장)이 개별적으로 또는 다른 왜곡표시와 합칠 때 중요하게 왜곡표시될 가능성을 의미한다.
통제위험 (Control risk)	통제위험이란 거래유형, 계정잔액 혹은 공시에 대한 경영자 주장에서 발생할 수 있으며, 개별적으로 또는 다른 왜곡표시와 함께 중요할 수 있는 왜곡표시가 기업의 내부통제에 의해 적시에 예방되거나 발견, 수정되지 못할 위험을 의미한다.
적발위험 (Detection risk)	감사위험을 수용가능한 낮은 수준으로 감소시키기 위해 감사인이 수행하는 절차가 개별적으로 또는 다른 왜곡표시와 합칠 경우 중요할 수 있는 왜곡표시를 발견하지 못할 위험을 의미한다.

③ (단계3) 구체화 및 세분화

구체화 되지 않거나 뭉뚱그려진 위험은 관리될 수 없으므로 위험관리시스템에서는 아무런 가치가 없다. 따라서, 프로파일링된 위험을 구체화 및 세분화하여 관리 가능한 영역으로 변환시키는 작업이 필요하다.

위험 프로파일링에서 살펴본 바와 같이 계정과목별로 파악된 경영자 주장과 자산 보호, 부패의 내역에 따라 위험을 세분화 및 구체화한다. 위험은 구체적이고 이해하기 쉬워야 하는데

---

69) 해당내용은 "3.4.1 유의한 계정과목 및 주석정보의 파악", "3.4.2 경영자 주상의 식별", "3.4.3 유의한 업무프로세스의 파악"에 기술되어 있다.

'왜' 혹은 '무엇'이 잘못되어 결국 '어떤 영향'을 미치는지에 대해 기술된다(원인-결과).

고유위험을 발생시키는 원인에 대해서 살펴보면, 이러한 위험의 세분화의 과정에 대해 감사기준서 1100에서는 위험을 구체화하는 과정을 잠재적 왜곡위험의 가능한 원천(LSPM, likely sources of potential misstatement)으로 명명하고 있으며, 미국감사기준서 AS2110 Identifying and Assessing Risks of Material Misstatement에서는 위험의 원천에 대해 아래의 두 가지로 구분하여 제시하고 있다.[70)]

- Company specific factors(기업내부요소)
- External factors(외부요소)

기업내부요소는 거래 프로세스에 내재된 원인을 의미하며 외부요소는 기업이 처한 산업 및 환경에 따른 외부적 원인을 의미한다.

예를 들어 보면, 만약 우리회사는 신입사원이 매년 12월 15일에 200명 정도 입사한다고 가정하여 보자. 반면, 회사의 급여대장은 매월 초에 작성되어 승인되고 급여의 지급은 매월 영업일 말일에 지급된다. 이러한 회사의 프로세스에 의해 신입사원 200명의 12월 급여는 그 다음해 1월달 급여대장에 반영되고 한달 보름치가 지급된다. 이러한 실무를 backpay라고 하는데, 실제 신입사원의 급여가 입사한 다음달에 지급되는 사례는 쉽게 접할 수 있다.

이러한 회사의 특정한 프로세스 때문에 발생하는 위험이 있을 수 있다. 재무제표의 관점에서 200명이 근로용역을 제공하였으나 급여(미지급비용)가 발생주의에 의한 회계처리가 누락될 수 있다. 이러한 위험은 기업내부요소(company specific factor)에 의한 원인이 될 것이다.

또 다른 사례로 상장회사가 시장조치 대상 재무기준에 근접한 경우가 있을 수 있다. 이러한 주요 재무기준은 유가증권시장 상장규정 및 코스닥시장 상장규정에 기술되어 있다. 산업이 침체기에 들어 매출이나 영업이익이 부족하여 발생하는 시장조치를 회피하기 위해 정관을 개정하여 예술품 거래를 주된 영업으로 포함시키고, 예술품을 저가에 구입하여 고가에 매각하는 형식으로 가공 매출을 계상하거나 영업이익으로 포함시키는 경우가 있다.[71)] 이러한 사례도 외부요소(external factor)에 의한 재무제표 왜곡표시 원인으로 생각할 수 있다.

---

70) AS 2110: Identifying and Assessing Risks of Material Misstatement. (paragraph 5)Risks of material misstatement can arise from a variety of sources, including external factors, such as conditions in the company's industry and environment, and company-specific factors, such as the nature of the company, its activities, and internal control over financial reporting.

71) 이러한 거래는 예술품을 중간에 매개로 사용하였으나 시장조치를 피하기 위한 부정행위로 고가 매입자로부터의 차입이나 마찬가지이다(이면계약이 존재할 가능성이 높음).

❑ 상장회사 시장조치대상 주요 재무기준

- 매출액 미달(유가상장 50억 원, 코스닥 30억 원)
- 최근 3년간 2회 이상 법인세비용차감전 사업손실(코스닥)
- 최근 사업연도 자본금 50% 이상 자본잠식

유가증권시장 상장규정 제47 · 48조, 코스닥시장 상장규정 제53 · 54조

위험의 구체화는 이러한 기업내부요소와 외부요소를 원인으로 고려하고, 우선적으로 계정과목의 경영자 주장 왜곡표시위험으로 결론을 기재하는 형식을 취한다.

예시 위험의 기술

원인

- 고유위험(inherent risk)으로 기술되어야 하므로,
  ① 거래의 프로세스에 내재된 원인
  ② 기업이 처한 산업 및 환경에 따른 외부적 원인

결과

- 내부회계관리제도의 위험은 재무제표 신뢰성을 저해하는 것으로,
  ① 경영자 주장의 왜곡
  ② 자산보호 실패
  ③ 부패의 발생
  으로 귀결됨.

12월 중순에 입사한 신입직원의 급여가 차년도 1월에 지급되도록 급여대장이 작성되어(backpay) …

발생주의 회계에 의한 급여 비용처리가 누락될 위험

프로세스를 고려하였을 때 실무절차에 내재된 고유한 위험이 있어서

(계정과목) 급여
(경영자 주장) 발생사실
왜곡될 위험이 존재한다.

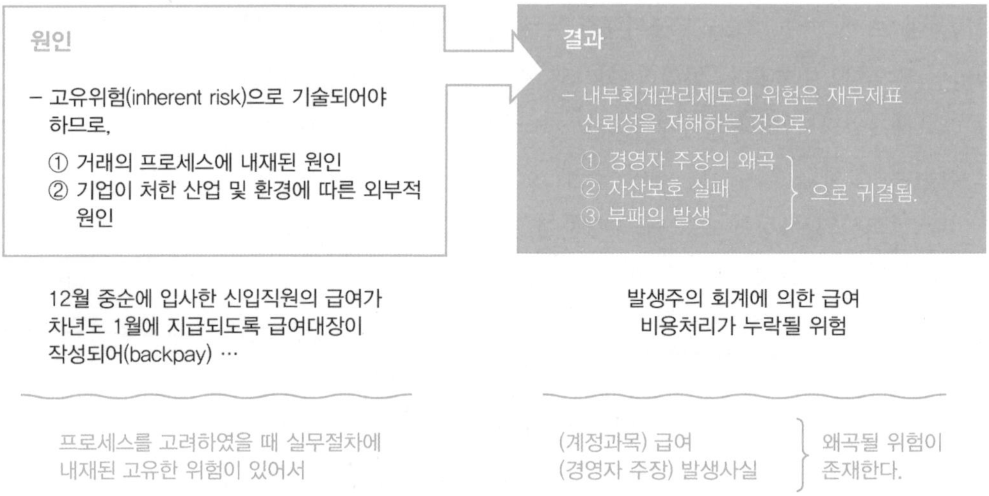

④ 위험의 중요도 판단(risk priority)

위험의 중요도 판단은 위험이 높은 부분에 시간 및 인력의 제한된 자원을 집중적으로 배정하여 효율적, 효과적인 접근을 가능하게 하며 차후에 파악되는 내부통제 설계의 적정성 여부를 사전적으로 파악하는 데도 도움이 된다.

위험의 중요도 판단은 위험의 '발생가능성'과 '금액적 중요성'에 의해 결정되는데 그 결과 값은 높음(High), 중간(Moderate), 낮음(Low)으로 평가한다. 다음은 위험의 중요도 판단 및 요구되는 내부통제 수준을 나타낸 위험판단도표(Risk map, Heat map)이다.

| 위험판단도표(Risk map 혹은 Heat map) |

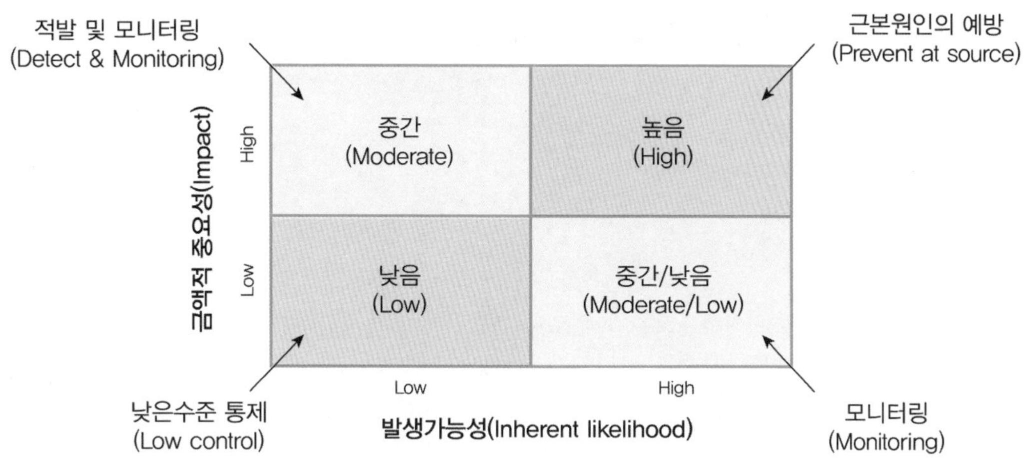

❑ 위험의 중요도 판단(risk priority) 실무적 적용

위험의 중요도를 판단하는 것은 '금액적 중요성'과 '발생가능성'이다. 위험의 중요도(risk priority)를 결정하기 위해서 이 두 가지 요소를 사용할 때에는 일정 부분의 전문가적 판단에 의존해야 할 수 밖에 없다.

하지만, 실무적으로 적용할 때 모든 것을 전문가적 판단에만 의존할 수 없다. 다음과 같이 판단의 기준을 정하여 사용하기도 하므로 참고하기 바란다.

(1) 금액적 중요성과 발생가능성을 두 가지만 분리하는 경우
금액적 중요성은 높음, 낮음으로만 분류한다. 해당 risk exposure가 수행 중요성 금액(performance materiality)보다 큰 경우에는 높음으로 판단하고, 그렇지 않은 경우에는 낮음으로 판단한다.
발생가능성도 높음, 낮음으로만 분류한다. 발생가능성이 50% 이상인 경우(more likely than not)의 경우 높음으로 분류하고, 그렇지 않은 경우에는 낮음으로 판단한다.

		발생가능성	
		낮음	높음
금액적 중요성	높음	Moderate risk	High risk
	낮음	Low risk	Moderate risk

(2) 금액적 중요성과 발생가능성을 세부적으로 분리하는 경우
금액적 중요성을 수행 중요성 기준(performance materiality)의 일정비율로 재무제표에 미치는 영향을 고려하여 판단한다. 구분된 등급에 따라 점수를 부여한다.

- 금액적 중요성의 분류에 따른 배점

등급	재무보고에 미치는 영향의 영향	점수
Negligible	영향 〈 PM * 5%	1
Marginal	영향 〈 PM * 25%	2
Moderate	영향 〈 PM * 50%	3
Critical	영향 〈 PM * 75%	4
Catastrophic	영향 〉 PM	5

발생가능성은 원칙적으로는 확률로써 판단하여야 하지만 평가 및 보고 가이드라인 문단53.나에 따른 사항을 고려하여 그 해당 개수에 의해 배점을 부여한다.

(a) 예외사항의 근본적 발생원인 및 발생빈도
(b) 예외사항의 영향을 받는 계정과목, 주석사항 및 경영자 주장의 내용
(c) 계정과목, 공시사항에 내재된 주관성, 복잡성 및 판단요소의 성격
(d) 관련 자산이나 부채상의 손실, 또는 부정에 관련될 수 있는 민감도
(e) 통제미비점이 장래에 미칠 수 있는 영향의 결과
(f) 통제의 상호의존성 또는 중복성(redundancy)의 정도

- 문단의 해당 개수에 따른 발생가능성 배점

등급	문단53.나 해당 개수	점수
unlikely (improbable)	1개 이하	1
seldom (remote)	2개	2
occasional	3개	3
likely	4개	4
frequent	5개 이상	5

- 위험평가 배점

		발생가능성				
	점수	1	2	3	4	5
금액적 중요성	1	2	3	4	5	6
	2	3	4	5	6	7
	3	4	5	6	7	8
	4	5	6	7	8	9
	5	6	7	8	9	10

– 배점에 따른 위험평가 분류

	발생가능성					
	점수	1	2	3	4	5
금액적 중요성	1	Low	Low	Low	Moderate	Moderate
	2	Low	Low	Moderate	Moderate	Moderate
	3	Low	Moderate	Moderate	Moderate	High
	4	Moderate	Moderate	Moderate	High	High
	5	Moderate	Moderate	High	High	High

⑤ 감독기관의 강조사항

금융감독원에서는 매년 금융감독원 감리사례를 요약하여 공표하고 있다. 동일한 업종이나 계정과목에 따라 유사한 위험이 발생할 가능성이 높으므로 감리사례에 해당하는 위험을 식별하는 절차를 반드시 추가할 것을 권고한다.

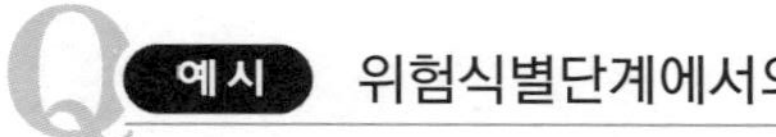

예시 위험식별단계에서의 통제기술서

| 통제기술서(RCM, Risk & Control Matrix) – 위험식별단계 |

Cycle	경영관리
Process	재무보고
Sub-process	결산관리

관련 계정과목에 따른 경영자 주장, 부정방지, 자산의 보호 (Related F/S Accounts and Assertions, Anti-Fraud, Safeguarding of Assets)													위험 식별 및 중요도 판단 (Identify and Prioritize Risks)		
관련 계정과목 (Related F/S Accounts)				재무제표 경영자 주장 (F/S Assertions)							부정방지 (Anti-Fraud)	자산의 보호 (Safeguar-ding of Assets)	위험번호 (Risk No.)	위험기술 (Risk Description)	위험의 중요도 판단 (Risk Priority)
계정1	계정2	계정3	계정4	실재성	완전성	발생 사실	권리와 의무	평가	측정	재무제표 표시 및 공시					
미수 수익	이자 수익	미지급 비용	지급 수수료		●	●	●		●	●			CFR02-R01	회사의 결산이 현금주의에 따라 이루어져 발생주의에 의한 수익 및 비용의 기간귀속이 적정하지 않을 위험이 존재한다.	High
미지급 비용	서비스 비용				●	●			●	●			CFR02-R01	회사의 결산이 현금주의에 따라 이루어져 발생주의에 의한 수익 및 비용의 기간귀속이 적정하지 않을 위험이 존재한다.	Moderate

- Cycle / Process / Sub-process : 통제기술서가 작성되는 프로세스를 기입한다.
- 관련 계정과목(Related F/S Accounts) : 해당 프로세스에서 발생하는 계정과목을 기입한다.
- 재무제표 경영자 주장(F/S Assertions) : 해당 계정과목에 해당하는 경영자 주장 항목을 연결한다(자세한 내용은 '2.4.2 경영자 주장의 식별' 참조).
- 부정방지 / 자산의 보호(Anti-Fraud / Safeguarding of Assets) : 해당 계정과목의 성격이 부정방지와 자산의 보호항목과 관련 여부를 표시한다.
- 위험 기술(Risk Description) : 경영자 주장, 부정방지, 자산보호 등이 실패할 위험을 구체적으로 기술한다.

5.4.2.3 내부통제 파악단계(control identification)

위험을 식별한 이후에는 그 위험을 방지할 수 있는 관련 내부통제 활동을 파악한다. 내부통제 활동의 기술은 6하원칙(5W 1H)에 따라 기술된다. 통제활동의 기술 시에는 누구에 의해서(by whom), 무엇(what)을 어떻게(how) 하는 것인지에 대한 사항은 반드시 기재되어야 한다. 파악된 내부통제에 대해서는 다음과 같은 몇 가지 속성(attribute)을 파악한다.

① **통제의 유형(Control category)** : 통제활동(Control activity)의 하부속성으로 "5.2 통제범주(Control Category)"에서 세부내역에 대하여 설명하였다. 파악된 통제활동의 성격을 구분함으로써 그 특성을 쉽게 판단할 수 있다.

② **예방통제/적발통제(Preventive/Detective)** : 부정이나 오류의 발생을 방지하는 통제절차의 경우 예방통제로 분류하고, 이미 발생된 부정이나 오류를 적발하는 것과 관련한 통제절차의 경우에는 적발통제로 분류한다. 이론적으로는 내부통제가 위험을 발생시키는 원인(root cause)에 위치하고 있는 경우에는 예방통제로 분류하고, 그렇지 않은 경우에는 적발통제로 구분하지만 실무적으로는 위험이라는 이벤트의 발생시점을 기준으로 판단하는 것이 용이하다. 예를 들어 거래의 사전승인, 시스템의 입력통제, 자산에 대한 물리적 접근통제, 업무분장 등은 대표적인 예방통제이며, 경영진 검토, 실물자산에 대한 실사, 은행거래내역 대사 등은 적발통제에 해당한다.

③ **자동화통제/수작업통제(Automated/Manual)** : 컴퓨터 등에 의해 자동으로 수행되는 통제는 자동화통제로 분류하고, 컴퓨터 등에 의해서 자동으로 이루어지지 않고 수작업으로 수행되는 통제는 수작업통제로 분류한다. 전산시스템에서 신용한도를 초과한 주문에 대해 자동으로 해당 거래를 프리징하는 통제활동이나 일반관리비 용도로만 허용된 신용카드에 대해 해외주문건 및 적합하지 않은 사용처에 대해 전산시스템에서 자동으로 승인취소 절차를 진행하는 내부통제는 자동화통제의 대표적인 예시이다. 만약 신용한도를 초과한 거래에 대한 통제목적이 동일하다고 하더라도 전산시스템에서 자동으로 그 내부통제가 작동하는 것이 아니라 승인권자가 신용한도를 일일이 확인하여 승인한다면 이는 수동통제로 분류된다. 만약 수동통제라고 하더라도 그 판단의 기준에 사용되는 정보를 전산시스템에 의존한다면 이는 IT의존수동통제(IT dependent manual control)로 구분될 수 있다.[72)]

---

72) 자동화 통제(automated control)와 IT의존통제(IT dependent control)는 모두 IT일반통제의 대상이 되므로 실무상 구분의 실익은 크지 않다.

'예방통제/적발통제'와 '자동화통제/수작업통제'는 '위험의 중요도 판단'에서 결정된 위험의 정도와 연관시킴으로써 내부통제의 유효성을 사전적으로 파악하는 데 사용되며 테스트 플랜 작성 시에도 도움이 된다.

| 통제속성도표 |

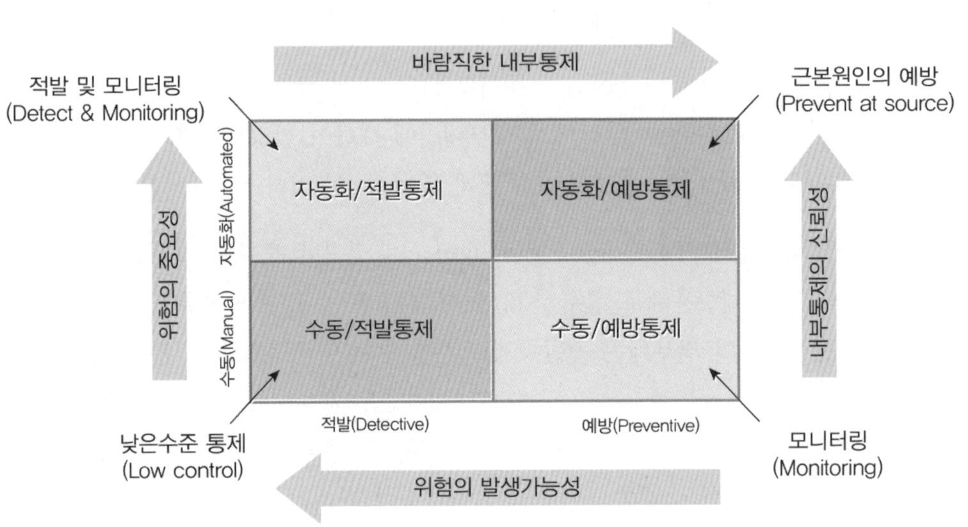

전통적인 내부통제는 수동/적발통제의 영역이었으나, 현대적 내부통제는 자동화/예방통제로 변모하고 있다.

❑ 자동화/예방통제의 활용

내부통제의 속성 면에서 판단하여 보았을 때 자동화/예방통제가 가정 발전된 방식의 내부통제이며 수동화/적발통제는 가장 원시적인 방식의 내부통제로 볼 수 있다.

많은 기업에서는 내부통제의 유효성을 높이기 위해서는 업무효율성을 상대적으로 희생하여야 한다고 생각할 수도 있다. 하지만, 이는 내부통제를 어떻게 설계하고 운영하는지에 따라 달려 있다.

통제유효성을 높이기 위해서 수동화/적발통제 속성의 내부통제를 겹겹이 설계하여 운영하면 업무효율성이 낮아질 가능성이 높아진다. 하지만, 자동화/예방통제 속성의 내부통제를 운영하면 업무효율성을 증가시키면서도 내부통제의 유효성도 높일 수 있는 내부통제를 고안할 수 있게 된다. 이는 전통적인 제조공법에서는 품질과 원가는 반비례한다고 생각하여 왔지만, 제조공정의 혁신을 통하여 원가를 낮추면서 품질을 높일 수 있는 방안을 고안하는 것과 마찬가지이다.

따라서, BPR(Business Process Reengineering) 등의 프로세스 개선작업에서는 특히 자동화/예방통제 개념의 내부통제를 적소에 배치하는 기법이 많이 활용된다.

④ **통제수행의 빈도(Control frequency)** : 통제절차가 수행되는 빈도이며 다음과 같이 구분된다.

- 일별수시(More than daily)
- 일별(Daily)
- 주별(Weekly)
- 월별(Monthly)
- 분기별(Quarterly)
- 반기별(Semi-Annually)
- 연간(Annually)

통제빈도의 결정은 통제절차가 주기적인지 여부와는 관계 없으며 실제 업무에서 해당 통제절차가 수행되는 빈도를 의미한다. 통제활동이 시스템 등에 의해 연속적 혹은 계속적(continuously)으로 이루어지는 경우에도 일별 수시로 분류한다.

⑤ **핵심통제(Key control)** : 각 위험에 대해서는 다양한 통제절차가 존재한다. 다양한 통제절차 중에 해당 위험을 예방 또는 적발하여 위험을 감소시키는 데 가장 직접적인 영향을 미치는 주요 통제절차를 결정한다. 테스트 수행 시에는 일반적으로 주요 통제절차로 선정된 통제절차만을 테스트하게 된다.

만약 모든 통제가 테스트된다면, 테스트가 필요 없는 통제까지 테스트하게 되어 불필요한 시간이 투입될 수 있다.

경영진은 회사에 존재하는 모든 통제를 식별할 필요는 없으며, 재무제표의 중요한 왜곡표시를 효과적으로 예방하거나 적발할 수 있는지 여부를 고려하여 평가 대상 핵심통제를 선정한다(내부회계관리제도 평가 및 보고기준 문단8.나).

이는 불필요한 통제활동에 대해 평가를 수행하게 되어 비효율적으로 내부회계관리제도가 운영될 수 있기 때문이다. 핵심통제의 선정은 평가업무량에 직접적인 영향을 미치게 되어 매우 중요하며, 위험기반접근법(Risk-based approach)에 기반한 내부회계관리제도 구축의 기반이 된다.

핵심통제를 선정하는 대표적인 기준은 잔여위험(residual risk)이다. 잔여위험이란 잠재적으로 존재하는 위험이 통제활동에 의해 감소된 이후에도 제거되지 않고 존재하는 위험인데, 만약 특정한 통제활동에 의해 그 잔여위험이 급격하게 감소한다면(=허용가능한 수준 이내로 감소한다면) 그 통제활동은 핵심통제(key control)로 선정될 수 있다.

| 잔여위험 |

한편, 내부회계관리제도 평가 및 보고 가이드라인 문단 18에서는 핵심통제를 선정하기 위한 다음의 고려사항을 제시하고 있다.

- 재무제표 왜곡표시 위험을 줄이는데 가장 직접적인 영향을 미치는 통제활동으로, 어떤 다른 통제보다도 회사가 해당 계정과목의 왜곡표시 위험을 방지하는 데 가장 우선적으로 고려하는 통제활동이다. 재고자산의 실재성과 관련한 경영진 주장을 만족시키기 위한 재고자산에 대한 강력한 물리적 보안 통제나 정기적인 실사를 예로 들 수 있다.
- 하나 또는 그 이상의 유의한 계정과목, 거래유형과 공시사항의 왜곡표시 감소를 위한 통제활동으로, 이러한 통제를 핵심통제로 선정하는 이유는 중요한 재무보고에 대한 주장과 관련된 통제에 대하여 테스트를 집중하여 평가를 효율적으로 수행하기 위함이다.
- 회사는 철저한 위험관리를 위해 중복적으로 통제활동을 설계하기도 하고, 단계적으로 통제활동을 설계하기도 한다. 그러므로 보완적이고 중복적으로 설계된 통제활동은 핵심통제활동으로 선정하지 않는 것이 일반적이다. 그러나 단계적 통제활동으로 수행되는 통제활동의 정교함이 다르거나 통제가 실패할 위험을 고려하여 의도적으로 핵심통제활동에 포함할 수도 있다.

핵심통제는 내부회계관리제도의 업무량에 직접적으로 영향을 미치게 된다. 하지만 핵심통제 선정에 대한 가이드라인이나 지침이 명확하지 아니하여 실무적인 어려움이 따랐으나, 내부회계관리제도 평가 및 보고 기준과 가이드라인의 적용으로 더욱 심도있는 적용이 기대된다.

예를 들어 감사인이 회사에 핵심통세 선정을 적용하지 않고 식별된 내부통제 전체에 대해 운영평가를 요구(효과적이지만 효율적이지 않음)하거나, 잔여위험이 아니라 잠재위험의 중요도(risk priority)에 따라 '높음(High)'으로 판단되면 관련 모든 내부통제는 핵심통제로 선정하는 등의 방법을 적용하는 등의 잘못된 사례가 있을 수 있다.

모든 내부통제의 설계와 운영을 평가하기보다는 핵심통제에 집중하는 것이 위험기반접근법에 부합하는 방식이다. 따라서 핵심통제를 식별하기 위한 논리적인 절차를 반드시 문서화하고 내부회계관리자 및 감사(위원회)의 평가를 거쳐 확정되는 절차를 마련하여야 한다(평가 및 보고 가이드라인 문단31.가). 핵심통제는 감사인과 사전협의를 통해 방법론 및 적정규모를 협의할 것을 권고한다.

내부회계관리제도 평가 및 보고 기준 문단8.나
경영진은 회사에 존재하는 모든 통제를 식별할 필요는 없으며, 재무제표의 중요한 왜곡표시를 효과적으로 예방하거나 적발할 수 있는지 여부를 고려하여 핵심통제를 선정한다.

평가 및 보고 가이드라인 문단17.나
회사의 모든 통제에 대해 설계와 운영의 효과성을 평가하기보다는 핵심통제를 평가대상으로 선정하는 것이 위험기반평가 방식에 부합하는 방식이다.

평가 및 보고 가이드라인 문단34.나
선정된 핵심통제는 재무제표의 왜곡표시 방지를 위해 반드시 필요한 통제이므로 평가에서 제외하거나 통제 운영자 본인이 직접 평가하는 방안은 적정하지 않다.

평가 및 보고 가이드라인 문단31
위험평가에 기반한 핵심통제 선정과 내부회계관리제도의 효과성 평가 계획은 일정한 형식에 따라 문서화하고 내부회계관리자의 검토 및 감사(또는 감사위원회)의 평가 과정을 거쳐 확정되어야 한다.

예시 핵심통제 선정 사례

핵심통제 선정 양식(예시)

1. 작성목적

핵심통제는 특정 계정과목에 대해 경영자 주장별로 발생가능한 위험에 대응하는 통제활동 중 없어서는 안 될 통제활동을 의미한다. 핵심통제만을 평가대상으로 선정하는 것이 위험기반접근법에 부합하는 방식으로 내부회계관리제도 운영의 효율성을 높일 수 있다.

2. 핵심통제 선정 양식

계정과목	경영자 주장	위험 기술	내부통제 기술	핵심통제 선정기준				
				잔여 위험	통제의 범위	보완통제 여부	부정 위험	경영자 주장
				(1)	(2)	(3)	(4)	(5)

3. 핵심통제 선정기준

(1) 잔여위험 : 관련된 잠재적 위험을 허용 가능한 수준 이하로 줄이는데 직접적인 역할을 하는 내부통제인가? 잔여위험은 핵심통제를 판단하는 우선적 기준이 된다.

(2) 통제의 범위 : 하나 또는 그 이상의 유의한 계정과목, 거래유형과 공시사항의 왜곡표시 감소를 위한 내부통제인가?

(3) 보완통제 여부 : 보완적이고 중복적으로 설계된 통제활동인가? 일반적으로 보완통제는 핵심통제로 선정하지 않는 것이 일반적이다.

(4) 부정위험 : 부정과 관련된 잠재적 위험을 허용가능한 수준 이하로 줄이는 데 직접적인 역할을 하는 내부통제인가?

(5) 경영자 주장 : 계정과목별로 식별된 경영자주장에 대해서는 1개 이상의 핵심통제가 선정되었는가? 식별된 경영자주장에 대하여 핵심통제가 선정되지 않는다면 운영효과성 평가에서 누락될 수 있다.

감사인이 테스트 대상으로 선정한 통제가 경영진의 핵심통제와 차이가 있다면 이는 내부회계관리제도 미비점에 해당하는지요? (한국공인회계사회 답변)

감사인은 경영진이 선정한 핵심통제와 별도로 관련 경영진주장의 왜곡표시위험에 충분히 대처하고 있는지 결론 내리는 데 중요한 통제를 테스트 대상으로 선정합니다.

감사인이 선정한 테스트 대상 통제가 경영진이 선정한 핵심통제에 포함되지 않았다면,

- 감사인은 경영진의 해당 통제를 핵심통제로 선정하지 않은 원인을 분석하여 회사의 위험 평가 프로세스에 미비점이 있는지 평가하여야 합니다. 회사의 위험 평가프로세스에서 미비점이 식별된다면 감사인은 이에 따라 다른 통제 테스트의 성격 · 시기 · 범위를 조정하여야 합니다. 예를 들어 경영진이 해당 통제를 핵심통제로 선정하지 않은 이유가 재무보고에 중요한 영향을 미치는 변화를 식별하는 데 실패하였기 때문이라면 감사인은 그러한 변화에 영향을 받는 프로세스상 통제가 적절히 변경되었는지 평가하는데 더 많은 주의를 기울이고 관련 통제를 테스트 할 때 더 설득력있는 증거를 입수하여야 합니다.
- 감사인은 해당 통제가 실제로 존재하고 통제목적을 달성하도록 설계되었는지 평가합니다. 해당 통제가 실제로 존재하고 통제목적을 달성하도록 설계되었다면 감사인은 해당 통제의 설계 · 운영 효과성을 테스트하되 테스트의 성격 · 시기 · 범위를 결정할 때 해당 통제가 모니터링되지 않는다는 점을 반영하여야 합니다.

감사인이 테스트 대상으로 선정하지 않은 통제를 경영진이 내부회계관리제도 평가 목적으로 테스트하기로 결정한 경우, 경영진이 선정한 핵심통제에 감사인이 선정한 테스트 대상 통제가 완전하고 정확하게 포함되어 있다면 일반적으로 감사인이 추가적으로 고려할 사항은 없습니다.

예시 내부통제 파악단계에서의 통제기술서

| 통제기술서(RCM, Risk & Control Matrix) – 내부통제파악단계 |

Cycle	경영관리
Process	재무보고
Sub-process	결산관리

위험 식별 및 중요도 판단 (Identify and Prioritize Risks)					관련 내부통제 식별 및 분석 (Identify and Analyze related internal control)							
위험 번호 (Risk No.)	위험 기술 (Risk Description)	금액적 중요성 (Significant)	발생가능성 (Inherent likelihood)	위험의 중요도판단 (Risk Priority)	통제목적 (Control Objective)	통제활동 번호 (Control No.)	통제활동 기술 (Control Description)	통제의 유형 (Control Category)	예방/적발 (Preventive or Detective)	자동/수작업 (Automated or Manual)	통제수행의 빈도 (Control Frequency)	주요통제 여부 (Key Control?)
CFR02-R01	회사의 결산이 현금주의에 따라 이루어져 발생주의에 의한 수익 및 비용의 기간귀속이 적정하지 않을 위험이 존재한다.	High	High	High	회사의 결산은 발생주의 회계에 따라 이루어진다.	CFR02-R01C01	미수수익은 주로 국공채 이자수익으로 구성되어 있다. 자금팀의 결산 담당자는 영업외수익의 항목을 검토하여 미수수익의 누락이 있는지 확인한다. 자금팀에서 관리하는 국공채 이자관련 Excel파일에서 미수수익 금액을 계산하고 전표입력한다. 자금팀에서는 전표입력시 임시저장하고 자금팀장의 전기(Posting)로 SAP FI에 입력된다.	경영자 검토	예방통제	수작업통제	월별(M)	–
CFR02-R01	회사의 결산이 현금주의에 따라 이루어져 발생주의에 의한 수익 및 비용의 기간귀속이 적정하지 않을 위험이 존재한다.	High	Low	Moderate	회사의 결산은발생주의회계에 따라 이루어진다.	CFR02-R01C01	해외 모회사와 경영 및 기술적인 Know-how를 제공받는 계약을 체결하고 있으며 이에 대한 비용이 Service fee로 계상된다. 발생주의 회계에 따라 월초 및 월중에 관련 금액에 대한 예상금액을 해외 모회사로 부터 e-mail로 통보받으면 월별로 전표를 입력한다. Service fee는 재무제표에 포함되어 회계팀장 및 CFO의 검토를 받는다.	경영자 검토	적발통제	수작업통제	월별(M)	주요통제

- 통제목적(Control objective) : 해당 통제활동의 목적을 기입한다. 통제목적은 거울과 같이(mirror image) 위험기술의 반대로 작성되기도 한다.
- 통제활동 기술(Control description) : 파악된 통제활동의 내용을 구체적으로 기술한다.
- 통제의 유형(Control category) : 통제범주와 동일한 용어로 통제활동의 내용에 따른 하부속성을 선택한다.
- 예방/적발(Preventive or Detective) : 해당 통제활동이 예방적 성격인지 적발적 성격인지를 구분한다.
- 자동/수작업(Automated or Manual) : 해당 통제활동이 자동화된 성격인지 수작업 성격인지를 구분한다.
- 통제수행의 빈도(Control frequency) : 해당 통제활동이 수행되는 빈도를 선택한다.
- 핵심통제 여부(Key Control?) : 잔여위험 및 기타속성에 의해 해당 통제활동이 핵심통제인지를 구분한다.

5.4.3 프로세스수준 통제평가

"프로세스수준 통제평가" 단계에서는 관련 내부통제에 대해 그 설계에 대한 적정성을 판단하고 그 운영이 유효한지에 대해 평가하기 위한 계획을 수립한다. 통제활동이 유효하게 위험을 감소시키기 위해서는 그 설계가 적합하여야 하고 그 운영이 효과적 · 효율적이어야 한다.

5.4.3.1 통제기술서(RCM : Risk Control Matrix) – 프로세스수준 통제평가 단계

이 단계의 통제기술서에서는 '내부통제의 설계상 유효성 평가(Determine design effectiveness)' 단계와 '내부통제의 운영상 유효성 평가(Determine operating effectiveness)' 단계로 구분된다.

5.4.3.2 내부통제의 설계상 유효성 평가(Determine design effectiveness)

설계의 유효성 평가는 회사의 통제활동이 재무제표 왜곡표시 위험을 예방하거나 적발할 수 있도록 적절히 설계되어 있는지 여부에 초점을 둔다. 내부통제의 설계상 유효성 평가 결과 유효한 부분에 대해서는 운영상의 유효성 평가가 이루어지게 되며, 미비한 부분은 개선권고사항에 반영된다.

내부회계관리제도 평가 및 보고 기준

15. (내부회계관리제도 설계의 효과성 평가)
    가. 경영진은 내부회계관리제도 설계의 효과성에 대한 증거자료를 평가하여야 한다.
    나. 통제 설계의 효과성을 평가할 때는 통제가 정책 및 절차와 긴밀하게 연계되는지, 관련된 위험이 충분히 처리될 정도로 정교한지, 예외사항 발생 시의 대응방안 등이 적절한지를 확인한다.
    다. 설계의 효과성 평가 방식을 결정할 때는 회사의 내부회계관리제도의 변화관리체계 수립 및 적용의 적정성을 고려하여야 한다.

경영진은 매년 설계평가를 수행하여야 한다. 다만, 내부회계관리제도 평가 및 보고 가이드라인 문단41.다에서는 최초 설계평가 이후 관련된 프로세스, 조직 및 시스템의 변화가 없을 경우나 미미한 경우, 통제활동에 영향을 미치는 변경이 존재하지 않음을 확인하는 것으로 설계평가를 할 수 있으며, 변화관리체계가 잘 수립되고 운영되는 경우는 해당 절차를 통해 설계평가를 대체할 수 있다고 규정하여 설계평가에 대한 실무적 부담을 경감하고 있다.

설계상 유효성 평가단계에서 예비적 단계로 '위험판단도표(Risk map)'와 '통제속성도표'를 사용할 수 있다. 위험의 중요도(위험판단도표(Risk map))와 그 위험에 대한 통제활동의 속성(통제속성도표)을 대응시켜 봄으로써 해당 통제활동이 위험을 예방 혹은 적발하기에 적합한지를 예비적으로 파악해 볼 수 있다.

위험판단도표(Risk map)와 통제속성도표에 의한 파악은 설계의 유효성을 최종 판단하는 것은 아니다. 하지만 실제 통제활동의 속성이 위험의 중요성에 따른 필요한 통제활동의 수준을 만족하지 못하는 경우에는 그 파악된 내용을 추적조사(Walkthrough test)의 범위와 설계의 유효성에 대한 최종 판단 시에 고려하여야 한다.

| 위험판단도표와 통제속성도표의 대응(Matching) |

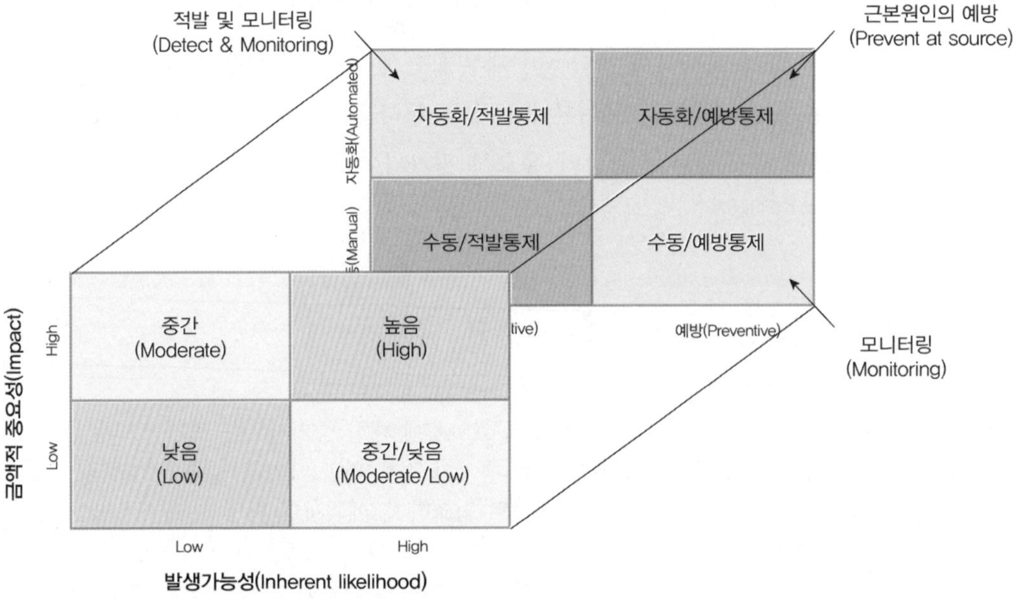

적발 및 모니터링
(Detect & Monitoring)
근본원인의 예방
(Prevent at source)
자동화(Automated)
자동화/적발통제
자동화/예방통제
수동/적발통제
수동/예방통제
예방(Preventive)
모니터링
(Monitoring)
금액적 중요성(Impact)
High
Low
중간
(Moderate)
높음
(High)
낮음
(Low)
중간/낮음
(Moderate/Low)
Low
High
발생가능성(Inherent likelihood)

- 위험에 대해 금액적 중요성과 발생가능성에 따라 중요도 판단을 수행
- 해당 위험의 중요도가 '높음(High)'으로 결론됨(예시).
- 해당 위험의 중요도가 '높음(High)'이므로 위험을 예방 혹은 적발하기 위해서는 통제속성도표의 '자동화/예방통제'가 적합할 수 있음(예시).
- 해당 위험에 대한 회사의 통제활동을 식별하고 속성을 파악
- 실제 통제활동의 속성과 통제속성도표의 '자동화/예방통제'를 비교하여 설계의 유효성을 예비적으로 파악함.

추적조사(Walkthrough test)

내부통제의 설계상 유효성을 평가하기 위해서는 질문, 검사, 관찰, 추적조사 등의 방법이 사용될 수 있다. 이 중 추적조사(WTT, walkthrough test)는 내부통제의 설계상 유효성 평가에 있어서 매우 효과적인 방법이다. 추적조사는 다른 어떠한 방법보다 내부통제에 대한 이해의 폭을 증가시켜 그 설계가 유효한지를 판단하는 데 도움이 된다.

추적조사는 거래 유형별로 1~2개의 거래를 표본으로 추출하여 거래의 시작에서 종료까지 회계장부나 증빙서류 등의 거래 증적에 따라 거래 흐름을 추적하고 관련된 통제활동을 파악하는 것이다.

추적조사는 그 성격상 완전한 테스트의 방법이 아니다. 추적조사는 내부통제의 이해를 증진시켜 설계가 유효한지 파악하는 절차에 불과하며, 추출된 몇 개의 거래가 파악한 통제절차대로 이행되었다고 하여 바로 회사의 내부통제가 양호하다고 평가할 수는 없다. 따라서, 추적조사 후 내부통제의 설계가 유효하다고 판단된 경우에는 그 운영에 대한 유효성을 별도로 테스트하여야 한다.

추적조사가 완료된 부분은 통제기술서에 그 결과에 대해 기재한다. 평가결론을 뒷받침하기 위해 충분하고 적합한 근거를 확보하여야 하며 설계의 효과성에 대한 평가 절차 및 그 결과에 대해 문서화하여야 한다.

추적조사(Walkthrough test) 양식 예시

추적조사 양식(예시)

1. 내부통제 내용

구 분	내 용	비고
Process	자금	
Sub-process	법인카드 관리	
Risk No.	AD0103R09	
Inherent risk	법인카드 사용이 발생하였으나 관련 회계처리가 누락되어 해당 관련비용 및 미지급비용이 누락되거나 혹은 과소하게 계상될 위험	
Risk priority	Moderate	
Control No.	AD0103C09	
Control descprition	재무회계팀장은 계정과목 및 금액의 적정성을 검토하여 해당전표를 승인한다.	
Key control	Yes	
Frequency	월별	
detective/preventive	Preventive	
automated/manual	Manual	

2. 내부통제 유효성 검토

검토사항	검토결과	내용
관련위험을 명확하게 감소시킬 수 있을 정도로 정교한가	해당 계정과목의 위험을 감소시킬 수 있는 내부통제임.	특이사항 없음.
예외사항의 정의와 적시 대응 방안이 포함되는가	해당 결산이 수행되지 않는 경우	특이사항 없음.
통제를 수행하는데 사용된 정보의 신뢰성 확보 방안이 적절한가	해당사항 없음.	특이사항 없음.
통제가 설계되어 수행된 기간은 충분한가	재무제표 개시일로부터 계속적으로 수행되므로 충분함(12개월).	특이사항 없음.
통제 수행자의 적격성은 충분한가	업무에 대한 이해도가 높으며 계속 수행 중으로 특이사항 없음.	특이사항 없음.
통제 수행 빈도는 위험을 적시에 예방하거나 적발할 수 있는가	월결산을 수행하므로 빈도는 적정함.	특이사항 없음.
유의한 계정과목의 중요한 왜곡표시 원천이 완진하게 고려되었는가	해당 계정과목에 대한 완전성이 검토됨.	특이사항 없음.

3. Evidence(확인한 증빙을 첨부)

(1) 지출결의서

품의번호	재무회계팀-202309-15	결재	사원	부장	부장	부사장	대표이사
작성일자	2023-09-13 11:02		1 2023-09-13	2 2023-09-14	3 2023-09-14	4 2023-09-14	5 2023-09-15
기안부서	재무회계팀	합의					
기 안 자							

수신및참조	수정
시 행 자	
시행일자	
제 목	8월 법인카드대금(08.1~08.31 이용금액)

회계일자	2023-08-31		지급요청일자		2023-09-25	
순번	계정분류	적요		증빙구분	증빙일자	법인카드
	프로젝트	거래처	공급가액	부가세	합계	첨부
	예산단위	사업계획	예산계정	예산년월	실행합금액	집행금액
1	선급금	8월 법인카드 이용대금 [[상세]]		기타(해외송금, 선지급건 등)		
		BC카드	26,854,486	0	26,854,486	
					0	0
2	선급금	8월 법인카드_하이패스 이용대금 [[상세]]		기타(해외송금, 선지급건 등)		
		BC카드	903,340	0	903,340	
					0	0
합계			27,757,826	0	27,757,826	

1) 법인카드 대금(08.01-08.31)

부서명/사용자명	카드번호	전월미결제	전표발행금액	당월미결제	이월 취소금액	결제금액	결제금액
대표이사			1,132,500			1,132,500	1,132,500
			1,689,160			1,689,160	1,689,160
			117,300			117,300	117,300
			158,000			158,000	158,000

(2) 전표 승인내역

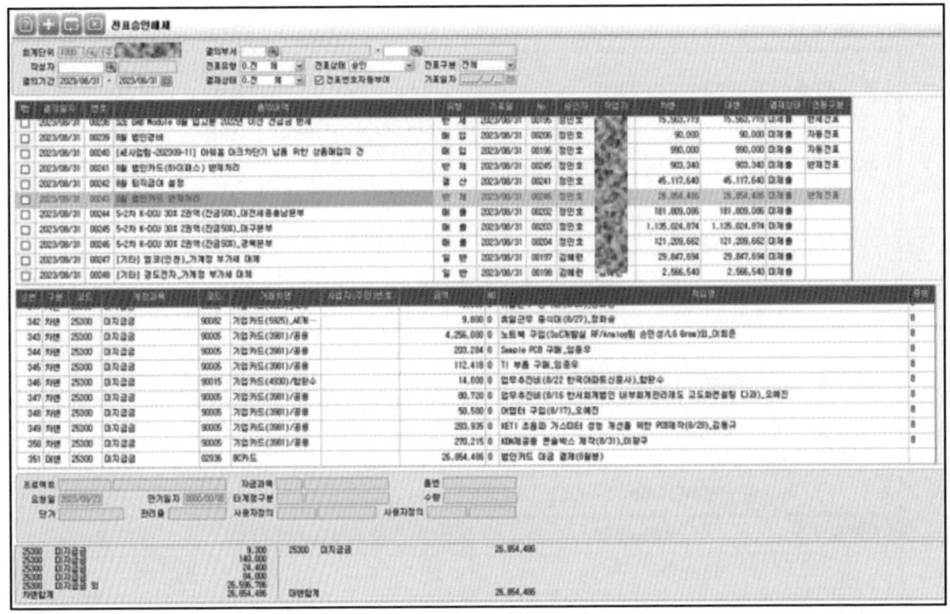

4. 결론

유효 (증빙 및 추적조사 결과 내부통제가 유효한 것으로 판단됨)

5. 통제Gap

- 내부통제 내용 (내부통제 기술 / 통제유형 / 예방, 적발 / 수작업, 자동화) : 내부통제 파악단계에서의 통제 기술서 내용을 참조하여 동일하게 기입한다.
- 내부통제 유효성 검토 : 추적조사를 수행한 내용을 구체적으로 기입한다. 작성은 자유 양식이다.
- 결론 : 추적조사 결과 해당 통제활동이 위험을 충분히 감소시킬 수 있도록 설계되었는지 유효성을 판단한다. '유효' 혹은 '미비'로 기입한다.
- 통제Gap : 설계 유효성이 '미비'로 판단된 경우 필요한 통제활동의 수준 및 내역을 통제Gap란에 기입한다. 통제Gap은 개선권고사항에 포함되어 보고된다.

직전 평가일 이후 내부회계관리제도 설계가 변경되지 않은 경우에도 설계평가를 수행해야 하나요? (내부회계관리제도운영위원회 답변)

경영진은 매년 통제활동 설계의 효과성을 평가하여야 합니다.

다만, 설계·운영 적용기법 문단 83에 따르면 일상적으로 중요한 변화를 파악하고 변화하는 통제의 설계의 효과성을 평가하는 변화관리체계를 유지하는 경우에는 별도의 설계평가를 수행하지 않을 수 있으며, 이와 유사하게 평가·보고 적용기법 문단 97에서는 최초 설계평가 이후 관련된 프로세스 조직 및 시스템의 변화가 없거나 미미한 경우, 통제활동에 영향을 미치는 변경이 존재하지 않음을 확인하는 것으로 설계평가를 할 수 있다고 설명하고 있습니다.

또한, 회사의 내부회계관리제도의 최초 설계와 변화관리체계가 적절하게 운영되는 경우 동 절차로 설계 평가를 대신할 수 있습니다.

변화관리체계는 기중에 발생하는 내부회계관리제도에 미치는 변화사항을 식별하고 위험을 평가하여 대응하는 통제활동의 설계 및 변경을 수행하고 관련 내부회계관리제도 문서를 업데이트하는 절차로 구성됩니다(평가·보고 모범규준 문단 47).

관련하여, 통제활동의 변경 정도를 파악하기 위해 고려할 요소들은 다음과 같습니다(평가 보고 적용기법 문단 98).

- 통제 설계의 변경 정보
- 통제 설계 및 운영의 효과성에 부정적인 영향을 미칠 수 있는 거래량 및 거래성격의 변경 정도
- 해당 통제가 다른 통제(예를 들면 통제환경, 정보기술 일반통제 등)의 효과성에 의존하는 정도
- 통제를 수행하는 중요 담당자의 변경 여부

변화관리

설계의 변화가 없다면 매년 설계평가를 할 필요성이 없을 것이다. 그 이유는 설계평가를 매년 한다고 하더라도 동일한 결론에 도달하기 때문에 비효율적이다. 따라서, 평가 및 보고 기준 및 가이드라인에서는 프로세스, 조직, 시스템 변화가 없거나 미미한 경우에는 변화가 없음을 확인하는 것으로 설계평가를 갈음할 수 있도록 하고 있다.

따라서, 매년 추적조사 등으로 설계평가를 수행하지 않기 위해서는 회사의 내부회계관리제도의 변화관리체계 수립 및 적용의 적정성을 고려하여야 한다. 이는 통제기술서를 포함한 업무흐름도, 관련 정책 및 절차의 업데이트를 포함한다.

변화관리는 업무흐름도가 존재하지 않거나 대규모 변화가 발생하는 경우 변화된 사항으로 인한 위험의 변화가 파악되기 어려운 경향이 존재하므로 업무흐름도 등의 기반 문서가 충분하지 않거나 구체적이지 않은 부분에 대해 추적조사를 수행하는 것이 권고된다.

통제의 변경 정도를 파악하기 위해서는 다음과 같은 요소를 고려한다.[73)]

- 통제 설계의 변경 정보
- 통제 설계 및 운영의 효과성에 부정적 영향을 미칠 수 있는 거래량 및 성격의 변경 정도
- 해당 통제가 다른 통제의 효과성에 의존하는 정도(통제환경, ITGC 등)
- 통제를 수행하는 중요 담당자의 변경 여부
- 이전 평가에서 해당 통제에서 미비점이 식별되었는지 여부

5.4.3.3 내부통제의 운영상 유효성 평가 (Determine operating effectiveness-Test plan)

내부통제의 설계상 유효성 평가가 이루어진 부분에 대해서 운영상 유효성 평가 수행함으로써 경영자는 내부통제가 적절하게 설계되었고 운영되고 있다고 주장할 수 있다. 이 단계에서는 운영상 유효성 평가를 위한 구체적인 테스트 프로그램을 계획하는 단계이다.

테스트 플랜은 각 통제절차가 설계된 대로 유효하게 운영되고 있는지를 확인하는 절차로서, 각 핵심통제(Key control)별로 하나 이상의 계획이 구축되어야 하며 통제절차의 중요도를 고려하여 적절한 테스트 방법을 선정하여야 한다.

내부통제 운영 유효성 평가 시에 중요한 점은 고유위험과 통제위험을 모두 고려하여야 한다는 점이다. 만약 전사수준의 내부통제가 유효하지 않다면 잔여위험을 허용 가능한 수준 이하로 줄이기 위해서 업무수준 내부통제의 운영평가 범위를 확대하여야 할 수도 있다. 또한, 업무수준 내부통제가 효과적으로 운영되지 못할 것이라고 판단되는 경우도 있을 것이다. 이런 경우도 마찬가지로 운영평가의 범위를 확대한다.

예를 들어, 특수관계자 거래, 추정이나 판단이 개입되는 재무제표의 사항은 일반적으로 높은 왜곡표시 위험을 가질 것으로 예상된다. 이러한 항목은 실무적으로도 경영진이 내부통제 무시(control override)가 발생하는 대표적인 항목으로 통제실패위험 혹은 통제위험이 높은 것으로 구분되는 것이 합리적이다.

이렇게 내부통제가 효과적으로 운영되지 못할 가능성(통제실패위험)을 판단할 때 다음

73) 내부회계관리제도 평가 및 보고 가이드라인 문단41.라

을 고려한다(평가 및 보고 기준 문단12.라, 평가 및 보고 가이드라인 문단31.나).

- 통제의 유형(수동/자동통제)과 수행 빈도
- 통제의 복잡성
- 경영진의 통제 무시 위험
- 통제를 수행하기 위하여 필요한 판단의 정도
- 통제를 수행하거나 통제 운영의 적정성을 모니터링하는 인원의 역량
- 통제를 수행하거나 통제 운영의 적정성을 모니터링하는 주요 인원의 변동 여부
- 통제가 예방 또는 적발하고자 하는 왜곡표시의 성격과 중요성
- 통제가 다른 통제활동의 효과성에 의존하는 정도(예를 들어 IT일반통제(ITGC))
- 과거연도 통제 운영의 효과성 평가 결과

재무보고요소와 관련된 위험에 적절히 대처하기 위해 둘 이상의 통제를 조합하여 설계·운영하는 경우 경영진은 개별 통제의 위험 특성을 분석하여야 하며, 통제위험 평가 시에는 관련된 전사수준통제(ELC) 및 IT일반통제(ITGC)의 효과성을 함께 고려한다(평가 및 보고 기준 문단12.마).

즉, 업무수준의 내부통제활동은 전사수준통제 및 IT일반통제가 뒷받침하고 있으며 유효하다는 가정하에 진행하는 것이 일반적이다. 만약, 근간이 되는 전사수준통제 및 IT일반통제가 유효하지 않거나 평가되지 않았다고 한다면, 업무수준 내부통제 활동에 대해 확신을 부여하기 위해서는 운영 유효성 평가의 범위가 확대되어야 한다. 또한, 전사수준통제에서 언급했던 바와 같이 전사수준통제나 IT일반통제가 유효하게 작동한다고 하여 업무수준의 내부통제 유효성의 범위를 완전하게 축소하거나 생략할 수는 없다(평가 및 보고 가이드라인 문단31.나).[74)]

테스트 방법(types of test)

테스트 방법은 질문, 관찰, 검사와 재수행의 네 가지로 분류되며, 통제절차의 중요도, 통제의 성격, 테스트 절차의 이행가능 여부 등을 고려하여 적절한 테스트 타입을 선택한다. 테스트 유형별로 확신을 부여하는 정도는 일반적으로 질문, 관찰, 검사, 재수행의 순서로 증가하며, 동 순서로 업무의 부담도 증가하므로 테스트의 유효성과 효율성을 고려하여 적절한 테스트 방법을 선택하는 것이 중요하다. 하나의 테스트 방법만을 사용하는 것보다

74) 다만, 계정과목의 경영자 주장 왜곡표시위험을 직접 낮추어 줄 수 있는 직접전사통제가 유효한 경우에는 업무수준 내부통제의 테스트 범위를 축소하는 것이 가능하다.

2가지 이상의 테스트를 결합하는 것이 더 큰 확신을 부여한다. 앞서 평가된 위험이 클수록 2가지 이상의 방법을 사용하여 증적을 입수하는 것이 더 바람직하다.

① **질문**(Inquiry) : 질문은 통제절차의 수행 결과가 문서 등의 증적으로 남지 않는 경우에 적절한 테스트 유형으로, 통제를 수행하는 업무 담당자 등에 대한 인터뷰를 통해 통제절차가 유효하게 운영되고 있는지를 확인하는 방법이다. 질문을 수행할 때에는 인터뷰 수행자의 편의(bias)가 없도록 "수행하시는 업무에 대하여 말씀해주시겠습니까" 혹은 "수행하고 계신 업무를 같이 한번 봐도 되겠습니까"와 같은 Open-ended 질문으로 수행하여야 한다. 즉, 인터뷰수행자의 과거경험 및 배경지식에 의해 "해당 업무는 제가 알고 있는 이러한 형식대로 수행되는 것 아닌가요?"와 같이 인터뷰 대상자의 답변을 유도하여서는 안된다. 유효한 질문은 최종적으로 검사 및 관찰과 같은 테스트를 도출해낼 수도 있다. 질문은 그 자체만으로는 충분한 확신을 갖기에 불충분할 수 있으나, 효과적으로 사용된다면 매우 의미있는 결론(혹은 추가적인 테스트 타입)을 도출해 낼 수 있다.

② **관찰**(Observation) : 관찰은 통제절차의 수행 결과가 문서 등의 증적으로 남지 않는 경우에 적절한 테스트 유형으로, 수행되는 업무 처리절차 등을 테스트 수행자가 직접 관찰함으로 통제절차가 유효하게 운영되고 있는지를 확인하는 방법이다. 관찰의 방법은 자산에 대한 물리적 통제, 업무분장과 같이 문서화된 형태의 증적을 남기지 않는 내부통제를 테스트할 때 유리하다.

③ **검사**(Inspection, Examination) : 검사는 통제절차의 수행 결과가 문서 형태의 증적으로 남는 경우에 적절한 테스트 유형으로, 테스트 수행자가 관련 문서를 검사함으로써 통제절차가 유효하게 운영되고 있는지를 확인하는 방법이다.

④ **재수행**(Re-Performance) : 재수행은 테스트 수행자가 통제절차를 재수행하여 기존의 통제절차 수행결과와 비교하여 통제절차가 유효하게 운영되고 있는지를 확인하는 방법으로, 테스트 수행에 대한 업무 부담은 가장 크지만, 가장 효과적인 테스트 방법이다.

실무적으로 테스트를 수행할 때 문서증거를 입수할 수 없는 상황이 존재한다. 이러한 경우에 테스트 수행자(평가수행자)는 문서검사 이외의 질문, 관찰, 재수행 등의 방법을 복합하여 적용할 수 있다. 하지만 관찰과 같은 방법은 유효한 테스트가 되기 위한 상황이 제한적이며 관찰되지 않은 시점에도 통제가 효과적으로 운영된다는 증거를 충분히 세공하지 못할 수도 있다. 또한 고도로 주관적인 검토통제와 같이 통제의 성격상 재수행이 불가능한 경우도 있다. 테스트 수행자가 관찰이나 재수행으로 효과적인 테스트를 수행할 수 없는 속성의 내부통제인 경우에는 내부통제 수행 전 설계단계에서 문서증거를 구비하도록 하는 것이 바람직하다.

감사인이 승인통제의 운영효과성을 테스트할 때 승인 대상이 되는 내용까지 테스트하여야 하나요? (한국공인회계사회 답변)

운영효과성 테스트 시 승인 대상이 되는 내용까지 검토해야 하는지는 통제의 성격에 따라 다릅니다.

해당 통제가 단순히 거래의 유효성을 확인하고 승인하는 통제(예 : 특정 금액 이하의 구매 승인)라면 전결규정에 따른 승인 여부만 테스트할 수 있습니다.

그러나 해당 통제에 검토활동(review element), 즉 특정한 정보를 검토하고 검토의 결과에 기초하여 필요한 조치를 취하는 활동이 포함된다면 승인권자가 검토하는 정보, 승인 전에 이루어지는 일련의 검토과정을 테스트하여야 합니다.

표본추출(샘플링) 방법(type of sampling)

테스트 시에 전수검사를 실시할 수도 있지만 테스트의 효율성 측면에서는 바람직하지 않으므로 표본추출에 의한 테스트가 수행된다. 표본추출에 의해 테스트를 수행한다는 것은 또 다른 위험에 노출된다는 것을 의미하는데, 그 위험을 표본위험(sampling risk)이라고 한다. 표본위험은 표본추출에 의한 결론이 모집단 전체를 전수조사 했을 때와 결론이 달라질 수 있는 위험을 의미한다[75]. 표본위험을 관리하기 위한 대표적인 기법은 통계적 감사기법을 사용하는 것이다. 통계적 감사기법이란 통계적 방법에 의해 표본을 추출하고 그 결론을 해석함에 있어서도 통계학을 이용한다는 특징이 있다.[76]

표본추출 방법에는 무작위추출, 화폐단위표본추출(MUS), 판단적 추출, 속성표본추출, 구간표본추출 등 다양한 방법이 존재한다. 이중 통계적 방법에 의한 표본추출 방법은 무작위 추출과 화폐단위표본추출이다.

---

75) 표본위험은 과대신뢰위험(β risk)과 과소신뢰위험(α risk)으로 구분할 수 있으며 세부적인 설명은 '6.6.1 표본위험'을 참고하기 바란다.

76) '6.6 예외사항 평가 및 미비점 분류의 구체적 적용' 참조

표본추출 방법은 일괄적으로 적용되는 것이 아니며 통제활동 및 테스트의 성격, 시기, 범위 등을 고려하여 선택하게 된다.

Protiviti의 Guide to the Sarbanes-Oxley Act : Internal Control Reporting requirement에서는 표본추출 방법(혹은 샘플링 개수)을 적용할 때 다음의 사항을 고려할 것을 권고하고 있다.

구 분	내 용
경영진과 프로세스 오너의 이해 수준	특정 통제활동이 수행될 때 모집단에서 발생할 수 있는 예외사항에 대한 경영진과 프로세스 오너(process owner)의 이해 수준 ➡ 특정 프로세스에서 예외사항이 많이 발생할 것으로 예상된다면 그 샘플링 방법과 수를 확대하는 것을 고려하여야 한다.
핵심 프로세스	중요한 재무제표의 구성요소에 영향을 미치는 핵심 프로세스인지의 여부 ➡ 중요한 계정과목(매출 및 매출원가 등)에 영향을 미치는 프로세스는 그 샘플링 방법 및 수가 확대되는 것이 바람직하다.
전사통제 유효성	전사수준 통제의 유효성 여부 ➡ 전사수준 통제가 유효하지 않다면 프로세스 수준에서 샘플링 방법 및 수가 확대되는 것이 바람직하다.
거래 및 데이터	개별 통제활동 및 관련 데이터의 성격 ➡ 통계적 샘플링 방법을 적용할 수 있도록 데이터가 충분하고 적합한지 여부를 고려하여야 한다.

각 표본추출 방법은 다음과 같다.

① **무작위 추출**(Random) : 무작위 추출은 모집단의 모든 항목이 선택될 확률이 동일하며 한 항목의 선택이 다른 항목의 선택에 영향을 미치지 않는다는 요건을 갖춘 방법으로 난수표 또는 컴퓨터 소프트웨어를 통해 선택된다. 예를 들어 로또645의 자동번호생성과 같이 추출하는 자의 편의가 반영되지 않아야 한다.

② **화폐단위표본추출**(MUS, Monetary Unit Sampling) : 모집단이 금액으로 구성된 경우에 모집단의 각 항목을 금액순으로 차례로 정렬하고, 무작위로 특정 출발점을 정한 뒤 일정간격을 설정하고 각 간격에 해당되는 항목을 추출하는 방법을 말한다. MUS는 회계감사 소프트웨어를 활용할 수 있다. 이 경우 신뢰수준과 표본수를 입력하면 자동으로 추출된다. MUS는 모집단에 어떤 특정 주기가 있는 경우 표본이 모집단을 대표하지 못할 수도 있다. 반면, 이 방법의 장점은 잔액이 더 큰 항목의 추출기회를 높임으로써 이들 항목에 대한 검증이 집중되도록 하면서도 표본의 크기를 줄

일 수 있다.

③ **판단적 추출**(Judgmental) : 평가자가 자신의 판단, 직관 및 경험을 바탕으로 부정이나 오류를 포함하고 있을 것으로 예상되는 금액이 크거나 비정상적인 항목을 표본으로 추출하는 방법이다. 판단적 추출법은 전적으로 판단에 의해 추출하므로 표본의 대표성을 확보하기가 어렵다. 하지만 경험과 숙련도가 높은 평가자가 수행한다면 효율 및 효과를 증대시킬 수 있다. 다른 방법의 실무상 어려움으로 대부분 판단적 추출법을 적용하는 경우가 대부분이다.

④ **속성표본추출**(Attribute) : 모집단에 부정이나 오류가 특정 속성을 포함하는 경우에 비율 및 발생빈도를 추정하기 위해 사용된다. 속성표본추출은 부정이나 오류의 금액적 크기보다는 비율 및 발생빈도를 추정하여 예외사항이 전체모집단에서 차지하는 이탈율을 추정한다. 속성표본추출은 모집단에서 이탈 또는 오류가 푸아송 분포를 따른다고 가정한다.

⑤ **구간표본추출**(Stratified random, **층화표본추출**) : 모집단을 구간별로 층화 또는 분할하여 동질적인 몇 개의 집단으로 구분한 후 각 집단으로부터 무작위 추출로 표본을 선택하는 방법이다. 계층화의 이득은 샘플링의 수를 감소할 수 있다는 것에 장점이 있다.

❑ 표본추출 실무

통계적 방법에 의한 표본추출시에 FraudIT, IDEA와 범용 감사프로그램을 사용할 수도 있으며 마이크로소프트 엑셀이나 파이썬을 이용하여 추출할 수도 있다. 통계적 방법에 의한 추출시에 가장 중요한 부분은 추출자의 편의(bias)가 반영되지 않아야 한다는 것이며, 모집단이 정확하게 정의되어야 한다는 것이다.

실무에서는 표본추출시 대체적으로 엑셀과 파이썬을 활용하는데 이를 살펴보면 다음과 같다.

(1) 엑셀 활용시

엑셀에서는 두 가지 방법으로 통계적 감사기법을 활용할 수 있다. 첫 번째 방법은 통계데이터 분석을 이용한다. 통계데이터 분석의 대화창에서 표본추출을 선택하고, 모집단의 범위와 샘플링 개수를 입력하면 추출이 가능하다. 특히, 표본추출 메뉴 중 주기적 추출로 화폐단위표본추출도 구현된다.

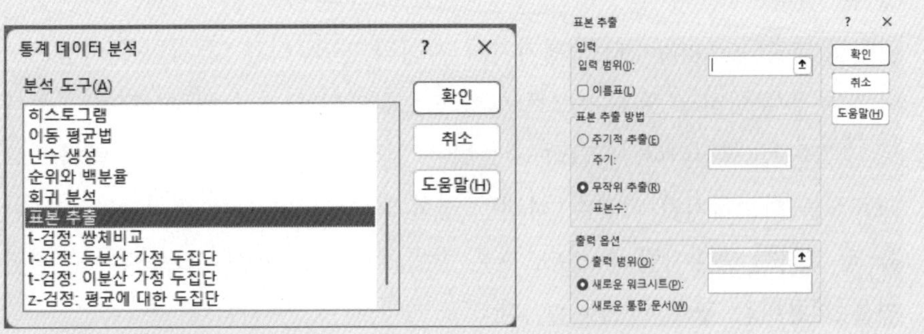

또한, 엑셀에서는 모집단의 각 추출항목에 난수를 발생시켜 무작위 표본추출도 가능하다. rand() 함수를 사용하면 난수가 발생되며 발생된 난수에서 추출해야 할 표본의 크기수만큼 추출하도록 한다.

(2) 파이썬 활용시

파이썬을 활용한 무작위 추출은 pandas 라이브러리를 사용할 수 있다. 아래와 같은 코드를 참고할 수 있다(표본을 100개 추출하여 엑셀화일로 저장하는 내용).

```
import pandas as pd

# 엑셀 파일 읽기 (예: 'data.xlsx')
file_path = 'data.xlsx'
data = pd.read_excel(file_path)

# 데이터 확인 (옵션)
print("데이터 개수:", len(data))
print(data.head())

# 무작위로 100개의 표본추출
sample_size = 100
random_sample = data.sample(n=sample_size, random_state=42)

# 추출된 데이터를 새로운 엑셀 파일로 저장 (옵션)
random_sample.to_excel('random_sample.xlsx', index=False)
```

실무적으로는 통계적 기법에 의한 표본추출 방법을 사용하지 않고, 간편한 판단적 추출(judgmental sampling)에 의존하기도 한다. 특히, 판단적 추출을 무작위 추출에 의한 샘플링으로 오해하는 경우가 많다. 판단적 추출법은 비통계적 표본추출 방법으로 표본위험에 크게 노출되므로 그 적용에 매우 주의하여야 한다.

경영진은 어떠한 표본추출 방법으로 추출할 것인가를 결정할 때, 잘못된 방법론을 사용한다면 전수조사를 실시할 때와 그 결론이 달라질 수도 있다(표본위험이 존재한다)는 사실을 반드시 인지하여야 한다.

따라서 경영진은 프로세스에 대한 이해도가 떨어지는 부분이나 기대오류율이 높은 부분에 대해서 판단적 추출법에 의해 적은 개수의 표본을 추출하는 것은 적절하지 않다. PCAOB에서도 이러한 비통계적 표본추출 방법은 "내부통제의 예외사항의 발생이 없거나 혹은 거의 없을 것으로 예상되는 것"에 기초하여서만 적용하도록 권고하고 있다.[77]

샘플링 개수(Sample size)

샘플링 개수는 내부통제가 효과적으로 운영되고 있다는 것에 대해 높은 수준의 확신을 제공할 수 있도록 결정하여야 한다. 앞서 언급한 바와 같이 전수조사는 그 효과성에 있어서는 신뢰할 수 있으나 테스트를 위한 자원의 낭비가 불가피하다. 따라서, 전수조사보다는 표본추출(샘플링)에 의존할 수밖에 없는데 샘플링 기법은 표본위험을 발생시킬 수밖에 없다. 결국, 표본위험을 허용가능한 수준 이하로 감소시켜 테스트를 유효하도록 하기 위해서는 통계적 기법에 의한 샘플링 개수를 선정하는 것이 필요할 수도 있다.

실무적으로는 구축 컨설팅 회사 혹은 회계법인에서 발생빈도(frequency)에 의존해 샘플링 개수를 선정하는 경우도 있는데, 이는 표본위험(sampling risk)을 고려하지 아니하였으므로 완전하게 올바른 방법은 아니다.

모든 경우에 일괄적으로 적용할 수 있는 샘플링 개수는 존재하지 않으며(There is no "one size fits all") 상황과 환경에 따라 그리고 표본위험에 따라 샘플링 개수를 결정하여야 한다.

만약 신규 비즈니스를 시작하여 매우 중요한 프로세스의 운용이 초기단계(initial stage for a critical process)에 있다고 가정하여 보자. 이러한 프로세스는 계속적으로 운영되면서 그 내부통제 역시 개선되고 더 유효한 방법으로 진화할 것이다. 하지만 초기단계에서 운영되는 내부통제에 대해서는 발생빈도(frequency)에 따른 샘플링 개수에 의해 테스트 된다고 하더라도 그러한 내부통제가 유효한지 합리적 확신을 부여할 수 없다.

따라서 경영진은 이러한 환경에서는 새로 설정된 내부통제에 대해 통계적 기법에 의한 샘플링 개수를 추출하여 통계적으로 결론을 낼 수 있다고 한다면 높은 수준의 확신을 부

77) PCAOB Staff has stated that nonstatistical samples should be used based on the expectation of "no, or very few, control testing exceptions." (Guide to the Sarbanes-Oxley Act : Internal Control Reporting Requirements, Frequency Asked Questoins Regarding Section 404, Protiviti)

여할 수 있다. 통계적 기법에 의해 한번 높은 수준의 확신이 부여된 이후에는, 그 사실을 출발점(baseline)으로 하여 '발생빈도(frequency)'에 의한 약식 샘플링 개수를 결정하여 운영할 수 있을 것으로 판단된다.

❑ 실무적 조견표

표본추출(=샘플링)을 한다는 것은 표본위험에 노출되는 것을 의미한다. 실무적으로 위험중요성(risk priority, RMM=IR×CR)과 통제활동 빈도(frequency)를 이용하여 샘플링 개수를 결정하는 표를 많이 사용하고 있으나 이는 표본위험을 충분하게 고려한 방법이 아니므로 사용에 주의를 기울여야 한다.

실무적 조견표 사용 시 샘플링 개수가 모집단을 대표할 수 있을 것인지 고민하여야 한다. 샘플링 개수가 모집단을 대표하지 못하거나 높은 수준의 확신을 부여할 수 없다면 통계적 감사기법을 이용할 것을 고려한다(이는 "6.6 예외사항 평가 및 미비점 분류의 구체적 적용"을 참고하기 바란다).

통계적 표본감사 기법은 통계적 방법에 의해 표본을 추출하며, 그 해석에 있어서도 통계학을 이용한다는 점에서 특징이 있다. 실무적 조견표의 적용은 비통계적 표본감사 기법이라는 점을 이해하고, 이 기법에서 발생할 수 있는 문제를 고려하여야 한다.

평가 및 보고 가이드라인 문단45.나에서 실무적으로 사용될 수 있는 조견표의 예시는 아래와 같다.

| 모집단 샘플링 개수 예시(허용가능오류를 0개로 기대하는 경우) |

발생빈도 (frequency)	모집단 개수 (population)	위험별 테스트 대상 표본 수 (위험수준을 고려하여 판단)
연간	1	1
분기	4 이하	2
월간	12 이하	2~4
주간	52 이하	5~10
일간	250 이하	15~40
일별수시	250 초과	25~50

샘플링 개수를 결정하기 위해 고려할 요소는 다음과 같다.

- 통제의 성격 : 수동화 통제는 자동화 통제보다 더 많은 샘플링 개수를 요구하며, 통제활동의 복잡성은 높으나 테스트를 수행하는 자의 경험이 낮다면 더 많은 샘플링 개수가 필요하다.

• 운영의 빈도 : 통제활동이 자주 운영될수록 더 많은 개수를 테스트하여야 한다.
• 통제의 중요성 : 상대적으로 더 중요한 통제활동의 샘플링 개수는 증가하여야 한다.
• 전사수준통제 및 IT일반통제의 유효성 : 전사수준통제(ELC) 및 IT일반통제(ITGC)가 유효하지 않다고 판단되는 경우 재무제표 계정과목의 왜곡표시 위험은 업무수준통제에만 의존하게 되므로 샘플링 개수는 증가한다.
• 확신의 수준 : 경영진이 얻고자 하는 확신의 수준(level of assurance)이 높을수록 샘플링 개수를 증가시켜야 한다.

이와 관련하여 내부회계관리제도 평가 및 보고 가이드라인 문단45에서 구체적으로 기술하고 있는데, 그 내용은 아래의 표와 같다.

가이드라인 문단45(테스트 범위)

가. 일반적으로 통제의 빈도가 많아질수록(모집단의 규모가 커질수록) 표본 위험은 증가하므로 테스트의 범위, 즉 테스트 대상 통제의 운영평가 표본 개수는 증가한다. 또한, 통제의 빈도가 동일하더라도 위험평가 결과에 따라 표본을 달리 적용할 수 있다.

다. 다음과 같은 상황이 발생하는 경우에는 테스트 계획을 수립함에 있어 평가 대상 통제의 수를 확대할 것을 고려하여야 한다.
(1) 전사적 수준 또는 업무프로세스 수준의 통제 설계가 비효과적인 것으로 평가된 경우
(2) 정보기술 일반통제의 설계가 비효과적인 것으로 평가된 경우
(3) 상시적인 모니터링을 수행한 결과 내부회계관리제도가 비효과적이라고 판단되는 경우 등

라. 자동통제와 수동통제의 테스트 범위
(1) (자동통제) 자동통제의 경우 정보기술 일반통제 평가 결과가 효과적이라고 검증되었다면 하나 또는 적은 양의 표본에 대한 테스트를 통하여 운영의 효과성을 확인할 수 있다. 대표적인 자동통제의 사례는 특정 시스템에 데이터를 입력할 때 사용되는 편집체크(Edit Check)이다. 편집체크 기능은 허용 가능한 입력값의 특성(문자, 숫자, 날짜 등)을 사전에 정의하고 유효하지 않은 입력값이 입력되지 않도록 방지한다. 이러한 통제의 운영의 효과성을 테스트하기 위해서는 유효하지 않은 가격의 조합이 입력가능한지 여부에 대해 확인하는 방법 등이 있다.
(2) (수동통제) 수동통제는 자동통제보다 더 넓은 범위의 테스트를 요구한다. 즉, 각 거래가 발생할 때마다 사람이 수행하는 수동통제의 경우에는 통제가 효과적으로 운영되고 있는지에 대한 확신을 얻기 위하여 충분한 기간에 대해 다수의 테스트를 수행할 필요가 있다. 예를 들면, 연 1회 발생되는 수동통제의 경우는 모집단이 1개뿐이므로 전체에 대해 테스트를 수행하고, 분기별로 수행하는 수동통제의 경우는 총 4개

의 모집단에서 2개 정도의 표본을 선택해서 테스트를 수행한다. 월 1회 발생되는 수동통제의 경우는 총 12개의 모집단에서 2~5개 정도의 표본을 선택해서 테스트를 수행한다(여기서 2~5개로 범위를 표시한 이유는 위험이 더 높다고 판단되는 경우는 표본 수를 더 늘릴 수 있기 때문이다). 마찬가지로 주단위로 수행되는 수동통제의 표본 테스트 범위는 증가될 것이다. 월별 계정잔액 대사나 특정기간의 재무보고 절차에 대한 통제와 같이 발생 빈도가 낮은 통제의 경우 적은 수의 표본을 테스트하므로 이러한 통제에 대한 평가는 자주 운영되는 통제에 대한 테스트보다 주의 깊게 이루어져야 한다.

마. 테스트 범위는 경영진의 판단과 테스트를 통해 얻고자 하는 확신의 수준(Level of Assurance)에 영향을 받는다. 즉, 경영진이 판단한 테스트 대상 통제의 중요성과 부여하고자 하는 확신수준에 따라 표본의 수가 달라진다. 더 적은 수의 표본이 테스트 될수록 잘못된 결론에 도달할 위험이 증가한다. 그러므로 매우 중요한 통제(예를 들어, 복수의 경영진 주장과 관련된 통제나 기말 시점의 적발통제는 예방통제보다 더 중요할 수 있다) 또는 중요한 계정과목에 대한 재무제표 주장을 뒷받침하는 유일한 수동통제인 경우에는 표본의 크기를 증가시켜야 한다.

샘플링 개수의 결정은 판단의 문제이며 통제활동의 중요성과 부여하고자 하는 확신의 정도에 따라 달라진다. 더 많은 수의 샘플링 개수가 테스트 될수록 올바른 결론에 도달할 가능성이 높아진다. 경영진은 상기 요소를 고려하여 샘플링 개수를 결정하되 최소 샘플링 개수는 외부감사인과 사전적으로 협의하는 것이 바람직하다.

또한 내부회계관리제도 평가 및 보고 가이드라인 문단 32 및 SEC Guidance[78]에서는 유사하게 재무제표의 왜곡표시위험과 내부통제의 실패위험이 높은 경우에는 합리적 확신이 부여되기 위해서는 더 많은 증거량을 요구하도록 하고 있다.

78) Management should evaluate the ICFR risk of the controls identified Section II.A.1.b as adequately addressing the financial reporting risks for financial reporting elements to determine the evidence needed to support the assessment. This evaluation should consider the characteristics of the financial reporting elements to which the controls relate and the characteristics of the controls themselves.

| 내부회계관리제도의 위험에 기반한 충분한 증거량 결정 |

이는 결국 잔여위험(residual risk)을 허용가능한 수준(tolerable level) 이하로 낮추기 위한 논리적인 귀결이다. 재무제표 왜곡위험(고유위험)과 내부통제의 실패위험(통제위험)을 고려하였을 때 예상 잔여위험이 높다면 높은 증거량을 요구하게 되며, 예상 잔여위험이 낮다면 합리적 확신을 얻기 위해 높은 증거량이 반드시 필요하지 않다.

따라서, 높은 증거량이 필요하다는 것은 확신의 수준을 높이기 위해 내부회계관리제도 문서화(업무기술서, 업무흐름도, 통제기술서)의 수준을 높임과 동시에 테스트의 샘플링 개수를 증가시키는 것을 의미한다.

| 내부회계관리제도의 위험에 기반한 충분한 증거량 결정 |

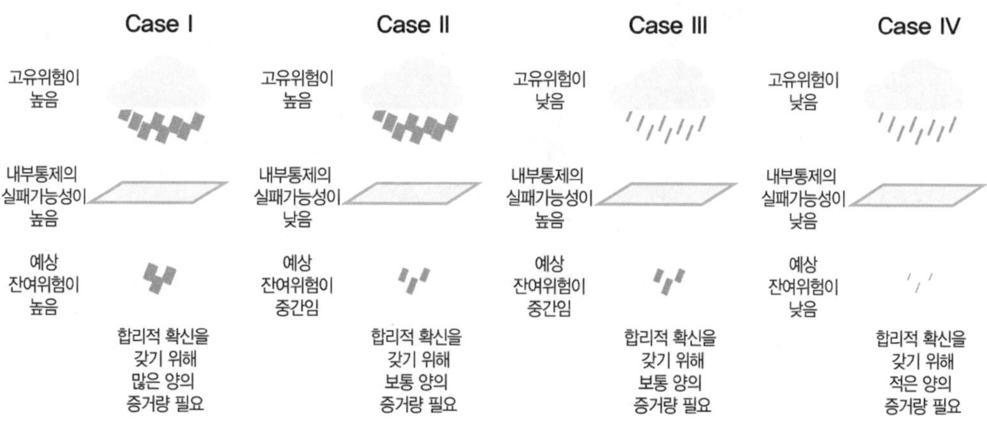

내부회계관리제도 평가 및 보고 기준

13. (내부회계관리제도 평가의 증거자료 결정)

가. 경영진은 통제위험 평가 결과에 따라 내부회계관리제도의 효과성 평가에 필요한 증거량 및 증거자료를 수집하기 위한 평가방법 및 절차를 결정한다.

나. 내부회계관리제도 평가를 위한 증거자료는 통제에 대한 독립적인 평가와 상시적인 모니터링을 통해 얻을 수 있으며 통제위험의 크기에 따라 독립적인 평가의 평가 범위 및 평가 대상기간, 평가 수행자의 객관성 정도 등 평가절차의 성격을 조정한다.

다. 경영진은 평가 수행 시 평가 대상이 되는 기간 중 일반적으로 회계연도 말을 포함하는 충분한 기간에 대한 증거자료를 고려한다.

라. 중간평가를 통해 발견된 통제 미비점을 개선한 경우 개선된 통제가 회계연도 말을 기점으로 충분한 기간동안 운영되어 향후에도 효과적인 것으로 판단할 수 있어야 한다.

마. 경영진은 내부회계관리제도 평가에 필요한 증거자료를 결정할 때 전사적 수준 통제의 영향을 고려하여야 한다.

예시 내부통제의 유효성 평가 단계에서의 통제기술서

| 통제기술서(RCM, Risk & Control Matrix) – 내부통제 유효성 평가단계 |

Cycle	경영관리
Process	재무보고
Sub-process	결산관리

위험 식별 및 중요도 판단 (Identify and Prioritize Risks)			관련 내부통제 식별 및 분석 (Identify and Analyze related internal control)	내부통제 설계상 유효성 평가 (Determine Design effectiveness)		내부통제 운영상 유효성 평가(테스트 플랜) (Determine Operating effectiveness - Test plan)							
위험 번호 (Risk No.)	위험 기술 (Risk Description)	위험의 중요도 판단 (Risk Priority)	통제활동 기술 (Control Description)	내부통제 설계상 유효성 여부 (Designed Effectively)	추적시사 Ref. (Walkthrough)	테스트 주기 (Test Period)	테스트 수행자 (Test performer)	테스트 타입 (Types of test)	샘플링 방법 (Type of sampling)	샘플링 개수 (Numbers of sampling)	테스트 절차 (Test plan)	테스트 결과 (Test results)	내부통제 운영의 유효성 여부 (Operatiing effectively)
CFR02-R01	회사의 결산이 현금주의에 따라 이루어져 발생주의에 의한 수익 및 비용의 기간귀속이 적정하지 않을 위험이 존재한다.	High	미수수익은 주로 국공채 이자수익으로 구성되어 있다. 자금팀의 결산 담당자는 영업외수익의 항목을 검토하여 미수수익의 누락이 있는지 확인한다. 자금팀에서 관리하는 국공채 이자관련 Excel 파일에서 미수수익 금액을 계산하고 전표입력한다. 자금팀에서는 전표입력시 임시저장하고 자금팀장의 전기(Posting)로 SAP FI에 입력된다.	유효	CFR02-WT01	반기		검사	무작위추출		① 자금팀 결산자료중 3건을 무작위 추출한다. ② 결산자료의 팀장 및 담당임원 결재를 확인한다.		
CFR02-R01	회사의 결산이 현금주의에 따라 이루어져 발생주의에 의한 수익 및 비용의 기간귀속이 적정하지 않을 위험이 존재한다.	Moderate	해외 모회사와 경영 및 기술적인 Know-how를 제공받는 계약을 체결하고 있으며 이에 대한 비용이 Service fee로 계상된다. 발생주의 회계에 따라 월초 및 월중에 관련 금액에 대한 예상금액을 해외 모회사로 부터 e-mail로 통보받으면 월별로 전표를 입력한다. Service fee는 재무제표에 포함되어 회계팀장 및 CFO의 검토를 받는다.	유효	CFR02-WT02	반기		검사	무작위추출		① 경리팀 Service fee 문서파일을 징구한다. ② Invoice 2건을 무작위 표본추출 한다. ③ 관련 환율을 확인한다. ④ service fee.xls 파일을 요청하여 Invoice 외화금액과 환율이 일치하는지 확인한다.		

- 내부통제 설계상 유효성 여부(Designed effectively) : 추적시사를 수행하여 내부통제의 설계상 유효성 여부를 판단한 후 그 결과를 기술한다.
- 테스트 주기(Test period) : 테스트 주기는 '연간', '반기', '분기'로 구분된다.
- 테스트 수행자(Test performer) : 내부통제의 운영상 유효성을 평가하기 위한 평가자가 기술된다.
- 테스트 절차(Test plan) : 테스트를 수행하기 위한 구체적인 방법을 기재한다.

5.5 SOC(Service Organization Control) 보고서

비즈니스는 지속적으로 복잡해지고 있어 기업은 핵심역량에만 집중하고 기타 필요로 하는 특정 업무영역에 대하여 비용절감 및 위험감소효과 등의 이유로 아웃소싱 업체와 같은 서비스조직(Service Organization) 등을 이용하는 경우가 일반화되었다.

특히 이러한 아웃소싱은 인사급여(Payroll)의 영역으로부터 IT시스템, 시설관리, 회계, 특정 금융상품의 처리 등 비즈니스 전반에 걸쳐 발생하고 있다. 이러한 서비스의 대표적인 예는 은행 또는 보험회사가 수행하는 신탁업무, 집합투자기구에 대한 사무수탁업무, 인터넷 서비스 프로바이더 등이 있을 것이다.

내부회계관리제도의 관점에서 볼 때 기업은 일부기능을 아웃소싱한다고 하더라도 대표이사와 내부회계관리자는 아웃소싱으로부터 발생하는 재무제표 왜곡위험에 대해 책임이 경감될 수 없으므로 궁극적인 책임은 경영진에게 있다.

외부서비스제공자를 활용한 경우에 첫 번째 해야 하는 일은 외부서비스제공자의 서비스가 재무제표와 관련하여 중요한지 여부를 결정하여야 한다. 경영진이 외부서비스제공사의 활동의 중요성을 결정하기 위해서 내부회계관리제도 설계 및 운영 적용기법에서 제시하는 아래와 같은 고려사항을 활용한다.

적용기법 10.2 제3자에게 아웃소싱하는 경우 통제활동의 수립 또는 평가

96. 경영진은 외부서비스제공자의 활동에 대하여 이해하고, 이러한 활동이 회사의 외부 재무보고 프로세스에서 중요한 거래처리 유형, 계정 또는 공시사항에 영향을 미치는지 여부를 파악한다. 재무제표와 관련된 외부서비스제공자 활동의 중요성을 결정할 때, 다음과 같은 양적·질적 요소를 고려한다.
    - 재무제표와 관련하여 외부서비스제공자가 처리한 거래나 정보의 금액적 중요성
    - 외부서비스제공자의 프로세스에 의해 영향을 받는 경영진 주장과 관련하여 중요하게 누락 또는 왜곡표시될 위험(부정위험을 포함)
    - 외부서비스제공자가 제공하는 서비스의 성격과 복잡성
    - 서비스가 많은 회사에서 널리 사용되고 표준화되었는지 혹은 일부 기업에서만 사용되는지 여부
    - 외부서비스제공자의 프로세스와 통제활동을 관리하는 회사의 프로세스와 통제활동이 충분하게 정교한지 여부
    - 외부서비스제공자의 프로세스에 영향을 받는 회사의 거래와 관련된 통제활동의 수준
    - 기업과 외부서비스제공자 간의 계약 조건 및 외부서비스제공자에 위임된 권한의 크기

외부서비스제공자의 서비스가 재무제표에 중요한 영향을 미친다면 경영진은 외부서비스제공자의 내부통제 환경이 적정하게 설계되고 운영되고 있다는 사실을 증명하기 위해, 외부서비스제공자의 내부통제 설계 및 운영의 효과성을 평가하여야 한다.

외부서비스제공자의 내부통제를 평가하기 위해 내부회계관리제도 평가 및 보고 가이드라인 문단61에서는 다음 방식을 적용할 수 있도록 제시하고 있다.

- 외부서비스제공자의 통제를 직접 평가
- 외부서비스제공자의 통제의 적정성을 충분히 모니터링할 수 있는 회사의 모니터링 통제 평가(단, 해당 서비스의 규모나 복잡성이 큰 경우에는 적절하지 않을 수 있다.)
- '서비스조직의 통제에 대한 인증업무 기준'에 의한 인증보고서(ISAE 3402, 한국공인회계사회나 국제감사인증기준위원회가 인증한 서비스조직의 통제에 대한 보고서)

실무적으로 외부서비스제공자의 통제를 직접 평가하거나(첫 번째 방식), 외부서비스제공자 통제의 적정성을 모니터링하는 통제를 평가하는 방식(두 번째 방식)은 매우 어렵거나 상황에 따라 거의 불가능할 수도 있다.

왜냐하면 첫 번째 방식은 외부서비스제공자가 관련 내용을 허락하거나 협조적이어야 하는데 그렇지 않을 가능성이 높으며, 두 번째 방식은 외부서비스제공자의 내부통제를 모니터링하기 위해 어떠한 내부통제가 존재하는지, 그 결과와의 연관관계 또한 완전하게 알고 있어야 하기 때문이다.

이러한 제약을 생각해 본다면 외부서비스제공자의 내부통제를 모니터링을 하기 위해서는 실무적 어려움이 존재할 것이라는 것은 쉽게 예상할 수 있다.

결국, 실무적으로 가능한 부분은 세 번째 방식이다. 이는 외부서비스제공자가 외부인증을 받은 보고서를 발행하여 서비스 이용자 기업에게 제공하게 되는데, 이 보고서를 일반적으로 SOC(Service Organization Control) 보고서라고 통칭한다.

이러한 외부인증절차의 인증기준과 관련하여서 국제회계사연맹(IFAC)은 2009년 12월에 ISAE 3402(Assurance Reports on Controls at a Service Organization)를 발표한 바 있으며 국내에서도 한국공인회계사회에서 의결하여 동일하게 운영되고 있다(인증업무기준서 3402, 서비스조직의 통제에 대한 인증업무기준).

ISAE 3402에 의거한 SOC 보고서가 발행되면 서비스 이용자 기업은 외부서비스제공자가 약정대로 서비스를 제공하고 있는지, 재무거래와 회계처리의 서비스에 있어 오류나 누락이 없는지 정보를 얻을 수 있다. 또한 서비스 이용자 기업의 감사인은 내부회계관리제도의 평가에 있어서 외부서비스제공자의 서비스에 대한 내부통제와 관련 정보를 입수할 수 있을 것이다.

ISAE 3402는 두 가지 종류의 인증보고서를 발행할 수 있는데, 내부회계관리제도의 목적으로는 유형2의 보고서가 적합하다.

| 서비스조직의 통제에 대한 인증업무기준 3402-유형1/유형2 보고서 |

유형1 보고서	유형2 보고서
특정일 현재에 대한 보고 ("as of" basis reporting)	일정기간 동안에 대한 보고 ("period" basis reporting)
① 서비스조직의 시스템기술서가 특정일 현재 설계되고 구축된 대로 해당 시스템을 공정하게 표시하고 있는지 여부 ② 서비스조직의 시스템기술서에 기재된 통제목적의 관련 통제들이 특정일 현재 적합하게 설계되었는지 여부	① 서비스조직의 시스템기술서가 특정 기간 동안 설계되고 구축된 대로 해당 시스템을 공정하게 표시하고 있는지 여부 ② 서비스조직의 시스템기술서에 기재된 통제목적의 관련 통제들이 특정 기간 동안 적합하게 설계되었는지 여부 ③ 서비스조직의 시스템기술서에 기재된 통제목적의 관련 통제들이 특정 기간 동안 효과적으로 운영되었는지 여부

SOC 보고서가 존재하는 경우에는 경영진은 보고서를 검토하여 어떤 중요한 재무 프로세스가 인증대상인지, 관련된 적절한 통제활동은 설계되었으며 운영되고 있는지, 왜곡표시 위험을 방지하기 위한 통제활동이 무엇인지를 확인한다.

❑ 내부회계관리제도 평가 및 보고 가이드라인 문단61.다

외부서비스제공자 감사인이 3402 보고서(서비스조직의 통제에 대한 인증보고서)를 경영진에게 제공한다면, 경영진은 이러한 보고서가 외부서비스제공자의 통제 평가를 뒷받침하기에 충분한 증거를 포함하고 있는지 평가할 때 다음의 항목을 고려한다.

- 보고서 일자와 경영진의 평가기준일간 차이 여부
- 보고서의 테스트 대상 범위와 테스트 방법
- 외부서비스제공자 감사인의 적격성과 독립성
- 외부서비스제공자 감사인의 보고서 의견

외부서비스제공자를 이용한다고 해서 반드시 SOC 보고서를 발행받아야 하는 것은 아니다. 예를들어, 외부서비스제공자가 재무제표에 중대한 영향을 미치지만 SOC 보고서가 존재하지 않을 수 있다. 이러한 경우 경영진은 외부서비스제공자와의 사전 협의를 통해 재무보고의 중요한 왜곡이 발생하지 않도록 외부서비스제공자의 통제활동과 회사의 통제 활동을 수립하여야 한다. 외부서비스제공자와의 협의가 이뤄지지 않았다는 이유로 해당 프로세스를 제외한 내부회계관리제도의 평가는 인정되지 않기 때문이다.

어떤 경우에는 외부서비스제공자가 SOC 보고서를 제공하려 하지 않거나, 외부서비스 조직 구축한 통제의 효과성을 직접 평가하는 것을 허용하지 않을 수 있다. 또한, 경영진은 대체적인 방법으로 프로세스에 대한 통제의 효과성 판단을 가능하게 하는 보완통제를 가지고 있지 않을 수도 있다.

그럼에도 불구하고 경영진은 내부회계관리제도 운영실태보고서에 내부회계관리제도의 효과성에 관한 종합결론을 표명하여야 하며, '특정 부분을 제외하고는 효과적이다'는 식의 한정적인 표현을 사용할 수 없다(평가 및 보고 가이드라인 문단61).

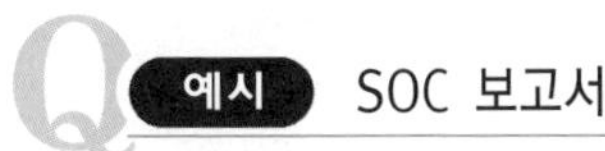

예시 SOC 보고서

통제의 기술, 설계 및 운영효과성에 대한 독립된 감사인의 인증보고서

한국주식회사
이사회 귀중

업무의 범위

우리는 첨부된 한국주식회사(또는 이하 "서비스조직"이라고 함)의 202×년 1월 1일(☜ 시작일)부터 202×년 12월 31일(☜ 종료일)까지 이용자기업의 거래를 처리하기 위한 매출시스템(☜ 시스템의 종류 또는 이름)에 대한 기술서(이하 "시스템기술서"라고 함), 그리고 해당 시스템기술서에 기재된 통제목적의 관련 통제에 대한 설계와 운영에 대해 보고하는 업무를 수행하였습니다.

한국주식회사의 책임

한국주식회사는 시스템기술서와 이에 대한 관련 주장의 작성, 그리고 그 내용의 완전성과 정확성 및 표시방법에 대해 책임이 있습니다. 한국주식회사는 또 시스템기술서에 표시된 서비스를 제공하고 통제목적을 기술하며, 이러한 통제목적을 달성하기 위한 통제를 설계하고 실행하며 효과적으로 운영할 책임이 있습니다.

감사인의 책임

우리의 책임은 우리가 수행한 절차를 근거로 한국주식회사의 시스템기술서, 해당 시스템기술서에 기재된 통제목적의 관련 통제에 대한 설계와 운영에 대하여 의견을 표명하는 것입니다. 우리는 한국공인회계사회가 제정한 “서비스조직의 통제에 대한 인증업무 기준”에 따라 업무를 수행하였습니다. 이 기준은 우리가 윤리적 요구사항을 준수하며 시스템기술서가 중요성의 관점에서 공정하게 표시되었는지, 그리고 통제가 중요성의 관점에서 적합하게 설계되고 효과적으로 운영되었는지에 대해 합리적인 확신을 얻을 수 있도록 절차를 계획하고 수행할 것을 요구하고 있습니다. 서비스조직 통제의 기술, 설계 및 운영에 대한 인증업무에는 시스템기술서의 공시내용, 통제의 설계와 운영효과성에 대한 증거를 입수하기 위한 절차의 수행이 포함됩니다. 절차의 선택은 시스템기술서가 공정하게 표시되지 않았을 위험 그리고 통제가 적합하게 설계되지 않았거나 효과적으로 운영되지 않았을 위험에 대한 평가 등 감사인의 판단에 따릅니다. 우리의 절차에는 시스템기술서에 기재된 통제목적이 달성되었다는 합리적 확신의 제공에 필요하다고 고려되는 관련 통제들에 대한 운영효과성의 테스트가 포함됩니다. 또한 이와 같은 종류의 인증업무에는 시스템기술서의 전반적인 표시, 해당 시스템기술서에 기재된 목적의 적합성, 그리고 52페이지에 기술된 한국주식회사가 규정한 준거기준의 적절성에 대한 평가가 포함됩니다. 우리는 우리가 입수한 증거가 우리의 의견을 위한 근거로서 충분하고 적합하다고 믿습니다.

서비스조직 통제의 한계

한국주식회사의 시스템기술서는 광범위한 이용자기업과 그 감사인들의 공통된 필요성을 충족시킬 수 있도록 작성되었으며, 그 결과 개별 이용자기업과 그 감사인이 이들의 개별적 환경에서는 중요하다고 판단할 수 있는 서비스조직 시스템의 측면이 모두 포함되지는 않을 수 있습니다. 또한, 서비스조직 통제의 성격으로 인하여 해당 통제는 거래의 처리와 보고 과정의 모든 오류와 누락을 예방하거나 발견하지 못할 수 있습니다. 또 통제의 효과성에 대한 평가를 미래의 기간으로 연장하는 것은 서비스조직의 통제가 부적합하게 되거나 실패하게 될 위험에 영향을 받습니다.

의견

우리의 의견은 이 보고서의 제시된 각 내용에 근거하여 형성되었습니다. 우리가 의견을 형성하기 위해 이용한 준거기준은 5페이지에 기술된 바와 같습니다. 우리의 의견은 다음과 같습니다. (a) 시스템기술서는 202×년 1월 1일부터 202×년 12월 31일의 기간 중 설계되고 실행된 대로 매출시스템을 중요성의 관점에서 공정하게 표시하고 있습니다. (b) 시스템기술서에 기재된 통제목적의 관련 통제들은 202×년 1월 1일부터 202×년 12월 31일의 기간 동안 중요성의 관점에서 적합하게 설계되었습니다. (c) 시스템기술서에 기재된 통제목적이 달성되었다는 합리적 확신을 제공하는데 필요한 통제들은 테스트 결과 202×년 1월 1일부터 202×년 12월 31일의 기간 동안 중요성의 관점에서 효과적으로 운영되었습니다.

통제테스트에 대한 기술

테스트한 특정 통제, 테스트의 성격과 시기 및 결과는 페이지 [25~69]에 열거하였습니다.

의도된 이용자 및 보고서의 목적

이 보고서 및 통제테스트에 대한 시스템기술서는 이용자기업 재무제표의 중요한 왜곡표시 위험을 평가할 때 이용자기업이 자체적으로 운영하고 있는 통제에 대한 정보 등 기타 정보와 더불어 이 보고서와 시스템기술서를 고려할 수 있는 충분한 이해를 갖춘, 한국주식회사의 매출시스템을 이용하고 있는 이용자기업과 이용자기업 감사인만을 위한 것입니다.

(감사인의 서명 ☞) 한서회계법인
(인증보고서일 ☞) 202×년 3월 28일
(감사인의 주소☞) 서울특별시 강남구 역삼동 테헤란로

외부서비스조직의 통제와 관련하여 기타 실무적인 이슈를 살펴보면 다음과 같다.

- SSAE 18 기준을 사용한 SOC 보고서의 경우
- SOC 보고서의 감사인과 회사의 감사인이 동일한 경우
- 내부회계관리제도 기준일과 SOC 보고서의 기준일이 다른 경우

첫 번째 이슈는 SSAE 18 기준을 사용한 SOC 보고서의 경우이다. 미국에서는 서비스조직의 통제에 대해 ISAE 3402 기준을 사용하지 않고 미국공인회계사협회(AICPA)에 의한 SSAE 18(Statement on Standards for Attestation Engagements)를 준거기준으로 사용한다.

SSAE 18에 의한 SOC 보고서는 원칙적으로 한국의 내부회계관리제도에서 인정되지 않으며, 앞서 언급한 한국공인회계사회에서 의결한 인증업무기준서 3402(ISAE 3402)에 의한 보고서를 활용하여야 한다.

만약 SSAE 18에 의한 SOC 보고서를 활용시에는 그 범위에 의한 적합성 평가나 목적을 달성하기 위한 호환 여부에 대해 추가적인 검토가 필요할 수 있다.

| ISAE 3402와 SSAE 18의 비교 |

구 분	ISAE 3402	SSAE 18
보고서명	Service Organization Control	System and Organization Control
발행기관	IAASB (IFAC 산하의 표준설정기구)	AICPA (미국공인회계사회)
적용지역	국제기준	미국중심의 기준

구 분	ISAE 3402	SSAE 18
보고서 유형	• 유형1: 특정일 현재 보고 • 유형2: 일정기간에 대한 보고	• SOC1: 재무보고에 영향을 미치는 내부통제 • SOC2: 데이터 보안, 가용성, 처리 무결성, 기밀성, 개인정보 보호 • SOC3: SOC 2의 대중적 공개버전
목적	재무보고와 관련된 내부통제	재무보고와 관련된 내부통제뿐만 아니라 비재무적 요소도 포함

두 번째 이슈는 SOC 보고서에 대한 서비스감사인이 회사의 감사인과 동일한 경우이다. 이 경우 경영진은 ISAE 3402의 보고서에 의존할 수 있을 것인지 검토하여야 한다.

경영진은 서비스감사인의 적격성과 독립성을 평가하여야 하는데, 만약 서비스감사인이 아웃소싱 업체에 대해 프로세스와 내부통제를 직접 설계 및 구축한 경우에는 감사인의 자기감사 위험이 존재하여 독립성이 훼손되므로 해당 보고서를 이용할 수 없다. 하지만, 단순하게 SOC 보고서의 서비스감사인과 회사의 감사인이 동일하다고 한다면 외부서비스제공자 감사인의 적격성과 독립성을 평가하여 ISAE 3402 보고서의 활용 여부를 결정할 수 있을 것이다.[79)]

마지막 이슈는 회사의 내부회계관리제도 기준일과 SOC 보고서의 기준일이 다른 경우이다. 예를 들어 회사의 내부회계관리제도 평가기준일은 12월 31일인 데 반하여 SOC 보고서가 직전년도 10월 1일부터 당해연도 9월 30일까지 기간에 대해 발행된 경우이다.

이 경우 경영진은 SOC 보고서 일자와 내부회계관리제도 평가기준일 사이에 외부서비스제공자의 내부통제가 변경되었는지를 우선적으로 확인하여야 한다. 만약, 변경사항이 발견되거나 파악된 경우에는 회사의 내부회계관리제도에 미치는 영향을 평가하여야 한다.

검토결과 내부통제 변경내용이 없으며 통제운영에도 유의한 차이가 발생하지 않았다고 한다면 발행된 SOC 보고서를 활용할 수 있을 것이다. 실무적으로 SOC 보고서 일자와 내부회계관리제도 평가기준일 사이의 SOC bridge report를 발행하는 것이 더욱 일반적이다.

79) 내부회계관리제도 평가 및 보고 가이드라인 문단61.라

경영진이 서비스조직을 이용한 경우에는 내부통제 인증보고서(3402 인증보고서)를 감사증거로서 입수하여야 하는지요? (한국공인회계사회 답변)

회사가 서비스조직을 이용하고 서비스조직의 통제가 감사인이 내부회계관리제도의 효과성에 대한 결론을 내리는 데에 관련성이 있다면 감사인은 다음 중 하나 이상의 절차를 통해 감사증거를 입수하여야 합니다(감사기준서 1100 문단 A114).

- 입수가능하다면 유형2 보고서를 입수함.
- 서비스조직의 통제에 대해 적합한 통제테스트를 수행함.
- 서비스조직의 통제에 대해 통제테스트를 수행한 타감사인의 업무를 활용함.

또한 서비스조직에 설치되어 있는 통제와 무관하게, 이용자기업이 서비스조직의 서비스에 대한 통제를 수립하고 관련 경영진 주장의 일부나 전부에 대응하도록 효과적으로 운영한다면, 감사인은 이러한 이용자기업의 통제를 테스트할 수 있습니다. 이러한 통제에는 다음이 포함될 수 있습니다(감사기준서 1100 문단 A115, 감사기준서 402 문단 A12).

- 이용자기업이, 서비스조직이 처리한 항목 중 일부를 선택하여 독립적으로 재수행함.
- 이용자기업이, 서비스조직의 산출물과 원천문서를 대사하고 조정함(reconciliation).

5.6 경영진 측 전문가 활용

회사에서 재무제표 작성이나 특정 목적을 위해 가치평가, 계리평가 등의 외부전문가를 활용하였다면 그 외부전문가의 활용이 경영진 측 전문가인지 혹은 서비스조직(Service Organization)인지 여부를 판단하여야 한다.

이러한 판단은 회사와 외부전문가가 체결한 계약서, 외부전문가가 제공한 산출물을 검토하여 서비스의 성격을 이해하여 결정하여야 한다.

감사기준서 500에 따르면, 예를 들어 어떤 개인이나 조직이 관찰가능한 시장이 존재하지 않는 유가증권의 공정가치를 추정하기 위한 모델의 적용에 전문성을 보유하고 있을 수 있다. 만약 그 개인이나 조직이 기업의 재무제표 작성에 이용할 추정치를 계산하기 위해 자신의 전문적인 능력을 이용하는 경우, 이들은 곧 경영진측 전문가가 된다.

반면, 서비스조직은 '5.5 SOC 보고서'에서 논의한 바와 같이 회사의 재무보고 관련 정보시스템의 일부를 구성하거나 사업운영에 필요한 서비스를 제공하는 제3자 조직이다.

외부전문가가 재무제표 작성에 도움을 주는 성격에 가까울수록 경영진 측 전문가일 가능성이 높으며, 정보시스템의 일부를 구성하고 사업운영에 필수적인 부분을 수행하는 성격에 가까울수록 서비스조직일 가능성이 높다.[80)]

만약, 제공받은 서비스가 서비스조직에 해당한다면 내부회계관리제도 측면에서는 이용자 회사의 경영진은 해당 서비스제공자(서비스조직, 아웃소싱 업체)에 대한 내부통제를 직접 확인하거나 SOC 보고서를 통해 신뢰성을 확보하여야 한다.

반면, 경영진 측 전문가의 활용에 해당한다면 회사의 경영자는 경영진 측 전문가가 보유하고 있는 적격성, 역량 및 객관성에 대해 확인하는 절차를 확보하여야 할 것이며, 이는 MRC(경영진 리뷰 통제)의 문서화 대상이 될 수도 있다.

중요한 왜곡표시위험의 관점에서 본다면, 재무제표를 작성하는 데 필요한 전문성을 확보하기 위하여 경영진 측 전문가를 고용하거나 계약을 맺을 수 있다. 이같은 전문성이 필요한데도 불구하고 활용하지 않는다면 회사의 재무제표에 대한 왜곡표시 위험이 증가한다. 이를 다시 말하면 전문성이 필요한 분야에 경영진 측 전문가를 활용하면 중요왜곡표시위험이 감소한다고 할 수 있다.

반면, 서비스조직을 이용하면 제공되는 서비스 성격과 서비스에 대한 통제활동에 따라 이용자기업 재무제표의 왜곡표시위험이 증가할 수도 있고 감소할 수도 있다. 따라서, 재무제표 왜곡표시위험이 감소하였다는 사실로는 경영진 측 전문가와 서비스조직을 구분할 수는 없지만, 아웃소싱 업체 혹은 외부전문가를 사용하였음에도 불구하고 중요왜곡표시위험이 감소하지 않는다면 서비스조직의 활용에 해당할 가능성이 높다.

| 경영진측 전문가와 서비스조직 비교[81)] |

구 분	경영진측 전문가	서비스조직
정의	• 회계정보 생성, 가치평가, 회계감사, 법률 등 분야에서 전문성 보유 • 기업의 재무제표 작성에 도움을 줌.	• 대부분 사업운영에 필수적인 부분을 수행 • 예를들어, 정보시스템의 일부를 구성
기업의 전문성에 대한 기대	유사기업에서 비슷한 전문성을 갖추는 것을 기대하지 않음.	유사기업에서 비슷한 전문성을 갖추는 것이 일반적
중요왜곡표시 위험의 변동	중요왜곡표시위험이 감소함.	중요왜곡표시위험의 증가, 감소 모두 가능

80) 내부회계관리제도 감사 FAQ, 공인회계사회

81) 내부회계관리제도 감사 FAQ, 공인회계사회(해당 표는 절대적인 기준이 아니며 특정항목에 해당한다고 하여 자동적으로 결론을 내릴 수 있는 것은 아니라는 견해를 밝히고 있다)

구 분	경영진측 전문가	서비스조직
외부전문가 사용 목적	순수하게 재무제표 작성에 도움을 받을 목적	재무제표 작성에 도움을 받는 것 외의 목적
외부전문가의 서비스 제공 방식	기업의 특정 자산이나 거래에 한정하여 개별 제공하는 서비스	일상적으로 다수의 정보 이용자에게 제공하는 서비스
예시	보험계리, 가치평가, 공학적 데이터	은행 신탁부서, 모기지 은행, 응용서비스 제공자, 사무수탁사

감사기준서 500에서는 경영진 측 전문가 활용에 대해 확인하여야 하는 사항 및 정보의 원천 등을 다음과 같이 기술하고 있다.

A37. 적격성은 경영진 측 전문가가 보유하고 있는 전문성의 성격 및 수준과 관련된다. 역량은 이러한 적격성을 상황에 맞게 발휘할 수 있는 경영진 측 전문가의 능력과 관련된다. 이러한 역량에 영향을 줄 수 있는 요소에는 예를 들어 지리적 위치, 시간과 자원의 이용가능성 등이 포함된다. 객관성은 편의, 이해의 상충 또는 타인의 영향이 경영진 측 전문가의 전문적 판단이나 업무상의 판단에 미칠 수 있는 영향과 관련된다. 경영진 측 전문가의 적격성과 역량 및 객관성, 그리고 해당 전문가가 수행한 업무에 대한 기업 내부의 통제는 경영진 측 전문가에 의해 생성되는 정보의 신뢰성과 관련된 중요한 요소이다.

A38. 경영진 측 전문가의 적격성과 역량 및 객관성에 관한 정보는 다음과 같은 다양한 원천에서 나올 수 있다.

- 해당 전문가가 과거에 수행한 업무에 대한 개인적 경험
- 해당 전문가와의 토의
- 해당 전문가가 수행한 업무에 익숙한 타인과의 토의
- 해당 전문가의 자격, 전문직 단체 또는 협회의 회원 여부, 개업요건 또는 기타 형태의 외부적 공인제도에 대하여 알고 있는 지식
- 해당 전문가가 저술한 논문이나 서적
- 감사인이 경영진 측 전문가에 의해 생성된 정보와 관련하여 충분하고 적합한 감사증거를 얻는데 도움을 줄 수 있는 감사인 측 전문가

A39. 경영진 측 전문가의 적격성, 역량 및 객관성에 대한 평가와 관련된 사항에는 해당 전문가의 업무가 직무수행기준 또는 기타 전문직 요구사항이나 산업적 요구사항(예를 들어, 전문직 단체나 협회의 윤리기준과 기타 회원자격요건), 면허발급기관의 인증기준 또는 법규상 요구사항의 적용을 받는지 여부가 포함된다.

A40. 기타 관련될 수 있는 사항에는 다음이 포함된다.

- 전문영역 내의 특정분야 등 경영진 측 전문가의 적격성이 해당 전문가가 수행한 업무를 이용하고자 하는 사항과 관련성이 있는지 여부. 예를 들어, 어떤 보험계리인이 재산과 재해 보험에는 전문적일 수 있으나, 연금계산에 관해서는 전문성이 부족할 수도 있다.
- 관련 회계적 요구사항에 대한 경영진 측 전문가의 적격성(예를 들어, 해당 재무보고체계와 일관성이 있는 가정과 방법(해당되는 경우, 모델 포함)에 대한 지식)
- 예상하지 않았던 사건, 상황의 변화 또는 감사절차의 결과로부터 입수된 감사증거에 따라 경영진 측 전문가의 적격성, 역량 및 객관성에 대한 최초의 평가를 재고할 필요가 있는지 여부

회사가 재무보고 목적으로 경영진 측 전문가를 이용하였을 경우, 감사인은 어떠한 절차를 수행해야 하나요? (한국공인회계사회 답변)

회사가 경영진 측 전문가를 이용하였다면 감사인은 회사가 다음과 같은 통제를 효과적으로 설계·운영하였는지 테스트합니다.

① 전문가가 수행한 업무에 기업에서 제공한 원천데이터가 유의적으로 사용되었다면, 원천데이터의 관련성, 완전성 및 정확성에 대한 통제

② 적합한 전문가를 선임하기 위해 전문가의 적격성, 역량 및 객관성을 평가하고 업무계약내용을 검토하는 통제

③ 전문가가 수행한 업무를 이해하고 전문가가 수행한 업무가 관련 경영진 주장에 대한 증거로서 적합한지 검토하는 통제. 이러한 통제는 다음을 포함합니다.

- 전문가의 발견사항이나 결론의 관련성과 합리성, 다른 증거와의 일관성 그리고 이들이 재무제표에 적합하게 반영되었는지 여부를 검토함.
- 해당 전문가가 유의적 가정과 방법을 사용한 경우, 그러한 가정과 방법의 관련성과 합리성을 검토함.

회사가 위 "③"의 통제 중 일부를 직접 운영하는 대신 전문가의 관련성 있는 통제(예 : 평가모델의 적절성 검증)에 의존한다면, 감사인은 서비스조직과 유사하게 경영진 측 전문가의 관련성 있는 통제가 효과적으로 운영되고 있다는 증거를 입수하는 절차를 수행할 수 있습니다.

5.7 IT 내부통제

비즈니스는 지속적으로 변화하고 복잡해지고 있어 기업의 회계결산 혹은 회계정보를 산출하는 기반은 수작업에 의존하기보다는 IT시스템에 의존하는 것이 더 일반적인 환경이다. 재무제표를 구성하는 정보의 산출은 담당자가 수작업으로 처리하거나 혹은 전산시스템을 사용하든지 간에 충분한 신뢰성을 부여할 수 있어야 한다.

수작업에 의한 정보의 산출에 대해서 업무 프로세스 과정에서 재무제표 경영자 주장의 왜곡위험을 도출하고 관련된 내부통제를 파악하여 평가하였다. 전산시스템을 이용하는 재무정보의 산출에 있어서는 IT시스템이라는 고유특성이 존재하므로 내부통제를 파악하고 테스트하기 위한 별개의 전략이 필요하다.

IT시스템 환경에서 발생하는 고유한 특성은 아래와 같이 나열할 수 있다.

구 분	주요내용
거래증적 성격 및 IT업무지식 필요	• 거래증적이 매우 짧은 기간 존재하거나 컴퓨터로 판독 가능한 형태로만 존재 • 복잡한 응용시스템의 경우 프로그램 logic 오류를 시의적절하게 적발하기 어려움.
일관성 있는 업무처리절차 적용	• 동일한 요건을 따르는 거래자료는 모두 동일하게 처리(수작업 오류 제거) • 프로그램 오류 또는 하드웨어나 소프트웨어에서 발생하는 체계적 오류는 지속적으로 발생
업무분장의 감소	• 한 명의 슈퍼유저에 의해 전산 업무처리 집중 가능 • 컴퓨터 프로그래밍, 거래처리, 데이터 접근 등 상충된 기능의 업무분장 결여
오류나 부정의 관찰 가능성	• 사람의 개입이 줄어들수록 오류나 부정의 관찰 가능성 감소 • 응용프로그램의 설계 과정에서 발생하는 오류나 부정은 장기간 발견되지 않을 가능성이 높음.
전산통제 의존성 증가	• 전산처리에 의해 생성된 보고서나 데이터가 통제절차에 활용될 경우 전산처리의 완전성과 정확성에 대한 통제절차의 유효성 검증 필요
자동화로 인한 업무효율성 증대	• 거래의 실행에 대한 승인 통제가 문서화되지 않을 가능성 존재 • 개별거래에 대한 경영자의 승인이 제도적으로 내재화

❑ IT의 사용으로 발생하는 위험

내부회계관리제도 평가 및 보고 가이드라인에서는 IT시스템의 활용으로 발생할 수 있는 위험을 아래와 같이 나열하고 있다(문단23).

- 데이터를 잘못 처리하거나, 잘못된 데이터를 처리하는 시스템에 의존할 위험
- 데이터에 대한 승인되지 않은 접근으로 데이터가 위조, 변조, 훼손 및 파기될 위험
- IT부서 인원이 과도한 권한을 보유하여 업무분장이 적절하지 않을 위험
- 승인되지 않은 마스터 파일의 수정
- 승인되지 않은 시스템 및 프로그램의 수정
- 시스템이나 프로그램에 필요한 변경이 적절히 이루어지지 못할 위험
- 데이터 유실 위험 또는 필요한 데이터를 사용하지 못할 위험

IT시스템 환경은 고유한 특성으로 발생되는 위험이 일반적인 수작업 환경과 다르다는 것을 이해할 수 있다. 그러므로 IT 고유위험에 대해 예방 혹은 적발할 수 있는 내부통제 절차가 별도로 필요하다.

이러한 IT시스템의 내부통제 절차 및 IT감사(전산감사)와 관련하여서는 ISACA (Information Systems Audit and Control Association)[82]가 IT감사 및 컨트롤 분야에서 권위를 가지고 있고 기준이 되고 있다.

하지만, ISACA에서 설명하는 IT 내부통제 및 IT감사의 범위는 내부회계관리제도에서 목적으로 하고 있는 외부에 공시되는 재무제표의 신뢰성만을 목적으로 하지 않는다. ISACA에서 다루고 있는 IT 내부통제 및 IT감사의 세부 주제는 IT거버넌스(governance and management of IT), 정보 시스템 운영 및 사업연속성(information system operation and business resilience), 정보자산의 보호(protection of information assets), 정보시스템 구입, 개발 및 구현(information system, acquisition, development and implementation) 및 IT감사 프로세스 등으로 내부회계관리제도보다 넓은 범위로 구성된다.

따라서, 내부회계관리제도에서는 IT 내부통제 절차를 ISACA 등에서 정의한 구체적인 내용을 준용하되, 외부에 공시되는 재무제표의 신뢰성에 영향을 미치는 절차로 한정하여 적용하여야 한다.

IT환경에 대한 내부통제를 IT통제 혹은 전산통제라고 하고, 이는 전산처리의 일반업무

82) ISACA에서는 CISA(Certified Information Systems Auditor, 공인정보시스템감사사) 자격증을 주관하고 관리하며, IT 내부통제 분야에서 기준이 되고 있다.

와 개별 전산업무에 공통적으로 적용되는 IT일반통제(ITGC)와 주요 거래유형을 처리하기 위해 작성된 개별 응용프로그램에 적용되는 IT응용통제(ITAC)로 구분된다.

이는 회사의 내부통제를 전사수준통제(Entity-level controls)와 업무수준통제(Process- level controls)로 구분하여 접근하는 이유와 비교하면 쉽게 이해할 수 있다.[83)]

| IT시스템에 의존하기 위한 일반통제와 응용통제의 관계 |

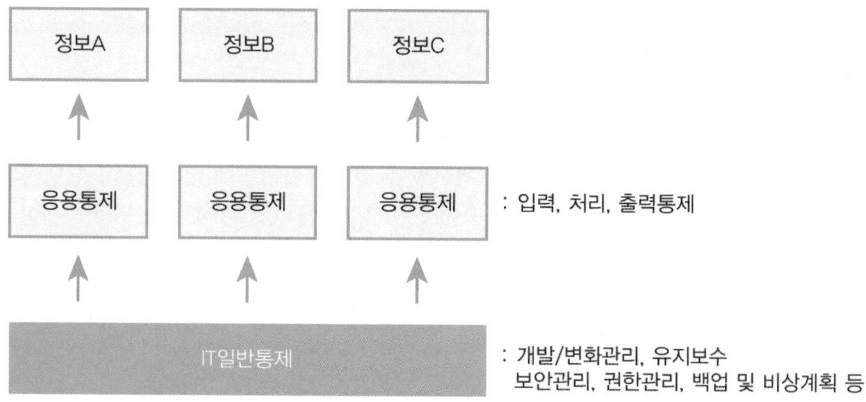

내부회계관리제도에서는 설계 및 운영 개념체계 (원칙 11) 및 평가 및 보고 기준 문단 10에서 IT일반통제를 포함하도록 규정하고 있다. 따라서, 내부회계관리제도의 범위에 IT일반통제는 반드시 포함시켜야 하지만, IT응용통제는 필수적으로 포함시켜야 하는 것은 아니다.

| IT일반통제와 IT응용통제의 일반적 구분 |

구 분	IT일반통제(ITGC)	IT응용통제(ITAC)
범위	• 프로그램과 데이터의 접근통제 • 프로그램 변경 • 프로그램 개발 • 컴퓨터 운영	• 입력통제 • 처리통제 • 출력통제
통제절차 (예시)	• 개발자와 운영자의 업무분장 • 컴퓨터 처리를 위한 매뉴얼 준비 • 프로그램 개발 혹은 구입을 위한 절차 • 컴퓨터 및 파일에 접근하기 위해 비밀번호 혹은 방화벽 사용	• 매출 거래자료의 입력오류를 방지하기 위한 입력전 사전승인 및 run-to-run 합계검증 • 판매단가의 합리성 검증과 입력자료의 이중처리 방지

83) 전사수준통제와 업무수준통제를 구분하여 접근하는 이유는 "4. 전사수준통제"의 "4.1 개요"에 설명되어 있다.

구 분	IT일반통제(ITGC)	IT응용통제(ITAC)
	• 중요한 데이터에 대한 백업	• 주문처리 부서의 매출거래보고서 사후 검토
강제성	• 설계 및 운영 개념체계 (원칙 11)에서 규정하고 있으므로 반드시 내부회계관리제도 범위에 포함	• 내부회계관리제도 범위에 포함하는 것이 강제되지 않음.

내부회계관리제도 평가 및 보고 기준

10. (정보기술 일반통제)

가. 경영진이 식별한 통제가 자동통제이거나 정보기술에 의존하는 경우, 해당 통제의 효과성에 영향을 미치는 정보기술 일반통제의 설계 및 운영에 대해 평가하여야 한다.

나. 경영진은 프로그램 개발, 프로그램 변경, 컴퓨터 운영 및 프로그램과 데이터에 대한 접근보안 등 재무보고 위험과 관련된 정보기술 일반통제를 평가한다.

실무적으로 IT일반통제를 적용하는데 있어 중요한 이슈가 있다.

회사 혹은 조직에서 IT시스템 및 애플리케이션을 구축하여 사용하는 경우도 있고, 규모가 작은 경우에는 외부서비스조직을 이용하는 경우가 있다. 회계정보 산출과 관련해서는 SAP, Oracle NetSuite, AWS, 코스콤 파워베이스, 더존iCUBE, 영림원소프트랩K-System, UNIERP 등이 대표적인 애플리케이션 및 IT시스템이 된다.

외부서비스조직에 의존하여 애플리케이션 혹은 IT시스템을 운영한다면 이는 앞서 언급했던 서비스조직에 대한 통제(SOC, Service organization controls)로 ISAE3402 보고서(SOC리포트)에 의해 IT일반통제 내부통제 절차의 유효성을 확인하면 된다.

이에 대해 글로벌 기업의 프로그램이나 코스콤에서는 해당 애플리케이션에 대한 독립된 감사인의 SOC리포트를 제공하고 있으나, 기타 국내업체에서는 SOC리포트를 제공하고 있지 않아서 사용자 기업이 프로그램 개발이나 프로그램 변경에 관한 내부통제 절차가 유효한지 확인하기 어렵다.

이와 관련하여 내부회계관리제도 설계 및 운영 개념체계에서는 중소기업인 경우에 이러한 패키지형 애플리케이션을 활용하고 있다면, IT일반통제 중 프로그램 개발과 변경과 관련한 면제조항을 마련하고 있다.

하지만, 중소기업이 아니라고 한다면 원칙적으로 SOC리포트를 수령하여 IT일반통제 유효성을 확인하여야 한다.

해당업체가 SOC리포트를 제공하지 않는다면 대체적인 절차(직접 서비스기업의 내부통제를 평가하거나 타감사인의 업무 등을 활용 등)를 마련하여야 하는데, 그 절차가 대단히 어렵거나 실무적으로 불가능한 경우가 많다.

따라서, 국내의 회계ERP 업체도 글로벌 기업과 같이 IT일반통제의 프로그램 개발 및 변경과 관련하여 ISAE3402에 따른 SOC리포트를 빠른 시일 내 제공해 줄 것을 기대한다.

참고로, ISACA에서는 이러한 IT일반통제의 목적은 정보가 생성되어 소멸되기까지 처리 및 유통의 정보처리 생애주기(lifecycle) 전반에 걸쳐 기밀성(confidentiality), 무결성(integrity), 가용성(availability)을 확보하는 것을 목적으로 하고 있다.

| IT일반통제의 목적 |

구 분	내 용
기밀성 (confidentiality)	• 재무정보는 권한있는 당자사에 의해서만 접근 가능하여야 하며 비인가자에게 노출되어서는 안된다. • 권한 없는 자의 애플리케이션, 데이터에 대한 접근은 스니핑, 암호화하지 않은 백업 데이터 등의 정보유출의 형태로 나타나게 된다. • 특히 최근에는 클라우드 서비스나 본/지점(본사/해외지사) 간 인터넷을 이용한 전표입력이 있을 수 있는데, 특정회사에서는 저장 중인 데이터뿐만 아니라 이동 중인(전송 중인) 데이터의 기밀성도 문제가 될 수 있다. 이러한 환경에서는 VPN(가상사설망)을 이용한 터널링 기법, 혹은 데이터 암호화가 요구된다.
무결성 (integrity)	• 재무정보는 인가된 당사자에 의해서, 인가된 방법으로만 변경되어야 한다. • 해커가 비인가된 프로그램(트로이목마, 바이러스, 백도어 등)의 방법으로 정보의 무결성을 위협할 수 있다. • 이러한 무결성을 지키기 위한 대표적인 방법이 사용자 및 슈퍼유저에 대한 접근통제 혹은 개발과 운영간의 업무분장을 예로 들 수 있다.
가용성 (availability)	• 재무정보는 특히 경영진이나 이해관계자가 필요한 경우 적시에 이용해야 한다. 이는 재무정보의 질적특성으로 목적적합성과 관련이 높다. • 만약, 재무정보를 산출하는 시스템에 DDOS 공격이나 통신방해가 이루어진다면 데이터가 이용이 불가하거나 소실(삭제)될 수 있다. • 데이터 가용성을 확보하기 위한 방안으로 클러스터링, 백업 등의 방법이 있을 수 있는데 재무정보의 가용성을 확보하기 위한 일반적인 방안으로는 백업이 중요하며 이는 컴퓨터 운영에서 설명된다.

5.7.1 IT 범위설정(IT Scoping table)

IT일반통제가 되었던 혹은 IT응용통제를 적용하던, 회사에서 사용하고 있는 IT시스템에 대한 식별이 필요하다. 구체적으로 내부회계관리제도에서는 재무제표를 작성하기 위해 의존하고 있는 시스템과의 연관성을 분석하는 것이 필요하다.

따라서, IT 내부통제 절차를 적용하기 위해 업무 프로세스, 자동화 통제활동(automated controls), IT의존통제활동(IT dependent controls)를 파악하고, 해당 통제활동과 IT시스템 간의 연관성을 식별하여야 한다. 그 후 각 시스템이 IT일반통제의 영역을 만족하는지 확인할 수 있을 것이다.

내부회계관리제도에 포함해야 하는 IT시스템 범위를 정의하고 구체화하기 위해 IT Scoping table이라는 도구를 사용한다. 이는 내부회계관리제도가 IT시스템과 관련된 부분에 어떤 측면을 포함하고 있는지를 명시적으로 나타내는 데 사용된다. IT scoping table은 조직의 고유한 요구 사항과 환경에 따라 다양할 수 있으며, 아래는 일반적으로 포함될 수도 있는 주요 항목이다.

| IT Scoping table에 포함될 수 있는 내용 |

항 목	주요내용
시스템 및 네트워크 구조	• 서버, 데이터베이스, 네트워크 장비 등의 중요한 IT 인프라구조
소프트웨어 및 응용프로그램	• 사용 중인 소프트웨어 및 응용프로그램 목록
접근 통제	• 시스템 및 데이터 접근에 대한 제어 수단이나 정책 • 사용자 식별, 권한 관리, 감사 로깅 등을 포함
물리적 보안	• 서버 룸, 데이터 센터 등 물리적인 환경에 대한 보안 조치가 어떻게 구현되었는지를 나타내는 정보
감사 로그 및 감사 트레일	• 시스템에서 수집되는 감사 로그 및 감사 트레일의 범위 및 활용 방안
비상 대응 및 회복	• 재난 복구 및 비상 대응 계획이나 프로세스
정보 보안	• 기밀성, 무결성, 가용성을 지키기 위한 보안 조치가 어떻게 시스템에 적용되는지를 나타내는 정보
IT 관련 정책 및 규정	• 조직 내에서 적용되는 IT 정책 및 규정의 목록

 IT Scoping table

IT Scoping table(예시)

1. 회사의 주요 시스템 환경

시스템명	더존iCube	그룹웨어	시프티
시스템 설명	더존비즈온에서 개발 및 판매하는 패키지 형태형 국산 ERP 시스템. 회계, 인사 및 경영관리 모듈을 통해 통합적 관리하도록 하는 전사자원관리 애플리케이션	더존비즈온에서 개발 및 판매하는 패키지형 전자결재 시스템. 전자결재, 문서관리, 사내게시판 및 더존 iCUBE와 연동되어 기업의 정보성 업무를 처리하는 애플리케이션	근태, 유연근무제, - 근무시간 - 휴가일수 - 출장, 외근
I/F 여부	그룹웨어	더존iCUBE	해당사항 없음.
I/F 내용	해당 그룹웨어는 더존iCube로 연동되며 지출결의서 및 세금계산서발행의뢰 등 전자결재를 수행하고, 해당 지출항목 등은 더존iCUBE의 재무제표 계정과목과 연동되어 처리됨.	해당 그룹웨어는 더존iCube로 연동되며 지출결의서 및 세금계산서발행의뢰 등 전자결재를 수행하고, 해당 지출항목 등은 더존iCUBE의 재무제표 계정과목과 연동되어 처리됨.	해당사항 없음.
Solution/Inhouse	Solution	Solution	
Web/CS	CS	WEB	
Application OS	Windows11		
서버 OS	Windows Server 2016 Standard	CeonOS 7.8	
Web 서버 종류	해당 없음.	Apache	
WAS 서버 종류	해당 없음.	Tomcat	
DB OS	MS SQL 2008	MySQL	
DBMS 종류	MSSQL	MYSQL	

- WEB 서버 : HTML, CSS, JS, JPG 등 정적인 데이터를 처리하는 웹서버
- Web 서버의 종류는 대표적으로 Apache, IIS, Nginx가 있음.

(1) Nginx 특징	(2) IIS의 특징	(3) Apache 특징
1) 오픈소스로 무료 2) Apache에 비해 가벼움. 3) 프록시 기능이 뛰어남. 4) 커뮤니티의 자료가 부족	1) Microsoft에서 지원 2) ASP.MSSQL등과 같은 다른 Microsoft 서비스와 쉽게 통합할 수 있음.	1) 오픈소스로 무료 2) 다양한 모듈을 제공 3) 강력한 커뮤니티로 인한 방대한 자료가 있음.

5) 확장모듈이 Apahce에 비해 적음.	3) 간편한 GUI를 지원 4) 가격이 비쌈. 5) WindowsServer에서만 동작 6) Apache와 Nginx에 비해 느림.	4) 확장성이 좋음. 5) 보안수준이 높음. 6) 많은 기능들로 인해 느림. 7) 오버헤드가 발생

- WAS(Web Application Server) 서버 : JSP, ASP, PHP 등 사용자의 입력을 받아 서버에서 처리하고 그 결과를 보여주는 동적인 데이터를 처리하는 웹서버

(1) Apache Tomcat	(2) Jetty	(3) Jboss	(4) Oracle WebLogic	(5) IBM WebSphere
Apache Tomcat은 오픈 소스 서블릿 컨테이너로 가장 널리 사용되는 WAS. 톰캣은 Java Servlet, JavaServer Pages(JSP), Java Expression Language, Java WebSocket 기술을 지원함. 오픈 소스로 제공되기 때문에 사용료가 없음. 중소 규모의 웹 애플리케이션을 호스팅하는데 적합함.	오픈 소스 서블릿 컨테이너임. 가볍고 빠른 퍼포먼스와 유연성이 특징임. Jetty는 애플리케이션 내에 직접 포함될 수 있는 경량화된 WAS임. 임베디드 웹 서버나 마이크로서비스 아키텍처에 특히 적합함. 또한, 완전 비동기 I/O를 지원하므로 대량의 동시 연결을 효율적으로 처리할 수 있음.	Red Hat이 제공하는 JBoss EAP(Enterprise Application Platform)는 풀스펙의 Java EE를 지원하는 오픈 소스 WAS임. Java EE 전체 스택을 지원하므로 복잡한 엔터프라이즈 애플리케이션을 개발하고 실행하는데 적합함. JBoss는 확장성, 트랜잭션 관리, 클러스터링, 메시지 큐 등의 고급 기능을 제공함.	Oracle WebLogic Server는 상업적으로 사용되는 풀스펙의 Java EE WAS임. 큰 규모의 엔터프라이즈 애플리케이션에서 주로 사용되며, Oracle 데이터베이스, Oracle Cloud와의 통합성, 성능, 안정성을 강조함.	상업용 WAS로 Java EE 풀스펙을 지원함. 오라클과 비슷하게 IBM의 다른 솔루션들과의 통합성이 특징이며 보안 및 관리 도구, 트랜잭션 관리 등의 고급 기능을 제공함.

2. IT관련 조직

구 분	내 용
조직	회사 내에 재무회계와 관련한 IT 개발 기능 없으며, IT지원팀이 IT운영을 담당하고 있다.
운영	××××개발팀에서 개발을 담당하며, 서비스운용지원팀이 운영을 담당하고 있다.

3. 당해연도 IT System 계획

구 분	내 용
개발/변경 계획	개발 및 변경 계획 없음.

4. 프로세스와 연결(In-Scope system)

시스템명	더존iCube	그룹웨어	시프티
In-scope system	해당	해당	해당
사유	그룹웨어를 통해 전결규정에 따라 승인된 내역은 더존ICUBE와 인터페이스되어 있으며, 승인된	그룹웨어를 통해 전결규정에 따라 승인된 내역은 더존ICUBE와 인터페이스되어 있으며, 승인된	연차수당 계산 시 잔여휴가일수 및 근태관리시스템인 시프티를 통해 재무정보가 작성됨.

시스템명	더존iCube	그룹웨어	시프티
	내역을 iCUBE에서 전표 발생하여 총계정원장에 반영됨.	내역을 iCUBE에서 전표 발생하여 총계정원장에 반영됨.	
고객관리	Yes	Yes	
수주관리	Yes	Yes	
매출인식	Yes	Yes	
채권관리	Yes	Yes	
공급업체관리	Yes	Yes	
구매발주	Yes	Yes	
입고 및 검수	Yes	Yes	
매입정산	Yes	Yes	
출하관리	Yes	Yes	

– 이하 생략 –

5.7.2 IT일반통제의 4가지 범주

IT일반통제는 IT시스템 환경에서 정보의 처리목적을 달성하기 위한 일반적이고 전반적인 통제활동으로서 특정 애플리케이션이 아닌 전체 IT환경과 관련된 일반통제로서 특정 애플리케이션 통제가 효과적으로 기능할 수 있도록 지원한다.

IT일반통제는 IT시스템 전반에 적용되므로 IT시스템에 의존하기 위해서는 가장 기본적으로 충족되어야 하는 인프라와 같은 필수조건이라고 할 수 있다.

내부회계관리제도에서는 IT응용통제에 대한 검토 이전에 IT일반통제를 먼저 테스트하여야 한다. 내부회계관리제도 설계 및 운영 개념체계에서 (원칙 11)에서는 일반통제 내용을 설명하고 있으므로 내부회계관리제도를 구축하여야 하는 회사에서는 IT일반통제 수립은 반드시 수행하여야 하는 절차이다.

내부회계관리제도에서 IT일반통제는 다음과 같이 4가지 범주로 구분한다. 아래의 4가지 범주는 원칙적으로 구축 및 운영하여야 하는 내용이므로 기억하여야 한다.

- 프로그램 및 데이터 접근(APD, Access to program and data)
- 프로그램 개발(PD, Program development)
- 프로그램 변경(PC, Program change)
- 컴퓨터 운영(CO, Computer operation)

| 원칙 11. 정보기술 일반통제의 선정과 구축 |

중점고려사항 제목	중점고려사항 내용
업무프로세스에서 사용되는 정보기술과 정보기술 일반통제 간 의존도 결정	경영진은 업무프로세스 및 자동통제와 정보기술 일반통제 간의 의존성과 연관성을 이해하고 결정한다.
정보기술 인프라 통제활동 수립	경영진은 정보처리의 완전성, 정확성 및 이용가능성을 확보하기 위한 정보기술 인프라에 대한 통제활동을 선택하고 구축한다.
보안관리 프로세스에 대한 통제활동 수립	경영진은 업무 책임에 상응하는 정보기술 접근권한을 허가된 담당자로 제한하고, 외부의 위협으로부터 회사의 자산을 보호하기 위한 보안 관련 통제활동을 선택하고 구축한다.
정보기술의 취득, 개발 및 유지보수 프로세스에 대한 통제 수립	경영진은 내부회계관리제도 목적 달성을 위하여 정보기술 및 인프라의 취득, 개발, 유지보수 활동에 대한 통제활동을 선정하고 구축한다.

IT일반통제 4가지 범주를 적용하기 위해서는 IT시스템에 대한 일반적 이해가 선행되어야 한다.

IT시스템은 그 자체가 목적이 될 수 없고, 사용을 통해 달성하기 위한 목적(예를 들어, 비즈니스 목적 등)이 존재한다. 만약, 우리가 핸드폰이라는 일종의 IT시스템을 사용한다면 핸드폰이라는 디바이스(하드웨어) 그 자체를 소유하는 것이 목적이 아니라, 전화 기능(통화앱)을 통해 커뮤니케이션 목적을 달성하거나 혹은 사진앱을 통해 추억을 간직하는 등의 것이 목적이 될 것이다.

IT시스템은 목적을 달성하기 위해 최종 사용자(End-User)는 통화앱, 사진앱과 같은 애플리케이션(응용프로그램)을 사용하게 된다. 어쩌면 최종 사용자(End-User)는 IT시스템의 원리와 구조를 알 필요성이 없을지도 모른다. 하지만, 애플리케이션만 잘 만들어졌다고 한다면 최종 사용자(End-User)의 목적을 달성하기 위해 아무 문제가 없을까?

당연히 애플리케이션만 잘 만들어졌다고 해서 목적을 달성할 수 있는 것은 아니다. 만약, 핸드폰이라는 IT시스템이 인가된 당사지가 아니라 비인가자도 암호없이 사용할 수 있다면 안정적인 목적달성이 불가능할 수도 있다. 혹은 iOS나 안드로이드 운영체제가 다운되어(장애가 발생하여) 핸드폰 이용이 불가능하다면 중요한 정보를 적시에 전달하지 못할 수도 있다. 또한, 핸드폰 데이터베이스에 저장되어 있는 연락처 정보가 삭제되거나 사진이 모두 초기화 된다고 하더라도 목적을 달성하는데는 거리가 있을 것이다.

회계정보를 생산 또는 사용하기 위한 환경으로 돌아와서 생각해 보자. 회계정보를 산출하기 위해 전방부서에서 영업을 위한 IT애플리케이션을 사용하고, 회계부서에서 SAP, Oracle, 코스콤 파워페이스, 더존, 영림원K-System, UNIERP와 같은 회계 애플리케이션 등을 사용한다.

조직의 비즈니스 목적, 특히 내부회계관리제도와 관련하여 외부에 공시되는 재무제표의 신뢰성을 확보하기 위해 애플리케이션뿐만 아니라 데이터베이스, 운영체제, 네트워크 등에 대한 IT시스템 전체에 대한 신뢰가 필요하다.

| IT시스템의 컴퓨팅 구성요소[84] |

구 분	내 용
애플리케이션 (응용프로그램)	• 소프트웨어 프로그램 또는 애플리케이션은 사용자 또는 시스템이 특정 작업을 수행하도록 디자인된 소프트웨어의 집합을 의미한다. • 예시로 SAP, 더존iCUBE, 영림원 K-System, UNIERP, 웹 브라우저, 마이크로소프트 오피스(엑셀, 파워포인트, 워드) 등이 있다.
데이터베이스 (Database)	• 데이터베이스는 체계적으로 구조화된 데이터의 집합으로, 데이터의 저장, 관리, 조작을 위한 시스템을 의미한다. • 관계형 데이터베이스, NoSQL 데이터베이스 등 다양한 유형이 있으며, 정보를 효과적으로 구조화하고 검색할 수 있도록 지원한다.
운영체제 (Operating System)	• 운영체제는 컴퓨터 하드웨어와 소프트웨어 간의 상호 작용을 관리하며, 사용자 및 다른 소프트웨어에게 서비스를 제공하는 소프트웨어 시스템이다. • 자원 관리, 파일 시스템 관리, 프로세스 관리, 사용자 인터페이스 제공 등의 기능을 수행하여 컴퓨터 시스템을 운영하며, 예시로 윈도우, 맥OS, 리눅스, 우분투, 안드로이드 등이 있다.
네트워크 (Network)	• 네트워크는 컴퓨터 및 기타 디바이스 간에 데이터를 교환할 수 있도록 하는 연결된 구조를 의미한다. • 인터넷이나 기업 내부의 로컬 네트워크(LAN) 등이 여기에 속하며, 데이터 통신을 가능하게 한다.

애플리케이션은 잘못 만들어지는 경우 체계적인 오류를 발생시키게 된다. 따라서, 아무렇게나 개발되거나 변경되어서는 안되며 시스템 정합성과 가용성을 유지하는 것이 가장 중요하다. 따라서, 애플리케이션은 프로그램 개발(PD, Program development), 프로그램 변경(PC, Program change)과 같은 내부통제 절차가 지켜져야 할 것이다.

또한, 데이터베이스에 적재된 회계정보는 내・외부 침입에 의해 훼손되거나 권한 없는 자에 의해 변경되어서는 안된다. 그러기 위해서 애플리케이션뿐 아니라, 운영체제, 네트워

84) IT시스템 컴퓨팅 구성요소는 IT일반통제가 보호하고자 하는 대상이 된다.

크, DBMS 등의 사용자 권한관리(논리적 접근통제)와 더불어 물리적으로 접근하지 못하도록 하는 내부통제도 필요할 것이다.

최근에는 클라우드 서비스, SaaS(Software as a Service)를 사용하거나, 네트워크 망을 사용하는 등 더욱 환경이 복잡해지고 있다. 이러한 네트워크 환경은 데이터가 스니핑(sniffing)[85], 스푸핑(spoofing)[86] 될 수 있으므로 데이터 암호화, VPN(Virtual Private Network, 가상사설망을 통한 터널링)의 사용이 중요할 수도 있다. 이러한 정보자산의 보호는 IT담당자에 의해서만 보호될 수 있는 것이 아니다. 따라서, 최고 경영진의 High-level statement를 마련하고 임직원에 대한 교육으로 뒷받침되어야 한다. 이러한 내용은 프로그램 및 데이터 접근(APD, Access to program and data) 절차에 포함되는 내용이다.

그리고 시스템의 장애가 발생하거나, 외부공격(DDOS, 랜섬웨어, 트로이목마 등)을 받거나, 화재 · 지진 등의 재해가 발생한다고 하더라도 회계정보는 심각하게 훼손되거나 방해받아서는 안된다. 이러한 내용은 BCP/DRP를 통해 대응되며, 사업 연속성(business resilience) 및 정보시스템 운영은 컴퓨터 운영(Computer operation)의 내부통제 절차를 통해 구현된다.

5.7.2.1 프로그램 및 데이터 접근(APD, Access to program and data)

컴퓨터 시스템의 구조는 설명한 바와 같이 애플리케이션, 데이터베이스, 운영체제, 네트워크로 크게 구분할 수 있다. 프로그램 및 데이터에 대한 접근통제는 이러한 컴퓨터 시스템에 대한 접근을 제한하여 개인이 에러나 규칙 위반 행위를 저지르거나 숨기는 것을 사전에 예방할 수 있도록 하는 통제를 의미한다.

회사는 반드시 재무제표의 작성에 있어서 중요한 시스템에 필요한 적절한 접근권한을 정의하는 보안정책을 수립하여야 하며, 각 기능별로 필요한 화면, 프로그램, 보고서 등을 정의하여 시스템 접근제한 정책을 적절하게 운영하여야 한다. 새로운 접근권한의 신규요청이나 변경요청에 대해 승인권자는 사전에 수립된 접근제한 정책에 따른 검토를 수행하여야 한다.

일반적으로 이러한 통제절차는 시간이 흐름에 따라 시스템 등의 변경으로 인해 통제위험이 높아질 수 있다. 이에 경영진은 재무적으로 중요한 접근제한과 업무분장이 적절히

85) 네트워크 트래픽을 감시하거나 도청하여 데이터를 가로채는 행위로 네트워크 상의 패킷을 분석하거나 복사하는 방식으로 이루어진다.

86) 신뢰할 수 있는 것으로 위장하여 시스템, 네트워크, 또는 사용자를 속이고 민감한 정보를 얻으려는 공격 행위를 의미한다.

준수되는지를 확인하는 절차를 수행하는 것이 바람직하다.

이와 같은 통제활동은 외감법에서 요구하는 회계정보를 기록·보관하는 장부의 관리 방법과 위조·변조·훼손 및 파기를 방지하기 위한 통제에 해당한다. 이외에 부적절한 경로 등을 통해 과다하게 시도되는 로그인 등과 같은 문제를 포함한 예외사항 보고서를 주기적으로 검토하며, 문제가 확인되면 적절한 후속 조치를 취한다.

❑ 프로그램과 데이터에 대한 접근보안(평가 및 보고 가이드라인 문단25.다)

- 정보보안 정책을 수립하고 있으며, 보안실무를 고려하여 그 적정성을 정기적으로 검토한다.
- 구성원이 수행하는 업무의 내용 및 직무기술서 등을 고려하여 시스템 접근권한의 적정성을 정기적으로 검토한다.
- IT 자원(하드웨어, 소프트웨어, 데이터를 포함)에 대한 접근을 관리하기 위한 물리적인 접근통제 및 논리적인 접근통제(식별, 인증, 승인 메커니즘 등)를 수립하고 적용하고 있다.
- 적시에 사용자 계정을 추가, 수정, 삭제할 수 있는 절차를 수립하고 적용하고 있다.
- 보안활동에 대한 기록, 발생가능한 보안위반 사항에 대한 식별, 이에 대한 전달 및 적시 대응 등을 포함한 효과적인 보안체제를 구축하고 있다.

APD는 정보자산을 보호하기 위한 내부통제절차로, 일반적으로 아래와 같은 구조를 이용하여 이해하는 것이 편리하다. 정보자산을 보호하기 위한 정보보안 정책을 구비하여야 하며, 접근에 대한 통제는 논리적 접근통제와 전산실이나 하드웨어에 대한 물리적 접근통제로 구분된다.

논리적 접근통제 중 중요한 내용은 시스템에서는 루트(root)에 대한 권한을 보유하는 경우 모든 내부통제를 우회할 수 있으므로 슈퍼유저에 대한 권한관리와 일반 사용자 권한관리는 구분하여 내부통제 절차가 인식되고 마련되어야 한다. 또한, 앞서 설명한 내용이 주기적으로 모니터링 되는 절차를 포함한다.

| APD 내부통제의 구조 |

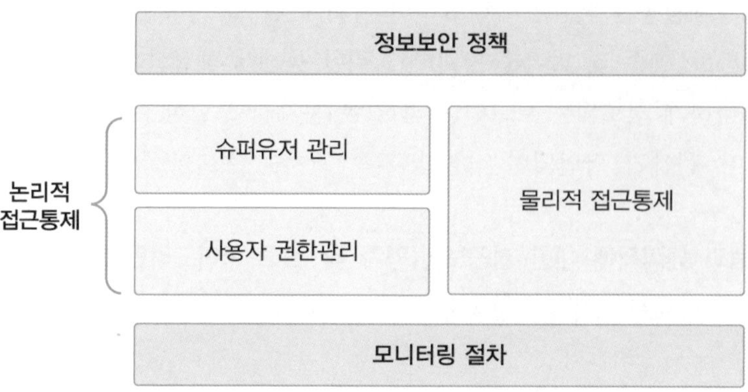

(1) 정보보안 정책

정보보안 정책은 경영진에 의해 만들어진다. 이는 사내의 중요한 정보를 보호하고 관리하기 위한 조직 내 경영진이 생각하는 신념, 지향하는 목표 등의 내용을 포함하는 성명서를 의미한다. 정보보안을 실무적으로 수행하고 있다고 하더라도 정보보안 정책이 문서화되어 있지 않다고 한다면 법적효력을 인정받지 못할 수 있으므로, 문서화된 정보보안 정책을 구비하는 것이 필요하다.

정보보안 정책은 일반적으로 암호화 정책, AUP(허용가능한 사용 정책, acceptable use policy), 클린데스크 정책, 재해복구 및 보안대응 계획, 이메일 정책, 패스워드 가이드라인, 최종사용자 입력보호 정책, 데이터 분류기준 등을 포함하며, 책임추적성(IT accountability)을 위해 직무에 따른 역할과 책임이 명시되도록 한다.

또한, 정보보안 정책에는 보안인식 교육을 포함하기도 하는데 책임의식과 문제의식을 인식시켜 직원의 태도를 개선하는 것을 목적으로 한다. 또한, 보안정책의 배포와 기밀유지 서약서(NDA, Non-disclosure agreement)의 작성과 동시에 교육이 이루어지기도 한다.

구 분	내 용
정보보안 정책 및 절차	• 재무보고와 관련된 시스템에 대하여 비인가되거나 부적절한 접근을 차단하기에 충분한 논리적 보안통제 절차를 포함하고 있는 보안 정책이 존재한다.
정보보안 정책의 내용	• 재무보고와 관련된 정보를 보호하기 위한 충분한 책임추적성(직무의 역할 및 책임 명시)을 포함한 주요한 내용이 포함되어야 한다. - 암호화 정책 - AUP(허용가능한 사용 정책, acceptable use policy) - 클린데스크 정책

구 분	내 용
	- 재해복구 및 보안대응 계획 - 이메일 정책 - 패스워드 가이드라인 - 최종사용자 입력보호 정책 - 데이터 분류기준
패스워드 통제	• 패스워드 통제와 같은 인증통제의 효과성을 판단할 때는 일반적으로 패스워드 최소길이, 변경주기, 추측 가능한 단어의 사용제한 및 최근 사용한 패스워드의 재사용 제한 여부, ID 공유 여부를 확인한다.
정보보안 교육의 실시 여부	• 회사는 매년 신입사원 혹은 임직원을 대상으로 사회공학(social engineering)[87]에 대한 대응을 포함하여 정보보안 정책에 대해 인지시키는 절차를 포함하여야 한다. 이러한 절차는 정보보안 교육이 대표적이다.

(2) 슈퍼유저 관리

각 정보시스템 환경에서는 경우에 따라 통제를 우회할 수 있는 강력한 접근권한을 가진 사용자 계정(슈퍼유저)이 존재한다. 슈퍼유저는 애플리케이션, 데이터베이스, 운영체제, 네트워크에서 각각 발생할 수도 있지만 재무제표의 신뢰성에 한정하여 생각해 본다면 애플리케이션 및 데이터베이스의 슈퍼유저 관리가 중요하다.

애플리케이션 슈퍼유저는 특정 애플리케이션 내에서 모든 작업을 할 수 있는 admin 권한을 갖고 있는 자를 의미[88]하며, 데이터베이스(DB) 슈퍼유저는 데이터베이스에서 모든 작업을 할 수 있는 admin권한을 의미하며, 일반적으로 DBA(DB Administrator)역할을 수행하는 인원이 보유한다.

슈퍼유저는 실무를 수행하는 입장에서는 대단히 편리하고 유용성이 높지만, 내부통제 측면에서는 재무정보를 자유롭게 생산, 변경, 삭제할 수 있으므로 대단히 높은 위험을 내포하고 있다. 슈퍼유저에 대한 내부통제 절차는 일반적으로 권한부여, 사용로그, 모니터링 절차로 구분된다.

87) 사회공학은 사람을 속여서 조직 내 민감한 정보를 유출하게 하는 기술이다.

88) 재무제표 작성과 관련하여 한정하여 실무적으로 생각해 보자면 SAP, 더존iCUBE, 영림원K-System, UNIERP 등의 애플리케이션에서 재무정보를 생성, 삭제, 변경, 권한부여 등 모든 것을 수행할 수 있는 관리자 권한을 의미한다.

구 분	내 용
권한부여	• 재무보고 응용프로그램 및 데이터에 대한 비인가 접근 및 부적절한 접근과 같은 위험을 감소시키기 위하여, 슈퍼유저는 적절한 사용자 그룹에게만 부여한다.
사용로그 관리	• 슈퍼유저의 권한사용은 일상적인 비즈니스 수준에서 이루어지지 않는다. 슈퍼유저의 사용은 프로그램의 긴급한 변경(비상변경, Emergency change) 등의 상황에서 사용되며 그 사용현황을 로그형태로 기록한다.
슈퍼유저 모니터링	• 월별/분기/반기/연간 등의 통제주기로 권한보유자의 적절성 및 해당 권한보유자가 수행한 이력을 검토하여 부적절한 접근이나 변경이 없었는지 검토하는 모니터링 통제를 수립하여야 한다.

(3) 사용자 권한 관리

애플리케이션을 사용하기 위한 사용자는 비즈니스 목적 달성을 위한 필요에 의해 권한이 부여되고, 권한이 필요없게 되면 즉시 회수되어야 한다. 따라서, 사용자 권한관리는 사용자 직무에 따른 거래 및 데이터에 대한 접근권한을 부여하는 것으로 이해할 수 있다.

사용자 권한관리는 기업 또는 조직의 정보자산을 보호하는 핵심적인 부분으로 효과적인 권한관리 시스템을 구축하고 유지하는 것이 중요하다.

구 분	내 용
사용자 식별 (Identification)	• 사용자 계정, 사용자 이름 또는 다른 고유한 식별자를 통해 이루어지도록 한다. 사용자 이메일 주소를 부여하거나 애플리케이션 아이디를 부여하는 것으로 권한있는 자의 승인을 받는다.
인증 (Authentication)	• 사용자가 자신이 주장하는 대로 자격을 증명하는 것을 의미하는 것으로 비밀번호, 바이오메트릭스(지문, 홍채 등), 토큰 등을 통해 이루어진다.
권한 부여 (Authorization)	• 사용자에 대한 권한을 정의하고 할당하는 것으로, 특정 자원에 접근하거나 특정 작업을 수행할 수 있는 권한을 결정하는 것을 포함한다. • 신규 입사/인사 이동 → 권한 부여/변경 요청 → 요청자 부서장 승인 → 권한관리 업무 책임자(Process Owner)는 부여권한의 적절성 검토 및 승인 → 권한 부여 담당자의 권한 부여 → 요청자 확인 • 퇴사 시, 사용자 계정을 즉시 회수하는 절차를 수립한다. 퇴사 정보가 HR시스템에 반영되고 이에 따라 사용자 계정이 자동으로 회수되는 것이 바람직하나, 수동으로 사용자 계정을 회수해야 하는 경우, 퇴사 정보가 HR시스템에 반영되는 즉시 사용자 계정을 회수하는 절차를 구비하고 짧은 통제주기의 주기적인 모니터링 통제와 같은 보완통제를 구비한다. • 퇴사 시와 마찬가지로, 인사 발령 및 직무 변경으로 인하여 권한 회수가 필요한 경우, 즉시 권한 회수가 이루어질 수 있도록 내부통제 절차를 수립한다.

구 분	내 용
최소 권한의 원칙 (Principle of Least Privilege)	• 사용자에게 필요한 최소한의 권한만 부여함으로써 보안을 강화하는 원칙으로 불필요한 권한 부여를 최소화하여 잠재적인 보안 위협을 감소시킨다.
역할기반의 접근 제어(Role-Based Access Control-RBAC)	• 권한을 역할에 할당하고, 사용자는 특정 역할을 가지게 됨으로써 해당 역할에 할당된 권한을 상속하는 방식으로 권한을 관리하는 것을 의미한다.
접근권한 모니터링	• 전체 애플리케이션에 대한 권한에 대하여 주기적(월별/분기/반기/연간) 모니터링을 수행하여 보유권한의 적절성을 검토하는 절차를 수립한다. • 만약, 시스템 특성상 권한 변경 이력이 남지 않는 경우, 짧은 통제주기의 주기적인 권한 모니터링 통제와 같은 보완통제를 수립해야 한다.

(4) 물리적 접근 통제

물리적 접근 통제는 물리적 수단을 사용하여 특정 영역이나 자원에 대한 접근을 제어하고 보안을 강화하는 방법이다. 이는 주로 전산실(IT facility center)과 관련된 데이터 센터, 서버 룸 등과 같은 물리적인 장소에 대한 보안을 강화하는데 사용되는 내부통제이다.

IT시스템의 물리적 관리는 시설에 대한 ① 환경적 통제와 ② 접근통제로 구분할 수 있다. 첫 번째, 환경적 요소에 대한 관리는 전력관리(독립적 전원공급, UPS(대체전력공급) 등), 화재관리, 서버실의 drop ceiling(천장 낮춤, suspended ceiling)과 raised floor(바닥 올림), HVAC(heating, ventilation, air conditioning) 등으로 물리적 장비의 장애 발생이 없도록 관리할 수 있는 내부통제 절차를 의미한다.

회사의 사정에 따라 환경적 통제는 중요도가 매우 달라진다. IT를 기반으로 하는 기업에서는 이러한 환경적 요소 자체가 그 본질적인 비즈니스와 재무제표에 극심한 영향을 미칠 수도 있다. 예를 들어, 게임회사 혹은 인터넷은행의 서버실과 데이터센터가 화재가 발생하거나 침수된다면 그 본질적인 비즈니스와 재무제표에 중대한 영향을 미칠 것이다. 반면, 그러한 환경에 있지 아니한 회사에서는 내부회계관리제도의 관점에서 환경적 요소에 대한 부분은 중요성이 낮아질 수 있다.

하지만, 두 번째 요소인 물리적 접근통제는 그 본질적인 비즈니스의 구분과 관련없이 대부분의 회사에서 중요성이 있는 내용이다. 데이터센터를 출입할 때 에스코트(동행)를 하거나, 물리적 시건장치를 사용하거나, 생물학적 잠금장치(바이오메트릭스), RFID(라디오주파수식별장치) 카드, 경비원, CCTV를 통해 주요한 정보자산을 보호하는 내부통제를 예로 들 수 있다.

물리적 접근통제는 중요한 정보자산을 보호하기 위해 다양한 내부통제가 동시에 적용된다(;ayered). 따라서 하나의 침입자를 방지하기 위해 접근규칙, 보안 경비원, 생체인식기술 및 CCTV가 동시에 사용될 수도 있으며, 이는 정보자산의 중요도에 따라 달라질 수 있다.

| 여러 겹으로 구성된 물리적 접근 통제 |

구 분	내 용
접근규칙 설정	• 주요 시스템 관련 인프라를 관리하는 곳에 대한 물리적 접근은 직무상 반드시 필요한 인원에게만 제한적으로 접근 권한을 부여하고 그 접근 내역을 문서화한다.
보안 경비원	• 주요한 정보가 존재하거나 주요한 IT자산이 존재하는 시설(전산실, 서버룸, 데이터센터 등)의 출입구에서 개인 신분 확인, 방문증 발행, 서명요구, 에스코트 등을 수행하도록 한다.
생체 인식 기술 (Biometric Access Control)	• 지문, 홍채, 얼굴 인식 등의 생체 인식 기술을 사용하여 개인을 고유하게 식별하고 출입을 허용한다.
비디오 감시	• CCTV 시스템을 통해 특정 지역(특히 중요한 정보자산이 존재하는 장소의 출입)이나 출입구를 모니터링하고 기록한다.
RFID (라디오주파수식별장치)	• RFID 태그를 포함하고 있는 카드나 배지로 사용자가 출입할 때 이를 리더에 태그하도록 한다. 카드를 소지한 사용자만이 특정 지역에 출입할 수 있도록 허용된다.

❑ **클라우드 컴퓨팅**

COVID-19 팬데믹 이후 원격 근무가 확산되었고 그 확산에는 클라우드 컴퓨팅이 일조한 면이 있다. 내부회계관리제도 설계 및 운영 개념체계에서는 클라우드 컴퓨팅에 대하여 구체적으로 기술하고 있지는 않으나, 클라우드 컴퓨팅 환경에서 데이터를 저장하고 비즈니스를 수행하는 경우 새로운 잠재적인 위험이 발생할 수 있으므로 기업에서는 IT일반통제 구축 및 운영 시 클라우드 컴퓨팅 환경에 대한 고려가 필요하다.

안전한 클라우드 컴퓨팅 환경을 방해하는 주요 위협 요소를 나열하면 다음과 같다.[89)]
- 불충분한 자격 증명, 액세스 및 키 관리
- 안전하지 않은 인터페이스 및 애플리케이션 프로그래밍 인터페이스(API)
- 잘못된 구성(misconfiguration) 및 부적절한 변경 통제
- 클라우드 보안 아키텍처 및 전략 부족
- 안전하지 않은(insecure) 소프트웨어 개발
- 보안되지 않는(unsecured) 타사 리소스
- 시스템 취약점
- 우발적인 클라우드 데이터 공개
- 서버리스 및 컨테이터 워크로드의 잘못된 구성 및 악용
- 조직화된 범죄/해커

5.7.2.2 프로그램 개발(PD, Program development)

프로그램 개발(애플리케이션 개발)은 새로운 IT시스템을 도입하거나 사내에서 개발하는 경우로 인가, 테스트, 승인, 적절한 적용, 문서화된 것만 개발 또는 도입되도록 하는 프로그램 개발 통제를 의미한다.

회사 혹은 조직은 그 고유의 비즈니스의 목적을 달성하기 위해 프로그램을 개발한다. 이러한 프로그램은 일반적으로 프로젝트를 통해 개발된다. 만약, 프로그램을 개발하기 위한 프로젝트가 적절하게 관리되지 않았다고 한다면 그 결과로써, 목적에 맞지 않거나 오류가 많은 프로그램이 개발될 수도 있고 혹은 수작업으로 수행하는 것보다 더 비효율적인 생산성을 가진 프로그램이 될 수도 있다.

프로그램(애플리케이션)은 한번 잘못 개발되면 체계적인(systematic)한 오류를 지속적으로 발생시킨다. 따라서, 프로그램 개발과 관련한 내부통제는 IT시스템에서 발생할 수 있는 체계적 오류를 방지(예방)하기 위한 내부통제이다.

89) CSA(Cloud Security Alliance), "Top Threats to Cloud Computing: The Pandemic 11," 2022

❑ **프로그램 개발(평가 및 보고 가이드라인 문단25.가)**

- 새로운 시스템의 개발 및 도입은 적절한 경영진에 의해 승인된다.
- 전산시스템 및 응용프로그램의 개발은 적절한 통제가 내재된 개발방법론을 적용하여 수행한다.
- 새로운 시스템의 구축에 의해 영향을 받을 수 있는 기존의 통제는 수정되거나 완전성의 유지를 위해 재설계한다.
- 전산시스템 및 응용프로그램의 개발은 현업부서 및 전산관련 부서의 적절한 테스트과정을 거친다.
- 새로운 전산시스템과 응용프로그램에 대해 시스템, 사용자, 관련 통제에 대한 적절한 문서화가 이루어진다.
- 새로운 시스템을 운영환경으로 이전함에 있어서 접근통제가 수행된다.
- 새로운 시스템으로 이전된 데이터는 완전성을 유지한다.
- 시스템 사용자는 새로운 시스템과 응용프로그램을 사용하기에 적절한 수준의 지식을 보유하고 있다.

| PD 내부통제의 구조 |

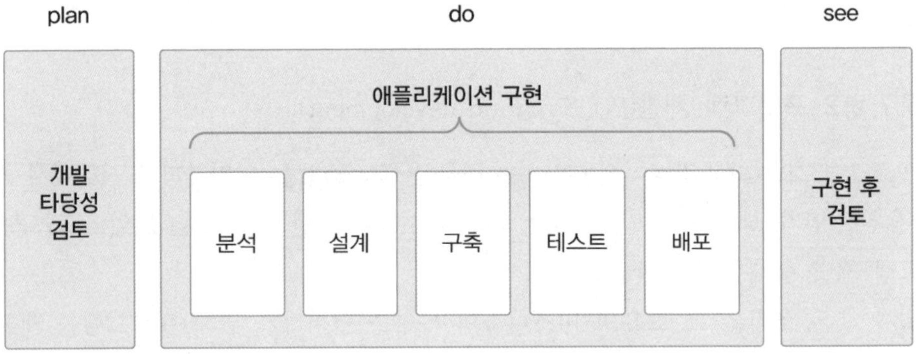

(1) 개발 타당성 검토

개발 타당성 검토(Feasibility Analysis)는 새로운 애플리케이션이나 IT시스템을 개발하기 전에 해당 프로젝트가 기술적, 경제적, 법적으로 실행 가능한지를 평가하는 과정이다. 이는 프로젝트를 시작하기 전에 자원을 효과적으로 사용하고 결과물이 예상대로 성공적으로 도출될 수 있는지를 확인하는데 도움이 된다. 타당성 검토는 필수적으로 수행해야 하는 절차이다.

구 분	내 용
타당성 검토 수행 및 승인	• 재무보고 응용프로그램 및 시스템과 관련한 개발(혹은 취득)의 타당성 검토가 수행되었으며 승인되었는지 확인한다. • 비즈니스부서 및 IT관리자에서 각 신규 개발/취득이 타당하고 기존 IT인프라 및 업무프로세스와 통합을 이루는지 검토하는지 확인한다.

(2) 애플리케이션 구현

경영진의 공식적인 개발 방법론은 시스템 및 애플리케이션의 개발(혹은 취득)과 관련하여 적절한 비즈니스 부서 및 IT관리자의 승인을 득하도록 하여야 한다.

애플리케이션을 개발하기 위해 구성된 절차와 규정을 체계적으로 정리한 것을 개발 방법론(methodology)이라고 한다. 이러한 방법론은 개발자, 프로젝트 관리자, 품질 보증팀 등이 협력하여 효과적으로 소프트웨어를 개발하고 유지・보수하는데 도움을 준다. 아래와 같이 여러 가지 프로그램 개발 방법론이 존재하며, 각각의 방법론의 적용은 특정한 목적에 따라 달라진다. 가장 전통적인 모델은 폭포수 모델이며, 폭포수 모델의 한계와 단점을 보완하고 사용자의 요구사항에 더욱 민첩하게 대응하기 위해 애자일 방법론 등이 도입되었다.

재무보고 애플리케이션(혹은 IT시스템) 신규 도입 시 잠재적인 위험을 적절히 평가하고 감소시킬 수 있도록 하는 구체화된 방법론을 준수하는 내부통제를 수립하였는지 확인하여야 한다.

| 프로그램 개발 방법론 |

구 분	내 용
폭포수 모델 (waterfall)	• 가장 전통적인 프로그램 개발 방법론으로, 순차적으로 개발 단계가 선형적으로 진행된다. 각 단계는 이전 단계의 결과물을 기반으로 하며, 다음 단계로 진행하기 전에 이전 단계의 완료가 필요하다.
프로토타이핑 (Prototyping)	• 초기에 간단한 모델이나 프로토타입을 만들고, 사용자의 피드백을 받아가며 시스템을 점진적으로 개발하는 방법론이다. 사용자 요구사항의 명확한 이해를 위해 유용하다.
애자일 개발 (Agile Development)	• 변화와 고객의 요구사항에 빠르게 대응하기 위한 반복적이고 점진적인 접근 방식으로, 개발 대상을 다수의 작은 기능으로 분할하여 하나의 기능을 하나의 반복 주기 내에 개발하는 개발 방법을 말한다. • 각 반복이 끝날 때마다 기능이 추가된 새로운 소프트웨어(빌드)를 출시하는 것을 목표로 하며, 각 반복이 끝나면 프로젝트 팀은 프로젝트의 우선 순위를 재평가하여 다음 반복을 실시한다 • 고객의 만족을 최우선으로, 변화에 유연하게 대응하고 지속적인 피드백과

구 분	내 용
	개선이 가능하다. 하지만, 문서화가 부족할 수 있으며 일정 예측이 어려운 단점도 존재한다.
데브옵스 (DevOps)	• 개발과 운영을 통합하여 지속적인 배포와 테스트, 자동화된 인프라 관리 등을 강조하는 방법론으로, 더욱 빠르게 소프트웨어를 개발하고 배포할 수 있도록 지원한다.

공식적인 개발 방법론은 현업(비즈니스 부서)의 요구사항을 구체화하고, 이러한 요구사항에 따라 재무보고 목적을 고려하면서 구현하는 프로세스를 포함한다.

즉, 애플리케이션이 만들어지는 각 단계에 따라 신뢰성을 부여하는 것이 필요한데 폭포수 모델과 같은 전통적인 방법론은 소프트웨어 개발 수명주기(SDLC, Software development life cycle)에 따라 이루어지므로, 이를 기반으로 개발단계와 필요한 내부통제 절차를 이해하는 것이 바람직하다.[90)]

소프트웨어 개발 수명주기(SDLC)는 분석 → 설계 → 구축 → 테스트 → 배포/구현의 순서로 이루어진다. 내부회계관리제도에서는 외부에 공시되는 재무보고와 관련한 애플리케이션(IT Scoping table에서 대상이 되는 항목)의 개발에 초점을 맞추는 것이 바람직하다. 즉, 재무보고 관련 애플리케이션이 만들어지는 프로세스가 신뢰성이 없이 만들어졌다면 그 최종 산출된 애플리케이션의 품질을 보장할 수 없을 것이다. 따라서, 만들어지는 각 단계(분석 → 설계 → 구축 → 테스트 → 배포/구현)에서 내부통제 절차가 설계되어 있고 유효하게 운영되었는지 확인하는 것이 중요하다.

프로그램 개발은 통상 과거 애플리케이션이나 데이터를 변환하여 신규 시스템 및 애플리케이션으로 이관하는 절차를 수반하므로 이에 대한 내부통제도 확인하여야 한다.

90) 애자일 모델이나 다른 모델에서도 SDLC의 각 단계에 해당하는 개념을 갖고 있으나, 그 목적에 따라 단계가 생략되거나 순서가 바뀔 수도 있다. 폭포수 모델은 분석이 완료되어야 설계가 진행되는 것처럼 단계별 접근방식을 따르지만, 애자일 모델과 같은 점진적 모델은 요구사항을 단기간에 해치워버리는 스프린트를 통해 일부를 완성하고, 중요도에 따라 요구사항의 다른 일부를 반복적 · 점진적으로 완성한다.

| 소프트웨어 개발 수명주기(SDLC, Software development life cycle) |

구 분	내 용
분석 (Analysis)	• 사용자 요구사항을 수집, 분석하고 문서화하는 단계이다. • 애플리케이션, IT시스템의 기능과 제약사항을 이해하고 인수테스트를 요구사항 정의단계에서 함께 문서화한다. • 요구사항 정의로부터 프로세스에 대한 모형화와 데이터에 대한 모형화를 수행한다. 프로세스 모형화는 DFD(data flow diagram)을 이용하며, 데이터 모형화는 ERD(entity relationship diagram)를 이용한다.
설계 (Design)	• 이전 단계의 결과물을 기반으로 물리적 구현이 가능하도록 전체 시스템 아키텍처와 상세설계를 구체화한다. 하위 시스템, 모듈, 데이터베이스 등의 상세한 설계를 수행하고 단위/통합테스트 등의 테스트 계획과 데이터 변환계획을 수립한다. • 설계의 마감(cut-off point)은 설계의 동결지점(freezing point)으로 베이스라인(기준점)이 되어 형상관리의 기준이 되며, 범위변경 문제를 완화한다.
구축 (Implementation)	• 설계 단계에서 나온 결과물에 따라 프로그램 소스 코드를 작성하고, 애플리케이션을 개발한다. • 프로그래밍 언어에 따라 다양한 프로그래밍 기술(예를 들어 통합개발환경 등)이 적용된다.
테스트 (Testing)	• 애플리케이션이나 IT시스템의 오류를 찾고 해결하기 위해 다양한 테스트를 수행한다. • 단위 테스트 : 내부 기능이 사양서대로 수행되는지 확인 • 통합 테스트 : 시스템의 구성 요소들이 잘 작동하는지, 상호 작용하는지 그리고 통합된 시스템이 예상대로 동작하는지를 확인하는 테스트 • 인수 테스트 : 사용자가 요구사항 정의서에 따라 시스템이 구축되었는지 테스트하고 인수증에 서명 • 기타의 테스트로 시스템 테스트, 알파 테스트, 베타 테스트 등이 있다.
배포/구현 (Deployment)	• 테스트를 마치고 애플리케이션을 실제 환경에 배포하는 단계이다(go-live). • 적절한 시기(설날, 추석 등 연휴) 등을 이용하여 업무지장을 최소화하며, 만약의 사태를 대비한 비상계획을 수립한다. • 전환기법(changeover techniques)으로는 abrupt(일괄도입)/phased(단계적 도입)/parallel(병행운영도입)이 있다.[91] • 사용자에게 제공되고 운영이 시작된다.

91) 대표적인 예시로 국내에서 K-IFRS가 도입될 때 은행, 증권사 등의 금융회사를 포함하여 대기업 상장사의 IT시스템을 신규로 개발하였으며, KGAAP과 K-IFRS를 일정기간 병행운영(parallel run)하였고, 안정화 단계 이후 KGAAP시스템을 운영 중단, 제거하였다.

(3) 구현 후 검토[92)]

새로운 애플리케이션이나 IT시스템의 구현이 끝나고 나면 비즈니스 목적과 요구사항이 달성되었는지 프로젝트 종료 후 일정기간(6~12개월) 경과 후 검토를 수행한다. 이러한 사후검토는 프로젝트 개발팀과 최종사용자가 공동으로 수행한다.

사용자가 개발 산출물을 업무에 적절히 사용하고 있으며, 업무수행 과정에서 사전에 설정된 통제가 유효하게 작동되는지 점검하는 절차를 포함하며 운영상의 중요한 문제가 있었는지 확인한다.

구 분	내 용
구현 후 검토	• 신규개발/취득된 시스템 혹은 애플리케이션은 경영진이 개발과 관련하여 의도한 목적을 충족하는가? • 신규개발/취득된 시스템 혹은 애플리케이션은 내부회계관리제도의 다른 요구사항을 지원하는가? • 신규개발/취득한 시스템의 구축에 의해 영향받을 수 있는 기존 통제가 있는지 식별하였으며, 해당 기존 통제를 수정하거나 재설계하였는가?

| 프로그램 개발(발췌) 예시 |

활 동	업무현황 사례
개별관련 사전협의	IT프로그램의 개발이나 패키지 프로그램의 구입이 필요한 경우에 필요부서의 담당자와 팀장은 IT정보기술부에 협의를 요청한다. 현업부서에서는 개발요청서를 작성한다. 개발요청서에는 필요한 기능 요구사항과 하드웨어인프라, 구축범위, 인력계획 및 비용 등의 일반내역을 상세히 기재한다.
IT개발보고서 작성	IT정보기술부 담당자는 필요부서에서 접수한 개발요청서를 검토하고, 개발관점에서 IT개발보고서를 작성하여 해당 팀장의 승인을 득한다.
IT개발협의회	IT개발협의회에서는 필요부서의 개발요청서, IT개발보고서를 접수하여 전산개발의 타당성을 검토한다. IT개발협의회는 IT정부기술부장, 현업부장, 재무기획부장이 참석하여 의결한다. - 1억 원 미만의 개발건 : IT개발협의회 전결사항이다. - 1억 원 이상의 개발건 : IT본부장, 현업본부장의 승인을 추가적으로 득한다. - 5억 원 이상의 개발건 : 대표이사의 승인을 추가적으로 득한다.
외주업체 선정	IT정보기술부는 현업의 개발요청서와 IT개발보고서를 기반으로 RFP를 작성하고 사전에 정하여진 사업자선정기준에 따라 잠재적 사업자에게 RFP를 송부한 후 제안요청서를 접수받는다. 제안요청서 및 관련 프리젠테이션이 완료되면 사업자선정위원회는 해당 배점표에 따라 평가하여 최종적으로 외주업체를 결

92) 한서회계법인 정기연수자료 참고(정보기술 통제와 IT감사 이해, 공인회계사/CISA 신희종)

활 동	업무현황 사례
	정한다. 사업자선정위원회의 위원은 IT개발협의회 위원과 동일하도록 하되, 필요시에는 해당 부서의 담당자에게 위임할 수 있다. 선정된 외주업체는 프로젝트 이행일정, 이행단계(분석/설계/구축/테스트)별 이행계획서와 공식산출물 리스트를 IT정보개발부에 제출한다.
개발(분석단계)	분석단계에서는 개발요청부서의 요구사항을 분석한다. 외주업체의 컨설턴트는 현업부서의 요구사항을 인터뷰와 관련자료, 회계처리를 분석하여 비즈니스 요건정의서를 작성한다(혹은 개발요청부서에서 직접 작성 가능). 비즈니스 요건정의서는 개발요청부서의 담당자가 검토하고 최종적으로 담당 부서장의 승인을 득하여 IT정보개발부에 제출된다.
개발(설계단계)	제출된 비즈니스 요건정의서에 의해 상세한 IT요건정의를 구현한다. IT요건정의서는 비즈니스 요건정의서에서 필요로 하는 모든 필요기능이 포함되어야 한다. 최종 완료된 IT요건정의서는 IT정보개발부 담당자에 의해 리뷰되고, IT정보개발부장의 승인을 득하여 10년간 보관된다.
개발(구축단계)	SI개발자는 IT요건정의서에 부합하는 코딩을 수행한다. 구축 시의 코딩은 당사의 표준코딩규칙에 따라 작성되어야 하며 최종 완료된 코딩은 당사의 IT형상관리문서에 그 내용을 기재하여야 한다. IT형상관리의 변경(프로그램 변경)이 필요한 경우에는 프로그램 변경 절차를 취하여야 한다.
개발(테스트단계)	테스트는 단위테스트, 통합테스트, 사용자인수테스트[93)]로 구분하여 수행된다. 테스트단계에서는 관련일정과 테스트 프로그램을 사전에 작성하여 개발부서담당자와 IT정보개발부 담당자와 함께 논의한다. 단위/통합/사용자인수테스트는 테스트 결과를 문서화하여야 하며, 최종 완료 시에는 단위/시스템/통합 테스트는 IT담당자 및 IT정보개발부서장의 승인을 득하여야 하며, 사용자인수테스트는 현업의 승인이 반드시 이루어져야 한다.
최종 검수	개발 이후 운영 안정성이 확보되었다고 판단되면 개발업체는 세부적인 검수확인서를 작성하여 검수를 요청한다. 개발요청부서 및 IT정보개발부에서는 해당 개발건의 세부 검수사항 및 산출물을 점검하여 검수확인서에 서명한다.
교육	최종검수가 완료되면 IT기능에 대해 현업부서에 사용매뉴얼 교육을 실시하며, IT정보개발부서에는 지식이전(knowledge transfer) 절차를 진행한다.

93) 각각의 테스트는 다음을 의미한다.
- 단위테스트 : 단위(개별) 프로그램 또는 모듈 테스트
- 통합테스트 : 단위테스트를 거친 프로그램 또는 모듈을 가지고 설계에 따라 통합된 구조를 구축하는 것으로서, 타 애플리케이션/시스템, 보고서, 데이터를 고려한 종합적인 테스트
- 사용자테스트 : 사용자 요청사항에 부합하는지 사용자가 수행하는 테스트

5.7.2.3 프로그램 변경(PC, Program change)

애플리케이션 및 IT시스템은 시간이 흐름에 따라 변화하게 된다. 변화를 가져오는 대표적인 원인은 새로운 기능의 추가, 시장여건의 변화, 예산과 일정계획 등의 업무환경 변화와 더 나은 하드웨어, 발전된 운영체제의 변화와 같은 기술환경 변화를 들 수 있다.

재무제표의 작성 및 생성과 관련하여 IT시스템과 애플리케이션에 의존할 때, IT시스템이나 애플리케이션, 데이터가 불완전하게 변경되거나 권한을 갖지 않은 자에 의해 임의로 변경되는 경우 재무제표 정보의 신뢰성을 확보하기 어렵다.

이런 위험을 예방 및 적발하기 위해 한번 구축이 완료된 프로그램 변경과 관련한 내부통제 절차는 ① 변경관리와 ② 형상관리로 구분된다.

❑ **프로그램 변경(평가 및 보고 가이드라인 문단25.나)**

- 시스템에 대한 변경 요청은 적절한 경영진의 승인을 받는다.
- 시스템 변경의 영향을 적절히 반영하기 위해 관련 시스템, 사용자, 관련 통제문서 등을 적절히 수정한다.
- 시스템의 변경을 적절히 테스트하고, 그 결과를 문서화한다.
- 운영환경에 적용된 시스템은 적절한 관리자의 승인없이 변경되지 않는다.
- 변경된 시스템과 응용프로그램을 운영환경으로 이전되기 전에 적절한 관리자가 승인한다.
- 각 사용자는 변경된 시스템 및 응용프로그램을 사용하기에 적절한 지식을 보유하고 있다.

(1) 변경관리(change management)

변경관리는 애플리케이션의 안정성과 품질을 유지하며 효율적인 관리를 가능하게 한다. 애플리케이션 혹은 데이터의 변경이 권한없는 자에 의해 이루어지게 되면 애플리케이션의 체계적 오류를 발생시킬 수도 있으며, 데이터의 무결성이 훼손될 수 있다. 애플리케이션 변경은 개발 프로세스와 일부 달라질 수 있는데 개발자의 관점에서는 코딩을 한다는 측면에서는 동일할 수 있으나, 사용자의 관점에서는 사용 중인 IT시스템이라는 점이 가장 큰 차이점이다. 사용 중이라는 환경적 제약요소는 일상적 관점에서 변경관리와 긴급한 상황에서의 변경관리(비상 변경관리)로 구분하여 접근할 것을 요구한다.

| 일반 변경관리 절차 |

구 분	내 용
변경 식별 (Change Identification)	• 변경이 필요한 요소나 기능을 정확하게 식별하는 절차이다. 이는 사용자 피드백, 버그 리포트, 시스템 요구사항의 변경 등을 포함하게 된다. • 프로그램 변경 요청 및 변경 요청에 대한 승인이 이루어진 후 프로그램 변경이 이루어지도록 절차를 수립한다.
변경 평가 (Change Assessment)	• 각 변경이 현재 시스템에 어떤 영향을 미치는지 평가한다. 이는 시간, 비용, 리소스, 기존 기능과의 호환성 등을 고려하여 변경의 우선순위를 결정하는 과정을 포함하게 된다.
변경 승인 (Change Approval)	• 변경요청이 접수되면 변경요청을 받아들일 것인지, 거절할 것인지 결정하여야 한다. • 일반적으로 변경 영향(인력, 기간, 예산, 영향도 등), 변경 범위 및 변경 타당성을 검토하여 변경 여부를 승인한다.
구축 (Implementation)	• 승인된 변경이 프로그램에 적용되는 단계이다. 변경이 프로그래밍 언어로 코드화되고, 테스트 단계를 거쳐 안정적인 상태로 이행된다. • 이는 프로그램 개발 단계의 구축과 동일하다.
테스트 (Testing)	• 애플리케이션이나 IT시스템의 오류를 찾고 해결하기 위해 다양한 테스트를 수행한다(단위/통합/인수/기타의 테스트 등). • 이는 프로그램 개발 단계의 테스트와 동일하다.
배포/구현 (Deployment)	• 테스트를 마치고 애플리케이션을 실제 환경에 배포하는 단계이다(go-live). • 이는 프로그램 개발 단계의 배포/구현과 동일하다.

변경관리에서 한 가지 더 검토하여야 하는 부분은 개발자와 운영자의 접근환경에 대한 업무분장(SoD, segregation of duties)이다. 개발환경, 테스트 환경 및 운영환경을 분리하고 개발자와 운영자를 분리하여 한 명의 담당자가 모두 접근하지 못하도록 업무분장을 통해 강력한 내부통제를 구현하는 것이 이러한 일반 변경관리 절차의 출발점이 된다.

| 환경의 구분 및 담당자의 업무분장 |

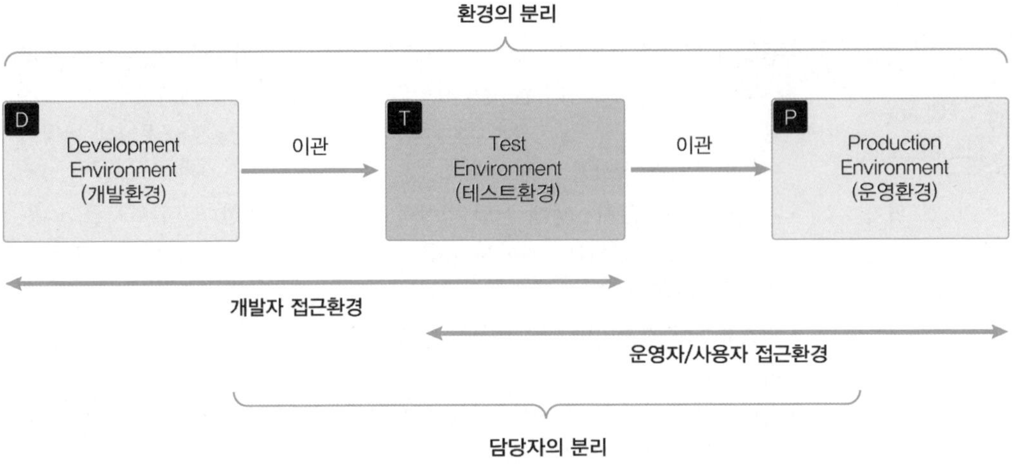

환경의 분리

D	이관	T	이관	P
Development Environment (개발환경)	→	Test Environment (테스트환경)	→	Production Environment (운영환경)

개발자 접근환경 (D ↔ T)

운영자/사용자 접근환경 (T ↔ P)

담당자의 분리

또한, 변경관리는 사용 중인 애플리케이션 혹은 IT시스템을 수정하는 것으로, 사용 중이라는 것은 변경관리에서 대단히 중요한 개념이다. 이는 비즈니스의 핵심기능을 중단시키지 않은 채 계속운영을 전제로 변경이 필요한 상황에 직면하도록 하는 제약사항이 된다.

예를 들어, 증권회사의 dealing에 사용하는 애플리케이션이 일부 기능에 중대한 문제가 발생하였다고 한다면, 영업시간 내 모든 거래를 중단시키고 일반적인 변경관리 절차에 따라 수정할 수 없을 것이다. 이러한 환경에서는 비상 변경관리가 필요하게 된다.

이러한 비상 변경은 긴급하게 이루어져야 하므로 일반적인 상황에서 내부통제보다 약화될 수밖에 없다. 특히, 개발환경, 테스트환경, 운영환경의 업무분장이 지켜지지 못할 가능성이 높은데 내부회계관리제도의 관점에서는 비상상황을 사전에 정의하고 사건이 발생한 시점에 조치하되 사후에 정상적인 통제절차를 준수하도록 하는 것이 핵심이다.

| 비상 변경관리 절차 |

구 분	내 용
비상상황 정의	• 비상상황을 사전에 정의하고, 정의된 상황에서만 비상 변경관리 절차를 준수하도록 한다. 다음은 일반적으로 사용될 수 있는 비상상황의 정의의 예시이다. - 보안 문제 : 시스템에서 보안 취약점이 발견되었거나 보안 이슈가 발생한 경우 - 심각한 버그 : 시스템의 핵심 기능에 영향을 미치는 중대한 버그가 발견되었을 때 - 장애 대응 : 시스템이 다운되거나 심각한 장애가 발생한 경우 - 긴급한 요구사항 : 비스니스나 사용자의 긴급한 요구사항이 발생하고, 이를 수용하기 위해 변경이 필요한 경우

구 분	내 용
비상용 로그 ID	• 특별한 로그 ID를 부여하여 실제 운영환경에 접근을 허용한다. • 이러한 비상용 로그 ID는 반드시 로그를 남기도록 한다.
모니터링	• 비상용 로그 ID 사용현황을 기록하고 감시한다. • 비상조치는 사건이 발생한 시점에 조치하되, 사후에 정상적인 통제절차를 준수하여 사후승인을 받았는지 검토한다.

(2) 형상관리(configuration management)

수많은 부품으로 구성된 인공위성을 생각해보자. 이는 수만 개의 부품으로 구성되어 있을 것이다. 각각의 부품은 필요한 스펙을 갖추어야 하고, 정해진 장소에 위치하였을 때 성능을 발휘하게 된다. 만약, 부품을 변경하거나 새로 개발된 신형부품을 사용한다면 기존의 부품과 호환성에 문제가 발생하거나 생각하지 못했던 문제를 발생시킬 수도 있으므로 인공위성이라는 제품의 형상을 관리하는 것이 중요하다.

형상관리는 이처럼 하드웨어를 관리하는 용어와 필요성에서 출발하였지만, 소프트웨어를 개발하는 환경에서도 중요하다. 형상관리는 개발 과정 중 발생하는 변경과정을 체계적으로 관리하기 위한 활동으로 이해하면 된다. 따라서, 애플리케이션의 개발이 완료되면 기준선(baseline, 베이스라인)을 마련하고 프로그램의 구성 변경에 대한 내부통제를 유지하도록 하는 것을 의미한다.

즉, 하나의 애플리케이션이 개발되면 각 흩어져 있던 산출물을 하나의 관리체계로 모아 베이스라인을 설정하고(형상 식별), 공식적인 변경절차에 의해서만 변경하도록 한다(형상 통제). 이러한 형상은 사후에 정해진 베이스라인에 따라 감사를 실시하는 절차(형상 감사)로 구성된다.

내부회계관리제도에서는 재무제표의 작성 및 생성에 영향을 미치는 IT시스템 및 애플리케이션 형상 변경과 관련하여 설정의 변경이 응용통제의 설계, 적용 및 운영의 효과성을 저해하지 않도록 테스트, 검증, 승인하는 내부통제를 수립한다.

구 분	내 용
형상 식별	• 프로젝트의 관리대상 항목을 식별하고 목록화한다. 항목은 코드, 문서, 테스트케이스, 빌드설정 등과 같은 부분을 포함할 수 있다. • 형상식별 시 수행해야 하는 주요 내부통제 절차는 ① 형상항목 선정 및 승인, ② 베이스라인 설정이 있다.

구 분	내 용
형상 통제	• 변경요청 : 변경사항이 발생한 경우 변경요청서를 작성하여 변경관리 담당자에게 제출한다. • 변경심사 : 현업부서 혹은 개발자가 작성한 변경요청서가 접수되면 형상통제위원회는 변경을 받아들일지, 혹은 거절할 것인지 결정한다. 일반적으로 형상통제위원회가 존재하는 경우 다음의 사항을 검토하여 결정한다. - 변경 영향(인력, 기간, 예산 등) - 변경 범위 - 변경 타당성 • 변경 확인 : 변경이 완료되면 새로운 버전 번호가 부여되어야 한다. 형상통제위원회는 변경요청서에 의해 정확하게 변경되었는지 확인 후 승인하여야 한다. 변경이 완료되면 새로운 버전은 저장되어 새로운 출발점(baseline)이 된다.
형상 감사	• 형상 감사는 형상관리가 계획된대로 진행되고 있는지, 형상 항목의 변경이 요구사항에 맞도록 이루어졌는지 살펴보는 활동이다. • 단계별 베이스라인의 적정성과 무결성을 평가하고 승인한다. 일반적으로 다음과 같은 내용을 중심으로 검증한다. - 승인된 변경 요청이 제대로 반영되었는지 검증 - 승인되지 않은 내용이 반영되었는지 검증 - 승인된 변경과 관련된 항목이 갱신되었는지 검증

| 프로그램 변경(발췌) - IT일반통제 예시 |

활 동	업무현황 사례
프로그램 변경요청	현업부서 담당자는 프로그램 변경 요청사항을 작성하고, 현업부서 팀장은 이를 검토하고 승인한다. 현업부서 담당자는 변경 의뢰 시 IT정보기술부 담당자와 사전미팅에 의해 사용자 요구사항을 정의한 문서가 존재하는 경우에는 이를 첨부하여 제출한다.
프로그램 변경검토	IT개선팀으로 수신된 프로그램 변경 의뢰에 대하여 IT개선팀 담당자는 요청내용에 대해 1차적으로 그 타당성을 검토하고 변경요구가 타당한 경우 IT개선팀의 승인을 얻어 1차 승인한다.
프로그램 변경심사	IT개선팀에서 1차 검토가 완료된 건은 형상통제위원회에 변경승인서와 1차 검토서를 첨부하여 제출된다. 형상통제위원회에서는 다음의 사항에 대해 타당성을 검토하고 승인한다. -변경 영향(인력, 기간, 예산 등) -변경 범위 -변경 타당성

활 동	업무현황 사례
개발팀 접수	개발팀으로 접수된 변경승인서(형상통제위원회 승인) 내역은 형상관리시스템의 IT시스템 변경의뢰내역에 정확하게 입력되어 저장된다. 변경의뢰내역이 입력되면 개발팀 팀장은 개발팀 팀원에게 시스템 변경개발업무를 할당한다. 또한, IT 개선팀 담당자는 개발 단계별 산출물을 등록할 수 있도록 형상관리시스템에 해당 전산처리의뢰 건을 등록한다.
개발팀 개발	업무를 할당받은 개발자는 변경승인서 내역을 토대로 IT시스템 변경건에 대한 설계 및 개발에 착수한다. 개발자는 요구사항분석서 및 개발목록, 영향도분석의 설계 및 개발단계의 산출물을 형상관리시스템에 등록한다.
사용자 테스트	개발자는 사용자에게 사용자 테스트 수행을 요청한다. 사용자는 사용자 테스트를 수행한 후에 사용자 테스트 결과서를 개발자에게 회신하고, 개발자는 사용자 테스트 결과서를 형상관리시스템에 등록한다.
형상관리위원회 변경확인	개발팀 담당자, 개발팀 팀장은 형상관리위원회 개최를 요청한다. 형상관리위원회에서는 개발완료된 건에 대하여 의뢰내역에 따라 개발된 것인지, 개발자테스트는 적정하게 수행된 것인지, 보안점검 필요 여부 등의 검토를 수행한다. 개발자에 의해 작성된 변경심의점검표에 개발팀 팀장의 서명을 득하고, 개발자는 해당 문서를 스캔하여 형상관리시스템에 등록한다.
운영환경 이관의뢰	개발자는 변경심의점검표 완료 건에 대하여 운영환경 반영 요청을 하고 개발팀 팀장의 승인을 득한다. 프로그램 변경은 경우에는 형상관리시스템에서 각종 변경이력이 관리된다.
운영환경 이관 전 검수	IT개선팀 변경관리자는 형상관리시스템에 등록된 산출물 검토 및 변경심의 검수 승인 여부를 확인하고 운영환경 적용을 위한 최종 승인을 한다.
운영환경 이관반영	형상관리는 운영환경 이행 권한을 가진 담당자에 의해 프로그램 변경내역이 운영환경에 반영된다.
완료결과 확인 및 종료통보	개발자는 운영환경 이관 완료 결과를 확인하여 개발이 종료되었음이 현업 담당자(요청자)에게 메일로 자동 통보된다.

5.7.2.4 컴퓨터 운영(CO, Computer operation)

재무제표의 신뢰성 확보를 위해서는 재무정보를 산출되거나, 입력/처리되는 제반 IT시스템이 안전하며 적절하게 운영되어야 한다. 회사는 IT시스템 애플리케이션 단계에는 직접적으로 영향을 미치지 않지만 간접적으로 시스템의 유효성, 안정성을 확보하기 위한 운영통제 활동을 수행하여야 하는데, 컴퓨터 운영은 대체적으로 가용성(availability)을 보장하기 위한 목적이 우선된다.

❑ **컴퓨터 운영(평가 및 보고 가이드라인 문단25.라)**

- 재무보고에 필요한 데이터, 거래, 프로그램을 복구하기 위해 적절한 백업 및 복구절차가 존재한다.
- 복구절차의 효과성과 백업자료의 질을 정기적으로 테스트하기 위한 절차가 존재한다.
- 백업자료에 대한 접근을 승인된 구성원에게만 허용할 수 있는 통제절차가 존재한다.
- 시스템과 관련된 장애나 오류 등을 기록하고 분석하여 동일한 문제의 재발을 방지할 수 있는 절차가 존재한다.
- 재무보고와 관련된 응용프로그램이나 데이터에 관한 일괄처리(Batch Job) 및 온라인(On-Line) 거래가 정확하며 완전하고 적시에 처리된다.

(1) 사업연속성(Business resilience, Business continuous)

사업연속성 계획(BCP, Business continous plan)은 IT시스템의 서비스 중단상황에서도 조직이 핵심적인 서비스를 계속할 수 있도록 한다.

자연재해나 혹은 그 밖의 사고, 사이버 공격 같은 예상하지 못한 상황에서 대응계획을 의미한다. BCP는 지속적인 성장(sustainable growth)을 갖도록 하는 내용으로 비즈니스의 각 부분(영업, 경영관리, 매입 등 가치사슬의 각 부문)에 대한 계획을 갖도록 하지만, IT일반통제에서 사업연속성 계획은 정보시스템의 지속적인 서비스 능력을 보장하도록 하는 계획만을 의미한다.

구 분	내 용
계획 수립 및 범위 정의	• 사업연속성 계획의 프로세스를 시작하고, 계획의 범위를 정의한다. • 어떤 종류의 위험과 재난에 대비할 것인지, 어떤 부서나 시설, IT시스템 및 애플리케이션이 포함될 것인지를 결정하는 과정이다(예산고려). • 이러한 사업연속성 계획의 출발은 최고경영진으로부터 시작하므로 경영진의 문서에 대한 승인과 관심이 출발점이 된다.
비즈니스 영향 분석 (BIS, business impact analysis)	• BCP 전략수립의 가장 중요한 단계로 핵심 프로세스와 이를 지원하는 IT구성요소를 평가하고 자원 및 연관관계를 결정한다. • 기업이 중단상황으로 야기되는 손실의 정도를 정성적, 정량적으로 파악한다. • BIS를 수행하기 위한 핵심질문은 아래의 3가지로 요약된다. - 어떤 것이 중요한 프로세스인가? - 핵심 프로세스와 연관된 주요 IT시스템 및 애플리케이션은 무엇인가? - 중대한 손실을 입기 전에 재개되어야 하는 IT시스템 및 애플리케이션의 핵심복구시간(critical recovery time)[94]은 무엇인가?

94) 업무처리 중단으로 영향을 감내할 수 있는 최대시간을 의미한다. 핵심복구시간 이내에 복구되지 않으면

구 분	내 용
위험 평가 및 재난 대비 계획 수립	• 기업이 직면할 수 있는 다양한 위험과 재난 시나리오를 식별하고, 각각에 대한 대응 전략과 계획을 수립한다. • 이는 자연재해, 사고, 사이버 공격 등과 같은 상황을 고려할 수 있다. - 재해(disaster) : 지진, 홍수, 화재와 같은 자연재해 발생가능성 - 중단(disruption) : 시스템 고장, 사이버 공격(DOS), 불법침입, 바이러스 등 - 사건(incident) : 중단까지는 발전되지 않은 작은 비우호적 이벤트 • 각각의 비우호적 상황은 내성(수작업 정도)과 시간 민감도에 따라 그 영향의 중요도를 평가하여야 한다. - 핵심(critical) : 동일한 성능으로 대체되지 않는 한 수행될 수 없는 것 - 중요(vital) : 짧은 기간 동안만 수작업으로 수행가능한 것 - 민감(sensitive) : 비교적 장기간 동안 수용가능한 비용으로 수작업 가능 - 비핵심(non-critical) : 비교적 장기간 동안 중단 가능한 것
대응 전략 수립	• 각 위험 및 재난 시나리오에 대한 대응 전략을 수립한다. • 비즈니스 영향 분석(BIS) 결과를 기반으로 하여 비상 대응 계획, 백업 및 회복 전략, 통신 계획 등을 포함한다.
계획의 시행	• 수립된 사업연속성 계획을 실행 가능한 형태로 구현한다. • 조직 내의 각 부서 및 팀에게 책임과 임무를 할당하고, 특정 위험에 대응하는 훈련 및 시뮬레이션을 포함하게 된다.
테스트 및 훈련	• 사업연속성 계획이 효과적으로 작동하는지 확인하기 위해 정기적인 테스트와 훈련을 수행한다. • 테스트의 형태는 다양하게 진행될 수 있는데 문서테스트, Walkthrough 테스트(WTT), 시뮬레이션 테스트(모의훈련), 병행 테스트, 완전 중단 테스트 등이 있다. 일반적으로 가장 간단한 테스트 방법으로는 문서테스트가 있으며, 실무에서는 시뮬레이션 테스트가 유효한 테스트 방법으로 수행된다. • 테스트는 주기적(최소 1년에 1회)으로 실시하여 최신의 상태로 유지한다.

(2) 정보시스템 운영(Information systems operations)

정보시스템 운영은 IT일반통제 중 APD, PD, PC 및 사업연속성계획에서 다루어지지 않는 모든 주제를 포함한다. 내부회계관리제도에서 다루어지는 주제만을 한정하여 본다면 백업관리, 배치잡관리, 외주업체 관리 등의 주제가 있다.

회복 불가능한 손실이 발생하는 구간이다. 따라서, 목표복구시간(RTO, Recovery time objective)은 핵심복구시간 이내에 설정되어야 한다.

구 분	내 용
백업관리	• 원본 데이터를 재해 등의 이유로 사용이 불가능할 때를 대비하여 안전한 곳에 보관하는 것을 말한다. 이는 BCP/DRP의 하나의 요소로 구분되어 내부회계관리제도에서 평가될 수도 있으며, 정보시스템 운영에서 평가될 수도 있다. – 백업정책 수립 : 어떤 종류의 데이터를 얼마나 자주 백업할 것인지에 대한 정책을 수립하는 단계이다. 이는 데이터의 중요성, 민감도, 업무 요구 사항 등을 고려하여 결정된다. – 백업장소 및 보관매체 : 백업은 테이프, 디스크, 클라우드 등 다양한 형태로 이루어질 수 있다. 이러한 보관매체는 데이터의 중요성 및 비용에 따라 정해지는데, 지역적 재난이나 사건업대상 데이터의 식별, 백업대상이 되는 데이터(정보자산, 소스코드 등)를 식별하고 그 중요도를 평가한다. – 백업주기와 보관기간 : 백업주기 산정시 RPO(recovery point objective)[95]를 고려한다. RPO가 짧을수록 유실되는 데이터 양이 줄어들지만 비용이 증가한다. 유실될이 발생했을 때 영향을 최소화하고, 데이터를 안전하게 보호할 수 있도록 오프사이트(offsite) 백업이 사용된다. – 백업방식 : 전체백업(full backup), 차등백업(differential backup), 증분백업(incremental backup) 방식이 있다. 이는 백업의 기술적 내용으로 내부회계관리제도에서는 백업주기와 백업의 내용이 중요하며 백업방식은 관련성이 낮다. – 복원테스트 : 주기적으로 데이터를 복원하는 테스트를 수행하여 백업이 정상적으로 이루어지고, 데이터를 빠르게 복원할 수 있는지 확인하는 절차이다.
배치잡관리	• 배치잡(Batch Job)은 데이터를 축적시켜 묶어서 한꺼번에 처리하는 일괄처리 방법을 말한다. • 산업에 따라 재무제표에 미치는 영향의 중요도가 매우 달라질 수 있다. 제조업을 기반으로 하는 일반적인 코스닥 중소기업에서는 배치잡 처리할 내용이 많지 않을 수도 있다. 하지만, 은행과 같은 금융회사에서는 미수이자, 미지급이자를 발생주의 회계에 따라 인식하려고 하면, 계좌별로 대단히 많은 양의 데이터가 배치잡으로 일괄처리되어야 한다. • 이러한 배치잡의 주요내용(활동)은 우선순위, 스케줄링 및 리소스 배분(자원할당), 모니터링으로 구분된다. • 금융회사와 같이 배치잡이 재무제표에 미치는 영향이 중요하다면 주요 배치잡 관리내역(우선순위, 스케줄링, 리소스 배분)에 대한 내부통제 절차를 마련하고 확인하여야 한다. • 배치잡 등록, 변경 및 삭제 시 적절한 승인절차를 득한 이후 운영환경에 반영하는 내부통제를 수립하였는가? • 배치잡이 정확하게 적시에 이루어졌음을 확인하는 배치잡 모니터링 통제를 수립하였는가?

95) RPO(Recovery Point Objective, 목표복구시점) : 복구되어야 하는 거래 처리 시점으로 용인할 수 있는

구 분	내 용
외주업체 관리[96]	• 아웃소싱서비스 제공업체의 선정, 계약체결, 관리에 대한 기준을 제정하며 개정이 있는 경우 관리자의 승인을 득하여야 한다. • IT업무위탁 계약 시 아웃소싱서비스 제공업체와 서비스 수준을 협의하여 SLA(Service level agreement)를 체결한다. • 아웃소싱서비스 제공업체별 Project Manager는 담당하는 업체에 대해 주기적으로 SLO(Service level objective) 기준에 따라 서비스 수준을 측정하며 이에 대한 결과를 '서비스실적보고서'와 '성능가동보고서'로 작성하여 관리자에게 보고한다. • IT부서 담당자는 서비스 수준 평가내역을 취합하여 관리하며, 주기적으로 해당 내용을 관리자에게 보고한다. • IT부서 담당자는 주기적으로 외주업체의 서비스 수준 평가내역에 대해 전결권자의 승인을 득한후 회사 내부 보고체계에 따라 보고한다.

□ 금감원, 카카오뱅크에 '재해복구 업무개선' 요구(마이데일리 기사)

금융감독원은 작년 카카오 데이터센터 화재 후 카카오뱅크 경영실태를 점검하고 재해복구 업무개선이 필요함을 발견했다.

10일 금융업계에 따르면 금감원은 최근 카카오뱅크에 재해복구 전환훈련과 전산장비 장애관리 업무, 네트워크 보안대책 등이 불합리하다며 경영유의 2건에 개선사항 4건을 통보했다.

금감원은 카카오뱅크에 재해복구 전환훈련 실효성을 제고하고, 오류·장애 관련 내규와 절차를 재정비하라고 요구했다.

실제 재해상황 발생 시 재해복구센터 정책 누락으로 신속한 서비스 전환에 어려움이 있을 수 있다고도 지적했다.

카카오뱅크는 주기적으로 전산자료를 백업·소산하고 자료에 대한 적정성 등을 검증하고 있는데, 이에 대한 전산자료 소산매체 관리도 강화해야 한다.

앞서 지난해 10월 15일 판교 SK C&C 데이터센터에서 화재가 발생해 카카오톡과 포털 다음을 비롯한 다수 카카오 서비스에서 오류가 발생했다. 당시 카카오뱅크는 카카오톡을 통한 간편이체만 일부 작동하지 않아 계좌 이체 방식으로 송금하도록 안내한 바 있다.

금융업계 관계자는 "작년 데이터센터 화재 후 카카오 계열사 서비스 오류가 발생하자 카카오뱅크에 대한 금감원 감사도 진행됐는데, 보완사항을 지적하는 선에서 마무리됐다"고 말했다.

데이터 유실량을 의미한다. 만약, RPO(목표복구시점)이 10분 전이라면 백업주기는 10분 이내로 이루어져야 하며, 이 경우 최대 유실될 수 있는 데이터는 10분 이내가 된다.

96) 정보기술 통제와 IT감사 이해(공인회계사/CISA 신희종)를 참고하여 작성하였다.

5.7.3 IT 응용통제(ITAC, IT Application Controls)

IT응용통제는 개별적인 거래를 처리하기 위해 각각의 IT애플리케이션(응용프로그램)별로 수행되는 구체적인 작업과 관련하여 적용되는 내부통제이다. IT응용통제는 각각의 소프트웨어 애플리케이션에 따라 다르며 업무수준통제에서의 각각의 개별 프로세스에서 식별되며 계정과목의 경영자주장과 직접 연계되는 특징이 있다.

IT응용통제가 식별되면 해당 통제가 적절하게 운영되기 위하여 IT일반통제와의 연관관계에 대하여 이해할 필요가 있다. 일반적으로 IT응용통제 평가 단계에서 속성별로 하나의 테스트(Test of One)를 수행하게 되는데, 이것은 IT일반통제가 효과적(Effective)인 경우에 적용 가능한 평가 방법이다.

5.7.3.1 입력통제

입력통제는 정보가 완전하고 정확하게 입력되도록 하는 통제로서 예방통제에 해당한다. 입력단계에서 오류가 발생하면 시스템 처리과정과 상관없이 잘못된 자료가 처리, 보고되기 때문이다. 입력단계에서 정확한 정보가 입력되더라도 출력되는 정보가 반드시 신뢰성 있는 것은 아니지만, 입력단계에서 실패한 정보의 입력은 반드시 출력되는 정보의 오류를 발생시킨다. 입력통제의 일환으로 입력승인(input authorization)이 일반적으로 가장 많이 활용되며 입력값 원시문서(데이터) 자체에 대한 신뢰성을 높이는 방식이다.

| 입력통제 기법 예시[97] |

구 분	해당 내용
입력 승인	• 동일 데이터 • 독립적 입력 • 상호 비교
배치통계합계 (BCT, Batch control totals)	4가지 값(금액, 항목, 문서, 해시)의 합계를 입력 전과 입력 후에 상호 비교
확인 및 편집통제 (완전성 검증)	• 완전성 check : 필수값이 모두 입력되었는지 확인 • 중복 check : 신규 ID 또는 거래처 중복 여부 확인 • 순서 check : 일련번호 값이 사전에 정의된 순서와 일치하는지 확인
확인 및 편집통제 (완전성 검증)	• 유효성(타당성) check : 사전에 유효한 값만 입력되도록 설정 (예 : Excel 데이터 유효성 검사)

97) 한서회계법인 정기연수자료 참고(정보기술 통제와 IT감사 이해, 공인회계사/CISA 신희종)

구 분	해당 내용
확인 및 편집통제 (완전성 검증)	• Check digit : 숫자 생성논리 검증(예 : 신용카드번호, 주민등록번호 등) • 합리성 check : 사전에 정의된 빈도, 횟수 부합 여부 검증 • 논리관계 check : 남성이 여성질환 보험 청구 시 에러 메시지 전송 • 한도 check : 주당 근무시간이 52시간을 초과할 경우 에러 메시지 전송 • 범위 check : 취업률 산정 시 근무가능연령(예 : 19~63세)을 초과할 경우 에러 메시지 전송 • Table lookup : 사전에 설정된 Table 참조(예 : 우편번호, ZIP 코드 등) • Existence check : 데이터가 사전에 정의한 조건과 일치하는지 검증(예 : 폐업 거래처의 경우 에러) • 메시지 전송

5.7.3.2 처리통제

처리통제는 애플리케이션의 처리로직과 처리과정이 원래 목적대로 수행되도록 하는 통제이다. 실무상 많이 활용되는 처리통제의 예시는 아래와 같다.

| 처리통제 기법 예시[98] |

구 분	해당 내용
수작업 재계산 (Manual recalculation)	처리 결과를 샘플링 후 수작업으로 재계산하여 비교
예외사항보고서 검토 (Exception Reports)	오류가 있는 트랜젝션이나 자료를 식별하는 프로그램에 의해 생성된 예외보고서 검토
실행간 합계 (Run to Run Totals)	응용프로그램의 처리단계(Master file 갱신 시)에서 데이터 값 검증(통제합계 비교)
일대일체크 (One for one check)	• 각 문서와 처리 결과 리스트를 일대일로 대조 확인 • 배치통제합계(BCT : Batch Control Totals) 미적용 시 적용 필요
사전사후이미지 (Before & After Image	거래 추적과 데이터베이스 복구에 사용(Undo 기능)
전송 무결성 보장	• Parity check : 2진 코드에서 1의 개수가 홀수 또는 짝수가 되도록 여분의 비트를 부과하여 2진 코드 • 오류를 검출하는 오류 제어 방식

98) 한서회계법인 정기연수자료 참고(정보기술 통제와 IT감사 이해, 공인회계사/CISA 신희종)

구 분	해당 내용
	• CRC check(순환 중복체크) : 모뎀으로 데이터를 전송할 때 오류를 검출해내는 수학적인 기법 • 암호와 체크섬 : 여러 해시 함수를 사용하여 암호, 숫자, 텍스트 및 파일의 체크섬 계산 검증
Transaction log	트랜젝션 입력 일시, 사용자 ID, 터미널 등 기록, Real time 통제 수단

5.7.3.3 출력통제

출력통제는 처리된 결과물이 승인된 자에게만 의도된대로 정확하게 작성 및 보고되는지 검증하는 통제이다. 출력통제 기법의 예시는 아래와 같다.

| 출력통제 기법 예시[99] |

구 분	해당 내용
안전한 장소에 기록/보관	도난이나 손상에 대비하여 적절히 기록 및 보호
자동 생성 서식	생성된 양식의 상세목록과 실제 접수한 양식 비교
보고서 배포	• 승인된 배포 파라미터에 따라 배포 • 배포 전 기록이 유지되어야 하며, 안전하고 통제된 환경에서 출력 • 민감한 보고서는 출력물 수령의 증거로 수령인이 로그에 서명
출력물 오류 처리	오류수정과 검토를 위하여 적시에 발생부서에 전달
출력물 보고서 보존	보존 정책에는 반드시 관련 법적 규정 포함
보고서 접수 검증	수령자는 반드시 출력물 수령증에 서명하여 증거로 유지

아래의 질문은 IT응용통제가 유효하도록 설계하기 위한 핵심질문이다. 만약, 아래의 핵심질문에 대해 수준 높은 통제절차를 마련할 수 있다면, 내부회계관리제도의 관점에서도 내부통제의 설계가 유효성이 있게 구축되었다고 할 수 있을 것이다.

99) 한서회계법인 정기연수자료 참고(정보기술 통제와 IT감사 이해, 공인회계사/CISA 신희종)

| IT응용통제 구축을 위한 핵심질문서[100] |

구 분	핵심질문
입력통제	• 데이터 관리전략이 수립되어 있는가? • 입력 데이터가 원본 데이터와 일치하는지 통제하고 있는가? • 데이터가 완전하고 유효하게 입력되도록 통제하고 있는가? • 데이터는 승인을 통해 시스템에 입력되는가? • 입력 데어터가 처리되기 전에 유효한지를 검증하고 있는가? • 입력범위를 초과하는 데이터가 입력될 때 경고 또는 에러메시지가 나타나는가? • 부정확한 입력 데이터를 추출하고 수정하는 절차 및 방법이 존재하는가? • 입력오류사항을 조사하고 재입력하는 절차가 마련되어 있는가?
처리통제	• 입력데이터가 자동으로 처리되도록 시스템이 구축되어 있는가? • 처리과정에서 나타나는 오류가 기록 및 해결되고 있는가? • 업무처리가 정확히 이루어지도록 사전에 조건이 정의되어 있는가? • 업무처리 시 사전에 정의된 조건을 위반할 경우 에러메시지 등을 통해 통제하고 있는가? • 처리과정에서 적절한 승인절차가 마련되어 있는가? • 사용자가 정의하는 처리절차가 있을 경우 이를 통제하고 있는가? • 처리결과에 대해 적절히 모니터링하고 있는가?
출력통제	• 출력물은 정보의 민감도, 열람범위별로 구분하고 제시하고 있는가? • 출력물은 관련 규정에 부합하도록 구성되어 있는가?

5.7.4 최종 사용자 컴퓨팅(End-User Computing)

최종 사용자 컴퓨팅(End-User Computing, EUC)이란 프로그래머가 아닌 최종 사용자가 엑셀 혹은 파이선과 같은 범용프로그램을 이용하여 응용프로그램(Application)과 같이 작성하여 사용하는 것을 의미한다.

재무제표의 작성에 있어서 IT 시스템의 의존도는 지속적으로 증가하고 있다. 하지만, 중소기업과 같이 그 규모가 작을수록 시스템 의존도보다는 최종 사용자 컴퓨팅(EUC)에 더 많은 부분을 의존하게 된다.

재무제표 작성을 IT 시스템에 의존할 때 IT일반통제(ITGC)를 통해 그 시스템 신뢰성을 확보하는 것과 같이, 재무제표 작성에 있어 엑셀과 같은 스프레드시트를 활용하는 경우 ITGC와 동일한 선상에서 애플리케이션처럼 활용되는 엑셀 스프레드시트의 신뢰성이 확보되어야 한다.

100) 정보시스템 기반 업무환경에서의 내부통제 점검 체크리스트 개발(감사원 감사연구원) 참조

최종 사용자 컴퓨팅(EUC) 내부통제는 조직 내에서 최종 사용자들이 컴퓨터 및 IT시스템을 사용할 때 발생할 수 있는 위험을 관리하기 위한 정책과 절차를 의미한다. 이러한 EUC 내부통제는 IT시스템에 대한 IT일반통제의 목표와 동일하게 정보의 기밀성, 무결성, 가용성을 보호하기 위한 것이다. 최종 사용자 컴퓨팅 내부통제의 주요한 내용은 아래와 같으며, 재무제표에 영향을 미치는 항목에 대한 내부통제 절차를 마련하도록 한다.

| EUC 내부통제 예시 |

구 분	내 용
액세스 제어	• 비밀번호 정책 : 안전한 비밀번호 사용을 강제하고 주기적으로 비밀번호를 변경하도록 하는 정책을 수립 • 다중인증(2 factor control) : 두 개 이상의 인증 요소를 사용하여 보안을 강화(예 : 비밀번호 + 1회용 인증코드)
프로그램 및 애플리케이션	• 권한 관리 : 최종 사용자에게 필요한 권한만 부여하고, 불필요한 권한은 제한하여 권한 오용을 방지 • 애플리케이션 화이트리스트/블랙리스트 : 허가된 애플리케이션만 실행할 수 있도록 허용 목록과 차단 목록을 설정
데이터 보호	• 암호화 : 중요한 데이터는 저장 및 전송 시에 암호화하여 보안등급을 강화 • 백업 정책 : 정기적인 데이터 백업을 수행하여 데이터 손실 시 빠른 회복을 가능하게 함.
업데이트 및 패치 관리	• 소프트웨어 업데이트 : 최신 보안 패치 및 업데이트를 자동으로 적용하여 시스템 보안을 유지

내부회계관리제도에서는 재무제표 작성 시 사용되는 엑셀 스프레드시트, 파이썬 등의 사용으로 발생하는 재무제표 왜곡표시위험을 평가하고, 이에 대한 통제절차를 마련하는 것을 최종 사용자 컴퓨팅 내부통제(EUC Control)로 이해해도 무방하다.

실무적으로는 결산 및 공시를 위해서 엑셀파일을 주로 사용하게 되는데, 하나의 엑셀파일은 한 개의 애플리케이션처럼 다루어져야 한다. 따라서 해당 최종 사용자 컴퓨팅(EUC)에 대한 통제활동은 IT일반통제(ITGC) 항목과는 유사하지만, 그 내부통제의 강도에 있어서는 조금 더 완화된 것이 일반적이다.

다음은 실무적으로 준비하는 EUC Inventory(예시)와 관련된 통제활동이다.

| EUC Inventory 예시 |

No.	제 목	내 용	담당부서(담당자)	통제수준				버전
				변경	처리	접근	백업	
1	미수이자	미수이자 명세서	재무기획부	●	●	●	●	1.0
2	선급비용	선급비용 명세서	재무기획부	●	●	●	●	1.0
3	유무형자산 상각 명세	1. 유형자산감가상각비명세서 2. 무형자산감가상각비명세서	총무부	●	●	●	●	1.0
4	당기손익인식증권 평가 자료	당기손익인식증권 명세	자금운용부	●	●	●	●	1.0
5	해외 위탁운용사 보수 산정_월 인식	해외 위탁운용사 보수 산정 내역	재무기획부	●	●	●	●	1.0
6	용역비 산출 자료_월 인식	가나다라사모부동산투자신탁1호 용역비 정산	재무기획부	●	●	●	●	1.0
7	미수수수료 산출 자료	미수위탁자 보수 설정 내역	재무기획부	●	●	●	●	1.0
8	비시장성지분증권 외부평가_분기	비시장성 지분증권 평가 자료	자금운용부	●	●	●	●	1.0
9	자산건전성분류 및 대손충당금 적립 현황_월	대손충당금 및 준비금 적립현황 (K-IFRS)	재무기획부	●	●	●	●	1.0
10	연결납세제출자료_분기	연결납세를 위한 요청자료 제출 목록	재무기획부	●	●	●	●	1.0
11	이연법인세 조정_월	이연법인세 회계처리 기초자료	재무기획부	●	●	●	●	1.0
12	3분기_개별주석_분기	개별주석 패키지	재무기획부	●	●	●	●	1.0
13	지주연결주석패키지_분기	연결주석 패키지	재무기획부	●	●	●	●	1.0
14	(취합양식)특수관계자와의 거래 주석_분기	특수관계자 주석 패키지	재무기획부	●	●	●	●	1.0
15	관계사 내부거래 취합_분기	그룹사 내부거래 현황 집계	재무기획부	●	●	●	●	1.0
16	유무형자산 내부거래_분기	관계사 내부거래 현황 집계	총무부	●	●	●	●	1.0
17	리스 거래 취합 템플릿_분기	리스 거래 현황 집계	재무기획부	●	●	●	●	1.0
18	펀드 시산표_분기	펀드 시산표	재무기획부	●	●	●	●	1.0

최종 사용자 컴퓨팅(End-user Computing)을 감사하는 특정한 방법이 있는지요?
(한국공인회계사회 답변)

최종 사용자 컴퓨팅을 감사하는 특정한 방법이 정해져 있지는 않으며 감사인은 해당 상황에 적합한 감사 방법을 전문가적 판단으로 결정하여야 합니다. 감사인은 최종 사용자 컴퓨팅에서 발생할 수 있는 왜곡표시위험에 상응하는 통제를 식별하고 테스트하여야 하며, 특히 수작업으로 데이터를 입력, 변경하거나 논리(logic)를 변경할 수 있는 경우 수작업에서 발생하는 위험에 적합한 통제를 식별·테스트하여야 합니다.

연 습 문 제

문제 1

위험평가(객관식)

다음 중 내부회계관리제도의 목적달성을 저해하는 위험이 아닌 것은?

① 경영자 주장의 왜곡사항
② 자산보호의 실패상황
③ 부패의 발생상황
④ 성희롱 발생상황

해설 **위험평가(객관식)**

정답 : ④ 성희롱 등의 컴플라이언스위험은 내부회계관리제도의 목적달성을 저해하는 주된 위험이 아니다.

내부회계관리제도를 구축하는 1차적인 목적은 재무제표의 신뢰성을 확보하기 위한 것이다. 부수적으로 운영의 효과성 및 효율성 제고 목적이나 법률 및 법규의 준수 목적이 재무제표의 신뢰성 확보와 관련이 있는 경우에는 관련사항도 내부회계관리제도의 범위에 포함될 수 있다.

또한, 내부회계관리제도 설계 및 운영 개념체계 (원칙 8) 부정위험 평가에서는 자산의 보호 및 부정도 위험의 범위에 포함하도록 하고 있다.

문제 2

ITGC(객관식)

다음 중 IT일반통제(IT General contols)의 범주에 속하지 않는 것은 무엇인가?

① 정보보안 및 접근통제(APD, Access to programs and data)
② 입력통제(IA, Input authorization)
③ 프로그램 개발(PD, Program development)
④ 프로그램 변경(PC, Program change)
⑤ 컴퓨터 운영(CO, Computer operation)

해설 ITGC(객관식)

정답 : ② 입력통제, 처리통제, 출력통제는 IT응용통제에 해당한다.

IT일반통제는 다음과 같이 4가지 범주로 구분하는 것이 일반적이다.

- 정보보안 및 접근통제(APD, Access to program and data)
- 프로그램 개발(PD, Program development)
- 프로그램 변경(PC, Program change)
- 컴퓨터 운영(CO, Computer operation, 권한관리, 장애관리 및 재해복구 등 포함)

문제 3

업무기술서(Process narrative)

A회사의 김과장은 내부회계관리제도 업무기술서를 작성 중이다. 김과장이 작성하여야 하는 업무기술서는 [관계회사 투자관리]와 [관계회사 지분법 평가]의 2가지 프로세스에 해당하는 것이며, 관련내용은 다음과 같다.

Level 1	Level 2	Level 3	내 용
경영관리	투자관리	관계회사 투자관리	관계회사주식 취득 의사결정과 자금집행 프로세스
경영관리	투자관리	관계회사 지분법 평가	관계회사에 대한 지분법 회계처리를 수행하는 프로세스

김과장은 업무기술서를 작성하기 위해 투자운영부와 재무기획부를 인터뷰하였다. [관계회사 투자관리] 프로세스는 투자운영부에서 담당하며 투자운영부장이 프로세스 오너가 될 것이며, [관계회사 지분법 평가]는 재무기획부에서 담당하므로 재무기획부장이 프로세스 오너가 된다.

다음은 투자운영부 유가증권투자관리 담당자인 박대리와 재무기획부 지분법평가담당자인 이대리와의 인터뷰 내용이다.

김과장 : 관계회사주식을 취득하는 의사결정은 누가 하는지요?

박대리 : 관계회사주식 취득의 의사결정기관은 이사회입니다. 이사회 결의가 있어야 집행이 가능합니다.

김과장 : 이사회 결의 시 일반결의사항인지요?

박대리 : 10억 원 미만의 관계회사주식 취득 의사결정은 일반결의사항이지만, 10억 원을 초과하는 건은 특별결의사항입니다.

김과장 : 그렇다면 이사회에 부의할 때 실무부서에서 관련자료를 포함하여 부의를 할텐데요. 그 절차는 어떻게 진행되나요?

박대리 : 우선 전략기획부에서 관계회사주식의 필요성과 관련자료를 검토하고 전략기획부장의 승인을 받아 이사회 안건으로 부의합니다.

김과장 : 그러면 투자운영부의 책임과 업무절차는 어떻게 되는지요?

박대리 : 투자운영부는 관계회사 투자의사결정이 완료된 건에 한하여 투자 자금집행 및 자금집행 후 관리를 담당하고 있습니다.

김과장 : 그러면 투자 자금집행 업무절차에 대하여 설명하여 주십시오.

박대리 : 우선 이사회에서 가결된 사항에 대해서 전략기획부에서 모든 관련자료를 투자운영부에 업무를 이관합니다.

김과장 : 공식적으로 접수는 어떻게 받는지요?

박대리 : 관계사 신규투자, 증자에 대한 이사회 결의사항을 포함하여 전략기획부로부터 부서공문을 접수받습니다.

김과장 : 신규투자 및 증자 시 결재라인은 어떻게 되는지요?

박대리 : 우선 투자 및 증자에 대한 품의서를 제가 작성한 다음 투자운영부장과 경영지원본부장, 대표이사의 승인을 득하여야 합니다. 또한 재무자금부장의 협조를 받아 진행하며 10억원 이상의 건은 추가적으로 이사회 안건으로 부의해서 추가적인 승인을 받아야 합니다.

김과장 : 그 이후에는 실제로 자금집행이 이루어져야 할텐데요. 투자운영부에서 직접 자금을 집행하는지요? 어떻게 그 절차가 이루어지는지 설명 부탁드립니다.

박대리 : 자금의 집행은 재무자금부에서 이루어집니다. 출자 혹은 유상증자 품의가 승인이 완료되면 제가 ERP에서 [본사부서 자금청구 입력] 화면에 자금송금을 신청합니다. 이 경우에 관련된 모든 증빙을 PDF로 첨부하여야 합니다.

김과장 : 그러면 재무자금부에서는 관련내용을 확인하고 바로 자금을 집행하는지요?

박대리 : 예. 관계사 등으로 바로 자금을 집행합니다. 자금이 집행되고 나면 제가 관계사에 직접 전화를 걸어서 자금집행이 완료되었는지 확인합니다. 집행이 완료된 경우에는 은행입금내역(혹은 잔고내역서 등)을 이메일로 받아서 송금증빙을 문서화 합니다.

김과장 : 자금집행 후에는 권리보전 절차나 혹은 기타의 취득증빙을 확보하나요?

박대리 : 예. 자금집행이 완료된 건에 대해서는 권리보전 절차 등을 취하고 해당 문서를 투자운영부장의 승인을 받습니다. 이러한 권리보전 절차는 주권을 발행하는지 여부 혹은 한국예탁결제원에 예탁하는지 여부에 의해 달라집니다. 만약, 주권 미발행의 경우에는 주권미발행확인서와 주식명의개서를 요구하고 SPA 등 계약서와 일치 여부를 대사하고 있습니다. 또한 실물주권을 발행하는 경우에는 실물주권의 주식수를 SPA 등 계약서와 확인하고 투자운영부 금고에 보관합니다. 마지막으로 한국예탁결제원에 예탁하는 경우에는 한국예탁결재원의 권리확인문서(전자등록계좌부 내용)나 증권회사로부터 보유주식확인서를 요청하고 SPA 등 계약서와 대사하여 확인하고 있습니다.

김과장 : 취득 시 회계처리는 직접 하시는지요? 취득과 관련된 회계처리 절차를 설명해 주십시오.

박대리 : 관계회사 주식취득에 대한 자금집행이 완료되면 ERP에 입력합니다. [회계전표 입력] 화면에 회계처리를 수동으로 입력하고 전략기획부공문, 이사회결의내용, 자금지출건 승인내역, 관계회사 입금내역을 PDF로 업로드합니다. 회계전표는 투자운영부 팀장을 승인을 득하여야 최종입력됩니다.

김과장 : 그러면 관계회사주식에 대한 후속적 회계처리(지분법회계처리)도 박대리님이 수행하시는지요?

박대리 : 투자운영부는 자금집행과 취득회계처리까지만 입력하고 있습니다. 지분법 회계처리는 재무기획부 담당사안입니다.

이대리 : 예, 맞습니다. 저희 부서(재무기획부)에서 지분법회계처리를 담당하고 있습니다.

김과장 : 이대리님. 그렇다면 지분법 회계처리를 수행하는 절차를 설명해 주시겠습니까?

이대리 : 예. 저는 우선 투자운영부 박대리님에게 기초정보를 이메일로 요청하여 자료를 확보합니다.

김과장 : 어떠한 기초자료를 확보하시나요?

이대리 : 관계회사 지분율, 결산일 현재 기능통화로 작성 된 재무상태표와 포괄손익계산서, 자본변동내역(유상증자 등), 배당금 내역 및 기타 필요한 자료를 투자운영부로부터 확보합니다.

김과장 : 기초자료가 확보되면 계산은 어떻게 하는지요?

이대리 : 투자운영부에서 받은 기초자료를 이용해서 엑셀파일을 업데이트합니다. 엑셀스프레드시트에 기초정보를 업데이트할 수 있는 탭이 마련되어 있는데 이것을 업데이트하면 자동적으로 지분법회계처리가 산출되도록 되어 있습니다.

김과장 : 엑셀파일명을 알려주시겠습니까?

이대리 : [관계회사지분법_XQ_2020.xls]입니다.

김과장 : 이 엑셀과 관련된 파일버전관리, 접근관리, 형상관리 등은 EUC(End-User Computing)과 관련하여 다시 인터뷰를 요청드리도록 하겠습니다. 기초정보를 업데이트하면 엑셀파일을 통해 지분법 회계처리가 산출되는데 검증은 어떻게 하시는지요?

이대리 : 저희 부서의 송과장(재무기획부 결산담당자)이 기초정보를 대사해서 검증합니다. 검증하는 항목은 다음과 같습니다.

(1) 관계회사 재무상태표, 포괄손익계산서
- 기말환율에 의한 환산 검토
- 결산일 현재 최종재무제표

(2) 완전성 검증
- 이사회 의사록과 투자운영부의 공문내역 대조
- 동일 법인등록번호에 의한 지분율계산 검증내역 검토

김과장 : 검증이 완료되고 난 후의 절차는 어떻게 되는지요?

이대리 : 검증이 완료되고 나면 ERP의 [회계전표입력] 화면에 수기로 분개를 입력합니다. 지분법전표는 재무기획부장의 승인을 받아야 계정원장에 Posting 됩니다.

김과장 : 몇 년 전에 각 부서에서 보유하고 있는 지분율을 합치면 유의하게(significant) 되는데 그 정보가 체크되지 않아서 큰 회계이슈가 발생한 적이 있었던 것으로 기억합니다. 지분법에 대한 완전성을 확보하기 위한 절차는 별도로 없는지요?

이대리 : 예, 맞습니다. 지분법 완전성 검증절차가 있습니다. 제가 정보전산부에 유가증권세부내역자료를 이메일로 요청합니다. 정보전산부에서는 쿼리문에 의해 취득일, 법인등록번호, 취득주식수, 수권주식수, 취득금액의 필드값에 대한 데이터를 추출하여 저에게 송부하여 줍니다.

김과장 : 그러면 그 자료를 수보한 후 구체적으로 어떻게 완전성을 검토하시는지요?

이대리 : 엑셀스프레드시트를 이용하여 동일 법인등록번호를 Key값으로 사용해서 20% 이상의 지분율이 있는지 모두 확인합니다.

김과장 : 엑셀스프레드시트의 이름을 알 수 있을런지요.

이대리 : [관계회사지분율검토_XQ_2020.xls]입니다.

김과장 : 아까 말씀주셨을 때 재무기획부의 송과장님이 검토할 때 이 파일도 검증대상이 되는 것이군요.

이대리 : 예, 맞습니다.

김과장 : 관련내용은 EUC와 IPE의 대상이기도 한데 이 부분은 나중에 추가적으로 더 여쭈어 보아야 할 것 같습니다. 마지막으로 최근에 금융감독원에서 손상검토에 대해서 강조하고 있는데요. 손상징후에 대한 검토절차에 대해서 설명해주십시오.

이대리 : 예. 재무기획부에서도 이 부분을 인지하고 손상징후 프로세스를 작년말부터 신설하여 운영하고 있습니다. K-IFRS 제36호 자산손상 기준서 문단 12에 따라 외부정보원천, 내부정보원천, 배당금으로 구분하여 손상징후 체크리스트를 작성하고 있습니다.

김과장 : 체크리스트의 작성주체 및 결재라인이 있는지요?

이대리 : 작성은 제가 하고 재무기획부 결산책임자의 승인을 받고 있습니다.

김과장 : 손상징후가 있다고 한다면 손상평가는 어떻게 진행되는지요?

이대리 : 자산손상징후가 있는 경우에는 자산의 회수가능가액을 추정하기 위하여 외부 회계법인의 평가보고서를 요청하여 회계처리하고 있습니다. 회계법인의 평가보고서는 제가 경영진리뷰통제(MRC, Management Review Control)를 수행하고 있습니다.

김과장 : 이 내용은 MRC의 대상이기 때문에 별도로 설계 및 운영평가 시에 검토해 보겠습니다. 오늘 시간 내주어서 감사합니다.

이대리 : 예, 감사합니다.

(질문) 인터뷰에 근거하여 다음의 양식에 따라 업무기술서를 작성하라.

(양식1 : 관계회사 취득관리)

Level 1 : 경영관리 Level 2 : 투자관리 Level 3 : 관계회사 취득관리	프로세스오너 : 투자운영부장 문서일자 : 20×9.01.03

활동명	활동내용	관련 시스템명	담당부서	유관부서
관계회사주식 취득 의사결정 부의				
취득의사결정				
관계회사주식 취득접수				
관계회사주식 취득 승인절차				
관계회사주식 회계처리 검토				
관계회사주식 출자시행				
관계회사주식 권리보전				
관계회사주식 취득회계처리				

(양식2 : 관계회사 지분법평가)

Level 1 : 경영관리 Level 2 : 투자관리 Level 3 : 관계회사 지분법평가

프로세스오너 : 재무기획부장 문서일자 : 20×9.01.03

활동명	활동내용	관련시스템 및 EUC	담당부서	유관부서
지분법회계처리 대상회사 완전성 확인				
기초정보의 입수				
지분법회계처리 계산				
회계처리 검증				
자산손상징후 검토				
손상평가에 대한 검토				
회계처리 입력				

해설 **업무기술서(Process narrative)**

업무기술서의 작성기법은 인터뷰, 다양한 문서(업무매뉴얼, 규정집 등)의 기초정보를 이용하여 작성한다. 업무기술서의 작성방법이 정하여져 있는 것은 아니지만 일반적으로 프로세스 분해(process decomposition), 활동분석(activity analysis), 프로세스 재조립(process recomposition)의 단계를 사용하여 작성된다.

- 프로세스 분해(Process decomposition) : 업무기술서의 대상이 되는 하위 프로세스 업무를 분해하는 과정이다. 프로세스 내에 존재하는 업무를 의미있는 구획단위로 구분하여 나열한다. 이렇게 작은 단위로 분해된 구획업무 단위를 활동(activity)이라고 정의한다면 결국 프로세스는 활동(activity)으로 구성되어 있다고 볼 수 있다.
- 활동분석(activity analysis) : 단위로 분해된 업무, 즉 활동에 대하여 1차적으로 업무활동과 통제활동으로 구분한다. 만약 특정 활동이 통제범주의 속성(승인, 상호대사, 시스템설정, 핵심성과지표, 예외사항/편집보고서, 인터페이스통제, 시스템 접근, 경영자 검토, 업무분장)과 일치한다면 그 활동은 통제활동(control activity)으로 정의될 수 있다. 활동에 대해 업무활동과 통제활동의 구분이 완료되면 해당 활동에 대한 상세한 업무활동을 기술한다. 업무활동의 기술은 내부회계관리제도의 목적을 달성하기 위한 위험(즉, 재무제표왜곡표시위험, 자산보호, 부정방지)을 이해하고 도출하기에 충분한 정도로 기술되어야 하며, 통제활동은 관련 위험을 예방하거나 적발하기에 충분한지 판단할 수 있을 정도인지의 관점에서 충분히 자세하게 기술되어야 한다.
- 프로세스 재조립(Process recomposition) : 활동에 대해 분석된 이후에는 분석된 활동을 업무의 진행순서 혹은 시간경과에 따른 진행순서에 따라 나열한다. 최종적으로 업무흐름의 관점에서 혹은 위험발생의 단계에서 단위활동의 순서가 적절한지 검토하여야 한다.

다음은 주어진 사례에 대한 관계회사 취득관리 프로세스의 업무기술서 예시이다.

Level 1 : 경영관리 Level 2 : 투자관리 Level 3 : 관계회사 취득관리	프로세스오너 : 투자운영부장 문서일자 : 20×9.01.03

활동명	활동내용	관련 시스템명	담당부서	유관부서
관계회사주식 취득 의사결정 부의	관계회사주식 취득은 이사회 의결사항이다. 전략기획부에서는 관계회사주식 취득이 필요한 경우 전략기획부장의 승인을 득하여 이사회 안건으로 부의한다. 이사회에서 가결된 사항에 대해서는 투자운영부에 업무를 이관한다.	-	전략기획부	전략기획부
취득의사결정	이사회에서는 전략기획부에서 부의한 자료를 검토하여 취득의사결정을 한다. 10억 원 미만의 관계회사주식 취득의사결정은 일반결의사항이며, 10억 원을 초과하는 건은 특별결의 사항이다.		이사회	이사회
관계회사주식 취득접수	투자운영부의 유가증권담당자는 관계사의 신규설립, 증자에 대한 이사회 의결사항을 포함한 전략기획부의 공문을 접수한다.	-	투자운영부	전략기획부
관계회사주식 취득 승인절차	투자운영부의 유가증권담당자는 출자에 대한 품의서를 작성하여 투자운영부장, 경영지원본부장, 대표이사의 승인을 득하고 재무자금부장의 협조를 받는다. 10억 원 이상의 출자건은 추가적으로 이사회 결의사항이므로 이사회 안건으로 부의하여 추가적인 승인을 득하여야 한다.	-	투자운영부	재무자금부
관계회사주식 회계처리 검토	투자운영부의 유가증권담당자는 재무기획부 결산책임자에게 아래의 자료를 포함하여 지분법회계처리 대상 여부(중대한 영향력)에 대하여 질의하고, 재무기획부에서는 관련 답변을 5일 이내에 재무기획부장의 승인을 득하여 투자운영부에 전달한다. 취득관련 이사회 자료 전부 취득 관련 지분율, 주주현황 의사결정구조 및 기타 지분법회계처리 판단을 위한 자료	-	재무기획부	투자운영부

활동명	활동내용	관련 시스템명	담당부서	유관부서
관계회사주식 출자시행	출자품의 승인 후 투자운영부의 유가증권담당자는 재무자금부에 [ERP 본사부서 자금청구 입력] 화면을 통해 자금송금을 신청한다. 재무자금부에서는 은행계좌 혹은 증권계좌로 은행이체를 실행한다. 자금지급 집행 후유가증권담당자는 관계사(혹은 매도인)에게 결제 여부를 유선으로 확인하고, 증빙(은행잔고내역 등)을 이메일로 요청한다.	ERP (자금청구 입력)	투자운영부	재무자금부 관계회사
관계회사주식 권리보전	투자운영부 유가증권 담당자는 지금집행이 완료된 관계회사주식에 대하여 다음의 권리보전 절차를 요청하고 관련된 문서를 취합하여 투자운영부장의 승인을 득한다. 주권미발행 경우 : 해당 관계회사에 주권미발행확인서와 주식명의개서(주주명부)를 징구하고 SPA 등 계약서와 대사한다. 실물주권의 경우 : 해당 실물주권의 내용을 SPA 등 계약서와 대사하고 투자운영부 금고에 보관한다. 한국예탁결재원 예탁의 경우 : 한국예탁결재원의 권리확인문서(전자등록계좌부 내용)나 증권회사로부터 보유주식확인서를 징구하고 SPA 등 계약서와 대사한다.		투자운영부	관계회사
관계회사주식 취득회계처리	투자운영부의 유가증권담당자는 지분법적용투자주식의 취득 시 [ERP 회계전표입력]에 회계처리를 수동 입력하고 관련 증빙(전략기획부공문, 이사회 결의내용, 자금지출건 승인내역, 관계회사 입금내역, 권리보전)을 업로드한 후 투자운영부 팀장의 승인을 득한다.	ERP (회계전표 입력)	투자운영부	해당사항 없음

다음은 인터뷰와 기타 문서에 근거한 관계회사 지분법평가 프로세스의 업무기술서 예시이다.

Level 1 : 경영관리 Level 2 : 투자관리 Level 3 : 관계회사 지분법평가	프로세스오너 : 재무기획부장 문서일자 : 20×9.01.03

활동명	활동내용	관련 시스템 및 EUC	담당부서	유관부서
지분법회계처리 대상회사 완전성 확인	재무기획부의 지분법회계처리담당자는 정보전산부에 유가증권세부내역자료를 요청한다. 정보전산부의 쿼리내역에는 취득일, 법인등록번호, 취득주식수, 수권주식수, 취득금액의 필드값이 포함되어 있다. 지분법회계처리담당자는 [관계회사지분율검토__XQ__2020.xls] 엑셀스프레드시트를 이용하여 동일 법인등록번호가 20% 이상의 지분율을 갖고 있는 대상을 모두 대사하여 확인한다.	관계회사 지분율검토 __XQ__2020 .xls	재무기획부	투자운영부 정보전산부
기초정보의 입수	지분법회계처리담당자는 투자운영부 유가증권 담당자에게 지분법회계처리를 위한 다음의 기초정보를 요청하여 이메일로 수보한다. (1) 관계회사 지분율 (2) 결산일 현재 기능통화 재무상태표, 포괄손익계산서 (3) 자본변동내역(유상증자 등 필요시) (4) 배당금 내역 (5) 기타 필요한 자료	-	재무기획부	투자운영부
지분법회계처리 계산	지분법회계처리담당자는 [관계회사지분법__XQ__2020.xls] 엑셀스프레스시트를 이용하여 지분법회계처리를 수행한다. 투자운영부에서 수보한 기초정보를 이용하여 엑셀스프레드시트의 기초정보 탭을 업데이트하면 지분법회계처리 내역이 산출된다.	관계회사 지분법__XQ __2020.xls	재무기획부	해당사항 없음
회계처리 검증	재무기획부 결산책임자는 지분법회계처리담당자가 수행한 지분법회계처리 결과와 기초정보를 대사하여 검증한다. (1) 관계회사 재무상태표, 포괄손익계산서, 지분율 - 기말환율에 의한 환산 검토	관계회사 지분율검토 __XQ__2020 .xls	재무기획부	해당사항 없음

활동명	활동내용	관련 시스템 및 EUC	담당부서	유관부서
	- 결산일 현재 최종재무제표 - 결산일 현재 주주명부 및 지분율 (2) 완전성 검증 - 이사회 의사록과 투자운영부의 공문내역 대조 - 동일 법인등록번호에 의한 지분율계산 검증내역 검토			
자산손상징후 검토	매기말 재무기획부 지분법회계처리담당자는 자산손상징후가 있는지 검토한다. 자산손상의 징후는 K-IFRS 제36호 자산손상 기준서 문단12에 따라 외부정보원천, 내부정보원천, 배당금으로 구분하여 체크리스트를 작성한다. 체크리스트는 재무기획부 결산책임자의 승인을 받는다.	-	재무기획부	해당사항 없음
손상평가에 대한 검토	자산손상징후가 있는 경우에는 자산의 회수가능가액을 추정하기 위하여 외부 회계법인의 평가보고서를 요청하여 회계처리한다. 회계법인의 평가보고서는 재부기획부 지분법회계처리담당자가 경영진리뷰통제(Management Review Controls)를 수행한다.	-	재무기획부	해당사항 없음
회계처리 입력	재무기획부의 지분법회계처리담당자는 책임자에 의하여 검증된 내역을 재무기획부장의 승인을 득하여 ERP 시스템[회계전표입력] 화면에 입력한다.	ERP (회계전표 입력)	재무기획부	해당사항 없음

문제 4

업무흐름도(Process flowchart)

A회사의 김과장은 내부회계관리제도 업무흐름도를 작성 중이다. 김과장이 작성하여야 하는 업무흐름도는 [관계회사 투자관리] 프로세스에 해당하는 것이며, 관련 내용은 다음과 같다.

Level 1	Level 2	Level 3	내 용
경영관리	투자관리	관계회사 투자관리	관계회사주식 취득의사결정과 자금집행 프로세스

Level 1 : 경영관리
Level 2 : 투자관리
Level 3 : 관계회사 취득관리

프로세스오너 : 투자운영부장
문서일자 : 20×9.01.03

활동명	활동내용	관련 시스템명	담당부서	유관부서
관계회사주식 취득의사결정 부의	관계회사주식 취득은 이사회 의결사항이다. 전략기획부에서는 관계회사주식 취득이 필요한 경우 전략기획부장의 승인을 득하여 이사회 안건으로 부의한다. 이사회에서 가결된 사항에 대해서는 투자운영부에 업무를 이관한다.	-	전략 기획부	전략 기획부
취득의사결정	이사회에서는 전략기획부에서 부의한 자료를 검토하여 취득의사결정을 한다. 10억 원 미만의 관계회사주식 취득의사결정은 일반결의사항이며, 10억 원을 초과하는 건은 특별결의 사항이다.	-	이사회	이사회
관계회사주식 취득접수	투자운영부의 유가증권담당자는 관계사의 신규설립, 증자에 대한 이사회 의결사항을 포함한 전략기획부의 공문을 접수한다.	-	투자 운영부	전략 기획부
관계회사주식 취득 승인절차	투자운영부의 유가증권담당자는 출자에 대한 품의서를 작성하여 투자운영부장, 경영지원본부장, 대표이사의 승인을 득하고 재무자금부장의 협조를 받는다. 10억 원 이상의 출자건은 추가적으로 이사회 결의사항이므로 이사회 안건으로 부의하여 추가적인 승인을 득하여야 한다.	-	투자 운영부	재무 자금부
관계회사주식 회계처리 검토	투자운영부의 유가증권담당자는 재무기획부 결산책임자에게 아래의 자료를 포함하여 지분법회계처리대상 여부(중대한 영향력)에 대하여 질의하고, 재무기획부에서는 관련답변을 5일 이내에 재무기획부장의 승인을 득하여 투자운영부에 전달	-	재무 기획부	투자 운영부

활동명	활동내용	관련 시스템명	담당부서	유관부서
	한다. 취득 관련 이사회 자료 전부 취득 관련 지분율, 주주현황 의사결정구조 및 기타 지분법회계처리 판단을 위한 자료			
관계회사주식 출자시행	출자품의 승인 후 투자운영부의 유가증권담당자는 재무자금부에 [ERP 본사부서 자금청구 입력] 화면을 통해 자금송금을 신청한다. 재무자금부에서는 은행계좌 혹은 증권계좌로 은행이체를 실행한다. 자금지급 집행 후유가증권담당자는 관계사(혹은 매도인)에게 결제 여부를 유선으로 확인하고 증빙(은행잔고내역 등)을 이메일로 요청한다.	ERP (자금청구입력)	투자 운영부	재무 자금부 관계회사
관계회사주식 권리보전	투자운영부 유가증권 담당자는 지급집행이 완료된 관계회사주식에 대하여 다음의 권리보전 절차를 요청하고 관련된 문서를 취합하여 투자운영부장의 승인을 득한다. 주권미발행 경우 : 해당 관계회사에 주권미발행확인서와 주식명의개서(주주명부)를 징구하고 SPA 등 계약서와 대사한다. 실물주권의 경우 : 해당 실물주권의 내용을 SPA 등 계약서와 대사하고 투자운영부 금고에 보관한다. 한국예탁결재원 예탁의 경우 : 한국예탁결재원의 권리확인문서(전자등록계좌부 내용)나 증권회사로부터 보유주식확인서를 징구하고 SPA 등 계약서와 대사한다.		투자 운영부	관계회사
관계회사주식 취득회계처리	투자운영부의 유가증권담당자는 지분법적용투자주식의 취득 시 [ERP 회계전표입력]에 회계처리를 수동 입력하고 관련 증빙(전략기획부공문, 이사회 결의내용, 자금지출건 승인내역, 관계회사 입금내역, 권리보전)을 업로드한 후 투자운영부 팀장의 승인을 득한다.	ERP (회계전표입력)	투자 운영부	해당사항 없음

(질문) 제시된 자료에 근거하여 아래 양식에 따른 업무흐름도를 작성하라.

start ● 활동 문서 판단 시스템 연결 end ○

(양식 : 업무흐름도)

전방부서	주관부서(투자운영부)	후방부서

해설 **업무흐름도(Process flowchart)**

업무흐름도는 일반적으로 그 작성 세부화 정도에 따라서 Level 1, 2, 3으로 구분될 수 있다.

- Level 1(하향식 업무흐름도) : 회사의 프로세스가 매우 복잡한 경우 상세화된 업무흐름도는 일반적인 업무흐름을 나타내기에 너무 복잡할 수 있다. 이러한 경우에는 하향식 6~7개의 활동으로 단순화된 업무흐름도가 업무흐름을 직관적으로 설명할 수도 있다. 하지만 Level 1의 하향식 업무흐름도는 단순한 업무흐름만을 나타내기 때문에 구체적인 위험의 원천과 관련된 내부통제점을 도출하기에 충분하지 않을 수 있다. 하향식 업무흐름도는 하위 프로세스 수준에서 사용되기보다 상위 프로세스와 하위 프로세스 간의 관계를 나타내는데 유용하다.
- Level 2(부서를 구분하지 않는 업무흐름도) : 업무실행의 흐름과 의사결정 라인을 알기 쉽게 도형으로 표현한다. Level 2의 업무흐름도에서는 부서를 구분하지는 않지만 입력정보, 활동, 인터페이스와 산출물을 표현하기 때문에 위험의 원천과 관련된 내부통제점을 이해할 수 있다. 이러한 Level 2의 업무흐름도는 재무제표 마감일의 결산활동과 같이 다양한 부서에 영향을 미치는 하위 프로세스에는 적합하지 않지만, 그 대부분 활동이 1개 부서에서 이루어지는 경우에 유용하다.
- Level 3(부서를 구분하는 업무흐름도) : 이 단계의 업무흐름도는 프로세스 내에 존재하는 부서별로 수행되는 활동을 표시하는 방법이다. 관련된 위험이 부서 간의 활동에서 발생하지 않거나, 재무제표 작성과정에 있어서 중요한 프로세스가 아닌 경우에는 불필요하게 복잡한 업무흐름도가 작성될 수도 있다. 하지만, 회사의 규모가 클수록 한 개의 부서 내에서 업무가 처리되기보다 부서 간 업무분장으로 위험이 다각도에서 관리되는 경우가 많다. 이러한 경우에는 Level 3 업무흐름도는 업무의 내용(혹은 관련위험)을 입체적으로 분석할 수 있어 구체적인 분석의 도구를 제공한다. Level 3 업무흐름도는 실무적으로는 가장 많이 쓰이는 방법이다.

제시된 양식은 실무에서 가장 보편적으로 쓰이는 방식으로 부서를 구분하는 Level 3에 해당하지만, 주무부서 이외를 전방부서와 후방부서로 구분한 수정된(modified) Level 3 방식이다. 이 양식은 업무의 흐름을 부서별로 알 수 있어 Level 3의 장점을 그대로 살리면서 유지・보수에 매우 용이하다. 제시된 양식에 따라 작성된 업무흐름도 작성 예시는 다음 페이지와 같다.

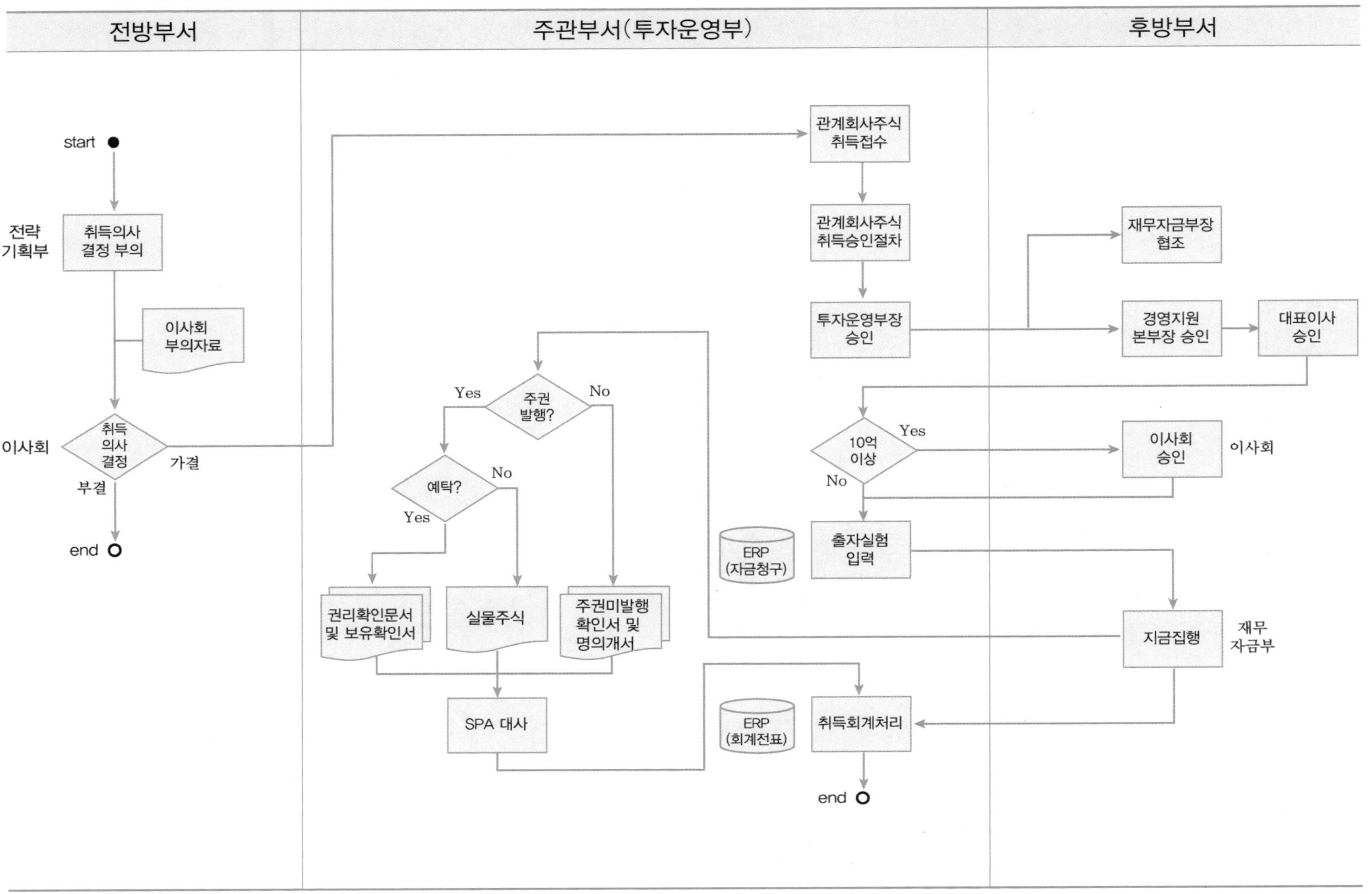

전방부서
주관부서(투자운영부)
후방부서
start
전략 기획부
취득의사 결정 부의
이사회 부의자료
이사회
취득 의사 결정
가결
부결
end
관계회사주식 취득접수
관계회사주식 취득승인절차
투자운영부장 승인
재무자금부장 협조
경영지원 본부장 승인
대표이사 승인
주권 발행?
Yes
No
예탁?
Yes
No
권리확인문서 및 보유확인서
실물주식
주권미발행 확인서 및 명의개서
SPA 대사
10억 이상
Yes
No
이사회 승인
이사회
ERP (자금청구)
출자실험 입력
지금집행
재무 자금부
ERP (회계전표)
취득회계처리
end

문제 5

통제기술서(RCM, Risk-Controls Matrix)-위험식별 및 내부통제 파악단계

A회사의 김과장은 내부회계관리제도 중 통제기술서를 작성 중이다. 아래의 관련 자료에 근거하여 제시된 양식에 따라 통제기술서에 관계회사주식 및 지분법손익과 관련된 위험을 식별하고 내부통제를 파악하라.

(1) 직전년도의 재무상태표와 포괄손익계산서

(단위 : 원)

재무상태표

계정과목	금액
I. 유동자산	
1. 현금및현금성자산	349,517,546
2. 단기금융상품	10,000,000
3. 매출채권	283,045,694
4. 재고자산	116,384,050
II. 비유동자산	
1. 기타포괄손익-공정가치측정 금융자산	1,107
2. 유형자산	227,036,825
3. 리스사용권자산	19,147,389
4. 투자부동산	1,365,819
5. 관계회사주식	7,178,626
자산총계	1,013,677,056
I. 유동부채	
1. 매입채무	391,526,322
2. 단기차입금	3,342,565
3. 당기법인세부채	57,751,357
II. 비유동부채	
1. 순확정급여부채	26,989,117
2. 충당부채	11,832,252
3. 이연법인세부채	1,234,456
4. 비유동리스부채	101,685,652
부채총계	594,361,721

포괄손익계산서

계정과목	금액
I. 매출액	1,542,126,175
II. 매출원가	913,161,786
III. 매출총이익	628,964,389
IV. 판매비와 관리비	536,970,420
1. 급여	332,646,431
2. 퇴직급여	65,554,640
3. 지급수수료	34,861,684
4. 임차료	46,549,876
5. 감가상각비	54,687,633
6. 충당부채전입액	2,670,156
V. 영업이익	91,993,969
VI. 영업외손익	4,066,216
1. 이자수익	3,216,546
2. 이자비용	(156,876)
3. 지분법손익	1,006,546
VII. 법인세비용차감전순이익	96,060,185
VIII. 법인세비용	11,962,230
X. 당기순이익	84,097,955
XI. 기타포괄손익	(4,654,633)
확정급여제도의 재측정요소	(4,654,686)
기타포괄손익-공정가치측정 금융자산 평가이익	53
XI. 총포괄손익	79,443,322

(2) 경영자 주장의 식별

계정과목	실재성	완전성	권리와 의무	평가	재무제표 표시와 공시	발생사실	측정
현금및현금성자산	●		●		●		
단기금융상품	●		●		●		
매출채권	●		●	●	●		
재고자산	●		●	●	●		
FVOCI 금융자산	●		●	●	●		
유형자산	●		●		●		●
리스사용권자산	●		●		●		●
투자부동산	●		●	●	●		
관계회사주식	●		●	●	●		
매입채무		●	●		●		
단기차입금		●	●		●		
당기법인세부채		●	●		●		
순확정급여부채		●	●	●	●		
충당부채		●	●	●	●		
이연법인세부채		●			●		●
비유동리스부채		●	●		●		●
매출액						●	
매출원가						●	
급여		●				●	●
퇴직급여		●				●	●
지급수수료		●				●	●
임차료		●				●	●
감가상각비						●	●
충당부채전입액						●	●
이자수익						●	●
이자비용		●				●	●
지분법손익				●		●	●
법인세비용		●				●	●
확정급여제도의 재측정요소			●	●	●	●	
FVOCI 평가이익				●	●	●	

(3) 해당 업무기술서는 다음과 같다.

Level 1 : 경영관리
Level 2 : 투자관리
Level 3 : 관계회사 취득관리

프로세스오너 : 투자운영부장
문서일자 : 20×9.01.03

활동명	활동내용	관련 시스템명	담당부서	유관부서
관계 회사주식 취득 의사결정 부의	관계회사주식 취득은 이사회 의결사항이다. 전략기획부에서는 관계회사주식 취득이 필요한 경우 전략기획부장의 승인을 득하여 이사회 안건으로 부의한다. 이사회에서 가결된 사항에 대해서는 투자운영부에 업무를 이관한다.	-	전략 기획부	전략 기획부
취득 의사결정	이사회에서는 전략기획부에서 부의한 자료를 검토하여 취득의사결정을 한다. 10억 원 미만의 관계회사주식 취득의사결정은 일반결의사항이며, 10억 원을 초과하는 건은 특별결의 사항이다.		이사회	이사회
관계 회사주식 취득접수	투자운영부의 유가증권담당자는 관계사의 신규설립, 증자에 대한 이사회 의결사항을 포함한 전략기획부의 공문을 접수한다.	-	투자 운영부	전략 기획부
관계 회사주식 취득 승인절차	투자운영부의 유가증권담당자는 출자에 대한 품의서를 작성하여 투자운영부장, 경영지원본부장, 대표이사의 승인을 득하고 재무자금부장의 협조를 받는다. 10억 원 이상의 출자건은 추가적으로 이사회 결의사항이므로 이사회 안건으로 부의하여 추가적인 승인을 득하여야 한다.	-	투자 운영부	재무 자금부
관계 회사주식 회계처리 검토	투자운영부의 유가증권담당자는 재무기획부 결산책임자에게 아래의 자료를 포함하여 지분법회계처리대상 여부(중대한 영향력)에 대하여 질의하고, 재무기획부에서는 관련답변을 5일 이내에 재무기획부장의 승인을 득하여 투자운영부에 전달한다. 취득관련 이사회 자료 전부 취득 관련 지분율, 주주현황 의사결정구조 및 기타 지분법회계처리 판단을 위한 자료	-	재무 기획부	투자 운영부
관계 회사주식 출자시행	출자품의 승인 후 투자운영부의 유가증권담당자는 재무자금부에 [ERP 본사부서 자금청구 입력] 화면을 통해 자금송금을 신청한다. 재무자금부에서는 은행계좌 혹은 증권계좌로 은행이체를 실행한다. 자금지급 집행 후 유가증권담당자는 관계사(혹은 매도인)에게 결제 여부를 유선으로 확인하고 증빙(은행잔고내역 등)을 이메일로 요청한다.	ERP (자금청구 입력)	투자 운영부	재무 자금부 관계회사

활동명	활동내용	관련 시스템명	담당부서	유관부서
관계 회사주식 권리보전	투자운영부 유가증권 담당자는 지금집행이 완료된 관계회사주식에 대하여 다음의 권리보전 절차를 요청하고 관련된 문서를 취합하여 투자운영부장의 승인을 득한다. 주권미발행 경우 : 해당 관계회사에 주권미발행확인서와 주식명의개서(주주명부)를 징구하고 SPA 등 계약서와 대사한다. 실물주권의 경우 : 해당 실물주권의 내용을 SPA 등 계약서와 대사하고 투자운영부 금고에 보관한다. 한국예탁결재원 예탁의 경우 : 한국예탁결재원의 권리확인문서(전자등록계좌부 내용)나 증권회사로부터 보유주식확인서를 징구하고 SPA 등 계약서와 대사한다.		투자 운영부	관계회사
관계 회사주식 취득 회계처리	투자운영부의 유가증권담당자는 지분법적용투자주식의 취득 시 [ERP 회계전표입력]에 회계처리를 수동 입력하고 관련 증빙(전략기획부공문, 이사회 결의내용, 자금지출건 승인내역, 관계회사 입금내역, 권리보전)을 업로드한 후 투자운영부 팀장의 승인을 득한다.	ERP (회계전표 입력)	투자 운영부	해당사항 없음

Level 1 : 경영관리
Level 2 : 투자관리
Level 3 : 관계회사 지분법평가

프로세스오너 : 재무기획부장
문서일자 : 20×9. 01. 03

활동명	활동내용	관련시스템 및 EUC	담당부서	유관부서
지분법 회계처리 대상회사 완전성 확인	재무기획부의 지분법회계처리담당자는 정보전산부에 유가증권세부내역자료를 요청한다. 정보전산부의 쿼리내역에는 취득일, 법인등록번호, 취득주식수, 수권주식수, 취득금액의 필드값이 포함되어 있다. 지분법회계처리담당자는 [관계회사지분율검토_XQ_2020.xls] 엑셀스프레드시트를 이용하여 동일 법인등록번호가 20% 이상의 지분율을 갖고 있는 대상을 모두 대사하여 확인한다.	관계회사 지분율검토 _XQ_ 2020.xls	재무 기획부	투자 운영부 정보 전산부

활동명	활동내용	관련시스템 및 EUC	담당부서	유관부서
기초 정보의 입수	지분법회계처리담당자는 투자운영부 유가증권담당자에게 지분법회계처리를 위한 다음의 기초정보를 요청하여 이메일로 수보한다. (1) 관계회사 지분율 (2) 결산일 현재 기능통화 재무상태표, 포괄손익계산서 (3) 자본변동내역(유상증자 등 필요시) (4) 배당금 내역 (5) 기타 필요한 자료	-	재무 기획부	투자 운영부
지분법 회계처리 계산	지분법회계처리담당자는 [관계회사지분법__XQ__2020.xls] 엑셀스프레스시트를 이용하여 지분법회계처리를 수행한다. 투자운영부에서 수보한 기초정보를 이용하여 엑셀스프레드시트의 기초정보 탭을 업데이트하면 지분법회계처리 내역이 산출된다.	관계회사 지분법__XQ__2020.xls	재무 기획부	해당사항 없음
회계처리 검증	재무기획부 결산책임자는 지분법회계처리담당자가 수행한 지분법회계처리 결과와 기초정보를 대사하여 검증한다. (1) 관계회사 재무상태표, 포괄손익계산서, 지분율 - 기말환율에 의한 환산 검토 - 결산일 현재 최종재무제표 - 결산일 현재 주주명부 및 지분율 (2) 완전성 검증 - 이사회 의사록과 투자운영부의 공문내역 대조 - 동일 법인등록번호에 의한 지분율계산 검증내역 검토	관계회사 지분율검토__XQ__2020.xls	재무 기획부	해당사항 없음
자산손상 징후 검토	매기말 재무기획부 지분법회계처리담당자는 자산손상 징후가 있는지 검토한다. 자산손상의 징후는 K-IFRS 제36호 자산손상 기준서 문단12에 따라 외부정보원천, 내부정보원천, 배당금으로 구분하여 체크리스트를 작성한다. 체크리스트는 재무기획부 결산책임자의 승인을 받는다.	-	재무 기획부	해당사항 없음
손상 평가에 대한 검토	자산손상징후가 있는 경우에는 자산의 회수가능가액을 추정하기 위하여 외부 회계법인의 평가보고서를 요청하여 회계처리한다. 회계법인의 평가보고서는 재무기획부 지분법회계처리담당자가 경영진리뷰통제(Management Review Controls)를 수행한다.	-	재무 기획부	해당사항 없음
회계처리 입력	재무기획부의 지분법회계처리담당자는 책임자에 의하여 검증된 내역을 재무기획부장의 승인을 득하여 ERP 시스템[회계전표입력] 화면에 입력한다.	ERP (회계전표 입력)	재무 기획부	해당사항 없음

(4) 관계회사주식과 관련한 경영자 주장에 대한 왜곡 위험평가 내역은 다음과 같다.

계정과목	실재성	완전성	권리와의무	평가	재무제표 표시와공시	발생사실	측정
발생가능성	낮음	NA	낮음	높음	높음	NA	NA
금액적 중요성	높음	NA	높음	높음	높음	NA	NA

(5) 관계회사주식과 관련한 금융감독원의 최근 감리사례는 다음과 같다.

제목	회사 지적사항	감사인 지적사항	시사점
지분법 적용 투자주식 과대계상	회사 소유 계열사 주식이 매도되어 소유 주식수가 감소하였음에도 이를 재무제표에 반영하지 않음으로써 지분법적용투자주식을 과대계상함.	감사인은 외부조회를 수행함에 있어 감사증거의 신뢰성을 확보하기 위해 회수된 조회서를 감사증거로 이용하기 전까지 제3자의 접근으로부터 동 조회서를 적절히 통제하여야 함에도, 회사 측에 대한 감사증거 통제수단을 확보하지 아니한 채 회사가 감사장을 시건한다는 점만 믿고 조회서를 감사장에 방치하였으며, 현금계정 담당자가 작성한 조회서 총괄표에 지분법적용투자주식 금액이 회사 제시 장부와 상이하게 기재되어 있었음에도 이를 파악하지 못하여 회사의 회계처리기준 위반사실을 감사의견에 적절히 반영하지 못함.	감사인은 감사증거를 기업외부로부터 입수하였다고 하더라도 그 신뢰성에 영향을 미칠 수 있는 상황이 있을 수 있다는 점을 고려하고, 이미 확보한 감사증거에 대한 제3자 변조 또는 부정이 발생하지 않도록 감사증거를 철저히 통제할 필요가 있음.
지분법 적용 투자주식 손상검토	별도재무제표 작성 시 종속기업투자주식의 회수가능액이 유의적으로 하락하였음에도 손상차손을 인식하지 않아 종속기업투자주식을 과대계상함.	외부감사인은 A사의 대주주가 변경되었고, 대주주 변경 이후 타회사 인수가 많아 기말감사 시 투자주식 관련 계정을 유의적으로 살펴보아야겠다고 판단하였고, A사가 보유한 K사 주식의 회수가능액이 장부금액에 미달한다는 사실을 평가보고서를 통하여 인지하였음에도, 기업회계기준에 따른 자산손상에 해당하는 등에 대한 검토없이 K사의 재무상태가 개선되었다는 회사의 주장을 그대로 인정하는 등 감사절차를 소홀히 하였음.	종속기업투자주식에 대한 평가결과 장부금액이 회수가능액을 초과하고 있다는 사실을 인지하였다면 손상차손을 인식하여야 하고, 손상차손 인식이 불필요하다고 판단하려면 평가보고서의 주요가정, 추정의 타당성 등을 별도로 검증하거나 제3의 외부전문가를 활용하여 회수가능액을 재평가하는 등의 절차를 거쳐 그러한 결론을 도출하여야 하며, 회사의 주관적인 판단에 의하지 않아야 함.

(양식 : 통제기술서)

<table>
<tr><th rowspan="2">번호</th><th colspan="2">관련 계정과목에 따른 경영자주장</th><th colspan="4">위험식별 및 중요도판단</th><th colspan="6">관련내부통제 식별 및 분석</th></tr>
<tr><th>관련계정과목</th><th>경영자주장</th><th>위험기술</th><th>금액적 중요성</th><th>발생 가능성</th><th>위험의 중요도</th><th>통제활동 기술</th><th>통제 범주</th><th>시스템</th><th>자동화/ 수동화</th><th>예방/ 적발</th><th>핵심 통제</th></tr>
<tr><td></td><td></td><td></td><td></td><td></td><td></td><td></td><td></td><td></td><td></td><td></td><td></td><td></td></tr>
<tr><td></td><td></td><td></td><td></td><td></td><td></td><td></td><td></td><td></td><td></td><td></td><td></td><td></td></tr>
<tr><td></td><td></td><td></td><td></td><td></td><td></td><td></td><td></td><td></td><td></td><td></td><td></td><td></td></tr>
</table>

번호	관련 계정과목에 따른 경영자주장		위험식별 및 중요도판단				관련내부통제 식별 및 분석					
	관련계정과목	경영자주장	위험기술	금액적 중요성	발생 가능성	위험의 중요도	통제활동 기술	통제 범주	시스템	자동화/수동화	예방/적발	핵심통제

해설 **통제기술서(RCM, Risk-Controls Matrix)-위험식별 및 내부통제 파악단계**

내부회계관리제도에서 위험이란 내부회계관리제도의 목적, 즉, 재무제표의 신뢰성을 저해하는 잠재적인 가능성이라고 할 수 있다.

- 위험의 식별(identifying risks) : 구체적으로는 위험의 식별은 계정과목별로 파악된 경영자 주장(혹은 경영진 주장)과 부정(fraud) 및 자산보호(Asset misappropriation)에 의해 식별된다. 여기서 중요한 점은 위험의 식별 및 기술은 통제위험(control risks)이나 적발위험(detective risks)이 아닌 고유위험(inherent risks)으로 기술되어야 한다는 것이다. 고유위험으로 기술되어야 관련된 내부통제가 그 고유위험을 적시에 예방하거나 적발할 수 있는지 판단할 수 있기 때문이다.
- 위험의 중요도 판단(Prioritizing risks) : 위험의 중요도 판단은 위험의 '발생가능성'과 '금액적 중요성'에 의해 결정될 수 있다. 발생가능성과 금액적 중요성이 모두 높은 경우에는 '높음(High risks)'으로 평가하고 발생가능성과 금액적 중요성이 모두 낮은 경우에는 '낮음(Low risks)'으로 평가한다. 발생가능성과 금액적 중요성이 하나는 높고, 하나는 낮은 경우에는 '중간(Moderate risks)'으로 평가한다. 하지만, 일반적으로 금액적 중요성이 높은 것을 발생가능성이 높은 것보다 우선한다.

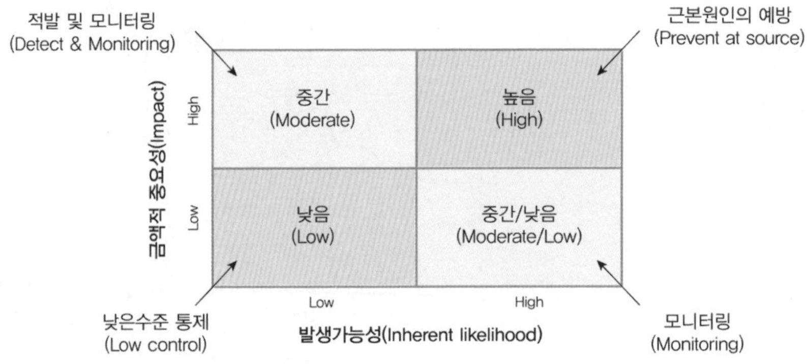

- 내부통제의 파악(Identifying risks) : 위험을 식별한 이후에는 그 위험을 방지할 수 있는 관련 내부통제 활동을 파악한다. 내부통제의 파악은 업무기술서 및 업무흐름도에서 파악된 내부통제 내역을 활용할 수 있다. 내부통제의 기술은 누구에 의해서(by whom), 무엇(what)을 어떻게(how) 하는 것인지에 대한 사항을 반드시 기재하도록 한다.

제시된 양식과 사례에 따른 위험 및 내부통제의 파악단계의 통제기술서 예시는 다음 페이지와 같다.

번호	관련 계정과목에 따른 경영자주장		위험식별 및 중요도판단				관련내부통제 식별 및 분석					
	관련계정과목	경영자주장	위험기술	금액적 중요성	발생 가능성	위험의 중요도	통제활동 기술	통제 범주	시스템	자동화/ 수동화	예방/ 적발	핵심 통제
1	관계 회사주식	실재성/ 권리와의무	실제 납입이 이루어지지 않았거나 주권을 보유하지 아니한 관계회사주식이 ERP에 입력되어 가공의 관계회사주식이 계상될 위험이 존재한다.	높음	낮음	M/H	투자운영부 유가증권 담당자는 지금집행이 완료된 관계회사주식에 대하여 다음의 권리보전 절차를 요청하고 관련된 문서를 취합하여 투자운영부장의 승인을 득한다. - 주권미발행 경우 : 해당 관계회사에 주권미발행확인서와 주식명의개서(주주명부)를 징구하고 SPA 등 계약서와 대사한다. - 실물주권의 경우 : 해당 실물주권의 내용을 SPA 등 계약서와 대사하고 투자운영부 금고에 보관한다. - 한국예탁결재원 예탁의 경우 : 한국예탁결재원의 권리확인문서(전자등록계좌부 내용)나 증권회사로부터 보유주식확인서를 징구하고 SPA 등 계약서와 대사한다.	승인	NA	수동화	적발	Yes
2	관계 회사주식	권리와의무	지분율(20%)미만 미충족, 주금미납입, 양수대금미납입, 의사결정구조의 변화 등이 이유로 중대한 영향력을 행사할 수 있는 권리가 존재하지 않을 수 있다.	낮음	낮음	L	투자운영부의 유가증권담당자는 재무기획부 결산책임자에게 아래의 자료를 포함하여 지분법회계처리대상 여부(중대한 영향력)에 대하여 질의하고, 재무기획부에서는 관련답변을 5일 이내에 재무기획부장의 승인을 득하여 투자운영부에 전달한다.	검토/승인	NA	수동화	예방	Yes

번호	관련 계정과목에 따른 경영자주장		위험식별 및 중요도판단				관련내부통제 식별 및 분석					
	관련계정과목	경영자주장	위험기술	금액적 중요성	발생 가능성	위험의 중요도	통제활동 기술	통제 범주	시스템	자동화/수동화	예방/적발	핵심 통제
							- 취득관련 이사회 자료 전부 - 취득 관련 지분율, 주주현황 - 의사결정구조 및 기타 지분법회계처리 판단을 위한 자료					
3	관계 회사주식 지분법손익	평가	관계회사의 결산기말 회계감사후 최종재무제표가 입력되지 아니하여(제시재무제표 등이 입력된 경우 포함) 관계회사투자주식의 장부가액(혹은 지분법손익)이 과대하거나 과소하게 계상될 위험이 존재한다.	높음	높음	H	재무기획부 결산책임자는 지분법회계처리담당자가 수행한 지분법회계처리 결과와 기초정보를 대사하여 검증한다. (1) 재무상태표, 포괄손익계산서, 지분율 - 기말환율에 의한 환산 검토 - 결산일 현재 최종재무제표 - 결산일 현재 주주명부 및 지분율	검토	NA	수동화	예방	Yes
4	관계 회사주식 지분법손익	평가	유상증자, 매각, 추가매입 등의 사유로 관계회사주식의 지분율이 변동되었으나 이를 적시에 지분법회계처리에 반영하지 아니하여 관계회사투자주식의 장부가액(혹은 지분법손익)이 과대하거나 과소하게 계상될 위험이 존재한다.	높음	낮음	M/H	재무기획부 결산책임자는 지분법회계처리담당자가 수행한 지분법회계처리 결과와 기초정보를 대사하여 검증한다. (1) 재무상태표, 포괄손익계산서, 지분율 - 기말환율에 의한 환산 검토 - 결산일 현재 최종재무제표 - 결산일 현재 주주명부 및 지분율	검토	NA	수동화	예방	No
5	관계 회사주식	평가	유의한 손상징후가 발생하였으나 그 사실을 적시에 인지하지 아니하여 관계회사주식이 과대하게 계상될 위험이 존재한다.	높음	높음	H	매기말 재무기획부 지분법회계처리담당자는 자산손상 징후가 있는지 검토한다. 자산손상의 징후는	승인	NA	수동화	예방	Yes

번호	관련 계정과목에 따른 경영자주장		위험식별 및 중요도판단				관련내부통제 식별 및 분석					
	관련계정과목	경영자주장	위험기술	금액적 중요성	발생 가능성	위험의 중요도	통제활동 기술	통제 범주	시스템	자동화/ 수동화	예방/ 적발	핵심 통제
							K-IFRS 제36호 자산손상 기준서 문단12에 따라 외부정보원천, 내부정보원천, 배당금으로 구분하여 체크리스트를 작성하고 재무기획부 결산책임자의 승인을 받는다.					
6	관계 회사주식	평가	손상징후가 발생하였으나 손상평가시 유의적인 기초변수가 입력되지 않거나, 손상평가의 기초가정이 합리적이지 않아 관계회사주식이 과대하게 계상될 위험이 존재한다.	높음	높음	H	자산손상징후가 있는 경우에는 자산의 회수가능가액을 추정하기 위하여 외부 회계법인의 평가보고서를 요청하여 회계처리한다. 회계법인의 평가보고서는 재부기획부 지분법회계처리담당자가 경영진리뷰통제(Management Review Controls)을 수행한다.	검토	NA	수동화	적발	Yes
7	관계 회사주식	표시와공시	지분율이 20%이상으로 유의한 영향력을 행사할 수 있음에도 불구하고 회사 전반적(entity-wide)으로 매입한 유가증권에 대한 유의한 영향력이 적시에 인지되지 아니하여 투자주식의 계정과목 분류 및 회계처리 방법(지분법 회계)이 올바르게 적용되지 못할 위험이 존재한다.	높음	높음	H	재무기획부의 지분법회계처리담당자는 매분기말 정보전산부에 유가증권세부내역자료를 요청한다. 정보전산부의 쿼리내역에는 취득일, 법인등록번호, 취득주식수, 수권주식수, 취득금액의 필드값이 포함되어 있다. 지분법회계처리담당자는 [관계회사지분율검토__XQ__2020.xls] 엑셀스프레드시트를 이용하여 동일 법인등록번호가 20% 이상의 지분율을 갖고 있는 대상을 모두 대사하여 확인한다.	대사	EUC	수동화	적발	Yes

문제 6

통제기술서(RCM, Risk-Controls Matrix)-테스트 프로그램 작성단계

A회사의 김과장은 통제기술서의 테스트 프로그램을 작성하고 있다.

테스트의 방법은 질문, 검사, 관찰, 재수행의 4가지 유형으로 분류되며 통제절차의 중요도, 통제의 성격, 테스트 절차의 이행 가능 여부 등을 고려하여 적절한 테스트 방법을 선택한다. 아래는 테스트 방법에 대한 설명이다.

① **질문(Inquiry)** : 질문은 통제절차의 수행 결과가 문서 등의 증적으로 남지 않는 경우에 적절한 테스트 유형으로, 통제를 수행하는 업무 담당자 등에 대한 인터뷰를 통해 통제절차가 유효하게 운영되고 있는지를 확인하는 방법이다. 질문을 수행할 때에는 인터뷰 수행자의 편의(bias)가 없도록 "수행하시는 업무에 대하여 말씀해주시겠습니까" 혹은 "수행하고 계신 업무를 같이 한번 봐도 되겠습니까"와 같은 Open-ended 질문으로 수행하여야 한다. 즉, 인터뷰수행자의 과거경험 및 배경지식에 의해 "해당 업무는 제가 알고 있는 이러한 형식대로 수행되는 것 아닌가요?"와 같이 인터뷰 대상자의 답변은 유도하여서는 안 된다. 유효한 질문은 최종적으로 검사 및 관찰과 같은 테스트를 도출해낼 수도 있다. 질문은 그 자체만으로는 충분한 확신을 갖기에 불충분할 수 있으나, 효과적으로 사용된다면 매우 의미있는 결론(혹은 추가적인 테스트 타입)을 도출해 낼 수 있다.

② **관찰(Observation)** : 관찰은 통제절차의 수행 결과가 문서 등의 증적으로 남지 않는 경우에 적절한 테스트 유형으로, 수행되는 업무 처리절차 등을 테스트 수행자가 직접 관찰함으로 통제절차가 유효하게 운영되고 있는지를 확인하는 방법이다. 관찰의 방법은 자산에 대한 물리적 통제, 업무분장과 같이 문서화된 형태의 증적을 남기지 않는 내부통제를 테스트할 때 유리하다.

③ **검사(Inspection)** : 검사는 통제절차의 수행 결과가 문서 형태의 증적으로 남는 경우에 적절한 테스트 유형으로, 테스트 수행자가 관련 문서를 검사함으로써 통제절차가 유효하게 운영되고 있는지를 확인하는 방법이다.

④ **재수행(Re-Performance)** : 재수행은 테스트 수행자가 통제절차를 재수행하여 기존의 통제절차 수행결과와 비교하여 통제절차가 유효하게 운영되고 있는지를 확인하는 방법으로, 테스트 수행에 대한 업무 부담은 가장 크지만, 가장 효과적인 테스트 방법이다.

다음 페이지는 테스트 프로그램을 작성하기 위한 추가정보이다.

(1) 통제기술서(발췌)

번호	위험기술	통제활동기술	자동화/수동화	예방/적발	핵심통제	통제빈도
1	관계회사의 결산기말 회계감사 후 최종재무제표가 입력되지 아니하여(제시재무제표 등이 입력된 경우 포함) 관계회사투자주식의 장부가액(혹은 지분법손익)이 과대하거나 과소하게 계상될 위험이 존재한다.	재무기획부 결산책임자는 지분법회계처리담당자가 수행한 지분법회계처리 결과와 기초정보를 대사하여 검증한다. (1) 재무상태표, 포괄손익계산서, 지분율 - 기말환율에 의한 환산 검토 - 결산일 현재 최종재무제표 - 결산일 현재 주주명부 및 지분율	수동화	예방	Yes	월
2	유상증자, 매각, 추가매입 등의 사유로 관계회사주식의 지분율이 변동되었으나 이를 적시에 지분법회계처리에 반영하지 아니하여 관계회사투자주식의 장부가액(혹은 지분법손익)이 과대하거나 과소하게 계상될 위험이 존재한다.	재무기획부 결산책임자는 지분법회계처리담당자가 수행한 지분법회계처리 결과와 기초정보를 대사하여 검증한다. (1) 재무상태표, 포괄손익계산서, 지분율 - 기말환율에 의한 환산 검토 - 결산일 현재 최종재무제표 - 결산일 현재 주주명부 및 지분율	수동화	예방	No	월
3	유의한 손상징후가 발생하였으나 그 사실을 적시에 인지하지 아니하여 관계회사주식이 과대하게 계상될 위험이 존재한다.	매기말 재무기획부 지분법회계처리담당자는 자산손상징후가 있는지 검토한다. 자산손상의 징후는 K-IFRS 제36호 자산손상 기준서 문단12에 따라 외부정보원천, 내부정보원천, 배당금으로 구분하여 체크리스트를 작성하고 재무기획부 결산책임자의 승인을 받는다.	수동화	예방	Yes	월

(2) 업무기술서의 내용은 앞선 사례와 동일하며, 당해연도에 신규로 구축된 통제활동은 없다.
또한, 직년연도까지 모두 내부통제의 설계 및 운영 유효성이 검증된 바 있다.

(3) 내부통제활동에 대하여 과거에 확신이 부여된 경우, 표본추출의 개수는 다음의 조견표를 사용하기로 하였다.

통제활동 빈도	통제수행 모집단 개수	위험별 테스트 대상 표본 수		
		낮음	중간	높음
연간	1		1	
분기	4 이하		2	
월간	12 이하	2	3	4
주간	52 이하	5	8	10
일간	250 이하	15	25	40
하루에 한 번 이상	250 초과	25	45	60

(4) 해당 내부통제는 내부회계관리부의 지분법평가담당자가 기말평가 시에 수행할 예정이다.

(질문) 상기 정보와 다음 페이지의 양식을 이용하여 테스트 프로그램과 관련 속성을 작성하라.

(양식 : 통제기술서 - 테스트 프로그램)

번호	통제활동기술	테스트 프로그램 기술	테스트 주기	테스트 수행자	표본추출 방법	표본추출 개수
1	재무기획부 결산책임자는 지분법회계처리담당자가 수행한 지분법회계처리 결과와 기초정보를 대사하여 검증한다. (1) 재무상태표, 포괄손익계산서, 지분율 - 기말환율에 의한 환산 검토 - 결산일 현재 최종재무제표 - 결산일 현재 주주명부 및 지분율					
2	재무기획부 결산책임자는 지분법회계처리담당자가 수행한 지분법회계처리 결과와 기초정보를 대사하여 검증한다. (1) 재무상태표, 포괄손익계산서, 지분율 - 기말환율에 의한 환산 검토 - 결산일 현재 최종재무제표 - 결산일 현재 주주명부 및 지분율					
3	매기말 재무기획부 지분법회계처리담당자는 자산손상 징후가 있는지 검토한다. 자산손상의 징후는 K-IFRS 제36호 자산손상 기준서 문단 12에 따라 외부정보원천, 내부정보원천, 배당금으로 구분하여 체크리스트를 작성하고 재무기획부 결산책임자의 승인을 받는다.					

해설 **통제기술서(RCM, Risk-Controls Matrix)-테스트 프로그램 작성단계**

내부통제의 설계상 유효성 평가가 이루어진 부분에 대해서 운영상 유효성 평가 수행함으로써 경영자는 내부통제가 적절하게 설계되었고 운영되고 있다고 주장할 수 있다. 이 단계에서는 운영상 유효성 평가를 위한 테스트 플랜(Test plan)을 계획하는 단계이다.

테스트 플랜은 각 통제절차가 설계된 대로 유효하게 운영되고 있는지를 확인하는 절차로서, 각 핵심통제(Key control)별로 하나 이상의 계획이 구축되어야 하며, 통제절차의 중요도를 고려하여 적절한 테스트 방법을 선정하여야 한다.

다음 페이지 예시 중 3에 해당하는 위험은 추정이나 판단을 요하는 내용으로, 그 중요성에 따라서 경영자리뷰통제(Management Review controls)의 대상이 될 수도 있다. 만약 경영자리뷰통제의 대상이라고 한다면 경영진의 기대치를 설정하고, 실제 통제의 내용이 기대치와 차이가 발생하는 경우 추가적인 검토가 이루어지도록 설계되어야 한다.

한국공인회계사회 FAQ에서는 승인에 대한 테스트 시에 그 대상이 되는 내용까지 테스트하여야 하는지에 대하여서는 통제의 성격에 따라 다른 것으로 표명하고 있다. 즉, 해당 통제가 단순히 거래의 유효성을 확인하고 승인하는 통제(예 : 특정 금액 이하의 구매 승인)라면 전결규정에 따른 승인 여부만 테스트할 수 있으나, 해당 통제에 검토활동(review element), 즉 특정한 정보를 검토하고 I의 결과에 기초하여 필요한 조치를 취하는 활동이 포함된다면 승인권자가 검토하는 정보, 승인 전에 이루어지는 일련의 검토과정을 테스트하여야 한다.

제시된 양식과 사례에 따른 위험 및 내부통제의 파악단계의 통제기술서 예시는 다음 페이지와 같다.

번호	통제활동기술	테스트 프로그램 기술	테스트 주기	테스트 수행자	표본추출 방법	표본추출 개수
1	재무기획부 결산책임자는 지분법회계처리 담당자가 수행한 지분법회계처리 결과와 기초정보를 대사하여 검증한다. (1) 재무상태표, 포괄손익계산서, 지분율 - 기말환율에 의한 환산 검토 - 결산일 현재 최종재무제표 - 결산일 현재 주주명부 및 지분율	해당연도 12월 31일자 지분법회계처리 전표내역을 모집단으로 하여 전표내역중 4건을 무작위로 표본추출하여 아래의 자료를 징구한다. ① 표본추출건의 [관계회사지분법_4Q_2020.xls] 파일 ② 관계회사의 감사보고서 평가자는 다음의 사항을 확인하고 그 증빙을 문서화 한다. ① 지분법회계처리된 내역의 기초재무제표가 관계회사의 회계감사후 재무제표와 일치하는지 문서검사한다.	연간	내부회계관리부 (지분법평가 담당자)	무작위추출	4
2	재무기획부 결산책임자는 지분법회계처리 담당자가 수행한 지분법회계처리 결과와 기초정보를 대사하여 검증한다. (1) 재무상태표, 포괄손익계산서, 지분율 - 기말환율에 의한 환산 검토 - 결산일 현재 최종재무제표 - 결산일 현재 주주명부 및 지분율	해당연도 12월 31일자 지분법회계처리 전표내역을 모집단으로 하여 전표내역중 4건을 무작위로 표본추출하여 아래의 자료를 징구한다. ① 표본추출건의 [관계회사지분법_4Q_2020.xls] 파일 ② 관계회사의 감사보고서 ③ 12월 31일자 관계회사 주주명부(지분율 포함) 평가자는 다음의 사항을 확인하고 그 증빙을 문서화 한다. ① 지분법회계처리된 내역의 지분율이 주주명부상의 지분율과 일치하는지 확인한다. ② 관계회사 주주명부상의 지분율이 감사보고서상의 지분율과 일치하는지 확인한다. ③ 이사회의사록을 확인하여 표본추출된 건이 당기중 취득/처분 등 의사결정이 있는지 확인한다.	연간	내부회계관리부 (지분법평가 담당자)	무작위추출	4
3	매기말 재무기획부 지분법회계처리담당자는 자산손상 징후가 있는지 검토한다. 자산손상의 징후는 K-IFRS 제36호 자산손상 기준서 문단12에 따라 외부정보원천, 내부정보원천, 배당금으로 구분하여 체크리스트를 작성하고 재무기획부 결산책임자의 승인을 받는다.	해당연도 12월 31일자를 기준으로 관계회사 자산손상징후 체크리스트중 4건을 무작위로 추출하여 다음의 사항을 확인하고 그 증빙을 문서화한다. ① 재무기획부 결산책임자의 승인을 득하였는지 확인한다. ② 외부정보원천, 내부정보원천, 배당금에 대한 체크리스트 항목에 대하여 지분법회계처리담당자 판단한 내용에 대하여 질문하고 그 답변을 문서화한다. ③ 결산책임자의 승인에 대한 기초정보에 대해 확인한다.	연간	내부회계관리부 (지분법평가 담당자)	무작위추출	4

조선비즈 : 금감원, 3년간 내부회계관리제도 위반회사 105곳 적발

금융감독원은 2015년부터 2017년까지 최근 3년간 내부회계관리제도 구축의무를 위반한 회사는 모두 105개 사였다고 20일 밝혔다. 내부회계관리제도 위반사항 총 134건 중 33건(회사 16사 · 내부회계관리자 5인 · 감사인 12사)에 대해서는 300만 원에서 1,500만 원까지 과태료가 부과됐다. 나머지 89개 사는 과태료가 면제됐다.

내부회계관리제도 구축의무를 위반한 105개 사 중 주권상장법인은 4사(3.8%, 코넥스 3사 · 코스닥 1사)였고 대부분은 비상장법인(101사, 96.2%)이었다. 관리직 인력 부족 · 법규인식 미비 · 열악한 재무상태로 인한 지속적 감사의견거절 등으로 비상장법인에서 의무 위반이 많이 발생하고 있다고 금감원은 설명했다.

나머지는 자산총액 1,000억 원(위반행위 시 기준) 미만인이거나 폐업 등으로 재무제표를 작성 · 공시하지 않은 곳이었다. 전기에는 자산총액 1,000억 원 이상으로 내부회계관리제도 대상 법인이었으나 당기 중 재무상태 악화, 폐업 등으로 다음해에는 대상에서 제외되는 등 법규 준수 유인이 낮아 의무 위반 발생했다.

또 내부회계관리제도를 구축하지 않은 회사는 당해연도 감사의견 비적정(한정 · 부적정 · 의견거절) 비율이 73.4%를 차지했다. 빅4(삼일 · 삼정 · 안진 · 한영)를 제외한 중견 · 중소형 회계법인(20사)이 법규오인, 감사의견 거절 등 이유로 운영실태 검토의견 미표명 등으로 의무를 위반하기도 했다. 다수 회계법인이 감사보고서 의견거절이면 내부회계관리제도 검토의견 표명을 안 해도 된다고 잘못 생각해 의무 위반이 발생했다고 금감원은 설명했다.

내부회계관리제도는 내부회계관리규정과 이를 관리 · 운영하는 조직을 지칭한다. 주권상장법인과 직전 사업연도 말 자산총액이 1,000억 원 이상인 비상장법인은 외감법상 내부회계관리제도 적용대상이다. 금융위원회 산하 증권선물위원회는 관련 법규를 위반한 회사 · 내부회계관리자 · 감사인 등에 3,000만 원 이하의 과태료를 부과하고 있다.

금감원은 "신(新)외감법 시행으로 상장법인 내부회계관리제도 감사로 전환, 연결기준 구축, 보고주체와 보고대상 변경 등 개정 내용을 숙지할 필요가 있다"며 "감사보고서 의견거절의 경우에도 내부회계관리제도 검토(감사)의견을 별도로 표명해야 한다"고 밝혔다.

06 유효성 평가 및 개선사항

내부회계관리제도의 유효성 평가 대상은 전사수준통제(Entity-level control)와 업무수준통제(Process-level control)로 구분된다. 경영진은 회사의 내부회계관리제도가 유효(effective)하다는 것을 주장하기 위해서 각 수준에서 내부통제의 설계 적정성(design effectiveness)의 평가 및 운영 적정성(operating effectiveness)을 모두 평가하여야 한다.

내부회계관리제도 평가는 재무제표가 일반적으로 인정되는 회계처리기준(이하 "회계기준"이라 함)에 따라 작성·공시되었는지 여부에 대한 합리적 확신을 제공하는 것을 목적으로 하기 때문에 재무제표상의 모든 계정과목이나 회사의 모든 업무프로세스를 대상으로 하지 않을 수 있다. 따라서 경영진은 중요한 재무제표 왜곡표시가 발생할 가능성이 상대적으로 높은 계정과목 및 주석정보와 이와 관련된 업무프로세스나 거래유형에 집중함으로써 내부회계관리제도의 평가를 효율적이고 효과적으로 수행한다.

이러한 하향식 접근방법 또는 위험기반의 접근방법은 경영진이 회사의 사업 내용, 업무프로세스 및 회계처리에 대한 축적된 지식과 경험 및 판단을 합리적으로 활용하여 중요한 왜곡표시가 발생할 수 있는 위험이 존재하는 계정과목 및 주석정보를 파악한 후, 관련 업무프로세스 및 사업단위를 결정하고, 위험 평가 결과에 따라 업무프로세스 및 사업단위에서 설계 및 운영되는 통제를 식별하여 평가하는 방식으로 이루어진다.

이를 위해 경영진은 내부회계관리제도 설계와 운영의 평가 대상이 되는 핵심통제를 선정해야 하며, 위험평가에 기반한 핵심통제 선정과 내부회계관리제도의 효과성 평가 계획은 일정한 형식에 따라 문서화하고 내부회계관리자 검토 및 감사(위원회)의 평가 과정을 거쳐 확정되어야 한다.

설계와 운영평가는 '평가 및 보고 기준' 문단 17 등에 따라 독립적인 제3자가 평가 절차와 결과를 이해하고 테스트의 적정성을 검토할 수 있도록 충분하게 문서화되어야 한다. 1,000억원 이상 상장사의 경우에는 내부회계관리제도 감사대상이 되므로 감사인은 경영진

의 평가 절차가 충분히 문서화되었는지 검토한다.[101)]

내부회계관리제도 평가 및 보고 기준

17. (내부회계관리제도 평가 결과에 대한 문서화)

가. 경영진의 평가 결과는 합리적인 증거자료에 의해 뒷받침되어야 하며, 증거자료를 수집하고 평가하는데 사용된 방법 및 절차 등 경영진의 평가 근거를 문서화하여야 한다.

나. 증거자료의 형태는 위험평가 결과에 따라 다를 수 있으며, 위험평가에 근거한 평가 계획 및 결과에 대해 문서화한다.

다. 회사가 채택한 내부통제체계에서 필요하다고 제시한 회사의 전사적 수준 및 내부회계관리제도의 전반적인 구성요소들의 효과성에 대한 결론을 경영진이 어떻게 도출하였는지에 대해 문서화한다.

6.1 평가수행자

평가수행자는 대표이사(내부회계관리자)에 의한 평가와 감사(감사위원회)에 의한 평가 및 외부감사인에 의한 평가로 구분할 수 있다.

6.1.1 경영진(대표이사 및 내부회계관리자)의 평가

외감법 제8조【내부회계관리제도의 운용 등】④ 회사의 대표자는 사업연도마다 주주총회, 이사회 및 감사(감사위원회가 설치된 경우에는 감사위원회를 말한다. 이하 이 조에서 같다)에게 해당 회사의 내부회계관리제도의 운영실태를 보고하여야 한다. 다만, 회사의 대표자가 필요하다고 판단하는 경우 이사회 및 감사에 대한 보고는 내부회계관리자가 하도록 할 수 있다.

대표이사 혹은 내부회계관리자는 내부회계관리제도에 대한 일상적 모니터링을 수행함과 동시에 그 전반적 효과성에 대해 정기적인 자가평가(self assessment)를 수행하여 이사회 및 감사(감사위원회)에게 운영실태를 보고해야 한다.

101) 경영진의 내부회계관리제도의 설계평가 및 운영평가는 내부통제 구성요소 중 모니터링에 해당한다. 따라서, 설계평가와 운영평가가 적절하게 수행되지 않으면 모니터링의 유효성을 확보할 수 없다.

대표이사와 내부회계관리자는 내부회계관리제도에 대한 자가평가에 사용된 평가 절차 및 그 결과를 문서화하여 충분한 근거자료를 마련해야 한다.

내부회계관리제도의 평가는 평가자가 누구인가에 따라 자가평가 혹은 독립적인 평가인지를 구분한다. 핵심통제는 자가평가가 허용되지 않으므로 주의를 하여야 한다. 또한, 동일한 프로세스 오너 하위의 다른 담당자가 평가를 수행한다고 하더라도 완전한 독립성이 확보되지 않으므로 독립성에 대한 보완이 필요하다.

| 평가자의 독립성에 따른 핵심통제 평가 가능 여부 |

평가자 구분	독립성 수준	평가유형	핵심통제 평가	비핵심통제 평가
통제운영자	매우 낮음	자가평가	불가	가능
통제운영자와 동일 부서 인력	낮음	자가평가	보완조치 시 가능	가능
통제운영자와 타 부서 인력	낮음과 중간 사이	독립적 평가	보완조치 시 가능	가능
별도의 전담부서	중간 또는 높음	독립적 평가	가능	가능
외부 아웃소싱	높음	독립적 평가	가능	가능

특히 통제운영자와 타 부서의 인력 등이 평가자가 되는 경우에는 낮은 수준의 독립성이나 전문성을 갖게 되므로 아래와 같은 보완방안을 고려하여야 한다. 다만, 테스트 절차가 구체적으로 기술되어 별도의 전문성이 필요 없다고 판단되거나, 평가를 적절하게 수행하지 않은 인원에 대한 성과 반영이 이뤄지는 경우에는 보완절차 없이 평가될 수 있다.

- 내부통제팀 등 독립적인 평가자가 테스트 절차(테스트 방법, 표본의 선정방법 및 개수) 및 결론 등의 적정성 확인
- 내부통제팀 등 독립적인 평가자가 문서검사 및 재수행을 통하여 평가결과의 일정 부분을 검토
- 내부통제팀 등 독립적인 평가자가 테스트 모집단과 샘플을 직접 선정하여 평가자에게 전달

국내의 경우 삼일회계법인의 조사에 따르면 분석대상 회사의 75%가 외부전문가를 활용하고 있다. '설계평가 및 운영평가' 모두에 대한 외부전문가 활용은 74%, '설계평가'만 활용은 17%, '운영평가'만 활용은 9%로 나타났다.[102)]

102) 삼일회계법인, 내부회계관리제도 미래전략(2020년 5월)

6.1.1.1 평가실무

회사의 대표이사 및 내부회계관리자는 회사의 내부회계관리제도에 대해 평가하여야 하는데 평가대상 통제로부터 독립된 위치에 있는 자를 평가자로 지정하여 평가를 수행한다. 실무적으로는 담당팀을 구성하여 내부회계관리제도를 평가하고 대표이사 및 내부회계관리자를 보조하는 것이 일반적이다.

실무에서는 평가에 대한 업무부담이 있으므로 누가 수행할 것인가가 중요할 수 있다. 경영진의 평가과정에서는 평가수행자를 통제부서의 자체평가, 전담부서의 평가, 외부 독립된 컨설팅회사의 평가(경영진측 전문가 활용)로 구분하여 설명하였다.

내부회계관리제도 전담 조직이 없거나 CFO 산하에 있으면 내부통제 미비점에 해당하는지요? (한국공인회계사회 답변)

> 내부회계관리제도 전담조직이 없거나 CFO 산하에 있더라도 회사가 평가 및 보고 적용기법, 모범규준 등 적용 FAQ에 따라 객관적인 평가를 수행하는 조직을 운영한다면 미비점에 해당하지 않습니다.
>
> 상기와 같은 미비점 해당 여부와는 별개로, 경영진이 객관적인 평가를 수행하였는지는 평가수행자의 객관성과 적격성에 영향을 받으므로 감사인은 평가수행자가 실질적으로 객관성과 적격성을 갖추었는지를 평가하여야 합니다.

통제부서 자체평가

별도로 평가를 위한 팀이나 조직을 구성하지 않고 통제 담당 부서에서 자체평가를 실시하고 그 결과를 집계하는 방식이다. 이 방식은 업무 부담이 가장 작은 이점이 있으나 평가자의 완전한 독립성을 확보하기에는 어려움이 있으며 평가의 일관성을 확보하기 어렵다는 단점이 있다.

| 통제담당자 자체평가의 조직도 |

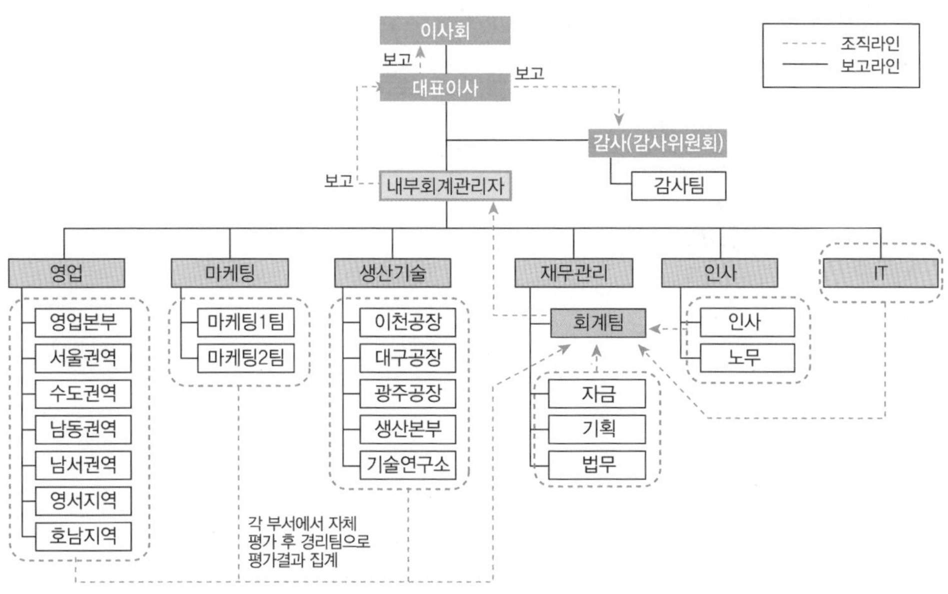

예를들어, 각 해당 팀에서 자체적으로 평가하고 그 결과를 회계팀으로 통보하면 회계팀에서 취합하고 그 결과를 내부회계관리자에게 보고한다. 내부회계관리자는 대표이사에게 보고를 하고, 대표이사는 주주총회, 이사회 및 감사(감사위원회)에 보고하는 형식이 될 수도 있다.

전담부서 평가

평가시점마다 Task force팀을 구성하거나 현업부서와 독립적인 상시조직(내부회계관리제도 전담팀)을 구성하여 평가업무를 수행하는 방식이다.

외감법 및 모범규준에 따른 감사(감사위원회)의 책임을 고려한다면 내부회계관리제도 전담팀은 감사(감사위원회)의 하부부서보다 대표이사 혹은 내부회계관리자의 하부부서로 지정하는 것이 일반적이다. 하지만, 내부회계관리제도 평가 및 보고 가이드라인에서는 내부회계관리제도 전담팀은 해당 업무를 부여받은 개인이나 부서 혹은 내부감사 기능을 담당하는 부서까지 다양하게 적용할 수 있는 것으로 규정하고 있다.

전담부서의 평가는 조직상의 독립성이 확보되며 전문성을 갖출 가능성이 높으므로 내부회계관리제도 운영을 위해서는 바람직한 방법이다. 하지만, 전담인력의 구성 등으로 인하여 운영비용이 다른 방법보다 더 많이 발생할 수 있고 적격성 확보를 위한 지속적인 교육훈련이 필요하다.

삼일회계법인에 따르면 자산규모 2조 원 이상인 국내 조사대상 회사 92개 모두 전담조직을 갖추고 있는 것으로 조사되었다. 조직 내 기능 구분으로는 내부통제 조직 67%, 재무조직 16%, 내부감사 조직 10% 순으로 나타났다. 또한 조직의 규모는 3명에서 5명 이하가 60%로 가장 많았으며 2명 이하가 24%로 나타났다. 상대적으로 6명에서 10명으로 구성된 조직을 갖춘 회사는 12%로 나타났고, 10명 이상의 조직을 꾸린 회사는 4%에 달하였다.[103)]

| 전담부서 평가의 조직도 – 전담부서팀 구성의 경우 |

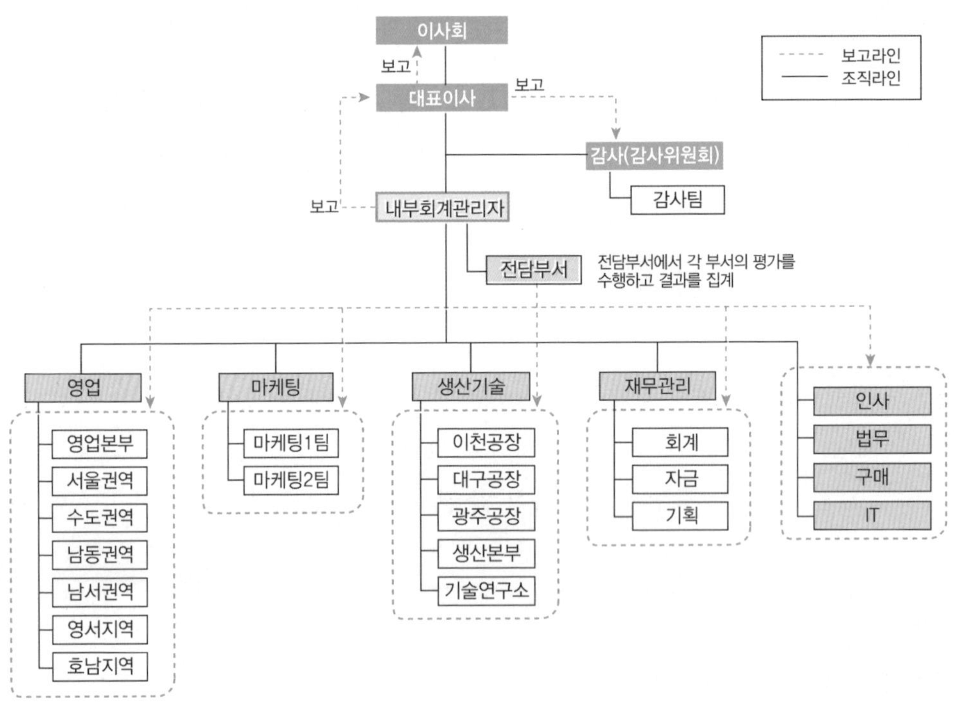

전담부서에서 평가하고 그 결과를 집계한 후 내부회계관리자는 대표이사에게 결과를 보고하고, 대표이사는 주주총회, 이사회 및 감사(감사위원회)에 보고한다.

전문 컨설팅 회사의 평가 (경영진측 전문가 활용)

별도의 평가기관 혹은 컨설팅 회사와의 계약을 통해 회사의 내부통제제도를 평가하고 그 결과를 집계하는 방식이다. 외부기관에 의한 평가는 완전한 독립성 확보와 전문성을 확보할 수 있으나 회사 내부적으로 관련 노하우의 축적, 관련 사내 전문가 양성이 어려운 단점이 있다.

103) 삼일회계법인, 내부회계관리제도 미래전략(2020년 5월)

| 전문 컨설팅 회사 평가의 조직도 |

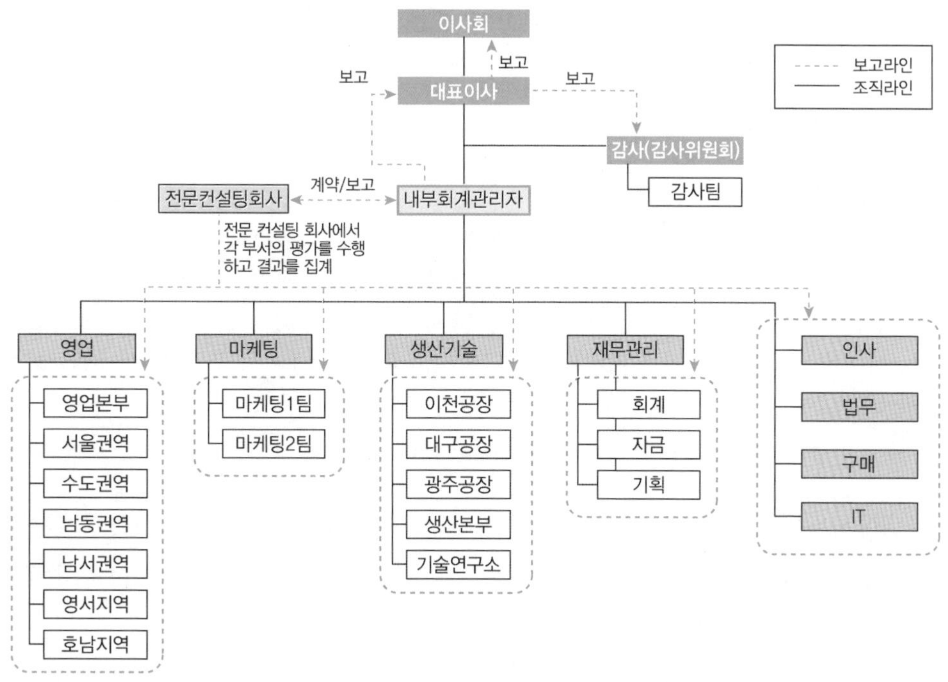

내부회계관리자와 전문 컨설팅 회사가 계약을 체결 후 전문 컨설팅 회사에서 각 부서에 대해 평가하고 그 결과를 집계한다. 평가결과는 대표이사의 결재를 받아 이사회 및 감사(감사위원회)에 보고된다.

6.1.2 감사(감사위원회)의 평가

> 외감법 제8조【내부회계관리제도의 운용 등】⑤ 회사의 감사는 내부회계관리제도의 운영실태를 평가하여 이사회에 사업연도마다 보고하고 그 평가보고서를 해당 회사의 본점에 5년간 비치하여야 한다. 이 경우 내부회계관리제도의 관리·운영에 대하여 시정 의견이 있으면 그 의견을 포함하여 보고하여야 한다.

감사(감사위원회)가 경영진의 자가 평가 수행절차와 운영실태 보고 내용의 적절성을 독립적으로 평가하여 이사회에 보고하여야 한다. 감사(위원회)의 평가는 경영진의 내부회계관리제도에 대한 감독 책임 관점에서의 독립적인 평가 활동이다.

감사(감사위원회)는 내부회계관리제도를 평가하는 데 있어 내부감사기능을 활용할 수 있으며, 평가 절차 및 그 결과를 문서화하여 충분한 근거자료를 마련해야 한다.

6.1.3 외부감사인에 의한 평가

외감법 제8조【내부회계관리제도의 운용 등】⑥ 감사인은 회계감사를 실시할 때 해당 회사가 이 조에서 정한 사항을 준수했는지 여부 및 제4항에 따른 내부회계관리제도의 운영실태에 관한 보고내용을 검토하여야 한다. 다만, 주권상장법인의 감사인은 이 조에서 정한 사항을 준수했는지 여부 및 제4항에 따른 내부회계관리제도의 운영실태에 관한 보고내용을 감사하여야 한다.

외감법에서는 외부감사인도 회사의 내부회계관리제도에 대하여 감사(검토)를 실시하고 그 감사(검토)결과에 대한 의견을 감사보고서에 표명하도록 하고 있다. 회사는 외부감사인에 의한 평가에 대해 다음의 내용을 숙지하고 준비하여야 한다.

또한 외감법 제8조에 따른 내부회계관리제도에 대한 감사를 준수하기 위해 '감사기준서 1100 내부회계관리제도의 감사'가 제정되었다. 개정 외감법 및 시행령에 따르는 경우, 주권상장법인의 내부회계관리제도에 대한 인증수준은 종전 검토에서 감사로 상향되게 된다.

내부회계관리제도 감사는 자산규모에 따라 단계적으로 시행된다. 외감법 시행령에 따라 내부회계관리제도 감사가 연결기준으로 시행되나 2조 원 이하의 상장사에 대해서는 2029년 이후로 유예되었다.

| 개정 외감법 부칙과 외감법 시행령 개정안 부칙에서 정한 시행시기 |

주권상장법인 적용대상 (자산총액 기준)	내부회계관리제도 감사대상 사업연도	연결기준 내부회계관리제도 감사대상 사업연도
2조 원 이상	2019년	2023년
5천억 원 이상 2조 원 미만	2020년	2029년
1천억 원 이상 5천억 원 미만	2022년	2030년

다음의 표는 경영진이 최소한 준수하여야 할 외감법의 요구사항을 나타낸 것이다.

| 경영진이 최소한 준수하여야 할 외감법의 요구사항 |

관련조문 (외감법)	주요 내용
법 제8조 ①	• 내부회계관리제도의 구비
법 제8조 ②	• 내부회계관리제도에 의한 회계정보 작성 • 내부회계관리제도에 의하여 작성된 회계정보의 위조·변조·훼손 및 파기금지
법 제8조 ③	• 대표자 : 내부회계관리제도의 관리 및 운영에 대한 책임 • 내부회계관리자의 지정
법 제8조 ④	• 매 사업연도마다 대표자의 내부회계관리제도 운영실태에 대한 주주총회, 이사회 및 감사(위원회) 보고
법 제8조 ⑤	• 감사(위원회) : 매 사업연도별 운영실태 평가 및 이사회 보고 및 평가보고서의 비치(본점, 5년간)
시행령 제9조 ③	• 내부회계관리규정의 제정·변경 시 감사의 승인 및 이사회 결의 • 감사 및 이사회는 승인 또는 결의 이유를 문서화
시행령 제9조 ④	• 대표자는 내부회계관리제도 운영실태 보고서 작성 및 이사회, 감사(위원회)의 대면 보고
시행령 제9조 ⑤	• 감사(감사위원회)는 내부회계관리제도의 운영실태 평가 후 아래 사항 문서화 1. 해당 회사의 내부회계관리제도가 신뢰성 있는 회계정보의 작성 및 공시에 실질적으로 기여하는지를 평가한 결과 및 시정 의견 2. 내부회계관리제도 운영실태보고서에 거짓으로 기재되거나 표시된 사항이 있거나, 기재하거나 표시하여야 할 사항을 빠뜨리고 있는지를 점검한 결과 및 조치 내용 3. 내부회계관리제도 운영실태보고서의 시정 계획이 회사의 내부회계관리제도 개선에 실질적으로 기여할 수 있는지를 검토한 결과 및 대안
시행령 제9조 ⑥	• 감사(감사위원회)는 필요자료나 정보를 대표자에게 요청
시행령 제9조 ⑦	• 감사(감사위원회)는 정기총회 개최 1주 전까지 내부회계관리제도 평가보고서를 이사회에 대면 보고
시행령 제9조 ⑧	• 주권상장법인의 감사인은 내부회계관리제도 감사 시 회계감사기준 준수
시행령 제9조 ⑨	• 사업보고서 제출대상법인의 공시항목 1. 내부회계관리제도 운영실태보고서 2. 내부회계관리제도 평가보고서 3. 그 밖에 금융위원회가 정하는 사항(*) (*) 시행규칙 제7조(내부회계관리제도 운영실태 공시에서는 내부회계관리규정과 이를 관리, 운영하는 조직 및 인력에 관한 사항과 감사인의 검토의견 또는 감사의견을 추가로 공시요구하고 있음.

외부감사인의 내부회계관리제도 검토 시에 외부감사인은 자료를 요청하고 그에 대한 검토를 실시하게 된다.

| 평가수행자 및 평가시기 |

구 분	대표이사 (내부회계관리자)	감사 (감사위원회)	외부감사인
근거법령	외감법 제8조 ④	외감법 제8조 ⑤	외감법 제8조 ⑥
보고대상	주주총회, 이사회 및 감사(감사위원회)	이사회	감사보고서에 표명
평가시기	매 사업연도	매 사업연도	매 사업연도
평가속성	자가 평가 (Self-assessment)	독립적인 평가 (Independent assessment)	감사(검토) 의견표명 Audit(Review) opinion

6.2 평가시기

외감법에서는 회사의 대표자는 매 사업연도마다 내부회계관리제도의 운영실태를 평가하여 주주총회, 이사회 및 감사(감사위원회)에 보고하도록 하고 있다. 또한, 감사도 매 사업연도마다 내부회계관리제도의 운영실태를 평가하여 이사회에 보고하도록 하고 있다.

실무적으로는 평가된 고유위험과 통제위험이 클수록 테스트의 수행 시기는 빈번하게 수행할 수 있으며, 가급적 평가 기준에 핵심통제를 평가하는 것이 효과적인 평가 방법이다.

내부회계관리제도의 효과성을 평가하기 위해 통제의 테스트를 평가기준일에 일괄적으로 수행하는 것이 현실적으로 불가능하며, 또한 기중에 식별된 내부회계관리제도 미비점을 개선할 시간적인 여유를 갖기 위해서는 평가기간 중간에 내부회계관리제도의 효과성을 평가하는 것이 일반적이다(중간평가).

| 평가시기(반기평가, 기말평가 수행의 경우) |

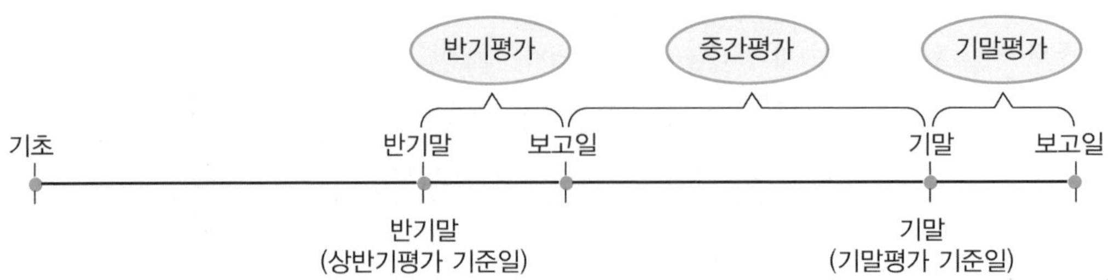

기말평가는 중간평가일 이후로부터 평가기준일까지의 기간에 대해 중간평가의 결론이 여전히 유효한지 여부를 판단하기 위해 추가적인 테스트를 실시하는 것을 말한다. 일반적으로 경상적으로 발생하는 거래에 대해서는 중간평가를 실시하고, 비경상적 거래나 판단을 필요로 하는 거래와 관련 내부통제는 기말시점에 근접하여 평가한다.

다음은 내부회계관리제도 평가 및 보고 가이드라인 문단46에서 기술하고 있는 기말평가 시 고려하여야 하는 사항이다.

46. 기말평가는 중간평가 이후 통제활동의 변화 여부에 대한 질문, 통제수행 여부에 대한 관찰, 통제에 대한 추가적인 문서조사나 재수행 등의 방법과 추가적인 추적조사 등을 통해 이루어진다. 이는 다음과 같이 중간평가 이후 평가기준일 시점까지 통제활동의 변화가 중요한지 여부를 고려하여 결정한다.
    - 상시 모니터링 평가를 수행하는 경우 결과가 효과적인지 여부
    - 통제활동에 영향을 주는 요인에 변경이 발생하였는지 여부
    - 통제활동의 기반이 되는 통제활동이 여전히 효과적인지 여부
47. 경영진은 중간평가를 수행한 수동통제의 기말평가 수행 시, 다음의 사항을 고려하여 추가적으로 수행할 테스트 방법 및 범위 등을 결정한다.
    - 중간평가 결과 특정 통제가 효과적으로 운영되지 않았으나 기중에 통제 미비점의 개선이 완료된 경우에는 개선 완료 시점 이후부터 평가기준일 현재까지 충분한 기간 동안 효과적으로 운영되었다는 결론을 얻기 위해 충분한 표본을 입수하여 평가한다.
    - 중간평가 시 운영의 효과성을 확신할 수 있는 충분한 증거를 입수하지 못한 경우 기말평가 시 추가적인 증거를 입수한다.
    - 중간평가일부터 평가기준일까지의 기간이 길수록 평가의 범위가 커진다.
    - 중간평가일 이후 평가기준일까지 중요한 변경이 존재하는 경우 별도의 통제활동으로 간주하여 평가한다.

여기서 주목할 부분은 내부회계관리제도에 대한 의견(운영실태보고서, 감사보고서 등)은 기간에 대한 의견이라기보다 시점에 대한 의견이라는 점이다. 따라서, 중간평가 결과 효과적이지 않았으나 기중에 통제 미비점의 개선이 완료된 경우에는 적정의견을 표명할 수도 있다.

이때, 개선 완료 시점 이후부터 평가기준일 현재까지 충분한 기간 동안 효과적으로 운영되었다는 결론을 얻기 위해 충분한 표본을 입수하여야 한다. 이때, '충분한 기간'이란 해당 통제의 효과성에 대한 합리적인 확신을 줄 수 있을 정도의 기간을 의미하며, 통제의 위험과 빈도를 고려하여 결정하는 샘플 수와 연관하여 판단하는 것이 일반적이다.

예를 들어, 월별 통제활동의 미비점이 8월에 확인되어 해당 사항을 개선한 후 9월부터 적용한 경우, 해당 통제의 운영평가 시 수행빈도와 위험을 고려할 때 3개의 샘플이 적정하다고 판단한다면 9월부터 12월까지의 기간은 '충분한 기간'에 해당할 수 있다. 그러나 해당 통제활동이 11월과 12월에만 적용되었다면 3개의 샘플을 확인하기에는 기간이 충분하지 않기 때문에 미비점으로 평가된다.

또한, 내부회계관리제도의 변화관리체계가 효과적이고 특정요건이 만족되는 경우에는 담당자에 대한 질문, 관찰 등을 통해 내부회계관리제도 설계의 변경 여부를 확인하고, 설계상 변경이 없는 경우에는 운영의 효과성 평가를 위한 표본 수를 줄여 수행할 수 있다.

하지만, 실무적으로 기말평가 시 질문(inquiry)만으로 기말평가 테스트를 종결하는 경우는 거의 없으며 내부통제의 운영평가를 위해 다양한 실질적인 평가가 이루어지며, 실무적으로는 중간평가와 기말평가로 구분하여 평가하는 경우 다음 중 하나의 방법으로 테스트의 범위와 테스트 결과를 도출할 수 있다.

- 기중일자를 기준으로 결론을 형성하고 잔여기간에 대한 평가수행

  중간평가를 수행하여 운영 효과성에 대한 결론을 내릴 수 있는 수준으로 테스트를 수행하고 중간평가 이후부터 기말시점까지 잔여기간에 대한 테스트를 수행하는 방법이다. 예를 들어, 운영효과성에 대한 최소 표본수가 25개라면 중간기간에 25개의 표본에 의해 결론을 내리고 잔여기간 동안 추가적으로 필요한 표본을 추출하여 잔여기간에 대한 결론을 추가적으로 내리는 방법이다.

- 테스트 표본 수를 중간기간과 이후 기간에 배분하는 방법

  운영효과성에 대한 결론을 내릴 수 있는 수준의 표본 수를 중간기간과 잔여기간에 배분하고 테스트에 대한 결론은 전체 테스트가 완료된 후에 결정하는 방법이다. 예를 들어 운영효과성에 대한 최소 표본수가 25개라고 한다면 중간평가 시에 20개를 테스트하고 잔여기간 동안 5개의 테스트를 수행한 후 전체 25개 표본 결과에 의해 전체기간에 대한 테스트 결론을 내리는 방법이다.

  다만, 이 방법을 사용할 때에는 다음의 사항에 유의하여야 한다.

  - 배분방식을 사용하면 중간기간에 통제가 효과적인지 결론을 확정할 수 없고 중간기간 이후 표본을 추가적으로 테스트하여야 통제 효과성에 대한 최종 결론을 확정할 수 있다.
  - 거래 빈도 수에 계절성 · 주기성이 있으면 가정을 통해 배분한 표본 수가 실제 거래 빈도 수에 상응하지 않을 수 있다.

6.3 설계 및 운영 효과성 평가

평가절차는 기업마다 다를 수 있다. 하지만, 내부회계관리제도 평가 및 보고 가이드라인에서 설명하고 있는 하향식 접근방법 또는 위험기반의 접근방법은 일반적으로 평가를 수행하는 가장 효율적이고 효과적인 방법을 나타내고 있다.

이 방법에 의한 평가절차는 두 개의 부문으로 되어 있는데 첫 번째는 외부 재무보고의 위험을 식별하고, 식별된 위험과 관련하여 경영진이 구축한 내부회계관리제도가 해당 위험을 적절히 처리할 수 있도록 설계되었는지를 평가(설계의 효과성 평가)하는 부문이며, 두 번째는 내부회계관리제도의 운영이 효과적인지를 평가(운영의 효과성 평가)하기 위한 방법, 절차 및 적용할 수 있는 판단의 방법에 대한 부문이다.

6.3.1 내부회계관리제도 설계 효과성 평가

경영진은 내부회계관리제도가 재무제표의 중요한 왜곡표시를 초래할 수 있는 오류나 부정을 예방하고 적시에 적발할 수 있도록 설계되었는지 여부를 판단하기 위해 내부회계관리제도의 설계의 효과성을 평가하여야 한다. 이러한 평가는 전사수준내부통제와 업무수준 내부통제에 설계평가를 의미한다.

통제활동 설계의 효과성 평가에 있어서 매우 효과적인 방법은 추적조사(Walkthrough)이다. 추적조사는 거래 유형별로 1~2개의 거래를 표본으로 추출하여 거래의 시작에서 재무제표에 반영되는 종료 시점까지 계약서, 증빙서류 및 회계장부 등의 거래 증빙에 따라 거래 흐름을 추적하여 관련된 위험을 파악하여 관련된 통제활동의 설계가 적절한지를 파악하는 것이다. 회사는 일반적으로 변화관리체계를 통해 중요한 변경이 존재하는 경우는 추적조사를 수행하고, 그렇지 않은 경우에는 다른 방법을 적용하여 통제 설계의 적정성을 확인하고 관련 절차를 문서화한다.

내부회계관리제도 평가 및 보고 가이드라인에서는 경영진은 매년 통제활동의 설계평가를 수행하여야 하나, 최초 설계평가 이후 관련된 프로세스, 조직 및 시스템의 변화가 없을 경우나 미미한 경우, 통제활동에 영향을 미치는 변경이 존재하지 않음을 확인하는 것으로 설계평가를 할 수 있으며, 변화관리체계가 잘 수립되고 운영되는 경우는 해당 절차를 통해 설계평가를 대체할 수 있도록 하여 운영 효율성을 높이는 방안을 허용하고 있다.

회사는 내부회계관리제도 설계의 효과성 평가결론을 뒷받침하기 위해 충분하고 적합한 근거를 확보하여야 하며, 설계의 효과성에 대한 평가 절차 및 그 결과에 대해 문서화하여야 한다.

경영진의 운영실태 평가에 대해 감사인이 수행하여야 하는 감사절차는 무엇인지요? (한국공인회계사회 답변)

경영진의 운영실태 평가는 내부통제 구성 요소 중 모니터링에 해당합니다. 감사인은 경영진의 운영실태 평가에 대해 일반적으로 다른 전사적 수준 통제를 식별하고 테스트하는 수준의 감사절차를 수행하고 문서화하여야 합니다.

운영실태 평가와 관련하여 상기와 같은 절차는 주로 경영진의 평가계획, 평가결과, 경영진이 식별한 미비점, 개선계획을 검토하고 평가계획 등이 해당 상황에 적합한지 평가하는 절차로 구성됩니다. 일반적으로 감사인이 경영진의 개별 평가절차를 대상으로 재수행의 절차를 수행할 필요는 없습니다.

6.3.2 내부회계관리제도 운영 효과성 평가

경영진은 내부회계관리제도가 설계된 대로 운영되고 있는지 여부를 판단하기 위하여 운영의 효과성을 평가하여야 한다. 이러한 평가는 전사적 수준 및 거래 수준의 내부회계관리제도 운영에 대한 평가로 구성된다. 핵심통제로 선정된 통제활동은 위험평가 결과를 고려하여 평가수행자, 평가 방법, 범위 및 시기 등을 달리 적용할 수 있다.

| 내부회계관리제도 설계 및 운영평가 |

평가대상 / 평가단계	전사수준(Entity level)	업무수준(Process level)
설계평가 (Design effectiveness)	전사수준통제평가서(ELCA)	업무수준 통제기술서(RCM)
운영평가 (Operating effectiveness)	전사수준통제평가서(ELCA)	업무수준 통제기술서(RCM)

각 수준에서 계획된 절차에 따라 평가결과 핵심통제절차를 준수하지 아니한 부정이나 오류사항이 발생하게 되는데 이를 예외사항(exceptions) 혹은 이탈사항(deviations)이라 한다. 이러한 예외사항에 대한 추가적인 분석을 통해 관련사항이 미비점(deficiency)인지의 여부를 규명하여야 한다.

6.4 미비점

미비점은 회사의 임직원이 담당업무를 수행하는 정상적인 과정에서 적시에 재무제표 왜곡표시를 예방하거나 적발할 수 없을 때 발생한다. 설계와 운영으로 구분되어 평가되기 때문에 미비점의 근본원인도 설계상 미비점과 운영상 미비점으로 볼 수 있다.

설계상 미비점

내부회계관리제도의 목적을 달성하기 위하여 필요한 통제가 존재하지 않거나, 수립된 통제가 적절하게 설계되지 않아 설계된 대로 운영되더라도 통제목적이 충족하지 못하는 경우에 발생한다.

운영상 미비점

적절하게 설계된 내부회계관리제도가 설계된 대로 운영되지 못하거나, 통제업무 수행자가 통제를 효과적으로 수행하기 위한 자격요건이나 권한을 갖추고 있지 않아 통제의 목적이 충족되지 못하는 경우에 발생한다.

이러한 설계 및 운영이 효과적이지 않아 발생된 미비점은 다시 그 영향의 심각성(severity)에 따라 3가지로 구분한다.

6.4.1 미비점의 분류(미비점 심각성, severity of control deficiency)

내부회계관리제도의 평가를 통해 도출된 예외사항은 그 영향의 중요도에 따라 단순한 미비점, 유의한 미비점, 중요한 취약점으로 구분된다. 미비점을 구분하는 이유는 구분된 결과에 따라 조치사항 및 내부회계관리제도에 대한 의견이 달라지기 때문이다.

단순한 미비점(Deficiency)

단순한 미비점(Deficiency)은 평상시의 회사 내부통제의 설계 및 운영에 의해서 경영자 혹은 직원이 왜곡사항에 대해 적시에 예방 혹은 적발하지 못하는 경우이다.

유의한 미비점(Significant deficiency)

유의한 미비점(Significant deficiency)은 내부통제의 미비점 혹은 단순 미비점들의 조합에 의한 왜곡사항이 재무제표의 신뢰성에 영향을 미치는 경우로써, 중요한 취약점으로 분류될 정도는 아니지만 회사의 재무보고를 감독할 책임이 있는 이사회, 감사(위원회) 등이 주목할 만한 하나 또는 여러 개의 통제상 미비점의 결합을 의미한다.

여기서 중요한 것은 미국의 SEC나 PCAOB의 해석에 따르면 발생가능성(likelihood)은 유의한 미비점 판단시 명시적으로 고려되지 않는다는 점이다. 따라서, 유의한 미비점은 발생가능성의 고려없이 그 오류사항 혹은 왜곡사항의 금액적 중요성만을 사용하며, 그 금액이 무시할 수 있을 만큼 적지 않다면 모두 유의한 미비점으로 구분되어야 한다.

중요한 취약점(Material weakness)

중요한 취약점이란 하나 또는 여러 개의 미비점의 결합으로서 재무제표상 중요한 왜곡표시가 예방 또는 적시에 적발되지 못할 가능성이 낮지 않은 경우를 말한다.

다만, 다음의 예시에 해당하는 미비점은 중요한 취약점으로 분류될 가능성이 높은 항목(중요한 취약점의 징후)이다.[104)]

- 금액이 중요한지와 관계 없이 고위 경영진에 의한 부정이 발견된 경우
- 중요한 왜곡표시의 수정을 반영하기 위하여 기존 재무제표를 재작성하는 경우
- 회사의 내부회계관리제도에 의해 파악하지 못한 중요한 당기 수정사항으로써 외부감사인에 의하여 파악된 경우(최종 재무제표에 동 수정사항을 반영하였는지 여부는 관계 없음)
- 회사의 외부 재무보고와 내부회계관리제도에 대한 감사(또는 감사위원회)의 감독기능이 효과적이지 않은 경우
- 합리적인 근거 없이 외감법 제8조에서 정한 사항이 내부회계관리규정에 포함되지 않거나 준수되지 않은 경우

이러한 미비점의 구분은 단순한 언어적인 정의로만은 이해하기 어려울 뿐만 아니라 구체적으로 구분하기 어렵다. 따라서, 일반적으로 다음과 같은 표에 의해 구분이 가능한데, 이 구분은 차후에 서술되는 보완통제(compensating controls) 고려 후에 적용하여야 한다.

104) 내부회계관리제도 평가 및 보고 기준 문단22(중요한 취약점의 징후)

| 미비점 구분표 |

잠재적인 금액적 크기 (Potential magnitude of misstatement) \ 발생가능성(Likelihood of misstatement)	가능성이 매우 낮음 (Remote)	합리적으로 발생가능함 (Reasonably possible)	가능성이 매우 높음 (Probable)
유의성 미만	단순한 미비점 (Deficiency)	단순한 미비점 (Deficiency)	단순한 미비점 (Deficiency)
유의함	유의한 미비점 (Significant deficiency)	유의한 미비점 (Significant deficiency)	유의한 미비점 (Significant deficiency)
중요함	유의한 미비점 (Significant deficiency)	중요한 취약점 (Material weakness)	중요한 취약점 (Material weakness)

6.5 예외사항 및 미비점 평가절차

테스트를 수행하고 나면 예외사항(혹은 이탈사항)이 발생하게 되는데, 이러한 예외사항에 대해서는 평가를 수행하여야 한다.

내부회계관리제도 평가 및 보고 기준에서는 예외사항 및 미비점 평가절차를 규정하고 있다. 그 내용은 미국의 A Framework for Evaluating Control Exceptions and Deficiencies(내부통제 예외사항과 미비점 평가를 위한 프레임워크)[105]에 기반하였다.

이 프레임워크는 미국의 Auditing Standard No.2(미국의 내부회계관리제도 감사기준)의 내용을 준수하기 위해 미국의 9개 회계법인과 Georgia State University의 William F. Messier 교수가 개발하였으며 2004년에 발표되었다. 미국의 Auditing Standard No.2는 Auditing Standard No.5(2201)으로 개정되었으나 프레임워크의 주요한 내용과 개념적 설명은 유효하다.

실무적으로 개념의 구분이 필요한데, 첫 번째는 예외사항(exception)과 통제 미비점(control deficiency)의 구분이다. 만약, 모니터링 결과(평가결과) 잘못된 사항이 발생하였다고 한다면 이는 미비점이라 부르지 않고 예외사항이라고 부른다.

105) A Framework for Evaluating Control Exceptions and Deficiencies(내부통제 예외사항과 미비점 평가를 위한 프레임워크) 전문은 "부록"에 제시되어 있다.

첫 번째 단계로, 그 예외사항을 발생시킨 원인이 내부통제가 잘못된 것에서 기인한 것인지 아니면 단순한 실수나 오류에 기인한 것인지 판단한다. 예외사항을 발생시킨 내부통제가 미비한 것인지 아닌지 구분하는 기준은 이탈율(혹은 오류율)이 대표적이다.

두 번째 단계로, 내부통제가 미비한 것으로 판단된다면 그 심각성(severity)에 따라 중요한 취약점(material weakness), 유의한 미비점(significant deficiency), 미비점(deficiency)으로 분류한다. 이를 구분하는 대표적인 기준은 발생가능성(likelihood)과 왜곡표시의 잠재적인 금액(magnitude of potential misstatement)이다.

| 예외사항 평가절차 및 미비점 심각성 분류의 체계 |

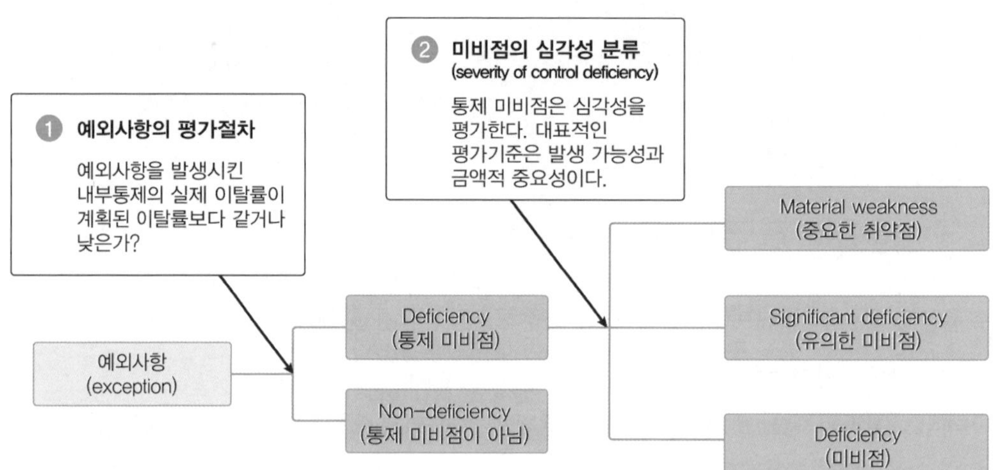

6.5.1 예외사항의 평가절차

테스트 중 예외사항이 발생하는 경우 예외사항의 원인을 확인하여 미비점에 해당하는지 확인한다.

예외사항의 평가절차는 내부회계관리제도 평가 및 보고 가이드라인 문단 48에 제시되어 있는데 A framework for evaluating control exceptions and deficiencies의 내용과 거의 유사하다. 다만, 적용기법에서는 테스트의 목적이 충족되었는가에 대한 질문으로서 '실제이탈율이 계획된 이탈율보다 같거나 더 낮은가?'라는 핵심질문이 생략되어 있다.

| 예외사항의 평가절차, A framework for evaluating control exceptions and deficiencies |

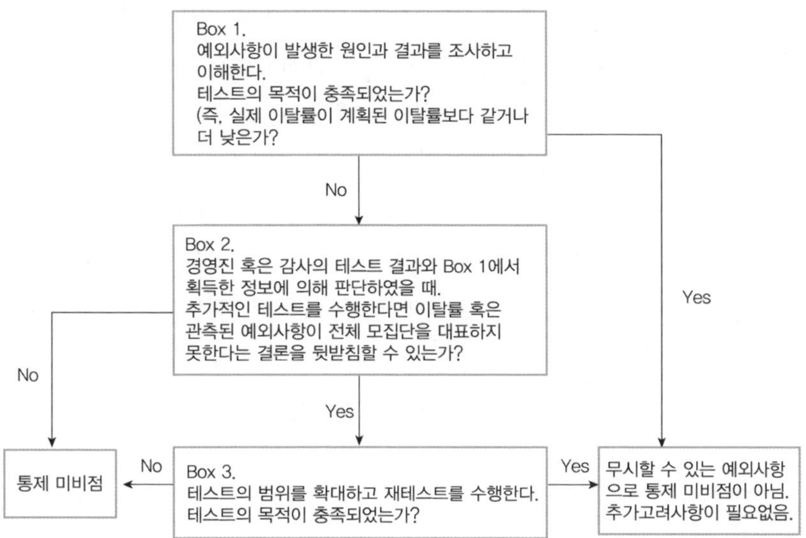

Box 1 : 예외사항 원인과 결과

모든 예외사항은 양적인 기준과 질적인 기준을 모두 고려하여 평가되어야 한다. 또한, 예외사항의 원인을 이해하는 것 또한 발견된 예외사항이 통제미비점을 대표하는 것인지 여부를 평가하기 위해 대단히 중요하다.

발견된 예외사항이 체계적이고 반복적이지 않고 극히 예외적인 경우에 발생한 것으로 판단되는 경우에는 무시할 수 있는 예외사항으로 구분할 수 있다. 반면, 담당자의 교체, 특정 시기에 거래나 업무가 집중되는 현상이나 인적 오류와 같은 원인으로 발생한 예외사항인 경우에는 일반적으로 통제 미비점으로 분류한다.

예외사항 평가 시에는 ITGC와 다른 내부통제구성요소의 효과성과 함께 잠재적으로 내포한 의미가 있는지를 파악하여야 한다.

- 통제의 수행빈도 : 수행빈도가 일별보다 적게 수행되는 통제(연간, 분기, 월간, 주간)의 예외사항은 특별한 반증이 없는한 미비점으로 분류한다.
- 통제의 이탈율 : 수행빈도가 일별 이상인 통제는 실제 이탈율(actual deviation rate)과 계획된 이탈율(planned deviation rate)을 비교한다. 실제 이탈율이 계획된 이탈율보다 같거나 낮지 않은 경우에는 미비점으로 분류한다.

Box 2 : 추가 테스트 수행 여부 고려

통제빈도가 일간(daily) 혹은 일별수시(more than daily)에서 발생한 예외사항은 추가적인 테스트 수행을 고려한다. 이는 예외사항이 발견되었다고 하더라도 그 예외사항이 모집단을 대표하지 않을 수도 있기 때문에 그러한 부분을 확인하기 위함이다.

즉, 1개 이하의 예외사항이 허용될 수 있게 설계된 테스트에서 2개의 예외사항이 발견되었을 경우 추가적인 테스트를 통해 최초 테스트 결과가 모집단을 대표하지 않는다는 결론을 내릴 수 있는지에 대해 고려하여야 한다.

추가 테스트를 수행하는 것이 유효한지에 대해 다음의 사항을 고려한다.

- 예외사항의 성격이 체계적이고 반복적이지 않는 것으로 판단되는 경우
- 예외사항으로 인한 재무제표상의 왜곡표시가 발생하지 않을 것으로 판단되는 경우

Box 3 : 재테스트에 의한 결론

새로운 표본을 추출하여 재테스트를 수행한 결과 추가적인 예외사항이 발견되지 않는다면 최초 발견한 예외사항은 단순한 예외사항으로 구분할 수 있다.

새로 추출할 표본의 크기는 최초 표본 크기의 절반 이상으로 하며, 최초 표본과 새로운 표본을 합한 총 표본 크기는 40개 이상으로 하는 것이 바람직하다.[106)]

그러나 추가 테스트에서도 1개 이상의 예외사항이 발생한 경우에는 미비점으로 구분하여 심각성을 평가하여야 한다. 예를 들어, 수행주기가 일별(daily)인 내부통제를 대상으로 최초 25개의 표본을 추출하여 테스트한 결과 1개의 예외사항이 발견되었으나, 추가적인 15개의 새로운 표본을 추출하여 재테스트를 수행한 결과 예외사항이 발견되지 않은 경우 단순한 예외사항으로 결론 내릴 수 있다.

6.5.2 미비점의 심각성 분류(미비점 평가절차)

발견된 예외사항에 대해 평가하여 내부회계관리제도의 미비점으로 정의되면, 앞서 기술한 바와 같이 단순한 미비점, 유의한 미비점 및 중요한 취약점으로 분류되어야 한다. 내부회계관리제도 평가 및 보고 가이드라인에서는 미비점 분류를 위한 단계를 설명하고 있다.

2004년에 발간된 A Framework for Evaluating Control Exceptions and Deficiencies (내부통제 예외사항과 미비점 평가를 위한 프레임워크)에서는 미비점에 대해서 1단계에서 유의한 미비점인지 여부를 우선적으로 확인(step 1 : determine whether a significat

106) 평가 및 보고 가이드라인 문단48.라~마

deficiency exists)한 후, 2단계에서 중요한 취약점인지 여부를 판단(step 2 : determine whether a material weakness exists)하도록 하는 Bottom-up 방식이다.

하지만, 내부회계관리제도 평가 및 보고 가이드라인에서는 1단계에서 중요한 취약점인지를 우선적으로 파악한 후, 중요한 취약점이 아니라면 단계적으로 유의한 미비점인지 혹은 단순한 미비점인지를 판단하도록 하는 Top-down식의 방법을 제시하고 있다.

| 미비점의 평가절차, 내부회계관리제도 평가 및 보고 가이드라인 |

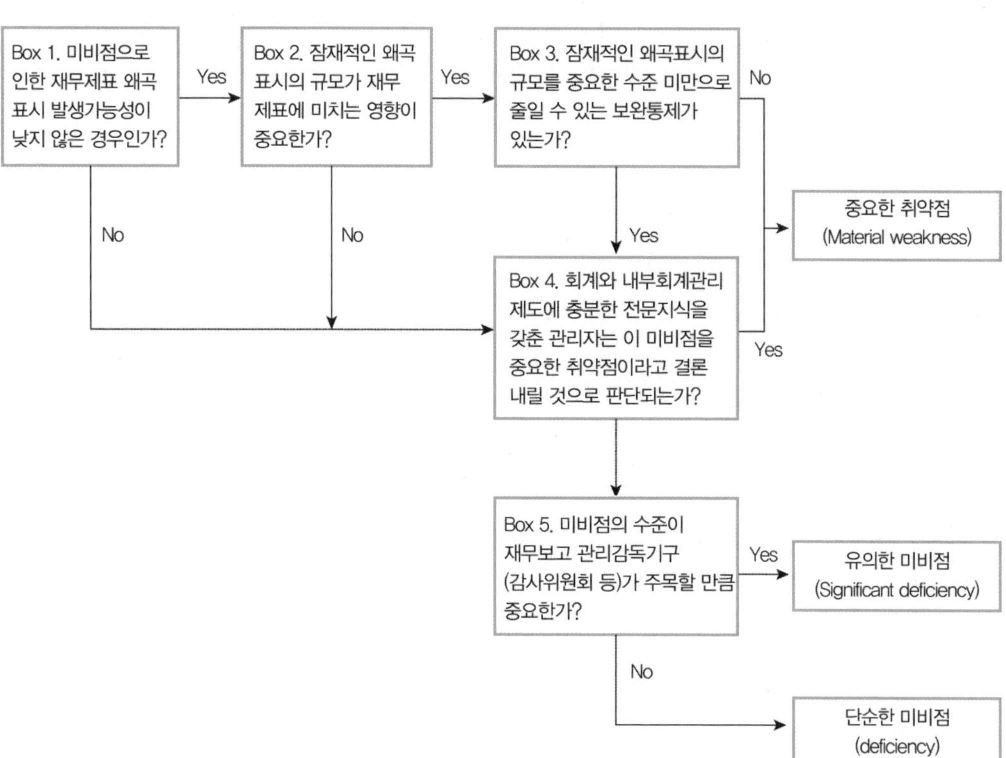

Box 1 : 발생가능성(Likelihood of misstatement)

발생가능성은 재무제표 왜곡표시가 예방 혹은 적발되지 못할 잠재적 가능성을 의미한다. 회계학에서 발생가능성은 다음의 세 가지로 구분한다.

- 가능성이 낮음(remote).
- 합리적으로 발생가능함(Reasonably possible).
- 가능성이 높음(probable).

발생가능성을 세 가지 범주에 따라 구분하는 것은 전적으로 전문가적인 판단(professional

judgment)의 문제이다.

참고사항으로 미국회계기준에서는 관련된 발생가능성은 FAS 5 Accounting for contingencies에서 규정하고 있다.

FAS 5 : Accounting for Contingencies 문단3

3. When a loss contingency exists, the likelihood that the future event or events will confirm the loss or impairment of an asset or the incurrence of a liability can range from probable to remote. This Statement uses the terms probable, reasonably possible, and remote to identify three areas within that range, as follows :
   a. Probable : The future event or events are likely to occur.
   b. Reasonably possible : The chance of the future event or events occurring is more than remote but less than likely.
   c. Remote : The chance of the future event or events occurring is slight

한국채택국제회계기준 제1037호에서는 가능성이 매우 높은 경우(probable)를 대략 50% 이상 확률의 경우(more likely than not)를 의미[107]하는 것으로 보고 있다. 반면, U.S.GAAP에서는 가능성이 매우 높은 경우(probable)의 확률을 75%[108]로 보고 있으므로 한국채택국제회계기준과 U.S.GAAP의 차이가 있다.

저자의 의견으로는 내부회계관리제도는 미국의 제도를 벤치마크한 것으로 probable로 동일한 용어라고 하더라도 75% 기준의 사용이 더 합리적이라고 판단한다.

또한, 미국의 내부감사협회(IIA, The Institute of Internal Auditors)에 따르면 가능성이 낮은 경우(remote)에 대하여 약 5~10%[109]의 확률을 제시하고 있으므로 실무상 참고하기 바란다.

---

107) 한국채택국제회계기준 제1037호(충당부채, 우발부채, 우발자산)에서는 특정 사건이 일어날 가능성이 일어나지 않을 가능성보다 높은 경우(more likely than not to occur)에 자원의 유출이나 그 밖의 사건이 일어날 가능성이 높다(probable)고 본다고 규정하고 있으나 제1037호 외의 다른 한국채택국제회계기준서에도 반드시 적용되는 것은 아니라고 밝히고 있다.

108) ASC 420-20-20 defines "probable" as "the future event or events are likely to occur," which is generally considered a 75% threshold.

109) Sarbanes-Oxley Section 404 : A guide for management by Internal controls Practitioners, 2nd edition(IIA, 2008)

| 발생가능성의 실무적 적용 사례[110] |

발생가능성	확률	해당내용
높음 (probable)	• U.S. GAAP: 75% • KIFRS : 50%	• ASC 420-20-20 • 한국채택국제회계기준 제1037호
합리적으로 발생가능함 (reasonably possible)	• U.S.GAAP : (5)10~75% • KIFRS : (5)10~50%	• ASC 420-20-20 • 한국채택국제회계기준 제1037호
낮음 (remote)	• U.S.GAAP : 5~10% • KIFRS : 5~10%	• A guide for management by • Internal controls Practitioners(IIA)

내부회계관리제도 평가 및 보고 기준 문단19.가 및 가이드라인 문단53.나에서는 발생가능성에 영향을 미치는 요소를 예시적 성격으로 규정하고 있다. 다만, 발생가능성에 영향을 미치는 사항은 아래에 한정하지는 않으므로 주의하여야 한다.

평가 및 보고 기준 문단19	평가 및 보고 가이드라인 문단53.나
• 특수관계자 거래 등 관련된 재무보고요소의 성격 • 관련된 자산 및 부채의 손실 또는 부정에 노출된 민감도 • 금액 결정에 요구되는 주관성, 복잡성 및 판단의 정도 • 통제들의 상호 의존성 및 중복 여부를 포함한 통제와 다른 통제들 간의 연관 관계 • 둘 이상의 연관된 미비점에 대한 평가 시 미비점들의 상호작용으로 인하여 동일한 재무제표 금액 또는 공시사항에 영향을 줄 수 있는지 여부 • 미비점으로 인하여 발생 가능한 미래의 결과	• 예외사항의 근본적 발생원인 및 발생빈도 • 예외사항의 영향을 받는 계정과목, 주석사항 및 경영자 주장의 내용 • 계정과목, 공시사항에 내재된 주관성, 복잡성 및 판단요소의 성격 • 관련 자산이나 부채상의 손실 또는 부정에 관련될 수 있는 민감도 • 통제미비점이 장래에 미칠 수 있는 영향의 결과 • 통제의 상호의존성 또는 중복성(Redundancy)의 정도

Box 2 : 잠재적인 금액 크기(Potential magnitude of misstatement)

미비점의 분류는 발생할 것으로 예상되는 재무제표 왜곡표시의 크기에 의해서도 결정된다. 여기서 그 금액적 크기는 실제로 발생했던 왜곡표시 금액이 아니라 발생가능한(잠재적인) 왜곡표시의 예상치이다. 잠재적인 금액적 크기는 다음의 세 가지로 개념상 구분될 수 있다.

- 유의한 수준 미만(inconsequential)
- 유의한 수준(significant, less than material)
- 중요한 수준(material)

110) 해당 확률은 기준서 및 회계학 이론에서 정하여진 절대적인 확률이 아니며 실무상 참고로 할 수 있는 내용이다.

실제로 발생한 재무제표의 왜곡표시 금액이 아닌 발생가능한 왜곡표시의 예상치로 중요한 금액은 재무제표상 정보의 누락 또는 왜곡표시가 재무제표 이용자의 경제적 의사결정에 영향을 미치는지 여부에 의해 결정된다. 실무상 중요한 수준은 양적 중요성 금액(materiality)을 적용한다.

유의한 금액은 평가 및 보고 가이드라인 문단54.다에서 이사회, 감사(위원회) 등이 주목할 만한 수준으로서 중요성 금액의 일정비율을 의미한다고 기술하고 있으며 일정비율은 구체적으로 제시하지 않고 있다.

참고로 A Framework for Evaluating Control Exceptions and Deficiencies에서는 중요성 금액의 20% 미만인 경우에는 유의성 미만 금액으로 판단할 수 있도록 가이드라인을 제시하고 있다.[111] 다만, 미국의 Auditing Standard No.2는 2009년에 Auditing Standard No.5(2201)으로 대체되었기 때문에 20% 룰의 적용은 이를 고려하여 판단하여야 한다.

유의성 미만 금액은 그 왜곡표시 금액이 단독 혹은 합쳐서도 미치는 영향이 미미하기 때문에 재무제표 이용자의 의사결정에 전혀 영향을 미치지 않는 경우이다. 어떠한 왜곡표시 사항은 중요성 금액 이하이지만 그 오류금액이 단독으로서도 중요성 금액에 근접하거나 혹은 그러한 오류금액이 합쳐지거나 동일한 유형의 오류가 반복적으로 발생하여 중요성 금액에 근접할 수 있다. 이러한 사항은 무시되어서는 안되며, 유의한 수준으로 구분되어 미비점의 분류사항에 고려되어야 한다.

| 잠재적인 금액 크기의 실무적 적용 사례[112] |

금액적 크기	금액	해당내용
중요한 수준 (material)	• 양적 중요성 금액(materiality)	• 설계 및 운영 개념체계 문단43.3
합리적으로 발생가능함 (reasonably possible)	• 양적 중요성 금액의 20% 초과로부터 100% 미만	• 평가 및 보고 가이드라인 문단54.다 • AS No.2(이후 개정됨)
유의한 수준 미만 (inconsequential)	• 양적 중요성 금액의 20%	• 평가 및 보고 가이드라인 문단54.다 • AS No.2(이후 개정됨)

111) Inconsequential
- Potential misstatements equal to or greater than 20% of overall annual or interim financial statement materiality are presumed to be more than inconsequential.
- Potential misstatements less than 20% of overall annual or interim financial statement materiality may be concluded to be more than inconsequential as a result of the consideration of qualitative factors, as required by AS 2.

112) 해당 금액은 기준서 및 회계학 이론에서 정하여진 절대적인 것이 아니며 실무상 참고로 할 수 있는 내용이다.

Box 3 : 보완통제(Compensating controls)

보완통제는 본래의 통제에서 미비점이 발생되었다고 하더라도 그 미비점에서 발생될 수 있는 유의한 재무제표 왜곡표시 위험을 경험시켜 줄 수 있는 통제이다.

효과적인 보완통제는 재무제표의 왜곡표시 위험을 경감시켜 주기 때문에 미비점 분류 시에 고려되어야 한다. 따라서, 발생가능성, 잠재적인 금액적 크기, 보완통제까지 고려 후에 최종적인 미비점 분류를 실시한다. 예비적 미비점 분류는 앞서 언급한 발생가능성과 잠재적인 금액적 크기의 조합으로 구성된 미비점 구분표를 사용하는 것이 유용하다.

Box 4 : 전문적 지식을 가진 객관적인 관리자의 판단(Judgment by prudent officials)

정상적인 거래 및 회계처리기준에 따라 적정하게 재무제표에 기록되고 있다는 합리적인 확신(reasonable assurance)을 가질 수 있어야 한다. 만약 발견된 예외사항에 대해 전문적 지식을 가진 객관적인 관리자가 그러한 확신을 가질 수 없다면 해당 예외사항은 유의한 미비점 혹은 중요한 미비점으로 구분되어야 한다.

Box 5 : 재무보고 감독기구의 판단

경영진은 미비점의 중요도를 판단할 때 내부회계관리제도와 재무보고를 감독할 책임이 있는 이사회, 감사(위원회) 등의 시각도 함께 고려하여야 한다. 즉, 중요한 취약점으로 분류될 수준은 아니지만 이러한 감독기구가 주목할 만큼 중요하다면 해당 미비점은 유의한 미비점으로 분류되어야 한다.

5가지 구성요소와 17가지 원칙이 존재하지 않거나 기능하지 않는 경우에는 감사(또는 감사위원회)가 주목하는 항목으로 유의한 미비점이나 중요한 취약점으로 분류되어야 한다.

기타 : 타 미비점과의 종합적인 고려(Assess deficiencies in aggregation with others)

미비점을 분류할 때에는 개별적인 미비점의 중요성뿐만 아니라, 다른 미비점들과 종합적으로 고려하였을 경우의 효과에 대해서도 판단하여야 하며 이러한 종합적 고려는 유의한 계정과목별로 하도록 한다. 보완통제까지 고려한 예비적 미비점 분류에 대해 세 가지의 고려요소(전문지식을 갖춘 객관적 관리자의 판단, 재무보고 감독기구 판단, 타 미비점과의 종합적인 고려)를 추가하여 최종적인 미비점을 분류한다.

6.6 예외사항 평가 및 미비점 분류의 구체적 적용

내부회계관리제도 평가 및 보고 기준에서는 예외사항 평가 및 미비점 분류를 위한 명확하고 객관적인 실무적 방법론을 제시하지 않고 있다. 테스트 수행하여 예외사항을 도출하고 이를 근거로 미비점 평가 시에 전수조사를 실시하는 것은 매우 비효율적이며 회사의 인적·물적자원을 낭비하게 되는 결과를 가져오게 된다. 따라서, 테스트 대상에 대해 일부 표본을 추출하여 결과를 도출하여야 하는데 이때 통계적 표본감사 기법을 응용하여 사용할 수 있다.

통계적 표본감사는 모집단에서 일정한 수의 표본을 추출한 후 표본에 대해서만 테스트를 수행한 후, 표본으로 도출된 결과를 전체 모집단에 확대하여 결과를 유추하는 방법이다. 감사기준서 530(표본감사)의 문단 5(a)에서는 아래와 같이 표본감사를 정의한다.

감사기준서 530(표본감사) 문단 5(a)

감사인에게 모집단 전체에 대한 결론을 도출할 수 있는 합리적인 근거를 제공하기 위해, 감사와 관련이 있는 모집단에 속한 모든 표본단위가 추출될 기회를 가지도록 하여 전체항목(100%)보다 적은 수의 항목에 대하여 감사절차를 적용하는 것

표본감사를 실시하는 경우에는 모집단의 특성을 고려하여 표본설계, 표본규모 및 테스트항목을 추출하는 등 세심한 주의가 필요하다. 특히, 추출된 표본이 모집단을 얼마만큼 대표할 수 있는지 대표성을 확보하는 일이 가장 중요하다.

표본규모를 증가시키면 대표성 또한 증가한다. 그러나 표본규모는 테스트 범위 및 내부회계관리제도 운영비용에 직접적인 영향을 미칠 것이므로 효과성과 효율성을 동시에 만족시키기 위한 수준을 선정하여야 한다.

내부회계관리제도에서 모든 테스트 대상에 대해 표본감사 기법을 적용하여야 하는 것은 아니다. 만약, 대상 내부통제의 성격상 질문, 관찰, 재수행 등의 방법을 수행으로 그 유효성에 대한 신뢰성을 확보할 수 있거나, 대상 거래내역 및 거래처리수가 많지 않다면 전수조사하는 것이 더욱 효율적일 수 있다.

통계적 표본감사는 표본을 통계적 방법으로 추출하고, 이로 인한 결과를 평가하는 경우 통계학을 이용한다는 특성이 있다. 이러한 두 가지 조건을 만족시키지 못하는 경우에는 비통계적 표본감사로 구분되어야 한다.

비통계적 표본감사는 그 내부통제의 속성상 통계적 기법을 사용하기 어려운 경우 테스트 수행자의 경험과 판단에 의해 표본규모와 추출방법을 결정하고 그 결과에 대한 해석도 전문가적인 판단에 의존하는 방법이다. 만약, 경험이나 숙련도에 비추어 추출된 표본이 모집단을 잘 대표할 수 있을 것으로 보장될 수 있다면 그 결과에 대해 신뢰할 수 있을 것이다. 하지만 이러한 비통계적 표본감사는 비과학적으로 그 근거가 불명확하다는 점, 경험과 숙련도에 의존하여야 한다는 점, 표본추출에서 발생할 수 있는 표본위험을 체계적으로 관리할 수 없다는 점 등에서 한계점이 있다.

이에 비해 통계적 표본감사는 확률 및 분포를 활용한 이론을 적용하므로 객관적인 방법에 의해 객관적인 결과를 도출할 수 있다. 내부회계관리제도의 예외사항 및 미비점 평가시 통계적 표본감사 기법을 사용하면 다음과 같은 장점이 있다(이효익, 김한수 New ISA 회계감사).

- 통계적 표본감사는 추출방법 선택, 결과의 해석에 있어서 객관적 타당성을 부여한다.
- 표본추출과정에서 무작위추출을 적용하므로 평가자의 편의가 배가된다.
- 만약 법적 책임의 문제가 제기될 경우, 평가자는 자신이 선택한 방법이 통계적 이론을 따르고 있다는 과학적인 근거를 제시하여 자신의 입장을 객관적으로 변호할 수 있다.

통계적 표본감사는 세부적으로 속성표본감사(attribute sampling)와 변량표본감사(variable sampling)로 구분된다(New ISA 회계감사, 문두철, 박우진, 박성진, 도정환).

| 통계적 표본감사 종류 |

속성표본감사는 푸아송 분포에 기초하여 모집단에 대한 오류, 예외사항에 대한 비율(오류율) 혹은 발생빈도를 추정하기 위해 사용된다. 속성이란 다른 항목과 구별되는 질적 특성을 말한다.

예를 들어 A회사는 유형자산의 구매를 위한 사전적 승인절차(authoization/preventive

control)의 내부통제를 설계·운영하는 반면, B회사는 유형자산의 구매를 위해 사후적 검토(review, detective control)를 설계·운영한다고 하자. 이 경우에는 유형자산이라는 동일한 경제적 사건에 대해 A회사와 B회사가 특성이 다른 내부통제를 운영하기 때문에 오류 및 왜곡표시사항의 발생확률이 각각 다를 것이다.

각각의 내부통제는 각기 다른 특성을 갖고 있으며 내부통제가 얼마만큼의 거래를 처리하였는지에 따라 오류금액 혹은 왜곡표시의 양적 금액 또한 비례할 수 있다. 내부통제가 유효한지 혹은 유효하지 않은지 여부를 결론내기 위해서는 오류금액, 왜곡표시금액이 아니라 특정한 내부통제가 발생시킨 오류율(이탈율, 왜곡표시율)에 의하는 것이 바람직하다.

| 내부통제와 속성표본감사 |

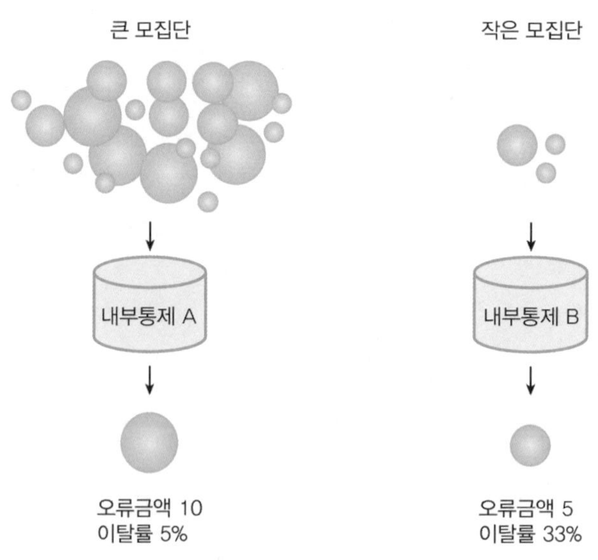

위 그림에서 내부통제 A는 20건의 모집단을 처리하여 1개의 오류를 발생시킨 반면, 내부통제 B는 3건의 모집단을 처리하여 1건의 오류를 발생시켰다. 내부통제 A에서 발생시킨 오류금액은 10으로 내부통제 B에서 발생한 오류금액 5보다 큰 금액이다. 하지만 처리한 모집단의 크기가 다르기 때문에 단순히 내부통제 B의 오류금액이 작다고 하여 내부통제 A보다 더욱 유효하다고 결론 낼 수 없다. 이러한 이유로 오류율(이탈율, 왜곡표시율)로 결론을 도출하는 속성표본감사가 내부통제의 유효성을 판단하는 데 더 유용하다.

표본감사에서 푸아송 분포가 자주 사용되는 이유(이효익, 김한수 New ISA 회계감사)
① 푸아송 분포의 특성 대부분이 회계의 모집단 분포의 특성과 유사한 점이 많다.
② 모수가 하나이므로 계산공식이 단순하여 다른 확률분포이론보다 적용하기 쉽다.
③ 금액단위표본감사에서도 통제테스트와 동일한 가정과 방법이 사용된다.

변량표본감사는 계정과목 내 혹은 거래유형에 존재하는 중요한 왜곡표시 금액을 최종적으로 확인하기 위해 표본을 추출하여 결론을 도출하는 방법이다. 따라서 변량표본감사는 속성표본감사와 달리 그 결과가 오류금액 혹은 왜곡표시액과 같이 화폐액으로 표시된다.

변량표본감사는 특정한 내부통제가 유효한지 혹은 유효하지 않은지에 대한 판단을 내리는 데에는 적합하지 않다. 하지만, 특정 내부통제가 유효하지 않은 것으로 결론지어졌다면, 그 내부통제가 재무제표에 얼마만큼의 영향(impact)이 있는지는 금액적으로 판단하여야 한다. 변량표본감사는 유효하지 않은 내부통제가 재무제표에 중대한 영향을 미치고 있는지 혹은 감수할 수 있는 정도의 오류만을 발생시키고 있는 것인지 판단할 때 유용하게 활용될 수 있다.

그러면, 속성표본감사와 변량표본감사가 어떻게 내부회계관리제도의 예외사항 및 미비점 평가에 응용될 수 있는지 살펴보자.

예외사항 평가절차는 평가 및 보고 가이드라인 문단48에 제시되어 있는데 2004년에 발행된 A Framework for evaluating Control Exceptions and Deficiencies(예외사항 및 미비점 평가를 위한 프레임워크)와 거의 동일하며 방법론을 그대로 받아들였다.[113)]

이 프레임워크에서 가장 중요한 부분은 실제 이탈율이 계획된 이탈율과 같거나 작은 경우(actual deviation rate is less than or equal to the planned deviation rate)에는 테스트의 목적이 달성된 것으로 보고, 그 반대의 경우에는 테스트의 목적이 달성되지 않은 것으로 본다.[114)] 예외사항의 평가 결과로 이 내부통제가 미비점인지 혹은 미비점이 아니지만 판단하도록 하고 있어 속성표본감사 방법론이 적용가능하다.

우선적 절차로 예외사항을 평가하고 그 내부통제가 미비점으로 분류되면, 후속절차로 미비점의 심각성을 평가하여야 한다. 미비점 심각성 평가 절차는 내부회계관리제도 평가 및 보고 가이드라인 문단 50에 소개되어 있다. 미비점의 심각성 평가는 그 금액적 영향과

113) 구체적인 내용은 '6.5.1 예외사항의 평가절차 참조

114) 통제주기가 일별 미만인 경우에는 모집단의 크기가 작으므로 1개의 예외사항이 발생한다고 하더라도 원칙적으로 통제 미비점으로 분류한다.

발생가능성에 따라 판단하여야 하는데 금액적 영향을 판단하기 위해 변량표본감사 방법론이 적용가능하다.

내부회계관리제도 평가 및 보고 가이드라인에 따른 예외사항 및 미비점의 평가절차를 고려하는 경우 다음과 같은 기법을 사용할 수 있다. 다음은 예시적 성격이며, 각 회사의 상황과 환경에 따라 다르게 적용될 수 있다.

| 표본감사기법의 사용 |

구 분	예외사항 평가	미비점 심각성 평가
핵심질문	테스트의 목적이 달성되었는가? 즉, 실제 이탈율이 계획된 이탈율보다 낮거나 같은가?	미비점으로 인한 왜곡표시가 재무제표에 미치는 영향이 중요하며 합리적으로 발생가능한 것인가?
평가대상	이탈율 평가	왜곡표시 금액 평가
적용근거	내부회계관리제도 평가 및 보고 가이드라인 문단 48 하단 그림 A Framework for evaluating Control Exceptions and Deficiencies(Chart 1)	내부회계관리제도 평가 및 보고 가이드라인 문단 50 이하 A Framework for evaluating Control Exceptions and Deficiencies(Chart 2)
표본감사기법	속성표본감사	변량표본감사

6.6.1 표본위험

표본감사 기법을 적용하기 위해서는 표본위험에 대한 이해가 필수적이다. 표본위험이란 표본에 근거한 결론이 모집단 전체에 동일한 감사절차를 적용하였을 경우 도달하였을 결론과 다를 수 있는 위험(표본이 모집단을 대표하지 못할 위험)을 말한다. 표본위험은 다음 두 가지 형태의 잘못된 결론에 이르게 할 수 있다.

첫 번째 오류는 예외사항 평가 시 내부통제가 실제보다 더 효과적이라고 평가하거나, 미비점 평가 시 실제로 중요한 왜곡표시가 존재함에도 불구하고 중요한 왜곡표시가 존재하지 않는다고 결론을 내리는 경우이다. 이것은 내부회계관리제도의 효과성에 영향을 미치며 부적합한 의견에 이르게 할 수 있다. 이러한 첫 번째 오류는 β위험으로 통칭된다.

두 번째 오류는 예외사항 평가 시 내부통제가 실제보다 덜 효과적이라고 평가하거나, 미비점 평가 시 실제로 중요한 왜곡표시가 존재하지 않음에도 불구하고 중요한 왜곡표시가 존재한다고 결론을 내리는 경우이다. 이러한 형태의 잘못된 결론에 대하여는 일반적으로 최초의 결론이 부정확한지 확인하기 위한 추가적인 업무로 이어지기 때문에 평가의 효율성에 영향을 미친다. 이러한 두 번째 오류는 α위험으로 통칭된다.

표본위험은 표본감사기법을 적용하는 한 배재할 수 없는 위험이다. 이러한 표본위험 때문에 평가자는 α위험과 β위험으로 구분되는 두 가지 형태의 잘못된 결론을 내릴 수 있다. 내부회계관리제도에 대한 의견형성 시 가장 중요한 위험은 β위험이므로 가장 주의를 집중하여야 하는 부분이다.

| 표본감사위험 |

구 분	β위험	α위험
내 용	내부통제가 실제보다 더 효과적이라고 결론 내림(과대신뢰위험).	내부통제가 실제보다 덜 효과적이라고 결론 내림(과소신뢰위험).
결 과	평가의 효과성(effectiveness)에 영향을 미치며 부적합한 내부회계관리제도 의견에 이르게 할 수 있음(가장 중요한 위험).	일반적으로 최초의 결론이 부정확한지 확인하기 위한 추가적인 업무로 이어지기 때문에 평가의 효율성에 영향을 미침.

| 내부통제와 관련한 표본위험 |

구 분		실제 내부통제의 상황	
		효과적	비효과적
평가결론	효과적	올바른 결론(1-α)	과대신뢰위험(β risk)
	비효과적	과소신뢰위험(α risk)	올바른 결론(1-β)

표본위험을 낮출 수 있는 방법은 표본이 모집단을 더 잘 대표하도록 하는 것이다. 결국 샘플링 개수를 증가시켜야 하는데 신뢰구간을 증가시키는 등의 방법을 생각해 볼 수 있다(효익 vs. 비용).

6.6.2 비표본위험

비표본위험은 표본위험과 관련이 없는 다른 원인에 의해 잘못된 결론에 도달할 위험이다. 비표본위험은 예를 들어 부적합한 평가절차를 적용하는 경우 또는 테스트 증거를 잘못 해석하는 경우와 왜곡표시 또는 이탈을 인식하지 못하는 경우가 포함된다.

비표본위험은 표본의 대표성과 관련없이 발생하는 사항이다. 평가수행자가 회사의 내부통제를 과도하게 신뢰하여 과대신뢰위험을 낮게 추정하거나, 테스트를 수행하였으나 표본에서 발생한 오류를 적절하게 발견하지 못하고 간과하였거나, 경험미숙으로 관련성이 없는 표본을 추출하는 등 대부분 휴먼에러에서 발생하는 부분이다. 비표본위험은 평가수행자의 숙련도, 교육, 지식, 태도 등에 의해 영향을 받는다.

6.6.3 속성표본감사(예외사항 평가 시 사용)

속성표본감사란 내부통제 테스트를 위해 주요 사용하는 표본감사방법으로 속성은 테스터가 확인하고자 하는 내부통제의 이탈이나 오류를 의미한다. 따라서 예외사항의 금액적 크기가 아니라 예외사항이 전체 모집단에서 차지하는 이탈율을 평가한다. 속성표본감사에서 이탈 또는 오류는 푸아송 분포를 따른다고 가정한다.

속성표본감사는 표본에서 발생한 예외사항수(이탈항목)에 의해 모집단 전체에서 발생할 수 있는 예상이탈율을 추정하고, 그 예상이탈율이 내부통제의 허용가능한 이탈율과 비교하여 그 유효성을 판단한다.

속성표본감사의 적용을 위해서 AICPA(미국공인회계사회)에서는 실무적으로 적용이 간편한 속성표본감사표(attributes statistical sampling table)를 제시하고 있다(Audit guide : Audit Sampling, AICPA).

| 속성표본감사의 적용절차 |

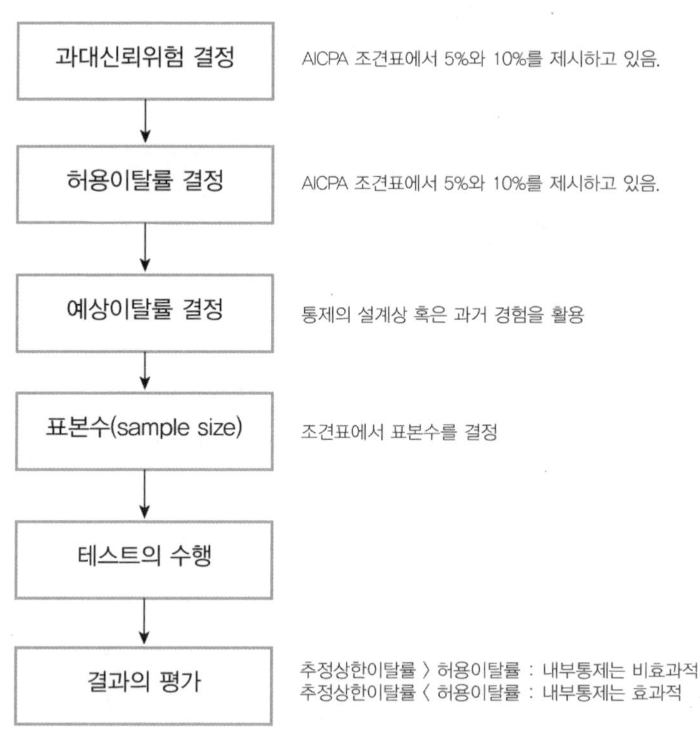

표본크기

내부통제 테스트의 목적은 프로세스에 존재하는 통제활동이 유효하게 운영되고 있는지 높은 수준의 확신(high level of assurance)을 얻기 위해서이다. 그러므로 표본크기는 이러한 높은 수준의 확신을 주는 충분한 수준으로 결정되어야 한다. 따라서 이러한 전제를 만족시키기 위해 통계에 기반한 방법을 사용하여 표본을 추출하여야 한다. 만약 최대상한 이탈율이 10% 이상이라고 한다면 높은 수준의 확인을 부여하지 못하는 것으로 간주된다(AICPA Audit and Accounting guide, Audit Sampling).

AICPA에서 제시하는 조견표는 과대신뢰위험을 5%와 10%로 구분하여 제시하고 있는데 푸아송 분포를 사용하여 계산되었으며 큰 모집단을 가정하고 있다.

속성표본감사에서는 과대신뢰위험, 허용이탈율, 예상이탈율을 이용하여 표본크기를 결정하는데 각각의 내용은 아래와 같다.

- **과대신뢰위험** : 표본감사의 β위험으로 내부통제가 실제보다 더 효과적이라고 결론 낼 수 있는 위험이다. 과대신뢰위험은 수용하고자 하는 감사위험의 기준치가 되므로 매우 신중하게 설정하여야 한다.
  높은 수준의 확신을 얻기 위해서는 신뢰구간이 90% 이상이어야 하므로 AICPA 조견표에서는 5%와 10% 중 하나를 적용하도록 제시하고 있다.

- **허용이탈율** : 모집단의 실제 이탈율이 발생한다고 하더라도 내부통제가 효과적이라는 결론을 변경하지 않을 수 있는 합리적인 수준의 확신을 얻기 위해 평가자가 설정하는 내부통제의 이탈율이다. 즉, 다시 풀이하자면 내부회계관리제도가 유효한 것으로 결론내리기 위해서 허용할 수 있는 한계치(모집단의 허용이탈율 상한)를 의미한다.

- **예상이탈율** : 표본크기는 테스트를 수행하기 전에 이루어지기 때문에 내부통제에서 예외사항이 발생할 것으로 기대되는 추정치이다(기대값). 이는 내부통제 환경의 이해, 당기 내부통제의 변화, 과거에 이루어진 실제 이탈율 혹은 내부통제 설계 당시 목표한 이탈율 등을 사용하여 추정한다.
  예상이탈율이 높다고 예상되면 표본의 수를 증가시켜야 하며 예상이탈율이 낮다고 판단된다면 적은 수의 표본으로도 결론을 유추할 수 있을 것이다. 예상이탈율은 표본의 수에만 영향을 미치며 표본감사의 결과에는 영향을 미치지 않는다. 따라서, 예상이탈율의 결정은 테스트의 효율성에만 영향을 미치고 효과성에는 절대적인 영향이 없기 때문에 반드시 정교한 추정이 필요한 것은 아니다.

| 과대신뢰위험 5% : 내부통제 테스트를 위한 통계적 표본크기 |

Expected Deviation Rate	Tolerable Deviation Rate										
	2%	3%	4%	5%	6%	7%	8%	9%	10%	15%	20%
0.00%	149(0)	99(0)	74(0)	59(0)	49(0)	42(0)	36(0)	32(0)	29(0)	19(0)	14(0)
0.25%	236(1)	157(1)	117(1)	93(1)	78(1)	66(1)	58(1)	51(1)	46(1)	30(1)	22(1)
0.50%	313(2)	157(1)	117(1)	93(1)	78(1)	66(1)	58(1)	51(1)	46(1)	30(1)	22(1)
0.75%	386(3)	208(2)	117(1)	93(1)	78(1)	66(1)	58(1)	51(1)	46(1)	30(1)	22(1)
1.00%	590(6)	257(3)	156(2)	93(1)	78(1)	66(1)	58(1)	51(1)	46(1)	30(1)	22(1)
1.25%	1,030(13)	303(4)	156(2)	124(2)	78(1)	66(1)	58(1)	51(1)	46(1)	30(1)	22(1)
1.50%		392(6)	192(3)	124(2)	103(2)	66(1)	58(1)	51(1)	46(1)	30(1)	22(1)
1.75%		562(10)	227(4)	153(3)	103(2)	88(2)	77(2)	51(1)	46(1)	30(1)	22(1)
2.00%		846(17)	294(6)	181(4)	127(3)	88(2)	77(2)	68(2)	46(1)	30(1)	22(1)
2.25%		1,466(33)	390(9)	208(5)	127(3)	88(2)	77(2)	68(2)	61(2)	30(1)	22(1)
2.50%			513(13)	234(6)	150(4)	109(3)	77(2)	68(2)	61(2)	30(1)	22(1)
2.75%			722(20)	286(8)	173(5)	109(3)	95(3)	68(2)	61(2)	30(1)	22(1)
3.00%			1,098(33)	361(11)	195(6)	129(4)	95(3)	84(3)	61(2)	30(1)	22(1)
3.25%			1,936(63)	458(15)	238(8)	148(5)	112(4)	84(3)	61(2)	30(1)	22(1)
3.50%				624(22)	280(10)	167(6)	112(4)	84(3)	76(3)	40(2)	22(1)
3.75%				877(33)	341(13)	185(7)	129(5)	100(4)	76(3)	40(2)	22(1)
4.00%				1,348(54)	421(17)	221(9)	146(6)	100(4)	89(4)	40(2)	22(1)
5.00%					1,580(79)	478(24)	240(12)	158(8)	116(6)	40(2)	30(2)
6.00%						1,832(110)	532(32)	266(16)	179(11)	50(3)	30(2)
7.00%								585(41)	298(21)	68(5)	37(3)
8.00%									649(52)	85(7)	37(3)
9.00%										110(10)	44(4)
10.00%										150(15)	50(5)
12.50%										576(72)	88(11)
15.00%											193(29)
17.50%											720(126)

Note : Sample sizes over 2,000 items not shown. This table assumes a large population.

| 과대신뢰위험 10% : 내부통제 테스트를 위한 통계적 표본크기 |

Expected Deviation Rate	Tolerable Deviation Rate										
	2%	3%	4%	5%	6%	7%	8%	9%	10%	15%	20%
0.00%	114(0)	76(0)	57(0)	45(0)	38(0)	32(0)	28(0)	25(0)	22(0)	15(0)	11(0)
0.25%	194(1)	129(1)	96(1)	77(1)	64(1)	55(1)	48(1)	42(1)	38(1)	25(1)	18(1)
0.50%	194(1)	129(1)	96(1)	77(1)	64(1)	55(1)	48(1)	42(1)	38(1)	25(1)	18(1)
0.75%	265(2)	129(1)	96(1)	77(1)	64(1)	55(1)	48(1)	42(1)	38(1)	25(1)	18(1)
1.00%	398(4)	176(2)	96(1)	77(1)	64(1)	55(1)	48(1)	42(1)	38(1)	25(1)	18(1)
1.25%	708(9)	221(3)	132(2)	77(1)	64(1)	55(1)	48(1)	42(1)	38(1)	25(1)	18(1)
1.50%	1,463(22)	265(4)	132(2)	105(2)	64(1)	55(1)	48(1)	42(1)	38(1)	25(1)	18(1)
1.75%		390(7)	166(3)	105(2)	88(2)	55(1)	48(1)	42(1)	38(1)	25(1)	18(1)
2.00%		590(12)	198(4)	132(3)	88(2)	75(2)	48(1)	42(1)	38(1)	25(1)	18(1)
2.25%		974(22)	262(6)	132(3)	88(2)	75(2)	65(2)	42(1)	38(1)	25(1)	18(1)
2.50%			353(9)	158(4)	110(3)	75(2)	65(2)	58(2)	38(1)	25(1)	18(1)
2.75%			471(13)	209(6)	132(4)	94(3)	65(2)	58(2)	52(2)	25(1)	18(1)
3.00%			730(22)	258(8)	132(4)	94(3)	65(2)	58(2)	52(2)	25(1)	18(1)
3.25%			1,258(41)	306(10)	153(5)	113(4)	82(3)	58(2)	52(2)	25(1)	18(1)
3.50%				400(14)	194(7)	113(4)	82(3)	73(3)	52(2)	25(1)	18(1)
3.75%				583(22)	235(9)	131(5)	98(4)	73(3)	52(2)	25(1)	18(1)
4.00%				873(35)	274(11)	149(6)	98(4)	73(3)	63(3)	25(1)	18(1)
5.00%					1,019(51)	318(16)	160(8)	115(6)	78(4)	34(2)	18(1)
6.00%						1,150(69)	349(21)	182(11)	116(7)	43(3)	25(2)
7.00%							1,300(91)	385(27)	199(14)	52(4)	25(2)
8.00%								1,437(115)	424(34)	60(5)	25(2)
9.00%									1,577(142)	77(7)	32(3)
10.00%										100(10)	38(4)
12.50%										368(46)	63(8)
15.00%											126(19)
17.50%											457(80)

Note : Sample sizes over 2,000 items not shown. This table assumes a large population.

만약 과대신뢰위험이 5%로 결정되었으며 허용이탈율이 6%로 설정되었다고 가정하자. 내부통제의 설계 시 목표하였던 예상이탈율 혹은 과거의 경험에 따른 예상이탈율이 1%라고 한다면 AICPA의 조견표에 따라 78개의 표본수가 필요하다. 이 경우 허용가능한 예외사항의 개수는 1개이다.

속성표본감사 결과의 평가

선택된 표본에 대해 테스트를 수행하게 되면 예외사항이 도출된다. 하지만 이러한 예외사항은 표본에서 발생한 것이므로 그 결과를 모집단으로 확대(혹은 투영)하여야 한다.

이는 예외사항에서 발생하는 오류 혹은 왜곡표시사항이 모집단 전체에서 발생한 것이 아니기 때문에 통계이론에 따라 계산된 표본위험의 허용치를 가산하여 모집단으로 투영된 이탈율(추정상한이탈율)을 도출한다.

속성표본감사 결과를 모집단으로 확대하였을 경우 기대되는 추정상한이탈율이 허용이탈율을 초과하는 경우에는 내부통제가 효과적이라고 결론 낼 수 없다. 반대로 추정상한이탈율이 허용이탈율 이내인 경우에는 내부통제의 목적이 달성되었다고 결론 낼 수 있을 것이다.

| 속성표본감사결과의 평가 |

상 황	결 론
추정상한이탈율 〉 허용이탈율	관련 내부통제는 비효과적임.
추정상한이탈율 〈 허용이탈율	관련 내부통제는 효과적임.

AICPA에서는 추정상한이탈율을 빠르고 간편하게 산출하기 위한 추정상한이탈율 조견표를 제시하고 있다. 앞서 표본크기에 대한 조견표와 마찬가지로 과대신뢰위험 5%와 10%로 구분된다.

앞서 결정된 과대신뢰위험(β위험)에 대한 추정상한이탈율에 대한 조견표를 선택한다. 추출된 표본에 대한 테스트 결과 발견된 예외사항 수에 의해 추정상한이탈율을 결정할 수 있다. 즉, 조견표에서 표본수와 테스트결과로 발견된 실제 예외사항의 수가 만나는 곳이 추정상한이탈율이다.

| 과대신뢰위험 5% : 추정상한이탈율 |

	Actual Number of Deviations Found										
Sample Size	0	1	2	3	4	5	6	7	8	9	10
20	14.0	21.7	28.3	34.4	40.2	45.6	50.8	55.9	60.7	65.4	69.9
25	11.3	17.7	23.2	28.2	33.0	37.6	42.0	46.3	50.4	54.4	58.4
30	9.6	14.9	19.6	23.9	28.0	31.9	35.8	39.4	43.0	46.6	50.0
35	8.3	12.9	17.0	20.7	24.3	27.8	31.1	34.4	37.5	40.6	43.7
40	7.3	11.4	15.0	18.3	21.5	24.6	27.5	30.4	33.3	36.0	38.8
45	6.5	10.2	13.4	16.4	19.2	22.0	24.7	27.3	29.8	32.4	34.8
50	5.9	9.2	12.1	14.8	17.4	19.9	22.4	24.7	27.1	29.4	31.6
55	5.4	8.4	11.1	13.5	15.9	18.2	20.5	22.6	24.8	26.9	28.9
60	4.9	7.7	10.2	12.5	14.7	16.8	18.8	20.8	22.8	24.8	26.7
65	4.6	7.1	9.4	11.5	13.6	15.5	17.5	19.3	21.2	23.0	24.7
70	4.2	6.6	8.8	10.8	12.7	14.5	16.3	18.0	19.7	21.4	23.1
75	4.0	6.2	8.2	10.1	11.8	13.6	15.2	16.9	18.5	20.1	21.6
80	3.7	5.8	7.7	9.5	11.1	12.7	14.3	15.9	17.4	18.9	20.3
90	3.3	5.2	6.9	8.4	9.9	11.4	12.8	14.2	15.5	16.9	18.2
100	3.0	4.7	6.2	7.6	9.0	10.3	11.5	12.8	14.0	15.2	16.4
125	2.4	3.8	5.0	6.1	7.2	8.3	9.3	10.3	11.3	12.3	13.2
150	2.0	3.2	4.2	5.1	6.0	6.9	7.8	8.6	9.5	10.3	11.1
200	1.5	2.4	3.2	3.9	4.6	5.2	5.9	6.5	7.2	7.8	8.4
300	1.0	1.6	2.1	2.6	3.1	3.5	4.0	4.4	4.8	5.2	5.6
400	0.8	1.2	1.6	2.0	2.3	2.7	3.0	3.3	3.6	3.9	4.3
500	0.6	1.0	1.3	1.6	1.9	2.1	2.4	2.7	2.9	3.2	3.4

Note : This table presents upper limits (body of table) as percentages. This table assumes a large population.

| 과대신뢰위험 10% : 추정상한이탈율 |

	Actual Number of Deviations Found										
Sample Size	0	1	2	3	4	5	6	7	8	9	10
20	10.9	18.1	24.5	30.5	36.1	41.5	46.8	51.9	56.8	61.6	66.2
25	8.8	14.7	20.0	24.9	29.5	34.0	38.4	42.6	46.8	50.8	54.8
30	7.4	12.4	16.8	21.0	24.9	28.8	32.5	36.2	39.7	43.2	46.7
35	6.4	10.7	14.5	18.2	21.6	24.9	28.2	31.4	34.5	37.6	40.6
40	5.6	9.4	12.8	16.0	19.0	22.0	24.9	27.7	30.5	33.2	35.9
45	5.0	8.4	11.4	14.3	17.0	19.7	22.3	24.8	27.3	29.8	32.2
50	4.6	7.6	10.3	12.9	15.4	17.8	20.2	22.5	24.7	27.0	29.2
55	4.2	6.9	9.4	11.8	14.1	16.3	18.4	20.5	22.6	24.6	26.7
60	3.8	6.4	8.7	10.8	12.9	15.0	16.9	18.9	20.8	22.7	24.6
65	3.5	5.9	8.0	10.0	12.0	13.9	15.7	17.5	19.3	21.0	22.8
70	3.3	5.5	7.5	9.3	11.1	12.9	14.6	16.3	18.0	19.6	21.2
75	3.1	5.1	7.0	8.7	10.4	12.1	13.7	15.2	16.8	18.3	19.8
80	2.9	4.8	6.6	8.2	9.8	11.3	12.8	14.3	15.8	17.2	18.7
90	2.6	4.3	5.9	7.3	8.7	10.1	11.5	12.8	14.1	15.4	16.7
100	2.3	3.9	5.3	6.6	7.9	9.1	10.3	11.5	12.7	13.9	15.0
125	1.9	3.1	4.3	5.3	6.3	7.3	8.3	9.3	10.2	11.2	12.1
150	1.6	2.6	3.6	4.4	5.3	6.1	7.0	7.8	8.6	9.4	10.1
200	1.2	2.0	2.7	3.4	4.0	4.6	5.3	5.9	6.5	7.1	7.6
300	0.8	1.3	1.8	2.3	2.7	3.1	3.5	3.9	4.3	4.7	5.1
400	0.6	1.0	1.4	1.7	2.0	2.4	2.7	3.0	3.3	3.6	3.9
500	0.5	0.8	1.1	1.4	1.6	1.9	2.1	2.4	2.6	2.9	3.1

Note : This table presents upper limits (body of table) as percentages. This table assumes a large population.

예외사항에 대한 원인분석

예외사항(이탈사항)은 그 성격과 원인에 대해 검토하고 타 내부회계관리제도에 미치는 영향을 분석하여야 한다.

특정한 예외사항은 고의 혹은 의도적인 것일 수도 있고, 부정의 가능성을 나타내는 것일 수도 있다. 이러한 경우에는 모집단에 투영하는 경우에도 그 결과가 적정한 것으로 결론지어진다고 하더라도 추가적인 부정의 존재가능성을 확인하여야 한다.

반면, 특정 예외사항이 변이[115](anomaly)로 밝혀진 경우에는 모집단으로 투영할 때 이 왜곡표시는 제외되는 것이 합리적일 것이다. 그렇지만, 변이로 밝혀진 왜곡표시가 수정되지 않는 경우에는, 모집단에 투영하여 그 왜곡표시의 효과를 고려할 필요가 있다.

예외사항이 변이라고 판단되는 경우는 일반적이기보다는 극히 드문 상황에서 발생한다. 평가자가 예외사항이 변이라고 고려하는 경우 모집단을 대표하는 것이 아니라는 것에 대하여 높은 수준의 확실성을 가져야 한다. 이러한 예외사항이 모집단의 잔여 부분에는 영향을 미치지 않는다는 것에 대하여 충분하고 적합한 증거를 입수하여야 한다.

사례 1

속성표본감사를 이용한 예외사항의 평가

김대리는 A회사의 내부회계관리제도에 대한 테스트 평가자로 매출 프로세스를 담당하고 있다. 김대리는 매출 프로세스 통제기술서(RCM)의 테스트 플랜(Test plan)에 기재된 데로 통제활동의 운영에 대한 유효성을 평가하려고 한다.

통제기술서의 주요 내용은 다음과 같이 요약된다.

계정과목	경영자 주장	위험 기술	통제활동	테스트 플랜
매출	발생사실, 실재성	계약이 완료되지 않았으나 영업사원에 의해 구두 혹은 암묵적으로 거래상대방과 협의된 비표준계약이 ERP 시스템에 입력되어 가공의 매출이 계상될 위험이 존재한다.	비표준계약에 대한 영업사원의 회계처리 입력은 회계팀의 담당자가 해당 팀으로부터 계약서사본을 전달받아 수익인식 일자와 금액을 수작업으로 사후적으로 검토한다.	연간 비표준계약 전체 모집단에서 샘플을 무작위 추출하여 계약서상의 일자와 기표 기준일자, 금액과 일치하는지 확인하고, 회계팀 담당자의 서명이 있는지 확인한다.

사전에 정해진 바에 따라 속성표본감사 기법을 사용하여 예외사항을 평가하기로 결정하였다. A회사는 신뢰구간 90% 수준의 높은 수준의 확신을 얻기 위한 내부회계관리제도를

115) 모집단의 왜곡표시나 이탈을 명백하게 대표하지는 아니하는 왜곡표시나 이탈

운영하고 있다. A회사 비즈니스의 성격상 1년간 약 15,000건의 비표준계약이 실행되고 있어 전수조사하는 것은 매우 어려운 상황이다. 또한 비표준계약의 성격상 건별로 성격이 달라 전산시스템을 통해 통제활동을 구축하는 것이 어렵기 때문에 거래건별로 수작업으로 내부통제가 실행되고 있다. A회사의 비표준계약 거래에서 약 6%의 오류가 발생한다고 하더라도 그 결과가 재무제표에 중대한 오류를 발생시키지 않을 것으로 예상된다. 내부감사팀에서 전수조사를 실시하고 있는데 매년 약 1%의 오류가 발생하고 있는 것으로 파악되었다.

이러한 상황에서 결정된 관련 변수는 다음과 같다.

- 과대신뢰위험 : 10%
- 허용이탈율 : 6%
- 예상이탈율 : 과거 경험에 의한 경우 약 1%의 예외사항이 발생하고 있다.

Step 1 : 표본크기 결정

과대신뢰위험 10% 시 내부통제를 위한 통계적 표본크기 조견표를 준비한다. 이 표에서 허용이탈율 6%와 예상이탈율 1%가 만나는 곳을 찾으면 64개 이상의 표본수를 추출하여야 하는 것으로 확인되었다.

	Tolerable Deviation Rate					
Expected Deviation Rate	2%	3%	4%	5%	6%	7%
0.00%	114(0)	76(0)	57(0)	45(0)	38(0)	32(0)
0.25%	194(1)	129(1)	96(1)	77(1)	64(1)	55(1)
0.50%	194(1)	129(1)	96(1)	77(1)	64(1)	55(1)
0.75%	265(2)	129(1)	96(1)	77(1)	64(1)	55(1)
1.00%	398(4)	176(2)	96(1)	77(1)	64(1)	55(1)

Step 2 : 테스트의 수행

김대리는 무작위추출을 위한 시스템을 이용하여 65개의 표본을 모집단으로부터 추출하였다. 추출된 표본 65개에 대해서 해당팀에 관련 계약서를 요청하여 회계처리된 내역과 일치하는지 확인하였다. 그 결과 계약서상의 일자와 회계시스템상의 회계처리 일자가 일치하지 않는 거래가 2건 확인되었다.

이러한 예외사항에 대해 해당팀에 질문한 결과, 20×1년 말과 20×2년 초에 걸쳐 발생한

건으로 실제 계약의 완결은 20×2년 1월 20일에 이루어졌으나, 이메일상으로 담당자 간에 합의가 이루어진 사항에 대해 20×1년 12월 31일에 해당 담당자가 관련된 전표를 ERP시스템에 입력하여 20×1년의 매출 및 매출채권이 과대계상된 것으로 파악되었다.

이러한 예외사항은 해당 영업사원이 회계에 대한 지식부족 및 경험부족으로 발생한 것으로 오류의 발생이 의도적이거나 부정위험이 있지는 않은 것으로 보인다. 하지만 동일한 예외사항은 언제든지 발생할 수 있는 사항이기 때문에 변이로 판단되지는 않는다.

Step 3 : 결과의 평가

과대신뢰위험 10%의 경우 추정상한이탈율 조견표를 준비한다.

표본수 65개 예외사항의 수 2개인 경우의 값을 확인한 결과 추정상한이탈율은 8%이다.

Sample Size	0	1	2
20	10.9	18.1	24.5
25	8.8	14.7	20.0
30	7.4	12.4	16.8
35	6.4	10.7	14.5
40	5.6	9.4	12.8
45	5.0	8.4	11.4
50	4.6	7.6	10.3
55	4.2	6.9	9.4
60	3.8	6.4	8.7
65	3.5	5.9	8.0

추정상한이탈율이 8%이므로 허용이탈율 6%를 초과한다.

추정상한이탈율(8%) 〉 허용이탈율(6%)

따라서, 이 내부통제는 효과적이지 않으며 예외사항은 미비점으로 결론 낼 수 있다.

6.6.4 변량표본감사

변량표본감사란 거래유형 및 계정과목 잔액에 존재하는 중요한 왜곡표시 사항의 금액적 크기를 확인하기 위해 사용하는 표본감사방법으로 그 결과가 화폐액으로 표시된다.

속성표본감사 기법에 의해 내부통제 및 예외사항이 미비점으로 분류되었다면, 그 미비한 통제활동 때문에 모집단에 존재할 수 있는 잠재적 왜곡표시사항 금액을 확인하고 재무제표에 미치는 영향을 평가하여야 한다. 그 잠재적 오류사항은 금액적 크기와 발생가능성 등을 고려하여 단순한 미비점, 유의한 미비점 및 중요한 취약점으로 최종적으로 분류되어야 한다.

이러한 분류를 위해서는 우선적으로 모집단에 존재할 수 있는 잠재적 왜곡표시사항의 금액적 크기를 측정하여야 하는데 변량표본감사 기법이 활용될 수 있다. 변량표본감사 기법은 세부적인 방법으로 금액가중확률표본감사와 전통적 표본감사기법으로 구분된다.

금액가중확률표본감사는 화폐액으로 그 결과를 표시하면서도 속성표본감사와 같은 가정을 적용하며 실무적으로 편리하기 때문에 활용도가 높다. 반면, 전통적 표본감사기법은 정규분포 이론에 기초한 방법으로 가장 통계학적 이론에 충실한 방법이다. 하지만 적용에 한계가 있어 실무적으로는 거의 사용되지 않는다.

6.6.4.1 금액가중확률표본감사

금액가중확률표본감사(sampling with probability proportional to size : PPS)는 실무적으로 간편하게 이용하기 위해서 AICPA에서 속성표본감사를 응용하여 개발된 통계적 표본감사방법이다.

속성표본감사에서는 그 결과가 비율에 의해 표현되지만 금액가중확률표본감사는 그 결과가 금액으로 표시되기 때문에 미비점의 분류를 위해 사용되어질 수 있다.

금액가중확률표본감사는 그 표본추출방법으로 화폐단위표본추출(MUS, Monetary unit sampling)을 기반으로 하고 있으며, 금액가중확률표본감사 기법을 적용할 때에는 다음의 사항을 고려하여야 한다(New ISA 회계감사, 노준화).

- 모집단을 구성하고 있는 단위의 계정잔액이 0 또는 음(-)의 금액을 갖지 않아야 한다. 0 혹은 음(-)의 금액을 갖는 표본단위는 화폐단위표본추출 기법에 의해서는 추출되지 않으므로 별개로 고려되어야 한다.
- 개별항목의 단위가 비교적 크고, 또한 금액이 큰 거래에 대해서는 반드시 표본항목으로 추출하고자 할 때 적용한다. 이는 화폐단위표본추출을 적용하면 표본추출간격 이

상의 거래내역은 전수로 추출되기 때문이다.

• 상대적으로 오류액이 거의 없거나 적은 것으로 예상되는 계정잔액을 검증할 때 적용한다(푸아송 분포의 특징).

금액가중확률표본감사는 표본을 추출하여 테스트한 후, 추정왜곡표시상한액을 도출하고 이를 근거로 결론을 내릴 수 있도록 하는데, 다음의 도표와 같이 그 절차를 정리할 수 있다.

| 금액가중확률표본감사 적용절차 |

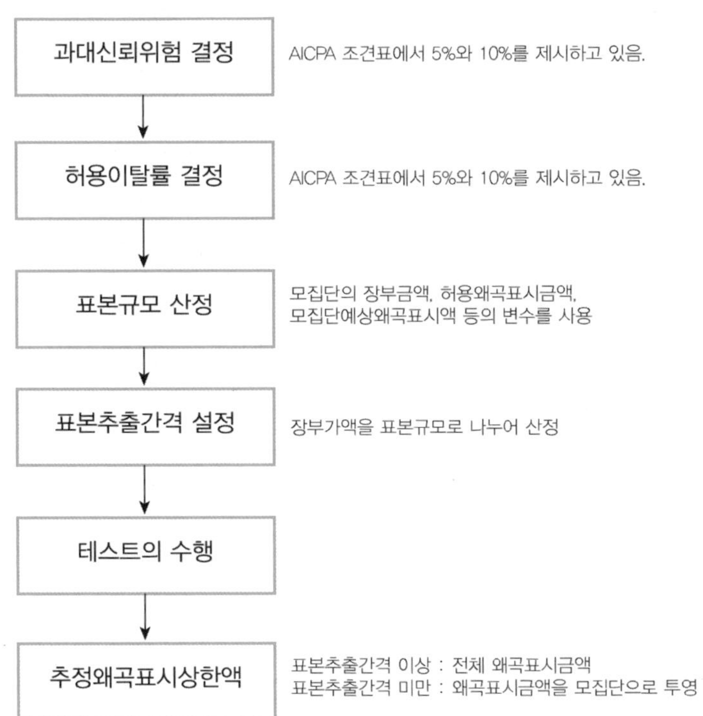

표본규모의 산정

표본규모는 속성표본감사를 응용하여 산정되는데 장부금액과 허용왜곡표시금액, 모집단예상왜곡표시액을 변수로 하여 아래의 산식에 의해 산정된다.

$$\text{표본규모} = \frac{\text{장부금액} \times \text{신뢰계수}}{\text{허용왜곡표시금액} - \text{모집단예상왜곡표시액} \times \text{확장계수}}$$

장부금액은 표본을 추출하고자 하는 모집단의 장부금액을 의미한다.

허용왜곡표시금액은 내부회계관리제도에서의 중요성 기준을 활용할 수 있다. 만약 금액적으로 중요성금액의 일정비율 이하는 단순한 미비점으로 분류되며 단순한 미비점은 대표이사와 내부회계관리자의 운영실태보고서 및 감사(혹은 감사위원회)의 평가보고서의 의견형성에 영향을 미치지 않으므로 그 구분점을 허용왜곡표시금액으로 사용할 수 있을 것이다. 내부회계관리제도 평가 및 보고 가이드라인 문단54.다에서는 중요성 금액기준의 일정비율로서 단순한 미비점과 유의한 미비점을 구분할 수 있는 기준으로 사용할 수 있다고 규정하고 있으나, A flamework for evaluating control exceptions and deficiencies에서는 중요성 금액의 20%를 적용할 수 있도록 구체적 비율을 제시하고 있다. 앞서 언급한 바와 같이 20% 적용에는 타 질적 요소와 더불어 신중한 주의를 기울여야 한다.

마지막으로 모집단예상왜곡표시액은 관련된 모집단의 내부통제에서 발생할 것으로 예상되는 왜곡표시금액이다. 이러한 모집단예상왜곡표시액은 관련 내부통제의 설계단계에서 예상되는 왜곡표시금액이나 과거에 동일한 모집단에서 발생한 왜곡표시금액을 사용할 수 있을 것이다.

신뢰계수 및 확장계수는 허용이탈율에 따라 결정되는데, AICPA에서 발간한 Audit guide : Audit sampling(2014)에서 제시하고 있는 신뢰계수와 확장계수표를 활용한다.

| 신뢰계수표 |

Number of Overstatement Misstatements	Risk of Incorrect Acceptance								
	5%	10%	15%	20%	25%	30%	35%	37%	50%
0	3.00	2.31	1.90	1.61	1.39	1.21	1.05	1.00	0.70
1	4.75	3.89	3.38	3.00	2.70	2.44	2.22	2.14	1.68
2	6.30	5.33	4.73	4.28	3.93	3.62	3.35	3.25	2.68
3	7.76	6.69	6.02	5.52	5.11	4.77	4.46	4.35	3.68
4	9.16	8.00	7.27	6.73	6.28	5.90	5.55	5.43	4.68
5	10.52	9.28	8.50	7.91	7.43	7.01	6.64	6.50	5.68
6	11.85	10.54	9.71	9.08	8.56	8.12	7.72	7.57	6.67
7	13.15	11.78	10.90	10.24	9.69	9.21	8.79	8.63	7.67
8	14.44	13.00	12.08	11.38	10.81	10.31	9.85	9.68	8.67
9	15.71	14.21	13.25	12.52	11.92	11.39	10.92	10.74	9.67
10	16.97	15.41	14.42	13.66	13.02	12.47	11.98	11.79	10.67
11	18.21	16.60	15.57	14.78	14.13	13.55	13.04	12.84	11.67
12	19.45	17.79	16.72	15.90	15.22	14.63	14.09	13.89	12.67
13	20.67	18.96	17.86	17.02	16.32	15.70	15.14	14.93	13.67
14	21.89	20.13	19.00	18.13	17.40	16.77	16.20	15.98	14.67
15	23.10	21.30	20.13	19.24	18.49	17.84	17.25	17.02	15.67
16	24.31	22.46	21.26	20.34	19.58	18.90	18.29	18.06	16.67
17	25.50	23.61	22.39	21.44	20.66	19.97	19.34	19.10	17.67
18	26.70	24.76	23.51	22.54	21.74	21.03	20.38	20.14	18.67
19	27.88	25.91	24.63	23.64	22.81	22.09	21.43	21.18	19.67
20	29.07	27.05	25.74	24.73	23.89	23.15	22.47	22.22	20.67

Note : The basis for this table is the Poisson distribution. The 37 percent risk of incorrect acceptance column is provided for the convenience of those auditors that used previous MUS sampling formula guidance in developing policies and procedures.

| 확장계수표 |

Risk of Incorrect Acceptance(%)	1%	5%	10%	15%	20%	25%	30%	37%	50%
Factor	1.90	1.60	1.50	1.40	1.30	1.25	1.20	1.15	1.10

표본추출간격

금액가중확률표본감사는 표본을 추출할 때 화폐단위표본추출(MUS) 방법을 통해 테스트 항목을 추출한다. 화폐단위표본추출을 적용하기 위해서는 추출간격을 먼저 계산해야 하는데, 추출간격은 다음과 같이 산출된다.

$$\text{표본추출간격} = \frac{\text{장부금액}}{\text{표본규모}}$$

화폐단위표본추출은 표본추출간격을 설정한 후 표본추출간격을 이용하여 표본을 추출하는 방법이다. 만약 표본추출간격이 40,000원으로 설정되었다면 최초 출발점으로부터 매 40,000원째 표본단위를 추출하는 것을 의미한다. 모집단을 구성하고 있는 개별항목의 금액이 추출간격 이상인 집단은 모두 추출되며, 추출간격 미만인 집단은 일부만 추출된다.

| 화폐단위표본추출 적용방법 예시 |

일련번호	발생일자	전표금액	누적금액	표본추출		
					0	
1	20×1-01-25	1,000	1,000			
2	20×1-02-23	1,500	2,500			
3	20×1-01-10	5,000	7,500			추출간격 40,000
4	20×1-04-03	5,500	13,000			
5	20×1-01-31	10,000	23,000			
6	20×1-01-25	11,500	34,500			
7	20×1-05-04	20,000	54,500	V	40,000	
8	20×1-07-14	25,000	79,500			추출간격 40,000
9	20×1-01-20	40,000	119,500	V	80,000	
10	20×1-12-07	45,000	164,500	V	120,000	추출간격 40,000
11	20×1-06-07	50,000	214,500	V	160,000	추출간격 40,000
…	…	…	…			

화폐단위표본추출은 일반적으로 마이크로소프트 엑셀이나 엑세스와 같은 보편적인 프로그램, ACL(Galvanize) 및 Caseware IDEA와 같은 전용 프로그램을 사용할 수 있다.

추정왜곡표시상한액

표본 테스트에서 왜곡사항으로 확인된 사항은 모집단으로 확대되어야 전체모집단에서 발생할 수 있는 왜곡표시를 금액으로 나타낼 수 있을 것이다. 이 경우 표본이 모집단을 대표하지 못하는 표본위험을 반영하기 위해 표본위험의 허용치를 고려하여야 하며 특이 왜곡표시 사항은 모집단으로 투영(projection)하지 않는다.

추정왜곡표시상한액 = 모집단투영왜곡표시 + 표본위험의 허용치

모집단투영왜곡표시는 항목당왜곡표시율을 표본추출간격으로 투영하여 산정한다. 하지만 화폐단위표본추출방법에서는 개별항목의 장부금액이 표본추출간격 이상이라면 전수로 추출되므로 모집단 투영과정이 필요하지 않다. 반면, 개별항목의 장부금액이 추출간격 미만인 경우에는 표본에서 발생한 왜곡표시율을 표본추출간격에 적용하여 확대하여야 한다.

상 황	표본추출	모집단투영왜곡표시
개별항목 장부금액 〉 표본추출간격	전수추출	표본에서 발생한 오류금액이 모집단 왜곡표시금액임. 즉 모집단으로 왜곡표시를 투영할 필요없음.
개별항목 장부금액 〈 표본추출간격	일부추출	표본에서 발생한 오류금액은 모집단 일부에서 발생한 금액이므로 모집단으로 확대하여야 함. 투영왜곡표시 = 표본추출간격 × 왜곡표시율

표본위험의 허용치는 왜곡표시가 전혀 발견되지 않은 경우에도 적용해야 하는 기본정도와 발견된 항목에 대한 증분허용치로 구분된다. 이를 산식으로 나타내면 다음과 같다.

표본위험의 허용치 = 기본정도 + 증분허용치

기본정도 = 최초신뢰계수 × 표본추출간격

증분허용치 = Σ(증가신뢰계수 − 1) × 표본추출간격 × 항목당 오류율(큰 순서)

| 금액가중확률표본감사 흐름 |

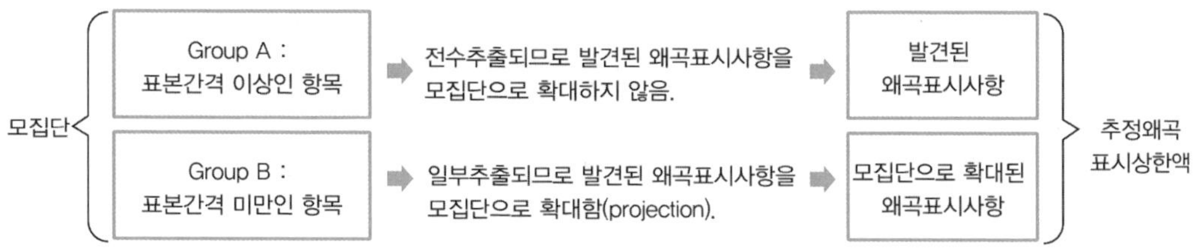

사례 2

금액가중확률표본감사를 이용한 미비점의 평가

김대리는 아래의 통제활동에서 발생한 예외사항에 대해 속성표본감사 기법을 적용하였으며 이는 미비점으로 결론내렸다. 이러한 통제미비점은 단순한 미비점, 유의한 미비점, 중요한 취약점으로 구분되어야 하는데 이를 평가하기 위해 금액가중확률표본감사를 적용하기로 하였다.

계정과목	경영자 주장	위험 기술	통제활동	테스트 플랜
매출	발생사실, 정확성	회사의 비표준계약은 영업사원에 의해 협의되고 입력됨에 따라 가공의 매출이 계상될 위험이 존재한다.	비표준계약에 대한 영업사원의 회계처리 입력은 회계팀의 담당자가 수익 인식 일자와 금액에 대해 수작업으로 검토한다.	연간 비표준계약 전체 모집단에서 샘플을 무작위 추출하여 계약서상의 일자와 기표 기준일자, 금액과 일치하는지 확인하고, 회계팀 담당자의 서명이 있는지 확인한다.

김대리는 내부통제에 대해 추가적으로 다음 사항을 파악하였다.

회사의 비표준계약에 대한 재무제표의 잠재적 왜곡표시 발생가능성(likelihood)을 줄일 수 있거나 잠재적 왜곡표시 규모(potential magnitude)를 유의한 금액 미만으로 줄일 수 있는 보완통제는 없는 것으로 파악되었다.

미비점 분류를 위한 추가정보는 다음과 같다.

- 유의성 미만 금액 : 중요성 금액의 20% 미만
- 중요성 금액 : 2,500,000원
- 비표준계약으로 인한 수익 인식액(총 노출액, Gross exposure) : 6,000,000원
- 과대신뢰위험(β위험) : 10%
- 예상 이탈수 : 2개
- 작년에 모집단에서 발생한 왜곡표시금액은 5,000원이다.
- 신뢰계수표는 다음과 같다.

오류수	과대신뢰위험(β위험)					
	5%	10%	15%	20%	25%	30%
0	3.00	2.31	1.90	1.61	1.39	1.21
1	4.75	3.89	3.38	3.00	2.70	2.44
2	6.30	5.33	4.73	4.28	3.93	3.62
3	7.76	6.69	6.02	5.52	5.11	4.77

• 확장계수표는 아래와 같다.

과대신뢰위험	1%	5%	10%	15%	20%
확장계수	1.9	1.6	1.5	1.4	1.3

Step 1 : 표본규모 및 표본추출간격의 계산

• 표본규모 = $\dfrac{6{,}000{,}000 \times 5.33}{500{,}000 - 5{,}000 \times 1.5}$ = 65개

• 표본추출간격 = $\dfrac{6{,}000{,}000}{65\text{개}}$ = 92,308원

Step 2 : 추정왜곡표시상한액의 계산

테스트 결과 오류로 인하여 발생하는 금액적 차이금액은 다음과 같으며, 특이 왜곡표시는 없는 것으로 판단된다.

거래처명	장부금액	감사금액	왜곡표시금액	왜곡표시율
갑을상사	500,000	330,000	170,000	34%
㈜한서	50,000	30,000	20,000	40%
2교시주식회사	30,000	15,000	15,000	50%
삼정전기	10,000	7,500	2,500	25%

특이 왜곡표시 사항이 없으므로 모집단투영왜곡표시와 표본위험의 허용치를 산출한다.

① 모집단투영왜곡표시 산출

거래처명	표본간격	표본추출간격	왜곡표시율	투영왜곡표시
갑을상사	이상	NA	NA	170,000
㈜한서	작음	92,308	40%	36,923
2교시주식회사	작음	92,308	50%	46,154
삼정전기	작음	92,308	25%	23,077
합계				276,154

② 표본위험의 허용치 산출

기본정도 = 최초신뢰계수 × 표본추출간격 = 2.31 × 92,308원 = 213,231원

증분허용치의 산출 : 51,554원

거래처명	증가신뢰계수 - 1	표본추출간격	왜곡표시율	증분허용치
2교시주식회사	(3.89 - 2.31) - 1 = 0.58	92,308	50%	26,769
㈜한서	(5.33 - 3.89) - 1 = 0.43	92,308	40%	16,246
삼정전기	(6.69 - 5.33) - 1 = 0.36	92,308	25%	8,538
합계				51,554

따라서, 표본위험의 허용치는 264,785원(213,231원 + 51,554원)이다.

③ 추정왜곡표시상한액

추정왜곡표시상한액 = 모집단투영왜곡표시 + 표본위험의 허용치 + 특이 왜곡표시

따라서, 추정왜곡표시상한액은 540,939원(276,154원 + 264,785원)이다.

Step 3. 발생가능성

관련한 내부통제를 검토한 결과 통제활동이 수작업으로 이루어져 재무제표 왜곡사항이 합리적으로 발생가능성이 있는(reasonably possible) 것으로 판단된다.

Step 4. 잠재적인 금액적 크기

모집단에서 오류로 발생할 수 있는 잠재적인 금액적 크기는 Step 2에서 산출된 추정왜곡표시상한액인 540,939원이다.

잠재적인 오류액은 금액적 크기에 따라 '유의성 미만 금액', '유의한 금액', '중요한 금액'으로 구분한다. 유의성 미만 금액 기준은 중요성 금액의 20% 미만으로 결정하였으므로,

유의성 미만 금액 = 2,500,000원(중요성 금액) × 20% = 500,000원

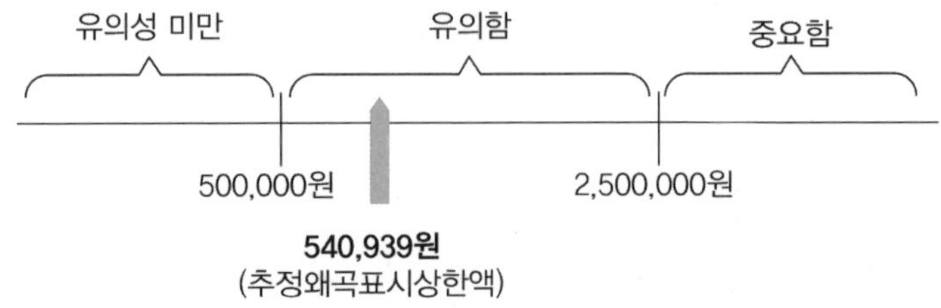

따라서, 잠재적인 금액적 크기를 중요성 기준과 비교한 결과 유의한 금액으로 결론되었다.

Step 5 : 보완통제

보완통제가 존재하지 않으므로 잠재적인 금액적 크기에 미치는 영향은 없다.

Step 6 : 예비적 미비점 분류

보완통제까지 고려한 경우에도 발생가능성을 고려한 경우 합리적으로 발생가능하며 (reasonably possible) 잠재적인 금액적 크기가 유의한 금액이므로 예비적으로 유의한 미비점(significant deficiency)으로 분류할 수 있다.

발생가능성(Likelihood of misstatement)

잠재적인 금액적 크기 (Potential magnitude of misstatement)	가능성이 매우 낮음 (Remote)	합리적으로 발생가능함 (Reasonably possible)	가능성이 매우 높음 (Probable)
유의성 미만	단순한 미비점 (Deficiency)	단순한 미비점 (Deficiency)	단순한 미비점 (Deficiency)
유의함	유의한 미비점 (Significant deficiency)	유의한 미비점 (Significant deficiency)	유의한 미비점 (Significant deficiency)
중요함	유의한 미비점 (Significant deficiency)	중요한 취약점 (Material weakness)	중요한 취약점 (Material weakness)

Step 7 : 전문적 지식을 가진 객관적인 관리자의 판단 및 타 미비점과 종합적 고려 등

프로세스를 확실하게 이해하고 있는 프로세스 책임자(분별력 있는 관리자)에 의해서 질적으로 판단한 경우에도 관련한 예외사항이 중요한 취약점(material weakness)이라고는 결론되지 않았으며, 타 미비점과 종합적으로 고려한 후에도 중요한 취약점이라 판단되지 않는다.

Step 8 : 최종결론

상기 절차에 따라 유의한 미비점으로 판단한다.

6.6.4.2 전통적변량표본감사

금액비례확률표본감사는 통계학을 응용하여 개발된 실무적인 표본감사 방법이다. 하지만 전통적변량표본감사는 통계학이론에 따라서 표본감사를 수행한다는 점에서 가장 큰 차이가 있다. 하지만, 전통적변량표본감사는 그 실무적 적용에 많은 한계가 있어 실무적으로는 거의 쓰이지 않는 방법이므로 여기서는 생략하였다.

6.6.5 미비점의 조치

회사의 내부통제에 '유의한 미비점'이나 '중요한 취약점'이 존재하는 경우 대표이사(내부회계관리자)는 다음의 사항을 고려하여야 한다.

- 회사의 내부통제의 현 상황에 대해 반드시 감사(감사위원회) 및 외부감사인과 협의한다.
- 대표이사(내부회계관리자)는 가능한 빠르게 시정활동을 마련하여야 한다.
- '유의한 미비점'이 발생한 경우 이사회 및 감사(감사위원회)에 보고하여야 한다.
- '중요한 취약점'을 시정하기 위한 대표이사 및 내부회계관리자의 활동에 대해 공시하여야 한다.

연 습 문 제

문제 1

속성표본감사의 응용(공인회계사 2차 응용, 2015년)

박과장은 ABC(주)의 20×1년 내부회계관리제도 운영평가 업무에 참여하고 있다. 박과장은 팀장으로부터 매출액 및 매출채권에 대한 운영평가 업무를 배정받았다. 다음은 박과장이 ABC(주)의 매출관련 테스트를 수행하는 과정에서 판단하거나 수행한 절차이다.

(1) 박과장은 ABC(주)의 매출활동 관련 계정의 내부통제에 대한 이해결과 중요왜곡표시위험이 낮다는 것을 인지하였다.
(2) 박과장은 매출전표에 선적서류 등의 증빙자료가 적절하게 첨부되어 있는지를 확인하는 운영평가프로그램(절차)을 확인하였으며, 이러한 운영평가를 통해 매출거래의 실재성과 발생사실을 검증할 수 있을 것으로 판단하였다.
(3) 박과장은 통계적 표본감사기법을 이용하여 운영평가를 수행하기로 하였으며 푸아송 분포를 가정한 속성표본감사를 적용하기로 하였다.

※ 다음 자료는 (4)부터 (6)까지 관련된 것이다.

운영평가의 대상이 된 매출전표는 모두 5,000건이며, 매출액은 125,000,000원이다. 박과장은 표본크기를 결정하기 위해 모집단 예상이탈율 2%, 허용이탈율 6%, 신뢰수준 95%를 설정하고 팀장으로부터 승인을 득하였다. 이에 따른 표본크기는 125개로 가정한다.

(4) 박과장은 표본추출간격을 1,000,000원(=매출액/표본크기)으로 산출하였으며 체계적 추출법을 통해 125개의 표본을 추출하였다.
(5) 박과장은 125개의 표본에 대해 문서검사와 분석적절차를 수행하였으며, 그 결과 5개의 표본에서 예외사항(=이탈사항)을 발견하였다.
(6) 박과장은 표본이탈율 4%(=5개/125개)가 허용이탈율 6%에 미달하므로 매출관련 계정과목의 내부통제가 유효한 것으로 판단하였다.

(질문) 박과장이 판단(또는 이해)이 잘못되었거나 수행한 절차가 적절치 않은 항목 3가지를 지적하고 그 이유를 답안양식에 따라 서술하시오.

항목번호	이 유

해설 속성표본감사의 응용(공인회계사 2차 응용, 2015년)

속성표본감사란 내부통제 테스트를 위해 주요 사용하는 통계적 표본 감사방법이며 테스터가 확인하고자 하는 내용은 내부통제의 이탈율이나 오류율이 된다. 따라서 예외사항의 금액적 크기가 아니라 예외사항이 전체 모집단에서 차지하는 이탈율을 평가하는 방법이다. 속성표본감사는 표본에서 발생한 예외사항수(이탈항목)에 의해 모집단 전체에서 발생할 수 있는 예상이탈율을 추정하고, 그 예상이탈율이 내부통제의 허용가능한 이탈율과 비교하여 그 유효성을 판단한다.

속성표본감사의 적용을 위해서 AICPA(미국공인회계사회)에서는 실무적으로 적용이 간편한 속성표본감사표를 활용하며 다음과 같은 절차에 따라 진행된다.

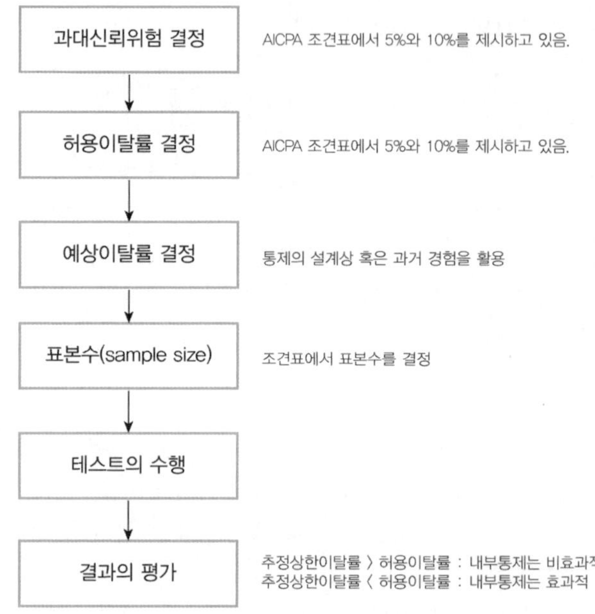

〈답안양식〉에 따른 예시는 다음과 같다.

항목번호	이 유
(4)	속성표본감사에서 표본단위는 화폐적단위가 아니라 물리적단위이므로 표본추출 간격은 총매출전표 5,000건을 표본크기 125개로 나누어 계산하여야 한다.
(5)	질문, 관찰, 검사, 재수행이 운영평가의 유효성을 판단하기 위한 테스트 기법이 되므로 분석적검토를 수행하는 것은 운영평가 유효성을 판단하기 위한 유효한 방법에 해당하지 않는다.
(6)	표본이탈율은 표본위험이 고려되지 않았으므로 추정상한이탈율을 허용이탈율과 비교하여야 한다.

문제 2

금액가중확률 표본감사(공인회계사 2차 응용, 2017년)

박과장은 매출채권에 대한 내부통제의 심각성(Severity)을 확인하기 위해 화폐단위표본추출(MUS, Monetary unit sampling) 기법과 금액가중확률 표본감사(PPS, Probability proportional to size sampling)를 적용하여 통계적 표본감사를 수행하였다. 다음은 매출채권과 관련하여 박과장이 수행한 절차이다.

1. 모집단과 표본단위의 결정
   ① 매출채권 장부잔액인 4,000,000원을 모집단으로 결정하고, 표본단위는 화폐단위 1원으로 결정하여 ② 모든 거래처가 표본으로 추출될 확률이 동일하도록 설계하였다.

2. 표본의 추출
   매출채권 계정의 실재성을 확인하기 위하여 ③ 거래증빙에서 표본을 추출하여 매출채권 원장에 반영되었는지를 확인하였다.

3. 표본규모의 결정
   ④ 신뢰계수표를 이용하여 표본규모를 계산하기 위하여 과대신뢰위험(β위험), 과소신뢰위험(α위험), 모집단의 예상왜곡표시액과 장부금액, 확장계수, 허용왜곡표시액을 고려하였다. 표본규모는 200개로 결정하였다.

4. 표본추출방법의 선택
   ⑤ 거래처별 매출채권 기말잔액을 누계한 다음 누적금액을 모집단으로 하여 표본을 체계적추출법으로 추출하였다. ⑥ 표본간격은 20,000원(모집단장부금액/표본규모)으로 계산하였으며, ⑦ 임의의 출발점(0원)을 선택하여 이로부터 표본추출 간격대로 누적금액에서 표본을 추출하였다.

(질문) ①~⑦ 중에서 박과장이 잘못 적용한 세 개의 번호를 고르고, 그 이유를 함께 기술하라.

해설 금액가중확률 표본감사(공인회계사 2차 응용, 2017년)

금액가중확률표본감사는 실무적으로 간편하게 이용하기 위해서 AICPA에서 속성표본감사를 응용하여 개발된 통계적 표본감사방법이다. 속성표본감사에서는 그 결과가 비율에 의해 표현되지만 금액가중확률표본감사는 그 결과가 금액으로 표시된다는 점이 다르다. 금액가중확률표본감사 기법을 적용할 때에는 다음의 사항을 고려하여야 한다.

- 모집단 구성단위의 계정잔액이 0 또는 음(−)의 금액을 갖지 않아야 한다. 0 혹은 음(−)의 금액을 갖는 표본단위는 화폐단위표본추출 기법에 의해서는 추출되지 않기 때문이다.

- 개별항목의 단위가 비교적 크고, 또한 금액이 큰 거래에 대해서는 반드시 표본항목으로 추출하고자 할 때 유용하다. 이는 화폐단위표본추출을 적용하면 표본추출간격 이상의 거래내역은 전수로 추출되기 때문이다.
- 상대적으로 오류액이 거의 없거나 적은 것으로 예상되는 계정잔액을 검증할 때 적용한다(푸아송 분포의 특징).

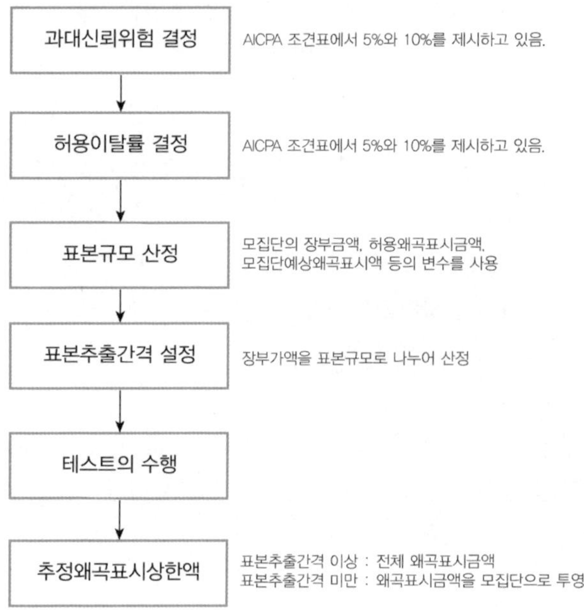

문제에서 3가지 잘못된 점을 설명하자면 다음과 같다.

② 화폐단위표본추출에서는 금액이 클수록 표본으로 추출될 가능성이 높아지므로 모든 거래처가 표본으로 추출될 확률이 동일하도록 설계하였다는 것은 잘못이다.

③ 매출채권의 실재성을 확인하는 것이므로 거래증빙이 아니라 매출채권의 보조부장부를 모집단으로 하여 표본을 추출한 뒤 거래증빙과 비교하여야 한다.

④ 금액가중확률표본감사에서는 과대신뢰위험만을 고려하므로 과소신뢰위험을 고려하였다는 것은 잘못된 것이다.

문제 3

미비점의 심각성(공인회계사 2차 응용, 2020년)

W회계법인은 식료품을 생산하는 L(주)의 20×1년 재무제표와 내부회계관리제도에 대한 통합감사를 최초로 수행하고 있다.

(질문1)

W회계법인은 발견된 통제미비점이 중요한 취약점에 해당하는지 여부에 대한 평가를 수행하고 있다. 통제미비점의 심각성을 평가하는데 영향을 미치는 요소 두 가지를 서술하시오.

(질문2)

L(주)는 20×2년 1월 25일 증권선물위원회에 20×1년 재무제표를 사전 제출하였다. W회계법인은 기말감사 기간 중 다음과 같은 조정사항을 반영하여 수정된 재무제표를 L(주)로부터 추가로 제시받았다.

항 목	재무제표 수정이유
성과급	이사회에서 20×2년 2월 10일에 임직원에 대한 20×1년 성과급을 최종 확정함에 따라, 최초 비용인식액 대비 50억 원을 추가로 인식하였다. 이사회에서 정하는 상여금 지급률은 사전 예측이 어려워, L(주)의 통제기술서에서는 사전재무제표 제출 이후 성과급 확정시점에 관련 통제를 수행하는 것으로 설계되어 있다.
지분법	L(주)의 관계기업인 S(주)가 외부감사인의 수정권고사항을 받아들여 재무제표를 20×2년 2월 9일에 수정하면서, L(주)는 최초로 수령하였던 S(주) 재무정보와의 차이 30억 원을 지분법손실로 추가 반영하였다.
소송사건	20×2년 2월 5일 W회계법인이 회수한 변호사조회사에 L(주)가 유럽에서 피소된 소송에서 20×2년 1월 5일에 최종 패소하였다고 가재되었다. L(주)는 W회계법인의 수정권고를 받아들여 25억 원의 충당부채를 추가로 반영하였으며, 이 외에 L(주)가 피소되어 계류 중인 다른 소송은 없었다.

감사의견 형성 시 사용되는 중요성 금액이 40억 원일 경우, 위 항목의 통제미비점 해당 여부, 통제미비점에 해당한다면 그 종류와 판단사유를 다음 양식에 따라 서술하시오. 단, 통제미비점의 종류란에는 미비점, 유의한 미비점, 중요한 취약점 중의 하나를 기재하여야 한다.

항 목	통제미비점 해당 여부	통제미비점 종류	통제미비점 종류에 대한 판단사유
성과급			
지분법			
소송사건			

해설 미비점의 심각성(공인회계사 2차 응용, 2020년)

미비점은 그 영향의 중요도에 따라 단순한 미비점, 유의한 미비점, 중요한 취약점으로 구분된다. 미비점을 구분하는 이유는 구분된 결과에 따라 조치사항 및 내부회계관리제도에 대한 의견이 달라지기 때문이다.

구 분	정 의
미비점 (Deficiency)	단순한 미비점(Deficiency)은 평상시의 회사 내부통제의 설계 및 운영에 의해서 경영자 혹은 직원이 왜곡사항에 대해 적시에 예방 혹은 적발하지 못하는 경우이다.
유의한 미비점 (Significant deficiency)	유의한 미비점(Significant deficiency)은 내부통제의 미비점 혹은 단순 미비점들의 조합에 의한 왜곡사항이 재무제표의 신뢰성에 영향을 미치는 경우로써, 중요한 취약점으로 분류될 정도는 아니지만 회사의 재무보고를 감독할 책임이 있는 이사회, 감사(위원회) 등이 주목할 만한 하나 또는 여러 개의 통제상 미비점의 결합을 의미한다.
중요한 취약점 (Material weakness)	중요한 취약점이란 하나 또는 여러 개의 미비점의 결합으로서 재무제표상 중요한 왜곡표시가 예방 또는 적시에 적발되지 못할 가능성이 낮지 않은 경우를 말한다.

1. 통제미비점 심각성을 평가시 영향을 미치는 두 가지 요소

① 발생가능성(Likelihood of misstatement)

발생가능성은 재무제표 왜곡표시가 예방 혹은 적발되지 못할 가능성을 의미한다. 발생가능성은 다음의 세 가지로 구분될 수 있다.

- 가능성이 매우 낮음(remote).
- 합리적으로 발생가능함(Reasonably possible).
- 가능성이 매우 높음(probable).

② 잠재적인 금액적 크기(Potential magnitude of misstatement)

미비점의 분류는 발생할 것으로 예상되는 재무제표 왜곡표시의 크기에 의해서도 결정된다. 여기서 그 금액적 크기는 실제로 발생했던 왜곡표시 금액이 아니라 발생가능한(잠재적인) 왜곡표시의 예상치이다. 잠재적인 금액적 크기는 다음의 세 가지로 개념상 구분될 수 있다.

- 유의성 미만
- 유의함
- 중요함

2. 통제미비점 심각성 구분

항 목	통제미비점 해당 여부	통제미비점 종료	통제미비점 종료에 대한 판단사유
성과급	부	-	해당사항 없음.
지분법	부	-	해당사항 없음.
소송사건	여	유의한 미비점	해당 소송의 확정일이 20×2년 1월 5일로서 증권선물위원회에 사전제출일인 20×2년 1월 25일보다 빠름에도 불구하고 해당 소송의 결과가 최초 재무제표에 반영되지 않은 것은 통제미비점에 해당한다. 오류금액이 중요성금액 미만이나 일반적으로 중요성금액의 20% 이상이므로 유의한 미비점으로 분류한다.

뉴스1 : 자산총액 2조 원 이상 상장사 72% 내부회계전담팀 구성

자산총액 2조 원 이상의 대규모 상장기업 중 72%가 내부회계전담팀을 구성한 것으로 나타났다. 그 외 19%는 내부회계관리제도를 전담할 별도 인력을 구성했다.

삼일회계법인은 지난 9월 20일~25일 자산총액 2조 원 이상인 상장기업 79개사를 대상으로 실시한 조사의 결과를 4일 보고서를 통해 밝혔다.

조사 결과 전체 79개 사 중 내부회계전담팀 구성을 완료한 곳은 57개 사(72%), 별도 인력 구성을 완료한 곳은 15개 사(19%), 별도 팀 구성 예정인 곳은 2개 사(3%), 별도 인력 구성 예정인 곳은 2개 사(2%)다. 나머지 3개 사(4%)는 아직 대응 방안이 결정되지 않았다.

삼일회계법인 내부회계팀은 "단순히 법적 요구 사항을 형식적으로 준수하기보다는 내부회계관리제도의 적극적인 운영을 기반으로 경영 방식을 전환하는 것이 회사의 경쟁력을 강화할 수 있는 방안일 것"이라고 했다.

지난 2018년 11월 개정된 외감법의 시행으로 올해부터 자산총액 2조 원 이상의 상장기업은 내부회계관리제도에 대한 감사를 받고 있다. 해를 거듭하면서 감사대상이 단계적으로 확대될 예정이다.

07 보고(Reporting)

내부회계관리제도 설계 및 운영의 효과성을 평가하는 과정에서 발견된 중요한 취약점은 내부회계관리제도 운영실태보고서 및 평가보고서에 반영되어야 하며 내부회계관리제도의 효과성에 대한 종합 결론을 내리는데 고려되어야 한다.

7.1 내부회계실무자의 보고서

외감법에서 강제되는 사항은 아니지만 내부회계관리제도에 대한 설계평가 및 운영평가가 종료되면 그 결과를 요약하여 회사의 보고체계에 따라 내부회계관리자, 대표이사 및 감사(위원회)에 보고되는 것이 일반적인 실무 업무이다.

이러한 내부회계실무자의 보고서는 그 내용과 형식이 정하여져 있지는 않지만 주요 경영진이 내부회계관리제도의 운영에 대한 중요 이슈사항을 적시에 파악할 수 있도록 작성된다.

예시 내부회계실무자의 보고서(내부회계관리위원회 보고 사례)

20×9년도 내부회계관리위원회 실무보고 (예시)

1. 회의 개요
   - 개최일시 : 20×9년 1월 31일
   - 회의장소 : 본점 10층 임원회의실
   - 해당위원 : 대표이사, 내부회계관리자, 경영관리담당이사, 위험관리담당이사, 글로벌사업그룹담당이사, IT정보기술담당이사

2. 회의안건

20×8년 내부회계관리제도의 운영실태에 대한 결과보고 및 20×9년의 연간계획을 보고합니다.

구 분	내 용
가. 20×7년 조치보고	20×7년 내부회계관리제도 미비점 개선결과
나. 20×8년 결과보고	20×8년 내부회계관리제도 설계 및 운영평가 결과
다. 20×9년 계획보고	20×9년 내부회계관리제도 연간 평가 및 운영계획

3. 20×7년 조치보고 내역

당사의 내부회계관리규정 제18조 (미비점에 대한 조치)에 따라 20×7년 미비점에 대한 조치결과를 다음과 같이 보고합니다.

프로세스명	미비점 내용	개선 및 조치내역	조치완료
국내매출(총판)	영업사원에 의해 총판 매출 밀어내기(가공매출)가 발생한 사례가 있으나, 이를 적발하기 위한 실질적인 내부통제가 미비함.	비경상적 매출발생(금액, 빈도)에 대해 매출관리시스템에서 예외사항 보고서(모니터링보고서)를 발행하여 감사부에 통보하는 시스템 통제를 신설하였음.	완료
급여지급	미국현지법인 인력의 전원의 급여, 퇴직급여, 사회보장비용, 보너스 등의 인건비성 경비는 외부서비스제공자에 의해 이루어지나 이에 대한 적절한 내부통제 점검이 이루어지지 않고 있음.	서비스제공자에게 SOC report의 발행을 요청함. 서비스제공자의 SOC report를 검토하여 내부통제 유효성을 확보할 계획임.	진행 중
파생상품 운용	재무제표 주석으로 공시되는 파생상품 레벨분류의 적정성을 검증하기 위한 통제활동이 없음.	파생상품 운용을 담당하는 자금부에 파생상품 분류를 위한 담당자와 책임자를 지정하는 내부통제를 신설함. 또한, 해당 내역은 MRC 절차로 지정하여 구체적인 기대값과 실제치의 차이를 확인하도록 함.	완료

4. 20×8년 결과보고 내역

당사의 내부회계관리규정 제20조 (평가결과 보고) 제1항에 따라 20×8년 기말평가 결과를 아래와 같이 보고합니다.

<table>
<tr><th>구 분</th><th>평가기준</th></tr>
<tr><td>평가개요</td><td>- 평가대상기간 : 20×8년 1월 1일~20×8년 12월 31일
- 평가방법 : 추적조사, 검사, 재수행
- 평가범위 : 핵심통제에 대한 설계 및 운영평가 수행
- 평가자 : XX회계법인</td></tr>
<tr><td>평가결과</td><td>- 핵심통제는 479건으로 중간평가 대비 3건 추가 신설됨.
- 20×9년 수행된 문서화 업데이트 사항을 모두 포함하여 평가함.
- 평가결과 2건의 예외사항이 발생하였으나 발생원인에 대해 조사결과, 통제수행자의 단순한 누락으로 금액적으로도 중요하지 않은 것으로 확인됨(유의성 금액 미만).
- 평가결과는 다음과 같음.
<table>
<tr><th>구분</th><th>프로세스명/
구성요소명</th><th>통제수</th><th>핵심
통제수</th><th>설계
평가</th><th>운영
평가</th></tr>
<tr><td rowspan="4">전사
통제</td><td>통제환경</td><td>20</td><td>20</td><td>유효</td><td>유효</td></tr>
<tr><td>위험평가</td><td>15</td><td>15</td><td>유효</td><td>유효</td></tr>
<tr><td>정보/의사소통</td><td>14</td><td>14</td><td>유효</td><td>유효</td></tr>
<tr><td>모니터링</td><td>10</td><td>10</td><td>유효</td><td>유효</td></tr>
<tr><td rowspan="5">업무
통제</td><td>매출관리</td><td>77</td><td>30</td><td>유효</td><td>유효</td></tr>
<tr><td>구매관리</td><td>83</td><td>33</td><td>유효</td><td>유효</td></tr>
<tr><td>제조관리</td><td>59</td><td>21</td><td>유효</td><td>유효</td></tr>
<tr><td>급여관리</td><td>17</td><td>5</td><td>유효</td><td>유효</td></tr>
<tr><td>자금관리</td><td>35</td><td>2</td><td>유효</td><td>유효</td></tr>
</table></td></tr>
<tr><td>평가결론</td><td>- 당사의 내부통제는 내부회계관리제도 설계 및 운영 개념체계에 근거하여 볼 때 중요성의 관점에서 효과적으로 설계되어 운영되고 있다고 판단됨.</td></tr>
<tr><td>권고사항</td><td>- 운영평가 수행 시 모집단의 수가 2,000개 이상이며 신설된 내부통제에 대해서는 통계적 기법에 의한 표본감사 방법론을 확대할 것을 권고함.
- 당사의 핵심통제의 67%는 수동화/적발통제에 의존하고 있어 통제의 질, 효율성 향상을 중장기적으로 고려하는 계획을 도입할 것이 권고됨(자동화/예방통제로 선진화된 내부통제 구현).</td></tr>
<tr><td>운영실태
보고서</td><td>- 20×9년 2월 8일까지 내부회계관리자, 대표이사의 운영실태보고서 발행 예정
- 20×9년 2월 9일부터~2월 28일까지 외부감사인 수검 예정
- 20×9년 3월 : 이사회 보고, 주총보고 예정</td></tr>
</table>

5. 20×9년 계획보고 내역

당사의 내부회계관리규정 제4조 (계획보고)에 따라 20×9년 연간평가 계획 및 중요정책에 관한 사항을 다음과 같이 보고합니다. 세부일정은 (별첨 1)을 참고하시기 바랍니다.

구 분	평가기준
연간계획 (별첨 1 참조)	- 대상선정(3월) : 20×8년 12월 31일자 재무제표를 기준으로 중요한 계정과목 및 프로세스 등의 평가범위 선정(양적 기준과 질적 기준 고려) - 문서화 업데이트(5월~6월) : 본부부서를 대상으로 문서화 업데이트 점검을 실시하고 조직개편, 담당업무변경, 내부통제 변경사항 등의 문서화를 점검 - 내부회계관리규정 개정(6월): 내부회계관리제도 상벌규정 시행세칙의 세부화를 계획중에 있으며 초안이 준비되는대로 내부회계관리위원회에 안건 상정 예정 - 추적조사 수행(7월~8월) : 내부회계관리팀에서 추적조사 대상을 선정하여 점검 예정 - 중간평가(9월~10월) : 20×9년 6월 30일을 기준으로 중간평가를 실시하고 평가결과 및 미비점 보고 예정 - 기말평가(12월~익년 1월) : 핵심통제를 대상으로 평가결과를 수행하고 결과보고 예정

7.2 대표이사 및 내부회계관리자의 운영실태보고서

외감법 제8조의2 제4항에 의해 회사의 대표자는 사업연도마다 주주총회, 이사회 및 감사(감사위원회)에 내부회계관리제도의 운영실태에 대해 보고하여야 한다. 만약, 회사의 대표자가 필요하다가 판단하는 경우 이사회 및 감사에 대한 보고는 내부회계관리자가 하도록 할 수 있다. 하지만, 주주총회에 대한 보고는 대표자가 하도록 하고 있어 그 책임이 외감법 개정 전보다 강화되었다.

7.2.1 대표이사 및 내부회계관리자의 운영실태 평가결론

대표자와 내부회계관리자는 미비점을 평가하여 단순한 미비점, 유의한 미비점, 중요한 취약점으로 구분한다. 추가적으로 내부회계관리제도 효과성 평가절차를 통해 얻은 자료, 감사(감사위원회), 외부감사인과 논의내용을 고려하여 최종 평가결론을 도출한다.

평가기준일 현재 하나 이상의 중요한 취약점이 발견된 경우에는 회사의 내부회계관리제도가 효과적이라고 결론 내릴 수 없다. 또한, 유의한 미비점이 존재하는 경우에는 유의한 미비점의 내용과 개선사항에 대해 붙임의 형태로 언급하고 향후 계획 등을 제시한다.

내부회계관리제도 평가 및 보고 기준 문단25에서는 운영실태보고서에 다음의 내용을 포함하도록 구체적으로 제시하고 있다.

- 수신인이 주주총회, 이사회 및 감사(위원회)임을 기술
- 평가기준일에 평가 대상 기간에 대하여 내부회계관리제도의 설계 및 운영의 효과성에 대하여 평가하였다는 사실
- 경영진이 선택한 내부통제체계와 이에 따른 내부회계관리제도의 설계 및 운영의 책임은 대표이사 및 내부회계관리자를 포함한 회사의 경영진에 있다는 사실
- 내부회계관리제도의 설계 및 운영의 평가기준으로 평가·보고 기준을 사용하였다는 사실
- 중요성의 관점에서 평가·보고 기준에 따른 내부회계관리제도 평가 결론
- 중요한 취약점이 있는 경우 내부회계관리제도의 설계와 운영 상의 중요한 취약점에 대한 설명
  (1) 중요한 취약점을 발생시킨 통제 미비점의 원인을 이해하고 각각의 중요한 취약점의 잠재적인 영향을 평가할 수 있는 정보를 공시하는 것을 고려한다.
  (2) 중요한 취약점과 관련하여 내부회계관리규정을 위반한 임직원의 징계 내용 등을 포함한다.
- 중요한 취약점이 있는 경우 중요한 취약점에 대한 시정조치 계획. 단, 내부회계관리제도에 대하여 외감법 시행령 제29조에 따른 감리를 받은 경우에는 그 감리에 따른 시정조치계획을 포함한다.
- 직전 사업연도에 보고한 중요한 취약점에 대한 시정조치 계획의 이행결과
- 다음 (1)~(3)의 사항을 확인하고 서명하여 보고 내용에 첨부하였다는 사실
  (1) 보고 내용이 거짓으로 기재되거나 표시되지 아니하였고, 기재하거나 표시하여야 할 사항을 빠뜨리고 있지 아니하다는 사실
  (2) 보고 내용에 중대한 오해를 일으키는 내용이 기재되거나 표시되지 아니하였다는 사실
  (3) 충분한 주의를 다하여 보고 내용의 기재 사항을 직접 확인·검토하였다는 사실
- 횡령 등 자금 관련 부정위험에 대응하기 위해 회사가 수행한 내부통제 활동
- 보고서 일자
- 대표이사 및 내부회계관리자의 서명 날인

7.2.2 의견표명 방법

대표자와 내부회계관리자는 내부회계관리제도에 대해 스스로 합리적인 수준의 확신을 가지고 효과성에 대한 평가결론을 내린다. 중요한 취약점의 존재 여부에 따라 의견은 다음과 같이 달라진다.

중요한 취약점이 없는 경우

"중요성의 관점에서 효과적으로 설계되어 운영되고 있다고 판단됩니다."

중요한 취약점이 있는 경우

"중요성의 관점에서 효과적으로 설계되어 운영되고 있지 않다고 판단됩니다."

내부회계관리자의 운영실태 평가보고서에는 "특정 부분을 제외하고는 효과적이다"는 식의 한정적 표현이나 "효과적이지 않다는 것을 나타내는 특별한 사항을 인지하지 못하였다"는 식의 소극적 확신(negative assurance)을 통한 결론표명을 할 수 없다.

2019년 12월에 개정된 내용에서는 '유의한 미비점'은 보고서의 붙임에 포함하여 상세하게 설명해야 했던 부분을 삭제하여 경영진 입장에서 부담이 크게 경감되었다. 2023년 제정된 가이드라인에서는 이 경우에도 경영진은 중요한 취약점 및 유의한 미비점과 개선방안을 이사회와 감사(위원회)에 보고하도록 하고 있다.

| 미비점 분류와 내부회계관리자 운영실태보고서 의견표명 |

구 분	단순한 미비점 (Deficiency)	유의한 미비점 (Significant deficiency)	중요한 취약점 (Material weakness)
의견	중요성의 관점에서 효과적으로 설계되어 운영되고 있다고 판단됩니다.	중요성의 관점에서 효과적으로 설계되어 운영되고 있다고 판단됩니다.	중요성의 관점에서 효과적으로 설계되어 운영되고 있지 않다고 판단됩니다.
본문	없음	없음	중요한 취약점 내용 개선 대책
붙임	• 횡령 등 자금 관련 부정위험에 대응하기 위해 회사가 수행한 내부통제 활동	• 위반자에 대한 징계사항 • 횡령 등 자금 관련 부정위험에 대응하기 위해 회사가 수행한 내부통제 활동	• 위반자에 대한 징계사항 • 중요한 취약점 및 시정조치 계획에 대한 상세 설명 • 횡령 등 자금 관련 부정위험에 대응하기 위해 회사가 수행한 내부통제 활동
기타	없음	• 유의한 미비점과 개선방안에 대해 이사회, 감사(위원회)에 보고의무	• 중대한 취약점과 개선방안에 대해 이사회, 감사(위원회)에 보고의무

7.2.3 자금 부정통제 공시

금융감독원에서는 내부회계관리제도 평가 및 보고 기준 및 가이드라인을 제정하면서 내부회계관리제도 운영실태보고서의 (붙임)으로 '횡령 등 자금 관련 부정위험에 대응하기 위해 회사가 수행한 내부통제 활동'을 구체적으로 공시하도록 하였다.

이에 따라 외감법 및 동법 시행령에 따라 내부회계관리제도 운영의무가 있는 회사는 2025년 이후 시작되는 사업연도부터 해당 서식을 공시하여야 한다. 다만, 해당 부정위험을 공시하기 위해서 초기 도입시점에 혼란 및 시행의 어려움을 감안하여 적용시기를 달리하고 있다.

상장사의 경우에는 직전사업연도말 자산규모에 1,000억원 미만인 회사는 2026년부터 의무적용 대상이며, 1,000억원 이상인 회사는 2025년부터 의무적용 대상이므로 2025년 사업연도부터 준비가 필요하다.

비상장회사는 자산규모와 기타요건(사업보고서 제출 대상, 공시대상 기업집단 소속, 금융회사)을 모두 고려하여 판단하여야 한다. 5,000억원 이상의 대형 비상장기업이나 1,000억원 이상의 사업보고서 제출대상, 공시대상 기업집단 소속 회사의 경우에는 2026년부터 의무적용 대상이며, 금융회사의 경우에는 2025년부터 의무적용 대상이 된다.

각 적용대상 및 의무적용 시점은 다음과 같이 정리할 수 있다.

| 자금 부정통제 공시서식 대상 및 의무적용 시기 |

가. 유가증권시장 및 코스닥 상장사

자산규모	내부회계관리제도 구축 및 운영	외부감사인의 인증수준	자금 부정통제 공시
1천억원 미만	구축 및 운영 의무 有	검토(review)	2026년부터 의무적용
1천억원 이상	구축 및 운영 의무 有	감사(audit)	2025년부터 의무적용

나. 비상장사 (사업보고서 제출대상, 공시대상기업집단 소속, 금융회사가 아닌 경우)

자산규모	내부회계관리제도 구축 및 운영	외부감사인의 인증수준	자금 부정통제 공시
1천억원 미만	구축 및 운영 의무 無	해당사항 없음	해당사항 없음
1천억~5천억원 미만	구축 및 운영 의무 無	해당사항 없음	해당사항 없음
5천억원 이상	구축 및 운영 의무 有	검토(review)	2026년부터 의무적용

다. 비상장사 (1,000억원 이상으로 사업보고서 제출대상, 공시대상기업집단 소속, 금융회사인 경우)

기타요건	내부회계관리제도 구축 및 운영	외부감사인의 인증수준	자금 부정통제 공시
사업보고서 제출대상	구축 및 운영 의무 有	검토(review)	2026년부터 의무적용
공시대상기업집단 소속	구축 및 운영 의무 有	검토(review)	2026년부터 의무적용
금융회사	구축 및 운영 의무 有	검토(review)	2025년부터 의무적용

자금 부정통제의 공시는 경영진이 자금 부정방지를 위해 due care 절차를 설계하고 운영하는 것을 통해 수탁책임의무를 다하고 있다는 것에 대해 정보이용자와 소통하는 것이 핵심이다. 따라서, 그 공시의 수준은 경영진이 판단하여야 하는데, 이와 관련하여 금융감독원에서는 작성서식 예시 및 FAQ를 통해 가이드라인을 제시하고 있으므로 이를 참고할 수 있다.

7.2.3.1 자금 부정위험 공시의 구분

금융감독원에 따르면 자금 부정위험의 공시는 전사적 수준 통제, 자금통제, 그 외 업무수준 통제로 구분하여 공시한다. 이 중 전사적 수준 통제와 자금통제는 의무적으로 반드시 공시하여야 하는 내용이며, 그 외 업무수준통제와 관련한 내용은 회사의 선택에 따라 공시한다.

전사적 수준의 통제 (의무사항)

전사적 수준의 통제는 자금과 관련한 부정위험을 예방 또는 적발하는 데 관련된 내부통제 활동으로서, 내부회계관리제도 설계 및 운영 개념체계의 5가지 구성요소와 17가지의 원칙에 대응하여 판단한다.

5가지 구성요소는 통제환경, 위험평가, 통제활동, 정보및의사소통, 모니터링으로 구성된다. 일반적으로 통제활동과 관련한 내용은 자금통제, 그 외 업무수준통제의 공시와 관련하여 공시될 것이므로 전사적 수준의 통제에서는 통제환경, 위험평가, 정보및의사소통, 모니터링에 대응하는 부정위험 내부통제가 주로 공시된다.

| 자금 부정위험에 관련된 전사적 수준의 통제 예시 | [116]

구 분	설계 및 운영 개념체계	판단사유
경영진의 의지 및 실질적인 내부회계 운영	(원칙1, 원칙14) 부정위험 방지 프로그램	(적발) 부정 적발 관련 경영진의지를 통한 자금 부정 예방 (단, 윤리강령 등 선언적 통제는 제외)
부정위험 평가	(원칙8) 부정위험 평가	(예방) 전사적 수준에서의 부정위험 평가 수행을 통해 자금 부정 위험을 식별하여 통제 설계 및 운영에 반영
업무분장 체계 구축	(원칙10) 전사적 수준에서 통제 별 업무분장 체계적 관리	(예방) 자금 부정의 유인과 기회를 사전에 제거

116) 금융감독원 '자금 부정 통제 공시 서식' 관련 FAQ, 회계감독국 금융회계팀 2024년 11월 4일

구 분	설계 및 운영 개념체계	판단사유
상시·수시 모니터링, 이상 거래 모니터링	(원칙16) 상시 모니터링	(예방·적발) 자금 부정 사전 방지(수시) 또는 조기 식별(상시)
순환근무 및 강제명령휴가	-	(예방) 자금 부정의 유인과 기회를 사전에 제거

자금통제 (의무사항)

자금 프로세스중 자금관련 부정위험을 예방 또는 적발하는 데 직접 관련된 내부통제로 업무수준통제(process-level control)에 해당한다. 이러한 내부통제중 핵심통제(key control)을 선정하여 공시한다.

핵심통제를 선정하는 핵심적인 기준은 잔여위험(residual risk)이다. 즉, 이러한 내부통제가 설계 및 운영되었을 때, 관련된 자금과 관련한 부정위험의 잔여위험(residual risks for fraud risk in treasury process)이 허용가능한 위험(tolerable risk)보다 낮아졌다면 그 내부통제는 핵심통제로 선정될 수 있다. 자금통제와 관련하여 핵심통제를 선별하기 위해서 다음의 기준을 참고한다.

- 자금 관련 부정위험을 예방하거나 적발하기 위한 통제인가?
- 효과적으로 설계 및 운영되지 않는 경우, 발생할 수 있는 횡령 등 자금 관련 부정이 명확히 식별되는가?
- 효과적으로 설계 및 운영되지 않는 경우, 횡령 등 자금 관련 부정의 발생 가능성이 낮지 않은가?

| 자금 부정위험에 관련된 전직접관련 여부 판단기준 및 예시 | [117]

'직접 관련' 여부	예시
자금 관련 부정위험을 예방하거나 적발하기 위한 통제인가?	오류위험 또는 자금 관련성이 낮은 부정위험을 예방하거나 적발하는데 방점이 있는 통제는 제외 고려 - 지급이자 재계산 통제(오류) 등 → (제외 고려) - 차입금 유동성대체 승인 통제(재무보고 부정) → (제외 고려) - 차입 시 승인 통제 → (포함 고려)
효과적으로 설계 및 운영되지 않는 경우, 발생할 수 있는 횡령 등 자금 관련 부정이	통제가 운영되지 않더라도 자금 관련 부정이 발생하지 않을 수 있다면 제외 고려 - 자금조달 시 담보제공내역 승인 통제 → (제외 고려)

117) 금융감독원 '자금 부정 통제 공시 서식' 관련 FAQ, 회계감독국 금융회계팀 2024년 11월 4일

'직접 관련' 여부	예시
명확히 식별되는가?	일별 통장 잔고와 결산시스템 내 현금·예금 잔액 간 대사를 수행하지 않는 경우 자금 부정이 발생할 가능성이 있으므로 포함 고려 - 일일 시재 대사(일마감) 통제 → (포함 고려)
효과적으로 설계 및 운영되지 않는 경우, 횡령 등 자금 관련 부정의 발생 가능성이 낮지 않은가?	소액이며 보완통제의 존재로 자금부정 발생 유인이 낮은 경우 해당 통제는 제외 고려 - 부서별로 시스템상 소액 경비지출 한도가 설정되어 있으며, 주기적 사후 적발통제가 존재할 때 소액 경비지출 승인 통제 → (제외 고려)

그 외 업무수준통제 (선택사항)

전사적 수준 통제와 자금통제외 자금 관련 부정위험을 예방 또는 적발하는 데 직접관련된 내부통제를 의미한다. 자금통제와 마찬가지로 이러한 내부통제중 핵심통제를 선정하여 공시한다. 핵심통제를 선별하기 위한 기준은 자금통제와 같다.

| 자금 부정위험에 관련된 직접관련 여부 판단기준 및 예시 |[108]

'직접 관련' 여부	예시
자금 관련 부정위험을 예방하거나 적발하기 위한 통제인가?	오류위험 또는 자금 관련성이 낮은 부정위험을 예방하거나 적발하는데 방점이 있는 통제 - 재고입출고 관련 인적오류 예방·적발 통제(오류) → (제외 고려) - 특수관계자 거래내역 승인 통제(재무보고 부정) → (제외 고려)
효과적으로 설계 및 운영되지 않는 경우, 발생할 수 있는 횡령 등 자금 관련 부정이 명확히 식별되는가?	거래처 Master 생성·변경 시 검토 및 승인절차가 부재하여 가공의 거래처 혹은 가공의 주소가 등록될 경우, 제·상품 관련 횡령 발생이 가능하므로 포함 고려 - 거래처 Master 생성·변경 통제 → (포함 고려)
효과적으로 설계 및 운영되지 않는 경우, 횡령 등 자금 관련 부정의 발생 가능성이 낮지 않은가?	재고의 현금화나 물리적 이전이 실질적으로 불가능하여 자금 부정 개연성이 낮은 경우 - 재고실사를 통한 기말재고수량 확정 통제 → (제외 고려)

7.2.3.2 자금 부정위험 공시 서식 작성사례

자금 부정위험 공시는 내부회계관리제도 운영실태보고서의 (붙임)으로 작성된다. 운영실태보고서는 외감법 제8조에 따라 주주, 이사회, 감사(위원회)에 매년 보고되므로 자금 부정위험 공시서식도 동일한 기준에서 작성되어야 한다.

작성서식은 첫 번째 칼럼에는 전사적 수준 통제, 자금통제, 그 외 업무수준통제를 구분하여 작성하고, 두 번째 칼럼에서는 회사가 수행한 통제활동을 기술한다. 회사가 수행한 통제활동을 기술할 때에는 통제기술서(RCM, Risk and Controm Matrix)의 통제활동을 그대로 기술할 수도 있으며 통합, 요약하여 기술할 수도 있다. 원칙적으로는 통합, 요약하여 기술하는 것을 기본으로 하고 있는데, 이는 공시대상 통제활동을 단순 열거하여 공시량이 과다해지지 않고 정보이용자가 핵심적인 내용을 파악할 수 있도록 하기 위함이다.

회사가 수행한 통제활동은 통합, 요약하여 기재한다고 하더라도 통제수행자와 통제항목은 명시적으로 기술되어야 한다. 특히, 통제수행자는 통상적인 승인통제에서 승인자로서의 팀장 등 내부통제 활동에 대해 책임을 지는 자를 의미한다. 다만, 팀원의 수행내역에 대해 팀장의 독립적 검토가 불필요하거나 팀장이 실질적으로 통제수행에 무관한 경우에는 팀원을 통제수행자로 기재가 가능하다(금융감독원 FAQ).

❑ 누가 부정(fraud)을 발생시키는가?

부정을 발생시키는 주체는 대부분 경영진이다. 금융감독원에서 발표된 자료(2023/1/5, 감사인의 부정발견 모범사례 분석 및 감사 유의사항 안내)에 의하면 2019년에서 2021년까지 발생한 부정행위자는 경영진이 73%로 직원 27%에 비해 압도적으로 높은 비율을 보였다. 이는 부정의 대부분이 내부통제를 무력화한 상태에서 이루어지므로 권한을 폭넓게 보유한 경영진이 부정행위를 저지를 유인 및 기회가 높은 것에 기인한다.

美國 ACFE의 연구[1])에 따르는 경우도 내포하는 의미는 유사하다. 경영진 및 이사회에 의한 부정의 손실규모가 가장 크고 회계부서에 의한 부정 손실금액이 그 뒤를 따르고 있다.

[ACFE Report to the Nations (2024), Perpetrator's department]

Department*	Number of cases	Percent of cases	Median loss
Operations	227	14%	$100,000
Accounting	202	12%	$208,000
Sales	202	12%	$75,000
Customer service	154	9%	$55,000
Executive/upper management	146	9%	$793,000
Purchasing	109	7%	$143,000
Administrative support	98	6%	$88,000
Finance	82	5%	$285,000
Warehousing/inventory	64	4%	$200,000
Facilities and maintenance	59	4%	$150,000
Information technology	52	3%	$156,000
Manufacturing and production	43	3%	$120,000
Board of directors	37	2%	$800,000
Human resources	29	2%	$100,000
Marketing/public relations	23	1%	$321,000
Research and development	9	1%	*
Legal	9	1%	*
Internal audit	4	<1%	*

*Departments with fewer than ten cases were omitted.

금융감독원 및 ACFE의 결과에 따르면 자금업무도 마찬가지로 부정위험이 높은 부분인 이사회 및 경영진 및 회계, 자금부서의 내부통제가 강화되어야 한다는 것을 의미한다.

마지막 칼럼은 자금 내부통제에 대해 설계 및 운영한 결과를 기재한다. 테스트를 수행한 결과 평가 및 보고기준 문단 18~22에 따른 미비점의 심각성(severity)을 고려한다. 미비점을 분류하는 대표적인 속성은 잠재적 왜곡표시의 금액적 크기(magnitude of potential misstatement)와 발생가능성(likelihood)이다.

만약 기중에 평가결과 미비점이 발견되었으나 개선활동을 통해 평가기준일까지 보완되는 경우에는 미비점으로 분류하지 않는 점이나, 보완통제 등의 효과를 고려하는 것 또한 평가 및 보고기준의 문단18~22까지의 내용과 동일하다.

| 설계 · 운영실태 점검 결과 작성 |

예외사항 (exception)	미비점의 심각성 (severity of control deficiency)	설계 · 운영 실태 점검 결과 문구
예외사항이 발견되지 않은 경우	미비점이 아님 (non-deficiency)	'테스트 수행결과, 중요한 취약점이 발견되지 않음'
예외사항이 발견된 경우	미비점 (deficiency)	'테스트 수행결과, 중요한 취약점이 발견되지 않음'
	유의한 미비점 (significant deficiency)	'테스트 수행결과, 중요한 취약점이 발견되지 않음' 다른 통제미비점과 결합하여 중요한 취약점으로 평가된 경우 '테스트 수행 결과, 통제에서 발견된 미비점은 그 자체로는 중요한 취약점에 해당하지 않으나, XX통제의 미비점과 결합하여 중요한 취약점으로 평가하였음. XX의 시정조치를 이행할 예정임"
	중요한 취약점 (material weakness)	'테스트 수행 결과, XX의 중요한 취약점이 발견되었으며 XX의 시정조치를 이행할 예정임' 보완통제를 고려하여 유의한 미비점으로 평가된 경우 '중요한 취약점이 발견되지 않음'

| 자금 부정 통제 공시 서식 작성사례(금융업 외) |[118]

구 분	회사가 수행한 통제 활동	설계 · 운영 실태 점검 결과 (수행부서, 수행 시기 등)
전사수준 통제	〈부정 방지 제도 운영〉 경영진은 횡령 사고 등의 부정 방지를 위해 내부고발자 제도(익명제보채널) 및 부정 방지 및 모니터링 프로그램을 운영하며, 동 프로그램 준수에 대한 경영진의 의지를 전 임직원에게 전사 공지를 통해 정기적으로 전달하고 있음.	테스트 수행 결과, 중요한 취약점이 발견되지 않음. (내부회계팀, 'X1.7월, 'X1.10월, 'X2.1월)
전사수준 통제	〈부정위험 평가〉 경영진은 업무 프로세스 변화 등을 고려하여 잠재적 부정위험에 대한 식별 및 평가를 최신화하고 이를 통제에 적절히 반영함. 과거 부정 사고 발생 건 존재 시 해당 사항을 고려함.	테스트 수행 결과, 중요한 취약점이 발견되지 않음. (내부회계팀, 'X1.7월, 'X1.10월, 'X2.1월)
전사수준 통제	〈업무분장 현황 관리〉 경영진은 거래수준 통제활동의 설계(신규 및 변경)시 내부회계관리지침에 따라 업무분장 및 접근권한(제한)을 고려함. 내부회계관리제도 전담조직은 업무 프로세스의 변화 등을 고려하여 통제의 업무분장 설.계가 최신화되어 적절하게 운영될 수 있도록 관리함	테스트 수행 결과, 중요한 취약점이 발견되지 않음. (내부회계팀, 'X1.7월, 'X1.10월, 'X2.1월)
전사수준 통제	〈모니터링〉 경영진은 발생빈도가 정상적인 거래보다 현저히 높거나 특정거래처로 집중되거나 동일한 항목으로 다수 거래처에 출금되는 등 정상거래로 보기 어려운 이상거래가 발생하는 경우 이를 자동적으로 검토하는 "이상거래 모니터링 시스템"을 구축하여 운용함.	테스트 수행 결과, 중요한 취약점이 발견되지 않음. (내부회계팀, 'X1.7월, 'X1.10월, 'X2.1월)
자금통제	〈계좌 등록/변경〉 자금팀장은 계좌등록 및 변경 시 사유를 검토하여 승인함.	테스트 수행 결과, XX의 중요한 취약점이 발견되었으며 XX의 시정조치를 이행할 예정임. (내부회계팀, 'X1.7월, 'X1.10월, 'X2.1월)
자금통제	〈계좌 현황 관리〉 자금팀장은 ERP 상 등록된 회사 명의 계좌에 대해 용도, 해지 여부 등 현황 검토 후 승인함.	테스트 수행 결과, XX의 중요한 취약점이 발견되었으며 XX의 시정조치를 이행할 예정임. (내부회계팀, 외부전문가 활용, 'X1.7월, 'X1.10월, 'X2.1월)

118) 금융감독원 '자금 부정 통제 공시 서식' 관련 FAQ, 회계감독국 금융회계팀 2024년 11월 4일

구 분	회사가 수행한 통제 활동	설계 · 운영 실태 점검 결과 (수행부서, 수행 시기 등)
자금통제	〈계좌 완전성 검토〉 자금팀장은 ERP상 미등록된 회사명의 계좌를 파악하기 위해 계좌개설이 가능한 금융기관에 회사 명의 사업장의 사업자등록번호로 전수 조회하여 계좌의 완전성을 검토하고 승인함.	테스트 수행 결과, 통제에서 발견된 미비점은 그 자체로는 중요한 취약점에 해당하지 않으나, XX통제의 미비점과 결합하여 중요한 취약점으로 평가하였음. XX의 시정조치를 이행할 예정임. (내부회계팀, 'X1.7월, 'X1.10월, 'X2.1월)
자금통제	〈인감 사용통제〉 총무팀장은 법인 · 사용인감의 물리적 접근을 제한하고 날인목적 및 요청부서 승인 기안 검토 후, 사용대장 상 관련 사항 기재 및 서명 후 날인함.	테스트 수행 결과, 중요한 취약점이 발견되지 않음. (내부회계팀, 'X1.7월, 'X1.10월, 'X2.1월)
자금통제	〈자금 집행 제한, 펌뱅킹〉 ERP 상 Vendor Master에 등록되지 않은 계좌로 이체가 불가하도록 설정되어 있음.	테스트 수행 결과, 중요한 취약점이 발견되지 않음. (내부회계팀, 'X1.7월, 'X1.10월, 'X2.1월)
자금통제	〈자금 집행 검토〉 자금팀장은 일일 지급결의 계획서와 지급결의 요청서 간의 일치 여부 및 구매요청서 등의 근거 서류상 주요 내역(지급처 식별자, 계좌)간 일치 여부를 검토 후 승인함.	테스트 수행 결과, 중요한 취약점이 발견되지 않음. (내부회계팀, 'X1.7월, 'X1.10월, 'X2.1월)
자금통제	〈자금 집행 전표 승인 업무분장〉 자금 전표 기표자와 승인자는 분리되어 있으며, 자금 집행 승인권자와 자금 전표 최종승인권자가 분리되어 있음.	테스트 수행 결과, 중요한 취약점이 발견되지 않음. (내부회계팀, 'X1.7월, 'X1.10월, 'X2.1월)
자금통제	〈일일자금 입출금내역 관리〉 자금팀장은 ERP 혹은 일일 자금 마감보고서 상 잔액과 입출금 내역이 은행조회내역과 일치하는지 검토하며, 차이 존재 시 소명내역의 적정성을 검토 후 승인함.	테스트 수행 결과, 중요한 취약점이 발견되지 않음. (내부회계팀, 'X1.7월, 'X1.10월, 'X2.1월)
자금통제	〈자금 조달 검토〉 자금팀장은 차입 및 사채발행 품의서 상 주요 요건의 적정성을 검토하고 승인하며, 이사회 결의를 요하는 경우 이사회에 상정함.	테스트 수행 결과, 중요한 취약점이 발견되지 않음. (내부회계팀, 'X1.7월, 'X1.10월, 'X2.1월)
자금통제	〈채권 · 채무조정 검토〉 자금팀장은 채권 · 채무 관련 조정사항(Debit/Credit notes)에 대하여 영업관리팀 · 구매팀이 승인한 근거 문서 내 사유의 적정성을 검토 후 승인함.	테스트 수행 결과, 중요한 취약점이 발견되지 않음. (내부회계팀, 'X1.7월, 'X1.10월, 'X2.1월)

구 분	회사가 수행한 통제 활동	설계 · 운영 실태 점검 결과 (수행부서, 수행 시기 등)
자금통제	〈Vendor Master 생성 · 변경 검토〉 회계팀장은 Vendor Master 생성 · 변경 요청서 상 주요 정보(사업자등록번호, 계좌번호 등)가 근거 문서와 일치하는지 검토 후 승인함.	테스트 수행 결과, 중요한 취약점이 발견되지 않음. (내부회계팀, 'X1.7월, 'X1.10월, 'X2.1월)
기타 업무수준 통제	〈거래처 Master 생성 · 변경 검토〉 회계팀장은 거래처 Master 생성 · 변경 요청서 상 주요 정보(사업자등록번호, 주소 등)가 근거 문서와 일치하는지 검토 후 승인함.	테스트 수행 결과, 중요한 취약점이 발견되지 않음. (내부회계팀, 'X1.7월, 'X1.10월, 'X2.1월)
기타 업무수준 통제	〈실사를 통한 재고수량 확정〉 회계팀장은 재고실사결과 보고서를 수령하여 적격 승인 및 실사절차상 하자의 존재 여부, 실사수량과 실사전 ERP상 수량간의 차이사유 적정성을 검토 후 ERP상 차이조정에 대해 승인함.	테스트 수행 결과, 중요한 취약점이 발견되지 않음. (내부회계팀, 'X1.7월, 'X1.10월, 'X2.1월)
기타 업무수준 통제	〈판매 재고 출고 제한〉 시스템상 판매 재고 출고는 거래처 마스터 등록 거래처로만 이루어짐.	테스트 수행 결과, 중요한 취약점이 발견되지 않음. (내부회계팀, 외부전문가 활용, 'X1.7월, 'X1.10월 'X2.1월)

❑ 자금(treasury) 업무의 이해 (저자 기고문)

회사 혹은 조직의 목적과 목표, 규모에 따라 자금부서의 역할 및 프로세스는 다양하게 정의될 수 있다. 일반적으로 자금부서는 기업 및 조직의 자금의 운용 및 관리를 담당하며, 이는 기업의 재무 안정성과 운영 효율성을 보장하는 데 중요한 역할을 한다.

자금부서의 내부통제를 고민하거나 유용한 프로세스를 설계하기 위해서는 자금부서의 업무와 그 목적을 이해하는 것이 반드시 필요하다.

자금부서의 업무는 조직의 목적을 달성하기 위한 일환으로써 수행되므로, 목적달성에 저해될 정도로 내부통제가 불필요하게 강조되어서는 안된다는 점도 중요하다. 조직의 목적을 달성하기 위한 '견제와 균형(check and balance)'이라는 관점에서 자금 업무를 다른 업무와 조화롭게 설계하는 것이 중요하다.

자금부서의 업무에 대해 간략하게 요약하면 다음과 같으며, 내부회계관리제도에서는 서브프로세스로 문서화되는 항목을 의미한다. 자금부서의 내부통제라고 하면 기술적인 측면에서 바로 설계하는 것이 아니라, 자금부서의 업무가 왜 필요한지를 이해하는 것(=자금부서의 각 업무의 목적)이 내부통제의 설계의 출발점이 된다.

1. 자금의 성격에 의한 구분

자금은 현금 그 자체로 관리하는 것이 아니라, 자금의 성격을 구분하여 목적에 의한 관리

(MBO, Management by objectives)가 될 수 있도록 한다. 자금의 성격을 구분하여 관리하는 경우 조직의 상위목표를 달성하는데 유리하며 행동계획을 수립하고 성과를 평가하는데 유리하다.

일반적으로 자금은 차변거래(유입)와 대변거래(유출)로 구분할 수 있는데 이를 구분하면 다음과 같다.

구분	관련 계정과목	차변거래 (현금유입)	대변거래 (현금지출)
Capex	유형자산, 투자부동산 등	유형자산 처분	유형자산 구입
Opex	판매비와관리비 항목 미지급금, 미지급비용 등		비용 등의 지급
Financing	차입금, 사채 유상증자	차입금 실행 주식의 발행	차입금 상환 자본감소(감자)
Investment	Financial instrument	투자자산의 처분	투자자산의 취득

(1) CAPEX (capital expenditure)

Capex는 자본적 지출을 말한다. 기업이 투자하거나 자산을 개선 및 새로 구입하기 위해 사용하는 자금을 의미한다. 주로 장기적인 이득을 위해 사용되며, 다음과 같은 형태로 발생할 수 있다.

가. 비즈니스의 유지: 비즈니스를 지속적으로 유지하고 운영하기 위해 신규 유무형자산을 구매하거나, 기존의 유무형자산을 유지, 업그레이드하기 위해 지출한다.

나. 비즈니스의 개발: 기업은 현재만을 유지하여서는 지속적인 성장(sustainable growth) 달성할 수 없다. 지속적인 성장을 달성할 수 없다는 것은 미래의 성장동력이 소멸해 간다는 것을 의미한다. 그러므로, 새로운 기술이나 상품의 개발을 위해 연구개발비 등을 지출한다.

다. 비즈니스의 확장: 새로운 시장 진입, 추가 생산 시설의 설립, 혹은 새로운 비즈니스 분야로의 확장 등을 위해 직접 투자한다.

CAPEX는 일반적으로 재무제표에서 유무형자산의 증가로 나타나며, 이는 장기적 기업가치를 유지하거나 증가시키는 데 도움을 준다. CAPEX는 기업이 경쟁력을 유지하고 성장할 수 있게 하는 중요한 수단이며, 주로 자산의수명 동안에 걸쳐서 감가상각을 통해 비용이 인식된다.

(2) OPEX (operational expenditure, operating expenditure)

기업의 일상적인 운영 활동을 위해 지출되는 비용을 의미한다. 이러한 비용은 기업이 제품이나 서비스를 생산하고 판매하는 과정에서 발생하며, 손익계산서의 비용으로 처리되어 당기손익에 반영된다.

운영비용은 기업의 효율성과 수익성을 평가하는 데 중요한 지표로 사용된다. 운영비용이 낮을수록 기업은 더 효율적으로 운영되고 있다고 볼 수 있으며, 이는 기업의 수익성에 긍정적인 영향을 미치게 된다. 반면, 높은 운영비용은 기업의 이익률을 압박할 수 있으며, 비용절감 조치를 필요로 할 수 있다.

(3) Financing

Financing이란 자금을 확보하고 관리하는 업무를 말한다. 기업이 자신의 목표를 달성하기 위해 필요한 자금의 조달이 필요한데, 그 중에서도 주로 다음 세 가지 주요 방법이 사용된다.

가. 부채자금조달: 이 방법은 대출이나 채권 발행을 통해 자금을 조달하는 것을 의미한다. 기업은 은행에서 차입하거나 채권(회사채) 발행을 통해 자금을 조달할 수 있다. 부채를 사용하게 되면 이자 지급 의무가 발생하고, 원금 상환 일정을 지켜야 하므로 이에 대한 관리가 필요하다.

나. 자본자금조달: 이는 주식을 발행하여 자금을 조달하는 방법이다. 기업이 자신의 소유권 일부를 투자자에게 판매하고 그 대가로 자금을 조달하는 것을 의미한다. 이는 유상증자의 방법으로 상법에서 정하는 절차를 준수하는 것이 필요하다.

다. 복합금융상품 자본조달: 전통적인 부채 및 자본의 자금조달 이외에 자금조달의 방법은 더욱 복잡해지고 있다. 자금의 공급자의 입장에서는 더 높은 안정성 및 수익성을 요구하게 되므로 이러한 자금 공급자의 목적에 따라 최근에는 전환상환우선주(RCPS, Redeemable and convertible preferred share) 및 (사모)전환사채의 형태로 조달되기도 한다. 이러한 전환상환우선주 및 (사모)전환사채는 부채 및 자본의 조달방법에 보통주로 전환되거나, 상환이 가능한 권리가 포함된 일종의 파생상품을 내재하고 있다. 이러한 복합금융상품에 의한 자본조달은 회계처리 측면 및 부정의 위험이 더욱 높은 것이 특징이다.

라. 내부자금조달: 이 방법은 이익을 재투자하여 필요한 자금을 조달하는 것이다. 즉, 수익의 일부를 적립금으로 보관하거나 재투자하여 자금을 마련하는 방식으로 이해하면 된다.

(4) Investment

회사는 잉여자금을 자본이득(capital gain)을 얻을 목적으로 금융자산에 투자하거나 혹은 안정적인 수익획득의 목적으로 정기예금, MMF(Money market fund), MMDA, 채권, RP 등에 투자하기도 한다. 이와 같이 Investment는 투자수익을 획득하기 위한 목적으로 금융자산 및 기타자산에 자금을 지출하는 것을 의미한다.

CAPEX와 Investment의 가장 큰 차이점은 CAPEX는 기업이 그 본연의 목적을 달성하기 위해 생산능력(서비스 능력)의 증대 혹은 유지를 위해 유형자산, 건물, 기계설비를 구입하거나 R&D와 같은 무형자산에 지출하는 반면, Investment는 투자수익(=자본이득)을 획득하기 위한 목적에 가까우며 그 투자대상은 금융자산뿐만 아니라 물리적 실체가 있는 유형자산 등을 모두 포함한다.

지출에 대한 효익을 기대하는 기간에 있어서도 CAPEX는 효익을 얻는 기간이 상대적으로 장기적이나, Investment는 단기, 중기, 장기 모두 가능하다.

7.2.3.3 자금 부정위험을 위한 내부통제 실무

부정위험은 그 위험을 낮출 수 있을 뿐 완전하게 제거할 수는 없다. 부정위험도 다른 위험과 마찬가지로 금액적 영향(impact)과 발생가능성(likelihood)으로 측정되는데, 위험을 낮춘다는 의미는 자금에 대한 부정위험의 금액적 영향인 위험 노출액(risk exposure)을 줄이거나, 혹은 위험이 발생하지 않도록 발생가능성을 낮추는 것이다.

자금 부정위험을 위한 내부통제 역시 이러한 관점에서 살펴보아야 한다. 실무에서 많이 활용되며 유용한 내부통제 기법은 여러 가지가 있을 것이다. 여기서는 실무적으로 바로 활용할 수 있으며, 위험의 발생가능성이나 노출액을 낮추는데 유용한 다음의 기법을 추가적으로 소개하였다.

- 4 eyes concept(principle)
- 업무분장 (Segregation of duties)
- Master-Slave accounts
- 벤포드 법칙(카이제곱테스트 활용)
- Reforecasting

① 4 eyes principle(concept)

4 eyes principle은 많은 글로벌 기업에서 채택하고 있는 treasury process의 내부통제 원칙이다. 문자 그대로 '4개의 눈'이라는 것은 중요한 의사결정이나 작업을 수행할 때 2명 이상이 각각의 눈으로 서로의 작업을 검토한다는 점에서 유래하였다.

4 eyes 기법은 경영진, 이사회와 같이 더 많은 권한을 보유하거나 중요한 의사결정에 있어 매우 유용한 내부통제 기법이다. 중요한 의사결정 및 부정위험이 높은 영역에 대해 둘 이상의 승인권자 혹은 검토자를 위치시켜 견제와 균형(check and balance)이 이루어지도록 하는 제도이다.

여기서 4 eyes는 반드시 2명만을 의미하는 것이 아니다. 그 핵심적인 원칙은 중요한 위험에 대해서는 반드시 1차 검토와 2차 검토가 이루어져야 한다는 것이다. 4 eyes는 상황에 따라 2명이나 2개 이상의 조직이 될 수도 있다.

특히, 자금 부정위험과 관련하여서 가장 빈번하게 발생하는 위험은 대표이사 혹은 이사회의 부정이다. 이러한 경영진의 부정은 일반적인 승인과 같은 내부통제 절차에 의해 예방 혹은 적발될 수 없다는 특징이 있다.

이렇게 포괄적인 권한을 보유한 경영진 및 이사회에 의해 자주 발생하는 자금과 관련한 부정위험은 '사모전환사채를 통한 부당이득의 취득', '법인자금을 이용한 개인적 비용 사용 및 유용', '조합이나 비상장법인 투자 및 손상을 통한 자금 빼돌리기' 등 다양하게 발생한다.

이러한 자금위험은 이사회가 최종 의사결정자로 이사회만 장악하면 손쉽게 발생할 수 있다는 데 문제점이 있다. 이에 대해서 4 eyes principle에 의해 이사회가 모든 권한을 행사하지 못하도록 견제와 균형이 이루어지도록 할 수 있다.

예를들어, 투자심사위원회를 설치하고 사외이사 및 외부전문가 등이 참여하여 독립성을 확보한 후, 투자심사위원회에서 투자대상, 관련위험, 투자 및 자금조달 타당성 등이 모두 1차 검토된 항목에 대해서만, 이사회에서 2차 검토자(최종 검토자)로 의결하는 구조가 대표적이다.

| 4 eyes principle 적용 예시 |

현황 일부 코스닥 상장사 경우, 이사회에 권한이 집중되어 비상장주식(혹은 조합)의 투자, 혹은 이면계약을 포함한 CB 발행 등의 부정위험이 발생하였음.

이러한 사항은 감사의견 변경을 가져오는 등 심각한 문제를 발생시키므로 제도 개선이 필요한 상황

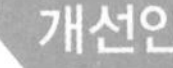

투자활동 의사결정을 위한 투자심사 규정을 신설하여 내부통제 기준을 마련하고,

투자심사위원회를 통해 다양한 측면에서의 위험에 식별 및 관리

- 당사의 지분이 분산과 시총을 고려한다면 기업사냥꾼이 이사회를 장악할 수 있는 타켓이 될 수 있음.
- 현행 내부통제는 비상장주식 및 CB발행의 위험을 예방 및 적발하기에 충분하지 아니하며, 규정의 완전성의 측면에서도 미비함.
- 이사회에 권한이 집중되어 있으므로 four-eyes concepl에 의한 권한이 분리가 필요함.
- 위험에 대한 challenge와 검토없이 단순히 이사회의 승인이 있다고 하더라도 위험을 막기위한 충분한 내부통제라고 할 수 없음 - 이사회의 횡령 및 배임을 막을 수 없음.

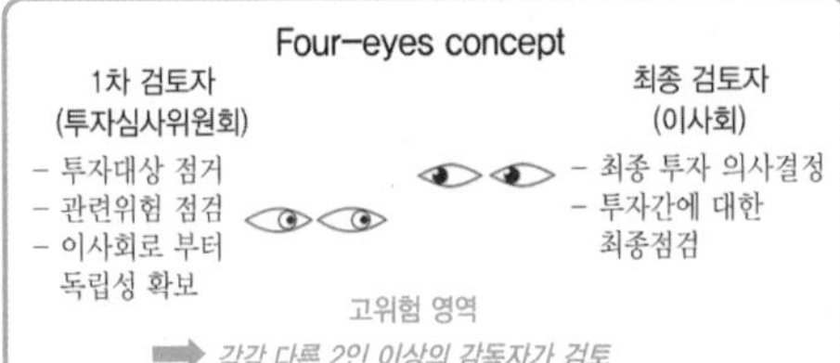

- 타사의 경우 기업사냥꾼 등 외부 세력에 의한 문제가 발생하는 경우가 많았음.
- 투자운용 항목에 대해 내부규정에 의해 투자대상을 한정하여 운영하도록 함.
- 위험이 높은 항목에 대해서는 투자제한 항목으로 설정하여 향후에 회사의 이익에 반하여 손해를 입힐 수 있는 가능성을 낮춤(Risk exposure ↓)
- 회사전체의 운용한도 설정
- 건별 운용한도 설정

→ 금액적 Impact ↓

투신 신설

- 투자심사위원회를 설치하여 opinion leader에 의해서만 투자될 수 있는 위험을 낮추고 위험을 분산
- 투자심사위원회에는 감사, CFO가 반드시 포함되도록 하고 필요한 경우 사외이사 및 외부전문가의 자문을 구하는 것을 포함할 수 있음.
- 투자심사전 투자에 대해서 심사보고서를 작성하여 제출하도록 하고 심사보고서의 항목은 사전에 정의되어 있어야 함.

② 업무분장 (Segregation of duties, SOD)

업무분장은 다양한 내부통제 활동 중 가장 통제력(control power)이 강하다고 인정되는 내부통제 활동이다. 업무분장은 실생활이나 상식선에서도 사용되지만 유효한 내부통제로 사용되기 위해서는 다음의 사항을 이해하는 것이 필요하다.

우선, 업무분장은 업무 효율성이 매우 낮아질 수도 있으며, 업무분장으로 인한 비용이

대단히 많이 증가할 수 있다는 점이다. 위험이란 것은 '조직의 목적 달성을 저해하는 것'으로 정의할 수 있는데, 업무분장을 통해 부정위험을 낮출 수는 있지만 거시적인 조직의 목적 달성을 저해할 수 있으므로 적재적소에 사용되어야 한다.

두 번째로 중요한 점은 수직적인 업무분리는 내부통제의 유효성을 달성할 수 없다는 점이다. 하나의 업무에 대해서 대리, 과장, 차장으로 분리하는 것이 아니라, 견제와 균형(check and balance) 관점에서 하나의 업무를 수평적으로 업무를 분리하여야 한다.

업무분장은 이론적으로 기록(record)-보관(custody)-승인(approval) 3가지를 분리하여야 하는데 실무적으로는 3가지를 모두 분리하는 것이 쉽지 않다. 견제와 균형을 이루기 위한 실무적 업무분장으로 '정보에 대한 취급'과 '실물의 취급'의 2가지 항목을 반드시 분리할 것을 강력히 권고한다.

| 수평적인 업무분장 예시 |

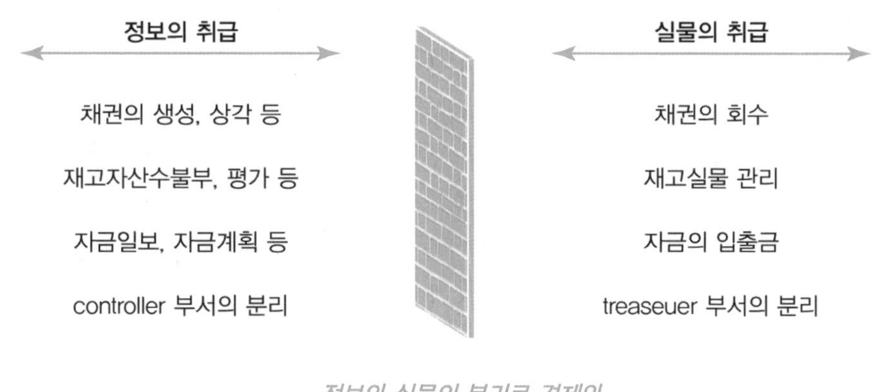

부정사건 혹은 사고가 발생하는 가장 큰 원인은 한명의 담당자가 정보와 실물을 모두 취급한 것이 가장 핵심인 것으로 밝혀진 바 있다. 즉, 내부통제에서 목적하는 바를 달성하려면 수직적인 업무분장이 아니라 '정보'와 '실물'을 분리하는 수평적 업무분장이 필요하다. 실무에서는 이러한 정보와 실물의 분리를 검토하기 위한 SOD Matrix를 활용하기도 한다.

| SOD Matrix (발췌) |

SoD Matrix

원칙적으로 정보와 실물의 취급이 분리되도록 함

업무의 구분	업무내용	정보 / 실물	자금부서장 (부장 홍길동)	자금팀장 (차장 이몽룡)	자금실무자 (과장 심청)	자금담당자 (대리 성춘향)
지출결의 승인	현업에서 대금지급 사유가 발생하면 각 담당자는 그룹웨어를 통해 관련증빙 및 기안을 첨부하여 지출결의서를 작성하고 전결권자의 승인을 득한 후 hard copy를 재무회계팀 지결함에 제출한다. -지출결의서 작성시 자금부서장을 합의로 한다.	정보	○			
인터넷뱅킹등록 1차승인	1차 preparer는 자금지출 및 송금시 결재가 완료된 문서를 확인하여 자금지출 및 송금을 위한 펌뱅킹 입력업무를 수행한다. 입력이 완료되면 1차 공인인증서에 의해 승인한다.	실물				○
인터넷뱅킹등록 2차승인	1차 입력이 완료되면 2차 승인자에게 전송된다. 2차 승인권자는 경영기획실장과 부사장에게 업무분장이 되어 있다. approver는 자금지출건 승인문서와 펌뱅킹의 금액을 확인하고 최종승인한다. 최종승인은 부	실물			○	

③ Master-Slave accounts

Master-Slave accounts 기법은 은행 계좌를 물리적으로 분리시켜 자금을 효율적, 체계적으로 관리하고 부정의 위험도 막도록 하는 방법으로써 전통적인 계좌관리 기법이다. 이 기법은 우리나라보다 내부통제 역사가 오래된 글로벌 회사에서 전통적으로 사용되는 방법으로 주계좌와 종계좌의 분리를 통해 자금 내부통제의 목적을 달성한다.

| Master-Slave accounts |

구 분	내 용
Master account (주계정 혹은 모통장)	- 자금관리의 중심이 되는 계정으로 Slave account를 감독한다. - 자금의 유입은 Master account로만 설정하여 자금의 위험 노출액(risk exposure)을 집중적으로 관리한다. - Master account에서는 직접 자금의 외부유출이 불가능하도록 설정하고, Master account의 송금은 Slave account로만 가능하다. - Mater account에 대한 접근통제는 CFO 혹은 모회사와 같이 집중하여 관리할 수 있는 자에게 권한이 부여되며, Slave account를 통해서만 외부유출이 가능하므로 내부통제가 강화된다.
Slave-account (종계정 혹은 자통장)	- Master account의 통제를 받으며 일상적인 자금 관리 및 제한된 범위내에서 거래를 수행한다. - Slave account는 그 목적에 따라 통장(계좌)을 분리하여 관리한다. 예를 들어, CAPEX통장, Investment통장, OPEX통장, OPEX(급여)통장 등으로 구분하여 운영할 수도 있으며, 각 지점의 운영을 위한 지점별 OPEX 통장과 같이 운영할 수도 있다.

구 분	내 용
	- Slave account에는 목적에 따른 자금만을 보유한다. 일반적으로 OPEX의 경우에는 3개월치 예상 자금만을 보관하여 위험 노출액(risk exposure)을 최소화하여 관리한다. - 만약, 비상상황 혹은 비경상적인 지출, 예상외 지출이 발생하는 경우에는 특별승인을 득하여 Master account로부터 추가 자금을 공급받는다.

내부통제 측면에서 이 기법의 장점은 크게 두 가지이다.

첫 번째로는 위험 노출액(risk exposure)의 관리이다. 큰 금액을 한 통장에만 관리한다면, 부정행위자(fraudster)는 부정에 대한 압력, 기회, 합리화 측면에서 자금을 유용할 가능성이 높아진다. 하지만, 위험 노출액(risk exposure)이 각 통장별로 분리되어 있다면 큰 금액의 자금사고가 날 개연성과 가능성이 줄어들 것이다.

두 번째로는 이중 승인 체계를 갖는다는 점이다. 만약 Master account에 큰 금액의 자금이 예치되어 있다고 하더라도, 이를 외부로 횡령하기 위해서는 Master account에서 Slave account로 한번 자금이 이전된 후, Slave account에서 회사 외부로 자금이 송금되어야 한다. 이러한 구조는 자금의 외부유출을 복잡하고 어렵게 만들어 자금사고의 위험을 낮추어 준다.

| Master-Slave accounts 구현의 예시 |

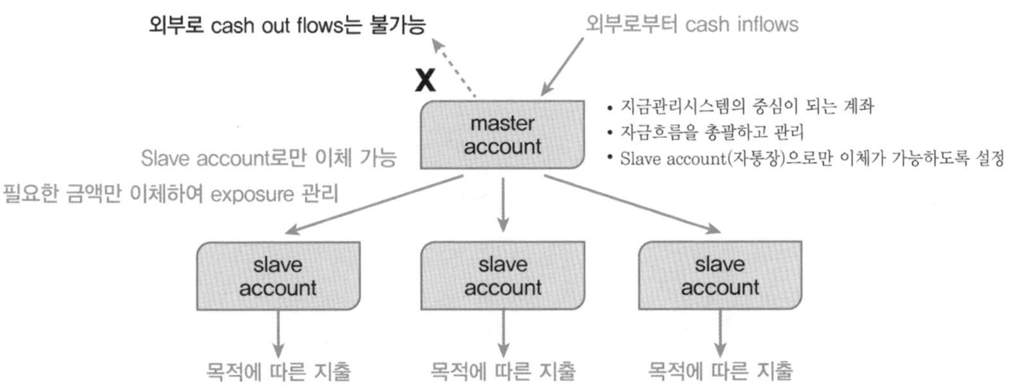

④ 벤포드 법칙 (카이제곱검정을 이용)

벤포드 법칙(Benford's law)은 자연적으로 발생하는 데이터 집합에서 숫자의 첫 번째 자릿수가 특정한 분포를 따르는 현상을 의미한다.

회계 데이터를 기록하거나 표현할 때 10진법을 따르게 되는데 이때 숫자의 맨 앞자리에 나올 수 있는 숫자는 0을 제외한 1부터 9까지가 가능하다. 만약 1부터 9까지의 숫자가 동일한 분포를 갖는다면 11.11%의 확률로 발생할 것이다. 하지만, 인보이스 숫자, 학번, 사번 등과 같이 인위적으로 숫자를 부여한 것이 아닌, 자연에서 발생하는 숫자(예를들어, 도시의 인구수, 대한민국 사람들의 핸드폰 사용료, 회계 데이터, 지출금액 등)는 숫자의 맨 앞자리에 올 수 있는 확률이 정하여져 있다는 것을 의미한다.

| 벤포드 법칙에 따른 첫 번째 수의 확률 |

첫 번째 수	확률
1	30.1%
2	17.6%
3	12.5%
4	9.7%
5	7.9%
6	6.7%
7	5.8%
8	5.1%
9	4.6%
합계	100.0%

벤포드 법칙은 엔론의 회계부정을 발견하고 탐지하는데도 중요한 역할을 한 것으로도 유명하다. 엔론을 조사한 포렌식 회계(회계부정적발) 전문가는 벤포드 법칙을 이용하여 특정계정과 거래가 비정상적인 패턴을 발견하였고, 이는 구체적인 조사의 대상이 되었다는 것은 매우 유명하다.

벤포드 법칙은 첫 번째 숫자가 특정한 분포를 따른다는 것으로 이 법칙은 다양한 수학적 증명이 완료되어 있는 상태이며 회계부정 혹은 자금에 대한 부정을 탐지하는데 일반적인 방법론으로 받아들여지고 있다.

이 법칙은 대규모의 데이터 중에서 부정이 발생할 개연성이 있는 항목을 추정하는데 매우 유용하다. 만약, 회사의 회계 데이터의 양이 방대하거나 혹은 자금지출건의 데이터가 너무 많아서 개별항목을 대상으로 체계적인 부정(systematic fraud)이 발생하였는지 탐지하는데 매우 어려움이 있을 수 있는데, 이런 경우 벤포드 법칙을 사용하면 비교적 간단한 방법으로 확신을 부여할 수 있어 실무적으로 유용하다.

❑ **누가 진정한 1위의 기업인가?**

벤포드 법칙에 따르면, 첫 번째 자리가 "1"로 시작할 확률은 30.1%이며 그 이후의 숫자는 점점 더 낮은 비율로 나타나야 한다. 아래 그림에서 진한색 영역은 벤포드 법칙에 따른 예상 빈도를 나타낸다. 숫자 분포가 이 패턴에서 벗어난다면 부정이 개입이 되었다고 추정할 수 있다.

- 좌측 그래프:
  2001년부터 2011년까지 공개된 모든 재무 데이터는 벤포드 법칙과 일치함.
- 우측 그래프:
  엔론의 2000년 재무 데이터는 부정으로 판명되었으며, 벤포드의 법칙과 큰 차이가 있음.

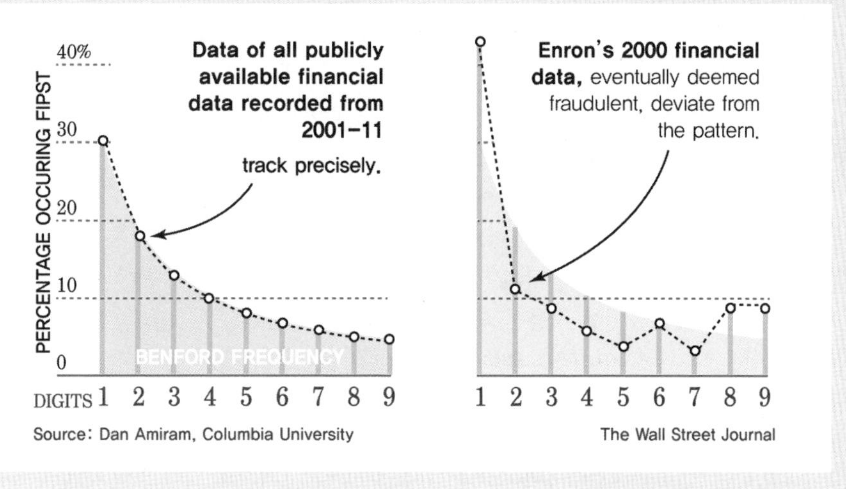

벤포드 법칙은 대규모의 데이터를 기반으로 조작된 데이터를 빠르게 스크리닝 할 수 있다는 강력한 장점이 있어, 데이터를 하나씩 검토하기에는 제약이 많은 분야에 대해 효율적으로 사용할 수 있다.

반면에 벤포드 법칙만으로는 패턴을 벗어난다고 해서 완전히 부정이 존재한다고 결론을 내릴 수 없다. 따라서, 벤포드 법칙을 따르지 않는 부분에 대해서는 추가적인 조사를 실시하여 그 이유를 상세하게 조사할 필요성이 있으며 이를 통해 최종적인 결론을 도출하여야 하는 한계점이 있다.

그렇다면, 실제 검토한 내용이 벤포드 법칙을 위반하였는지 위반하지 않았는지 확인하기 위한 방법이 필요하다. 이 때 사용되는 기법이 카이제곱검정(Chi-Square Test)이다.

카이제곱검정은 실제 관측값과 기대값의 차이가 발생할 텐데, 이 차이가 통계적으로 유의한지 아니면 그러하지 않은지를 평가하는 기법이다.

| 카이제곱검정에 따른 적합도 (Goodness of fit test) |

구분	내용
관찰빈도, 기대빈도 계산	- 실제 검증대상이 되는 데이터에서 첫 번째 자릿수를 추출한다. 첫 번째 자릿수에 올 수 있는 숫자는 1~9까지가 되는데 각 빈도를 계산한다. 이는 관찰빈도(Oi)라고 한다. - 전체 데이터의 크기(N)를 벤포드 법칙의 확률값(P(d), 예를들어, 첫 번째 자리가 1이 될 확률 30.1%) 곱하여 기대빈도(Ei)를 계산한다. - Ei = N · P(di)
카이제곱 통계량 계산	- 다음의 식을 활용하여 카이제곱 통계량(χ2)을 계산한다. - $\chi^2 = \sum_{i=1}^{9} \frac{(O_i - E_i)^2}{E_i}$
자유도 계산	- 자유도(d_f)는 첫 자리가 가능한 가능한 값의 수(9가 된다)에서 1을 차감한 값이 된다. - d_f = 9 -1 - 8
p-값 계산	- χ2의 분포표를 이용하여 p-값을 계산한다. - p-값 계산시에는 파이선이나 엑셀의 함수를 이용할 수 있다. - 파이선 사용시 (spicy라이브러리 사용) from scipy.stats import chi2 p_value = 1 - chi2.cdf(chi2_statistic, df) - 엑셀 사용시 =CHISQ.DIST.RT(chi2_statistic, degrees_of_freedom)
귀무가설과 대립가설	- 귀무가설 (H_0): 데이터는 벤포드 법칙에 따라 분포한다. - 대립가설 (H_a): 데이터는 벤포드 법칙에 따르지 않는다.
해석	- $p \geq 0.05$: 귀무가설(H_0)을 기각할 충분한 증거가 없다. (벤포드 법칙을 따른다고 본다) - $p < 0.05$: 귀무가설(H_0)을 기각한다. (벤포드 법칙을 따르지 않는다고 본다)

실무에서 필자는 많은 회사를 대상으로 벤포드 법칙을 적용하였는데 특정한 비즈니스의 특이사항이 없다면 대부분의 데이터가 일치하는 것으로 경험하였다. 벤포드 법칙의 활용은 자금부정을 찾아내거나 적발하는데 매우 유용하며, 벤포드 법칙과 함께 체계적으로 자금이 모니터링 된다는 사실을 회사 구성원에게 공지하고 알릴 필요가 있다.

부정행위자에게 부정을 발생시킬 기회와 능력이 모두 존재하는 상황이라고 하더라도,

적발될 것이라는 사실을 인지한다면 부정행위로 인한 기대효익이 매우 낮아지게 될 것이다. 벤포드 법칙은 자금부정을 모니터링하는 기술적인 측면뿐만 아니라, 부정행위를 막는 동기 혹은 유인을 예방하는 측면에서도 큰 도움이 된다.

⑤ Reforecasting

Reforecasting은 자금의 소요를 정확하게 예측하고 재조정하여 자금의 과부족(shortfall)을 관리함과 동시에, Master-Slave account 기법과 함께 자금의 위험 노출액(risk exposure)을 최소화하여 관리하는 기법이다.

Reforecasting은 자금의 유입과 유출을 추정한다는 측면에서 자금수지를 관리하는 내용과 유사해 보일 수도 있다. 하지만 실무에서 사용되는 Reforecasting은 매월의 손익계산서를 발생주의에 의해 추정하고, 이로부터 매월의 현금흐름을 도출해 낸다. 현금흐름으로 끝나지 않으며 이는 각 Master-Slave account의 통장별로 자금의 잔액을 추정한다. Reforecasting은 매월 실제치(actual)에 의해 업데이트 되며 연말까지 미세조정(true-up) 과정을 진행한다.

| Reforecasting 구현의 예시 |

	actual			reforecasting								
	Jan-24	Feb-24	Mar-24	Apr-24	May-24	Jun-24	Jul-24	Aug-24	Sep-24	Oct-24	Nov-24	Dec-24
1. Cash flows from operating activities												
(a) Cash inoutflows from operating activities	-	-	11,845	-	-	5,187	-	-	11,845	-	-	11,845
A project			2,369			1,037			2,369			2,369
B Project			3,553			1,556			3,553			3,553
C project			5,922			2,593			5,922			5,922
(b) Cash outflows from operating activities (OPEX)	(2,839)	(1,400)	(1,400)	(4,848)	(1,206)	(2,572)	(1,225)	(1,206)	(2,871)	(1,900)	(2,000)	(5,708)
광고선전비	(48)	(48)	(48)	(48)	(48)	(48)	(48)	(48)	(48)	(48)	(48)	(48)
인건비	(2,388)	(989)	(989)	(4,436)	(795)	(911)	(795)	(795)	(2,388)	(989)	(989)	(4,436)
지급수수료	(62)	(62)	(62)	(62)	(62)	(1,312)	(62)	(62)	(62)	(562)	(662)	(912)
일반관리비	(93)	(93)	(93)	(93)	(93)	(93)	(93)	(93)	(93)	(93)	(93)	(93)
보험료	(5)	(5)	(5)	(5)	(5)	(5)	(5)	(5)	(5)	(5)	(5)	(5)
외주비	(46)	(46)	(46)	(46)	(46)	(46)	(46)	(46)	(46)	(46)	(46)	(46)
접대비	(169)	(130)	(130)	(130)	(130)	(130)	(130)	(130)	(130)	(130)	(130)	(130)
구독료	(28)	(28)	(28)	(28)	(28)	(28)	(47)	(28)	(100)	(28)	(28)	(28)
기타영업비용	-	-	-	-	-	-	-	-	-	-	-	(10)
(a)-(b) Net cash from (used in) operating activities	**(2,839)**	**(1,400)**	**10,444**	**(4,848)**	**(1,206)**	**2,614**	**(1,225)**	**(1,206)**	**8,973**	**(1,900)**	**(2,000)**	**6,137**
2. Cash flows from investing activities												
(a) CAPEX	-	(5)	-	(1,000)	(5)	-	-	-	(5)	-	-	(5)
신형장비의 구입				(1,000)								
노트북의 구입		(5)			(5)				(5)			(5)
(b) Investment	-	-	(5,000)	-	-	-	-	-	-	-	-	-
MMF의 취득			(5,000)									
(a)+(b) Net cash from (used in) investing activities	-	(5)	(5,000)	**(1,000)**	**(5)**	-	-	-	**(5)**	-	-	**(5)**
3. Cash flows from financing activities												
Net increase (decrease) in cash and cash equivalents (A)	**(2,839)**	**(1,405)**	**5,444**	**(5,848)**	**(1,211)**	**2,614**	**(1,225)**	**(1,206)**	**8,968**	**(1,900)**	**(2,000)**	**6,132**
1. 신한은행 계좌 (Master account)												
Beg. Balance	5,352	5,352	5,352	5,197	5,197	5,197	3,383	3,383	3,383	3,228	3,228	3,228
Add: Revenue earned	-	-	11,845	-	-	5,187	-	-	11,845	-	-	11,845
(-/+) CAPEX and Investment paid			(5,000)						(5,000)			
Less: Funding to operating account			(7,000)			(7,000)			(7,000)			(7,000)
End Balance	5,352	5,352	5,197	5,197	5,197	3,383	3,383	3,383	3,228	3,228	3,228	8,073
2. 하나은행 계좌 (operating account)												
Beg. Balance	7,565	3,143	1,743	7,342	1,310	104	4,531	2,787	1,581	5,709	3,293	1,293
Add: Funding from master account	-	-	7,000	-	-	7,000	-	-	7,000	-	-	7,000
Less: Expenses paid	(2,839)	(1,400)	(1,400)	(4,848)	(1,206)	(2,572)	(1,225)	(1,206)	(2,871)	(1,900)	(2,000)	(5,708)
VAT paid	(1,583)			(1,184)			(519)			(516)		
End Balance	3,143	1,743	7,342	1,310	104	4,531	2,787	1,581	5,709	3,293	1,293	2,585

| Reforecasting의 단계 |

구 분	내 용
1단계 (현금흐름 추정)	- 정해진 주기별로 현금흐름을 정교하게 추정한다. 일반적으로는 발생주의 회계에 의한 사업계획을 현금주의에 의한 현금흐름표 형식으로 추정한다. - 현금흐름은 월별 추정이 원칙이다. - 정교한 사업계획과 함께 유입과 유출을 예측하고 매월 재평가한다. - 즉, 사업계획상의 수익과 비용의 추정은 실현가능성에 따라 매월 재측정 되며 가장 가능한 시나리오에 따라 추정한다.
2단계 (자금용도 구분)	- 추정된 현금흐름은 자금용도별(CAPEX, OPEX, Investment, Fianacing등)로 구분한다.
3단계 (통장별 구분)	- 자금용도의 구분에 따라 Master/Slave account별(통장별)로 배분한다 - Master → Slave로 이체하여야 하는 금액을 분기별로 추정하고 배분한다.

Reforecasting의 장점은 자금을 Master-Slave account로 구분된 상황에서 통장별 유입과 유출을 구체적이고 상세하게 추정 가능하다는 것에서 출발한다. 이렇게 통장별로 구체적인 유입과 유출의 추정이 가능하면, 그 다음 단계에서는 통장별 자금 소요액, 자금의 과부족을 알 수 있어 잔액관리가 용이하다.

내부통제 측면에서의 의미는 각 통장별 위험 노출액(risk exposure)을 합리적으로 관리할 수 있는 도구가 되며, 실적치와 추정치를 비교하여 비경상적인 항목 등의 모니터링이 수월하다.

❑ 자금 프로세스 (Treasury process)

자금부서에서 다루는 프로세스도 다른 업무와 마찬가지로 지속적인 개선과 성과향상이 이루어질 수 있도록 Plan-Do-See(계획-실행-검토)와 같이 일반적 문제 해결 방법에서 접근한다. 자금부서의 업무를 구분해 본다면 다음과 같다.

회사의 목적에 따라 세부적인 업무 및 프로세스는 달라질 수 있으나 아래의 자금 프로세스는 가급적 포함하는 것이 바람직하다.

구분	내용	비고
자금계획수립	단기, 장기 자금계획을 수립하여 자금수요와 공급을 예측한다. 필요한 자금을 조달하거나 배분하는 계획을 수립하며, 예상치 못한 자금수요에 대비한 유동성 관리도 포함된다.	reforecasting
자금의 조달 및 운용	외부 자금조달(부채자금조달, 자본자금조달, 복합금융상품자금조달 등)과 내부 자금조달에 의해 자금을 확보한다.	4 eyes principle 승인

구분	내용	비고
결제 및 자금이체 관리	기업의 모든 결제 활동을 관리하며, 자금의 이체와 관련된 거래를 정확하고 신속하게 처리한다. 결제 시스템을 통한 자금흐름을 모니터링하고, 오류, 부정 사용을 방지하기 위해 검토와 승인 절차를 마련한다	승인, OTP, Master-Slave accounts
신용카드 업무	신용카드를 발급받거나 실물카드를 불출, 회수하는 등의 업무를 말한다.	승인, 실물관리, 사용모니터링
금고관리 업무	현금, 유가증권, 귀중품 등을 안전하게 보관하고 관리하는 활동을 말한다. 중요한 자산을 물리적으로 보호하고, 유출입을 통제한다.	inventory 작성 접근제한, 사용대장 실물검사
시장 변동성 위험 및 컴플라이언스 관리	자금과 관련한 시장 변동성 위험(예를들어 환율, 이자율 등) 및 컴플라이언스를 관리하기 위한 전략과 구체적 방법론을 사용한다.	AML ALM VaR
자금 모니터링	매달 정기적 자금보고를 통해 경영진에게 자금상태를 점검하고 이에 대한 정보를 적시에 제공한다. 혹은, 독립적 평가(separate evaluation, 예를들어 내부감사)를 통해 자금관리 프로세스의 적정성과 효율성을 평가하고 개선점을 도출하도록 한다.	자금일보/월보 등 벤포드 법칙 reforecasting

1. 자금계획의 수립

자금계획을 수립하는 것은 현재상태의 자금을 평가하고 향후 자금의 수요와 과부족(shortfall)이 발생하지 않도록 하는 중요한 단계이다.

실무적으로 회사에서는 사업계획으로부터 도출된 1년치의 자금계획(financial budget)을 수립하고 매달 업데이트하여 예측을 조정하는 방식을 취하는데 이를 reforecasting 방식을 사용하기도 한다.

2. 자금의 조달 및 운용

자금의 조달 및 운용은 기업이나 조직이 필요한 자금을 확보하고 효율적으로 활용하는 과정을 의미한다.

자금의 조달은 외부 자금조달(부채자금조달, 자본자금조달, 복합금융상품 자금조달 등)과 내부 자금조달로 구분할 수 있다. 외부 자금조달은 상법 등 정하여진 절차에 따라 이루어지는데 세부조건에 달라질 수 있지만 주요한 골격이 되는 절차를 정리하면 다음과 같다.

구분	세구분	주요절차
부채 자금조달	사채발행	- 상법 제469조 - 이사회 결의에 의해 발행
	차입금	- 상법 제393조 - 대규모 차입의 경우 이사회 결의에 의함

구분	세구분	주요절차
복합금융상품 자금조달	전환사채발행 (신주인수권부사채의발행)	- 상법 제469조, 제513조 - 이사회 결의에 의해 발행 - 전환사채의 총액, 전환조건, 발행하는 주식의 내용 등의 사항은 정관에 정함이 없으면 이사회에서 결정 - 다만, 주총에서 결정하기로 한 경우에는 주총에서 결정함 - 신주인수권부사채도 절차상 유사함(제516조의2)
	신종자본증권발행	- 상법 제393조 - 이사회 결의에 의해 발행 - 상장회사의 경우 자본시장법
자본 자금조달	유상증자	- 상법 제416조 - 정관에 따라 이사회/주주총회 결의에 의해 신주 발행을 결정, 승인 - 주주배정, 제3자배정에 따라 절차가 일부 상이함 - 공고및신주청약, 주주보호절차, 금융감독원공시등

자금의 운용은 CAPEX, OPEX, Investment로 크게 구분할 수 있다.

CAPEX와 Investment는 그 성격상 자금의 규모가 상대적으로 더 클 수 있으며, 이에 따라 최고경영진 및 이사회의 승인을 필요로 하는 경우가 일반적이다. 이 경우 이사회는 포괄적 권한을 보유하고 있으므로 주요한 부정위험에 노출되게 된다. 따라서, 2개 이상의 검토자를 필요로 하는 4 eyes principle을 적용하기도 한다.

OPEX는 운전자금으로 일상적 영업활동을 위해 지출하는 건이다. 이러한 일상적 운전자금의 경우에는 reforecasting과 같은 도구에 의한 상시적 관리와 승인을 필요로 한다.

3. 결제 및 자금이체 관리

결제 및 자금이체는 실제 현금이나 회사의 자산이 유출되는 것을 의미한다. 실제 자금이 유출되기 때문에 회사에서는 이 단계에서의 내부통제 절차 및 결제 시스템을 강화한다. 구체적인 내부통제 절차로는 승인, 업무분장(Segregation of duties), OTP(One-time password) 및 인증서의 분리, 상시 거래 모니터링 등의 절차가 사용된다.

4. 신용카드 업무

법인 신용카드는 비용지출 및 경비관리 편의성, 단기 현금흐름 개선, 비용에 대한 증빙관리, 부정한 사용 등의 장점을 제공한다. 신용카드 업무는 법인 신용카드 활용에 따라 신용카드의 신청/발급, 신용카드 실물의 불출 및 회수, 신용카드 사용에 따른 승인 및 회계처리 등의 업무를 포함한다. 신용카드 업무의 구체적인 내부통제 절차로는 승인, 실물 접근관리(custody), 상시 거래 모니터링 등의 절차가 활용된다.

5. 금고관리 업무

주요한 유가증권, 법인/사용인감, OTP 등의 자산은 분실, 도난, 유용(오용) 등의 위험으로부터 보호하기 위해 금고에 보관한다. 금고관리 업무의 구체적인 내부통제 절차로는 inventory 작성, 제한된 수의 인원에 의한 접근제한, 사용대장 유지, 정기적인 실사(혹은 감사, 모니터링), 비상계획 등의 내부통제 절차가 사용된다.

6. 시장변동성 위험 및 컴플라이언스 관리

현금성 자산을 보유하는 경우 시장 변동성에 의한 위험에 노출된다. 이러한 시장변동성 위험은 기업의 재무목표를 달성하는데 위협이 될 수 있으므로 적절한 관리를 필요로 한다.

시장변동성 위험의 대표적인 것으로 환율 및 이자율 변동위험, 유동성 위험이 있으며, 이는 기업에 따라 중요한 위험이 될 수도 있다.

환율변동(환리스크)에 대한 위험헷지 전략으로는 선물, 옵션, 스왑계약 등의 파생상품을 활용하기도 하며, 예측에 따른 노출 포지션을 취하기도 한다.

이자율변동에 대해서는 고정금리/변동금리의 포트폴리오 구성, 이자율 스왑, 자산부채종합관리(ALM, Asset Liability Management)를 활용하기도 한다.

유동성위험은 reforecasting을 활용하거나 자산부채종합관리(ALM)를 활용하여 현금의 유입과 유출을 예측하고 충분한 안전현금(예비자금)을 설정하여 급작스러운 자금경색에 대응하도록 한다.

자금과 관련된 컴플라이언스 사항은 자금세탁방지법(AML, Anti-Money Laundering)이 대표적이며 카지노사업자 등이 고액현금거래에 대해 보고하거나, 외환거래에 대해 한국은행에 신고하는 등의 업무가 있다.

7. 자금 모니터링

자금 흐름을 지속적으로 추적하고 검토하여 자산의 안전성을 보장하고, 효율적인 자금 운용을 지원하며, 부정이나 오류를 예방한다. 자금의 모니터링은 자금일보의 이름으로 일별로 수행되는 모니터링이 있을 수도 있으며, 주간, 월간 혹은 부정기적으로 독립적 평가(separate evaluation) 형태로 자금 모니터링 보고서를 발행하기도 한다.

자금 모니터링 업무의 내용으로서는 현금 입출금 추적, 거래검토 및 분석, 이상거래 감지, 예산대비 분석 등을 수행한다.

자금 모니터링의 내부통제 기법으로는 자금일보 및 월보와 같은 정기적인 통장잔액의 보고, 벤포드 법칙을 이용한 이상거래 감지 모니터링, reforecasting을 통한 예산 대비 분석 등을 포함한다.

7.2.4 운영실태보고서 예시

7.2.4.1 중요한 취약점이 없는 경우

내부회계관리제도 운영실태보고서

대한주식회사 주주, 이사회 및 감사(위원회) 귀중

본 대표이사 및 내부회계관리자는 20×1년 12월 31일 현재 동일자로 종료하는 회계연도에 대한 당사의 내부회계관리제도의 설계 및 운영실태를 평가하였습니다.

내부회계관리제도의 설계 및 운영에 대한 책임은 본 대표이사 및 내부회계관리자를 포함한 회사의 경영진에 있습니다.

본 대표이사 및 내부회계관리자는 회사의 내부회계관리제도가 신뢰할 수 있는 재무제표의 작성 및 공시를 위하여 재무제표의 왜곡을 초래할 수 있는 오류나 부정행위를 예방하고 적발할 수 있도록 효과적으로 설계 및 운영되고 있는지의 여부에 대하여 평가하였습니다.

본 대표이사 및 내부회계관리자는 내부회계관리제도의 설계 및 운영을 위해 내부회계관리제도운영위원회에서 발표한 '내부회계관리제도 설계 및 운영 개념체계(☜ 다른 체계를 사용한 경우 그 체계의 명칭)'를 준거기준으로 사용하였습니다. 또한 내부회계관리제도의 설계 및 운영실태를 평가함에 있어 「외부감사 및 회계 등에 관한 규정 시행세칙」 별표 6 '내부회계관리제도 평가 및 보고 기준'을 평가기준으로 사용하였습니다.

본 대표이사 및 내부회계관리자의 내부회계관리제도 운영실태 평가결과, 20×1년 12월 31일 현재 당사의 내부회계관리제도는 '내부회계관리제도 설계 및 운영 개념체계'에 근거하여 볼 때, 중요성의 관점에서 효과적으로 설계되어 운영되고 있다고 판단됩니다.

본 대표이사 및 내부회계관리자는 보고내용이 거짓으로 기재되거나 표시되지 아니하였고, 기재하거나 표시하여야 할 사항을 빠뜨리고 있지 아니함을 확인하였습니다.

또한 본 대표이사 및 내부회계관리자는 보고내용에 중대한 오해를 일으키는 내용이 기재되거나 표시되지 아니하였다는 사실을 확인하였으며, 충분한 주의를 다하여 직접 확인·검토하였습니다.

〈붙임〉

- 직전 사업연도에 보고한 중요한 취약점의 시정조치 계획 이행결과
- 횡령 등 자금 관련 부정위험에 대응하기 위해 회사가 수행한 내부통제 활동

20×2년 3월 18일

대표이사 김대표 (인)

내부회계관리자 이전무 (인)

(붙임)

○ 직전 사업연도에 보고한 중요한 취약점의 시정조치 계획 이행결과

○ 횡령 등 자금 관련 부정위험에 대응하기 위해 회사가 수행한 내부통제 활동

구 분[*1]	회사가 수행한 통제활동[*1, 2]	설계운영 실태 점검 결과[*3] (수행부서, 수행 시기 등)
전사적 수준 통제	(예) 〈**부정 방지 제도 운영**〉 경영진은 횡령 사고 등의 부정 방지를 위해 내부고발자제도(익명제보채널), 부정 방지 및 모니터링 프로그램을 운영하며, 동 프로그램 준수에 대한 경영진의 의지를 정기적으로 전 임직원에게 전사 공지를 통해 전달하고 있음.	(예) 테스트 수행 결과, 중요한 취약점이 발견되지 않음. (내부회계팀, 'X1.7월, 'X1.10월, 'X2.1월)
자금통제 (입출금 계좌관리, 입출금 관리, 수표관리, 법인카드관리 등)	(예) 〈**계좌 등록/변경**〉 자금팀장은 계좌등록 및 변경 시 사유를 검토하여 승인함.	(예) 테스트 수행 결과, 중요한 취약점이 발견되지 않음. (내부회계팀, 'X1.7월, 'X1.10월, 'X2.1월)
	(예) 〈**법인인감, OTP 사용통제**〉 감사팀에 의해 법인인감, OTP의 물리적 접근이 통제되고 있으며, 감사팀장의 사용대장 상 날인/사용 목적의 검토 및 승인을 통해 날인/사용이 허용됨.	(예) 테스트 수행 결과, XX의 중요한 취약점이 발견되었으며 XXX의 시정조치를 이행할 예정임. (내부회계팀, 'X1.7월, 'X1.10월, 'X2.1월)
	……	……
기타 업무 수준 통제	(예) 〈**거래처 Master 생성 · 변경 검토**〉 회계팀장은 거래처 Master 생성 · 변경 요청서 상 주요 정보(사업자등록번호, 주소 등)가 근거 문서와 일치하는지 검토 후 승인함.	(예) 테스트 수행 결과, 중요한 취약점이 발견되지 않음. (내부회계팀, 'X1.7월, 'X1.10월, 'X2.1월)
	……	……

*1. 자금횡령 방지를 위한 내부회계관리제도 업무 체크포인트('22.12월, 한국공인회계사회, 한국상장회사협의회, 코스닥협회)에서 제시한 자금 관련 부정위험을 예방 또는 적발하기 위한 통제와 그 항목 구분을 예시로 참고하되, 회사의 규모 등 상황에 따라 회사의 통제활동을 적절하게 기재 및 구분할 수 있다.

*2. 전사적 수준 통제와 자금통제 중 자금 관련 부정위험을 예방 또는 적발하는 데 관련된 것으로 판단한 통제(다만, 자금통제는 직접 관련된 핵심통제에 한함)를 기술하되, 그 외 업무수준 통제 중 회사가 자금 관련 부정위험을 예방 또는 적발하는 데 직접 관련된 것으로 판단한 핵심통제를 포함하여 기술할 수 있다. 이때, 통제기술서의 통제활동을 통합 · 요약 기술하는 것을 원칙으로 하되, 회사의 상황에 따라 통제기술서의 통제활동 내용을 그대로 기술할 수도 있다. 다만, 통제수행자와 통제항목은 명시적으로 기술한다.

*3. 설계 및 운영 평가 수행한 결과를 표기하되, 수행팀, 수행 시기, (중요한 취약점이 있는 경우) 중요한 취약점 및 이에 대한 시정조치 계획 또는 이행 결과를 포함한다.

7.2.4.2 중요한 취약점이 있는 경우

내부회계관리제도 운영실태보고서

대한주식회사 주주, 이사회 및 감사(위원회) 귀중

본 대표이사 및 내부회계관리자는 20×1년 12월 31일 현재 동일자로 종료하는 회계연도에 대한 당사의 비중소기업과 중소기업의 비교내부회계관리제도의 설계 및 운영실태를 평가하였습니다.

비중소기업과 중소기업의 비교내부회계관리제도의 설계 및 운영에 대한 책임은 본 대표이사 및 내부회계관리자를 포함한 회사의 경영진에 있습니다.

본 대표이사 및 내부회계관리자는 회사의 비중소기업과 중소기업의 비교내부회계관리제도가 신뢰할 수 있는 비중소기업과 중소기업의 비교재무제표의 작성 및 공시를 위하여 재무제표의 왜곡을 초래할 수 있는 오류나 부정행위를 예방하고 적발할 수 있도록 효과적으로 설계 및 운영되고 있는지의 여부에 대하여 평가하였습니다.

본 대표이사 및 내부회계관리자는 비중소기업과 중소기업의 비교내부회계관리제도의 설계 및 운영을 위해 내부회계관리제도운영위원회에서 발표한 '내부회계관리제도 설계 및 운영 개념체계'를 준거기준으로 사용하였습니다. 또한 비중소기업과 중소기업의 비교내부회계관리제도의 설계 및 운영실태를 평가함에 있어 「외부감사 및 회계 등에 관한 규정 시행세칙」 별표6 '내부회계관리제도 평가 및 보고 기준'을 평가기준으로 사용하였습니다.

본 대표이사 및 내부회계관리자의 비중소기업과 중소기업의 비교내부회계관리제도 운영실태 평가결과, 20×1년 12월 31일 현재 당사의 비중소기업과 중소기업의 비교내부회계관리제도는 다음과 같은 중요한 취약점으로 인해 '내부회계관리제도 설계 및 운영 개념체계'에 근거하여 볼 때, 중요성의 관점에서 효과적으로 설계되어 운영되고 있지 않다고 판단됩니다.

〈중요한 취약점의 내용〉

〈중요한 취약점에 대한 시정조치 계획〉

(내부회계관리제도에 대한 감리를 받은 경우에는 그 감리에 따른 시정조치 계획을 포함)

본 대표이사 및 내부회계관리자는 보고내용이 거짓으로 기재되거나 표시되지 아니하였고, 기재하거나 표시하여야 할 사항을 빠뜨리고 있지 아니함을 확인하였습니다.

또한 본 대표이사 및 내부회계관리자는 보고내용에 중대한 오해를 일으키는 내용이 기재되거나 표시되지 아니하였다는 사실을 확인하였으며, 충분한 주의를 다하여 보고 내용의 기재사항을 직접 확인·검토하였습니다.

〈붙임〉

- 중요한 취약점에 대한 상세평가내용

• 중요한 취약점을 발생시킨 통제 미비점의 원인을 이해하고 각각의 중요한 취약점의 잠재적인 영향을 평가할 수 있는 정보

• 중요한 취약점과 관련하여 내부회계관리규정을 위반한 임직원의 징계 내용 등을 포함

- 직전 사업연도에 보고한 중요한 취약점의 시정조치 계획 이행결과
- 횡령 등 자금부정 위험에 대응하기 위해 회사가 수행한 내부통제 활동

20×2년 3월 18일
대표이사 김대표 (인)
내부회계관리자 이전무 (인)

7.3 감사(감사위원회)의 평가보고서

외감법 제8조의5에서는 감사(감사위원회)는 회사의 매 사업연도마다 이사회에 내부회계관리제도의 운영실태를 평가하여 보고하여야 하며 그 평가보고서를 5년간 비치하도록 하고 있다.

감사(위원회)의 평가는 대표이사 및 내부통제관리자의 운영실태보고 및 자가평가에 대해 독립적인 입장에서 평가하는 것이다. 이러한 독립적인 평가는 적시에 이사회에 보고하여 미비점이나 취약점을 시정하게 함으로써 내부회계관리제도가 원활하게 운영되도록 하는 역할을 담당한다.

2019년 12월 개정에서는 감사(위원회)의 평가보고서 본문에 감사(위원회)가 내부회계관리제도에 대한 관리감독 책임이 있다는 것을 명시하는 것으로 개정되었다. 내부회계관리제도 설계 및 운영 개념체계의 (원칙 2)에서 내부회계관리제도의 설계 및 운영을 감독할 책임은 이사회에 있다고 명시하고 있으며, 설계·운영 개념체계 문단39.1에서는 외감법 등 법률에서 정하는 사항과 내부회계관리제도, 내부감사 및 부정방지 프로그램 등의 감독책임을 감사(위원회)에 위임할 수 있도록 하는 근거규정을 마련하고 있다.

2023년의 개정에서는 그 보고대상을 이사회로 한정하여 외감법 제8조와 일치시켰다. 금융감독원에서는 2023년 개정 시 기존에 잘못된 내용을 바로잡은 것으로 외감법과 평가기준이 맞지 않는 실무적인 의문점을 해소하였다.

이사회에서 그 감독권한을 내부회계관리규정 등을 통해 위임하는 경우에만 감사(위원회)가 감독책임을 갖게 되는데, 내부회계관리제도 평가 및 보고 기준에서는 감사(위원회)의 감독책임을 감사(감사위원회)의 평가보고서 본문에 명시하였다.

이는 설계 및 운영 개념체계(문단39.1)와 평가 및 보고 기준과 대치되는 내용이라고 할 수 있다. 하지만, 대부분의 회사에서 이사회가 감사에게 내부회계관리제도 감독책임을 위임하거나 감사위원회의 경우에는 이사회의 소위원회이므로 명시적으로 나타내는 것이라 보여진다.

감사(감사위원회)의 평가는 독립성의 준수가 매우 중요한데 내부회계관리제도 평가 및 보고 기준에서는 다음의 업무를 포함하는 감사(감사위원회)의 활동은 독립적인 평가가 이루어진 것으로 판단하고 있다.

- 평가기간의 위험평가 결과를 포함한 평가 계획의 적정성 검토(당기 조치 계획 및 결과, 평가 기간, 평가자, 평가 대상과 방식의 적정성 포함)
- 회사의 경영진이 회계정보의 작성 · 공시과정에 부당하게 개입할 수 없도록 내부회계관리제도가 설계 · 운영되는지 평가
- 대표자의 내부회계관리제도 운영실태보고서 작성에 관한 기준 및 절차 준수 여부에 대한 평가
  (1) 운영실태보고서에 모든 중요한 취약점이 포함되었는지 확인(인지하거나 보고받은 회계처리 이슈와 관련된 내부회계관리제도 적정성 평가)
  (2) 운영실태보고서상 미비점 평가, 개선조치의 적정성 및 이행 현황 확인
  (3) 운영실태보고서상 기타 항목의 적정성 확인과 내부회계관리제도 관리감독을 위한 검토
- 내부회계관리규정 위반이나 운영실태보고서상 미비점으로 인한 성과평가 반영 계획이나 결과의 적정성 확인
- 외부감사인의 내부회계관리제도 감사 계획 및 결과의 적정성 확인
- 내부회계관리제도에 대한 독립적 평가 결과의 이사회 보고
- 내부회계관리제도와 관련된 내부고발 사항의 검토 및 내부회계관리제도에 미치는 영향 확인

7.3.1 감사(감사위원회)의 평가결론

감사(감사위원회)는 운영실태보고서의 경우와 동일하게 미비점을 평가하여 단순한 미비점, 유의한 미비점, 중요한 취약점으로 구분한다. 추가적으로 내부감사부서의 보고자료, 내부회계관리자가 내부회계관리제도에 대한 효과성 평가절차를 통해 얻은 자료 등을 고려하여 평가 최종결론을 도출하고 근거를 문서화한다.

감사(감사위원회)는 경영진이 수행한 평가가 충분하지 않다고 판단하거나 추가적으로 테스트가 필요하다고 판단하는 경우 별도 테스트를 할 수 있다. 또한, 별도 테스트 수행을 위해 내부감사 등의 지원이 필요한 경우 대표자에게 이를 요청할 수 있다.

이러한 추가 절차는 중복적인 작업이 될 가능성이 높으므로 감사(감사위원회)는 경영진의 평가 과정이 충분하지 않다고 판단되는 경우에 국한해서 진행할 수 있다.

감사(감사위원회)의 평가 방식은 회사의 상황에 따라 외감법 등의 요구사항을 고려하여 결정하고 내부회계관리규정에 포함하여야 한다.

평가기준일 현재 하나 이상의 중요한 취약점이 발견된 경우에는 회사의 내부회계관리제도가 효과적이라고 결론 내릴 수 없다. 평가 및 보고 기준에서는 감사(감사위원회)와 관련하여 다음의 사항을 평가보고서에 포함하고 이사회에 대면 보고하도록 하고 있다.

- 수신인이 이사회임을 기술
- 평가기준일에 평가 대상 기간에 대하여 내부회계관리제도가 신뢰성 있는 회계정보의 작성 및 공시에 실질적으로 기여하는지를 평가한 결과 및 시정의견
- 경영진이 선택한 내부통제체계와 이에 따른 내부회계관리제도의 설계 및 운영의 책임은 대표이사 및 내부회계관리자를 포함한 회사의 경영진에 있으며 감사(또는 감사위원회)는 관리감독 책임이 있다는 사실
- 내부회계관리제도의 설계 및 운영의 평가 기준으로 평가·보고기준을 사용하였다는 사실
- 중요성의 관점에서 평가·보고기준에 따른 내부회계관리제도 평가 결론
- 중요한 취약점이 있는 경우 내부회계관리제도의 설계 및 운영상의 중요한 취약점에 대한 설명
- 중요한 취약점이 있는 경우 중요한 취약점에 대한 시정조치 계획 또는 이미 수행 중인 절차
- 감사(또는 감사위원회)는 내부회계관리제도 운영실태보고서를 참고하여 평가하였다는 사실, 추가적인 검토절차를 수행한 경우 해당 사실
- 내부회계관리제도 운영실태보고서에 거짓으로 기재되거나 표시된 사항이 있거나, 기재하거나 표시하여야 할 사항을 빠뜨리고 있는지를 점검한 결과 및 조치 내용
- 내부회계관리제도 운영실태보고서의 시정 계획이 회사의 내부회계관리제도 개선에 실질적으로 기여할 수 있는지를 검토한 결과 및 대안
- 내부회계관리제도 운영실태 평가를 위한 경영진과의 대면 협의 및 자금 관련 부정위험에 대한 감사인과의 의사소통 내역
- 보고서 일자
- 감사(위원회)의 서명 날인

7.3.2 의견표명 방법

감사(감사위원회)는 대표이사 및 내부회계관리자의 자가 평가 수행결과와 운영실태 평가결과의 적정성을 감독자의 관점에서 독립적으로 평가한다.

중요한 취약점이 없는 경우

"중요성의 관점에서 효과적으로 설계되어 운영되고 있다고 판단됩니다."

감사(감사위원회)의 평가보고서에서는 중요한 취약점이 없는 경우에도 권고사항 등을 붙임의 형태로 첨부한다.

중요한 취약점이 있는 경우

"중요성의 관점에서 효과적으로 설계되어 운영되고 있지 않다고 판단됩니다."

중요한 취약점이 있는 경우에는 중요한 취약점 및 시정의견 설명을 보고서 본문에 기재하고 중요한 취약점의 요약, 권고사항을 붙임의 형태로 첨부한다.

| 미비점 분류와 감사(감사위원회)의 평가보고서 의견표명 |

구 분	단순한 미비점 (Deficiency)	유의한 미비점 (Significant deficiency)	중요한 취약점 (Material weakness)
의견	중요성의 관점에서 효과적으로 설계되어 운영되고 있다고 판단됩니다.	중요성의 관점에서 효과적으로 설계되어 운영되고 있다고 판단됩니다.	중요성의 관점에서 효과적으로 설계되어 운영되고 있지 않다고 판단됩니다.
본문	없음	없음	• 중요한 취약점 내용 • 시정 의견
붙임	• 권고사항 • 내부회계관리제도 유효성에 대한 시정의견 • 거짓으로 표시된 사항, 생략된 사항 등을 점검한 결과에 대한 조치내용 • 내부회계관리제도가 실질적으로 유효하지 않은 경우 그 대안 • 횡령 등 자금 관련 부정위험에 대응하기 위해 회사가 수행한 내부통제 활동	• 권고사항 • 내부회계관리제도 유효성에 대한 시정의견 • 거짓으로 표시된 사항, 생략된 사항 등을 점검한 결과에 대한 조치내용 • 내부회계관리제도가 실질적으로 유효하지 않은 경우 그 대안 • 횡령 등 자금 관련 부정위험에 대응하기 위해 회사가 수행한 내부통제 활동	• 운영실태보고서에 보고한 중요한 취약점 요약 • 기타의 내용은 좌측과 동일

7.3.3 감사(감사위원회) 평가보고서 예시

7.3.3.1 중요한 취약점이 없는 경우

내부회계관리제도 평가보고서

대한주식회사 이사회 귀중

본 감사(위원회)는 20×1년 12월 31일 현재 동일자로 종료하는 회계연도에 대한 당사의 비중소기업과 중소기업의 비교내부회계관리제도의 설계 및 운영실태를 평가하였습니다.

내부회계관리제도의 설계 및 운영에 대한 책임은 대표이사 및 내부회계관리자를 포함한 회사의 경영진에 있으며 본 감사(위원회)는 관리감독 책임이 있습니다.

본 감사(위원회)는 대표이사 및 내부회계관리자가 본 감사(위원회)에게 제출한 비중소기업과 중소기업의 비교내부회계관리제도 운영실태보고서를 참고로, 회사의 비중소기업과 중소기업의 비교내부회계관리제도가 신뢰할 수 있는 비중소기업과 중소기업의 비교재무제표의 작성 및 공시를 위하여 비중소기업과 중소기업의 비교재무제표의 왜곡을 초래할 수 있는 오류나 부정행위를 예방하고 적발할 수 있도록 효과적으로 설계 및 운영되고 있는지 여부에 대하여 평가하였으며, 비중소기업과 중소기업의 비교내부회계관리제도가 신뢰성있는 회계정보의 작성 및 공시에 실질적으로 기여하는지를 평가하였습니다.

또한 본 감사(위원회)는 비중소기업과 중소기업의 비교내부회계관리제도 운영실태보고서에 거짓으로 기재되거나 또는 표시된 사항이 있거나, 기재하거나 표시하여야 할 사항을 빠뜨리고 있는지를 점검하였으며, 비중소기업과 중소기업의 비교내부회계관리제도 운영실태보고서의 시정 계획이 해당 회사의 비중소기업과 중소기업의 비교내부회계관리제도 개선에 실질적으로 기여할 수 있는지를 검토하였습니다.

회사는 비중소기업과 중소기업의 비교내부회계관리제도의 설계 및 운영을 위해 내부회계관리제도운영위원회에서 발표한 '내부회계관리제도 설계 및 운영 개념체계(☜ 다른 체계를 사용한 경우 그 체계의 명칭)'를 준거기준으로 사용하였습니다.

본 감사(위원회)는 비중소기업과 중소기업의 비교내부회계관리제도의 설계 및 운영실태를 평가함에 있어 「외부감사 및 회계 등에 관한 규정 시행세칙」 별표6 '내부회계관리제도 평가 및 보고 기준'을 평가기준으로 사용하였습니다.

본 감사(위원회)의 의견으로는, 20×1년 12월 31일 현재 당사의 내부회계관리제도는 '내부회계관리제도 설계 및 운영 개념체계'에 근거하여 볼 때, 중요성의 관점에서 효과적으로 설계되어 운영되고 있다고 판단됩니다.

〈붙임〉

- 권고사항
- 비중소기업과 중소기업의 비교내부회계관리제도가 신뢰성 있는 회계정보의 작성 및 공시에 실질적으로 기여하지 못하고 있다고 판단한 경우 그 시정 의견
- 비중소기업과 중소기업의 비교내부회계관리제도 운영실태보고서에 거짓으로 기재되거나 표시된 사항이 있거나, 기재하거나 표시하여야 할 사항을 빠뜨리고 있는지를 점검한 결과에 대한 조치내용
- 비중소기업과 중소기업의 비교내부회계관리제도 운영실태보고서의 시정 계획이 해당 회사의 내부회계관리제도를 개선하는데 실질적으로 기여하지 못하고 있다고 판단한 경우 대안
- 비중소기업과 중소기업의 비교내부회계관리제도 운영실태 평가를 위한 경영진과의 대면 협의 및 자금 관련 부정위험에 대한 감사인과의 의사소통 내역

구 분	일자	참석자	주요 논의내용*
경영진(대표자, 내부회계관리자 등)			
외부감사인			

* 이전연도 발견된 미비점에 대한 시정계획의 이행결과 검토, 자금관련 부정위험 통제를 위한 회사의 통제활동에 대한 평가, 경영진과 감사인의 내부회계관리제도에 대한 평가 내역 차이 등

20×2년 3월 18일

(감사 설치 회사의 경우 ☞) 감사 김감독 (인)

(감사위원회 설치 회사의 경우 ☞) 감사위원회 위원장 김감독 (인)

7.3.3.2 중요한 취약점이 있는 경우

내부회계관리제도 평가보고서

대한주식회사 이사회 귀중

본 감사(위원회)는 20×1년 12월 31일 현재 동일자로 종료하는 회계연도에 대한 당사의 비중소기업과 중소기업의 비교내부회계관리제도의 설계 및 운영실태를 평가하였습니다.

내부회계관리제도의 설계 및 운영에 대한 책임은 대표이사 및 내부회계관리자를 포함한 회사의 경영진에 있으며 본 감사(위원회)는 관리감독 책임이 있습니다.

본 감사(위원회)는 대표이사 및 내부회계관리자가 본 감사(위원회)에게 제출한 비중소기업과 중소기업의 비교내부회계관리제도 운영실태보고서를 참고로, 회사의 비중소기업과 중소기업의 비교내부회계관리제도가 신뢰할 수 있는 비중소기업과 중소기업의 비교재무제표의 작성 및 공시를 위하여 비중소기업과 중소기업의 비교재무제표의 왜곡을 초래할 수 있는 오류나 부정행위를 예방하고 적발할 수 있도록 효과적으로 설계 및 운영되고 있는지 여부에 대하여 평가하였으며, 비중소기업과 중소기업의 비교내부회계관리제도가 신뢰성있는 회계정보의 작성 및 공시에 실질적으로 기여하는지를 평가하였습니다.

또한 본 감사(위원회)는 비중소기업과 중소기업의 비교내부회계관리제도 운영실태보고서에 거짓으로 기재되거나 또는 표시된 사항이 있거나, 기재하거나 표시하여야 할 사항을 빠뜨리고 있는지를 점검하였으며, 비중소기업과 중소기업의 비교내부회계관리제도 운영실태보고서의 시정 계획이 해당 회사의 비중소기업과 중소기업의 비교내부회계관리제도 개선에 실질적으로 기여할 수 있는지를 검토하였습니다.

회사는 비중소기업과 중소기업의 비교내부회계관리제도의 설계 및 운영을 위해 내부회계관리제도운영위원회에서 발표한 '내부회계관리제도 설계 및 운영 개념체계(☞ 다른 체계를 사용한 경우 그 체계의 명칭)'를 준거기준으로 사용하였습니다.

본 감사(위원회)는 비중소기업과 중소기업의 비교내부회계관리제도의 설계 및 운영실태를 평가함에 있어 「외부감사 및 회계 등에 관한 규정 시행세칙」 별표6 '내부회계관리제도 평가 및 보고 기준'을 평가기준으로 사용하였습니다.

본 감사(위원회)의 의견으로는, 20×1년 12월 31일 현재 당사의 내부회계관리제도는 다음과 같은 중요한 취약점으로 인해 '내부회계관리제도 설계 및 운영 개념체계'에 근거하여 볼 때, 중요성의 관점에서 효과적으로 설계되어 운영되고 있지 않다고 판단됩니다.

〈중요한 취약점 및 시정조치 계획〉

〈붙임〉

- 운영실태보고서에 보고한 중요한 취약점 요약
- 권고사항
- 비중소기업과 중소기업의 비교내부회계관리제도가 신뢰성 있는 회계정보의 작성 및 공시에 실질적으로 기여하지 못하고 있다고 판단한 경우 그 시정 의견
- 비중소기업과 중소기업의 비교내부회계관리제도 운영실태보고서에 거짓으로 기재되거나 표시된 사항이 있거나, 기재하거나 표시하여야 할 사항을 빠뜨리고 있는지를 점검한 결과에 대한 조치내용
- 비중소기업과 중소기업의 비교내부회계관리제도 운영실태보고서의 시정 계획이 해당 회사의 내부회계관리제도를 개선하는 데 실질적으로 기여하지 못하고 있다고 판단한 경우 대안
- 비중소기업과 중소기업의 비교내부회계관리제도 운영실태 평가를 위한 경영진과의 대면 협의 및 자금 관련 부정위험에 대한 감사인과의 의사소통 내역

구 분	일자	참석자	주요 논의내용*
경영진(대표자, 내부회계관리자 등)			
외부감사인			

* 이전연도 발견된 미비점에 대한 시정계획의 이행결과 검토, 자금관련 부정위험 통제를 위한 회사의 통제활동에 대한 평가, 경영진과 감사인의 내부회계관리제도에 대한 평가 내역 차이 등

20×2년 3월 18일

(감사 설치 회사의 경우 ☞) 감사 김감독 (인)

(감사위원회 설치 회사의 경우 ☞) 감사위원회 위원장 김감독 (인)

연 습 문 제

문제 1

운영실태보고서 의견변형

김감독은 A회사의 내부회계관리자이다. 외감법 제8조의2 제4항에 따라 김감독은 당해연도 내부회계관리제도의 운영실태에 대해 보고를 준비하고 있다.

A사는 내부회계관리제도의 운영과정에서 당기손익인식 금융자산 등과 관련된 중요한 오류 사항이 발견되었다. 재무제표상의 적절한 반영과 관련하여 충분하고 적합한 통제절차를 설계・운영하지 않고 있다. 따라서 당기손익인식금융자산 등이 재무제표에 적절히 기록되지 않을 수 있는 중요한 취약점을 초래할 수 있는 상황이다.

보고된 미비점의 내용은 다음과 같다.

- 금융자산을 분류하기 위해서는 해당 금융자산의 계약상 현금흐름이 특정일에 원금과 원금잔액에 대한 이자지급으로 구성되어있는지 판단하여야 함.
- 복합금융상품 및 다양한 현금흐름을 구성하는 금융상품에 대해 SPPI(Solely payments of Principal and interest) 테스트를 실시하여야 하나 점검결과 SPPI 테스트를 설계 및 운영하지 않음.
- SPPI 테스트의 미수행은 금융상품 분류(재무제표 표시와 공시)에 대한 재무제표 왜곡표시위험을 야기시키며 그러한 위험은 금액적으로 양적중요성 기준을 초과하고 있음.
- 당사는 관련된 금융상품을 매월 수회이상 매입 혹은 매도하고 있으며 SPPI 테스트의 미실시로 인하여 오류의 발생가능성은 합리적으로 발생가능한 수준(reasonably possible)임.

김감독은 아래와 같이 운영실태보고서의 초안을 작성하였다.

내부회계관리제도 운영실태보고서

A주식회사 주주, 이사회 및 감사위원회 귀중

본 대표이사 및 내부회계관리자는 2×20년 12월 31일 현재 동일자로 종료하는 회계연도에 대한 당사의 내부회계관리제도의 설계 및 운영실태를 평가하였습니다.

내부회계관리제도의 설계 및 운영에 대한 책임은 본 대표이사 및 내부회계관리자를 포함한 회사의 경영진에 있습니다.

본 대표이사 및 내부회계관리자는 회사의 내부회계관리제도가 신뢰할 수 있는 재무제표의 작성 및 공시를 위하여 재무제표의 왜곡을 초래할 수 있는 오류나 부정행위를 예방하고 적발할 수 있도록 효과적으로 설계 및 운영되고 있는지의 여부에 대하여 평가하였습니다.

본 대표이사 및 내부회계관리자는 내부회계관리제도의 설계 및 운영을 위해 내부회계관리제도운영위원회에서 발표한 '내부회계관리제도 설계 및 운영 개념체계'를 준거기준으로 사용하였습니다. 또한 내부회계관리제도의 설계 및 운영실태를 평가함에 있어 내부회계관리제도운영위원회에서 발표한 '내부회계관리제도 평가 및 보고 기준'을 평가기준으로 사용하였습니다.

본 대표이사 및 내부회계관리자의 내부회계관리제도 운영실태 평가결과, 2×20년 12월 31일 현재 당사의 내부회계관리제도는 '내부회계관리제도 설계 및 운영 개념체계'에 근거하여 볼 때, 중요성의 관점에서 효과적으로 설계되어 운영되고 있다고 판단됩니다.

본 대표이사 및 내부회계관리자는 보고내용이 거짓으로 기재되거나 표시되지 아니하였고, 기재하거나 표시하여야 할 사항을 빠뜨리고 있지 아니함을 확인하였습니다.

또한 본 대표이사 및 내부회계관리자는 보고내용에 중대한 오해를 일으키는 내용이 기재되거나 표시되지 아니하였다는 사실을 확인하였으며, 충분한 주의를 다하여 직접 확인·검토하였습니다.

2×21년 2월 28일

대 표 이 사 김철수 (인)

내부회계관리자 김감독 (인)

(질문) 상기 정보에 근거하여 운영실태보고서를 변형하라.

해설 운영실태보고서 의견 변형

대표자와 내부회계관리자는 미비점을 평가하여 단순한 미비점, 유의한 미비점, 중요한 취약점으로 구분한다. 추가적으로 내부회계관리제도 효과성 평가절차를 통해 얻은 자료, 감사(감사위원회), 외부감사인과 논의내용을 고려하여 최종 평가결론을 도출한다.

평가기준일 현재 하나 이상의 중요한 취약점이 발견된 경우에는 회사의 내부회계관리제도가 효과적이라고 결론 내릴 수 없다. 또한, 유의한 미비점이 존재하는 경우에는 유의한 미비점의 내용과 개선사항에 대해 붙임의 형태로 언급하고 향후 계획 등을 제시한다.

내부회계관리제도 운영실태보고서는 중요한 취약점의 존재 여부에 따라 의견이 달라지며 본문과 붙임에 기재하여야 하는 내용은 다음과 같다.

구 분	단순한 미비점 (Deficiency)	유의한 미비점 (Significant deficiency)	중요한 취약점 (Material weakness)
의견	중요성의 관점에서 효과적으로 설계되어 운영되고 있다고 판단됩니다.	중요성의 관점에서 효과적으로 설계되어 운영되고 있다고 판단됩니다.	중요성의 관점에서 효과적으로 설계되어 운영되고 있지 않다고 판단됩니다.
본문	없음	없음	• 중요한 취약점 내용 • 개선 대책
붙임	없음	위반자에 대한 징계사항	• 위반자에 대한 징계사항 • 중요한 취약점 및 시정조치 계획에 대한 상세 설명
기타	없음	유의한 미비점과 개선방안에 대해 이사회 및 감사(위원회)에 보고의무	중대한 취약점과 개선방안에 대해 이사회 및 감사(위원회)에 보고의무

해당 사례에서는 SPPI 테스트의 미실시로 인하여 중요한 취약점이 발견된 상황이다. 따라서 운영실태보고서의 의견을 부적정 의견으로 변경하고 중요한 취약점의 내용과 개선대책에 대하여 본문에 기재하여야 한다. 의견이 변형된 운영실태보고서의 예시는 다음과 같다.

내부회계관리제도 운영실태보고서

A주식회사 주주, 이사회 및 감사위원회 귀중

본 대표이사 및 내부회계관리자는 2×20년 12월 31일 현재 동일자로 종료하는 회계연도에 대한 당사의 내부회계관리제도의 설계 및 운영실태를 평가하였습니다.

내부회계관리제도의 설계 및 운영에 대한 책임은 본 대표이사 및 내부회계관리자를 포함한 회사의 경영진에 있습니다.

본 대표이사 및 내부회계관리자는 회사의 내부회계관리제도가 신뢰할 수 있는 재무제표의 작성 및 공시를 위하여 재무제표의 왜곡을 초래할 수 있는 오류나 부정행위를 예방하고 적발할 수 있도록 효과적으로 설계 및 운영되고 있는지의 여부에 대하여 평가하였습니다.

본 대표이사 및 내부회계관리자는 내부회계관리제도의 설계 및 운영을 위해 내부회계관리제도운영위원회에서 발표한 '내부회계관리제도 설계 및 운영 개념체계'를 준거기준으로 사용하였습니다. 또한 내부회계관리제도의 설계 및 운영실태를 평가함에 있어 「외부감사 및 회계 등에 관한 규정 시행세칙」 별표6 '내부회계관리제도 평가 및 보고 기준'을 평가기준으로 사용하였습니다.

본 대표이사 및 내부회계관리자의 내부회계관리제도 운영실태 평가결과, 2×20년 12월 31일 현재 당사의 내부회계관리제도는 다음과 같은 중요한 취약점으로 인해 '내부회계관리제도 설계 및 운영 개념체계'에 근거하여 볼 때, 중요성의 관점에서 효과적으로 설계되어 운영되고 있지 않다고 판단됩니다.

〈중요한 취약점의 내용〉

당사는 당기손익인식금융자산 등과 관련된 중요한 오류 사항의 발견 및 이에 대한 재무제표 상의 적절한 반영과 관련하여 충분하고 적합한 통제절차를 설계 및 운영하지 않았습니다. 이러한 미비점은 당기손익인식금융자산 등이 재무제표에 적절히 기록되지 않을 수 있는 중요한 취약점을 의미합니다.

〈중요한 취약점에 대한 시정조치 계획〉

당사는 상기 지적사항을 검토하여 XX회계법인과 "IFRS9 프로젝트 구축" 계약을 체결하였으며 그 후속대책을 수립하여 보완할 예정입니다.

본 대표이사 및 내부회계관리자는 보고내용이 거짓으로 기재되거나 표시되지 아니하였고, 기재하거나 표시하여야 할 사항을 빠뜨리고 있지 아니함을 확인하였습니다.

또한 본 대표이사 및 내부회계관리자는 보고내용에 중대한 오해를 일으키는 내용이 기재되거나 표시되지 아니하였다는 사실을 확인하였으며, 충분한 주의를 다하여 직접 확인·검토하였습니다.

〈붙임〉

- 중요한 취약점에 대한 상세평가내용
  - 중요한 취약점을 발생시킨 근본원인과 재무제표에 미칠 수 있는 영향의 상세분석 내용
  - 중요한 취약점과 관련하여 내부회계관리규정을 위반한 임직원의 징계 내용
- IFRS9 프로젝트를 통한 중요한 취약점의 시정조치 세부계획
- 횡령 등 자금부정 위험에 대응하기 위해 회사가 수행한 내부통제 활동

2×21년 2월 28일

대 표 이 사 김철수 (인)

내부회계관리자 김감독 (인)

마켓인사이트 : 기업들 연결기준 내부회계관리제도 감사, 1년씩 연기

기업들의 연결재무제표 기준 내부회계관리제도 감사 도입 시기가 1년씩 연기된다. 코로나19로 해외 자회사 관리에 어려움을 겪고 있기 때문이다. 자산 2조 원 이상 대기업의 내부회계관리제도 감사 도입시기는 2022년에서 2023년으로 미뤄진다.

금융위원회는 이 같은 내용을 담은 주식회사 등의 외부감사에 관한 법률 시행령 개정안이 14일 국무회의를 통과했다고 발표했다. 개정안에 따르면 자산 2조 원 이상 상장사는 2023년부터, 자산 5000억 원 이상 상장사는 2024년부터 내부회계관리제도 감사를 받는다. 당초 각각 2022년, 2023년부터 내부회계관리제도 감사가 의무화될 예정이었다. 자산 5000억 원 미만 상장사의 경우 내부회계관리제도 감사 시기가 기존 2024년에서 2025년으로 1년 미뤄진다.

기업들 연결기준 내부회계관리제도 감사, 1년씩 연기

코로나19로 국내 · 해외 출장이 제한된 탓에 기업들은 해외 자회사 등의 내부회계관리제도 구축에 어려움을 겪어왔다. 자산 2조 원 이상 상장사 168개 기업 중 대부분인 152개 사가 해외 계열사를 보유하고 있다. 이들이 보유한 해외 종속회사만 총 4,338개 사에 이른다.

금융위는 자산 1,000억 원 이하 소기업에 대한 내부회계관리제도 감사를 1년 유예하는 방안도 추진 중이다. 이는 법률인 외감법 부칙 개정이 필요하기 때문에 국회와 논의 중이다. 개별기준 내부회계관리제도 감사는 2조 원 이상 상장사는 2019년부터 도입됐고, 자산 1,000억 원 이하 소기업은 2023년부터 적용된다.

08 부정위험과 포렌식

2022년 오스템임플란트의 부정사건은 시장에 큰 충격을 안겼다. 공공기관 및 대기업, 은행을 막론하고 상상하기조차 힘든 규모의 부정사건이 발생하고 있다. 이러한 기업 및 조직의 자산은 고객, 주주 및 다수의 이해관계자로부터 수탁받은 것으로서 기업 및 조직은 그 수임자 의무(fiduciary duty)[119]를 다하여야 한다. 횡령사건의 발생은 경영진이 그 수임자 의무를 다하지 못한 것으로서 해석될 수 있다.

수임자 의무는 법률적인 해석에서 영미법 체계와 대륙법 체계에서 달라질 수 있지만, 내부회계관리제도가 시작된 미국을 기준으로 할 때 그 중심적인 개념은 충실의무(duty of loyaty)와 선관의무(duty of care)로 크게 구분되므로, 부정위험의 발생은 이러한 의무의 위반으로 보는 것이 합리적이다.[120] 따라서, 내부회계관리제도에서는 이러한 수임자 의무를 충실하게 이해할 수 있도록 하는 due care 절차의 관점에서 부정위험을 바라보고 준비하는 것이 바람직하다.

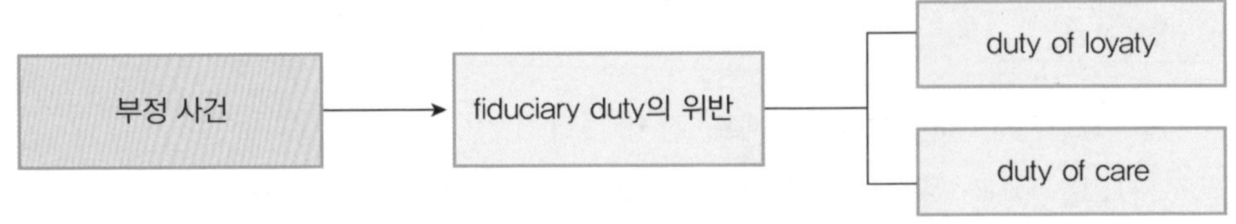

IIA(내부감사협회, the Institue of Internal Auditors) Standard 1220에서도 부정을 바라보는 관점은 유사하다. IIA Standard 1220은 부정이 전혀 발생하지 않아야 한다는

---

119) fiduciary duty는 수탁의무, 신인의무, 신의성실의무, 선량한 관리자의 주의의무로 번역하기도 한다.

120) 민법 및 상법에서도 이러한 fiduciary duty에 대해 언급된다.
- 민법 제681조(수임인의 선관의무) 수임인은 위임의 본지에 따라 선량한 관리자의 주의로써 위임사무를 처리하여야 한다.
- 상법 제382조의3(이사의 충실의무) 이사는 법령과 정관의 규정에 따라 회사를 위하여 그 직무를 충실하게 수행하여야 한다.

무결성(infallibility)을 요구하지 않으며, 다만 합리적으로 신중하고 유능한 감사인에게 기대되는 기술 및 due care 절차를 수행할 것을 요구하고 있다.[121)]

모든 부정사건이 재무제표에 영향을 미치는 것은 아니지만, 자금의 횡령과 같은 부정사건의 발생은 재무제표에 영향을 미치게 된다. 이러한 중대한 부정사건이 발생하게 되면 新외감법 제22조에서는 회사의 감사(혹은 감사위원회)는 회계부정 사건을 회사의 비용으로 조사하고(일반적으로 포렌식(회계부정조사)을 의미한다) 시정조치를 포함하여 증권선물위원회와 외부감사인에게 보고하여야 하는 의무가 신설되었다. 이에 따라 금융위원회에서는 외감법 제22조 의무를 수행하기 위한 2019년 12월에 [회계부정 조사 관련 가이드라인]을 배포하여 실무적 절차에 대한 안내를 한 바 있다.

외감법 제22조(부정행위 등의 보고)

① 감사인은 직무를 수행할 때 이사의 직무수행에 관하여 부정행위 또는 법령이나 정관에 위반되는 중대한 사실을 발견하면 감사 또는 감사위원회에 통보하고 주주총회 또는 사원총회(이하 "주주총회등"이라 한다)에 보고하여야 한다.
② 감사인은 회사가 회계처리 등에 관하여 회계처리기준을 위반한 사실을 발견하면 감사 또는 감사위원회에 통보하여야 한다.
③ 제2항에 따라 회사의 회계처리기준 위반사실을 통보받은 감사 또는 감사위원회는 회사의 비용으로 외부전문가를 선임하여 위반사실 등을 조사하도록 하고 그 결과에 따라 회사의 대표자에게 시정 등을 요구하여야 한다.
④ 감사 또는 감사위원회는 제3항에 따른 조사결과 및 회사의 시정조치 결과 등을 즉시 증권선물위원회와 감사인에게 제출하여야 한다.
⑤ 감사 또는 감사위원회는 제3항 및 제4항의 직무를 수행할 때 회사의 대표자에 대해 필요한 자료나 정보 및 비용의 제공을 요청할 수 있다. 이 경우 회사의 대표자는 특별한 사유가 없으면 이에 따라야 한다.
⑥ 감사 또는 감사위원회는 이사의 직무수행에 관하여 부정행위 또는 법령이나 정관에 위반되는 중대한 사실을 발견하면 감사인에게 통보하여야 한다.
⑦ 감사인은 제1항 또는 제6항에 따른 이사의 직무수행에 관하여 부정행위 또는 법령에 위반되는 중대한 사실을 발견하거나 감사 또는 감사위원회로부터 이러한 사실을 통보받은 경우에는 증권선물위원회에 보고하여야 한다.

121) The Institute of Internal Auditors' (IIA) Standard 1220 states that internal auditors must apply the care and skill expected of a reasonably prudent and competent internal auditor. Standard 1220 also states, however, that due professional care does not imply infallibility.

부정사건이 발생하게 되면 실무에서는 회계부정을 바로잡기 위한 회계 및 법률서비스 비용(재감사(reaudit) 및 회계부정조사(포렌식 forensic), 법률자문서비스 비용 등)만 수억 원에서 수십억 원에 이른다. 또한, 부정사건은 회계이슈뿐만 아니라 세무이슈[122)]를 같이 동반하므로 위험의 크기(risk exposure)는 상식선에서 생각하는 것보다 훨씬 크다고 볼 수 있다. 위험의 발생은 돈의 낭비와 동일하다고 생각해야 한다. 위험의 방지 및 예방은 귀찮거나 불편한 것이 아니라 돈을 아끼는 방법이다.

미국 ACFE(Association of Certified Fraud Examiners)가 발표한 자료에 따르면 부정의 약 43%는 고객, 공급업자(벤더사), 임직원에 의해 이루어지는 것으로 보고되었다. 이러한 부정의 약 27%는 경영진리뷰통제(Management review) 및 내부감사를 통해서 밝혀지며, 이외는 기타 다른 수단에 의해 드러나기도 한다.[123)]

이번 장에서는 부정에 대해 구체적으로 이해하기 위해, 부정위험과 포렌식이라는 두 개의 주제를 다루었다. 부정위험을 어떻게 이해하고 관리하여야 하는지에 대한 기술적 설명과 실제 부정이 발생하였거나 발생할 가능성이 높은 경우 어떻게 대응해야 하는지에 대한 부분이다. 이번 장의 구조는 아래과 같다.

부정위험	포렌식
부정위험에 대한 이해와 관리(due care) 절차 (내부회계관리제도에서 준비하여야 하는 내용)	부정위험이 발생하였거나 가능성이 높은 경우의 대응 절차
8.1 내부회계관리제도와 부정위험 8.2 부정위험의 종류 8.3 부정한 재무보고 8.4 자산보호 8.5 부패 8.6 내부회계관리제도의 부정위험 실무	8.7 회계부정 조사(Forensics, 포렌식) 8.8 금융위원회의 회계부정 조사 가이드라인 8.9 회계부정 조사 실무

8.1 내부회계관리제도와 부정위험

내부회계관리제도와 부정위험과는 어떤 관계가 있을까? 내부회계관리제도를 구축 및 운영하면 모든 발생가능한 부정위험은 예방되는 것일까? 이러한 물음에 대한 대답을 하기 위

122) 경영진의 횡령은 세법에서는 확정되기 전까지 그 성격에 따라 대표자상여 혹은 대여금으로 처리될 수도 있어서 원천세 및 간주이자의 이슈 등을 동반하기도 한다.

123) ACFE 2020 Report to the Nations, Fraud examiners manual : 2022 edition

해서는 내부회계관리제도의 목적과 부정위험의 관계를 대해 정립하는 것이 필요하다.

내부회계관리제도의 목적은 외부에 공시하는 재무제표의 신뢰성을 제고하는 것을 목적[124]으로 하고 있어 부정위험을 막는 것을 1차적인 목표로 하지 않는다. 하지만, 내부회계관리제도는 Risk Management System에 대한 절차를 강조하고 있기 때문에 부정위험의 평가 및 부정사고 등의 관리도 가능하다.

특히, 설계 및 운영 개념체계의 원칙8에서는 부정위험에 대해 규정하고 있어서 내부회계관리제도를 구축 및 운영하는 조직에서는 반드시 부정위험을 평가하는 것이 요구된다.

내부회계관리제도 설계 및 운영 개념체계

(원칙 8) 부정위험 평가 : 내부회계관리제도 목적 달성에 대한 위험 평가 시 잠재적인 부정 가능성을 고려한다.

부정위험은 그 유형이 크게 3가지로 ① 부정한 재무보고(fraudulent reporting), ② 자산의 보호(asset misappropriation),[125] ③ 부패(corruption)로 구분된다. 따라서, 내부회계관리제도는 이러한 부정위험에 대해 평가하고 평가결과에 대해 이사회 혹은 감사(감사위원회)가 검토하고 확인하도록 요구한다.[126]

하지만, 내부회계관리제도는 모든 부정위험에 초점을 맞추고 있는 것은 아니다. 내부회계관리제도의 목적자체가 재무제표의 신뢰성을 확보하는 것을 목적으로 하고 있으므로, 부정위험 또한 재무제표에 영향을 미칠 수 있는 것으로 한정하여 해석하는 것이 합리적이다. 이는 예를 들어 거래처에 과도한 접대를 요구하거나 하는 등의 윤리적으로 비난받아야 하는 부정행위가 있다고 하더라도 재무제표에 영향을 미치는 부정행위가 아니므로 그러한 부정위험은 내부회계관리제도의 주된 관심사가 아니라는 것을 의미한다.

정리하여 보자면 부정위험에 대한 플레이어별 역할은 다음과 같다.

경영진은 내부회계관리제도의 원칙8에 따라 부정위험을 반드시 평가하여야 하는데, 모든 부정위험이라기보다는 재무제표에 영향을 미치는 부정위험만을 평가하여 포함하는 것을 의미한다. 따라서, 부정위험의 종류(type of fraud)를 세부적으로 구분하여 그 리스크

124) 내부회계관리제도 설계 및 운영 개념체계 문단1

125) safeguarding of asset으로 표현하기도 한다.

126) 내부회계관리제도 설계 및 운영 개념체계 문단A38

프로파일에 따라 재무제표에 영향을 미칠 수 있다면 수임자 의무(fiduciary duty)를 다하기 위한 절차를 마련하여 운영하여야 한다.

이사회는 내부회계관리제도에서 감독의무[127]를 지며, 감사(감사위원회)는 내부회계관리제도를 독립적으로 평가하여 의견을 표명하여 제도가 원활하게 운영되도록 하는 역할을 수행한다(감독기능을 위임하는 경우 감독기능 수행). 따라서, 이사회와 감사(감사위원회)는 재무제표에 영향을 미치는 부정위험의 평가에 대한 감독과 독립적인 평가를 수행하여야 할 것이다.

감사인은 내부회계관리제도에 대한 외부감사(혹은 검토)를 수행한다. 특히, 감사기준서 1100에 따라 내부회계관리제도 감사 계획 시 부정으로 인한 왜곡표시를 예방하거나 발견, 수정하기 위해 설계된 내부통제가 있는지 고려하여야 하도록 하고 있다.[128] 입증감사 시(위험평가 및 설계/운영평가) 왜곡표시의 가능한 원천(LSPM, Likely sources of potential misstatement)을 파악할 때에도 부정위험으로 인한 왜곡표시를 포함하여 위험을 도출하여 내부통제를 평가하도록 한다. 특히, 고위 경영진이 저지른 부정위험이 있는 경우에는 금액적인 중요성 여부와 관계없이 중요한 취약점으로 판단하여야 하므로 경영진의 부정위험은 의견형성에 직접적인 영향을 미친다.[129]

| 내부회계관리제도 부정위험과 역할 |

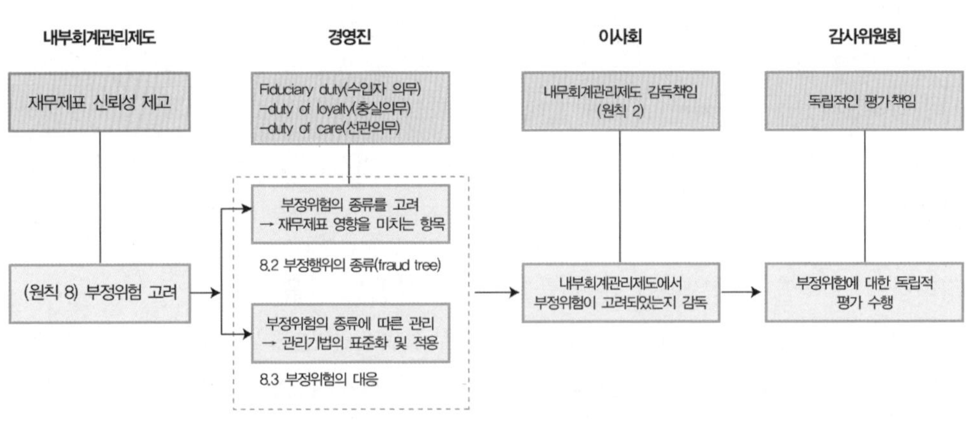

127) 내부회계관리제도 설계 및 운영 개념체계 문단40(원칙 2)

128) 감사기준서 1100 문단18 또는 감사기준서240

129) 감사기준서 1100 문단A82

8.2 부정위험의 종류

미국의 ACFE에서는 부정위험의 종류를 상세하게 구분하여 구조화하는 Fraud tree를 소개하고 있으며, 부정위험과 관련한 이론, 논문 및 실무에서 가장 대표적인 기본모형으로 받아들여지고 있다. 아래에서는 ACFE의 Fraud examiners manual에서 설명하는 부정위험 내용을 소개하였다. 물론 부정위험은 더욱 구체적으로 프로파일링될 수 있으나 ACFE의 Fraud tree에서 설명되는 기본적인 내용을 다루었다.

내부회계관리제도에서는 아래의 부정위험의 종류를 다루면 충분한 due care 절차를 갖춘 것으로 볼 수 있을 것으로 예상된다. 다만, 구체적인 부정 발생위험이 높거나 부정사건이 발생하였다고 한다면 공인부정조사사(CFE, Certified Fraud Examiner)와 같은 공인전문가의 부정위험 조사나 회계부정 조사(fraud examination) 절차를 취할 것이 권고된다(외감법 제22조).

| ACFE Fraud Tree[130] |

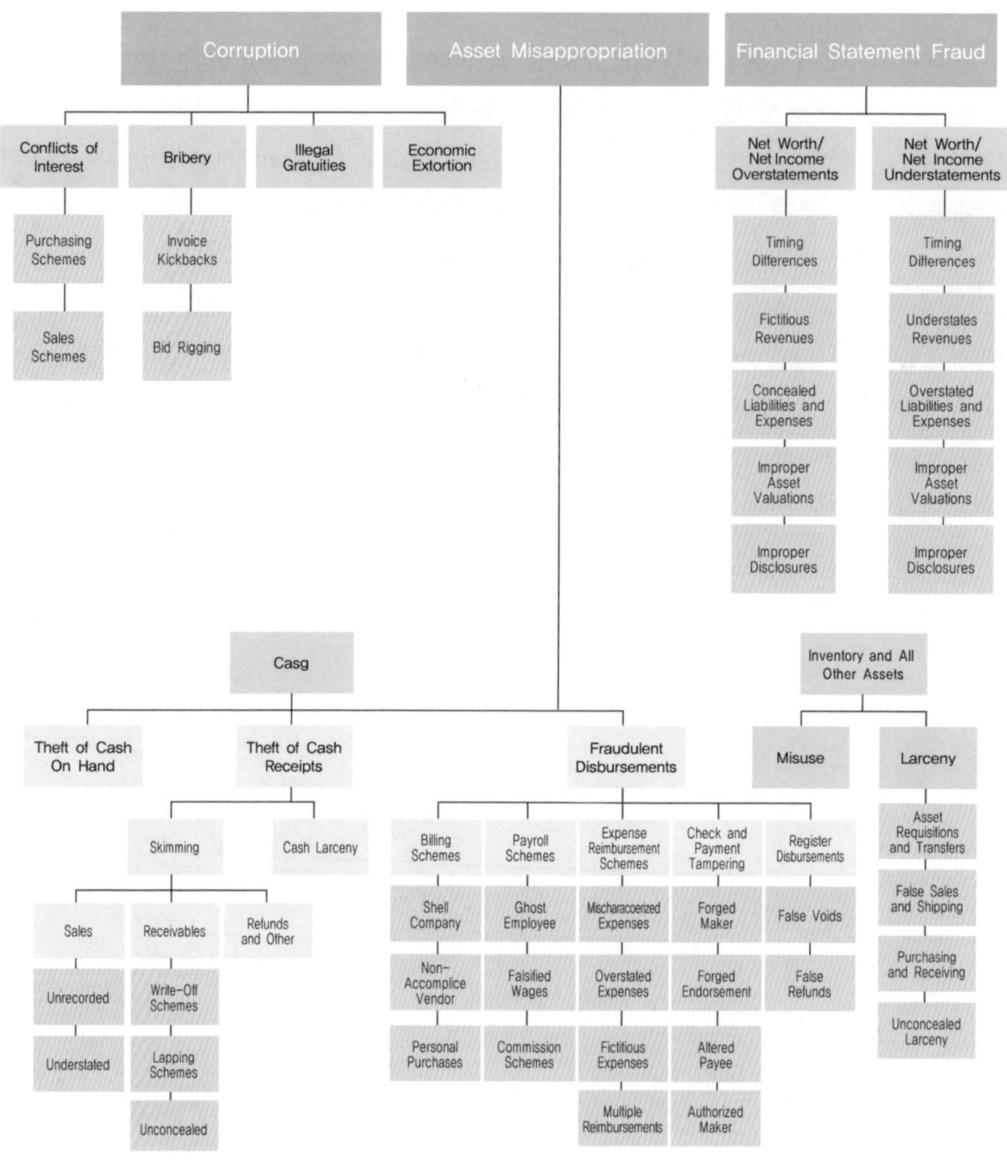

130) ACFE, Occupational fraud and abuse classification system

8.3 부정한 재무보고(fraudulent financial reporting)

재무제표 이용자를 속이기 위해서 회사의 재무정보를 의도적으로 왜곡표시(intentional misstatement)하거나 누락(omission)하는 경우 부정한 재무보고가 발생한다. 부정한 재무보고의 정의상 주된 키워드는 의도와 누락으로 이해하면 된다.[131] 따라서, 재무제표에 있어서 오류(error)와 부정(fraud)의 가장 큰 차이는 그 왜곡표시 사항의 의도에 있다고 보아야 한다.[132]

| 부정한 재무보고의 이해 |

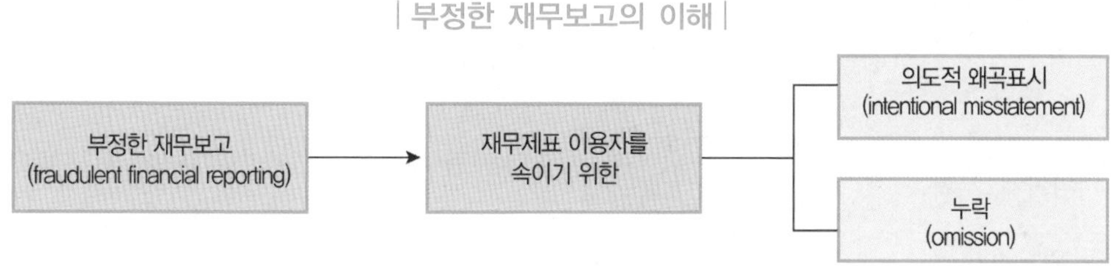

부정한 재무보고는 재무제표의 왜곡표시 자체를 목적으로 한 것이 아니라 그 본연적 비즈니스의 잘못된 내용을 숨기거나 고치기 위한 의도로 발생한다. 재무적 성과가 좋지 않아서 대출의 만기를 연장하는데 실패한다거나(refinancing), 재무제표 성과와 연동하여 성과형 보너스(Performance bonus)를 받게 되는 경우 유인이 발생하기도 한다. 다음은 재무보고와 관련하여 부정이 발생할 수 있는 상황에 대한 예시이다.

- 주식 매각을 통해 투자를 유치하는 경우
- 증가한 순이익이나 주당순이익(EPS)을 근거로 더 많은 배당을 유도하는 경우
- 현금흐름을 생성(generate)할 수 없다는 것을 숨기기 위한 경우
- 시장의 부정적인 시각을 피하기 위한 경우
- 현재 자금조달의 조건보다 더 좋은 조건을 위한 경우(혹은 자금조달이 불가능한 상황이나 그것을 가능하게 하려고 하는 경우 포함한다)
- 타사에서 인수 시 더 높은 구매가격을 받기 위한 경우

---

131) Financial statement fraud is the deliberate misrepresentation of the financial condition of an enterprise accomplished through the *intentional misstatement* or *omission* of amounts or disclosures in the financial statements to deceive financial statement users.

132) International Standard on Auditing (ISA) 240, The Auditor's Responsibilities Relating to Fraud in an Audit of Financial Statements.
AICPA Auditing Standard AU-C Section 240, Consideration of Fraud in a Financial Statement Audit

- 성과 보너스를 받기 위한 경우
- 자금조달 시 설정한 약정을 준수하기 위한 경우
- 회사 목표달성 및 승진의 기회

특히 회계감사기준 240에서는 아래와 같이 ① 조작, ② 허위기재, 누락, ③ 의도적인 회계기준 적용을 모두 부정한 재무보고를 발생시키는 기법의 예시로 다루고 있다.

| 부정한 재무보고 예시 |

구 분	내 용
조작	재무제표 작성의 기초가 되는 회계기록이나 근거문서를 조작, 위변조 또는 수정함.
허위기재, 누락	사건, 거래 또는 기타 유의적인 정보를 재무제표에 허위로 기재하거나 의도적으로 누락함.
의도적인 회계기준 적용	금액, 분류, 표시방법 또는 공시에 대한 회계원칙을 의무적으로 잘못 적용함.

위의 조작, 허위기재, 누락, 의도적 회계기준의 사용은 다음의 표와 같은 재무제표의 왜곡표시의 결과를 가져온다. 각각의 항목은 그 의도에 따라 순자산 및 순이익의 과대계상(overstatement)이나 과소계상(understatement)의 형태로 모두 나타날 수 있다.

| 부정한 재무보고 위험의 유형 |

위험의 유형	위험의 유형
가공 수익 (fictitious revenue)	가공의 수익(가공매출, 가공의 수수료수익, 가공의 유형자산처분이익 등)은 발생하지 않은 상품매출 또는 서비스 수수료를 말한다. 가공의 수익은 대부분 실재 존재하지 않는 고객(fake customer)과 관련되지만 실제 고객에 대한 매출을 부풀리는 등을 통한다면 실제 고객도 관련될 수 있다.
수익/비용 인식 (timing difference)	수익인식 시점을 앞당기거나 비용의 인식시점을 뒤로 늦추는 것을 의미한다. 이것은 한 기간과 다음 기간 사이에서 수익 또는 비용을 이동하여 원하는 대로 이익을 늘리는 것으로 이익유연화(income smoothing)라 하기도 한다. • 매출 및 수익의 조기인식(premature revenue recognition • 효익이 완전이 이전되지 않은 조건부 매출(sales with conditions) • 장기계약(long-term contracts) • 상품과 서비스의 복합적 매출(multiple deliverable) • 밀어내기 매출(channel stuffing) • 비용을 잘못된 기간에 기록

위험의 유형	위험의 유형
부채 및 비용의 누락 (concealed liability and expense)	단순하게 부채 및 비용을 의도적으로 누락하여 이익을 과대계상하거나 재무비율을 건전하게 보이도록 하는 기법으로 매우 빈번하게 발생한다. • 부채와 매입송장(미수금 인보이스 등)을 누락 • 금융비용 자본화를 통한 금융비용의 과소계상 • 비용을 의도적으로 자본적 지출로 처리
부적절한 가치평가 (improper asset valuation)	공정가치 평가를 조작하거나 재무상태표상의 자산을 증가시켜 재무비율을 높이기 위한 방법으로 사용된다. • 금융상품에 대한 공정가치평가 • 재고자산평가충당금 • 영업권 및 식별가능한 무형자산 • 비용을 자본적 지출로 처리
부적절한 공시 (improper disclosure)	재무제표 주석사항은 회계기준(상장사의 경우 한국채택국제회계기준)에 따라 중요한 정보는 완전하고 충분하게 공시되어야 하나 의도적으로 불리한 정보의 공개를 숨기거나 누락하는 것을 의미한다. 부적절한 공시가 이루어지는 대표적인 항목은 다음과 같다. • 충당부채 등(contingent liabilities) • 후속사건(subsequent events) • 부정사건(management fraud) • 특수관계자거래(related-party transactions) • 회계변경(accounting changes)

8.4 자산보호(Asset misappropriation, Safeguarding of asset)

자산의 보호는 권한없이 자산을 획득하고 사용하거나 처분하는 등의 행위를 사전에 예방하거나 적시에 적발하는 것을 의미한다. 회사의 자산을 훔치거나 개인적으로 사용하는 등의 경우를 생각하면 되는데, 부정위험과 관련하여 가장 빈번하게 나타나는 유형이라고 할 수 있다. 자산보호는 아래와 같이 ① 현금 및 금융자산과 ② 비금융자산으로 구분한 후 부정이 발생할 수 있는 기술적인 유형으로 2차 구분한다.

8.4.1 현금 및 금융자산(Cash & Financial instruments)

현금 및 정기예금, MMF(Money Market Fund)와 같은 현금으로 변환이 용이한 금융상품은 횡령과 같은 부정의 주된 목표물이 된다. 현금 및 금융자산은 다양한 방식을 통해 남용될 수 있다. 보유하고 있는 현금을 빼돌릴 수도 있고, 받아야 하는 수취채권을 중간에서 가로챌 수도 있으며, 아니면 지급하여야 하는 금액을 부풀리거나 지급처를 변조하는 등의 형태로 나타나기도 한다.

8.4.1.1 보유중 현금의 사취(theft on cash-on-hand)

현금 및 금융자산에 대한 가장 쉬운 부정의 사례는 현금(혹은 금융자산)을 절도하는 것이다. 이러한 유형의 부정은 금고 혹은 안정한 장소에 보관되어 있다고 하더라도 접근권한이 부여된 자에 의해 이루어지기도 한다.

8.4.1.2 수취채권의 사취(theft on cash receipts)

매출채권 혹은 미수금과 같은 수취채권(receivable)에 대한 부정은 스키밍(skimming)과 절도(larceny)로 구분된다. 두 방식 간의 가장 큰 차이점은 수취채권과 관련된 현금 혹은 금융자산이 언제 도난당했는지 발생한 시점에 따라 구분된다.

스키밍은 관련 현금이 회사의 장부에 기록되기 전에 횡령하는 것이고, 절도는 회계상 장부에 기록된 회사의 현금을 불법적으로 사취하는 것이다.

① 스키밍(skimming)

스키밍은 피해회사의 회계장부에 기록되기 전에 훔치는 것을 의미하며, 이런 성질 때문에 부외 부정(book-off fraud)이라고 불리기도 한다. 스키밍의 이러한 측면은 거래의 직접적인 증적(evidence)을 많이 남기지 않는다는 측면에서 부정을 감지하기 어렵게 하므로 부정을 일으키는 범죄자에 의해 가장 많이 사용하는 방식이다. 대표적인 스키밍의 부정위험은 아래와 같이 분류될 수 있다.

| 스키밍의 유형 |

구 분	스키밍 기법	내 용
매출	미기록	고객에게 재화나 용역을 판매하고 고객으로부터 수금한 대금을 기록하지 않고 횡령하는 것. 이러한 부정은 회계기록을 횡령의 목적으로 단순하게 기록하지 아니하거나, 영업장소 외에서 판매하거나, 영업시간 외 전산마감 후 판매하는 등 다양한 상황에서 발생할 수 있음.
	과소기록	매출이 발생하였으나 실제 기록하여야 하는 금액보다 과소하게 회계장부에 기록하고 차액은 횡령하는 방식. 영수증을 조작하거나 실제보다 낮은 가치의 상품이 팔렸다고 기

구 분	스키밍 기법	내 용
		록하고 차액을 횡령하는 방식이 있음(예를 들어, 노트북이 팔렸으나 노트북가방이 팔렸다고 기재하고 차액을 횡령하는 방식 등).
매출채권, 미수금 등	대손상각 (write-off)	매출채권 혹은 미수금을 대손처리하고 회수금을 횡령하는 것. 대손과 관련된 부정은 임직원이 거래처에 채권의 일부만 개인이 수령하고 전액을 상각하는 방식으로 발생할 수도 있음.
	랩핑(lapping)	랩핑은 한 계좌에의 매출채권 혹은 매수금의 회수금을 횡령하고 다른계좌에서 수금된 현금으로 돌려막기를 하는 것.
	기타	회계처리 조작(거래 자체를 삭제)을 통해서 회수한 현금을 횡령하거나, 차변거래(비용/미지급금)를 일으켜 상계시키는 등 다양한 방식을 통해 횡령하는 것.
환불 및 기타		실제로 반품이나 환불이 없었음에도 불구하고, 고객이 반품이나 환불을 받은 것처럼 처리하여 횡령하는 방식.

② 절도(larceny)

스키밍과 절도는 현금을 의도적으로 훔친다(고의성)는 측면에서 동일하지만, 절도는 현금이 장부에 기록된 이후에 이루어진다는 점에서 스키밍과 구별된다. 절도는 기록된 현금을 횡령하는 기법으로 거래의 증적(evidence, trails)을 남기기 때문에 일반적으로 스키밍보다 발견하기 더 쉽다.

예를 들어, 본인 혹은 다른 사람의 엑세스 코드를 이용하여 현금출납기에서 현금을 훔친 후, 이를 은폐하기 위해서 동일한 금액의 수표를 발행해 두거나, 거래를 취소하거나(reverse), 거래 기록 자체를 삭제할 수도 있으며, 현금실사 시 차이가 나게 둘 수도 있다. 또 다른 사례로, 거래처로부터 현금을 회수하여 그 지급내역은 회계장부에 기록하지만 부정행위를 숨기기 위해서 마찬가지로 역분개(reverse)를 하거나, 거래 자체를 삭제하거나 수표를 수취한 것처럼 기재할 수도 있다. 이러한 상황은 모두 부정거래의 증적을 남기게 된다.

8.4.1.3 부정한 지급(fraudulent disbursements)

앞서 살펴본 수취채권을 통한 사취는 회사 혹은 조직에서 받아야 할 돈을 가로채서 횡령하지만, 부정한 지급은 주어야 할 돈을 가로채는 것을 통해 횡령한다는 측면에서 차이가 있다. 이러한 지급은 지급 프로세스상에서 이루어지는데 겉으로 보기에는 정상적인 지출로 보인다. 하지만, 허위의 영수증이나 세금계산서를 제출하여 지급을 받는다거나, 회사의 자금으로 개인적인 용품을 구매하는 등 다양한 방법으로 회사의 자금을 빼돌린다. 부정한 지급의 유형은 다음의 표와 같이 정리할 수 있다.

| 부정한 지급의 유형 |

구 분	부정 기법	내 용
청구서	유령 회사 (shell company)	실제는 실체가 존재하지 않는 회사(일종의 SPC와 같이 실체는 없는 형태)를 설립하여 청구서를 작성하고 대금을 지급받는 형태의 부정
	비공범자 청구서 (non-accomplices invoice)	부정에 개연성이 없어보이는 합법적인 제3자를 통해 청구서(세금계산서 등)를 발행하고 대금을 지불하도록 한 후 현금을 빼돌리는 형태의 부정. 의도적으로 지급금액을 부풀려서 지급한 후(혹은 이중으로 지급한 후), 벤더에게 전화하여 잘못 지급된 금액을 가로채는 수법. 혹은, A의 미지급금을 B에게 지급한 후, B에게 전화하여 실수라고 한 후 개인계좌 등으로 돌려받는 방법 등이 있음.
	개인적 구매	단순히 회사의 자금으로 개인적인 용도의 물품을 구매하거나 가족 등을 위한 항목을 구매하는 경우. 실제 회사가 필요하지 않은 물품의 구입을 통해 발생함. 실무에서는 법인카드를 이용하여 개인적 물품을 구매하는 사례가 대표적임.
급여	유령 직원 (ghost employee)	실제로 존재하지 않는 직원을 급여대장에 반영하여 급여를 빼돌리는 형태의 부정. 가상의 인원을 급여대장에 반영하는 경우도 있으며, 지인이나 친구, 가족의 인적사항을 이용하여 포함하는 경우도 있음.
	과다 지급 (falsifed wages)	직원의 임률을 위조하여 급여를 과다하게 책정하거나 혹은 시간당 급여를 지급받는 경우 업무시간을 부풀려 급여를 과다하게 지급하도록 하는 부정
	커미션	특정산업에서는 판매원 혹은 거래를 성사시킨 금액의 일정비율로 지급하는 보상형태가 있음. 이는 근무 시간에 대해 보상하는 형태가 아니라 수익창출 금액을 기반으로 하는 보상 책임. 판매금액(혹은 거래금액)을 위조하거나, 수수료율을 조정하여 커미션을 과다하게 지급하도록 부정을 발생시킴.
개인경비	사업목적 외 지출에 대한 지급	회사의 사업목적으로 지출된 비용만 회사로부터 상환받아야 하나, 개인적으로 사용한 지출내역을 청구하여 부정하게 자금을 빼돌리는 부정
	과다한 경비지급	실제 회사의 사업목적으로 비용이 사용되었으나 영수증을 위조, 변조하여 과다하게 경비를 상환받는 방식의 부정. 예를 들

구 분	부정 기법	내 용
		어, 해외출장을 위한 항공 티켓을 수개월 전 싼 가격에 구매함. 이후 출장일에 임박하여 비싼 가격으로 재구매한 다음, 나중에 구매한 항공 티켓을 취소하여 항공사로부터 환불을 받고 회사에는 취소 전 영수증으로 청구하여 과다하게 환급받는 방식
	가공의 경비지급	실제로 지출되지 않았으나 경비가 지출된 것처럼 서류를 꾸며 상환받는 방식의 부정
	이중의 경비지급	한번 지출된 건으로 회사에 여러 번 상환하여 지급받는 방식의 부정
수표 지불변조	서명 위조	직원이 수표를 횡령하고 부정하게 서명을 하여 사용하는 수표 부정행위. 수표를 위조하려면 직원이 수표책에 접근할 수 있어야 하고, 서명을 설득력 있게 위조할 수 있어야 하며, 범죄를 은폐할 수 있어야 함. 미국과 달리 한국에서는 거래 시 수표사용이 크게 감소하여 발생가능성이 높지는 않으나, 실물수표 등을 발행하는 경우에는 고려되어야 하는 부정유형임.
	배서 위조	직원이 제 3자에게 지급하려는 회사 수표를 가로채 제3자의 이름으로 배서하여 사용하는 부정
	수취인 변조	직원이 제3자에게 지급되어야 하는 회사 수표를 가로채서 수취인을 변경하여 직원이나 공범자가 수표를 현금화할 수 있도록 하는 수표를 이용한 부정행위
	권한있는 자에 의한 위조	수표에 서명을 할 수 있는 권한이 있는 자가 자신의 이익을 위해 수표를 발행하여 사용하는 것을 의미함. 서명위조, 배서위조, 수취인 위조는 권한이 없는 직원에 의해 서명이나 수취인 등이 위조되는 점에서 차이가 있음.
현금출납기	매출 무효 (false void)	고객이 영수증을 챙겨가지 않는다는 것을 이용하여 금전등록기에 매출을 무효화시키는 방법으로 자금을 횡령하는 방법. 매출취소 시 영수증을 첨부하므로 절차에 따른 것처럼 보이게 하고, 현금출납기에서 고객으로부터 받은 돈을 돌려준 것으로 처리함. 허위 환불과 유사하게 재고자산의 과대계상을 동반함.
	허위 환불 (false refund)	실제 환불이 발생하지 않았으나 환불이 발생한 것처럼 꾸며 자금을 횡령하거나, 실제 환불 금액보다 더 큰 금액을 지급하여 자금을 빼돌리는 행위. 허위환불은 일반적으로 재고자산의 실제보다 과대계상을 수반

8.4.2 비금융자산(재고 및 기타자산, Inventory and all other assets)

회사의 자산을 횡령하는 경우 현금 및 금융자산을 훔치는 경우가 가장 대표적이다. 그 이외에도 회사의 재고자산이나 유형자산과 같은 비금융자산을 무단으로 사용하거나 유용하는 경우가 있다. 비금융자산의 부정은 크게 유용(misuse)과 절도(larceny)로 구분하는데 책상 위에 놓은 한 자루의 연필을 가져가는 것부터 수억 원에 이르는 기계장치나 차량의 개인적 사용과 같이 그 범위가 매우 넓다.

8.4.2.1 유용(misuse)

유용의 대표적인 예는 회사의 자산을 회사의 업무목적이 아니라 개인적 용도로 사용하는 것이다. 이는 회사의 법인차량을 개인적 용도로 사용하거나 스테플러를 집으로 가져가 사용하는 등의 형태로 발생하기도 한다. 하지만, 금액적 중요성이 크지 않다는 이유로 무시되는 경우도 많다. 하지만 이러한 작은 부정이 지속적으로 간과되면, 시간이 흘러감에 따라 부정을 수행했던 임직원의 더 큰 자산 유용으로 이어지기도 한다. 따라서 비용-효익(Cost-Benefit)을 따져 고려하여야 하겠지만 회사 자산을 개인적으로 사용할 수 없도록 하는 원천적 절차를 마련하는 관리가 필요하다.

8.4.2.2 비금융자산 절도(larceny)

비금융자산에 대한 절도는 일반적으로 유용(misuse)보다 회사에 더 심각한 영향을 미친다. 절도는 회사 자산을 단순하게 사용하는 것을 넘어서서 더 적극적인 부정의도가 개입된다.

| 비금융자산 절도의 유형 |

절도의 유형	내 용
자산의 요청 및 이전 (asset requisitions and transfer)	비현금자산을 한 위치에서 다른 위치로 이동할 수 있도록 하여 해당 자산을 절도하는 행위. 예를 들어, 직원이 업무 관련 프로젝트에 대한 자료를 요청한 다음 해당 자료를 훔치거나, 작업을 완료하고 초과분을 훔치기 위해 재료의 양을 과대하여 요청할 수도 있음. 더 적극적으로 자산을 절도하기 위해서 특정 자산을 사용해야 하는 가상의 프로젝트를 진행할 수도 있음.
가공판매 및 선적 (fake sales and shipping)	가공 판매(fake sales)는 공범자에게 의존하는 부정유형으로, 공범자는 직원의 허용하에 비용을 지불하지 않고 상품을 가져가는 유형. 직원이 공범자에게 승인되지 않은 할인 가격으로 상품을 판매하는 부정유형도 포함함.

절도의 유형	내 용
구매 및 수령 (purchasing and receiving)	자산을 고의로 구입하고 나중에 임직원이 그 자산을 절도하여 횡령하는 부정. 이는 개인적 구매와 유사하지만 개인적 구매는 회사가 필요없는 자산을 구매하도록 하여 개인적으로 사용하는 것이고, 절도의 경우에는 구매한 자산 그 자체를 모두 잃게 되므로 차이가 있음. 횡령한 임직원은 그 절도한 자산을 개인적 목적을 위해 사용할 수도 있으나 매각하여 이익을 편취하는 등 추가적인 절차를 동반할 수 있음.

8.5 부패(Corruption)

내부회계관리제도에서 부패(corruption)는 부정위험 평가 시 뇌물 수수, 과도한 접대 등을 포함한 비윤리적인 행위 등을 의미한다. 일반적으로 부패라는 용어는 불공평한 이득을 취하기 위한 목적으로 설계된 부당한 행위를 일컫는 용어이다.[133)]

부패는 이해상충, 뇌물, 불법적 공여, 경제적 강탈 등으로 구성되는데, 부패와 관련한 부정은 대부분 COSO framework의 내부통제 목적 중 컴플라이언스(법률 및 규정의 준수)와 관련성이 높다. 따라서, 실무사례에서는 내부회계관리제도에서 다루어지기보다는 회사의 컴플라이언스 부서에서 관련 위험을 식별하고 대응하고 있다.

8.5.1 이해상충(COI, conflict of interest)

이해상충(Conflict of interest)은 항상 뇌물수수를 동반하는 것은 아니다. 하지만, 내부자와 이해관계가 있는 회사에 혜택을 주기 위해 영향력을 사용할 수 있는 여러 가지 방법으로 발생된다. 이해상충의 유형은 매입이나 매출과정에서 자주 발생하는데, 이는 다음과 같다.

| 이해상충 위험의 유형 |

위험의 유형	내 용
구매 (purchasing scheme)	매우 많은 실무적 사례로서 구매 과정에서 이해상충이 발생한다. 예를 들어, 다음과 같은 상황에서 이해상충이 발생할 수 있음. • 공급자나 계약자의 사업에 대한 지분을 가지고 있는 경우(명시적/묵시적) • 실체가 없는 계약자나 공급 업체를 설립하거나, 구매직원이 통제가능한 브로커나 중개인을 통하는 경우

133) Fraud examiners manual, ACFE 2022 edition

위험의 유형	내 용
	• 공급자 또는 계약자와 함께 다른 비즈니스에 참여하고 있는 경우 • 고용주와 경쟁하는 사업에 관심이 있다. • 공급업체로부터 부적절한 선물, 여행, 접대 또는 리베이트를 받는 경우 • 협력업체로부터 향후 고용을 확인받은 경우
매출 (sales scheme)	회사의 상품이나 서비스 판매와 관련하여 일반적으로 아래 두 가지의 이해상충 상황이 발생할 수 있음. • underselling 이해관계가 있는 매출처에 대해 회사에서 판매하는 상품이나 서비스의 매출금액을 정상보다 과소하게 청구하여 매출하는 경우 • writing off sales 이해관계가 있는 자에 대한 매출에 대하여 매출채권 대손처리(write-off)를 통해 받아야 하는 금액을 면제하는 경우

8.5.2 뇌물(bribery)

뇌물은 비즈니스 의사결정(혹은 기타 공적 활동에 대한 의사결정을 포함한다)에 영향을 미치기 위해서 제공하거나 수령하는 것으로 정의할 수 있다. 이는 비즈니스에 영향을 미치기 위해 돈을 부정한 방식으로 지급하는 방식이 일반적이지만 반드시 돈의 지급을 수반하여야 하는 것은 아니다. 뇌물수수의 문제는 본인의 이익을 보전하거나 취득하기 위해서 사회적 약속인 공정한 거래를 훼손하고 타인의 권리를 침해한다는 데에 있다.

| 뇌물수수 위험의 유형 |

위험의 유형	내 용
꺾기(리베이트) (kickback scheme)	사전에 협의된 바에 따라 제공된 서비스의 수수료 일부를 뇌물 수수자에 지급하는 일종의 리베이트 형태의 뇌물을 의미함. 이러한 꺾기(혹은 리베이트)는 직원과 제3자간의 담합을 포함하므로 부패로 분류되며 일반적으로 구매에 책임이 있는 직원을 대상으로 함. 구매 담당자뿐만 아니라 은행 및 증권사의 IB관련 부서 인력도 펀드, SPC 설정 시 필요한 법률, 회계, 기타 전문 서비스를 대상으로 이루어지기도 함.
입찰 담합 (bid rigging)	기업이 조달 또는 프로젝트 계약에 대한 입찰에 대해 이루어지는 특정형태의 담합 가격행위를 의미(일반적으로 입찰과정의 승자를 결정하기 위해 공모하는 불법적 관행) 이는 일반적으로 두 가지 형태가 있는데 첫 번째로는 공동입찰을 수행하여 가격 경쟁을 제거할 수 있으며, 두 번째로는 최저가 입찰에 대해 동의하고 순서를 돌아가며 업무를 수임하는 형태가 있음.

8.5.3 불법적 공여(illegal gratuities)

불법적 공여는 결정권을 가진 자에 대해서 비즈니스의 의사결정을 내린 후에 그 결정을 보상하기 위해 경제적 가치가 있는 것(예를 들어 금전)을 지급하는 것을 의미한다. 불법적 공여는 특정 결정에 영향을 미치려는 의도를 포함하지 않는다는 것이 차이점을 제외하고는 뇌물수수와 거의 유사하다.

8.5.4 경제적 강탈(economic extortion)

경제적 강탈은 회사에서 의사결정에 있는 자(구매담당자 등)가 갖고 있는 힘을 사용하여 거래상대방에게 위협 등을 통해 특정한 비즈니스 의사결정에 대한 대가 및 기타 반대급부, 비상식적인 거래조건을 요구하는 것을 의미한다. 이는 실무에서 자주 발생하는데 거래의 성사 조건으로 금전, 향응을 직접 요구하거나, 혹은 경제적 이득을 제공하지 않으면 계속적인 거래를 종결할 수 있다고 위협하는 등의 경우에 해당한다.

8.6 내부회계관리제도의 부정위험 실무

내부회계관리제도에서는 부정위험과 어떻게 관련성이 있을까?

어떤 이는 내부회계관리제도의 목적은 부정위험에 있지 않고 외부에 공표되는 재무제표 신뢰성을 확보하는 것을 목적으로 하고 있으므로, 내부회계관리제도는 부정위험과 관련이 없다고 한다. 반대로 신문이나 뉴스에서는 내부회계관리제도를 구축하였기 때문에 회사의 부정위험은 절대로 발생할 수 없는 것인데, 제대로 내부회계관리제도를 구축 및 운영하지 않았기 때문에 발생한 것처럼 이야기하기도 한다.

이러한 각각의 주장은 완전하게 맞지도 틀리지도 않은데, 각각에 대해 살펴보면 다음과 같다.

8.6.1 내부회계관리제도의 부정위험

내부회계관리제도는 부정위험에 대하여 (원칙 8)에서 규정하고 있다. 설계 및 운영 개념체계에서 제시하는 17원칙은 반드시 내부회계관리제도에 포함되어야 하므로 기본적으로 내부회계관리제도는 부정위험을 대비하는 위험평가 내용을 포함해야 한다.

원칙 8 **부정위험 평가 : 내부회계관리제도 목적 달성에 대한 위험 평가 시 잠재적인 부정 가능성을 고려한다.**

| 설계 및 운영 개념체계-부정위험 |

중점고려사항	내 용
다양한 부정의 유형 고려	부정위험 평가 시 다양한 방식의 부정과 비리행위로부터 비롯되는 부정한 재무보고, 자산의 잠재적 손실, 부패 등을 고려한다.
유인과 압력의 평가	부정위험 평가 시 유인(incentive)과 압력(pressure)으로 인한 부정의 발생가능성을 고려한다.
기회 평가	부정위험 평가 시 취약한 통제활동 등으로 인해 승인되지 않은 자산의 취득·사용·처분, 재무보고기록의 변경, 기타 부적절한 행위 등 부정을 저지를 수 있는 기회가 발생할 수 있는 가능성을 고려한다.
태도와 합리화에 대한 평가	부정위험 평가 시 임직원이 어떻게 부적절한 행위에 연관되는지와 어떻게 부적절한 행위를 정당화하는지를 고려한다.

중점고려사항은 4가지로 구성되어 있는데, 이는 크게 2가지로 그룹핑된다. 첫 번째는 부정위험의 유형(type of fraud)을 나타내고, 나머지 3개는 이를 관리하기 위한 부정 삼각형 이론(fraud triangle theory)을 의미한다.

| 내부회계관리제도 부정위험의 체계 |

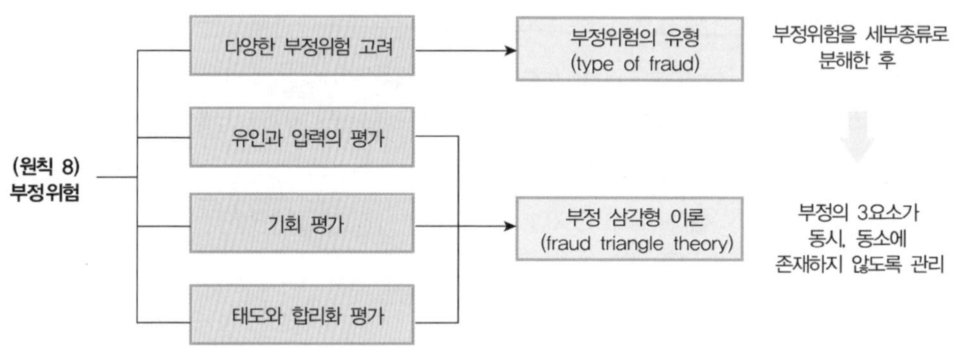

그렇다면 모든 부정위험에 대해서 내부회계관리제도에 포함하여야 하는 것일까?

결론부터 이야기하자면 그렇지 않다. 부정위험의 종류(type of fraud)는 앞서 "8.2"에서 살펴본 바와 같이 크게 부정한 재무보고(fraudulent financial reporting), 자산보호(asset misappropriation), 부패(corruption)로 구분되고 세부적으로는 더욱 다양하게 구분된다.

내부회계관리제도는 설계 및 운영 개념체계의 문단1에서 밝힌 바와 같이 외부에 공표되는 재무제표의 신뢰성에 초점을 맞추고 있다. (원칙 8)의 내용도 이러한 내부회계관리제도의 목적(objective)을 달성하기 위한 것이므로 재무제표 신뢰성에 영향을 미치는 부정위험으로 한정하여 고려하여야 한다.

특히, 부정위험의 종류 중 부패(corruption)에 해당하는 이해상충, 뇌물, 불법적 공여, 경제적 강탈 등의 경우에는 재무제표에 직접 영향을 미치는 것보다 법규 및 규정 준수(compliance)와 관련한 부정위험이므로, 재무제표 신뢰성에 직접 영향을 미치는 경우에만 구체적으로 포함하는 것이 일반적이다.

하지만, 부정한 재무보고(fraudulent financial reporting) 및 자산보호(asset misappropriation)와 관련한 부정위험은 대부분 재무제표에 직접적인 영향을 미치게 되므로 내부회계관리제도의 항목으로 포함하여 관리하는 것이 바람직하다.

이는 회계감사기준에서도 마찬가지인데 감사기준서 240(재무제표감사에서 부정에 대한 감사인의 책임)[134]에서도 동일한 개념으로 설명하고 있다. 감사기준서 240에서는 외부감사인은 재무제표에 중요한 왜곡표시를 초래하는 부정에만 관심을 두고, 이를 초래하는 것은 부정한 재무보고(fraudulent financial reporting)와 자산보호(asset misappropriation)의 두 가지 유형만을 대상으로 본다.

감사기준서 240(재무제표감사에서 부정에 대한 감사인의 책임)

문단3. 부정은 광범위한 법률적 개념이지만, 감사인은 감사기준의 목적상 재무제표의 중요한 왜곡표시를 초래하는 부정에 관심을 둔다. 감사인에게 관련성이 있는 의도적 왜곡표시에는 두 가지 유형, 즉 부정한 재무보고에 의한 왜곡표시와 자산의 횡령에 의한 왜곡표시가 있다. 감사인은 부정의 발생을 의심할 수 있고, 드물게는 이를 식별할 수도 있으나, 부정이 실제로 발생했는지 여부에 대한 법률적 결정을 내리지 아니한다.

이와 관련된 구체적인 실무사례는 "8.6.3 Fraud tree assessment tool"에 기술되어 있다.

134) International Standard on Auditing (ISA) 240, The Auditor's Responsibilities Relating to Fraud in an Audit of Financial Statements

8.6.2 부정위험 예방 및 적발의 한계

어떠한 내부통제도 위험을 완전하게 막을 수 없다. 이는 내부통제에는 고유 한계가 존재한다는 것을 의미하는데 이는 부정위험도 마찬가지이다.[135]

따라서, 내부회계관리제도에서 목표로 하고 있는 부정위험에 대한 내부통제는 부정위험을 완전하게 차단하여 절대적 확신을 부여하는 것이 아니라 재무제표에 대한 합리적 확신을 부여하기 위함이다.

이는 화재에 있어서 소화기와 스프링클러를 준비한다고 하더라도 모든 화재사건을 막을 수 없는 것과 마찬가지이다. 하지만, 소화기와 스프링클러가 있다면 화재사건의 규모를 대폭 낮출 수 있을 것이다.

마찬가지로 내부통제는 그 한계점을 갖고 있으므로 어떠한 통제절차도 부정위험을 완전하고 완벽하게 예방하거나 적발할 수 없다. 하지만, 부정위험에 대한 due care 절차를 내부회계관리제도에 따라 충실하게 수행한다면 그 부정위험의 위험의 크기(impact)나 발생가능성(likelihood)을 낮추어 회사가 통제가능한 수준으로 낮출 수는 있을 것이다.

따라서, 내부회계관리제도 원칙 8과 관련된 중점고려사항에 따르자면, 부정위험의 종류를 구체적으로 분리하여 관리하는 것이 중요한데 이는 앞서 다루었던 부정위험의 종류를 구체화한 내용을 활용할 수 있다. 부정위험을 더욱 세부적으로 분리하여 유형화하는 것이 부정위험 관리의 출발이 된다. 하지만, 상세화하는 것만으로는 부정위험의 예방과 적발에 충분하지 않다.

부정위험은 부정 삼각형 이론(fraud triangle theory)에 따르면 압력(pressure), 기회(opportunity), 합리화(rationalization)가 동시에 존재하는 경우 발생할 가능성이 더욱 높아지므로 각각의 항목을 평가하여 동시에 발생하지 않도록 관리한다. 압력, 기회, 합리화의 예시와 상세한 설명은 전사수준통제에서 다루었는데 (원칙8)에서 설명한 "부정의 3요소" 표를 참고하기 바란다.

---

135) 설계 및 운영 개념체계 문단 10 (중략) "합리적 확신"이라는 개념은 모든 내부통제제도에 한계가 존재하고, 정확하게 예측할 수 없는 불확실성과 위험이 존재한다는 것을 인정하는 것이다.

| Fraud triangle theory와 Fraud diamond theory |

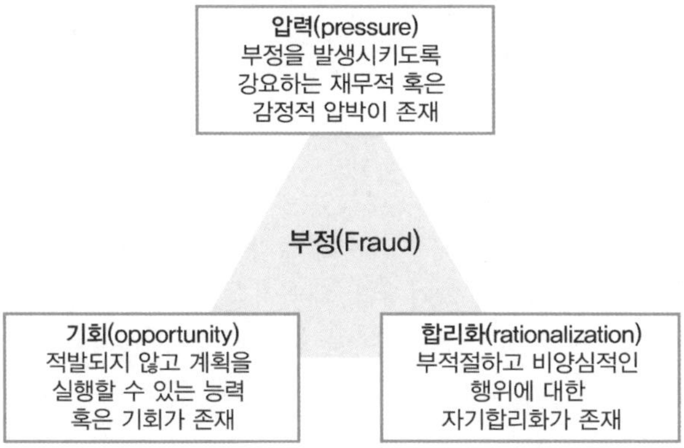

압력(pressure)
부정을 발생시키도록
강요하는 재무적 혹은
감정적 압박이 존재

부정(Fraud)

기회(opportunity)
적발되지 않고 계획을
실행할 수 있는 능력
혹은 기회가 존재

합리화(rationalization)
부적절하고 비양심적인
행위에 대한
자기합리화가 존재

Wells J.T(2005)

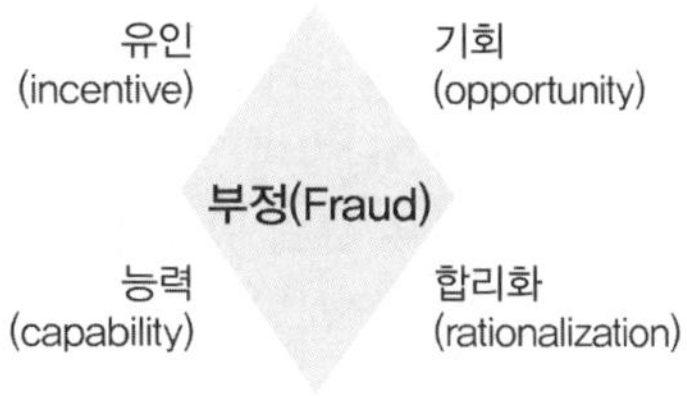

유인
(incentive)

기회
(opportunity)

부정(Fraud)

능력
(capability)

합리화
(rationalization)

Wolfe and Hermanson(2004)

❑ 오스템임플란트 횡령사건, 쿠팡 화재사건의 데자뷰(저자 기고문)

쿠팡 경기도 이천 덕평 물류센터에서 발생한 화재가 6일째 완전 진화되지 않으면서 연면적 3만8000평(12만7000㎡) 규모의 물류센터 건물과 내부 적재물 1620만 개가 사실상 전소(全燒)된 것으로 추정된다. 단일 화재사고로는 전례가 없는 규모여서 재산 피해 규모가 물류센터 기준 역대 최대에 달할 수 있다는 전망이 나왔다.

언뜻 생각해보면 이러한 화재사건과 횡령사건은 동떨어진 사건처럼 생각할 수 있지만, 쿠팡 화재사건이 발생한 원인과 오스템임플란트의 역대급 횡령사건이 발생한 원인은 많이 닮아 있다. 어디선가 본 듯한 느낌을 지울 수 없는 이유에 대해 알아보자.

1. 연소의 3요소

화재는 언제 발생하게 될까? 불은 산소, 스파크, 연료의 3가지 조건이 갖추어져야만 발생이 가능하다. 그래서 우리는 이 3가지를 [연소의 3요소]라 부른다. 다시 말해서 연소의 3요소 중 한 가지라도 없으면 불은 일어나지 않는다. 소방당국에 의한 화재 원인조사도 이러한 연소 3요소인 산소, 스파크(점화원), 연료가 동시(同時) 혹은 동소(同所)에 존재하였는지 원인을 찾는 것이고, 이러한 요소들의 상호보완적인 관계를 입증해 나가는 것이다.

횡령과 같은 부정(Fraud) 사건도 화재가 발생하는 것과 원리가 유사하다. 본질적으로 기회(opportunity), 압력(pressure) 및 합리화(rationalization)의 세 가지 요소가 함께 있으면 부정이 발생한다. 이를 부정 삼각형 이론(Fraud triangle theory)이라고 부르는데 이는 화재를 유발하는 연료, 스파크 및 산소와 비유할 수 있다. 이 세 가지가 함께 작용하면 필연적으로 화재가 발생하는 것과 같은 이치이다.

부정 사건이 발생하면 아직도 많은 경우 개인의 일탈이나 도덕적 해이에 의해 발생한 것으로 치부해 버리는 경우가 많다. 물론 그러한 시각도 잘못된 것은 아니다. 하지만, 휘발유 같은 가연성 물질을 난로 옆에 방치한 것과 같이 부정사고의 개연성이 높은 위험을 방치한 것은 누구의 책임인가?

2. 부정 삼각형 이론(Fraud triangle theory)

다음의 예를 살펴보자.

회사의 자금담당자 李씨는 전세를 살고 있다. 李씨는 지금 살고 있는 집에서 4년 정도 더 거주할 계획을 갖고 있었지만 집주인으로부터 어느날 갑자기 퇴거해 달라는 청천벽력(靑天霹靂)과 같은 통보를 받았다. 이 한마디에 자녀의 학교, 학업계획, 해외여행, 신차구입 등을 포함한 모든 계획이 틀어졌다. 이 통보는 李씨에게 이래서는 가족을 지킬 수 없다는 자괴감마저 들게 하였고, 무리를 해서라도 집을 장만해야겠다는 굳은 다짐을 하게 하였다. 이후 李씨는 아내 몰래 본인이 감당할 수 없을 만한 큰 금액을 빌려 주식 투자를 하였으나 완벽한 투자 실패로 매우 곤란한 상황에 직면했다. 이는 행복했던 가정이 한순간에 모래성같이 허물어져 버릴 수도 있다는 "압박(압력)"을 가져왔다. 李씨는 회사의 자금담당자로 회사의 운영자금(working capital)만 잘 관리할 수 있다면 잉여자금을 유용해도 아무도 모를 수 있다는 생각을 했다. 이러한 "기회"가 있다고 생각하게 된 계기는 회사의 은행 OTP와 비밀번호 등 모든 내부통제 장치를 李씨 혼자 관리하고 있었기 때문이다. 李씨는 결국 회사의 자금을 유용하였고 "나는 단지 문제가 있어서 주식이 오를 때까지만 이 돈을 빌리는 것이다. 그러고 나서 주가(株價)가 회복하면 갚을 것이다."라고 "합리화"하였다. 그런데 문제가 사라지지 않자 "조금 더 빌리고 다음 달에 갚을 것이다"로 생각이 바뀌게 되었다. 결국 큰 금액의 자금횡령 사건으로 문제가 드러나게 되었는데, 이 모든 것은 합리화로 인해 억제력이 사라졌기 때문에 발생하게 되었던 것이다.

앞선 사례에서와 같이 압력, 기회, 합리화가 함께 존재하면 필연적으로 부정이 발생한다. 부정과 관련된 이론은 1950년대에 유명한 범죄학자인 Donald R. Cressey에 의해 소개되었으며, 많은 학자에 의해 더욱 심도 있게 발전하여 왔다. 내부회계관리제도 설계 및 운영 개념체계 (원칙 8)에서 부정위험을 고려하도록 하고 있으며, 그 중점고려사항(Point of Focus)에서는 앞서 언급한 부정 삼각형 이론을 도입하여 압력, 기회, 합리화를 고려한 내부통제를 구축하도록 하고 있다. 이는 마치 화재가 발생하지 않도록 인화물(연료), 스파크(점화원) 등을 철저히 관리하도록 하고, 이를 위반하면 관련 소방법 등과 같은 법령에 따라 과태료를 부과하는 것과 동일하다.

3. 지금 당장 무엇부터 해야 하는가?

내부통제를 철저히 하지 않으면 임직원 횡령 등 회계 부정의 가능성이 상존하게 되고, 회사의 규모가 크지 않은 경우 횡령으로 거액의 손실을 입게 되는 경우에는 회사의 존립이 위태롭게 된다. 잠재적인 부정 가능성을 낮추기 위해서 앞서 살펴본 압력, 기회, 합리화를 각각 분리하여 관리하여야 한다. 이것이 어렵다면 우선적으로 두 가지만이라도 기억하자.

첫 번째로, 업무분장(Segregation of duties)을 확인한다. 업무분장은 일반적으로 통제활동 수단 중 가장 강력하다고 여겨진다. 부정의 개연성이 높은 부분은 적절한 업무분장을 통해 견제와 균형(check and balance)이 이루어지도록 한다. 한 가지 업무를 업무부담에 따라 두 명 혹은 두 가지 부서에서 나누었다고 업무분장의 효과를 볼 수 있는 것은 아니다. 횡령과 같은 사고 개연성을 막기 위해서는 정보와 현금의 취급을 분리하여야 한다. 정보와 현금만을 분리시켜도 부정 삼각형 중 '기회'에 대한 관리를 가능하게 한다. 이는 컨트롤러(controller)와 트레져러(treasurer)를 분리하는 기본적인 원리가 된다. 또한, 자금부서 내에서도 현금을 취급하는 자와 정보를 관리하는 자를 분리하는 것을 포함한다.

두 번째로 내부감사(Internal audit)의 수행이다. 자금횡령 등 부정사건이 발생하게 되는 유인은 취약한 통제활동과 경영진의 허술한 감시, 경영진의 내부통제 무력화(override)로부터 기인하기도 한다. 들키지 않을 수 있다는 자신감은 바늘도둑을 소도둑으로 변모시키는 하나의 원리로 작동한다. 내부감사 기능은 3차 방어선으로 통제환경을 보완하는 기능으로 작동하며 주기적 혹은 불시점검은 조직 내 건전한 긴장감을 유지하도록 한다.

오스템임플란트에서는 부정사건을 발생시킬 수도 있는 개연성이 있는 압력, 기회, 합리화를 철저히 관리하기 위한 충분한 경영진의 의지는 어떠했을까? 고양이에게 생선을 맡긴 격은 아니었을까?

8.6.3 Fraud tree assessment tool

(원칙 8)과 원칙을 준수하기 위한 중점고려사항을 살펴보았을 때 내부회계관리제도 실무에서 부정위험에 대한 관리는 ① Fraud tree를 이용한 부정위험 유형(types of fraud)의 세분화와 그 세분화된 위험을 예방 혹은 적발하기 위한 ② 압력, 기회, 합리화에 대한 평가로 구분할 수 있다.

내부회계관리제도에서의 부정위험 평가 목적을 달성하기 위해 ACFE에서 제시한 Fraud tree를 이용한 평가양식을 사용할 수 있을 것이다. 세분화된 부정위험과 그에 대한 관리로 요약할 수 있는 Fraud tree assessment tool은 경영진 및 내부회계관리자에게 부정위험에 대한 인지와 충분한 due care 절차를 수행할 수 있도록 하는데 도움이 된다.

|Fraud tree assessment 예시|

위험의 유형(type of fraud)							관련 내부통제		부정 삼각형 이론(fraud triangle theory)		
구분	level 1	level 2	level 3	level 4	level 5	부정위험의 내용	관련 프로세스	내부통제 기술	압력 평가 (pressure)	기회 평가 (opportunity)	합리화 평가 (rationalization)
corruption	conflict of interest	purchasing schemes				구매와 관련하여 이해상충	legal & compliance	ICFR 범위에서 제외됨.	legal & compliance 사항으로 ICFR 범위에서 제외되며, 부정위험관리세칙에 준법지원부와 내부감사에 의해 검토됨.		
		sales schemes				매출과 관련한 이해상충	legal & compliance	ICFR 범위에서 제외됨.	legal & compliance 사항으로 ICFR 범위에서 제외되며, 부정위험관리세칙에 준법지원부와 내부감사에 의해 검토됨.		
	bribiery	invoice kickbacks				공급업체 및 협력업체에서 부정한 청구 혹은 부풀려진 청구를 하는 경우	legal & compliance	ICFR 범위에서 제외됨.	legal & compliance 사항으로 ICFR 범위에서 제외되며, 부정위험관리세칙에 준법지원부와 내부감사에 의해 검토됨.		
		bid rigging				둘 혹은 다수의 경쟁자가 경쟁하지 않고 한 업체가 수주할 수 있도록 하는 경우	legal & compliance	ICFR 범위에서 제외됨.	legal & compliance 사항으로 ICFR 범위에서 제외되며, 부정위험관리세칙에 준법지원부와 내부감사에 의해 검토됨.		
	illegal gratuity					구매 혹은 매출에 대해서 뇌물이나 리베이트를 제공하는 경우	legal & compliance	ICFR 범위에서 제외됨.	legal & compliance 사항으로 ICFR 범위에서 제외되며, 부정위험관리세칙에 준법지원부와 내부감사에 의해 검토됨.		
	economic extortion					특정 비즈니스 결과를 도출하거나 혹은 금전을 요구하기 위해 위협적인 힘이나 공포와 같은 부당한 행위를 사용하는 경우	legal & compliance	ICFR 범위에서 제외됨.	legal & compliance 사항으로 ICFR 범위에서 제외되며, 부정위험관리세칙에 준법지원부와 내부감사에 의해 검토됨.		
Asset misappropriation	Cash	Theft of cash on hand				보유중 현금의 사취(절도)	자금집행	현금 실물을 보관하지 않으며 자금집행은 펌뱅킹을 이용하여 집행된다. 관련 권한은 preparer-reviewer-approver로 분리되어 있다.	인사부장은 자금담당자와 인터뷰를 수행하고 주식 및 암호화폐 등 투자내역을 제공받아 압력이 존재하는지 확인한다.	권한분리내역을 확인하고 OTP와 공동인증서가 권한에 따라 별도로 보관되는지 확인한다.	합리화에 대한 예방으로 부정위험에 대한 교육(대여-자격의식-상대적 금액 등)의 수행내역을 확인한다.
Asset misappropriation	Cash	Theft of cash receipts	Skimming	Sales	unrecorded	매출채권을 기재하지 아니하고 거래처부터 현금을 수금하여 횡령하는 경우	매출채권 회수	재고불출담당자와 영업담당자, 회수담당자가 업무분장되어 있으며 재고 불출시 관련매출로 ERP에 자동 인터페이스된다.	근로자참여및협력증진에 관한 법률에 따라 고충처리제도를 운영한다. 부서장은 매 분기별로 고충에 대해 인터뷰하며, 이메일, 사내인트라넷을 통한 접수가 가능하다.	업무분장 내역을 확인한다. 재고의 불출과 매출인보이스 발행내역을 내부감사시 대사한다.	합리화에 대한 예방으로 부정위험에 대한 교육(대여-자격의식-상대적 금액 등)의 수행내역을 확인한다.

위험의 유형(type of fraud)							관련 내부통제		부정 삼각형 이론(fraud triangle theory)		
구분	level 1	level 2	level 3	level 4	level 5	부정위험의 내용	관련 프로세스	내부통제 기술	압력 평가 (pressure)	기회 평가 (opportunity)	합리화 평가 (rationalization)
					understated	매출채권을 과소기재하고 거래처부터 현금을 수금하여 절도하는 경우	매출채권 회수	매출은 수량과 단가로 결정되며 매출인보이스상 수량과 단가는 영업본부장에 의해 승인된다.	근로자참여및협력증진에 관한 법률에 따라 고충처리제도를 운영한다. 부서장은 매 분기별로 고충에 대해 인터뷰하며, 이메일, 사내인트라넷을 통한 접수가 가능하다.	매출인보이스를 확인하여 영업본부장의 승인 내역을 확인한다.	합리화에 대한 예방으로 부정위험에 대한 교육(대여-자격의식-상대적 금액 등)의 수행내역을 확인한다.
Asset mis-appropria-tion	Cash	Theft of cash re-ceipts	Skimming	Receivables	write-off schemes	매출채권 혹은 미수금을 대손처리하고 거래처로부터 현금을 수금하여 횡령하는 경우	대손처리	매출채권, 미수금의 대손처리는 리스크관리위원회에 부의하여 승인되고 NPL채권회수팀에 이관된다.	근로자참여및협력증진에 관한 법률에 따라 고충처리제도를 운영한다. 부서장은 매 분기별로 고충에 대해 인터뷰하며, 이메일, 사내인트라넷을 통한 접수가 가능하다.	대손처리를 하는 주체(리스크관리위원회)와 채권을 회수하는 담당자가 분리되는지 확인한다. 또한, 대손상각된 채권의 회수도 별도의 담당자가 지정되는지 확인한다.	합리화에 대한 예방으로 부정위험에 대한 교육(대여-자격의식-상대적 금액 등)의 수행내역을 확인한다.
Asset mis-appropria-tion	Cash	Theft of cash re-ceipts	Skimming	Receivables	lapping schemes	매출채권의 수금을 절도하고 다른 거래처로부터 수금으로 갈음하는 경우	매출채권 회수	매출채권의 회수는 15일단위로 발행된 인보이스(세금계산서 등)과 대사한다. 대사결과는 자금일보에 보고된다.	근로자참여및협력증진에 관한 법률에 따라 고충처리제도를 운영한다. 부서장은 매 분기별로 고충에 대해 인터뷰하며, 이메일, 사내인트라넷을 통한 접수가 가능하다.	자금의 회수내역과 채권의 반제처리에 대해 대사한다. 자금팀 담당자는 매월 대사결과를 자금일보에 포함하여 보고하고 회계팀 담당자에게 송부한다.	합리화에 대한 예방으로 부정위험에 대한 교육(대여-자격의식-상대적 금액 등)의 수행내역을 확인한다.
Asset mis-appropria-tion	Cash	Theft of cash re-ceipts	Skimming	Refunds and other		과오납금의 현금회수, 반품이나 환불 등의 절차에서 기록을 누락하고 절도하는 경우	제품의 판매	반품 및 환불은 영업부장 및 자재부장의 승인을 받아 자금팀에 요청한다. 자금팀에서는 해당 결재라인의 승인 내역을 확인하여 지급된다.	근로자참여및협력증진에 관한 법률에 따라 고충처리제도를 운영한다. 부서장은 매 분기별로 고충에 대해 인터뷰하며, 이메일, 사내인트라넷을 통한 접수가 가능하다.	반품이나 환불에 의한 현금지급시 업무분장내역을 확인한다. 실제 반품 등의 환불내역중 영업부장과 자재부장의 승인내역을 확인한다.	합리화에 대한 예방으로 부정위험에 대한 교육(대여-자격의식-상대적 금액 등)의 수행내역을 확인한다.

위험의 유형(type of fraud)							관련 내부통제		부정 삼각형 이론(fraud triangle theory)		
구분	level 1	level 2	level 3	level 4	level 5	부정위험의 내용	관련 프로세스	내부통제 기술	압력 평가 (pressure)	기회 평가 (opportunity)	합리화 평가 (rationalization)
Asset mis-appropria-tion	Cash	Theft of cash re-ceipts	Cash lar-ceny			매출채권이 회수되었다고 기재한 후 회수된 자금을 절도하는 경우(현금의 회수가 장부에 기록된 후 횡령하는 경우)	자금집행	매출채권의 회수는 입금계좌에 의해서만 이루어진다. 입금계좌는 출금계좌로만 이체가 가능하도록 설계되어 있다.	근로자참여및협력증진에 관한 법률에 따라 고충처리제도를 운영한다. 부서장은 매 분기별로 고충에 대해 인터뷰하며, 이메일, 사내인트라넷을 통한 접수가 가능하다.	입금계좌는 사전에 정하여진 출금계좌로만 송금이 이루어졌는지 확인한다. 이외 특이 송금거래는 CFO의 승인을 득하였는지 확인한다.	합리화에 대한 예방으로 부정위험에 대한 교육(대여-자격의식-상대적 금액 등)의 수행내역을 확인한다.
Asset mis-appropria-tion	Cash	Fraudulent disburse-ments	Billing schemes	Shell com-pany		SPC 등 실체가 없는 회사에 자금을 지급하여 유출하는 경우	자금집행	회사는 유령회사에 지급될 수 없도록 협력회사(벤더)로 등재된 거래처에 대해서만 물품 및 서비스를 구매한다. 거래처 등록시 통장갑지, 사업자등록증, 재무제표, 업무경험 등을 제출받고 구매팀장이 승인하여 입력한다.	근로자참여및협력증진에 관한 법률에 따라 고충처리제도를 운영한다. 부서장은 매 분기별로 고충에 대해 인터뷰하며, 이메일, 사내인트라넷을 통한 접수가 가능하다.	협력업체 등록은 구매담당자가 등록하고 구매팀장이 승인하도록 업무분장되어 있다. 협력업체(벤더등록사)외 지급내역은 CFO의 승인을 받아 집행된다.	합리화에 대한 예방으로 부정위험에 대한 교육(대여-자격의식-상대적 금액 등)의 수행내역을 확인한다.
Asset mis-appropria-tion	Cash	Fraudulent disburse-ments	Billing schemes	Non-appli-cable ven-dor		정식 벤더업체에 등록되어 있으나 자금을 부풀려 청구하도록 하여 지출하는 경우(제 3의 공모자를 통한 횡령)	자금집행	500만 원 이상의 지출건에 대해서는 벤더업체로부터의 인보이스와 계약서상의 금액을 대사하고 관련증빙을 첨부하여 자금팀에 지급 요청한다.	근로자참여및협력증진에 관한 법률에 따라 고충처리제도를 운영한다. 부서장은 매 분기별로 고충에 대해 인터뷰하며, 이메일, 사내인트라넷을 통한 접수가 가능하다.	벤더로 부터의 인보이스상 청구금액이 계약서상 금액과 일치하는지 자금담당자가 확인하여 집행하는지 확인한다.	합리화에 대한 예방으로 부정위험에 대한 교육(대여-자격의식-상대적 금액 등)의 수행내역을 확인한다.
Asset mis-appropria-tion	Cash	Fraudulent disburse-ments	Billing schemes	Personal purchase		개인적인 용도에 따라 구매한 후 회사의 자금을 지출하는 경우	자금집행	비품의 구매는 해당팀장의 승인을 득하여 구매부서에서만 이루어진다.	근로자참여및협력증진에 관한 법률에 따라 고충처리제도를 운영한다. 부서장은 매 분기별로 고충에 대해 인터뷰하며, 이메일, 사내인트	비품구매 항목이 사업과 관련성이 없거나 개인적 용도로 전용될 수 있는 항목(50만 원 이상건, low value assets)을 표본추출하여 사용	합리화에 대한 예방으로 부정위험에 대한 교육(대여-자격의식-상대적 금액 등)의 수행내역을 확인한다.

위험의 유형(type of fraud)							관련 내부통제		부정 삼각형 이론(fraud triangle theory)		
구분	level 1	level 2	level 3	level 4	level 5	부정위험의 내용	관련 프로세스	내부통제 기술	압력 평가 (pressure)	기회 평가 (opportunity)	합리화 평가 (rationalization)
									라넷을 통한 접수가 가능하다.	내역에 대해 확인한다.	
Asset mis-appropria-tion	Cash	Fraudulent disburse-ments	Payroll schemes	Ghost em-ployee		실제 존재하지 않는 임직원을 급여대장에 기록하고 임금을 지급하여 자금을 절도하는 경우	급여대장작성	ERP시스템 내 인사정보시스템 입력시 인사담당자가 입력하고 인사팀장이 승인하여 정보가 입력된다.	근로자참여및협력증진에 관한 법률에 따라 고충처리제도를 운영한다. 부서장은 매 분기별로 고충에 대해 인터뷰하며, 이메일, 사내인트라넷을 통한 접수가 가능하다.	당해연도 신규입사 및 퇴사자 인력의 EDI 신고내역을 전수조사로 정합성을 확인한다.	합리화에 대한 예방으로 부정위험에 대한 교육(대여-자격의식-상대적 금액 등)의 수행내역을 확인한다.
Asset mis-appropria-tion	Cash	Fraudulent disburse-ments	Payroll schemes	Falsified wage		급여대장의 급여를 과다하게 기재하여 자금을 절도하는 경우	급여대장작성	급여대장의 월급여는 임직원 개개인이 서명한 근로계약서상 월급여 금액이 인사팀장의 승인하여 ERP 인사정보 시스템 입력된다.	근로자참여및협력증진에 관한 법률에 따라 고충처리제도를 운영한다. 부서장은 매 분기별로 고충에 대해 인터뷰하며, 이메일, 사내인트라넷을 통한 접수가 가능하다.	급여대장 중 인력의 10%를 표본추출하여 그 급여대장의 월급여와 근로계약서상의 금액이 일치하는지 확인한다.	합리화에 대한 예방으로 부정위험에 대한 교육(대여-자격의식-상대적 금액 등)의 수행내역을 확인한다.
Asset mis-appropria-tion	Cash	Fraudulent disburse-ments	Payroll schemes	Commission schemes		급여대장에서 일정부분의 수수료를 공제하거나 단수 등을 집급하여 절도하는 경우	급여대장작성	급여대장의 월급여는 임직원 개개인이 서명한 근로계약서상 월급여 금액이 인사팀장의 승인하여 ERP 인사정보 시스템 입력된다.	근로자참여및협력증진에 관한 법률에 따라 고충처리제도를 운영한다. 부서장은 매 분기별로 고충에 대해 인터뷰하며, 이메일, 사내인트라넷을 통한 접수가 가능하다.	급여지급내역(이체내역)과 급여대장상의 금액이 일치하는지 확인한다.	합리화에 대한 예방으로 부정위험에 대한 교육(대여-자격의식-상대적 금액 등)의 수행내역을 확인한다.
Asset mis-appropria-tion	Cash	Fraudulent disburse-ments	Expense reimburse-ment schemes	mis-charac-terized ex-penses		개인적으로 사용한 경비, 업무와 관련성이 없는 비용을 청구하여 절도하는 경우	개인경비지급	개인경비는 영수증과 경비처리 전자결재를 상신하고 해당팀장의 승인을 얻어 집행된다.	근로자참여및협력증진에 관한 법률에 따라 고충처리제도를 운영한다. 부서장은 매 분기별로 고충에 대해 인터뷰하며, 이메일, 사내인트라넷을 통한 접수가 가능하다.	비용항목이 사업과 관련성이 없거나 개인적 용도로 전용될 수 있는 항목(50만 원 이상 건)을 표본추출하여 사용내역에 대해 확인한다.	합리화에 대한 예방으로 부정위험에 대한 교육(대여-자격의식-상대적 금액 등)의 수행내역을 확인한다.

위험의 유형(type of fraud)							관련 내부통제		부정 삼각형 이론(fraud triangle theory)		
구분	level 1	level 2	level 3	level 4	level 5	부정위험의 내용	관련 프로세스	내부통제 기술	압력 평가 (pressure)	기회 평가 (opportunity)	합리화 평가 (rationalization)
Asset misappropriation	Cash	Fraudulent disbursements	Expense reimbursement schemes	overstated expenses		실제 지출된 내역보다 과다하게 기재한 개인경비에 대해 지급받아 절도하는 경우	개인경비지급	개인경비는 영수증과 경비처리 전자결재를 상신하고 해당팀장의 승인을 얻어 집행된다.	근로자참여및협력증진에 관한 법률에 따라 고충처리제도를 운영한다. 부서장은 매 분기별로 고충에 대해 인터뷰하며, 이메일, 사내인트라넷을 통한 접수가 가능하다.	개인경비 지급내역중 표본을 추출하여 지급금액이 영수증 금액과 일치하는지 확인한다.	합리화에 대한 예방으로 부정위험에 대한 교육(대여-자격의식-상대적 금액 등)의 수행내역을 확인한다.
Asset misappropriation	Cash	Fraudulent disbursements	Expense reimbursement schemes	fintitous expenses		가공의 개인경비를 기재하고 청구하여 절도하는 경우	개인경비지급	개인경비는 영수증과 경비처리 전자결재를 상신하고 해당팀장의 승인을 얻어 집행된다.	근로자참여및협력증진에 관한 법률에 따라 고충처리제도를 운영한다. 부서장은 매 분기별로 고충에 대해 인터뷰하며, 이메일, 사내인트라넷을 통한 접수가 가능하다.	개인경비 지급내역중 표본을 추출하여 지급금액의 영수증이 제출되었는지 확인한다.	합리화에 대한 예방으로 부정위험에 대한 교육(대여-자격의식-상대적 금액 등)의 수행내역을 확인한다.
Asset misappropriation	Cash	Fraudulent disbursements	Expense reimbursement schemes	Multiple reimbursement		한번의 지출이 발생하였으나 회사에 여러 번 청구하여 절도하는 경우	개인경비지급	개인경비는 영수증과 경비처리 전자결재를 상신하고 해당팀장의 승인을 얻어 집행된다.	근로자참여및협력증진에 관한 법률에 따라 고충처리제도를 운영한다. 부서장은 매 분기별로 고충에 대해 인터뷰하며, 이메일, 사내인트라넷을 통한 접수가 가능하다.	해당인별, 동일금액건을 추출하여 이중청구된 내역이 있는지 확인한다.	합리화에 대한 예방으로 부정위험에 대한 교육(대여-자격의식-상대적 금액 등)의 수행내역을 확인한다.
Asset misappropriation	Cash	Fraudulent disbursements	Check and payment tampering	forged maker		백지수표를 횡령하거나 위조하는 임직원에 의해 부정하게 사용되는 경우	해당사항 없음.	수표를 사용하지 않으므로 해당사항 없음.	수표를 사용하지 않으므로 해당사항 없음.	수표를 사용하지 않으므로 해당사항 없음.	수표를 사용하지 않으므로 해당사항 없음.
Asset misappropriation	Cash	Fraudulent disbursements	Check and payment tampering	forged endorsement		수표의 배서 등을 위조하는 경우	해당사항 없음.	수표를 사용하지 않으므로 해당사항 없음.	수표를 사용하지 않으므로 해당사항 없음.	수표를 사용하지 않으므로 해당사항 없음.	수표를 사용하지 않으므로 해당사항 없음.

위험의 유형(type of fraud)							관련 내부통제		부정 삼각형 이론(fraud triangle theory)		
구분	level 1	level 2	level 3	level 4	level 5	부정위험의 내용	관련 프로세스	내부통제 기술	압력 평가 (pressure)	기회 평가 (opportunity)	합리화 평가 (rationalization)
Asset misappropriation	Cash	Fraudulent disbursements	Check and payment tampering	altered payee		수표의 수령인를 변조하여 자금을 절도하는 경우	해당사항 없음.	수표를 사용하지 않으므로 해당사항 없음.	수표를 사용하지 않으므로 해당사항 없음.	수표를 사용하지 않으므로 해당사항 없음.	수표를 사용하지 않으므로 해당사항 없음.
Asset misappropriation	Cash	Fraudulent disbursements	Check and payment tampering	authorized maker		수표의 승인자를 위조하거나 변조하는 경우	해당사항 없음.	수표를 사용하지 않으므로 해당사항 없음.	수표를 사용하지 않으므로 해당사항 없음.	수표를 사용하지 않으므로 해당사항 없음.	수표를 사용하지 않으므로 해당사항 없음.
Asset misappropriation	Cash	Fraudulent disbursements	Register disbursement	false voids		실제 합법적인 매출이 발생하였으나 판매를 불법적으로 무효화하고, 판매자금을 유용하는 경우	반품처리	반품에 대한 지급은 재고의 입고와 물품의 확인이 완료되어 물류팀장의 승인을 득하여 자금팀에 지급을 요청한다. 자금팀에서는 물류팀장의 승인내역과 대사후 고객의 계좌로 지급한다.	근로자참여및협력증진에 관한 법률에 따라 고충처리제도를 운영한다. 부서장은 매 분기별로 고충에 대해 인터뷰하며, 이메일, 사내인트라넷을 통한 접수가 가능하다.	반품지급건중 표본을 추출하여 물류팀장 및 자금팀장의 승인내역을 확인한다.	합리화에 대한 예방으로 부정위험에 대한 교육(대여-자격의식-상대적 금액 등)의 수행내역을 확인한다.
Asset misappropriation	Cash	Fraudulent disbursements	Register disbursement	false refunds		실제 환불이나 가격조정이 이루어지지 않았음에도 허위로 환불하는 경우	반품처리	반품에 대한 지급은 재고의 입고와 물품의 확인이 완료되어 물류팀장의 승인을 득하여 자금팀에 지급을 요청한다. 자금팀에서는 물류팀장의 승인내역과 대사후 고객의 계좌로 지급한다.	근로자참여및협력증진에 관한 법률에 따라 고충처리제도를 운영한다. 부서장은 매 분기별로 고충에 대해 인터뷰하며, 이메일, 사내인트라넷을 통한 접수가 가능하다.	반품지급건중 표본을 추출하여 물류팀장 및 자금팀장의 승인내역을 확인한다.	합리화에 대한 예방으로 부정위험에 대한 교육(대여-자격의식-상대적 금액 등)의 수행내역을 확인한다.
Asset misappropriation	Inventory and all other assets	Misuse				자산을 개인적 용도로 사용하거나 업무와 관련없이 사용하는 경우(예 : 업무용자동차의 개인적 사용 등)	리스	리스법인차량은 업무용자동차 운행기록을 유지한다. 운행일지는 매월말 총무팀에 제출되어 보관된다.	근로자참여및협력증진에 관한 법률에 따라 고충처리제도를 운영한다. 부서장은 매 분기별로 고충에 대해 인터뷰하며, 이메일, 사내인트라넷을 통한 접수가 가능하다.	업무용자동차의 운행기록부를 확인하여 사적 유용이 없는지 확인한다.	합리화에 대한 예방으로 부정위험에 대한 교육(대여-자격의식-상대적 금액 등)의 수행내역을 확인한다.
Asset misappropriation	Inventory and all other assets	Larceny	Asset requisitions and transfers			회사의 자산(재고 및 유형자산)을 지원요청하는 등의 절차및 물리적으로 이전하여 부정하게 사용하는 경우	재고자산	재고자산의 불출은 ERP에 입력되고 물류팀장의 승인을 얻어 반출된다. 내부감사는 연1회 재고자산 실사	근로자참여및협력증진에 관한 법률에 따라 고충처리제도를 운영한다. 부서장은 매 분기별	재고자산 실사내역을 확인하여 재고자산의 부정한 이전이 발생하였는지 확인한다. ERP	합리화에 대한 예방으로 부정위험에 대한 교육(대여-자격의식-상대적 금액 등)의 수

위험의 유형(type of fraud)							관련 내부통제		부정 삼각형 이론(fraud triangle theory)		
구분	level 1	level 2	level 3	level 4	level 5	부정위험의 내용	관련 프로세스	내부통제 기술	압력 평가 (pressure)	기회 평가 (opportunity)	합리화 평가 (rationalization)
								를 실시하여 감사보고서를 작성한다.	로 고충에 대해 인터뷰하며, 이메일, 사내인트라넷을 통한 접수가 가능하다.	의 재고물류 데이터를 전수조사(파이선 이용)하여 물류팀장의 승인이 없이 이동하거나 매각된 재고자산의 내역을 확인한다.	행내역을 확인한다.
Asset misappropriation	Inventory and all other assets	Larceny	False sales and shipping			회사의 자산(재고 및 유형자산 등)을 부정하게 매각하거나 이전하는 경우	재고자산	재고자산의 불출은 ERP에 입력되고 물류팀장의 승인을 얻어 반출된다. 내부감사는 연1회 재고자산 실사를 실시하여 감사보고서를 작성한다.	근로자참여및협력증진에 관한 법률에 따라 고충처리제도를 운영한다. 부서장은 매 분기별로 고충에 대해 인터뷰하며, 이메일, 사내인트라넷을 통한 접수가 가능하다.	재고자산 실사내역을 확인하여 재고자산의 부정한 이전이 발생하였는지 확인한다. ERP의 재고물류 데이터를 전수조사(파이선 이용)하여 물류팀장의 승인이 없이 이동하거나 매각된 재고자산의 내역을 확인한다.	합리화에 대한 예방으로 부정위험에 대한 교육(대여-자격의식-상대적 금액 등)의 수행내역을 확인한다.
Asset misappropriation	Inventory and all other assets	Larceny	Purchasing and Receiving			회사의 자산(재고 및 유형자산)을 부정한 방법으로 매입하거나 수취하는 경우	구매	재고자산 및 물품의 구매는 회사의 구매입찰정보와 시스템에 의해 경쟁입찰에 의해 이루어진다.	근로자참여및협력증진에 관한 법률에 따라 고충처리제도를 운영한다. 부서장은 매 분기별로 고충에 대해 인터뷰하며, 이메일, 사내인트라넷을 통한 접수가 가능하다.	전표(구매건)중 표본을 추출하여 구매입찰정보 및 구매입찰시스템의 정보와 절차에 대해 검토한다.	합리화에 대한 예방으로 부정위험에 대한 교육(대여-자격의식-상대적 금액 등)의 수행내역을 확인한다.
Asset misappropriation	Inventory and all other assets	Larceny	Unconcealed Larceny			기타 자산의 도난이 이루어지는 경우(기타 내부사취)	자산실사	내부감사는 1년에 1회 이상 유형자산 및 재고자산에 대한 실사를 실시하고 감사보고서에 포함하여 보고한다.	근로자참여및협력증진에 관한 법률에 따라 고충처리제도를 운영한다. 부서장은 매 분기별로 고충에 대해 인터뷰하며, 이메일, 사내인트라넷을 통한 접수가 가능하다.	내부감사의 감사보고서를 확인하여 자산의 도난에 대한 실사가 수행되었는지 확인한다.	합리화에 대한 예방으로 부정위험에 대한 교육(대여-자격의식-상대적 금액 등)의 수행내역을 확인한다.

위험의 유형(type of fraud)							관련 내부통제		부정 삼각형 이론(fraud triangle theory)		
구분	level 1	level 2	level 3	level 4	level 5	부정위험의 내용	관련 프로세스	내부통제 기술	압력 평가 (pressure)	기회 평가 (opportunity)	합리화 평가 (rationalization)
Fraudulent reporting	Net asset/Net income overstatement	timing difference				cut-off 등의 절차 미비, 의도적으로 당기의 순이익, 순자산에 포함하는 경우	결산조정 및 재무제표 작성	매출분개의 내역은 홈택스에서 매출 세금계산서의 내역과 대사한다. 매출세금계산서의 내역과 차이가 발생하는 경우 그 원인을 조사한다.	당해연도의 당기순이익이 과소하여 이익을 부풀릴 유인이 있는지 확인한다(4개연도 당기순손실 등).	세금계산서의 발행내역과 일치하도록 수익이 인식되었는지 평가한다(의도적으로 수익인식을 지연하거나 조기에 인식할 수 없도록 관리함).	재무제표에 대한 분식(의도적 회계처리 기준 적용 등)에 대해 교육훈련 내용을 확인한다.
Fraudulent reporting	Net asset/Net income overstatement	fictitious revenue				가공의 매출을 기재하는 경우	국내매출 및 해외매출	(중략) ERP의 매출 관련 메뉴는 영업팀담당자에게만 입력 권한이 부여되어 있으며, 재무팀에서는 입력권한은 없고, 매출입력 내용에 대한 viewer 권한만 갖고 검토한다. 영업팀 팀장은 영업팀담당자의 ERP 입력내역을 검토하고 승인한다	당해연도의 당기순이익이 과소하여 이익을 부풀릴 유인이 있는지 확인한다(4개연도 당기순손실 등 상장유지요건 포함).	세금계산서의 발행내역과 일치하도록 수익이 인식되었는지 평가한다. 허위 세금계산서가 발행되지 않았는지 재고의 출고내역과 상호 대사하여 확인한다.	재무제표에 대한 분식(의도적 회계처리 기준 적용 등)에 대해 교육훈련 내용을 확인한다.
Fraudulent reporting	Net asset/Net income overstatement	concealed liabilities and expenses				차입금 및 비용을 누락하는 경우	자금차입 자금집행	자금팀에서는 자금일보를 작성하여 자금팀장의 승인을 받는다. 자금팀장은 eBranch의 잔액을 확인한다.	당해연도의 당기순이익이 과소하여 이익을 부풀릴 유인이 있는지 확인한다(4개연도 당기순손실 등 상장유지요건 포함).	자금일보의 내역을 표본추출하여 eBranch상의 잔액과 일치하는지 확인한다. 또한 지출내역건에 대한 회계처리 전표를 확인한다.	재무제표에 대한 분식(의도적 회계처리 기준 적용 등)에 대해 교육훈련 내용을 확인한다.
Fraudulent reporting	Net asset/Net income overstatement	improper asset valuation				자산의 공정가치 평가시 부정하게 부풀리거나 과대하게 평가하는 경우	유가증권평가	시장성이 없는 유가증권에 대해 외부회계법인의 평가보고서에 의해 평가한다. 주요 가정 및 평가결과에 대해 MRC 문서를 작성하여 확인한다.	당해연도의 당기순이익이 과소하여 이익을 부풀릴 유인이 있는지 확인한다(4개연도 당기순손실 등 상장유지요건 포함).	주요가정, 평가방법이 직전연도와 유의하게 변화하였는지 확인한다. 추정의 방법과 정합성에 대해 경영진리뷰통제에 의하여 확인한다.	재무제표에 대한 분식(의도적 회계처리 기준 적용 등)에 대해 교육훈련 내용을 확인한다.
Fraudulent reporting	Net asset/Net in-	improper disclosures				회사에 불리한 내용을 공시하지 않거나 중요한 내용의 공시를 누락하는	결산조정 및 재무제표 작성	Private accounting 서비스(경영진측전문가활용)를	당해연도의 당기순이익이 과소하여 이익을 부	dsd파일을 검토하여 특수관계자거래내역, 진	재무제표에 대한 분식(의도적 회계처리 기

위험의 유형(type of fraud)							관련 내부통제		부정 삼각형 이론(fraud triangle theory)		
구분	level 1	level 2	level 3	level 4	level 5	부정위험의 내용	관련 프로세스	내부통제 기술	압력 평가 (pressure)	기회 평가 (opportunity)	합리화 평가 (rationalization)
	come over-statement					경우		이용하여 재무제표 주석을 작성하고 주석사항이 완료되면 dsd파일을 작성한다. PA회계법인에서 작성한 주석작성내역과 dsd 파일은 결산담당자가 그 내용을 검토한다.	풀릴 유인이 있는지 확인한다(4개연도 당기순손실 등 상장유지요건 포함).	행중인소송사건의 완전성을 리걸컴플라이언스 부서와 함께 확인한다.	준 적용 등)에 대해 교육훈련 내용을 확인한다.
Fraudulent reporting	Net as-set/Net in-come un-derstate-ment	timing dif-ference				cut-off 등의 절차 미비, 의도적으로 당기의 순이익, 순자산에 포함하지 않는 경우	결산조정 및 재무제표 작성	매출분개의 내역은 홈택스에서 매출 세금계산서의 내역과 대사한다. 매출세금계산서의 내역과 차이가 발생하는 경우 그 원인을 조사한다.	당해연도의 당기순이익이 과도하여 이익을 미래로 이연하거나 이익 유연화를 수행할 유인이 있는지 확인한다.	세금계산서의 발행내역과 일치하도록 수익이 인식되었는지 평가한다(의도적으로 수익인식을 지연하거나 조기에 인식할 수 없도록 관리함).	재무제표에 대한 분식(의도적 회계처리 기준 적용 등)에 대해 교육훈련 내용을 확인한다.
Fraudulent reporting	Net as-set/Net in-come un-derstate-ment	fictitious revenue				매출을 고의적으로 누락하는 경우	국내매출 및 해외매출	(중략) ERP의 매출 관련 메뉴는 영업팀담당자에게만 입력 권한이 부여되어 있으며, 재무팀에서는 입력권한은 없고, 매출입력 내용에 대한 viewer 권한만 갖고 검토한다. 영업팀 팀장은 영업팀담당자의 ERP 입력내역을 검토하고 승인한다	당해연도의 당기순이익이 과도하여 이익을 미래로 이연하거나 이익 유연화를 수행할 유인이 있는지 확인한다.	세금계산서의 발행내역과 일치하도록 수익이 인식되었는지 평가한다. 허위 세금계산서가 발행되지 않았는지 재고의 출고내역과 상호 대사하여 확인한다.	재무제표에 대한 분식(의도적 회계처리 기준 적용 등)에 대해 교육훈련 내용을 확인한다.
Fraudulent reporting	Net as-set/Net in-come un-derstate-ment	overstated liabilities and ex-penses				차입금 및 비용을 과다하게 기재하는 경우	자금차입 자금집행	자금팀에서는 자금일보를 작성하여 자금팀장의 승인을 받는다. 자금팀장은 eBranch의 잔액을 확인한다.	당해연도의 당기순이익이 과도하여 이익을 미래로 이연하거나 이익 유연화를 수행할 유인이 있는지 확인한다.	자금일보의 내역을 표본추출하여 eBranch상의 잔액과 일치하는지 확인한다. 또한 지출내역건에 대한 회계처리 전표를 확인한다.	재무제표에 대한 분식(의도적 회계처리 기준 적용 등)에 대해 교육훈련 내용을 확인한다.

위험의 유형(type of fraud)							관련 내부통제		부정 삼각형 이론(fraud triangle theory)		
구분	level 1	level 2	level 3	level 4	level 5	부정위험의 내용	관련 프로세스	내부통제 기술	압력 평가 (pressure)	기회 평가 (opportunity)	합리화 평가 (rationalization)
Fraudulent reporting	Net asset/Net income understatement	improper asset valuation				자산의 공정가치 평가시 부정하게 과소하게 평가하는 경우	유가증권평가	시장성이 없는 유가증권에 대해 외부회계법인의 평가보고서에 의해 평가한다. 주요 가정 및 평가결과에 대해 MRC 문서를 작성하여 확인한다.	당해연도의 당기순이익이 과도하여 이익을 미래로 이연하거나 이익 유연화를 수행할 유인이 있는지 확인한다.	주요가정, 평가방법이 직전연도와 유의하게 변화하였는지 확인한다. 추정의 방법과 정합성에 대해 경영진리뷰통제에 의하여 확인한다.	재무제표에 대한 공시의 누락(의도적 회계처리 기준 적용 등)에 대해 교육훈련 내용을 확인한다.
Fraudulent reporting	Net asset/Net income understatement	improper disclosures				회사에 불리한 내용을 공시하지 않거나 중요한 내용의 공시를 누락하는 경우	결산조정 및 재무제표 작성	Private accounting 서비스(경영진측전문가활용)를 이용하여 재무제표 주석을 작성하고 주석사항이 완료되면 dsd파일을 작성한다. PA회계법인에서 작성한 주석작성내역과 dsd 파일은 결산담당자가 그 내용을 검토한다.	회사에 불리한 소송사건 및 이슈와 관련한 내역이 있는지 준법지원부 및 감사위원회에 질의하여 파악한다.	dsd파일을 검토하여 특수관계자거래내역, 진행중인소송사건의 완전성을 리걸컴플라이언스 부서와 함께 확인한다.	재무제표에 대한 공시의 누락(의도적 회계처리 기준 적용 등)에 대해 교육훈련 내용을 확인한다.

8.7 회계부정 조사(Forensics, 포렌식)

포렌식이라는 용어는 많은 분야에서 사용되고 있다. 우선 법정(혹은 재판)에서 사용되기 위한 과학수사기법의 법의학적 증거를 수집하는 내용을 떠올릴 수도 있다. 또는, IT기기의 디지털 데이터를 다양한 기법으로 지워진 데이터를 복구하거나, 숨겨진 데이터를 수집, 분석하는 것을 일컬어 이야기한다.

회계에서도 포렌식이라는 용어를 사용하고 있다. 일반적으로 회계부정 혹은 부정이 발생하였을 때 부정적발 감사를 떠올릴 수도 있다. 외감법 제22조에서 부정사건이 발생하는 경우 감사(혹은 감사위원회)는 회사의 비용으로 외부전문가를 선임하여 위반사실 등을 조사하도록 하고 있는데 이러한 조사절차(investigation)를 통상 포렌식이라고 일컫기도 한다.

외감법 제22조(부정행위 등의 보고)

③ 제2항에 따라 회사의 회계처리기준 위반사실을 통보받은 감사 또는 감사위원회는 회사의 비용으로 외부전문가를 선임하여 위반사실 등을 조사하도록 하고 그 결과에 따라 회사의 대표자에게 시정 등을 요구하여야 한다.
④ 감사 또는 감사위원회는 제3항에 따른 조사결과 및 회사의 시정조치 결과 등을 즉시 증권선물위원회와 감사인에게 제출하여야 한다.
⑦ 감사인은 제1항 또는 제6항에 따른 이사의 직무수행에 관하여 부정행위 또는 법령에 위반되는 중대한 사실을 발견하거나 감사 또는 감사위원회로부터 이러한 사실을 통보받은 경우에는 증권선물위원회에 보고하여야 한다.

외감법 제22조의 조사절차는 회계감사기준 혹은 내부회계관리제도 감사기준과 같이 객관적인 기준이 없다. 또한, 실무에서도 조사에 대한 개념이 완벽하게 정립되지 않은 채 사용되다 보니 반드시 필요한 절차와 불필요한 절차가 뒤섞여 진행되는 것이 현실이다.[136)]

내부회계관리제도 및 회계감사와 관련하여 포렌식(forensics)이라고 하면 세부적으로

136) AICPA의 SSFS(Statement on standards for forensic services)에서는 포렌식 회계를 앞서 언급한 두 가지 개념을 구분하지 않고 있으나, 본서에서는 부정조사와 포렌식 회계 개념의 차이를 구분하기 위해 ACFE의 정의를 따랐다.
(AICPA, SSFS) Forensic accounting services generally involve the application of specialized knowledge and investigative skills by a member to collect, analyze, and evaluate certain evidential matter and to interpret and communicate findings

부정 조사(fraud examination)와 포렌식 회계(forensic accounting)가 사용되는데 이 부분의 개념을 정립하는 것부터 출발한다. 왜냐하면, 상장사의 경우 외감법 제22조에 따라 조사를 받아야 하는 회사는 대부분 경영진의 부정사건 혹은 회계분식 혐의가 있는 회사인데, 이러한 개념이 분리되지 않는다면 불필요한 절차가 수행되거나 과도한 비용이 수반될 수 있기 때문이다.

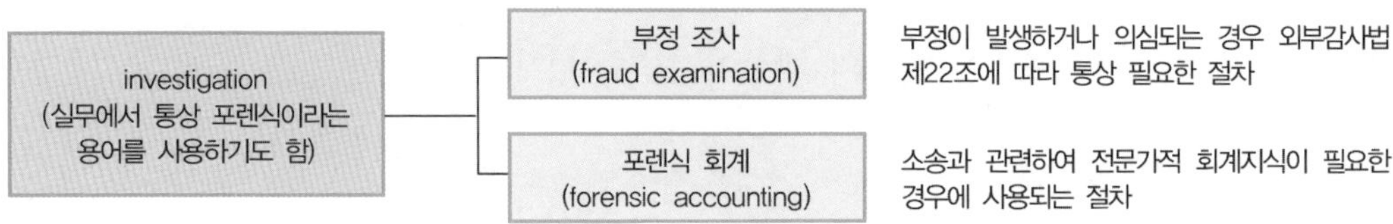

8.7.1 부정 조사(fraud examination)와 포렌식 회계(forensic accounting)의 차이점

부정 조사와 포렌식 회계는 절차상 많은 부분을 공유하고 그 개념이 유사하지만 완전히 동일한 분야는 아니다.

부정 조사(fraud examination)는 회계 기록, 제보 및 내부고발 등 다양한 원천으로부터 부정혐의에 대해서 최초 조사부터 최종 처리될 때까지 해결하는 분야이다. 부정 조사에는 증거확보, 잠재적 용의자 인터뷰, 부정 조사에 사건에 대한 보고서 작성, 조사 중 발견된 사항에 대한 증언(testifying), 부정적발 및 예방에 대한 업무를 포함한다. 회계부정조사는 부정에 대해 전문적 지식을 갖춘 전문가인 공인부정조사사(CFE, Certified Fraud Examiner), 공인회계사(회계법인), 변호사(법무법인)에 의해 주도적으로 수행되며 포렌식디지털전문가가 조사팀에 포함되는 것이 일반적이다.

부정 조사의 결과는 소송에 사용될 수도 있고, 그렇지 않을 수도 있다. 하지만 부정조사자는 결국에는 부정 조사의 결과가 소송에 사용될 수도 있다는 가정하에 업무를 진행하게 된다. 그 이유는 부정 조사의 과정에서 증거를 수집하기 위해 수행되는 활동이 법적 요구사항 및 규제사항을 준수할 수 있도록 하기 위해서이다.

외감법 제22조에 따라 이루어져야 하는 조사는 부정 조사의 개념으로 보아야 할 것이다.

반면, 포렌식 회계는 민사 및 형사소송[137]과 관련한 문제에서 전문가적인 회계지식 및 기술을 사용하는 것을 의미한다. 따라서, 포렌식 회계의 가장 대표적인 특징은 실제 회계와 관련된 소송사건을 지원하는 데에 있다. 법원에서는 전문가 증언(전문가 진술, expert

137) 현재 진행 중인 재판 혹은 잠재적 재판을 모두 포함한다.

witness)을 필요로 하므로 회계분야에서 가장 전문성을 갖춘 공인회계사 및 회계법인에 의해서 수행되는 것이 원칙이다.

만약, 소액주주의 집단소송에서 있어서 회사의 전환상환우선주(RCPS, redeemable and convertible preferred stock) 발행절차의 정당성과 파생상품 평가가 주요한 이슈가 되었다고 하자. 포렌식 회계는 이러한 소송과 관련된 사안을 지원하기 위해 제공되는 공인회계사 전문 서비스로, 그 대상은 부정이 개입될 수도 있고 그러하지 않을 수도 있다. 아래와 같은 부문이 모두 포렌식 회계의 대상이 될 수 있다.

| 포렌식 회계 서비스 유형 |

구 분	서비스의 내용
소송 자문 서비스 (litigation advisory services)	아래의 예시와 같은 소송을 지원하기 위한 전문가 서비스. 소송에서 전략 등에 대한 구체적인 조언 및 광범위한 수준의 지원을 포함 • 파산, 지급불능, 구조조정 • 직장 내 부정 조사 • 경제적 손실의 계산 • 비즈니스 가치평가 • 업무상 과실
조사 서비스 (investigative service)	증언으로 사용할 수도 있는 것을 목적으로 하는 조사 서비스. 전문가는 증거로서 인정될 수 있는 조사 기법 및 구체적 방법론을 갖고 있어야 하며 전문가 증언(expert witness)이 될 수도 있음.

이러한 구분에 따라서 부정 조사(fraud examination)의 결과물은 포렌식 회계(forensic accounting)에 사용될 수도 있다. 하지만 포렌식 회계라 하더라도 모두 다 부정 조사가 되는 것은 아니다.

8.8 금융위원회의 회계부정 조사 가이드라인

외감법 제22조(부정행위 등의 조사)에서는 회사의 회계처리 위반이 발생하는 경우 내부감사기구(감사, 감사위원회 등)가 수행해야 하는 역할을 구체화하여 요구하고 있다.

개정 전 외감법에서는 회사의 회계처리기준을 위반한 사실을 발견한 경우 감사 또는 감사위원회에 통보하도록 하고 있었으나, 개정된 외감법에서는 통보받은 감사 또는 감사위원회는 외부전문가를 선임하여 그 위반사실을 조사하고, 그 조사결과에 따라 회사의 대표자에게 시정요구를 하여야 하며, 그 조사결과와 시정조치를 증권선물위원회 및 감사인에게 제출하도록 하였다.

| 외감법상 회계부정 조사 절차 |

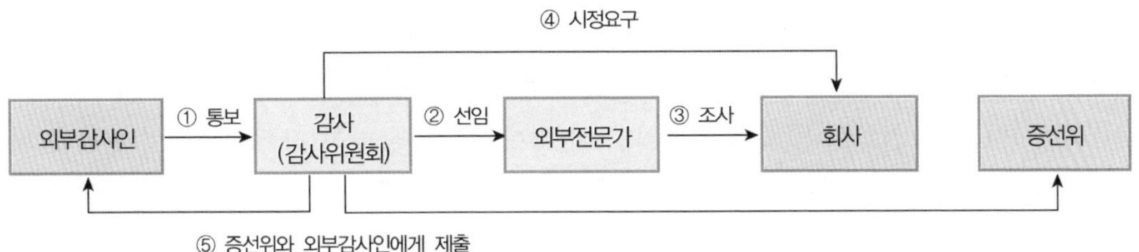

또한, 위에 언급된 절차의 실효성을 위해 개정된 외감법은 조사와 관련하여 필요한 자료나 정보, 비용 등을 회사 대표자에게 요청할 수 있도록 법 조항으로 명시하였다. 만약, 감사 및 감사위원회의 직무수행에 필요한 자료나 정보 및 비용의 제공 요청을 정당한 이유 없이 따르지 않는다면 회사의 대표자에게는 3천만 원 이하의 과태료가 부과된다.

외감법 제22조(부정행위 등의 보고)

③ 제2항에 따라 회사의 회계처리기준 위반사실을 통보받은 감사 또는 감사위원회는 회사의 비용으로 외부전문가를 선임하여 위반사실 등을 조사하도록 하고 그 결과에 따라 회사의 대표자에게 시정 등을 요구하여야 한다.
④ 감사 또는 감사위원회는 제3항에 따른 조사결과 및 회사의 시정조치 결과 등을 즉시 증권선물위원회와 감사인에게 제출하여야 한다.
⑤ 감사 또는 감사위원회는 제3항 및 제4항의 직무를 수행할 때 회사의 대표자에 대해 필요한 자료나 정보 및 비용의 제공을 요청할 수 있다. 이 경우 회사의 대표자는 특별한 사유가 없으면 이에 따라야 한다.

외감법 제47조(과태료)

② 다음 각 호의 어느 하나에 해당하는 자에게는 3천만 원 이하의 과태료를 부과한다.
4. 제22조 제5항을 위반하여 감사 또는 감사위원회의 직무수행에 필요한 자료나 정보 및 비용의 제공 요청을 정당한 이유 없이 따르지 아니한 회사의 대표자

시행 초기 법 조항의 해석이 불명확한 부분이 존재하고 부정조사와 관련한 외부전문가의 선임 등에 대해 시장의 인식이 낮아, 금융위원회에서는 2019년 12월 회계부정 조사 관련 가이드라인을 발표하였다. 가이드라인의 내용은 ① 회계부정의 통보대상, ② 외부전문가 선임, ③ 회계부정 조사, 시정조치 및 문서화, ④ 감사인의 필요조치를 그 내용으로 하고 있다.

회계부정 조사 가이드라인은 외감법 제22조와 관련하여 현재까지 발표된 가장 구체적인 사항이다. 금융위원회 및 금융감독원도 이 가이드라인에 따라 감독업무를 수행하게 되므로 외부감사인과 회사에서는 반드시 숙지하여야 하는 내용이다.

8.8.1 회계부정 통보 대상

모든 회계처리기준 위반사실에 대해 외부감사인이 감사 혹은 감사위원회에 통보하여야 하고 그 원인을 조사하여야 하는 것은 아니다. 가이드라인에서는 회계처리기준 위반사항 중 회계부정으로 인한 것으로 재무제표에 미치는 영향이 중요하다고 판단하는 부문을 그 대상으로 하고 있다.

따라서, 통보대상은 두 가지 요건을 필요로 하는데 회계부정과 중요성이 된다. 회계부정(accounting fraud)은 재무제표와 관련하여 부당하거나 불법적인 이득을 취하기 위한 고의적 위반행위를 의미한다. 또한, 중요성(materiality)은 앞서 2장에서 살펴본 개념과 동일하다. 그 성격이나 금액이 재무제표이용자의 의사결정에 영향을 미치면 중요한 것으로 판단한다.

가이드라인에서는 그 대상 범위를 구체적으로 제시하고 있다. 외부감사인이 감사과정에서 확인한 회계부정뿐만 아니라 합리적인 의심이 제기되는 사항까지도 포함하고 있다. 따라서, 부정위험이 발현된 것뿐만 아니라 잠재적 부정위험[138]까지 포함하는 개념이다.

8.8.2 외부전문가 선임

감사 및 감사위원회는 회사가 회계부정 조사 관련 정책 및 절차를 수립하여 운영하고 있다면 외부전문가를 선임하기 전에 경영진의 내부조사 및 자진시정을 우선적으로 고려하여야 한다.

---

138) 가이드라인에서는 감사인이 경영진, 내부감사기구, 제보 등을 통해 회계부정이 존재할 가능성을 알게 된 경우 경영진 면담 등 추가 확인 절차 후에도 의심이 해소되지 않는 상황을 의미하는 것으로 한정하고 있다.

경영진은 내부조사 시 회계부정 발생 분야나 조사 관련 경험과 지식을 가진 적합한 인력 등을 투입하여 조사하여야 한다. 만약, 경영진의 조사가 객관성, 적격성 측면에서 적절치 않다고 판단되는 경우 감사(위원회)는 외부전문가를 선임하여 조사에 착수해야 하며, 외부전문가의 조사에는 그 기법(테크닉)상으로 디지털 포렌식 조사를 포함하여 수행하는 것이 일반적이다. 다음은 가이드라인에서 제시하고 있는 외부전문가 선임이 필요한 상황이다.

| 외부전문가를 선임하여 조사가 필요한 사항 예시 |

① 경영진이나 회계, 자금, 재무보고 담당자가 연루 가능성이 있는 회계부정
② 목표이익 달성 등 경영진에 대한 중요한 보상이나 연임을 위한 목적으로 재무제표를 왜곡하는 회계부정
③ 상장(IPO 포함) 또는 금융관계기관 등과의 차입계약 유지 요건을 충족하기 위한 목적으로 재무제표를 왜곡하는 회계부정
④ 무자본 M&A나 회사 인수 전후의 자금 조달 또는 자금 유용과 관련되었을 가능성이 있는 회계부정
⑤ 특수관계자와의 승인되지 않은 자금거래 등 관련 회계부정
⑥ 그 밖에 관련 문서를 위조하거나 훼손 또는 거짓 진술 등 외부감사인의 감사를 방해하는 행위가 의심되는 경우

8.8.3 회계부정 조사, 시정조치 및 문서화

감사 및 감사위원회는 회계부정 조사와 관련한 주요사항에 대해 의사결정을 하며 조사의 모든 단계를 감독할 의무 및 권한을 보유하고 된다.

따라서, 감사인 및 감사위원회는 외부감사인과 회사(경영진)의 사이에서 충분하고 적합한 조사가 이루어질 수 있도록 협의하는 것이 필요하다.

감사 및 감사위원회는 조사목적을 달성하기 위해 조사범위와 방법이 합리적인 수준인지에 대해 경영진과 사전에 협의하고 그 내용을 문서화하여야 한다. 또한 외부감사인과도 조사계획, 조사방법 결정에 있어서도 충분한 협의를 하여 조사의 유효성이 확보되도록 한다.

회계부정 조사의 절차, 기법, 범위, 문서화와 관련한 실무적 내용은 "8.9"에 기술하고 있다. 따라서, 회계부정 조사의 경우 감사 및 감사위원회는 이후 기술되는 내용을 이해하고, 조사범위와 기법 등을 경영진, 외부감사인과 협의하여 유효한 조사가 이루어질 수 있도록 한다.

조사가 이루어지고 나면 조사결과에 따른 시정조치를 요구하며, 조사결과 및 시정조치의 충분성 등을 평가하고 문서화하여야 한다. 당연히 외감법 제22조에 따라 조사결과 및 시정조치는 외부감사인과 증선위에 즉시 제출해야 한다. 다음은 가이드라인에서 제시하고 있는 조사결과 및 시정조치에 포함되어야 하는 사항이다.

| 조사결과 및 시정조치에 포함되어야 하는 사항 예시 |

① 회계부정이 재무제표에 미치는 영향 측정
② 임원, 경영진, 직원이 연루된 회계부정인지에 대한 판단
③ 회계부정을 예방하고 적발하기 위한 통제 및 절차의 취약점과 해당 통제 및 절차의 위반 여부 식별
④ 시정을 위한 재무제표 등 공시자료 수정 및 인사 관련 조치
⑤ 재발을 막기 위한 정책 수립 및 내부통제활동 수정

8.8.4 외부감사인 필요 조치

외부감사인은 내부감사기구가 제출한 회계부정 조사결과와 회사의 시정조치가 충분하고 적절한지 평가하고 문서화하여야 한다. 만약, 감사 및 감사위원회의 조치가 충분하고 적절하다고 판단되지 않는 경우 외부감사인은 회사의 감사 및 감사위원회에 재조사 등을 요구하고, 이후에도 충분하고 적절한 조치가 이루어지지 않는 경우 감사의견의 변형을 고려할 수 있다.

| 조사결과 및 회사 시정조치에 대한 감사인의 고려사항 예시 |

① 회계부정 또는 회계부정이 의심되는 사항이 적격성 있는 객관적인 주체에 의해 충분히 조사되었는지 여부
② 조사 결과에 따라 관련 사항이 적시에 시정되었는지 여부
③ 아직 발생하지 않은 회계부정을 예방하기 위한 조치를 수행하였는지 여부
④ 재발위험을 제거하기 위하여 추가적인 통제나 교육 등 적절한 조치를 수행하였는지 여부

8.9 회계부정 조사 실무

회계부정 조사(fraud examination, investigation)는 회계기준과 같이 기준서가 정하여져 있지 않다. 따라서, 회계부정 조사는 획일적으로 이루어지기보다 전문가의 판단으로 부정위험에 대한 조사절차가 이루어진다.

회계부정 조사는 그 조사의 목적을 설정하고 그 목적달성을 위해 다양한 기법이 사용된다. 하지만 실무적으로 회계부정 조사를 포렌식이라고 부르기도 하고 디지털 포렌식만을 의미하는 것처럼 오해하기도 한다. 여기서는 부정조사 목적을 달성하기 위한 절차와 기법을 분리하여 기술하였다.

회계부정 조사는 부정 의혹을 그 시작부터 끝까지 해결하는 과정을 의미한다. 이러한 회계부정 조사는 부정과 관련한 전문가에 의해 이루어지는데, 회계부정 조사는 다음을 수반한다. 따라서 회계부정 조사를 수행하는 경우에 회사와 부정조사자가 계약을 체결하게 되는 어느 범위까지 업무범위에 포함할 것인지를 결정하여야 한다. 각 사안에 따라 다르지만 일반적으로는 증거수집과 보고만을 업무범위(work scope)에 포함한다.

| 회계부정 조사에 수반되는 내용 |

구 분	내 용
증거수집 (obtaining evidence)	회계부정 조사가 유효한지 여부는 얻은 증거의 신뢰성에 달려 있음. 부정의 증거는 보통 문서나 진술 형태로 수집. 따라서, 부정조사자는 문서증거와 증인 진술을 적절하고 합법적인 방법에 따라 수집하여야 함.
보고 (reporting)	증거를 얻고 분석하고 결과가 도출되면 경영진, 이사회 또는 감사(감사위원회)에게 결과를 보고함. 조사보고서는 부정조사자의 조사수행 결과 및 권고사항 등으로 구성되어, 경영진이 적절한 행동 방침을 결정할 수 있도록 지원함. 조사보고서는 결과를 명확하고 정확하며 편견 없이 작성되어야 함. 조사보고서는 조직 내부자, 변호사, 피고, 원고, 증인, 판사 및 언론과 같은 다양한 곳에서 사용될 수 있음.
발견사항에 대한 증언 (testifying to findings)	재판 또는 기타 법적 절차에서 결과에 대한 증언 혹은 진술(expert witness)이 요구될 수 있음. 이러한 진술시에는 진실에 대해 명확하고 간결한 방식으로 소통하도록 함.
부정적발 및 예방 (assisting in fraud detection and prevention)	부정조사자는 발생한 부정에 대한 예방책임을 지는 것은 아님. 부정발생은 일반적으로 경영진과 관련 감독기구(감사 혹은 감사위원회)가 책임을 갖고 있음. 다만, 부정조사자는 부정의 예방과 적발을 위해 전문가적인 식견으로 적합한 정책과 프로세스를 권고할 수 있음.

8.9.1 회계부정 조사 일반원칙

앞서 밝힌 바와 같이 회계부정 조사의 결과는 법정에서 사용될 수도 있고 사용되지 않을 수도 있지만, 부정조사자는 소송사건 등에서 사용될 수도 있다는 가정하에 업무를 진행하여야 한다.

회계부정 조사는 부정에 대한 혐의(allegation)을 구체화하고 그 사실관계를 밝히는데 초점을 맞추어 진행된다. 부정조사자는 혐의에 대한 사실이 실제로 발생했는지 혹은 발생하지 않았는지에 대해서만 조사하고, 혐의자가 법적으로 유죄인지 혹은 무죄인지 등의 여부를 결론을 짓지 않는다. 조사결과에 따라 미칠 수 있는 영향은 내부감사, 경영진 측 전문가(private accounting servicer) 및 외부감사인에 의해 결정되며, 유죄/무죄의 여부를 결론짓는 것은 사법기관의 판단사항이다.

하지만, 회계부정 조사는 그 방법론 및 절차가 회계기준서와 같이 명확히 정하여져 있는 것이 아니기 때문에 당사자 간의 주장(일반적으로 회사 및 감사인, 감사인 측 전문가(실무에서는 섀도 포렌식이라고 일컫는다)에 따라 업무범위가 최초에 의도했던 것보다 많이 확대되기도 한다.

따라서, 특히 외감법 제22조에 따른 회계부정 조사시 부정조사자는 계약관계를 명확하게 하여야 하며 아래의 사항을 고려한다.

- 모든 잠재적 부정이 아니라 회사(일반적으로 피해자, 잠재적 피해자)가 주장하는 부정에 대한 혐의를 조사한다는 사실
- 제출되고 확보된 자료, 인터뷰 결과에 의해서만 조사가 이루어진다는 사실
- 혐의에 대한 조사 시 예상되는 업무의 범위
- 혐의에 대한 조사 시 예상되는 업무의 시간
- 충분한 조사가 이루어지지 못한 경우 보고서가 발행되지 않을 수 있다는 사실
- 예상되는 업무범위/시간이 초과하는 경우의 시간당 보수
- 관련 보고서는 계약서상 정하여진 용도로만 사용될 수 있다는 사실

□ 회계부정을 잡는 벤포드 법칙(Benford's law)

1920년대 General Electric의 물리학자인 프랭크 벤포드(Frank Benford)는 매우 흥미로운 관찰을 하였다. 자연적으로 발생하는 수치 데이터의 10진법 값에서 수의 첫째 자리 확률분포를 관찰한 결과 첫째 자리 숫자가 작을 확률이 크다는 것이다. 1부터 9까지 있다면 그

중 하나가 나올 확률은 1/9이라고 생각할 것이다. 하지만, 자연에 존재하는 숫자 중 그 첫 번째 자리의 숫자는 각각 다른 확률로 존재한다. 벤포드 법칙은 여러 자리로 구성된 자연수의 분포가 무작위로 존재하는 것이 아니며 예측 가능한 패턴을 가지고 있다는 것이다. 다음의 표는 이 법칙에 따라 첫 번째 수가 발생할 수 있는 확률을 나타낸다.

첫 번째 수	확률
1	30.1%
2	17.6%
3	12.5%
4	9.7%
5	7.9%
6	6.7%
7	5.8%
8	5.1%
9	4.6%
합계	100.0%

벤포드 법칙에 따르면 첫 번째 자리에 1이 나타날 확률이 30%가 넘는다. 또한, 2는 18%, 3은 13%로 1, 2, 3을 합치면 전체의 60%가 넘게 된다. 전기요금 고지서, 주소, 주식가격, 인구수, 사망률 등과 같이 다양한 데이터에 등장하는 수들이 벤포드 법칙을 따른다고 한다.

벤포드 법칙의 분석목표는 자연에서 발생한 것이 아닌 조작된 숫자를 식별하는 것이다. 부정을 저지르는 자들은 자신의 부정행각을 숨기기 위해 데이터를 조작하거나 허위문서를 생성하는데 벤포드 법칙을 고려하지 않기 때문이다. 벤포드 법칙을 이용하면 결과를 예상할 수 있고 벤포드 법칙을 벗어난 예외사항에서 부정이 발생할 수도 있다는 징후를 탐지할 수도 있다.

이를 이용해 미국의 국세청(IRS)이나 금융감독 기관은 기업이 조작한 단서를 잡는다. 미국 수학자 마크 니그리니(Mark Nigrini)는 2001년 벤포드 법칙을 이용해 에너지 기업 '엔론'의 회계 부정을 밝혀낸 것으로 유명하다. 그는 벤포드 법칙을 어긋난 재무 수치들은 세무감사를 할 필요가 있다고 주장하며 이같은 부정들을 잡아냈다. 그리스 정부가 유로존 가입을 위해 손댔던 거시경제 지표도 벤포드 법칙에 의해 조작된 것으로 판명나기도 했다.[139)]

8.9.2 회계부정 조사 절차

회계부정 조사는 앞서 부정혐의가 존재하고 이를 밝히기 위해 부정조사자와 계약이 완료되면 실무절차가 진행된다. 실무절차는 5단계의 절차를 통해서 이루어지는 것이 일반적

139) 매일경제 기사(202년 11월 20일), 숫자 첫 번째 자리에 규칙이?…회계부정 잡아낸 '벤포드의 법칙' 참조

이다. 부정은 다양한 형태 및 환경에서 발생할 수 있으므로 이러한 조사절차는 일반실무절차로 이해하여야 하며 상황에 맞게 수정하여 적용될 수 있다.

다만, 회계부정 조사는 일반적인 회계감사 및 내부회계관리제도가 요구하는 확신의 수준(=합리적 확신, reasonable assurance)보다 더 높은 수준의 확신을 요구할 가능성이 높다.

이는 재무제표/내부회계관리제도가 합리적 확신을 요구하는데 비해 회계부정 조사에서는 더 높은 수준의 확신을 요구하는 것은 매우 역설적으로 보일 수 있다. 경영진의 부정행위가 있는 경우 이로 인한 재무제표의 영향은 매우 전반적일 수 있고, 감사기준서에서 경영진의 부정행위가 있는 경우 감사인의 의견변형을 고려하도록 하고 있다. 그러므로 외부감사인은 회사에 구체적인 부정혐의가 있다고 한다면 적어도 이 사항에 대해선 가능한 모든 사실관계와 가능성을 점검하여야만 전체 재무제표에 대한 합리적 확신을 부여할 수 있을 것이다.

회계부정 조사는 다음과 같이 절차에 의해 진행된다.

Step 1 : 혐의 접수 및 대응계획 수립

Step 2 : 부정조사자 팀 구축

Step 3 : 증거의 수집 및 보존

Step 4 : 자료의 분석(디지털 포렌식)

Step 5 : 결과 및 보고

8.9.2.1 (Step 1) 혐의 접수 및 대응계획 수립

회계부정 조사는 회사에 존재할 수 있는 모든 부정을 찾는 것이 아니다.[140] 회계부정 조사를 포함한 모든 부정조사는 혐의(allegation, 혹은 의혹)에 대한 사실관계를 밝히는 것을 1차적인 목적으로 한다.

부정조사자는 혐의가 접수되면 다음과 같은 부정이론접근법[141]을 사용하여 대응계획을 수립한다. 이러한 접근법을 사용하는 이유는 조사자가 한정된 시간 내에서 조사의 방향과 결론에 더 합리적으로 도달할 수 있게 하기 위해서이다.

- 접근 가능한 데이터와 정보의 분석(analyze the available data)
- 혐의에 대한 가설의 정립(create a hypothesis)

---

140) 외감법 제22조에 따라 회계부정 조사를 하는 경우 회계법인의 심리실에서 구체적인 혐의 외 밝혀지지 않는 여죄(餘罪)를 찾는 것을 추가적으로 부정조사자에게 요청하기도 한다.

141) Fraud theory approach

• 가설에 대한 테스트 수행(test the hypothesis)
• 가설의 조정 및 수정(refine and amend the hypothesis)

| 부정이론접근법(Fraud theory approach) |

구 분	내 용
접근 가능한 데이터와 정보의 분석	-부정조사자는 무엇이 발생하였는지 사전적인 가설을 정립하기 위해 가용한 정보와 데이터를 분석하는 것으로부터 출발함. -조사자는 회사에서 회계부정 조사를 실시하기로 결정한 시점부터 관련된 데이터를 수집하고 정보를 분석함. -분석에 있어 항상 부정이 관련되어 있다는 가정하에 수행함.
혐의에 대한 가설의 정립	-사용 가능한 데이터를 분석한 후에는 무슨 일이 일어났는지에 대한 예비 가설을 정립함. -가설은 데이터 및 정보 분석을 근거로 하여 최악의 시나리오를 가정함. -가설은 누가 관련되어 있는지, 무슨 일이 발생하였는지, 혐의가 사실인 이유는 무엇인지, 어디에 숨겼거나 혹은 어떤 방식으로 부정이 발생하였는지, 언제 발생하였는지 등을 구체적으로 정립함.
가설에 대한 테스트 수행	-가설이 정립되면 알려진 정보를 통합하고 수정하거나 새로운 정보의 입수에 따라 테스트를 수행함. -가설에 대한 테스트는 소위 what-if 시나리오에 의함.
가설의 조정 및 수정	-가설을 테스트한 후 그것이 증명할 수 없다고 결정하면 알려진 사실을 기반으로 지속적으로 가설을 수정함. -예를 들어, 공급업체가 구매 담당자에게 리베이트를 주고 있다는 가설을 테스트하였는데, 그러한 사실을 입증할 수 없다고 한다면 가설을 수정하고 다시 테스트할 수 있도록 조정함.

회계부정 조사의 목적 및 범위가 밝혀지게 되면, 조사 절차에서 임직원이 진술을 거부하거나 협조를 얻기 어려울 수 있다. 따라서, 조사 수행 시 관련 조사의 범위와 대상에 대해 비밀을 유지할 필요성이 있다.

일반적으로 의혹이 있는 혐의자에게는 조사의 내용을 알리지 않으며, 회사 측의 조사담당자도 회계부정 조사에 대해 다른 임직원과 협의하는 등의 행위를 금지하도록 한다. 또한, 회계부정 조사가 실시될 것이라는 것을 알게 되는 경우 관련된 정보가 훼손, 오염될 가능성도 있으므로 조사의 대상이 되는 자료를 원본상태로 유지하는 것이 필요하다.

8.9.2.2 (Step 2) 부정조사자 팀 구축

회계부정 조사에 있어서 혐의 및 의혹을 밝히는데 성공하기 위한 가장 핵심적인 요소는 적절한 전문지식을 갖춘 팀을 구성하는 것이다. 부정조사자 팀은 혐의의 성격, 잠재적인 재무적 영향, 위험의 규모, 조직규모 등에 따라 달라진다.

부정조사자는 객관성을 갖추는 것이 필요하고 주장을 둘러싼 각 당사자의 가운데에서 균형을 맞추어야 하는 역할을 수행한다. 객관성 확보가 대단히 중요하므로 혐의와 관련이 있거나, 혹은 이해관계가 있는 부분을 확인하여 관련이 있는 당사자는 팀에서 반드시 제외하도록 한다.

또한, 외부감사인과의 협의 및 감사인측전문가(쉐도우포렌식팀)과 의견조율도 필요하므로 회계 및 부정조사와 관련한 전문지식을 갖출것이 요구된다. 부정조사자 팀은 공인회계사(CPA), 공인부정조사사(CFE), 변호사 등이 포함된 회계법인과 법무법인에서 주로 서비스를 제공하고, 관련 팀은 디지털 포렌식을 위해 외부의 디지털 포렌식 전문가를 팀에 참여시키는 것이 일반적이다.[142)]

부정조사자 팀이 갖추어야 하는 지식은 다음과 같이 열거할 수 있다.

- 회계 및 회계감사 지식
- 산업에 대한 전문성
- 조직에 대한 이해
- 부정이 연루된 법률에 대한 이해
- 심리적 요인 및 동기에 대한 이해
- 포렌식 인터뷰 기술
- 컴퓨터 및 IT 지식

8.9.2.3 (Step 3) 증거의 수집 및 보존

회계부정 조사는 포렌식 회계와는 다르게 반드시 법원에 제출하거나 소송사건을 위한 절차는 아니다. 하지만, 회계부정 조사는 그 절차 및 결과가 법원에 제출되거나 소송사건에 활용될 가능성도 있다는 가정하에 증거를 수집하므로 부정조사자는 법률적인 증거능력 및 증거력을 이해하는 것이 필요하다.

증거는 사실을 인정하는 단서 등을 의미한다. 사실을 인정 혹은 증명하는 자료가 되기 위해서는 법률상 정해진 자격요건을 갖추어야 하는데 이를 증거능력이라고 한다. 우리나

---

142) 디지털 포렌식 전문가를 Data Analytics specialists라고 칭하기도 한다.

라 민사소송법에서는 자유심증주의를 택하고 있어 그 증거능력에 대한 아무런 제한을 두고 있지 않다.[143] 하지만 형사소송법에서는 '위법하게 수집한 증거는 증거로 사용할 수 없다[144]'고 규정함으로써 위법수집증거배제법칙을 명문화하고 있다.

형사소송법

제308조의 2(위법수집증거의 배제) 적법한 절차에 따르지 아니하고 수집한 증거는 증거로 할 수 없다.
제309조(강제등 자백의 증거능력) 피고인의 자백이 고문, 폭행, 협박, 신체구속의 부당한 장기화 또는 기망 기타의 방법으로 임의로 진술한 것이 아니라고 의심할 만한 이유가 있는 때에는 이를 유죄의 증거로 하지 못한다.
제310조(불이익한 자백의 증거능력) 피고인의 자백이 그 피고인에게 불이익한 유일의 증거인 때에는 이를 유죄의 증거로 하지 못한다.

부정조사자는 형법에서 다루고 있는 압수나 수색을 할 수 있는 권한을 갖고 있지 않다. 따라서, 계약에 정하여진 바에 따른 조사대상을 한정하여 접근하고, 증거능력을 갖기 위한 법률적 절차를 갖추어 수집하는 것이 바람직하다.

증거는 매우 다양한 형태로 존재할 수 있지만, 회계부정 조사에서 주로 다루어야 하는 증거의 형태는 다음 3가지로 구분된다.

| 증거형태(type of evidence) |

구 분	내 용
진술 증거(증언)	증인, 중립적인 제3자, 및 용의자가 구두 또는 서면진술을 의미함.
디지털 증거	회사에서 사용하거나 개인적으로 사용하는 다양한 컴퓨터 및 저장장치에 전자적 형식으로 저장된 증거를 의미함.
문서 증거	부정사건의 사실관계를 밝히는데 도움이 되는 기록을 의미함. 이러한 기록은 조직 내에 존재할 수도 있으며, 거래처(공급업체 등) 및 금융기관과 같은 제3자가 보관하고 있거나 생성할 수도 있음. 가장 일반적인 문서증거의 유형으로는 취소전표, 메모, 인보이스, 세금계산서, 회의록, 영수증, 은행거래명세서 등이 있음.

143) 이에 대한 예외로써 불법검열, 감청에 의하여 취득한 우편물이나 전기통신, 공개되지 아니한 타인간의 대화를 녹음 또는 청취하여 취득한 자료의 내용은 재판절차에서 증거로 사용할 수 없다(통신비밀보호법 제4조, 제14조)

144) 형사소송법 제308조의2

각 증거의 형태에 따라 증거의 확보방식이 다르다. 각 형태에 따른 증거확보에 대해 살펴보면 다음과 같다.

① 진술 증거의 확보(포렌식 인터뷰)

부정조사에 있어 반드시 수행되는 부분은 인터뷰이다. 인터뷰는 조사를 수행하여야 하는 구체적인 대상을 물색하는데 도움이 되거나, 혐의에 대해 실제로 목격담을 설명하는 등 매우 중요하고 다양한 정보를 제공한다.

하지만, 인터뷰는 질문자(interviewer)의 객관성, 경험과 테크닉에 따라 도출할 수 있는 정보가 매우 달라지는 특성을 갖고 있다. 따라서, 인터뷰 기법이 매우 중요한데 포렌식 인터뷰(forensic interview) 기법으로 영국에서 개발된 PEACE 모델[145)]이 사용된다. 포렌식 인터뷰는 크게 자백획득형방식과 정보수집형방식이 있는데, 그중 PEACE 모델은 대표적인 정보수집형방식의 인터뷰 기법이다.

| PEACE 모델 |

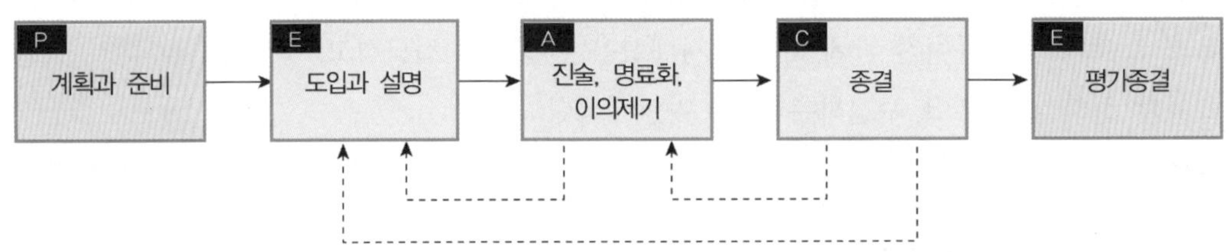

이 모형은 라포(rapport) 형성에 중점을 두고 혐의의 심각성에 대해 설명하며, 진실과 사실의 수집에 대한 중요성을 강조하고, 사건에 대한 설명을 요청한다. 이때 피면담자는 부정조사자의 방해를 받지 않고 상황에 대해 설명할 수 있으며, 면담자(interviewer)는 주의깊게 듣도록 한다. 부정조사자는 피면담자에게 정보를 제공할 모든 기회를 제공한 후에야 비로소 질문을 하고, 진술한 내용과 불일치 혹은 대조되는 자료를 제시한다. 이 면담방식은 "사실 발견"에 목적을 두어 진행된다.[146)]

145) ACPO(Association of Chief Police Officers)와 관련 영국 정부부처에 의해 개발되었다.

146) 효과적인 피의자 신문 기법 탐색을 위한 연구-PEACE-model과 technique의 효과성 검토 및 검증을 중심으로(경기대학교 범죄심리학과 홍유진)

| PEACE 인터뷰 방법론 |

구 분	내 용
계획 및 준비 (planning and preparation for interviews)	언제, 누구를, 어떻게, 어디서, 왜 조사할지에 대해서 계획을 세우고 결정하는 단계. 인터뷰는 1회에 끝나지 않고 여러 번 수행하게 되는데, 부정조사자는 조사의 효율을 위해서 어떤 조사를 먼저 수행할 것인지 순서를 결정하여야 함. 특정 개인에 대한 조사가 지금 필요한 것인지 혹은 현 시점에서 더 중요한 우선순위가 어디에 있는지 판단해야 함. 특히, 계획단계에서는 피면담자의 순서가 매우 중요한데 주변인물부터 인터뷰를 수행하여 관련 정보를 수집하고, 중요 혐의자에 대해서는 가장 마지막에 수행하도록 함. - 이 인터뷰가 회계부정 조사에 어떻게 기여할 것인가? - 피면담자에 대해 알아야 할 것은 무엇인가? - 면담을 통해서 증명할 내용은 무엇인가? - 면담계획서의 작성
도입과 설명 (engage and explain)	실제로 인터뷰를 실시하는 단계로 피면담자와 라포를 형성하고 조사가 끝날 때까지 그 관계를 유지할 수 있는 관계를 확보하는 것이 목적임. 설명은 조사 시작 시 조사의 목적을 설명하고, 피면담자의 권리, 조사의 규칙 등을 설명하는 것 - 대화의 개시 - 면담절차의 설명 - 진실의 구축 • 꾸밈없이 모든 것을 설명. • 피면담자 방식으로 말하게 함. • 최대한 세부사항을 말하도록 함. • 잡담이 되지 않도록 주제에 집중함.
진술청취, 명확화와 반론 (account, clarification, and challenge)	피면담자로부터 완전한 진술을 듣는 단계로서 가장 핵심부분임. 피면담자의 진술을 명확하게 하고 진술간의 모든 이나 다른 증거와 진술이 불일치한 부분에 대해 이의를 제기함. - 시간의 순서로 회상하게 함(시간순, 역시간순). - 관찰자의 관점에서 보는 등 관점을 바꾸서 진술하도록 함. - 진술의 내용을 요약하고 명확하게 함. - 진술의 내용이 앞뒤가 맞지 않거나 다른 자료와 일치하지 않는 것에 대해 반론함.
종료 (closure)	인터뷰를 마무리하는 단계로서, 피면담자가 진술한 내용을 정리하고 다음 단계에서 진행될 일에 대해 설명함. - 진술의 검토 - 피면담자료부터의 질문 등
평가 (evaluation)	전체 조사의 틀 내에서 인터뷰 결과의 의미를 평가함. - 얻어진 정보의 평가 - 증거에 대한 재평가

인터뷰가 완료되면 필요한 경우 피면담자로부터 확인서에 대해 서명을 득한다. 확인서의 양식은 다양하게 작성될 수도 있으나, 다음의 양식을 활용할 수 있다.

| 인터뷰 확인서 |

<table>
<tr><td>문서번호</td><td></td><td rowspan="5">피면담자 정보</td><td>성명</td><td></td></tr>
<tr><td>면담일시</td><td></td><td>생년월일</td><td></td></tr>
<tr><td>면담장소</td><td></td><td>혐의자와 관계</td><td></td></tr>
<tr><td rowspan="2">면담자</td><td></td><td>연락처</td><td></td></tr>
<tr><td></td><td>email</td><td></td></tr>
<tr><td colspan="5">면담의 내용을 기재한다.

피면담자 본인은 면담 내용을 확인하였으며, 본 인터뷰 내용은 사실에 따라 기술되었음을 확인합니다.
20 . . . 성명 ㊞</td></tr>
</table>

| 인터뷰 녹음 동의 확인서 |

<table>
<tr><td rowspan="2">문서번호 가나-00001</td><td rowspan="2">피면담자</td><td>성명</td><td></td></tr>
<tr><td>생년월일</td><td></td></tr>
</table>

아래 내용을 잘 읽어보시고 귀하가 동의하신 경우에만 녹음이 진행됩니다. 다만, 녹음에 동의하더라도 진술녹음실 부족, 장비 고장 등 부득이한 사유가 있는 경우, 녹음이 진행되지 않을 수 있습니다.

○ 동의 후 인터뷰 녹음을 하던 중 녹음 중단을 요청할 수 있고, 동의하지 않아 녹음없이 조사하던 중 녹음을 요청할 수도 있습니다.

○ 인터뷰 녹음은 시작부터 피면담인이 진술서에 간인과 기명날인 또는 서명을 마쳐 완성할 때까지 진행합니다.

○ 인터뷰 녹음파일은 조사과정 중 인권침해 여부 확인, 본인이 진술한 대로 조서에 기재되었는지 여부 확인, 피면담자의 기억을 환기하기 위한 용도로만 사용됩니다.
※ 다만, 법원 · 수사기관에서 다른 법률에 근거하여 진술녹음파일을 요청하는 경우 제공할 수 있음.

○ 진술녹음파일의 청취는 진술서 작성 과정 또는 진술서에 간인과 기명날인 또는 서명한 직후에 확인하실 수 있습니다.
※ 녹취 비용은 본인이 부담하며 진술 녹음파일(복제본 · 사본 포함)은 제공하지 않음.

○ 진술녹음파일은 개인정보보호 등을 위해 조사보고서 발행일로부터 3년간 보관 후 일괄폐기합니다.
※ 다만, 3년 경과 이전에 진술녹음파일에 대한 법원 또는 수사기관의 요청 등이 접수된 경우에는 당해 청구절차에 따른 조치가 완료된 이후 폐기합니다.

○ 모든 사건관계인은 진술녹음을 동의하지 않을 수 있습니다.

■ 본인의 자유로운 의사에 따라 진술녹음에 동의하십니까?
동의 (　　) 부동의 (　　)

20 . . . 성명 ㊞

② 디지털 증거의 확보

조사 실무 시에는 회사로 부터 서버, 네트워크, PC, 데이터베이스, 관련자의 동의를 받아 핸드폰 등을 제출받아 디지털 증거를 확보한다. 디지털 증거는 다른 증거와 같이 증거수집에 있어 적법한 절차를 갖출 것이 요구된다. 만약, 실수로 절차적 위반을 하였다면 법정에서 증거능력을 잃을 수도 있기 때문이다. 증거를 확보하는 단계에서 법률을 위반하는 절차가 있다고 한다면 그 포렌식 분석 결과 또한 증거로써 인정을 받을 수 없기 때문에 가장 중요한 절차로 인식되기도 한다.

디지털 증거는 문서 증거와 달리 원본과 사본의 구분이 어렵고, 변경 및 삭제가 용이하며, 전문적 지식을 필요로 한다는 특성을 갖고 있다. 이러한 디지털 증거의 본질적인 특성으로 원본성, 무결성, 신뢰성의 문제가 발생한다. 이러한 기술적 문제가 해결되지 않으면 디지털 증거는 증거능력을 인정받지 못할 수도 있다.

| 디지털 증거의 진정성[147] |

구 분	내 용
원본성	디지털 증거는 그 자체로는 눈으로 확인하거나 읽을 수 없다. 따라서, 가시성 있는 인쇄물로 출력하여 그 증거를 확인하여야 한다. 확보한 디지털 증거가 원본이고 그 디지털 증거에서 출력한 문서가 일치하는지 여부가 확인되어야 한다. 최초 디지털 증거 수집 시 원본을 확보하고 분석 시에는 그 디지털 데이터의 변조 등을 방지하기 위해 쓰기방지가 된 복사본(이미징)을 이용하여 분석한다.
무결성	디지털 증거는 문서증거와 달리 훼손, 변경이 매우 용이하다. 따라서, 최초 증거가 저장된 매체에서 변경이나 훼손이 없어야 한다. 부정 조사 시에도 수사기관과 마찬가지로 디지털 증거 등의 저장매체를 제출받아 서명을 받아 봉인하고, 그 증거물 이송 또는 불출 시 인수인계자 간 해당 디지털 증거의 훼손 또는 위변조 여부를 확인하기 위해 연계보관성 양식(Chain of custody, CoC)을 기록하여 관리한다.
신뢰성	디지털 증거는 수집에서 분석까지 모든 단계에서 신뢰할 수 있어야 한다. 만약, 이러한 증거를 수집하거나 분석하는 소프트웨어나 하드웨어가 산출한 결과가 매번 다르다면 그 결과물을 신뢰할 수 없을 것이다.

디지털 증거의 진정성을 확보하기 위해 아래와 같은 증거 수집 절차를 따라 확보하는데, 이 중 가장 중요한 증거 수집기술은 활성시스템(live system) 조사와 디스크 이미징(disk imaging) 기법이다.

---

147) 디지털 포렌식 이론((사)한국포렌식학회)

㉮ 시스템 주변의 문서를 우선적으로 조사(사진, 패스워드 등)
㉯ 시스템이 꺼진 상태인 경우에는 꺼진 상태로 둠.
㉰ 시스템이 켜진 상태인 경우에는 활성시스템 조사 수행
㉱ 증거의 확보
㉲ 디스크 이미징
㉳ 디지털 증거 수집 프로세스에 대한 문서화

활성시스템이란 가동 중인 시스템을 의미한다. 활성시스템에서 처리되는 정보는 전원이 꺼지면 사라지는 휘발성 데이터와 전원과 상관없이 유지되는 비휘발성 데이터로 구분할 수 있다. 활성시스템을 조사하게 되면 필연적으로 대상 시스템에 흔적을 남기기 때문에 원본의 무결성을 보장하는 측면에서 바람직하지 않을 수 있지만, 활성시스템상의 정보를 수집하지 않으면 안되는 경우가 있기 때문이다.

예를 들어, 대상시스템이 현재 가동 중인데 암호화 프로그램으로 시스템 전체가 보호되고 있다고 가정하자. 다른 절차를 통해서는 암호를 확보할 수 없는 경우도 있을 것이다. 이런 경우에는 활성시스템 조사를 통해 대상시스템의 메모리에 상주되어 있는 암호를 확보할 수도 있을 것이다. 또는, 대상시스템이 지속적인 서비스를 제공하고 있어 전원 차단 후 물리적 저장매체를 확보하는 것이 불가능하다면 활성시스템상에서 대상 디스크를 복사하여 사본만을 확보하여야 할 수도 있다.

특히 휘발성 데이터는 전원이 차단되면 영구 상실되므로 가능한 빠르고 정확하게 확보하는 것이 중요하다. 휘발성이 높은 정보부터 수집하며 그 순서는 다음과 같다.[148)]

- CPU, 캐시, 레지스터 데이터
- 라우팅 테이블, ARP 캐시, 프로세스 테이블, 커널 통계
- 메모리
- 임시파일시스템
- 하드디스크에 있는 데이터
- 원격에 있는 로그 데이터
- 아카이브 매체에 있는 데이터

두 번째로 디스크 이미징(disk imaging) 기법은 원본 저장매체의 사본을 만드는 것이다. 자료의 분석(디지털 포렌식 분석)은 혐의자 혹은 혐의가 있는 자료의 원본에서 직접

148) 디지털 포렌식 이론((사)한국포렌식학회)

수행되지 않는다. 이는 디지털 증거는 쉽게 변조, 훼손될 수 있기 때문이다. 따라서 부정조사자는 원본 데이터가 변화하지 않도록 이미징을 수행한 후 분석을 수행한다.

디스크 이미징은 단순히 모든 파일을 복사하는 것이 아니다. 디스크에서 삭제파일 복구 등을 수행하기 위해서 디스크의 구조와 데이터의 위치를 그대로 보존하여야 한다. 따라서 생성된 이미지 디스크는 원본 저장매체와 동일한 클러스터를 할당받아 물리적으로 논리적으로 일치하게 된다.

디스크 이미징을 통한 증거분석은 법률상 문제[149)]를 발생시킬 수도 있으므로, 이미징을 수행하기 전에 적절한 절차에 의해 수행되도록 하여야 한다. 이는 데이터의 무결성 원칙을 손상시키지 않기 위해서 수행하여야 한다는 의미이다.

따라서, 이미징을 수행하는 과정에서 원본 데이터의 훼손 및 변조를 방지하기 위해 하드웨어 방식의 쓰기방지 시스템(write-blocking device)을 이용하거나 소프트웨어 방식의 쓰기방지(Encase 등의 소프트웨어에서 이를 지원한다) 시스템을 사용하고, 관련된 모든 절차는 연계보관성 양식(CoC)에 기재되어야 한다.

③ 문서 증거의 확보

문서 증거는 다양한 방법으로 획득될 수 있다. 가장 일반적인 방법은 문서를 보관하고 있는 자 혹은 문서를 생성한 자의 동의에 의해 증거를 확보하는 것이다. 이 경우 구두로 동의를 구할 수도 있으나 사후에 관련 구두동의를 부인할 수도 있기 때문에 서면동의에 의해 문서 증거를 확보하는 것이 바람직하다. 디지털 증거의 확보와 마찬가지로 다음 페이지의 임의제출확인서 및 동의서와 같은 양식을 사용할 수 있다.

특정한 문서(예를 들어 은행거래명세서, 은행조회서 등)의 경우에는 서면으로 동의하는 경우에만 증거를 제 3자로부터 확보할 수 있다. 만약, 서면으로 동의하지 않은 채 증거를 수집하게 되면 정보의 무단사용, 절도 등의 제재가 이루어질 수 있으므로 부정조사자는 무단으로 자료를 수집하여서는 안 된다.

수집된 문서 증거는 다음과 같이 속성값을 부여하고 일관성을 갖고 분석이 용이하도록 정하여야 한다.

---

149) 생성된 이미지가 원본데이터와 정확하게 동일하지 않다면 증거로써 받아들여지지 않을 수도 있다.

| 문서 증거의 속성 및 분류 |

구 분		내 용
증거범주 (categorize)	직접증거	• 문제에 대한 사실관계를 명백하게 보여주는 증거
	정황증거	• 추론에 의해 간접적으로 문제의 사실관계를 증명하거나 혹은 반증하는 증거
증거의 구성 (organize)	문서분리	• 일반적으로 증인 또는 거래별로 문서를 구분하여 관리 • 동일하거나 유사한 거래의 증거를 함께 그룹화하여 정리
	핵심문서	• 혐의에 가장 관련성이 높은 문서를 쉽게 액세스할 수 있도록 핵심문서 파일을 구성 • 일반적으로 특정 중요한 정보의 복사본을 이용하여 구성함. • 진행과정에서 주기적으로 핵심문서를 검토후 덜 중요한 문서는 백업파일로 옮기고 가장 관련성이 높은 문서만 보관
	데이터 베이스 구축	• 다음의 필드를 포함하여 데이터베이스화 • 문서 생성날짜, 입수경로 개인, 입수날짜, 간략한 설명
	시간대별 구성	• 시간대별로 혐의를 입증하는 데 필요한 정보를 나열하는 것 • 시간별로 나열함으로써 혐의를 입증하거나 사실관계를 밝히기 위해 추가적으로 필요한 정보와 내용을 파악할 수 있음. • 일목요연하게 정리된 시간대별 구성 정보는 최종 조사보고서에 포함되는 경우가 많음.
	체크리스트	• 조사목적을 완료하기 위해 필요한 것을 나열하고 체크리스트를 유지함. • 조사는 매우 다양한 인원과 다양한 방식으로 진행되므로 확보하여야 하는 문서의 목록을 기록하여 두지 않으면 중요한 사항을 놓칠 수도 있음.

| 임의제출확인서 |

1. 제출자 정보
   (1) 성　　명 :
   (2) 연 락 처 :
   (3) 이 메 일 :

다음 물건을 임의로 제출합니다. 조사 후에는 처분의견란 기재와 같이 처분하여 주시기 바랍니다.

20××년　월　일

제출자 :　　　　(서명)

2. 제출물건

번호	품 명	수 량	제출자의 처분의견 (반환의사 유무)	비 고

8.9.2.4 (Step 4) 자료의 분석(디지털 포렌식)

확보된 증거는 앞서 살펴본 바와 같이 진술 증거, 문서 증거, 디지털 증거로 구분할 수 있다. 여기서 진술 증거 및 문서 증거는 조사관의 경험과 전문가적 판단에 따라 그 내용을 이해하고 사실관계를 밝혀내는 증거로 사용하면 된다. 전통적인 회계부정 조사를 포함한 포렌식 조사에서는 진술증거와 문서증거가 많이 활용되었지만, 최근 업무에 있어서 PC, 이메일, 클라우드, 핸드폰(카카오톡 및 문자정보, 녹음정보) 등을 주된 매체로 사용하며 이러한 디지털 증거가 사실관계를 밝히는 가장 명확한 증거로도 활용된다.

이러한 디지털 증거는 그 양에 있어서도 전통적 정보(진술, 문서)보다 방대하며 분석에 있어서도 특별한 기술을 요구한다. 디지털 정보에 대한 분석을 디지털 포렌식이라고 부르기도 하는데 전자적 형태의 증거를 분석하는 기술이라고 이해하면 된다. 분석 단계에는 증거로 사용될 디지털 아티팩트[150)]를 식별, 추출, 수집, 조사 및 저장할 수 있는 수단을 제공하도록 설계된 특수 소프트웨어(디지털 포렌식 도구)의 사용을 수반한다.

① 디지털 포렌식 도구

디지털 포렌식을 수행하기 위해서는 전문 프로그램의 도움이 필요하다. 미국의 경우 NIST(National institute of standard and technology)에서 기준을 마련하고 CFTT (computer forensic tool testing)을 실시하여 디지털 포렌식 도구의 신뢰성을 검증하고 있다. 우리나라에서도 한국정보통신기술협회에서 '컴퓨터 포렌식을 위한 디지털 데이터 수집도구 요구사항'을 발표한 바 있다.

회계부정 조사에 있어서 특정 디지털 포렌식 프로그램을 사용하는 것이 요구되지는 않으나 일반적으로 많이 사용되는 도구는 다음과 같다. 반드시 하나의 프로그램만 사용되어야 하는 것은 아니며, 상황에 따라 다수의 툴킷이 사용되기도 한다.

---

150) 디지털 아티팩트의 의미는 운영체제나 애플리케이션을 사용하면서 생성되는 흔적을 말한다.

| 대표적인 디지털 포렌식 솔루션[151] |

구 분	내 용
EnCase	• OpenText 사(구 Guidance Software)에서 제공하는 프로그램으로, 미국 법정에서 EnCase를 사용해서 확보한 디지털 증거를 많이 채택해 왔기 때문에 공신력 있는 프로그램으로 평가를 받고 있음. • 통합 포렌식 도구로써 운영체제 설치 드라이브 및 설치 이미지, 이동식 저장매체, 물리메모리, MacOSX 분석까지 광범위 기능을 지원하는 도구이며 파일 복원, 추출, 리포팅 기능까지 지원하여 디지털 포렌식 조사 시 전반적으로 사용 가능함. • http://security.opentext.com/encase-forensic
FTK (Forensic toolkit)	• FTK는 AccessData에서 만든 통합 포렌식 도구이며 Windows 환경에서 실행 가능함. • 통합 포렌식 도구로써 운영체제 설치 드라이브 및 설치 이미지, 이동식 저장매체, 물리메모리, 암호화 볼륨까지 다양한 분석을 지원하는 도구 • 수집한 아티팩트를 데이터를 정제 및 선별하여 관리 데이터베이스에 저장 • 탭 인터페이스를 사용하기 때문에 도구 사용법이 편리함. • www.exterro.com/forensic-toolkit
Forensic explorer	• Forensic Explorer는 GetData서 만든 통합 포렌식 도구이며 Windows 환경에서 실행 가능함. • 통합 포렌식 도구로써 운영체제 설치 드라이브 및 설치 이미지, 이동식 저장매체를 분석을 지원 • EnCase나 FTK보다 저사양의 PC에서 실행 가능하며 직관적인 인터페이스를 제공한다는 점이 장점임. • https://getdataforensics.com/product/forensic-explorer-fex/
X-Ways forensics	• X-Ways Forensics는 X-Ways 社에서 만든 통합 포렌식 도구이며 Windows 환경에서 실행 가능함. • 매체의 이미징부터 물리메모리 분석까지 대부분의 환경에서 활용 가능한 도구이며 수집한 아티팩트를 추출 및 저장, 리포팅 기능을 제공 • 통합 포렌식 도구 중 구동 환경 사양이 가장 낮으며 별도의 설치 절차 없이 포터블하게 실행할 수 있음. • 제공하는 기능이 다른 도구와 비교하여 제한적이며 Hex View 중심의 프로그램이기 때문에 사용에 있어 많은 숙련이 요구됨. • http://www.x-ways.net/forensics
BlackLight	• BlackLight는 BlackBag에서 만든 통합 포렌식 도구이며 Windows 환경이나 Mac OSX 환경에서 실행 가능함. • MacOSX 환경에서 사용자 흔적 위주로 매체를 분석

151) 각 사의 홈페이지, digital forensics wikipedia를 참조하였다.

구 분	내 용
	• 파일 시스템 브라우징과 미할당영역 복구 기능을 지원하며 Mac 운영체제 설치 시 기본으로 제공하는 이메일, 인터넷, 메시지, 일정, 지도, 노트와 같은 해석을 제공 • Windows 환경에서는 프로그램 동작이 불안한 점이 존재 • https://www.blackbagtech.com/products/blacklight
Autopsy	• Autopsy는 Brian Carrierr가 만든 통합 포렌식 도구이며 Windows 환경에서 실행 가능함. • 오픈소스 기반 포렌식 프로그램으로 프리웨어로 사용할 수 있음. • https://www.sleuthkit.org/autopsy

② 데이터 컬링(Data culling)

디스크 등의 저장매체에는 대량의 디지털 정보를 담고 있다. 회계부정 조사에 대한 혐의와 관련이 있는 정보와 관련성이 없는 정보를 모두 포함하고 있으므로 관련 저장매체를 분석하여 중복된 정보 및 관련성이 없는 기타 정보를 따로 분리하여 분석을 위한 데이터의 양을 줄어야 한다. 이를 위해 데이터를 필터링 등의 처리를 하여야 하는데 키워드, 날짜, 파일속성 등을 이용하며 이러한 절차를 데이터 컬링(Data culling)이라고 한다.

회계부정 조사의 목적에 따라 정보를 처리하는 기술 및 테크닉은 달라질 수 있지만, 일반적인 데이터 컬링의 방법은 다음과 같다.

| Data culling의 종류 |

구 분	내 용
정크데이터 제거 (DeNISTing)	• 사용자 생성 데이터가 포함되지 않은 프로그램 및 시스템 파일과 일반적으로 증거 가치가 없는 기타 파일 형식을 포함함. • 관련 없는 문서를 줄이는 간단한 방법으로 대부분의 경우에 수행됨.
중복 제거 (Deduplication)	• 다양한 파일의 여러 복사본이 수집되므로 수집된 데이터, 이메일 등에서 중복을 식별하고 제거함.
키워드 검색 (Keyword search)	• 중요한 단어(예 : 이름, 날짜, 계좌 번호)를 검색하여 관련 증거를 식별하는 작업 • 회계부정 조사 시에 가장 핵심적으로 중요하게 사용되는 기법 • 키워드 검색을 수행하기 위해 사건에 대해 알려진 정보를 기반으로 관련 키워드 목록을 설정해야 함. • 키워드 목록을 가능한 한 짧고 관련성 있게 유지하는데 주의해야 하며 일반적인 단어나 다른 단어의 일부가 될 수 있는 단어를 피하도록 설정함.

구 분	내 용
날짜범위 필터링 (date-rage filtering)	• 분석에 특정 기간 내의 활동이 포함되는 경우 특정 기간에 속하는 데이터로 검색을 한정함. • 컴퓨터 파일의 경우 필터링은 운영 체제의 메타데이터(예 : 파일 생성, 수정 또는 마지막 액세스 날짜 기반)를 기반으로 할 수 있음. • 이메일의 경우에도 보낸 날짜별로 필터링을 수행함.
파일형식 필터링 (file-type filtering)	• 특정 유형의 정보만 필요한 경우가 있을 수 있으며, 이러한 경우 파일 유형 필터링(즉, 파일 유형을 기반으로 데이터 필터링)이 유용함. • 예를 들어, 회계부정 조사를 위해 xls, txt, jpg, ppt, doc, hwp, dsd, pdf 등의 확장자 유형은 관련성 있는 데이터가 될 수도 있으나, 폰트 파일(tif), 윈도우 시스템 파일 등은 관련성이 없을 수 있음.

③ 삭제 데이터 복구(data recovery)

윈도우 시스템 내에서 파일을 삭제할 경우 하드디스크의 클러스터에 들어 있는 파일을 내용을 지우는 것이 아니라, 파일에 할당된 클러스터들을 비할당 영역으로 변경한다. 따라서, 비할당 영역에 있는 클러스터들이 덮어쓰기(overwrite)가 되지 않는 한 삭제된 데이터를 복구할 수도 있다.

하지만, 최근에는 컴퓨터에 하드드라이브를 사용하는 것보다 SSD를 사용한다. SSD의 특성상 trim 명령을 처리하는 SSD의 경우 삭제된 파일을 복구하기는 매우 어려운 환경으로 변모하고 있다.

④ 타임라인 분석

회계부정 조사에 있어서 시계열적 분석은 중요한 의미를 갖는다. 왜냐하면 증거의 시간대에 따라서 사건의 경위를 추측하고 방향성을 정할 수 있기 때문이다.

만약, 회계부정 조사 시 혐의자가 사익을 추구하기 위해 아직 외부에 공개되지 아니한 중요 문서를 유출하여 회사에 큰 손해배상의무를 발생시켰다고 가정해 보자. 그렇다면, 혐의자가 사용한 PC의 저장매체로부터 확보한 레지스트리에서 문서 열람에 대한 기록을 찾아 어떠한 문서를 열어보았는지 그 대상을 확인한다. 외부 유출 시 USB나 이메일, 혹은 출력물을 전달했을 수도 있다. 유출경로를 확인하기 위해 발생시간대에 접근한 각각의 산재된 기록을 확인하여 발생시간별로 이벤트를 나열하여 당시의 상황을 재현할 수 있다.

EnCase와 같은 디지털 포렌식 솔루션에서는 파일의 생성시간, 수정시간, 접근시간을 기준으로 시계열 분석기능을 제공한다. 하지만, 혐의에 대한 가설을 심도 있게 분석하기 위해서는 USB를 연결한 시간, PC에 로그인한 시간 등 다양하기 때문에 부정조사자의 경험과 능력이 요구된다.

⑤ 기타의 다양한 분석

디지털 포렌식의 수행은 디지털 포렌식 솔루션과 전문지식을 갖춘 조사자[152]에 의해 이루어진다. 부정조사자 팀구축 시 전문성과 경험이 있는 디지털 포렌식 전문인력이 참여하도록 하는 것이 중요하다. 디지털 포렌식 전문가는 관련 경험과 자격이 있는 외부의 디지털 포렌식 업체가 참여하는 것이 일반적이다.

디지털 포렌식 전문인력은 부정혐의 전체를 다루기 보다는 디지털 포렌식 솔루션을 사용하거나 디지털 정보를 분석하는데만 전문성을 가지고 있다. 따라서, 부정조사의 진행에 따라 유의미한 증거를 획득하거나 분석하기 위해서는 공인회계사, 공인부정조사사, 변호사로 구성된 부정조사자와 디지털 포렌식 전문가의 유기적인 협력이 필요하다.

디지털 포렌식 전문가가 분석할 수 있는 일반적인 분석 대상은 앞서 설명한 디지털 컬링(필터링), 데이터 복구, 타임라인 분석 이외에도 아래와 같이 나열할 수 있다.

- 최근 실행목록 파일의 분석(recent files)
- 응용프로그램의 실행 흔적 분석(ShimCache, AmCache, MUI Cache, SRUM 분석)
- USB 사용 흔적 분석(Registry 분석, windows event logs 분석)
- 데이터 은닉 분석(시그니처 분석)
- 인터넷 증거 분석(Cache 정보분석, Web history, download file 리스트 등)
- 모바일 기기 분석
- 클라우드 데이터 분석

8.9.2.5 (Step 5) 결과 및 보고

회계부정 조사가 종료되면 부정조사의 결과와 그 결과에 도달한 과정(접근법)에 대해 보고서를 작성한다. 회계부정 조사보고서는 조사결과로서 혐의를 평가할 수 있는 모든 증거와 알려진 사실관계를 명확하게 전달할 목적으로 작성된다. 회계부정 조사보고서는 일반적으로 외감법 제22조만을 목적으로 작성되는 것이 일반적이다.

하지만, 부정조사자가 보고서에 대한 사용제한 문구(disclaimer)를 명시적으로 밝힌다고 하더라도, 보고서를 작성하는 단계에서는 조사보고서가 다양한 곳에 사용될 수도 있다는 가정하에 작성하는 것이 중요하다. 이는 계약에서는 외감법 제22조만을 충족하기 위해

---

152) 국내에는 (사)한국포렌식학회와 한국인터넷진흥원에서 자격발급이 되는 디지털 포렌식 전문가 1급, 2급의 민간자격이 있다.

경영진, 이사회 및 증선위 제출, 외부감사를 위한 목적으로 조사를 수행하였으나, 사후적으로 법집행기관(경찰, 검찰), 보험회사 등 다양한 곳에서 이 보고서를 볼 수도 있다는 것을 고려하여야 한다는 것을 의미한다.

그러므로 조사보고서는 명확한 문구로 사실관계를 밝히는데 초점을 맞추어 작성한다. 조사보고서의 목적은 부정조사자의 '의견(opinion)'을 표명하는 것이 아니라 '결론(conclusion)'을 밝히는 것에 있기 때문이다.

'결론'을 밝히는 것은 사실관계를 증명할 수 있는 증거를 기반으로 하는 반면, '의견'은 사실관계에 대한 해석을 요구한다는 측면에서 차이가 있다.

특히, 부정조사자는 향후 부정방지를 위한 권고사항과 같은 의견을 밝힐 수 있으나 그 이외의 의견, 즉 혐의에 대한 유죄, 무죄의 의견을 조사보고서상에 밝히는 것은 대단히 부적절하다. 특히, 미국 ACFE에서는 윤리강령에서 부정조사자의 이러한 의견진술을 엄격하게 금지하고 있다.

유무죄 여부에 대한 의견 이외에 회계처리에 대한 K-IFRS에 대한 준수 여부 등 의견은 회계법인에서 수행한 부정조사보고서에서 밝히는 경우는 전문성이 보장된다면 기술적으로 가능하다. 특히, 회계부정 조사는 기준서 등에서 따라 정하여진 바가 아니므로 제한적으로 조사보고서에 회계처리에 대한 의견을 포함시킬 수는 있을 것이다.

하지만, 법률전문가인 부정조사자가 조사결과에 대한 유·무죄의 의견을 밝히지 않는 것과 마찬가지로, 회계전문가인 부정조사자도 가급적 회계처리에 대한 옳고 그름의 의견을 밝히지 않는 것이 바람직하다고 판단된다. 이는 유·무죄에 대한 의견은 법원의 판단에 맡기는 것처럼 회계처리의 옳고 그름은 외부감사인의 역할로 이해하면 쉽다.

| 조사보고서 내용 |

구 분	내 용
보고서 본문	• 계약의 내용 • 혐의에 대한 회계부정 조사를 실시한다는 내용 • 사용제한 문구(disclaimer) 등
업무수행 배경	• 회계부정 조사를 수행하게 된 주요 배경 • 회계부정 조사를 수행하기 전 상황 • 회사의 현황
경영진을 위한 요약	• 보고서의 내용이 길어질 수 있으므로 2~3페이지로 결과만 요약 • 주요 발견사항에 대한 요약 • 주요 발견사항에 대한 개선권고 사항 요약

구 분	내 용
수행절차 및 수행팀	• 주요 부정조사자(참여자)의 자격사항 • 조사 대상에 대한 설명
주요 발견사항	• 업무수행으로 인한 주요발견사항 요약 • 주요 혐의자, 참고인에 대한 인터뷰 내용 • 디지털 포렌식 결과
개선권고 사항	• 향후 동일한 회계부정 사건이 발생하지 않도록 하기 위한 개선 권고사항 • 대부분의 내용은 내부통제의 강화와 관련되며, 부정조사가 이루어진 부분은 고위험군에 해당하므로 이를 예방, 적발하기 위한 구조적이고 실질적인 방안이 제시되어야 함.

연습문제

문제 1

내부회계관리제도와 부정위험(객관식)

내부회계관리제도와 부정위험의 관계에 대하여 옳게 설명한 것은?

① 내부회계관리제도는 재무제표의 신뢰성을 제고하기 위한 목적이므로 부정위험과 관련성이 없다.

② 내부회계관리제도에 의해 내부통제가 강화되므로 부정위험을 완전하게 예방 및 적발할 수 있다.

③ 감사기준서 240(재무제표감사에서 부정에 대한 감사인의 책임)을 고려하였을 때, 부정위험의 유형중 부정한 재무보고 및 자산의 횡령에 의한 왜곡표시가 관련성이 있다.

④ IIA Standard 1220에서는 부정이 전혀 발생하지 않도록 하는 무결성을 요구하고 있다.

해설 내부회계관리제도와 부정위험(객관식)

정답 : ③

내부회계관리제도의 목적은 외부에 공시하는 재무제표의 신뢰성을 제고하는 것을 목적으로 하고 있어 부정위험을 막는 것을 1차적인 목표로 하지 않는다. 하지만, 설계 및 운영 개념체계의 (원칙 8)에서는 부정위험에 대해 규정하고 있어서 내부회계관리제도를 구축 및 운영하는 조직에서는 반드시 부정위험을 평가하는 것이 요구된다.

어떠한 내부통제도 위험을 완전하게 막을 수 없다. 이는 내부통제에는 고유 한계가 존재한다는 것을 의미하는데 이는 부정위험도 마찬가지이다. 따라서, 내부회계관리제도에서 목표로 하고 있는 부정위험에 대한 내부통제는 부정위험을 완전하게 차단하여 절대적 확신을 부여하는 것이 아니라 재무제표에 대한 합리적 확신을 부여하기 위함이다. 이는 IIA Standard 1220에서도 부정을 바라보는 관점은 유사하다. IIA Standard 1220은 부정이 전혀 발생하지 않아야 한다는 무결성(infallibility)을 요구하지 않으며 다만, 합리적으로 신중하고 유능한 감사인에게 기대되는 기술 및 due care 절차를 수행할 것을 요구하고 있다.

부정위험은 그 유형이 크게 3가지로 ① 부정한 재무보고(fraudulent reporting), ② 자산의 보호(asset misappropriation), ③ 부패(corruption)로 구분된다. 감사기준서 240에서는 외부감사인은 재무제표에 중요한 왜곡표시를 초래하는 부정에만 관심을 두고, 이를 초래하는 것은 부정한 재무보고와 자산보호의 두 가지 유형만을 대상으로 본다.

문제 2

부정위험의 유형(객관식)

다음의 설명은 부정한 지급(fraudulent disbursement) 유형에 대한 설명이다. 어떠한 부정기법의 유형인가?

- 부정에 개연성이 없어 보이는 합법적인 제3자를 통해 청구서(세금계산서 등)를 발행하고 대금을 지불하도록 한 후 현금을 빼돌리는 형태의 부정
- 의도적으로 지급금액을 부풀려서 지급한 후(혹은 이중으로 지급한 후), 벤더에게 전화하여 잘못 지급된 금액을 가로채는 수법. 혹은, A의 미지급금을 B에게 지급한 후, B에게 전화하여 실수라고 한 후 개인계좌 등으로 돌려받는 방법 등이 있음.

① 유령회사(shell company)

② 비공범자청구서(non-accomplices invoices)

③ 랩핑(lapping)

④ 허위환불(false refund)

해설 **내부회계관리제도와 부정위험(객관식)**

정답 : ②

부정한 지급 중 '비공범자청구서'에 대한 설명이다. 이외의 항목에 대한 설명은 다음과 같다.

- 유령회사 : 실제는 실체가 존재하지 않는 회사(일종의 SPC와 같이 실체는 없는 형태)를 설립하여 청구서를 작성하고 대금을 지급받는 형태의 부정
- 랩핑: 한 계좌에의 매출채권 혹은 매수금의 회수금을 횡령하고 다른 계좌에서 수금된 현금으로 돌려막기를 하는 것으로 스키밍(skimming) 기법 중 하나
- 허위환불 : 실제 환불이 발생하지 않았으나 환불이 발생한 것처럼 꾸며 자금을 횡령하거나, 실제 환불 금액보다 더 큰 금액을 지급하여 자금을 빼돌리는 행위로, 허위환불은 일반적으로 재고자산의 실제보다 과대계상을 수반함.

문제 3

외감법에 따른 조사

아래에 주어진 정보는 주식회사 삼덕전자와 관련된 정보이다. 관련 정보를 분석하여 질문에 답하시오.

삼덕전자는 코스닥 상장사이다. 과거 10년간 동일한 감사인에 의해 감사를 받아 왔으나, 외감법의 개정으로 20×3년부터 감사인이 서울회계법인에서 한서회계법인으로 지정되었다.

지정감사인은 회계감사를 수행하면서 회사 재무제표에 이상한 점을 발견하였다. 감사인이 발견한 아래의 사항은 경영진의 부정위험과 매우 연관성이 높다고 판단하고 이를 회사의 감사위원회에 통보하였다.

- 자산규모 : 4,000억 원
- 평균매출액 : 1,000억 원
- 슈퍼카 보유 20대 : 구입가격 30억 원
- 명품(샤넬, 에르메스, 로렉스 등) 영수증 : 사용처가 불명확한 내역 10억 원
- 전환사채 발행 : 전환사채의 인수자와 이면 옵션계약을 통하여 이익 편취
- 회계처리 정보의 변경 흔적 : IT감사 결과 DB에서 권한없이 회계정보를 삭제 및 변경한 흔적이 발견됨.

(질문) 주식회사 삼덕전자는 외감법 제22조에 따라 어떠한 조치를 취하고 보고하여야 하는지 다음 양식에 따라 답안을 작성하라.

〈답안양식〉

구 분	내 용
외감법 제22조에 따라 취하여야 하는 절차	
외감법 제22조에 따라 보고하여야 하는 대상	
내부회계관리제도 감사에 미치는 영향	

해설 **외감법에 따른 조사**

외감법 제22조(부정행위 등의 조사)에서는 회사의 회계처리 위반이 발생하는 경우 내부감사기구(감사, 감사위원회 등)가 수행해야 하는 역할을 구체화하여 요구하고 있다.

개정 전 외감법에서는 회사의 회계처리기준을 위반한 사실을 발견한 경우 감사 또는 감사위원회에 통보하도록 하고 있었으나, 개정된 외감법에서는 통보받은 감사 또는 감사위원회는 외부전문가를 선

임하여 그 위반사실을 조사하고, 그 조사결과에 따라 회사의 대표자에게 시정요구를 하여야 하며, 그 조사결과와 시정조치를 증권선물위원회 및 감사인에게 제출하도록 하였다.

또한, 감사기준서 1100(내부회계관리제도의 감사) 문단 A91 및 AS2201에서는 고위 경영진이 저지른 부정위험(부정이 중요한지 여부는 관계없음)이 있는 경우에는 중요한 취약점을 나타내는 지표(red flag)로 인식하도록 하고 있다. 따라서, 고위 경영진의 부정에 대하여 외부감사인은 내부회계관리제도 부적정 의견을 표명할 것을 고려한다.

답안양식에 따라 정리하면 다음과 같다.

구 분	내 용
외감법 제22조에 따라 취하여야 하는 절차	감사 또는 감사위원회는 회사의 비용으로 외부전문가를 선임하여 위반사실 등을 조사하도록 하고 그 결과에 따라 회사의 대표자에게 시정 등을 요구하여야 한다.
외감법 제22조에 따라 보고하여야 하는 대상	감사 또는 감사위원회는 조사결과 및 회사의 시정조치 결과 등을 즉시 증권선물위원회와 감사인에게 제출하여야 한다.
내부회계관리제도 감사에 미치는 영향	고위 경영진이 저지른 부정위험(부정이 중요한지 여부는 관계없음)이 있는 경우에는 중요한 취약점을 나타내는 지표이므로 외부감사인은 내부회계관리제도 부적정 의견을 표명할 것을 고려한다.

문제 4

회계부정조사(객관식)

다음은 회계부정조사에 대한 설명이다. 다음 중 ACFE Fraud Examiner Manual을 고려하는 경우 회계부정조사에 대해 잘못된 내용은?

① 회계부정조사는 회사의 모든 부정을 밝히는 것이 아니며, 사전에 정의된 혐의(allegation, 회계감사 과정에서 밝혀진 부정 및 합리적 의심이 제기되는 부정)에 대하여 사실관계를 밝히는데 초점을 둔다.

② 회계부정조사는 감사기준과 같이 그 기준서가 정하여져 있지 않다. 하지만, 부정조사자팀은 일반적으로 공인회계사(CPA), 공인부정조사사(CFE), 변호사, 디지털 포렌식전문가(data analytics specialist) 등으로 구성된다.

③ 부정조사자는 부정조사에서 밝혀진 사항에 대하여 법적으로 위법한 내용인지 아니면 무죄인지 그 조사보고서에 의견을 제시하여야 한다.

④ 회계부정조사에서 증거는 진술증거, 문서증거, 디지털증거로 구분될 수 있다. 부정조사자는 그 조사의 결과가 소송 등에서 사용될 수 있다는 가정하에 업무를 수행하여야 하므로 법률적인 증거능력을 갖기위한 법률적 절차를 갖추어 수집하는 것이 바람직하다.

해설 **회계부정조사(객관식)**

정답 : ③

조사보고서는 명확한 문구로 사실관계를 밝히는데 초점을 맞추어 작성한다. 조사보고서의 목적은 부정조사자의 '의견(opinion)'을 표명하는 것이 아니라 '결론(conclusion)'을 밝히는 것에 있다.

'결론'을 밝히는 것은 사실관계를 증명할 수 있는 증거를 기반으로 하는 반면, '의견'은 사실관계에 대한 해석을 요구한다는 측면에서 차이가 있다.

부정조사자는 향후 부정방지를 위한 권고사항과 같은 의견을 밝힐 수는 있으나 그 이외의 의견, 즉 혐의에 대한 유죄, 무죄의 의견을 조사보고서상에 밝히는 것은 대단히 부적절하다. 특히, 미국 ACFE에서는 윤리강령에서 부정조사자의 이러한 의견진술을 엄격하게 금지하고 있다.

유무죄 여부에 대한 의견 이외에 회계처리에 대한 KIFRS에 대한 준수 여부 등의 의견은 회계법인에서 수행한 부정조사보고서에서 밝히는 경우는 전문성이 보장된다면 기술적으로 가능하다. 특히, 회계부정 조사는 기준서 등에서 따라 정하여진 바가 아니므로 제한적으로 조사보고서에 회계처리에 대한 의견을 포함시킬 수는 있을 것이다.

하지만, 법률전문가인 부정조사자가 조사결과에 대한 유・무죄의 의견을 밝히지 않는 것과 마찬가지로, 회계전문가인 부정조사자도 가급적 회계처리에 대한 옳고 그름의 의견을 밝히지 않는 것이 바람직하다고 판단된다. 이는 유・무죄에 대한 의견은 법원의 판단에 맡기는 것처럼 회계처리의 옳고 그름은 외부감사인의 역할로 이해하면 쉽다.

일간 NTN : 금융위, 감사인 요구 '디지털 포렌식' 가이드라인 내놔(발췌)

금융위원회가 외부전문가를 선임해 디지털 포렌식 조사를 해야 할 회계부정은 '재무제표와 관련해 부당하거나 불법적인 이득을 취하기 위한 고의적 위반행위를 의미이며, 단순 오류는 제외한다'고 26일 가이드라인을 밝혔다.

기업의 외부감사인(회계법인)이 회사의 회계처리 위반을 발견하면 내부감사기구에 이를 통보해야 하는데, 지난해 11월 시행된 새 외감법에는 여기에 내부감사기구의 외부전문가 선임·조사(시정요구 포함) 및 증선위·감사인에 보고 의무가 추가됐다.

금융위는 "개정시행된 신외감법 시행 초기로 회계부정 통보 대상, 외부전문가 선임 등에 대해 시장의 인식이 낮은 상황에서 모든 위반에 대해 외부전문가의 조사가 필요한 것으로 오해할 수 있어 기업의 비용부담 증가 등에 대한 우려가 있다"면서 가이드라인을 내놓은 배경을 설명했다.

김선문 기업회계팀장은 "디지털 포렌식 조사에 드는 비용이 높아 기업에 부담이 되고 있기 때문에, 회계부정 조사에 대해 구체적으로 가이드라인을 제공해 디지털 포렌식 조사가 합리적인 수준에서 이루어질 수 있도록 했다"고 말했다.

09 내부회계관리제도 감사

개정 외감법 제8조에서는 상장회사에 한하여 내부회계관리제도에 대해 외부감사를 요구하고 있다. 이러한 외부감사는 내부회계관리제도의 실무업무 형성에 크게 영향을 미칠 것으로 보인다. 특히, 상장사를 중심으로 대표이사가 내부회계관리제도의 미비점을 포함한 관련 내용을 주주총회에 직접 대면보고를 해야 하므로 외부감사인의 의견은 회사에 크게 영향을 미치게 된다.

외감법에 따라 감사대상이 되는 회사는 다음의 표와 같이 자산규모에 따라 2019년부터 순차적으로 적용되며, 연결내부회계관리제도의 감사도입은 2023년부터 적용된다. 이러한 자산규모에 의한 감사대상을 판단 시에는 직전 사업연도 말의 자산총액을 기준으로 적용대상을 판단하는 것이다.

상장회사 자산 총액	감사 적용 시점	연결기준 감사적용 시점
2조 원 이상	2019년	2023년
5천억 원 이상	2020년	2029년
1천억 원 이상	2022년	2030년
전체	2023년	2030년

경영진의 운영실태보고서에서는 중요한 취약점의 존재 여부에 따라 의견을 '효과적이다' 혹은 '효과적이지 않다'라는 두 가지의 의견만을 제시할 수 있음에 반하여 감사인은 적정의견, 부적정의견 및 의견거절을 표명할 수 있다. 또한, 재무제표 감사 시에는 적정의견, 한정의견, 부적정의견, 의견거절을 표명할 수 있으나, 내부회계관리제도 감사 시에는 감사인은 한정의견을 표명할 수 없다는 점이 다르다.

감사범위 제한이나 중요한 취약점이 없는 경우	감사범위의 제한이 있는 경우	중요한 취약점이 있는 경우
적정의견	의견거절	부적정의견

경영진 및 내부회계관리자, 혹은 내부감사는 내부회계관리제도 외부감사를 대비하기 위해서 외부감사인이 어떤 기준에 의해 감사를 수행하는지를 이해하여야 할 필요성이 있다. 또한, 외부감사인도 감사절차를 수행하기 위해서는 앞서 설명된 내부회계관리제도에 대한 이해뿐만 아니라 감사기준서 1100(내부회계관리제도의 감사)에 따른 절차를 준비하여야 한다.

감사기준서 1100은 미국의 내부회계관리제도 감사기준인 AS2201[153)]과 매우 유사하며 이를 벤치마크하여 제정되었다. 미국의 U.S.SOX에 대한 준거법령, 준거기준 및 감사기준을 한국의 내부회계관리제도와 비교하면 다음과 같다.

| 미국의 IFCR과 한국의 내부회계관리제도의 비교 |

구 분	미 국	한 국
준거법령	U.S. SOX Act "Public Company Accounting Reform and Investor Protection Act" and "Corporate and Auditing Accountability, Responsibility, and Transparency Act"	외감법 제8조
준거기준	COSO framework Internal control－Integrated framework	내부회계관리제도 설계 및 운영 개념체계
감사기준	AS 2201(AS No.5) An Audit of Internal Control Over Financial Reporting That Is Integrated with An Audit of Financial Statements	감사기준서 1100 내부회계관리제도의 감사

내부회계관리제도의 설계 및 운영시 위험기반접근법(Risk-based approach)에 근거하여 전사수준통제와 업무수준통제를 구현하는 것처럼, 감사기준서 1100 및 AS2201에 따른 내부회계관리제도의 감사는 하향식접근법(Top-down approach)을 적용하도록 하고 있다. 하향식접근법에 따라서 전사수준통제에 대한 감사를 수행하고, 이를 기반으로 한 업무수준통제에 대한 감사를 수행하는데 모든 업무수준통제에 대한 감사를 수행하는 것이 아니라 재무제표 왜곡표시위험이 금액적으로도 중요하며 발생가능성이 낮지 않은[154)] 부분을 대상으로 감사를 수행하도록 하고 있다.

153) AS 2201 : An Audit of Internal Control Over Financial Reporting That Is Integrated with An Audit of Financial Statements

154) AS2201에서는 발생가능성을 reasonably possible한 경우로 규정하고 있으나, 감사기준서 1100에서는 발생가능성이 낮지 않은(more than remote)으로 수정하였다.

| 감사기준서 1100과 Auditing Standard 2201 |

회계감사기준위원회 의결: 2018.10.10.

금융위원회 승인: 2018.12.19.

회계감사기준 개정

감사기준서 1100.
내부회계관리제도의 감사

- 제정개요와 전문 -

(2019년 1월 1일 이후에 개시하는 보고기간에 대한 내부회계관리제도 감사부터 시행됨)

한국공인회계사회

1 / 78

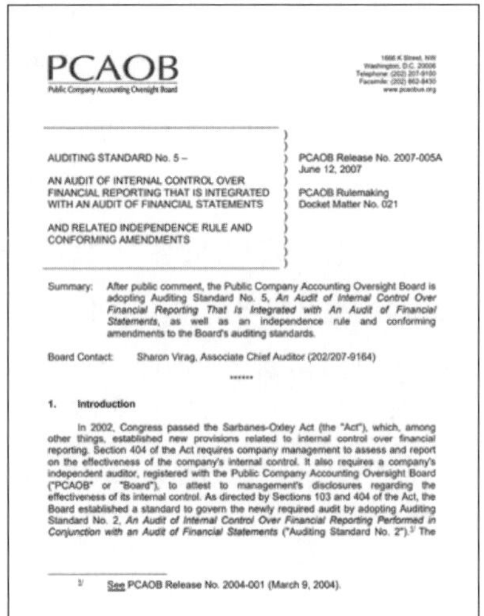

PCAOB
Public Company Accounting Oversight Board

1666 K Street, NW
Washington, D.C. 20006
Telephone: (202) 207-9100
Facsimile: (202) 862-8430
www.pcaobus.org

AUDITING STANDARD No. 5 –

AN AUDIT OF INTERNAL CONTROL OVER FINANCIAL REPORTING THAT IS INTEGRATED WITH AN AUDIT OF FINANCIAL STATEMENTS

AND RELATED INDEPENDENCE RULE AND CONFORMING AMENDMENTS

PCAOB Release No. 2007-005A
June 12, 2007

PCAOB Rulemaking
Docket Matter No. 021

Summary: After public comment, the Public Company Accounting Oversight Board is adopting Auditing Standard No. 5, *An Audit of Internal Control Over Financial Reporting That Is Integrated with An Audit of Financial Statements*, as well as an independence rule and conforming amendments to the Board's auditing standards.

Board Contact: Sharon Virag, Associate Chief Auditor (202/207-9164)

******

1. Introduction

In 2002, Congress passed the Sarbanes-Oxley Act (the "Act"), which, among other things, established new provisions related to internal control over financial reporting. Section 404 of the Act requires company management to assess and report on the effectiveness of the company's internal control. It also requires a company's independent auditor, registered with the Public Company Accounting Oversight Board ("PCAOB" or "Board"), to attest to management's disclosures regarding the effectiveness of its internal control. As directed by Sections 103 and 404 of the Act, the Board established a standard to govern the newly required audit by adopting Auditing Standard No. 2, *An Audit of Internal Control Over Financial Reporting Performed in Conjunction with an Audit of Financial Statements* ("Auditing Standard No. 2").[1] The

[1] See PCAOB Release No. 2004-001 (March 9, 2004).

감사기준서 1100과 AS2201에서는 내부회계관리제도 감사를 위해 2가지의 새로운 개념이 소개되었다.

첫 번째는 관련경영진주장(relevant assertions)으로, 앞서 Scoping 단계에서 설명한 경영자주장[155]에 ① 금액적중요성(magnitude of potential misstatement)과 발생가능성(inherent likelihood)이 합쳐진 개념으로 이해하면 된다.

감사기준서 1100 문단11

내부회계관리제도에 대하여 전체적으로 의견을 표명하기 위해서는, 감사인은 모든 관련경영진주장에 대하여 선정된 통제의 효과성에 대한 증거를 입수하여야 한다. 따라서 재무제표에 대해서만 의견을 표명할 때는 일반적으로 테스트하지 않는 통제의 설계 및 운영 효과성을 테스트하도록 감사인에게 요구된다.

감사기준서 1100 문단6(관련경영진주장)

재무제표의 중요한 왜곡표시를 야기할 왜곡표시 또는 왜곡표시들을 포함할 가능성이 낮지 않은(more than remote) 재무제표 주장. 경영진주장이 관련경영진주장인지 여부에 대한 결정은 통제의 효과와 상관없이, 고유위험에 근거하여야 한다.

155) Assertion에 대한 번역으로 내부회계관리제도 설계 및 운영 개념체계에서는 경영진주장으로 사용하며, 감사기준서에서는 경영진주장으로 번역하고 있어 용어의 통일이 필요한 부분이다. 저자는 경영진주장의 용어를 사용하는 것이 더 바람직할 것으로 생각한다.

감사인은 감사기준서 1100 문단11에 따라 모든 관련경영진주장에 대한 내부통제 효과성의 증거를 입수하여야 한다. 관련경영진주장은 따라서 내부회계관리제도 감사의 대상범위선정(scaling or scoping)에 영향을 미칠 수 있는 부분이므로 매우 중요하다. 만약, 모든 관련경영진주장에 대해 통제 유효성을 확인하지 못한다면 내부회계관리제도에 중요한 취약점이 있는지 합리적 확신을 부여하지 못할 수도 있다.

두 번째 개념은 잠재적 왜곡표시의 발생가능한 원천(likely source of potential misstatement, LSPM)이다. 잠재적 왜곡표시의 발생가능한 원천은 재무제표 왜곡표시위험을 구체화하기 위한 방법으로, 회사의 외부요소와 내부요소인 프로세스를 이해하였을 때 관련경영자주장에 대한 왜곡표시위험이 어디서 발생할 수 있을 것인가에 대한 물음이다. 감사인은 무엇이 잘못될 수 있는가?(What could go wrong?)라는 것을 스스로에게 질문하여 잘못될 수 있는 발생가능한 원천을 구체적으로 이해하는 것이 필요하다.

> 감사기준서 1100 문단31
>
> 유의적인 거래유형, 계정잔액 및 공시와 관련경영진주장을 식별하는 것의 일환으로, 감사인은 또한 재무제표의 중요한 왜곡표시를 야기할 잠재적 왜곡표시의 가능한 원천을 결정하여야 한다.

중요한 왜곡표시가 발생할 수 있는 위험은 미국 감사기준인 AS 2110(Identifying and Assessing risk of material misstatement)에서 구체적으로 기술하고 있다. 잠재적 왜곡표시의 가능한 원천은 외부요인(external factor)에서 발생할 수도 있으며 기업 내부요인(company-specific factor)에 의해 발생한다.[156] 감사인은 관련경영진주장이 왜곡될 수 있는 구체적인 상황을 도출하고 이러한 위험을 예방 혹은 적발할 수 있는 내부통제가 설계 및 운영되고 있는지 확인하여야 한다.

외부요인(external factor)의 예를 들어보자. 만약, 코스닥 기업 중 관리종목에 지정될 수도 있는 한계에 놓여있는 기업이 존재한다고 하자. COVID19과 같은 외부환경 변화는 기업의 매출액을 심각하게 감소시킬 수도 있으며, 영업손실을 가져올 수도 있다. 이러한

156) AS 2110 paragraph 5. Risks of material misstatement can arise from a variety of sources, including external factors, such as conditions in the company's industry and environment, and company-specific factors, such as the nature of the company, its activities, and internal control over financial reporting.

외부환경 변화는 관리종목에 지정될 수 있는 기준인 매출액 기준 30억 원 이상 혹은 최근 4개연도 연속으로 영업손실, 자본잠식이 등이 발생하지 않도록 하기 위해 경영진으로 하여금 재무제표를 왜곡표시하게 하는 잠재적 유인(위험)을 발생시킨다.[157]

내부요인(company-specific factor)는 기업 내부사정에 의해 발생하는 왜곡표시 요인이다. 만약, 매년 12월 15일에 신입사원을 200~300명 입사시키는 프로세스와 실무를 갖춘 회사가 있다고 하자. 이 회사는 신입사원이 12월에 근무한 부분(16일분)에 대해서 다음연도 1월 급여에 합산하여 급여대장을 작성하고 지급한다.[158] 이러한 프로세스를 갖춘 회사에서는 12월 말 급여와 관련한 재무제표의 금액이 중요하게 왜곡표시될 가능성이 매우 높을 것이다. 따라서, 이러한 잠재적 왜곡표시의 발생가능한 원천을 기업내부에서 분석하여 위험을 구체화하고 이에 대한 내부통제가 갖추어졌는지 평가한다.

내부회계관리제도에 대한 감사는 회사전반에 걸쳐 이루어지며 그 문서화하여야 하는 양도 많다. 따라서, 전산화된 감사프로그램 및 감사절차에 의해 수행되는 것이 유리하다.

9.1 내부회계관리제도의 감사(감사기준서 1100)

외부감사인의 내부회계관리제도 감사의 출발점은 감사기준서 1100이다. 회계감사기준위원회의 의결과 금융위원회의 승인으로 2018년 12월 19일에 감사기준서 1100(내부회계관리제도의 감사)이 제정되었고, 2019년 1월 1일 이후에 개시하는 보고기간에 대한 내부회계관리제도 감사부터 시행된다.

감사기준서 1100의 주요내용은 다음과 같다.

구 분	주요내용
명칭	감사기준서 1100. 내부회계관리제도의 감사
구조	목적, 용어의 정의, 요구사항, 적용 및 기타설명자료, 보론으로 구성
범위	• 주권상장법인의 감사인이 외감법에 따라 내부회계관리제도감사를 수행하는 경우에 적용되는 요구사항을 규정하고 지침을 제공함. • 재무제표감사와 통합하여 수행되는 내부회계관리제도감사(즉, 통합감사)를 전제로 함. • 내부회계관리제도감사에 적용되는 감사절차 및 보고 기준을 정함. 그 외의 내용은 감사기준서 200~720을 내부회계관리제도감사 상황에 맞게 조정하여 적용함.

157) 코스닥시장상장규정 제53조

158) 실무상 입사 다음달에 급여를 합산하여 지급하는 것을 backpayment라고 한다.

구 분	주요내용
시행일	2019년 1월 1일 이후에 개시하는 보고기간에 대한 감사
감사목적	다음 목적을 모두 달성 a. 평가기준일 현재 내부회계관리제도에 중요한 취약점이 존재하는지 여부에 대한 합리적인 확신을 얻음. b. 내부회계관리제도의 효과성에 대한 감사의견을 표명하고 경영진 및 지배기구와 커뮤니케이션함.
감사대상과 준거기준	• 감사인은 내부회계관리제도가 평가기준일 현재 『내부회계관리제도 설계 및 운영 개념체계』에 따라 중요성의 관점에서 효과적으로 설계 및 운영되고 있는지에 대한 의견을 표명함. • 감사인은 내부회계관리제도감사를 수행할 때 내부회계관리제도 운영실태에 관한 보고내용이 외감법의 요구사항을 포함하여 『내부회계관리제도 평가 및 보고 기준』에 따라 작성되었는지를 평가함.
통합감사	아래 목적을 모두 달성하기 위한 통제테스트를 설계하여야 함. a. 내부회계관리제도 감사의견을 뒷받침할 충분하고 적합한 증거를 입수함. b. 재무제표감사에서 통제위험 평가를 뒤받침할 충분하고 적합한 증거를 입수함. • 내부회계관리제도 감사의견 표명과 관련하여 재무제표감사에서의 통제테스트 결과를 반영하여야 하고, 재무제표감사에서 통제위험을 평가할 때 내부회계관리제도감사 목적으로 수행한 통제테스트 결과를 평가하여야 함. • 내부회계관리제도감사 중에 미비점을 식별하는 경우, 동 미비점이 재무제표감사의 실증절차의 성격, 시기 및 범위에 미치는 영향을 결정하여야 하고, 재무제표감사의 실증절차에서 발견된 사항이 내부회계관리제도의 효과성에 미치는 영향을 평가하여야 함.
감사보고	• 별도보고서만 허용 • 의견문단 바로 다음에 재무제표감사에 대한 의견 기재 • 수신인, 업무수행이사 이름, 감사보고서일은 재무제표감사보고서와 같아야 함.
감사의견 변형	• 부적정의견 평가기준일 현재 하나 이상의 중요한 취약점이 존재하는 경우 부적정의견을 표명함. 재무제표감사의견에 미치는 영향을 결정하여야 함. • 범위 제한 감사업무범위에 제한이 있는 경우 감사계약을 해지하거나 의견을 거절하여야 함. 재무제표 감사에 미치는 영향을 고려하여야 함.
운영실태 보고서의 부적절한 기재 등	불완전하거나 부적절한 운영실태보고서의 내용을 경영진이 수정하지 않는 경우, 감사인이 운영실태보고서가 불완전하거나 부적절하다고 판단한 사유를 기타사항문단에 기술하여야 함.

구 분	주요내용
경영진 및 지배기구와의 커뮤니케이션	• 유의한 미비점과 중요한 취약점의 경우 경영진과 지배기구에게 감사보고서가 발행되기 이전에 서면으로 커뮤니케이션하여야 함. • 모든 미비점을 경영진에게 감사보고서 발행 이전에 서면으로 커뮤니케이션하여야 하고, 이러한 커뮤니케이션이 언제 수행되었는지 또는 언제 수행될 예정인지를 지배기구에 알려야 함.
부문이 다수인 기업	• 부문과 관련된 그룹재무제표의 중요왜곡표시위험을 평가하여 통제테스트를 수행할 부문을 결정함. • 지분법을 적용하는 경우, 감사범위는 재무제표에 보고된 내용에 대한 통제를 포함하여야 하며, 일반적으로 지분법으로 회계처리하는 피투자회사의 통제까지 확대되지 않음. • 감사범위에는 평가기준일 이전에 취득한 기업 및 평가기준일에 중단사업으로 재무제표에 계상된 사업이 포함됨. 다만, 『내부회계관리제도 평가 및 보고 기준』 및 관련 지침에 의해 특정 부문이 경영진 평가에서 제외되는 경우, 감사인도 이와 동일하게 해당 부문을 감사에서 제외할 수 있음.

감사인은 의견형성 과정에서 다음을 포함하여 모든 원천에서 입수한 증거를 평가함으로써 내부회계관리제도의 효과성에 대한 의견을 형성하여야 한다(감사기준서 1100 문단 56).

- 내부회계관리제도감사를 위한 감사인의 통제테스트
- 재무제표에 대한 의견표명과 관련된 목적을 달성하기 위해 수행한 추가적인 통제테스트
- 재무제표감사 과정에서 발견된 왜곡표시
- 식별된 미비점들

감사인의 의견형성은 내부회계관리제도가 평가기준일 현재 중요한 취약점이 존재하는지 여부에 대해 합리적인 확신을 얻는 것이며, 감사기준서 1100 문단 A5에서도 감사인의 인증대상은 '내부회계관리제도' 자체임을 명확하게 하고 있다.

따라서 회사에서 수행한 내부회계관리제도 운영실태에 관한 보고내용이 외감법의 요구사항, 내부회계관리제도 평가 및 보고 기준에 따라 작성되었는지를 평가하여야 한다.

9.2 내부회계관리제도 감사절차와 감사조서

내부회계관리제도 감사를 수행시에는 감사증거를 파일형태로 된 문서로 보관하여야 한다. 감사조서는 감사인이 수행한 ① 감사절차, ② 입수한 감사증거 및 ③ 감사인이 도달한

결론에 대한 기록을 기재하여야 한다. 감사조서를 구성하는 기록들은 하나 이상의 실물 또는 전자적 형태의 편철이나 기타저장매체에 보관되어야 한다.

| 감사기준서 1100 및 Auditing Standard 2201에 따른 감사절차 |

Audit plannigng

- 감사의 전제조건
- 사전위험평가
- 부정위험
- 감사수행계획 수립
- 준거기준에 대한 감사
- 외감법 준수에 대한 감사

Top-down approach

- 전사수준통제에 대한 감사
  - 통제환경
  - 위험평가
  - 정보 및 의사소통
  - 모니터링 등
  - 보고기간말 재무보고

Testing controls

- 업무수준통제에 대한 감사
  - 유의한 계정과목 및 주석사항 선정
  - 각 프로세스별
    - ① 관련경영진주장에 의한 위험식별은 적정한가?
    - ② 위험에 대한 내부통제가 존재하며 핵심통제가 적정하게 선정되었는가?
    - ③ 내부통제는 잔여위험을 허용가능한 위험 이하로 낮출 수 있도록 설계 및 운영되었는가?
  - ITGC에 대한 감사

Evaluating identified

- 예외사항 및 미비점의 평가에 대한 감사
- 운영실태보고서에 대한 감사

Wrapping-up

- 의견형성
- 경영진 서면진술서 입수
- 지배기구와의 커뮤니케이션

| 감사기준서 1100 감사절차의 예시 |

조서번호
1000 **내부회계관리제도 감사개요**
1100 감사업무조건의 합의
1200 사전위험평가
1210 회사의 사업과 법규에 대한 이해
1220 부정위험평가
1300 Engagement team의 구성
1400 내부회계관리제도 감사의 수행계획
2000 **준거기준 및 내부회계관리규정에 관한 사항**
2100 내부회계관리제도 준거기준
2200 외감법 준수에 대한 감사
2210 외감법에서 정한 사항에 대한 감사
2220 조직구조 및 보고에 대한 감사
2230 내부회계관리규정에 대한 감사
3000 **대상범위선정 단계에 대한 감사**
3100 유의한 계정과목 및 주석항목의 선정에 대한 감사
3110 재무제표 이용자에 대한 검토
3120 양적 중요성 기준의 설정에 대한 감사
3130 질적중요성 선정에 대한 감사
3140 유의한 계정잔액 및 공시사항 선정표
3200 경영진주장의 식별에 대한 감사
3300 업무프로세스 선정에 대한 감사
4000 **전사수준통제에 대한 감사**
4100 통제환경
4200 위험평가
4400 정보 및 의사소통
4500 모니터링

조서번호
5000 **업무수준통제에 대한 감사**
5100 문서화에 대한 감사
5200 경영진주장과 업무수준통제의 연결에 대한 감사
5300 위험식별 및 평가에 대한 감사
5400 내부통제 식별 및 핵심통제 선정에 대한 감사
5500 업무수준 내부통제 설계와 운영에 대한 감사
5600 보기기간말 재무보고 내부통제에 대한 감사
6000 **정보기술 일반통제(ITGC)에 대한 감사**
6100 IT시스템 의존도 이해에 대한 감사
6200 정보보안 및 접근통제에 대한 감사
6300 프로그램 개발과 관련한 통제에 대한 감사
6400 프로그램 변경과 관련한 통제에 대한 감사
6500 컴퓨터 운영과 관련한 통제에 대한 감사
6600 EUC에 대한 감사
7000 **기타 특수항목에 대한 감사**
7100 경영진리뷰통제에 대한 감사
7110 비상장주식평가
7200 서비스조직의 이용에 대한 감사
7210 서비스조직사례
8000 **평가 및 보고에 대한 감사**
8100 예외사항 및 미비점의 평가결과에 대한 감사
8200 운영실태보고서에 대한 감사
8300 평가보고서의 입수 및 검토
9000 **의견형성**
9100 내부회계관리제도 의견형성
9200 경영진 서면진술서 입수
9300 지배기구와의 커뮤니케이션

9.2.1 내부회계관리제도 감사의 전제조건

감사인은 내부회계관리제도 감사를 위한 전제조건이 존재하는지 여부를 확인할 수 있도록 경영진에게 요구한다. 이를 위해서 감사기준서 1100 문단 7에서는 감사인은 다음의 절차를 수행할 것을 요구하고 있다.

a. 다음의 책임을 인정하고 이해하고 있다는 점에 대하여 경영진의 동의를 받음.
   i. 효과적인 내부회계관리제도를 설계, 실행 및 유지할 책임
   ii. 적합하고 이용가능한 준거기준을 사용하여 기업의 내부회계관리제도의 효과성을 평가할 책임
   iii. 감사보고서에 첨부되는 보고서에 내부회계관리제도에 대한 경영진 평가(내부회계관리제도 운영실태보고서를 말함)를 제공할 책임
   iv. 충분한 평가와 문서화를 통해 기업의 내부회계관리제도의 효과성에 대한 기업의 평가를 뒷받침할 책임
   v. 다음 사항을 감사인에게 제공할 책임
      (1) 기록, 문서, 기타사항 등 내부회계관리제도에 대한 경영진 평가와 관련하여 경영진이 알고 있는 모든 정보에 대한 접근
      (2) 감사인이 내부회계관리제도감사 목적으로 경영진에게 요청하는 추가적인 정보
      (3) 감사인이 감사증거를 입수하기 위하여 필요하다고 결정한 기업 내부의 관계자들에 대한 제한없는 접근

b. 해당 평가기준일이 해당 재무제표 대상 기간의 재무상태표일(또는 보고기간말일)과 일치한다는 결정

감사인은 경영진이 내부회계관리제도의 평가에 사용한 준거기준과 동일하고 적합하며 이용가능한 준거기준을 사용하여 기업의 내부회계관리제도의 효과성을 평가한다. 또한, 위에서 언급된 것과 같이 경영진이 내부회계관리제도의 운영실태보고서의 제공을 거절하면 이는 범위제한을 의미하므로 감사인은 감사계약의 해지 및 의견거절을 고려하여야 한다.

Prepared by	EM	EP

1100 감사업무조건의 합의

1. 회사명 ABC 주식회사

2. 재무상태표일 20×1－12－31

3. 감사목적

본 조서 서식은 외감법 제8조에 따른 회사의 내부회계관리제도에 대해 감사인의 감사 혹은 검토의견 표명 시, 동 법 및 내부회계관리제도 검토기준을 실무상 적용하는 과정에서 감사인의 판단을 돕고 일반적으로 적용 가능한 지침을 제공하는 것을 목적으로 한다.

감사기준서 210 "감사업무의 조건의 합의"는 감사인에게 감사를 위한 전제조건이 존재하는지 여부를 확인하도록 요구된다. 내부회계관리제도 감사에서 감사인은 이러한 전제조건에 대한 감사를 수행하여야 한다(감사기준서 1100 문단7).

4. 감사절차

경인진으로부터 다음의 책임을 인정하고 이해하고 있다는 점에 대해 동의를 받아야 한다(감사기준서 1100 문단7).

No.	내 용	조서번호
1	효과적인 내부회계관리제도를 설계, 실행 및 유지할 책임	
2	적합하고 이용가능한 준거기준을 사용하여 기업의 내부회계관리제도의 효과성을 평가할 책임	
3	감사보고서에 첨부되는 보고서에 내부회계관리제도에 대한 경영진 평가(운영실태보고서)를 제공할 책임	
4	충분한 평가와 문서화를 통해 기업의 내부회계관리제도의 효과성에 대한 기업의 평가를 뒷받침할 책임	

경영진은 다음의 사항을 감사인에게 제공할 책임이 있다(감사기준서 1100 문단7).

No.	내 용	조서번호
1	기록, 문서, 기타사항 등 내부회계관리제도에 대한 경영진의 평가와 관련하여 경영진이 알고 있는 정보에 대한 접근	
2	감사인이 내부회계관리제도 감사 목적으로 경영진에게 요청하는 추가적인 정보	
3	감사인이 감사증거를 입수하기 위하여 필요하다고 결정한 기업 내부의 관계자들에 대한 제한없는 접근	

기타 내용

No.	내 용	조서번호
1	해당 평가기준일이 해당 재무제표 대상 기간의 재무상태표일(또는 보고기간말일)과 일치한다는 결정	
2	기타	

5. 감사결론

위의 절차에 근거하여 감사업무조건의 전제조건이 충족된다. ▾

전제조건이 충족하지 않는 경우 그 영향을 분석하여 기재한다.

9.2.2 감사계획의 수립

감사인은 내부회계관리제도 감사의 범위, 시기 및 방향을 정하고 전반감사계획을 수립하여야 한다. 감사계획 수립에 있어서 다음의 사항이 감사절차에 어떻게 영향을 미치는지 평가하는 것이 내부회계관리제도 감사계획 수립에 도움이 될 수 있다.

- 감사인이 다른 업무를 수행하는 과정 또는 해당되는 경우, 전임감사인의 업무조서를 검토하는 과정에서 획득한 기업의 내부회계관리제도에 대한 지식
- 기업이 속한 산업에 영향을 미치는 사항(예 : 재무보고관행, 경제적 상황, 법규 및 기술적 변화)
- 기업 조직, 경영특성 및 자본구조를 포함한, 기업의 사업과 관련된 사항
- 기업, 기업운영 또는 기업의 내부회계관리제도의 최근 변화 정도
- 재무제표 중요성, 위험 및 중요한 취약점의 결정과 관련된 기타 요소에 대한 감사인의 예비적 판단
- 지배기구 또는 경영진과 이전에 커뮤니케이션된 미비점
- 기업이 인지하고 있는 법규사항
- 기업의 내부회계관리제도의 효과성과 관련하여 이용가능한 증거의 유형과 범위
- 내부회계관리제도의 효과성에 대한 예비적 판단

- 재무제표의 중요한 왜곡표시 가능성과 기업의 내부회계관리제도의 효과성에 대한 평가와 관계 있는 기업 관련 공개정보
- 감사인의 의뢰인 수용과 유지 평가의 일환으로 평가된 기업 관련 위험에 관한 지식
- 기업 운영의 상대적 복잡성

감사인은 위험이 더 높은 영역에 주의를 기울여야 하므로 기업의 내부회계관리제도의 특정 영역에 중요한 취약점이 존재할 수 있다고 판단되는 부분을 평가하고 감사계획에 반영한다. 특히 부정위험으로 인한 재무제표의 왜곡표시는 내부회계관리제도를 통해 적발되거나 예방될 가능성이 기타 오류로 인한 왜곡표시의 경우보다 현저히 낮다. 그러므로 감사인은 내부회계관리제도 감사를 계획하고 수행할 때 부정으로 발생할 수 있는 중요 왜곡표시위험과 경영진의 통제 무력화(management's override)에 대한 위험에 충분하게 대처하고 있는지 여부를 판단하여야 한다.

| 감사조서 양식(1210 사전위험평가) |

Prepared by	EM	EP

1210 회사의 사업과 법규에 대한 이해

1. 회사명 ABC주식회사

2. 재무상태표일 20×1-12-31

3. 감사목적

본 조서 서식은 외감법 제8조에 따른 회사의 내부회계관리제도에 대해 감사인의 감사 혹은 검토의견 표명 시, 동 법 및 내부회계관리제도 검토기준을 실무상 적용하는 과정에서 감사인의 판단을 돕고 일반적으로 적용 가능한 지침을 제공하는 것을 목적으로 한다.

4. 회사와 사업에 대한 이해 절차

해당 재무보고체계 등 관련 산업적 요인, 규제적 요인 및 기타 외부적 요인을 이해하여야 한다.

구 분	제 목	내 용	기 타
회사 일반사항	회사명(국문)		
	회사명(영문)		
	주소(본사)		

구 분	제 목	내 용	기 타
	주소(공장 등)		
	사업자등록번호		
	법인등록번호		
	적용되는 회계 기준		
사업에 대한 이해	산업의 규제요인		
	기타 외부적 요인		
	산업별 보고 요구사항		
	산업별 회계 특이사항		

재무제표에 예상되는 거래유형과 계정잔액 및 공시 등의 이해를 위한 회사의 성격을 이해하여야 한다.

(1) 회사의 경영활동

구 분	제 목	내 용	기 타
주요 영업의 내용			
주요 구매 활동	주요 조달처		
	구매방법		
	주요 원자재 등		
	기타		
	제조공정		
	제조기간		
	외주가공, 하청 등		
	업계현황 및 전망		
	가격결정		
	판매자 등 현황		
	기타		
기타 영업 주요사항	특허권		
	연구개발활동		
	회사영업전망 등		
	기타		

(2) 주주현황

주주명	지분율	대주주와의 관계	기 타

(3) 투자회사 현황

회사명	지분율	영업상 관계	기 타

(4) 회사의 조직구조와 자금조달 방식

주요부서명	부서장(임원명)	부서 수행업무 요약	기 타

(5) 주요 차입처

대주명	금 액	자금에 대한 운용내역	기 타

5. 법규측면에서의 이해

회사와 산업에 적용되는 법규 및 회사가 이러한 법규를 어떻게 준수하고 있는지 이해하여야 한다.

법규명	해당조문	내 용	기 타

재무제표에 중요한 영향을 미칠 수 있는 기타의 법규에 대한 위반사례를 식별하는데 도움을 줄 수 있도록 아래의 감사절차를 수행하여야 한다.

- 회사가 이와 같은 법규를 준수하고 있는지 여부에 대하여 경영진 그리고 적절한 경우 지배기구에게 정의함.

일 자	지배기구	질의내용 및 답변	관련조서

- 관련 인허가기관이나 규제기관과의 왕복문서가 있는 경우 이를 조사

규제기관명	문서명	내 용	기 타

6. 내부회계관리제도의 효과성과 관련한 예비적 판단(감사기준서 1100 문단A19)

No.	감사인의 결론	결 론
1	회사와 사업에 대한 이해를 기반으로 내부회계관리제도 효과성을 예비적으로 판단한다.	
2	법규측면에서 이해를 기반으로 내부회계관리제도 효과성을 예비적으로 판단한다.	
3	직전년도 내부회계관리제도의 운영 효과성을 기반으로 예비적으로 판단한다. 만약 초도감사의 경우 전임감사인의 업무조서를 검토하는 과정에서 획득한 기업의 내부회계관리제도에 대한 지식을 활용한다.	
4	지배기구와의 커뮤니케이션에 의해 획득한 정보를 기반으로 내부회계관리제도 효과성을 예비적으로 판단한다.	
5	직전년도 재무제표 감사에서 발생한 감사수정사항, 예외사항 등을 기반으로 내부회계관리제도 효과성을 예비적으로 판단한다.	
6	기타	

| 감사조서 양식(1220 부정위험평가) |

Prepared by	EM	EP

1220 부정위험평가

1. 회사명 ABC주식회사

2. 재무상태표일 20×1 - 12 - 31

3. 감사목적

본 조서 서식은 외감법 제8조에 따른 회사의 내부회계관리제도에 대해 감사인의 감사 혹은 검토의견 표명 시, 동 법 및 내부회계관리제도 검토기준을 실무상 적용하는 과정에서 감사인의 판단을 돕고 일반적으로 적용 가능한 지침을 제공하는 것을 목적으로 한다.

내부회계관리제도 감사를 계획하고 수행할 때, 감사인은 감사인의 부정위험 평가 결과를 고려하여야 한다. 감사인은 기업의 통제가 식별된 부정으로 인한 중요왜곡 표시위험과 경영진이 다른 통제를 무력화할 위험에 중분히 대처하는지 여부를 평가하여야 한다(감사기준서 1100 문단18).

4. 감사절차

감사기준서 240은 부정으로 인한 중요 왜곡표시위험의 식별과 평가를 다룬다. 이 위험에 대처하는 통제는 다음을 포함한다(감사기준서 1100 문단A23).

No.	절 차	조서번호	비 고
1	유의적인 비경상적 거래, 특히 지연되거나 비경상적인 분개를 발생시키는 거래에 대한 통제를 평가한다.		
2	보고기간말 재무보고 프로세스에서 이루어진 분개 및 조정사항에 대한 통제		
3	특수관계자 거래에 대한 통제		
4	유의적인 경영진 추정치와 관련된 통제		
5	경영진이 재무실적을 조작하거나 부적합하게 다룰 유인이나 압박을 완화시키는 통제		
6	중요한 왜곡표시위험 부정위험을 식별할 수 있는 위험평가절차가 존재하는지 여부		
7	기타		

5. 감사 결론

위의 감사절차에 근거하여 중요왜곡표시위험과 경영진의 통제무력화를 대처할 수 있는 내부통제가 존재한다. ▾

부정위험에 대처할 수 있는 내부통제가 존재하지 않는 경우 그 영향을 분석하여 기재한다.

| 감사조서 양식(1300 Engagement team의 구성) |

Prepared by	EM	EP

1300 Engagement team의 구성

1. 회사명 ABC주식회사

2. 재무상태표일 20×1-12-31

3. 감사목적

본 조서 서식은 외감법 제8조에 따른 회사의 내부회계관리제도에 대해 감사인의 감사 혹은 검토의견 표명 시, 동 법 및 내부회계관리제도 검토기준을 실무상 적용하는 과정에서 감사인의 판단을 돕고 일반적으로 적용 가능한 지침을 제공하는 것을 목적으로 한다.

감사인은 내부회계관리제도 감사의 범위, 시기 및 방향을 정하고 감사계획 수립에 대한 지침이 되는 전반 감사전략을 수립하여야 한다(감사기준서 1100 문단16).

4. 감사팀의 구성

세부감사수행 계획으로 다음과 같이 감사팀을 구성한다.

No.	역 할	이 름	이메일	전화번호	독립성	독립성 준수확인서
1	EP					
2	EM					
3	In-charge					

감사인 측 전문가, 서비스조직, 내부감사의 활용을 고려한다.

No.	구 분	활용 여부	활용 시 감사대상을 기재한다.	독립성	적격성	조서번호
1	감사인 측 전문가 활용					
2	서비스 조직					
3	내부감사의 활용					
4	기타					

Prepared by	EM	EP

1400 내부회계관리제도 감사의 수행계획

1. 회사명 ABC주식회사

2. 재무상태표일 20×1-12-31

3. 감사목적

본 조서 서식은 외감법 제8조에 따른 회사의 내부회계관리제도에 대해 감사인의 감사 혹은 검토의견 표명 시, 동 법 및 내부회계관리제도 검토기준을 실무상 적용하는 과정에서 감사인의 판단을 돕고 일반적으로 적용 가능한 지침을 제공하는 것을 목적으로 한다.

감사인은 내부회계관리제도 감사의 범위, 시기 및 방향을 정하고 감사계획 수립에 대한 지침이 되는 전반 감사전략을 수립하여야 한다(감사시준서 1100 문단16).

4. 감사수행계획

세부감사수행 계획으로 다음 절차의 수행 여부와 인력배분 및 수행 계획을 수립한다.

감사조서		수행자			수행소요예상시간		
해당 세부 조서	사용여부	Prepared by	EM	EP	Prepared by	EM	EP
[1000] 내부회계관리제도 감사 개요	Y						
[1100] 감사업무조건의 합의	Y						
[1200] 사전위험평가	Y						
[1210] 회사의 사업과 법규에 대한 이해	Y						
[1220] 부정위험평가	Y						
[1300] Engagement team의 구성	Y						
[1400] 내부회계관리제도 감사의 수행계획	Y						
[2000] 준거기준 및 내부회계관리규정에 대한 사항	Y						
[2100] 내부회계관리제도 준거기준	Y						
[2200] 외감법 준수에 대한 감사	Y						
[2210] 외감법에서 정한사항에 대한 감사	Y						
[2220] 조직구조 및 보고에 대한 감사	Y						
[2230] 내부회계관리규정에 대한 감사	Y						
[3000] 대상범위선정 단계에 대한 감사	Y						

감사조서		수행자			수행소요예상시간		
해당 세부 조서	사용여부	Prepared by	EM	EP	Prepared by	EM	EP
[3100] 유의한 계정과목 및 주석항목의 선정에 대한 감사	Y						
[3110] 재무제표 이용자에 대한 검토	Y						
[3120] 양적 중요성 기준의 설정에 대한 감사	Y						
[3130] 유의적 계정잔액 및 공시사항에 대한 감사	Y						
[3140] 유의적 계정잔액 및 공시사항 선정표	Y						
[3200] 경영진주장의 식별에 대한 감사	Y						
[3300] 업무프로세스 선정에 대한 감사	Y						
[4000] 전사수준통제에 대한 감사	Y						
[4100] 통제환경(Control environment)	Y						
[4200] 위험평가(Risk Assessment)	Y						

업무팀원 간 주요 내부 회의(예를 들어, kick-off meeting, debrief meetings 등)와 검토(적절한 경우에는 업무품질관리검토자의 검토를 포함)의 시기를 결정하고 기록한다.

구 분	내 용	일 시	회의록 첨부

9.2.3 하향식 접근법(Top-down approach)의 사용

내부회계관리제도는 재무제표가 회계기준에 따라서 작성, 공시되었는지 여부에 대하여 합리적 확신을 제공하는 것을 목적으로 한다. 감사인은 내부회계관리제도가 외감법을 충족하며 내부회계관리제도 준거기준에 의해 설계, 운영되고 있는지를 효율적, 효과적으로 감사하기 위하여 하향식 접근법을 사용하여 테스트 대상 통제를 선정한다.

하향식 접근법은 앞서 설명한 내부회계관리제도 구축단계인 ① Scoping(대상범위 선정), ② 전사수준통제, ③ 업무수준통제, ④ 유효성 평가 및 개선사항, ⑤ 보고단계와 다르지 않다. 따라서, 감사인은 해당 단계마다 유효하게 설계 및 운영되었는지 확인하는 것이 필요하다.

다음은 감사기준서 1100 문단 A29에 따른 하향식 접근법에서 포함하는 내용이다. 하향식 접근법은 감사인은 위험과 테스트 대상통제를 식별함에 있어서 감사절차를 수행할 순서일 필요는 없다.

- 재무제표수준에서 시작함.
- 내부회계관리제도의 전반적인 위험에 대한 감사인의 이해를 사용함.
- 전사적 수준 통제에 초점을 둠.
- 유의적인 거래유형, 계정잔액, 공시 및 관련경영진주장으로 업무를 옮겨감.
- 재무제표에 중요한 왜곡표시가 존재할 가능성이 낮지 않음을 나타내는 거래유형, 계정, 공시 및 경영진주장으로 감사인의 주의를 기울이게 함.
- 기업의 프로세스 내에 존재하는 위험에 대한 감사인의 이해를 검증함.
- 각각의 관련경영진주장별 왜곡표시위험에 충분히 대처하는 통제를 테스트 대상으로 선정함.

| 감사조서 양식(2100 내부회계관리제도 준거기준) |

Prepared by	EM	EP

2100 내부회계관리제도 준거기준

1. 회사명 ABC주식회사

2. 재무상태표일 20×1 - 12 - 31

3. 감사목적

4. 내부회계관리제도 준거기준

내부회계관리제도 설계 및 운영 개념체계 ▼

내부회계관리제도 평가 및 보고 기준 ▼

5. 내부회계관리제도 설계 및 운영 개념체계가 준거기준인 경우

내부회계관리제도 설계 및 운영 개념체계 문단 1

내부회계관리제도 설계 및 운영 개념체계(이하 "설계 · 운영 개념체계"라 함)는 주식회사 등의 외부감사에 관한 법률(이하 "외감법"이라 함) 제8조의 규정이 적용되는 회사가 내부회계관리제도를 설계 및 운영하는 데 필요한 기본원칙을 제시함으로써 회사가 합리적이고 효과적인 내부회계관리제도를 구축하도록 지원하고, 이를 통해 회사가 공시하는 재무제표의 신뢰성을 제고하는 것을 그 목적으로 한다.

검사결론 : 합리적인 준거기준이 사용됨. ▼

6. 내부회계관리제도 평가 및 보고 기준이 준거기준인 경우

내부회계관리제도 평가 및 보고 기준 문단 1

이 기준은 주식회사 등의 외부감사에 관한 법률 제8조, 동 법 시행령 제9조 및 외부감사 및 회계 등에 관한 규정 제6조에 따라 내부회계관리제도 평가 및 보고에 관한 기준과 그 절차를 정하는데 필요한 사항을 정함을 목적으로 한다.

검사결론 : 합리적인 준거기준이 사용됨. ▼

7. 감사결론

상기 검토결론에 근거하여 볼 때 내부회계관리제도를 설계 및 운영하기 위한 합리적인 준거기준이 사용됨. ▼

| 감사조서 양식(2210 외감법에서 정한 사항에 대한 감사) |

Prepared by	EM	EP

2210 외감법에서 정한 사항에 대한 감사

1. 회사명 ABC주식회사

2. 재무상태표일 20×1-12-31

3. 감사목적

본 조서 서식은 외감법 제8조에 따른 회사의 내부회계관리제도에 대해 감사인의 감사 혹은 검토의견 표명 시, 동 법 및 내부회계관리제도 검토기준을 실무상 적용하는 과정에서 감사인의 판단을 돕고 일반적으로 적용 가능한 지침을 제공하는 것을 목적으로 한다.

외감법 제8조 ⑥항에서는 외부감사인이 회계감사를 실시할 때 외감법에서 정한 사항을 준수하였는지 및 ④항에 따른 보고사항을 감사(혹은 비상장법인의 경우 검토)하도록 하고 있다.

4. 감사절차

1. 내부회계관리제도의 다음의 항목이 존재하며 운영되는가?

외감법	내 용	감사인의 결론	조서 번호
제8조 1항 1호	회계정보(회계정보의 기초가 되는 거래에 관한 정보를 포함)의 식별·측정·분류·기록 및 보고방법에 관한 사항		
제8조 1항 2호	회계정보의 오류를 통제하고 이를 수정하는 방법에 관한 사항		
제8조 1항 3호	회계정보에 대한 정기적인 점검 및 조정 등 내부검증에 관한 사항		
제8조 1항 4호	회계정보를 기록·보관하는 장부(자기테이프·디스켓 그 밖의 정보보존장치를 포함)의 관리방법과 위조·변조·훼손 및 파기의 방지를 위한 통제절차에 관한 사항		

5. 감사결론

상기 검토결론에 근거하여 볼 때 외감법에서 정한 사항이 모두 존재하며 외감법을 준수하고 있다. ▼

| 감사조서 양식(2220 조직구조 및 보고에 대한 감사) |

Prepared by	EM	EP

2220 조직구조 및 보고에 대한 감사

1. 회사명 ABC 주식회사

2. 재무상태표일 20×1 - 12 - 31

3. 감사목적

본 조서 서식은 외감법 제8조에 따른 회사의 내부회계관리제도에 대해 감사인의 감사 혹은 검토의견 표명 시, 동 법 및 내부회계관리제도 검토기준을 실무상 적용하는 과정에서 감사인의 판단을 돕고 일반적으로 적용 가능한 지침을 제공하는 것을 목적으로 한다.

외감법 제8조 ⑥항에서는 외부감사인이 회계감사를 실시할 때 외감법에서 정한 사항을 준수하였는지 및 ④항에 따른 보고사항을 감사(혹은 비상장법인의 경우 검토)하도록 하고 있다.

4. 감사절차

1. 내부회계관리제도의 다음의 항목이 존재하며 운영되는가?

내부회계관리제도

외감법	내 용	감사인의 결론	조서 번호
제8조 3항	회사의 대표자는 내부회계관리제도의 관리, 운영을 책임이며 이를 담당하는 상근이사(담당하는 이사가 없는 경우에는 해당 이사의 업무를 집행하는 자를 말한다) 1명을 내부회계관리자로 지정하여야 한다.		
시행령 제9조 2항 2호	내부회계관리규정에서 정한 내부회계관리자의 자격요건 및 임면절차에 대한 실행 여부		
제8조 1항	회사는 신뢰할 수 있는 회계정보의 작성과 공시를 위하여 내부회계관리규정과 이를 관리, 운영하는 조직을 갖추어야 한다.		
제8조 1항 5호	회계정보의 작성 및 공시와 관련된 임직원의 업무분장과 책임에 관한 사항		

내부회계관리제도보고

외감법	내 용	감사인의 결론	조서 번호
제8조 4항	회사의 대표자는 사업연도마다 주주총회, 이사회 및 감사(감사위원회)에게 해당 회사의 내부회계관리제도 운영실태를 보고하여야 한다. 다만, 회사의 대표자가 필요하다고 판단하는 경우 이사회 및 감사에 대한 보고는 내부회계관리자가 하도록 할 수 있다.		
시행령 제9조 4항 (대표자가 보고하지 않는 경우)	법 제8조 제4항 단서에 따라 내부회계관리자가 보고하는 경우에는 보고 전에 회사의 대표자가 그 사유를 이사회 및 감사에게 문서로 제출하여야 한다.		
제8조 4항	회사의 감사는 내부회계관리제도의 운영실태를 평가하여 이사회에 사업연도마다 보고하고 그 평가보고서를 해당회사의 본점에 5년간 비치하여야 한다. 이 경우 내부회계관리제도의 관리, 운영에 대하여 시정의견이 있으면 그 의견을 포함하여 보고하여야 한다.		

5. 감사결론

상기 검토결론에 근거하여 볼 때 외감법에서 정한 사항이 모두 존재하며 외감법을 준수하고 있다.
▼

| 감사조서 양식(2230 내부회계관리규정에 대한 감사) |

Prepared by	EM	EP

2230 내부회계관리규정에 대한 감사

1. 회사명 ABC주식회사

2. 재무상태표일 20×1－12－31

3. 감사목적

본 조서 서식은 외감법 제8조에 따른 회사의 내부회계관리제도에 대해 감사인의 감사 혹은 검토의견 표명 시, 동 법 및 내부회계관리제도 검토기준을 실무상 적용하는 과정에서 감사인의 판단을 돕고 일반적으로 적용 가능한 지침을 제공하는 것을 목적으로 한다.

외감법 제8조 및 시행령 제9조에서는 내부회계관리규정을 구비하고 이에 따른 내부회계관리제도를 관리, 운영하도록 하고 있다.

4. 감사절차

1. 내부회계관리규정(혹은 회사의 기타 내부규정)에 다음의 항목이 존재하며 운영되는가?

내부회계관리규정

외감법	내 용	감사인의 결론	조서 번호
제8조 1항	회사는 신뢰할 수 있는 회계정보의 작성과 공시를 위하여 내부회계관리규정과 이를 관리, 운영하는 조직을 갖추어야 한다.		
시행령 제9조 2항 1호	내부회계관리규정의 제정 및 개정을 위한 절차		
시행령 제9조 2항 2호	내부회계관리자의 자격요건 및 임면절차		
시행령 제9조 2항 3호	경영진의 내부회계관리제도, 운영실태 평가 및 보고기준 및 절차		
시행령 제9조 2항 4호	감사(위원회)의 내부회계관리제도 운영실태평가(법 제8조 5항)에 대한 평가, 보고의 기준 및 절차		
시행령 제9조 2항 5호	내부회계관리제도 운영실태평가(법 제8조 5항)의 결과를 회사의 대표자 등의 인사, 보수 및 차기 사업연도 내부회계관리제도 운영계획 등에 반영하기 위한 절차 및 방법		
시행령 제9조 2항 6호	연결재무제표에 관한 회계정보를 작성, 공시하기 위하여 필요한 사항(지배회사가 주권상장 법인인 경우만 해당한다)		

외감법	내 용	감사인의 결론	조서 번호
시행령 제9조 2항 7호	회사의 대표자 등등 대상으로 하는 교육, 훈련, 성과평가, 평과결과의 활용 등에 관한 사항		
	회사의 대표자 등이 내부회계관리규정을 관리, 운영하는 임직원 또는 회계정보를 작성, 공시하는 임직원에게 내부회계관리규정에 위반하는 행위를 지시하는 경우 해당 임직원이 지시를 거부하더라도 그와 관련하여 불이익을 받지 아니하도록 보호하는 제도에 관한 사항		
	내부회계관리제도 위반행위 신고제도의 운영에 관한 사항		
	내부회계관리규정을 위반한 임직원의 징계에 관한 사항		
	법 제22조(부정행위 등의 보고) 제3항, 제4항에 따른 조사, 시정 등 요구 및 조사결과 제출 등과 관련하여 필요한 감사의 역할 및 책임에 관한 사항		
	법 제22조(부정행위 등의 보고)제 5항에 따른 자료나 정보 및 비용의 제공과 관련한 회사 대표자의 역할 및 책임에 관한 사항		
시행령 제9조 2항 8호	그 밖에 내부회계관리규정에 포함하여야 할 사항으로서 금융위원회가 정하는 사항		

5. 감사결론

상기 검토결론에 근거하여 볼 때 외감법에서 정한 사항이 모두 존재하며 외감법을 준수하고 있다. ▼

9.2.3.1 대상범위선정(Scoping)

내부회계관리제도는 재무제표 신뢰성에 대한 절대적 확신(absolute assurance)이 아니라 합리적 확신(reasonable assurance)을 부여하는 것을 목적으로 한다. 따라서, 합리적 확신에 영향을 미치지 않는 요소는 내부회계관리제도에 포함시킬 필요가 없고, 유의한 계정과목과 주석정보만을 대상으로 한다.

유의한 계정과목 및 주석정보를 파악하는 기준은 중요성 기준(Materiality)이라고 할 수 있는데 이는 양적요소와 질적요소를 모두 고려하여 적용하게 된다. 양적요소와 질적요소중 하나라도 해당되는 중요성 사항이 있다고 한다면 최종 판단에 있어서 유의한 계정과목으로 선정하는 것이 일반적이다.

감사인은 대상범위선정에 있어서 재무제표의 신뢰성을 확보하기 위한 유의한 계정과목이 모두 포함되었는지 확인하여야 한다. 따라서, 중요성을 적용함에 있어 양적요소는 적절하며, 질적요소도 합리적으로 고려되었는지 감사를 수행한다.

감사기준서 1100 문단A36

감사인이 재무제표의 중요한 왜곡표시를 발생하게 할 왜곡표시를 포함할 가능성이 낮지 않은(more than remote) 유의적인 거래유형, 계정 및 공시 각각에 대해 관련 위험에 대한 통제를 선정하고 테스트한 경우, 감사인은 감사기준서 315 문단 A124에서 제시된 경영진 주장과 상이한 경영진주장에 근거하여 업무를 수행할 수 있다.

감사기준서 1100 문단A37

유의적인 거래유형, 계정잔액 및 공시와 관련경영진주장의 식별과 관련된 위험요소에는 다음이 포함된다.

- 계정의 규모와 구성
- 오류 또는 부정으로 인한 왜곡표시에 대한 민감성
- 계정으로 처리되거나 공시에 반영된 개별 거래의 활동규모, 복잡성 및 동질성
- 계정, 거래유형 또는 공시의 성격
- 계정, 거래유형 또는 공시와 연관된 회계처리 및 보고의 복잡성
- 계정 내 손실에 대한 노출
- 계정 또는 공시에 반영된 활동으로부터 유의적인 우발채무가 발생할 가능성
- 계정 내 특수관계자 거래의 존재
- 계정, 거래유형 또는 공시 특성의 전기 대비 변동

Prepared by	EM	EP

3120 양적 중요성 기준의 설정에 대한 감사

1. 회사명 ABC주식회사

2. 재무상태표일 20×1 - 12 - 31

3. 감사목적

본 조서 서식은 외감법 제8조에 따른 회사의 내부회계관리제도에 대해 감사인의 감사 혹은 검토의견 표명 시, 동 법 및 내부회계관리제도 감사기준(감사기준서 1100)을 실무상 적용하는 과정에서 감사인의 판단을 돕고 일반적으로 적용 가능한 지침을 제공하는 것을 목적으로 한다.

중요성에 대한 판단은 주변 상황에 비추어 내려지며, 왜곡표시의 크기나 성격 또는 양자의 결합에 의해 영향을 받는다(감사기준서 320 문단2). 재무제표 이용자에게 중요한 사항인지 여부는 집단으로서 이용자들의 공통적인 재무정보 수요를 고려하여 판단한다. 개별 이용자별 정보 요구사항은 광범위하게 다양할 수 있으므로 왜곡표시가 특정의 개별 이용자에게 미치는 영향은 고려하지 않는다(감사기준서 320 문단2). 예를 들어, "재무제표의 작성과 표시를 위한 개념체계"에서는 영리지향 조직의 경우, 투자자는 기업에 대한 위험자본의 제공자이므로 이들의 필요성을 충족시키는 재무제표를 제공하면 또한 기타 재무제표 이용자들의 필요성도 대부분 충족시킬 수 있다고 말한다(감사기준서 320 문단2).

4. 감사절차

내부회계관리제도의 중요성 기준은 재무제표감사의 중요성 금액과 일치하는가?

감사기준서 1100	내 용	감사인의 결론	조서번호
문단22	감사인은 내부회계관리제도감사와 재무제표감사의 계획수립과 수행을 위해 동일한 중요성을 사용하여야 한다.		

중요성 금액의 산정(1) : 벤치마크 요소의 결정은 적절한가?

감사기준서 320	내 용	검토내용
A3.1	재무제표의 요소	
A3.2	재무제표 이용자가 중점을 둘 가능성이 높은 항목들이 존재하는지 여부	
A3.3	기업의 성격, 기업수명주기상의 위치 그리고 기업이 속한 산업 및 경제환경	
A3.4	기업의 소유구조와 자본조달 방법	
A3.5	벤치마크의 상대적 변동성	

위의 분석에 기초하여 벤치마크를 | 세전순이익 | 을 선정하는 것이 합리적이다.

중요성 금액의 산정(2) : 벤치마크 요소의 조정은 적절한가?

감사기준서 320	내 용	검토내용
A5	과거 보고기간의 재무결과 및 재무상태	
	당기의 예산이나 예측	
	당기의 중요한 기업상황의 변화(영업부문)	
	당기의 중요한 기업상황의 변화(투자부문)	
	당기의 중요한 기업상황의 변화(조달부문)	
	기타 산업적 또는 경제적 변화	

위의 분석에 기초하여 벤치마크를 | 조정하지 아니하였다. |

중요성 금액의 산정(3) : 적용비율의 산정은 적절하게 검토되었는가?

일반적으로 중요성 기준의 산정 시 적용비율은 총액요소(총자산, 매출액, 총비용 등 Gross benchmark)에 대해서는 0.5~2%를 적용하며, 순액요소(세전순이익, 당기순이익 등 Net benchmark)에 대해서는 3~5%를 적용할 수 있다.

높은 비율	낮은 비율	검토내용
일부 대주주에 집중되어 소유된 경우	주식이 유가증권시장에 상장된 경우	
대주가 제한적이며 재무제표만 의지하지 않는 경우	채권이 유가증권시장에 상장된 경우	
안정되고 전통적인 영업환경인 경우	시장의 변동성이 크고 신규시장에서 영업을 하는 경우	
영업의 내용이 단순하거나 제품 혹은 서비스의 수가 제한적인 경우	영업의 내용이 복잡하거나 제품 혹은 서비스의 수가 많은 경우	
재무제표 혹은 재무비율에 대한 규제가 존재하는 경우	재무제표 혹은 재무비율이 감독강국에 의해 규제되는 경우	
영업의 중요한 변동이 예상되지 않는 경우	영업의 매각 M&A, 기타 신규사업 진출 등의 영업의 주요한 변동이 예상되는 경우	
기타	기타	

위의 분석에 기초하여 | 세전순이익 | 의 | 5% | 을(를) 적용하는 것이 합리적이다.

중요성 금액의 산정(4) : 수행 중요성 기준의 산정은 적절한가?

경영진은 내부회계관리제도 평가 과정에서 회사에 존재하는 미비점을 발견하지 못할 가능성에 대비하여 보수적으로 중요성의 기준을 50~75%를 적용한 수행 중요성 기준으로 유의한 계정과목을 선정한다. 수행 중요성을 적용함에 따라 유의한 계정이 추가로 선정되어 회사의 내부회계관리제도 평가가 잘못 수행될 위험을 최소화할 수 있다

고려요소	검토내용
가. 위험평가	
나. 과거 식별된 왜곡표시사항	
다. 경영진의 중요한 변동	

기준요소(벤치마크)	
기준요소 금액	
Anualizing factor	
적용비율	
중요성 금액	

중요성 금액의 산정(5) : 수행 중요성 산정

중요성 금액	
적용비율	
수행 중요성	

5. 감사결론

상기 검토결론에 근거하여 볼 때 양적 중요성의 산정결과는 적절하다. ▾

| 감사조서 양식(3130 질적중요성 선정에 대한 감사) |

Prepared by	EM	EP

3130 질적중요성 선정에 대한 감사

1. 회사명 ABC주식회사

2. 재무상태표일 20×1 - 12 - 31

3. 감사목적

본 조서 서식은 외감법 제8조에 따른 회사의 내부회계관리제도에 대해 감사인의 감사 혹은 검토의견 표명 시, 동 법 및 내부회계관리제도 감사기준(감사기준서 1100)을 실무상 적용하는 과정에서 감사인의 판단을 돕고 일반적으로 적용 가능한 지침을 제공하는 것을 목적으로 한다.

유의적인 계정잔액 및 공사와 관련된 내용을 식별하기 위하여 감사인은 재무제표 항목과 공시와 관련된 질적 및 양적 위험요소를 평가하여야 한다(감사기준서 1100 문단30). 본 조서에서는 유의한 계정과목 및 공시사항의 선정과 더불어 질적요소의 검토내역을 감사한다.

4. 감자절차

양적 중요성의 적용 : 계정과목 및 공시사항은 수행 중요성 기준에 의하여 선정되었는가?

경영진은 내부회계관리제도 평가 과정에서 회사에 존재하는 미비점을 발견하지 못할 가능성에 대비하여 보수적으로 중요성의 기준을 50~75%를 적용한 수행 중요성 기준으로 유의한 계정과목을 선정한다. 수행 중요성을 적용함에 따라 유의한 계정이 추가로 선정되어 회사의 내부회계관리제도 평가가 잘못 수행될 위험을 최소화할 수 있다

평가 및 보고 가이드라인	내 용	감사인의 결론	조서번호
문단10	유의한 계정과목 및 공시사항은 수행 중요성 기준에 의하여 선정되었는가?		

질적중요성의 항목은 적절한가?

기 준	내 용	감사인의 결론	조서번호
내부회계관리제도 평가 및 보고 가이드라인 문단11, 감사기준서 1100 A37	질적중요성 고려항목은 충분하며 적절한가?		

아래의 질적중요성 항목이 모두 적용되었는가, 그러하지 않다면 적용배제에 대한 이유는 무엇인가?

평가 및 보고 가이드라인	항 목	적용여부	적용배제 이유
문단11.가	계정과목 내 개별거래의 복잡성, 동질성		
문단11.나	추정이나 판단이 개입되는 회계처리 및 평가		
문단11.다	회계처리 및 보고의 복잡성		
문단11.라	우발채무의 발생가능성		
문단11.마	특수관계자와의 유의적 거래의 존재 여부		
문단11.바	계정과목 성격의 변화 및 당기 금액변화 정도		
문단11.사	비경상인 거래		
문단11.아	관련 회계처리 기준의 변경		
문단11.자	법규 및 감독당국의 강조사항		
문단11.차	주요한 외부환경의 변화가 존재하는 계정		

질적중요성을 객관적으로 판단하기 위한 기준은 설정되었는가?

기 준	내 용	감사인의 결론	조서번호
평가 및 보고 가이드라인 문단11, 감사기준서 1100 A37	질적중요성 판단을 위한 객관적인 기준이 존재하는가? 이러한 기준은 판단에 사용되었는가?		

다음의 사람이 모두 질적 중요성에 고려되었는지 감사인이 독립적으로 검증한다.

No.	내 용	감사근거	감사인의 결론
1	추정과 판단에 의한 계정과목 및 공시항목이 나열되고 질적중요성으로 고려되었는가?		
2	최근 3년간 회계처리기준이 유의하게 변동된 항목이 식별되었으며 질적중요성으로 고려되었는가?		
3	금융감독원의 감리내용(최근 3개년)과 유사한 계정과목 혹은 거래내용이 있는 경우 질적중요성으로 고려되었는가?		
4	금융감독원의 강조사항(회계현안설명회 등)의 내용이 질적중요성으로 고려되었는가?		
5	과거 감사수정사항 등의 오류내역이 질적중요성으로 고려되었는가?		

5. 감사결론

상기 검토결론에 근거하여 볼 때 유의한 계정과목 및 공시사항의 선정결과는 유효하다. ▾

| 감사조서 양식(3140 유의한 계정잔액 및 공시사항 선정표) |

Prepared by	EM	EP

3140 유의적 계정잔액 및 공시사항 선정표

1. 회사명 ABC주식회사

2. 재무상태표일 20×1 - 12 - 31

3. 감사목적

본 조서 서식은 외부감사법 제8조에 따른 회사의 내부회계관리제도에 대해 감사인의 감사 혹은 검토의견 표명 시, 동 법 및 내부회제관리제도 감사기준(감사기준서 1100)을 실무상 적용하는 과정에서 감사인의 판단을 돕고 일반적으로 적용 가능한 지침을 제공하는 것을 목적으로 한다.

유의적인 계정전액 및 공사와 관련된 내용을 식별하기 위하여 감사인은 재무재표 항목과 공시와 관련된 질적 및 양적 위험요소를 평가하여야 한다(감사기준서 1100 문단30). 본 조서에서는 유의한 계정과목 및 공시사항의 선정과 더불어 질적요소의 검토내역을 감사한다.

4. 감사절차

계정과목			계정금액		양적 중요성 적용		질적중요성 고려사항											최종 판단
COA번호	계정과목 및 공지사항	실계정 여부	당해연도 금액	전년도 금액	수행중요성 금액	양적중요성 판단	계정과목 내 개별 거래의 복잡성, 동질성	추정이나 판단이 개입되는 회계처리 및 평가	회계 처리 및 보고의 복잡성	우발 채무의 발생 가능성	특수 관계자와의 유의적 거래의 존재여부	계정과목 성격의 변화 및 당기 금액 변화 정도	비정상적인 거래	관련 회계 처리 기준의 변경	법규 및 감독 당국의 강조 사항	주요한 외부 환경의 변화가 존재하는 계정	질적 중요성 판단	유의한 계정과목 및 공지사항 판단
600000000	자산																	
601000000	Ⅰ. 현금및예치금	합산계정																
610100000	가. 현금및현금성자산	합산계정																
610199001	1) 보통예금	실계정	206,099,972	6,1000,000	895,972,276	Non-significant	하	하	하	하	하	상	하	하	하	하	significant	significant
610103000	2) 당좌예금	실계정	1,000,000	1,000,000	895,972,276	Non-significant	하	하	하	하	하	하	하	하	하	하	Non-significant	Non-significant
610105000	3) 외화예금	실계정	0	2,146,714,694	895,972,276	Non-significant	하	하	하	하	하	상	하	하	하	하	significant	Non-significant
610106000	4) 기타예금	실계정	0	0	895,972,276	significant	하	하	하	하	하	상	하	하	하	하	significant	significant
610108000	5) MMDA	실계정	0	0	895,972,276	significant	하	하	하	하	하	상	하	하	하	하	significant	significant
610300000	나. 예치금	합산계정																
610312000	1) 투자자예탁금별도예치금 (예금)	합산계정																
610312016	① 집합투자증권투자자예수분	실계정	702,000,000	1,000,000	895,972,276	Non-significant	하	하	하	하	하	상	하	하	하	하	significant	significant
610313000	2) 투자자예탁금별도예치금 (신탁)	합산계정																
610313001	① 일반예수분	실계정	0	0	895,972,276	significant	하	하	하	하	하	상	하	하	하	하	significant	significant
610316000	3) 대차거래이행보증금	실계정	0	0	895,972,276	significant	하	하	하	하	하	하	하	하	하	하	Non-significant	significant
610321000	4) 현물거래증거금	실계정	1,340,000,000	440,000,000	895,972,276	significant	하	하	하	하	하	상	하	하	하	하	significant	significant
610342000	5) 장내파생상품매매증거	합산계정																

| 감사조서 양식(3200 경영진주장의 식별에 대한 감사) |

Prepared by	EM	EP

3200 경영진주장의 식별에 대한 감사

1. 회사명 ABC주식회사

2. 재무상태표일 20×1－12－31

3. 감사목적

본 조서 서식은 외감법 제8조에 따른 회사의 내부회계관리제도에 대해 감사인의 감사 혹은 검토의견 표명 시, 동 법 및 내부회계관리제도 감사기준(감사기준서 1100)을 실무상 적용하는 과정에서 감사인의 판단을 돕고 일반적으로 적용 가능한 지침을 제공하는 것을 목적으로 한다.

감사인은 유의적인 계정유형, 계정잔액 및 공시와 관련 경영진 주장을 식별하여야 한다(감사기준서 1100 문단29). 또한 감사인은 내부회계관리제도에 대하여 전체적으로 의견을 표명하기 위해서는 모든 경영진 주장에 대하여 선정된 통제의 효과성에 대한 증거를 입수하여야 한다. 따라서, 경영진 주장을 식별하는 것은 매우 중요하다(감사기준서 1100 문단11).

4. 감사절차

경영진주장을 식별하기 위한 방법이 설정되었는가?

제 목	내 용	식별방법	감사절차
경영진주장의 식별	회사의 경영진주장을 식별하기 위한 방법은 무엇인가?	전문가적 판단	감사절차 4-1

감사절차 4-1(전문가적 판단에 의해 경영진주장이 식별된 경우)

감사절차 제목	감사절차	감사결과	조서번호
감사인의 독립적 수행	감사인은 독립적으로 경영진주장을 식별하고 경영진이 식별한 경영진주장과 비교검증한다.	충족	3210

감사인이 여러 가지 발생 가능한 잠재적인 왜곡표시의 유형들을 고려하기 위해 이용하는 경영진주장은 다음 두가지 범주로 분류된다(감사기준서 315 문단A124).

구 분	감사대상기간의 거래 및 사건의 유형에 대한 경영진주장	보고기간말 계정잔액에 대한 경영진 주장
발생사실	☐	☐
완전성	☐	☐
정확성	☐	☐
기간귀속	☐	☐
분류	☐	☐
실재성	☐	☐
권리와 의무	☐	☐
평가	☐	☐
배분	☐	☐

감사인은 경영진주장을 위에 기술된 대로 이용할 수도 있고, 위에 기술된 모든 측면이 포괄되었다면 다르게 표현할 수도 있다. 예를 들어, 감사인은 거래와 사건에 대한 경영진주장을 계정잔액에 대한 경영진주장과 결합시킬 수도 있을 것이다(감사기준서 315 문단A125).

감사절차 4-1 감사결론 : 감사인의 독립적인 식별결과와 유의적인 차이점이 없음. ▾

감사절차 4-2(기타 객관적인 방법론에 의해 경영진주장이 식별된 경우)

회사가 설정한 경영진주장을 식별하기 위한 방법론을 이해하고 그 주된 내용을 기재한다.

회사가 설정한 방법론은 경영진주장을 객관적으로 식별하기 위해 유의하며, 적격성을 갖춘 인력에 의해 적절하게 수행되었는가?

감사절차 제목	감사절차	감사결과	조서번호
수행자에 대한 감사	경영진주장을 식별하기 위한 회사의 방법론의 수행은 독립적으로 적격성을 갖춘 인력에 의해 수행되었는가?		
방법론에 대한 감사	감사기준서 315 문단A124와 비교하여 보았을 때 유의한 차이점이 있는가?		
방법론에 대한 감사	회사에 적용되는 회계기준이 계정과목별로 파악되었으며, 회계기준에 근거한 경영진주장에 식별되었는가?		
수행결과에 대한 감사	경영진주장의 식별은 설정된 기타 객관적인 방법론에 의해 수행되었는가?		

감사절차 4-2 감사결론 : 해당사항 없음.

5. 감사결론

상기 검토결론에 근거하여 볼 때 경영진주장의 식별결과는 적절하다.

9.2.3.2 전사적 수준 통제

전사적 수준통제에 대한 감사인의 평가결과는 업무수준 통제에 대한 테스트를 늘리거나 줄이는 결과를 발생시킬 수 있다. 감사인은 하향식 접근법을 사용할 시 전사적 수준통제를 우선적으로 평가하여야 하며, 또한 내부회계관리제도의 구성요소(통제환경, 위험평가, 정보 및 의사소통, 모니터링)과 연관하여 구성요소가 존재(present)하고, 기능(functioning)하는지 여부를 판단하여야 한다.

내부통제 구성요소(COSO components)는 상위 개념으로 한눈에 그 유효성을 확인하기가 불가능하다. 따라서 내부통제 구성요소가 실제로 존재하고 기능하는지 확인하기 위한 구체적인 방법은 각 구성요소별 원칙(principles)이 존재하며 기능하고 있는지 확인하는 방식으로 구현된다.

또한, 원칙도 내부통제 구성요소의 하부 개념이지만 그 자체로 회사의 내부통제가 원칙을 만족시킬 수 있도록 설계 및 운영되고 있는지 판단하기 어렵다. 따라서, 회사의 내부통제가 원칙의 세부사항인 중점고려사항(Point of focus)에 따라 설계 및 운영되고 있는지 판단하는 것이 실무적으로 가장 합리적인 방식이다.[159] (중점고려사항 → 원칙 → 내부통제 구성요소)

감사기준서 1100에서는 보고기간말 재무보고 프로세스는 직접전사통제로 인식될 수 있으며 재무제표에 미치는 영향이 중요하기 때문에, 감사인은 보고기간말 재무보고 프로세

159) 내부회계관리제도 설계 및 운영 개념체계에서는 중점고려사항(POF, Point of focus)은 효과적인 내부통제제도를 위한 필수요건이 아니며 상황에 따라 적절히 조정하여 적용가능하도록 되어 있으나, 실무상 원칙달성을 위한 가장 합리적이고 효과적인 방법은 중점고려사항을 만족시키는 것이므로 가능한 모든 중점고려사항을 활용하는 것이 권장된다.

스를 파악하고 이에 대하여 다음의 표와 같이 평가하도록 하고 있다.

보고기간말 재무보고 프로세스 (감사기준서 1100 문단27)	감사인이 수행하여야 하는 절차 (감사기준서 1100 문단28)
a. 총계정원장에 거래 총액을 기표하기 위해 사용되는 절차 b. 회계정책의 선택과 적용과 관련된 절차 c. 총계정원장에 분개를 생성, 승인, 기록 및 처리하기 위해 사용되는 절차 d. 연차 및 분기 재무제표에 반복적·비반복적 조정사항을 기록하기 위해 사용되는 절차 e. 연차 및 분기 재무제표를 작성하기 위한 절차	a. 기업이 재무제표 생성을 위해 사용하는 프로세스의 입력자료, 수행하는 절차 및 산출물 b. 보고기간말 재무보고 프로세스에 정보기술이 관련되는 정도 c. 경영진에서 누가 참여하는지 d. 보고기간말 재무보고 프로세스에 포함되는 사업장 e. 조정사항 및 연결조정 분개의 유형 f. 경영진과 지배기구가 프로세스에 대해 수행하는 감시의 성격 및 범위

| 감사조서 양식(4000 전사수준통제에 대한 감사) |

Prepared by	EM	EP

4000 전사수준통제에 대한 감사

1. 회사명 ABC주식회사

2. 재무상태표일 20×1-12-31

3. 감사목적

본 조서 서식은 외감법 제8조에 따른 회사의 내부회계관리제도에 대해 감사인의 감사 혹은 검토의견 표명 시, 동 법 및 내부회계관리제도 검토기준을 실무상 적용하는 과정에서 감사인의 판단을 돕고 일반적으로 적용 가능한 지침을 제공하는 것을 목적으로 한다.

감사인은 기업이 효과적인 내부회계관리제도를 갖추고 있는지 여부에 대한 감사인의 결론에 중요한 전사적 수준 통제를 식별하고 테스트하여야 한다(감사기준서 4000 문단24).

5개의 내부통제 구성요소는 전사수준통제 혹은 업무수준통제를 통하여 내부회계관리제도에 구현될 수 있다. 회사의 내부회계관리제도는 5개의 내부통제 구성요소를 어떻게 내부회계관리제도에 구현하였는가?

내부통제 구성요소	전사수준통제	업무수준통제
통제환경(Control environment)	□	□
위험평가(Risk Assessment)	□	□
통제활동(Control Acivities)	□	□
정보 및 의사소통(Information and Communication)	□	□
모니터링(Monitoring)	□	□

내부회계관리제도 설계 및 운영 개념체계는 5개의 내부통제 구성요소별로 달성되어야 할 원칙들을 제시하고 있다. 경영진이 [내부회계관리제도 설계 및 운영 개념체계]를 적용하는 경우 이 원칙들은 기업의 재무보고 목적을 달성하기 위한 내부회계관리제도의 설계, 실행 및 운영에 내부회계관리제도 구성요소가 존재하고 기능하는지 여부에 대한 감사인의 평가와도 관련된다(감사기준서 4000 문단A34).

전사수준통제를 통하여 구현된 내부통제 구성요소는 내부회계관리도 설계 및 운영 개념체계에서 제시하는 17원칙을 준수하였으며 설계 및 운영이 효과적인가?

내부통제 구성요소	전사수준통제	감사결과	조서번호
통제환경(Control environment)	□	효과적임	4100
위험평가(Risk Assessment)	□	효과적임	4200
통제활동(Control Acivities	□	해당사항 없음	4300
정보 및 의사소통(Information and Communication)	□	효과적임	4400
모니터링(Monitoring)	□	효과적임	4500

전사적 수준 통제에 대한 감사인이 평가는 감사인이 다른 통제에 대해 수행했을 수도 있는 테스트를 늘리거나 줄이는 결과를 발생시킬 수 있다(감사기준서 4000 문단A30).

만약, 전사수준통제 항목 중 효과적이지 않은 항목이 있는 경우 업무수준통제 및 다른 통제의 테스트 범위 조정에 반영하였는가?

| 감사조서 양식(4100 통제환경) |

Prepared by	EM	EP

4100 통제환경(Control environment)

1. 회사명 ABC주식회사

2. 재무상태표일 20×1-12-31

3. 감사목적

본 조서 서식은 외부감사법 제8조에 따른 회사의 내부회계관리제도에 대해 감사인의 감사 혹은 검토의견 표명 시, 동 법 및 내부회계관리제도 검토기준을 실무상 적용하는 과정에서 감사인의 판단을 돕고 일반적으로 적용 가능한 지침을 제공하는 것을 목적으로 한다.

통제환경은 회사의 내부통제에 대한 경영자 및 직원의 전반적인 태도, 의식, 행동 및 조작문화를 의미한다. 통제환경은 결국 직원들의 내부통제 의식에 대해 영향을 미치게 되므로 조직 전반적인 분위기 형성에 영향을 미치게 되며, 사규 및 규정을 포함한 회사의 조직구조로, 체계를 통해 다른 내부통제 구성요소의 기초가 된다.

감사인은 기업의 재무보고 목적을 달성하기 위한 내부회계관리제도의 설계, 실행 및 운영에 통제활동과 관련된 원칙이 존재하고 기능하는지 여부에 대한 여부를 평가하여야 한다.

4. 감사절차

통제활동과 관련한 원칙(principles) 달성을 위한 구체적인 중점고려사항이 고려되었는가? 만약, 중점고려사항이 회사의 개별상황에 따라 적절하게 조정되거나 적용되지 않은 경우 그 근거를 기재한다.

감사절차 No.	원 칙	중점고려 사항 제목	중점고려사항 내용	중점고려사항 적용 여부	회사의 내부 통제 절차	설계 효과성 결과	설계 효과성 근거	운영 효과성 결과	운영 효과성 근거	미비점 및 기타가항 기재
4-1-1	(원칙 1. 도덕성과 윤리적 가치에 대한 책임) 회사는 도덕성과 윤리적 가치에 대한 책임을 강조한다.	경영진과 이사회의 의지	경영진과 이사회는 내부회계관리제도가 효과적으로 기능할 수 있도록 지침, 조치, 행동을 통해 도덕성과 윤리적 가치의 중요성을 강조한다.	Yes						
4-1-2	(원칙 1. 도덕성과 윤리적 가치에 대한 책임) 회사는 도덕성과 윤리적 가치에 대한 책임을 강조한다.	윤리강령 수립	회사의 윤리강령은 도덕성과 윤리적 가치에 관한 이사회와 고위 경영진의 기대사항을 반영하고 있으며, 회사의 모든 임직원, 외부서비스제공자 및 협력업체가 이를 숙지하고 있다.	Yes						
4-1-3	(원칙 1. 도덕성과 윤리적 가치에 대한 책임) 회사는 도덕성과 윤리적 가치에 대한 책임을 강조한다.	윤리강령 준수 평가	윤리강령의 준수에 대한 개인과 팀의 성과를 평가하는 프로세스가 수립되어 있다.	Yes						
4-1-4	(원칙 1. 도덕성과 윤리적 가치에 대한 책임) 회사는 도덕성과 윤리적 가치에 대한 책임을 강조한다.	윤리강령 위반사항의 적시처리	윤리강령의 위반사항은 적시에 일관된 방식으로 식별되고 개선된다.	Yes						
4-2-1	(원칙 2. 내부회계관리제도 감독 책임) 이사회는 경영진으로부터 독립성을 유지하며 내부회계관리제도의 설계 및 운영을 감독한다.	이사회의 감독책임 정립	이사회는 수립된 요구사항 및 기대사항과 관련된 감독 책임을 인지하고 수용한다. 단, 이사회는 외감법 등 법률에서 정하는 사항과 내부회계관리제도, 내부감사 및 부정방지 프로그램 등의 감독 책임을 감사(위원회)에 위임할 수 있다	Yes						
4-2-2	(원칙 2. 내부회계관리제도 감독 책임) 이사회는 경영진으로부터 독립성을 유지하며 내부회계관리제도의 설계 및 운영을 감독한다.	이사회의 전문성 확보	이사회는 이사회 구성원에게 필요한 기술과 전문지식을 정의하고, 유지하며, 주기적으로 평가한다. 이를 통해 이사회 구성원들이 고위 경영진에게 면밀한 질문을 하고 상응하는 조치를 취할 수 있게 한다.	Yes						

감사절차 No.	원 칙	중점고려 사항 제목	중점고려사항 내용	중점고려사항 적용 여부	회사의 내부 통제 절차	설계 효과성 결과	설계 효과성 근거	운영 효과성 결과	운영 효과성 근거	미비점 및 기타가항 기재
4-2-3	(원칙 2. 내부회계관리제도 감독 책임) 이사회는 경영진으로부터 독립성을 유지하며 내부회계관리제도의 설계 및 운영을 감독한다.	이사회의 독립적 운영	이사회는 경영진의 의사결정을 평가하고 감독함에 있어 경영진으로부터 독립적이며 객관성을 갖춘 충분한 인력을 보유한다.	Yes						
4-2-4	(원칙 2. 내부회계관리제도 감독 책임) 이사회는 경영진으로부터 독립성을 유지하며 내부회계관리제도의 설계 및 운영을 감독한다.	내부회계관리제도 감독 수행	이사회는 경영진의 내부회계관리제도 설계, 구축 및 운영에 대한 감독 책임을 가진다.	Yes						
4-3-1	(원칙 3. 조직구조, 권한 및 책임 정립) 경영진은 내부회계관리제도의 목적을 달성하기 위해 이사회의 감독을 포함한 조직구조, 보고체계 및 적절한 권한과 책임을 정립한다.	조직구조 고려	경영진과 이사회는 회사의 목적 달성을 지원하기 위해 다양한 조직구조(운영단위, 법적 실체, 지역적 분포, 외부서비스제공자 포함)를 고려한다.	Yes						
4-3-2	(원칙 3. 조직구조, 권한 및 책임 정립) 경영진은 내부회계관리제도의 목적을 달성하기 위해 이사회의 감독을 포함한 조직구조, 보고체계 및 적절한 권한과 책임을 정립한다.	보고체계 수립	경영진은 각각의 조직이 권한과 책임을 이행하고 정보교류가 가능한 보고체계를 설계하고 평가한다.	Yes						
4-3-3	(원칙 3. 조직구조, 권한 및 책임 정립) 경영진은 내부회계관리제도의 목적을 달성하기 위해 이사회의 감독을 포함한 조직구조, 보고체계 및 적절한 권한과 책임을 정립한다.	권한과 책임의 정의, 부여 및 제한	경영진과 이사회는 권한을 위임하고 책임을 정의하며 적절한 프로세스와 기술을 활용하여 조직의 다양한 수준의 필요성에 따라 책임을 부여하고 업무를 분장한다.	Yes						
4-4-1	(원칙 4. 적격성 유지) 회사는 내부회계관리제도 목적에 부합하는 적격성 있는 인력을 선발, 육성하고 관리한다.	정책 및 실무절차 수립	정책 및 실무절차는 내부회계관리제도 목적 달성 지원을 위해 필요한 적격성의 기대사항을 반영한다.	Yes						

감사절차 No.	원 칙	중점고려 사항 제목	중점고려사항 내용	중점고려사항 적용 여부	회사의 내부 통제 절차	설계 효과성 결과	설계 효과성 근거	운영 효과성 결과	운영 효과성 근거	미비점 및 기타가항 기재
4-4-2	(원칙 4. 적격성 유지) 회사는 내부회계관리제도 목적에 부합하는 적격성 있는 인력을 선발, 육성하고 관리한다.	적격성 평가 및 보완	경영진과 이사회는 정책 및 실무절차에 의거하여 조직 구성원 및 외부서비스제공자들의 적격성을 평가하고, 평가 결과 파악된 미비사항을 보완하기 위해 필요한 조치를 취한다.	Yes						
4-4-3	(원칙 4. 적격성 유지) 회사는 내부회계관리제도 목적에 부합하는 적격성 있는 인력을 선발, 육성하고 관리한다.	인력 선발, 육성 및 유지	회사는 내부회계관리제도 목적 달성을 지원하기 위해, 충분하고 적격성 있는 인력 및 외부서비스제공자를 선발, 육성하고 유지하는데 필요한 교육과 훈련을 제공한다.	Yes						
4-4-4	(원칙 4. 적격성 유지) 회사는 내부회계관리제도 목적에 부합하는 적격성 있는 인력을 선발, 육성하고 관리한다.	승계계획 및 준비	고위 경영진과 이사회는 내부회계관리제도상 중요한 책임에 관한 승계계획을 수립한다.	Yes						
4-5-1	(원칙 5. 내부회계관리제도 책임 부여) 회사는 조직 구성원들에게 내부회계관리제도의 목적을 달성하기 위해 필요한 책임을 부여한다.	조직구조, 권한 및 책임을 통한 내부회계관리제도 책임 부여	경영진과 이사회는 조직 전체 구성원들과 내부회계관리제도 수행에 관한 책임에 대해 의사소통을 하고, 그들에게 책임을 부여하며 필요한 경우 개선활동을 이행하도록 하는 체계를 수립한다.	Yes						
4-5-2	(원칙 5. 내부회계관리제도 책임 부여) 회사는 조직 구성원들에게 내부회계관리제도의 목적을 달성하기 위해 필요한 책임을 부여한다.	성과 평가 및 보상정책 수립	경영진과 이사회는 장단기 목적 달성의 균형을 고려하고, 조직 전체 구성원의 내부회계관리제도 책임 이행에 적합한 성과평가와 보상정책을 수립한다.	Yes						
4-5-3	(원칙 5. 내부회계관리제도 책임 부여) 회사는 조직 구성원들에게 내부회계관리제도의 목적을 달성하기 위해 필요한 책임을 부여한다.	성과 평가 및 보상정책과의 연계	경영진과 이사회는 내부회계관리제도 목적 달성을 위해 내부회계관리제도 책임 이행과 그에 따른 성과평가 및 보상을 연계한다.	Yes						

감사절차 No.	원 칙	중점고려 사항 제목	중점고려사항 내용	중점고려사항 적용 여부	회사의 내부 통제 절차	설계 효과성 결과	설계 효과성 근거	운영 효과성 결과	운영 효과성 근거	미비점 및 기타가항 기재
4-5-4	(원칙 5. 내부회계관리제도 책임 부여) 회사는 조직 구성원들에게 내부회계관리제도의 목적을 달성하기 위해 필요한 책임을 부여한다.	과도한 압박 고려	경영진과 이사회는 조직 구성원들에게 책임을 부여하고 성과평가지표를 수립하고 평가할 때 관련된 압박이 존재하는지를 평가하고 조정한다.	Yes						
4-5-5	(원칙 5. 내부회계관리제도 책임 부여) 회사는 조직 구성원들에게 내부회계관리제도의 목적을 달성하기 위해 필요한 책임을 부여한다.	개인의 성과 평가, 보상 또는 징계 조치	경영진과 이사회는 내부회계관리제도 책임 이행(윤리강령의 준수 및 적격성의 기대 수준 충족 포함)에 대한 성과를 평가하고, 그 결과에 따라 보상하거나 필요 시 징계 조치를 취한다.	Yes						

원칙의 달성 여부를 판단하기 위해서는 중점고려사항에 대한 감사에 근거하여 판단하였을 때 통제환경과 관련된 모든 원칙이 존재하고 기능하는가?

원 칙	내부회계관리제도 설계 및 운영 개념체계	COSO framework(2013)	존재하는가? (present)	가능하는가? (functioning)	해당 감사절차
원칙 1	(원칙 1. 도덕성과 윤리적 가치에 대한 책임) 회사는 도덕성과 윤리적 가치에 대한 책임을 강조한다.	The organization demonstrates a commitment to integrity and ethical value			4-1-1 4-1-2 4-1-3 4-1-4
원칙 2	(원칙 2. 내부회계관리제도 감독 책임) 이사회는 경영진으로부터 독립성을 유지하며 내부회계관리제도의 설계 및 운영을 감독한다.	The board of directors demonstrates independence from management and exercises oversight of the development and performance of internal control			4-2-1 4-2-2 4-2-3 4-2-4
원칙 3	(원칙 3. 조직구조, 권한 및 책임 정립) 경영진은 내부회계관리제도의 목적을 달성하기 위해 이 사회의 감독을 포함한 조직구조, 보고체계 및 적절한 권한과 책임을 정립한다.	Management establishes, with board oversight, structures, reporting lines, and appropriate authorities and responsibilities in the pursuit of objectives			4-3-1 4-3-2 4-3-3

원 칙	내부회계관리제도 설계 및 운영 개념체계	COSO framework(2013)	존재하는가? (present)	가능하는가? (functioning)	해당 감사절차
원칙 4	(원칙 4. 적격성 유지) 회사는 내부회계관리제도 목적에 부합하는 적격성 있는 인력을 선발, 육성하고 관리한다.	The organization demonstrates a commitment to attract, develop, and retain competent individuals in alignment with objectives			4-4-1 4-4-2 4-4-3 4-4-4
원칙 5	(원칙 5. 내부회계관리제도 책임 부여) 회사는 조직 구성원들에게 내부회계관리제도의 목적을 달성하기 위해 필요한 책임을 부여한다.	The organization holds individuals accountable for their internal control responsibilities in the pursuit of objectives			4-5-1 4-5-2 4-5-3 4-5-4 4-5-4

5. 감사결론

모든 원칙이 존재하고 가능하므로 통제환경에 대한 내부통제는 유효하다. ▾

내부통제가 존재하는가(present)에 대한 입증 : 내부통제의 설계 유효성 평가에 근거함.
내부통제가 가능하는가(functioning)에 대한 입증 : 내부통제의 운영 유효성 평가에 근거함.

| 감사조서 양식(4200 위험평가) |

Prepared by	EM	EP

4200 위험평가(Risk Assessment)

1. 회사명 ABC주식회사

2. 재무상태표일 20×1 - 12 - 31

3. 감사목적

본 조서 서식은 외부감사법 제8조에 따른 회사의 내부회계관리제도에 대해 감사인의 감사 혹은 검토의견 표명 시, 동 법 및 내부회계관리제도 검토기준을 실무상 적용하는 과정에서 감사인의 판단을 돕고 일반적으로 적용 가능한 지침을 제공하는 것을 목적으로 한다.

위험평가는 내부통제제도의 목적 달성을 저해하는 위험을 식별하고 평가 및 분석하는 활동을 의미한다. 구체적이고 명확한 목적을 설정하여 관련된 위험을 파악하고, 파악된 위험의 중요도(심각성) 정도를 평가한다. 동 절차에서 부정위험 평가를 포함하여 고려하고, 회사의 중요한 변화사항을 고려하여 기존에 평가한 위험을 지속적으로 유지, 관리하는 것을 포함한다.

감사인은 기업의 재무보고 목적을 달성하기 위한 내부회계관리제도의 설계, 실행 및 운영에 통제활동과 관련된 원칙이 존재하고 기능하는지 여부에 대한 여부를 평가하여야 한다.

4. 감사절차

위험평가와 관련한 원칙(principles) 달성을 위한 구체적인 중점고려사항이 고려되었는가?

만약, 중점고려사항이 회사의 개별상황에 따라 적절하게 조정되거나 적용되지 않은 경우 그 근거를 기재한다.

감사절차 No.	원 칙	중점고려 사항 제목	중점고려사항 내용	중점고려사항 적용 여부	회사의 내부 통제 절차	설계 효과성 결과	설계 효과성 근거	운경 효과성 결과	운영 효과성 근거	미비점 및 기타가항 기재
4-6-1	(원칙 6. 구체적인 목적 수립) 회사는 관련된 위험을 식별하고 평가할 수 있도록 내부회계관리제도의 목적을 명확하게 설정한다.	적합한 회계기준의 준수	신뢰할수 있는 외부재무 제표를 작성할 때, 경영진은 회사에 적용되는 회계 기준을 고려한다. 또한 경영진은 회사의 상황과 목적에 적합한 회계원칙을 채택하고 일관성 있게 적용한다.							
4-6-2	(원칙 6. 구체적인 목적 수립) 회사는 관련된 위험을 식별하고 평가할 수 있도 록 내부회계관리제도의 목적을 명확하게 설정한다.	회사 활동의 실질 반영	외부 재무보고는 재무정보의 질적 특성과 경영자 주장을 뒷받침할 수 있는 기초 거래와 사건을 반영한다.							
4-6-3	(원칙 6. 구체적인 목적 수립) 회사는 관련된 위험을 식별하고 평가할 수 있도록 내부회계관리제도의 목적을 명확하게 설정한다.	중요성 고려	경영진은 재무제표 표시에 있어 중요성을 고려한다.							
4-7-1	(원칙 7. 위험 식별 및 분석) 회사는 목적 달성에 영향을 미치는 위험을 전사적으로 식별하고, 위험 관리방안을 수립하기 위해 위험을 분석한다.	회사 내 다양한 조직 수준 고려	회사는 회사, 종속회사, 부문, 운영 팀 및 기능 단위 등 회사 전체 조직 단위에서 목적 달성과 관련된 위험을 식별하고 평가한다.							
4-7-2	(원칙 7. 위험 식별 및 분석) 회사는 목적 달성에 영향을 미치는 위험을 전사적으로 식별하고, 위험 관리방안을 수립하기 위해 위험을 분석한다.	외부 재무보고에 영향을 미치는 내부 및 외부 요인 분석	내부 및 외부 요인과 그 요인들이 외부에 공시되는 재무제표의 신뢰성을 확보하는 목적을 달성하는데 미치는 영향을 고려한다.							
4-7-3	(원칙 7. 위험 식별 및 분석) 회사는 목적 달성에 영향을 미치는 위험을 전사적으로 식별하고, 위험 관리방안을 수립하기 위해 위험을 분석한다.	적절한 수준의 경영진 참여	적절한 수준의 경영진이 참여하는 효과적인 위험평가체계를 구축한다.							

감사절차 No.	원 칙	중점고려 사항 제목	중점고려사항 내용	중점고려사항 적용 여부	회사의 내부 통제 절차	설계 효과성 결과	설계 효과성 근거	운영 효과성 결과	운영 효과성 근거	미비점 및 기타가항 기재
4-7-4	(원칙 7. 위험 식별 및 분석) 회사는 목적 달성에 영향을 미치는 위험을 전사적으로 식별하고, 위험 관리방안을 수립하기 위해 위험을 분석한다.	식별된 위험의 중요성 평가	회사는 해당 위험의 잠재적인 중요성을 평가하는 절차를 포함한 프로세스를 통해 식별된 위험을 분석한다.							
4-7-5	(원칙 7. 위험 식별 및 분석) 회사는 목적 달성에 영향을 미치는 위험을 전사적으로 식별하고, 위험 관리방안을 수립하기 위해 위험을 분석한다.	위험 대응 방안 결정	위험평가 결과 식별된 재무제표 왜곡표시 위험에 대하여는 적절한 위험 대응 방안을 결정하여 시행한다.							
4-8-1	(원칙 8. 부정위험 평가) 내부회계관리제도 목적 달성에 대한 위험 평가 시 잠재적인 부정 가능성을 고려한다.	다양한 부정의 유형 고려	부정위험 평가 시 다양한 방식의 부정과 비리행위로부터 비롯되는 부정한 재무보고, 자산의 잠재적 손실, 부패 등을 고려한다.							
4-8-2	(원칙 8. 부정위험 평가) 내부회계관리제도 목적 달성에 대한 위험 평가 시 잠재적인 부정 가능성을 고려한다.	유인과 압력의 평가	부정위험 평가 시 유인(incentive)과 압력(pressure)으로 인한 부정의 발생가능성을 고려한다.							
4-8-3	(원칙 8. 부정위험 평가) 내부회계관리제도 목적 달성에 대한 위험 평가 시 잠재적인 부정 가능성을 고려한다.	기회 평가	부정위험 평가 시 취약한 통제활동 등으로 인해 승인되지 않은 자산의 취득?사용?처분, 재무보고기록의 변경, 기타 부적절한 행위 등 부정을 저지를 수 있는 기회가 발생할 수 있는 가능성을 고려한다.							
4-8-4	(원칙 8. 부정위험 평가) 내부회계관리제도 목적 달성에 대한 위험 평가 시 잠재적인 부정 가능성을 고려한다.	태도와 합리화에 대한 평가	부정위험 평가 시 임직원이 어떻게 부적절한 행위에 연관되는지와 어떻게 부적절한 행위를 정당화 하는지를 고려한다.							
4-9-1	(원칙 9. 중요한 변화의 식별과 분석) 회사는 내부회계관리제도에 중요한 영향을 미치는 변화를 식별·분석하여 내부회계관리제도를 유지·관리한다.	외부 환경 변화의 평가	위험을 식별하는 과정에서 사업과 관련된 규제의 변화, 경제적인 변화, 물리적 환경의 변화 등이 내부회계관리제도에 미치는 영향을 고려한다.							

감사절차 No.	원 칙	중점고려 사항 제목	중점고려사항 내용	중점고려사항 적용 여부	회사의 내부 통제 절차	설계 효과성 결과	설계 효과성 근거	운영 효과성 결과	운영 효과성 근거	미비점 및 기타가항 기재
4-9-2	(원칙 9. 중요한 변화의 식별과 분석) 회사는 내부회계관리제도에 중요한 영향을 미치는 변화를 식별·분석하여 내부회계관리제도를 유지·관리한다.	사업모델 변화의 평가	새로운 사업영역이나 기존 사업구성의 급격한 변화, 기업인수나 사업양수도, 급격한 성장, 해외 의존도의 변화, 새로운 기술 등이 내부회계관리제도에 미치는 영향을 고려한다.							
4-9-3	(원칙 9. 중요한 변화의 식별과 분석) 회사는 내부회계관리제도에 중요한 영향을 미치는 변화를 식별·분석하여 내부회계관리제도를 유지·관리한다.	리더십 변화의 평가	회사는 경영진의 변경과, 이에 따른 경영진의 태도 및 철학의 변화가 내부회계관리제도에 미치는 영향을 고려한다.							

원칙의 달성여부를 판단하기 위해서는 중점고려사항에 대한 감사에 근거하여 판단하였을 때 통제환경과 관련된 모든 원칙이 존재하고 기능하는가?

원 칙	내부회계관리제도 설계 및 운영 개념체계	COSO framework(2013)	존재하는가? (present)	기능하는가? (functioning)	해당 감사절차
원칙 6	(원칙 6. 구체적인 목적 수립) 회사는 관련된 위험을 식별하고 평가할 수 있도록 내부회계관리제도의 목적을 명확하게 설정한다.	The organization specifies objectives with sufficient clarity to enable the identification and assessment of risks relating to objectives • Operations objectives • External financial reporting objectives • External Non-financial reporting objectives • Internal reporting objectives • Complianoe objectives			4-6-1 4-6-2 4-6-3

원 칙	내부회계관리제도 설계 및 운영 개념체계	COSO framework(2013)	존재하는가? (present)	기능하는가? (functioning)	해당 감사절차
원칙 7	(원칙 7. 위험 식별 및 분석) 회사는 목적 달성에 영향을 미치는 위험을 전사적으로 식별하고, 위험 관리방안을 수립하기 위해 위험을 분석한다.	The organization identities risks to the achieve-ment of its objectives across the entity and analyzes risks as a basis for determining how the risks should be managed			4-7-1 4-7-2 4-7-3 4-7-4 4-7-5
원칙 8	(원칙 8. 부정위험 평가) 내부회계관리제도 목적 달성에 대한 위험 평가 시 잠재적인 부정 가능성을 고려한다.	The organization consider the potential for fraud in assessing risks to the achievement of objectives			4-8-1 4-8-2 4-8-3 4-8-4
원칙 9	(원칙 9. 중요한 변화의 식별과 분석) 회사는 내부회계관리제도에 중요한 영향을 미치는 변화를 식별·분석하여 내부회계관리제도를 유지·관리한다.	The organization identities and assesses changes that could significantly impact the system of internal control			4-9-1 4-9-2 4-9-3

5. 감사결론

모든 원칙이 존재하고 기능하므로 위험평가에 대한 내부통제는 유효하다.

내부통제가 존재하는가(present)에 대한 입증 : 내부통제의 설계 유효성 평가에 근거함.
내부통제가 가능하는가(functioning)에 대한 입증 : 내부통제의 운영 유효성 평가에 근거함.

| 감사조서 양식(4400 정보 및 의사소통) |

Prepared by	EM	EP

4400 정보 및 의사소통(Information and Communication)

1. 회사명 ABC주식회사

2. 재무상태표일 20×1 - 12 - 31

3. 감사목적

본 조서 서식은 외부감사법 제8조에 따른 회사의 내부회계관리제도에 대해 감사인의 감사 혹은 검토의견 표명 시, 동 법 및 내부회계관리제도 검토기준을 실무상 적용하는 과정에서 감사인의 판단을 돕고 일반적으로 적용 가능한 지침을 제공하는 것을 목적으로 한다.

정보 및 의사소통은 조직 구성원이 내부통제제도의 책임을 수행할 수 있도록 신뢰성있는 정보를 활용할 수 있는체계를 구비하고 4가지 통제 구성요소에 대한 대내외 의사소통이 원활하게 이뤄질 수 있는 체계를 포함한다.

감사인은 기업의 재무보고 목적을 달성하기 위한 내부회계관리제도의 설계, 실행 및 운영에 정보 및 의사소통과 관련된 원칙이 존재하고 기능하는지 여부에 대한 여부를 평가하여야 한다.

4. 감사절차

위험평가와 관련한 원칙(principles) 달성을 위한 구체적인 중점고려사항이 고려되었는가?

만약, 중점고려사항이 회사의 개별상황에 따라 적절하게 조정되거나 적용되지 않은 경우 그 근거를 기재한다.

감사절차 No.	원 칙	중점고려 사항 제목	중점고려사항 내용	중점고려사항 적용 여부	회사의 내부 통제 절차	설계 효과성 결과	설계 효과성 근거	운영 효과성 결과	운영 효과성 근거	미비점 및 기타가항 기재
4-13-1	(원칙 13. 관련 있는 정보의 사용) 회사는 내부회계 관리제도의 운영을 지원하기 위하여 관련 있는 양질의 정보를 취득 또는 생산하고 사용한다.	정보 요구사항의 식별	회사의 내부회계관리제도 목적 달성과 내부회계관리 제도 구성요소들의 기능을 지원하기 위해 필요하고 요구되는 정보를 식별하는 절차가 수립되어 있다.							
4-13-2	(원칙 13. 관련 있는 정보의 사용) 회사는 내부회계 관리제도의 운영을 지원하기 위하여 관련 있는 양질의 정보를 취득 또는 생산하고 사용한다.	내부 및 외부의 데이터 원천 포착	정보시스템은 내부 및 외부의 데이터 원천을 포착한다.							
4-13-3	(원칙 13. 관련 있는 정보의 사용) 회사는 내부회계 관리제도의 운영을 지원하기 위하여 관련 있는 양질의 정보를 취득 또는 생산하고 사용한다.	관련 있는 데이터를 의미있는 정보로 변환	정보시스템은 관련 있는 데이터를 처리하여 의미있는 정보로 변환한다.							
4-13-4	(원칙 13. 관련 있는 정보의 사용) 회사는 내부회계 관리제도의 운영을 지원하기 위하여 관련 있는 양질의 정보를 취득 또는 생산하고 사용한다.	정보 처리 과정에서 품질의 유지·관리	정보시스템은 시의적절하고, 최신의, 정확하고, 완전하고, 접근가능하고, 보호되고, 검증가능한 정보를 생산하고 유지하며 동 정보가 내부회계관리제도 구성요소 지원에 적절한 정보인지 검토한다.							
4-13-5	(원칙 13. 관련 있는 정보의 사용) 회사는 내부회계관리제도의 운영을 지원하기 위하여 관련 있는 양질의 정보를 취득 또는 생산하고 사용한다.	비용과 효익 고려	의사소통 대상이 되는 정보의 성격, 양, 상세한 정도는 회사의 내부회계관리제도 목적에 부합하고, 목적 달성을 지원한다.							
4-14-1	(원칙 14. 내부 의사소통) 회사는 내부회계관리제도의 운영을 지원하기 위하여 필요한 내부회계관리제도에 대한 목적과 책임 등의 정보에 대해 내부적으로 의사소통한다.	내부회계관리제도 정보에 대한 의사소통	모든 직원이 내부회계관리제도 책임을 이해하고 이행하기 위해 필요한 정보를 교환하는 프로세스가 존재한다.							

감사절차 No.	원 칙	중점고려 사항 제목	중점고려사항 내용	중점고려사항 적용 여부	회사의 내부 통제 절차	설계 효과성 결과	설계 효과성 근거	운영 효과성 결과	운영 효과성 근거	미비점 및 기타가항 기재
4-14-2	(원칙 14. 내부 의사소통) 회사는 내부회계관리제도의 운영을 지원하기 위하여 필요한 내부회계관리제도에 대한 목적과 책임 등의 정보에 대해 내부적으로 의사소통한다.	경영진과 이사회 간의 의사소통	경영진과 이사회는 회사의 내부회계관리제도 목적과 관련한 각자의 역할 수행을 위해 요구되는 정보를 얻을 수 있도록 양자 간에 의사소통한다.							
4-14-3	(원칙 14. 내부 의사소통) 회사는 내부회계관리제도의 운영을 지원하기 위하여 필요한 내부회계관리제도에 대한 목적과 책임 등의 정보에 대해 내부적으로 의사소통한다.	별도의 의사소통 라인 제공	통상적인 의사소통 채널이 비효과적인 경우를 대비하여 익명 또는 비밀이 보장된 의사소통이 가능하도록 내부고발제도 같은 별도의 의사소통 채널이 갖추어져 있다.							
4-14-4	(원칙 14. 내부 의사소통) 회사는 내부회계관리제도의 운영을 지원하기 위하여 필요한 내부회계관리제도에 대한 목적과 책임 등의 정보에 대해 내부적으로 의사소통한다.	적절한 의사소통 방법 선택	시기, 대상자 및 정보의 성격을 고려하여 의사소통의 방법을 선택한다.							
4-15-1	(원칙 15. 외부 의사소통) 회사는 내부회계관리제도의 운영에 영향을 미치는 사항에 대해 외부관계자와 의사소통한다.	외부관계자와의 의사소통	주주, 협력업체, 소유주, 규제기관, 고객, 재무분석가 등 외부관계자와 관련 있는 정보를 적시에 의사소통할 수 있는 프로세스가 구축되어 있다.							
4-15-2	(원칙 15. 외부 의사소통) 회사는 내부회계관리제도의 운영에 영향을 미치는 사항에 대해 외부관계자와 의사소통한다.	외부로부터의 의사소통	고객, 소비자, 공급자, 외부감사인, 규제기관, 재무분석가 등 외부관계자의 의견을 수렴하여 경영진과 이사회에 관련 있는 정보를 제공할 수 있는 개방된 의사소통 채널을 마련한다.							
4-15-3	(원칙 15. 외부 의사소통) 회사는 내부회계관리제도의 운영에 영향을 미치는 사항에 대해 외부관계자와 의사소통한다.	이사회와의 의사소통	외부관계자가 수행한 평가로부터 도출된 관련 있는 정보는 이사회와 의사소통된다.							

감사절차 No.	원 칙	중점고려 사항 제목	중점고려사항 내용	중점고려사항 적용 여부	회사의 내부 통제 절차	설계 효과성 결과	설계 효과성 근거	운영 효과성 결과	운영 효과성 근거	미비점 및 기타가항 기재
4-15-4	(원칙 15. 외부 의사소통) 회사는 내부회계관리제도의 운영에 영향을 미치는 사항에 대해 외부관계자와 의사소통한다.	별도의 의사소통 라인 제공	통상적인 의사소통 채널이 작동하지 않거나 비효과적인 경우를 대비하여 익명 또는 비밀이 보장된 의사소통이 가능하도록 내부고발제도와 같은 별도의 의사소통 채널이 갖추어져 있다.							
4-15-5	(원칙 15. 외부 의사소통) 회사는 내부회계관리제도의 운영에 영향을 미치는 사항에 대해 외부관계자와 의사소통한다.	적절한 의사소통 방법 선택	의사소통의 시기, 대상, 성격뿐만 아니라 법률, 규제, 주주 및 이해관계자의 요구사항 및 기대를 고려하여 의사소통 방법을 선택한다.							

원칙의 달성여부를 판단하기 위해서는 중점고려사항에 대한 감사에 근거하여 판단하였을 때 통제환경과 관련된 모든 원칙이 존재하고 기능한가?

원 칙	내부회계관리제도 설계 및 운영 개념체계	COSO framework(2013)	존재하는가? (present)	기능하는가? (functioning)	해당 감사절차
원칙 13	(원칙 13. 관련 있는 정보의 사용) 회사는 내부회계관리제도의 운영을 지원하기 위하여 관련 있는 양질의 정보를 취득 또는 생산하고 사용한다.	The organization obtains or generates and uses relevant, quality information to support the functioning of other components of internal control			4-13-1 4-13-2 4-13-3 4-13-4 4-13-5
원칙 14	(원칙 14. 내부 의사소동) 회사는 내부회계관리제도의 운영을 지원하기 위하여 필요한 내부회계관리제도에 대한 목적과 책임 등의 정보에 대해 내부적으로 의사소통한다.	The organization internally communicates information, including objectives and responsibilities for internal control, necessary to support the functioning of other componests of internal control			4-14-1 4-14-2 4-14-3 4-14-4

원 칙	내부회계관리제도 설계 및 운영 개념체계	COSO framework(2013)	존재하는가? (present)	기능하는가? (functioning)	해당 감사절차
원칙 15	(원칙 15. 외부 의사소통) 회사는 내부회계 관리제도의 운영에 영향을 미치는 사항에 대해 외부관계자와 의사소통한다.	The organization communicates with external parties regarding matters affecting the functioning of other components of internal control			4-15-1 4-15-2 4-15-3 4-15-4 4-15-5

5. 감사결론

모든 통칙이 존재하고 기능하므로 정보 및 의사소통에 대한 내무통제는 유효하다.

내부통제가 존재하는가(present)에 대한 입증 : 내부통제의 설계 유효성 평가에 근거함.
내부통제가 가능하는가(functioning)에 대한 입증 : 내부통제의 운영 유효성 평가에 근거함.

| 감사조서 양식(4500 모니터링) |

Prepared by	EM	EP

4500 모니터링(Monitoring)

1. 회사명 ABC주식회사

2. 재무상태표일 20×1-12-31

3. 감사목적

본 조서 서식은 외부감사법 제 8조에 따른 회사의 내부회계관리제도에 대해 감사인의 감사 혹은 검토의견 표명 시, 동 법 및 내부회계관리제도 검토기준을 실무상 적용하는 과정에서 감사인의 판단을 돕고 일반적으로 적용 가능한 지침을 제공하는 것을 목적으로 한다.

모니터링 활동은 내부통제제도의 설계와 운영의 효과성을 평가하고 유지하기 위해 상시적인 모니터링과 독립적인 평가 또는 두 가지의 결합을 고려한 평가를 수행하고 발견된 미비점을 적시에 개선할 수 있는 체계를 포함한다.

감사인은 기업의 재무보고 목적을 달성하기 위한 내부회계관리제도의 설계, 실행 및 운영에 모니터링 활동과 관련된 원칙이 존재하고 기능하는지 여부에 대한 여부를 평가하여야 한다.

4. 감사절차

모니터링과 관련한 원칙(principles) 달성을 위한 구체적인 중점고려사항이 고려되었는가?

만약, 중점고려사항이 회사의 개별상황에 따라 적절하게 조정되거나 적용되지 않는 경우 그 근거를 기재한다.

감사절차 No.	원 칙	중점고려 사항 제목	중점고려사항 내용	중점고려사항 적용 여부	회사의 내부 통제 절차	설계 효과성 결과	설계 효과성 근거	운영 효과성 결과	운영 효과성 근거	미비점 및 기타가항 기재
4-16-1	(원칙 16. 상시적인 모니터링과 독립적인 평가 수행) 회사는 상시적인 모니터링과 독립적인 평가 방안을 수립하여 내부회계관리제도 설계 및 운영의 적정성을 평가한다.	상시적인 모니터링과 독립적인 평가의 결합 고려	경영진은 상시적인 모니터링과 그 독립적인 평가의 균형을 고려한다.							
4-16-2	(원칙 16. 상시적인 모니터링과 독립적인 평가 수행) 회사는 상시적인 모니터링과 독립적인 평가 방안을 수립하여 내부회계관리제도 설계 및 운영의 적정성을 평가한다.	변화의 정도 고려	경영진은 상시적인 모니터링과 독립적인 평가를 선택하고 구축할 때, 업무와 업무프로세스의 변화 정도를 고려한다.							
4-16-3	(원칙 16. 상시적인 모니터링과 독립적인 평가 수행) 회사는 상시적인 모니터링과 독립적인 평가 방안을 수립하여 내부회계관리제도 설계 및 운영의 적정성을 평가한다.	출발점(Baseline)의 설정	내부회계관리제도의 설계와 현재 상태는 상시적인 모니터링과 독립적인 평가를 위한 출발점을 수립하는 데 활용된다.							
4-16-4	(원칙 16. 상시적인 모니터링과 독립적인 평가 수행) 회사는 상시적인 모니터링과 독립적인 평가 방안을 수립하여 내부회계관리제도 설계 및 운영의 적정성을 평가한다.	충분한 지식을 갖춘 인력 활용	상시적인 모니터링과 독립적인 평가를 수행하는 평가자들은 평가 대상에 대한 충분한 지식을 보유하고 있다.							
4-16-5	(원칙 16. 상시적인 모니터링과 독립적인 평가 수행) 회사는 상시적인 모니터링과 독립적인 평가 방안을 수립하여 내부회계관리제도 설계 및 운영의 적정성을 평가한다.	업무프로세스와의 통합	상시적인 모니터링은 업무프로세스에 내재되고 변화하는 상황에 따라 조정된다.							

감사절차 No.	원 칙	중점고려 사항 제목	중점고려사항 내용	중점고려사항 적용 여부	회사의 내부 통제 절차	설계 효과성 결과	설계 효과성 근거	운영 효과성 결과	운영 효과성 근거	미비점 및 기타가항 기재
4-16-6	(원칙 16. 상시적인 모니터링과 독립적인 평가 수행) 회사는 상시적인 모니터링과 독립적인 평가 방안을 수립하여 내부회계관리제도 설계 및 운영의 적정성을 평가한다.	범위와 빈도 조정	경영진은 위험의 중요성에 따라 독립적인 평가의 범위와 빈도를 달리한다.							
4-16-7	(원칙 16. 상시적인 모니터링과 독립적인 평가 수행) 회사는 상시적인 모니터링과 독립적인 평가 방안을 수립하여 내부회계관리제도 설계 및 운영의 적정성을 평가한다.	객관적인 평가	객관적인 피드백을 제공하기 위해 주기적으로 독립적인 평가가 수행된다.							
4-17-1	(원칙 17 미비점 평가와 개선활동) 회사는 내부회계관리제도의 미비점을 평가하고 필요한 개선활동을 적시에 수행한다.	결과 평가	경영진과 이사회는 상시적인 모니터링과 독립적인 평가 결과에 대해 적절히 평가한다.							
4-17-2	(원칙 17 미비점 평가와 개선활동) 회사는 내부회계관리제도의 미비점을 평가하고 필요한 개선활동을 적시에 수행한다.	미비점 의사소통	내부회계관리제도의 미비점은 개선활동을 수행할 책임이 있는 담당자와 책임자(일반적으로 차상위자, 필요시 고위 경영진과 이사회 포함), 이사회와 적절하게 의사소통된다.							
4-17-3	(원칙 17 미비점 평가와 개선활동) 회사는 내부회계관리제도의 미비점을 평가하고 필요한 개선활동을 적시에 수행한다.	개선활동에 대한 모니터링 활동	경영진은 통제 미비점들이 적시에 개선되는지 확인한다.							

원칙의 달성여부를 판단하기 위해서는 중점고려사항에 대한 감사에 근거하여 판단하였을 때 통제환경과 관련된 모든 원칙이 존재하고 가능한가?

원 칙	내부회계관리제도 설계 및 운영 개념체계	COSO framework(2013)	존재하는가? (present)	가능하는가? (functioning)	해당 감사절차
원칙 16	(원칙 16. 상시적인 모니터링과 독립적인 평가 수행) 회사는 상시적인 모니터링과 독립적인 평가 방안을 수립하여 내부회계관리제도 설계 및 운영의 적정성을 평가한다.	The organization selects, develops, and performs on going and/or separate evaluations to ascertain whether the components of internal control are presentand functioning			4-16-1 4-16-2 4-16-3 4-16-4 4-16-5 4-16-6 4-16-7
원칙 17	(원칙 17. 미비점 평가와 개선활동) 회사는 내부회계관리제도의 미비점을 평가하고 필요한 개선활동을 적시에 수행한다.	The organization evaluates and communicates internal control deficiencies in a timely manner to those parties responsible for taking corrective action, including senior management and the board of directors, as appropriate			4-17-1 4-17-2 4-17-3

5. 감사결론

모든 원칙이 존재하고 기능하므로 모니터링에 대한 내무통제는 유효하다.

내부통제가 존재하는가(present)에 대한 입증 : 내부통제의 설계 유효성 평가에 근거함.
내부통제가 가능하는가(functioning)에 대한 입증 : 내부통제의 운영 유효성 평가에 근거함.

| 감사조서 양식(5600 보고기간말 재무보고 내부통제에 대한 감사) |

Prepared by	EM	EP

5600 보고기간말 재무보고 내부통제에 대한 감사

1. 회사명 ABC주식회사

2. 재무상태표일 20×1-12-31

3. 감사목적

본 조서 서식은 외감법 제8조에 따른 회사의 내부회계관리제도에 대해 감사인의 감사 혹은 검토의견 표명 시, 동 법 및 내부회계관리제도 검토기준을 실무상 적용하는 과정에서 감사인의 판단을 돕고 일반적으로 적용 가능한 지침을 제공하는 것을 목적으로 한다.

재무보고 맞 통합감사에 중요하기 때문에, 감사인은 보고기간말 재무보고 프로세스를 평가하여야 한다(감사기준서 1100 문단27).

4. 감사절차

4-1. 보고기간말 재무보고 프로세스는 다음을 포함하는지 확인한다(감사기준서 1100 문단27).

감사기준서	내 용	관련조서번호
문단 27 a.	총계정원장에 거래총액을 기표하기 위해 사용하는 절차	
문단 27 b.	회계정책의 선택과 적용과 관련된 절차	
문단 27 c.	총계정원장에 분개를 생성, 승인, 기록 및 처리하기 위해 사용되는 절차	
문단 27 d.	연차 및 분기 재무제표에 반복적, 비반복적 조정사항을 기록하기 위해 사용되는 절차	
문단 27 e.	연차 및 분기 재무제표를 작성하기 위한 절차	

4-2. 보고기간말 재무보고 프로세스 평가의 일환으로 감사인은 다음을 평가하여야 한다(감사기준서 1100 문단28).

감사기준서	내 용	관련조서번호
문단 28 a.	기업이 재무제표 생성을 위해 사용하는 프로세스의 입력자료, 수행하는 절차 및 산출물	
문단 28 b.	보고기간말 재무보고 프로세스에 정보기술이 관련되는 정도	
문단 28 c.	경영진에서 누가 참여하는지	
문단 28 d.	보고기간말 재무보고 프로세스에 포함되는 사업장	
문단 28 e.	조정사항 및 연결조정 분개의 유형	
문단 28 f.	경영진과 지배기구가 프로세스에 대해 수행하는 감사의 성격 및 범위	

5. 감사결론

상기 감사결과에 근거하여 보고기간말 재무보고 프로세스는 효과적이다. ▾

9.2.3.3 업무 수준 통제

감사인은 유의적인 거래유형, 계정잔액 및 공시와 관련경영진주장[160]을 식별하여야 한다. 관련경영진주장(relevant assertions)은 감사기준서 1100에서 도입된 개념으로 경영진주장(경영자 주장)과 그 의미를 달리한다. 관련경영진주장은 "5.4.2.2 위험식별(identify risks)"에 의해 도출된 경영진 주장(경영자 주장)의 구체적인 왜곡위험으로 중요성 금액과 발생가능성을 포함한 개념이라고 할 수 있다.

감사인은 유의적인 거래유형, 계정잔액 및 공시와 관련하여 양적 및 질적 요소를 모두 고려하여 관련경영진주장을 식별하고, 재무제표의 중요한 왜곡표시를 야기할 수 있는 원천에 대하여 이해하고 테스트의 대상을 선정한다. 이러한 절차는 재무제표 왜곡위험과 관련한 프로세스를 이해하고 평가하는 업무수준 통제의 내용으로 이해하여야 한다.

감사인은 잠재적 왜곡표시의 발생 가능한 원천(Likely source of potential misstatements)을 더 많이 이해하기 위하여, 그리고 테스트 대상 통제를 선정하는 것의 일부로써 다음의 절차를 감사인이 직접 수행하여야 한다(감사기준서 1100 문단33, 34). 이러한 절차에는 IT 내부통제(ITGC 등)의 내용을 포함한다.

- 거래가 개시, 승인, 기록, 처리 및 보고되는 방법을 포함하여, 관련경영진주장과 관련된 거래의 흐름을 이해한다.
- 개별적으로 혹은 다른 왜곡표시와 결합하여 중요한 왜곡표시(부정으로 인한 왜곡표시 포함)가 발생할 수 있는 기업 프로세스 내의 지점을 식별한다(예를 들어, 정보가 개시, 이전 또는 수정되는 지점).
- 잠재적 왜곡표시에 대처하기 위하여 경영진이 실행한 통제를 식별한다.

160) 감사기준서 1100에서 관련경영진주장(relevant assertion)은 재무제표의 중요한 왜곡표시를 야기할 왜곡표시 또는 왜곡표시들을 포함할 가능성이 낮지 않은 재무제표 주장으로 정의하고 있다. 이는 경영진주장(혹은 경영자 주장)에 대한 구체적인 위험판단과 발생가능성을 포함하는 개념이므로 경영진 주장이 관련경영진주장인지 여부에 대한 결정은 통제의 효과와 상관없이 고유위험에 근거하여야 한다.

- 재무제표에 중요한 영향을 미칠 수 있는 승인되지 않은 기업 자산의 취득, 사용 또는 처분을 예방하거나 적시에 발견·수정하기 위해 경영진이 실행한 통제를 식별한다.

| 감사조서 양식(5000 업무수준 통제에 대한 감사) |

Prepared by	EM	EP

5000 업무수준통제에 대한 감사

1. 회사명 ABC주식회사

2. 재무상태표일 20×1-12-31

3. 감사목적

본 조서 서식은 외감법 제8조에 따른 회사의 내부회계관리제도에 대해 감사인의 감사 혹은 검토의견 표명 시, 동 법 및 내부회계관리제도 검토기준을 실무상 적용하는 과정에서 감사인의 판단을 돕고 일반적으로 적용 가능한 지침을 제공하는 것을 목적으로 한다.

감사인은 기업이 효과적인 내부회계관리제도를 갖추고 있는지 여부에 대한 감사인의 결론에 중요한 전사적 수준 통제를 식별하고 테스트하여야 한다(감사기준서 1100 문단24).

5개의 내부통제 구성요소는 전사수준통제 혹은 업무수준통제를 통하여 내부회계관리제도에 구현될 수 있다. 회사의 내부회계관리제도는 5개의 내부통제 구성요소를 어떻게 내부회계관리제도에 구현하였는가?

내부통제 구성요소	전사수준통제	업무수준통제
통제환경(Control environment)	☐	☐
위험평가(Risk Assessment)	☐	☐
통제활동(Control Acivities)	☐	☐
정보 및 의사소통(Information and Communication)	☐	☐
모니터링(Monitoring)	☐	☐

내부회계관리제도에 대하여 전제적으로 의견을 표명하기 위해서는 감사인은 모든 관련경영진주장에 대하여 선정된 통제의 효과성에 대한 증거를 입수하여야 하며(감사기준서 1100 문단11) 모든 관련경영진주장에 대하여 실증절차를 수행하여야 한다(감사기준서 1100 문단12).

업무수준통제는 재무제표 왜곡표시위험(경영진주장에 대한 왜곡표시 위험)을 식별하고, 그러한 재무보고 위험을 적절히 다룰 수 있는 내부통제를 식별한다. 재무제표 위험과 관련 내부통제가 식별된 후 그 내부통제가 위험을 예방 혹은 적발할 수 있도록 적절하게 설계되고 운영되었는지 평가한다.

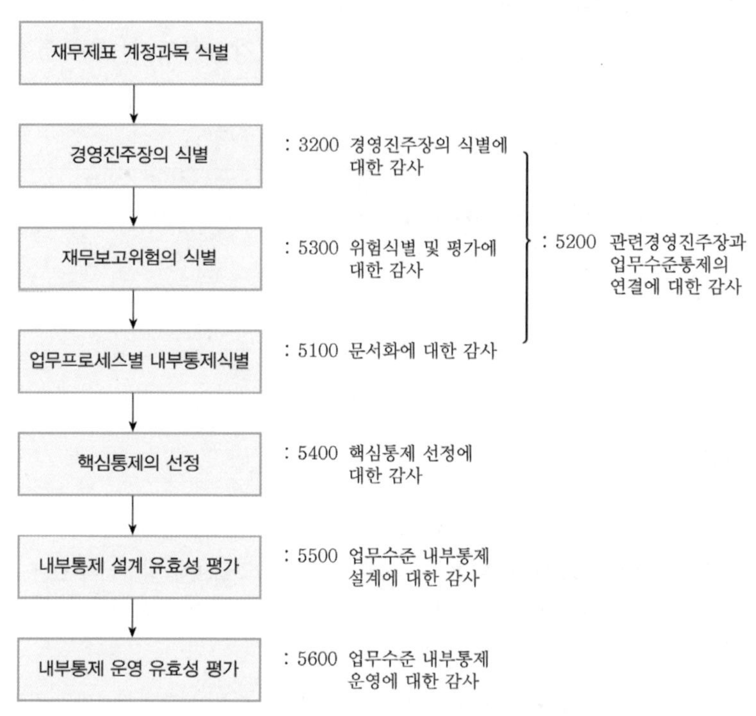

내부통제 구성요소	감사결과	조서번호
문서화에 대한 감사		5100
경영진주장과 업무수준통제의 연결에 대한 감사		5200
위험식별 및 평가에 대한 감사		5300
내부통제 식별 및 핵심통제 선정에 대한 감사		5400
업무수준 내부통제 설계와 운영에 대한 감사		5500
보고기간말 재무보고 내부통제에 대한 감사		5600

4. 감사결론

상기 검토결론에 근거하여 볼 때 업무수준통제의 설계 및 운영은 적절하다. ▾

| 감사조서 양식(5100 문서화에 대한 감사) |

Prepared by	EM	EP

5100 문서화에 대한 감사

1. 회사명 ABC주식회사

2. 재무상태표일 20×1 - 12 - 31

3. 감사목적

본 조서 서식은 외감법 제8조에 따른 회사의 내부회계관리제도에 대해 감사인의 감사 혹은 검토의견 표명 시, 동 법 및 내부회계관리제도 검토기준을 실무상 적용하는 과정에서 감사인의 판단을 돕고 일반적으로 적용 가능한 지침을 제공하는 것을 목적으로 한다.

회사는 내부회계관리제도와 관련된 문서화를 수행하여야 하며(내부회계관리제도 설계 및 운영 개념체계 문단30), 효과적인 내부회계관리제도의 설계와 운영을 확신하기 위해서도 문서화가 반드시 필요하다(문단31). 또한, 경영진은 문서화를 통해 내부회계관리제도의 효과성에 대하여 뒷받침할 책임이 있다(감사기준서 1100 문단7).

4. 감사절차

파악된 모든 프로세스에 대하여 업무수준통제의 설계와 운영을 위한 문서화가 존재하는가(완전성)?

Cycle	Process	Sub-process	업무기술서	업무흐름도	통제기술서	문서화되지 않은 경우 내부통제 식별에 미치는 영향을 기재한다.	문서화되지 않은 경우 내부통제 운영에 미치는 영향을 기재한다.

내부회계관리제도의 평가를 위한 범위선정이나 평가근거 및 결과 등은 문서화 없이 고위 경영진의 머릿속에서만 수행될 수 없음을 고려한다(내부회계관리제도 설계 및 운영 개념체계 문단32).

업무수준통제의 설계와 운영을 위하여 존재하는 업무기술서 및 업무흐름도는 충분하게 기술되어 있으며 적합하게 업데이트되었는가(충분성)?

Cycle	Process	Sub-process	업무기술서	업무흐름도	통제기술서	내용의 충분성	최신 업데이트

상기 감사절차에 근거하여 문서화의 완전성과 충분성이 달성되었는가?

구 분	완전성	충분성
문서화		

5. 감사절차

상기 감사절차에 근거하여 볼 때 업무수준통제에 대해 완전하며 충분한 문서화가 되어 있다. ▼

| 감사조서 양식(5200 경영진주장과 업무수준통제의 연결에 대한 감사) |

Prepared by	EM	EP

5200 경영진주장과 업무수준통제의 연결에 대한 감사

1. 회사명 ABC주식회사

2. 재무상태표일 20×1 - 12 - 31

3. 감사목적

본 조서 서식은 외부감사법 제8조에 따른 회사의 내부회계관리제도에 대해 감사인의 감사 혹은 검토의견 표명 시, 동 법 및 내부회계관리제도 검토기준을 실무상 적용하는 과정에서 감사인의 판단을 돕고 일반적으로 적용 가능한 지침을 제공하는 것을 목적으로 한다.

감사인은 내부회계관제도에 대하여 전체적으로 의견을 표명하기 위해서는 모든 관련경영진주장에 대하여 선정된 통제의 효과성에 대한 증거를 입수하여야 한다. (감사기준서 1100 문단11) 또한 감사인은 기업의 통제가 각 관련경영자주장의 평가된 왜곡표시위험에 충분히 대처하고 있는지 여부에 대한 감사인의 결론에 중요한 통재를 식별하고 테스트하여야 한다. (감사기준서 1100 문단36) 감사인은 재무제표의 중요한 왜곡표시의 가능한 원전을 결정하여야 하는데(감사기준서 1100 문단31), 관련경영진주장과 업무프로세스의 연결은 왜곡표시의 원전을 파악하고 결정하는 데 도움이 된다.

4. 감사절차

회사의 업무수준 내부통재는 각 프로세스내에서 식별되고 프로세스내에서 운영된다. 따라서, 감사인은 내부통제의 식별 내부통재의 선정 및 효과성 테스트를 수행하기 위하여서는 주요한 계정과목으로 선정된 계정과목과 관련된 경영자주장이 완전하게 업무프로세스와 연결되었는지 판단하여야 한다.

모든 경영자주장은 누락없이 회사의 업무프로세스와 완전성 있게 연관되어 있는가?

감사조서 3140, 3300번이 작성되었는가?

작성이 된 경우 경영진주장과 업무수준 통재 연결에 다한 감사절차표를 생성한다.

유의한 계정과목 판단				경영진 주장 / 자산의 보호 / 주정											영업관리					유의한 계정과목 혹은 공시사항의 관련 경영진주장은 완전하게 업무 프로세스와 연관되어 있는가?
계정과목 정보				발생사실	완전성	정확성	기간귀속	분류	실재성	권리와 의무	평가	배분	자산의 보호	부정	국내매출					
CoA	계정과목명	실계정	유의성판단	O	C	A	CU	C&P	E	R&O	V	AC	SA	F	고객관리	계약관리	수익인식 및 대금청구	대금회수 및 채권관리	출고관리	
600000000	자산																			
601000000	Ⅰ. 현금 및 예치금	합산계정																		해당사항 없음
610100000	가. 현금 및 현금성 자산	합산계정																		해당사항 없음
610199001	1) 보통예금	실계정	Significant																	
610103000	2) 당좌예금	실계정	Non-significant																	
610105000	3) 외화예금	실계정	Non-significant																	

5. 감사결론

유의한 계정과목 및 공시사항에 대한 경영진주장이 누락없이 완전성있게 업무프로세스와 연관되어 있다. ▾

- 관련경영자주장이 완전성 있게 업무프로세스와 연관되어 있는 경우 : 5300 위령식별 및 평가에 대한 감사, 5400 핵심통제선정에 대한 감사, 5500 업무수준 내부통제 설계에 대한 감사, 5600 업무수준 내부통제 운영에 대한 감사를 수행한다.
- 관련경영자주장이 완전성 있게 업무프로세스와 연관되여 있지 않은 경우 : 내부통제가 부재한 경우 내부회계관리제도의 미비점 여부를 고려한다. 해당 경영진주장의 영향을 분석하고 대체적 절차의 수행을 고려한다.

| 감사조서 양식(5300 위험식별 및 평가에 대한 감사) |

Prepared by	EM	EP

5300 위험식별 및 평가에 대한 감사

1. 회사명 ABC주식회사

2. 재무상태표일 20×1 - 12 - 31

3. 감사목적

본 조서 서식은 외감법 제8조에 따른 회사의 내부회계관리제도에 대해 감사인의 감사 혹은 검토의견 표명 시, 동 법 및 내부회계관리제도 검토기준을 실무상 적용하는 과정에서 감사인의 판단을 돕고 일반적으로 적용 가능한 지침을 제공하는 것을 목적으로 한다.

감사인은 재무제표 항목 및 공시와 관련된 질적 및 양적 위험요소를 평가하여야 한다(감사기준서 1100).

경영진주장 수준의 중요왜곡표시위험은 고유위험과 통제위험 두 가지로 구성된다. 고유위험과 통제위험은 기업 측의 위험으로서, 재무제표감사와 독립적으로 존재한다(감사기준서 200 문단A37).

감사기준은 일반적으로 고유위험과 통제위험을 구분하여 언급하지 않고 이들을 결합하여 평가한 "중요왜곡표시위험"으로 칭한다. 그러나 감사인이 선호하는 감사 기법이나 감사방법론, 그리고 실무상의 고려에 따라 고유위험과 통제위험을 분리하거나 결합하여 평가할 수 있다(감사기준서 200 문단A40).

업무수준통제에서 식별하여야 하는 위험은 재무보고 위험을 적절히 다룰 수 있는 통제를 식별하고 평가하는 단계 이전이므로 고유위험이다. 따라서, 경영진주장 왜곡위험(고유위험)이 구체적으로 식별되고 적절하게 그 중요도가 평가되었는지 확인하여야 한다.

4. 감사절차

업무프로세스별 위험의 식별 및 평가절차는 적절한가?

Cycle	Process	Sub-process	관련 경영진주장에 대한 왜곡표시 위험이 식별되었는가 (혹은 자산보호 및 부정포함)?	관련 위험은 고유위험으로 식별되었는가?	위험의 식별은 내부통제의 유효성을 판단할 수 있을 만큼 구체적인가?	위험의 중요도는 평가되었는가?	조서번호

위의 감사절차에 근거하여 업무수준통제에 대한 위험식별 및 평가가 적절한지 결과를 표시한다.

감사절차 제목	감사절차	감사결과
완전성	관련 경영진주장에 대한 핵심통제가 식별되었는가?	
고유위험 식별	관련 위험은 고유위험으로 식별되었는가?	
구체적인 위험식별	위험의 식별은 내부통제의 유효성을 판단할 수 있을 만큼 구체적인가?	
위험평가	위험의 중요도는 평가되었는가?	

5. 감사결론

상기 감사결과에 근거하여 업무수준통제에 대한 위험식별 및 평가는 적절하다. ▾

| 감사조서 양식(5310 위험식별 및 평가에 대한 감사)– 업무프로세스별 세부조서 |

Prepared by	EM	EP

5310 (업무프로세스별 세부조서 – 해당 업무프로세스를 기재한다)

1. 회사명 ABC주식회사

2. 재무상태표일 20×1 – 12 – 31

3. 감사목적

본 조서 서식은 외부감사법 제8조에 따른 회사의 내부회계관리제도에 대해 감사인의 감사 혹은 검토의견 표명 시, 동 법 및 내부회계관리제도 검토기준을 실무상 적용하는 과정에서 감사인의 판단을 돕고 일반적으로 적용 가능한 지침을 제공하는 것을 목적으로 한다.

업무수준통제에서 식별하여야 하는 위험은 재무보고 위험을 적절히 다룰 수 있는 통제를 식별하고 평가하는 단계 이전이므로 고유위험이다. 따라서, 프로세스별로 경영진주장 왜곡위험(고유위험)이 구체적으로 식별되고 적절하게 그 중요도가 평가되었는지 확인한다.

4. 감사절차

감사인은 유의적인 거래유형, 계정잔액 및 공시와 관련경영진주장을 식별하여야 한다. 관련경영진주장은 재무제표의 왜곡표시를 포함할 가능성이 낮지 않은(more than remote) 경영진주장이다. (감사기준서 1100 문단29) 감사인은 관련 경영진주장을 식별하는 것의 일환으로 잠재적 왜곡표시의 가능한 원천(likely sources of potential misstatements)을 결정하여야 한다. (감사기준서 1100 문단31)

감사인은 잠재적 왜곡표시의 가능한 원천을 이해하기 위해 다음의 절차를 직접 수행한다. (감사기준서 문단33, 문단34)

- 거래가 개시, 승인, 처리 및 보고되는 방법을 포함하여, 관련경영진주장과 관련된 거래의 흐름을 이해한다.
- 개별적으로 혹은 다른 왜곡표시와 결합하여 중요한 왜곡표시(부정으로 인한 왜곡표시 포함)가 발생할 수 있는 프로세스내의 지점을 식별한다.

업무프로세스			경영진 주장 / 자산의 보호 / 주정											회사의 업무수준통제 RCM					감사인의 수행절차				
구 분		계 정	발생사실	완전성	정확성	기간귀속	분 류	실재성	권리와 의무	평가	배분	자산의 보호	부정	위 험		위험의 중요도 판단			감사인의 판단				
process	sub-process	유의한 계정과목	O	C	A	CU	C&P	E	R&O	V	AC	SA	F	위험 번호	위험의 식별	금액적 중요성	발생 가능성	위험의 중요도	*1)	*2)	*3)	*4	*5)
국내매출	고객관리	매출채권																					
		장기성매출채권																					
		매출액																					
	주문접수 및 처리	매출채권																					
		매출액																					

*1) 감사인은 관련 경영진주장 자산보호 및 부정과 관련된 잠재적 왜곡표시의 가능한 원천(LSPM)을 직접 식별하였는가?
*2) 관련위험은 고유위험으로 식별되었는가?
*3) 위험의 식별은 내부통제의 유효성을 판단할 수 있을만큼 구체적인가?
*4) 위험의 중요도는 평가되었는가?
*5) 기타 추가적인 절차가 필요하다고 생각하는 경우 그 절차와 결과를 기재한다.

5. 감사결론

위의 감사절차에 근거하여 해당 업무수준통제 전체에 대하여 위험식별 및 평가가 적절한지 결과를 표시한다.

감사절차	내 용	감사결과
완전성	관련경영진주장에 대한 왜곡표시위험이 식별되었는가? (자산보호 및 부정을 포함)	
고유위험 식별	관련위험은 고유위험으로 식별되었는가?	
구체적 위험식별	위험의 식별은 내부통제의 유효성을 판단할 수 있을만큼 구체적인가?	
위험평가	위험의 중요도는 평가되었는가?	

| 감사조서 양식(5400 내부통제 식별 및 핵심통제 선정에 대한 감사) |

Prepared by	EM	EP

5400 내부통제 식별 및 핵심통제 선정에 대한 감사

1. 회사명 ABC주식회사

2. 재무상태표일 20×1-12-31

3. 감사목적

본 조서 서식은 외감법 제8조에 따른 회사의 내부회계관리제도에 대해 감사인의 감사 혹은 검토의견 표명 시, 동 법 및 내부회계관리제도 검토기준을 실무상 적용하는 과정에서 감사인의 판단을 돕고 일반적으로 적용 가능한 지침을 제공하는 것을 목적으로 한다.

회사는 위험기반평가 방식(Risk-based approach)에 부합하는 내부회계관리제도를 구축하므로 모든 통제활동의 설계와 운영의 효과성을 평가하기보다는 핵심통제(Key controls)를 평가대상으로 한다. 핵심통제는 특정 계정과목에 대해 경영자 주장별로 발생가능한 위험에 대응하는 통제활동 중 없어서는 안될 통제활동을 의미한다.

감사인은 기업의 통제가 각 관련경영진주장의 평가된 왜곡표시위험에 충분히 대처하고 있는지 여부에 대한 감사인의 결론에 중요한 통제를 식별하고 테스트하여야 한다(감사기준서 1100 문단36).

경영진이 선정한 핵심통제가 관련경영진주장의 왜곡표시 위험에 충분히 대처하고 있는지 확인한다.

4. 감사절차

업무프로세스별 위험의 식별 및 평가절차는 적절한가?

Cycle	Process	Sub-process	모든 유의한 계정과목에 대한 관련경영진주장에 대해 핵심통제가 식별되었는가? (핵심통제 식별의 완전성)	식별된 핵심통제는 재무제표 왜곡표시 위험을 줄이는데 가장 직접적인 영향을 미치는 통제인가? (핵심통제의 효과성)	감사인이 선정한 테스트 대상통제를 모두 포함하고 있는가?	조서번호

위의 감사절차에 근거하여 업무수준통제에 대한 위험식별 및 평가가 적절한지 결과를 표시한다.

감사절차 제목	감사절차	감사결과
완전성	관련 경영진주장에 대한 핵심통제가 식별되었는가?	
효과성	재무제표 왜곡표시 위험을 줄이는데 가장 직접적인 영향을 미치는가?	
감사인 선정과 비교	감사인이 선정한 테스트 대상통제를 모두 포함하고 있는가?	

5. 감사결론

상기 감사결과에 근거하여 핵심통제 식별은 적절하다. ▼

Prepared by	EM	EP

5410 (업무프로세스별 세부조서 - 해당 업무프로세스를 기재한다)

1. 회사명 ABC주식회사

2. 재무상태표일 20×1 - 12 - 31

3. 감사목적

본 조서 서식은 외부감사법 제 8조에 따른 회사의 내부회계관리제도에 대해 감사인의 감사 혹은 검토의견 표명 시, 동 법 및 내부회계관리제도 검토기준을 실무상 적용하는 과정에서 감사인의 판단을 돕고 일반적으로 적용 가능한 지침을 제공하는 것을 목적으로 한다.

회사는 위험기반평가 방식(Risk-based approach)에 부합하는 내부회계관리제도를 구축하므로 모든 통제활동의 설계와 운영의 효과성을 평가하기 보다는 핵심통제(Key controls)를 평가대상으로 한다. 핵심통제는 특정 계정과목에 대해 경영자 주장별로 발생가능한 위험에 대응하는 통제활동중 없어서는 안 될 통제활동을 의미한다.

감사인은 기업의 통제가 각 관련경영진주장의 평가된 왜곡표시위험에 충분히 대처하고 있는지 여부에 대한 감사인의 결론에 중요한 통제를 식별하고 테스트 하여야 한다. (감사기준서 1100 문단36) 경영진이 선정한 핵심통제가 관련경영진주장의 왜곡표시 위험에 충분히 대처하고 있는지 확인한다.

4. 감사절차

회사의 업무수준 내부통제는 각 프로세스내에서 식별되고 프로세스내에서 운영된다. 따라서, 감사인은 내부통제의 식별, 내부통제의 선정 및 효과성 테스트를 수행하기 위하여서는 주요한 계정과목으로 선정된 계정과목과 관련된 경영자주장이 완전하게 업무프로세스와 연결되었는지 판단하여야 한다.

모든 경영자주장은 누락없이 회사의 업무프로세스와 완전성있게 연관되어 있는가?

업무프로세스			경영진 주장 / 자산의 보호 / 주정											회사의 업무수준통제 RCM										감사인의 수행절차					
구 분		계 정	발생사실	완전성	정확성	기간귀속	분류	실재성	권리와 의무	평가	배분	자산의 보호	부정	위 험			통 제							감사인의 판단					
process	sub-process	유의한 계정과목	O	C	A	CU	C&P	E	R&O	V	AC	SA	F	위험 번호	위험의 식별	위험의 중요도	통제 번호	내부통제 식별	위험의 중요도	예방/적발	자동화/수동화	IT 시스템	핵심 통제	*1)	*2)	*3)	*4	*5)	*6)
국내매출	고객관리	매출채권																											
		장기성매출채권																											
		매출액																											
	주문접수 및 처리	매출채권																											
		매출액																											

*1) 모든 유의한 계정과목과 관련된 경영진주장에 대하여 핵심통제가 식별되었는가? (핵심통제 식별의 완전성)
*2) 해당 내부통제가 경영진주장 왜곡위험을 허용가능한 수준이하로 낮출 것으로 예상되는가?
*3) 하나이상의 계정과목 혹은 경영진주장에 대한 내부통제인가?
*4) 보완적이고 중복적으로 설계된 통제인가?
*5) 감사인이 선정한 테스트 대상통제를 모두포함하고 있는가?
*6) 기타 추가적인 절차가 필요한 경우 기재하고 관련 결과를 기재한다.

5. 감사결론

위의 감사절차에 근거하여 해당 업무수준통제 전체에 대하여 내부통제 식별 및 평가가 적절한지 결과를 표시한다.

감사절차	내 용	감사결과
완전성	관련경영진주장에 대한 핵심통제가 식별되었는가?	
고유위험 식별	재무제표 왜곡표시 위험을 줄이는데 가장 직접적인 영향을 미치는가?	
구체적 위험식별	감사인이 선정한 테스트 대상통제를 모두 포함하고 있는가?	

9.2.3.4 통제테스트

내부회계관리제도의 통제테스트는 설계효과성(Design effectiveness)과 운영효과성(Operating effectiveness)으로 구분된다.

설계효과성을 평가하기 위해 수행되는 절차는 질문, 관찰 및 검사 등의 방법(혹은 이의 결합)으로 이루어질 수 있다. 이러한 절차를 포함한 추적조사(Walkthrough test)는 일반적으로 설계효과성을 평가하기에 충분한 방법이다.

운영효과성을 테스트하기 위해 수행되는 절차는 질문, 관찰, 검사 및 재수행의 방법(혹은 이의 결합)으로 이루어질 수 있다. 일반적으로 질문은 운영효과성의 테스트 목적을 달성하기에 충분하지 않기 때문에 다른 절차와 결합하거나 혹은 다른 감사절차에 대한 추가적인 지침을 제공한다.

통제테스트의 유효성의 판단은 결국 테스트의 범위(폭과 깊이)로부터 시작한다. 통제를 더욱 광범위하게 테스트할수록 확신의 수준(테스트의 유효성)은 증가하지만 관련된 비용 또한 증가한다.

테스트의 증거량과 관련하여서는 '비용-효익' 측면에서 고려되어야 한다. 감사인은 각각의 관련경영진주장에 대하여 선정된 통제의 효과성에 대하여 증거를 입수하여야 하는데(감사기준서 1100 문단40), 재무제표의 잠재적 왜곡표시 위험이 증가할수록 감사인이 입수해야 할 증거의 충분성과 적합성도 증가하게 된다.

다음은 위험과 관련하여 영향을 미치는 요소이다(감사기준서 1100 문단A53).

- 통제가 예방하거나 발견·수정하고자 의도하는 왜곡표시의 성격과 중요성
- 관련되는 계정 및 경영진주장과 연관된 고유위험
- 통제설계 또는 운영효과성에 부정적 영향을 미칠 수 있는 거래의 규모나 성격에 변화가 있었는지 여부
- 해당 계정에 오류내력이 있는지 여부
- 전사적 수준 통제, 특히 다른 통제를 모니터링하는 통제의 효과성
- 통제의 성격과 통제가 운영되는 빈도
- 해당 통제가 다른 통제의 효과성에 의존하는 정도(예를 들어, 통제환경 또는 정보기술 일반통제)
- 통제를 수행하거나 통제의 수행을 모니터링하는 기업 담당자의 적격성 그리고 통제를 수행하거나 통제의 수행을 모니터링하는 핵심 인원에 변경이 있었는지 여부
- 통제가 개인의 수행에 의존하는지 또는 자동화되었는지 여부(즉, 자동통제는 관련 정

보기술 일반통제가 효과적이면, 일반적으로 위험이 낮은 것으로 기대된다)

- 통제의 복잡성 및 통제의 운영과 연계하여 내릴 수 있는 판단의 유의성

감사인은 통제테스트를 수행하면 수행한 감사업무를 근거로 미비점이 존재하는지 여부를 식별한다. 하나의 미비점 혹은 미비점의 결합은 그 심각성(severity)[161]을 평가하여 단순한 미비점과 유의한 미비점, 중요한 취약점으로 구분한다. 감사인의 미비점의 심각성 평가는 잠재적 왜곡표시의 크기와 발생가능성이 낮지 않은지(more than remote) 여부에 의해 결정되며, 이는 앞서 살펴본 미비점의 구분과 동일하다.[162] 여기서 주의할 점은 미비점의 심각성은 왜곡표시가 실제로 발생하였는지 여부에 의해 판단하는 것이 아니라 내부통제가 왜곡표시를 예방 또는 발견·수정에 실패할 가능성에 의해 판단한다는 것이다.

감사 전 재무제표 제출 이후 회사의 재무제표가 수정되면 내부회계관리제도 미비점인지요? (한국공인회계사회 답변)

회사가 감사인과 증권선물위원회에 감사 전 재무제표를 제출한 이후 재무제표가 수정되었다면 감사인은 회계감사실무지침 2018-3 문단 15~17에 따라 재무제표 수정사항이 회사의 적절한 내부통제에 의해 식별, 승인, 반영되었는지 평가하여야 합니다.

감사인의 평가결과 재무제표 수정사항이 회사의 적절한 내부통제에 의해 식별, 승인, 반영되지 않았다면 이는 내부회계관리제도의 미비점입니다.

이러한 평가를 할 때 감사인이 고려할 사항의 예를 들면 다음과 같습니다.

- 통제 성격상 감사 전 재무제표 제출 이후 수행하는 것으로 통제를 설계(예 : 재무제표 제출 이후 확정된 성과급 지급률 반영)하였고 그러한 설계대로 통제를 수행함에 따라 재무제표가 수정되었는지?
- '보고기간 후 사건'이 감사 전 재무제표 제출 이후 발생하였거나 인지 가능하였고, 회사가 내부통제에 의해 그러한 사건을 반영하였는지?

---

161) 미비점이 미치는 영향을 평가하여 단순한 미비점, 유의한 미비점, 중요한 취약점으로 구분하는 것을 미비점 심각성(severity) 평가라 한다.

162) 감사기준서 1100 A74. 내부회계관리제도 미비점 혹은 미비점들의 결합의 심각성은 다음에 따라 달라진다.
- 미비점 혹은 미비점들로부터 초래되는 잠재적 왜곡표시의 크기
- 기업의 통제가 거래유형, 계정잔액이나 공시의 왜곡표시의 예방 또는 발견·수정에 실패할 가능성이 낮지 않은지(more than remote) 여부

| 감사조서 양식(5500 업무수준 내부통제 설계와 운영에 대한 감사) |

Prepared by	EM	EP

5500 업무수준 내부통제 설계와 운영에 대한 감사

1. 회사명 ABC주식회사

2. 재무상태표일 20×1 - 12 - 31

3. 감사목적

본 조서 서식은 외감법 제8조에 따른 회사의 내부회계관리제도에 대해 감사인의 감사 혹은 검토의견 표명 시, 동 법 및 내부회계관리제도 검토기준을 실무상 적용하는 과정에서 감사인의 판단을 돕고 일반적으로 적용 가능한 지침을 제공하는 것을 목적으로 한다.

감사인은 기업의 통제가 각 관련경영진주장의 평가된 왜곡표시위험에 충분히 대처하고 있는지 여부에 대해 설계효과성 및 운영효과성을 테스트하여야 한다(감사기준서 1100 문단36~38, 문단A46~51).

설계효과성을 평가하기 위해 수행되는 절차는 적합한 기업 담당자에 대한 질문, 특정 통제의 운영에 대한 관찰 그리고 관련 문서의 검사의 결합으로 이루어질 수 있다. 이러한 절차를 포함한 추적조사는 일반적으로 설계효과성을 평가하는 데 충분하다(감사기준서 1100 문단A48).

운영효과성을 테스트하기 위해 수행되는 절차는 적합한 기업담당자에 대한 질문, 특정 통제의 운영에 대한 관찰, 관련문서의 검사 그리고 통제의 재수행의 결합으로 이루어질 수 있다. 그러나 질문만으로는 그러한 목적을 달성하기에 충분하지 않다.

4. 감사절차

업무프로세스별 핵심통제에 대한 설계 및 운영은 유효한가?

Cycle	Process	Sub-process	설계효과성	운영효과성	조서번호

5. 감사결론

상기 감사결과에 근거하여 설계 및 운영은 효과적이다. ▾

감사조서 양식(5510 업무수준 내부통제 설계와 운영에 대한 감사) – 업무프로세스별 세부조서

Prepared by	EM	EP

5410 (업무프로세스별 세부조서 – 해당 업무프로세스를 기재한다)

1. 회사명 ABC주식회사

2. 재무상태표일 20×1－12－31

3. 감사목적

본 조서 서식은 외부감사법 제 8조에 따른 회사의 내부회계관리제도에 대해 감사인의 감사 혹은 검토의견 표명 시, 동 법 및 내부회계관리제도 검토기준을 실무상 적용하는 과정에서 감사인의 판단을 돕고 일반적으로 적용 가능한 지침을 제공하는 것을 목적으로 한다.

회사는 위험기반평가 방식(Risk-based approach)에 부합하는 내부회계관리제도를 구축하므로 모든 통제활동의 설계와 운영의 효과성을 평가하기 보다는 핵심통제(Key controls)를 평가대상으로 한다. 핵심통제는 특정 계정과목에 대해 경영자 주장별로 발생가능한 위험에 대응하는 통제활동중 없어서는 안 될 통제활동을 의미한다. 감사인은 기업의 통제가 각 관련경영진주장의 평가된 왜곡표시위험에 충분히 대처하고 있는지 여부에 대한 감사인의 결론에 중요한 통제를 식별하고 테스트하여야 한다. (감사기준서 1100 문단36) 경영진이 선정한 핵심통제가 관련경영진주장의 왜곡표시 위험에 충분히 대처하고 있는지 확인한다.

4. 감사절차

(1) 설계효과성 테스트 : 기업의 통제가 통제를 효과적으로 수행하는데 필요한 권한과 적격성을 보유한 사람에 의해 규정된 대로 운영되는 경우, 감사인은 해당통제가 기업의 통제목적을 충족하고 재무제표의 중요한 왜곡표시를 초래할 수 있는 부정이나 오류로 인한 왜곡표시를 효과적으로 예방하거나 발견, 수정할 수 있는지 여부를 결정하여 통제의 효과성을 테스트하여야 한다. (감사기준서 1100 문단37)

(2) 운영효과성 테스트 : 감사인은 통제가 설계된 대로 운영되는지 여부와 통제를 수행하는 사람이 통제를 효과적으로 수행하는데 필요한 권한과 적격성을 갖추었는지 여부를 결정하여 통제의 운영효과성을 테스트하여야 한다. (감사기준서 1100 문단38)

업무프로세스			회사의 업무수준통제 RCM										감사인의 수행절차										재테스트 수행시					미비점	
구 분		계 정	재무제표 왜곡표시위험의 식별			관련 내부통제의 식별							감사인의 설계효과성 평가				감사인의 운영효과성 평가						재테스트 수행 여부 및 결론의 근거						
process	sub-process	유의한 계정과목	위험 번호	위험의 식별	위험의 중요도	통제 번호	내부통제 식별	위험의 중요도	예방/적발	자동화/수동화	IT 시스템	핵심 통제	*1)	*2)	*3)	*4	*5)	*6)	*7)	*8)	*9)	*10)	*11)	*12	*13)	*14)	*15)	*16)	*17)
국내매출	고객관리	매출채권																											
		장기성매출채권																											
		매출액																											

*1) 회사의 설계평가 결론
*2) 테스터의 독립성/적격성을 갖추었는가?
*3) 설계는 왜곡표시, 부정, 오류를 예방/적발하기에 유효한가?
*4) 설계효과성 근거
*5) 회사의 운영평가 결론
*6) 테스트 수행방법 판단
*7) 모집단의 완전성 판단
*8) 샘플링 방법의 판단
*9) 왜곡표시, 부정, 오류를 예방/적발하도록 운영되었는가?
*10) 운영효과성 근거
*11) 재테스트 수행여부(Yes/No)
*12) 테스트 유형
*13) 모집단 정의
*14) 재테스트 결과
*15) 재테스트 근거
*16) 미비점 해당여부
*17) 미비점 내용

5. 감사결론

위의 감사절차에 근거하여 해당 업무수준통제 전체에 대하여 설계평가 및 운영평가가 적절한지 결과를 표시한다.

감사절차	감사결과
완전성	
고유위험 식별	

회계결산 및 재무정보의 산출은 수작업에 의존하기보다 IT시스템에 의존하는 것이 더욱 일반적인 환경이 되었다. 내부회계관리제도 설계 및 운영 개념체계 (원칙 11)에서 정보기술일반통제(ITGC, IT General controls)에 대해 설계 및 운영할 것을 기술하고 있다. 마찬가지로 감사기준서 1100에서는 다양한 감사절차(위험식별 및 내부통제 유효성 판단 등)에서 정보기술이 관여되는 정도[163)]와 IT통제환경을 감사대상으로 포함하고 있다.

감사기준서 1100 문단35에서는 감사인은 정보기술이 기업의 거래 흐름에 어떻게 영향을 미치는지, 기업이 정보기술로 인하여 제기되는 위험에 어떻게 대응하는지 이해하여야 하도록 하고 있다.

ITGC는 일반적으로 정보보안 및 접근통제(APD, Acess to programs and data), 프로그램 개발(PD, Program development), 프로그램 변경(PC, Program change), 컴퓨터 운영(CO, Computer operation)으로 구분되므로 IT의존에 대한 이해와 각 ITGC 해당 절차를 구분하여 감사조서를 작성하면 될 것이다.

| 감사조서 양식(6000 정보기술 일반통제(ITGC)에 대한 감사) |

Prepared by	EM	EP

6000 정보기술 일반통제(ITGC)에 대한 감사

1. 회사명 ABC주식회사

2. 재무상태표일 20×1 - 12 - 31

3. 감사목적

본 조서 서식은 외감법 제8조에 따른 회사의 내부회계관리제도에 대해 감사인의 감사 혹은 검토의견 표명 시, 동 법 및 내부회계관리제도 검토기준을 실무상 적용하는 과정에서 감사인의 판단을 돕고 일반적으로 적용 가능한 지침을 제공하는 것을 목적으로 한다.

---

163) 감사기준서 1100 문단28 b 보고기간말 재무보고 프로세스에 정보기술이 관련되는 정도
감사기준서 1100 문단A53
- 해당 통제가 다른 통제의 효과성에 의존하는 정도(예를 들어, 통제환경 또는 정보기술 일반통제)
- 통제를 수행하거나 통제의 수행을 모니터링하는 기업 담당자의 적격성 그리고 통제를 수행하거나 통제의 수행을 모니터링하는 핵심 인원에 변경이 있었는지 여부
- 통제가 개인의 수행에 의존하는지 또는 자동화되었는지 여부(즉, 자동통제는 관련 정보기술 일반통제가 효과적이면, 일반적으로 위험이 낮은 것으로 기대된다)

내부회계관리제도 설계 및 운영 개념체계(혹은 다른 기준을 적용한 경우에는 그 기준의 내용에 따라 수정한다)의 원칙 11에서는 내부회계관리제도의 목적달성을 지원하는 정보기술 일반통제를 선정하고 구축하도록 규정하고 있다.

감사인은 정보기술이 기업의 거래흐름에 어떻게 영향을 미치는지, 그리고 감사기준서 315 "기업과 기업환경에 대한 이해를 통한 중요왜곡표시위험의 식별과 평가"에서 요구된 바와 같이 기업이 정보기술로 인하여 제기되는 위험에 어떻게 대응하는지 이해하여야 한다(감사기준서 1100 문단35).

정보기술일반통제는 IT시스템의 사용으로 인한 위험을 낮출 수 있도록 다음의 중점고려사항에 대한 설계와 운영이 유효한가?

No.	중점고려사항 제목	내 용	설계 효과성	운영 효과성	조서번호
1	업무프로세스에서 사용되는 정보기술과 정보기술 일반통제 간 의존도 결정	경영진은 업무프로세스 및 자동통제와 정보기술 일반통제 간의 의존성과 연관성을 이해하고 결정한다.	유효함	유효함	6100
2	정보기술 인프라 통제활동 수립	경영진은 정보처리의 완전성, 정확성 및 이용가능성을 확보하기 위한 정보기술 인프라에 대한 통제활동을 선택하고 구축한다.	유효함	유효함	6400
3	보안관리 프로세스에 대한 통제활동 수립	경영진은 업무 책임에 상응하는 정보기술 접근권한을 허가된 담당자로 제한하고, 외부의 위협으로부터 회사의 자산을 보호하기 위한 보안관련 통제활동을 선택하고 구축한다.	유효함	유효함	6200
4	정보기술의 취득, 개발 및 유지보수 프로세스에 대한 통제 수립	경영진은 내부회계관리제도 목적달성을 위하여 정보기술 및 인프라의 취득, 개발, 유지보수 활동에 대한 통제활동을 선정하고 구축한다.	유효함	유효함	6300 6400

4. 감사결론

상기 검토결론에 근거하여 볼 때 정보기술 일반통제의 설계 및 운영은 적절하다. ▼

| 감사조서 양식(6100 IT시스템의 의존도 이해에 대한 감사) |

Prepared by	EM	EP

6100 IT시스템의 의존도 이해에 대한 감사

1. 회사명 ABC주식회사

2. 재무상태표일 20×1-12-31

3. 감사목적

본 조서 서식은 외감법 제8조에 따른 회사의 내부회계관리제도에 대해 감사인의 감사 혹은 검토의견 표명 시, 동 법 및 내부회계관리제도 검토기준을 실무상 적용하는 과정에서 감사인의 판단을 돕고 일반적으로 적용 가능한 지침을 제공하는 것을 목적으로 한다.

경영진은 업무프로세스 맞 자동화된 통제와 정보기술일반통제간 의존성과 연관성을 이해하고 결정한다(Management understands and determines the dependency and linkage between business process, automated control activities, and technology general controls).

감사인은 정보기술일반통제와 업무프로세스, 자동화된 통제간의 연관성에 대하여 파악하고 내부회계관리제도에 미지는 영향과 문서화, 설계 및 운영을 확인한다.

4. 감사절차

4-1. 재무보고프로세스와 연관된 IT시스템 및 통제활동이 완전성 있게 파악되었는가?

No.	절 차	감사결과	조서번호
1	시스템 구성도를 입수하여 시스템을 통한 재무보고의 흐름이 정의되어 있는지 확인한다.		
2	통제기술서, 업무흐름도, 업무기술서를 통해 통제활동 적용에 사용되는 시스템과 관련기능이 문서화되어 있는지 확인한다.		5500
3	엑셀 스프레드시트 등 최종사용자컴퓨팅(EUC)의 사용현황이 파악되었는지 확인한다. EUC에 대한 일반통제는 적절하게 설계되고 운영되고 있는가?		6600
4	IT기능의 특정부문을 외부업제에 아웃소싱하고 있는 경우, 그 내부통제는 적절하게 설계 및 운영되고 있는가?		
5	필요한 경우 기재한다.		

5. 감사결론

상기 검토결론에 근거하여 볼 때 IT시스템 의존도에 대한 설계 및 운영은 적절하다. ▾

| 감사조서 양식(6200 정보보안 및 접근통제에 대한 감사) |

Prepared by	EM	EP

6200 정보보안 및 접근통제에 대한 감사

1. 회사명 ABC주식회사

2. 재무상태표일 20×1 - 12 - 31

3. 감사목적

본 조서 서식은 외부감사법 제8조에 따른 회사의 내부회계관리제도에 대해 감사인의 감사 혹은 검토의견 표명 시, 동 법 및 내부회계관리제도 검토기준을 실무상 적용하는 과정에서 감사인의 판단을 돕고 일반적으로 적용 가능한 지침을 제공하는 것을 목적으로 한다.

정보보안 및 접근통제(Access to Programs and Data)는 정보시스템에 대한 접근을 제한하고, 에러 혹은 오류를 발생시키거나 숨기는 것을 사전에 예방하는 통제이다. 감사인은 재무제표와 관련된 정보시스템에 대해 승인되지 않거나 부적절한 접근에 대한 위험을 경감시키기 위한 프로그램 혹은 데이터에 대한 정보보안 접근통제가 적절한지 확인하여야 한다.

4. 감사절차

아래의 감사절차에 근거하여 해당 정보보안 및 접근통계에 대하여 설계 및 운영이 효과적인가?

구 분	감사결과
설계효과성	
운영효과성	

구 분				내부통제의 속성					회사의 효과성 판단		감사인의 설계효과성 판단				감사인의 운영효과성 판단						감사인의 재테스트 수행시				
번호	제목	내용	감사인의 절차	내부통제의 식별	예방/적발	자동화/수동화	관련 IT시스템	핵심통제(Key Control)	설계 효과성	운영 효과성	*1)	*2)	*3)	*4)	*5)	*6)	*7)	*8)	*9)	*1)	*11)	*12)	*13)	*14)	*15)
1	접근 관리	접근관리는 사용자 계정에 대한 초기 패스스워드 발급, 사용자 직무에 따른 특정거래 및 데이터에 대한 접근권한 부여, 그리고 직무변경 또는 비즈니스 정책변경에 따른 권한의 부여 및 철회와 같은 일상적인 계정관리 활동들을 포함한다.	감사인은 경영진이 회사의 재무보고에 관련된 응용프로그램 및 데이터에 대한 비인가되거나 또는 부적절한 접근위험을 감소시키기 위해 사용자 계정의 생성, 변경, 삭제가 적시에 이루어지도록 하는 절차를 수립하였는지 확인한다.																						
3	사용자 확인 및 인증	프로그램 및 데이터에 대해 접근하기 위해서 일반적으로 사용자 확인 및 인증절차를 거치게 된다. 이런 논리적 접근통제는 주로 사용자 ID와 패스워드의 사용을 통해 이루어지며, 경우에 따라 이보다 더 엄격한 통제방식이 존재하기도 한다. 패스워드 통제와 같은 인증통제의 효과성을 판단할 때는, 일반적으로 패스워드 길이, 변경주기, 추측 가능한 단어의 사용 제한 및 최근 사용한 패스워드의 재사용 제한 여부, 패스워드 공유여부 등 여러 항목들이 평가범위에 포함된다.	감사인은 경영진이 회사의 재무보고와 관련한 정보시스템에 대한 비인가 되거나 부적절한 접근 위험을 감소시키기 위하여 사용자 확인 및 인증절차를 통해 프로그램과 데이터에 대한 논리적 접근이 적절하게 제한되도록 통제를 수립하였는지 확인한다. 감사인은 경영진이 재무보고 관련 응용프로그램 및 시스템(예: 네트워크, 인프라, 응용프로그램, 데이터베이스 등)에 대하여 비인가 되거나 부적절한 접근을 차단하기에 충분한 논리적 보안통제를 수립하였는지 확인한다.																						
	슈퍼유저	각 정보시스템 환경에서는 경우에 따라 통제를 우회할 수 있는 강력한 접근권한을 가진 사용자 ID(슈퍼유저)가 존재한다. 이러한 슈퍼유저는 시스템 수준(예: 시스템 관리자, 보안 관리자 및 데이터베이스 관리자)뿐 아니라 응용프로그램 수준에서도 존재할 수 있다.	감사인은 경영진이 프로그램 및 데이터에 대한 비인가 되거나 부적절한 접근위험을 감소시키기 위해 슈퍼유저의 권한을 적절한 사용자 그룹에 부여하고 이러한 사용자들의 활동을 모니터링 하기 위한 통제를 수립하였는지 판단한다. 또한, IT부서 내부 및 IT 부서와 현업 사용자 간의 직무분리가 올바르게 이루어지고 있는지 확인한다																						

*1) 테스터는 적격성과 독립성을 갖추었는가?
*2) 문서화가 적절한가?
*3) 감사인이 판단하였을 때 설계가 유효한가?
*4) 설계 효과성 근거를 첨부
*5) 테스터는 적격성과 독립성을 갖추었는가?
*6) 테스트 수행방법 판단
*7) 모집단의 완전성 판단
*8) 샘플링 방법의 판단

*9) 감사인이 판단하였을 때 운영이 유효한가?
*10) 운영효과성 근거를 첨부
*11) 재테스트 수행여부
*12) 테스트 유형
*13) 재테스트 결과
*14) 재테스트 근거
*15) 기타

| 감사조서 양식(6300 프로그램 개발과 관련한 통제에 대한 감사) |

Prepared by	EM	EP

6300 프로그램 개발과 관련한 통제에 대한 감사

1. 회사명 ABC주식회사

2. 재무상태표일 20×1 - 12 - 31

3. 감사목적

본 조서 서식은 외부감사법 제8조에 따른 회사의 내부회계관리제도에 대해 감사인의 감사 혹은 검토의견 표명 시, 동 법 및 내부회계관리제도 검토기준을 실무상 적용하는 과정에서 감사인의 판단을 돕고 일반적으로 적용 가능한 지침을 제공하는 것을 목적으로 한다.

프로그램 개발(Program development)는 인가, 테스트, 승인, 적절한 적용, 문서화된 것만을 개발 또는 도입되도록 하는 프로그램 개발통제를 의미한다. 감사인은 새로 개발되거나 취득한 시스템 및 애플리케이션에 대하여 적절하게 인가(authorised)되고, 테스트되었을 뿐만 아니라 적절한 승인절차와 적합한 구축(implemented),문서화 절차를 거쳤는지 확인하여 프로그램 개발에 대한 효과적인 통제절차를 설정하였는지 확인한다.

4. 감사절차

아래의 감사절차에 근거하여 해당 프로그램 개발에 대하여 설계 및 운영이 효과적인가?

구 분	감사결과
설계효과성	
운영효과성	

구 분				내부통제의 속성					회사의 효과성 판단		감사인의 설계효과성 판단				감사인의 운영효과성 판단						감사인의 재테스트 수행시				
번호	제 목	내 용	감사인의 절차	내부 통제의 식별	예방/적발	자동화/수동화	관련 IT 시스템	핵심통제 (Key Control)	설계 효과성	운영 효과성	*1)	*2)	*3)	*4)	*5)	*6)	*7)	*8)	*9)	*1)	*11)	*12)	*13)	*14)	*15)
1	개발 및 취득 방법론	경영진의 공식적인 개발 방법론은 신규 시스템 및 애플리케이션 도입시 잠재적인 위험을 식별하고 감소시키는 프로세스를 포함하고 있다.	감사인은 경영진이 재무보고 프로세스관련 시스템 및 애플리케이션과 관련한 신규 시스템(혹은 애플리케이션) 도입시 내부통제에 대한 잠재적인 위험을 적절히 평가하고 감소시킬 수 있도록하는 구체화된 방법론을 준수하도록 하는 내부통제가 작동하는지 확인한다.										■							■				■	
2	개발 타당성 검토	경영진의 공식적인 개발방법론은 시스템 및 애플리케이션의 개발(혹은 취득)과 관련하여 적절한 비즈니스부서 및 IT관리자의 승인을 득하도록 하는 통제를 수립하고 있다.	감사인은 경영진이 시스템 및 애플리케이션의 개발(혹은 취득)과 관련하여 적절한 비즈니스부서 및 IT관리자의 승인을 득하도록 하는 통제를 수립되어 있는지 확인하고, 각 신규 개발/취득이 타당하고 기존 IT인프라 및 업무프로세스와 통합을 이루며 재무보고 목적에 부합하는지 판단한다.										■							■				■	
3	설계, 개발, 테스트, 승인 및 구축 (implementation)	경영진의 공식적인 개발 방법론은 시스템 및 애플리케이션의 요구사항을 구체화하고 이러한 요구사항에 따라 재무보고 목적을 고려하면서 시스템을 설계하는 프로세스를 포함하고 있다.	감사인은 신규 개발된 시스템 혹은 애플리케이션에 대하여 운영환경으로 적용되기 이전에 다음의 사항에 대한 내부통제가 수립되고 운영되었는지 확인한다. (1) 신규 개발/취득된 시스템 혹은 애플리케이션은 경영진이 개발과 관련하여 의도한 목적을 충족하는가 (2) 신규 개발/취득된 시스템 혹은 애플리케이션은 내부회계관리제도의 다른 요구사항을 지원하는가?										■							■				■	
4	데이터 이관 (data migration)	프로그램 개발은 통상 과거 애플리케이션이나 시스템의 데이터를 변환하여 신규 시스템 및 애플리케이션으로 이관하는 절차를 수반한다.	감사인은 경영진이 재무보고와 관련된 데이터 변환이 정확하고 완전하게 이루어지도록 내부통제를 수립하였는지 확인한다.										■							■				■	

*1) ~ 15) 앞 페이지 참조

| 감사조서 양식(6400 프로그램 변경과 관련한 통제에 대한 감사) |

Prepared by	EM	EP

6400 프로그램 변경과 관련한 통제에 대한 감사

1. 회사명 ABC주식회사

2. 재무상태표일 20×1－12－31

3. 감사목적

본 조서 서식은 외부감사법 제8조에 따른 회사의 내부회계관리제도에 대해 감사인의 감사 혹은 검토의견 표명 시, 동 법 및 내부회계관리제도 검토기준을 실무상 적용하는 과정에서 감사인의 판단을 돕고 일반적으로 적용 가능한 지침을 제공하는 것을 목적으로 한다.

프로그램 변경(Program change)은 인가, 테스트, 승인, 적절한 적용, 문서화된 것만을 변경되도록 하는 프로그램 개발통제를 의미하고 통상적으로 형상관리로 지칭하기도 한다. 감사인은 현재 존재하는 시스템 및 애플리케이션에 대하여 적절하게 인가(authorised)되고 테스트되었을 뿐만 아니라 적절한 승인절차와 적합한 구축(implemented), 문서화 절차를 거쳤는지 확인하여 프로그램 변경에 대한 효과적인 통제절차를 설정하였는지 확인한다.

4. 감사절차

아래의 감사절차에 근거하여 해당 프로그램 변경에 대하여 설계 및 운영이 효과적인가?

구 분	감사결과
설계효과성	
운영효과성	

구 분				내부통제의 속성					회사의 효과성 판단		감사인의 설계효과성 판단				감사인의 운영효과성 판단						감사인의 재테스트 수행시				
번호	제 목	내 용	감사인의 절차	내부 통제의 식별	예방/ 적발	자동화 /수동화	관련 IT 시스템	핵심통제 (Key Control)	설계 효과성	운영 효과성	*1)	*2)	*3)	*4)	*5)	*6)	*7)	*8)	*9)	*1)	*11)	*12)	*13)	*14)	*15)
1	변경요청	경영진의 형상관리는 시스템, 애플리케이션 및 인프라 변경이 사용자의 요구사항을 충족하고 재무보고 목적을 지원하도록 적절한 직급의 비즈니스부서 및 IT관리자가 사전에 승인하는 절차를 포함한다.	감사인은 경영진이 IT시스템 변경이 운영환경으로 적용되기 이전에 적절히 테스트되고 현업 및 IT관리자가 승인하였는지 확인하는 통제를 수립하였는지에 대하여 판단한다.										■							■				■	
2	변경심사	경영진의 형상관리는 시스템, 애플리케이션 및 인프라 변경이 사용자의 요구사항을 충족하고 재무보고 목적을 지원하도록 적절한 직급의 비즈니스부서 및 IT관리자가 사전에 승인하는 절차를 포함한다.	감사인은 경영진이 IT시스템 변경이 운영환경으로 적용되기 이전에 적절히 테스트되고 현업 및 IT관리자가 승인하였는지 확인하는 통제를 수립하였는지에 대하여 판단한다.										■							■				■	
3	변경확인	경영진의 형상관리는 시스템, 애플리케이션 및 인프라 변경이 사용자의 요구사항을 충족하고 재무보고 목적을 지원하도록 적절한 직급의 비즈니스부서 및 IT관리자가 사전에 승인하는 절차를 포함한다.	감사인은 개발 및 테스트 환경이 운영환경과 분리되어, 승인된 적절한 변경만을 운영환경으로 적용하고 변경으로 인해 정보처리와 응용통제에 부정적인 영향을 미치지 않는지 확인한다.										■							■				■	
4	운영환경으로 이관	경영진은 운영환경으로의 이관 권한을 제한된 인원에게 한정하여, 승인된 변경요청에 따라 개발이 이루어지고 테스트된 후에 적절한 승인을 득한 변경만이 운영환경으로 이관되며, 이관된 변경로그의 완전성이 보장되도록 한다.	감사인은 재무보고 프로세스에서 사용되는 시스템 및 애플리케이션의 변경사항을 운영환경에 이관하기 위한 접근권한을 제한하는 통제가 있는지 확인한다.										■							■				■	
5	운영환경으로 이관	경영진은 운영환경으로의 이관 권한을 제한된 인원에게 한정하여, 승인된 변경요청에 따라 개발이 이루어지고 테스트된 후에 적절한 승인을 득한 변경만이 운영환경으로 이관되며, 이관된 변경로그의 완전성이 보장되도록 한다.	감사인은 개발자가 운영환경에 대한 접근이 제한되어있는지 확인하여, 승인되지 않거나 검증되지 않은 변경사항이 운영환경에 적용되지 않도록 하는 통제를 수립하였는지 확인한다.										■							■				■	
6	시스템 설정 변경 (configuration changes)	시스템 설정(system configuration)은 정보시스템의 중요한 구성요소이며 이는 응용통제의 설계, 구현 및 운영의 효과성에 영향을 미칠 수 있다. 시스템 설정은 응용통제의 무결성을 유지하기 위해 변경통제절차를 준수하여야 한다.	감사인은 경영진이 시스템 및 애플리케이션 설정의 변경과 관련하여 설정의 변경이 응용통제의 설계, 적용 및 운영의 효과성을 저해하지 않도록 테스트, 검증, 승인하는 통제를 수립하였는지 확인한다.										■							■				■	

*1) ~ 15) 앞 페이지 참조

| 감사조서 양식(6500 컴퓨터 운영과 관련한 통제에 대한 감사) |

Prepared by	EM	EP

6500 컴퓨터 운영과 관련한 통제에 대한 감사

1. 회사명 ABC주식회사

2. 재무상태표일 20×1－12－31

3. 감사목적

본 조서 서식은 외부감사법 제8조에 따른 회사의 내부회계관리제도에 대해 감사인의 감사 혹은 검토의견 표명 시, 동 법 및 내부회계관리제도 검토기준을 실무상 적용하는 과정에서 감사인의 판단을 돕고 일반적으로 적용 가능한 지침을 제공하는 것을 목적으로 한다.

컴퓨터 운영(Computer operation)은 애플리케이션 단계에는 직접적으로 영향을 미치지 않지만 간접적으로 시스템의 유효성, 안정성을 확보하는 통제활동을 의미한다. 감사인은 시스템 및 애플리케이션이 프로세싱이 적절하게 인가되고 스케줄되어 있으며 예외사항(deviation)이 적절하게 식별되고 해결될 수 있는 프로세스를 수립하고 있는지 확인한다.

4. 감사절차

아래의 감사절차에 근거하여 해당 컴퓨터 운영에 대하여 설계 및 운영이 효과적인가?

구 분	감사결과
설계효과성	
운영효과성	

구분				내부통제의 속성					회사의 효과성 판단		감사인의 설계효과성 판단				감사인의 운영효과성 판단						감사인의 재테스트 수행시				
번호	제목	내용	감사인의 절차	내부통제의 식별	예방/적발	자동화/수동화	관련 IT 시스템	핵심통제(Key Control)	설계 효과성	운영 효과성	*1)	*2)	*3)	*4)	*5)	*6)	*7)	*8)	*9)	*1)	*11)	*12)	*13)	*14)	*15)
1	배치잡관리	재무제표와 관련된 애플리케이션 혹은 데이터에 대한 일괄처리(batch job)는 적시에 정확하고 완전하게 처리되어야 한다.	감사인은 경영진이 재무보고와 관련된 애플리케이션 및 데이터에 대한 배치작업 및 인터페이스를 포함 시스템 작업의 설계 및 실행에 대한 통제를 수립하였는지 확인한다.										■							■				■	
2	백업관리	재무보고에 필요한 데이터, 거래내역, 프로그램을 복구할 수 있는 백업(복구) 계획이 존재한다.	감사인은 경영진이 재무보고와 관련된 애플리케이션 및 데이터에 대한 백업의 설계 및 실행에 대한 통제를 수립하였는지 확인한다.										■							■				■	
3	장애관리	시스템 관련 장애나 오류 등을 기록하고 분석하여 동일한 문제의 재발을 방지할 수 있는 절차가 존재하여야 한다.	감사인은 경영진이 재무보고와 관련된 애플리케이션의 장애와 관련한 설계 및 실행에 대한 통제를 수립하였는지 확인한다.										■							■				■	
4	재해복구 절차	자연재해나 인위적인 재해가 일어나는 경우에도 중요한 IT인프라를 복구하거나 지속할 수 있도록 하여야 하며 이는 업무연속성계획(BCP)의 일부가 된다.	감사인은 경영진이 재무보고와 관련된 애플리케이션 및 데이터의 재해복구와 관련한 설계 및 실행에 대한 통제를 수립하였는지 확인한다.										■							■				■	

*1) ~ 15) 앞 페이지 참조

| 감사조서 양식(6600 EUC에 대한 감사) |

Prepared by	EM	EP

6600 EUC에 대한 감사

1. 회사명 ABC주식회사

2. 재무상태표일 20×1 - 12 - 31

3. 감사목적

본 조서 서식은 외부감사법 제8조에 따른 회사의 내부회계관리제도에 대해 감사인의 감사 혹은 검토의견 표명 시, 동 법 및 내부회계관리제도 검토기준을 실무상 적용하는 과정에서 감사인의 판단을 돕고 일반적으로 적용 가능한 지침을 제공하는 것을 목적으로 한다.

재무보고의 중요한 프로세스나 관련 통제활동에 사용되는 엑셀, 스프레드시트 등을 포함한 최종 사용자 컴퓨팅(End-User computing, EUC)의 사용현황을 파악하고 EUC의 사용으로 인해 발생할 수 있는 재무제표 왜곡위험을 평가한다.

4. 감사절차

아래의 감사절차에 근거하여 해당 EUC에 대하여 설계 및 운영이 효과적인가?

구 분	감사결과
설계효과성	
운영효과성	

구 분				내부통제의 속성					회사의 효과성 판단		감사인의 설계효과성 판단				감사인의 운영효과성 판단						감사인의 재테스트 수행시				
번 호	제 목	내 용	감사인의 절차	내부통제의 식별	예방/적발	자동화/수동화	관련 IT 시스템	핵심통제 (Key Control)	설계 효과성	운영 효과성	*1)	*2)	*3)	*4)	*5)	*6)	*7)	*8)	*9)	*1)	*11)	*12)	*13)	*14)	*15)
1	EUC의 완전성	재무보고에 사용되는 모든 엑셀스프레드 시트는 완전하게 파악되어 일반 애플리케이션에 준하여 관리되어야 한다.	감사인은 경영진이 재무보고를 위하여 사용하는 EUC를 파악하는 절차를 확인하는 통제를 수립하였는지 확인한다.										☑							☑				☑	
2	스프레드시트의 개발	재무보고에 사용되는 엑셀스프레드시트의 개발은 그 산출결과물의 정합성, 정확성에 대하여 테스트되고 재무보고를 위한 사용을 위해 적절하게 승인되는 절차를 포함하고 있다.	감사인은 새로 개발된 엑셀시트에 대하여 적절하게 테스트되었을 뿐만 아니라 적절한 승인절차를 거쳤는지 확인하여 EUC 개발에 대한 효과적인 통제절차를 설정하였는지 확인한다.										☑							☑				☑	
3	스프레드시트의 변경	재무보고에 사용되는 엑셀스프레드시트의 변경은 그 산출결과물의 정합성, 정확성에 대하여 테스트되고 재무보고를 위한 사용을 위해 적절하게 승인되는 절차를 포함하고 있다.	감사인은 엑셀시트의 변경 및 버젼관리에 대한 절차와 승인내용을 확인하여 EUC 변경에 대한 효과적인 통제절차를 설정하였는지 확인한다.										☑							☑				☑	
4	스프레드시트의 접근	접근관리는 엑셀파일의 패스워드 발급, 사용자 직무에 따른 특정거래 및 데이터에 대한 접근권한 부여 및 철회와 같은 활동들을 포함한다.	감사인은 엑셀시트의 접근이 인가된 자에게만 패스워드가 부여되어 비인가자에 의한 무단변경, 정보의 유출, 재무제표의 왜곡표시가 되지 않도록 통제되는지 확인한다.										☑							☑				☑	
5	스프레드시트의 백업	재무보고에 사용되는 모든 엑셀스프레드시트는 최종버젼만이 지정된 서버 디렉토리에 저장되며, 주기적으로 백업되어 복구될 수 있는 절차를 마련하고 있다.	감사인은 엑셀시트가 지정주기별로 백업되는 절차와 백업된 내용을 확인한다.										☑							☑				☑	

*1) ~ 15) 앞 페이지 참조

| 감사조서 양식(7100 경영진리뷰통제에 대한 감사) |

Prepared by	EM	EP

7100 경영진리뷰통제에 대한 감사

1. 회사명 ABC주식회사

2. 재무상태표일 20×1 - 12 - 31

3. 감사목적

본 조서 서식은 외감법 제8조에 따른 회사의 내부회계관리제도에 대해 감사인의 감사 혹은 검토의견 표명 시, 동 법 및 내부회계관리제도 검토기준을 실무상 적용하는 과정에서 감사인의 판단을 돕고 일반적으로 적용 가능한 지침을 제공하는 것을 목적으로 한다.

경영진리뷰통제(Management Review Controls)는 회사가 수립한 리뷰통제를 의미하는 것으로 회사 프로세스상의 통제 중에 경영진이 해당 통제가 적절히 운영되고 있는지 모니터링하기 위해 수행하는 통제절차를 의미하는 것으로서 "회사의 내부통제에 대한 경영진의 리뷰통제"를 의미한다.

4. 감사절차

4-1. 관련경영진주장의 왜곡표시위험이 높으며 주관적이고 복잡한 판단이 수반되는 통제를 모두 경영진리뷰통제로 식별하였는가?

CoA	계정과목 혹은 공시사항명	유의한 계정과목 여부	주요한 추정과 판단이 수반되는가?	경영진 측 전문가 활용을 수반하는가?	관련경영진 주장의 왜곡 표시위험이 높은가?	기타	감사인이 판단시 MRC가 필요한가?	회사의 경영진리뷰 통제가 존재하는 경우 그 문서명을 기재한다.	회사의 경영진리뷰 통제가 존재하는 경우 보완통제를 기재한다.	보완통제만으로 관련경영진 주장의 왜곡사항을 다룰 수 있기에 충분한가?	감사 증거	최종 감사인 결론
610199001	1)보통요금	Significant										
610106000	4)기타예금	Significant										
610108000	5)MMDA	Significant										
610312016	①집합투자증권투자자 예수분	Significant										
610313001	①일반예수분	Significant										
610316000	3)대차거래이행보증금	Significant										
610321000	4)현물거래증거금	Significant										
610399000	6)기타	Significant										

4-2. 보고기간말 재무보고 프로세스 평가의 일환으로 감사인은 다음을 평가하여야 한다(감사기준서 1100문단 28). + 하위 조서 추가

No.	경영진리뷰통제 문서명	설계효과성	운영효과성	감사조서
1				

5. 감사결론

위와 같이 판단하였을 때 경영진리뷰통제의 설계와 운영은 유효하다. ▾

Prepared by	EM	EP

7110 경영진리뷰통제에 대한 감사-해당 세부조서

1. 회사명 ABC주식회사

2. 재무상태표일 20×1-12-31

3. 감사목적

본 조서 서식은 외감법 제8조에 따른 회사의 내부회계관리제도에 대해 감사인의 감사 혹은 검토의견 표명 시, 동 법 및 내부회계관리제도 검토기준을 실무상 적용하는 과정에서 감사인의 판단을 돕고 일반적으로 적용 가능한 지침을 제공하는 것을 목적으로 한다.

감사인은 다른통제와 마찬가지로 재무제표의 왜곡표시사항을 예방하거나 적발할 수 있도록 경영진리뷰통제가 설계되었으며 운영되고 있는지에 대한 증거를 획득하는 절차를 수행하여야 한다(PCAOB Audit Practice Alert No.11).

4. 감사절차

검토대상 경영진리뷰통제의 내용은 다음과 같다.

구 분	내 용
MRC 문서명	
관련 계정과목	
관련 경영진주장	
수행주기	

4-1. 관련경영진주장의 왜곡표시위험이 높으며 주관적이고 복잡한 판단이 수반되는 통제를 모두 경영진리뷰통제로 식별하였는가?

구 분	설계평가 절차	감사인 결론
통제목적	관련 MRC가 통제목적(유의한 계정과목 혹은 공시사항에 대한 관련 경영진주장의 중대한 왜곡표시 위험을 낮출 수 있을 것인지를 포함)을 만족시키는지 여부	
유효성 정도	MRC의 유효성에 영향을 미치는 항목(리뷰의 목적, 기대의 정확성, 통합의 정도, 중요한 왜곡표시사항을 식별하기 위한 조사의 기준 등)	
절차의 여부	예상치와 실적의 유의한 차이를 도출하고 조사하며 원인을 분석하는 절차가 존재하는지 여부	

구 분	설계평가 절차	감사인 결론
수행적격성	MRC를 수행하는 자기 권한과 능력을 갖고 있는지 여부	
수행주기	재무제표 왜곡표시사항을 적시에 적발하거나 수정할 수 있도록 MRC가 충분한 주기로 수행되는지 여부	
정보의 질	MRC에 사용되는 정보(예를 들어 시스템에서 생성된 데이터를 사용하거나 보고서 등을 사용하는지 여부)	

4-2. 운영평가 시 다음의 항목이 충족되었는지 확인한다(PCAOB Audit Practice Alert No.11).

구 분	운영평가 절차	감사인 결론
절차의 수행	유의한 차이를 식별하고 조사하는 절차가 수행되었는가?	
결론의 도출	리뷰어의 조사에 의한 도달된 결론(잠재적인 왜곡표시사항이 적절하게 조사되었는지 여부 및 왜곡표시사항을 수정하기 위한 조치를 포함)	

5. 감사결론

위와 같이 판단하였을 때 경영진리뷰통제의 설계와 운영은 유효하다. ▼

| 감사조서 양식(7200 서비스조직의 이용에 대한 감사) |

Prepared by	EM	EP

7200 서비스조직의 이용에 대한 감사

1. 회사명 ABC주식회사

2. 재무상태표일 20×1 - 12 - 31

3. 감사목적

본 조서 서식은 외감법 제8조에 따른 회사의 내부회계관리제도에 대해 감사인의 감사 혹은 검토의견 표명 시, 동 법 및 내부회계관리제도 검토기준을 실무상 적용하는 과정에서 감사인의 판단을 돕고 일반적으로 적용 가능한 지침을 제공하는 것을 목적으로 한다.

감사인은 서비스조직이 수행하는 활동에 관하여 감사기준서 402 "서비스조직을 이용하는 기업에 관한 감사 고려사항"의 절차를 수행하도록 요구된다. 내부회계관리 제도 감사 시, 감사인은 또한 내부회계관리 제도 감사의견과 관련된 서비스조직의 통제가 효과적으로 운영되는지에 대한 증거를 획득하여야 한다(감사기준서 1100 문단92).

4. 감사절차

4-1. 서비스조직의 서비스를 식별하고 재무제표에 대한 영향을 분석한다.

서비스조직명	서비스 내용	재무제표 영향

4-2. 서비스조직이 제공하는 서비스와 재무제표 계정과목과의 연관성과 중요성을 분석한다.

CoA	계정과목 혹은 공시사항명	유의한 계정과목 여부

4-3. 서비스조직이 제공하는 서비스가 재무제표에 미치는 영향이 중요하며, 내부통제는 유효한가?

+ 하위 조서 추가

서비스 조직명	재무제표 영향	서비스조직의 내부통제	감사조서

5. 감사결론

위와 같이 판단하였을 때 서비스조직의 내부통제는 유효하다. ▾

| 감사조서 양식(7220 가나다 급여대행업체) |

Prepared by	Rewiewed vy	EM	EP

7220 가나다 급여대행업체

1. 회사명 ABC주식회사

2. 재무상태표일 20×1 - 12 - 31

3. 감사목적

본 조서 서식은 외감법 제8조에 따른 회사의 내부회계관리제도에 대해 감사인의 감사 혹은 검토의견 표명 시, 동 법 및 내부회계관리제도 검토기준을 실무상 적용하는 과정에서 감사인의 판단을 돕고 일반적으로 적용 가능한 지침을 제공하는 것을 목적으로 한다.

내부회계관리제도 감사의견과 관련성 있는 통제가 효과적으로 운영되고 있다는 증거는 감사기준서 402에 기술된 절차를 포함하여 다음 중 하나의 절차를 통해 입수할 수 있다(감사기준서 1100 문단114).

4. 감사절차

4-1. 서비스조직을 활용하는 경우 유형2 보고서를 입수하였는가?

구 분	해당 감사절차
유형2 보고서 미입수	4-3 감사절차를 수행한다.

유형1 보고서는 서비스감사인의 통제테스트와 그 결과에 대한 기술 또는 통제의 운영효과성에 대한 서비스감사인의 통제테스트와 그 결과에 대한 기술 또는 통제의 운영효과성에 대한 서비스감사인의 의견이 포함되어 있지 않으며, 따라서 통제의 운영효과성에 대한 증거를 제공하지 않는다.

4-2. 유형2 보고서를 입수한 경우, 감사의견을 뒷받침할 충분하고 적합한 감서증거를 제공하는가?

(1) 서비스감사인의 독립성과 적격성

구 분	내 용	비 고
서비스감사인 명		
담당 업무수행이사		

- 서비스감사인의 독립성과 적격성은 유효한가?

구 분	감사절차 및 내용기술	검사결과
전문가적 적격성		
서비스조직으로부터 독립성		

(2) 적용된 기준

구 분	내 용	비 고
적용기준		

- 유형2 보고서에 적용된 기준은 적절한가?

구 분	감사절차 및 내용기술	검사결과
적용기준에 대한 검사		

(3) 대상 기간

구 분	내 용	비 고
보고서 해당 기간		

- 유형2 보고서가 감사인의 감사목적에 적합하게 일정기간에 대한 것인가?

구 분	감사절차 및 내용기술	검사결과
대상기간에 대한 감사		

서비스감사인의 보고서 상 통제테스트 대상기간과 평가기준일 사이에 상당한 기간이 경과한 경우, 내부회계관리제도 감사의견과 관련된 서비스조직 통제의 운영효과성에 대하여 충분하고 적합한 감사증거를 얻기 위하여 추가적인 절차를 수행하여야 한다(감사기준서 1100 문단98).

(4) 통제효과성

구 분	내 용	비 고
서비스감사인의 감사의견	적정의견이 표명되었음	
서비스감사인의 업무범위 이해		
포함되는 서비스와 프로세스 범위		
테스트된 통제와 성격, 시기, 결과		

- 서비스감사인의 업무를 활용하는 경우 서비스조직의 내부통제는 설계 및 운영이 유효한가?

구 분	감사절차 및 내용기술	검사결과

- 서비스조직의 프로세스수행에서 식별된 오류가 있는지 여부
- 경영진 또는 감사인에 의해 식별된 서비스조직 통제상 변경의 성격 및 유의성

4-3. 유형2 보고서를 입수할 수 없는 경우 감사의견을 뒷받침할 충분하고 적합한 통제를 테스트하였는가?

(1) 서비스조직에 대한 회사의 통제가 존재하는 경우

- 서비스조직에 대한 회사의 내부통제를 파악한다.

내부통제명	내부통제의 내용	수행자	통제유형	예방/적발	자동화/수동화	관련 IT시스템	핵심통제

– 서비스조직에 대한 회사의 내부통제의 설계와 운영이 효과적인가?

내부통제명	내부통제의 내용	설계 효과서	감사증거	운영 효과성	감시증거

(2) 서비스조직에 대한 회사의 통제가 존재하지 않는 경우

– 서비스조직의 내부통제를 감사인이 직접 파악한다.

내부통제명	내부통제의 내용	수행자	통제유형	예방/적발	자동화/수동화	관련 IT시스템	핵심통제

– 서비스조직의 내부통제의 설계가 유효한가?

내부통제명	내부통제의 내용	설계 효과서	감사증거	운영 효과성	감시증거

5. 감사결론

위와 같이 판단하였을 때 서비스조직의 내부통제는 유효하다. ▾

감사기준서 1100 문단A82 및 미국의 감사기준서 AS 2201[164)]에서는 아래의 경우에는 중요한 취약점을 나타내는 지표로서 아래와 같이 제시하고 있으므로 감사인은 중요한 취약점의 최종판단시 반드시 확인하여야 하는 사항이다.

- 고위 경영진이 저지른 부정을 식별함(부정이 중요한지 여부는 관계없음). 여기서 고위 경영진은 대표이사, 재무담당임원, 그 밖에 기업의 재무보고프로세스에 유의적인 역할을 하는 다른 고위 경영진을 포함한다.
- 부정이나 오류로 인한 중요한 왜곡표시의 수정을 반영하기 위해 이전에 발행된 재무제표를 재작성함.
- 재무제표의 중요한 왜곡표시가 기업의 내부회계관리제도에 의해 발견·수정되지 못하였을 상황에서 감사 중 감사인에 의해 해당 왜곡표시가 식별됨.
- 기업의 재무보고 및 내부회계관리제도에 대한 지배기구의 감시가 효과적이지 않음.

164) 미국의 감사기준 Auditing Standard No.5는 번호체계가 AS 2201로 변경되었다.

감사인과 회사 간 회계기준 해석 차이나 판단 차이로 감사인이 중요한 왜곡표시를 식별한 경우 중요한 취약점에 해당하는지요? (한국공인회계사회 답변)

감사인이 식별한 중요한 왜곡표시는 감사기준서 1100 문단A82에 따라 중요한 취약점의 지표로 고려하여야 합니다. 그러나 중요한 취약점의 지표에 해당한다고 하여 해당 미비점이 반드시 중요한 취약점은 아니며 감사인은 왜곡표시가 발생한 원인과 미비점의 성격을 면밀히 검토하여 중요한 취약점 여부를 신중하게 판단하여야 합니다.

다음의 예에서와 같이 회사가 적절한 회계처리 방안을 도출하기 위해 통제절차를 효과적으로 설계·운영하였다면 회계기준 해석 차이나 판단 차이로 중요한 왜곡표시가 식별되었더라도 중요한 취약점에 해당하지 않을 수 있습니다.

- 회계정책 매뉴얼 작성, 변경 등 회계정책 수립, 적용과 관련한 통제 절차를 효과적으로 설계·운영하였음.
- 적절한 회계처리 방안을 도출을 위해 외부 전문가의 도움을 받고 외부 전문가의 의견을 검토하는 등 경영진 검토통제를 효과적으로 설계·운영하였음.

Prepared by	EM	EP

8100 예외사항 및 미비점의 평가결과에 대한 감사

1. 회사명 ABC주식회사

2. 재무상태표일 20×1-12-31

3. 감사목적

본 조서 서식은 외감법 제8조에 따른 회사의 내부회계관리제도에 대해 감사인의 감사 혹은 검토의견 표명 시, 동 법 및 내부회계관리제도 검토기준을 실무상 적용하는 과정에서 감사인의 판단을 돕고 일반적으로 적용 가능한 지침을 제공하는 것을 목적으로 한다.

감사인은 수행한 감사업무를 근거로 하나 이상의 내부회계관리제도 미비점을 식별하였는지 여부를 결정하여야 한다(감사기준서 1100 문단47). 내부회계관리제도의 의견을 형성할 목적으로 감사인은 미비점이 개별적으로 혹은 결합하여 평가기준일 현재 중요한 취약점인지 여부를 결정하기 위하여 미비점 각각의 심각성을 평가하여야 한다.

4. 감사절차

4-1. 회사의 내부회계관리제도 운영실태결과 및 감사인의 실증절차 수행으로 발견된 각각의 예외사항 및 미비점을 기재하고 심각성(severity)을 평가한다. 미비점의 심각성을 평가하기 위하여 1차적으로 미비점의 발생 가능성과 금액적 크기를 고려한다.

(1) 전사수준통제

No.	관련 내부통제구성요소	원 칙	중점 고려사항	회사의 내부통제	설계 미비점 내용	운영 미비점 내용	미비점의 심각성	감사인의 1차 결론 근거
1								

(2) 업무수준통제

No.	해당 프로세스	관련 경영자 주장	관련 계정과목	회사의 내부통제	설계 미비점 내용	운영 미비점 내용	미비점의 심각성	감사인의 1차 결론 근거
1								

(3) Scoping 및 기타항목

No.	구 분	소제목	내 용	회사의 내부통제	설계 미비점 내용	운영 미비점 내용	미비점의 심각성	감사인의 1차 결론 근거
1								

4-2. 미비점은 개별적으로 혹은 결합하여 심각성을 평가한다.

미비점의 심각성을 분류하기 위해서는 미비점의 발생가능성, 금액적 크기뿐만 아니라 보완통제 등의 존재 여부, 회계와 내부회계관리제도에 충분만 전문지식을 갖춘 객관적인 관리자(prudent officials) 관점을 고려하여야 한다.

또한, 다음의 중요한 취약점을 나타내는 지표가 있는지 검토한다(AS5, 문단69, 감사기준서 1100 문단 A82).

No.	구 분	해당 절차
1	고위경영진의 부정	고위경영진의 부정 여부(중요성 여부를 따지지 않음)
2	재무제표 재작성	중요한 왜곡표시사항을 수정하기 위한 전기 재무제표의 재작성(restatement)
3	내부회계관리제도 유효성	재무제표의 중요한 왜곡표시사항이 회사의 내부회계관리제도에 의하여 식별되지 않고 감사인에 의해 식별된 경우
4	내부감사의 유효성	외부 재무보고 및 내부회계관리제도에 대한 감사(위원회)의 감독기능이 효과적이지 않은 경우
5	외감법 위반사항	합리적인 근거없이 외감법 제8조에 정한 사항을 위반한 경우

보완통제, 객관적인 관리자의 판단 및 중요한 취약점 지표를 검토한 후 중요한 취약점이 존재하는가? 최종 미비점의 분류를 기재한다.

(1) 전사수준통제

No.	관련 내부통제구성요소	원 칙	중점 고려사항	회사의 내부통제	설계 미비점 내용	운영 미비점 내용	미비점 분류(최종)	감사인의 최종 결론 근거
1								

(2) 업무수준통제

No.	해당 프로세스	관련 경영자 주장	관련 계정과목	회사의 내부통제	설계 미비점 내용	운영 미비점 내용	미비점의 심각성	감사인의 최종 결론 근거
1								

(3) Scoping 및 기타항목

No.	구 분	제 목	소제목	내 용	설계 미비점 내용	운영 미비점 내용	미비점의 심각성	감사인의 최종 결론 근거
1								

9.2.3.5 감사결론

감사인은 감사업무 결과로서 내부회계관리제도의 효과성에 대한 의견을 형성한다. 감사인은 감사보고서 발행 전에 경영진으로부터 서면진술서를 입수하고 내부회계관리제도 감사 시(재무제표 감사를 포함한다) 발견된 미비점과 중요한 취약점을 경영진과 지배기구에게 서면으로 커뮤니케이션한다.

① 의견형성

감사인의 목적은 기업의 내부회계관리제도 전반에 대한 의견을 표명하는 것이다. 감사인은 내부회계관리제도의 통제테스트에서 발견된 사항과 더불어 재무제표감사에서 발견된 사항이 내부회계관리제도의 효과성에 영향을 미치는지 여부를 평가한다.

내부회계관리제도 의견형성을 위한 사항 (감사기준서 1100 문단56)	재무제표감사 실증절차로부터 발견된 사항 (감사기준서 1100 문단58)
a. 내부회계관리제도감사를 위한 감사인의 통제테스트 b. 재무제표에 대한 의견표명과 관련된 목적을 달성하기 위해 수행한 추가적인 통제테스트 c. 재무제표감사 과정에서 발견된 왜곡표시 d. 식별된 미비점들	a. 실증절차의 선택 및 적용과 관련된 감사인의 위험평가(특히, 부정과 관련한 사항) b. 법규 미준수와 관련된 발견사항 c. 특수관계자 거래와 복잡하고 비경상적인 거래와 관련된 발견사항 d. 회계추정을 하고 회계원칙을 선택하는데 있어서 회계추정치를 도출하고 회계원칙을 선택할 때 경영진 편의의 징후 e. 실증절차에 의해 발견된 왜곡표시의 성격과 범위(이러한 왜곡표시의 정도는 통제의 효과성에 대한 감사인의 판단을 변경시킬 수 있다)

감사인은 내부회계관리제도 감사와 관련하여 적정의견, 부적정의견만을 표명할 수 있다. 감사인의 감사업무에 대한 범위제한이 있는 경우에는 의견을 형성할 수 없으므로 의견거절을 표명한다.

적정의견은 내부회계관리제도 평가기준일 현재에 개별적으로 혹은 결합적으로 하나 이상의 중요한 취약점이 존재하지 않는 경우에 표명된다. 반면, 내부회계관리제도 평가기준일 현재에 하나 이상의 중요한 취약점이 존재하는 경우에는 부적정의견이 표명된다.

감사인은 내부회계관리제도 운영실태보고서의 필수요소가 불완전하거나 부적절하게 표시되었다고 판단하는 경우에는 경영진에게 이를 수정하도록 요청하여야 한다. 만약, 경영진이 감사인이 요구한 운영실태보고서를 수정하지 않는 경우에는 감사인은 내부회계관리제도 감사보고서를 변형하여 해당 결정의 사유를 기술하는 기타사항문단을 포함하고, 중요한 취약점에 대하여 요구된 공시가 중요성의 관점에서 공정하게 표시되지 않았다면 부적정의견을 표명한다.

의견거절은 감사업무 범위에 제한(경영진의 서면진술서 제공 거부를 포함한다)이 있는 경우에 표명된다. 만약, 통합감사업무를 수임한 후에 내부회계관리제도 감사에 대한 범위제한이 있는 경우, 감사인은 법규에 의해 가능한 경우 통합감사 계약을 해지하거나 내부회계관리제도에 의한 의견을 거절하여야 하고 재무제표 감사에 미치는 영향을 고려하여야 한다. 또한, 경영진은 내부회계관리제도 운영실태보고서 내 또는 동 보고서를 포함하는 문서 내에, 감사인의 평가대상에 해당하는 요소 외에 추가정보(예를 들어, 경영진의 비용-수익 분석과 같은 추가적인 정보) 포함할 수 있으며, 이 경우 감사인은 감사보고서 기타사항문단에서 해당 정보에 대한 의견을 거절하여야 한다. 다음은 추가적인 정보에 대한 의견을 거절할 때 쓰는 문구의 예시이다.

> **기타사항**
>
> 우리는 [경영진의 비용-수익 분석과 같은 추가적인 정보]에 대한 감사절차를 수행하지 않았으며, 따라서 이에 대하여 의견을 표명하거나 어떠한 확신도 제공하지 않습니다.

| 감사조서 양식(9100 내부회계관리제도 의견형성) |

Prepared by	EM	EP

9100 내부회계관리제도 의견형성

1. 회사명 ABC주식회사

2. 재무상태표일 20×1-12-31

3. 감사목적

본 조서 서식은 외감법 제8조에 따른 회사의 내부회계관리제도에 대해 감사인의 감사 혹은 검토의견 표명 시, 동 법 및 내부회계관리제도 검토기준을 실무상 적용하는 과정에서 감사인의 판단을 돕고 일반적으로 적용 가능한 지침을 제공하는 것을 목적으로 한다.

감사인은 모든 원천에서 입수한 증거를 평가함으로써 내부회계관리제도의 효과성에 대한 의견을 형성하여야 한다(감사기준서 1100 문단56).

4. 감사절차

4-1. 감사범위제한은 없는가?

No.	해당절차	제목	감사인의 결론	감사 증거
1	경영진(대표이사 및 내부회계관리자)의 운영실태보고서 제출 여부	운영실태보고서		

No.	해당절차	제목	감사인의 결론	감사 증거
2	내부회계관리제도에 대한 경영진의 서면진술 제공 여부	경영진의 서면진술		
3	내부회계관리제도의 유효성을 검증하기 위한 기타 자료	기타 자료		

내부회계관리제도 감사의 업무범위에 대한 제한이 있다면 감사인은 법규에 의해 가능한 경우 통합감사 계약을 해지하거나 내부회계관리제도에 대한 의견을 거절하여야 하고, 재무제표 감사에 미치는 영향을 고려하여야 한다(감사기준서 1100 문단78).

범위제한으로 의견을 거절하는 경우, 감사인은 감사범위가 의견을 표명하는 데 충분하지 않았다는 내용과 의견거절의 실질적인 사유를 기재하여야 한다.

4-2. 다음을 포함한 모든 원전에서 입수한 증거를 평가하였는가?

No.	제목	해당절차	감사인의 결론	감사 증거
1	내부회계관리제도 테스트	내부회계관리제도를 위한 감사인의 통제테스트		
2	재무제표감사 테스트	재무제표감사를 위한 추가적인 통제테스트		
3	감사발견사항	재무제표감사 과정에서 발견된 왜곡표시		
4	미비점의 평가	식별된 미비점의 평가		
5	기타	내부감사의 내부통제보고서(평가보고서 등)의 미비점 평가내용		

4-3. 재무제표감사에서 수행된 실증절차의 발견사항이 내부회계관리제도의 효과성에 미치는 영향은 어떠한가?

No.	제목	해당절차	해당여부	감사인의 결론	감사 증거
1	부정관련 등 위험 평가	실증절차의 선택 및 적용과 관련한 감사인의 위험평가(특히 부정관련)			
2	컴플라이언스	법규 미준수와 관련한 발견사항			
3	특수관계자 거래	특수관계자 거래와 복잡하고 비경상적인 거래와 관련된 발견사항			

No.	제목	해당절차	해당여부	감사인의 결론	감사 증거
4	회계추정의 적용	회계주정을 하고 회계원칙을 선정하는데 있어서 경영진의 편의(biased) 징후			
5	감사 발견사항	실층절차에 의해 발견된 왜곡표시의 성격과 범위			

4-4. 다음의 중요한 취약점을 나타내는 지표가 있는지 검토한다(AS5, 문단69).

No.	제목	해당절차	해당여부	감사인의 결론
1	고위경영진의 부정	고위경영진의 부정여부(중요성 여부를 따지지 않음)		
2	재무제표 재작성	중요한 왜곡표시사항을 수정하기 위한 전기 재무제표의 재작성(restatement)		
3	내부회계관리제도 유효성	재무제표의 중요한 왜곡표시사항이 회사의 내부회계관리제도에 의하여 식별되지 않고 감사인에 의해 식별된 경우		
4	내부감사의 유효성	외부 재무보고 및 내부회계관리제도에 대한 감사(위원회)의 감독기능이 효과적이지 않은 경우		
5	기타추가정보	정보가 있는 경우 그 부분에 대해서는 기타사항 문단에서 해당 정보에 대한 의견을 거절하여야 한다.		

5. 감사결론

5-1. 모든 감사절차와 입수된 증거를 기반으로 감사보고서의 의견을 형성한다.

감사보고서의 의견을 변형하여야 하는가? 아니오 ▾

다음의 경우 내부회계관리제도의 감사보고서의 의견을 변형하여야 한다(감사기준서 1100 문단72).

No.	제목	해당절차
1	취약점	하나 이상의 중요한 취약점이 존재함.
2	범위제한	업무의 범위에 제한이 존재함.
3	추가정보	운영실태보고서에 기타 추가정보가 공시된 경우(비용-수익분석과 같은 정보 등)
4	운영실태보고서	운영실태보고서 구성요소가 불완전하거나 부적절한 경우

② 경영진 서면진술서

감사인은 내부회계관리제도감사를 수행할 때, 다음 내용이 모두 포함된 경영진의 서면진술을 입수하여야 한다. 만약, 경영진이 서면진술서를 제공하지 않으면 감사인은 의견거절을 표명한다.

- 효과적인 내부회계관리제도를 수립하고 유지할 경영진의 책임을 인정함.
- 경영진이 기업의 내부회계관리제도의 효과성에 대한 평가를 수행하였음을 진술하고, 준거기준을 구체적으로 명시함.
- 통합감사 중에 감사인이 수행한 감사절차를 경영진이 내부회계관리제도 효과성에 대한 경영진 평가에 대한 근거의 일부로 활용하지 않았음을 명시함.
- 평가기준일 현재 준거기준에 근거한 내부회계관리제도의 효과성에 대한 경영진의 평가내용을 명시함.
- 내부회계관리제도의 설계 또는 운영상의 모든 미비점을 감사인에게 공개하였음을 명시함(유의한 미비점이나 중요한 취약점이라고 생각되는 모든 미비점을 경영진이 별도로 감사인에게 공개한 것을 포함함).
- 기업의 재무제표에 중요한 왜곡표시를 초래하는 부정과 재무제표에 중요한 왜곡표시를 초래하지는 않지만 고위경영진 또는 기업의 내부회계관리제도에서 유의적인 역할을 담당하는 경영진 또는 기타 직원이 연루된 부정을 기술함.
- 문단 63에 따라 이전의 업무를 수행하는 동안에 식별되고, 경영진과 지배기구에게 커뮤니케이션된 유의한 미비점과 중요한 취약점이 해결되었는지 여부를 명시하고, 해결되지 않은 미비점을 구체적으로 식별함.
- 유의한 미비점과 중요한 취약점에 대하여 경영진이 취한 시정조치를 포함하여, 내부회계관리제도의 변경 또는 내부회계관리제도에 유의적으로 영향을 미칠 수 있는 다른 상황이 평가기준일 후에 후속적으로 존재했는지 여부를 명시함.

Prepared by	EM	EP

9200 경영진 서면진술서 입수

1. 회사명 ABC주식회사

2. 재무상태표일 20×1 - 12 - 31

3. 감사목적

본 조서 서식은 외감법 제8조에 따른 회사의 내부회계관리제도에 대해 감사인의 감사 혹은 검토의견 표명 시, 동 법 및 내부회계관리제도 검토기준을 실무상 적용하는 과정에서 감사인의 판단을 돕고 일반적으로 적용 가능한 지침을 제공하는 것을 목적으로 한다.

감사인은 내부회계관리제도 감사를 수행할 때 경영진의 서면진술을 입수하여야 한다(감사기준서 1100 문단61).

4. 감사절차

4-1. 경영진의 서면진술서가 입수되었는가?

감사인의 결론	감사 증거
	서명된 경영진 서면진술서 파일을 첨부한다.

4-2. 경영진의 서면진술서는 다음의 내용을 모두 포함하고 있는가?(감사기준서 1100 문단61)

번호	내 용	감사인의 결론	감사 증거
1	a. 효과적인 내부회계관리제도를 수립하고 유지할 경영진의 책임을 인정함.		
2	b. 경영진이 기업의 내부회계관리제도의 효과성에 대한 평가를 수행하였음을 진술하고, 준거기준을 구체적으로 명시함.		
3	c. 통합감사 중에 감사인이 수행한 감사절차를 경영진이 내부회계관리제도 효과성 에 대한 경영진 평가에 대한 근거의 일부로 활용하지 않았음을 명시함.		
4	d. 평가기준일 현재 준거기준에 근거한 내부회계관리제도의 효과성에 대한 경영진의 평가내용을 명시함.		
5	e. 내부회계관리제도의 설계 또는 운영상의 모든 미비점을 감사인에게 공개하였음을 명시함(유의적 미비점이나 중요한 취약점이라고 생각되는 모든 미비점을 경영진이 별도로 감사인에게 공개만 것을 포함함).		

번호	내 용	감사인의 결론	감사 증거
6	f. 기업의 재무제표에 중요한 왜곡표시를 초래하는 부정과 재무제표에 중요한 왜곡 표시를 초래하지는 않지만 고위경영진 또는 기업의 내부회계관리제도에서 유의적인 역할을 담당하는 경영진 또는 기타 직원이 연루된 부정을 기술함.		
7	g. 문단 63에 따라 이전의 업무를 수행하는 동안에 식별되고 경영진과 지배기구에게 커뮤니케이션된 유의적 미비점과 중요한 취약점이 해결되었는지 여부를 명시하고, 해결되지 않은 미비점을 구체적으로 식별함.		
8	h. 유의적 미비점과 중요한 취약점에 대하여 경영진이 취한 시정조치를 포함하여, 내부회계관리제도의 변경 또는 내부회계관리제도에 유의적으로 영향을 미칠 수 있는 다른 상황이 평가기준일 후에 후속적으로 존재했는지 여부를 명시함.		

5. 감사결론

위와 같이 판단하였을 때 경영진의 서면진술서는 유효하다. ▾

③ 경영진과 지배기구[165] 커뮤니케이션

감사인은 감사 중에 식별된 모든 미비점을 감사보고서 발행 전에 경영진과 서면으로 커뮤니케이션하여야 한다. 유의한 미비점이나 중요한 취약점의 수준에 이르지 못한 미비점에 대해서도 커뮤니케이션하는 이유는 내부회계관리제도 감사가 내부회계관리제도의 미비점을 식별하는데 중점을 두고 있기 때문이다.

물론, 식별된 유의한 미비점과 중요한 취약점에 대해서는 더욱 적극적으로 경영진과 지배기구(감사 혹은 감사위원회)와 서면으로 커뮤니케이션하여야 한다. 유의한 미비점과 중요한 취약점에 근거하여 보았을 때 지배기구의 감시가 비효과적이라고 판단되는 경우에는 감사인은 이사회(혹은 다른 유사한 기구)에 서면으로 커뮤니케이션한다.

165) 감사기준서 1100에서는 AS2201(AS No.5)의 '감사위원회(audit committee)'를 회계감사기준과 일관되게 '지배기구(those charged with governance)'로 변경하였다. 외감법에 따른 내부회계관리제도 감사업무에서는 감사(혹은 감사위원회)를 의미한다.

Prepared by	EM	EP

9300 지배기구와의 커뮤니케이션

1. 회사명 ABC주식회사

2. 재무상태표일 20×1 - 12 - 31

3. 감사목적

본 조서 서식은 외감법 제8조에 따른 회사의 내부회계관리제도에 대해 감사인의 감사 혹은 검토의견 표명 시, 동 법 및 내부회계관리제도 검토기준을 실무상 적용하는 과정에서 감사인의 판단을 돕고 일반적으로 적용 가능한 지침을 제공하는 것을 목적으로 한다.

감사인은 내부회계관리제도 감사 중에 발견된 중요한 내용에 대하여 경영진과 지배기구(혹은 이사회)와 서면으로 커뮤니케이션하여야 한다.

4. 감사절차

4-1. 경영진과 지배기구와의 커뮤니케이션

No.	시 기	대 상	장 소	중요내용
1				

4-2. 이사회와의 커뮤니케이션

No.	시 기	대 상	장 소	중요내용
1				

4-3. 기타의 커뮤니케이션

No.	시 기	대 상	장 소	중요내용
1				

9.2.4 독립된 감사인의 내부회계관리제도 감사보고서 예시

9.2.4.1 내부회계관리제도 적정의견

다음은 내부회계관리제도에 대한 적정의견을 표명하는 감사보고서 사례이다.

독립된 감사인의 내부회계관리제도 감사보고서

대한주식회사 주주 귀중

내부회계관리제도에 대한 감사의견

우리는 20×1년 12월 31일 현재 「내부회계관리제도 설계 및 운영 개념체계」에 근거한 대한주식회사의 내부회계관리제도를 감사하였습니다.

우리의 의견으로는 회사의 내부회계관리제도는 20×1년 12월 31일 현재 「내부회계관리제도 설계 및 운영 개념체계」에 따라 중요성의 관점에서 효과적으로 설계 및 운영되고 있습니다.

우리는 또한 회계감사기준에 따라, 대한주식회사의 20×1년 12월 31일 현재의 재무상태표, 동일로 종료되는 보고기간의 손익계산서(또는 포괄손익계산서), 자본변동표, 현금흐름표를 감사하였으며, 20×2년 3월 20일 자(☜ 내부회계관리제도 감사보고서 일자와 동일한 보고서 일자) 감사보고서에서 적정의견(☜ 의견성격)을 표명하였습니다.

내부회계관리제도 감사의견근거

우리는 감사기준에 따라 감사를 수행하였습니다. 이 기준에 따른 우리의 책임은 이 감사보고서의 내부회계관리제도감사에 대한 감사인의 책임 단락에 기술되어 있습니다. 우리는 내부회계관리제도감사와 관련된 국제윤리기준과 함께 대한민국의 윤리적 요구사항에 따라 회사로부터 독립적이며 그러한 요구사항과 국제윤리기준에 따른 기타의 윤리적 책임들을 이행하였습니다. 우리가 입수한 감사증거가 감사의견을 위한 근거로서 충분하고 적합하다고 우리는 믿습니다.

내부회계관리제도에 대한 경영진과 지배기구의 책임

경영진은 효과적인 내부회계관리제도의 설계, 실행 및 유지할 책임이 있으며, 내부회계관리제도 운영실태보고서에 포함된, 내부회계관리제도 효과성에 관한 보고내용에 대해 평가할 책임이 있습니다.

지배기구는 회사의 내부회계관리제도의 감시에 대한 책임이 있습니다.

내부회계관리제도감사에 대한 감사인의 책임

우리의 책임은 우리의 감사에 근거하여 회사의 내부회계관리제도에 대한 의견을 표명하는데 있습니다. 우리는 회계감사기준에 따라 감사를 수행하였습니다. 이 기준은 우리가 중요성의 관점에서 내부회계관리제도가 효과적으로 유지되는지에 대한 합리적 확신을 얻도록 감사를 계획하고 수행할 것을 요구하고 있습니다.

내부회계관리제도 감사는 중요한 취약점이 존재하는지에 대한 감사증거를 입수하기 위한 절차의 수행을 포함합니다. 절차의 선택은 중요한 취약점이 존재하는지에 대한 위험평가를 포함하여 감사인의 판단에 따라 달라집니다. 감사는 내부회계관리제도에 대한 이해의 획득과 평가된 위험에 근거한 내부회계관리제도의 설계 및 운영에 대한 테스트 및 평가를 포함합니다.

내부회계관리제도의 정의와 고유한계

회사의 내부회계관리제도는 지배기구와 경영진, 그 밖의 다른 직원에 의해 시행되며, 한국채택국제회계기준(☜ 적용 회계기준)에 따라 신뢰성 있는 재무제표의 작성에 합리적인 확신을 제공하기 위하여 고안된 프로세스입니다. 회사의 내부회계관리제도는 (1) 회사 자산의 거래와 처분을 합리적인 수준으로 정확하고 공정하게 반영하는 기록을 유지하고 (2) 한국채택국제회계기준(☜ 적용 회계기준)에 따라 재무제표가 작성되도록 거래가 기록되고, 회사의 경영진과 이사회의 승인에 의해서만 회사의 수입과 지출이 이루어진다는 합리적인 확신을 제공하며 (3) 재무제표에 중요한 영향을 미칠 수 있는 회사 자산의 부적절한 취득, 사용 및 처분을 적시에 예방하고 발견하는데 합리적인 확신을 제공하는 정책과 절차를 포함합니다.

내부회계관리제도는 내부회계관리제도의 본질적인 한계로 인하여 재무제표에 대한 중요한 왜곡표시를 발견하거나 예방하지 못할 수 있습니다. 또한, 효과성 평가에 대한 미래기간의 내용을 추정 시에는 상황의 변화 혹은 절차나 정책이 준수되지 않음으로써 내부회계관리제도가 부적절하게 되어 미래기간에 대한 평가 및 추정내용이 달라질 위험에 처할 수 있습니다.

이 독립된 감사인의 내부회계관리제도 감사보고서의 근거가 된 감사를 실시한 업무수행이사는 홍길동(☜ 업무수행이사 이름)입니다.

한서회계법인

서울시 강남구 테헤란로

(감사보고서 일자 ☞) 20×2년 3월 20일

9.2.4.2 내부회계관리제도 부적정의견

다음은 내부회계관리제도 부적정의견을 표명하는 감사보고서 사례이다. 이 사례에서 재무제표에 대한 감사의견은 내부회계관리제도 부적정의견에 영향을 받지 않는다.

독립된 감사인의 내부회계관리제도 감사보고서

대한주식회사 주주 귀중

내부회계관리제도에 대한 부적정의견

우리는 20×1년 12월 31일 현재 「내부회계관리제도 설계 및 운영 개념체계」에 근거한 대한주식회사의 내부회계관리제도를 감사하였습니다.

우리의 의견으로는 부적정의견근거 단락에 기술된 「내부회계관리제도 설계 및 운영 개념체계」의 목적을 달성하기 위한 중요한 취약점의 영향 때문에 ABC주식회사의 내부회계관리제도는 20×1년 12월 31일 현재 효과적으로 설계 및 운영되고 있지 않습니다.

우리는 또한 회계감사기준에 따라, ABC주식회사의 20×1년 12월 31일 현재의 재무상태표, 동일로 종료되는 보고기간의 손익계산서(또는 포괄손익계산서), 자본변동표, 현금흐름표를 감사하였으며, 20×2년 3월 20일 자(☜ 내부회계관리제도 감사보고서 일자와 동일한 보고서 일자) 감사보고서에서 부적정의견(☜ 의견성격)을 표명하였습니다. 우리는 우리의 20×1년 재무제표 감사에 적용된 감사절차의 성격, 시기 및 범위를 결정하는 데 있어 식별된 중요한 취약점을 고려하였으며, 이 감사보고서는 그러한 재무제표 감사보고서에 영향을 미치지 아니합니다.

내부회계관리제도 부적정의견근거

우리는 감사기준에 따라 감사를 수행하였습니다. 이 기준에 따른 우리의 책임은 이 감사보고서의 내부회계관리제도감사에 대한 감사인의 책임 단락에 기술되어 있습니다. 우리는 내부회계관리제도감사와 관련된 국제윤리기준과 함께 대한민국의 윤리적 요구사항에 따라 회사로부터 독립적이며 그러한 요구사항과 국제윤리기준에 따른 기타의 윤리적 책임들을 이행하였습니다. 우리가 입수한 감사증거가 부적정의견을 위한 근거로서 충분하고 적합하다고 우리는 믿습니다.

중요한 취약점은 내부회계관리제도 미비점 혹은 미비점들의 결합으로, 회사의 재무제표의 중요한 왜곡표시가 적시에 예방되거나 발견·수정되지 못할 가능성이 낮지 않은 경우에 존재합니다. 다음의 중요한 취약점이 식별되었으며, 첨부된 내부회계관리제도 운영실태보고서에 포함되었습니다.

[내부회계관리제도 운영실태보고서에서 기술된 중요한 취약점을 식별함]

내부회계관리제도에 대한 경영진과 지배기구의 책임

경영진은 효과적인 내부회계관리제도의 설계, 실행 및 유지할 책임이 있으며, 내부회계관리제도 운영실태보고서에 포함된, 내부회계관리제도 효과성에 관한 보고내용에 대해 평가할 책임이 있습니다.

지배기구는 회사의 내부회계관리제도의 감시에 대한 책임이 있습니다.

내부회계관리제도감사에 대한 감사인의 책임

우리의 책임은 우리의 감사에 근거하여 회사의 내부회계관리제도에 대한 의견을 표명하는데 있습니다. 우리는 회계감사기준에 따라 감사를 수행하였습니다. 이 기준은 우리가 중요성의 관점에서 내부회계관리제도가 효과적으로 유지되는지에 대한 합리적 확신을 얻도록 감사를 계획하고 수행할 것을 요구하고 있습니다.

내부회계관리제도 감사는 중요한 취약점이 존재하는지에 대한 감사증거를 입수하기 위한 절차의 수행을 포함합니다. 절차의 선택은 중요한 취약점이 존재하는지에 대한 위험평가를 포함하여 감사인의 판단에 따라 달라집니다. 감사는 내부회계관리제도에 대한 이해의 획득과 평가된 위험에 근거한 내부회계관리제도의 설계 및 운영에 대한 테스트 및 평가를 포함합니다.

내부회계관리제도의 정의와 고유한계

회사의 내부회계관리제도는 지배기구와 경영진, 그 밖의 다른 직원에 의해 시행되며, 한국채택국제회계기준(☜ 적용 회계기준)에 따라 신뢰성 있는 재무제표의 작성에 합리적인 확신을 제공하기 위하여 고안된 프로세스입니다. 회사의 내부회계관리제도는 (1) 회사 자산의 거래와 처분을 합리적인 수준으로 정확하고 공정하게 반영하는 기록을 유지하고 (2) 한국채택국제회계기준(☜ 적용 회계기준)에 따라 재무제표가 작성되도록 거래가 기록되고, 회사의 경영진과 이사회의 승인에 의해서만 회사의 수입과 지출이 이루어진다는 합리적인 확신을 제공하며 (3) 재무제표에 중요한 영향을 미칠 수 있는 회사 자산의 부적절한 취득, 사용 및 처분을 적시에 예방하고 발견하는데 합리적인 확신을 제공하는 정책과 절차를 포함합니다.

내부회계관리제도는 내부회계관리제도의 본질적인 한계로 인하여 재무제표에 대한 중요한 왜곡표시를 발견하거나 예방하지 못할 수 있습니다. 또한, 효과성 평가에 대한 미래기간의 내용을 추정 시에는 상황의 변화 혹은 절차나 정책이 준수되지 않음으로써 내부회계관리제도가 부적절하게 되어 미래기간에 대한 평가 및 추정내용이 달라질 위험에 처할 수 있습니다.

이 독립된 감사인의 내부회계관리제도 감사보고서의 근거가 된 감사를 실시한 업무수행이사는 홍길동(☜ 업무수행이사 이름)입니다.

한서회계법인

서울시 강남구 테헤란로

(감사보고서 일자 ☞) 20×2년 3월 20일

9.2.4.3 내부회계관리제도 의견거절

다음은 내부회계관리제도 의견거절을 표명하는 감사보고서 사례이다. 이 사례에서 감사인에 의해 제한된 절차를 수행하는 중 중요한 취약점이 식별되었기 때문에 감사인 재무제표의 의견을 변형하여야 하는지 고려한다.

독립된 감사인의 내부회계관리제도 감사보고서

대한주식회사 주주 귀중

내부회계관리제도에 대한 의견거절

의견거절근거 단락에서 기술된 사항의 유의성 때문에 우리는 감사의견의 근거를 제공하는 충분하고 적합한 감사증거를 입수할 수 없었습니다. 따라서 우리는 대한주식회사의 내부회계관리제도 효과성에 대한 의견을 표명하지 않습니다.

우리는 또한 회계감사기준에 따라, 대한주식회사의 20×1년 12월 31일 현재의 재무상태표, 동일로 종료되는 보고기간의 손익계산서(또는 포괄손익계산서), 자본변동표, 현금흐름표를 감사하였으며, 20×2년 3월 20일 자(☜ 내부회계관리제도 감사보고서 일자와 동일한 보고서일자) 감사보고서에서 의견거절(☞ 의견성격)을 표명하였습니다. 우리는 우리의 20×1년 재무제표 감사에 적용된 감사절차의 성격, 시기 및 범위를 결정하는 데 있어 식별된 중요한 취약점을 고려하였으며, 이 감사보고서는 그러한 재무제표 감사보고서에 영향을 미치지 아니합니다.

내부회계관리제도 의견거절근거

[의견거절을 초래하는 사항을 기술함]

상기에서 기술된 사항 때문에, 우리는 감사의견의 근거를 제공하는 데 충분하고 적합한 감사증거를 입수할 수 없었습니다. 그러나 중요한 취약점이 식별되었습니다. 중요한 취약점은 내부회계관리제도 미비점 혹은 미비점들의 결합으로, 회사의 재무제표의 중요한 왜곡표시가 적시에 예방되거나 발견·수정되지 못할 가능성이 낮지 않은 경우에 존재합니다. 하나 이상의 중요한 취약점이 존재하는 경우 회사의 내부회계관리제도는 효과적이라고 간주될 수 없습니다. 다음의 중요한 취약점은 첨부된 내부회계관리제도 운영실태보고서에 포함되었습니다.

[내부회계관리제도 운영실태보고서에서 기술된 중요한 취약점을 식별하고 중요한 취약점의 성격과 중요한 취약점이 존재하였던 기간에 발행된 기업의 재무제표의 표시에 중요한 취약점이 미치는 실질적 그리고 잠재적 영향을 포함한 중요한 취약점에 대한 기술을 포함한다.]

내부회계관리제도에 대한 경영진과 지배기구의 책임

경영진은 효과적인 내부회계관리제도의 설계, 실행 및 유지할 책임이 있으며, 내부회계관리제도 운영실태보고서에 포함된, 내부회계관리제도 효과성에 관한 보고내용에 대해 평가할 책임이 있습니다.

지배기구는 회사의 내부회계관리제도의 감시에 대한 책임이 있습니다.

내부회계관리제도감사에 대한 감사인의 책임

우리의 책임은 감사기준에 따라 감사를 수행하고 이를 근거로 대한주식회사의 내부회계관리제도에 의견을 표명하는 데 있습니다. 그러나 이 감사보고서의 의견거절근거 단락에서 기술된 사항 때문에 감사의견의 근거를 제공하는 충분하고 적합한 감사증거를 입수할 수 없었습니다.

내부회계관리제도의 정의와 고유한계

회사의 내부회계관리제도는 지배기구와 경영진, 그 밖의 다른 직원에 의해 시행되며, 한국채택국제회계기준(☜ 적용 회계기준)에 따라 신뢰성 있는 재무제표의 작성에 합리적인 확신을 제공하기 위하여 고안된 프로세스입니다. 회사의 내부회계관리제도는 (1) 회사 자산의 거래와 처분을 합리적인 수준으로 정확하고 공정하게 반영하는 기록을 유지하고 (2) 한국채택국제회계기준(☜ 적용 회계기준)에 따라 재무제표가 작성되도록 거래가 기록되고, 회사의 경영진과 이사회의 승인에 의해서만 회사의 수입과 지출이 이루어진다는 합리적인 확신을 제공하며 (3) 재무제표에 중요한 영향을 미칠 수 있는 회사 자산의 부적절한 취득, 사용 및 처분을 적시에 예방하고 발견하는데 합리적인 확신을 제공하는 정책과 절차를 포함합니다.

내부회계관리제도는 내부회계관리제도의 본질적인 한계로 인하여 재무제표에 대한 중요한 왜곡표시를 발견하거나 예방하지 못할 수 있습니다. 또한, 효과성 평가에 대한 미래기간의 내용을 추정 시에는 상황의 변화 혹은 절차나 정책이 준수되지 않음으로써 내부회계관리제도가 부적절하게 되어 미래기간에 대한 평가 및 추정내용이 달라질 위험에 처할 수 있습니다.

이 독립된 감사인의 내부회계관리제도 감사보고서의 근거가 된 감사를 실시한 업무수행이사는 홍길동(☜ 업무수행이사 이름)입니다.

한서회계법인
서울시 강남구 테헤란로
(감사보고서 일자 ☞) 20×2년 3월 20일

연습문제

문제 1

외부감사인의 커뮤니케이션 대상(공인회계사 2차 응용, 2019년)

업무수행이사와 현장책임회계사는 "회계감사기준서 1100(내부회계관리제도의 감사)"에 따라서 내부회계관리제도 감사 중 발견된 미비점, 유의한 미비점, 중요한 취약점을 경영진 및 지배기구와 커뮤니케이션을 수행하여야 한다.

(질문) 커뮤니케이션 대상 별로 보고하여야 할 미비점의 종류를 모두 기재하시오.
(아래 〈답안양식〉을 사용할 것)

〈미비점의 종류〉

① 미비점, ② 유의한 미비점, ③ 중요한 취약점

〈답안양식〉

구 분	①, ②, ③ 중 해당되는 사항 모두 선택
경영진	
지배기구	

해설 **외부감사인의 커뮤니케이션 대상(공인회계사 2차 응용, 2019년)**

감사인은 감사 중에 식별된 모든 미비점을 감사보고서 발행 전에 경영진과 서면으로 커뮤니케이션하여야 한다. 유의한 미비점이나 중요한 취약점의 수준에 이르지 못한 미비점에 대해서도 커뮤니케이션하는 이유는 내부회계관리제도 감사가 내부회계관리제도의 미비점을 식별하는데 중점을 두고 있기 때문이다.

식별된 유의한 미비점과 중요한 취약점에 대해서는 경영진과 지배기구(감사 혹은 감사위원회)와 서면으로 커뮤니케이션하여야 한다. 이 경우 지배기구의 감시가 비효과적이라고 판단되는 경우에는 감사인은 이사회(혹은 다른 유사한 기구)에 서면으로 커뮤니케이션한다.

구 분	①, ②, ③ 중 해당되는 사항 모두 선택
경영진	①, ②, ③
지배기구	②, ③

문제 2

외부감사인의 감사의견 형성(공인회계사 2차 응용, 2019년)

현장책임회계사는 내부회계관리제도를 감사한 결과 유의한 미비점(1개)을 발견하였으나 ABC㈜의 경영진은 내부회계관리제도 운영실태보고서에 동 유의한 미비점의 내용을 붙임에 기재하지 않았다. 또한, 감사과정에서 업무범위의 제한은 없었다.

(질문) 이러한 상황에서 업무수행이사와 감사팀이 내부회계관리제도에 대해서 최종적으로 표명할 [A]감사의견과 [B]그 이유를 기재하시오(아래 〈답안양식〉을 사용할 것).

〈답안양식〉

구 분	내 용
[A]감사의견	
[B]그 이유	

해설 **외부감사인의 감사의견 형성(공인회계사 2차 응용, 2019년)**

감사인이 내부회계관리제도 감사와 관련하여 표명할 수 있는 감사의견은 다음과 같으며, 내부회계관리제도에서 한정의견은 표명할 수 없다.

적정의견	부정적의견	의견거절
감사범위의 제한이나 내부회계관리제도 평가기준일 현재에 개별적으로 혹은 결합적으로 하나 이상의 중요한 취약점이 존재하지 않는 경우	내부회계관리제도 평가기준일 현재에 하나 이상의 중요한 취약점이 존재하는 경우	감사인의 감사업무에 대한 범위제한이 있는 경우

답안양식에 따른 정답은 다음과 같다.

구 분	내 용
[A]감사의견	적정의견
[B]그 이유	외부감사인의 내부회계관리제도 효과성에 대한 감사의견에 영향을 미치는 미비점은 유의적 미비점이 아니라 중요한 취약점(material weakness)이다. 감사결과 유의한 미비점(significant deficiency)은 발견되었으나 중요한 취약점이 발견되지 않았으며 범위제한도 없었기 때문에 적정의견을 표명한다.

문제 3

내부회계관리제도 감사 수행

현장책임회계사는 내부회계관리제도를 감사를 위해 감사기준서 1100 및 Auditing standard 2201(AS No.5)에 따라 아래와 같이 감사를 수행하고 결론을 도출하였다. 감사과정에서 업무범위에 대한 제한은 없었다.

단 계	세부 감사절차
감사계획단계 (Audit planning)	- 현장책임회계사는 내부회계관리제도에 대해서만 감사책임이 있다고 판단하였으며, 재무제표에 대한 감사에 대한 목적을 달성할 수는 없으므로 이에 대해서는 고려하지 아니하였다. - 내부회계관리제도감사의 전제조건을 확인하였다. - 내부회계관리제도의 감사에 앞서 중요한 취약점이 존재할 수 있는 위험의 정도를 파악할 수 있도록 사전위험평가를 실시하였다. - 내부회계관리제도는 재무제표에 신뢰성을 확보하기 위한 목적이므로 위험평가 시 효율적 감사릴 위해서 부정위험은 제외하는 것이 올바르다고 판단하였다. - 내부회계관리제도를 운영함에 있어서 적합한 준거기준을 사용하고 있는지 검토하였다.
하향식접근법의 사용 (Top-down approach)	- 감사인은 내부통제 구성요소가 존재하고 기능하는지 판단하였고 그 결과 회사의 내부통제에는 모든 내부통제 구성요소가 존재하고 기능하지는 않는 것을 확인하였다. 하지만, 모든 내부통제 구성요소가 유효하게 설계 및 운영될 필요는 없으므로 미비점으로 식별하지는 아니하였다. - 유의적 거래유형, 계정잔액 및 광시와 관련경영진주장을 식별하였다. - 내부회계관리제도의 위험을 식별시 중요한 잠재적 왜곡표시를 야기할 잠재적 왜곡표시의 가능한 원천(Likely sources of potential misstatement)을 결정하였다. - 보고기간말 재무보고 프로세스는 내부회계관리제도의 감사에 포함하지 아니하였다.
통제 테스트 (Testing controls)	- 감사인은 내부통제의 설계와 운영의 효과성을 테스트하여 해당 통제가 목적을 충족하고 재무제표의 중요한 왜곡을 초래할 수 있는 부정이나 오류로 인한 왜곡표시를 효과적으로 예방하거나 발견, 수정할 수 있는지 확인하였다. - 통제 효과성을 확인함에 있어서 증거를 입수하지는 아니하였다.
식별된 미비점의 평가 (evaluating identified deficiencies)	- 발견된(식별된) 미비점에 대하여 심각성(severity)을 평가하였다. - 발견된 미비점 중 중요한 취약점(material weakness)에 대해서는 감사보고서 발행전 경영진과 이사회에 보고하였으나, 중요한 미비점이 아닌 부분(유의한 미비점, 미비점)은 의견에 영향

단 계	세부 감사절차
	을 미치지 아니하므로 경영진이나 이사회에 보고하지는 않았다. - 전기 재무제표의 재작성 사항은 없는 것을 확인하였으며, 재무제표 감사 시 발견된 중요한 수정사항은 없었다. - 회사의 고위경영진이 저지른 부정위험이 발견되었으나 그 금액이 중요하지 않으므로 미비점이나 중요한 취약점을 나타내는 지표라고 판단하지 아니하였다.
의견형성 (wrapping-up)	- 감사인은 경영진으로부터 서면진술서를 입수하여 서명 여부와 필수적 기재사항을 확인하였으며 특이사항이 발견되지 아니하였다. - 감사인은 외감법에 따른 내부회계관리제도 운영실태보고서의 필수요소에 대해 확인하였다. - 회사의 경영진은 내부회계관리제도의 운영실태보고서에 [경영진의 비용-수익 분석에 대한 내부통제 유효성]을 포함하여 의견을 표명하였다. 감사인은 이러한 추가정보의 포함이 재무제표 유효성에 영향을 미치지 않으므로 추가적인 조치를 수행하지는 아니하였다.

(질문) 이러한 상황에서 잘못된 감사절차와 그 이유를 기재하시오(아래 〈답안양식〉을 사용할 것).

〈답안양식〉

단 계	잘못된 세부 감사절차
감사계획단계	
하향식접근법의 사용	
통제 테스트	
식별된 미비점의 평가	
의견형성	

해설 **내부회계관리제도 감사 수행**

단 계	잘못된 세부 감사절차
감사계획단계 (Audit planning)	<u>내부회계관리제도와 재무제표의 통합감사</u> - 내부회계관리제도감사와 재무제표감사의 목적이 동일하지 않더라도, 감사인은 각각의 감사목적을 동시에 달성할 수 있도록 통합감사를 계획하고 수행하여야 한다(감사기준서 1100 문단 10). - 감사인은 아래의 목적을 모두 달성할 수 있도록 통제테스트를 설계하여야 한다(감사기준서 1100 문단11). a. 평가기준일(통상적으로 보고기간말일 임) 현재의 내부회계관리제도에 대한 감사의견을 뒷받침할 충분하고 적합한 증거를 입수함. b. 재무제표감사 목적상 감사인의 통제위험 평가를 뒷받침할 충분하고 적합한 감사증거를 입수함. <u>부정위험의 평가</u> - 내부회계관리제도감사를 계획하고 수행할 때, 감사인은 감사인의 부정위험 평가 결과를 고려하여야 한다. 감사인은 기업의 통제가 식별된 부정으로 인한 중요왜곡표시위험과 경영진이 다른 통제를 무력화할 위험에 충분히 대처하는지 여부를 평가하여야 한다(감사기준서 1100 문단18).
하향식접근법의 사용 (Top-down approach)	<u>내부통제 5가지 구성요소의 존재 및 기능 여부</u> - 효과적인 내부회계관리제도는 다음의 요건이 모두 충족될 때 달성될 수 있다(설계 및 운영 개념체계 문단16). • 내부회계관리제도의 각 구성요소와 관련 원칙이 존재하고 기능한다. • 내부회계관리제도의 구성요소가 연계되어 통합적으로 운영된다. <u>보고기간말 재무보고 프로세스</u> - 보고기간말 재무보고 프로세스 평가의 일환으로, 감사인은 다음을 평가하여야 한다(감사기준서 1100 문단28). a. 기업이 재무제표 생성을 위해 사용하는 프로세스의 입력자료, 수행하는 절차 및 산출물 b. 보고기간말 재무보고 프로세스에 정보기술이 관련되는 정도 c. 경영진에서 누가 참여하는지 d. 보고기간말 재무보고 프로세스에 포함되는 사업장 e. 조정사항 및 연결조정 분개의 유형 f. 경영진과 지배기구가 프로세스에 대해 수행하는 감시의 성격 및 범위
통제 테스트 (Testing controls)	감사인은 각각의 관련경영진주장에 대하여 선정된 통제의 효과성에 대하여 증거를 입수하여야 한다(감사기준서 1100 문단40).
식별된 미비점의 평가 (evaluating identified deficiencies)	- 감사인은 통합감사 중에 식별한 내부회계관리제도의 모든 미비점을 경영진에게 서면으로 적시에, 감사보고서 발행 이전에 커뮤니케이션하여야 하며, 이러한 커뮤니케이션이 언제 수행되었는지 혹은 언제 수행될 예정인지를 지배기구에 알려야 한다(감사기준서 1100 문단66). - 내부회계관리제도의 중요한 취약점을 나타내는 지표는 다음을 포함한다(감사기준서 1100 문단A81).

단 계	잘못된 세부 감사절차
	• 고위 경영진이 저지른 부정을 식별함(부정이 중요한지 여부는 관계없음). 여기서 고위 경영진은 대표이사, 재무담당임원, 그밖에 기업의 재무보고프로세스에 유의적인 역할을 하는 다른 고위 경영진을 포함한다 • 부정이나 오류로 인한 중요한 왜곡표시의 수정을 반영하기 위해 이전에 발행된 재무제표를 재작성함. • 재무제표의 중요한 왜곡표시가 기업의 내부회계관리제도에 의해 발견·수정되지 못하였을 상황에서 감사 중 감사인에 의해 해당 왜곡표시가 식별됨. • 기업의 재무보고 및 내부회계관리제도에 대한 지배기구의 감시가 효과적이지 않음.
의견형성 (wrapping-up)	- 경영진은 내부회계관리제도 운영실태보고서 내 또는 동 보고서를 포함하는 문서 내에, 감사인의 평가대상에 해당하는 문단59에 기술된 요소 외에 추가정보를 포함할 수 있으며, 이 경우 감사인은 다음을 수행하여야 한다(감사기준서 1100 문단83). a. 내부회계관리제도 운영실태보고서에 추가정보가 포함된 경우, 감사인은 기타사항문단에서 해당 정보에 대한 의견을 거절하여야 한다. - 다음은 추가적인 정보에 대한 의견을 거절할 때 쓰는 문구의 예시이다(감사기준서 1100 문단A105). <u>기타사항</u> 우리는 [경영진의 비용-수익 분석과 같은 추가적인 정보]에 대한 감사절차를 수행하지 않았으며, 따라서 이에 대하여 의견을 표명하거나 어떠한 확신도 제공하지 않습니다.

연합뉴스 : 기업 재무담당 60% "내부회계관리제도 감사 준비 부족"

EY한영은 지난달 국내 주요기업 재무담당 임직원 187명을 대상으로 벌인 설문 조사에서 응답자의 32%는 내부통제 개선을 위한 예산을 전기 대비 30% 이상 늘린 것으로 답했다고 10일 밝혔다.

'20% 이상 늘렸다'는 응답도 21%에 달했다.

하지만 내부회계관리제도 감사 준비 수준과 관련해서는 응답자의 60%가 '준비가 부족하다'고 답했다.

내부회계관리제도는 기업의 회계정보 신뢰성을 확보하기 위해 기업 내부에 설치하는 통제 시스템으로, 작년까지 외부감사인은 기업 내부회계관리제도를 '검토'만 했으나 2019사업연도부터는 자산 2조 원 이상 상장사에 대해 내부회계관리제도 '감사'를 시행해야 한다. 내년에는 내부회계관리제도 감사 대상이 자산 5천억 원 이상 상장사로 확대된다.

새 외감법 대응을 위해 회사의 외부감사인이 아닌 제3의 회계법인 회계자문이 필요하다는 응답도 83%에 달해 기업 스스로 회계 역량이 부족하다고 판단하는 것으로 파악됐다.

새 외감법은 외부감사인의 독립성 확보를 위해 외부감사인이 회사의 재무제표나 그 주석을 대리 작성하거나 자문하지 못하도록 명문화했다. 이에 따라 기업이 회계처리와 관련해 자체적인 판단이 어려울 경우에는 별도의 회계법인 등에 자문을 구해야 한다.

한편 '회계투명성 향상에 따른 이익이 어디로 귀속된다고 생각하는가'라는 질문에 대해서는 응답자의 58%가 주주, 33%가 기업이라고 각각 답해 회계투명성 제고의 필요성에는 공감하는 것으로 나타났다.

10 연결내부회계관리제도

지배회사가 주권상장법인인 회사는 외감법 시행령 제9조(내부회계관리제도의 운영 등) 제2항 제6호에 따라 연결기준으로 내부회계관리제도를 운영하여야 한다. 다만, 외감법 시행령에서는 모든 주권상장법인에 대해서 연결내부회계관리제도를 도입하는 데에 그 준비 시간이 소요될 것이므로 자산규모에 따라 도입시기를 유예하여 주고 있다(외감법 시행령 부칙). 내부회계관리제도는 국내에 도입된 이후로 별도재무제표 기준으로 구축하고 운영되어 오고 있기 때문에 관련 유관기관 및 회계법인, 상장사에 연결내부회계관리제도 구축 및 운영에 대한 노하우가 많지 않다고 할 수 있다.

| 연결내부회계관리제도 도입시기 |

구 분	연결기준 감사 적용시점 (외감법 시행령 변경 전)	연결기준 감사 적용시점 (외감법 시행령 변경 후)
자산 2조 원 이상	2022년	2023년
자산 5천억 원 이상	2023년	2029년
자산 1천억 원 이상	2024년	2030년

금융위원회 및 금융감독원에서는 많은 기업들이 연결내부회계관리제도 구축에 어려움을 겪고 있는 점을 감안하여 연결내부회계관리제도 감사 시행시기를 연기할 것을 발표하였고, 이에 따라 외감법 시행령이 개정되었다. 다만, 조기 적용을 원하는 회사는 당초 정했던 시행시기에 맞추어 연결내부회계관리제도를 도입하는 것도 가능하다.

2023년부터 자산 2조 원 이상인 상장회사를 시작으로 연결내부회계관리제도가 도입되었으나 대상범위 선정의 지침이 없어 실무상 적용에 어려움이 있었다. 이러한 어려움을 해소하고자 금융감독원에서는 2023년 12월에 연결내부회계관리제도 대상범위 선정 가이드라인을 발표하였다.

본 장에서는 연결내부회계관리제도 대상범위 선정 가이드라인, 해외자료 및 사례를 기반으로 연결과 별도내부회계관리제도의 차이점 부분을 중심으로 설명하였다.

연결내부회계관리제도 도입에 따라 新 내부회계관리제도 모범규준이나 감사기준서 1100이 개정될 예정인지? (한국공인회계사회 답변)

新 내부회계관리제도 모범규준과 관련하여 연결내부회계관리제도를 위한 개정작업이 예정되어 있습니다. 다만, 내용상 변경되는 것은 크게 없으며, 단순 용어변경 수준이 될 것으로 예상됩니다. 예를 들어 회사 → 지배기업, 종속기업/재무제표 → 연결재무제표 등이 될 것입니다.

한편, 감사기준서 1100은 이미 내부회계관리제도의 연결 확대까지 염두에 두고 제정되었기 때문에 추가적인 개정이 예정되어 있지 않으나, 향후 준비 과정에서 제기되는 이슈에 대응하기 위하여 실무지침 등이 제정될 수 있습니다.

10.1 연결내부회계관리제도 대상

외감법 시행령에 따르면 연결내부회계관리제도를 구축하고 운영하여야 하는 대상은 주권상장법인으로 한정하고 있다. 주권비상장법인은 연결내부회계관리제도를 운영하여야 하는 법적 책임은 없는 반면, 상장된 연결실체의 구성원인 경우 연결내부회계관리제도의 범위 및 대상에 포함된다. 상장 혹은 비상장 여부에 따라 연결내부회계관리제도의 외부감사 여부가 달라지는데, 이에 대해 정리하여 보면 아래의 표와 같다.

구 분			별도(개별) 내부회계관리제도	연결내부회계관리제도
Case 1	지배회사	상장	• 내부회계관리제도 구축/운영 • 외부감사인의 감사	• 연결내부회계관리제도 구축/운영 • 외부감사인의 감사
	종속회사	상장	• 내부회계관리제도 구축/운영 • 외부감사인의 감사	• 연결내부회계관리제도 범위에 포함
Case 2	지배회사	상장	• 내부회계관리제도 구축/운영 • 외부감사인의 감사	• 연결내부회계관리제도 구축/운영 • 외부감사인의 감사
	종속회사	비상장	• 1,000억(5,000억) 원[166] 이상의 경우 내부회계관리제도 구축/운영 • 외부감사인의 검토	• 연결내부회계관리제도 범위에 포함

166) 해당 내용은 외감법 제8조 및 외감법 시행령 제9조에 따른다. 자산규모 5,000억 원 미만인 회사 중 시행령 제9조의 조건에 해당하는 비상장사는 내부회계관리제도 구축이 면제된다.

구 분			별도(개별) 내부회계관리제도	연결내부회계관리제도
Case 3	지배회사	비상장	• 1,000억(5,000억) 원 이상의 경우 내부회계관리제도 구축/운영 • 외부감사인 검토	• 최상위지배회사 연결내부회계관리제도는 감사 대상이 아님. • 상장사 공모분산요건으로 일반적인 경우는 아님.
	종속회사	상장	• 내부회계관리제도 구축/운영 • 외부감사인 감사	• 최상위지배회사 연결내부회계관리제도는 감사 대상이 아님. • 중간지배회사의 경우, 중간연결내부회계관리제도를 구축/운영하고 외부 감사인의 감사 필요
Case 4	지배회사	비상장	• 1,000억(5,000억) 원 이상의 경우 내부회계관리제도 구축/운영하며 외부감사인 검토	• 연결내부회계관리제도 대상이 아님.
	종속회사	비상장	• 1,000억(5,000억) 원 이상의 경우 내부회계관리제도 구축/운영하며 외부감사인 검토	• 연결내부회계관리제도 대상이 아님.

10.2 연결내부회계관리제도 이해

연결기준 내부회계관리제도는 **별도 내부회계관리제도의 단순합이 아니며** 그 출발점은 연결재무제표가 된다. 최상위 지배회사의 대표이사는 내부회계관리제도의 설계 및 운영에 대한 최종적인 책임을 지게 되며, 연결실체에 대한 내부회계관리자를 지정하여야 하며, 연결실체의 내부회계관리규정을 구비하여야 한다.

연결내부회계관리제도의 구축/운영의 결과로서 최종적으로 도출되는 내부회계관리제도 운영실태보고서와 감사(위원회)의 내부회계관리제도 평가보고서 또한 연결재무제표 및 연결실체 관점에서 작성되고 보고되어야 한다.

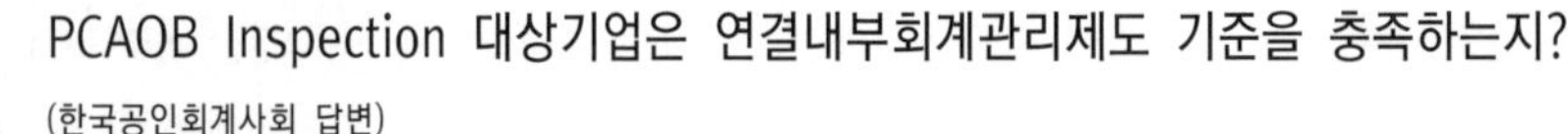

PCAOB Inspection 대상기업은 연결내부회계관리제도 기준을 충족하는지?
(한국공인회계사회 답변)

PCAOB Inspection 적용 대상 기업들의 경우 이미 연결기준의 내부회계관리제도를 운영하고 외부감사인의 통합감사가 수행되기 때문에 기본적으로 연결내부회계관리제도를 충족한다고 볼 수 있습니다. 다만, 회사별로 적용에 있어서 세부적인 차이가 있을 수 있으므로 연결내부회계관리제도 충족 여부에 대해서는 재검토할 필요는 있습니다.

| 연결내부회계관리제도의 범위 |

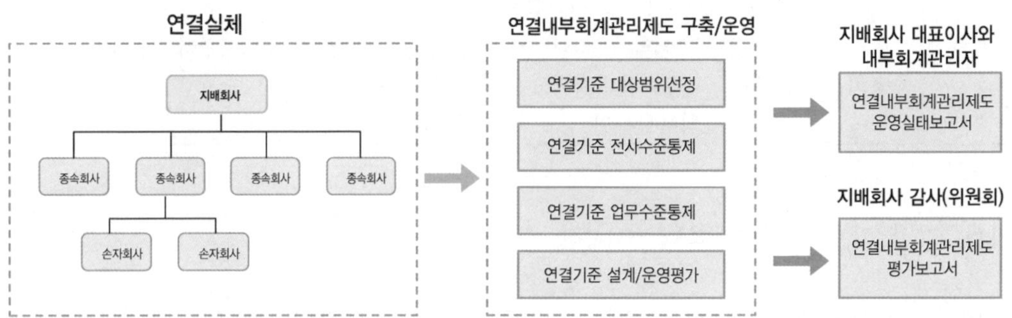

연결실체의 구조가 복잡할수록 연결실체의 내부회계관리제도의 운영 또한 매우 복잡하게 된다. 특히, 지배회사의 대표이사 및 내부회계관리자는 연결내부회계관리제도 운영실태보고서를 발행하여야 하기 때문에 자회사 재무보고내부통제의 프로세스에 대해서도 책임이 가중된다고 해석할 수 있다.

지배회사의 대표이사 및 내부회계관리자는 이를 위해서는 연결실체 내의 세부적인 재무정보의 생성과정에 대해 한눈에 파악하여 관리할 수 있어야 하므로, 연결실체의 규모가 큰 경우에는 반드시 시스템에 의한 관리가 요구된다.

| 연결내부회계관리제도 도입으로 인한 주요변화 |

구 분	주요내용
책임범위 확대	지배회사의 대표이사 및 내부회계관리자는 연결실체의 내부회계관리제도 설계 및 운영책임이 있으며, 대표이사는 주주총회, 이사회 및 감사(위원회)에 매 사업연도마다 연결내부회계관리제도 운영실태에 대하여 보고하여야 함.
대상기업의 확대	지배회사뿐만 아니라 연결대상에 해당하는 종속기업에 대해서도 내부회계관리제도를 설계하고 운영하여야 함.
외부감사 범위확대	감사인은 연결내부회계관리제도에 대한 감사의견을 표명하여야 함. 이를 위해 지배회사 감사인은 이를 위해 부문감사인을 활용할 수도 있을 것임. 하지만, 지배회사 감사인은 연결내부회계관리제도 감사에 대한 전체적인 책임을 지며 이를 위한 범위확대, 감사계획, 부분감사인 활용 등 업무범위가 크게 확대됨.

10.3 통제단위(혹은 부문)

연결기준 내부회계관리제도의 수립은 통제단위(control unit)에 대한 이해가 선행되어야 한다. 통제단위는 사업의 목적을 달성하기 위해 운영단위(business operation unit)별 혹은 장소(location)별로 일상을 기반으로 한 상대적 자율권(autonomy)이 부여된 단위로 관계회사단위, 사업단위 혹은 부서단위와 같이 정의될 수 있다.

이러한 관점에서 보자면 연결실체 내의 종속회사(자회사 및 기타관계회사)는 연결실체의 비즈니스 목적을 달성하기 위해 제한된 경영권 및 내부통제 재량권이 부여된 통제단위라고 할 수 있다.

통제단위의 개념은 COSO 프레임워크의 옆면과도 일맥상통한다. COSO 프레임워크 옆면의 전사적 수준, 부서단위, 운영단위, 기능단위는 내부통제의 목적(Operation, Reporting, Compliance)을 달성하기 위해서 5가지의 내부통제 구성요소(COSO components)인 통제환경, 위험평가, 통제활동, 정보 및 의사소통, 모니터링을 구비하고 준수하여야 한다.

| COSO 프레임워크(Internal Control – Integrated Framework) |

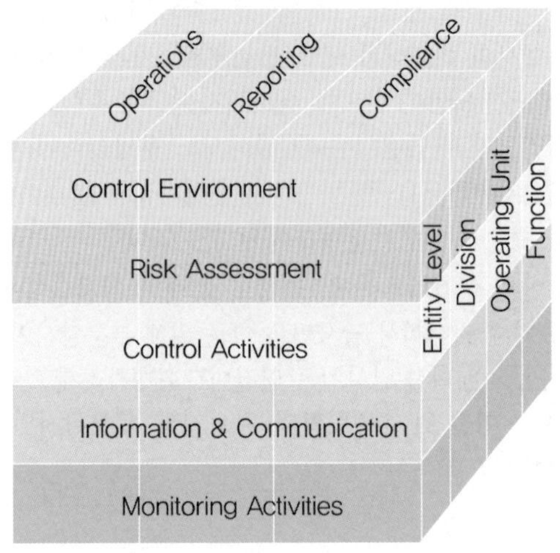

(Internal Control – Integrated Framework)

통제단위에 대한 개념은 내부회계관리제도 설계 및 운영 개념체계 (원칙 7)에서도 설명되고 있다. (원칙 7)의 중점 고려사항에서는 회사 종속회사, 부문, 운영팀 및 기능 단위 등은 회사 전체조직 단위에서 내부회계관리제도의 목적달성과 관련된 위험을 식별하고 평가하도록 하고 있다.

예를 들자면, 별도재무제표에서 해외지점 같은 경우에는 해외지점장에게 일정부분의 경영과 내부통제에 대한 자율권이 부여되어 운영될 수 있다. 이러한 경우 별도재무제표 관점에서는 해외지점의 고유위험과 금액적 중요성에 따라 내부회계관리제도의 전사수준통제와 프로세스수준 통제에 해외지점의 내부통제를 포함하여 구축하고 운영하여야 한다.

이와 동일한 선상에서 연결재무제표 측면에서 생각해 보자면 연결실체의 지배회사는 그 본질적인 비즈니스 목적달성을 위해서 각 자회사 및 손자회사에게 내부통제의 운용을 포함한 일정부분의 경영 자율권을 부여한 것으로 볼 수 있으며, 각 자회사와 손자회사 등의 부문은 연결실체를 구성하는 통제단위로 이해하여야 한다.

연결내부회계관리제도를 적용함에 있어서 '설계 및 운영 개념체계' 및 '평가 및 보고 기준'은 연결실체를 한 개의 재무제표 보고단위로 인식하여 적용되어야 하며, 각 자회사 및 손자회사 등의 관계회사는 별도재무제표에서 통제 자율권이 부여된 한 개의 부서와 같이 다루어진다.

10.4 연결내부회계관리제도 구축

연결기준의 내부회계관리제도의 구축은 앞서 설명된 기준과 다르지 않다. 각각의 요소에 있어서 연결재무제표와 연결실체의 관점에서 작성되어야 한다는 것만이 다르다. 따라서 ① Scoping(대상범위 선정), ② 전사수준통제, ③ 업무수준통제, ④ 유효성 평가 및 개선사항, ⑤ 보고단계와 같이 5국면으로 구축된다.

구 분	주요 고려사항
대상범위 선정	• 연결 중요성 산출 • 연결 재무제표 영향에 따라 중요한 부문(Significant component)을 식별
전사수준통제	그룹전체 수준을 고려한 전사수준통제(Group-level control) 고려
업무수준통제	• 중요한 부문에 따른 구축 접근방법 사용 고려 – Full scope, Specific scope, Limited scope • 그룹 ITGC 고려
유효성 평가 및 개선사항	• 중간지배회사를 이용한 연결 내부회계관리제도 조직체계 고려 • 평가 시 완전한 독립성의 확보 고려
보고	• 최상위지배회사의 대표이사, 내부회계관리자의 연결내부회계관리제도 운영실태보고서 • 최상위지배회사 감사(위원회)의 연결내부회계관리제도 평가보고서

10.4.1 Scoping(대상범위 선정)

Scoping(대상범위 선정) 단계에서는 연결재무제표 관점에서 유의한 계정과목 및 주석정보를 파악하고, 경영자주장을 식별한다. 하지만, 연결실체를 구성하고 있는 개별실체가 다양한 비즈니스를 구성하고 있으므로 개별실체에서 파악된 프로세스 단위보다 상위단계의 구분이 필요할 수 있다.

따라서, 연결실체의 프로세스 파악은 다음과 같이 계정과목(Account) – 프로세스(Process) – 연결실체단위(control unit)가 유기적으로 연결되어 있는 mapping table을 작성하여, 연결재무제표의 계정과목을 구성하고 있는 회계정보가 구체적으로 어떤 프로세스와 누구에 의해 작성되고 있는지를 파악할 수 있어야 한다.

| 계정과목–프로세스–연결실체단위의 연결 |

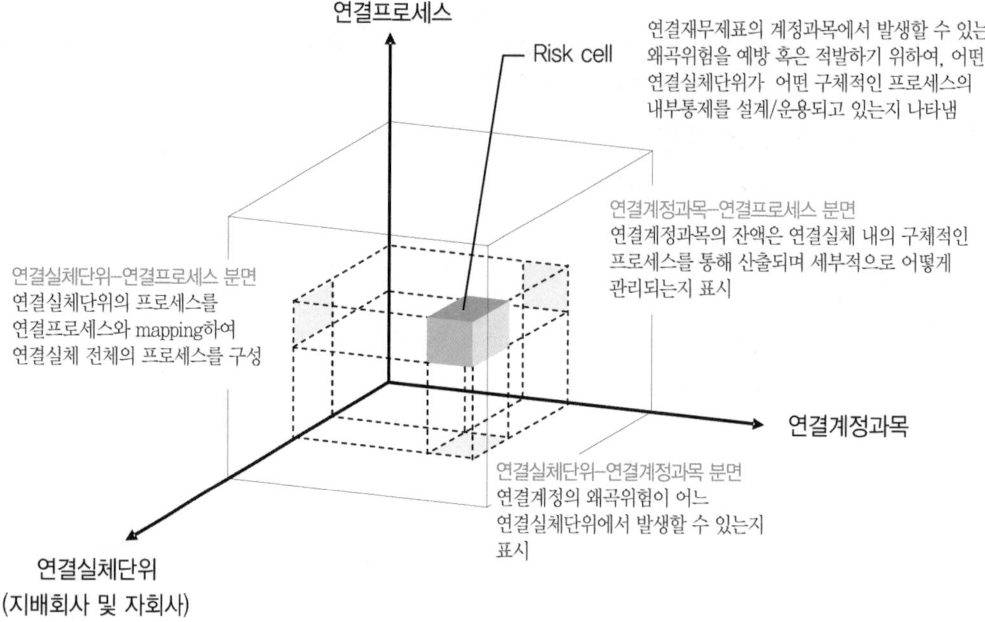
연결프로세스
Risk cell
연결재무제표의 계정과목에서 발생할 수 있는 왜곡위험을 예방 혹은 적발하기 위하여, 어떤 연결실체단위가 어떤 구체적인 프로세스의 내부통제를 설계/운용되고 있는지 나타냄
연결계정과목–연결프로세스 분면
연결계정과목의 잔액은 연결실체 내의 구체적인 프로세스를 통해 산출되며 세부적으로 어떻게 관리되는지 표시
연결실체단위–연결프로세스 분면
연결실체단위의 프로세스를 연결프로세스와 mapping하여 연결실체 전체의 프로세스를 구성
연결계정과목
연결실체단위–연결계정과목 분면
연결계정의 왜곡위험이 어느 연결실체단위에서 발생할 수 있는지 표시
연결실체단위
(지배회사 및 자회사)

10.4.1.1 연결 중요성

연결내부회계관리제도에서는 연결재무제표에 대한 연결 중요성기준을 산출하여야 한다. 이는 "3.4절"에서 설명된 바와 같이 질적 기준과 양적 기준을 모두 고려하여야 한다(내부회계관리제도 평가 및 보고 가이드라인).

이는 대상이 별도(개별)재무제표가 연결재무제표로 바뀔 뿐 기본적인 개념과 적용이 동일하다. 따라서, 양적 기준에서는 "중요성" 기준과 "수행 중요성" 기준을 모두 산출하여야 하며, 수행 중요성은 실무적으로 50~75% 수준으로 적용하여 유의한 계정과목을 선정한다.

다만, 감사기준서 600(그룹재무제표 감사)에서는 그룹재무제표 전체에 대한 중요성과 별도로 부문중요성을 결정하도록 하고 있다. 연결내부회계관리제도에서 유의한 부문을 결정하기 위해 그룹재무제표 전체의 중요성과는 별도로 다음과 같이 구분하여 중요성 금액을 선정할 수 있다.

구 분	내 용
그룹재무제표 중요성	그룹재무제표 전체에 대한 중요성
특정유형의 거래, 계정잔액, 공시사항에 대한 중요성	그룹재무제표 중요성보다 적은 금액의 왜곡표시가 재무제표이용자의 경제적 의사결정에 영향을 줄 것으로 합리적으로 예상될 수 있는 거래유형, 계정잔액 또는 공시사항이 존재하는 경우, 이에 대해 적용될 중요성 수준
부문 중요성	그룹재무제표 내의 미수정왜곡표시와 미발견왜곡표시의 합계가 그룹재무제표 전체에 대한 중요성을 초과할 확률을 적절하게 낮은 수준으로 감수시키기 위해 그룹재무제표 중요성보다 작게 설정하는 금액
명백하게 사소한 금액	그룹재무제표에 대하여 명백하게 사소하다(cleary trivial)로 간주할 수 없는 한도 기준

질적 기준에서도 ① 계정과목 내 복잡성, 동질성, ② 추정이나 판단이 개입되는 회계처리 및 평가, ③ 회계처리 및 보고의 복잡성, ④ 우발채무의 발생가능성, ⑤ 특수관계자와의 유의적 거래의 존재 여부, ⑥ 계정과목 성격의 변화 및 당기 금액 변화 정도, ⑦ 비경상적인 거래, ⑧ 관련 회계처리기준의 변경, ⑨ 법규 및 감독당국의 강조사항, ⑩ 주요한 외부환경의 변화가 존재하는 계정 등을 고려하여야 하는 것은 동일하다.

연결 중요성 기준의 산출은 내부회계관리제도의 출발점이 되므로 외부감사인과 반드시 협의할 것을 권고한다.

10.4.1.2 유의적 부문(연결실체단위)

별도 내부회계관리제도에서는 양적・질적 중요성에 의해 유의한 계정과목이 선정하고 그 유의한 계정과목(혹은 주석정보)을 프로세스와 연결시킨 후 프로세스접근법을 따르게 되지만 연결내부회계관리제도에서는 한 가지 더 고려하여야 할 부분이 있다.

연결내부회계관리제도에서는 각 연결실체(통제단위)를 평가하여 유의적 부문과 유의적이지 않은 부분으로 구분한다. 이렇게 유의적 부문과 그렇지 않은 부문을 구분하는 이유는 부문에 따라 접근방법을 달리함으로써 연결내부회계관리제도를 효율적으로 운영하기 위함이다.

| 유의한 부문과 유의하지 않은 부문의 구분 |

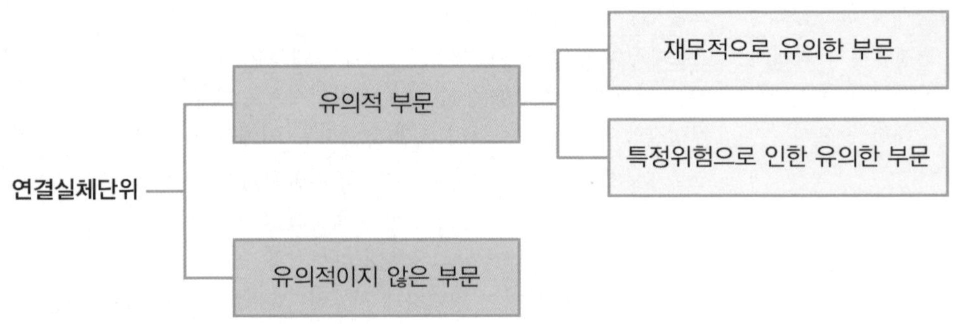

① 유의적 부문(Significant component)

연결재무제표에 대하여 개별 연결실체가 재무적으로 유의성을 갖거나 고유한 성격이나 상황으로 인하여 연결재무제표에서 유의적인 중요 왜곡표시위험을 포함할 것으로 예상되는 부문은 유의적 부문으로 선정한다.[167)]

구 분	내 용	예시 및 비고
재무적으로 유의한 부문	개별적으로 재무적 유의성을 가지는 부문	• 특정한 재무지표(자산, 부채, 세전순이익, 매출액 등의 벤치마크)에 일정 비율을 적용할 수 있다. • 예를 들어 매출액의 15%를 초과하는 유의적 부문으로 간주할 수 있다.
특정위험으로 인한 유의한 부문	고유한 성격이나 상황으로 인하여 연결재무제표의 유의적인 중요왜곡표시위험을 포함할 수도 있는 부문	특정 연결실체가 개별적으로는 재무적 유의성을 갖지 않지만, 그룹의 외환거래를 수행하고 있는 부문이라면 해당 그룹의 유의적인 중요왜곡표시 위험에 노출시킬 수 있으므로 유의적 부문으로 간주할 수 있다.

유의적 부문을 선정하기 위해서는 양적 또는 질적 판단기준을 고려하여 선정한다. 양적 및 질적 판단기준은 연결 내부회계관리제도 평가 및 보고 대상범위 선정 가이드라인에서 제시하고 있다.

167) Significant component – A component identified by the group engagement team (i) that is of individual financial significance to the group, or (ii) that, due to its specific nature or circumstances, is likely to include significant risks of material misstatement of the group financial statements. (INTERNATIONAL STANDARD ON AUDITING 600)

| 유의적 부문 선정 가이드라인[168] |

구 분	주요내용
양적 판단기준	• 연결재무제표상 매출, 총자산, 세전손익 등 주요 재무지표를 선정 • 주요 재무지표의 15%를 초과하는 부문은 재무적으로 유의적인 부문으로 선정 • 회사는 부문의 업종, 규모, 그룹 구조에 따른 중요한 왜곡표시 위험 등을 고려하여 주요 재무지표의 15%보다 높거나 낮은 백분율을 적용할 수 있음. • 또한, 다수의 재무적 지표를 고려하여 유의적인 부문을 선정하는 것이 타당하다고 판단될 경우에는 다수의 재무적 지표를 이용
질적 판단기준	• 부문에서 식별한 유의적 위험이 연결재무제표 및 공시에 중요한 영향을 미치는 부문 • 그룹 수준에서 결정한 유의적 위험과 관련된 부문 • 규제 목적으로 유의적인 부문 • 명확한 사업적 목적이 존재하지 않는 부문 • 신규 취득한 부문 • 지속적으로 손실이 발생하거나 전기에 유의한 미비점 또는 중요한 취약점이 존재한 부문 • 부문 경영진의 회계 관련 적격성이 부족한 부문 • 부정위험이 높은 부문 • 기타 회사가 특정위험이 있다고 판단한 부문

② 유의적이지 않은 부문(Non-significant component)

연결재무제표에 중요왜곡표시위험을 가져오지 않을 것으로 예상되는 연결실체는 유의적이지 않은 부문으로 간주될 수 있다. 유의적이지 않은 부문에서 발생할 수 있는 왜곡표시는 연결재무제표 관점에서는 허용가능위험보다 작을 것으로 예상된다는 것을 의미한다.

'연결내부회계관리제도 평가 및 보고 대상범위 선정 가이드라인'에서는 유의적이지 않은 부분은 개별적으로 중요한 왜곡표시를 발생시킬 가능성이 낮지 않은 부문과 유의적이지는 않지만 다른 부문과 합쳤을 때 중요한 왜곡표시를 발생시킬 가능성이 낮지 않은 부문으로 구분한다.

168) 연결내부회계관리제도 평가 및 보고 대상범위 선정 가이드라인 문단6.가, 나

구 분	내 용	예시 및 비고
개별적으로 중요한 왜곡표시를 발생시킬 가능성이 낮지 않은 부문	① 개별 부문에서 식별된 중요한 왜곡표시위험이 유의적인 위험은 아니더라도 ② 해당 위험으로 인하여 연결재무제표의 특정 거래유형, 계정잔액 또는 공시에 ③ 중요한 왜곡표시를 발생시킬 가능성이 낮지 않은 부문	유의적인 부문으로 선정되지 않은 부문의 연결재무제표상 유의한 계정과목 금액(합계×)이 중요성 금액의 4배수 이상인 경우에 해당한다.
다른 부문과 합쳤을 때, 중요한 왜곡표시를 발생시킬 가능성이 낮지 않은 부문	① 식별된 중요한 왜곡표시위험이 유의적인 위험이 아니더라도 ② 둘 이상의 부문을 합칠 경우 해당 위험으로 인하여 연결재무제표의 특정 거래유형, 계정잔액 또는 공시에 ③ 중요한 왜곡표시를 발생시킬 가능성이 낮지 않은 부문	유의한 계정과목에서 차지하는 비중이 개별적으로는 중요성 금액에 미달하지만, 그 계정과목의 다른 잔여 부문을 모두 합쳤을 때 중요성 금액의 8배수 이상인 경우에 해당한다.

유의적이지 않은 부문이면서 연결재무제표에 중요한 왜곡 표시를 발생시킬 가능성이 낮은 경우에는 연결내부회계관리제도에서 주된 관심을 두는 부문이 아니다.

하지만, 부문 그 자체는 유의적이지 않지만 ① 개별적으로 중요한 왜곡표시를 발생시킬 수 있거나 ② 다른 부문과 합쳐서 중요한 왜곡표시를 발생시킬 수 있다면 이는 연결내부회계관리제도에서 포함하여 관리하여야 한다.

해당 부문 선정 시에도 금액적으로 중요한 왜곡표시를 발생시켜야 하는 부문이며, 그 발생가능성도 낮지 않은(reasonably possible, probable) 경우에 해당한다.

유의적이지 않은 부문 중에서 대상범위에 우선적으로 포함시켜야 하는 부문은 연결내부회계관리제도 평가 및 보고 대상범위 선정 가이드라인에서 제시하고 있다.

유의적이지 않은 부문 중에서 대상범위에 선정해야 하는 부문은 단계별로 접근하는데 개별적으로 중요한 왜곡표시를 발생시킬 수 있는 부문을 먼저 선정하고, 그 다음 다른 부문과 합쳐서 중요한 왜곡표시를 발생시키는 부문을 선정한다. 해당 내용을 정리하면 다음과 같다.

| 개별적으로 중요한 왜곡표시를 발생시킬 가능성이 낮지 않은 부문 선정 가이드라인[169] |

구 분	주요내용
양적 판단기준	• 유의적이지 않은 부문의 연결재무제표상 유의한 계정과목 금액 → 중요성 금액의 4배수 이상인 경우 • 다만, 유의적이지 않은 부문의 연결재무제표상 유의한 계정과목 금액이 중요성 금액의 4배수 이상이지만, 그 발생원인, 성격 등을 볼 때 중요한 왜곡표시를 발생시킬 가능성이 낮다고 판단된다면 제외할 수 있다.
질적 판단기준	• 유의적인 변화(예 : 양수, 자산취득 등)가 발생한 부문 • 그룹이 공통적으로 사용하는 시스템, 프로세스 및 통제를 활용하지 않는 부문 • 그룹 차원 통제의 운영 효과성이 낮은 부문 • 내부감사기능 업무가 수행되지 않는 부문 • 그룹 차원에서 수행한 분석적 절차를 통해 비경상적인 변동이 식별된 부문 • 기타 중요한 왜곡표시를 발생시킬 가능성이 낮지 않다고 판단되는 부문

| 다른 부문과 합쳤을 때 중요한 왜곡표시를 발생시킬 가능성이 낮지 않은 부문 선정 가이드라인[170] |

구 분	주요내용
양적 판단기준	• 유의적 부문, 유의적이지 않은 부문이나 개별적으로 중요한 왜곡표시를 발생시킬 가능성이 낮지 않은 부문을 제외한 나머지 부문을 대상으로 함. 주요 재무지표 × 15% —— Ⓐ Ⓑ / Ⓒ Ⓓ Ⓐ, Ⓑ : 주요 재무지표의 15% 이상으로 유의한 부문 Ⓒ : 비유의한 부문, but 개별적으로 중요한 왜곡표시 위험이 있는 부문 Ⓓ : 비유의한 부문의 잔여 부문 • 잔여 부문(Ⓓ)의 연결재무제표상 유의한 계정과목 합계금액이 → 중요성 금액의 8배수 이상인 경우 • 다만, 잔여 부문의 유의한 계정과목 합계금액이 중요성 금액의 8배수 이상이지만 그 발생원인, 성격 등을 고려할 때 연결재무제표상 중요한 왜곡표시를 발생시킬 가능성이 낮다고 판단되는 경우 제외할 수 있다. • 다음의 양적기준을 추가로 고려할 수 있다. (1) 잔여 금액이 유의한 계정과목에서 차지하는 비중 (2) 특정 개별 부문이 유의한 계정과목의 잔여 금액에서 차지하는 비중 (3) 잔여 금액을 구성하는 부문의 개수

169) 연결내부회계관리제도 평가 및 보고 대상범위 선정 가이드라인 문단7.가, 나

170) 연결내부회계관리제도 평가 및 보고 대상범위 선정 가이드라인 문단8.가, 나

구 분	주요내용
질적 판단기준	• 부문의 자산, 부채 또는 거래의 성격 • 부문에서 중요한 왜곡표시 위험의 수준 • 특정 부문에서의 왜곡표시 위험이 다른 부문에도 해당됨으로써 연결재무제표상의 중요한 왜곡표시 위험을 나타내는지 여부 • 기록과 정보처리의 중앙집중화의 정도 • 부문으로의 권한 이양과 부문의 활동에 대한 감독을 포함한 통제환경의 효과성 • 부문에 대한 모니터링 활동 등 그룹 차원 통제의 주기, 시기 및 범위 • 기타 잔여 부문이 다른 부문과 합쳤을 때 중요한 왜곡표시를 발생시킬 가능성

10.4.1.3 부문별 접근방법

유의적 부문과 유의적이지 않은 부문을 구분하게 되면 해당 부문이 연결재무제표에 미치는 영향을 알 수 있기 때문에, 그 구분에 따라서 연결내부회계관리제도 구축의 접근방법이 달라질 수 있다.

연결 내부회계관리제도 평가 및 보고 대상범위 선정 가이드라인 문단4에서는 연결재무제표 감사에서 실무적으로 Full-scope, Specific scope, Limited scope으로 구분하여 감사접근방법을 적용하는 것과 유사하게, 연결내부회계관리제도에서도 3가지의 구분에 의한 접근을 제시하고 있다.

| 부문의 유의성 따른 연결내부회계관리제도 구축 접근방법 |

<table>
<tr><th colspan="2">부문의 유의성</th><th colspan="2">연결 내부회계관리제도 구축 접근방법</th></tr>
<tr><td rowspan="2">유의적 부문</td><td>재무적으로 유의한 부문</td><td>Full scope</td><td>부문 재무제표와 관련된 전체 프로세스를 연결내부회계관리제도에 포함하는 방법</td></tr>
<tr><td>특정위험으로 인한 유의한 부문</td><td rowspan="2">Specific scope</td><td rowspan="2">특정위험으로 인한 유의적 부문이 연결재무제표의 특정 유의한 계정과목에 한정되어 관련됨.
그 해당 부문만을 연결내부회계관리제도에 포함하는 방법</td></tr>
<tr><td colspan="2" rowspan="2">유의적이지 않은 부문</td></tr>
<tr><td>Limited scope</td><td>부문이 연결재무제표에 미치는 영향이 유의적이지 않을 것으로 예상되는 경우 그룹수준의 위험평가와 부문 재무보고 결과에 대한 모니터링과 같은 전사통제만을 연결내부회계관리제도에 포함</td></tr>
</table>

① 부문 재무제표와 관련된 전체 프로세스를 대상에 포함(Full scope)

특정 연결실체단위(=부문)가 재무적으로 유의하거나, 특정위험으로 인한 유의적 부문, 유의적이지는 않으나 개별적으로 또는 다른 부문과 합쳤을 때 중요한 왜곡표시를 발생시킬 가능성이 낮지 않은 부문이 연결재무제표의 유의한 계정과목(significant accounts)에 전반적으로 영향을 미치는 경우 그러한 부문의 전체 프로세스를 연결내부회계관리제도 범위에 포함하여 구축한다.

② 부문의 특정 프로세스만을 대상에 포함(Specific scope)

특정위험으로 인한 유의적 부문이 연결재무제표의 유의한 계정과목에 한정되어 관련되는 경우, 그 해당부문의 관련 프로세스만을 연결내부회계관리제도의 범위에 포함한다.

또한, 개별적으로 유의적이지 않은 부문이라고 하더라도 개별적으로 다른 유의적이지 않은 부문을 합쳤을 때 중요한 왜곡표시를 발생시킬 가능성이 낮지 않은 부분이 특정 계정과목 등에 한정된 영향을 미치게 되는 부문이 있다고 한다면 그 해당부문의 관련 프로세스는 범위에 포함되어야 한다.

③ 그룹차원의 전사통제만을 대상에 포함(Limited scope)

위의 ① Full scope과 ② Specific scope에 해당하지 않는 부문 및 프로세스는 그룹수준의 위험평가와 부문 재무보고 결과에 대한 모니터링 등 그룹 전사통제 차원만을 내부회계관리제도의 범위에 포함하는 방법이다.

연결내부회계관리제도에 포함될 종속회사(부문)는 다음과 같은 방식을 적용하여 선정할 수 있다. 이는 하나의 사례로 회사마다 평가에 충분한 범위가 포함될 수 있는 합리적 방식이 적용 가능하다.

| 연결부문 유의성에 따른 평가방식 예시(내부회계관리제도 운영위원회) |

부문의 유의성		주요 고려사항	평가방식	
유의적 부문	재무적으로 유의한 부문	특정 재무지표(자산, 매출액, 순이익)의 특정 %를 초과하는 부문 - *예 : 종속회사 A의 자산총액이 연결자산총액의 15%를 초과(사전 설정기준 15% 가정)*	Full scope	해당 부문(종속회사)의 전체 프로세스를 연결내부회계관리제도 범위에 포함
	특정위험으로 인한 유의한 부문	고유 성격이나 상황으로 인해 연결재무제표의 중요한 왜곡표시가 발생할 수 있는 특정한 계정과목 등이 존재하는 부문 - *예 : 종속회사 B가 유럽의 Shared Service Center 역할을 수행하는 경우*	Specific scope	해당 부문의 특정 계정과목 등과 관련된 프로세스를 연결내부회계관리제도 범위에 포함
유의적이지 않은 부문이나 추가적으로 선정된 부문		개별적으로 유의하지 않으나 부문의 계정과목(또는 잔여금액 평가) 등을 기준으로 추가적으로 선정된 부문. 부문의 계정과목 등을 기준으로 양적·질적 요소를 고려하여(또는 연결재무제표의 유의한 계정과목 중 설계운영 대상에 포함되지 않은 계정잔액(잔여금액)을 고려하여) 추가적으로 선정된 부문 - *예 1 : 유의적 부문이 아닌 종속회사 D와 E가 매출채권을 보유 중인 바, 동 매출채권 규모가 D 단독으로 또는 D와 E를 합산하여 연결재무제표上 매출채권 계정과목의 20%를 차지하는 경우* - *예 2 : 설계·운영 대상에 포함된 부문의 개발비 계정금액 합계액이 연결재무제표에서 차지하는 비중이 70%로서 내부 기준비율인 80%를 충족하기 위해 추가적으로 선정된 개발비 잔액기준 10%에 해당하는 부문(개발비 금액이 큰 순서대로 추가적으로 선정된 부문)*	Specific scope	해당 부문의 특정 계정과목 등과 관련된 프로세스를 연결내부회계관리제도 범위에 포함
유의적이지 않은 부문으로 범위에 포함되지 않은 부문		상기 3가지 부문에 해당되지 않는 부문 및 프로세스	Limited scope	양적·질적으로 중요하지 않은 부문으로서 일반적으로 개별 부문의 거래수준 통제에 대한 평가는 수행하지 않음(scope out).

부문의 유의성	주요 고려사항	평가방식
		- 그러나 scope out 부문 중에서 그룹 수준의 위험평가와 부문 재무보고 결과에 대한 모니터링 등 그룹차원 통제의 설계, 운영이 필요할 수도 있음.

| 연결계정과목과 해당 연결대상회사의 연결표 예시 |

계정과목	지주회사	자회사A	자회사B	자회사C	해외 자회사E	해외 자회사F	손자 회사 G
현금및현금등가물	유의함	유의함	유의함	유의함	유의하지 않음	유의하지 않음	유의하지 않음
매출채권	유의함	유의함	유의함	유의함	유의함	유의하지 않음	유의하지 않음
대손충당금	유의함	유의함	유의함	유의함	유의함	유의하지 않음	유의하지 않음
미수금	유의함	유의함	유의함		유의함	유의하지 않음	유의하지 않음
대손충당금	유의함	유의함	유의함		유의함	유의하지 않음	유의하지 않음
단기대여금	유의함	유의함	유의하지 않음			유의하지 않음	
미수수익	유의함	유의함	유의하지 않음		유의하지 않음	유의하지 않음	유의하지 않음
선급금	유의함	유의함	유의하지 않음			유의하지않음	
선급비용	유의함	유의함	유의하지 않음		유의하지 않음	유의하지 않음	유의하지 않음
공정가치평가금융자산	유의함	유의함					
통화선도	유의함				유의함		
이연법인세자산	유의함	유의함	유의하지 않음		유의하지 않음	유의하지 않음	유의하지 않음
기타의당좌자산	유의함	유의함	유의하지 않음		유의하지 않음	유의하지 않음	유의하지 않음
상품	유의함	유의함	유의함	유의하지 않음	유의함	유의하지 않음	유의하지 않음
제품				유의함	유의함		
제품평가충당금				유의함	유의함		
원재료				유의함			
원재료평가충당금				유의함			
재공품				유의함			
미착품				유의함			

계정과목	지주 회사	자회사A	자회사B	자회사C	해외 자회사E	해외 자회사F	손자 회사 G
선전품	유의함	유의함	유의함		유의하지 않음	유의하지 않음	유의하지 않음
기타의재고자산	유의함	유의함	유의함			유의하지 않음	유의하지 않음
장기금융상품	유의함	유의함	유의하지 않음				유의하지 않음
FVOCI금융자산	유의함	유의함	유의하지 않음				유의하지 않음
장기성매출채권	유의함	유의함	유의하지 않음		유의함		유의하지 않음
대손충당금	유의함	유의함	유의하지 않음		유의함		유의하지 않음
장기대여금	유의함	유의함	유의하지 않음		유의함	유의하지 않음	유의하지 않음
대손충당금	유의함	유의함	유의하지 않음		유의함	유의하지 않음	유의하지 않음
투자부동산	유의함	유의함					
보증금	유의함	유의함	유의하지 않음		유의하지 않음	유의하지 않음	유의하지 않음
이연법인세자산	유의함	유의함	유의함	유의하지 않음	유의하지 않음	유의하지 않음	유의하지 않음
기타의투자자산	유의하지 않음	유의하지 않음	유의하지 않음	유의하지 않음	유의하지 않음	유의하지 않음	유의하지 않음
토지		유의함		유의함			
건물	유의함	유의함		유의함	유의하지 않음		
감가상각누계액	유의함	유의함		유의함	유의하지 않음		
구축물				유의함			
감가상각누계액				유의함			
기계장치				유의함	유의하지 않음		
감가상각누계액				유의함	유의하지 않음		
차량운반구	유의함	유의함	유의하지 않음	유의함	유의하지 않음	유의하지 않음	유의하지 않음
감가상각누계액	유의함	유의함	유의하지 않음	유의함	유의하지 않음	유의하지 않음	유의하지 않음
비품	유의함	유의함	유의하지 않음	유의함	유의하지 않음	유의하지 않음	유의하지 않음
감가상각누계액	유의함	유의함	유의하지 않음	유의함	유의하지 않음	유의하지 않음	유의하지 않음

연결재무제표의 세부 계정과목이 연결실체 내의 어느 구성원(지배회사 및 자회사)에 의해 발생하는지 파악할 수 있다는 것은, 연결재무제표의 왜곡위험이 어떤 구성원에 의해 발생할 수 있는 것인지를 알 수 있다는 것을 의미한다. 더 세부적으로는 Scoping 단계에서 연결재무제표에 대한 경영자주장을 구체적으로 도출하여 계정과목과 연결하게 될 것이므로(=연결재무제표의 왜곡위험을 구체적으로 도출하게 되므로), 이러한 위험이 어떻게 관리되는지 연결재무제표 수준 상세 프로세스로 연결시켜야 한다.

연결내부회계관리제도를 운영하기 위해서는 연결실체의 대표이사와 내부회계관리자가 연결재무제표 작성과정의 신뢰성 확보를 위해 자회사 수준까지 즉시적으로 관리수준을 파악할 수 있어야 하므로, 세부적으로 잘 다듬어진 관리도구를 구축하는 것이 중요하다.

| 연결계정과목과 연결프로세스 및 연결대상회사의 연결표(Level 3단계) |

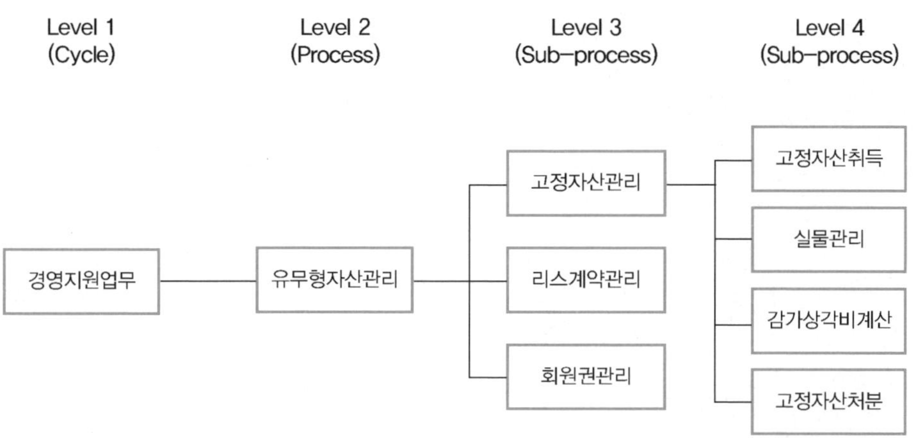

예를 들어, 연결실체의 프로세스 구성 수준이 위의 그림과 같이 4단계로 구성되어 있다면, 관련 계정과목이 어떤 프로세스 단계에서 누가 관리하는지 파악되어야 하는데 이는 아래의 표와 같이 나타낼 수 있다(아래 예시는 Level 3 단계에서 표시를 나타내며 Level 1, 2, 4단계에서도 동일하게 표시할 수 있어야 한다).

| 연결계정과목과 연결프로세스 및 연결대상회사의 연결표(Level 3단계 예시) |

cycle	Level 1. 경영지원업무																										
process	Level 2. 유무형자산관리																										
sub-process	Level 3. 고정자산관리									Level 3. 리스계약관리									Level 3. 회원권관리								
계정과목	지주회사	자회사A	자회사B	자회사C	해외자회사D	해외자회사E	해외자회사F	손자회사G	손자회사H	지주회사	자회사A	자회사B	자회사C	해외자회사D	해외자회사E	해외자회사F	손자회사G	손자회사H	지주회사	자회사A	자회사B	자회사C	해외자회사D	해외자회사E	해외자회사F	손자회사G	손자회사H
투자부동산	해당	해당																									
회원권																			해당	해당	해당	해당					
보증금										해당	해당	해당	해당	해당	해당	해당	해당	해당									
토지		해당	해당	해당																							
건물	해당	해당	해당	해당	해당	해당																					
감가상각누계액	해당	해당	해당	해당	해당	해당																					
구축물		해당	해당																								
감가상각누계액		해당	해당																								
기계장치		해당	해당	해당	해당	해당																					
감가상각누계액		해당	해당	해당	해당	해당																					
차량운반구	해당	해당	해당	해당	해당	해당	해당	해당	해당																		
감가상각누계액	해당	해당	해당	해당	해당	해당	해당	해당	해당																		
비품	해당	해당	해당	해당	해당	해당	해당	해당	해당																		
감가상각누계액	해당	해당	해당	해당	해당	해당	해당	해당	해당																		
리스사용권자산										해당	해당	해당	해당	해당	해당	해당	해당	해당									
감가상각누계액										해당	해당	해당	해당	해당	해당	해당	해당	해당									

| 시스템 구성화면 예시 |

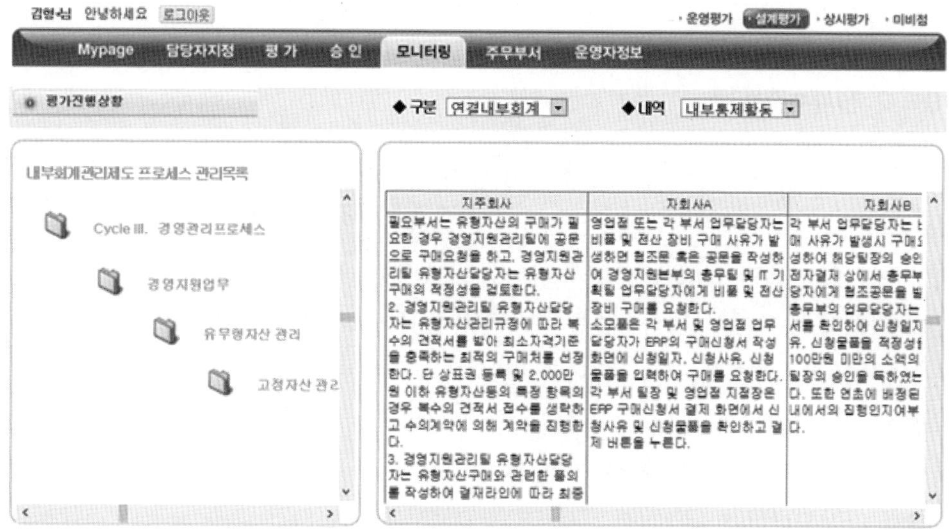

10.4.1.4 경영자 주장의 식별

연결재무제표 계정과목 및 주석사항에 대해 중요성 항목으로 도출되는 항목에 대해서는 경영자 주장을 식별한다. 실무적으로 연결재무제표는 자회사 및 손자회사의 계정과목표(CoA, Chart of accounts)를 연결기준 계정과목표(CoA)와 맵핑(mapping)하여 사용하는데, 연결내부회계관리제도를 위한 경영자 주장의 식별은 연결기준 계정과목표(CoA)를 기준으로 하여야 한다. 이러한 과정에서 별도(개별)재무제표 수준에서 경영자 주장이 파악된 내용이 있다고 한다면 mapping rule을 통해 연결재무제표 수준에서 경영자 주장 파악 시에도 활용될 수 있을 것이다. 다만, 연결재무제표에서는 일반적으로 별도(개별)재무제표보다 더 많은 양의 내용이 공시되므로 '재무제표 표시와 공시'와 관련된 경영자 주장에 더욱 각별히 주의하여야 한다.

경영자 주장의 세부적인 내용은 "3.4.2 경영자 주장의 식별"에서 설명되어 있다.

10.4.1.5 유의한 업무프로세스 파악

연결재무제표에 대한 유의한 계정과목 및 경영자 주장이 파악되면, 연결실체관점에서 업무프로세스를 파악하고 설정하여야 한다. 만약 연결실체 내 각 지배회사 및 자회사(혹은 손자회사)가 별도(개별) 기준의 내부회계관리제도를 구축되어 있다면 이를 활용할 수 있다. 다만, 각 자회사의 프로세스는 별도(개별) 관점에서 파악된 것이므로 이를 재구분 후 연결관점에서 재조립하여 연결기준 프로세스를 확립할 수도 있을 것이다.

10.4.2 전사수준통제

전사수준통제는 연결실체 내에서 전반적(pervasive)이고 전체적(consolidated entity-wide)으로 적용되는 내부통제로, 연결실체 최고경영진이 연결재무제표의 신뢰성을 유지하기 위한 태도, 철학(tone at the top) 등을 생각해 볼 수 있다.

개별 자회사 수준에서 전사수준통제를 구축하였다고 하더라도 연결내부회계관리제도 전사수준통제가 유효하게 구축되었다고 할 수 없다. 이는 자회사의 개별 전사수준통제 구축이 연결 전사수준통제의 구축의 충분조건이 아니라는 것을 의미한다. 반드시 최상위지배회사의 경영방침, 최고경영진의 의지 등이 부문 수준에서 어떻게 설계되고 운영되는지 관점에서 작성되어야 한다.

| 연결 전사수준통제 개념 예시 |

지배회사가 설정한 연결 전사통제 범위

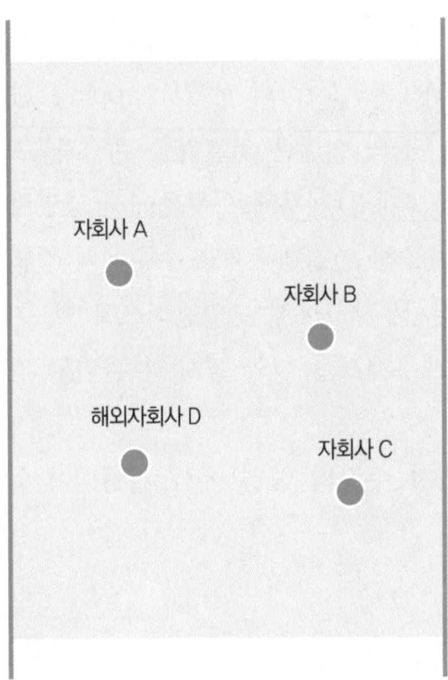

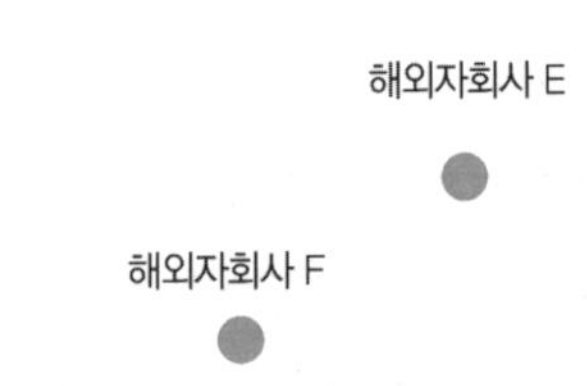

해외자회사 E, F는 개별적으로 전사통제를 구축하여 운용하고 있으나, 연결실체기준으로 지배회사가 설정한 전사통제 범위 내에서 설계 및 운용되고 있지 않음.
이 경우에는 개별(혹은 별도)수준에서 전사통제를 구축하였다고 하더라도 연결기준 전사통제의 설계/운영이 유효하다고 할 수 없으며, 그 영향도를 파악하여 미비점으로 구분하여야 하는지를 검토하여야 함.

이러한 전사수준통제는 연결실체 내에 동일하게 적용되어야 하는 구체적인 회계정책, 윤리강령, 매뉴얼 등의 규정 및 지침을 새롭게 수립하거나 업그레이드를 해야 하는 어려움이 존재할 것으로 예상된다.

| 연결 전사수준통제에서 고려하여야 하는 범위 |

구 분	내 용	예 시	설 계	운 영
Group-level control	그룹 전체에 영향을 미치거나 그룹 전체 프로세스 전반에 영향을 미치는 통제활동	• 그룹 윤리규정 • 그룹 내부회계관리 규정 • 그룹 회계정책 등	최상위지배회사	최상위지배회사 및 각 부문
Group-wide control	그룹 전체가 공통적으로 사용하거나, 그룹 전체에 영향을 미치는 통제	• 연결 결산절차 • shared-service center 등	최상위지배회사	최상위지배회사 및 각 부문
Entity-level control	각 부문에 영향을 미치거나 부문 프로세스 전반에 영향을 미치는 통제	각 부문에서 구축한 전사수준 통제	각 부문	각 부문

따라서, 최상위지배회사 관점에서 보았을 때 각 부문의 전사수준 내부통제가 내부회계관리제도의 원칙과 중점고려사항을 충실하게 고려하여 설계되었는지 파악하기 위해 각 연결실체단위(=부문)의 전사통제를 비교하는 통제기술서 양식이 필요하다.

만약, 자회사에서 설계하여 운용하고 있는 전사수준 통제활동이 최상위지배회사에서 강조하거나 운영하고 있는 전사수준 통제활동의 범위에 포함되지 않거나 그 표현이 모호한 경우에는, 최상위지배회사는 자회사의 전사수준 내부통제가 최상위지배회사의 정책과 절차와 일관(alignment)되도록, 자회사의 고유한 비즈니스 위험과 중요성을 고려하여 수정 권고하여야 한다.

| 연결 전사수준통제 통제기술서(ELCA, Entity-level control assessment) 축약예시 |

심질문 : 자회사의 전사수준 통제활동은 최상위지배회사가 설계한 전사수준 내부통제의 범위 안에 포함되는가?

내부통제 구성요소 (COSO components)	원칙 (Principles)	중점고려사항 (POF)	지주회사	자회사A	자회사B	자회사C
통제환경	회사는 도덕성과 윤리적 가치에 대한 책임을 강조한다.	1. 경영진과 이사회의 의지-경영진과 이사회는 내부회계관리제도가 효과적으로 기능할 수 있도록 지침, 조치, 행동을 통해 도덕성과 윤리적 가치의 중요성을 강조한다.	그룹 내부 회계관리규정 제13조 윤리경영, 그룹 준법감시인 직무규정 제10조에 따라 윤리적가치와 도덕성(integrity and ethical value)에 대한 경영진/이사회의 의지를 확약(comittment)한다. -사내인트라넷에 '윤리헌장', '윤리강령', '인권경영', '행동강령'을 표시하고 전사적으로 적용되도록 표명함 -분기별 각부서 및 전직원을 대상으로 최고 공영자의 윤리경영에 대한 중요성을 공문형식으로 표명함	회사는 회사경영 및 기업활동에 있어 윤리 및 준법경영을 실천하고 임직원의 도덕성과 윤리적 가치를 최고의 덕목과 최우선가치의 경영이념으로 삼아 중요성을 강조하고 있다. 최고경영진은 회사 홈페이지에 [윤리강령선언문및청탁금지법준수서약서]를 제시하고 있으며, 임직원 및 협력업체에게 정기적으로 ABC인 소식, 서안, 게시판공지, 팝업창알림 등과 같은 방법을 통해 윤리규범 준수 및 윤리적 문화의 중요성을 강조한다.	임직원 윤리강령이 존재하며 사내인트라넷을 통하여 임직원이 공유하고 있으며 이를 통하여 업무수행시 윤리, 도덕적행동 기준을 따르도록 하고 있다. 임직원윤리강령에는 근무윤리준수를 위한 행동규범, 고객에 대한 윤리준수를 위한 행동규범, 주주에 대한 윤리준수를 위한 행동규범, 영업활동에 있어서의 윤리준수를 위한 행동규범이 명확히 규정화되어 있다.	준법지원팀은 내부통제기준 제42조 윤리강령의 제정 및 운영에 따라 다음과 같이 윤리적 가치에 대한 경영진과 이사회의 의지를 제시하고 관리한다. -경영진이 정기적으로 전사공문을 통하여 윤리경영에 대한 중요성을 강조하고 있다. -홈페이지에 '윤리헌장 및 윤리강령', '인권선언문', '스튜어드십코드', '위법신고'에 대한 내용을 전사적으로 공유/적용하고 있다.
통제환경	회사는 도덕성과 윤리적 가치에 대한 책임을 강조한다.	2. 윤리강령수립-회사의 윤리강령은 도덕성과 윤리적 가치에 관한 이사회와 고위경영진의 기대사항을 반영하고있으며, 회사의 모든 임직원, 외부서비스제공자 및 협력업체가 이를 숙지하고 있다.	그룹내부 회계관리규정과 그룹준법감시인직무규정은 윤리강령을 다음과 같이 수립하여 운영하고 있다. -내부통제를 위임하는 Thirdparty는 윤리규정준수에 대한 확약서를 제출하여야 한다. (대표이사직인) -윤리강령에는 이사회에 요구되는 도덕성과 윤리적가치를 표명하고 있다. 이사회의 각위원은 이러한 도덕성과 윤리적가치를 준수할 것이라는 확약서를 1년에 1회 제출한다. -대표이사와 내부회계관리자는 윤리강령에 제시된 도덕성과 윤리적가치에 대한 준수에 대해 1년에 1회 확약서를 제출한다. -윤리행동강령 교육 프로그램 운영 -모든 임직원은 윤리강령을 숙지하고 있으며 이를 준수할 것이라는 서명을 인트라넷을 통해 서명한다.	회사는 [사내인트라넷에 사규게시판]을 운영하고 있다. 사규게시판에 윤리규정은 다음과 같으며, 규정 재개정시 임직원에게 적시 공유하고 있다. • 윤리강령 • 영업행위윤리준칙 또한, 회사는 임직원을 대상으로 매년 [서약서]를 수취하고 있다.	준법감시인은 정기적(년 1회 이상)으로 임직원에 대하여 윤리교육을 포함한 준법교육을 수행하고 있으며, 필요시 수시로 보충교육을 실시하여 임직원의 윤리의식을 고취하고 있다. 1. 정기교육 1) 집합교육 : 영업점, 본사사업부서의 경우 법규준수관리자를 대상으로 교육을 실시하며, 본사비사업부서의 경우 차석자를 대상으로 교육을 실시하여 교육참석자가 해당 부점팀직원에게 교육 내용에 대한 전달교육을 실시하도록 하고 있음 2) 순회교육 : 준법 감시팀에서 교육대상부점팀을 직접 방문하여 부점팀 전임직원을 대상으로 교육을 실시함 2. 수시교육 내부 통제 기준 중요사항의 변경, 관련법령개정, 준법감사인이 필요하다고 판단하는 경우 실시함	준법지원팀이 내부통제기준에 따라서 윤리강령을 다음과 같이 수립하여 운영하고 있다. -윤리강령제정 -윤리강령교육프로그램 운영 -임직원준법서약서 작성

| 연결 결산과 관련하여 고려하여야 하는 사항(예시) |

구 분	내 용
연결 회계정책	• 연결재무제표를 작성하기 위한 회계정책이 존재하는지 여부(일반적으로 그룹 회계정책서, 리포팅 패키지, 회계매뉴얼 등을 통해 구현) • 연결재무제표를 작성하기 위한 부문 재무정보의 작성에 통일된 회계정책이 사용되고 있는지 확인하는 절차 • 회계정책의 차이가 있는 경우 그 차이를 식별하여 조정하는 절차
연결 절차	• 각 부문의 재무제표를 연결재무제표의 기능통화로 환산 • 연결재무제표에 사용되는 각 부문 재무제표의 신뢰성을 확보하기 위한 절차(부문 재무제표의 외부감사, 연결패키지 외부감사 등) • 연결결산 프로세스(연결재무제표를 작성하기 위해 연결시스템을 사용하는 경우, 리포팅 패키지를 이용하는 방법 등)의 절차에 대한 이해 • 후속사건에 대한 정보를 입수하는 절차
연결 분개	• 투자자본상계제거 등의 연결회계처리에 대한 신뢰성 확보절차 • 내부거래, 미실현이익 등 연결분개를 위해 사용되는 정보의 산출절차 • 사업결합 등을 통해 포함된 부문이 있는 경우 공정가치평가 및 매수가격배분(PPA, Purchase price allocation) 후속절차 • 영업권 및 식별가능한 무형자산(고객관계무형자산 등)이 존재하는 경우 비한정내용연수 등의 무형자산에 대한 손상검토 절차 • 지배주주와 비지배주주 등과의 거래 등을 파악하기 위한 절차

10.4.3 업무수준통제

연결실체의 주요사업 및 업무처리 절차를 구분하여 주요거래 유형별 프로세스수준 통제를 구축하여야 한다. 특히, 연결재무제표 구성항목 및 주석작성과 관련된 프로세스가 누락되지 않도록 주의하여야 한다.

내부통제 구성요소(COSO components) 중 통제활동(Control activities)은 일반적으로 업무수준통제를 통해 구현되는데, "5. 업무수준통제(Process-level Control)"에서 기술된 바와 같이 업무기술서와 업무흐름도, 통제기술서의 문서화가 필요하다.

업무수준통제의 핵심문서는 통제기술서라고 할 수 있다. 통제기술서는 재무제표가 왜곡될 수 있는 위험(자산보호 및 부정위험 포함)을 식별하고, 위험을 적절하게 관리할 수 있는 절차를 체계적으로 관리하기 위한 총괄표라고 할 수 있다.

통제기술서의 작성요령은 (1) 위험식별단계 및 내부통제 파악 단계, (2) 프로세스수준 통제평가 단계로 구분된다.

10.4.3.1 위험식별 단계 및 내부통제 파악 단계

위험식별 단계에서는 연결재무제표의 왜곡위험, 자산의 보호, 부정의 발생에 대한 위험을 도출하여야 한다. 특히 연결재무제표에 대한 왜곡위험은 결국 연결계정과목에 대한 경영자 주장 왜곡상황을 의미하므로, 연결재무제표 세부 계정과목에 대한 경영자 주장 식별로부터 출발한다. 위험식별단계에서는 발생가능한 위험의 기술을 매우 구체화하는 것이 중요하다. 만약 위험이 구체적으로 기술되지 않는다면 연결실체를 구성하고 있는 최상위지배회사 및 자회사가 설계하고 운영하고 있는 내부통제가 그 위험을 적시에 예방하거나 적발할 수 있도록 작동하는지 판단할 수 없기 때문이다. 연결내부회계관리제도에서 위험식별은 그 출발이 연결재무제표라는 점을 제외하고는 "5.4.2.2 위험식별(Idenify risks)"에서 기술한 바와 동일하다.

위험이 식별된 이후에는 그 위험을 방지할 수 있는 연결실체 구성원별로 내부통제 활동을 파악하여 기술하여야 한다. Scoping(대상범위 선정) 단계에서 특정 연결계정과목에 대해 연결실체 대상회사와 연결표를 작성하였는데, 해당되는 연결실체 대상회사별로 관련 내부통제활동을 구체적으로 기술하여야 한다. 만약, 해당 연결실체 대상회사에 위험을 예방하거나 적발하기에 충분한 내부통제가 존재하지 않는다면 그 중요성에 따라 미비점으로 도출될 수 있다.

| 연결 업무수준통제 통제기술서(RCM, Risk-Control Matrix) 축약 예시 |

핵심질문 : 최상위지배회사, 자회사의 내부통제는 연결재무제표 왜곡위험 등을 예방 혹은 적발하기에 충분한가?

프로세스	연결 계정과목	경영자 주장	위험기술	지주회사	자회사A	자회사B	자회사C
수익인식	매출채권	실재성	구두상의 가계약이 회계시스템에 입력되어 재무상태표일 현재 가공의 매출채권이 계상될 위험이 존재한다.	해당사항 없음.	비표준계약에 대한 영업사원의 회계처리 입력은 재무제표 결산일에 회계팀의 담당자가 수익인식 일자와 금액에 대해 수작업으로 검토한다.	각 해당 영업부서의 담당자는 날인된 계약서를 첨부하여 전표를 입력한다. 해당 영업부서의 팀장은 담당자가 회계시스템에 입력한 전표에 해당 계약서가 첨부되어 있는지 검토하고, 계약서의 일자와 전표일자가 일치하는지 확인한 후 승인한다. 영업부서팀장이 해당 전표를 승인하면 계정원장에 기표된다.	영업부서에서는 해당 계약서를 첨부하여 재무관리팀으로 매출발생내역을 전자결재시스템을 통해 송부한다. 재무관리팀의 회계담당자는 계약서와 계약서상의 날짜를 확인하여 전표입력하고 재무관리팀장의 승인을 득한다.

연결수준의 업무수준통제기술서는 연결재무제표에서 발생할 수 있는 구체적인 왜곡위험을 최상위 지배회사뿐만 아니라 일정부분 내부통제 자율권(autonomy)이 부여된 통제단위(각 자회사 및 손자회사)가 각각 어떻게 관리하고 있는가를 설명한다(=핵심질문: 구체적인 연결재무제표 위험을 각 통제단위는 어떻게 관리하고 있는가?).

위의 축약 예시에는 표현되지 아니하였지만 "5.4.2.3 내부통제 파악단계(Identify controls)"에서와 같이 관련된 내부통제 속성(통제유형, 예방통제/적발통제, 자동화통제/수작업통제, 통제수행 빈도, 핵심통제 등)이 기술되어야 하는 점은 동일하다.

| 연결내부회계관리제도에서 ITGC와 관련된 주요 고려사항(예시) |

구 분	고려사항 및 예상답변
Q. 종속기업의 내부통제 구축 시 In Scope System의 범위는?	• 별도 내부회계관리제도와 동일한 방식으로 In Scope System을 결정 • 위험평가를 통해 종속기업이 유의적 부문으로 선정되거나 특정 프로세스가 범위로 선정되고 ITAC(System Generated Report 포함)가 식별되거나, 재무정보 산출 시 전산 데이터에 의존하는 경우 식별된 시스템은 ITGC의 구축 대상에 포함됨. • 또한, 연결시스템을 이용하여 연결 재무제표를 작성한다면 연결시스템도 In Scope System으로 분류하는 것을 고려
Q. 유의적 부문만 ITGC의 구축 대상인지?	유의적 부문 외에도 특정 프로세스가 구축 범위에 포함되고 ITAC(System Generated Report 포함)가 식별되거나, 재무정보 산출 시 전산 데이터에 의존하는 경우 식별된 시스템은 연결 ITGC 대상에 포함됨.
Q. ERP 메인 시스템이 지배기업에 있고 종속기업은 지배기업의 시스템을 통해 ERP를 운용하는 경우, 지배기업의 ITGC 테스트가 연결 ITGC 테스트를 충족한다는 내용은 어느 정도 수준으로 문서화해야 하는지? (문서화만 하면 되는지, 실제 증빙 테스트가 수행되어야 하는지 여부)	• ERP 시스템이 GSI(Global Single Instance)라는 것이 입증되고 동일한 방식에 의해 통제가 이루어지고 지배기업이 종속기업을 모니터링하는 Tool을 동일하게 사용할 수 있다면, 종속기업의 ITGC는 연결 ITGC 구축대상에서 제외 가능 • 종속기업은 해당 IT통제에 대하여 그룹차원의 IT 시스템이 GSI라는 것을 설명하여 문서화하는 방식이 가능 • 다만, GSI라는 것과 그룹차원에서 동일한 통제가 수행된다는 것은 각 IT통제별로 증빙을 통해 테스트가 수행되어야 함. • 한편, 동일한 GSI 환경이라고 하더라도 실제 운영방식이나 통제활동이 다른 경우, 해당 종속기업은 별도의 ITGC를 구축해야 할 수 있음.

구 분	고려사항 및 예상답변
Q. IT 인프라의 통합 정도가 연결 내부통제에 어떤 영향을 미치는지? Global Single Instance 인프라가 내부통제에 미치는 영향(전사 수준)은?	• IT의 통합정도가 연결 내부회계관리제도 운영과 평가에 영향을 미칠 수 있음. • IT 통합 정도가 높다면 그룹차원에서 ITAC와 ITGC를 모니터링하기가 용이하므로 운영과 평가 측면에서도 보다 효율적인 진행이 가능할 수 있기 때문임. • IT인프라가 통합되고 지배기업의 모니터링 Tool을 동일하게 적용할 수 경우, 지배기업에서 일괄적인 테스트 수행도 가능할 수 있음. • 반대로, IT인프라 통합의 정도가 상대적으로 낮다면 각 종속기업에 수행되는 IT통제의 활동이 증가하게 됨.

그룹에서 GSI(Global Single Instance) 방식의 시스템을 구축하여 종속회사가 사용하고 있는 경우, ITGC 설계 및 설계 평가 시 고려할 사항은 무엇인가요? (내부회계관리제도운영위원회 답변)

회사가 GSI 방식의 시스템을 구축하여 종속회사가 이를 사용하는 경우에는 다음 단계를 적용할 수 있습니다.

1단계 : GSI 시스템 사용 여부 확인

2단계 : 주요 정보기술일반통제와 관련된 절차와 업무 수행 조직

3단계 : 각 조직별로 수행하는 통제활동의 적정성 평가 및 적용

상기 과정은 일반적인 경우와 동일한 과정이나, 실제 시스템 유지보수 등의 주요 업무를 지배회사에서 일괄적으로 수행하는 경우가 대부분입니다. 종속회사에 별도 IT 조직이 존재하고 시스템 유지보수 등의 업무를 수행한다면, GSI 방식의 시스템이 아닌 경우가 많습니다. 만일 지배회사에서 일괄적으로 시스템 유지보수 등의 업무를 수행한다면, 지배회사와 동일한 통제활동이 종속회사에도 적용되는지 확인하고 평가 시에 종속회사 관련 사항을 모집단에 포함하여 평가하는 것이 합리적이고 효율적인 방안입니다. 감사인 역시 공통으로 적용되는 지배회사 통제활동에 대해서는 일괄평가 결과를 종속회사 감사인과 공유하고, 종속회사 수준에서 개별적인 평가가 필요한 통제활동의 범위를 선정하는 것이 일반적입니다.

* GSI(Global Single Instance) : 동일한 Application 시스템으로, 시스템 내 주요 업무 처리 절차가 동일함에 따라 시스템의 주요 기능, Report가 동일하게 적용된다. 복수의 종속회사가 동일한 업무를 동일한 시스템에서 처리하므로(부분적으로 다른 부분이 존재하지만) 일관된 관리가 가능하다는 장점이 존재한다. 이에 따라 IT부서의 주요 활동인 프로그램 변경, 개발, 보안 및 운영과 관련된 프로세스와 통제활동이 통합되어 이뤄지는 경우가 일반적이다.

[정보기술일반통제 및 자동통제 평가 계획 수립 절차 예시]

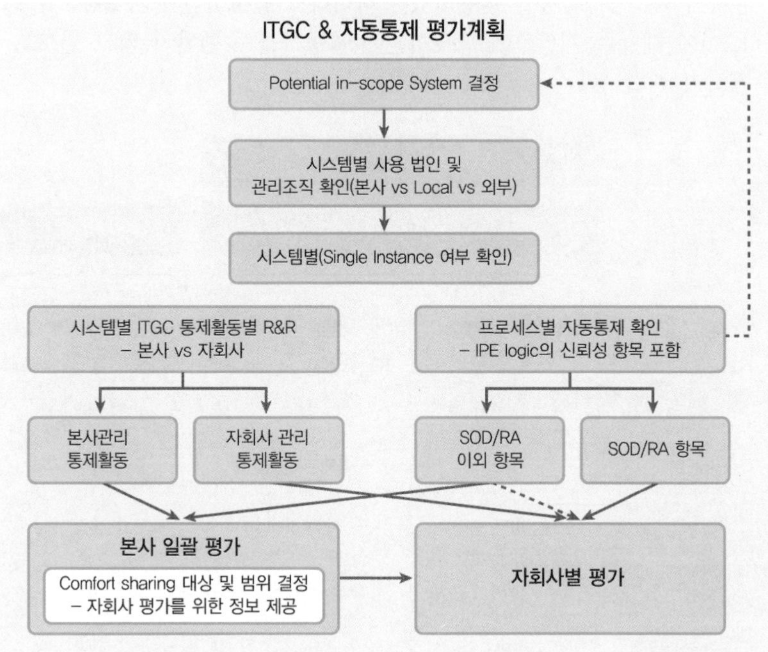

* SOD : Segregation of duties(업무분장), RA : Restricted Access(접근제한)
* Comfort sharing : 내부통제 평가 결과를 공유하는 행위

예시와 같이 파악된 In Scope System의 사용법인, 관리조직 및 Single-instance 여부를 확인합니다. 정보기술일반통제 수립 및 평가를 위해서 각 통제활동의 수행 주체를 확인하고, 본사(지배회사 등) 및 종속회사의 통제활동을 구분하여 평가 계획을 수립합니다. 이는 자동통제 및 IPE의 시스템 로직의 적정성을 검토하는 과정에도 동일하게 적용할 수 있습니다. 여기에서 관리조직은 사례에 제시된 본사 및 종속회사에 국한하지 않고, Shared service center 및 외부 Outsourcing 조직 등으로 다양할 수 있습니다. 이에 일괄평가 수행 계획과 평가 결과는 관련 법인에 공유(comfort sharing)되고, 각 법인은 공유된 정보를 기반으로 해당 법인의 내부통제 적정성을 확인하는 것이 필요합니다.

동 사례는 연결 대상 종속회사의 정보기술일반통제 평가 대상 시스템이 5개(SAP, MES, DMS, EHR FRM)로 정해진 경우입니다. 먼저, 종속회사가 활용하는 5개의 시스템이 동일한 시스템인지 확인 후 정보기술일반통제의 주요 업무활동별로 수행 주체를 확인합니다. 예를 들어, 4개 법인이 사용하는 SAP가 동일한 시스템이고 본사에서 통합관리하는 경우 이는 동일한 통제활동으로 판단하여 일괄 평가가 가능합니다. 즉, 지배회사가 수행하고 있는 정보기술일반통제와 종속회사의 통제활동이 동일한지 검토하고 확대 적용 여부를 결정합니다. 지배회사가 관리하는 동일한 통제에 대해서는 일괄평가를 수행합니다. 물론 상이한 시스템이라 하더라도 지배회사에서 통합 관리하는 경우 시스템별 통제활동이 동질적인 경우가 존재할 수 있습니다. 종속회사가 사용하는 상이한 시스템의 관리주체가 종속회사인 경우에는 본사의 표준통제활동을 적용하였다 하더라도 동질적인 통제활동으로 판단하기는 어렵습니다. 이에 해당 통제활동에 대해서는 일괄평가를 수행하지 않고 별도로 구분하여 평가를 수행하여야 합니다.

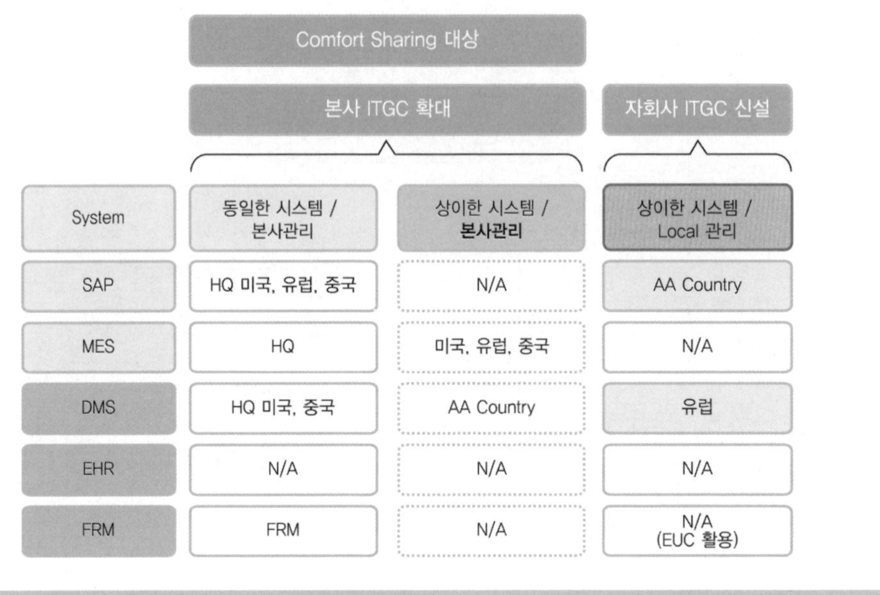

Comfort Sharing 대상
본사 ITGC 확대
자회사 ITGC 신설
System
동일한 시스템 / 본사관리
상이한 시스템 / 본사관리
상이한 시스템 / Local 관리
SAP
HQ 미국, 유럽, 중국
N/A
AA Country
MES
HQ
미국, 유럽, 중국
N/A
DMS
HQ 미국, 중국
AA Country
유럽
EHR
N/A
N/A
N/A
FRM
FRM
N/A
N/A (EUC 활용)

10.4.3.2 프로세스수준 통제평가 단계

연결재무제표 수준에서의 위험과 이를 예방 혹은 적발할 수 있는 내부통제가 파악된 이후에는 그 통제활동이 위험을 효과적으로 감소시키는지 판단하기 위해 설계와 운영에 대한 유효성을 평가한다. 설계평가는 추적조사(Walk through test)를 이용한다는 점, 운영평가는 질문/검사/관찰/재수행중 적합한 테스트 방법을 사용한다는 점은 연결내부회계관리제도라고 하더라도 달라지지 않는다.

10.4.4 연결내부회계관리제도 보고조직

연결실체의 거버넌스가 복잡할수록, 연결실체 구성원의 수가 많을수록 연결내부회계관리제도의 설계 및 운영평가업무는 매우 방대할 것으로 예상된다. 특히, 연결기준으로 대표이사 및 내부회계관리자의 운영실태보고서와 감사(위원회)의 평가보고서가 적시에 발행되기 위해서는 연결실체 내의 자회사 및 손자회사 등의 부문은 최상위지배회사의 일정계획에 따라 질서와 체계에 맞추어 일사불란하게 움직여야 한다. 특히, 최상위지배회사의 내부회계관리자는 연결내부회계관리제도를 운영하기 위한 세부일정계획을 준비하는 것이 매우 중요하다.

| 연결내부회계관리제도 운영을 위한 일정표 예시 |

핵심질문 : 최상위지배회사 보고일정을 준수하기 위한 자회사의 설계 및 운영평가 일정은 적절한가?

월	주	수행업무계획	비 고
4월	1주	전년도 평가 결과 미비점 및 권고사항 취합	
	2주	연간 내부회계관리제도 운영 계획 수립	
	3주	내부회계관리제도 운영 조직 지정	내부회계관리자 지정 등
	4주	그룹전체에 운영 계획 공문 배포	지주회사, 자회사 전체
5월	1주	신규 회계기준서 적용내용, 감사인권고사항, 금융감독원 강조사항 취합	
	2주	문서화 업데이트(중요성 기준 산정 등)	모든 자회사 대상
	3주	문서화 업데이트(업무기술서, 업무흐름도)	모든 자회사 대상
	4주	문서화 업데이트(업무기술서, 업무흐름도)	모든 자회사 대상
6월	1주	문서화 업데이트(통제기술서)	모든 자회사 대상
	2주	업데이트 문서연결 내부회계관리시스템 업로드	
	3주	내부회계관리제도 집체 교육	운영인력 전체
	4주	전년도 미비점 및 권고사항 이행 상황 점검	분기별
7월	1주	설계평가 대상 선정	모든 자회사 대상
	2주	설계평가수행(walkthrough)	모든 자회사 대상
	3주	설계평가수행(walkthrough)	모든 자회사 대상
	4주	설계평가 결과 취합	지주회사 내부회계관리팀
8월	1주	설계평가 결과 보고(내부회계관리자)	
	2주	설계평가 결과 미비점 개선 및 보완 계획 취합	모든 자회사 대상
	3주	그룹 내부회계관리제도 실무협의체 회의	운영 인력 전체
	4주	핵심통제 선정	모든 자회사 대상
9월	1주	핵심통제 선정	모든 자회사 대상
	2주	외부 감사인 협의(핵심통제, 설계 평가 결과)	
	3주		
	4주	전년도 미비점 및 권고사항 이행 상황 점검	분기별
10월	1주	운영평가(중간평가) 계획수립 및 일정 공문 배포	지주회사, 자회사 전체
	2주		

월	주	수행업무계획	비 고
	3주	운영평가 수행(중간평가)	모든 자회사 대상
	4주	운영평가 수행(중간평가)	모든 자회사 대상
11월	1주	중간평가 결과 취합	지주회사 내부회계관리팀
	2주	중간평가 결과 미비점 개선 및 보완 계획 취합	모든 자회사 대상
	3주	중간평가 결과 보고(대표이사, 내부회계관리자)	
	4주	중간평가 결과 보고(감사위원회)	
12월	1주	운영평가(중간평가) 계획수립 및 일정 공문 배포	지주회사, 자회사전체
	2주	그룹 내부회계관리제도 실무협의체 회의	운영 인력 전체
	3주	내부회계관리제도 집체 교육	운영 인력 전체
	4주	전년도 미비점 및 권고사항 이행 상황 점검	분기별
1월	1주		
	2주	운영평가 수행	모든 자회사 대상
	3주	운영평가 수행	모든 자회사 대상
	4주	내부회계관리제도 운영 평가 및 미비점 취합	지주회사 내부회계관리팀
2월	1주	내부회계관리제도 평가 결과 보고	
	2주	운영실태보고서 작성 및 평가	
	3주	운영실태보고서 대표이사 대면 결재	
	4주	운영실태보고서 제출	
		감사위원회 운영 실태 보고	주총이사회 개최 이전
3월	1주	주총이사회 운영 실태 대면 보고	주주총회 2주 전
		감사위원회 운영 실태 평가 회의	
	2주	내부감사평가보고서 작성	
	3주	내부감사평가보고서 이사회 보고	주주총회 1주 전
	4주	주주총회 내부회계관리제도 대면 보고	대표이사

연결 내부회계관리제도는 별도 내부회계관리제도의 단순 합이 아니라는 점을 이해하고 연결내부회계관리제도의 조직과 보고체계의 수립을 접근하여야 한다. 보고체계의 경우에는 하위부문으로부터 상위부문으로 보고체계를 수립하도록 하는 것이 유리하다.[171)] 이러한 보고체계의 설계는 각 부문이 내부회계관리제도의 책임을 인지하고, 그에 따라 무엇을 해야 하는지 이해할 수 있게 하는 방법이 되며 보고체계 자체가 Group-level control의 일부로 간주될 수 있다.

171) 조직의 규모가 커질수록 중간지배회사의 역할이 중요하게 된다.

| 연결내부회계관리제도 보고체계의 수립(예시) |

보고체계 구현 자체가 Group-level control의 일부가 됨(정보 및 의사소통)

Block-building 보고방식	부문의 내부회계관리제도 보고	지배회사 내부회계관리제도 보고
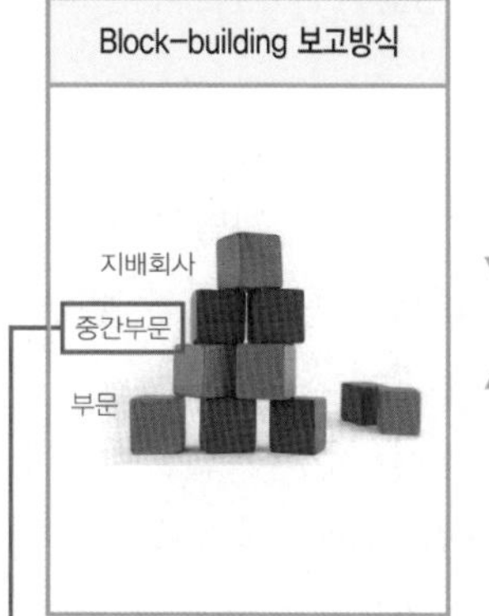	• 부문이 담당하는 내부회계관리제도 범위에 대한 보고 • 보고대상 - 부문 : 대표이사(내부회계관리자), 이사회, 감사위원회) - 지배회사 : 내부회계관리자 등 • 부문의 내부통제에 대한 책임을 명확하게 하며, 무엇을 해야 하는지 이해할 수 있게 함.	• 부문이 보고한다고 하더라도 최종적인 책임은 지배회사에 있음. • 보고대상 - 지배회사 : 대표이사, 내부회계관리자, 이사회, 감사위원회 • Group-level control 및 연결결산절차와 같은 Group-wide control에 대한 직접 수행

→ 조직의 규모가 커질수록 중간지배회사의 평가 및 보고체계의 권한과 책임의 배분이 중요

지배회사와 종속회사의 내부회계관리제도 전담조직의 구성 방안은 어떤 것들이 있나요? (내부회계관리제도운영위원회 답변)

내부회계관리제도 전담조직은 각 회사마다의 조직구조 등을 고려하여 다양하게 결정할 수 있습니다. 다만, 해당 조직의 위치와 무관하게 내부회계관리제도 변화관리와 평가를 담당할 조직은 필요합니다. 그리고 동 사항은 내부회계관리규정 또는 지침에 포함되는 것이 바람직합니다.

내부회계관리제도 관련 조직구성 및 운영 방식은 회사의 상황에 따라 다양하나, 일반적으로 다음과 같이 구분할 수 있습니다.

• 중앙집중식 : 지배회사 연결내부회계관리제도 전담조직이 전체 그룹 차원의 내부회계관리제도 설계 및 평가를 직접 관리

• 공통기능(Shared Service Center) : 사업부문별, 지역별, 거점부문별 조직을 구성하고 지배회사 내부회계전담조직의 지시에 따라 해당 사업부문 또는 지역에 대한 내부회계관리제도 설계 및 평가 수행

• 분산관리식 : 개별 종속회사 별로 내부회계관리제도 전담조직을 구성하고 본사 내부회계관리제도 전담조직의 지시에 따라 내부회계관리제도 설계 및 평가 수행

10.4.5 평가수행자

연결내부회계관리제도 또한 위험기반접근법(Risk-based approach)에 근거하고 있으므로 모든 통제활동의 설계와 운영의 효과성을 평가하기보다는 핵심통제를 선정하여 효율적인 운영을 꾀하여야 한다.

다만, 연결내부회계관리제도는 연결실체가 복잡하거나 연결실체의 구성원 수가 많을수록 그 평가대상이 매우 광범위해진다. 최상위지배회사의 내부회계관리제도 전담부서가 연결실체의 내부통제를 모두 테스트하는 것은 불가능하므로, 통제단위별로 평가를 수행하는 것이 현실적인 대안일 것이다.

하지만, 평가자는 평가대상통제로부터 독립적인 위치에 있는 자를 지정하여야 하는데, 자회사에서 수행한 평가결과를 최상위지배회사에서 취합만 한다면 통제단위별로 본인이 수행한 내부통제에 대하여 스스로 평가하는 결과를 가져온다(이는 별도재무제표 관점에서 보자면 특정부서에서 수행한 내부통제에 대해 그 부서 스스로 평가하는 것과 동일하다).

| 평가자의 독립성에 따른 핵심통제 평가 가능 여부 |

평가자 구분	독립성 수준	평가유형	핵심통제 평가	비핵심통제 평가
통제운영자	매우 낮음	자가평가	불가	가능
통제운영자와 동일 부서 인력	낮음	자가평가	보완조치 시 가능	가능
통제운영자와 타 부서 인력	낮음과 중간 사이	독립적 평가	보완조치 시 가능	가능
별도의 전담부서	중간 또는 높음	독립적 평가	가능	가능
외부 아웃소싱	높음	독립적 평가	가능	가능

통제운영자와 타 부서의 인력 등이 평가자가 되는 경우에는 낮은 수준의 독립성이나 전문성을 갖게 되므로 아래와 같은 보완방안을 고려하여야 한다. 다만, 테스트 절차가 구체적으로 기술되어 별도의 전문성이 필요 없다고 판단되거나, 평가를 적절하게 수행하지 않은 인원에 대한 성과 반영이 이뤄지는 경우에는 보완절차 없이 평가될 수 있다.

- 내부통제팀 등 독립적인 평가자가 테스트 절차(테스트 방법, 표본의 선정방법 및 개수) 및 결론 등의 적정성 확인
- 내부통제팀 등 독립적인 평가자가 문서검사 및 재수행을 통하여 평가결과의 일정 부분을 검토
- 내부통제팀 등 독립적인 평가자가 테스트 모집단과 샘플을 직접 선정하여 평가자에게 전달

완전한 독립성을 확보하기 위해서 주요위험 혹은 자회사에 대해는 전문 컨설팅회사, 회계법인 등 전문서비스기관에 의뢰하는 것도 방법이 될 수 있다.

10.4.6 보고

외감법 제8조 제4항에 따라 대표자는 매 사업연도마다 주주총회, 이사회 및 감사에게 내부회계관리제도의 운영실태를 보고하여야 한다. 다만, 회사의 대표자가 필요하다고 판단하는 경우 이사회 및 감사에 대한 보고는 내부회계관리자가 할 수 있다. 또한 제8조 제5항에서는 감사(위원회)는 내부회계관리제도의 운영실태를 평가하여 매 사업연도마다 이사회에 보고하여야 한다. 연결내부회계관리제도의 보고는 '내부회계관리제도 평가 및 보고 기준'과 '내부회계관리제도 평가 및 보고 가이드라인', '연결내부회계관리제도 평가 및 보고 대상범위 선정 가이드라인'에 따라 이루어져야 한다.

10.4.6.1 내부회계관리제도 운영실태보고서

대표자와 내부회계관리자는 미비점 평가하여 단순한 미비점, 유의한 미비점, 중대한 취약점으로 구분하고 그 결과에 따라 의견을 표명한다. 의견의 표명은 적극적인 확신만을 부여할 수 있으며, "특정부문을 제외하고는 효과적이다"는 식의 한정적 표현이나 "효과적이지 않다는 것을 나타내는 특별한 사항을 인지하지 못하였다"는 식의 소극적 확인을 부여하지 못한다는 점은 별도(개별)내부회계관리제도의 의견표명과 같다.

| 미비점 분류와 내부회계관리제도 운영실태보고서 의견표명 |

구 분	단순한 미비점 (Deficiency)	유의한 미비점 (Significant deficiency)	중요한 취약점 (Material weakness)
의견	중요성의 관점에서 효과적으로 설계되어 운영되고 있다고 판단됩니다.	중요성의 관점에서 효과적으로 설계되어 운영되고 있다고 판단됩니다.	중요성의 관점에서 효과적으로 설계되어 운영되고 있지 않다고 판단됩니다.
본문	없음.	없음.	• 중요한 취약점 내용 • 개선 대책
붙임	• 횡령 등 자금 관련 부정위험에 대응하기 위해 회사가 수행한 내부통제 활동	• 위반자에 대한 징계사항 • 횡령 등 자금 관련 부정위험에 대응하기 위해 회사가 수행한 내부통제 활동	• 위반자에 대한 징계사항 • 중요한 취약점 및 시정조치 계획에 대한 상세 설명 • 횡령 등 자금 관련 부정위

구 분	단순한 미비점 (Deficiency)	유의한 미비점 (Significant deficiency)	중요한 취약점 (Material weakness)
			험에 대응하기 위해 회사가 수행한 내부통제 활동
기타	없음.	유의한 미비점과 개선방안에 대해 이사회 및 감사(위원회)에 보고의무	중대한 취약점과 개선방안에 대해 이사회 및 감사(위원회)에 보고의무

연결내부회계관리제도의 미비점의 심각성 평가 주체 및 방법은 어떻게 되나요?
(내부회계관리제도운영위원회 답변)

연결내부회계관리제도의 설계 및 운영 책임이 지배회사에 있는 것과 동일하게 미비점 평가 책임 역시 지배회사에 있습니다. 연결내부회계관리제도 평가 보고서는 지배회사가 작성하며, 각 종속회사별로 작성할 필요가 없습니다. 또한, 개별 종속회사는 연결내부회계관리제도의 적정성을 판단하는 단위가 아닙니다. 물론, 지배회사가 개별 종속회사에 일차적인 평가를 수행할 것을 요청할 수 있으나, 이는 지배회사의 정확한 평가를 위한 보조 수단입니다.

지배회사는 연결내부회계관리제도의 범위에 포함되는 종속회사의 설계 및 운영 평가를 지시하고, 평가 과정에서 확인되는 미비점을 취합하여 평가할 수 있도록 종속회사에 보고기준을 제시하여야 합니다. 종속회사는 지배회사가 미비점의 심각성을 적절하게 평가하는데 필요한 자료(발생 가능성, 재무적인 영향의 크기, 미비점 발생 원인 및 개선방안 등)를 평가 보고 문서에 포함하고, 지배회사는 종속회사의 미비점을 취합하여 종합적으로 미비점의 심각성을 평가합니다. 심각성의 정도를 평가하는 방법은 별도내부회계관리제도와 다르지 않습니다.

10.4.6.2 내부회계관리제도 운영실태보고서

연결내부회계관리제도도 일반적인 내부회계관리제도와 마찬가지로 자금 부정 통제를 공시하여야 한다. 연결내부회계관리제도는 연결실체를 하나의 회사로 다루고 있으므로 범위선정에 포함된 종속회사는 공시대상에 포함된다. 다만, 특정 종속회사의 특정 프로세스만을 연결내부회계 평가범위로 선정하였고 해당 프로세스 관련 통제들이 자금 부정 통제 공시 서식 대상 통제활동에 해당하지 않는다고 판단한다면, 해당 종속회사에 자금 부정 관련 통제가 존재하더라도 자금 부정 통제 공시 서식 대상에서 제외가 가능하다.

특히 연결내부회계관리제도는 별도 내부회계관리제도의 단순 합이 아니므로 단순 취합을 지양할 필요가 있으며 아래의 내용을 고려하여 작성한다[172].

- 지배 · 종속회사별 특성을 고려하되 일관된 기준으로 작성하였는지 검토
  예를들어, 연결 내부회계 대상 A사와 B사가 영위하는 사업 및 규모, 조직구조 등이 유사함에도, 통제 X를 A사는 서식에 포함하나 B사는 포함하지 않는 경우 등
- 그룹 차원에서 서식 작성 · 공시 대상이나, 종속회사 제출 서식에서 합리적인 사유 없이 누락된 통제가 없는지 검토
- 종속회사 제출 서식에서 통제활동 선별 시 고려한 판단기준이 합리적인지 검토

| 연결 내부회계관리제도 – 자금 부정 통제 공시 서식 예시 |

구 분*1	회사가 수행한 통제활동*1,2	대상 회사*3	설계 · 운영 실태 점검 결과*4 (수행부서, 수행 시기 등)
전사적 수준 통제	(예) 〈**부정 방지 제도 운영**〉 경영진은 횡령 사고 등의 부정 방지를 위해 내부고발자제도(익명제보채널), 부정 방지 및 모니터링 프로그램을 운영하며, 동 프로그램 준수에 대한 경영진의 의지를 정기적으로 전 임직원에게 전사 공지를 통해 전달하고 있음.	(예) A사, B사 외 4개사	(예) 테스트 수행 결과, 중요한 취약점이 발견되지 않음. (A사 XX팀, B사 외 4개사 YY팀, 'X1.7월, 'X1.10월, 'X2.1월 등)
자금통제 (입출금 계좌관리, 입출금 관리, 수표관리, 법인카드관리 등)	(예) 〈**법인인감, OTP 사용통제**〉 감사팀에 의해 법인인감, OTP의 물리적 접근이 통제되고 있으며, 감사팀장의 사용대장 상 날인 · 사용 목적의 검토 및 승인을 통해 날인 · 사용이 허용됨.	(예) A사, B사 외 4개사	(예) 테스트 수행 결과, XX의 중요한 취약점이 발견되었으며 XX의 시정조치를 이행할 예정임. (A사 XX팀, B사 외 4개사 YY팀, 'X1.7월, 'X1.10월, 'X2.1월 등)
	......	......	......
기타 업무 수준 통제	(예) 〈**거래처 Master 생성 · 변경 검토**〉 회계팀장은 거래처 Master 생성 · 변경 요청서 상 주요 정보(사업자등록번호, 주소 등)가 근거 문서와 일치하는지 검토 후 승인함.	(예) A사, C사 외 3개사	(예) 테스트 수행 결과, 중요한 취약점이 발견되지 않음. (A사 XX팀, C사 외 3개사 YY팀, 'X1.7월, 'X1.10월, 'X2.1월 등)
	......	......	......

172) 금융감독원 자금 부정 통제 공시 서식 관련 FAQ

*1. 자금횡령 방지를 위한 내부회계관리제도 업무 체크포인트('22.12월, 한국공인회계사회, 한국상장회사협의회, 코스닥협회)에서 제시한 자금 관련 부정위험을 예방 또는 적발하기 위한 통제와 그 항목 구분을 예시로 참고하되, 회사의 규모 등 상황에 따라 회사의 통제활동을 적절하게 기재 및 구분할 수 있다.

*2. 전사적 수준 통제와 자금통제 중 자금 관련 부정위험을 예방 또는 적발하는 데 관련된 것으로 판단한 통제(다만, 자금통제는 직접 관련된 핵심통제에 한함)를 기술하되, 그 외 업무수준 통제 중 회사가 자금 관련 부정위험을 예방 또는 적발하는 데 직접 관련된 것으로 판단한 핵심통제를 포함하여 기술할 수 있다. 이때, 통제기술서의 통제활동을 통합 · 요약 기술하는 것을 원칙으로 하되, 회사의 상황에 따라 통제기술서의 통제활동 내용을 그대로 기술할 수도 있다. 다만, 통제 수행자와 통제항목은 명시적으로 기술한다.

*3. 작성 및 공시 범위는 연결내부회계관리제도 평가 · 보고 대상 전체와 같으며, 각 통제를 설계 및 운영한 회사를 기재한다(다만, 대상 회사가 3개 이상인 경우, 'XX, XX외 X개사'로 기재 가능).

*4. 설계 및 운영 평가 수행한 결과를 표기하되, 수행팀, 수행 시기, (중요한 취약점이 있는 경우) 중요한 취약점 및 이에 대한 시정조치 계획 또는 이행 결과를 포함한다.

10.4.6.3 내부회계관리제도 평가보고서

감사(감사위원회)는 대표이사 및 내부회계관리자의 자가 평가 수행결과와 운영실태 평가결과의 적정성을 감독자의 관점에서 독립적으로 평가하고 이사회에 보고하여야 한다. 내부회계관리제도 운영실태보고서와 마찬가지로 의견표명시 적극적 확신만을 부여할 수 있다.

| 미비점 분류와 감사(감사위원회)의 평가보고서 의견표명 |

구 분	단순한 미비점 (Deficiency)	유의한 미비점 (Significant deficiency)	중요한 취약점 (Material weakness)
의견	중요성의 관점에서 효과적으로 설계되어 운영되고 있다고 판단됩니다.	중요성의 관점에서 효과적으로 설계되어 운영되고 있다고 판단됩니다.	중요성의 관점에서 효과적으로 설계되어 운영되고 있지 않다고 판단됩니다.
본문	없음.	없음.	• 중요한 취약점 내용 • 시정 의견
붙임	• 권고사항 • 내부회계관리제도 유효성에 대한 시정의견 • 거짓으로 표시된 사항, 생략된 사항 등을 점검한 결과에 대한 조치내용	• 권고사항 • 내부회계관리제도 유효성에 대한 시정의견 • 거짓으로 표시된 사항, 생략된 사항 등을 점검한 결과에 대한 조치내용	• 운영실태보고서에 보고한 중요한 취약점 요약 • 기타 내용은 좌측과 동일

구 분	단순한 미비점 (Deficiency)	유의한 미비점 (Significant deficiency)	중요한 취약점 (Material weakness)
	• 내부회계관리제도가 실질적으로 유효하지 않은 경우 그 대안 • 횡령 등 자금 관련 부정위험에 대응하기 위해 회사가 수행한 내부통제 활동	• 내부회계관리제도가 실질적으로 유효하지 않은 경우 그 대안 • 횡령 등 자금 관련 부정위험에 대응하기 위해 회사가 수행한 내부통제 활동	

연결내부회계관리제도에 대한 감사위원회 평가 절차 수립 시 고려할 사항은 무엇인가요? (내부회계관리제도운영위원회 답변)

감사위원회는 별도 내부회계관리제도와 마찬가지로 연결내부회계관리제도에 대한 독립적인 평가를 수행하여야 합니다. 이를 위해서는 지배회사의 감사위원회가 연결내부회계관리제도에 대한 관리감독이 가능한 자료를 제공받고 이를 기반으로 평가를 수행하여야 합니다. 감사위원회 평가를 위한 보고는 종속회사의 내부회계관리제도 평가조직, 감사위원회 지원 조직, 감사(감사위원회)와 지배회사의 내부회계관리제도 평가조직, 감사위원회 지원 조직 등이 수행할 수 있습니다. 연결내부회계관리제도 구축 과정에서 감사위원회와 평가방식을 논의하고 결정하여 감사위원회가 독립적인 평가를 수행할 수 있는 체계를 갖춘다면 그 방식은 다양하게 선택할 수 있습니다.

10.5 연결내부회계관리제도의 특수한 문제

연결실체의 구성은 사업결합의 결과로 구성될 수 있다. 따라서 다양한 사업결합의 이슈는 연결내부회계관리제도의 설계 및 운영에 영향을 미칠 수 있다. 연결실체의 사업결합과 관련하여 발생하는 내부회계관리제도의 주요 이슈에 대해서 미국 SEC[173]에서 주요한 답변을 표명한 바 있으므로 이를 준용하여 연결내부회계관리제도의 특수한 문제를 다루었다.

173) Management's Report on Internal Control Over Financial Reporting and Certification of Disclosure in Exchange Act Periodic Reports : Frequently Asked Questions(September 24, 2007)

10.5.1 회계기간 중 중요한 자회사의 취득이 발생한 경우

회계기간 중 사업결합으로 중요한 자회사를 취득한 경우, 취득한 자회사의 내부통제를 연결내부회계관리제도의 범위 내에 포함하여야 하는지에 대한 이슈가 발생할 수 있다.

당연히 연결재무상태표일에 모든 연결실체의 대상회사는 연결내부회계관리제도의 범위에 포함되어야 하는 것이 원칙이다.

하지만, 중요한 자회사의 취득일과 내부회계관리제도 운영실태보고서일의 기준일(연결재무상태표일) 사이에 기간이 충분하지 않다면 이러한 원칙적인 적용이 사실상 불가능할 것이다.

미국 SEC에서는 이렇게 불가능한 상황의 경우에 경영진이 취득한 주요 자회사의 내부통제가 내부회계관리제도 운영실태보고서의 범위에서 제외하였다는 사실을 표명하고 사업보고서(Form 10-K, 10-KSB) 등에 언급한다면 그러한 배제도 인정되도록 하고 있다.

연결내부회계관리제도에서 신규 취득한 자회사의 내부통제가 배제될 수 있는 기간은 취득일로부터 1년을 초과할 수 없다.

SEC의 해석의 요지는 새로 인수한 비즈니스를 임의로 배제할 수 있다는 것이 아니라, 내부통제를 평가할 수 있는 시간이 충분하지 않은 경우에 배제 결정을 할 수 있다는 것이다. SEC는 역합병과 같은 변칙적인 사업결합에는 이러한 배제조항이 적용될 여지가 없다는 것을 명확히 하였다.

내부회계관리제도 평가 및 보고 가이드라인에서는 인수한 법인 또는 사업단위가 외감법상 내부회계관리제도 감사 대상이 아닌 경우에는 1년을 초과하지 않는 범위 내에서 당해 사업연도 내부회계관리제도 평가대상에서 제외하도록 하고 있어 SEC의 해석과 유사한 기준을 갖추고 있다고 할 수 있다.

경영진은 사실과 환경에 근거하여 연결내부회계관리제도에 포함할 수 있는지 '최선의 노력'을 경주하여야 한다. 그럼에도 불구하고 사업결합의 복잡성, 가용시간 및 자원에 근거하여 불가능한 경우에는 해당연도 한해만 제외될 수 있다.

10.5.2 회계기간 중 중요한 자회사의 처분 혹은 중단사업이 발생한 경우

연결내부회계관리제도의 범위에는 내부회계관리제도 운영실태보고서 기준일(혹은 연결재무상태표일) 또는 그 이전에 취득한 기업만이 그 대상이 된다. 그러므로 연결내부회계관리제도의 범위에는 처분된 자회사는 포함되지 아니하나 중단사업은 포함하여야 한다.

만약 최상위지배회사가 특정 자회사 및 주요시설을 매각하고 처분이익 및 처분손실을 회계처리하였다고 가정한다면, 내부회계관리제도 평가일 현재에는 평가대상인 영업활동 및 통제활동이 존재하지 않게 된다.

반면, 그 처분이 완료되지 아니하고 연말까지 보류된다면 최상위지배회사는 그 매각대상회사의 자산 및 부채를 보유하게 되므로, 그 매각대상 자회사의 내부통제는 연결내부회계관리제도에 포함하여야 한다.

내부회계관리제도 평가 및 보고 가이드라인에서는 평가기준일 현재 매각, 분할, 폐지가 완료되지 않은 사업단위로서 직전 평가기준일 이후 중요한 변화없이 단기간 동안 운영되는 경우에는 평가대상에서 제외할 수 있는 예외규정을 두고 있다. 이러한 예외조항은 매각, 분할, 폐지 사업부 내의 내부통제에 대해서 불필요하게 평가할필요가 없다는 것을 의미한다.

실무적으로 한국채택국제회계기준을 도입한 회사는 매각이나 분할, 폐지가 완료되지 않은 사업단위는 K-IFRS 제1105호 [매각예정비유동자산과 중단영업]에 따라 회계처리하여야 한다. 사업부 매각, 폐지, 분할로 인한 금액은 중요성(Materiality)을 초과할 가능성이 높으므로 이 회계처리는 유의한 계정과목으로 선정되고 관련된 내부통제도 핵심통제로 선정될 가능성이 높다.

따라서, 그 사업부 내부의 내부통제는 평가할 필요가 없지만, 매각예정비유동자산(혹은 중단사업) 회계처리에 대한 내부통제 절차는 평가대상에 포함될 것으로 예상된다.

참고로 K-IFRS 제1105에서는 매각, 분할, 폐지에 따른 금액은 매각예정인지 혹은 소유주에 대한 분배예정인지의 조건에 따라 순공정가치와 장부금액 중 작은 금액 혹은 분배부대원가차감 후 공정가치와 장부금액 중 작은 금액 등으로 회계처리하도록 하고 있다(K-IFRS 제1105호 문단15, 15A).

10.5.3 지분법대상 회사의 내부통제

연결대상이 아닌 피투자회사(즉, 지분법적용 대상 피투자회사)에 대해 투자회사의 내부회계관리제도의 범위에 포함하여 평가하여야 하는지 의구심이 들 수 있다. SEC의 FAQ에서는 지분법적용대상 피투자회사는 투자자의 재무제표에 세부 계정별(line-by-line)로 연결되지 아니하기 때문에 피투자회사의 내부통제는 투자회사의 내부회계관리제도를 구성하지 아니한다고 표명한 바 있다.

하지만, 투자회사는 내부회계관리제도에 관련된 지분법 투자에 대한 내부통제를 포함하여 구축하고, 운영하여야 한다. 지분법 투자와 관련하여 아래와 같은 사항들을 중점적으로 고려하여야 할 것이다.

- 피투자회사 투자건에 대한 회계처리방법의 결정(지분법 적용 여부)
- 정확한 지분법 회계 계산적용(피투자회사 수익과 비용에 대한 픽업(pick-up), 지분법주식 잔액의 적정성 등)
- 지분법을 적용하기 위한 피투자회사의 감사받은 재무제표 혹은 감사받지 아니한 재무제표 정보의 획득
- 피투자회사의 결산일이 투자회사의 결산일과 달라 추정을 사용한 경우, 그 추정값을 확정된 값으로 조정(true-up)하기 위한 일관된 프로세스 적용
- 배당이 있는 경우 지분법 투자금액에서의 차감
- 손상이 발생하였는지 여부를 확인하기 위한 적절한 정보의 획득

지분법대상 회사에 대해 상장사협의회의 내부회계관리제도 운영위원회에서도 유사한 내용의 질의응답의 사례가 있는데, 그 내용은 SEC의 FAQ와 일맥상통한다.

회사의 지분법 투자에 대한 재무보고에 대한 내부통제는 어느 정도 수준으로 고려하여야 하나요? (내부회계관리제도운영위원회 답변)

연결재무제표에 관한 내부회계관리제도는 주권상장법인을 대상으로, 직전 사업연도 말 자산총액을 기준으로 2022년 12월 31일 이후 시작되는 사업연도부터 순차적으로 적용됩니다. 따라서 그 이전 사업연도까지는 지배회사가 피투자회사(연결대상 종속회사 및 지분법 적용회사 포함)의 내부회계관리제도에 대한 직접적인 책임을 부담하지 않습니다. 다만, 별도재무제표 작성 시 투자자산을 지분법으로 평가하는 경우 지분법 적용과 관련한 통제를 구비하고 설계 및 운영의 효과성을 평가하여야 합니다.

관련하여, 한국공인회계사회가 제정한 "감사기준서 1100(내부회계관리제도의 감사)"에서는 아래와 같이 규정하고 있습니다.

87. 지분법을 적용하는 경우, 감사범위는 해당 재무보고체계에 따른 기업재무제표상의 보고(피투자자의 손익에 대한 기업 지분 · 투자잔액 · 손익과 투자잔액에 대한 조정사항 및 관련 공시에 대한 보고를 말함)에 대한 통제를 포함하여야 한다(문단 A110 참조).

A110. 내부회계관리제도감사는 일반적으로 지분법으로 회계처리하는 피투자회사의 통

제로 확대되지 않는다.

10.5.4 별도 내부회계관리제도에서 제외되는 SPC가 연결재무제표에서 유의한 경우

외감법상에서는 SPC가 내부회계관리제도를 운영하는 조직과 규정을 갖추는 것이 실무적으로 불가능한 측면을 고려한 것이다. 이러한 취지에 따라 연결내부회계관리제도가 적용되어야 하는 유의적인 SPC라 하더라도 SPC에 내부회계관리제도를 구축하는 것이 요구되지는 않는다.

그러나 SPC가 연결내부회계관리제도 관점에서 유의적인 경우 해당 부분을 제외한 한정의견 표명이 허용되지 않기 때문에, 지배회사는 SPC에 대한 충분한 통제활동을 제시하여야 한다.

이러한 경우에는 그룹 수준에서 SPC를 관리 감독하는 활동과 관련된 통제활동이 필요하기 때문에, 회사는 SPC 내에 내부회계관리제도를 구축하고 운영하는 대신 중요한 왜곡표시가 발생하지 않도록 지배회사 관점에서 충분한 통제활동을 설계하고 적용하는 것을 고려해야 한다.

연 습 문 제

문제 1

연결내부회계관리제도 구축(객관식)

연결내부회계관리제도의 구축과 관련하여 고려하여야 할 사항으로 틀린 것은?

① 개별재무제표 혹은 별도재무제표 단위의 내부회계관리제도가 구축된 경우 연결내부회계관리제도에서 추가적으로 고려할 사항은 없다.

② 연결실체의 거버넌스가 복잡할 수록, 연결실체의 구성원이 많을 수록 연결내부회계관리제도의 평가업무가 매우 방대할 것이므로, 최상위지배회사는 세부일정계획을 준비하는 것이 중요하다.

③ 내부회계관리제도와 관련한 모든 구축요소(범위설정, 전사수준통제, 업무수준통제 등)가 연결재무제표를 기준으로 작성된다.

④ 연결내부회계관리제도를 구축하는 경우에도 동일한 내부통제 5구성 요소(통제환경, 위험평가, 통제활동, 정보 및 의사소통, 모니터링)와 17가지의 원칙이 적용된다.

해설 연결내부회계관리제도 구축(객관식)

정답 : ①

연결내부회계관리제도는 각 자회사의 내부회계관리제도의 단순 합이 아니다. 연결내부회계관리제도는 연결실체를 하나의 회사로 간주하여 내부회계관리제도를 구축하여야 하므로 각 자회사는 하나의 통제단위(control unit) 혹은 부문(component)으로 보아야 한다. 연결내부회계관리제도의 목적인 연결재무제표의 신뢰성을 확보하기 위하여 다양한 수준의 평가와 일정절차의 마련이 매우 중요할 것으로 예상된다.

문제 2

중요한 자회사의 취득이 있는 경우 연결내부회계관리제도(객관식)

회계기간 중 중요한 자회사의 취득이 발생한 경우 연결내부회계관리제도의 구축과 관련하여 올바른 것은?

① 미국 SEC에서는 사업연도말까지 반드시 연결내부회계관리제도에 포함하도록 구축하고 평가하여야 하도록 하고 있다.

② 내부회계관리제도 감사대상이 아닌 경우 1년을 초과하지 않는 범위 내에서 당해 사업연도 내부회계관리제도 평가대상에서 제외할 수 있다.

③ 자회사의 취득은 연결내부회계관리제도에 포함할 필요가 없다.

④ 취득사실이 있다는 사항이 공시되었는지에 대한 내부통제만 구축하면 된다.

해설 **중요한 자회사의 취득이 있는 경우 연결내부회계관리제도(객관식)**

정답 : ②

회계기간 중 자회사의 취득이 발생한 경우에도 그 자회사를 모두 내부회계관리제도에 포함하여야 한다. 다만, 인수한 법인 또는 사업단위가 외감법상 내부회계관리제도 감사대상이 아닌 경우에는 1년을 초과하지 않는 범위 내에서 당해 사업연도 내부회계관리제도 평가대상에서 제외할 수 있다.

문제 3

연결내부회계관리제도 도입 시점

지배회사가 주권상장법인의 경우에 한하여 외감법 시행령 제9조 제2항 제6호에서는 연결재무제표에 관한 회계정보를 작성, 공시하기 위하여 필요한 사항을 내부회계관리제도에 포함하도록 하고 있다.

(질문) 외감법 시행령에서 정하고 있는 연결내부회계관리제도 도입시점을 다음의 〈답안양식〉에 따라 작성하라.

〈답안양식〉

자산총액	감사적용시점	연결기준 감사적용시점
2조 원 이상	2019년	
5천억 원 이상	2020년	
1천억 원 이상	2022년	

해설 **연결내부회계관리제도 도입시점**

외감법 시행령에 따르면 연결내부회계관리제도를 구축하고 운영하여야 하는 대상은 주권상장법인으로 한정하고 있다. 주권비상장법인은 연결내부회계관리제도를 운영하여야 하는 법적 책임은 없는 반면, 상장된 연결실체의 구성원인 경우 연결내부회계관리제도의 범위 및 대상에 포함된다. 〈답안양식〉에 따른 도입시점을 정리하면 다음과 같다.

자산총액	감사적용시점	연결기준 감사적용시점
2조 원 이상	2019년	2023년
5천억 원 이상	2020년	2029년
1천억 원 이상	2022년	2030년

문제 4

연결내부회계관리제도 구축 접근방법

㈜ABC상사는 연결실체의 최상위지배회사이다. ㈜ABC상사는 연결내부회계관리제도를 구축하기 위해서 각 자회사 재무제표(부문 재무제표)의 유의성을 기준으로 접근하려고 한다. 다음은 ㈜ABC의 자회사는 아래에 한정되며, 관련한 정보는 다음과 같다.

자회사	분석내용
국내 자회사 甲	- 국내 자회사 甲의 재무제표 중 특정 계정과목 및 프로세스가 연결재무제표에 유의적일 것으로 판단된다. - 국내 자회사 甲의 그러한 계정과목 및 프로세스는 연결 재무제표 중 특정한 유의한 계정과목에 한정되어 영향을 미칠 것이다.
국내 자회사 乙	- 국내 자회사 乙의 재무제표는 연결실체에서 차지하는 비중이 중요하다. - 따라서, 자회사 乙은 연결재무제표의 유의한 계정과목(significant accounts)에 전반적으로 영향을 미치는 것으로 분석되었다.
국내 자회사 丙	- 국내 자회사 丙은 연결실체에서 차지하는 비중이 1%로 매우 작다. - 또한, 丙의 특정 계정과목 혹은 프로세스에서 발생할 수 있는 위험 노출액(risk exposure)은 연결실체관점에서는 유의성 미만일 것으로 판단된다.

연결내부회계를 구축할 때 각 부문에 대한 접근방법은 아래와 같다.

연결내부회계관리제도 구축 접근방법	내 용
Full scope	부문 재무제표와 관련된 전체 프로세스를 연결내부회계관리제도에 포함하는 방법
Specific scope	특정위험으로 인한 유의적 부문이 연결재무제표의 특정 유의한 계정과목에 한정되어 관련됨. 그 해당 부문만을 연결내부회계관리제도에 포함하는 방법
Limited scope	부문이 연결재무제표에 미치는 영향이 유의적이지 않을 것으로 예상되는 경우 그룹수준의 위험평가와 부문 재무보고 결과에 대한 모니터링과 같은 전사통제만을 연결내부회계관리제도에 포함

(질문) ㈜ABC상사가 가장 효율적이며 자원이 적게 소요되는 방식으로 연결내부회계관리제도의 구축하려고 할 때, 각 부문(자회사, 통제단위)에 적용할 수 있는 방법을 기재하라.

〈답안양식〉

자회사	유의적 부문 판단 (significant component?)	연결내부회계관리제도 구축 접근방법
국내 자회사 甲		
국내 자회사 乙		
국내 자회사 丙		

해설 **연결내부회계관리제도 구축 접근방법**

유의적 부문과 유의적이지 않은 부문을 구분하게 되면 해당 부문이 연결재무제표에 미치는 영향을 알 수 있기 때문에, 그 구분에 따라서 연결내부회계관리제도를 구축의 접근방법이 달라진다.

甲은 특정 계정과목 및 프로세스가 연결재무제표에 유의적이며 乙은 연결재무제표에서 중요하므로 자회사 甲과 乙은 유의한 부문(significant component)이다. 반면, 丙은 연결재무제표에 미치는 영향이 유의적이지 않으므로 유의하지 않은 부문(non-significant component)이다.

연결재무제표 감사에서 실무적으로 Full-scope, Specific scope, Limited scope으로 구분하여 감사접근방법을 적용하는 것과 유사하게, 연결내부회계관리제도에서도 3가지의 구분에 의한 접근이 가능하다.

부문의 유의성		연결내부회계관리제도 구축 접근방법	
유의적 부문	재무적으로 유의한 부문	Full scope	부문 재무제표와 관련된 전체 프로세스를 연결내부회계관리제도에 포함하는 방법
	특정위험으로 인한 유의한 부문	Specific scope	특정위험으로 인한 유의적 부문이 연결재무제표의 특정 유의한 계정과목에 한정되어 관련됨. 그 해당 부문만을 연결내부회계관리제도에 포함하는 방법
유의적이지 않은 부문		Limited scope	부문이 연결재무제표에 미치는 영향이 유의적이지 않을 것으로 예상되는 경우 그룹수준의 위험평가와 부문 재무보고 결과에 대한 모니터링과 같은 전사통제만을 연결내부회계관리제도에 포함

甲의 경우 특정 계정과목 및 프로세스로 인한 유의한 부문(특정위험으로 인한 유의한 부문)이므로 Full scope과 specific scope이 적용될 수 있다. 하지만 가장 자원이 적게 소요되고 효율적으로 연결내부회계관리제도를 구축하여야 하므로 specific scope에 의한 접근방법이 사용 가능하다.

乙의 경우에는 부문재무재표가 연결재무제표에 중요한 영향을 미치므로 재무적으로 유의한 부문이다. 따라서 full-scope에 의한 접근방법을 사용한다.

丙의 경우 유의적이지 않은 부문에 해당하므로 Limited scope 접근방법에 의해 연결내부회계관리제도를 구축한다.

따라서, 이를 〈답안양식〉에 따라 작성하면 아래와 같다.

자회사	유의적 부문 판단 (significant component?)	연결내부회계관리제도 구축 접근방법
국내 자회사 甲	유의적 부문	specific scope
국내 자회사 乙	유의적 부문	full scope
국내 자회사 丙	유의적이지 않은 부문	limited scope

문제 5

신규로 취득한 회사

㈜갑을상사는 자동차부품업을 주된 영업으로 하는 주권상장법인으로 연결내부회계관리제도의 대상이다. 현재 연결내부회계관리제도를 구축 및 운영하고 있는 중이다.

㈜갑을상사는 빠르게 변화하고 있는 경쟁환경에서 살아남기 위해 중요한 핵심기술을 보유한 국내기업뿐만 아니라 실리콘밸리 및 해외기업들을 M&A를 통해 확보하고 있다. 당 20×5 회계연도 중 신규로 취득한 회사는 다음과 같다.

- 회사명 : MariC 오토모빌리
- 소재지 : 헝가리 부다페스트
- 상장 여부 : 현지 비상장법인
- 핵심기술 : 전기자동차 파워트레인, 자율주행기술 보유, 자동차 AI관련 원천기술 보유
- 인수금액 : 4,000억 원
- 인수금액은 ㈜갑을상사 총자산의 10%에 해당하는 정도의 규모임.
- 연결 중요성 기준 : 100억 원
- 인수일자 : 20×5년 10월 31일 자(SPA 서명 및 대금납부 일자)
- 종업원 : 약 800명
- 재무제표는 현지 기능통화로 작성되고 있으며, 인수대상회사는 과거로부터 ㈜갑을상사와 지속적인 거래가 있으므로 연결재무제표 작성시 내부거래제거가 복잡하며 위험이 높다고 판단됨.

- IFRS를 적용하고 있으나 규제요구사항 및 실무적 적용지침이 K-IFRS와 상이하여 ㈜갑을상사의 회계정책과 일치시키기 위한 Conversion 작업이 필수적임.
- 피인수회사는 현지에서 내부회계관리제도 및 U.S. SoX와 같은 제도를 구축 및 운영하지 않고 있음. 내부회계관리제도를 구축하기 위해서는 최소 4개월 이상이 소요될 것으로 예상됨.

(질문) ㈜갑을상사의 대표이사와 내부회계관리자는 신규회사 인수로 인한 연결내부회계관리제도에 미치는 영향을 분석 중이다.
당신이 ㈜갑을상사의 내부회계관리제도 자문위원이라고 한다면 20×5년과 20×5년 이후에 준비하여야 하는 내용을 구분하여 예를 들어 서술하라.

해설 **신규로 취득한 회사**

1. 20×5년(취득연도) 준비사항

내부회계관리제도 평가 및 보고 가이드라인에서는 인수한 법인 또는 사업단위가 외감법상 내부회계관리제도 감사 대상이 아닌 경우에는 1년을 초과하지 않는 범위내에서 당해 사업연도 내부회계관리제도 평가대상에서 제외하도록 하고 있다.

미국 SEC에서도 이렇게 불가능한 상황의 경우에 경영진이 취득한 주요 자회사의 내부통제가 내부회계관리제도 운영실태보고서의 범위에서 제외하였다는 사실을 표명하고 사업보고서(Form 10-K, 10-KSB) 등에 언급한다면 그러한 배제도 인정되도록 하고 있다.

연결내부회계관리제도에서 신규 취득한 자회사의 내부통제가 배제될 수 있는 기간은 취득일로부터 1년을 초과할 수 없다. 경영진은 사실과 환경에 근거하여 연결내부회계관리제도에 포함할 수 있는지 '최선의 노력'을 경주하여야 한다. 그럼에도 불구하고 사업결합의 복잡성, 가용시간 및 자원에 근거하여 불가능한 경우에는 해당연도 한해만 제외될 수 있다.

㈜갑을상사의 경우에는 피인수회사가 내부회계관리제도와 같은 제도를 구축 및 운영하지 않고 있어 새로 구축 및 운영의 필요성이 있다. 하지만 구축기간이 최소 4개월 이상 소요될 것으로 예상되므로 최선의 노력을 경주한다고 하더라도 20×5년에는 구축 및 운영하기에 물리적으로 시간이 부족하다. 따라서, 20×5년에는 ㈜갑을상사의 연결내부회계관리제도에서 제외하여 운영하고 그러한 내용을 운영실태보고서에 포함할지 여부를 고려한다. 이 경우 운영실태보고서에 공시되는 내용은 다음과 같다.

- 해당하는 사업단위를 내부회계관리제도 평가대상에서 제외하였다는 사실 및 사유
- 해당부분에 대한 정보(자산총액, 매출액, 영업이익 등 주요 재무제표의 금액 및 전체회사에서 차지하는 비율 등)

2. 20×5년 이후(취득연도 이후) 준비사항

취득연도 이후에는 ㈜갑을상사의 연결내부회계관리제도의 범위내에 신규 취득한 회사를 포함하여 구축 및 운영하여야 한다. 신규로 취득한 회사는 인수금액이 4,000억 원으로 ㈜갑을상사 총자산의 10%에 해당할 정도의 규모이며 연결중요성 기준 100억 원을 초과하므로 범위 내에 포함되어야 할 가능성이 매우 높다. 연결내부회계관리제도 구축 시 고려하여야 하는 사항의 예시는 다음 표와 같다.

자산총액	인수관련 필수 확인사항 예시
CoA mapping	㈜갑을상사의 연결 계정과목(CoA, chart of account)과 신규 취득회사의 계정과목 간 mapping이 필요하며 그에 대한 내부통제 절차의 설계, 운영의 확인이 필수적이다.
재무제표 환산	㈜갑을상사의 기능원화인 KRW로 신규 취득회사의 재무제표 환산이 필요하며 이에 대한 내부통제 절차의 설계, 운영의 확인이 필수적이다.
내부거래제거	과거로부터 ㈜갑을상사와 계속적인 거래를 하고 있으며 인수 이후에도 거래가 존재하였을 가능성이 높다. 내부거래제거를 하기 위한 기초정보의 획득, 내부거래제거를 위한 현업업무의 완전성, 정확성 확인이 필수적이다.
회계정책 일치	인수회사와 피인수회사 간의 회계정책에 대한 일치가 필요하다. 피인수회사의 회계기준 및 회계정책은 인수회사와 다를 것이므로 이를 일치시키고 금액적 효과를 산출하여야 한다. 이는 (원칙 6)의 중점고려사항(적합한 회계기준 준수)으로 확인하여야 하는 내용이다.
인수회계처리	최초 인수 시에 매수법에 근거한 회계처리의 적정성에 대한 내부통제 점검이 필수적이다. 인수 시에는 일반적으로 영업권이나 부의영업권이 나타날 수 있으며, 식별가능한 무형자산(고객관계무형자산, 산업재산권 등)이 발생하기도 한다.
전사수준 통제	신규 취득회사의 최고 경영진 및 이사회의 의자(tone at the top)를 포함한 통제환경, 위험평가, 정보 및 의사소통, 모니터링과 같은 내부통제 구성요소를 구현하기 위한 정책과 절차는 ㈜갑을상사와 다를 가능성이 높다. 신규 취득회사의 정책과 절차를 개정하여야 할 가능성이 매우 높으며 연결관점에서 ㈜갑을상사의 전사통제가 허용할 수 있는 수준 이내로 구현되어야 한다. 그렇지 않은 경우에는 전사통제 미비로 인한 업무수준통제의 평가범위가 확대되어야 한다.
업무수준 통제	㈜갑을상사의 그룹 내부회계관리규정에 준하여 업무수준의 내부통제가 구축되어야 한다. 이를 위하여 ㈜갑을상사의 연결내부회계관리제도 기준에 맞는 업무기술서, 업무흐름도, 통제기술서, MRC, IPE 등의 문서화가 필요하다. 업무수준통제의 구현은 신규 취득회사의 입장이 아니라 연결관점에서 CoA mapping, 재무제표환산, 내부거래제거, 회계정책일치 등의 세부내용을 반영하여 구축되어야 한다.

조선비즈 : 상장사 내부회계관리제도 비적정 의견 2년새 2배 증가(발췌)

삼정KPMG는 2일 발간한 '감사위원회 저널'을 통해 국내 상장사 중 외부감사인으로부터 내부회계관리제도에 대해 비적정 검토의견을 받은 비중이 2016년 1.5%에서 2018년 2.9%로 2년새 2배 증가했다고 밝혔다.

시장별로 보면 이 기간에 코스닥시장 상장사가 받은 비적정 검토의견이 1.9%에서 3.8%로 크게 상승했다. 유가증권시장 상장사에 대한 비적정 의견은 0.9%에서 1.3%로 높아졌다. 또 자산총액 1,000억 원 미만 기업에 대한 비적정 의견은 5.1%로, 자산 2조 원 이상 기업의 1.9%와 큰 차이를 보였다.

외부감사인은 지난해까지 기업의 내부회계관리제도를 '검토'했다. 하지만 신(新) 외감법 시행으로 올해부터는 자산 2조 원 이상 상장사에 대해서는 내부회계관리제도를 '감사'해야 한다. 감사 대상은 2020년부터 자산 5,000억 원 이상인 상장사로 확대된다.

삼정KPMG는 이번 저널에 자산 규모와 상장 시장에 따른 감사위원회와 외부감사인 간 커뮤니케이션 횟수 조사 결과도 담았다. 조사에 따르면 지난해 자산 2조 원 이상 상장사의 지배기구와 외부감사인 간 소통 횟수는 전년 대비 26.8% 증가해 연평균 3.98회에 달하는 것으로 나타났다. 감독당국이 권장하는 수치인 4회 이상 비율도 60%로 집계됐다.

한은섭 삼정KPMG 감사부문 대표는 "신 외감법 시행 첫 해인 올해부터 기업 대내외에 많은 환경 변화가 있을 것"이라며 "이번 저널이 감사위원회와 감사의 역할·책임·활동에 도움이 되기를 바란다"고 했다.

11 중소기업 내부회계관리제도

내부회계관리제도운영위원회는 중소기업의 내부회계관리제도의 구축 및 운영에 있어 그 부담을 완화하기 위하여 내부회계관리제도와 관련된 개념체계를 2021년에 제·개정하였다. 이에 따라 중소기업은 내부회계관리제도를 설계 및 운영함에 있어 대폭 그 부담이 완화될 것으로 예상된다.

중소기업의 내부회계관리제도는 앞서 서명한 내부통제의 5가지 구성요소(Components, COSO components), 17원칙 및 중점고려사항(POF, Point of focus)의 개념에 있어서는 차이가 없으나, 이를 세부적으로 적용하는 과정에서 중소기업의 경영환경을 고려하여 비교적 유연한 방식(혹은 비공식적 방식)을 적용할 수 있도록 한 것이 특징이다.

중소기업기준에 따라 완화된 방식의 내부회계관리제도를 구축한다고 하더라도 COSO framework의 5가지 구성요소(통제환경, 위험평가, 통제활동, 정보 및 의사소통, 모니터링) 및 17원칙이 훼손되지 않도록 유의하여 적용하여야 할 것이다.

이 장에서는 중소기업의 내부회계관리제도를 앞서 설명한 상장·대기업의 내부회계관리제도와 비교하여 설명하였다.

중소기업 유예적용 법령에 따라 내부회계관리제도 적용 시 중소기업 설계/운영 및 평가/보고 적용기법을 적용할 수 있는지? (내부회계관리제도운영위원회 답변)

(질의) 당사는 법상(자산규모 기준 : 5천억 원 이상) 중견기업(상장, 코스피 사장)에 해당되지만, '중소기업 유예적용' 법령에 따라서 3년간 중소기업확인서 발급이 가능한 기업에 해당합니다(1차 2021년 4월 1일~2022년 3월 31일, 2차 2022년 4월 1일~2023년 3월 31일, 3차 2023년 4월 1일~2024년 3월 31일).

그러나 회사는 중소기업기본법 제2조에 의거 중소기업 유예적용 동안 중소기업과 동일한 적용을 받고 있습니다. 이에, 회사가 모범규준을 적용할 때 중소기업에 대한 모범규준을 적용하여도 되는지 문의드립니다.

만약 불가능하다면 적용 모범규준에 대한 사유를 요청드립니다.

(답변) 중소기업기본법에서 유예기간을 적용받는 기업은 중소기업으로 보기 때문에, 질의 회사는 중소기업 설계 · 운영 및 평가 · 보고 적용기법을 적용할 수 있습니다.

11.1 중소기업

2021년 5월 개정에서는 내부회계관리제도 설계 및 운영 개념체계에 '제4장 중소기업에 대한 적용'을 신설하였다. 중소기업 내부회계관리제도의 적용대상은 개념체계 문단55에서 중소기업기본법에 따른 중소기업으로 하고 있으며, 문단56에서는 금융회사가 아닌 비상장대기업도 적용할 수 있도록 하고 있다.

특히, 비상장 중소기업의 경우에는 외감법에 따라 내부회계관리규정 및 조직을 구비하고 내부회계관리규정상 관련 통제절차를 모두 준수하는 경우 설계 및 운영 개념체계를 준수한 것으로 간주한다(문단56).

내부회계관리제도 설계 및 운영 개념체계(2021년 5월 11일 개정)

문단55. 본 설계 · 운영 개념체계에서 제시하는 내부회계관리제도 구성요소 및 원칙은 중소기업(중소기업기본법의 적용대상 회사를 말함. 이하 같음)에도 동일하게 적용된다. 단, 중소기업의 경우 경영여건을 감안하여 본 설계 · 운영 개념체계를 세부적으로 적용하는 과정에서 대기업(중소기업이 아닌 기업을 말함. 이하 같음)보다는 유연하고 완화된 방식으로 내부회계관리제도를 설계 및 운영할 수 있으며, 이 경우에도 내부통제의 5가지 구성요소 및 17가지 원칙이 훼손되지 않도록 유의하여야 한다. 이처럼 완화된 방식을 적용하기 위해 내부회계관리제도의 구성요소별로 다음과 같은 내용을 고려한다.

문단56. 외감법에 따른 금융회사가 아닌 비상장대기업(주권상장법인이 아닌 회사로서 중소기업이 아닌 회사를 말함)의 경우 제4장을 준용할 수 있으며, 비상장중소기업(주권상장법인이 아닌 회사로서 중소기업인 회사를 말함)의 경우에는 본 설계 · 운영 개념체계에 불구하고 외감법에 따라 내부회계관리규정 및 조직을 구비하고 내부회계관리규정상 관련 통제절차를 모두 준수하는 경우 본 설계 · 운영 개념체계를 준수한 것으로 본다.

| 중소기업 내부회계관리제도 적용이 가능한 회사의 범위 |

구 분	비금융회사		금융회사	
	중소기업기본법상 중소기업	중소기업기본법상 비중소기업 (= 대기업)	중소기업기본법상 중소기업	중소기업기본법상 비중소기업 (= 대기업)
상장회사	중소기업기준 적용 가능	중소기업기준 적용 불가능	중소기업기준 적용 가능	중소기업기준 적용 불가능
비상장회사	중소기업기준 적용 가능	중소기업기준 적용 가능	중소기업기준 적용 가능	중소기업기준 적용 불가능

11.1.1 중소기업기본법상 중소기업

비상장회사의 경우에는 중소기업기본법상 중소기업에 해당하거나, 중소기업에 해당하지 않더라도 금융회사가 아니라면 중소기업 내부회계관리제도를 적용할 수 있다. 반면, 상장회사의 경우에는 중소기업기본법상의 중소기업만 적용대상이므로 이를 살펴볼 필요가 있다.

중소기업기본법 시행령

제3조(중소기업의 범위) ①「중소기업기본법」 제2조 제1항 제1호에 따른 중소기업은 다음 각 호의 요건을 모두 갖춘 기업으로 한다.

1. 다음 각 목의 요건을 모두 갖춘 기업일 것
   가. 해당 기업이 영위하는 주된 업종과 해당 기업의 평균매출액 또는 연간매출액(이하 "평균매출액등"이라 한다)이 별표 1의 기준에 맞을 것
   나. 자산총액이 5천억 원 미만일 것
2. 소유와 경영의 실질적인 독립성이 다음 각 목의 어느 하나에 해당하지 아니하는 기업일 것
   가. 삭제
   나. 자산총액이 5천억 원 이상인 법인(외국법인을 포함하되, 비영리법인 및 제3조의2 제3항 각 호의 어느 하나에 해당하는 자는 제외한다)이 주식등의 100분의 30 이상을 직접적 또는 간접적으로 소유한 경우로서 최다출자자인 기업. 이 경우 최다출자자는 해당 기업의 주식등을 소유한 법인 또는 개인으로서 단독으로 또는 다음의 어느 하나에 해당하는 자와 합산하여 해당 기업의 주식등을 가장 많이 소유한 자를 말하며, 주식등의 간접소유 비율에 관하여는「국제조세조정에 관한 법률 시행령」 제2조 제3항을 준용한다.

1) 주식등을 소유한 자가 법인인 경우 : 그 법인의 임원

2) 주식등을 소유한 자가 1)에 해당하지 아니하는 개인인 경우 : 그 개인의 친족

다. 관계기업에 속하는 기업의 경우에는 제7조의4에 따라 산정한 평균매출액등이 별표 1의 기준에 맞지 아니하는 기업

라. 삭제

중소기업기본법 시행령 제3조에서는 중소기업의 요건을 ① 해당기업의 자산 및 매출액 요건과 ② 소유와 경영의 실질적 독립성 요건을 기준으로 구분하고 있으며, 요건을 모두 만족하여야 하므로 주의하여야 한다.

| 중소기업기본법상 중소기업 요건 → 요건을 모두 만족시켜야 중소기업 |

구 분	요 건	내 용
해당기업 요건	자산총액 기준	자산총액 5천억 원 미만
	업종/매출액 기준	해당업종과 매출액이 별표 1에 따른 법인
소유와 경영의 실질적 독립성 요건	출자자 요건	자산총액 5천억 원 이상인 회사가 30% 이상을 직간접적으로 소유할 수 없음.
	관계기업 기준	관계기업의 경우에는 해당업종과 매출액이 별표 1에 따라야 함.

❑ 중소기업기본법 시행령(별표 1 주된 업종별 평균매출액등의 중소기업 규모 기준)

해당 기업의 주된 업종	분류기호	규모 기준
1. 의복, 의복액세서리 및 모피제품 제조업	C14	평균매출액등 1,500억 원 이하
2. 가죽, 가방 및 신발 제조업	C15	
3. 펄프, 종이 및 종이제품 제조업	C17	
4. 1차 금속 제조업	C24	
5. 전기장비 제조업	C28	
6. 가구 제조업	C32	
7. 농업, 임업 및 어업	A	평균매출액등 1,000억 원 이하
8. 광업	B	
9. 식료품 제조업	C10	
10. 담배 제조업	C12	
11. 섬유제품 제조업(의복 제조업은 제외한다)	C13	
12. 목재 및 나무제품 제조업(가구 제조업은 제외한다)	C16	
13. 코크스, 연탄 및 석유정제품 제조업	C19	
14. 화학물질 및 화학제품 제조업(의약품 제조업은 제외한다)	C20	
15. 고무제품 및 플라스틱제품 제조업	C22	
16. 금속가공제품 제조업(기계 및 가구 제조업은 제외한다)	C25	

해당 기업의 주된 업종	분류기호	규모 기준
17. 전자부품, 컴퓨터, 영상, 음향 및 통신장비 제조업	C26	
18. 그 밖의 기계 및 장비 제조업	C29	
19. 자동차 및 트레일러 제조업	C30	
20. 그 밖의 운송장비 제조업	C31	
21. 전기, 가스, 증기 및 공기조절 공급업	D	
22. 수도업	E36	
23. 건설업	F	
24. 도매 및 소매업	G	
25. 음료 제조업	C11	평균매출액등 800억 원 이하
26. 인쇄 및 기록매체 복제업	C18	
27. 의료용 물질 및 의약품 제조업	C21	
28. 비금속 광물제품 제조업	C23	
29. 의료, 정밀, 광학기기 및 시계 제조업	C27	
30. 그 밖의 제품 제조업	C33	
31. 수도, 하수 및 폐기물 처리, 원료재생업 (수도업은 제외한다)	E (E36 제외)	
32. 운수 및 창고업	H	
33. 정보통신업	J	
34. 산업용 기계 및 장비 수리업	C34	평균매출액등 600억 원 이하
35. 전문, 과학 및 기술 서비스업	M	
36. 사업시설관리, 사업지원 및 임대 서비스업 (임대업은 제외한다)	N (N76 제외)	
37. 보건업 및 사회복지 서비스업	Q	
38. 예술, 스포츠 및 여가 관련 서비스업	R	
39. 수리(修理) 및 기타 개인 서비스업	S	
40. 숙박 및 음식점업	I	평균매출액등 400억 원 이하
41. 금융 및 보험업	K	
42. 부동산업	L	
43. 임대업	N76	
44. 교육 서비스업	P	

- 해당 기업의 주된 업종의 분류 및 분류기호는 「통계법」 제22조에 따라 통계청장이 고시한 한국표준산업분류에 따른다.
- 위 표 제19호 및 제20호에도 불구하고 자동차용 신품 의자 제조업(C30393), 철도 차량 부품 및 관련 장치물 제조업(C31202) 중 철도 차량용 의자 제조업, 항공기용 부품 제조업(C31322) 중 항공기용 의자 제조업의 규모 기준은 평균매출액등 1,500억 원 이하로 한다.

11.2 중소기업을 위한 설계 및 운영 개념체계

중소기업에 대한 내부회계관리제도의 적용은 그 적용요건이 완화되었을 뿐 그 통제환경, 위험평가, 통제활동, 정보 및 의사소통, 모니터링과 같은 내부통제 구성요소(COSO components) 혹은 17원칙이 변화하는 것은 아니다.

내부회계관리제도의 설계와 운영을 확신하기 위해서는 문서화 없이 경영진의 머릿속에서만 수행될 수 없다는 사실을 반드시 이해하여야 한다.[174] 중소기업은 그 문서화의 정도에 있어서 요건이 완화되었을 뿐 비공식적 절차가 강조가 된다고 하더라도 반드시 입증할 수 있는 문서화를 통해 내부회계관리제도를 설계, 운영하여야 한다.

내부회계관리제도 설계 및 운영 개념체계의 '제4장 중소기업에 대한 적용'에서는 각 구성요소별, 원칙별로 완화할 수 있는 범위를 제시하며, 중소기업 적용기법에서 그 구체적인 방법론을 보여주고 있다.

| 중소기업 기준을 적용 시 완화되는 내용 |

- 위험기반접근법의 광범위한 적용
- 공식적인 문서화 완화(통제기술서만 작성 가능)
- ITGC(IT 일반통제) 중 PD, PC 최소한 운영 → EUC 의존도가 높음.
- 업무분장(Segregation of duties) 완화
- 운영평가 시 자가평가 가능(독립성 보완 필요)
- 질문 등의 절차로 운영평가 수행가능
- 설계평가 시 Walkthrough 면제
- 비공식적 메모, 구두전달에 의한 내부통제 운영 가능
- 대기업에 대해 절차가 복잡하지 않으므로 결과를 확인하는 내용의 검토수준으로 통제활동 운영 가능

11.2.1 통제환경

통제환경은 회사의 내부통제에 대한 경영자 및 직원의 전반적인 태도, 의식, 행동 및 조직문화를 의미하며, 조직 내 내부통제의 시작점 혹은 기반으로 조직 구성원의 내부통제 의식에 영향을 주므로 전반적인 분위기 형성에 영향을 끼치며 다른 내부통제 구성요소의 기초가 된다는 점은 중소기업과 대기업이 다르지 않으며 동일하다.

174) 내부회계관리제도 설계 및 운영 개념체계 문단 32

원칙 1 **도덕성과 윤리적 가치에 대한 책임 : 내부회계관리제도는 도덕성과 윤리적 가치에 대한 책임을 강조한다.**

중소기업 경영진은 조직 내 윤리문화를 조성하는데 있어 문서화된 윤리강령이나 공식적인 부정방지 프로그램 대신 구성원에 대한 직접적인 표현이나 구두 의견 제시 또는 일상적인 모임 등의 비공식적 수단을 활용할 수 있다. 또한 중소기업의 특성상 대기업에서 요구되는 통제활동을 모두 갖추기가 어려울 수도 있으며 경영진의 역할과 책임이 보다 중요하다. 따라서, 중소기업의 경영진은 내부회계관리제도의 설계 및 운영에 있어 스스로의 청렴성과 도덕성 등의 윤리의식을 높은 수준으로 유지하여야 한다.

(원칙 1)은 내부통제의 출발점이 된다는 점에서 경영진은 도덕성(integrity)과 윤리적 책임(ethical value)을 확약(commitment)하기 위해 공식적인 윤리헌장, 강령 등을 통해 그 기준을 설정하고 이를 지속가능하게 지켜나갈 수 있는 방안을 마련하도록 하고 있으나, 중소기업의 경우에는 공식화된 방안이 어려울 수도 있으므로 비공식적인 방법에 의해 최고경영진의 의지(set the tone at the top)를 설정할 수도 있도록 완화하고 있다.

비록 중소기업에 대한 적용에 있어서는 공식화된 제도의 적용을 반드시 필요로 하고 있지 않지만, (원칙 1)은 다른 내부통제의 기반이 되며 내부회계관리제도의 출발점이 되므로 가급적 문서화 및 공식화된 방법에 절차를 마련할 것을 권고한다.

| 원칙 1 – 비중소기업과 중소기업의 비교 |

원 칙	적용기법 제목	비중소기업	중소기업
원칙 1. 도덕성과 윤리적 가치에 대한 책임	윤리·행동강령 및 제반 절차의 제정	공식적이고 문서화된 윤리·행동강령 등 마련 회사 모든 인원이 윤리·행동강령을 숙지하고 실천할 수 있는 다양한 절차를 마련하여 제공	직접적인 표현, 구두의견 제시 또는 일상적인 모임 등 비공식적 수단을 활용하여 윤리문화 조성 가능 '윤리·행동강령의 중요성과 이를 준수하여야 한다는 경영진의 의지(Tone at the Top)'를 중심으로 이를 전달하고 공유
	도덕성과 윤리성에 대한 경영진의 솔선수범	전사(全社)에 도덕성과 윤리적 가치의 중요성을 강조하고 솔선수범하기 위해 고려해야 하는 다양한 방식을 제시	'윤리·행동강령의 중요성과 이를 준수하여야 한다는 경영진의 의지(Tone at the Top)'를 임직원들과 지속적으로 소통·강조하고 솔선수범

원 칙	적용기법 제목	비중소기업	중소기업
	임직원의 윤리규범 준수 여부 평가	윤리규범 준수 여부 평가대상에 사업관계에 있는 외부조직 포함	윤리규범 준수 여부 평가대상을 사내 임직원으로 한정
	윤리·행동강령 위반사항에 대한 보고와 즉각적인 조치 절차의 수립		

원칙 2 **내부회계관리제도 감독 책임 : 이사회는 경영진으로부터 독립성을 유지하며 내부회계관리제도의 설계 및 운영을 감독한다.**

이사회는 적격성(전문성)과 독립성(객관성)을 확보하여 경영진이 설계 및 운영하는 내부회계관리제도를 감독할 책임이 있다. 중소기업의 이사회는 문서화 또는 공식적인 절차보다는 경영진에 대한 직접적 구두의견 제시, 비공식적 회의 또는 일상적인 모임 등의 수단을 활용하여 내부회계관리제도 전반에 대해 적극적인 감독활동을 수행할 수 있다.

| 원칙 2 - 비중소기업과 중소기업의 비교 |

원 칙	적용기법 제목	비중소기업	중소기업
원칙 2. 내부회계관리제도 감독 책임	이사회의 역할, 책임 및 위임 규정 수립	이사회의 역할, 책임 및 위임 권한은 관련 법규 및 정관, 이사회 규정 등에 정의	문서화 또는 공식적인 절차보다는 경영진에 대한 직접적인 구두의견 제시, 비공식적 회의 또는 일상적인 모임 등의 수단을 활용하여 감독활동 수행 가능
	이사회와 경영진 간 회의 정책 및 절차 수립	이사회와 경영진 간 회의 정책 및 절차를 정기적으로 검토하고 승인	
	이사회 위원의 선임과 주기적 검토	차이 없음.	차이 없음.
	경영진의 중요한 판단에 대한 검토	차이 없음.	차이 없음.
	외부 정보와의 비교 검토	차이 없음.	차이 없음.
	내부회계관리제도에 대한 내부고발 정보 고려	차이 없음.	차이 없음.

원칙 3 **조직구조, 권한 및 책임정립 : 경영진은 내부회계관리제도의 목적을 달성하기 위해 이사회의 감독을 포함한 조직구조, 보고체계 및 적절한 권한과 책임을 정립한다.**

중소기업은 내부회계관리조직(부서)의 권한 및 책임 정립 시 기안결재서류, 메모 등의 형식을 활용하는 등 관련 문서가 대기업에 비해 덜 공식적일 수 있다. 또한, 전담부서 설치가 어려운 경우 기존의 조직 또는 인원을 적극적으로 활용할 수 있도록 그 적용을 완화하고 있다.

(원칙 3)은 (원칙 1)의 경영진과 이사회의 의지(tone at the top)에 따른 내부통제의 유효성을 충족시키기 위하여 조직구조를 마련하고, 내부통제에 대한 책임(responsibility)[175] 과 그에 따른 권한을 부여하는 것을 내용으로 하고 있다. 중소기업은 그 책임을 부여함에 있어서 공식적인 방법이 아니더라도 비공식적 문서에 의해 책임을 부여할 수 있다는 점이 완화된 내용이며, 중소기업이라 하더라도 조직의 목적을 달성하기 위한 조직체계를 갖고 있는 환경이 대부분이지만 중소기업에서는 내부회계관리제도만을 위한 전담부서를 구성하기 어려우므로 기존의 조직을 최대한 이용할 수 있도록 하고 있다.

| 원칙 3 - 비중소기업과 중소기업의 비교 |

원 칙	적용기법 제목	비중소기업	중소기업
원칙 3. 조직구조, 보고체계 및 책임 · 권한 정립	역할과 보고체계의 정의 및 적정성 평가	각 부서나 조직별로 내부회계관리제도 관련 책임을 명확하게 정하여 제시하기 위해 조직도, 프로세스 정의서 및 직무기술서 등의 문서를 활용	기안결재서류, 메모 등의 비공식적인 문서 활용 가능
	전결 권한 등의 정의	차이 없음.	차이 없음.
	직무기술서와 서비스수준합의서 관리	직무기술서 및 서비스수준합의서 유지 필요	메모 등 비공식적인 문서로 대체 가능
	내부회계관리제도 관련 부서의 역할 정의	내부회계관리제도 전담부서 설치 권장	내부회계관리제도 전담부서를 두거나 전담인원을 지정하기 어려운 경우 기존의 조직 또는 인원 활용 가능

175) (원칙 3)의 내용은 책임(responsibility)으로 (원칙 5)의 책임감(accountability, 책임의식)과 반드시 구분하여 이해하여야 한다.

원칙 4 **적격성 유지 : 회사는 내부회계관리제도 목적에 부합하는 적격성 있는 인력을 선발, 육성하고 관리한다.**

(원칙 1)의 경영진과 이사회의 의지(tone at the top)를 구체적으로 적용하기 위해서는 경영진은 (원칙 3)에 따른 조직구조와 보고체계가 필요하며, (원칙 4)에 따른 적격성있는 구성원이 필요하다. (원칙 4) 조직구성원 적격성의 내용은 적격성 있는 구성원의 ① 선발, ② 유지, ③ 이탈에 대한 내부통제 절차를 그 주요한 내용으로 하고 있다.

중소기업은 관련 직무에 요구되는 적격성의 기준과 업무처리방식 관련 정책과 절차를 수립함에 있어 비공식적인 방법을 활용할 수 있으며, 성과평가 항목, 평가대상 및 평가절차를 대기업에 비해 간소화된 방식으로 운영할 수 있다.

또한, 이탈과 관련하여서도 중소기업의 경우 공식적이고 체계적인 승계계획이 존재하지 않을 수 있으므로 경영진은 내부회계관리제도에서 핵심적인 역할을 담당하는 기존 임직원을 대체할 수 있는 내부 인력을 사전에 비공식적으로 식별하거나, 필요시 신속한 채용절차를 진행할 수 있도록 하는 등 필요한 조치를 할 수 있도록 완화하여 적용할 수 있다.

| 원칙 4 - 비중소기업과 중소기업의 비교 |

원 칙	적용기법 제목	비중소기업	중소기업
원칙 4. 적격성 있는 인력의 선발, 육성 및 관리	필요한 지식, 기술 및 경험을 정의	직무기술서를 활용	메모 등 비공식적인 문서로 대체 가능
	인사정책과 절차에 적격성 기준을 연계	차이 없음	차이 없음
	필요한 교육의 선정 및 수행	차이 없음	차이 없음
	적격한 외부서비스 제공자 선정	내부회계관리제도 전담부서 설치 권장	내부회계관리제도 전담부서를 두거나 전담인원을 지정하기 어려운 경우 기존의 조직 또는 인원 활용 가능
	적격성에 부합하는 업무처리 여부 평가	외부서비스제공자의 적격성 측면의 요구사항을 마련	외부서비스제공자에 대한 적격성 측면의 요구사항을 별도로 요구하지 않으며, 재무보고 활동 관련 적격성 확보를 위해 외부 회계전문가의 활용 강조

원 칙	적용기법 제목	비중소기업	중소기업
	내부회계관리조직의 능력 평가	임직원의 적격성 및 업무처리 방식에 대한 기준을 공식화하고, 해당 정책 또는 절차와 부합하는 방식으로 업무가 처리되는지 다양한 방식으로 확인·평가	적격성 및 업무처리방식 관련 정책이나 절차가 비공식적일 수 있고, 성과평가 항목의 구성, 평가대상 및 평가절차 역시 상대적으로 간소화된 방식으로 운영 가능
	외부 재무보고에 대한 핵심적인 역할의 승계 관리	재무정보를 기록하는 임직원 및 관련 IT시스템을 설계 및 개발하는 임직원의 능력을 평가	

원칙 5 내부회계관리제도 책임 부여 : 회사는 조직 구성원들에게 내부회계관리제도의 목적을 달성하기 위해 필요한 책임을 부여한다.

도덕성과 윤리적 가치를 기반으로 한 경영진과 이사회의 의지(tone at the top)는 앞서 설명한 바와 같이 조직구조와 보고체계 그리고 적격성이 있는 구성원이 있어야지만 실현 가능할 것이다. 하지만, 이러한 방법을 물리적 혹은 제도적으로 설정한 것 그 자체만으로 유효한 통제환경을 갖추었다고 할 수 없다. 이러한 유효한 통제환경은 구체적 실천방법이 존재할 뿐만 아니라 이를 수행하는 구성원의 강력한 책임감에 의해서만 달성될 수 있기 때문이다.

따라서, (원칙 5)에서는 내부통제에 대한 강력한 책임감을 부여하도록 하고 있다. 여기서의 책임은 Accountability로 Responsibility와 차이가 있으며 구분되는 개념이다. (원칙 5)에서는 '책임'을 부여하는 것으로 번역하고 있지만, 개념적인 구분을 위하여 '책임감(책임의식)'이라는 용어를 사용하였다.[176]

내부회계관리제도에 대한 책임감을 부여하는 것은 성과평과와 보상정책을 연계하거나, 공식적인 조직구조, 권한과 책임(responsibility)을 부여하는 것을 통해서도 강조될 수 있다. 하지만, 중소기업의 경우에는 비공식적인 회의 또는 일상적인 모임 등을 통해 내부회계관리제도 관련 예외사항이나 미비점 및 관련 임직원의 역할과 책임을 강조할 수 있도록 하여 더욱 유연한 방식으로 적용하도록 하였다.

176) 일반적으로 accountability는 어떤 행위에 대한 주인의식(ownership)을 갖는 것을 의미하고 responsibility는 어떤 행위에 대하여 의무(obligation)를 갖는 것을 의미한다. 예를 들어, 고위직이 "이 자리에 대하여 막중한 책임감을 느낍니다."라고 말한다면 이는 accountability를 의미하고, 만약 회사에서 "주간보고 회의록을 작성하는 것은 당신의 책임이다"라고 말한다면 이는 responsibility를 의미한다.

| 원칙 5 - 비중소기업과 중소기업의 비교 |

원 칙	적용기법 제목	비중소기업	중소기업
원칙 5. 내부회계 관리제도 관련 책임 부여	내부회계관리제도 관련 책임 정의 및 강조	대표이사와 내부회계관리자는 예외사항이나 미비점을 강조하고, 관련 인원들에게 각각의 책임을 준수하고 있음을 확인하도록 요구	비공식적인 회의 또는 일상적인 모임 등을 통해 예외사항이나 미비점 및 관련 임직원의 역할과 책임 강조 가능
	균형 잡힌 성과평가, 인센티브 및 보상 개발	성과평가, 인센티브 및 보상 정책 수립시 고려해야 할 사항을 세부적으로 제시하고, 관련 내용 이사회에 보고	차이 없음
	성과측정지표의 적정성 검토	성과측정지표가 의도대로 작동하고 있는지를 검토하고 주기적으로 적정성을 평가	차이 없음
	성과에 대한 보상을 연계	차이 없음	차이 없음

11.2.2 위험평가

위험평가는 조직의 목적달성을 저해하는 요인을 식별하고, 분석하여 위험대응방안을 마련하여 발생가능한 위험을 허용가능한 수준 이하로 줄이는 절차를 의미한다. 내부회계관리제도에서는 위험평가에 있어서 중요한 부정과 회사의 중요한 변화사항(변화관리)에 대해서도 위험을 평가하고 대처방안을 마련하는 내용을 포함하고 있다.

원칙 6 구체적인 목적 수립 : 회사는 관련된 위험을 식별하고 평가할 수 있도록 내부회계관리제도의 목적을 명확하게 설정한다.

내부통제의 목적은 앞서 "2. 내부회계관리제도 개요"에서 언급한 바와 같이 Operation, Reporting, Compliance로 구성된다.[177] 위험이란 것은 목적달성을 저해하는 것으로 정의

177) COSO(Internal Control-Integrated Framework), 내부회계관리제도 설계 및 운영 개념체계(문단5)

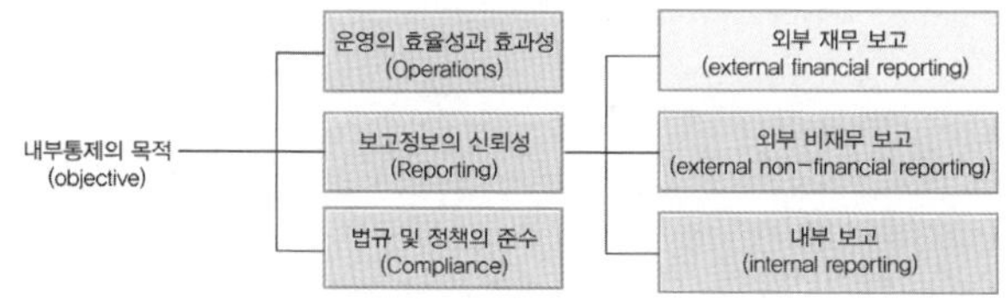

할 수 있기 때문에 목적을 어떻게 설정하느냐에 따라서 파악해야 하는 위험의 내용도 달라진다. 내부회계관리제도는 외부에 공시되는 재무제표의 신뢰성을 확보하는 것을 목적으로 하기 때문에 이와 관련된 위험을 식별하는데 주의를 기울여야 한다.

위험의 측정은 기준으로부터의 이탈을 의미한다. 재무제표의 신뢰성을 저해하는 위험은 K-IFRS나 K-GAAP과 같은 회계기준을 구체적으로 적용하기 위한 회계정책으로부터의 이탈이 될 것이다.

비중소기업은 회계기준에 따른 구체적인 회계정책을 회계정책서 혹은 회계매뉴얼과 같은 형식으로 공식화하고 전 구성원이 이에 따라 회계처리를 하는 프로세스를 구비하고 있을 것이다. 중소기업의 경우에는 회계처리가 비교적 단순할 수 있으며 회계정책을 대기업과 같이 구비하기에 어려움이 있을 수 있다. 따라서, 중소기업은 회계정책을 수립하고 변경하는 업무를 수행하고 문서화함에 있어 다음을 포함한 중요한 항목에 대한 회계기준 분석이나 회사의 관련 회계처리 방법을 메모 등을 활용하여 문서화할 수 있도록 하였다.

- 회사의 회계처리가 복잡하거나, 높은 수준의 판단이 개입되는 경우
- 회사의 거래가 복잡하고 다양한 경우
- 업무처리 인력의 회계 및 관련 업무 전문성이 충분하지 않은 경우

| 원칙 6 - 비중소기업과 중소기업의 비교 |

원 칙	적용기법 제목	비중소기업	중소기업
원칙 6. 내부회계 관리제도 구체적인 목적 수립	재무제표 계정, 공시 및 경영자 주장 확인	차이 없음	차이 없음
	재무보고 목적의 구체화	차이 없음	차이 없음
	중요성의 고려	차이 없음	차이 없음
	회계정책의 수립 및 변경	고유의 회계정책, 지침 및 절차가 필요한 부분을 파악하고 중요한 항목에 대해 관련 정책을 마련	좌동. 단, 관련 정책을 메모 등을 활용하여 문서화하는 것이 가능
	다양한 기업활동의 고려	차이 없음	차이 없음

원칙 7 **위험 식별 및 분석 : 회사는 목적 달성에 영향을 미치는 위험을 전사적으로 식별하고, 위험관리방안을 수립하기 위해 위험을 분석한다.**

위험관리방안은 위험식별(Risk Identification), 위험분석(Risk Analysis), 위험대응방안(Risk Response)의 3단계로 구성된다. (원칙 7)은 이러한 위험관리방안에 근거한 위험기반접근법(risk-based approach)[178]의 적용을 의미한다.

중소기업은 위험식별과 위험분석 과정과 문서화를 비중소기업에 비해 상대적으로 단순화할 수 있으며, 계정과목 등에 대한 위험평가를 수행함에 있어 위험기반접근법을 보다 적극적으로 활용할 수 있도록 하였다.

위험기반접근법을 적용할 때에는 양적 요소뿐만 아니라 질적 요소도 고려하는 것이 중요하다. 예를 들어, 양적인 측면에서 중요성 금액을 초과하는 계정과목이라도 질적 요소를 고려할 때 중요한 재무제표 왜곡표시의 발생가능성이 높지 않다고 판단되는 경우에는 내부회계관리제도의 평가대상에서 제외할 수 있다(설계 및 운영 개념체계 문단55.7).[179]

반대로 중요성 금액에 미달하더라도 질적으로 중요한 경우 내부회계관리제도 평가 범위에 포함할 수 있다. 특히, 양적 측면에서 중요성 금액을 초과하는 계정과목 등에 대해서 질적 요소를 고려하여 내부회계관리제도 평가대상에서 제외한 경우 그 근거(질적 요소의 적용 내용과 결론 등)를 명확히 문서화하여야 한다.

| 원칙 7 - 비중소기업과 중소기업의 비교 |

원 칙	적용기법 제목	비중소기업	중소기업
원칙 7. 위험식별 및 분석	위험 식별 절차	위험을 식별하기 위해 계정과목 프로세스 연계표 등을 이용하여 계정과목과 연관된 프로세스 및 연관 위험을 표시	위험의 식별·평가 과정과 문서화를 상대적으로 단순화할 수 있음.
	계정과목 등에 대한 위험평가	경영진은 특정 계정의 왜곡표시 위험이 과소평가될 수 있는 가능성에 대하여 정성적 평가를 수행	양적인 측면에서 중요성 금액을 초과하는 계정과목 등이라도 질적 요소를 고려할 때 중요한 재무제표 왜곡표시의 발생가능성이 크지

178) 내부회계관리제도 규정에서는 Risk-based approach의 용어를 위험중심의 접근방법, 위험기반의 접근법으로 혼용하여 쓰고 있으나, 본서에서는 위험기반접근법으로 용어를 통일하여 사용하였다.

179) 내부회계관리제도 평가대상에서 제외하는 것은 잠재위험의 중요성(risk priority)으로 판단하는 것보다 잔여위험(residual risk)에 의해서 판단하는 것이 더 바람직하며 이는 평가 및 보고 가이드라인에서도 동일하다. 하지만, 중소기업의 적용에 있어서 Risk exposure가 중요성 금액이 초과하더라도 발생가능성이 낮은 부분은 질적 요소를 고려하여 평가대상에 제외하도록 하여 그 평가의 범위를 축소하고 있다.

원 칙	적용기법 제목	비중소기업	중소기업
			않다고 판단되는 경우에는 평가대상에서 제외 가능. 단, 그 근거의 명확한 문서화 필요
	기업 구성원과의 논의	특정한 기업 구성원들과 정기적인 회의를 통해 위험평가가 적절하였는지 확인	조직 내 관련 임직원들과 정기적 또는 비정기적 회의를 통해 위험평가 결과를 확인
	식별된 위험의 중요도와 발생 가능성에 대해 평가	차이 없음	차이 없음
	내·외부 요인 고려	재무보고 목적 달성을 위한 회사의 능력에 영향을 줄 수 있는 내·외부 요인을 고려	차이 없음
	위험 대응방안에 대한 평가	차이 없음	차이 없음

원칙 8 부정위험 평가 : 내부회계관리제도 목적 달성에 대한 위험 평가 시 잠재적인 부정 가능성을 고려한다.

부정위험의 유형(type of fraud)은 ① 부정한 재무보고(fraudulent reporting), ② 자산의 보호(safeguarding of asset), ③ 부패(corruption)로 구분된다. 각 부정위험은 부정 트라이앵글(혹은 부정 다이아몬드) 이론에 의하면 기회, 압력(혹은 유인이나 동기부여) 및 합리화(정당화, 태도)의 세 가지 요소가 있으면 발생한다. 따라서, 내부회계관리제도에서는 각 요소에 대한 내부통제 절차를 마련하여 예방 혹은 적발하여야 한다.

하지만, 중소기업의 경우 경영진의 부정위험 평가 및 대응방안을 검토 시에 대기업에서 요구되는 절차를 모두 수행하는데 한계가 있을 수 있다. 설계 및 운영 개념체계에서는 이러한 경우 ① 경영진의 권한 남용이나 내부통제 무시를 비롯한 부정위험과, ② 중요한 회계추정과 관련된 가정과 판단의 합리성 등에 집중하여 감사(위원회)의 감독기능을 수행할 수 있도록 하였다.

| 원칙 8 - 비중소기업과 중소기업의 비교 |

원 칙	적용기법 제목	비중소기업	중소기업
원칙 8. 부정위험 평가	부정위험 평가 수행	차이 없음.	차이 없음.
	통제를 무시하거나 우회하는 접근법 고려	차이 없음.	차이 없음.
	부정위험에 대한 대응방안	부정위험 평가 결과와 이에 대한 대응방안 등은 이사회 혹은 감사(위원회)의 검토 확인이 필요	좌동. 단, 감사(위원회)는 경영진의 권한남용이나 내부통제 무시를 비롯한 부정위험, 중요한 회계추정과 관련된 가정과 판단의 합리성 등에 집중하여 감독기능 수행 가능
	보상정책과 연관된 유인과 압박에 대한 검토	경영진은 내부감사 등을 통하여 성과평가 및 보상을 위해 구성원이 부정을 저지를 수 있는 잠재적인 압력과 유인을 파악	경영진은 재무목표의 달성 여부가 개인의 성과평가나 보상에 영향을 미치는 경우 이에 따른 재무제표 왜곡표시 위험을 고려

원칙 9 **중요한 변화의 식별과 분석 : 회사는 내부회계관리제도에 중요한 영향을 미치는 변화를 식별 · 분석하여 내부회계관리제도를 유지 · 관리한다.**

(원칙 9)는 환경의 변화함에 따라 회사에 중요한 영향을 미칠 수 있는 변화를 ① 외부환경의 변화, ② 사업모델의 변화, ③ 리더십의 변화로 구분하고 이와 관련한 위험을 식별하고 내부회계관리제도에 미치는 영향을 분석하여 필요한 조치를 마련하는 것을 그 주요 내용으로 한다.

설계 및 운영 개념체계에서는 (원칙 9)의 변화관리와 관련하여서는 중소기업과 비중소기업의 적용에 구분을 두지 않았다.

| 원칙 9 - 비중소기업과 중소기업의 비교 |

원 칙	적용기법 제목	비중소기업	중소기업
원칙 9. 중요한 변화의 식별과 분석	내 · 외부 변화 파악	차이 없음.	차이 없음.
	중요한 변화에 대한 위험평가 수행 및 대응방안 수립	차이 없음.	차이 없음.
	업무승계를 통한 변화 고려	차이 없음.	차이 없음.
	대표이사 및 고위경영진 변경 고려	차이 없음.	차이 없음.

11.2.3 통제활동

회사의 목적 달성 및 위험 경감을 위하여 경영진이 구축한 통제환경 내에 있는 제반 정책과 절차와 관련한 것이다. 내부회계관리제도에서는 업무수준통제(Process level control)의 통제기술서(RCM)를 통해서 실무적으로 구현되며, 그 내용으로는 통제활동의 선택과 구축, ITGC와 이에 대한 실행절차로 구성되어 있다.

원칙 10 **통제활동의 선택과 구축 : 회사는 내부회계관리제도의 목적 달성을 저해하는 위험을 수용 가능한 수준으로 줄일 수 있는 통제활동을 선택하고 구축한다.**

대기업에는 적합한 통제절차라 하더라도 경영진의 일상적인 기업활동에 직접 관여하는 정도가 상대적으로 높고, 인력이 부족한 중소기업에는 그러한 통제절차가 불필요한 자원의 낭비를 가져올 수 있다.

중소기업의 경우 회사에 적합한 보완통제(경영진의 모니터링 강화, 산출된 자료의 적정성 검증 등)로 내부회계관리제도를 설계 및 운영할 수 있다. 외부서비스제공자(Service organization control)[180]의 경우 ISAE 3402[181]에 따른 외부인증보고서에 의해 내부통제의 유효성을 확보하는 절차가 필요할 수 있다. 하지만, 중소기업의 경우에는 서비스를 제공받는 회사에서 그 결과를 재점검하여 확인하는 보완통제절차를 마련하는 것도 가능하다.

또한, 업무분장(Segregation of duties)은 가장 강력한 통제활동의 하나로 일반적으로 받아들여지고 있으나, 중소기업의 경우 비용 및 인력의 제한 등으로 어려울 수 있다. 이러한 경우 중소기업은 업무프로세스가 비교적 단순하기 때문에 적절한 수준의 검토통제를 설계 및 운영함으로써 업무분장의 미비로 인한 잠재적인 위험을 보완할 수 있도록 하였다.

180) 외부서비스제공자의 통제(SOC)는 Outsourced service provider(OSP)에 대한 통제로 용어를 사용하기도 한다.

181) ISAE 3402(Assurance report on controls at a service organization), 인증업무기준서 3402(서비스조직의 통제에 대한 인증업무기준)

| 원칙 10 – 비중소기업과 중소기업의 비교 |

원 칙	적용기법 제목	비중소기업	중소기업
원칙 10. 통제활동의 선택과 구축	식별 및 분석된 위험에 대응하는 통제활동을 설계	재무제표 등의 중요한 왜곡위험이 경영자 주장별로 식별되어 평가되면, 고유위험이 발생하는 프로세스를 확인하고 각각의 위험을 감소시킬 수 있는 통제활동을 수립	좌동. 단, 제반 통제활동을 모두 갖추기보다는 중요한 통제에 집중하여 통제활동을 설계하고, 회사에 적합한 보완통제(경영진의 모니터링 강화, 산출된 자료의 적정성 검증 등)로 대체 가능
		통제활동의 유지 관리가 적절히 이뤄졌는지 확인하기 위해 주기적으로 통제기술서 및 업무흐름도의 검토를 수행	좌동. 단, 내부회계관리제도 설계의 문서화를 위해 통제기술서를 위주로 활용할 수 있으며, 이때 추적조사의 절차를 생략하고 질문 및 문서검사 위주로 검토 수행 가능
		통제활동 설계 시 다양한 유형의 통제활동을 조합 적용	좌동. 단, 예방통제나 적발통제 중 보다 효과적인 통제를 중심으로 통제활동 수행 가능
	제3자에게 아웃소싱하는 경우 통제활동의 수립 및 평가	외부서비스제공자의 통제에 대한 인증보고서를 입수하지 못하는 경우 외부서비스제공자의 통제활동을 회사가 직접 평가하는 방안을 고려	좌동. 추가적으로 외부서비스제공자의 통제활동의 적정성을 모니터링하는 절차 또는 외부서비스제공자가 제공하는 정보의 정확성을 확인하기 위한 회사의 검토절차를 평가하는 방안도 고려 가능
	통제활동의 유형과 통제위험을 고려	재무제표 등의 중요한 왜곡표시 위험을 감소시킬 수 있는 통제활동 수립 시, 설계·운영 개념체계에서 제시한 다양한 유형의 통제활동을 고려	좌동. 단, 예방통제나 적발통제 중 보다 효과적인 통제를 중심으로 통제활동 수행 가능
	업무분장이 어려운 경우 보완통제 활동 고려	업무분장이 이뤄지기 어려운 경우 적절한 보완통제 활동을 수립	좌동. 단, 적절한 수준의 검토 통제를 설계 및 운영하거나 외부자원을 활용함으로써 업무분장의 미비로 인한 잠재적인 위험을 보다 용이하게 보완하는 것도 가능
	업무분장 기준 수립	차이 없음.	차이 없음.

원칙 11 **정보기술 일반통제의 선정과 구축 : 회사는 내부회계관리제도 목적 달성을 지원하는 정보기술 일반통제를 선정하고 구축한다.**

(원칙 11)은 IT일반통제(ITGC, IT General controls)의 내용으로 구성되어져 있다. IT일반통제는 IT시스템 환경에서 전산정보의 신뢰성을 확보하기 위한 IT시스템 환경에 대한 일반적이고 전반적인 통제활동이다. IT일반통제는 일반적으로 아래의 4가지 범주로 구분된다.[182)]

- APD(Access to programs and data)
- PD(Program development)
- PC(Program change)
- CO(Computer operation)

재무정보를 처리함에 있어서 지속적으로 IT시스템에 의존하는 정도는 증가하는 것이 사실이지만, 기업의 규모에 따라 IT시스템에 의존하는 정도는 매우 다르다. 전방(front)의 영업시스템으로부터 매출 등의 세부정보를 회계시스템에 연동하여 회계처리를 수행하기도 하며, 건설회사, 조선회사 등의 수주산업 경우에는 진행율 산정을 위해 시스템에 의존하기도 한다. 또한 금융회사에서는 대손충당금 산정을 위해 각 차주의 신용도를 평가하는 시스템과 대손충당금시스템을 연동하여 산출하기도 하며, 대규모의 배치작업(예를 들어 미수이자, 미지급이자) 수행을 시스템에 의존한다.

하지만, 중소기업의 경우 프로세스나 비즈니스가 대기업이나 비중소기업에 비해 매우 단순하고, 재무정보를 산출하기 위해 더존이나 이카운트와 같은 국산 ERP를 사용하는 것이 현실이다.

따라서, 정보시스템에 의존하는 정도가 낮거나 회사가 사용하는 정보시스템의 복잡도가 낮은 경우에는 정보기술 일반통제(ITGC)의 일부 영역을 고려하지 않더라도 시스템에서 산출된 자료의 정확성을 확인하는 통제를 위주로 내부회계관리제도를 설계 및 운영할 수 있도록 하였다.

---

182) 4가지 항목의 구체적인 내용은 "5.7 IT내부통제"에 설명되어 있다.

| 원칙 11 – 비중소기업과 중소기업의 비교 |

원 칙	적용기법 제목	비중소기업	중소기업
원칙 11. 정보기술 일반통제 선정과 구축	통제기술서를 이용한 IT 연관 항목 문서화	다양한 애플리케이션을 포함한 여러 기술 간의 연관관계 등에 대해서 이해한 후 최종적으로 정보기술 일반통제를 수립할 대상 시스템을 선정	좌동. 단, 정보기술 일반통제의 일부 영역을 고려하지 않더라도 시스템에서 산출된 자료의 정확성을 확인하는 통제를 위주로 내부회계관리제도를 설계·운영하는 것도 가능
	최종 사용자 컴퓨팅에 대한 평가	EUC의 사용으로 인해 발생할 수 있는 재무제표 왜곡위험을 평가하고, 관련된 통제활동들을 설계하고 운영	좌동. 단, EUC와 직접적으로 관련된 적발통제 위주로 통제활동을 설계·운영하는 것도 가능
	IT기능의 제3자 아웃소싱 시 통제활동 수립 혹은 평가	IT 외부서비스제공자의 통제에 대한 인증보고서를 입수하지 못하는 경우 외부서비스제공자의 통제활동을 회사가 직접 평가하는 방안을 적용	좌동. 추가적으로 IT 외부서비스제공자의 통제활동의 적정성을 모니터링하는 절차 또는 외부서비스제공자가 제공하는 정보의 정확성을 확인하기 위한 회사의 검토절차를 평가하는 방안도 적용 가능
	접근제한 및 업무분장이 실행될 수 있는 시스템 구성	IT시스템 등 관련 업무분장 또는 접근제한이 이뤄지기 어려운 경우 적절한 보완통제를 수립	좌동. 단, 접근제한 및 업무분장의 결여에 의해 야기되는 위험은 관련 업무에 대한 적발통제 혹은 모니터링 절차 등을 통해 보완 가능
	거래 및 데이터 처리의 완전성, 정확성 및 유효성을 지원하는 시스템 구성	거래 및 데이터 처리의 완전성, 정확성 및 유효성을 지원하는 절차와 통제활동을 수립	좌동. 단, 소규모의 덜 복잡한 정보기술 환경에서는 공식적인 정보시스템 운영기능이나, 장애 관리 또는 데이터의 저장 및 보존에 관한 공식적인 정책이 존재하지 않거나 관련 절차들을 수작업으로 진행하는 것도 가능
	보안 및 권한 관리	재무적으로 중요한 시스템 및 프로세스에 대해 수행할 업무에 필요한 적절한 접근권한 및 업무분장을 정의하는 정책을 수립하고 통제활동을 설계·운영	좌동. 특히, 접근제한 및 업무분장의 결여에 의해 야기되는 위험은 관련 업무에 대한 적발통제 혹은 모니터링 절차 등을 통해 보완 가능

원 칙	적용기법 제목	비중소기업	중소기업
	패키지 소프트웨어에 대한 시스템 개발 방법론 적용	경영진은 새로운 패키지 소프트웨어를 선택할 때 기능성, 응용프로그램 통제, 보안 기능 및 데이터 변환 요구사항을 포함한 많은 요소를 고려 경영진은 패치를 설치하거나 시스템을 업그레이드하기 위해 정의된 변경절차를 준수하며, 관련 사용자 등은 변경사항이 적용되기 전에 이를 검토·승인하고 변경 절차가 적절히 이뤄졌음을 증명하는 문서화를 수행	좌동. 단, 범용소프트웨어 도입시 일반적인 시스템 개발방법론의 모든 영역을 고려하지 않는 것도 가능 좌동. 단, 범용소프트웨어 패치 또는 업그레이드 시 검토, 승인 및 테스트 절차를 축소할 수 있으며 공식적으로 문서화하지 않는 것도 가능

원칙 12 **정책과 절차를 통한 실행 : 회사는 기대사항을 정한 정책과 그 정책을 실행하기 위한 절차를 통하여 통제활동을 적용한다.**

내부회계관리제도의 실행은 ① 정책과 절차를 수립하고 ② 담당자를 지정하여 책임을 부여한다. ③ 적격성이 있는 담당자는 통제활동을 수행하고, 수행된 통제환경에 대해 ④ 주기적으로 설계와 운영평가를 실시하며, 미비점에 대해서는 적시에 개선될 수 있도록 ⑤ 개선조치를 이행하여야 한다.

중소기업의 경우에도 정책과 절차를 통한 내부회계관리제도의 실행에는 기본적으로 변함이 없다. 하지만, 통제활동과 관련된 정책 및 절차를 수립하고 문서화함에 있어 이메일, 전사공유게시판 등을 활용하거나 기안결재서류, 메모 등의 형식을 활용할 수 있도록 하여 비공식적인 절차를 통해서도 수행할 수 있도록 부담을 완화한 것이 특징이다.

| 원칙 12 - 비중소기업과 중소기업의 비교 |

원 칙	적용기법 제목	비중소기업	중소기업
원칙 12. 정책과 절차를 통한 실행	정책 및 절차 수립 및 문서화	경영진은 외부 재무보고 과정의 중요한 모든 통제활동과 관련된 정책 및 절차를 수립하고 문서화	좌동. 단, 이메일, 전사공유게시판 등을 활용하거나 기안결재서류, 메모 등의 형식을 이용하는 등 덜 공식적인 수준의 문서화 가능
	사업본부장 혹은 부서장을 통한 통제활동의 적용	차이 없음.	차이 없음.

원 칙	적용기법 제목	비중소기업	중소기업
	정책, 절차 및 통제활동의 정기적/비정기적 유효성 평가	업무흐름도가 존재하지 않거나 통제활동 관련 문서가 적절히 업데이트되지 않는 경우 통제활동 설계의 유효성 평가는 문서 검토보다 추적조사를 적용하는 것이 바람직	통제기술서를 위주로 내부회계관리제도 설계의 문서화를 할 수 있으며, 이때 추적조사의 절차를 생략하고 질문 및 문서검사 위주로 검토 수행 가능

11.2.4 정보 및 의사소통

정보와 의사소통은 내부통제를 원활하게 수행할 수 있도록 관련성(relevant) 있는 정보를 제공하고, 원활한 의사소통을 할 수 있도록 지원하는 것과 관련되어 있다. 내·외부로부터 신뢰할 수 있는 적절한 정보를 식별하여 적시에 전달하는 활동은 기업의 운영과 내부통제 활동을 원활하게 수행하는 밑거름이 된다.

원칙 13 관련 있는 정보의 사용 : 회사는 내부회계관리제도의 운영을 지원하기 위하여 관련 있는 양질의 정보를 취득 또는 생산하고 사용한다.

신뢰성 있는 재무제표를 작성하고 효과적인 내부회계관리제도를 설계·운영하기 위해서는 그 근간이 되는 정보의 완전성과 정확성을 확보하는 것이 필요하다. 원천정보에 대한 데이터를 효과적으로 관리하는 것은 재무제표 신뢰성과 직결된다고 할 수 있다.

(원칙 13)에서는 ① 정보 요구사항을 식별하고 처리하여 ② 의미 있는 회계정보로 변환하는 모든 일련의 과정에 대해 고려하도록 하고 있다.

중소기업의 경우 업무프로세스가 단순하고 소규모의 인력으로 운영되는 경우가 많다. 이러한 환경에서는 정보 요구사항을 식별하기 위한 목록을 작성하는 대신 업무지시나 메모 등의 방법을 사용하는 일이 많으므로 비공식적 방법을 활용하는 것도 허용하였다.

| 원칙 13 - 비중소기업과 중소기업의 비교 |

원 칙	적용기법 제목	비중소기업	중소기업
원칙 13. 관련 있는 정보의 사용	정보 요구사항 목록 작성	외부 재무보고 목적 및 경영진이 강조하는 관련 위험에 해당하는 정보의 영역별 유형을 정의하고, 각 영역별로 최적의 내부 및 외부 원천에서 관련 있는 정보를 식별하고 정보 목록을 작성	좌동. 단, 정보목록 대신 비공식적 방법을 활용하여 정보를 수집하는 것도 가능

원 칙	적용기법 제목	비중소기업	중소기업
	외부 원천에서 정보 취득	차이 없음.	차이 없음.
	비재무 부문 경영진으로부터의 정보 수집	차이 없음.	차이 없음.
	정보의 저장과 관리	재무제표 및 내부회계관리제도를 위한 정보를 수집, 변경, 생성, 공유하기 위한 정책을 수립	좌동. 단, 이메일, 전사공유게시판 등을 활용하거나 기안결재서류, 메모 등의 비공식적인 형식을 활용한 정책 수립 가능
	시스템을 이용한 데이터의 정보화	데이터 수집 등 활동은 회사 정책 및 절차 설명서에 문서화 시스템의 응용 프로그램 설계 시 실재성 및 유효성에 대한 입력 관련 통제 및 완전성과 정확성에 대한 출력 관련 통제와 같은 자동통제 활동을 포함한 정보기술 일반통제를 운영	좌동. 단, 자동통제 대신 시스템에서 산출된 자료의 적정성을 직접 확인하는 수동통제를 통해 내부회계관리제도를 설계 및 운영할 수 있으며, 정보기술 일반통제에 일부 미비점이 존재한다 하더라도, 관련 시스템에서 산출된 자료의 정확성을 확인하거나 관련 자동통제의 효과성을 검증하는 방식으로 해당 미비점 보완 가능
	정보의 품질 관리 방안	데이터 품질 관리 방안 등을 수립하며, 관련 정책, 절차 및 책임을 공식화	데이터 품질 관리 방안 등을 수립하되, 공식적인 정책이나 절차 대신, 이메일, 전사공유게시판 등을 활용하거나 기안결재서류, 메모 등의 덜 공식적인 형식 활용 가능
	재무보고 관련 데이터와 정보의 식별 및 유지·관리	경영진은 데이터를 보호, 유지·관리하기 위해 준수할 사항을 포함한 정책 및 절차를 수립하고, 동 정책 및 절차에 회계정보를 기록·보관하는 장부의 관리 방법과 위조, 변조, 훼손 및 파기를 방지하기 위한 통제절차를 포함	데이터 보호 등의 정책 및 절차 수립 없이 회계정보에 국한하여 관련 장부의 관리 방법과 위조, 변조, 훼손 및 파기를 방지하기 위한 통제절차를 수립

원칙 14 **내부 의사소통 : 회사는 내부회계관리제도의 운영을 지원하기 위하여 필요한 내부회계관리제도에 대한 목적과 책임 등의 정보에 대해 내부적으로 의사소통한다.**

재무제표의 신뢰성을 갖추기 위한 다른 내부통제 구성요소가 갖추어졌다고 하더라도 조직 내부의 의사소통이 원활하지 않다면 그 목적한 바를 달성하기 어려울 수 있다.

(원칙 14)에서는 내부 커뮤니케이션에 대한 원칙을 규정하고 이를 내부회계관리제도에 포함하도록 하고 있다. 중소기업의 경우 회사의 규모가 작고 조직구조가 단순하기 때문에 경영진과 구성원들 사이의 내부 의사소통이 상대적으로 효율적이고 효과적으로 이루어질 수 있다. 따라서 공식적인 의사소통 창구가 마련되어 있지 않더라도 일상적인 접촉이나 상위 경영진과의 직접적인 의사소통경로 등을 통해 충분한 의사소통이 가능할 수 있다.

| 원칙 14 – 비중소기업과 중소기업의 비교 |

원 칙	적용기법 제목	비중소기업	중소기업
원칙 14. 내부 의사소통	내부회계관리제도의 목적과 내부통제 관련 의사소통	내부회계관리제도의 목적, 내부회계관리규정을 포함한 정책과 절차, 통제활동 및 이의 중요성에 대해 충분한 의사소통을 수행	좌동. 단, 공식적인 의사소통 창구가 마련되어 있지 않더라도 일상적인 접촉이나 상위 경영진과의 직접적인 의사소통 경로 등을 통해 충분한 의사소통 수행 가능
	내부회계관리제도의 책임에 대한 의사소통	재무적으로 유의한 프로세스와 시스템과 관련한 내부회계관리제도 문서 등은 내부회계관리자를 포함한 주요 역할 수행자와 감사(위원회)의 접근이 가능한 곳에 보관	좌동. 단, 보관문서의 범위에서 업무흐름도, 업무기술서 등 제외
	이사회 보고 및 논의를 위한 지침 수립	차이 없음.	차이 없음.
	경영진과 이사회 간의 의사소통	차이 없음.	차이 없음.
	회사 임직원에 대한 내부고발제도 홍보	차이 없음.	차이 없음.
	대체적인 보고 방식을 통한 의사소통 활성화	경영진은 직속 상관 이외 사람에게 보고할 수 있는 대체적인 방식을 제공하여 직원들에게 의견 개진 기회가 충분히 있다는 인식과 신뢰도를 제고	좌동. 단, 공식적인 방식이 마련되어 있지 않더라도 일상적인 접촉이나 상위 경영진과의 직접적인 의사소통 경로 활용 가능

원 칙	적용기법 제목	비중소기업	중소기업
	부서 내외 간 다방면의 내부통제 의사소통 프로세스 및 회의체 구성	내부통제전담부서의 관리하에 부서 내외 간 다방면의 내부통제 의사소통 프로세스 구성	부서 내외 간 일상적인 접촉이나 직접적인 의사소통 경로 등을 통해 내외 간 다방면의 내부통제 의사소통 프로세스 구성 가능

원칙 15 **외부 의사소통 : 회사는 내부회계관리제도의 운영에 영향을 미치는 사항에 대해 외부 관계자와 의사소통한다.**

(원칙 15)는 외부와의 의사소통에 대한 내용이다. 외부 의사소통은 크게 외부로부터 정보를 접수받는 Inbound communication 절차와, 외부에 정보를 전달하는 Outbound communication 절차로 구분할 수 있다. 특히, 외부로부터 정보를 전달받는 의사소통은 다시 외부로부터 경영진에 대한 의사소통(inbound communication to management)과 이사회에 대한 의사소통(inbound communication to board)으로 구분된다. 내부 의사소통과 마찬가지로 특정한 정보는 공식적인 의사소통 절차가 잘 작동하지 않을 수도 있다. 그러한 문제를 방지하기 위하여 별도의 공익신고자제도(whistle blower)에 의한 정보전달 채널을 마련하는 것 또한 중요하다.

중소기업의 경우 일반적으로 경영진이 외부와 직접적으로 접촉하기 때문에 공식적인 의사소통절차가 마련되어 있지 않더라도 외부이해관계자와 효과적인 의사소통이 이루어질 수 있다. 따라서, 외부로부터 경영진에 대한 의사소통, 외부에 정보를 전달하는 의사소통 절차는 비교적 덜 공식적인 절차가 사용될 수 있다.

| 원칙 15 - 비중소기업과 중소기업의 비교 |

원 칙	적용기법 제목	비중소기업	중소기업
원칙 15. 외부 의사소통	외부 관계자에게 정보 제공	외부 정보이용자를 고려하여 외부 재무보고 목적에 중요한 진행 중인 사건, 정책, 활동 및 외부 관계자에게 영향을 미치는 사항을 평가하는 프로세스를 수립	좌동. 단, 공식적인 의사소통절차가 마련되어 있지 않더라도 외부 이해관계자와 효과적인 의사소통이 가능
	외부 정보의 입수	회사 외부로부터 정보를 받을 수 있는 적절한 수단을 확인하고, 회사 내에서 관련 정보를 수집, 검토, 공유할 책임이 있는 관리자와 기타 구성원의 역할을 지정	역할지정 등 의무 없음.

원 칙	적용기법 제목	비중소기업	중소기업
	외부 관계자에 대한 설문조사	고객 등에 대해 회사 임직원의 청렴성 및 윤리 준수 여부에 대한 설문조사를 수행	설문조사를 수행할 수 있음.
	외부 관계자에게 내부고발제도 소개	차이 없음.	차이 없음.
	외부 감사 논의 사항 검토	차이 없음.	차이 없음.

11.2.5 모니터링

모니터링은 회사의 내부통제제도가 효과적으로 작동하는지 확인하는 것과 관련한 것이다. (원칙 16)은 모니터링을 실시하는 두 가지 방법, 즉 상시 모니터링(ongoing evaluation)과 독립적인 평가(separate evaluation)을 설명하고 두 가지 방법을 어떤 상황에 따라 적절하게 적용하는지에 대한 내용으로 구성되어 있다. 평가를 수행하게 되면 반드시 이탈(혹은 예외사항)이 발생하게 된다. (원칙 17)은 그러한 이탈(예외사항)이 미비점인지 여부를 평가하고 그 심각성(severity)에 따라 적절한 개선활동이 이루어지도록 권한 있는 자에게 적절하게 보고되는 체계를 갖출 것을 요구하고 있다.

원칙 16 상시적인 모니터링과 독립적인 평가 수행 : 회사는 상시적인 모니터링과 독립적인 평가 방안을 수립하여 내부회계관리제도 설계 및 운영의 적정성을 평가한다.

모니터링을 수행하는 기술적인 방법으로 상시 모니터링과 독립적인 평가를 사용한다. 상시 모니터링은 프로세스에 내재되어 운영된다는 것이 가장 큰 특징이며, 독립적인 평가는 평가자의 객관성(독립성)이 강조되어 더 높은 신뢰성을 부여할 수 있다는 것이 특징이다. 따라서, 프로세스의 변화가 빈번하며 적시에 문제점을 발견해야 하는 상황에서는 상시 모니터링의 절차가 유리하고, 더 높은 신뢰성(확신)을 부여해야 하는 경우에는 독립적인 평가가 사용되는 것이 바람직하다.

| 상시적 모니터링과 독립적 평가의 비교 |

상시 모니터링(ongoing evaluation)	독립적 평가(separate evaluation)
프로세스에 내제된 일상적 업무처리 과정의 일환으로 처리됨.	• 주기적으로 독립적인 평가자에 의해 평가됨. • 내부감사의 평가, 독립된 외부전문가에 의한 평가
• 일반적으로 업무 처리과정에 내재되어 업무의 처리과정에서 진행됨. • 문제가 존재하는 경우 적시에 발견할 수 있는 장점이 있음.	• 일반적으로 업무 처리과정에 내재되어 있지 않음. • 독립적인 평가자에 의해 수행되므로 객관성 확보에 용이함.
업무 처리과정에 내재되어 있으므로 변화하는 환경에서 더욱 적합함.	• 기법상으로는 상시 모니터링과 동일한 기법이 사용될 수 있으나, 주기적, 독립적으로 수행된다는 점에서 내부통제에 대한 더 높은 확신을 부여할 수 있음.
상시 모니터링을 위해서 IT시스템을 활용할 수도 있으며 이러한 경우 대량의 데이터를 적은 비용으로 효율성 있게 검토할 수 있음(예 : 예외사항편집보고서, 특정금액 이상의 거래가 있는 경우 내부감사부서에 통보 등).	• 질문, 검사, 관찰, 재수행 등의 테스트 기법이 활용됨. • 독립적 평가의 범위와 빈도는 위험의 중요성, 위험대응방안, 상시모니터링 결과, 내부통제에 미치는 영향 등을 고려하여 조정됨.

중소기업의 경우 상시적인 모니터링에 의존하는 경우가 많다. 상시적인 모니터링이 재무제표의 중요한 왜곡표시 위험을 적절한 수준으로 감소시킬 수 있을 정도로 효과적으로 설계·운영될 경우 내부회계관리제도를 상시 모니터링의 효과성 위주로 평가할 수 있다.

또한 중소기업의 경우 내부회계관리제도의 독립적인 평가를 수행하는 것이 어려운 경우 통제업무를 수행하는 담당자가 평가를 수행(자가평가)할 수 있다. 다만, 이 경우에도 통제환경, 기말 재무보고절차 및 중요한 추정이나 판단이 필요한 통제 등 특히 위험이 높은 것으로 평가된 통제에 대해서는 해당 통제와 독립적인 다른 부서의 인원 또는 외부의 전문가가 다음과 같은 절차 등을 통해 자가평가의 적정성을 확인하는 것이 필요하다.

- 테스트 절차(테스트 방법, 표본의 선정방법 및 개수) 및 결론 등의 적정성 확인
- 문서검사 및 재수행을 통하여 평가결과의 일정 부분을 검토
- 테스트 모집단과 샘플을 직접 선정하여 평가자에게 전달

한편, 아래와 같은 상황에서는 자가평가의 적정성을 확인하는 절차를 생략할 수 있다.

- 테스트 절차가 구체적으로 기술되어 별도의 전문성이 필요없다고 판단되는 경우
- 평가를 적절하게 수행하지 않은 인원에 대한 성과 반영이 이뤄지는 경우

| 원칙 16 – 비중소기업과 중소기업의 비교 |

원 칙	적용기법 제목	비중소기업	중소기업
원칙 16. 상시 모니터링과 독립적 평가의 수행	모니터링 활동의 조합에 대한 정기적인 검토	내부회계관리제도에 대한 모니터링 활동인 상시적인 모니터링과 독립적인 평가가 적절한 비율로 수행되고 있는지 검토	좌동. 단, 상시적인 모니터링이 재무제표의 중요한 왜곡표시 위험을 적절한 수준으로 감소시킬 수 있을 정도로 효과적으로 설계·운영될 경우 내부회계관리제도 모니터링 통제의 효과성 위주로 평가 가능
	출발점의 설정	차이 없음.	차이 없음.
	업무성과 검토 시 측정지표 설정 및 적용	차이 없음.	차이 없음.
	현황판의 사용	내부회계관리제도 평가자 및 감사(위원회)가 활용할 수 있는 현황판을 설계하여 구축	현황판을 구축할 수 있음.
	모니터링 활동을 위한 IT 활용	차이 없음.	차이 없음.
	독립적인 평가의 수행	차이 없음.	차이 없음.
	내부통제전담부서(기능) 혹은 내부감사부서(기능)를 활용한 독립적인 평가 수행	내부회계관리제도에 대한 객관적인 관점에서의 평가를 수행하기 위해 독립적이고 전문성을 지닌 인원으로 구성된 내부통제전담부서(기능)나 내부감사부서(기능)를 이용	좌동. 단, 내부회계관리제도의 독립적인 평가를 수행하는 것이 어려운 경우 통제업무를 수행하는 담당자의 평가 수행('자가평가')도 가능. 이 경우에도 특히 위험이 높은 것으로 평가된 통제에 대해서는 일정한 절차 등을 통해 자가평가의 적정성을 확인하는 절차 필요
	외부서비스제공자의 통제 이해	경영진은 내부회계관리제도에 영향을 미칠 수 있는 변경사항을 파악할 수 있도록 외부서비스제공자로부터 주기적인 정보를 입수하고 검토	좌동. 단, 정보를 입수하지 못하는 경우, 내부회계관리제도의 평가 목적으로 외부서비스제공자의 통제활동을 직접 평가하거나, 외부서비스제공자의 통제활동의 적정성을 모니터링하는 절차 또는 외부서비스제공자가 제공하는 정보의 정확성을 확인하기 위한 회사의 검토절차를 평가하는 방안 적용도 가능

원칙 17 **미비점 평가와 개선활동 : 회사는 내부회계관리제도의 미비점을 평가하고 필요한 개선활동을 적시에 수행한다.**

모니터링 활동을 수행하게 되면 내부통제 활동의 설계와 실제 운영사이에 발생한 이탈(혹은 예외사항)을 확인하게 된다. 이러한 이탈(예외사항)의 발생원인이 그 내부통제의 미비점에 의해 발생한 것인지를 판단한 후 그 심각성(severity)에 따라 평가하여야 한다. 이러한 내부통제 미비점의 확인은 반드시 적시에 개선되어 조직의 목적달성에 방해가 되지 않도록 하여야 한다. 따라서, 개선활동을 수행할 책임이 있는 자에게 보고되어 후속조치가 이루어질 수 있도록 한다.

11.3 중소기업을 위한 평가 및 보고 기준

2023년 12월에 제정된 내부회계관리제도 평가 및 보고 기준과 가이드라인은 중소기업에 대한 적용을 포함하여 중소기업의 경영환경과 상황을 고려하여 유연하고 완화된 방식으로 평가 및 보고가 이루어질 수 있는 근간을 마련하였다.

특히, ① 문서화의 정도, ② 평가자의 독립성 확보, ③ 평가대상 기간 측면에서의 완화는 중소기업의 실무적 부담을 크게 완화할 것으로 기대된다. 하지만, 이 세 가지는 내부회계관리제도의 근간을 이루는 것으로, 잘못 적용하는 경우 재무제표 신뢰성 확보라는 내부회계관리제도의 효과성을 심각하게 저해할 수 있다. 따라서 상장기업의 경우에는 중소기업 모범규준 적용에 세심한 주의를 기울일 것을 권고한다.

아래에서는 중소기업을 위한 평가 및 보고 기준을 ① 대상범위 선정, ② 전사수준통제, ③ 업무수준통제, ④ 유효성 평가, ⑤ 예외사항 및 미비점 분류로 구분하여 설명하였다.

11.3.1 대상범위 선정(Scoping)

중소기업에 대한 적용에 있어서 위험기반 접근방법(Risk-based approach)를 보다 적극적이고 광범위하게 적용하도록 하였다. 이는 대상범위 선정(Scoping)을 수행함에 있어서 중요한 재무제표의 왜곡표시위험이 발생할 수 있는 곳에만 집중하여 중소기업의 내부회계관리제도를 효율적으로 운영하도록 하는 것을 의미한다.

11.3.1.1 유의한 계정과목 및 주석정보의 파악

중소기업을 위한 내부회계관리제도 또한 재무제표 신뢰성에 대한 절대적 확신(absolute

assurance)이 아니라 합리적 확신(reasonable assurance)을 부여하는 것을 목적으로 한다. 따라서, 합리적 확신에 영향을 미치지 않는 요소는 내부회계관리제도에 포함시킬 필요가 없고, 유의한 계정과목과 주석정보만을 대상으로 한다.

유의한 계정과목 및 주석정보를 파악하는 기준은 중요성 기준(Materiality)이라고 할 수 있는데 이는 양적 요소와 질적 요소[183)]를 모두 고려하여 적용하게 된다. 중소기업의 경우에도 이러한 양적 요소와 질적 요소를 고려한다는 점은 비중소기업의 경우와 다르지 않다. 다만, 비중소기업의 경우에는 양적 요소와 질적 요소 중 하나라도 해당되는 사항이 있다고 한다면 최종 판단에 있어서 유의한 계정과목으로 선정하는 반면, 중소기업의 경우에는 양적측면에서 중요성 금액을 초과한다고 하더라도 그 왜곡표시의 발생가능성이 크지 않다고 판단되는 경우에는 내부회계관리제도의 평가대상에서 제외할 수 있도록 하였다.[184)]

다만, 이러한 경우 그 근거(질적 요소의 적용 내용과 결론)를 명확하게 문서화하여야 한다.

| 대상범위 선정(Scoping) 단계 비교 |

비중소기업	중소기업
양적 요소와 질적 요소 중 하나라도 중요하다고 한다면 유의한 계정과목 및 주석정보로 파악함.	양적 중요성 기준을 초과한다고 하더라도 발생가능성이 높지 않다고 한다면 유의한 계정과목 및 주석정보에서 제외 가능 단, 이러한 경우 그 근거에 대해 문서화 필요

11.3.2 전사수준통제(Entity-level Control)

전사수준통제는 회사 전체(entity wide)에 영향을 미치거나 업무수준통제에 전반적으로 영향을 미치는 내부통제이다. 전사수준통제의 개념이나 그 필요성은 비중소기업과 중소기업이 다르지 않다.

다만, 중소기업의 경우 경영진이 일상 업무에 직접적으로 관여하는 정도가 상대적으로 높기 때문에 전사적 수준의 내부회계관리제도(특히, 직접 전사통제)의 효과성이 매우 중요하다.

중소기업의 전사적 수준에서의 내부회계관리제도(특히, 직접 전사통제)가 업무프로세스

183) 양적 중요성 기준의 자세한 내용은 "3.4.1.2 양적 요소"를, 질적 중요성 기준의 세부내용은 "3.4.1.3 질적 요소"를 참조하기 바란다.

184) 중소기업이라 하더라도 물론 양적 중요성 금액 기준에 미달하더라도 질적기준에 의해 유의한 계정과목 및 주석정보로 식별될 수 있다.

수준의 위험을 충분하게 대응할 수 있을 정도로 효과적으로 설계 및 운영되는 것으로 판단된다면, 업무수준통제(Process-level Control, 거래수준통제) 수준의 내부회계관리제도의 평가범위를 조정하는 것이 가능할 수 있도록 하였다.

11.3.3 업무수준통제(Process-level Control)

직접전사통제를 제외한 전사수준통제는 재무제표의 각 계정과목과 직접적인 연관관계가 적은 것이 일반적이다. 따라서, 개별 거래가 발생, 기록, 처리 및 보고되는 과정에 대한 통제절차는 업무수준통제를 통해 구성되며 이는 재무제표 계정과목에 직접적인 연관성을 갖게 된다.

업무수준통제는 업무기술서, 업무흐름도, 통제기술서의 3가지 문서에 의해 작성되게 되는데, 이는 위험기반접근법을 적용하기 위한 일반적인 방법론이다.

구 분	내 용	비 고
업무기술서	업무프로세스 단위별로 거래의 시작, 승인, 기록, 진행 및 보고되는 일련의 과정에 대해 파악하여 기술한 문서	프로세스에 대한 이해와 내부통제가 어디에 위치하는지 이해하기 위한 문서
업무흐름도	통일된 일정한 기호를 사용하여 업무프로세스를 도식적으로 나타낸 도표	업무기술서를 보완하기 위한 목적 프로세스의 흐름, 내부통제를 쉽게 파악할 수 있는 장점이 있음.
통제기술서	위험기반접근법에 근거하여 재무제표의 잠재적인 왜곡표시위험(부정위험, 자산보호 실패 위험 포함)을 식별하고, 그 위험을 예방 혹은 적발하기 위한 내부통제를 파악하며, 그러한 내부통제가 관련위험을 허용가능한 수준 이하로 유효하게 낮출 수 있는지 파악하기 위한 도표	재무제표 신뢰성 제고라는 내부회계관리제도의 목적을 달성하기 위한 핵심문서

중소기업 내부회계관리제도 평가 및 보고 가이드라인 문단26에서는 중소기업의 경우 회사 고유의 사업환경을 고려하여 내부회계관리제도 설계의 문서화 수준을 유연하게 적용할 수 있도록 하였다. 특히, 업무수준통제의 문서화는 통제기술서(Risk & Control Matrix, RCM)를 위주로 문서화할 수 있다.

| 위험기반접근법과 통제기술서와의 관계 |

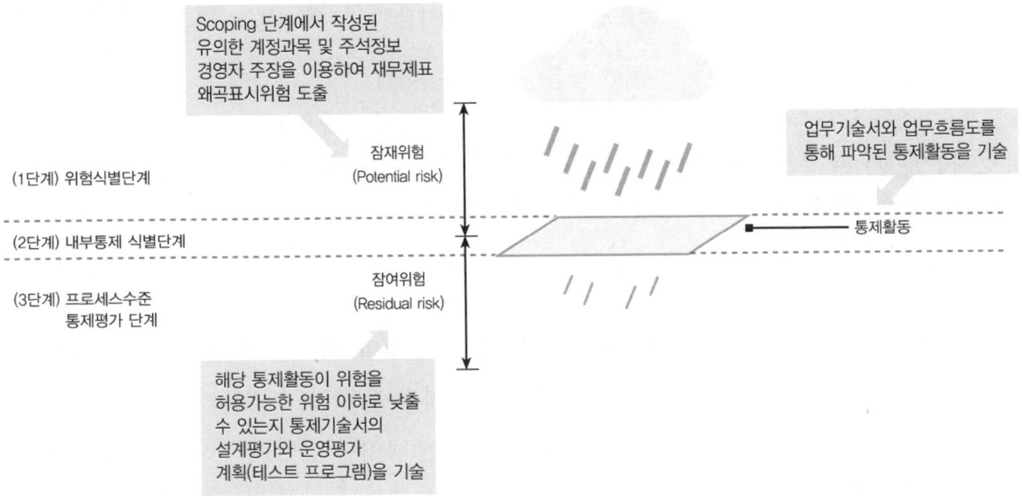

다만, 저자의 실무적 경험으로는 업무수준통제를 통제기술서만으로 운영하는 경우, 위험기반 접근법에 따른 유의미하고 유효한 내부회계관리제도를 운영하기 매우 어렵다. 따라서, 비중소기업에 대한 내부회계관리제도 구축과 마찬가지로 Scoping table과 업무기술서와 업무흐름도도 같이 작성할 것을 권고한다.

11.3.4 유효성 평가

경영진은 회사의 내부회계관리제도가 재무제표의 합리적 확신을 부여할 수 있을 만큼 유효하다는 것을 증명하기 위해서 설계 적정성(design effectiveness)과 운영 적정성(operating effectiveness)을 모두 평가하여야 한다. 유효성 평가와 관련된 내용은 ① 평가수행자, ② 설계 효과성 평가 및 ③ 운영 효과성 평가로 구분된다.

11.3.4.1 평가수행자

평가자가 누구인가에 따라서 자가평가와 혹은 독립적인 평가를 구분한다. 비중소기업의 경우에는 통제운영자의 자가평가 시에는 핵심통제 평가가 불가능하고 평가자의 완전한 독립성이 확보되는 경우 핵심통제에 대해 평가를 허용한다. 다만, 독립성이 부문적으로 확보된 경우에는 보완조치[185)] 시에만 가능하도록 하였다.

---

185) • 내부통제팀 등 독립적인 평가자가 문서검사 및 재수행을 통하여 평가결과의 일정부분을 검토

| 평가자의 독립성에 따른 핵심통제 평가 가능 여부 |

평가자 구분	독립성 수준	평가유형	핵심통제 평가	비핵심통제 평가
통제운영자	매우 낮음	자가평가	불가	가능
통제운영자와 동일 부서 인력	낮음	자가평가	보완조치 시 가능	가능
통제운영자와 타 부서 인력	낮음과 중간 사이	독립적 평가	보완조치 시 가능	가능
별도의 전담부서	중간 또는 높음	독립적 평가	가능	가능
외부 아웃소싱	높음	독립적 평가	가능	가능

하지만, 중소기업의 경우 내부회계관리제도의 독립적인 평가를 수행하는 것이 어려운 경우 통제업무를 수행하는 담당자가 평가를 수행(자가평가)할 수 있도록 허용하였다. 이 경우에도 통제환경, 기말 재무보고 절차 및 중요한 추정이나 판단이 필요한 통제 등 특히 위험이 높은 것으로 평가된 통제에 대해서는 해당 통제와 독립적인 다른 부서의 인원 또는 외부의 전문가가 다음과 같은 절차 등을 통해 자가평가의 적정성을 확인하는 것이 필요하다.

- 테스트 절차(테스트 방법, 표본의 선정방법 및 개수) 및 결론 등의 적정성 확인
- 문서검사 및 재수행을 통하여 평가결과의 일정 부분을 검토
- 테스트 모집단과 샘플을 직접 선정하여 평가자에게 전달
- 한편, 아래와 같은 상황에서는 자가평가의 적정성을 확인하는 절차를 생략할 수 있다.
  (1) 테스트 절차가 구체적으로 기술되어 별도의 전문성이 필요 없다고 판단되는 경우
  (2) 평가를 적절하게 수행하지 않은 인원에 대한 성과 반영이 이뤄지는 경우

11.3.4.2 설계 효과성 평가

경영진은 내부회계관리제도가 재무제표의 중요한 왜곡표시를 초래할 수 있는 오류나 부정을 예방하고 적시에 적발할 수 있도록 설계되었는지 여부를 판단하기 위해 설계 효과성을 평가한다.

내부통제의 설계 효과성 평가에 있어서 매우 효과적인 방법은 추적조사(Walkthrough test)이다. 추적조사는 거래 유형별로 1~2개의 거래를 표본으로 추출하여 거래의 시작에서 재무제표에 반영되는 종료시점까지 거래증적에 따라 거래흐름을 추정하여 통제활동의

- 내부통제팀 등 독립적인 평가자가 테스트 모집단과 샘플을 직접 선정하여 전달
- 테스트 절차가 구체적으로 기술되어 별도의 전문성이 필요없다고 판단되는 경우
- 평가를 적절하게 수행하지 않은 인원에 대한 성과 반영이 이뤄지는 경우

설계가 적절한지 파악하는 것이다.

설계평가는 추적조사뿐만 아니라 관찰, 문서검사, 재수행과 같은 방법을 사용할 수도 있다. 중소기업의 경우에는 설계 효과성 평가 시 추적조사의 절차를 생략하고 질문 및 문서검사 위주로 설계의 효과성을 평가할 수 있도록 명문화하였다.

11.3.4.3 운영 효과성 평가

경영진은 내부회계관리제도가 설계된 대로 운영되고 있는지 판단하기 위하여 운영 효과성을 평가하여야 한다. 운영 효과성을 판단하기 위한 테스트 기법으로는 질문, 관찰, 검사, 재수행의 방법이 사용될 수 있다. 하지만, 중소기업의 경우에는 내부회계관리제도 운영의 효과성을 평가함에 있어 위험평가 결과 위험이 높지 않은 것으로 분류된 프로세스의 경우에는 재수행 절차를 생략하고 질문, 관찰, 문서검사 위주로 실시할 수 있다.

평가기준일에 모든 항목에 대해 일괄적으로 테스트를 수행하는 것이 거의 불가능하며 기중에 식별된 내부회계관리제도 미비점을 개선할 수 있는 시간적 여유를 갖기 위해 평가기간 중간에 중간평가를 수행하고, 중간평가 이후 평가기준일까지 여전히 운영이 효과적인지를 확인하기 위해 기말평가를 수행하는 것이 일반적이다. 이와 같이, 운영 효과성 평가는 테스트의 수행 시기에 따라서 중간평가와 기말평가로 구분할 수 있다.

중소기업에서 내부회계관리제도의 변화관리체계가 잘 구축되어 운영되고 아래의 요건이 모두 충족되는 경우, 기말평가는 담당자와의 질문을 통해 내부회계관리제도 설계의 변경 여부를 확인하는 절차를 위주로 수행할 수 있다.

- 중간평가 시 테스트된 통제활동의 위험평가 결과가 높지 않고, 경영진이 통제를 무시할 가능성이 높지 않으며,
- 재무보고에 전반적인 영향을 미치는 통제가 아니며, 기말 재무보고 관련 통제나 정보기술 일반통제에 해당하지 않으며,
- 중간평가 시 해당 통제의 운영이 효과적으로 운영되었음을 확인하였고,
- 중간평가일 이후 해당 통제의 설계에 중요한 변경이 없으며,
- 중간평가일 이후 해당 통제의 운영 효과성에 영향을 미칠 만한 다른 통제의 효과성이나 환경적 위험요인에 큰 변화가 없는 경우

예를 들어 충분한 기간을 대상으로 수행한 중간평가 결과 효과적으로 설계되어 운영 중이라고 결론 내린 통제의 설계상 변경이 없는 경우에는 기말평가 목적의 추가적인 운영의 효과성 평가절차 없이 중간평가 시의 테스트 결과를 활용할 수 있다.

특히, 중소기업은 조직이 대기업에 비해 작으므로 핵심역량에만 집중하고, 다른 기능의 일부를 외부서비스조직에 의존할 수도 있다. 이렇게 외부서비스조직에 의존하는 부분은 더욱 확대될 전망이다. 중소기업에서 외부서비스조직에 의존하는 대표적인 부분 중 재무제표에 중대한 영향을 미칠 수 있는 부분은 급여(payroll), IT기능 등이 될 것으로 예상된다. 외부서비스조직에 의존하는 경우 내부회계관리제도 평가 및 보고 가이드라인에서는 그 절차를 3가지를 제시하고 있으며, 이는 "5.5 SOC(Service Organization Control) 보고서"에서 살펴본 바 있다. 이를 요약하자면 아래의 3가지 방식을 사용하여 평가할 수 있다.

- 외부서비스제공자의 통제를 직접 평가
- 외부서비스제공자의 통제의 적정성을 충분히 모니터링할 수 있는 회사의 모니터링 통제 평가(단, 해당 서비스의 규모나 복잡성이 큰 경우에는 적절하지 않을 수 있다.)
- '서비스조직의 통제에 대한 인증업무 기준'에 의한 인증보고서(ISAE 3402 보고서)

중소기업의 경우 이외에도 외부서비스제공자가 제공하는 정보의 정확성을 확인하기 위한 회사의 검토 절차를 평가할 수 있도록 하였다.

11.3.5 예외사항 및 미비점 분류

설계 및 운영 효과성 평가(즉, 테스트)를 수행하고 나면 통제절차를 준수하지 않은 부정이나 오류사항이 발생하게 된다. 이러한 사항은 예외사항(exceptions) 혹은 이탈사항(deviation)이라고 부르게 된다.

중소기업 평가 및 보고 기준 및 가이드라인에서도 예외사항에 대한 평가와 미비점의 분류(미비점의 심각성 분류, severity)로 구분하고 있으며 비중소기업에 대한 평가절차와 동일하다.

연 습 문 제

문제 1

중소기업 내부회계관리제도의 적용

내부회계관리제도 설계 및 운영 개념체계(제4장)에서는 중소기업의 경우 경영여건을 감안하여 대기업(중소기업이 아닌 기업을 말함. 이하 같음)보다는 유연하고 완화된 방식으로 내부회계관리제도를 설계 및 운영할 수 있도록 하고 있다.

(질문) 다음의 답안 양식에 따라서 설계 및 운영 개념체계 제 4장 중소기업에 대한 적용이 가능한 회사의 범위를 작성하라.

〈답안양식〉

구 분	비금융회사		금융회사	
	중소기업기본법상 중소기업	중소기업기본법상 비중소기업 (=대기업)	중소기업기본법상 중소기업	중소기업기본법상 비중소기업 (=대기업)
상장회사				
비상장회사				

해설 중소기업 내부회계관리제도의 적용

중소기업 내부회계관리제도의 적용대상은 개념체계 문단55에서 중소기업기본법에 따른 중소기업으로 하고 있으며, 문단56에서는 금융회사가 아닌 비상장대기업도 적용할 수 있도록 하고 있다.

설계 및 운영 개념체계 문단55

본 설계·운영 개념체계에서 제시하는 내부회계관리제도 구성요소 및 원칙은 중소기업(중소기업기본법의 적용대상 회사를 말함. 이하 같음)에도 동일하게 적용된다. 단, 중소기업의 경우 경영여건을 감안하여 본 설계·운영 개념체계를 세부적으로 적용하는 과정에서 대기업(중소기업이 아닌 기업을 말함. 이하 같음)보다는 유연하고 완화된 방식으로 내부회계관리제도를 설계 및 운영할 수 있으며, 이 경우에도 내부통제의 5가지 구성요소 및 17가지 원칙이 훼손되지 않도록 유의하여야 한다. 이처럼 완화된 방식을 적용하기 위해 내부회계관리제도의 구성요소별로 다음과 같은 내용을 고려한다.

설계 및 운영 개념체계 문단56

외감법에 따른 금융회사가 아닌 비상장대기업(주권상장법인이 아닌 회사로서 중소기업이 아닌 회사를 말함)의 경우 제4장을 준용할 수 있으며, 비상장중소기업(주권상장법인이 아닌 회사로서 중소기업인 회사를 말함)의 경우에는 본 설계·운영 개념체계에 불구하고 외감법에 따라 내부회계관리규정 및 조직을 구비하고 내부회계관리규정 상 관련 통제절차를 모두 준수하는 경우 본 설계·운영 개념체계를 준수한 것으로 본다.

〈답안양식〉에 따른 적용대상을 정리하면 다음과 같다.

구 분	비금융회사		금융회사	
	중소기업기본법상 중소기업	중소기업기본법상 비중소기업 (=대기업)	중소기업기본법상 중소기업	중소기업기본법상 비중소기업 (=대기업)
상장회사	중소기업기준 적용 가능	중소기업기준 적용 불가능	중소기업기준 적용 가능	중소기업기준 적용 불가능
비상장회사	중소기업기준 적용 가능	중소기업기준 적용 가능	중소기업기준 적용 가능	중소기업기준 적용 불가능

문제 2

중소기업 내부회계관리제도의 적용(객관식)

주식회사ABC는 중소기업기본법상 중소기업으로 내부회계관리제도 설계 및 운영 개념체계 [제4장 중소기업에 대한 적용]에 의한 내부회계관리제도를 설계, 운영할 것을 고려하고 있다. 다음의 항목 중 올바른 내용을 고르시오

① 내부회계관리제도 설계 및 운영 개념체계 부칙에 따르면 [제4장 중소기업에 대한 적용] 규정은 상장법인과 비상장법인의 업종에 관련없이 모두 적용할 수 있다.
② [제4장 중소기업에 대한 적용]은 비상장법인을 위한 규정으로 상장법인인 중소기업에는 적용될 여지가 없다.
③ 중소기업에 대한 적용이라고 하더라도 내부통제 구성요소(통제환경, 위험평가, 통제활동, 정보 및 의사소통, 모니터링) 및 17원칙은 변화가 없다.
④ 중소기업에 대한 적용은 실무적 부담을 완화하기 위한 것이므로 중소기업은 5가지 내부통제 구성요소와 17가지 원칙을 모두 지킬 필요는 없다.

해설 중소기업 내부회계관리제도의 적용(객관식)

정답 : ③

① 내부회계관리제도 설계 및 운영 개념체계 문단56에서는 금융회사가 아닌 비상장 대기업의 경우에만 중소기업에 대한 적용을 사용할 수 있다. 따라서 금융회사이면서 비상장대기업의 경우에는 적용이 배제된다.

② 상장과 비상장법인을 구분하지 아니한다. 따라서, 상장법인이라고 하더라도 중소기업기본법상 중소기업에 해당하면 [제4장 중소기업에 대한 적용]을 적용할 수 있다.

④ 내부회계관리제도의 5가지 구성요소(components), 17가지 원칙(Principle) 및 원칙달성을 위한 중점 고려사항(Point of Focus)은 차이가 없으며 이를 세부적으로 적용하는 과정에서 중소기업의 경영환경 등을 고려하여 대기업에 비해 유연한 방식을 적용할 수 있도록 허용한 것이다. 이 경우에도 내부통제의 5가지 구성요소 및 17가지 원칙이 훼손되지 않도록 유의하여야 한다.

문제 3

중소기업기본법상 중소기업

아래에 주어진 정보는 주식회사 가나다와 관련된 정보이다. 관련 정보를 분석하여 질문에 답하시오.

주식회사 가나다는 종이제품 제조업을 영위하고 있다. 중소기업기본법 시행령(별표 1)에서는 종이제품 제조업의 경우 평균매출액이 1,500억 원 이하인 경우에 중소기업 요건을 만족하는 것으로 규정되어 있다.

- 자산규모 : 4,000억 원
- 평균매출액 : 1,000억 원

주식회사 가나다에 출자한 모회사(주식회사 甲)의 정보는 다음과 같다.

- 자산규모 : 5조 원
- 매출액 : 2조 5천억 원
- 주식회사 가나다에 대한 지분율 35%으로 가나다에 대한 최다출자자임.

(질문) 주식회사 가나다는 내부회계관리제도 설계 및 운영 개념체계 [제4장 중소기업에 대한 적용]을 적용할 수 있는지 다음 양식에 따라 답안을 작성하라.

〈답안양식〉

구 분	내 용
자산 요건 만족 여부	
매출액 요건 만족 여부	
출자자 요건 만족 여부	
중소기업 해당 여부 판단	

해설 중소기업기본법상 중소기업

중소기업기본법 시행령 제3조에서는 중소기업의 요건을 ① 해당기업의 자산 및 매출액 요건과 ② 소유와 경영의 실질적 독립성 요건을 기준으로 구분하고 있으며 요건을 모두 만족하여야 한다.

구 분	요 건	내 용
해당기업 요건	자산총액 기준	자산총액 5천억 원 미만
	업종/매출액 기준	해당업종과 매출액이 별표1에 따른 법인
소유와 경영의 실질적 독립성 요건	출자자 요건	자산총액 5천억 원 이상인 회사가 30% 이상을 직간접적으로 소유할 수 없음.
	관계기업 기준	관계기업의 경우에는 해당업종과 매출액이 별표1에 따라야 함.

〈답안양식〉에 따른 적용대상을 정리하면 다음과 같다.

구 분	내 용
자산 요건 만족 여부	주식회사 가나다의 자산규모는 4천억 원이므로 자산총액 기준인 5천억 원 미만이므로 자산요건을 만족한다.
매출액 요건 만족 여부	주식회사 가나다의 평균매출액은 1,000억 원으로 중소기업기본법 시행령(별표1)에서는 종이제품 제조업의 경우 평균매출액이 1,500억 원 이하인 경우에 중소기업 요건을 만족하므로 중소기업 요건에 부합한다.
출자자 요건 만족 여부	소유와 경영의 실질적인 독립성 요건으로서 자산총액이 5천억 원 이상인 법인이 주식 등의 100분의 30 이상을 직접적 또는 간접적으로 소유한 경우로서 최다출자자인 기업인 경우에는 중소기업에 해당할 수 없다. 따라서, 출자자 요건에 부합하지 아니한다.
중소기업 해당 여부 판단	중소기업기본법 시행령에서는 자산/매출액 요건과 소유와 경영의 실질적 독립성 요건을 모두 갖춘 기업을 중소기업으로 정하고 있다. 따라서, 주식회사 가나다는 중소기업에 해당하지 아니하므로 내부회계관리제도 설계 및 운영 개념체계의 [제4장 중소기업에 대한 적용]이 적용될 수 없다.

부 록

부록

부록 1 상장회사 내부회계관리규정 표준예시

한국상장회사협의회
제정 2002. 1. 4.
개정 2010. 2. 9.
개정 2015. 1. 30.
개정 2018. 11. 30.

제1장 총 칙

제1조 (목적) 이 규정은 「주식회사 등의 외부감사에 관한 법률(이하 '법'이라 한다)」 제8조 및 동법 시행령(이하 '영'이라 한다) 제9조, 외부감사 및 회계 등에 관한 규정(이하 '외감규정'이라 한다) 제6조가 정하는 바에 따라 회사의 내부회계관리제도(이하 '내부회계관리제도')를 설계·운영·평가·보고하는 데 필요한 정책과 절차를 정하여 합리적이고 효과적인 내부회계관리제도를 설계·운영함으로써 재무제표 신뢰성을 제고하는 데 필요한 사항을 정함을 목적으로 한다.

(관련조문) 법 제8조 제1항, 영 제9조, 외감규정 제6조

제2조 (적용범위) ① 내부회계관리제도에 관한 사항은 법령 또는 정관에 정하여진 것 이외에는 이 규정이 정하는 바에 따른다.

② 연결재무제표에 관한 회계정보를 작성·공시하기 위하여 필요한 사항에 관하여는 이 규정을 적용한다.

(관련조문) 영 제9조 제2항 제6호

〈주석〉 제2항은 지배회사가 주권상장법인으로서 연결재무제표를 작성하는 회사인 경우에 적용하며, 연결재무제표 작성의무가 없는 회사의 경우 해당 조항을 삭제하고 사용함. 제2항에 따른 연결내부회계관리제도에 관한 사항은 영 부칙 제3조에 따라 자산규모별로 그 적용시기가 상이하므로 본 표준예시 부칙 제2조에서 회사의 적용시기에 맞춰 시행하는 것으로 반영하여 사용함.

제3조 (용어의 정의) 이 규정에서 사용하고 있는 용어의 정의는 다음과 같다.

1. '내부회계관리제도'라 함은 내부회계관리의 목적을 달성하기 위하여 회사의 재무제표

가 일반적으로 인정되는 회계처리기준에 따라 작성·공시되었는지 여부에 대한 합리적 확신을 제공하기 위해 설계·운영되는 내부통제제도로서, 이 규정과 이를 관리 운영하는 조직을 포함한 모든 조직 구성원들에 의해 지속적으로 실행되는 과정을 말한다.

2. '내부회계관리자'라 함은 법 제8조 제3항에 따라 내부회계관리제도의 관리 및 운영을 책임지는 자로서 대표이사에 의해 지정된 자를 말한다.
3. '내부회계관리제도 평가'라 함은 일정기간동안 내부회계관리제도의 설계와 운영이 효과적인지를 확인하는 절차로서 대표이사의 내부회계관리제도의 효과성 점검절차 및 감사위원회의 내부회계관리제도 운영실태 평가절차를 포함한다.
4. '감사인'이라 함은 법 제2조 제7호 가목에 따른 회계법인을 말한다.

(관련조문) 법 제2조 제7호 가목, 제8조 제3항, 제4항, 영 제9조 제2항 제3호, 외감규정 제6조 제3항 제1호

제2장 회계정보의 관리

제4조 (회계정보처리의 일반원칙) ① 회사는 내부회계관리제도에 의하지 아니하고 회계정보를 작성하거나 내부회계관리제도에 따라 작성된 회계정보를 위조·변조·훼손 및 파기해서는 아니 된다.

② 회계정보의 식별·측정·분류·기록 및 보고 등 회계처리에 관하여는 법 제5조 제1항에서 정하는 회계처리기준에 따른다.

(관련조문) 법 제5조 제1항, 제8조 제1항 제1호, 제2항

〈주석〉 대표이사는 회사의 상황에 적합한 세부 회계업무처리규정(명칭은 회사에 따라 달리 정할 수 있음)을 제정하여 운영할 수 있으며, 만일 별도의 회계업무처리규정을 제정하여 운영하는 경우 제2항을 다음과 같이 수정하여 사용함.

> ② 회계정보의 식별·측정·분류·기록 및 보고 등 회계처리에 관하여는 법 제5조 제1항에서 정하는 회계처리기준 **및 회계업무처리규정을** 따른다.

제5조 (회계정보의 식별·측정·분류·기록 및 보고) ① 회계정보에 대한 식별·측정·분류·보고 등 회계처리방법 및 회계기록에 관한 사항은 제4조의 일반원칙에 따라 처리하되, 다음 각 호의 요건을 충족하여야 한다.

1. 재무상태표에 기록되어 있는 자산, 부채 및 자본은 보고기간 종료일 현재 실제로 존재하여야 한다.
2. 재무상태표에 표시된 자산은 회사의 소유이며, 부채는 회사가 변제하여야 할 채무이어야 한다.
3. 거래나 사건은 회계기간 동안에 실제로 발생한 것이어야 한다.
4. 재무제표에 기록되지 않은 자산, 부채, 거래나 사건 혹은 공시되지 않은 항목이 없어야 한다.
5. 재무제표상의 자산, 부채, 자본, 수익과 비용 항목은 제4조의 일반원칙에 따라 적정한 금액으로 표시되어야 한다.
6. 회계 거래나 사건은 적절한 금액으로 재무제표에 기록되어야 하며, 수익이나 비용은

발생주의 원칙에 따라 적절한 회계기간에 배분되어야 한다.

7. 재무제표의 구성항목은 제4조의 일반원칙에 따라 분류, 기술 및 공시되어야 한다.

② 회사의 모든 회계정보는 원본서류 등과 함께 전표(전산시설을 포함)에 기록하여야 한다.

③ 내부회계관리제도에 의하여 작성된 회계정보는 정기적으로 내부회계관리자에게 보고되어야 한다.

(관련조문) 법 제8조 제1항 제1호

제6조 (회계정보의 오류통제, 수정 및 내부검증) 회사와 감사위원회는 회계정보를 처리하는 과정에서 오류가 발생하지 않도록 회사의 회계정보가 제4조 및 제5조에 따라 작성되었는지 여부를 제17조에 의한 점검 및 제18조에 의한 평가를 통해 확인한다.

(관련조문) 법 제8조 제1항 제2호 및 제3호

제7조 (회계기록의 관리 · 보존) ① 회계장부는 보조원장, 총계정원장 등의 회계보조장부와 재무제표로 구성된다.

② 회계장부는 전산운영시스템에 의한 전산장치에 보관하며, 권한 있는 자에 한해 접근 및 수정을 허용하고, 그 기록을 보관한다.

③ 회사는 내부회계관리제도에 의하지 아니하고 회계정보를 작성하거나 내부회계관리제도에 의해 작성된 회계정보를 위조 · 변조 · 훼손 및 파기하거나 그러한 행위를 지시하여서는 아니된다.

④ 회사는 회계정보의 위조 · 변조 · 훼손 및 파기를 방지하기 위한 보안절차, 접근통제절차 등 필요한 절차를 수립하여 운영하여야 한다.

(관련조문) 법 제8조 제1항 제4호

〈주석〉 위 조항은 회계장부를 전산으로 관리하는 경우를 예시한 것으로서, 회사 상황에 맞게 실물 또는 전산 회계장부의 관리 · 보존에 관한 내용으로 수정하여 사용할 수 있으며, 대표이사가 별도로 정한'문서관리규정'을 갖추고 있을 경우에는 이에 따르는 것으로 수정하여 사용할 수 있음.

> ① 회계장부는 보조원장, 총계정원장 등의 회계보조장부와 재무제표로 <u>구성되며, 동 장부는 실물 및 전산으로 관리한다.</u>
> ② <u>실물 회계장부는 회계부서가 지정하는 문서창고에 보관하며, 열람 및 이관 · 폐기 등의 관리는 회계부서의 통제 하에 수행한다.</u>
> ③ <u>전산</u> 회계장부는 전산운영시스템에 의한 전산장치에 보관하며, 권한 있는 자에 한해 접근 및 수정을 허용하고, 그 기록을 보관한다.
> <u>④, ⑤</u> (생 략)

제3장 내부회계관리제도 관련 임직원의 업무 및 교육 등

제8조 (업무분장 및 책임) 회사는 신뢰할 수 있는 회계정보의 작성 · 공시를 담당하는 부서 임직원의 업무를 적절히 분장하고, 권한과 책임을 규정하여야 한다.

(관련조문) 법 제8조 제1항 제5호, 외감규정 제6조 제2항

〈주석〉 회사의 대표이사는 회사의 상황에 맞는 임직원의 업무분장표(명칭은 회사에 따라 달리 정할

수 있음)를 제정하여 운영할 수 있음.

> 회사는 신뢰할 수 있는 회계정보의 작성·공시를 담당하는 부서(이하 '회계부서'라 한다) 임직원의 업무를 적절히 분장하고, 권한과 책임을 규정하여야 **하며, 이를 위해 '회계업무분장표'를 마련하여 운영한다.**

제9조 (대표이사) ① 대표이사는 내부회계관리제도의 관리·운영을 책임지고, 이에 필요한 제반 사항을 지원한다.

② 대표이사는 제10조의2에 따라 내부회계관리자를 지정한다.

③ 대표이사는 제17조에 따라 내부회계관리제도 운영실태를 점검하고 보고한다. 다만, 대표이사가 필요하다고 판단하는 경우 이사회 및 감사위원회에 대한 보고는 내부회계관리자에게 위임할 수 있다.

④ 대표이사는 제3항 단서에 따라 내부회계관리자에게 보고를 위임하고자 하는 경우 보고 전에 그 사유를 이사회 및 감사위원회에 문서로 제출하여야 한다.

⑤ 대표이사는 제11조 제4항에 따른 감사위원회의 요청 또는 감사인의 요청이 있을 경우 지체 없이 따라야 한다. 다만 특별한 사유가 존재할 경우 당해 요청을 거부할 수 있으며, 이 경우 해당 사유를 감사위원회 또는 감사인에게 문서로 제출한다.

(관련조문) 법 제8조 제1항 제5호, 제3항, 제4항, 제22조 제5항, 영 제9조 제2항 제2호, 제7호 마목, 제4항, 제6항

〈주석〉 감사를 둔 회사의 경우 '감사위원회'를 '감사'로 수정하여 사용하며, 이하 본 표준예시에서 같음.

제10조 (내부회계관리자) ① 내부회계관리자는 내부회계관리제도의 설계 및 운영을 총괄하고 이에 필요한 제반 사항을 지원한다.

② 내부회계관리자는 내부회계관리제도 설계 및 운영의 효과성을 점검한다.

③ 내부회계관리자는 제9조 제3항 단서에 따라 이사회 및 감사위원회에 내부회계관리제도 운영실태를 보고한다.

(관련조문) 법 제8조 제1항 제5호, 제4항

제10조의2 (내부회계관리자의 자격요건과 임면절차) ① 내부회계관리자는 다음 각 호의 요건을 모두 갖추어야 한다.

1. 회계 또는 내부통제에 관해 전문성을 갖출 것
2. 상근이사일 것

② 제1항에도 불구하고 제1항 제2호의 요건을 충족하는 자가 없는 경우 제2호는 '해당 이사의 업무를 집행하는 자'로 보아 이를 적용한다.

③ 대표이사는 인사발령 등의 사유로 내부회계관리제도 관련 업무의 수행이 불가능하거나 부적합하다고 판단하는 경우 내부회계관리자를 다시 지정한다.

④ 내부회계관리자의 임면절차는 'OO규정 제O조'를 따른다.

(관련조문) 법 제8조 제3항, 영 제9조 제2항 제2호

〈주석 1〉 상근이사는 주주총회에서 선임된 등기이사를 말함.

〈주석 2〉 내부회계관리자는 원칙적으로 등기이사이어야 하나, 만일 제시된 조건을 모두 충족하는 등기이사가 없는 경우에는 제1호의 조건을 충족하는 미등기임원도 내부회계관리자가 될

수 있음.

〈주석 3〉 법에서 요구하는 내부회계관리제도 임면절차가 따로 존재하지 않으므로 회사의 인사절차 등을 포함하고 있는 규정의 관련 내용을 준용하도록 하거나, 회사 상황에 맞는 임면절차를 추가하여 사용할 수 있음.

제11조 (감사위원회) ① 감사위원회는 제18조에 따라 내부회계관리제도 운영실태를 평가하고 보고한다.

② 감사위원회는 회사의 회계처리 위반사실을 감사인으로부터 통보받은 경우 외부전문가를 선임하여 위반사실 등을 조사하고, 그 결과에 따라 대표이사에게 위반내용의 시정 등을 요구한다.

③ 감사위원회는 제2항에 따른 조사결과 및 회사의 시정조치 결과 등을 즉시 증권선물위원회와 감사인에게 제출한다.

④ 감사위원회는 제1항 내지 제3항의 직무를 수행할 때 대표이사에게 필요한 자료, 정보 및 비용의 제공을 문서로 요청할 수 있다.

⑤ 감사위원회는 이사의 직무수행에 관하여 부정행위 또는 법령이나 정관에 위반되는 중대한 사실을 발견하면 감사인에게 통보한다.

(관련조문) 법 제8조 제1항 제5호, 제5항, 제22조 제4항 내지 제6항, 영 제9조 제2항 제7호 라목, 제6항

제12조 (교육계획의 수립 및 실시 등) ① 회사는 대표이사, 내부회계관리자, 감사위원회 및 회계정보를 작성, 공시하는 임직원(이하 '대표이사 등'이라 한다)을 대상으로 내부회계관리제도 관련 법령 및 이 규정에서 정하는 사항 등의 이해에 필요한 교육계획을 수립하고, 필요한 교육을 실시한다.

② 회사는 제1항에 따른 교육의 성과평가를 실시하며, 그 결과는 차기 사업연도 교육계획에 반영한다.

③ 제2항의 평가결과는 제13조 제1항에서 정한 보상정책과 연계하여 운영할 수 있다.

(관련조문) 영 제9조 제2항 제7호 가목, 외감규정 제6조 제2항

〈주석〉 제12조는 법 제9조 제2항 제7호 가목의 '교육·훈련의 계획·성과평가·평가결과의 활용'의 '성과평가'를 교육·훈련에 대한 성과평가로 보아 작성됨. 한편, 제13조 '감사위원회 평가결과와 보상정책의 연계' 및 내부회계관리제도 업무지침 제16조 '교육계획의 수립 및 실시 등'은 내부회계관리제도 효과성에 대한 업무수행자의 성과평가를 실시하기 위한 근거로 작성됨. 따라서 이 규정은 '성과평가'의 평가요소로서 '교육·훈련' 및 '내부회계관리제도의 효과성'을 모두 포함하고 있음.

제13조 (감사위원회 평가결과와 보상정책의 연계) ① 회사는 제18조에 따른 감사위원회의 평가결과를 대표이사 등의 인사·보수 및 차기 사업연도 내부회계관리제도 운영계획 수립에 반영한다.

② 제1항을 적용하기 위한 세부적인 사항은 제24조 제4항에 따른 '내부회계관리제도 업무지침'에서 정한다.

(관련조문) 영 제9조 제2항 제5호, 외감규정 제6조 제3항 제1호 다목

〈주석 1〉 회사는 감사위원회 평가결과를 인사·보수 등에 반영하기 위한 세부적인 절차와 방법 등을 '내부회계관리제도 업무지침'을 통해 마련하거나, 별도의 규정으로 마련하여 운영할 수

있음.

〈주석 2〉 이 규정 및 내부회계관리제도 업무지침은 '감사(위원)은 외부감사인과 더불어 내부회계관리제도를 감시 · 감독하는 평가자'로 보아 내부회계관리제도 효과성 점검대상(피평가자)으로 규정하고 있지 않음. 다만, 회사의 판단 내지 당국의 해석에 따라 감사(위원)도 점검대상으로 할 경우 이사회를 평가자로 하여 감사(위원)도 점검대상에 포함할 수 있음.

제4장 내부회계관리제도의 설계 및 운영

제14조 (내부회계관리제도 설계 및 운영의 준거기준) 회사는 내부회계관리제도운영위원회(이하 '운영위원회'라 한다)에서 발표한 '내부회계관리제도 설계 및 운영 개념체계'(이하 '개념체계'라 한다)에 따라 내부회계관리제도를 설계 및 운영한다.

〈주석 1〉 다른 개념체계를 준거기준으로 사용하는 경우 그 개념체계의 명칭으로 수정하여 사용함.

〈주석 2〉 개념체계의 시행시기는 법상 내부회계관리제도 인증수준 강화시기(법 부칙 제3조)에 연계(내부회계관리제도모범규준 적용의견서 18-1)되어 있는 바, 본 표준예시 부칙 제3조에서 회사의 개념체계 적용시기가 도래하기 전까지는 기존 모범규준 등을 준거기준으로 하는 것으로 반영하여 사용함.

제15조 (내부회계관리제도의 설계 및 운영) 내부회계관리제도를 설계 및 운영하는데 필요한 세부 사항은 제24조 제4항에 따른 '내부회계관리제도 업무지침'에서 정한다.

〈주석〉 관련 준거기준에 따라 내부회계관리제도를 설계 · 운영하기 위한 업무지침(내규)을 마련하여 세부 내용은 동 지침을 따르도록 하거나, 설계 · 운영에 필요한 내용을 직접 반영하여 사용할 수 있음.

제5장 내부회계관리제도 평가 및 보고

제16조 (내부회계관리제도 평가 및 보고의 준거기준) 대표이사, 내부회계관리자 및 감사위원회는 운영위원회에서 발표한 '내부회계관리제도 평가 및 보고 모범규준(이하 '모범규준'이라 한다)'에 따라 제17조에 따른 점검 및 제18조에 따른 평가를 수행한다.

〈주석 1〉 다른 평가기준을 준거기준으로 사용하는 경우 그 평가기준의 명칭으로 수정하여 사용함.

〈주석 2〉 모범규준의 시행시기는 법상 내부회계관리제도 인증수준 강화시기(법 부칙 제3조)에 연계(내부회계관리제도모범규준 적용의견서 18-1)되어 있는 바, 본 규정 부칙 제3조에서 회사의 모범규준 적용시기가 도래하기 전까지는 기존 모범규준 등을 준거기준으로 하는 것으로 반영하여 사용함.

제17조 (대표이사의 운영실태 점검 · 보고의 기준 및 절차) ① 회사는 내부회계관리제도의 효과성을 점검하기 위한 객관적인 성과지표를 마련 한다.

② 대표이사는 사업연도마다 내부회계관리제도의 효과성에 대한 점검을 수행하고, 주주총회, 이사회 및 감사위원회에 보고한다.

③ 대표이사는 제2항에 따라 이사회 및 감사위원회에 점검결과를 보고할 경우 문서(이하 '내부회계관리제도 운영실태보고서'라 한다)로 작성하여 대면(對面) 보고하여야 한다.

④ 제2항에 따른 점검, 보고의 세부 기준 및 절차는 다음 각호를 고려하여 제24조 제4항에 따른 '내부회계관리제도 업무지침'에서 정한다.

1. 내부회계관리제도가 회사에 적합한 형태로 설계·운영될 것
2. 신뢰할 수 있는 회계정보의 작성과 공시를 저해하는 위험을 예방하거나 적시에 발견하여 조치할 수 있는 상시적·정기적인 점검체계를 갖출 것
3. 제1항에 따른 성과지표
4. 대표이사가 제3호에 따른 성과지표 및 내부회계관리제도에 취약사항이 있는지에 대한 점검결과 등을 고려하여 회사의 내부회계관리제도가 효과적인지에 대한 의견을 제시할 것
5. 내부회계관리제도에 대하여 감리를 받은 경우 그 감리에 따른 시정조치 계획을 내부회계관리제도 시정조치 계획에 반영할 것

(관련조문) 법 제8조 제4항, 영 제9조 제2항 제3호, 제4항, 외감규정 제6조 제3항 제1호

〈주석〉 본 규정은 세부 기준 및 절차에 관한 사항을 하위 규정 등으로 위임하는 구조를 따르고 있는 바 그러한 하위 규정의 명칭은 매뉴얼, 업무지침 등 회사 상황에 맞게 다양하게 변형하여 사용할 수 있으며, 별도의 하위 규정을 마련하지 않는 회사의 경우 해당 조항을 삭제하고 사용함.

제18조 (감사위원회의 운영실태 평가·보고의 기준 및 절차) ① 감사위원회는 제17조 제3항에 따른 내부회계관리제도 운영실태보고서를 평가하고, 그 평가결과를 문서(이하 '내부회계관리제도 평가보고서'라 한다)로 작성하여 이사회에 사업연도마다 보고한다. 이 경우 내부회계관리제도의 관리·운영에 대하여 시정 의견이 있으면 그 의견을 포함하여 보고한다.

② 제1항에 따른 평가를 위해 감사위원회는 대면(對面) 회의를 개최하여야 한다.

③ 감사위원회는 정기총회 개최 1주 전까지 내부회계관리제도 평가보고서를 이사회에 대면(對面) 보고하여야 한다.

④ 제1항에 따른 평가, 보고의 세부 기준 및 절차는 다음 각 호를 고려하여 제24조 제4항에 따른 '내부회계관리제도 업무지침'에서 정한다.

1. 경영진 및 회사 경영에 사실상 영향력을 미칠 수 있는 자가 회계정보의 작성·공시 과정에 부당하게 개입할 수 없도록 내부회계관리제도가 설계 및 운영되는지를 평가할 것
2. 내부회계관리규정이 실질적으로 운영되는지를 평가할 것
3. 대표이사가 내부회계관리제도 운영실태보고서 작성에 관한 기준 및 절차를 준수하는지를 평가할 것

(관련조문) 법 제8조 제5항, 영 제9조 제2항 제4호, 제5항, 제7항, 외감규정 제6조 제3항 제2호

〈주석〉 감사를 둔 회사의 경우 제2항을 삭제함.

제19조 (평가보고서 비치) 감사위원회는 내부회계관리제도 평가보고서를 본점에 5년간 비치한다.

(관련조문) 법 제8조 제5항

제20조 (평가결과 공시) ① 대표이사 및 내부회계관리자는 「자본시장과 금융투자업에 관한 법률」 제159조에 따라 제출하는 사업보고서에 다음 각 호의 사항을 기재한 서류(이하 '내부회계관리제도 운영보고서'라 한다)를 첨부하여야 한다.

1. 법 제8조 제1항에 따른 내부회계관리규정과 이를 관리・운영하는 조직 및 인력에 관한 사항
2. 법 제8조 제6항에 따른 감사인의 검토의견 또는 감사의견
3. 내부회계관리제도 운영실태보고서
4. 내부회계관리제도 평가보고서

② 제1항의 사업보고서에 첨부할 내부회계관리제도 운영보고서는 「외부감사 및 회계 등에 관한 규정 시행세칙」 별지 제3호의 양식을 참조한다.

(관련조문) 영 제9조 제9항, 외감규정 제7조, 외감규정 시행세칙 별지 제3호

제6장 규정 위반시 조치사항 등

제21조 (관련 규정 위반의 조치 등) 다음 각 호의 사항을 포함하여 내부회계관리규정을 위반한 임직원의 징계에 관하여는 '인사규정'에서 정한 바를 따른다.

1. 규정에 위반한 회계정보를 작성하는 경우
2. 회계정보를 위조, 변조, 훼손 및 파기하는 경우
3. 규정에 위반한 내부회계관리제도를 설계・운영 및 평가・보고하는 경우
4. 상기 각호를 지시하는 경우

(관련조문) 영 제9조 제2항 제7호 바목

〈주석〉 징계 등의 근거규정을 인사규정으로 하고 있는 바, 이를 별도의 규정으로 두는 경우 관련 규정명칭 등을 수정하여 사용함.

제22조 (규정 위반에 대한 대처방안) ① 회사의 대표자 또는 기타 임직원이 이 규정을 위반하여 회계정보를 작성하게 하거나 공시할 것을 지시하는 경우 해당 임직원은 이를 내부회계관리자에게 서면 또는 구두로 보고한다.

② 내부회계관리규정 위반을 지시한 임직원 또는 회사는 회사의 임직원이 내부회계관리규정에 위반한 지시를 거부하더라도 그와 관련하여 불이익한 대우를 하지 않는다.

③ 제1항을 적용함에 있어 다음 각 호에 해당하는 경우에는 감사위원회에 보고하거나 내부신고제도에 신고한다.

1. 내부회계관리자가 내부회계관리규정 위반을 지시하거나 그와 관련되어 있는 경우
2. 제1항에 따라 보고하는 것이 부적절하다고 판단되는 경우
3. 제2항에 불구하고 불이익한 대우를 하는 경우

④ 내부회계관리자가 제1항에 따라 보고를 받은 경우 또는 감사위원회가 제3항에 따라 보고를 받은 경우 내부회계관리자와 감사위원회는 보고 받은 내용을 검토하여 필요한 조치를 하고, 보고자의 신분 등에 관한 비밀을 유지한다.

(관련조문) 영 제9조 제2항 제7호 나목

제23조 (내부신고제도의 운영) ① 회사는 내부회계관리규정 위반행위를 방지하기 위해 내부신고제도를 운영한다.

② 내부신고제도는 신고자의 신원을 보호하여야 하며, 신고와 관련하여 직접 또는 간접적인 방법으로 신고자 등에게 불이익한 대우를 해서는 아니 된다.

③ 제1항 및 제2항의 운영을 위한 세부사항은 '내부신고제도 운영규정(이사회의 위임을 받아 대표이사가 별도로 정한다)'에서 정한다.

(관련조문) 영 제9조 제2항 제7호 다목

〈주석〉 내부신고제도를 운영하기 위해 별도로 내부신고제도 운영규정 등을 마련할 필요가 있음. 만일 다른 방식으로 운영방법을 정하고자 하는 경우 해당 방식에 맞게 관련 조문을 수정하여 사용함. 금융회사의 경우 '내부통제기준'에 내부신고제도를 별도로 규정하고 있는 경우가 일반적이므로 '내부신고제도 운영규정'을 '내부통제기준'으로 수정하여 사용함.

제7장 보 칙

제24조 (규정의 제 · 개정 및 세부사항) ① 이 규정의 제정 및 개정은 감사위원회의 승인 및 이사회의 결의를 거쳐야 한다.

② 제1항에 불구하고 법령, 다른 규정 등의 변경 및 조직체계의 변경 등에 의한 단순한 자구수정 및 용어변경 등 경미한 내용은 이사회 및 감사위원회 사후 보고로 갈음할 수 있다.

③ 감사위원회와 이사회는 제정 및 개정의 사유를 문서(전자문서 포함)로 작성 · 관리하여야 한다.

④ 이 규정의 효율적인 운영을 위한 세부적인 사항은 이사회의 위임을 받아 대표이사가 '내부회계관리제도 업무지침'으로 정한다.

(관련조문) 영 제9조 제2항 제1호 및 제3항

부 칙

제1조 (시행일) 이 규정은 2018년 11월 1일부터 시행한다.

〈주석〉 이 규정을 승인하는 일자가 실제로는 2018. 11. 1 이후에 도래하더라도 규정의 시행일은 11. 1로 할 것을 제안함(법 시행일과의 일치)

제2조 (연결재무제표에 관한 회계정보를 작성 · 공시하기 위하여 필요한 사항의 적용에 관한 적용례) 제2조 제2항의 개정규정은 20××년 1월 1일부터 적용한다.

〈주석〉 영 부칙 제3조에 따라 회사의 연결내부회계관리제도 적용시기를 판단하여 기재함.

제3조 (내부회계관리제도 설계 · 운영 및 평가 · 보고 준거기준에 관한 적용례) 제14조 및 제16조의 '개념체계'와 '모범규준'은 20××년 1월 1일부터 적용한다.

〈주석〉 법 부칙 제3조 및 내부회계관리제도모범규준 적용의견서 2018-1에 따라 회사의 내부회계관리제도 인증수준 강화시기를 판단하여 기재함.

부록 2 내부회계관리제도 설계 · 운영 개념체계와 COSO보고서(internal control – Integrated framework) 비교표

1. 통제환경(Control environment)

내부회계관리제도 설계 · 운영 개념체계		COSO보고서(internal control – Integrated framework)	
17 원칙	중점고려사항	17 principles	Points of Focus
(원칙 1) 도덕성과 윤리적 가치에 대한 책임 : 회사는 도덕성과 윤리적 가치에 대한 책임을 강조한다.	경영진과 이사회의 의지 – 경영진과 이사회는 내부회계관리제도가 효과적으로 기능할 수 있도록 지침, 조치, 행동을 통해 도덕성과 윤리적 가치의 중요성을 강조한다.	Principle 1: The organization demonstrates a commitment to integrity and ethical values.	Sets the Tone at the Top – The board of directors and management at all levels of the entity demonstrate through their directives, actions, and behavior the importance of integrity and ethical values to support the functioning of the system of internal control.
	윤리강령 수립 – 회사의 윤리강령은 도덕성과 윤리적 가치에 관한 이사회와 고위 경영진의 기대사항을 반영하고 있으며, 회사의 모든 임직원, 외부서비스제공자 및 협력업체가 이를 숙지하고 있다.		Establishes Standards of Conduct – The expectations of the board of directors and senior management concerning integrity and ethical values are defined in the entity's standards of conduct and understood at all levels of the organization and by outsourced service providers and business partners.
	윤리강령 준수 평가 – 윤리강령의 준수에 대한 개인과 팀의 성과를 평가하는 프로세스가 수립되어 있다.		Evaluates Adherence to Standards of Conduct – Processes are in place to evaluate the performance of individuals and teams against the entity's expected standards of conduct.
	윤리강령 위반사항의 적시 처리 – 윤리강령의 위반사항은 적시에 일관된 방식으로 식별되고 개선된다.		Addresses Deviations in a Timely Manner – Deviations from the entity's expected standards of conduct are identified and remedied in a timely and consistent manner.
(원칙 2) 내부회계관리제도 감독 책임 : 이사회는 경영진으로부터 독립성을 유지하며 내부회계관리제도의 설계 및 운영을 감독한다.	이사회의 감독 책임 정립 – 이사회는 수립된 요구사항 및 기대사항과 관련된 감독 책임을 인지하고 수용한다. 단, 이사회는 외감법 등 법률에서 정하는 사항과 내부회계관리제도, 내부감사 및 부정방지 프로그램 등의 감독 책임을 감사(위원회)에 위임할 수 있다.	Principle 2: The board of directors demonstrates independence from management and exercises oversight of the development and performance of	Establishes Oversight Responsibilities – The board of directors identifies and accepts its oversight responsibilities in relation to established requirements and expectations.
	이사회의 전문성 확보 – 이사회는 이사회 구성원에게 필요한 기술과 전문지식을 정의하고, 유지하며, 주기적으로 평가한다. 이를 통해 이사회 구성원들이 고위 경영진에게 면밀한 질문을 하고 상응하는 조치를 취할 수 있게 한다.		Applies Relevant Expertise – The board of directors defines, maintains, and periodically evaluates the skills and expertise needed among its members to enable them to ask probing questions of senior management and take commensurate actions.

내부회계관리제도 설계 · 운영 개념체계		COSO보고서(internal control - Integrated framework)	
17 원칙	중점고려사항	17 principles	Points of Focus
	이사회의 독립적 운영 - 이사회는 경영진의 의사결정을 평가하고 감독함에 있어 경영진으로부터 독립적이며 객관성을 갖춘 충분한 인력을 보유한다.	internal control.	Operates Independently – The board of directors has sufficient members who are independent from management and objective in evaluations and decision making.
	내부회계관리제도 감독 수행 - 이사회는 경영진의 내부회계관리제도 설계, 구축 및 운영에 대한 감독 책임을 가진다. • 통제환경 - 도덕성 및 윤리적 가치, 감독 체계, 권한 및 책임, 적격성에 대한 기대사항 및 이사회의 책임 정립 • 위험평가 - 경영진이 평가한 내부회계관리제도의 목적 달성을 저해하는 위험 요소에 대한 감독(중요한 변화, 부정 및 내부회계관리제도에 대한 경영진의 권한 남용으로부터 야기되는 잠재적 영향 포함) • 통제활동 - 경영진의 통제활동 설계 및 운영에 대한 감독 • 정보 및 의사소통 - 회사의 내부회계관리제도 목적 달성과 관련된 정보의 분석 및 논의 • 모니터링 활동 - 모니터링 활동의 성격과 범위, 경영진의 통제 미비점 및 개선활동의 평가 및 감독		Provides Oversight for the System of Internal Control – The board of directors retains oversight responsibility for management's design, implementation, and conduct of internal control: • Control Environment – Establishing integrity and ethical values, oversight structures, authority and responsibility, expectations of competence, and accountability to the board. • Risk Assessment – Overseeing management's assessment of risks to the achievement of objectives, including the potential impact of significant changes, fraud, and management override of internal control. • Control Activities – Providing oversight to senior management in the development and performance of control activities. • Information and Communication – Analyzing and discussing information relating to the entity's achievement of objectives. • Monitoring Activities – Assessing and overseeing the nature and scope of monitoring activities and management's evaluation and remediation of deficiencies.
(원칙 3) 조직구조, 권한 및 책임정립 : 경영진은 내부회계관리제도의 목적을 달성하기 위해 이사회의 감독을 포함한 조직구	조직구조 고려- 경영진과 이사회는 회사의 목적 달성을 지원하기 위해 다양한 조직구조(운영단위, 법적 실체, 지역적 분포, 외부서비스제공자 포함)를 고려한다.	Principle 3: Management establishes, with board oversight, structures, reporting lines, and appropriate	Considers All Structures of the Entity – Management and the board of directors consider the multiple structures used (including operating units, legal entities, geographic distribution, and outsourced service providers) to support the achievement of objectives.
	보고체계 수립- 경영진은 각각의 조직이 권한과 책임을 이행		Establishes Reporting Lines – Management designs and

내부회계관리제도 설계·운영 개념체계		COSO보고서(internal control-Integrated framework)	
17 원칙	중점고려사항	17 principles	Points of Focus
조, 보고체계 및 적절한 권한과 책임을 정립한다.	하고 정보교류가 가능한 보고체계를 설계하고 평가한다.	authorities and responsibilities in the pursuit of objectives.	evaluates lines of reporting for each entity structure to enable execution of authorities and responsibilities and flow of information to manage the activities of the entity.
	권한과 책임의 정의, 부여 및 제한 – 경영진과 이사회는 권한을 위임하고 책임을 정의하며 적절한 프로세스와 기술을 활용하여 조직의 다양한 수준의 필요성에 따라 책임을 부여하고 업무를 분장한다. • 이사회 – 중요한 의사결정 권한 보유 및 경영진이 부여한 권한과 책임의 적정성 검토 • 고위 경영진 - 임직원이 내부회계관리제도와 관련된 책임을 이해하고 이행할 수 있도록 방향성 제시, 지침 및 통제 수립 • 경영진 - 고위 경영진의 지침과 통제가 회사 및 하위 조직 내에서 실행될 수 있도록 실무지침을 제시하고 지원 • 직원 - 윤리강령, 위험 요소, 조직 각 계층의 통제활동, 정보 및 의사소통 흐름, 모니터링 활동에 대한 이해 • 외부서비스제공자 - 모든 외부 직원의 권한 및 책임 범위에 대해 경영진이 정한 사항의 준수		Defines, Assigns, and Limits Authorities and Responsibilities – Management and the board of directors delegate authority, define responsibilities, and use appropriate processes and technology to assign responsibility and segregate duties as necessary at the various levels of the organization: • Board of Directors – Retains authority over significant decisions and reviews management's assignments and limitations of authorities and responsibilities • Senior Management – Establishes directives, guidance, and control to enable management and other personnel to understand and carry out their internal control responsibilities • Management – Guides and facilitates the execution of senior management directives within the entity and its subunits • Personnel – Understands the entity's standard of conduct, assessed risks to objectives, and the related control activities at their respective levels of the entity, the expected information and communication flow, and monitoring activities relevant to their achievement of objectives • Outsourced Service Providers – Adheres to management's definition of the scope of authority and responsibility for all non-employees engaged
(원칙 4) 적격성 유지 : 회사는 내부회계관리제도 목적에 부합하는 적격성 있는 인력을	정책 및 실무절차 수립 – 정책 및 실무절차는 내부회계관리제도 목적 달성 지원을 위해 필요한 적격성의 기대사항을 반영한다.	Principle 4: The organization demonstrates a commitment to attract, develop, and	Establishes Policies and Practices – Policies and practices reflect expectations of competence necessary to support the achievement of objectives.
	적격성 평가 및 보완 – 경영진과 이사회는 정책 및 실무절차		Evaluates Competence and Addresses Shortcomings – The

내부회계관리제도 설계 · 운영 개념체계		COSO보고서(internal control-Integrated framework)	
17 원칙	중점고려사항	17 principles	Points of Focus
선발, 육성하고 관리한다.	에 의거하여 조직 구성원 및 외부서비스제공자들의 적격성을 평가하고, 평가 결과 파악된 미비사항을 보완하기 위해 필요한 조치를 취한다.	retain competent individuals in alignment with objectives.	board of directors and management evaluate competence across the organization and in outsourced service providers in relation to established policies and practices, and act as necessary to address shortcomings.
	인력 선발, 육성 및 유지 - 회사는 내부회계관리제도 목적 달성을 지원하기 위해, 충분하고 적격성 있는 인력 및 외부서비스제공자를 선발, 육성하고 유지하는데 필요한 교육과 훈련을 제공한다.		Attracts, Develops, and Retains Individuals - The organization provides the mentoring and training needed to attract, develop, and retain sufficient and competent personnel and outsourced service providers to support the achievement of objectives.
	승계계획 및 준비 - 고위 경영진과 이사회는 내부회계관리제도상 중요한 책임에 관한 승계계획을 수립한다.		Plans and Prepares for Succession - Senior management and the board of directors develop contingency plans for assignments of responsibility important for internal control.
(원칙 5) 내부회계관리제도 책임 부여 : 회사는 조직 구성원들에게 내부회계관리제도의 목적을 달성하기 위해 필요한 책임을 부여한다.	조직구조, 권한 및 책임을 통한 내부회계관리제도 책임 부여 - 경영진과 이사회는 조직 전체 구성원들과 내부회계관리제도 수행에 관한 책임에 대해 의사소통을 하고, 그들에게 책임을 부여하며 필요한 경우 개선활동을 이행하도록 하는 체계를 수립한다.	Principle 5: The organization holds individuals accountable for their internal control responsibilities in the pursuit of objectives.	Enforces Accountability through Structures, Authorities, and Responsibilities - Management and the board of directors establish the mechanisms to communicate and hold individuals accountable for performance of internal control responsibilities across the organization and implement corrective action as necessary.
	성과 평가 및 보상정책 수립 - 경영진과 이사회는 장단기 목적 달성의 균형을 고려하고, 조직 전체 구성원의 내부회계관리제도 책임 이행에 적합한 성과평가와 보상정책을 수립한다.		Establishes Performance Measures, Incentives, and Rewards - Management and the board of directors establish performance measures, incentives, and other rewards appropriate for responsibilities at all levels of the entity, reflecting appropriate dimensions of performance and expected standards of conduct, and considering the achievement of both short-term and longer-term objectives.
	성과 평가 및 보상정책과의 연계 - 경영진과 이사회는 내부회계관리제도 목적 달성을 위해 내부회계관리제도 책임 이행과 그에 따른 성과평가 및 보상을 연계한다.		Evaluates Performance Measures, Incentives, and Rewards for Ongoing Relevance - Management and the board of directors align incentives and rewards with the fulfillment of internal control responsibilities in the achievement of objectives.

내부회계관리제도 설계·운영 개념체계		COSO보고서(internal control-Integrated framework)	
17 원칙	중점고려사항	17 principles	Points of Focus
	과도한 압박 고려 - 경영진과 이사회는 조직 구성원들에게 책임을 부여하고 성과평가지표를 수립하고 평가할 때 관련된 압박이 존재하는지를 평가하고 조정한다.		Considers Excessive Pressures - Management and the board of directors evaluate and adjust pressures associated with the achievement of objectives as they assign responsibilities, develop performance measures, and evaluate performance.
	개인의 성과 평가, 보상 또는 징계 조치 - 경영진과 이사회는 내부회계관리제도 책임 이행(윤리강령의 준수 및 적격성의 기대 수준 충족 포함)에 대한 성과를 평가하고, 그 결과에 따라 보상하거나 필요 시 징계 조치를 취한다.		Evaluates Performance and Rewards or Disciplines Individuals - Management and the board of directors evaluate performance of internal control responsibilities, including adherence to standards of conduct and expected levels of competence and provide rewards or exercise disciplinary action as appropriate.

2. 위험평가(Risk Assessment)

내부회계관리제도 설계 · 운영 개념체계		COSO보고서(internal control - Integrated framework)	
17 원칙	중점고려사항	17 principles	Points of Focus
(원칙 6) 구체적인 목적 수립 : 회사는 관련된 위험을 식별하고 평가할 수 있도록 내부회계관리제도의 목적을 명확하게 설정한다.	적합한 회계기준의 준수 - 신뢰할 수 있는 외부 재무제표를 작성할 때, 경영진은 회사에 적용되는 회계기준을 고려한다. 또한 경영진은 회사의 상황과 목적에 적합한 회계원칙을 채택하고 일관성 있게 적용한다.	Principle 6: The organization specifies objectives with sufficient clarity to enable the identification and assessment of risks relating to objectives.[1)]	<u>External Financial Reporting Objectives</u> Complies with Applicable Accounting Standards - Financial reporting objectives are consistent with accounting principles suitable and available for that entity. The accounting principles selected are appropriate in the circumstances.
	중요성 고려 - 경영진은 재무제표 표시에 있어 중요성을 고려한다.		Considers Materiality - Management considers materiality in financial statement presentation.
	회사 활동의 실질 반영 - 외부 재무보고는 재무정보의 질적 특성과 경영자 주장을 뒷받침할 수 있는 기초 거래와 사건을 반영한다.		Reflects Entity Activities - External reporting reflects the underlying transactions and events to show qualitative characteristics and assertions.
(원칙 7) 위험 식별 및 분석 : 회사는 목적 달성에 영향을 미치는 위험을 전사적으로 식별하고, 위험 관리방안을 수립하기 위해 위험을 분석한다.	회사 내 다양한 조직 수준 고려 - 회사는 회사, 종속회사, 부문, 운영 팀 및 기능 단위 등 회사 전체 조직 단위에서 목적 달성과 관련된 위험을 식별하고 평가한다.	Principle 7: The organization identifies risks to the achievement of its objectives across the entity and analyzes risks as a basis for determining how the risks should be managed.	Includes Entity, Subsidiary, Division, Operating Unit, and Functional Levels - The organization identifies and assesses risks at the entity, subsidiary, division, operating unit, and functional levels relevant to the achievement of objectives.
	외부 재무보고에 영향을 미치는 내부 및 외부 요인 분석 - 내부 및 외부 요인과 그 요인들이 외부에 공시되는 재무제표의 신뢰성을 확보하는 목적을 달성하는데 미치는 영향을 고려한다.		Analyzes Internal and External Factors - Risk identification considers both internal and external factors and their impact on the achievement of objectives.
	적절한 수준의 경영진 참여 - 적절한 수준의 경영진이 참여하는 효과적인 위험평가체계를 구축한다.		Involves Appropriate Levels of Management - The organization puts into place effective risk assessment mechanisms that involve appropriate levels of management.
	식별된 위험의 중요성 평가 - 회사는 해당 위험의 잠재적인 중요성을 평가하는 절차를 포함한 프로세스를 통해 식별된 위험을 분석한다.		Estimates Significance of Risks Identified - Identified risks are analyzed through a process that includes estimating the potential significance of the risk.
	위험 대응 방안 결정 - 위험평가 결과 식별된 재무제표 왜곡표시 위험에 대하여는 적절한 위험 대응 방안을 결정하여 시행한다.		Determines How to Respond to Risks - Risk assessment includes considering how the risk should be managed and whether to accept, avoid, reduce, or share the risk.

내부회계관리제도 설계 · 운영 개념체계		COSO보고서(internal control-Integrated framework)	
17 원칙	중점고려사항	17 principles	Points of Focus
(원칙 8) 부정위험 평가 : 내부회계관리제도 목적 달성에 대한 위험 평가 시 잠재적인 부정 가능성을 고려한다.	다양한 부정의 유형 고려 - 부정위험 평가 시 다양한 방식의 부정과 비리행위로부터 비롯되는 부정한 재무보고, 자산의 잠재적 손실, 부패 등을 고려한다.	Principle 8: The organization considers the potential for fraud in assessing risks to the achievement of objectives.	Considers Various Types of Fraud - The assessment of fraud considers fraudulent reporting, possible loss of assets, and corruption resulting from the various ways that fraud and misconduct can occur.
	유인과 압력의 평가 - 부정위험 평가 시 유인(incentive)과 압력(pressure)으로 인한 부정의 발생가능성을 고려한다.		Assesses Incentive and Pressures - The assessment of fraud risk considers incentives and pressures.
	기회 평가 - 부정위험 평가 시 취약한 통제활동 등으로 인해 승인되지 않은 자산의 취득 · 사용 · 처분, 재무보고기록의 변경, 기타 부적절한 행위 등 부정을 저지를 수 있는 기회가 발생할 수 있는 가능성을 고려한다.		Assesses Opportunities - The assessment of fraud risk considers opportunities for unauthorized acquisition, use, or disposal of assets, altering of the entity's reporting records, or committing other inappropriate acts.
	태도와 합리화에 대한 평가 - 부정위험 평가 시 임직원이 어떻게 부적절한 행위에 연관되는지와 어떻게 부적절한 행위를 정당화하는지를 고려한다.		Assesses Attitudes and Rationalizations - The assessment of fraud risk considers how management and other personnel might engage in or justify inappropriate actions.
(원칙 9) 중요한 변화의 식별과 분석 : 회사는 내부회계관리제도에 중요한 영향을 미치는 변화를 식별 · 분석하여 내부회계관리제도를 유지 · 관리한다.	외부 환경 변화의 평가 - 위험을 식별하는 과정에서 사업과 관련된 규제의 변화, 경제적인 변화, 물리적 환경의 변화 등이 내부회계관리제도에 미치는 영향을 고려한다.	Principle 9: The organization identifies and assesses changes that could significantly impact the system of internal control.	Assesses Changes in the External Environment - The risk identification process considers changes to the regulatory, economic, and physical environment in which the entity operates.
	사업모델 변화의 평가 - 새로운 사업영역이나 기존 사업구성의 급격한 변화, 기업인수나 사업양수도, 급격한 성장, 해외 의존도의 변화, 새로운 기술 등이 내부회계관리제도에 미치는 영향을 고려한다.		Assesses Changes in the Business Model - The organization considers the potential impacts of new business lines, dramatically altered compositions of existing business lines, acquired or divested business operations on the system of internal control, rapid growth, changing reliance on foreign geographies, and new technologies.
	리더십 변화의 평가 - 회사는 경영진의 변경과, 이에 따른 경영진의 태도 및 철학의 변화가 내부회계관리제도에 미치는 영향을 고려한다.		Assesses Changes in Leadership - The organization considers changes in management and respective attitudes and philosophies on the system of internal control.

1) 외부보고 목적에 대한 부문만을 비교하였다.

3. 통제활동(Control activities)

내부회계관리제도 설계·운영 개념체계		COSO보고서(internal control-Integrated framework)	
17 원칙	중점고려사항	17 principles	Points of Focus
(원칙 10) 통제활동의 선택과 구축 : 회사는 내부회계관리제도의 목적 달성을 저해하는 위험을 수용 가능한 수준으로 줄일 수 있는 통제활동을 선택하고 구축한다.	위험평가와의 통합 - 위험평가 결과 확인된 위험을 관리하고 줄일 수 있는 통제활동을 마련한다.	Principle 10: The organization selects and develops control activities that contribute to the mitigation of risks to the achievement of objectives to acceptable levels.	Integrates with Risk Assessment - Control activities help ensure that risk responses that address and mitigate risks are carried out.
	회사의 고유한 요인 고려 - 경영진은 통제활동 선택 및 구축 시, 회사의 고유한 특성뿐만 아니라 사업 환경, 복잡성, 성격 및 범위 등의 영향을 고려한다.		Considers Entity-Specific Factors - Management considers how the environment, complexity, nature, and scope of its operations, as well as the specific characteristics of its organization, affect the selection and development of control activities.
	관련 있는 업무프로세스 결정 - 경영진은 통제활동이 필요한 관련 있는 업무프로세스를 결정한다.		Determines Relevant Business Processes - Management determines which relevant business processes require control activities.
	통제유형의 조합 - 위험을 완화시키기 위해 다양한 속성을 결합한 균형 잡힌 통제활동을 고려한다(수동통제와 자동통제, 예방통제와 적발통제 등).		Evaluates a Mix of Control Activity Types - Control activities include a range and variety of controls and may include a balance of approaches to mitigate risks, considering both manual and automated controls, and preventive and detective controls.
	다양한 수준의 통제활동 적용 고려 - 경영진은 회사 내 다양한 수준의 통제활동을 고려한다.		Considers at What Level Activities Are Applied - Management considers control activities at various levels in the entity.
	업무분장 고려 - 경영진은 양립할 수 없는 직무를 분리하되, 업무분장 적용이 가능하지 않을 경우 대체적인 통제활동을 선택하고 구축한다.		Addresses Segregation of Duties - Management segregates incompatible duties, and where such segregation is not practical management selects and develops alternative control activities.
(원칙 11) 정보기술 일반통제의 선정과 구축 : 회사는 내부회계관리제도 목적 달성을 지원하는 정보기술 일	업무프로세스에서 사용되는 정보기술과 정보기술 일반통제 간 의존도 결정 - 경영진은 업무프로세스 및 자동통제와 정보기술 일반통제 간의 의존성과 연관성을 이해하고 결정한다.	Principle 11: The organization selects and develops general control activities over technology to	Determines Dependency between the Use of Technology in Business Processes and Technology General Controls - Management understands and determines the dependency and linkage between business processes, automated control activities, and technology general controls.

내부회계관리제도 설계 · 운영 개념체계		COSO보고서(internal control – Integrated framework)	
17 원칙	중점고려사항	17 principles	Points of Focus
반통제를 선정하고 구축한다.	정보기술 인프라 통제활동 수립 – 경영진은 정보처리의 완전성, 정확성 및 이용가능성을 확보하기 위한 정보기술 인프라에 대한 통제활동을 선택하고 구축한다.	support the achievement of objectives.	Establishes Relevant Technology Infrastructure Control Activities – Management selects and develops control activities over the technology infrastructure, which are designed and implemented to help ensure the completeness, accuracy, and availability of technology processing.
	보안관리 프로세스에 대한 통제활동 수립 – 경영진은 업무책임에 상응하는 정보기술 접근권한을 허가된 담당자로 제한하고, 외부의 위협으로부터 회사의 자산을 보호하기 위한 보안 관련 통제활동을 선택하고 구축한다.		Establishes Relevant Security Management Process Control Activities – Management selects and develops control activities that are designed and implemented to restrict technology access rights to authorized users commensurate with their job responsibilities and to protect the entity's assets from external threats.
	정보기술의 취득, 개발 및 유지보수 프로세스에 대한 통제 수립 – 경영진은 내부회계관리제도 목적 달성을 위하여 정보기술 및 인프라의 취득, 개발, 유지보수 활동에 대한 통제활동을 선정하고 구축한다.		Establishes Relevant Technology Acquisition, Development, and Maintenance Process Control Activities – Management selects and develops control activities over the acquisition, development, and maintenance of technology and its infrastructure to achieve management's objectives.
(원칙 12) 정책과 절차를 통한 실행 : 회사는 기대사항을 정한 정책과 그 정책을 실행하기 위한 절차를 통하여 통제활동을 적용한다.	경영진의 지침 전달을 지원하기 위한 정책 및 절차 수립 – 경영진은 기대사항을 정한 정책과 이를 실행 가능한 구체적 절차로 제시하여 업무프로세스 및 구성원의 일상적인 활동에 통제활동이 내재화되도록 한다.	Principle 12: The organization deploys control activities through policies that establish what is expected and procedures that put policies into action.	Establishes Policies and Procedures to Support Deployment of Management's Directives – Management establishes control activities that are built into business processes and employees' day-to-day activities through policies establishing what is expected and relevant procedures specifying actions.
	정책과 절차의 적용을 위한 책임 확립과 담당자의 지정 – 경영진은 관련 위험이 존재하는 사업단위 또는 부서의 경영진(또는 지정된 인원)과 함께 통제활동에 대한 책임을 확립하고 담당자를 지정한다.		Establishes Responsibility and Accountability for Executing Policies and Procedures – Management establishes responsibility and accountability for control activities with management (or other designated personnel) of the business unit or function in which the relevant risks reside.
	통제활동의 적시 수행 – 통제활동별로 지정된 담당자가 정책과 절차에 정해진 대로 통제활동을 적시에 수행한다.		Performs in a Timely Manner – Responsible personnel perform control activities in a timely manner as defined by the policies and procedures.

내부회계관리제도 설계 · 운영 개념체계		COSO보고서(internal control-Integrated framework)	
17 원칙	중점고려사항	17 principles	Points of Focus
	개선조치 이행 – 통제활동 수행 결과 식별된 문제점에 대하여 책임 있는 담당자가 조사하고 조치를 취한다.		Takes Corrective Action – Responsible personnel investigate and act on matters identified as a result of executing control activities.
	적격성 있는 담당자의 수행 – 충분한 권한을 가진 적격성 있는 담당자가 지속적인 관심과 주의를 기울여 통제활동을 수행한다.		Performs Using Competent Personnel – Competent personnel with sufficient authority perform control activities with diligence and continuing focus.
	정책, 절차 및 통제활동의 주기적인 재평가 – 경영진은 정책, 절차 및 통제활동이 지속적으로 적정한지 판단하기 위하여 주기적으로 검토하고, 필요시 정책, 절차 및 통제활동을 개정 또는 개선한다.		Reassesses Policies and Procedures – Management periodically reviews control activities to determine their continued relevance, and refreshes them when necessary.

4. 정보 및 의사소통(Information and Communication)

내부회계관리제도 설계 · 운영 개념체계		COSO보고서(internal control - Integrated framework)	
17 원칙	중점고려사항	17 principles	Points of Focus
(원칙 13) 관련 있는 정보의 사용 : 회사는 내부회계관리제도의 운영을 지원하기 위하여 관련 있는 양질의 정보를 취득 또는 생산하고 사용한다.	정보 요구사항의 식별 - 회사의 내부회계관리제도 목적 달성과 내부회계관리제도 구성요소들의 기능을 지원하기 위해 필요하고 요구되는 정보를 식별하는 절차가 수립되어 있다.	Principle 13: The organization obtains or generates and uses relevant, quality information to support the functioning of internal control.	Identifies Information Requirements - A process is in place to identify the information required and expected to support the functioning of the other components of internal control and the achievement of the entity's objectives.
	내부 및 외부의 데이터 원천 포착 - 정보시스템은 내부 및 외부의 데이터 원천을 포착한다.		Captures Internal and External Sources of Data - Information systems capture internal and external sources of data.
	관련 있는 데이터를 의미 있는 정보로 변환 - 정보시스템은 관련 있는 데이터를 처리하여 의미 있는 정보로 변환한다.		Processes Relevant Data into Information - Information systems process and transform relevant data into information.
	정보 처리 과정에서 품질의 유지 · 관리 - 정보시스템은 시의 적절하고, 최신의, 정확하고, 완전하고, 접근가능하고, 보호되고, 검증가능한 정보를 생산하고 유지하며 동 정보가 내부회계관리제도 구성요소 지원에 적절한 정보인지 검토한다.		Maintains Quality throughout Processing - Information systems produce information that is timely, current, accurate, complete, accessible, protected, and verifiable and retained. Information is reviewed to assess its relevance in supporting the internal control components.
	비용과 효익 고려 - 의사소통 대상이 되는 정보의 성격, 양, 상세한 정도는 회사의 내부회계관리제도 목적에 부합하고, 목적 달성을 지원한다.		Considers Costs and Benefits - The nature, quantity, and precision of information communicated are commensurate with and support the achievement of objectives.
(원칙 14) 내부 의사소통 : 회사는 내부회계관리제도의 운영을 지원하기 위하여 필요한 내부회계관리제도에 대한 목적과 책임 등의 정보에 대해 내부적으로 의사소통한다.	내부회계관리제도 정보에 대한 의사소통 - 모든 직원이 내부회계관리제도 책임을 이해하고 이행하기 위해 필요한 정보를 교환하는 프로세스가 존재한다.	Principle 14: The organization internally communicates information, including objectives and responsibilities for internal control, necessary to support	Communicates Internal Control Information - A process is in place to communicate required information to enable all personnel to understand and carry out their internal control responsibilities.
	경영진과 이사회 간의 의사소통 - 경영진과 이사회는 회사의 내부회계관리제도 목적과 관련한 각자의 역할 수행을 위해 요구되는 정보를 얻을 수 있도록 양자 간에 의사소통한다.		Communicates with the Board of Directors - Communication exists between management and the board of directors so that both have information needed to fulfill their roles with respect to the entity's objectives.
	별도의 의사소통 라인 제공 - 통상적인 의사소통 채널이 비효		Provides Separate Communication Lines - Separate communication

내부회계관리제도 설계 · 운영 개념체계		COSO보고서(internal control - Integrated framework)	
17 원칙	중점고려사항	17 principles	Points of Focus
	과적인 경우를 대비하여 익명 또는 비밀이 보장된 의사소통이 가능하도록 내부고발제도 같은 별도의 의사소통 채널이 갖추어져 있다.	the functioning of internal control.	channels, such as whistle-blower hotlines, are in place and serve as fail-safe mechanisms to enable anonymous or confidential communication when normal channels are inoperative or ineffective.
	적절한 의사소통 방법 선택 – 시기, 대상자 및 정보의 성격을 고려하여 의사소통의 방법을 선택한다.		Selects Relevant Method of Communication – The method of communication considers the timing, audience, and nature of the information.
(원칙 15) 외부 의사소통 : 회사는 내부회계관리제도의 운영에 영향을 미치는 사항에 대해 외부관계자와 의사소통한다.	외부관계자와의 의사소통 – 주주, 협력업체, 소유주, 규제기관, 고객, 재무분석가 등 외부관계자와 관련 있는 정보를 적시에 의사소통할 수 있는 프로세스가 구축되어 있다.	Principle 15: The organization communicates with external parties regarding matters affecting the functioning of internal control.	Communicates to External Parties – Processes are in place to communicate relevant and timely information to external parties including shareholders, partners, owners, regulators, customers, and financial analysts and other external parties.
	외부로부터의 의사소통 – 고객, 소비자, 공급자, 외부감사인, 규제기관, 재무분석가 등 외부관계자의 의견을 수렴하여 경영진과 이사회에 관련 있는 정보를 제공할 수 있는 개방된 의사소통 채널을 마련한다.		Enables Inbound Communications – Open communication channels allow input from customers, consumers, suppliers, external auditors, regulators, financial analysts, and others, providing management and the board of directors with relevant information.
	이사회와의 의사소통 – 외부관계자가 수행한 평가로부터 도출된 관련 있는 정보는 이사회와 의사소통된다.		Communicates with the Board of Directors – Relevant information resulting from assessments conducted by external parties is communicated to the board of directors.
	별도의 의사소통 라인 제공 – 통상적인 의사소통 채널이 작동하지 않거나 비효과적인 경우를 대비하여 익명 또는 비밀이 보장된 의사소통이 가능하도록 내부고발제도와 같은 별도의 의사소통 채널이 갖추어져 있다.		Provides Separate Communication Lines – Separate communication channels, such as whistle-blower hotlines, are in place and serve as fail-safe mechanisms to enable anonymous or confidential communication when normal channels are inoperative or ineffective.
	적절한 의사소통 방법 선택 – 의사소통의 시기, 대상, 성격뿐만 아니라 법률, 규제, 주주 및 이해관계자의 요구사항 및 기대를 고려하여 의사소통 방법을 선택한다.		Selects Relevant Method of Communication – The method of communication considers the timing, audience, and nature of the communication and legal, regulatory, and fiduciary requirements and expectations.

5. 모니터링(Monitoring)

내부회계관리제도 설계·운영 개념체계		COSO보고서(internal control－Integrated framework)	
17 원칙	중점고려사항	17 principles	Points of Focus
(원칙 16) 상시적인 모니터링과 독립적인 평가 수행 : 회사는 상시적인 모니터링과 독립적인 평가 방안을 수립하여 내부회계관리제도 설계 및 운영의 적정성을 평가한다.	상시적인 모니터링과 독립적인 평가의 결합 고려 － 경영진은 상시적인 모니터링과 독립적인 평가의 균형을 고려한다.	Principle 16: The organization selects, develops, and performs ongoing and/or separate evaluations to ascertain whether the components of internal control are present and functioning.	Considers a Mix of Ongoing and Separate Evaluations － Management includes a balance of ongoing and separate evaluations.
	변화의 정도 고려 － 경영진은 상시적인 모니터링과 독립적인 평가를 선택하고 구축할 때, 업무와 업무프로세스의 변화의 정도를 고려한다.		Considers Rate of Change － Management considers the rate of change in business and business processes when selecting and developing ongoing and separate evaluations.
	출발점(Baseline)의 설정 － 내부회계관리제도의 설계와 현재 상태는 상시적인 모니터링과 독립적인 평가를 위한 출발점을 수립하는 데 활용된다.		Establishes Baseline Understanding － The design and current state of an internal control system are used to establish a baseline for ongoing and separate evaluations.
	충분한 지식을 갖춘 인력 활용 － 상시적인 모니터링과 독립적인 평가를 수행하는 평가자들은 평가 대상에 대한 충분한 지식을 보유하고 있다.		Uses Knowledgeable Personnel － Evaluators performing ongoing and separate evaluations have sufficient knowledge to understand what is being evaluated.
	업무프로세스와의 통합 － 상시적인 모니터링은 업무프로세스에 내재되고 변화하는 상황에 따라 조정된다.		Integrates with Business Processes － Ongoing evaluations are built into the business processes and adjust to changing conditions.
	범위와 빈도 조정 － 경영진은 위험의 중요성에 따라 독립적인 평가의 범위와 빈도를 달리 한다.		Adjusts Scope and Frequency － Management varies the scope and frequency of separate evaluations depending on risk.
	객관적인 평가 － 객관적인 피드백을 제공하기 위해 주기적으로 독립적인 평가가 수행된다.		Objectively Evaluates － Separate evaluations are performed periodically to provide objective feedback.
(원칙 17) 미비점 평가와 개선활동 : 회사는 내부회계관리제도의 미비점을 평가하고 필요한 개선활동을 적시에 수행한다.	결과 평가 － 경영진과 이사회는 상시적인 모니터링과 독립적인 평가 결과에 대해 적절히 평가한다.	Principle 17: The organization evaluates and communicates internal control deficiencies in a timely manner to	Assesses Results － Management and the board of directors, as appropriate, assess results of ongoing and separate evaluations.
	미비점 의사소통 － 내부회계관리제도의 미비점은 개선활동을 수행할 책임이 있는 담당자와 책임자(일반적으로 차상위자, 필요시 고위 경영진과 이사회 포함), 이사회와 적절하게 의사소통된다.		Communicates Deficiencies － Deficiencies are communicated to parties responsible for taking corrective action and to senior management and the board of directors, as appropriate.

내부회계관리제도 설계 · 운영 개념체계		COSO보고서(internal control - Integrated framework)	
17 원칙	중점고려사항	17 principles	Points of Focus
	개선활동에 대한 모니터링 활동 - 경영진은 통제 미비점들이 적시에 개선되는지 확인한다.	those parties responsible for taking corrective action, including senior management and the board of directors, as appropriate.	Monitors Corrective Actions - Management tracks whether deficiencies are remediated on a timely basis.

부록 3 A Framework for Evaluating Control Exceptions and Deficiencies

Version 3

December 20, 2004

Table of Contents

Introduction and Purpose

This paper outlines a suggested framework for evaluating exceptions and deficiencies resulting from the evaluation of a company's internal control over financial reporting. Issuers and auditors may find this framework useful.

This paper should be read in conjunction with Auditing Standard No. 2, *An Audit of Internal Control Over Financial Reporting Performed in Conjunction With an Audit of Financial Statements* (AS 2), especially the definitions in paragraphs 8 through 10, the section on evaluating deficiencies in paragraphs 130 through 141, the examples of significant deficiencies and material weaknesses in Appendix D, and the Background and Basis for Conclusions in Appendix E. The framework is not a substitute for AS 2 and other relevant professional literature.

The framework was developed by representatives of the following nine firms:

BDO Seidman LLP
Crowe Chizek and Company LLC
Deloitte & Touche LLP
Ernst & Young LLP
Grant Thornton LLP
Harbinger PLC
KPMG LLP
McGladrey & Pullen LLP
PricewaterhouseCoopers LLP

In addition, William F. Messier, Jr., Professor, Georgia State University, also contributed to the development of the framework.

This framework reflects their views on a framework consistent with their understanding of AS 2.

The framework represents a thought process that will require significant judgment. The objective of the framework is to assist knowledgeable and experienced individuals in evaluating deficiencies in a consistent manner. The mere mechanical application of this framework will not, in and of itself, necessarily lead to an appropriate conclusion.

Because of the need to apply judgment and to consider and weigh quantitative and qualitative factors, different individuals evaluating similar fact patterns may reach different conclusions.

The framework recognizes the requirement in AS 2 to consider likelihood and magnitude in evaluating deficiencies. It also recognizes that AS 2.136 states:

> In evaluating the magnitude of the potential misstatement, the auditor should recognize that the maximum amount that an account balance or total of transactions can be overstated is generally the recorded amount. However, the recorded amount is not a limitation on the amount of potential understatement. The auditor also should recognize that the risk of misstatement might be different for the maximum possible misstatement than for lesser possible amounts.

The framework applies these concepts through the evaluation of a combination of magnitude and likelihood. Because of the wide variety of control types, population characteristics, and test exception implications, the group did not undertake to develop a purely quantitative model. Instead, the framework considers quantitative and qualitative factors.

This paper does not address the determination of materiality. Reference, in that regard, should be made to AS 2.23, which states:

> The same conceptual definition of materiality that applies to financial reporting applies to information on internal control over financial reporting, including the relevance of both quantitative and qualitative considerations.*
>
> - ○ The quantitative considerations are essentially the same as in an audit of financial statements and relate to whether misstatements that would not be prevented or detected by internal control over financial reporting, individually or collectively, have a quantitatively material effect on the financial statements.
> - ○ The qualitative considerations apply to evaluating materiality with respect to the financial statements and to additional factors that relate to the perceived needs of reasonable persons who will rely on the information. AS 2.6 describes some qualitative considerations.
>
> * AU sec. 312, *Audit Risk and Materiality in Conducting an Audit*, provides additional explanation of materiality.

Guiding Principles

The principles set forth below correspond to the box numbers on the appropriate charts included in this paper.

The evaluation of individual exceptions and deficiencies is an iterative process. Although this paper depicts the evaluation process as a linear progression, it may be appropriate at any point in the process to return to and reconsider any previous step based on new information.

In applying the framework, the following should be considered in determining which chart(s) to use for evaluating individual exceptions and deficiencies:

- ○ Chart 1 is used to evaluate and determine whether an exception noted in performing tests of operating effectiveness represents a control deficiency.
- ○ Chart 2 is used to evaluate and classify control deficiencies in manual or automated controls that are directly related to achieving relevant financial statement assertions.
- ○ Chart 3 is used to evaluate and classify deficiencies in ITGCs that are intended to support the continued effective operation of controls related to one or more relevant financial statement assertions. If an application control deficiency is related to or caused by an ITGC deficiency, the application control deficiency is evaluated using Chart 2 and the ITGC deficiency is evaluated using Chart 3.
- ○ Chart 4 is used to evaluate and classify control deficiencies in pervasive controls other than ITGC. Such control deficiencies generally do not directly result in a misstatement. However, they may contribute to the likelihood of a misstatement at the process level.

After evaluating and classifying individual deficiencies, consideration should be given to the aggregation of the deficiencies using the guiding principles outlined in "Consider and Evaluate Deficiencies in the Aggregate" below.

Evaluating Exceptions

Found in the Testing of Operating Effectiveness (Chart 1)

General. The testing of controls generally relates to significant processes and major classes of transactions for relevant financial statement assertions related to significant accounts and disclosures. Therefore, the underlying assumption is that all exceptions/deficiencies resulting from the testing must be evaluated because they relate to accounts and disclosures that are material to the financial statements taken as a whole.

The purpose of tests of controls is to achieve a high level of assurance that the controls are operating effectively. Therefore, the sample sizes used to test controls should provide that level of comfort. In cases in which samples are selected using a statistically based approach, sample sizes for frequently operating manual controls that result in less than a 90% level of confidence that the upper limit deviation rate does not exceed 10% typically would not provide a high level of assurance. (Refer to the AICPA Audit and Accounting Guide, *Audit Sampling*).

The magnitude of a control deficiency (i.e., deficiency, significant deficiency, or material weakness) is evaluated based on the impact of known and/or potential misstatements on annual and interim financial statements.

While some of the concepts discussed in this paper relate to statistical sampling, the framework does not require the use of statistical sampling. A statistical sample is (1) selected on a random or other basis that is representative of the population and (2) evaluated statistically. In tests of internal controls, it may be impractical to select samples randomly, but they should be selected in an unbiased manner.

Box 1. All exceptions should be evaluated quantitatively and qualitatively. A thorough understanding of the cause of the exception is important in evaluating whether a test exception represents a control deficiency. This evaluation should consider the potential implications with regard to the effectiveness of other controls, e.g., the company's ITGCs and other COSO components.

In concluding whether the test objective was met, considerations include:

○ The deviation rate in relation to the frequency of performance of the control (e.g., absent extending the test, there is a presumption that an exception in a control that operates less frequently than daily is a control deficiency).

- ○ Qualitative factors, including exceptions that are determined to be systematic and recurring or that relate to the factors outlined in AS 2.133, 139, and 140.
- ○ Whether the exception is known to have resulted in a financial statement misstatement (e.g., there is a presumption that an exception that results in a financial statement misstatement in excess of the level of precision at which the control is designed to operate, is a control deficiency).

A control objective may be achieved by a single control or a combination of controls. A test of controls may be designed to test a single control that alone achieves the control objective or a number of individual controls that together achieve the control objective.

Box 2. If the test objective is not met, consideration should be given to whether additional testing could support a conclusion that the deviation rate is not representative of the total population. For example, if observed exceptions result in a non-negligible deviation rate, then the test objective initially is not met. In a test designed to allow for finding one or more deviations, the test objective is not met if the actual number of deviations found exceeds the number of deviations allowed for in the plan.

Box 3. If the test objective initially is not met, then there are two options:

- ○ If the observed exceptions and resulting non-negligible deviation rate are not believed to be representative of the population (e.g., because of sampling error), the test may be extended and re-evaluated.
- ○ If the observed exceptions and resulting non-negligible deviation rate are believed to be representative of the population, the exceptions are considered to be a control deficiency and its significance is assessed.

Evaluating Process/Transaction－Level Control Deficiencies (Chart 2)

Step 1. Determine whether a significant deficiency exists:

Box 1. When evaluating deficiencies, potential magnitude (inconsequential, more than inconsequential, or material) is based on the potential effect on both annual and interim financial statements. The potential magnitude of a misstatement of annual or interim financial statements of not more than inconsequential results in the deficient control being classified as only a deficiency, absent any qualitative factors, including those in AS 2.9, 137, 139, and 140. Potential magnitude of misstatement may be based on gross exposure, adjusted exposure, or other appropriate methods that consider the likelihood of misstatement.

Box 2&3. If there are controls that effectively mitigate a control deficiency, it is classified as only a deficiency, absent any qualitative factors, including those in AS 2.9, 137, 139, and 140. Such controls include:

- Complementary or redundant controls that achieve the same control objective
- Compensating controls that operate at a level of precision that would result in the prevention or detection of a *more than inconsequential* misstatement of annual or interim financial statements

Boxes 1, 2, and 3 should be considered separately. Adjusted exposure should not be reduced by the quantitative impact of the compensating and complementary or redundant controls.

Box 3. An unmitigated deficient control that results in a control objective not being met related to a significant account or disclosure generally results in a more than remote likelihood of a *more than inconsequential* misstatement of annual or interim financial statements and, therefore, is at least a significant deficiency.

Step 2. Determine whether a material weakness exists:

Box 4. The potential magnitude of a misstatement of annual or interim financial statements that is less than material results in the deficient control being classified as only a significant deficiency, absent any qualitative factors, including those in AS 2.9, 137, 139, and 140. Potential magnitude may be based on gross exposure, adjusted exposure, or other appropriate methods that consider the likelihood of misstatement.

Box 5. Compensating controls that operate at a level of precision that would result in the prevention or detection of a *material* misstatement of annual or interim financial statements may support a conclusion that the deficiency is not a material weakness.

Box 6. In evaluating likelihood and magnitude, related factors include but are not limited to the following:

- ○ The nature of the financial statement accounts, disclosures, and assertions involved; for example, suspense accounts and related party transactions involve greater risk.
- ○ The susceptibility of the related assets or liability to loss or fraud; that is, greater susceptibility increases risk.
- ○ The subjectivity, complexity, or extent of judgment required to determine the amount involved; that is, greater subjectivity, complexity, or judgment, like that related to an accounting estimate, increases risk.
- ○ The cause and frequency of known or detected exceptions in the operating effectiveness of a control; for example, a control with an observed non-negligible deviation rate is a deficiency.
- ○ The interaction or relationship with other controls; that is, the interdependence or redundancy of controls.
- ○ The possible future consequences of the deficiency.
- ○ An indication of increased risk evidenced by a history of misstatements, including misstatements identified in the current year (AS 2.140).
- ○ The adjusted exposure in relation to overall materiality.

This framework recognizes that in evaluating deficiencies, the risk of misstatement might be different for the maximum possible misstatement than for lesser possible amounts.

As a result of this additional evaluation, determine whether the likelihood of a material misstatement to both the annual and interim financial statements is remote. In extremely rare circumstances, this additional evaluation could result in a judgment that the likelihood of a more than inconsequential misstatement to both the annual and interim financial statements is remote.

Box 7&8. When determining the classification of a deficiency, consider AS 2.137, which states:

When evaluating the significance of a deficiency in internal control over financial reporting, the auditor also should determine the level of detail and degree of assurance that would satisfy prudent officials in the conduct of their own affairs that they have reasonable assurance that transactions are recorded as necessary to permit the preparation of financial statements in conformity with generally accepted accounting principles. If the auditor determines that the deficiency would prevent prudent officials in the conduct of their own affairs from concluding that they have reasonable assurance,* then the auditor should deem the deficiency to be at least a significant deficiency. Having determined in this manner that a deficiency represents a significant deficiency, the auditor must further evaluate the deficiency to determine whether individually, or in combination with other deficiencies, the deficiency is a material weakness.

Note: AS 2.9 and .10 provide the definitions of significant deficiency and material weakness, respectively.

* See SEC Staff Accounting Bulletin Topic 1M2, *Immaterial Misstatements That Are Intentional*, for further discussion about the level of detail and degree of assurance that would satisfy prudent officials in the conduct of their own affairs.

Additional considerations related to misstatements identified:

A greater than de minimis misstatement of annual or interim financial statements identified by management or by the auditor during a test of controls or during a substantive test is ordinarily indicative of a deficiency in the design and/or operating effectiveness of a control, which is evaluated as follows:

- ○ The design and/or operating deficiency(ies) that did not prevent or detect the misstatement should be identified and evaluated based on Chart 2 – Evaluating Process/Transaction–Level Control Deficiencies – applying the following:
  - A known or likely (including projected) misstatement that is inconsequential to annual or interim financial statements is at least a deficiency.
  - A known or likely (including projected) misstatement that is more than inconsequential to annual or interim financial statements is a strong indicator of a significant deficiency.
  - A known or likely (including projected) misstatement that is material to annual or interim financial statements, as addressed in AS 2.140, is at least a significant deficiency and a strong indicator of a material weakness.
- ○ The implications on the effectiveness of other controls, particularly compensating controls, also should be considered.

Evaluating ITGC Deficiencies (Chart 3)

General. Deficiencies in ITGCs are evaluated in relation to their effect on application controls.

- ○ ITGC deficiencies do not directly result in misstatements.
- ○ Misstatements may result from ineffective application controls.

There are three situations in which an ITGC deficiency can rise to the level of a material weakness:

- ○ An application control deficiency related to or caused by an ITGC deficiency is classified as a material weakness
- ○ The pervasiveness and significance of an ITGC deficiency leads to a conclusion that there is a material weakness in the company?셲 control environment
- ○ In accordance with AS 2.140, an ITGC deficiency classified as a significant deficiency remains uncorrected after some reasonable period of time

In evaluating the effect of an ITGC deficiency on the continued effective operation of application controls, it is not necessary to contemplate the likelihood that an effective application control could in a subsequent year become ineffective because of the deficient ITGC.

Relationship between ITGCs and application controls. An understanding of the relationship among applications relevant to internal control over financial reporting, the related application controls, and ITGCs is necessary to appropriately evaluate ITGC deficiencies. ITGCs may affect the continued effective operation of application controls. For example, an effective security administration function supports the continued effective functioning of application controls that restrict access. As another example, effective program change controls support the continued effective operation of programmed application controls, such as a three-way match. ITGCs also may serve as controls at the application level. For example, ITGCs may directly achieve the control objective of restricting access and thereby prevent initiation of unauthorized transactions.

Similarly, ITGC deficiencies may adversely affect the continued effective functioning of application controls; in the absence of application controls, ITGC deficiencies also may represent control deficiencies for one or more relevant assertions.

Evaluating ITGC deficiencies. All ITGC deficiencies are evaluated using Chart 3. Additionally, if an ITGC deficiency also represents a deficiency at the application level because it directly relates to an assertion, the ITGC deficiency also is evaluated using Chart 2. In all cases, an ITGC deficiency is considered in combination with application controls to determine whether the combined effect of the ITGC deficiency and any application control deficiencies is a deficiency, significant deficiency, or material weakness.

Box 1. Controls that effectively mitigate a control deficiency result in the deficiency being classified as only a deficiency, absent any qualitative factors, including those described in AS 2.9, 137, 139, and 140. Such controls include complementary or redundant controls that achieve the same control objective. An ITGC deficiency identified as a result of an application control deficiency indicates that other ITGCs could not have achieved the same control objective as the deficient ITGC.

Box 2. If no deficiencies are identified at the application level (as evaluated in Chart 2), the ITGC deficiency could be classified as only a deficiency. (Refer to Box 5.)

Box 3&4. If there is a control deficiency at the application level related to or caused by an ITGC deficiency, the ITGC deficiency is evaluated in combination with the deficiency in the underlying application control and generally is classified consistent with the application control deficiency, that is:

- ○ A material weakness in an application control related to or caused by an ITGC deficiency indicates that the ITGC deficiency also is a material weakness.
- ○ A significant deficiency in an application control related to or caused by an ITGC deficiency indicates that the ITGC deficiency also is a significant deficiency.
- ○ An application control deficiency (that is only a deficiency) related to or caused by an ITGC deficiency generally indicates that the ITGC deficiency is only a deficiency.

Box 5. Notwithstanding the guiding principles relating to Boxes 1 through 4, the classification of an ITGC deficiency(ies) should consider factors including but not limited to the following:

- ○ The nature and significance of the deficiency, e.g., does the deficiency relate to a single area in the program development process or is the entire process deficient?
- ○ The pervasiveness of the deficiency to applications and data, including:
  - • The extent to which controls related to significant accounts and underlying business processes are affected by the ITGC deficiency
  - • The number of application controls that are related to the ITGC

deficiency

- The number of control deficiencies at the application level that are related to or caused by the ITGC deficiency

○ The complexity of the company's systems environment and the likelihood that the deficiency could adversely affect application controls

○ The relative proximity of the control to applications and data

○ Whether an ITGC deficiency relates to applications or data for accounts or disclosures that are susceptible to loss or fraud

○ The cause and frequency of known or detected exceptions in the operating effectiveness of an ITGC; for example, (1) a control with an observed non-negligible deviation rate, (2) an observed exception that is inconsistent with the expected effective operation of the ITGC, or (3) a deliberate failure to apply a control .

○ An indication of increased risk evidenced by a history of misstatements relating to applications affected by the ITGC deficiency, including misstatements in the current year

When determining the classification of a deficiency, consider AS 2.137, which states:

> When evaluating the significance of a deficiency in internal control over financial reporting, the auditor also should determine the level of detail and degree of assurance that would satisfy prudent officials in the conduct of their own affairs that they have reasonable assurance that transactions are recorded as necessary to permit the preparation of financial statements in conformity with generally accepted accounting principles. If the auditor determines that the deficiency would prevent prudent officials in the conduct of their own affairs from concluding that they have reasonable assurance,* then the auditor should deem the deficiency to be at least a significant deficiency. Having determined in this manner that a deficiency represents a significant deficiency, the auditor must further evaluate the deficiency to determine whether individually, or in combination

with other deficiencies, the deficiency is a material weakness.

Note: AS 2.9 and .10 provide the definitions of significant deficiency and material weakness, respectively.

* See SEC Staff Accounting Bulletin Topic 1M2, *Immaterial Misstatements That Are Intentional*, for further discussion about the level of detail and degree of assurance that would satisfy prudent officials in the conduct of their own affairs.

Additional consideration:

ITGCs support the proper and consistent operation of automated application controls. Therefore, consideration should be given to the nature, timing, and extent of the testing of related application controls affected by, or manual controls dependent on, the deficient ITGC.

Evaluating Control Deficiencies in Pervasive Controls Other than ITGC (Chart 4)

General. Deficiencies in pervasive controls generally do not directly result in a misstatement. However, they may contribute to the likelihood of a misstatement at the process level. Accordingly, evaluation of a deficiency in a pervasive control other than ITGC is based on the likelihood that such deficiency would contribute to circumstances that could result in a misstatement. Quantitative methods generally are not conducive to evaluating such deficiencies.

Step 1. Determine whether a significant deficiency exists:

Box 1&2. A deficiency of the type described in AS 2.139 ordinarily results in deficiencies being at least a significant deficiency. The circumstances in which an evaluation would lead to the deficiency not being classified as a significant deficiency are rare. The circumstances identified in AS.140 should be regarded as at least a significant deficiency and as a strong indicator of a material weakness.

Box 3. Certain controls could result in a judgment that the deficient control is limited to a deficiency and classified as only a deficiency, considering qualitative factors, including those in AS 2.9, 137, 139 and 140. Such controls include:

- ○ Complementary or redundant programs or controls
- ○ Compensating controls within the same or another component

Box 4. A deficiency with a more than remote likelihood that the deficiency would contribute to a more than inconsequential misstatement is a significant deficiency. Such judgment considers an evaluation of factors such as:

- ○ The pervasiveness of the deficiency across the entity
- ○ The relative significance of the deficient control to the component
- ○ An indication of increased risks of error (evidenced by a history of misstatement)
- ○ An increased susceptibility to fraud (including the risk of management override)
- ○ The cause and frequency of known or detected exceptions for the operating effectiveness of a control
- ○ The possible future consequences of the deficiency

Step 2. Determine whether a material weakness exists:

Box 5. The evaluation of certain controls could result in a judgment that the deficient control is limited to a significant deficiency and classified as such, considering qualitative factors, including those in AS 2.9, 137, 139 and 140. Such controls include compensating controls within the same or another component.

Box 6. A deficiency with a more than remote likelihood that the deficiency would contribute to a material misstatement is a material weakness. Such judgment considers an evaluation of factors such as:

- ○ The pervasiveness of the deficiency across the entity
- ○ The relative significance of the deficient control to the component
- ○ An indication of increased risks of error (evidenced by a history of misstatement)
- ○ An increased susceptibility to fraud (including the risk of management override)
- ○ The cause and frequency of known or detected exceptions for the operating effectiveness of a control

○ The possible future consequences of the deficiency

A deficiency of the type described in AS 2.140 is generally a material weakness; in limited circumstances, it may be appropriate to conclude the deficiency is only a significant deficiency (refer to AS.2 Appendix E99).

Box 7&8. When determining the classification of a deficiency, consider AS 2.137, which states:

> When evaluating the significance of a deficiency in internal control over financial reporting, the auditor also should determine the level of detail and degree of assurance that would satisfy prudent officials in the conduct of their own affairs that they have reasonable assurance that transactions are recorded as necessary to permit the preparation of financial statements in conformity with generally accepted accounting principles. If the auditor determines that the deficiency would prevent prudent officials in the conduct of their own affairs from concluding that they have reasonable assurance,* then the auditor should deem the deficiency to be at least a significant deficiency. Having determined in this manner that a deficiency represents a significant deficiency, the auditor must further evaluate the deficiency to determine whether individually, or in combination with other deficiencies, the deficiency is a material weakness.
>
> Note: AS2.9 and .10 provide the definitions of significant deficiency and material weakness, respectively.
>
> * See SEC Staff Accounting Bulletin Topic 1M2, *Immaterial Misstatements That Are Intentional*, for further discussion about the level of detail and degree of assurance that would satisfy prudent officials in the conduct of their own affairs.

Consider and Evaluate Deficiencies in the Aggregate

Deficiencies are considered in the aggregate by significant account balance, disclosure and COSO component to determine whether they collectively result in significant deficiencies or material weaknesses. Aggregation of control activities deficiencies by significant account balance and disclosure is necessary since the existence of multiple control deficiencies related to a specific account balance or disclosure increases the likelihood of misstatement. Aggregation by the control environment, risk assessment, information and communication, and monitoring components of COSO is more difficult and judgmental. For example, unrelated control deficiencies relating to design ineffectiveness in other COSO components could lead to the conclusion that a significant deficiency or material weakness in the risk assessment component exists. Similarly, unrelated control deficiencies in other COSO components could lead to a conclusion that a significant deficiency or material weakness in the control environment or monitoring component exists.

Terminology

Adjusted exposure – gross exposure (see below) multiplied by the upper limit deviation rate.

Application controls – automated control procedures (e.g., calculations, posting to accounts, generation of reports, edits, control routines, etc.) or manual controls that are dependent on IT (e.g., the review by an inventory manager of an exception report when the exception report is generated by IT). When IT is used to initiate, authorize, record, process, or report transactions or other financial data for inclusion in financial statements, the systems and programs may include controls related to the corresponding assertions for significant accounts or disclosures or may be critical to the effective functioning of manual controls that depend on IT.

Compensating controls – controls that operate at a level of precision that would result in the prevention or detection of a misstatement that was more than inconsequential or material, as applicable, to annual or interim financial statements. The level of precision should be established considering the possibility of further undetected misstatements.

Complementary controls – controls that function together to achieve the same control objective.

Control deficiency – a deficiency in the design or operation of a control that does not allow management or employees, in the normal course of performing their assigned functions, to prevent or detect misstatements on a timely basis.

- A deficiency in *design* exists when (a) a control necessary to meet the control objective is missing or (b) an existing control is not properly designed so that, even if it operates as designed, the control objective is not always met.

- A deficiency in *operation* exists when a properly designed control does not operate as designed, or when the person performing the control does not possess the necessary authority or qualifications to perform the control effectively.

Control objective – the objective(s) related to internal control over financial reporting to achieve the assertions that underlie a company's financial statements.

Gross exposure – a worst-case estimate of the magnitude of amounts or transactions exposed to the deficiency with regard to annual or interim financial statements, without regard to the upper limit deviation rate or likelihood of misstatement, and before considering complementary, redundant, or compensating controls. Factors affecting gross exposure include:

- The annual or interim financial statement amounts or total transactions exposed to the deficiency.
- The volume of activity in the account balance or class of transactions exposed to the deficiency that has occurred in the current annual or interim period or that is expected in future periods.

Inconsequential

- Potential misstatements equal to or greater than 20% of overall annual or interim financial statement materiality are presumed to be more than inconsequential.
- Potential misstatements less than 20% of overall annual or interim financial statement materiality may be concluded to be more than inconsequential as a result of the consideration of qualitative factors, as required by AS 2.

Information technology general controls (ITGCs) – policies and procedures that relate to many applications and support the effective functioning of application controls by helping to ensure the continued proper operation of information systems. This includes four basic IT areas that are relevant to internal control over financial reporting:

- Program development
- Program changes
- Computer operations
- Access to programs and data

Material weakness – a significant deficiency, or combination of significant deficiencies, that results in more than a remote likelihood that a material misstatement of the annual or interim financial statements will not be prevented or detected.

Pervasive controls other than ITGC – the general programs and controls within the control environment, risk assessment, monitoring, and information and communication, including portions of the financial reporting process, that have a pervasive impact on controls at the process, transaction, or application level.

Potential misstatement – an estimate of the misstatement that could result from a deficiency with a more than remote likelihood of occurrence.

Redundant controls – controls that achieve the same control objective.

Remote likelihood – the chance of the future event or events occurring is slight.

Significant deficiency – a control deficiency, or combination of control deficiencies, that adversely affects the company's ability to initiate, authorize, record, process, or report external financial data reliably in accordance with generally accepted accounting principles such that there is more than a remote likelihood that a misstatement of the company's annual or interim financial statements that is more than inconsequential will not be prevented or detected.

Test objective – the design of the test of a control activity to determine whether the control is operating as designed, giving consideration to:

- The nature of the control and the definition of an exception
- The frequency with which the control operates
- The desired level of assurance in combination with the reliability of the control, for example, whether the control is designed to achieve the control objective alone or in combination with other controls
- The number of exceptions expected

Upper limit deviation rate – the statistically derived estimate of the deviation rate based on the sample results, for which there is a remote likelihood that the true deviation rate in the population exceeds this rate (refer to AICPA Audit and Accounting Guide, *Audit Sampling*).

CHART 1 – Evaluating Exceptions Found in the Testing of Operating Effectiveness

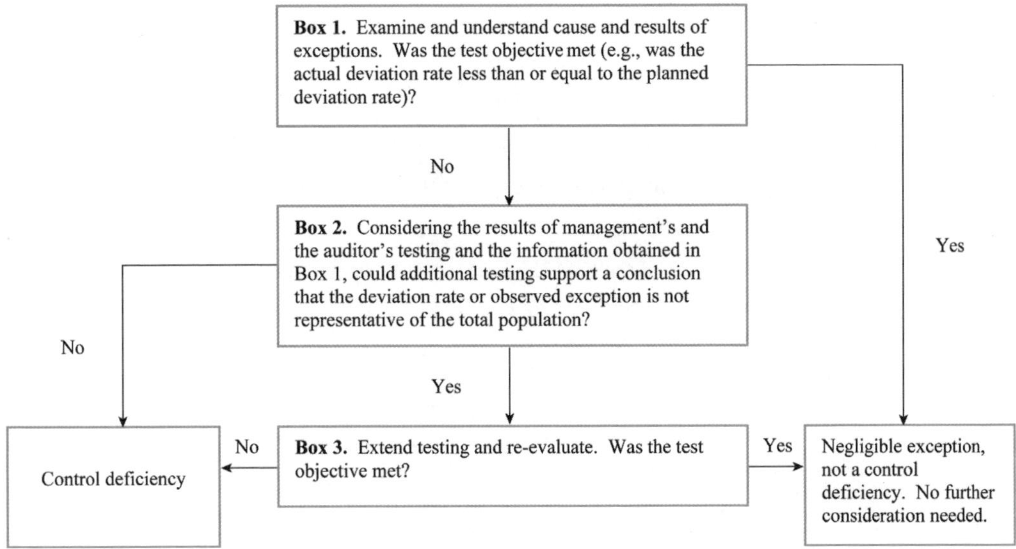

Individual boxes should be read in conjunction with the corresponding guiding principles.

CHART 2 – Evaluating Process/Transaction – Level Control Deficiencies

This decision tree is to be used for evaluating the classification of control deficiencies from the following sources:

- Design effectiveness evaluation
- Operating effectiveness testing (from Chart 1)
- Deficiencies that resulted in a financial statement misstatement detected by management or the auditor in performing substantive test work.

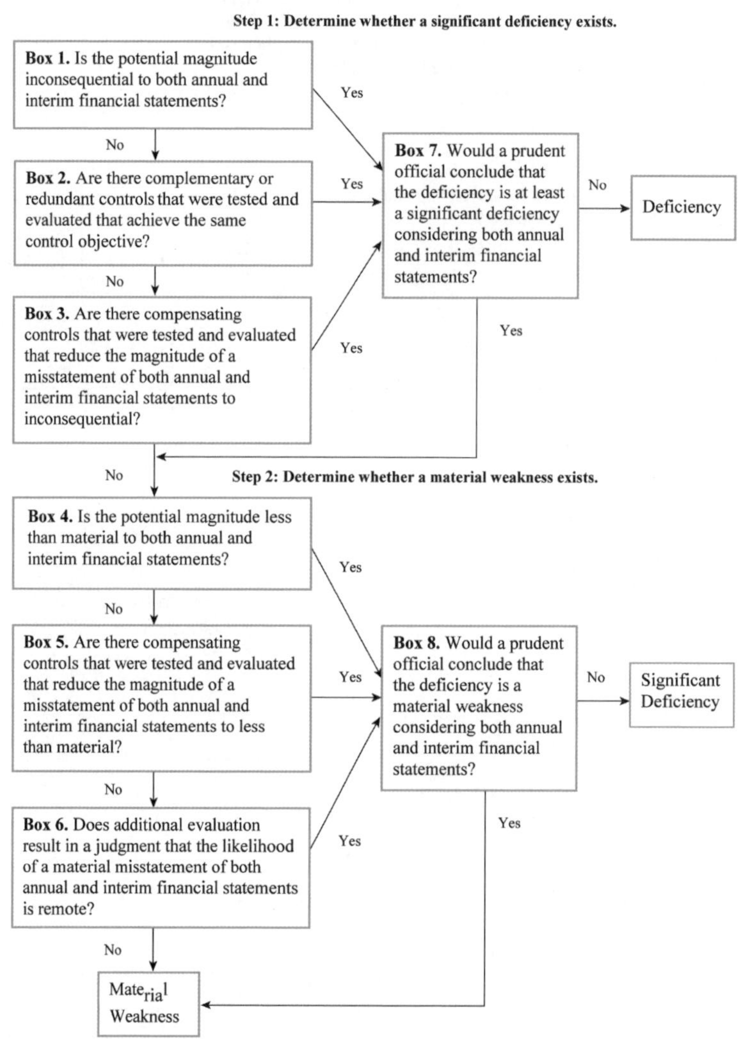

Individual boxes should be read in conjunction with the corresponding guiding principles.

CHART 3 – Evaluating Information Technology General Control (ITGC) Deficiencies

This decision tree is to be used for evaluating the classification of information technology general control (ITGC) deficiencies from the following sources:

- ITGC design effectiveness evaluation
- ITGC operating effectiveness testing (from Chart 1)
- ITGC design or operating deficiencies identified as a result of application control testing (from Chart 2)

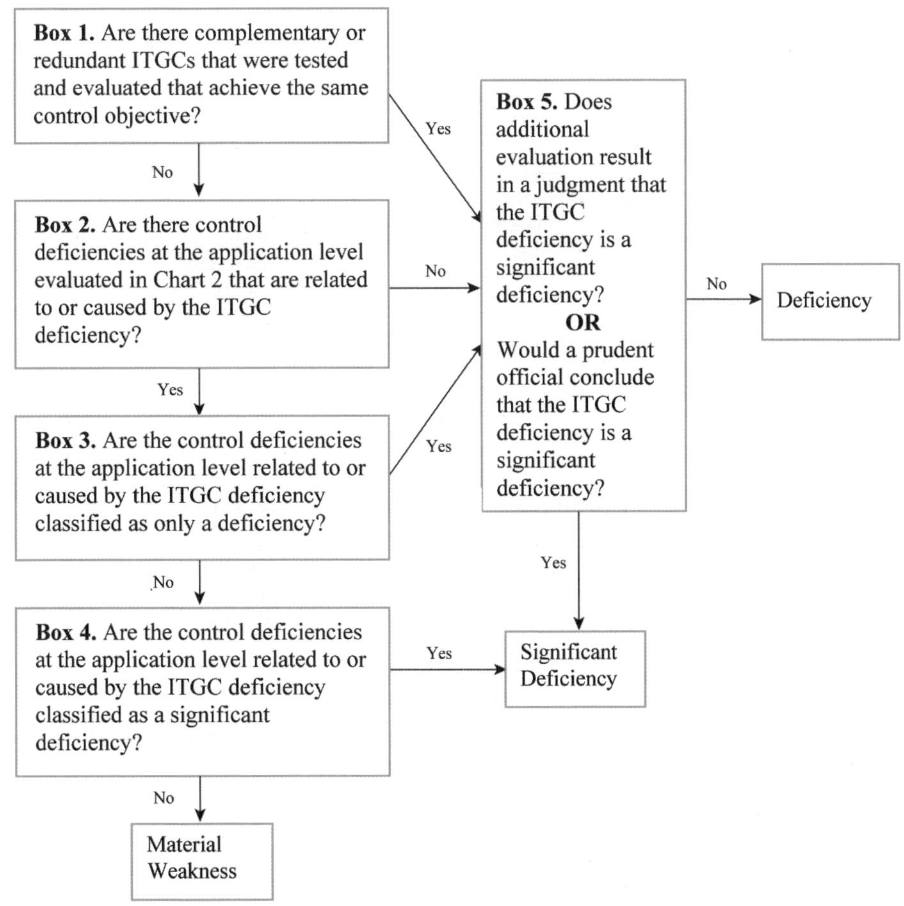

Individual boxes should be read in conjunction with the corresponding guiding principles.

CHART 4 – Evaluating Control Deficiencies in Pervasive Controls Other than ITGC

This decision tree is to be used for evaluating the classification of control deficiencies in pervasive controls other than ITGC from the following sources:

- Design effectiveness evaluation
- Operating effectiveness testing (from Chart 1)

Step 1: Determine whether a significant deficiency exists.

Box 1. Is the deficiency in an area identified in AS 2.139 (i.e., at least a significant deficiency)? — Yes → Box 5; No → Box 2

Box 2. Is the deficiency the result of a specific circumstance identified in AS 2.140 (i.e., a strong indicator of a material weakness)? — Yes → Box 6; No → Box 3

Box 3. Are there complementary or redundant programs or controls or compensating controls that were tested and evaluated that result in a judgment that the deficient control is limited to a deficiency? — Yes → Box 7; No → Box 4

Box 4. Does additional evaluation result in a judgment that the likelihood that the control deficiency would contribute to a more than inconsequential misstatement of the annual or interim financial statements is remote? — Yes → Box 7; No → Box 5

Box 7. Would a prudent official conclude that the deficiency is at least a significant deficiency considering both annual and interim financial statements? — No → Deficiency; Yes → Box 5

Step 2: Determine whether a material weakness exists.

Box 5. Are there compensating controls that were tested and evaluated that result in a judgment that the deficient control is limited to a significant deficiency? — Yes → Box 8; No → Box 6

Box 6. Does additional evaluation result in a judgment that the likelihood that the control deficiency would contribute to a material misstatement of the annual or interim financial statements is remote? — Yes → Box 8; No → Material Weakness

Box 8. Would a prudent official conclude that the deficiency is a material weakness considering both annual and interim financial statements? — No → Significant Deficiency; Yes → Material Weakness

Individual boxes should be read in conjunction with the corresponding guiding principles.

부록 A 내부회계관리제도 설계 및 운영 개념체계

2021. 10. 1.

내부회계관리제도운영위원회

내 용

제 정 2018. 6. 28.
개 정 2019. 12. 20.
개 정 2021. 5. 11.
개 정 2021. 10. 1.

제1장 개념체계의 목적 및 적용

목적

1 본 내부회계관리제도 설계 및 운영 개념체계(이하 "설계·운영 개념체계"라 함)는 주식회사 등의 외부감사에 관한 법률(이하 "외감법"이라 함) 제8조의 규정이 적용되는 회사가 내부회계관리제도를 설계 및 운영하는데 필요한 기본원칙을 제시함으로써 회사가 합리적이고 효과적인 내부회계관리제도를 구축하도록 지원하고, 이를 통해 회사가 공시하는 재무제표의 신뢰성을 제고하는 것을 그 목적으로 한다.

적용

2 본 설계·운영 개념체계는 내부회계관리제도에 적용할 수 있는 내부통제제도 체계(이하 "내부통제체계"라 함)를 제시한 것으로써, 회사는 내부회계관리제도를 설계 및 운영함에 있어 일반적으로 인정된 다른 기준을 적용할 수 있다.

3 본 설계·운영 개념체계가 회사별로 상이한 업종의 특성과 고유한 사업환경을 모두 고려할 수는 없으므로 각 회사는 본 설계·운영 개념체계를 기본으로 하여 자체적으로 고유의 내부회계관리제도를 설계 및 운영하여야 한다. 따라서 각 회사는 본 설계·운영 개념체계를 참고하여 회사의 실정에 맞는 내부회계관리규정, 내부회계관리제도 지침서 등을 구비할 필요가 있다.

4 회사가 내부회계관리제도 설계 및 운영을 위한 내부통제체계로 본 설계·운영 개념체계를 선택하는 경우에는 이하에서 제시하는 내용을 준수하여야 한다. 다만, 회사는 본 설계·운영 개념체계를 적용함에 있어 회사의 규모, 관련 비용과 효익 등을 고려하여 합리적인 수준에서 그 내용을 조정할 수 있다.

제2장 내부통제제도와 내부회계관리제도

내부통제제도

5 내부통제제도는 다음의 세 가지 목적달성에 대한 합리적 확신을 제공하기 위하여 조직의 이사회, 경영진 및 여타 구성원에 의해 지속적으로 실행되는 일련의 과정이다.

- 기업운영의 효율성 및 효과성 확보(운영목적)
  - 회사가 업무를 수행함에 있어 자원을 효과적이고 효율적으로 사용하고 있다.

- 보고 정보의 신뢰성 확보(보고목적)
  - 회사는 내부 및 외부 보고를 위해 정확하고 신뢰할 수 있는 재무정보와 비재무정보의 작성 및 보고체계를 유지하고 있다.
- 관련 법규 및 정책의 준수(법규준수목적)
  - 회사의 모든 활동은 관련 법규, 감독규정, 내부정책 및 절차를 준수하고 있다.

내부통제제도의 구성요소와 원칙

6 내부통제제도는 다음과 같이 통제환경, 위험평가, 통제활동, 정보 및 의사소통, 모니터링 활동의 5가지의 구성요소와 각 구성요소별로 달성되어야 할 원칙으로 이루어진다. 내부통제제도의 구성요소별로 달성되어야 할 원칙은 다음과 같다.

내부통제제도 구성요소	원 칙
통제환경	원칙 1-5
위험평가	원칙 6-9
통제활동	원칙 10-12
정보 및 의사소통	원칙 13-15
모니터링 활동	원칙 16-17

* 내부통제제도에 적용되는 각 원칙은 문단 38 이하에서 설명한다.

- 통제환경: 내부통제제도의 기반을 이루는 구성요소로 도덕성과 윤리적 가치에 대한 태도를 기반으로 이사회 및 감사 및 감사위원회를 포함한 내부통제제도 관련 조직의 책임을 명확히 하고 해당 업무를 수행할 수 있는 조직 체계의 구성, 교육을 포함한 인력 운용 및 성과평가와의 연계가 이뤄질 수 있는 체계를 포함한다.
- 위험평가: 내부통제제도의 목적 달성을 저해하는 위험을 식별하고 평가 및 분석하는 활동을 의미한다. 구체적이고 명확한 목적을 설정하여 관련된 위험을 파악하고, 파악된 위험의 중요도(심각성) 정도를 평가한다. 동 절차에서 부정위험 평가를 포함하여 고려하고, 회사의 중요한 변화사항을 고려하여 기존에 평가한 위험을 지속적으로 유지·관리하는 것을 포함한다.
- 통제활동: 조직 구성원이 이사회와 경영진이 제시한 경영방침이나 지침에 따라 업무를 수행할 수 있도록 마련된 정책 및 절차가 준수될 수 있는 통제활동이 선택 및 구축될 수 있는 체계를 포함한다. 통제활동은 경영진의 업무성과 검토, 정보기술 일반통제, 승인, 대사 및 물리적 통제 등 다양한 방법이 포함된다.
- 정보 및 의사소통: 조직 구성원이 내부통제제도의 책임을 수행할 수 있도록 신뢰성 있는 정보를 활용할 수 있는 체계를 구비하고 4가지 통제 구성요소에 대한 대·내외 의사소통이 원활하게 이뤄질 수 있는 체계를 포함한다.
- 모니터링 활동: 내부통제제도의 설계와 운영의 효과성을 평가하고 유지하기 위해 상시적인 모니터링과 독립적인 평가 또는 두 가지의 결합을 고려한 평가를 수행하고 발견된 미비점을 적시에 개선할 수 있는 체계를 포함한다.

통제 미비점

7 '통제 미비점(Internal control deficiency)'은 내부통제 목적을 달성함에 있어 하나의 구성요소 또는 복수의 구성요소 및 원칙들에 결함이 존재함을 뜻하며, '중요한 미비점(Major Deficiency)'은 내부통제 목적 달성을 중대하게 저해하는 하나의 통제 미비점 또는 여러 통제 미비점들의 결합을 말한다.

내부통제제도의 효과와 한계

8 효과적인 내부통제제도는 경영진이 업무성과를 측정하고, 경영의사결정을 수행하며, 업무프로세스를 평가하고, 위험을 관리하는데 기여함으로써 회사의 목표를 효율적으로 달성하고 위험을 회피 또는 관리할 수 있도록 한다. 그리고 직원의 위법 및 부당행위(횡령, 배임 등) 또는 내부정책 및 절차의 고의적인 위반행위뿐만 아니라 개인적인 부주의, 태만, 판단상의 착오 또는 불분명한 지시에 의해 야기된 문제점들을 신속하게 포착함으로써 회사가 시의적절한 대응조치를 취할 수 있게 해 준다. 또한, 효과적인 내부통제제도는 정보의 신뢰성을 향상시킨다.

9 그러나 아무리 잘 설계된 내부통제제도라고 할지라도 제도를 운영하는 과정에서 발생하는 집행위험은 피할 수 없다. 즉, 최상의 자질과 경험을 지닌 사람도 부주의, 피로, 판단 착오 등에 노출될 수 있으며, 내부통제제도도 이러한 사람들에 의해 운영되므로 내부통제제도가 모든 위험을 완벽하게 통제할 수는 없다.

합리적 확신 제공

10 효과적인 내부통제제도는 경영진과 이사회에 회사의 목적 달성에 관한 합리적 확신을 제공한다. "절대적 확신"이 아닌 "합리적 확신"이라는 개념은 모든 내부통제제도에 한계가 존재하고, 정확하게 예측할 수 없는 불확실성과 위험이 존재한다는 것을 인정하는 것이다. 이러한 한계로 인해 경영진과 이사회는 회사의 목적 달성에 대한 절대적인 확신을 갖지 못하게 된다. 즉, 내부통제제도는 합리적 확신을 제공하며, 절대적 확신을 제공하지 못한다.

내부회계관리제도

11 내부회계관리제도는 회사의 재무제표가 일반적으로 인정되는 회계처리기준에 따라 작성·공시되었는지에 대한 합리적 확신을 제공하기 위해 설계·운영되는 내부통제제도의 일부분으로서 회사의 경영진과 이사회를 포함한 모든 구성원들에 의해 지속적으로 실행되는 과정을 의미한다.

내부회계관리제도의 범위

12 내부회계관리제도는 내부통제제도의 보고정보의 신뢰성 확보목적 중 외부에 공시되는 재무제표의 신뢰성 확보를 목적으로 하며, 여기에는 자산의 보호 및 부정방지 프로그램이 포함된다. 또한, 운영목적이나 법규준수목적 등 다른 목적과 관련된 내부통제제도가 재무제표의 신뢰성 확보와 관련된 경우 해당 내부통제제도는 내부회계관리제도의 범위에 포함된다.

13 자산의 보호와 관련된 통제라 함은 재무제표에 중요한 영향을 미칠 수 있는 승인되지 않은

자산의 취득, 사용, 처분을 예방하고 적시에 적발할 수 있는 체계를 의미한다.

14 예를 들어, 경영진의 권한남용 및 통제 무시(management override) 위험 등에 대한 적절한 부정방지 프로그램이 존재하지 않는 경우 이는 내부회계관리제도상 중요한 취약점으로 분류될 수 있다.

효과적인 내부회계관리제도

15 내부회계관리제도는 내부통제제도의 일반적인 5가지 구성요소(통제환경, 위험평가, 통제활동, 정보 및 의사소통, 모니터링 활동)와 각 구성요소별 원칙을 모두 고려하여 설계하고, 이사회, 경영진, 감사(위원회) 및 중간관리자와 일반 직원 등 조직 내 모든 구성원들에 의해 운영된다.

효과적인 내부회계관리제도의 요건

16 효과적인 내부회계관리제도는 외부 재무보고의 신뢰성 확보라는 목적 달성을 저해할 수 있는 위험을 합리적인 수준에서 감소시킬 수 있으며, 그러한 목적은 다음의 요건이 모두 충족될 때 달성될 수 있다.

- 내부회계관리제도의 각 구성요소와 관련 원칙이 존재하고 기능한다.
- 내부회계관리제도의 구성요소가 연계되어 통합적으로 운영된다.

17 각 구성요소와 관련 원칙들이 존재하고 기능하며, 구성요소들이 연계되어 통합적으로 운영되는지 여부를 평가함에 있어 경영진의 판단을 필요로 한다. 원칙은 구성요소와 밀접하게 연계되어 있는 기초 개념으로서 특정 원칙이 존재하지 않거나 기능하지 않고 있다면, 관련 구성요소는 존재하지 않거나 기능하지 않고 있다고 판단할 수 있다.

18 내부회계관리제도 구성요소와 관련 원칙들이 존재하고 기능하는지 여부를 판단함에 있어 다른 원칙과의 연관성을 고려한다.

내부회계관리제도의 구성요소와 원칙

19 내부회계관리제도의 구성요소와 원칙은 모든 기업에 적용된다. 원칙은 각 내부회계관리제도 구성요소와 관련된 근본적인 개념으로 각 구성요소가 존재하고 기능하는데 중대한 영향을 미친다. 따라서 관련된 원칙이 존재·기능하지 않는 경우 해당 내부회계관리제도 구성요소가 존재·기능할 수 없다. 그러나 관계 법령, 산업 및 운영환경 상의 특성에 따라 특정 원칙이 적용 가능하지 않다고 경영진이 판단할 수 있는 극히 예외적인 경우가 있을 수 있다. 특정 원칙이 회사에 적용 가능성이 없다고 결론을 내리기 위해서는 해당 원칙이 부재함에도 불구하고 관련 구성요소가 어떻게 존재하고 기능할 수 있는지에 대한 합리적인 근거로 경영진의 판단을 뒷받침하여야 한다.

구성요소 및 원칙의 존재와 기능

20 존재와 기능은 내부회계관리제도 구성요소 및 원칙에 적용되는 개념으로 다음과 같은 의미를 갖는다.

- "구성요소 및 원칙이 존재한다" 함은 내부회계관리제도 구성요소 및 관련 원칙이 설계 및

구축되어 있다고 판단할 수 있어야 함을 의미한다.

- "구성요소 및 원칙이 기능한다" 함은 내부회계관리제도 구성요소 및 관련 원칙이 계속적으로 운영되고 있다고 판단할 수 있어야 함을 의미한다.

21 내부회계관리제도 구성요소가 "연계되어 통합적으로 운영된다" 함은 5가지 구성요소가 상호 유기적으로 연계되고 운영되어 외부 재무보고 신뢰성을 저해하는 위험을 감소시킨다고 합리적 수준에서 판단할 수 있어야 함을 의미한다.

원칙 달성을 위한 중점 고려사항

22 본 설계·운영 개념체계는 내부회계관리제도의 구성요소별 원칙 달성을 위한 중요한 항목으로 중점 고려사항을 제시하고 있다. 회사의 특수한 환경을 고려하여 일부 중점 고려사항을 적용하는 것이 적합하지 않거나 필요한 경우 중점 고려사항을 변경 또는 추가할 수 있다. 중점 고려사항은 경영진이 내부회계관리제도의 설계 및 운영 그리고 관련된 원칙이 실질적으로 존재하고 기능함을 평가하는 데 유용하게 사용될 수 있다.

23 경영진은 내부회계관리제도를 설계, 운영 및 평가함에 있어 각 구성요소와 원칙을 필수적인 사항으로 고려하여야 하나, 원칙을 실현하기 위한 중점 고려사항은 개별 회사의 상황에 따라 적절히 조정하여 적용할 수 있다.

원칙 달성을 위한 통제

24 통제는 회사의 정책 및 절차와 긴밀히 연계되어야 한다. 정책은 효과적인 통제를 위해 반드시 수행되어야 하는 경영진의 지시사항을 반영한다. 절차는 정책을 실행하기 위한 다양한 활동으로 구성된다. 따라서 정책이나 절차가 연계되지 않은 통제는 효과적이지 않을 것이다.

25 경영진은 내부회계관리제도의 5가지 구성요소와 관련 원칙을 달성하기 위해 구성요소 내에 통제를 설계하고 구축한다. 본 설계·운영 개념체계는 효과적인 내부회계관리제도를 위해 설계 및 운영되어야 하는 특정한 통제를 제시하지는 않는다. 어떤 통제를 설계 및 운영할 것인가는 회사의 다양한 특성을 고려한 경영진의 결정 사항이다. 다만 경영진은 구성요소와 관련 원칙이 존재하고 기능하고 있다는 결론을 뒷받침하기 위해 설득력 있는 근거를 갖추어야 하며, 이를 위해 구성요소 및 원칙과 관련된 통제를 고려하여야 한다.

26 효과적인 내부회계관리제도를 설계 및 운영할 수 있도록 본 설계·운영 개념체계에서는 5가지 구성요소에 대한 17가지 원칙 및 각 원칙을 달성하기 위한 중점 고려사항을 제시하고 있다. 내부회계관리제도 구성요소 및 17가지 원칙은 효과적인 내부회계관리제도의 필수적인 요구사항이며, 원칙달성을 위한 중점 고려사항은 회사의 상황에 따라 적절히 조정하여 적용할 수 있다.

내부회계관리제도 미비점

27 내부회계관리제도의 미비점은 재무제표 왜곡표시의 발생가능성 및 금액적 중요성에 따라 단순한 미비점, 유의한 미비점, 중요한 취약점*으로 구분된다.

* 내부회계관리제도의 중요한 취약점(Material Weakness)은 내부통제의 중요한 미비점(Major Deficiency) 수준에 대응된다.

28 내부회계관리제도 미비점이 내부회계관리제도의 설계 및 운영의 효과성에 미치는 영향은 구성요소별 통제 미비점을 종합하여 판단하여야 한다. 구성요소 또는 관련 원칙이 존재하고 기능하거나 구성요소들이 통합적으로 연계되어 운영됨에 있어 중요한 취약점이 존재할 때에는 회사가 효과적인 내부회계관리제도의 요구사항을 충족하고 있다고 볼 수 없다.

29 내부회계관리제도의 미비점 평가를 위한 구체적인 사항은 "내부회계관리제도 평가 및 보고 모범규준(이하 "평가 · 보고 모범규준"이라 함)"에 제시된다.

문서화

30 회사는 내부회계관리제도와 관련된 문서화를 수행하여야 한다. 문서화는 사업 수행에 필요한 정책 및 절차를 준수하는데 일관성을 높일 수 있는 명확한 권한과 책임을 제시한다. 또한, 통제의 설계를 확인하고 통제 수행자, 수행 방식 등을 전달하며 수행의 기준과 기대사항을 수립하는 데 유용하다. 이는 임직원의 교육에도 유용할 뿐 아니라, 내부회계관리제도의 일부로 통제 운영의 증거를 제공하고 내부회계관리제도의 평가를 가능하게 한다.

31 효과적인 내부회계관리제도의 설계와 운영을 확신하기 위해서도 문서화가 반드시 필요하다. 외부감사인의 감사(검토) 시, 경영진은 내부회계관리제도가 효과적으로 설계되고 운영된다는 것을 입증할 수 있는 근거를 제시하여야 한다. 필요한 문서화를 결정함에 있어, 경영진은 중요한 결정 및 최종 결정을 내린 근거를 포함하여야 할 것이다.

32 경영진이 일상적인 업무 수행과정에서 임직원이 관련 통제를 적절히 수행했음을 확인할 수

있는 경우에는 내부통제가 비공식적이고 문서화되지 않을 수 있다. 그러나 내부회계관리제도의 평가를 위한 범위선정이나 평가 근거 및 결과 등은 문서화 없이 고위 경영진의 머릿속에서만 수행될 수 없음을 고려한다.

33 문서화의 수준과 특성은 조직의 규모와 통제의 복잡성에 따라 달라질 수 있다. 규모가 큰 기업은 일반적으로 보다 복잡한 내부통제 시스템과 업무프로세스로 구성되어 있으므로 보다 정교한 정책 및 절차 매뉴얼, 통제기술서, 업무흐름도, 조직도, 직무기술서 등 다양한 문서가 필요할 수 있다.

34 중소기업은 공식적인 문서화의 필요성이 상대적으로 낮다. 중소기업에서는 일반적으로 인력과 관리조직이 복잡하지 않으며 수시로 확인이 가능한 일상적 업무처리 방식을 통해 수행하여야 하는 사항과 진행되는 현황에 대해 충분히 인지할 수 있다. 따라서 중소기업의 경영진은 직접적인 관찰을 통해 통제활동이 기능하고 있는지를 판단할 수도 있다.

내부회계관리제도 관련 법규의 고려

35 회사는 내부회계관리제도 설계 및 운영 시 외감법 등 관련 법규의 요구사항을 준수하여야 한다. 경영진은 내부회계관리규정에 내부회계관리제도를 관리하고 운영하는 조직의 구성, 내부회계관리자의 지정 등 내부회계관리제도 설계 및 운영과 관련된 제반 사항을 반영하고 적용하여 신뢰할 수 있는 회계정보의 작성과 공시를 위한 체계를 갖추어야 한다.

36 내부회계관리제도의 설계 · 운영과 관련하여 외감법에서 요구하고 있는 사항은 다음과 같다.

- 회사는 신뢰할 수 있는 회계정보의 작성과 공시를 위하여 내부회계관리규정과 이를 관리 · 운영하는 조직을 갖추어야 한다(외감법 제8조 제1항).
  - 회계정보(회계정보의 기초가 되는 거래에 관한 정보를 포함한다. 이하 이 조에서 같다)의 식별 · 측정 · 분류 · 기록 및 보고방법에 관한 사항(외감법 제8조 제1항 제1호)
  - 회계정보의 오류를 통제하고 이를 수정하는 방법에 관한 사항(외감법 제8조 제1항 제2호)
  - 회계정보에 대한 정기적인 점검 및 조정 등 내부검증에 관한 사항(외감법 제8조 제1항 제3호)
  - 회계정보를 기록 · 보관하는 장부(자기테이프 · 디스켓, 그 밖의 정보보존장치를 포함한다)의 관리 방법과 위조 · 변조 · 훼손 및 파기를 방지하기 위한 통제 절차에 관한 사항(외감법 제8조 제1항 제4호)
  - 회계정보의 작성 및 공시와 관련된 임직원의 업무 분장과 책임에 관한 사항(외감법 제8조 제1항 제5호)
  - 그 밖에 신뢰할 수 있는 회계정보의 작성과 공시를 위하여 필요한 사항으로서 외감법 시행령에서 정하는 사항
- 회사는 내부회계관리제도에 의하지 아니하고 회계정보를 작성하거나 내부회계관리제도에 따라 작성된 회계정보를 위조 · 변조 · 훼손 및 파기해서는 아니 된다(외감법 제8조 제2항).
- 회사의 대표자는 내부회계관리제도의 관리 · 운영을 책임지며, 이를 담당하는 상근이사(담당하는 이사가 없는 경우에는 해당 이사의 업무를 집행하는 자를 말한다) 1명을 내부회계관리자(이하 "내부회계관리자"라 한다)로 지정하여야 한다(외감법 제8조 제3항).

37 (문단 없음)

제3장 내부회계관리제도의 설계 및 운영(구성요소, 원칙 및 중점 고려사항)

통제환경

38 (원칙 1. 도덕성과 윤리적 가치에 대한 책임) 회사는 도덕성과 윤리적 가치에 대한 책임을 강조한다.

원칙 달성을 위한 중점 고려사항

38.1 경영진과 이사회의 의지 – 경영진과 이사회는 내부회계관리제도가 효과적으로 기능할 수 있도록 지침, 조치, 행동을 통해 도덕성과 윤리적 가치의 중요성을 강조한다.

38.2 윤리강령 수립 – 회사의 윤리강령은 도덕성과 윤리적 가치에 관한 이사회와 고위 경영진의 기대사항을 반영하고 있으며, 회사의 모든 임직원, 외부서비스제공자 및 협력업체가 이를 숙지하고 있다.

38.3 윤리강령 준수 평가 – 윤리강령의 준수에 대한 개인과 팀의 성과를 평가하는 프로세스가 수립되어 있다.

38.4 윤리강령 위반사항의 적시 처리 – 윤리강령의 위반사항은 적시에 일관된 방식으로 식별되고 개선된다.

39 (원칙 2. 내부회계관리제도 감독 책임) 이사회는 경영진으로부터 독립성을 유지하며 내부회계관리제도의 설계 및 운영을 감독한다.

원칙 달성을 위한 중점 고려사항

39.1 이사회의 감독 책임 정립 – 이사회는 수립된 요구사항 및 기대사항과 관련된 감독 책임을 인지하고 수용한다. 단, 이사회는 외감법 등 법률에서 정하는 사항과 내부회계관리제도, 내부감사 및 부정방지 프로그램 등의 감독 책임을 감사(위원회)에 위임할 수 있다.

39.2 이사회의 전문성 확보 – 이사회는 이사회 구성원에게 필요한 기술과 전문지식을 정의하고, 유지하며, 주기적으로 평가한다. 이를 통해 이사회 구성원들이 고위 경영진에게 면밀한 질문을 하고 상응하는 조치를 취할 수 있게 한다.

39.3 이사회의 독립적 운영 – 이사회는 경영진의 의사결정을 평가하고 감독함에 있어 경영진으로부터 독립적이며 객관성을 갖춘 충분한 인력을 보유한다.

39.4 내부회계관리제도 감독 수행 – 이사회는 경영진의 내부회계관리제도 설계, 구축 및 운영에 대한 감독 책임을 가진다.

- 통제환경 – 도덕성 및 윤리적 가치, 감독 체계, 권한 및 책임, 적격성에 대한 기대사항 및 이사회의 책임 정립
- 위험평가 – 경영진이 평가한 내부회계관리제도의 목적 달성을 저해하는 위험 요소에 대한 감독(중요한 변화, 부정 및 내부회계관리제도에 대한 경영진의 권한 남용으로부터 야기되는 잠재적 영향 포함)
- 통제활동 – 경영진의 통제활동 설계 및 운영에 대한 감독

• 정보 및 의사소통 – 회사의 내부회계관리제도 목적 달성과 관련된 정보의 분석 및 논의
• 모니터링 활동 – 모니터링 활동의 성격과 범위, 경영진의 통제 미비점 및 개선활동의 평가 및 감독

40 (원칙 3. 조직구조, 권한 및 책임 정립) 경영진은 내부회계관리제도의 목적을 달성하기 위해 이사회의 감독을 포함한 조직구조, 보고체계 및 적절한 권한과 책임을 정립한다.

원칙 달성을 위한 중점 고려사항

40.1 조직구조 고려 – 경영진과 이사회는 회사의 목적 달성을 지원하기 위해 다양한 조직구조(운영단위, 법적 실체, 지역적 분포, 외부서비스제공자 포함)를 고려한다.

40.2 보고체계 수립 – 경영진은 각각의 조직이 권한과 책임을 이행하고 정보교류가 가능한 보고체계를 설계하고 평가한다.

40.3 권한과 책임의 정의, 부여 및 제한 – 경영진과 이사회는 권한을 위임하고 책임을 정의하며 적절한 프로세스와 기술을 활용하여 조직의 다양한 수준의 필요성에 따라 책임을 부여하고 업무를 분장한다.
• 이사회 – 중요한 의사결정 권한 보유 및 경영진이 부여한 권한과 책임의 적정성 검토
• 고위 경영진 – 임직원이 내부회계관리제도와 관련된 책임을 이해하고 이행할 수 있도록 방향성 제시, 지침 및 통제 수립
• 경영진 – 고위 경영진의 지침과 통제가 회사 및 하위 조직 내에서 실행될 수 있도록 실무지침을 제시하고 지원
• 직원 – 윤리강령, 위험 요소, 조직 각 계층의 통제활동, 정보 및 의사소통 흐름, 모니터링 활동에 대한 이해
• 외부서비스제공자 – 모든 외부 직원의 권한 및 책임 범위에 대해 경영진이 정한 사항의 준수

41 (원칙 4. 적격성 유지) 회사는 내부회계관리제도 목적에 부합하는 적격성 있는 인력을 선발, 육성하고 관리한다.

원칙 달성을 위한 중점 고려사항

41.1 정책 및 실무절차 수립 – 정책 및 실무절차는 내부회계관리제도 목적 달성 지원을 위해 필요한 적격성의 기대사항을 반영한다.

41.2 적격성 평가 및 보완 – 경영진과 이사회는 정책 및 실무절차에 의거하여 조직 구성원 및 외부서비스제공자들의 적격성을 평가하고, 평가 결과 파악된 미비사항을 보완하기 위해 필요한 조치를 취한다.

41.3 인력 선발, 육성 및 유지 – 회사는 내부회계관리제도 목적 달성을 지원하기 위해, 충분하고 적격성 있는 인력 및 외부서비스제공자를 선발, 육성하고 유지하는 데 필요한 교육과 훈련을 제공한다.

41.4 승계계획 및 준비 – 고위 경영진과 이사회는 내부회계관리제도상 중요한 책임에 관한 승계계획을 수립한다.

42 (원칙 5. 내부회계관리제도 책임 부여) 회사는 조직 구성원들에게 내부회계관리제도의 목적을 달성하기 위해 필요한 책임을 부여한다.

원칙 달성을 위한 중점 고려사항

42.1 조직구조, 권한 및 책임을 통한 내부회계관리제도 책임 부여 – 경영진과 이사회는 조직 전체 구성원들과 내부회계관리제도 수행에 관한 책임에 대해 의사소통을 하고, 그들에게 책임을 부여하며 필요한 경우 개선활동을 이행하도록 하는 체계를 수립한다.

42.2 성과평가 및 보상정책 수립 – 경영진과 이사회는 장단기 목적 달성의 균형을 고려하고, 조직 전체 구성원의 내부회계관리제도 책임 이행에 적합한 성과평가와 보상정책을 수립한다.

42.3 성과평가 및 보상정책과의 연계 – 경영진과 이사회는 내부회계관리제도 목적 달성을 위해 내부회계관리제도 책임 이행과 그에 따른 성과평가 및 보상을 연계한다.

42.4 과도한 압박 고려 – 경영진과 이사회는 조직 구성원들에게 책임을 부여하고 성과평가 지표를 수립하고 평가할 때 관련된 압박이 존재하는지를 평가하고 조정한다.

42.5 개인의 성과평가, 보상 또는 징계조치 – 경영진과 이사회는 내부회계관리제도 책임 이행(윤리강령의 준수 및 적격성의 기대 수준 충족 포함)에 대한 성과를 평가하고, 그 결과에 따라 보상하거나 필요시 징계조치를 취한다.

위험평가

43 (원칙 6. 구체적인 목적 수립) 회사는 관련된 위험을 식별하고 평가할 수 있도록 내부회계관리제도의 목적을 명확하게 설정한다.

원칙 달성을 위한 중점 고려사항

43.1 적합한 회계기준의 준수 – 신뢰할 수 있는 외부 재무제표를 작성할 때, 경영진은 회사에 적용되는 회계기준을 고려한다. 또한 경영진은 회사의 상황과 목적에 적합한 회계원칙을 채택하고 일관성 있게 적용한다.

43.2 회사 활동의 실질 반영 – 외부 재무보고는 재무정보의 질적 특성과 경영자 주장을 뒷받침할 수 있는 기초 거래와 사건을 반영한다.

43.3 중요성 고려 – 경영진은 재무제표 표시에 있어 중요성을 고려한다.

44 (원칙 7. 위험 식별 및 분석) 회사는 목적 달성에 영향을 미치는 위험을 전사적으로 식별하고, 위험 관리방안을 수립하기 위해 위험을 분석한다.

원칙 달성을 위한 중점 고려사항

44.1 회사 내 다양한 조직 수준 고려 – 회사는 회사, 종속회사, 부문, 운영 팀 및 기능 단위

등 회사 전체 조직 단위에서 목적 달성과 관련된 위험을 식별하고 평가한다.

44.2 외부 재무보고에 영향을 미치는 내부 및 외부 요인 분석－내부 및 외부 요인과 그 요인들이 외부에 공시되는 재무제표의 신뢰성을 확보하는 목적을 달성하는데 미치는 영향을 고려한다.

44.3 적절한 수준의 경영진 참여－적절한 수준의 경영진이 참여하는 효과적인 위험평가체계를 구축한다.

44.4 식별된 위험의 중요성 평가－회사는 해당 위험의 잠재적인 중요성을 평가하는 절차를 포함한 프로세스를 통해 식별된 위험을 분석한다.

44.5 위험 대응방안 결정－위험평가 결과 식별된 재무제표 왜곡표시 위험에 대하여는 적절한 위험 대응방안을 결정하여 시행한다.

45 (원칙 8. 부정위험 평가) 내부회계관리제도 목적 달성에 대한 위험 평가 시 잠재적인 부정 가능성을 고려한다.

원칙 달성을 위한 중점 고려사항

45.1 다양한 부정의 유형 고려－부정위험 평가 시 다양한 방식의 부정과 비리행위로부터 비롯되는 부정한 재무보고, 자산의 잠재적 손실, 부패 등을 고려한다.

45.2 유인과 압력의 평가－부정위험 평가 시 유인(incentive)과 압력(pressure)으로 인한 부정의 발생가능성을 고려한다.

45.3 기회 평가－부정위험 평가 시 취약한 통제활동 등으로 인해 승인되지 않은 자산의 취득 · 사용 · 처분, 재무보고기록의 변경, 기타 부적절한 행위 등 부정을 저지를 수 있는 기회가 발생할 수 있는 가능성을 고려한다.

45.4 태도와 합리화에 대한 평가－부정위험 평가 시 임직원이 어떻게 부적절한 행위에 연관되는 지와 어떻게 부적절한 행위를 정당화 하는지를 고려한다.

46 (원칙 9. 중요한 변화의 식별과 분석) 회사는 내부회계관리제도에 중요한 영향을 미치는 변화를 식별 · 분석하여 내부회계관리제도를 유지 · 관리한다.

원칙 달성을 위한 중점 고려사항

46.1 외부 환경 변화의 평가－위험을 식별하는 과정에서 사업과 관련된 규제의 변화, 경제적인 변화, 물리적 환경의 변화 등이 내부회계관리제도에 미치는 영향을 고려한다.

46.2 사업모델 변화의 평가－새로운 사업영역이나 기존 사업구성의 급격한 변화, 기업인수나 사업양수도, 급격한 성장, 해외 의존도의 변화, 새로운 기술 등이 내부회계관리제도에 미치는 영향을 고려한다.

46.3 리더십 변화의 평가－회사는 경영진의 변경과, 이에 따른 경영진의 태도 및 철학의 변화가 내부회계관리제도에 미치는 영향을 고려한다.

통제활동

47 (원칙 10. 통제활동의 선택과 구축) 회사는 내부회계관리제도의 목적 달성을 저해하는 위험을 수용 가능한 수준으로 줄일 수 있는 통제활동을 선택하고 구축한다.

원칙 달성을 위한 중점 고려사항

47.1 위험평가와의 통합 – 위험평가 결과 확인된 위험을 관리하고 줄일 수 있는 통제활동을 마련한다.

47.2 회사의 고유한 요인 고려 – 경영진은 통제활동 선택 및 구축 시, 회사의 고유한 특성뿐만 아니라 사업 환경, 복잡성, 성격 및 범위 등의 영향을 고려한다.

47.3 관련 있는 업무프로세스 결정 – 경영진은 통제활동이 필요한 관련 있는 업무프로세스를 결정한다.

47.4 통제유형의 조합 – 위험을 완화시키기 위해 다양한 속성을 결합한 균형 잡힌 통제활동을 고려한다(수동통제와 자동통제, 예방통제와 적발통제 등).

47.5 다양한 수준의 통제활동 적용 고려 – 경영진은 회사 내 다양한 수준의 통제활동을 고려한다.

47.6 업무분장 고려 – 경영진은 양립할 수 없는 직무를 분리하되, 업무분장 적용이 가능하지 않을 경우 대체적인 통제활동을 선택하고 구축한다.

48 (원칙 11. 정보기술 일반통제의 선정과 구축) 회사는 내부회계관리제도 목적 달성을 지원하는 정보기술 일반통제를 선정하고 구축한다.

원칙 달성을 위한 중점 고려사항

48.1 업무프로세스에서 사용되는 정보기술과 정보기술 일반통제간 의존도 결정 – 경영진은 업무프로세스 및 자동통제와 정보기술 일반통제간의 의존성과 연관성을 이해하고 결정한다.

48.2 정보기술 인프라 통제활동 수립 – 경영진은 정보처리의 완전성, 정확성 및 이용가능성을 확보하기 위한 정보기술 인프라에 대한 통제활동을 선택하고 구축한다.

48.3 보안관리 프로세스에 대한 통제활동 수립 – 경영진은 업무 책임에 상응하는 정보기술 접근권한을 허가된 담당자로 제한하고, 외부의 위협으로부터 회사의 자산을 보호하기 위한 보안 관련 통제활동을 선택하고 구축한다.

48.4 정보기술의 취득, 개발 및 유지보수 프로세스에 대한 통제 수립 – 경영진은 내부회계관리제도 목적 달성을 위하여 정보기술 및 인프라의 취득, 개발, 유지보수 활동에 대한 통제활동을 선정하고 구축한다.

49 (원칙 12. 정책과 절차를 통한 실행) 회사는 기대사항을 정한 정책과 그 정책을 실행하기 위한 절차를 통하여 통제활동을 적용한다.

원칙 달성을 위한 중점 고려사항

49.1 경영진의 지침 전달을 지원하기 위한 정책 및 절차 수립 – 경영진은 기대사항을 정한 정책과 이를 실행 가능한 구체적 절차로 제시하여 업무프로세스 및 구성원의 일상적인 활동에 통제활동이 내재화되도록 한다.

49.2 정책과 절차의 적용을 위한 책임 확립과 담당자의 지정 – 경영진은 관련 위험이 존재하는 사업단위 또는 부서의 경영진(또는 지정된 인원)과 함께 통제활동에 대한 책임을 확립하고 담당자를 지정한다.

49.3 통제활동의 적시 수행 – 통제활동별로 지정된 담당자가 정책과 절차에 정해진 대로 통제활동을 적시에 수행한다.

49.4 개선조치 이행 – 통제활동 수행 결과 식별된 문제점에 대하여 책임 있는 담당자가 조사하고 조치를 취한다.

49.5 적격성 있는 담당자의 수행 – 충분한 권한을 가진 적격성 있는 담당자가 지속적인 관심과 주의를 기울여 통제활동을 수행한다.

49.6 정책, 절차 및 통제활동의 주기적인 재평가 – 경영진은 정책, 절차 및 통제활동이 지속적으로 적정한지 판단하기 위하여 주기적으로 검토하고, 필요시 정책, 절차 및 통제활동을 개정 또는 개선한다.

정보 및 의사소통

50 (원칙 13. 관련 있는 정보의 사용) 회사는 내부회계관리제도의 운영을 지원하기 위하여 관련 있는 양질의 정보를 취득 또는 생산하고 사용한다.

원칙 달성을 위한 중점 고려사항

50.1 정보 요구사항의 식별 – 회사의 내부회계관리제도 목적 달성과 내부회계관리제도 구성요소들의 기능을 지원하기 위해 필요하고 요구되는 정보를 식별하는 절차가 수립되어 있다.

50.2 내부 및 외부의 데이터 원천 포착 – 정보시스템은 내부 및 외부의 데이터 원천을 포착한다.

50.3 관련 있는 데이터를 의미 있는 정보로 변환 – 정보시스템은 관련 있는 데이터를 처리하여 의미 있는 정보로 변환한다.

50.4 정보 처리 과정에서 품질의 유지·관리 – 정보시스템은 시의적절하고, 최신의, 정확하고, 완전하고, 접근가능하고, 보호되고, 검증가능한 정보를 생산하고 유지하며 동 정보가 내부회계관리제도 구성요소 지원에 적절한 정보인지 검토한다.

50.5 비용과 효익 고려 – 의사소통 대상이 되는 정보의 성격, 양, 상세한 정도는 회사의 내부회계관리제도 목적에 부합하고, 목적 달성을 지원한다.

51 (원칙 14. 내부 의사소통) 회사는 내부회계관리제도의 운영을 지원하기 위하여 필요한 내부회계관리제도에 대한 목적과 책임 등의 정보에 대해 내부적으로 의사소통한다.

원칙 달성을 위한 중점 고려사항

51.1 내부회계관리제도 정보에 대한 의사소통 – 모든 직원이 내부회계관리제도 책임을 이해하고 이행하기 위해 필요한 정보를 교환하는 프로세스가 존재한다.

51.2 경영진과 이사회 간의 의사소통 – 경영진과 이사회는 회사의 내부회계관리제도 목적과 관련한 각자의 역할 수행을 위해 요구되는 정보를 얻을 수 있도록 양자 간에 의사소통한다.

51.3 별도의 의사소통 라인 제공 – 통상적인 의사소통 채널이 비효과적인 경우를 대비하여 익명 또는 비밀이 보장된 의사소통이 가능하도록 내부고발제도 같은 별도의 의사소통 채널이 갖추어져 있다.

51.4 적절한 의사소통 방법 선택 – 시기, 대상자 및 정보의 성격을 고려하여 의사소통의 방법을 선택한다.

52 (원칙 15. 외부 의사소통) 회사는 내부회계관리제도의 운영에 영향을 미치는 사항에 대해 외부 관계자와 의사소통한다.

원칙 달성을 위한 중점 고려사항

52.1 외부 관계자와의 의사소통 – 주주, 협력업체, 소유주, 규제기관, 고객, 재무분석가 등 외부 관계자와 관련 있는 정보를 적시에 의사소통할 수 있는 프로세스가 구축되어 있다.

52.2 외부로부터의 의사소통 – 고객, 소비자, 공급자, 외부감사인, 규제기관, 재무분석가 등 외부 관계자의 의견을 수렴하여 경영진과 이사회에 관련 있는 정보를 제공할 수 있는 개방된 의사소통 채널을 마련한다.

52.3 이사회와의 의사소통 – 외부 관계자가 수행한 평가로부터 도출된 관련 있는 정보는 이사회와 의사소통된다.

52.4 별도의 의사소통 라인 제공 – 통상적인 의사소통 채널이 작동하지 않거나 비효과적인 경우를 대비하여 익명 또는 비밀이 보장된 의사소통이 가능하도록 내부고발제도와 같은 별도의 의사소통 채널이 갖추어져 있다.

52.5 적절한 의사소통 방법 선택 – 의사소통의 시기, 대상, 성격뿐만 아니라 법률, 규제, 주주 및 이해관계자의 요구사항 및 기대를 고려하여 의사소통 방법을 선택한다.

모니터링 활동

53 (원칙 16. 상시적인 모니터링과 독립적인 평가 수행) 회사는 상시적인 모니터링과 독립적인 평가 방안을 수립하여 내부회계관리제도 설계 및 운영의 적정성을 평가한다.

원칙 달성을 위한 중점 고려사항

53.1 상시적인 모니터링과 독립적인 평가의 결합 고려 – 경영진은 상시적인 모니터링과 독립적인 평가의 균형을 고려한다.

53.2 변화의 정도 고려 – 경영진은 상시적인 모니터링과 독립적인 평가를 선택하고 구축할

때, 업무와 업무프로세스의 변화의 정도를 고려한다.

53.3 출발점(Baseline)의 설정 – 내부회계관리제도의 설계와 현재 상태는 상시적인 모니터링과 독립적인 평가를 위한 출발점을 수립하는데 활용된다.

53.4 충분한 지식을 갖춘 인력 활용 – 상시적인 모니터링과 독립적인 평가를 수행하는 평가자들은 평가 대상에 대한 충분한 지식을 보유하고 있다.

53.5 업무프로세스와의 통합 – 상시적인 모니터링은 업무프로세스에 내재되고 변화하는 상황에 따라 조정된다.

53.6 범위와 빈도 조정 – 경영진은 위험의 중요성에 따라 독립적인 평가의 범위와 빈도를 달리 한다.

53.7 객관적인 평가 – 객관적인 피드백을 제공하기 위해 주기적으로 독립적인 평가가 수행된다.

54 (원칙 17. 미비점 평가와 개선활동) 회사는 내부회계관리제도의 미비점을 평가하고 필요한 개선활동을 적시에 수행한다.

원칙 달성을 위한 중점 고려사항

54.1 결과 평가 – 경영진과 이사회는 상시적인 모니터링과 독립적인 평가 결과에 대해 적절히 평가한다.

54.2 미비점 의사소통 – 내부회계관리제도의 미비점은 개선활동을 수행할 책임이 있는 담당자와 책임자(일반적으로 차상위자, 필요시 고위 경영진과 이사회 포함), 이사회와 적절하게 의사소통된다.

54.3 개선활동에 대한 모니터링 활동 – 경영진은 통제 미비점들이 적시에 개선되는지 확인한다.

제4장 중소기업에 대한 적용

55 본 설계 · 운영 개념체계에서 제시하는 내부회계관리제도 구성요소 및 원칙은 중소기업(중소기업기본법의 적용대상 회사를 말함. 이하 같음)에도 동일하게 적용된다. 단, 중소기업의 경우 경영여건을 감안하여 본 설계 · 운영 개념체계를 세부적으로 적용하는 과정에서 대기업(중소기업이 아닌 기업을 말함. 이하 같음)보다는 유연하고 완화된 방식으로 내부회계관리제도를 설계 및 운영할 수 있으며, 이 경우에도 내부통제의 5가지 구성요소 및 17가지 원칙이 훼손되지 않도록 유의하여야 한다. 이처럼 완화된 방식을 적용하기 위해 내부회계관리제도의 구성요소별로 다음과 같은 내용을 고려한다.

통제환경

55.1 (원칙 1. '도덕성과 윤리적 가치에 대한 책임 강조' 적용 관련) 중소기업 경영진은 조직 내 윤리문화를 조성하는데 있어 문서화된 윤리강령이나 공식적인 부정방지 프로그램 대

신 구성원에 대한 직접적인 표현이나 구두 의견 제시 또는 일상적인 모임 등의 비공식적 수단을 활용할 수 있다. 또한 중소기업의 특성상 대기업에서 요구되는 통제활동을 모두 갖추기가 어려울 수 있는 가운데 경영진의 역할과 책임이 보다 중요함에 따라 내부회계관리제도의 설계 및 운영에 있어 스스로의 청렴성과 도덕성 등의 윤리의식을 높은 수준으로 유지하여야 한다.

55.2 (원칙 2. '이사회의 내부회계관리제도 감독 책임' 적용 관련) 중소기업의 이사회는 문서화 또는 공식적인 절차보다는 경영진에 대한 직접적 구두의견 제시, 비공식적 회의 또는 일상적인 모임 등의 수단을 활용하여 내부회계관리제도 전반에 대해 적극적인 감독활동을 수행할 수 있다.

55.3 (원칙 3. '조직구조, 보고체계 및 권한·책임 정립' 적용 관련) 중소기업은 내부회계관리조직(부서)의 권한 및 책임 정립시 기안결재서류, 메모 등의 형식을 활용하는 등 관련 문서가 대기업에 비해 덜 공식적일 수 있으며, 조직적 · 인적 구성의 어려움으로 인해 전담부서 설치가 어려운 경우 기존의 조직 또는 인원을 적극적으로 활용할 수 있다.

55.4 (원칙 4. '적격성 있는 인력의 선발, 육성 및 관리' 적용 관련) 중소기업은 관련 직무에 요구되는 적격성의 기준과 업무처리방식 관련 정책과 절차를 수립함에 있어 비공식적인 방법을 활용할 수 있으며, 성과평가 항목, 평가대상 및 평가절차를 대기업에 비해 간소화된 방식으로 운영할 수 있다. 또한 중소기업의 경우 공식적이고 체계적인 승계계획이 존재하지 않을 수 있으므로 경영진은 내부회계관리제도에서 핵심적인 역할을 담당하는 기존 임직원을 대체할 수 있는 내부 인력을 사전에 비공식적으로 식별하거나, 필요시 신속한 채용절차를 진행할 수 있도록 하는 등 필요한 조치를 할 수 있다.

55.5 (원칙 5. '내부회계관리제도 관련 책임 부여' 적용 관련) 중소기업의 경영진은 비공식적인 회의 또는 일상적인 모임 등을 통해 내부회계관리제도 관련 예외사항이나 미비점 및 관련 임직원의 역할과 책임을 강조한다.

위험평가

55.6 (원칙 6. '내부회계관리제도의 구체적인 목적 수립' 관련) 중소기업은 회계정책을 수립하고 변경하는 업무를 수행하고 문서화함에 있어 다음을 포함한 중요한 항목에 대한 회계기준 분석이나 회사의 관련 회계처리 방법을 메모 등을 활용하여 문서화할 수 있다.

- 회사의 회계처리가 복잡하거나, 높은 수준의 판단이 개입되는 경우
- 회사의 거래가 복잡하고 다양한 경우
- 업무처리 인력의 회계 및 관련 업무 전문성이 충분하지 않은 경우

55.7 (원칙 7. '위험 식별 및 분석' 적용 관련) 중소기업은 위험의 식별 · 평가 과정과 문서화를 상대적으로 단순화할 수 있으며, 계정과목 등에 대한 위험평가를 수행함에 있어 위험기반의 접근방법을 보다 적극적으로 활용할 수 있다. 위험기반의 접근방법을 적용할 때에는 양적 요소 뿐만 아니라 질적 요소도 고려하는 것이 중요하다. 예를 들어, 양적인 측면에서 중요성 금액을 초과하는 계정과목이라도 질적 요소를 고려할 때 중요한 재무제표 왜곡표시의 발생가능성이 크지 않다고 판단되는 경우에는 내부회계관리제도

의 평가대상에서 제외할 수 있다. 반대로 중요성 금액에 미달하더라도 질적으로 중요한 경우 내부회계관리제도 평가 범위에 포함할 수 있다. 특히, 양적 측면에서 중요성 금액을 초과하는 계정과목 등에 대해서 질적 요소를 고려하여 내부회계관리제도 평가대상에서 제외한 경우 그 근거(질적 요소의 적용 내용과 결론 등)를 명확히 문서화하여야 한다.

55.8 (원칙 8. '잠재적인 부정위험 평가' 적용 관련) 중소기업 감사(위원회)가 경영진의 부정위험 평가 및 대응방안을 검토함에 있어 대기업에서 요구되는 절차를 모두 수행하는데 한계가 있을 수 있으며, 이러한 경우 경영진의 권한 남용이나 내부통제 무시를 비롯한 부정위험과, 중요한 회계추정과 관련된 가정과 판단의 합리성 등에 집중하여 감독기능을 수행할 수 있다.

55.9 (원칙 9. '중요한 변화의 식별과 분석' 적용 관련) 회사는 내부회계관리제도에 중요한 영향을 미칠 수 있는 변화를 식별·분석하여 내부회계관리제도를 유지 관리한다.

통제활동

55.10 (원칙 10. '통제활동의 선택과 구축' 적용 관련) 대기업에는 적합한 통제절차라 하더라도 경영진의 일상적인 기업활동에 직접 관여하는 정도가 상대적으로 높고, 인력이 부족한 중소기업에는 그러한 통제절차가 적절하지 않을 수 있다. 이러한 경우 회사에 적합한 보완통제(경영진의 모니터링 강화, 산출된 자료의 적정성 검증 등)로 내부회계관리제도를 설계 및 운영할 수 있다. 또한 중소기업의 경우 업무프로세스가 비교적 단순하기 때문에 적절한 수준의 검토통제를 설계 및 운영함으로써 업무분장의 미비로 인한 잠재적인 위험을 보다 용이하게 보완할 수 있다.

55.11 (원칙 11. '정보기술 일반통제의 선정과 구축' 적용 관련) 재무보고와 관련하여 정보시스템에 의존하는 정도가 낮거나 회사가 사용하는 정보시스템의 복잡도가 낮은 경우에는 정보기술 일반통제의 일부 영역을 고려하지 않더라도 시스템에서 산출된 자료의 정확성을 확인하는 통제를 위주로 내부회계관리제도를 설계 및 운영할 수 있다.

55.12 (원칙 12. '정책과 절차를 통한 실행' 적용 관련) 중소기업은 통제활동과 관련된 정책 및 절차를 수립하고 문서화함에 있어 이메일, 전사공유게시판 등을 활용하거나 기안결재 서류, 메모 등의 형식을 활용할 수 있다.

정보 및 의사소통

55.13 (원칙 13. '관련 있는 정보의 사용' 적용 관련) 업무프로세스가 상대적으로 단순하고 소규모의 인력으로 운영되는 중소기업에서는 정보목록을 작성하지 아니하고 업무지시나 메모 등 비공식적인 방법을 활용할 수 있다

55.14 (원칙 14. '내부 의사소통' 적용 관련) 중소기업의 경우 회사의 규모가 작고 조직구조가 단순하기 때문에 경영진과 구성원들 사이의 내부 의사소통이 상대적으로 효율적이고 효과적으로 이루어질 수 있다. 따라서 공식적인 의사소통 창구가 마련되어 있지 않더라도 일상적인 접촉이나 상위 경영진과의 직접적인 의사소통경로 등을 통해 충분한

의사소통이 가능할 수 있다.

55.15 (원칙 15. '외부 의사소통' 적용 관련) 중소기업의 경우 일반적으로 경영진이 외부이해관계자와 직접적으로 접촉하기 때문에 공식적인 의사소통절차가 마련되어 있지 않더라도 외부이해관계자와 효과적인 의사소통이 이루어질 수 있다.

모니터링

55.16 (원칙 16. '상시적인 모니터링과 독립적인 평가 수행' 적용 관련) 중소기업의 경우 다양한 통제수단들을 업무프로세스 내에 설계·운영하는 대신 상시적인 모니터링에 의존하는 경우가 많다. 상시적인 모니터링이 재무제표의 중요한 왜곡표시 위험을 적절한 수준으로 감소시킬 수 있을 정도로 효과적으로 설계·운영될 경우 내부회계관리제도를 모니터링 통제의 효과성 위주로 평가할 수 있다. 또한 중소기업의 경우 내부회계관리제도의 독립적인 평가를 수행하는 것이 어려운 경우 통제업무를 수행하는 담당자가 평가를 수행(자가평가)할 수 있다. 다만 이 경우에도 통제환경, 기말 재무보고절차 및 중요한 추정이나 판단이 필요한 통제 등 특히 위험이 높은 것으로 평가된 통제에 대해서는 해당 통제와 독립적인 다른 부서의 인원 또는 외부의 전문가가 다음과 같은 절차 등을 통해 자가평가의 적정성을 확인하는 것이 필요하다.

- 테스트 절차(테스트 방법, 표본의 선정방법 및 개수) 및 결론 등의 적정성 확인
- 문서검사 및 재수행을 통하여 평가결과의 일정 부분을 검토
- 테스트 모집단과 샘플을 직접 선정하여 평가자에게 전달

한편, 아래와 같은 상황에서는 자가평가의 적정성을 확인하는 절차를 생략할 수 있다.

- 테스트 절차가 구체적으로 기술되어 별도의 전문성이 필요 없다고 판단되는 경우
- 평가를 적절하게 수행하지 않은 인원에 대한 성과 반영이 이뤄지는 경우

55.17 (원칙 17. '미비점의 평가와 개선활동' 적용 관련) 회사는 내부회계관리제도 미비점을 평가하고 필요한 개선활동을 적시에 수행한다.

제5장 부칙

56 외감법에 따른 금융회사가 아닌 비상장대기업(주권상장법인이 아닌 회사로서 중소기업이 아닌 회사를 말함)의 경우 제4장을 준용할 수 있으며, 비상장중소기업(주권상장법인이 아닌 회사로서 중소기업인 회사를 말함)의 경우에는 본 설계·운영 개념체계에 불구하고 외감법에 따라 내부회계관리규정 및 조직을 구비하고 내부회계관리규정 상 관련 통제절차를 모두 준수하는 경우 본 설계·운영 개념체계를 준수한 것으로 본다.

57 본 설계·운영 개념체계에서 정한 사항이 내부회계관리제도에 관한 외감법 상 규정의 적용을 유예하거나 면제하는 것이 아니므로, 회사는 본 설계·운영 개념체계의 시행 및 적용 여부와 상관없이 외감법상 관련규정을 모두 준수하여야 한다.

보론 A. 원칙 달성을 위한 중점 고려사항

이 보론 내용은 본 설계·운영 개념체계의 일부이다.

원칙 1. 도덕성과 윤리적 가치에 대한 책임 (문단 38)

경영진과 이사회의 의지 (문단 38.1)

A1 경영진과 이사회는 회사를 둘러싼 다양한 이해관계자의 기대사항과 회사가 운영되는 시장의 사회적, 윤리적, 법적 기준을 반영한 최고위층의 의지를 설정할 필요가 있다. 설정된 최고위층의 의지는 회사의 헌장, 윤리강령, 정책 및 절차, 경영방식, 경영진의 의사결정, 윤리강령 위반사항에 대한 조치 그리고 비공식적인 의사소통과 행동방식 등 다양한 형태로 표현될 수 있다. 이러한 최고위층의 의지는 단순히 법과 규정을 준수하는 것이 아닌 기업가치에 부합하는 옳은 행위를 수행하는 것을 명확하게 제시하여, 회사 임직원에게 우선순위가 무엇인지를 이해하게 하고 행동에 옮기게 한다.

A2 설정된 최고위층의 의지는 경영진과 이사회뿐만 아니라 회사의 전체 조직에 공유되고 적용되어야 한다. 회사의 운영 방식, 경영진과 이사회의 개인적인 행위, 위험에 대한 태도, 보수적이거나 공격적인 성향, 규정에 기반한 운영 방식 등은 최고위층의 의지에 영향을 미치고 회사 전체에 메시지를 전달하게 된다. 개인에 대한 차별, 부당한 성과평가 및 보상 등은 기업문화에 영향을 미치고 적절치 못한 행동을 유발시킬 수 있다. 이와 반대로 경영진과 이사회 등의 윤리적이고 책임 있는 일련의 행동과 부적절한 행위에 대한 엄격한 대처는 회사가 기업가치와 윤리를 추구한다는 강력한 메시지가 된다.

A3 최고위층의 의지는 내부회계관리제도가 효과적으로 작동하기 위한 기반이 되며, 회사 내의 전체 조직이 회사의 가치, 임직원 및 협력업체 등에게 기대되는 행동에 대한 공통의 이해를 수립하는데 도움을 준다. 내부통제를 강조하는 조직 문화를 만들기 위한 최고위층의 의지가 없다면 인지된 위험이 저평가되거나, 위험에 대한 대응절차가 부적절하거나, 통제활동이 잘못 설계 또는 운영되거나, 정보에 대한 의사소통이 약화되거나, 모니터링 활동이 수행되지 않을 수 있다. 따라서 최고위층의 의지를 어떻게 설정하느냐에 따라 효과적인 내부회계관리제도를 지원하는 요인이 되거나, 이를 가로막는 장벽이 될 수도 있다.

윤리강령 수립 (문단 38.2)

A4 윤리강령은 회사가 목적을 달성하는 과정에서 옳고 그른 것에 대한 판단 기준, 위험의 존재 여부에 대한 판단 기준, 그리고 법률 또는 규제사항 등 회사에 요구되는 다양한 기대사항을 반영하는 방식에 대한 판단 기준을 제시하고 행동강령을 포함한다. 이는 회사의 의사결정 및 활동에 영향을 미친다. 따라서 회사는 어려운 의사결정에 직면하였을 때 지속적으로 윤리강령을 준수함으로써 회사가 도덕성 및 윤리적인 가치를 고수함을 증명할 수 있다. 도덕성과 윤리적 가치는 회사의 의사소통과 교육프로그램의 핵심적인 메시지일 것이다.

A5 외부서비스제공자 또는 협력업체의 부적절한 행위는 경영진에게 궁극적인 책임이 있으며, 고객, 회사의 이해관계자 및 회사의 명성에 피해를 발생시키고 많은 비용이 유발되는 대책 마련을 필요하게 한다. 따라서 경영진은 외부서비스제공자 또는 협력업체에게 위임된 업무에 대해서도 회사의 윤리강령을 준수할 수 있도록 의사소통 및 감독할 책임이 있다.

윤리강령 준수 평가 (문단 38.3)

A6 윤리강령은 회사 내부 및 외부서비스제공자의 도덕성 및 윤리적 가치의 준수 여부를 평가하는 판단 기준이 되며, 회사의 정책 및 절차 또는 다양한 계약문서를 통하여 공유된다. 실무적으로 윤리강령이 준수되고 있는지 확인하기 위하여 업무 담당자들의 행동, 의사결정, 태도가 경영진 또는 독립적인 인원에 의하여 평가된다. 회사가 용인할 수 있는 윤리강령 위반사항의 수준 및 범위가 정의되고 구성원들에게 공유되어야 한다. 위반사항이 회사에 미치는 영향의 정도에 따라 회사가 취해야 하는 조치사항은 다양할 수 있으나, 조치사항의 적용에 있어서는 일관성이 요구된다. 윤리강령의 준수 여부는 경영진의 상시적인 감독 또는 독립적인 검토를 통하여 평가될 수 있다. 구성원들은 공식적인 또는 비공식적인 다양한 의사소통 방식을 통하여 부적절한 사항을 확인하고 보고할 수 있어야 한다.

A7 윤리강령의 평가 절차로 다음과 같은 사항을 고려하여야 한다.

- 외부서비스제공자를 포함한 조직 전체의 행동규범 준수 여부를 확인할 수 있는 지표의 정의
- 지속적이며, 주기적인 평가 절차의 수립
- 인사부서나 내부고발제도 등을 포함한 발견된 문제점에 대한 보고체계
- 성과평가, 보상 및 승진에 대한 결정시 고려
- 독립된 인원에 의한 평가 방식
- 발견된 문제점에 대한 개선 체계 수립

윤리강령 위반사항의 적시 처리 (문단 38.4)

A8 윤리강령의 위반사항은 적시에 일관된 방식으로 식별되고 개선되어야 한다. 경영진은 위반사항에 대한 평가를 수행하고, 위반사항의 심각성에 따라 경고, 정직 또는 퇴사 등의 적절한 조치를 취해야 하고 해당 조치에 대해 적절한 방법을 선택하여 회사 임직원과 공유한다.

원칙 2. 내부회계관리제도 감독 책임 (문단 39)

이사회의 감독 책임 정립 (문단 39.1)

A9 이사회는 회사와 관련된 다양한 이해관계자의 기대사항과 법적, 규제적 요구사항 및 연관된 위험을 이해하여야 하며, 이는 회사의 목적, 이사회의 감독 책임, 조직에 필요한 자원을 결정하는데 도움을 준다. 이사회는 최고경영자에 대한 임명 및 해임의 권한

을 가지며, 최고경영자가 회사의 전반적인 전략을 실행하고 목적을 달성하며, 내부회계관리제도를 효과적으로 운영할 수 있도록 승계계획을 수립한다. 이사회의 감독은 경영진이 업무 수행을 위하여 수립한 구조 및 프로세스를 기반으로 수행된다. 이사회가 감독 책임을 가지는 반면, 최고경영자 및 고위 경영진은 내부회계관리제도를 설계하고 운영할 직접적인 책임을 갖는다. 단, 이사회는 외감법 등 법률에서 정하는 사항과 내부회계관리제도, 내부감사 및 부정방지 프로그램에 대한 등의 감독 책임을 감사(위원회)에 위임할 수 있다.

이사회의 전문성 확보 및 독립적 운영 (문단 39.2와 39.3)

A10 이사회는 감독 책임을 수행함에 있어 경영진과 독립적이어야 하며, 적절한 전문성과 기술을 보유할 필요가 있다. 이사회의 구성원이 동시에 다른 회사 이사회의 구성원일 경우 초래될 수 있는 편향성 또는 구성원간 이해 상충도, 이사회의 독립성과 전문성 등이 고려해야 할 주요 요소이다. 이사회에게는 부정행위에 대한 문제제기, 경영진의 활동에 대한 면밀한 조사, 쟁점사항에 대한 대안 제시 및 결단력 있는 행동이 항상 요구되므로 독립성을 갖춘 이사회의 구성원이 필요하다. 회사의 임직원들이 회사에 대하여 더 깊이 있는 지식을 보유하고 있기는 하지만, 관련된 전문지식이 있는 독립적인 이사회의 구성원이 공정성, 건전한 의구심, 편향성 없는 평가를 통하여 가치를 제공할 수 있다.

A11 회사의 규모와 상황에 따라 비용 또는 기타 사유 등으로 인해 전문성 및 독립성을 갖춘 이사회의 구성원을 확보하는 것이 어려울 수 있다. 이러한 상황에서는 이를 대체할 수 있도록 적절한 수준의 감독을 수행할 수 있는 감사(위원회)를 포함한 다른 프로세스 및 통제를 고려해야 한다. 이는 본 설계·운영 개념체계에서 제시하는 이사회 관련 사항에 동일하게 적용된다.

내부회계관리제도 감독 수행 (문단 39.4)

A12 이사회는 내부회계관리제도의 설계, 구축 및 운영에 대한 감독을 수행할 때, 본 설계·운영 개념체계에서 제시하는 통제환경, 위험평가, 통제활동, 정보 및 의사소통, 모니터링 활동의 5가지 구성요소를 모두 관리 감독하여야 한다. 각 구성요소별 감독항목과 방법에 대한 명확한 기준은 경영진과 이사회의 감독 책임을 강화할 것이고, 감독 업무 수행을 위해서는 정기적 또는 비정기적인 보고절차가 이뤄져야 한다.

원칙 3. 조직구조, 권한 및 책임 정립 (문단 40)

조직구조 고려 및 보고체계 수립 (문단 40.1과 40.2)

A13 고위 경영진과 이사회는 회사의 활동을 계획하고, 실행하고, 통제하며, 주기적으로 평가하는 등 감독 책임을 수행하기 위하여 필요한 조직구조와 보고체계를 수립한다. 회사는 직면한 다양한 상황(제품 및 서비스의 특성, 위험 관리, 지역적 위치, 외부서비스 제공자 등)을 고려하여, 업무를 세분화하거나 통합하는 등의 다양한 형태로 운영되어

야 하며, 이에 따른 조직구조 및 보고체계의 수립이 필요하다. 이와 같이 다양한 상황을 고려한 조직구조 및 보고체계를 수립함으로써 다양한 측면에서 내부회계관리제도를 평가할 수 있다. 하나의 측면에서 위험이 존재하지 않았다 하더라도, 다른 측면에서는 집중된 위험을 발견할 수 있다. 조직구조는 사업의 성격이 변함에 따라 변화하며, 따라서 경영진은 내부회계관리제도를 지원하기 위한 조직구조의 목적적합성, 효과성 및 효율성을 지속적으로 검토하고 평가할 필요가 있다.

A14 경영진은 조직의 운영형태에 따라 부여된 책임이 달성되고, 정보가 의도한 대로 흘러갈 수 있도록 보고체계를 설계하고 평가한다. 이와 같은 보고체계의 설계와 평가는 조직 내부로부터 외부서비스제공자까지 부여된 책임을 이행하는데 발생할 수 있는 이해상충의 존재 여부를 파악할 수 있게 한다.

권한과 책임의 정의 및 부여 (문단 40.3)

A15 이사회는 경영진에게 권한을 위임함과 동시에 책임을 정의하고 부여한다. 경영진은 순차적으로 내부회계관리조직을 포함한 하위조직에 권한을 위임하고, 책임을 정의하며 부여한다. 회사는 권한과 책임을 위임하며, 이를 통하여 회사의 목적 달성을 위한 경영진의 지침에 따라 경영진 및 임직원이 의사결정할 수 있도록 한다. 권한의 위임은 회사의 유연성을 증가시키지만, 반면에 관리해야 할 위험의 복잡성을 증가시키기도 한다. 경영진은 이사회의 지침을 고려하여 어떤 권한을 부여하거나 부여하지 않을 것인지에 대한 기준을 제공한다.

권한의 제한 (문단 40.3)

A16 권한은 주어진 역할을 수행할 수 있도록 충분히 부여되어야 하지만, 권한의 한계를 정의하는 것 또한 필요하다. 내부회계관리제도와 관련된 충분한 권한이 부여되어야 하지만, 회사의 목적 달성을 위해 필요한 범위 내에서만 권한을 부여한다. 또한 목적을 달성해 나가는 과정에서 발생할 수 있는 권한의 부적절한 사용을 예방시킬 수 있도록 업무의 분장이 필요하며, 조직의 모든 위치에서 견제와 균형이 이루어져야 한다. 더불어, 업무프로세스상의 역할과 책임을 정의하고 제한하기 위하여 다양한 기술적 측면을 함께 고려할 필요가 있다.

원칙 4. 적격성 유지 (문단 41)

정책 및 실무절차 수립 (문단 41.1)

A17 정책 및 실무절차는 투자자, 규제기관 및 기타 이해관계자의 기대사항과 요구사항을 반영한 전사적인 수준의 지침이며, 회사 업무 처리에 필요한 적격성을 정의하는 근간을 제공한다. 정책 및 실무절차는 이사회를 비롯한 최고경영자 및 고위 경영진으로부터 다양한 계층의 구성원들에게 적격성의 중요성을 강조하고, 업무별 요구되는 적격성이 전체 조직에 공유될 수 있도록 한다.

적격성 평가 및 보완 (문단 41.2)

A18 적격성은 부여 받은 책임을 실행하기 위한 자격요건을 의미하며, 관련된 적절한 기술과 전문성을 필요로 한다. 회사는 목적 달성에 필요한 적격성의 요구사항을 정의할 때 다음과 같은 사항을 고려할 수 있다.

- 필요한 지식, 기술 및 경험
- 특정 직위 수행에 필요한 판단의 성격과 수준, 권한의 한계
- 요구되는 다양한 수준의 기술과 경험에 따른 비용과 효익의 분석

A19 이사회는 최고경영자의 적격성을 평가하고, 경영진은 수립된 정책 및 절차에 따라 회사 전체 및 외부서비스제공자의 적격성을 평가한 후, 그 결과에 따라 필요한 조치를 취하여야 한다. 회사는 내·외부 환경이 변화함에 따라 새로운 위험 요소가 식별되는 경우, 이러한 위험에 적절히 대응하기 위한 적격성 있는 인력을 활용하는 것을 고려하여야 한다.

인력 선발, 육성 및 유지 (문단 41.3)

A20 적격성 유지를 위한 회사의 각종 정책과 절차는 적절한 인적자원을 채용, 평가 및 유지하기 위한 인적 자원 관리 프로세스를 통해 관리되고 실행될 수 있다. 회사의 목적 달성을 지원할 수 있도록 변화하는 위험의 상대적 중요성을 고려하여 인적 자원의 적절한 규모를 결정하여야 하며, 이는 주기적으로 재조정되어야 한다.

승계계획 및 준비 (문단 41.4)

A21 경영진은 회사의 내부회계관리조직을 포함하여, 내부회계관리제도 목적 달성에 있어 필수적으로 판단되는 역할을 지속적으로 확인하고 그 적정성을 평가하여야 한다. 각 역할의 중요성은 해당 역할이 일시적 또는 영구적으로 공석이 될 경우의 영향을 평가함으로써 결정된다. 최고경영자와 경영진, 내부회계관리조직, 전략적 공급업체와 주요 협력업체는 업무 승계계획을 필요로 하는 대표적인 예로, 이들이 수행하는 역할에 공백이 발생하더라도 회사의 목적 달성에 지장이 없다는 것을 확신할 수 있도록 업무 승계계획(승계와 관련된 비상계획 포함)을 수립하여 대비하여야 한다. 특히 핵심 임원에 대한 업무 승계계획이 수립되어야 하고, 업무승계 후보자에게는 역할승계를 가정한 교육과 훈련이 이루어져야 한다.

원칙 5. 내부회계관리제도 책임 부여 (문단 42)

조직구조, 권한 및 책임을 통한 내부회계관리제도 책임 부여 (문단 42.1)

A22 이사회는 최고경영자에게 회사가 직면하고 있는 위험을 이해하고 회사의 목적 달성을 위한 내부회계관리제도를 설계 및 운영하는 궁극적인 책임을 부여한다. 최고경영자 및 고위 경영진은 내부회계관리조직을 포함한 회사 내의 모든 구성원들에게 내부회계관리제도에 대한 의무를 부여하기 위해 필요한 조직구조, 권한 및 책임을 설계 및 구축

하고 실행하며, 주기적으로 평가할 책임이 있다. 내부회계관리제도에 대한 의무를 부여하는 것은 목적 달성을 위한 통제 수행에 대한 역할을 부여하는 것을 의미한다. 내부회계관리제도를 수행하는 과정에서 외부서비스제공자가 활용되는 경우가 있을 수 있다. 이러한 경우에도 외부서비스제공자가 수행한 내부통제 활동에 대한 궁극적인 책임은 경영진에게 있으며, 경영진은 외부서비스제공자의 성과에 대한 필수 요구 수준 및 감독 체계를 수립하여야 한다. 내부회계관리제도에 대한 책임의 수준은 경영진의 철학 및 운영방식과 상관관계가 있다. 고위 경영진의 의지가 강할수록 내부회계관리제도의 책임에 대한 이해 수준이 높아지고, 실행력을 가지며, 조직 전반에 걸쳐 지속적으로 책임이 부여된다. 책임 부여는 고위 경영진의 의지를 포함한 윤리적 가치, 적격성, 회사 프로세스에 의해 영향을 받고 조직의 통제 문화에 영향을 미친다.

성과평가 및 보상정책과의 연계 (문단 42.2와 42.3)

A23 회사 임직원의 업무성과는 각자의 책임 정도와 보상체계에 큰 영향을 받는다. 경영진과 이사회는 회사의 장단기 목표의 달성과 연계하여, 회사 내 모든 구성원들의 책임을 고려한 성과평가지표 및 인센티브를 포함하는 보상체계를 수립한다. 미래의 결과에 대해 현재 시점에서 보상하게 되면 의도하지 않은 결과를 초래할 수 있다는 것을 인지하고, 회사는 목적 달성에 부합될 수 있도록 보상 및 징계 대상 행위를 균형 있게 고려하며, 정성적 요소와 정량적 요소가 결합된 성과평가지표를 수립한다. 성과평가지표, 인센티브 및 보상체계가 회사의 목적에 부합하게 운영된다면, 효과적인 내부회계관리제도 운영에 긍정적인 효과를 가져올 수 있다.

A24 인센티브는 임직원들이 성과를 내도록 하는 동기를 유발한다. 인센티브는 보통 급여 인상이나 상여 지급의 형태이지만, 보다 큰 역할을 부여하거나 조직 내에서의 인정 등의 비금전적인 형태도 효과적인 인센티브가 될 수 있다. 경영진은 회사의 성과평가지표와 보상체계를 지속적으로 적용하고, 주기적으로 검토하여 부적절한 행위를 초래하는 일이 없도록 하여야 한다. 예를 들어, 매출 목표와 다른 목표 간에 불균형이 발생하는 경우 준수해야 하는 업무수행기준에 위배되는 행위를 야기할 수 있다.

과도한 압박 고려 (문단 42.4)

A25 경영진과 이사회는 목적을 달성하기 위한 목표를 설정하며, 이는 본질적 특성상 회사 내부에 압박을 만들어 낼 수 있다. 내부 또는 외부 환경에 의해 더 영향을 받는 이러한 압박은 개인이 단기간 및 장기간에 걸쳐 행동과 성과에 대한 기대에 부응할 수 있도록 긍정적으로 동기부여하는 기능이 있다. 그러나 과도한 압박은 임직원들이 목표를 달성하지 못할 경우의 결과를 두려워하게 하고, 프로세스를 우회하거나 부정한 행위를 하게 하는 원인이 될 수 있다. 경영진과 이사회는 이러한 압박을 이해하고 내부회계관리제도의 목적 달성과 배치되거나 불균형을 야기할 수 있는 압박요소에 대해 적절한 의사소통과 인센티브 및 보상으로 균형을 맞춰야 한다. 경영진과 이사회는 책임을 부여하고, 성과지표를 설계하고, 성과를 평가할 때 인센티브 및 보상에 대한 압박을 적절한 수준으로 설정하고 조정한다.

개인의 성과평가, 보상 또는 징계조치 (문단 42.5)

A26 성과 목표가 이사회로부터 최고경영자, 고위 경영진 및 일반 직원들에게 단계적으로 주어지는 것처럼, 성과평가 역시 각각의 단계에서 수행된다. 이사회는 최고경영자의 성과를 평가하고, 최고경영자는 고위 경영진의 성과를 평가하며, 고위 경영진은 일반 직원들의 성과를 평가한다. 각각의 단계에서 윤리강령의 준수 여부와 요구되는 적격성 수준의 충족 여부가 평가되며, 그 결과에 따라 적절하게 보상을 부여하거나 징계조치를 취한다. 이러한 평가 결과는 구성원과 공유되며, 바람직한 행동을 유도할 수 있도록 보상 또는 징계의 형태로 실행된다. 장단기 관점에서 목적 달성과 허용 가능한 수준에서 위험을 관리하는 능력에 대하여 성과가 측정되며, 과거의 위험 및 미래의 위험을 모두 고려한다.

원칙 6. 구체적인 목적 수립 (문단 43)

적합한 회계기준의 준수 (문단 43.1)

A27 회사는 다양한 외부 정보이용자들이 공시된 재무제표 및 재무정보를 목적 적합하게 사용할 수 있도록 관련 회계기준 및 외부 규제사항을 준수하여야 한다. 회사가 선택한 회계처리방법은 회사에 적용가능하고 적합하며, 회사의 사업 환경에 타당한 회계원칙의 요구사항과 일관성을 가지며, 관련 회계기준, 지침 및 규정에 따라 작성되어야 한다.

회사 활동의 실질 반영 (문단 43.2)

A28 회사의 외부 재무보고는 회계기준에 따라 작성한 재무제표가 유용한 정보로써 갖추어야 할 질적 특성을 반영하여 회사 내 거래와 사건의 실질을 반영한다. 재무정보가 유용하기 위해서는 기본적으로 그 목적이 적합하여야 하고, 나타내고자 하는 바를 충실하게 표현하여야 한다. 이러한 재무정보는 비교가능성, 검증가능성, 적시성 및 이해가능성을 갖춤으로써 유용성이 보강된다. 재무정보의 질적 특성, 경영자 주장 및 중요성은 회계기준의 재무보고를 위한 개념체계 및 감사기준의 내용을 참조한다. 이러한 재무정보의 질적 특성은 적절한 회계원칙과 경영자 주장을 통하여 적용되며, 이러한 주장은 일반적으로 다음 항목과 연관된다.

- 해당 기간의 거래와 사건의 집합
- 기말 계정 잔액
- 재무제표 표시와 공시

중요성 고려 (문단 43.3)

A29 중요성 개념은 목적적합성과 관련이 깊다. 중요성은 특정 재무적 금액의 목적적합성을 결정하는 임계치가 된다. 만약 특정 재무정보의 누락 또는 왜곡표시가 재무정보에 기반한 정보이용자의 의사결정에 영향을 줄 수 있다면 그 정보는 의사결정에 관련성이 높은 것이고 중요한 것이다. 중요성은 누락 및 왜곡표시가 발생하는 특정상황에서 판

단 대상이 되는 항목과 오류의 크기에 따라 달라질 수 있다. 외부보고의 경우, 중요성은 외부 정보이용자들의 요구에 부합할 정도의 정확성을 반영하고, 허용 가능한 범위 내에서 회사의 활동, 거래 및 사건을 표시하게 한다. 또한, 내부회계관리제도의 관리 대상이 되는 재무보고요소의 범위를 결정하는 중요한 요인으로 이용된다.

원칙 7. 위험 식별 및 분석 (문단 44)

회사 내 다양한 조직 수준 고려 (문단 44.1)

A30 위험을 식별하고 분석하는 절차는 회사의 목적 달성을 위한 능력과 가능성을 제고하기 위해 수행하는 지속적이고 반복적인 과정이다. 이를 위해 경영진은 다양한 방법과 기술을 사용하며, 관련 절차와 통제를 마련한다. 위험 식별은 조직 내 다양한 수준에서의 위험을 고려하는 포괄적인 절차이어야 한다. 전사적 수준의 위험 식별은 전체 조직이나 사업부와 같이 상대적으로 높은 수준에서 수행된다. 반면 매출, 인사, 영업 등 거래수준에서 수행하는 위험 식별 과정을 통해, 세부적이고 구체적인 거래수준의 위험을 식별한다. 위험 식별은 전사적 수준 및 거래수준의 위험뿐만 아니라 외부서비스제공자, 주요 공급처 및 협력업체에서 유발될 수 있는 위험도 포함한다.

A31 목적을 구체화하고 세부적으로 수립된 목적과 관련된 위험에 집중하는 것은 회사의 목적을 달성하는데 유용하다. 거래수준의 위험에 대한 식별과 평가가 적절히 이뤄진다면 전사적 수준의 위험 관리에도 기여한다.

외부 재무보고에 영향을 미치는 내부 및 외부 요인 분석 (문단 44.2)

A32 내부회계관리제도와 관련하여, 경영진은 위험 식별을 위해 내·외부 요소를 고려하여야 한다. 위험은 변동성이 있기 때문에 위험 평가 주기를 결정하기 위해 경영진은 일반적으로 회사의 목표, 기타 운영상 우선 순위 요소 및 비용에 대한 위험의 변동성을 고려한다. 위험 분석 시 고려할 수 있는 외부 요인에는 다음과 같은 것들이 있다.

- 경제 – 자금조달, 자본 가용성, 경쟁자의 진입 방어 등에 영향을 줄 수 있는 경제 상황 변화
- 자연환경 – 원자재 가용성 감소, 정보시스템 붕괴, 우발상황 등을 초래 할 수 있는 자연재해 및 인재
- 규제 – 기존 재무보고 내용에 변경을 필요로 하는 새로운 재무보고 기준이나 규정
- 해외기업활동 – 해외 진출 국가의 정부 변화로 인한 신규 법규, 규제 및 세금 제도
- 사회 – 제품개발, 생산 공정, 고객 서비스, 가격 및 보증제도에 영향을 미치는 고객의 요구사항 및 기대사항
- 기술 – 데이터 이용, 인프라 비용 및 기술 기반 서비스 수요에 영향을 미치는 기술적 발전

A33 위험 분석 시 고려할 수 있는 내부 요인에는 다음과 같은 것들이 있다.

- 인프라 – 회사 인프라의 운영 및 상시적 이용가능성에 영향을 미칠 수 있는 자본 조달구조 결정

• 경영구조 – 특정 통제활동 방식에 영향을 미칠 수 있는 경영진의 책임과 권한 변화
• 인사 – 회사 내 통제활동 인식 수준에 영향을 미칠 수 있는 인적자원의 역량 수준, 인사 교육 및 동기부여 방침
• 자산에 대한 접근권한 – 회사 자산의 남용 · 횡령을 초래할 수 있는 조직 활동 성격 및 직원의 자산 접근가능성
• 기술 – 회사 운영에 부정적 영향을 미칠 수 있는 정보시스템의 장애 등

적절한 수준의 경영진 참여 (문단 44.3)

A34 위험을 식별한 이후에는 위험의 분석과 평가가 수행되어야 한다. 내부통제 내의 다른 프로세스와 마찬가지로 위험 식별 및 분석에 대한 책임은 회사, 본부, 부서에 있는 각 경영자에게 있다. 더 나아가서 회사는 적절한 경영진들이 참여하도록 하여 효과적인 위험평가 절차와 관련된 통제활동을 갖추어야 한다.

식별된 위험의 중요성 평가 (문단 44.4)

A35 위험분석 과정에서 회사는 목적 달성에 대한 위험의 중요성을 평가한다. 회사는 다음과 같은 기준에 의해 중요성을 평가할 수 있다.

• 위험의 발생가능성과 그 영향의 크기
• 발생한 위험의 영향이 발생하는데 걸리는 시간
• 발생한 영향의 지속성 및 지속기간

위험의 평가 시, 회사는 위험의 발생가능성과 해당 위험이 미치는 영향의 크기를 계량화하여 평가하는 방식을 주로 사용한다. 추가적으로 발생한 위험이 회사에 영향을 미치는 데 걸리는 속도와 지속되는 정도를 고려할 수 있다. 일반적으로 경영진은 목적의 달성 정도를 확인하고 관리하기 위해 세분화된 성과지표 등의 제도를 활용하고, 잠재적인 위험의 영향을 고려할 때에도 동일한 기준을 적용한다.

위험 대응방안 결정 (문단 44.5)

A36 위험의 잠재적 중요성이 평가되면 경영진은 위험의 중요성과 위험을 적정 수준으로 관리하기 위한 비용 등을 고려하여 위험 대응방안을 결정한다. 이러한 결정으로 최소한의 잔여 위험 수준을 도출할 필요는 없으나, 잔여 위험이 허용 가능한 수준을 초과하는 경우에는 경영진은 대응방안을 재검토하고 수정하여야 한다. 고유위험과 잔여위험을 평가하는 것은 회사의 위험 대응방안을 결정하는데 유용하다.

A37 위험 대응방안은 다음 범주에서 결정된다.

• 수용 – 위험의 발생가능성 또는 영향의 크기에 영향을 줄 수 있는 어떤 행동도 취하지 않는 것
• 회피 – 특정 제품의 생산 및 판매 중단, 신규 시장 진출 축소, 특정 사업부 매각 등 위험을 발생시키는 활동을 중단하는 방안
• 경감 – 가장 일상적으로 수행되는 위험 대응방안으로 위험의 발생가능성이나 영향의 크기 혹은 모두를 줄이기 위한 조치

• 공유 – 보험 가입, 공동 투자, 위험회피 거래 및 아웃소싱과 같이 위험의 일부분을 이전하거나 공유함으로써 위험 발생가능성 또는 영향의 크기를 줄이는 방안

선택한 위험 대응방안은 또 다른 위험을 발생시킬 수 있다. 그러므로 위험을 수용함에 따라 발생할 수 있는 재무제표 등에 미치는 영향을 고려한 추가 통제활동이나, 위험을 공유하는 경우 아웃소싱업체에 대한 위험 대응방안이 추가로 고려되어야 한다.

원칙 8. 부정위험 평가 (문단 45)

다양한 부정의 유형 고려 (문단 45.1)

A38 부정위험 평가에는 부정한 재무보고와 회사 자산의 보호 및 부패와 관련한 위험에 대한 경영진의 평가가 포함된다. 부정위험 평가는 "위험 식별 및 분석" 과정의 일부로서 수행되고, 위험 대응방안 및 관련된 통제활동을 선택하고 구축하는 것 역시 동일한 방식이 적용된다. 또한, 위험평가 절차와 같이 부정위험 평가 과정과 결과를 이사회 혹은 감사(위원회)가 검토하고 확인하는 것이 필요하다.

- 부정한 재무보고 – 회사의 재무정보가 의도적으로 왜곡표시되거나 누락되는 경우 부정한 재무보고가 발생할 수 있다.
- 자산의 보호 – 자산의 보호는 권한 없이 자산을 획득하고 사용하거나 처분하는 등의 행위를 사전에 예방하거나 적시에 적발하는 것을 의미한다.
- 부패 – 부정위험 평가 시 뇌물 수수, 과도한 접대 등을 포함한 비윤리적인 행위 등을 의미한다.

A39 회사는 위험평가 과정에서 다음과 같은 부정한 재무보고의 다양한 위험을 고려하여 그 대응방안을 수립한다.

- 경영진이 회사의 회계원칙 및 처리 방법 선택 시 편향되게 개입할 위험
- 외부 재무보고 시 수반되는 추정과 판단의 정도
- 동종 산업에서 일반적으로 발생하는 부정의 유형
- 사업을 운영하는 지역에서 발생하는 부정의 유형
- 부정행위를 유발할 수 있는 동기 부여
- 회계정보를 위조, 변조 및 훼손할 수 있는 기술이나 경영진의 능력
- 부외부채가 존재하거나 자산의 손실에 대한 보고가 완전하거나 정확하지 않을 위험
- 경영진에 의해 중대하게 영향을 받을 수 있는 비경상적이거나 복잡한 거래
- 내부통제를 우회하거나 경영진의 통제 무시에 취약할 수 있는 부분의 위험

유인과 압력의 평가 (문단 45.2)

A40 일반적으로 부정에는 동기(유인과 압력)와 실행할 수 있는 기회 그리고 태도 및 사후합리화가 연관되어 있다. 부정위험 평가 시 회사는 동기(유인과 압력)로 작용할 요소와 부정위험으로 인한 잠재적 영향을 고려한다. 이러한 유인과 압력은 "원칙 5. 내부회계관리제도 책임 부여"에서 기술한 바와 같이, 통제환경과 밀접하게 관련되어 있다.

기회 평가 (문단 45.3)

A41 부정위험을 평가할 때에는 부정을 저지를 수 있는 실행 기회를 고려하여야 한다. 일반적으로 부정은 적발되지 않을 것이라는 믿음 하에 수행된다. 실행 기회는 취약한 통제활동과 모니터링, 경영진의 허술한 감시 및 경영진의 통제 무시 등에 기인하며, 부정한 재무보고 및 자산의 유용가능성은 다음의 경우에 증가한다.

- 복잡하거나 불안정한 조직구조
- 담당임직원(회계, 운영, 위험관리, 내부감사, IT직원)의 빈번한 교체
- 효과적이지 못한 통제활동의 설계나 운영
- 효과적이지 못한 정보시스템

태도와 합리화에 대한 평가 (문단 45.4)

A42 부정위험을 평가할 때에는 실행 기회뿐만 아니라 태도 및 사후합리화 행위를 함께 고려하여야 한다. 부적절한 행위를 정당화하려는 사후합리화 행위에는 다음과 같은 예를 고려할 수 있다.

- 회사 자산의 사용을 '차용'이라 여기고, 해당 자산을 '상환'하려는 의도
- 직무 불만족 사항(급여, 업무 환경 및 대우 등)에 기인한 피해의식
- 사회 통념 및 신의에 반하는 자신의 행동으로 비롯될 영향에 대한 무지 및 무관심

원칙 9. 중요한 변화의 식별과 분석 (문단 46)

변화의 평가 (문단 46.1, 46.2와 46.3)

A43 경제, 산업, 규제환경이 변화함에 따라, 회사의 리더십, 우선순위, 사업모델, 조직, 업무프로세스, 사업활동의 범위와 성격은 변화하는 상황에 적합하도록 변경될 필요가 있다. 특정한 환경에서 효과적인 내부회계관리제도는 관련된 조건이 중요하게 변경되는 경우 효과적이지 않을 수 있다. 위험평가의 일부로 경영진은 회사의 내부회계관리제도에 중요한 영향을 미칠 수 있는 변화를 식별하고 필요한 조치를 취한다. 따라서 모든 회사는 목적 달성을 위한 조직의 역량에 중대하게 영향을 미칠 수 있는 내부 및 외부 요인을 식별하고 평가하는 프로세스를 설계할 필요가 있다. 이러한 프로세스는 회사의 일반적인 위험평가 프로세스와 유사하지만 별도로 진행되며, 중요한 가정이나 조건의 변화를 식별하는 것을 포함한다. 또한, 내부회계관리제도 목적에 영향을 미칠 수 있는 변화사항을 식별 및 의사소통하고 위험을 평가할 수 있는 통제활동의 설계 및 운영이 필요하다. 변화관리 프로세스는 효과적인 내부회계관리제도에 매우 중요한 영향을 미치지만, 일상 업무를 우선적으로 처리하는 관행으로 인해 간과되거나 충분한 주의가 기울여지지 않을 수 있으므로, 정규 위험평가 프로세스와 별도로 구분되어 수행되어야 한다. 또한, 경영진은 내부회계관리제도에 대한 영향을 미칠 수 있는 중요한 변화사항을 신속하게 식별할 수 있는 절차를 조기에 수립하여 운영하고, 중요한 경우 감사(위원회)의 검토를 고려한다.

외부 환경 변화의 평가 (문단 46.1)

A44 외부 환경의 변화 – 규제환경 또는 경제환경의 변화는 회사의 경쟁에 대한 압박의 증가, 사업 요구사항의 변경 등 기존과는 상당히 다른 위험들을 초래할 수 있다. 회사는 이러한 외부 환경의 변화가 내부회계관리제도의 설계 및 운영에 미치는 영향을 검토하여야 한다.

A45 물리적 환경의 변화 – 회사 및 공급망, 다른 협력업체에게 직접적인 영향을 미치는 자연재해가 회사의 내부회계관리제도에 미칠 수 있는 영향을 고려한다.

사업모델 변화의 평가 (문단 46.2)

A46 새로운 사업모델 변화의 예는 다음과 같다.

- 사업모델의 변화 – 회사가 새로운 사업에 진입하거나, 새로운 아웃소싱계약을 통하여 서비스 제공 방식을 변경하거나, 기존 사업 영역의 구성을 급격하게 변경하는 경우, 이전에 효과적이었던 내부회계관리제도는 더 이상 효과적이지 않을 수 있다. 내부회계관리제도를 구축하기 위한 기반으로 최초에 평가된 위험 구성요소가 변경되거나, 위험의 잠재적 영향이 증가하는 경우 기존의 통제활동이 변화된 상황에 적용하기에는 충분하지 않을 수 있다.
- 중요한 사업 인수 또는 매각 – 회사가 사업 부문을 인수하고자 할 때, 확장된 회사 전체 관점에서 내부회계관리제도를 검토하고 표준화할 필요가 있다. 사업 부문 인수 전에 구축되어 있던 통제활동은 새로 통합된 회사에는 적합하지 않을 수 있다. 이와 유사하게 일부 사업이 처분되는 경우, 해당 사업과 관련된 통제활동은 더 이상 효용성이 없어질 수도 있다. 사업 부문을 인수 또는 매각하는 경우, 회사는 새롭게 구성된 조직의 목적 달성을 지원하는데 적합하도록 통제활동을 검토하고 개선할 필요가 있다.
- 해외 영업 – 해외로 사업 부문을 확장 또는 해외 사업을 인수하는 경우 새로운 위험 또는 해당 사업장과 관련된 특정 위험을 수반한다. 새로운 지역에서 사업을 개발하거나 해외에 사업 운영을 아웃소싱하는 것은 사업을 성장시키거나 비용을 절감하는데 도움을 줄 수 있으나, 동시에 새로운 도전에 직면하게 되어 위험의 유형과 범위가 변경될 수 있다. 관습과 관행의 차이로 인해 신규 시장에서의 사업 운영은 위험을 동반하게 되며, 사업위험은 주로 경제, 규제환경, 의사소통 채널에 기인한다.
- 급속한 성장 – 사업 운영이 급격한 속도로 확장되는 경우, 기존의 조직구조, 업무프로세스, 정보시스템 및 자원의 한계로 통제활동 수행이 원활하지 않을 수 있다.
- 새로운 기술 – 새로운 기술이 재화 생산 또는 용역 제공 프로세스 및 정보시스템에 적용될 경우 통제활동에도 수정 · 변경이 필요할 수 있다.

리더십 변화의 평가 (문단 46.3)

A47 회사에 새로 임명된 경영진은 회사의 문화를 이해하지 못하여 다른 경영철학을 고집하거나, 내부회계관리제도 관련 절차를 배제하고 성과에만 치중할 수 있다. 또한, 효과

적인 교육 · 훈련이나 감독 없이 이루어진 직원의 빈번한 교체는 내부회계관리제도에 부정적인 영향을 미칠 수 있다.

원칙 10. 통제활동의 선택과 구축 (문단 47)

위험평가와의 통합 (문단 47.1)

A48 통제활동은 모든 내부회계관리제도 구성요소를 지원하지만, 특히 위험평가 절차와 연계된다. 위험평가 결과와 함께 경영진은 특정 위험에 대응하기 위하여 필요한 효과적인 대응방안을 식별하고 설계한다. 일반적으로 통제활동은 회사가 특정 위험을 수용하거나 회피하는 것을 선택할 때에는 필요하지 않다. 그러나 회사가 위험을 회피하지 않기로 결정하고 이를 위한 통제활동을 설계하기로 결정하는 경우, 위험을 감소시키거나 분산시키려는 이러한 행동은 통제활동을 선택하고 설계할 때 고려되어야 한다. 위험에 대한 대응 및 관련된 통제활동의 성격과 범위는 경영진이 허용할 수 있는 위험의 수준에 영향을 받는다.

회사의 고유한 요인 고려 (문단 47.2)

A49 각 회사는 그 회사만의 목적과 접근방식을 가지고 있기 때문에, 목적, 위험, 위험에 대한 대응방식, 관련된 통제활동이 각기 다를 것이다. 두 회사가 동일한 목적과 구조를 갖고 있다 하더라도 통제활동은 다를 수 있다. 각 회사는 내부통제에 영향을 미치는 각기 다른 결정을 하고, 다른 능력을 보유한 인원에 의해 운영된다. 더욱이 통제활동은 조직의 복잡성, 역사, 문화, 성격, 사업영역뿐만 아니라 회사가 속한 환경 및 산업을 반영한다. 내부회계관리제도를 지원하기 위해 필요한 통제활동에 영향을 미치는 회사의 고유한 요인은 다음과 같다.

- 회사의 환경과 복잡성, 영업활동의 성격과 범위는 통제활동에 영향을 미친다.
- 규제를 많이 받는 회사일수록 일반적으로 그렇지 않은 회사보다 복잡한 위험평가 절차 및 통제활동을 설계한다.
- 여러 나라에 걸쳐서 다양한 영업활동을 수행하는 회사는 내수 중심의 단순한 영업활동을 수행하는 회사보다 더 복잡한 통제활동을 설계한다.
- 복잡한 ERP 시스템을 사용하는 회사는 간단한 범용소프트웨어를 사용하는 회사와는 다른 통제활동을 설계한다.
- 영업활동이 분산되어 있고 지역적인 자율성이 강조되는 회사는 영업활동이 유사하고 높은 수준으로 중앙화 되어 있는 회사와 다른 통제환경에 놓여 있다.

관련 있는 업무프로세스 결정 (문단 47.3)

A50 위험을 감소시키기 위하여 어떤 통제활동을 설계할 것인지 결정할 때, 경영진은 유사한 통제활동이 필요한 업무프로세스, 정보기술, 지역 등을 고려한다. 이러한 경우 공유서비스센터(shared service center), 데이터 센터, 아웃소싱업체에서 수행되는 기능과 같이 회사의 업무부서 밖에서 운영되는 통제활동을 고려할 필요가 있다.

거래수준의 통제활동 (문단 47.3)

A51 회사의 업무프로세스상 거래처리 과정의 위험을 감소시키기 위한 활동을 직접적으로 지원하는 통제활동을 "거래통제"라고 한다. 거래통제는 경영진의 목적을 달성하기 위해 구축된 업무프로세스의 위험에 직접적으로 대응하기 때문에 회사의 가장 기본적인 통제활동이다. 거래통제는 전사적 수준의 재무보고 프로세스부터 특정 부서의 고객지원 프로세스까지 업무프로세스가 존재하는 곳이라면 어디든지 선택되고 구축된다. 업무프로세스는 각각의 위험 및 위험에 대한 대응방식을 가진 다양한 목적 및 하위목적을 포함할 것이다. 정보처리목적(완전성, 정확성, 유효성)에 따라 그룹화함으로써 이러한 업무프로세스의 위험을 보다 쉽게 관리할 수 있다.

- 완전성 – 발생된 거래는 모두 기록된다.
- 정확성 – 거래는 각각의 거래처리 단계에서 적시에 올바른 계정으로 정확한 금액이 기록된다.
- 유효성 – 기록된 거래는 실제로 발생되고 정책과 규정에 따라 적법하게 수행된 경제적 사건을 나타낸다.

A52 접근제한은 대부분의 업무프로세스상 중요한 고려사항이며, 종종 정보처리목적의 항목으로 포함되기도 한다. 왜냐하면 업무프로세스상 거래에 대한 접근제한이 적절하지 않을 경우, 해당 업무프로세스의 통제활동이 우회될 수 있고 업무분장이 달성되지 못할 수 있기 때문이다. 특히, 회사의 프로세스와 사업에서 정보시스템의 기술에 의존하는 정도가 클수록 접근제한은 중요하게 고려되어야 한다.

통제유형의 조합 (문단 47.4)

A53 아래와 같이 다양한 유형의 거래통제를 선택하고 구축할 수 있다.

- 승인 – 승인은 거래가 유효하다는 사실을 확인한다. 승인은 일반적으로 상위 경영진이 거래의 유효성을 검증 및 확인하는 형식을 취한다.
- 검증 – 두 개 이상의 항목을 서로 비교하거나 회사정책과 비교하여, 두 항목이 일치하지 않거나 회사정책에 부합하지 않을 때 후속조치를 수행한다.
- 물리적 통제 – 설비, 재고자산, 유가증권, 현금 및 기타 자산은 물리적으로 안전하게 보관되며, 주기적으로 점검되고, 기록된 수량과 비교/대사된다.
- 기준정보 관리통제 – 가격 마스터 파일과 같은 기준 정보는 종종 업무프로세스상 거래처리를 지원하는 데 사용된다. 회사는 기준 정보의 정확성, 완전성 및 유효성을 관리하는 프로세스에 대한 통제활동을 설계한다.
- 대사 – 대사는 두 개 이상의 데이터를 비교하는 것이다. 차이가 발견될 경우 해당 차이내역의 소명을 위한 조치가 취해진다. 대사는 일반적으로 거래처리의 완전성 및 정확성과 관련된다.
- 감독통제 – 감독통제는 다른 거래통제(즉, 특정한 검증, 대사, 승인, 기준정보 관리통제, 물리적 통제)가 완전하고, 정확하며, 정책 및 절차에 따라 수행되었는지 평가하는 것이다. 경영진은 일반적으로 위험이 높은 거래에 대하여 감독통제를 선택하

고 구축한다.

A54 통제활동은 예방통제 또는 적발통제일 수 있으며, 회사는 일반적으로 두 가지 유형을 조합하여 설계한다. 통제활동은 수행시기에 따라 예방통제 또는 적발통제로 구분할 수 있다. 예방통제는 의도하지 않은 사건 또는 결과가 애초에 발생하는 것을 피하기 위해 설계된다. 적발통제는 최초의 거래가 발생한 이후 최종 목적이 종료되기 전에 의도하지 않은 사건 또는 결과를 발견하기 위하여 설계된다. 두 가지 통제활동의 중요한 부분은 의도하지 않은 사건 또는 결과를 수정하거나 피하기 위한 행위라는 점이다. 또한 통제활동을 선택하고 구축하는 경우, 회사는 통제활동의 정교함(precision)을 고려한다. 즉, 통제활동이 어느 정도 정교한 수준으로 의도하지 않은 사건 또는 결과를 예방 또는 적발할 것인지를 고려하여야 한다.

정보기술과 통제활동 (문단 47.4)

A55 통제활동과 정보기술은 아래 두 가지 방식으로 연관성을 가진다.

- 정보기술의 업무프로세스 지원－제조 공장에서의 공장 자동화와 같이 정보기술이 회사의 업무프로세스에 내재화되어 있다면, 정보기술 자체가 적절히 운영되지 못할 위험을 감소시키기 위한 통제활동이 필요하다.
- 자동통제에 사용되는 정보기술－회사의 많은 통제활동은 정보기술을 사용함으로써 부분적으로 또는 전적으로 자동화되어 있다. 이러한 절차를 자동통제활동 또는 자동통제라고 부른다.

대부분의 업무프로세스는 회사의 이용 가능한 정보기술에 따라 수동통제와 자동통제의 조합으로 이루어진다. 자동통제는 뒤에서 설명되는 정보기술 일반통제의 효과성에 따라 달라질 수 있으나, 인적 판단 및 오류의 영향을 덜 받기 때문에 더 신뢰성이 높으며 일반적으로 더 효율적이다.

다양한 수준의 통제활동 적용 고려 (문단 47.5)

A56 회사는 거래수준에서 운영되는 통제활동 이외에도 광범위하게 그리고 일반적으로 더 상위 수준에서 운영되는 통제활동과의 조합을 선택하고 구축한다. 상위 수준의 통제활동 예로는 업무 데이터 또는 재무 데이터의 비교를 포함하는 업무성과 검토가 있을 수 있다. 회사의 재무보고 위험을 감소시키기 위한 계층화된 접근방법을 제공하기 위해 거래통제와 업무성과 검토는 함께 운영되어야 한다. 대부분의 업무성과 검토는 일반적으로 거래가 발생하여 처리된 이후에 수행되기 때문에 적발통제이다. 따라서 통제활동을 조합할 때 상위 수준의 통제도 중요하지만, 거래통제 없이는 업무프로세스의 위험을 효과적으로 다루기는 어렵다.

업무분장 고려 (문단 47.6)

A57 통제활동을 선택하고 구축할 때, 경영진은 오류 또는 부정과 관련된 행위가 발생할 위험을 줄이기 위하여 담당자별로 업무가 배분되거나 분리되어 있는지 고려하여야 한다. 이를 고려할 때는 법적 환경, 규제의 요구사항, 이해관계자의 기대가 포함되어야 한다.

업무분장은 일반적으로 거래의 기록, 거래 승인 및 관련 자산의 보관에 대한 책임을 분리하는 것을 수반한다. 업무분장은 경영진의 통제 무시와 관련된 중요한 위험을 감소시킬 수 있다. 경영진의 통제 무시는 존재하는 통제를 회피하기 위해 자주 사용되는 부정의 수단이다. 업무분장은 한 사람이 독단적으로 처리할 가능성을 완전히 방지할 수는 없지만, 상당 부분 줄여주기 때문에 부정위험을 감소시키는데 필수적이다. 관련된 담당자가 공모하지 않으면 부정을 저지르기가 매우 어렵다. 또한 업무분장은 두 명 이상이 프로세스상 거래를 수행하거나 검토하도록 함으로써 오류를 감소시키고, 오류가 발견될 가능성을 증가시킨다. 그러나 업무분장이 실용적이지 않거나, 비용 대비 효율이 낮고 실행 가능하지 않을 수 있다. 이러한 경우 경영진은 대체적인 통제활동의 설계를 고려한다.

원칙 11. 정보기술 일반통제의 선정과 구축 (문단 48)

업무프로세스에서 사용되는 정보기술과 정보기술 일반통제간 의존도 결정 (문단 48.1)

A58 자동통제를 포함하여 업무프로세스에 사용되는 정보기술의 신뢰성은 정보기술 일반통제로 불리는 정보기술에 대한 통제활동의 선택, 구축, 운영에 따라 달라진다. 시스템 도입 및 개발에 대한 정보기술 일반통제는 시스템이 최초에 개발될 때 자동통제가 적절히 작동하는지에 대한 확신을 제공한다. 또한, 정보기술 일반통제는 시스템 구축 이후에 지속적으로 정보시스템의 적절한 운영에 대한 확신을 제공한다. 회사의 다른 부문과 마찬가지로 회사의 정보시스템과 관련된 프로세스 및 통제활동도 선택되고, 설계되고, 운영되고, 유지되어야 한다. 회사는 내부회계관리제도 목적 달성을 위해 재무보고 프로세스와 연관된 정보기술 프로세스와 일반통제로 그 범위를 한정할 수 있다. 이러한 프로세스와 통제활동은 외부 업체에서 구매한 간단한 범용소프트웨어를 사용하는 경우에 보다 간단하게 관리될 수 있으며, 자체 개발한 시스템과 외부에서 개발된 시스템을 동시에 활용하는 경우에는 관리해야 할 영역이 확장될 수도 있다. 선택되어 설계된 통제활동은 정보기술 프로세스의 활용에 대한 구체적인 위험을 완화하는데 도움을 준다.

정보기술 일반통제 (문단 48.2, 48.3과 48.4)

A59 정보기술 일반통제는 정보기술 인프라, 보안관리, 정보기술의 취득, 개발 및 유지보수에 대한 통제활동을 포함한다. 정보기술 일반통제는 모든 종류의 시스템(mainframe, client/server, desktop, end user computing, portable computer, mobile device 등)에 적용될 수 있으며, 시스템의 복잡성 및 시스템이 지원하는 업무프로세스의 위험 등을 고려하여 통제활동의 범위와 강도는 달라질 수 있다. 업무프로세스 수준의 통제와 유사하게 정보기술 일반통제도 수동통제 및 자동통제를 모두 포함한다.

정보기술 인프라 통제활동 수립 (문단 48.2)

A60 정보기술은 사내 네트워크, 각종 애플리케이션 시스템의 운영 기반이 되는 각종 시스템

및 전원장치 등의 인프라 구조를 필요로 한다. 동 인프라 구조는 회사 내의 다른 업무 부문과 공유하거나, 독립된 서비스 제공업체에 아웃소싱할 수 있으며, 또는 클라우드 컴퓨팅과 같이 장소에 구애 받지 않는 서비스를 활용할 수도 있다. 회사는 이와 같이 미래에 지속될 기술 활용의 광범위한 변화 가능성에 대하여 검토하고 새롭게 발생하는 위험에 대하여 평가할 필요가 있다.

A61 회사는 정보기술 처리의 완전성, 정확성 및 이용 가능성을 달성할 수 있는 정책, 절차 및 통제활동을 구축하고 적용한다. 시스템 운영의 지속성을 확보할 수 있는 장애관리 절차와, 시스템 중단과 관련된 위험과 동 위험이 미치는 영향의 정도에 따라 백업, 복구절차 및 재해복구절차 등이 포함될 수 있다.

보안관리 프로세스에 대한 통제 수립 (문단 48.3)

A62 보안관리는 애플리케이션 시스템의 거래를 처리할 수 있는 권한을 포함하여 회사의 정보기술에 대한 접근권한을 누가 어떤 수준으로 보유하고 있는지에 대한 프로세스 및 통제활동을 포함한다. 일반적으로 데이터베이스, 운영체제, 네트워크, 애플리케이션 시스템 및 물리적 접근권한을 관리한다. 접근권한에 대한 보안 통제활동은 부적절한 접근권한 부여 및 인가되지 않은 시스템 사용을 방지하며, 업무분장이 잘 이뤄질 수 있도록 지원한다. 시스템의 인가되지 않은 사용 및 변경을 방지함으로써 악의적인 의도 또는 단순한 오류로부터 데이터 및 프로그램의 무결성을 보호할 수 있다.

A63 보안 위협은 내부와 외부로부터 모두 발생할 수 있다. 외부 위협은 네트워크와 인터넷에 의존하는 정도가 큰 회사일수록 특히 중요하다. 다양한 정보기술 발전과 침입 경로는 보안관리의 중요성을 강조한다. 오늘날의 서로 긴밀하게 연결된 업무 환경에서 외부위협은 일반적인 현상이기 때문에, 이러한 위험에 대처하기 위한 지속적인 노력이 필요하다. 내부 위협은 회사시스템과 프로세스에 익숙하여 관련 접근권한을 보유한 퇴직자나 불만을 가진 임직원에 의해 발생할 수 있다. 회사는 사업의 특징, 산업환경 및 내부회계관리제도와의 연관성을 고려하여 관련된 통제활동을 구축하고 적용한다.

A64 정보기술에 대한 사용자의 접근은 일반적으로 승인된 사용자 계정에 기반한 인증 통제활동을 통하여 제어된다. 정보기술 일반통제는 오직 인증된 사용자만 시스템 접근이 가능하도록 설계된다. 이러한 통제활동은 일반적으로 직무책임에 상응하도록 인증된 사용자에게만 시스템 접근권한을 허용하고, 적절한 업무분장을 유지하기 위한 정책이 적용될 수 있도록 지원한다. 회사는 승인된 인원에 대해서만 접근요청을 검토하고, 직무나 역할의 변경이나 퇴사에 따른 접근권한을 변경하는 통제활동을 구축하고 적용한다. 또한, 회사의 정책에 따라 접근권한이 적절하게 유지되고 있는지를 확인하기 위한 정기적인 검토절차도 고려하여야 한다.

정보기술의 취득, 개발, 유지보수 프로세스에 대한 통제활동 수립 (문단 48.4)

A65 정보기술 일반통제는 정보기술의 취득, 개발, 유지보수 활동을 지원한다. 정보기술 개발방법론은 정보기술의 취득, 개발, 유지보수 활동과 관련하여 시스템 설계 및 구축, 특정 개발단계에 대한 개요, 문서화 요건, 승인 체계, 점검항목에 대한 통제활동의 구조

를 제공한다. 동 방법론은 변경 요청 사항의 정합성 검토와 승인, 변경된 사항에 대한 검토와 승인, 테스트 결과, 변경이 적절히 이루어졌는지 판단하기 위한 이관 절차 등을 포함하는 정보기술 변경의 적절한 통제활동을 제공한다. 어떤 회사에서는 개발방법론이 대규모의 개발 프로젝트부터 아주 작은 변경까지 포괄하는 경우도 있고, 다른 회사에서는 새로운 정보기술을 도입하는 프로세스와 변화관리 프로세스를 별도로 설계하기도 한다. 어떤 경우라도 변화관리 프로세스는 변화의 시작부터 최종 적용까지의 일련의 과정을 추적할 수 있도록 설계될 것이다. 변화는 정보기술 변화에 따른 수정이 필요한 경우에도 발생할 수도 있고 시스템 사용자들의 요청에 의해서 발생하기도 한다.

A66 개발방법론에 포함되는 정보기술 일반통제의 정도는 정보기술의 위험에 따라 다를 것이다. 대규모의 복잡한 개발이 진행된 경우 일반적으로 소규모 또는 단순한 개발보다 높은 위험을 가질 것이다. 자체개발의 대안으로 범용소프트웨어를 사용할 수 있다. 범용소프트웨어는 허용된 커스터마이징의 정도 및 해당 소프트웨어의 신뢰성 및 범용성에 따라 위험이 달라지며, 범용소프트웨어의 선정과 도입에 대한 통제활동을 구축하고 적용한다. 또 다른 대안은 아웃소싱이다. 원칙적으로 내부에서 통제가 적용되든 혹은 아웃소싱업체에 의하여 통제가 적용되든 상관없이 동일한 고려사항이 적용되어야 하나, 아웃소싱을 하는 경우 고려해야 할 특수한 위험이 존재하여 종종 아웃소싱업체와 주고받는 정보의 완전성, 정확성, 유효성에 대한 추가적인 통제를 선택하여 구축할 필요가 있다.

원칙 12. 정책과 절차를 통한 실행 (문단 49)

경영진의 지침 전달을 지원하기 위한 정책 및 절차 수립 (문단 49.1)

A67 정책은 효과적인 내부통제를 적용하기 위해 수행되어야 할 경영진의 지시사항을 반영한다. 이러한 내용은 공식적으로 문서화되어 공유되거나, 경영진의 활동 및 의사결정 과정에 내재되어 있기도 한다. 절차는 이러한 정책을 실행하기 위한 구체적인 활동들로 구성된다. 통제활동은 특히 목적달성을 저해하는 위험을 적절한 수준으로 감소시키기 위한 정책 및 절차와 밀접한 관계를 가진다.

A68 정책 및 절차는 종종 구두상으로 의사소통된다. 문서화되지 않은 정책도 그 정책이 오래 지속되어온 관행이고, 소수의 경영진에 의한 밀접한 관리 감독이 가능한 소규모의 조직에서는 효과적일 수도 있다. 문서화되지 않은 정책은 일부 회사에서는 비용 측면의 효과적인 대안이 될 수는 있지만, 우회되기 쉽고, 담당자의 변경이 잦은 경우에는 오히려 관련 비용이 증가하고 책임성도 낮아질 수 있다. 외부기관과 관련된 정책 및 절차는 공식적으로 문서화되는 것이 바람직하다. 공식적인 문서화 여부와 상관없이 정책은 반드시 조직 및 하부 조직의 관리자의 역할 및 책임을 명확하게 설정하여야 한다. 정책의 구체적인 절차는 통제활동을 수행하는 담당자의 책임을 명확히 하여야 한다. 또한, 정책은 사려 깊고 신중하게 적용하여야 하고, 관련된 절차는 적격한 임직원들에 의해 적시에 성실하고 지속적으로 수행되어야 한다.

통제활동의 적시 수행 (문단 49.3)

A69 회사의 절차에는 통제활동 및 필요한 개선조치가 수행되어야 하는 시기가 포함되어야 한다. 적시에 수행되지 못하는 절차는 통제활동의 유용성을 감소시킬 수 있다.

개선조치 이행 (문단 49.4)

A70 통제활동을 수행함에 있어서, 추가 검토가 필요한 것으로 확인된 사안은 조사하고, 필요한 경우 적절한 방식의 개선조치를 취하여야 한다.

적격성 있는 담당자의 수행 (문단 49.5)

A71 일반적으로 잘 설계된 통제활동이라 하더라도 해당 통제활동을 수행할 수 있는 충분한 권한을 가진 적격성 있는 담당자 없이는 제대로 수행될 수 없다. 통제활동을 수행하기 위하여 요구되는 적격성의 수준은 통제활동 자체의 복잡성, 관련된 거래의 복잡성과 규모 등의 사항에 따라 다를 것이다. 또한 관련된 위험을 지속적으로 반영하지 못하고, 단순히 기존의 절차를 반복하는 것은 유용하지 않다. 적절한 방식의 개선조치를 취하는 것을 포함하여 통제의 모든 측면을 완전하게 수행하기 위한 충분한 권한이 필요할 것이다.

정책, 절차 및 통제활동의 주기적인 재평가 (문단 49.6)

A72 경영진은 회사의 위험 또는 목적의 중요한 변화에 대응하는 것과 별개로 정책, 절차 및 이와 관련된 통제활동이 지속적으로 유효한 것인지 주기적으로 검토하여야 한다. 중요한 변화사항은 위험평가 절차를 통하여 평가될 것이다. 인력, 프로세스, 기술의 변화는 통제활동의 효과성을 감소시키거나 불필요하게 만들 수 있다. 이러한 변화가 발생할 때마다 경영진은 기존 통제활동의 적정성을 재평가하고 필요한 경우 개선하여야 한다.

원칙 13. 관련 있는 정보의 사용 (문단 50)

정보 요구사항의 식별 (문단 50.1)

A73 효과적인 내부회계관리제도를 설계 및 운영하기 위해서는 관련 있는 정보가 필요하다. 세부적인 목표는 경영진과 이사회의 지시사항과 활동 등을 통해 수립하며, 회사의 임직원이 수립된 목적과 목적을 달성함에 있어 각자의 역할을 이해할 수 있도록 요약되어 제시되어야 한다.

A74 관련된 적절한 정보를 얻기 위해서 경영진은 다양한 수준에서 요구되는 정보를 식별하고 정의하여 필요한 정보를 명확하게 구체화하여야 한다. 요구되는 정보를 식별하는 것은 효과적인 내부회계관리제도를 운영하는 과정에서 반복적이고 지속적으로 수행하는 프로세스이다. 경영진은 내부통제의 다른 구성요소가 효과적으로 작동할 수 있도록 관련 있는 정보를 식별하기 위한 통제활동을 개발하고 구축한다.

A75 회사의 통제활동에 요구되는 정보를 정의하는 것은 임직원이 관련 있는 적절하고 신뢰성 있는 정보의 원천과 기반이 되는 데이터를 식별할 수 있는 효율적인 방안을 제시한다. 데이터 관련 기술의 진보로 회사가 이용 가능한 정보와 기반이 되는 데이터는 필요 이상으로 많을 수 있으며, 때로는 특정 수준의 정보나 요구사항에 부합하는 정보 획득이 어려울 수도 있다. 따라서 회사의 임직원이 요구되는 정보를 명확히 이해하면 적절하고 신뢰할 수 있는 정보 및 정보의 원천을 식별할 수 있을 것이다. 정보시스템을 설계하고 관리하는데 필요한 비용과 효익을 분석하는 것은 회사의 요구사항을 충족하는 정보시스템을 구축하기 위해 고려해야 할 주요 요소이다.

회사 내부 및 외부의 데이터 원천 포착 (문단 50.2)

A76 경영진은 내·외부의 다양한 원천을 통해 다양한 형식으로 내부회계관리제도와 관련한 정보를 얻을 수 있으며, 데이터와 데이터 원천에는 다음과 같은 것들이 있다.

| 내부 데이터 |

내부 데이터 예시	내부 데이터의 원천 예시
• 회사 조직의 변화 정보	• 발송된 이메일
• 생산 제품의 소요시간 및 품질 정보	• 제조 공정의 생산 기록
• 프로젝트별 발생 시간	• 개인별 작업시간 관리 시스템
• 제품별 월별 배송 수량	• 생산(혹은 재고) 시스템의 출하 기록
• 경영진의 업무 처리 방식에 대한 불만	• 내부고발제도의 기록

| 외부 데이터 |

외부 데이터 예시	외부 데이터의 원천 예시
• 외주업체의 직접 배송한 제품 수량	• 외주업체가 제공한 제품별 세부 배송 데이터
• 경쟁자 제품 정보 등	• 업종별 조사 보고서
• 신규 법규 및 규제사항	• 관련 규제 당국
• 뇌물 수수	• 내부고발제도의 기록

A77 경영진은 이용 가용한 내부 데이터, 신뢰할 수 있는 외부 데이터의 원천 등을 종합적으로 고려하여 회사의 목적, 조직구조 및 사업 모델에 가장 관련성 높고 유용한 것을 선택하고, 필요에 따라 적절하게 조정한다. 회사에서 발생하는 변화에 따라 정보 요구사항도 변화하게 되므로 경영진은 정보 요구사항의 적정성을 재평가하고 필요에 따라 적절하게 조정한다.

관련 있는 데이터를 의미 있는 정보로 변환 (문단 50.3)

A78 회사는 정의된 정보 요구사항을 충족하기 위해 회사 내·외부에서 취득한 데이터를 취합하여 의미 있고 이용 가능한 정보로 전환할 수 있는 정보시스템을 개발한다. 정보시스템은 회사의 내부 프로세스 및 외부서비스제공자가 수행하는 프로세스를 지원하

는 정보기술뿐만 아니라 임직원, 세부 프로세스, 데이터 등을 포함한다.

A79 다양한 형태로 획득되는 정보는 상당한 변환작업이 필요할 수도 있다. 경영진은 정보시스템에 입력되는 데이터의 정합성 및 데이터를 변환하여 다른 통제활동에 사용되는 정보로 처리하는 과정의 완전성과 정확성을 확보하기 위한 통제활동을 개발하고 구축한다.

A80 정보 요구사항의 성격과 정도, 정보의 복잡성과 양, 외부에 대한 의존 정도는 회사 정보시스템에 적용되는 기술 수준 및 정교하고 복잡한 정도에 영향을 받는다. 회사 시스템의 수준에 관계없이, 정보시스템은 조직이 수동 또는 자동화된 프로세스를 통해 일관되고 좋은 품질의 데이터를 수집, 저장 및 집계할 수 있도록 거래와 데이터의 정보처리과정을 지원한다. 이렇게 통합된 정보시스템은 사용자에게 정보의 효율성, 신속성 및 접근가능성을 강화할 수 있는 기회를 제공한다. 또한 필요한 인원에게만 접근권한을 부여하고, 접근할 수 있는 방식을 제한하도록 개발되고 구축된 시스템은 정보 보안과 관련된 위험을 줄이는데 효과적이다.

정보 처리 과정에서 품질의 유지·관리 (문단 50.4)

A81 오늘날 정보시스템의 방대한 데이터와 정교하고 자동화된 시스템에 대한 의존도를 고려하면 정보의 품질을 유지 · 관리하는 것은 효과적인 내부통제제도에서 필수적인 요소이다. 좋은 품질의 정보는 데이터 원천으로부터 출발한다. 부정확하고 불완전한 데이터 원천에서 생성된 정보는 잘못된 판단, 추정 및 경영의사결정의 원인이 된다. 정보의 품질을 결정하는 요소는 다음과 같다.

- 접근가능성 – 정보를 필요로 하는 임직원이 쉽게 정보를 얻을 수 있다. 즉, 가용한 정보가 어디에 있는지 알 수 있다.
- 정확성 – 기초 데이터는 정확하고 완전하다.
- 현재성 – 데이터는 필요한 주기에 따라 최신의 원천으로부터 수집된다.
- 보안성 – 민감한 정보에 대한 접근은 권한이 부여된 직원으로 한정된다.
- 보존성 – 외부기관의 질의나 조사에 대응하기 위해 일정 기간 동안 정보를 사용할 수 있다.
- 충분성 – 정보 요구사항에 맞는 충분한 정보가 있으며 적절한 수준으로 상세히 기재되어 있다. 과도한 데이터는 비효율 및 오용을 피하기 위해 정리된다.
- 적시성 – 정보가 필요한 시점에 정보시스템에서 해당 정보를 이용할 수 있다.
- 유효성 – 정보는 검증된 원천에서 취득하고 정해진 절차에 따라 수집하며, 실제 발생한 사건에 근거한다
- 입증가능성 – 정보는 원천으로부터 얻은 증거에 의해 뒷받침된다.

A82 회사는 정보의 품질관리를 위한 명확한 책임관계를 포함한 정보관리 정책을 수립한다. 이러한 정책에는 데이터를 유형화하여 구분하고 데이터의 처리, 저장, 접근 등의 관리를 위한 방안을 포함한다. 또한 허가 받지 않은 접근과 변경을 방지하고, 요구되는 기간 동안 보관하기 위한 임직원의 책임과 권한을 포함한다.

A83 경영진은 내부적으로 필요한 보관기간 그리고 외부의 제3자나 법규나 규정에서 요구

하는 정보의 보관기간을 고려한다. 그러나 최근의 방대한 정보와 정보를 보관하고 복구하는 기술을 고려할 때, 실시간 정보처리에만 의존하는 경우 이러한 요구사항을 충족하는 것은 매우 어려울 수 있다. 내부회계관리제도와 관련한 정보의 보관 통제는 다른 통제 구성요소를 지원하기 위한 필요사항과 급격한 기술 발전을 고려하는 것이 바람직하다.

비용과 효익 고려 (문단 50.5)

A84 회사가 필요한 정보의 성격, 양, 상세한 정도는 내부회계관리제도의 목적 달성을 지원하고 부합되는 수준으로 관리되어야 한다. 목적 달성에 필요한 적절한 수준을 결정하는 것은 관련된 비용과 효익의 고려를 포함한 합리적인 판단에 근거한다.

원칙 14. 내부 의사소통 (문단 51)

내부회계관리제도 정보에 대한 의사소통 (문단 51.1)

A85 회사에서 전달 · 공유되는 의사소통 정보에는 다음과 같은 것들이 있다.

- 임직원들의 내부회계관리제도 책임의 수행을 지원하는 정책과 절차
- 효과적인 내부회계관리제도의 중요성, 목적적합성 및 효익
- 통제활동을 수행하는 경영진 및 직원들의 역할과 책임
- 통제의 미비점 사례를 포함한 내부회계관리제도 관련 중요한 문제가 회사 내 · 외부에 원활하게 의사소통될 것이라는 사실

A86 회사는 내부 의사소통을 활성화하기 위한 정책과 절차를 수립하고 실행한다. 여기에는 회사 내의 개인별 권한, 책임 및 윤리강령을 제시하는 구체적이고 직접적인 의사소통을 포함한다. 고위 경영진은 내부회계관리제도의 목적을 명확히 전달하여 다른 경영진과 직원 및 제3자들로 하여금, 자신의 역할이 회사의 목적 달성에 어떤 영향을 미치는지 이해할 수 있도록 한다. 내부 의사소통은 구체화된 목적의 의사소통에서 출발한다. 내부회계관리제도의 목적을 달성하는데 각자의 역할과 책임에 어떻게 영향을 미치는지 이해할 수 있는 방식으로 임직원에게 전달하는 것이 중요하다.

A87 모든 직원은 고위 경영진으로부터 내부회계관리제도에 대한 책임을 진지하게 받아들여야 한다는 명확한 메시지를 받는다. 통제환경에서 기술한 바와 같이 적절한 조직구조, 권한 및 책임을 수립함으로써 임직원에게 내부회계관리제도 기대치에 대한 의사소통을 수행한다. 그러나 내부회계관리제도의 책임에 관한 의사소통은 경영진과 기타 직원이 책임을 수용하고 의도한 바와 같이 대응할 수 있도록 하기에 충분하지 않을 수 있다. 종종 경영진은 전달된 메시지를 강화하기 위해 그러한 의사소통과 일치하는 시의적절한 조치를 취하여야 한다. 경영진은 내부 의사소통을 통해 정보가 공유될 수 있게 할 뿐만 아니라 경영진 스스로와 직원들이 내부회계관리제도에 관한 책임을 이행할 수 있도록 통제활동을 선택, 구축 및 적용하여야 한다.

경영진과 이사회 간의 의사소통 (문단 51.2)

A88 이사회는 경영진과의 의사소통으로 회사의 내부회계관리제도 감독의무를 수행하는 데 필요한 정보를 제공 받는다. 이사회에 제공되는 내부회계관리제도 관련 정보는 일반적으로 내부회계관리제도에서 발생하는 변화나 쟁점 사항 및 내부회계관리제도와 관련된 정책과 지침의 준수와 관련된 주요 문제들에 관한 것이다. 이사회가 경영진의 활동에 대해 이해할 수 있도록 충분한 의사소통이 이루어져야 하며, 비효과적인 통제활동에 대해 이사회가 시의적절한 대응을 할 수 있도록 경영진과 이사회 간의 빈번하고 깊이 있는 의사소통이 이루어져야 한다. 경영진과 이사회 간 의사소통뿐 아니라, 타 임직원과 이사회 간 직접적인 의사소통 또한 중요하다.

별도의 의사소통 라인 제공 (문단 51.3)

A89 공식적인 의사소통 채널을 이용할 수 없거나, 채널이 효과적이지 못한 상황에서는 익명 또는 비밀이 보장되는 독립된 의사소통 채널이 필요할 수 있다. 많은 회사에서는 직원들에게 이러한 채널을 제공하고 그 존재를 인지시킬 뿐만 아니라, 이사회 및 감사(위원회)에 보고한다. 이와 같은 의사소통 채널은 익명 또는 비밀을 보장할 수 있는 체계를 갖추어야 하며, 직원들이 의사소통 채널의 운영 및 비밀이 보장되는 방식 등을 완전히 이해하여야 한다. 이 독립된 의사소통 체계는 직원들이 보복에 대한 두려움 없이 윤리강령의 위반사항을 보고할 수 있게 장려하여야 하며, 경영진이 의사소통에 개방적이고 보고 받은 정보에 대해 필요 조치를 취할 것이라는 명확한 메시지를 전달하여야 한다.

적절한 의사소통 방법 선택 (문단 51.4)

A90 의사소통 내용의 의도한 바를 정확히 전달하기 위해서는 전달하는 정보의 명확성과 전달방식의 효과성이 중요하다. 의사소통의 효과성을 주기적으로 평가함으로써 적절한 의사소통 방법에 효과성을 제고할 수 있다. 경영진은 의사소통의 상대방, 성격, 적시성, 비용, 기타 법적 요건을 고려하여 의사소통 방법을 결정하며, 의사소통 방법에는 다음과 같은 것들이 있다.

- 메모, 문자메시지 및 이메일
- 오프라인 또는 온라인 교육, 성과평가, 정책과 프로세스
- 1 : 1 토론, 발표, 웹캐스트 및 영상, 웹사이트 또는 협업용 사이트 게시, 소셜미디어 게시 등

A91 의사소통 수단을 선택할 때 경영진은 다음을 고려한다.

- 구두로 전달하는 의사소통 – 구두로 의사소통을 하는 경우, 전달자의 어조 및 비언어적인 단서를 통해 메시지의 중요성을 강조할 수 있으며 이를 통해 수신자의 이해도를 높일 수 있다.
- 다양성이 존재하는 그룹과의 의사소통 – 문화적 또는 윤리적 차이, 연령대 등의 다양성은 메시지의 전달 방식이나 수용성에 영향을 미칠 수 있다.

• 내부회계관리제도 효과성에 관련된 의사소통 – 직접적으로 내부회계관리제도의 효과성에 관련된 의사소통을 하는 경우, 해당 내용을 문서화한다.
• 긴급한 의사소통 – 전달하는 정보의 기밀성이나 보관성이 별도로 요구되지 않는 경우에는 비공식적인 채널(예 : 이메일, 문자메시지 및 SNS)을 통한 즉각적인 의사소통이 효과적일 수 있다.
• 공식적 의사소통 – 공식적인 방식(예 : 공문)을 통해 의사소통을 하는 경우, 임직원들이 의도한 상대방과 의사소통이 이루어지지 않을 수 있고, 비공식적 의사소통 방식에 익숙한 상대인 경우에는 메시지에 대한 피드백을 구하기 어려울 수 있다.

원칙 15. 외부 의사소통 (문단 52)

외부 관계자와의 의사소통 (문단 52.1)

A92 회사 내부의 정보를 외부 관계자와 의사소통함으로써, 외부 관계자와 회사간 상호작용에 영향을 미칠 수 있는 사건, 활동, 환경에 대한 상대방의 이해도를 제고할 수 있다. 경영진은 개방된 의사소통 채널을 통하여 회사의 내부회계관리제도의 중요성을 외부 관계자에게 전달한다. 외부 공급자 및 고객은 회사의 가치와 문화를 충분히 이해할 필요가 있으며, 외부와의 충분한 의사소통을 통하여 회사는 적절한 수준의 통제환경을 유지할 수 있다. 외부 공급자 및 고객에게 회사의 윤리강령을 전달하고 상대방의 책임을 명확히 인식하게 함으로써, 그들이 회사의 윤리강령을 준수하고 있는지 판단하는데 도움을 줄 수 있다.

외부로부터의 의사소통 (문단 52.2)

A93 외부 관계자와의 의사소통 내용 또한 회사의 내부회계관리제도가 기능함에 있어 중요한 정보를 제공할 수 있으며, 이러한 정보에는 다음과 같은 것들이 있다.
• 회사의 재무보고와 관련된 외부서비스제공자의 내부통제에 대한 독립적인 평가
• 회사의 내부회계관리제도에 대한 독립적인 외부감사인의 평가
• 제품의 품질, 부적절한 대금 청구, 분실되거나 오류가 있는 영수증 등과 관련한 고객의 피드백
• 신규 또는 변경된 법률, 규정, 표준 및 기타 요구사항
• 규제기관(금융감독원, 국세청 등 관계기관)의 규정 준수 관련 검토 및 조사 결과
• 판매된 제품에 대한 대금 회수 지연 또는 납품 대금 미납과 관련된 구매처의 문의사항
• 회사가 운영하는 소셜미디어 웹사이트 또는 의사소통 채널에 기재된 내용

이사회와의 의사소통 (문단 52.3)

A94 내부회계관리제도와 관련된 회사의 활동에 대한 외부 평가로부터 얻어진 정보에 대하여 경영진이 검토하고 이사회와 의사소통한다. 이러한 평가를 통하여 재무보고에 영향을 미칠 수 있는 내부회계관리제도 미비점을 인지할 수 있으며, 경영진은 미비점의 심각성을 평가하고 이사회가 감독 책임을 수행할 수 있도록 필요한 정보를 보고한다.

별도의 의사소통 라인 제공 (문단 52.4)

A95 외부서비스제공자와 아웃소싱 계약, 합작사업, 제휴 및 조직 간 상호의존적인 거래관계로 인하여 회사와 외부 관계자들간 사업관계의 복잡성이 증가할 수 있다. 이러한 복잡성은 각 당사자 또는 당사자들 간에 사업이 수행되는 방식에 대한 갈등을 초래할 수 있다. 이러한 경우 회사는 각 고객, 구매처 및 외부서비스제공자 등이 이용할 수 있는 별도의 분리된 의사소통 채널을 구축하여 경영진 및 임직원과 직접적인 의사소통을 할 수 있게 한다.

적절한 의사소통 방법 선택 (문단 52.5)

A96 경영진이 대외적으로 의사소통을 수행하는 방법은 필요한 정보를 얻는 능력뿐만 아니라, 외부로부터 회사의 핵심 메시지를 받아들이고 이해하는데 영향을 미친다. 경영진은 의사소통의 대상, 성격, 적시성, 법적 또는 규제적 요구사항 등을 고려하여 다양한 형태의 의사소통 방법을 선택한다.

원칙 16. 상시적인 모니터링과 독립적인 평가 수행 (문단 53)

상시적인 모니터링과 독립적인 평가의 결합 고려 (문단 53.1)

A97 모니터링 활동은 상시적인 모니터링, 독립적인 평가 또는 이 두 가지 평가가 결합된 형태로 수행된다. 상시적인 모니터링은 업무처리 과정의 일부 절차로 일상적으로 수행되며, 변화하는 상황에 적합하게 변경하는 방식이다. 독립적인 평가는 내부의 객관성을 가진 인력 또는 외부인 등에 의해 주기적으로 수행되는 평가를 의미하며, 독립적인 평가의 범위와 빈도는 경영진의 판단에 따른다. 상시적인 모니터링, 독립적인 평가 또는 두 가지가 결합된 방식의 평가의 결정은 회사의 상황에 따라 달라지며, 상시적인 모니터링 및 독립적인 평가를 수행할 때에는 회사 운영의 범위와 성격, 내・외부 요소의 변동 및 관련된 위험을 고려할 필요가 있다. 독립적인 평가는 상시적인 모니터링과 동일한 기법을 적용할 수 있으나, 회사에서 일상적으로 수행되는 상시적인 모니터링과는 별개로 주기적으로 통제를 평가하기 위해 설계되어야 한다.

A98 일반적으로 경영진은 내부통제의 5가지 구성요소가 존재하고 적절히 기능하고 있는지 확신을 얻기 위해 상시적인 모니터링과 독립적인 평가 모두를 포함한 모니터링 활동의 조합을 선정, 절차를 수립하고 실행한다. 또한, 각 내부회계관리제도 구성요소의 각 원칙들이 효과적으로 작동할 수 있는 통제활동이 효과적으로 설계 및 운영되었는지 평가하여야 한다. 또한, 평가・보고 모범규준에서 제시하는 내부회계관리제도 평가와 관련된 요구사항을 확인하여야 한다.

변화의 정도 고려 (문단 53.2)

A99 경영진은 회사 또는 회사가 속한 산업군에 직면한 변화와 관련하여 변화의 정도를 고려하여야 한다. 급격한 변화요인에 노출되어 있는 산업군에 속한 회사의 경우에는 보

다 빈번한 독립적인 평가 또는 상시적인 모니터링과 독립적인 평가를 결합한 형태의 모니터링 활동 방식을 고려할 필요가 있다.

출발점(Baseline)의 설정 (문단 53.3)

A100 내부회계관리제도의 설계를 이해함으로써, 상시적인 모니터링과 독립적인 평가에 필요한 유용한 기초정보를 획득할 수 있다. 모니터링 활동 수행 시, 경영진이 내부회계관리제도를 설계한 방식과 5가지 구성요소의 통제활동들이 원칙을 어떻게 효과적으로 달성하고 있는지를 이해함으로써 회사 내 어떠한 영역에 더 중요한 위험이 있는지 판단할 수 있는 기준을 마련할 수 있으며, 상시적인 모니터링과 독립적인 평가의 계획 수립에 도움을 줄 수 있다. 내부회계관리제도의 5가지 구성요소 내에서 변동이 발생할 경우, 현재의 모니터링 활동이 적절한지, 아니면 변동사항에 맞게 개선되어야 할지 평가하기 위해서는 내부회계관리제도의 설계 및 운영 현황에 대한 출발점을 설정할 필요가 있다.

상시적인 모니터링 (문단 53.5)

A101 상시적인 모니터링은 수작업 또는 자동화된 방식으로 수행될 수 있으며, 일상적인 업무 수행 과정에서 내부회계관리제도의 구성요소가 존재하고 기능하고 있는지 모니터링하는 것을 의미한다. 회사는 상시적인 모니터링을 지원하기 위해 정보기술 측면을 검토할 수 있다. 전산화된 상시적인 모니터링은 높은 객관성을 가지며, 대량의 데이터를 적은 비용으로 효율성 있게 검토할 수 있도록 하기 때문이다.

독립적인 평가 (문단 53.6)

A102 독립적인 평가는 객관성을 가진 자의 평가를 통해 내부회계관리제도의 5가지 구성요소가 회사 내에 존재하고 기능하는지 여부에 대해 새로운 시각으로 접근할 수 있다는 점에서 유용하다. 평가는 일반적으로 질문, 관찰, 문서 검사 및 재수행 등을 통해 이뤄지며, 이를 통해 회사 내에 설계된 내부회계관리제도 구성요소별 원칙을 달성할 수 있도록 통제활동이 설계, 구축, 이행되었는지 여부를 점검한다. 독립적인 평가의 범위와 빈도는 위험의 중요성, 위험에 대한 대응방식, 상시적인 모니터링의 결과, 내부회계관리제도 구성요소에 미치는 영향 등에 따라 다양하게 조정할 수 있다. 예를 들어 위험평가 결과에서 확인된 위험이 높을수록 빈번하고 정교한 방식으로 평가하며, 독립적인 평가의 비중이 높아야 한다. 이는 상시적인 모니터링과 독립적인 평가가 결합되어 이루어지는 방식이 될 수도 있고, 상시적인 모니터링 결과에 독립적인 평가를 통해 피드백을 제공하는 방식 또는 더 빈번하게 독립적인 평가를 수행하는 방식이 될 수도 있다.

충분한 지식을 갖춘 인력 활용 (문단 53.4)

A103 독립적인 평가는 일반적으로 내부감사 등 현업부서와 분리된 조직에 의해서 수행되지만, 해당 통제를 수행하는 부서에서 직접 평가를 수행하는 등 평가자의 독립성이나 객

관성이 상대적으로 낮은 경우에는 평가의 범위, 빈도, 객관성을 향상시킬 필요가 있다.

A104 평가 대상 조직이나 통제로부터 독립적인 관리자, 직원 또는 외부의 검토자에 의해 독립적인 평가가 주기적으로 수행되는 경우, 더 높은 객관성을 포함한 피드백을 제공할 수 있지만, 평가자들이 내부회계관리제도의 구성요소가 존재하고 기능하는지 평가하고 분석하기 위해서는 평가 대상에 대한 충분한 지식을 보유할 필요가 있다. 이는 모니터링 활동 기능이 어떻게 작동하고 있으며, 무엇이 평가되는지 이해하는 것을 포함한다.

독립적인 평가의 접근법 및 객관성 (문단 53.6)

A105 위험의 중요성, 내부회계관리제도 구성요소 및 원칙 등을 고려하여 독립적인 평가의 범위, 성격, 빈도 및 접근방식을 다양하게 결정할 수 있다. 그 형태는 내부감사 및 내부회계관리 부서에 의한 평가 혹은 기타 객관성을 가진 자에 의한 평가, 운영조직 간의 교차평가, 자기평가 등 다양한 형식이 가능하다. 단 자기평가는 수행자의 객관성이 결여될 가능성이 높기 때문에 신중하게 해당 평가 결과를 이용하여야 한다.

외부서비스제공자 (문단 53.7)

A106 일반적으로 회사는 회사의 목적 달성을 위해 다양한 외부서비스제공자를 이용하고 있으며, 해당 외부서비스제공자의 내부통제가 회사의 내부회계관리제도에 미치는 위험 및 영향을 다양한 방식으로 파악할 필요가 있다. 회사는 외부서비스제공자와 계약 시, 감사 수행 권리와 관련한 문구를 포함하여 제공되는 서비스의 내부통제에 대한 독립적인 평가를 수행할 수 있는 근거를 마련하여야 한다. 외부서비스제공자의 내부통제를 이해하기 위한 방법으로는 직접적으로 외부서비스제공자의 내부통제에 대해 독립적인 평가를 수행하거나, 외부 인증보고서를 이용하는 등 다양한 형태가 될 수 있다.

원칙 17 미비점 평가와 개선활동 (문단 54)

결과 평가 (문단 54.1)

A107 회사는 상시적인 모니터링 및 독립적인 평가 등 모니터링 활동을 수행함으로써 주의가 필요한 사항들을 식별한다. 이러한 사항들 중 신뢰성 있는 재무보고 목적 달성에 부정적 영향을 미치는 내부회계관리제도의 잠재적인 문제점 또는 실제 발생한 결함을 통제 미비점이라고 한다. 경영진은 통제 미비점을 통해 내부회계관리제도의 효과성을 개선시킬 수 있는 기회를 발굴하거나 현재의 내부회계관리제도를 개선하여 회사의 신뢰성 있는 재무보고 목적을 달성할 수 있다. 회사의 통제 미비점은 다양한 원천을 통해 확인될 수 있으므로, 경영진은 확인된 미비점을 종합하여 내부회계관리제도의 결과를 평가하여야 한다.

미비점 의사소통 (문단 54.2)

A108 회사 내 담당자와 통제 미비점에 대해 의사소통하여 개선사항을 도출하는 것은 내부

회계관리제도 목적을 달성하기 위해 중요한 사항이다. 의사소통할 내용은 회사가 설정한 기준, 문제가 발생했을 때 대처할 수 있는 개인의 권한, 그리고 상급자의 감독 활동 등 다양할 수 있으며 관련된 내부 규정에 따라 통제 미비점들이 경영진과 이사회에 보고된다. 만약 통제 미비점이 전사적으로 영향을 미친다면, 이는 모든 관련된 부서뿐만 아니라 관련된 부서에 적절한 조치를 취할 수 있는 충분한 위치의 경영진에게 보고되어야 한다. 일반적으로 통제 미비점은 개선조치를 취할 책임이 있는 담당자와 그 담당자의 최소한 한 단계 위의 경영진에게 보고된다. 통제 미비점의 의사소통 여부는 해당 미비점의 잠재적인 영향력과 회사 내 보고 절차를 고려하여 판단하여야 한다. 의사소통되는 내용이나 수준은 규정에 따른 미비점의 평가 절차, 미비점 처리에 대한 직원의 권한 및 상급자의 감독 활동 수준에 따라 다를 수 있다. 또한, 외감법 및 평가·보고 모범규준을 고려하여야 한다.

개선활동에 대한 모니터링 활동 (문단 54.3)

A109 통제 미비점을 평가하고 해당 미비점에 대한 개선 책임이 있는 임직원과의 의사소통이 이루어진 후, 경영진은 통제 미비점의 개선을 위한 노력이 시의적절하게 수행되는지 점검하여야 한다. 개선조치의 수행을 점검하는 자와 실제로 개선조치를 수행하는 자는 분리하여야 한다. 통상적으로, 적시에 개선조치가 이루어지지 않은 통제 미비점은 해당 담당자의 상급자에게 보고가 이루어져야 하며, 경영진은 통제 미비점에 대한 개선조치가 완료될 때까지 모니터링 활동을 다시 수행할 것을 고려하여야 한다.

보론 B. 용어의 정의

이 보론 내용은 본 설계·운영 개념체계의 일부이다.

경영진 일반적으로 고위 경영진의 지침과 통제가 회사 및 하위 조직 내에서 실행될 수 있도록 실무지침을 제시하고 지원하는 조직으로 고위 경영진과 구분될 수 있으며, 경우에 따라 고위 경영진을 포괄하는 의미로도 사용된다.

고위 경영진 임직원이 내부회계관리제도와 관련된 책임을 이해하고 이행할 수 있도록 방향성을 제시하고, 내부회계관리제도에 궁극적인 책임을 지는 회사의 대표자(또는 대표이사) 등을 의미한다.

고유위험 모든 관련 통제를 고려하기 전에 거래유형, 계정잔액 혹은 공시에 대한 경영자 주장이 개별적으로 또는 다른 왜곡표시와 합칠 때 중요하게 왜곡표시될 가능성이 내재된 위험이다.

독립적인 평가 내부의 인력 또는 외부인 등이 통제 운영의 적정성을 평가하기 위해 주기적으로 수행하는 내부회계관리제도의 일반적인 평가 방법이다. 평가 수행자에 따라 객관성의 정도가 달라질 수 있으므로, 객관성의 수준에 따라 평가의 범위, 성격, 빈도 및 접근방식 등을 결정하여야 한다.

목적 달성에 영향을 미치는 위험 외부 재무보고 목적이 달성되지 못할 위험으로 내부회계관리제도가 적절히 설계 및 운영되지 못할 위험, 다시 말해 재무제표가 중요하게 왜곡표시될 수 있는 위험을 의미한다.

사업단위 회사의 하나 이상의 사업단위로 구성되며, 사업단위의 정의는 회사의 성격에 따라 다를 수 있다. 일반적으로 법적실체(연결재무제표에서 종속회사, 유한회사, 파트너십 등), 사업부문 또는 영업시설(예 : 사업부, 생산설비, 판매조직) 등이 사업단위에 해당한다. 특정 단위조직의 사업목적, 업무프로세스, 전산환경 등이 타 조직과 독립적인 경우 별도의 사업단위로 본다. 경영진이 내부회계관리제도를 적정하게 설계 · 운영 및 평가하기 위해서는 업종이나 규모 등을 종합적으로 고려하여 사업단위를 정의하여야 한다.

상시적인 모니터링 업무프로세스를 처리하는 과정의 일부로서 일상적으로 수행되는 평가를 의미한다. 즉, 경영진이나 임직원이 통제활동을 수행하는 과정에서 하위 수준의 개별적인 통제 운영의 적정성을 확인할 수 있다면, 해당 절차는 상시적인 모니터링에 포함된다. 또한, 일부 회사에서 시스템을 이용하여 통제 운영의 적정성을 확인하는 절차를 수행하는 경우 동 절차도 포함될 수 있다.

소극적 확신 내부회계관리제도 설계 · 운영의 효과성에 대하여 평가자가 보통수준(또는 중간수준)의 확신을 제공하는 것으로써, 평가 결과 중요한 취약점이 발견되었는지 여부에 대해서만 언급하며, 내부회계관리제도가 효과적으로 설계 · 운영되고 있는지 여부에 대한 의견을 적극적으로 제시하지는 않는다.

업무프로세스 회사가 관련 업무를 완수하고 목표를 달성할 수 있도록 거래가 처리되는 일련의 과정이다. 이러한 거래들은 단순한 활동수행(예를 들어, 전표처리)에서부터 사업의 핵심요소 관리(예를 들어, 도매업자의 재고관리 및 배분 시스템), 기능적 업무수행(예를 들어, 조직의 재무기록 유지), 상호기능적 요소(예를 들어, 인력관리부문) 등 보다 복잡한 분야에까지 연결되어 발생할 수 있다.

예방통제 재무제표의 왜곡표시를 야기하는 오류나 부정의 발생을 사전에 예방하는 것이 목적이다.

외부서비스제공자 재무보고와 관련 있는 서비스를 제공하는 외부의 제3자 조직을 의미하고, 서비스 조직이라고도 부른다. 서비스 조직의 예시로는 급여 및 원천징수 수행 및 결과 제공, 펀드 운영 및 평가 결과 제공, 정보기술 일반통제를 포함한 서비스의 제공 등을 포함한다.

유의한 미비점 중요한 취약점으로 분류될 수준은 아니지만, 회사의 재무보고를 감독할 책임이 있는 이사회, 감사(위원회) 등이 주목할만한 하나 또는 여러 개 통제상 미비점의 결합을 의미한다.

일반적으로 인정된 다른 기준 본 설계 · 운영 개념체계 이외에 재무제표의 신뢰성 확보를 목적으로 하는 외부 재무보고 목적의 내부통제체계나 이를 포함하는 일반적으로 인정되는 내부통제제도 체계를 의미한다. 예를 들어, 미국의 COSO보고서나 캐나다의 CoCo보고서가 이에 해당한다고 할 수 있다.

잔여위험	재무제표가 중요하게 왜곡표시되어 있을 위험의 발생가능성 또는 영향을 감소하기 위한 경영진의 위험 대응이 설계되고 실행된 이후에도 잔존하고 있는 재무제표의 중요한 왜곡표시 위험이다.
재무보고요소	회계정보의 기초가 되는 거래의 식별 · 측정 · 분류 · 기록 및 보고 과정을 구성하는 항목을 포함하여 외부공시용 재무제표와 주석을 구성하는 항목을 의미한다.
적발통제	오류나 부정이 이미 발생하여 이로 인해 재무제표의 왜곡표시를 가져올 것으로 예상되는 경우 당해 오류나 부정을 적발하는 것을 목적으로 한다.
중요한 취약점	하나 또는 여러 개 미비점의 결합으로서 재무제표상 중요한 왜곡표시가 예방 또는 적시에 적발되지 못할 가능성이 낮지 않은(reasonable possibility) 경우를 말한다. 일반적으로 발생가능성은 (i) '낮은(remote)', (ii) '합리적으로 발생가능한(reasonably possible)', (iii) '높은(probable)'의 세 단계로 구분되는데, 여기에서 (ii) '합리적으로 발생가능한(reasonably possible)' 또는 (iii) '높은(probable)' 가능성의 경우가 '가능성이 낮지 않은(reasonable possibility) 경우'에 해당된다.
합리적 확신	내부회계관리제도의 본질적 한계 때문에, 재무제표의 신뢰성 확보 목적이 달성되도록 내부회계관리제도가 효과적으로 설계 · 운영되고 있다는 것을 절대적으로 보증하지는 않는다는 개념으로서, 평가자는 절대적 수준은 아니지만 높은 수준의 확신을 평가보고서에 적극적으로 표명함으로써 합리적 확신을 제공한다.
확신	경영자 주장의 신뢰성에 대하여 평가자가 만족하는 정도를 말한다. 이러한 확신을 얻기 위해서 평가자는 수행된 평가 절차에서 수집된 증거를 평가하고 결론을 내려야 한다. 만족의 정도와 그에 따른 확신의 수준은 수행된 절차 및 그 결과에 따라 결정된다.

부록 B 내부회계관리제도 설계 및 운영 적용기법

2021. 5. 11.

내부회계관리제도운영위원회

제 정 2018. 10. 19.
개 정 2019. 12. 20.
개 정 2021. 5. 11.

목적 및 적용

본 내부회계관리제도 설계 및 운영 적용기법(이하 "설계 · 운영 적용기법"이라 함)은 내부회계관리제도 설계 및 운영 개념체계(이하 "설계 · 운영 개념체계"라 함)에서 제시한 원칙과 중점 고려사항을 실무적으로 적용하기 위한 기법을 제시하는 것을 목적으로 한다.

본 설계 · 운영 적용기법은 '내부통제 통합 개념체계[Internal Control-Integrated Framework](2013, COSO, The Committee of Sponsoring Organizations of the Treadway Commission)'의 부록인 '외부 재무보고 목적을 위한 접근방법과 예시(Compendium of Approaches and Examples)'에서 제시된 내용을 기초로 하였으며, 주식회사 등의 외부감사에 관한 법률(이하 "외감법"이라 함) 등 관련 법규에서 요구하는 사항을 추가로 반영하였다.

본 설계 · 운영 적용기법은 경영진이 설계 · 운영 개념체계에서 제시한 17가지 원칙을 회사의 내부회계관리제도에 적용할 때 고려할 수 있는 활동들을 요약하여 정리한 것이며, 경영진은 본 설계 · 운영 적용기법을 적용할 때 17가지 원칙을 달성하기 위한 중점 고려사항과 회사의 업종, 규모 및 법규의 요구사항 등을 종합적으로 고려한다.

본 설계 · 운영 적용기법에서는 설계 · 운영 개념체계에서 제시한 17가지 원칙들을 적용할 수 있는 적용기법을 내부회계관리제도의 5가지 구성요소별로 예시하고 있는 바, 이는 이용자들이 각 17가지 원칙과 관련 중점고려사항간의 관계를 이해하는데 도움을 준다. 이 설계 · 운영 적용기법은 17가지 원칙을 달성하기 위한 모든 내용을 포괄하는 것은 아니며, 특정 상황에서는 설계 · 운영 개념체계에서 제시되지 않은 중점 고려사항이 관련 원칙달성을 위해 보다 적절할 수 있다는 점을 고려하여야 한다. 또한 제시된 적용기법은 개별 기업의 상황에 따라 다양하게 적용될 수 있으며, 개별 기업이 채택한 접근법은 시간의 경과에 따른 상황변화를 반영하여 변경될 필요가 있다.

설계 · 운영 개념체계는 내부회계관리제도를 설계 · 운영할 때 원칙적으로 적용하여야 하는 부분임에 반해, 본 설계 · 운영 적용기법은 자율적 참고지침으로서 설계 · 운영 개념체계의 일부를 구성하지 아니한다. 다만, 외감법 등에서 규정하고 있는 내부회계관리제도 관련 사항이 본 설계 · 운영 적용기법에 포함되어 있는 경우 해당 사항은 적용이 강제되는 필수사항으로서 회사는 본 설계 · 운영 적용기법 등의 내용을 참조하여 관련 내용을 준수하여야 한다.

원칙 및 적용기법

원칙 1 회사는 도덕성과 윤리적 가치에 대한 책임을 강조한다.

적용기법 1.1 윤리 · 행동강령 및 제반 절차의 제정

1 도덕성과 윤리적 가치에 대한 이사회와 대표자(또는 대표이사, 이하 동일)의 지침에 따라, 회사의 주요 경영진은 조직의 윤리 · 행동강령을 규정하고 전사의 직원이 실천할 수 있는 정책과 절차를 수립한다.

- 윤리 · 행동강령 정책

- 윤리 · 행동강령 교육 프로그램
- 윤리 · 행동강령 준수 여부 조사 절차
- 윤리 · 행동강령을 준수하지 않은 사항에 대한 조치 및 공지 절차
- 재무보고 절차에 관련된 인원의 윤리 · 행동강령

2 이러한 윤리 · 행동강령은 이사회와 대표자의 명확한 경영 철학이 반영되어야 하며, 단순히 법적인 요구사항을 준수하는 것에 국한되지 않는다. 회사의 전문 영역인 회계, 법률, 재무, 정보기술, 연구부서 등의 경우 관련 전문가 집단의 행동강령을 활용할 수 있다. 특히, 회계부서를 포함한 회사의 재무보고 과정에서 발생할 수 있는 도덕적 해이를 방지할 수 있는 추가적인 윤리 · 행동강령을 제시하는 것이 바람직하다.

3 주요 경영진은 회사의 모든 인원이 윤리 · 행동강령을 숙지하고 실천에 옮길 수 있는 다음과 같은 다양한 절차를 마련하여 제공한다.

- 모든 직원에게 다음 항목을 명확하게 전달
  - 윤리 · 행동강령의 중요성과 이를 준수하여야 한다는 사실
  - 윤리 · 행동강령과 관련된 제반 절차
  - 윤리 · 행동강령 미준수 시 개인 및 조직에게 초래될 결과
- 신입사원을 포함한 모든 임직원에 대한 정기적 교육과 사업관계에 있는 외부 인원에게 요구할 회사 윤리 · 행동강령에 대한 충분한 설명
- 윤리 · 행동강령 미준수가 발생하기 쉬운 지역 및 영역에 대한 추가 방안 고려
- 윤리 · 행동강령에 부합되지 않을 수 있는 사항에 대한 임직원의 행동 요령
- 설문조사 및 영역별 윤리감사 등 윤리 · 행동강령의 준수 여부 조사 절차
- 윤리 · 행동강령에 부합하지 않은 사항에 대한 조사 및 조치 절차
- 윤리 · 행동강령 준수를 촉진시키는 성과평가 프로세스 및 인센티브 제도와 연계 방안
- 사업관계에 있는 외부 조직의 경우 서비스수준합의서(상세한 서비스의 수준을 정의한 문서) 등에 윤리 · 행동강령 준수 요구와 위배 시 조치를 반영하는 방식 고려

적용기법 1.2 도덕성과 윤리성에 대한 경영진의 솔선수범

4 대표이사 및 주요 경영진은 전사에 도덕성과 윤리적 가치의 중요성을 강조하고 솔선수범하며, 이를 위해 다음의 다양한 방식을 고려한다.

- 회사의 윤리 · 행동강령과 제반 절차에 부합하는 대표이사 및 주요 경영진의 일관된 의사소통과 지속적 강조
- 모든 사업부와 팀에서 윤리 · 행동강령에 부합하는 일상적인 의사결정과 행동을 하도록 독려
- 공급 업체, 고객 및 기타 외부 업체와 업무 진행 시, 공정한 거래가 이뤄질 수 있는 체계
- 전사 임직원의 윤리 · 행동강령 준수를 독려하기 위한 성과평가 및 인센티브 체계
- 회사의 윤리 · 행동강령에 부합하지 않는 위반 혐의에 대한 적시의 질문 및 조사가 이뤄질 수 있는 체계
- 윤리 · 행동강령 위반사항에 대한 조치 및 공지 방안

5 경영진이 도덕성과 윤리적 가치를 위해 솔선수범하지 않더라도 윤리 · 행동강령 및 제반 절차의 제정만으로 충분하다고 판단하는 경우가 있다. 그러나 관련 절차와 체계가 잘 갖춰지고 충

분한 교육이 이뤄졌음에도 불구하고 경영진이 도덕성과 윤리적 가치에 대한 명확한 방향을 지속적으로 강조하고 솔선수범하지 않는 경우, 회사의 경영철학과 방향성에 대해 임직원의 오해를 불러일으킬 수 있다. 따라서 윤리 · 행동강령의 제정뿐 아니라 경영진이 도덕성과 윤리적 가치에 대해 솔선수범하여야 한다. 또한, 대표이사, 이사 및 주요 경영진 중 특히 재무보고과정에 연관되는 주요 임원(등기 여부를 불문한다)의 부정이 발생한 경우 중요한 취약점의 징후로 간주하여야 한다.

적용기법 1.3 사업관계에 있는 외부 조직을 포함한 회사의 임직원의 윤리규범 준수 여부 평가

6 이사회 및 주요 경영진은 회사의 윤리규범 준수 여부를 평가한다. 이는 다음과 같은 다양한 방법을 고려한다.

- 윤리 교육 및 인증 절차에 대한 평가
- 사업 운영성과 및 재무성과에 대한 상세한 검토를 수행하여 왜곡된 재무보고 또는 기타 부정 행위를 암시할 수 있는 예외적인 정보에 대한 확인 수행(예를 들어, 특정 사업부의 매출이 기말에 집중되었다가 기초에 취소되는 경우 등)
- 외부 재무보고 과정에 연관된 중요한 정보를 제공하는 외부서비스제공자 및 사업 관계가 있는 외부 조직에 대한 상시적인 모니터링이나 독립적인 평가 결과를 고려
- 윤리 · 행동강령 준수에 대한 설문조사를 주기적으로 수행 및 분석
- 회사의 내부고발제도나 유사한 제도를 통해 접수되는 사항의 분석 결과에 따른 대응 방안 수립
- 회사의 재무제표 및 내부회계관리제도에 영향을 줄 수 있는 정보가 입수되는 경우에 대한 조치 방안 수립

적용기법 1.4 윤리 · 행동강령 위반사항에 대한 보고와 즉각적인 조치 절차의 수립

7 감사(위원회)는 외부서비스제공자 및 사업 관계가 있는 외부 조직을 포함한 전사에서 발생하는 윤리 · 행동강령에 대한 위반사항을 신속하게 조사 · 보고하며 시정조치를 위한 정책 및 절차를 수립하고 일관되게 준수한다. 세부 절차는 다음 사항을 고려한다.

- 혐의 사실에 대해 독립적인 인원이 조사를 실시(단, 혐의의 심각성, 광범위한 정도, 경영진의 관여 정도, 감독당국의 관심도를 고려하여 중대하다고 판단되는 경우 감사(위원회)가 별도의 독립된 인원을 구성하여 조사하는 것이 바람직함.)
- 회계부정 발견 시 외부전문가를 선임하여 조사 및 시정조치를 수행하고 보고하는 절차
- 일정한 기준에 따른 위반사항의 우선순위 결정(예를 들어 금액의 정도, 평판에 미치는 영향, 위반의 정도와 성격 및 발생 추세 등)
- 위반사항에 대한 철저한 분석을 위해 근본적인 원인과 그로 인해 발생가능한 위반사항을 조사
- 재무제표 및 내부회계관리제도에 연관되는 경우, 관련된 내부통제가 위반사항을 적발하지 못한 원인과 해당 내부통제의 적정성에 대한 평가 수행
- 관련 증빙을 포함한 문서화와 보고 절차 수립

- 조사 중이거나 조사 이후 개선조치 중인 임직원과 회사의 지침에 따라 일관되고 적시에 의사소통이 이뤄질 수 있는 방안 수립
- 혐의와 관련한 개인의 민감한 정보에 대한 조사권자의 접근 권한을 적절히 제한
- 예외적인 규정 적용 사항이나 규정 적용이 면제되는 경우에 대한 감사(위원회) 보고
- 위반사항 및 조치 결과의 내/외부 공개 여부와 전달 방식의 결정 절차
- 적절한 조사와 시정조치가 취해졌음을 회사의 모든 임직원에게 공지
- 발생한 위반 사항의 성격과 광범위함 정도에 따라 특정 과거 기간에 대한 개선조치와 향후의 개선 방향 수립을 위한 개선절차를 결정하고 수립하는 절차

8 개선절차는 재무제표 및 회계정보의 수정, 내부회계관리제도의 개선, 시스템 개발 또는 개선, 책임 강화, 교육 및 윤리·행동강령 개정과 경영진, 구성원 또는 제3자에게 강령 적용의 중요성에 대한 인식 제고 및 기타 조치를 포함할 수 있다. 이사회 및 감사(위원회)는 개선조치 및 개선 경과 보고서를 검토하고 승인한다.

원칙 2 이사회는 경영진으로부터 독립성을 유지하며 내부회계관리제도의 설계 및 운영을 감독한다.

적용기법 2.1 이사회의 역할, 책임 및 위임 규정 수립

9 이사회의 역할, 책임 및 위임 권한은 관련 법규와 상장회사 요건을 고려하여 회사 정관 및 이사회 규정 등에 정의된다.

10 이사회는 다음과 같은 업무를 포함하여 경영진을 관리 감독한다. 단, 내부회계관리규정 제·개정의 결의 및 중요 정책의 승인을 제외한 항목은 감사(위원회)에 위임할 수 있다.

- 내부회계관리규정 제·개정의 결의 및 중요 정책의 승인
- 내부회계관리제도와 관련된 조직구조, 보고체계 및 성과평가 연계 방식 검토
- 회사 내 재무보고 및 부정위험과 관련된 제반 위험에 대한 이해
- 내부회계관리제도의 설계 및 운영에 대한 경영진의 중요한 조치사항 검토
- 내부회계관리제도의 중요한 변화 사항에 대한 경영진의 조치사항 검토
- 내부회계관리제도의 평가 결과 및 개선조치에 대한 확인 등

11 감사(위원회)는 외부 재무보고 및 내부회계관리제도를 관리 감독하기 위해 다음 사항을 포함하는 역할, 책임 및 위임 규정을 수립한다. 다음 항목 중 내부회계관리제도와 관련된 항목은 내부회계관리규정에도 반영한다. 이미 감사(위원회) 규정에 반영한 경우에는 이를 인용하는 사항을 내부회계관리규정에 반영할 수 있다.

- 내부회계관리제도에 대한 관리 감독
  - 내부회계관리제도 설계 및 운영과 관련된 정책, 절차 및 역할과 책임
  - 내부회계관리조직 및 성과평가의 적정성
  - 내부회계관리제도 중요한 변화사항 및 대응 방안
  - 내부회계관리제도의 상시적/독립적 평가 절차 및 결과
  - 평가에 포함되는 위험평가 결과 및 미비점 평가 결과(외부감사인의 평가 결과를 포함)
  - 발생한 재무보고 관련 이슈가 관련된 내부통제에 의해 적발되지 않은 원인과 해당 내부통제의 적정성에 대한 평가 결과

- 기업의 재무관련 주요 공시 사항과 관련된 재무보고 과정의 적정성 및 재무제표의 신뢰성 검토
- 중요한 회계정책 및 회계기준의 적용
- 추정이나 판단이 개입되는 주요 회계처리의 타당성 등
- 기업의 재무활동의 건전성과 타당성 감사
- 필요한 경우 내부회계관리제도를 포함한 회사 전체 내부통제
- 내부회계관리규정 제·개정의 승인

• 내부 감사부서에 대한 관리 감독
- 내부 감사부서 책임자의 임면을 포함한 조직
- 내부 감사부서의 역할, 예산 및 보고의 적절성
- 내부 감사부서의 주요 업무 활동 및 결과

• 외부감사인에 대한 관리 감독
- 외부감사인 관리 감독 정책, 절차 및 역할과 책임
- 외부감사인의 선임 및 해임
- 외부감사인의 위험평가 결과에 근거한 핵심감사사항 혹은 주요 감사항목
- 외부감사인의 내부회계관리제도 평가 계획 및 평가 결과
- 외부감사인의 재무제표감사 계획 및 주요 결과
- 외부감사인의 유의적 발견사항
- 자료 획득 및 감사 수행 과정 중의 애로사항
- 왜곡표시 및 미수정 왜곡표시의 전기 및 당기에 미치는 영향(내부회계관리제도 유효성에 미치는 영향 포함)
- 외부감사인의 독립성과 비감사활동의 적절성 평가

• 부정방지 프로그램에 대한 관리 감독
- 부정위험 평가 등에 기반하여 수립된 부정방지 프로그램 정책, 절차 및 역할과 책임
- 대표이사 및 주요 경영진의 통제 무시(특히 내부회계관리규정을 위반한 지시사항)에 대응할 수 있는 제도
- 내부고발제도 및 업무분장 등의 부정방지 프로그램
- 회계 부정에 대한 조사 및 보고

• 기타 감사(위원회) 관련 정책, 절차 및 보고에 대한 관리 감독
- 감사(위원회) 규정과 관련 정책 및 절차
- 감사(위원회)의 주요 업무 수행에 대한 문서화 포함
- 내부 및 외부 감사결과에 따른 개선조치
- 주주총회를 포함한 적절한 보고체계
- 내부감사 및 외부감사인과 주기적 회의

12 회사는 법규 요구사항과 이사회 구성의 독립성 및 전문성을 고려하여 상기 항목 중 일부를 감사(위원회)가 아닌 이사회에서 수행하는 것으로 결정할 수 있다.

13 이사회 혹은 감사(위원회)는 법적으로 요구되는 사항은 물론이고 감독기관에서 강조하는 재무보고와 관련된 감사(위원회) 역할을 충분히 고려하여 업무에 반영하여야 한다.

14 감사(위원회)는 상기 업무를 수행하기에 충분한 전문성과 독립성을 보유하여야 한다. 일반적으로 감사(위원회)가 중요한 재정적인 연관관계나 개인적인 유대관계가 존재하지 않는 경우에 편견 없는 감사(위원회) 활동을 수행할 수 있는 정신적, 물질적인 독립성을 유지하는 것으로 간주할 수 있다.

15 이사회와 감사(위원회)의 책임은 경영진의 내부회계관리제도를 포함한 내부통제 수행을 관리 감독하는 것이므로 이사회와 감사(위원회)는 경영진에 대한 객관적인 자세를 유지해야 한다.

적용기법 2.2 이사회와 경영진 간 회의 정책 및 절차 수립

16 이사회는 경영진과의 회의 등을 통해 사업 전반에 걸쳐 운영되는 내부통제가 실질적으로 적용될 수 있는 정책 및 절차를 정기적으로 검토하고 승인한다.

17 특히 감사(위원회)는 앞서 제시한 역할 등을 수행하기 위해 다음의 주요 항목과 방식을 고려한다. 물론, 제시하는 항목과 방식에만 국한되지는 않는다.

- 주요 회계정책과 회계처리 절차에 대한 검토
  - 새로 제정 혹은 적용되는 기준과 재무제표에 미치는 영향
  - 중요한 추정이나 판단이 개입되는 항목
  - 비경상적인 거래나 회계처리
  - 주요한 공시 항목
- 내부회계관리제도의 설계와 운영에 대한 평가 절차
- 부정을 포함한 감사(위원회)가 제기한 문제에 대한 경영진의 개선 현황
- 필요시 정책과 절차에 따라 외부 전문가를 참여시키는 절차
- 감사(위원회)가 경영진에게 면밀하게 질문할 수 있는 형태의 회의
- 일정표를 이용한 경영진과의 회의 시기 및 빈도 설정
- 필요에 따라 특별 회의와 긴급 회의를 소집하는 기준 및 절차
- 내/외부 감사인, 법률 고문 및 외부 전문가와 토론을 위한 최소 시간이나 횟수 지정
- 상기의 정책 및 절차는 감독 당국의 중점 사항과 관련 법규 등을 포함한 내부 및 외부의 변화를 반영하기 위해 업데이트된다.

적용기법 2.3 이사회 위원의 선임과 주기적 검토

18 이사회와 감사(위원회)는 경영진의 업무처리에 대한 효과적인 관리 감독을 수행할 수 있는 전문성과 독립성을 포함한 종합적인 능력을 주기적으로 평가하고 확인한다. 자가평가 및 독립적인 평가를 통해 이사회와 감사(위원회)가 충분히 독립적이고 적절한 전문성을 보유하고 있는지 확인한다.

19 회사의 외부 재무보고의 신뢰성 제고를 위해서, 이사회는 경영진 및 회사 모두와 독립적이고 회계기준, 회계감사 및 내부통제에 대한 전문성을 보유한 감사(감사위원)가 선임되도록 추천한다. 선임된 감사(감사위원)가 회계기준, 회계감사 및 내부통제 중 특정 부분에 대한 전문성이 부족한 경우에는 이를 충분히 보완할 수 있는 방안을 마련하여야 한다. 예를 들어, 외부 전문가 지원 확대, 내부 전문조직의 보고 횟수 증대나 세부적인 보고 수행 및 외부 감사인과의 미

팅 확대 등을 종합적으로 고려할 수 있다.

20 이사회는 감사(감사위원)의 전문성과 독립성이 적정한지 검토를 수행하며 다음 항목을 고려하여 검토를 수행한다.

- 조직이 직면한 주요 위험평가 결과에 부합하는 자격요건
- 후보자의 배경 조사 및 평판 조사
- 경영진 및 회사와의 독립성을 유지하기 위해 후보가 소속한 조직에서 현재 후보의 역할과 직급 등의 적정성
- 회사의 외부 재무보고에 영향을 미칠 수 있는 문제를 이해하는데 필요한 회계기준, 회계감사, 내부통제, 관련 법규 및 각종 기술적 지식을 포함한 전문성
- 보유한 경력과 자격증이 전문성을 입증할 수 있는지 여부
- 회사, 경영진 및 외부감사인과의 재무적인 관계 및 기타사항의 관계에 대한 검증 결과
- 전문성과 독립성에 대한 후보의 자기평가 결과
- 후보 검증 절차를 관리 감독하기 위해 독립적인 이사회 추천위원회 또는 외부 기관을 활용하는 방안
- 후보자 선정과 후보 검증 절차의 주기적 검토 및 적용의 적정성

21 감사(감사위원)는 선임 이후에도 전문성과 독립성을 유지하여야 한다. 이를 위해 회사에 대한 지식과 전문성을 유지하기 위한 방안을 마련하여 제공하는 것이 바람직하다. 이러한 감사(위원회) 전문성은 주기적인 자기 평가와 독립적인 평가를 통해 지속적으로 확인되어야 한다.

적용기법 2.4 경영진의 중요한 판단에 대한 검토

22 이사회는 면밀한 질문을 함으로써 재무보고에 영향을 미치는 경영진의 주장과 판단에 대한 적절한 수준의 의구심을 가져야 한다. 특히, 감사(위원회)는 다음 항목이 회계처리기준(이하 "회계기준"이라 함)과 내부회계관리규정에 부합하는지 확인하여야 한다.

- 회사 고유의 회계 정책 선택과 적용 방안
- 중요한 회계 추정치 결정
- 가정이 포함된 회계처리 및 각종 평가나 보고에 사용되는 주요 가정 결정
- 재무보고에 잠재적 영향을 미칠 수 있는 조직이 직면하고 있는 다른 종류의 위험 평가

23 이를 위해 상기의 같은 모든 중요한 항목이 감사(위원회)에 보고되어 논의될 수 있는 체계가 수립되어야 한다.

적용기법 2.5 외부 정보와의 비교 검토

24 감사(위원회)는 내부회계관리제도 평가 조직뿐 아니라 내부 및 외부 감사인과 정기적으로(필요한 경우 비공개로) 다음 사항을 검토하고 논의한다.

- 회사가 당면한 주요 재무제표 왜곡표시 위험
- 감사 범위 및 테스트 계획(해당하는 경우 핵심감사항목 포함)
- 중요성 금액 산정의 근거
- 회계정책의 변경

• 회계처리에 사용된 모형 및 계산에 사용된 가정
• 감사에 필요한 지원 및 인원(감사투입시간 등 포함)
• 감사에 대응하는 조직과 문화
• 내부회계관리제도에 대한 경영진의 평가
• 중요한 감사 발견사항
• 재무보고 및 공시의 품질 및 신뢰성
• 내부고발자 및 부정방지 프로그램 관련 제반 사항

25 상기 항목뿐 아니라 감독당국이 강조하는 항목 및 감사기준에서 제시하는 항목에 대한 적극적인 고려가 필요하다.

적용기법 2.6 내부회계관리제도에 대한 내부고발 정보 고려

26 감사(위원회)는 재무제표 왜곡표시 위험을 방지하기 위한 내부회계관리제도 관리 감독 수행 시, 내부 고발제도 및 부정방지 프로그램 등에서 얻은 정보를 고려한다. 여기에는 임직원의 부정 행위 및 경영진의 통제 무시 위험이 포함된다. 특히 내부회계관리규정 위반 행위와 관련된 항목은 관련 내용과 적절한 조치가 이뤄졌는지를 검토한다. 감사(위원회)는 재무제표 오류, 비경상적인 거래 및 추세 등에 대한 내부고발 사항에 대한 확인 과정 및 결과, 특히 재무제표 및 내부회계관리제도에 미치는 영향과 취해져야 할 후속조치가 적절한지 평가한다. 이러한 후속조치는 인사조치와 개선조치 등이 포함된다.

원칙 3 경영진은 내부회계관리제도의 목적을 달성하기 위해 이사회의 감독을 포함한 조직구조, 보고체계 및 적절한 책임과 권한을 정립한다.

적용기법 3.1 역할과 보고체계의 정의 및 적정성 평가

27 대표자는 외부 재무보고 신뢰성을 확보하기 위해 내부회계관리제도 설계, 운영 및 평가를 위한 조직을 구성한다. 내부회계관리조직은 단순히 회계부서나 내부통제전담부서에 국한되지 않는다. 외부 재무보고 목적 달성과 관련된 회사 내의 핵심적인 역할을 담당하는 임직원을 포함한다. 이를 위해 외부 재무보고 목적에 연관되는 프로세스를 정의하고 해당 프로세스와 주요 통제활동의 책임자를 확인한다. 각 부서나 조직별로 책임을 명확하게 정하여 제시하기 위해 조직도, 프로세스 정의서 및 직무기술서 등의 문서를 활용한다. 관련 문서는 다음의 사항을 확인할 수 있도록 작성되는 것이 바람직하며 중요한 사항은 내부회계관리규정 등에 반영한다.

• 효과적인 내부회계관리제도 설계, 운영 및 평가를 위한 권한과 책임의 명확한 정의 및 담당자 지정
• 감사(위원회)의 충분한 관리 감독을 지원할 수 있는 조직 및 보고체계 수립
• 연간 평가 계획, 주요 사항별 보고체계와 보고의 주요 항목 및 시기
• 독립적인 평가를 포함한 모니터링 활동의 결과 보고 방식
• 조직의 특성을 고려한 다양한 보고 방식의 정의
• 외부감사인 대응을 포함한, 내부회계관리제도와 관련된 역할 및 책임 간의 연관관계

28 내부회계관리제도와 관련된 각 부서가 내부회계관리제도 설계, 운영, 평가 및 보고를 원활하게 수행할 수 있도록 각각의 역할과 책임을 정의한다. 대표이사와 내부회계관리자는 내부회계제도의 설계와 운영에 궁극적인 책임을 부담한다. 이를 위해 외부 재무보고 과정에 연관된 각 부서가 수행할 역할과 책임을 명확히 부여한다. 내부회계관리규정 등을 통해 감사(위원회)의 내부회계관리제도에 대한 감독 책임과 이를 지원할 부서의 지정과 책임도 명확히 한다. 대표이사, 이사회 및 감사(위원회)는 기업의 현재 외부 재무보고 목적 달성을 지속적으로 지원하는 다양한 조직구조(사업 부문, 지리적 위치, 법적 실체 또는 기타) 내의 적정성과 보고체계를 평가한다. 내/외부의 변화사항을 고려하여 주기적으로 내부회계관리제도 조직 구조의 목적 적합성 및 적정성을 재평가한다.

적용기법 3.2 전결 권한 등의 정의

29 이사회는 대표이사와 내부회계관리자의 내부회계관리제도 책임과 감사(위원회)의 감독 책임을 명시한다. 각 프로세스의 권한과 책임을 지정할 때, 통제환경에 미치는 영향과 효과적인 업무분장의 중요성을 고려한다. 규정 등을 통해 전결권한을 정의하고, 거래의 승인과 회계처리 및 재무보고에 대한 권한이 서로 견제되고 균형되도록 한다. 해당 거래나 처리가 모니터링되지 않아서 발생할 수 있는 위험과 효율적으로 업무를 처리하고자 하는 목적 사이에서 적절한 균형을 고려하여 권한과 책임을 분리하고 제한한다. 경영진은 필요한 경우 임직원이 문제를 해결하거나 담당하는 프로세스를 지속적으로 개선할 수 있도록 충분한 권한을 부여한다.

적용기법 3.3 직무기술서와 서비스수준합의서 관리

30 경영진은 내부회계관리조직의 임직원에게 위임된 권한을 고려하여, 외부 재무보고와 관련된 책임을 명시하는 직무기술서를 유지 관리한다. 필요한 경우 혹은 주기적으로 업데이트를 수행한다. 또한, 경영진은 각 임직원이 내부회계관리제도와 관련된 본인의 책임을 숙지하고, 맡겨진 업무를 수행할 때, 성실하고 주의 깊게 판단하여 적용하는 것을 강조하는 지침을 제공한다. 회사의 재무보고와 관련된 모든 업무에 대한 직무기술서의 작성이 실질적이지 않은 경우에는 내부회계관리제도 목적에 핵심적인 접근권한관리와 업무분장의 기반이 될 수 있는 문서를 유지 관리할 수 있다. 동 문서에는 주요 역할, 권한 및 자격요건을 명시하고 통제운영자의 적격성 관리의 기반으로 사용할 수 있다.

31 중요한 재무보고와 관련된 직책의 경우, 이사회는 관련 권한 및 책임에 대한 규정이나 직무기술서 등을 검토하고, 규정 등에 따라 내부회계관리제도가 효과적으로 운영될 수 있는 권한과 책임이 부여되고 적절한 인원이 임명되었는지를 확인한다.

32 외부서비스제공자의 경우에는 가급적 서비스수준합의서 내 서비스제공자의 책임에 내부회계관리제도와 설계, 운영, 평가 및 보고와 관련된 책임을 명시하여 내부회계관리제도 관련 통제활동의 설계, 운영 및 평가의 책임이 회사와 외부서비스제공자 중 누구에게 있는지를 명시한다.

적용기법 3.4 내부회계관리제도 관련 부서의 역할 정의

33 내부회계관리제도 전담부서가 존재하는 경우, 이사회는 내부회계관리제도 전담부서에 제도 운영을 위한 충분한 권한을 위양한다. 여기에는 이사회 및 감사(위원회)에 직접 보고할 수 있는 권한을 포함한다. 내부회계관리제도 전담부서는 해당 업무를 부여받은 개인이나 부서 혹은 내부감사 기능을 담당하는 부서까지 다양할 수 있다. 이사회 또는 감사(위원회)는 위험평가의 과정과 결과를 적극적으로 검토하고, 전담부서의 위험평가에 근거한 평가 계획이 핵심 위험 영역을 충분히 평가 대상으로 포함하고 있는지를 확인한다. 또한 전담부서의 전문성과 독립성이 유지될 수 있도록 관리한다. 전담부서의 조직상의 위치나 임금 등의 보상체계가 독립성을 훼손시키지 않도록 관리 감독한다.

원칙 4 회사는 내부회계관리제도 목적에 부합하는 적격성 있는 인력을 선발, 육성하고 관리한다.

적용기법 4.1 필요한 지식, 기술 및 경험을 정의

34 감사(위원회)는 내부회계관리제도와 관련된 주요 역할을 하는 개인 및 감사(위원회)의 모든 구성원이 업무 수행을 위해 필요한 역량을 지녔는지 검토한다. 이러한 검토는 법률 및 규정에서 요구하는 사항과 외부 재무보고와 관련된 회사의 정책 및 절차를 수행하는데 필요한 전문 지식을 고려하여 수행한다.

35 경영진은 회사의 가치와 내부회계관리제도 목적을 반영하는 정책 및 절차를 수립하고 유지·관리한다. 이러한 정책의 일부로 업무 수행에 필요한 적격성을 포함할 수 있다. 예를 들어, 직무기술서에 각 재무보고 직책의 책임을 효과적으로 수행하는데 필요한 지식, 기술, 전문성 및 자격증과 관련한 요구사항을 반영한다.

36 재무부서에서는 주기적으로 회사의 회계정책 및 절차, 내부회계관리규정 및 재무보고 관련 규정 등을 검토하고, 변화하는 회계기준 등을 포함한 외부 규제사항과 내부 요구사항에 부합하게 업데이트한다. 동시에 재무부서 인력의 적격성에 대한 검토와 업데이트를 포함한다.

37 인사부서에서는 직무기술서 등을 통해 제시된 적격성을 유지하기 위해 인력 채용, 교육훈련, 코칭, 평가 및 유지에 관련한 정책과 절차를 설명하고 공유할 수 있는 자료를 업데이트한다.

적용기법 4.2 인사정책과 절차에 적격성 기준을 연계

38 내부회계관리제도 주요 역할에 요구되는 적격성은 다음 사항을 포함한 인사 정책과 절차에서 활용된다.

- 채용 인터뷰
- 경력, 배경 및 평판 조사
- 채용, 유지, 승진 및 해고 결정 과정
- 교육 커리큘럼 개발
- 적격성의 기대치 설정
- 내부회계관리제도와 관련한 미비점을 확인하기 위한 퇴직자 면접 실시

적용기법 4.3 필요한 교육의 선정 및 수행

39 교육 대상 인원에게 법적 요구사항, 새로운 회계 및 보고 기준, 그리고 사내에서 개선이 필요한 영역에 대한 교육을 수행한다. 조직 내/외부환경 변화가 발생하는 정도를 고려하여 교육의 우선 순위를 결정한다.

적용기법 4.4 적격한 외부서비스제공자 선정

40 경영진은 회사의 내부회계관리제도 목적에 필요한 기술과 경험을 식별하여 해당 기술 및 경험이 있는 임직원을 채용할 것인지 외부의 제3자를 이용할 것인지 결정한다. 외부 제3자의 적격성은 기술 및 경험 평가뿐만 아니라, 공급 업체 관련 회사의 정책 및 윤리적 기준을 고려하여 결정한다. 외부서비스제공자와의 계약에 적격성 측면의 요구사항을 포함하는 것은 아웃소싱 서비스제공업체의 적격성을 정기적으로 평가할 수 있는 근거를 제공한다.

적용기법 4.5 적격성에 부합하는 업무처리 여부 평가

41 경영진은 임직원들이 적격성 및 업무처리 방식에 대한 기준을 이해하고 적용하는 것을 장려하기 위하여 해당 사항을 정책이나 절차 등에 포함하고 지속적인 의사소통을 수행한다. 또한 해당 정책이나 절차에 부합하는 방식으로 업무를 처리하고, 다음과 같은 방식으로 준수 여부를 확인 및 평가한다.

- 업무처리 방식과 업무성과의 다양한 측면을 고려한 인센티브 및 보상 정책
- 업무 적격성 달성 여부 및 지속적인 개선을 요구
- 외부 재무보고 목적을 포함한 기업 목적 달성을 위한 개인 및 팀의 목표를 정의하고 식별 및 측정 가능한 지표를 적용하여 개인에게 전달
- 목표 달성에 대한 직원의 업무 진행 정도 및 회사의 달성 정도에 대한 임직원의 인지 여부를 확인하는 성과평가 절차 개발
- 임직원의 능력이 현재의 직무기술서 등에 적합한지 확인하기 위해, 정기적으로 임직원의 적격성을 검토하고 성과평가를 수행
- 성과평가를 토대로 적절한 승진 또는 징계조치
- 신규 전략 및 운영 목표의 변화를 성과평가 프로세스에 반영
- 적격성에 부합하는 행동은 지속적으로 장려하고 그와 상반되는 행동은 억제

42 이사회가 대표이사, 최고재무책임자, 내부회계관리자 및 최고감사책임자와 같은 주요 재무보고 역할을 담당하는 개인의 적격성을 평가할 시 동일한 기준을 사용한다. 특히 내부회계관리자의 적격성은 내부회계관리규정에 반영한다

적용기법 4.6 내부회계관리조직의 능력 평가

43 경영진은 재무정보를 기록하고 보고하는 임직원과 재무보고와 연관된 IT 시스템을 설계 및 개발하는 임직원의 능력을 평가한다.

44 경영진은 관련 부서의 적격성 평가 시, 다음과 같은 능력을 충분히 보유하고 있는지 고려한다.

- 해당 부서가 재무보고 관련 문제점을 파악하는 능력

• 회계기준 등에 부합되는 명확한 대안과 입장을 정할 수 있는 능력
• 재무보고와 관련된 기술적인 발전에 보조를 맞추는 능력

45 재무보고 인력 배치의 적정성과 및 재무보고 인력의 적격성을 평가할 시에는 다음 항목을 고려한다.
• 개인의 전문성 정도
• 제공되는 교육의 성격과 빈도
• 업무량 및 재무보고 전담 인원수 등

적용기법 4.7 외부 재무보고에 대한 핵심적인 역할의 승계 관리

46 이사회는 회사의 재무보고 목적을 달성하기 위하여 대표이사, 최고재무책임자, 내부회계관리자와 같은 핵심적인 역할을 확인한다. 각각의 역할에 대해 경영진은 지속적인 업무처리가 이뤄질 수 있도록 역할 승계계획을 수립하고 수행한다. 이사회 혹은 감사(위원회)는 이러한 절차를 관리 감독하여 경영진이 역할 승계계획과 관련된 위험을 적절히 관리하는지 확인한다.

원칙 5 회사는 조직 구성원들에게 내부회계관리제도의 목적을 달성하기 위해 필요한 책임을 부여한다.

적용기법 5.1 내부회계관리제도 관련 책임 정의 및 강조

47 경영진은 효과적인 내부회계관리제도의 설계·운영을 위해 필요하다고 판단되는 다양한 역할별 책임에 대한 설명을 정의하여 제시한다. 외부 재무보고의 목적을 달성하기 위해 이사회와 경영진은 윤리, 청렴성 및 역량에 대한 강한 의지를 보여주는 철학과 경영 방식을 유지한다.

48 내부회계관리제도에 궁극적인 책임을 지는 대표이사와 내부회계관리자는 내부회계관리제도의 예외사항이나 미비점을 강조하고, 내부회계관리제도 관련 인원들에게 일정기간 동안 각각의 책임을 준수하고 있음을 확인하도록 한다.

적용기법 5.2 균형 잡힌 성과평가, 인센티브 및 보상 개발

49 경영진은 다음 사항을 고려한 성과평가, 인센티브 및 보상 정책을 수립한다.
• 기업의 윤리적 가치와 일치
• 내부회계관리제도 장단기 목표를 달성하는데 필요하다고 판단되는 모든 조직에 적용
• 균형적으로 재무 및 비재무 조치를 모두 포함
• 채용정책, 평가 절차 및 승진정책 등과 연계
• 내부회계관리제도 평가 결과 및 내부고발제도와의 연계

50 경영진은 성과평가, 인센티브 및 보상정책의 핵심적인 요소와 해당 요소가 어떻게 목적 달성에 긍정적으로 작동할 것인지 이사회에 보고한다.

적용기법 5.3 성과측정지표의 적정성 검토

51 이사회와 경영진은 회사의 임직원이 성과 달성에 대한 압박, 인센티브 및 보상에 어떻게 반응하는지를 확인하는 과정을 통해 평가지표가 의도한대로 작동하고 있는지를 검토하고 주기적

으로 성과평가지표의 적정성을 평가한다. 평가는 다음을 포함할 수 있다.

- 산업 동향, 규제 변화 또는 기업의 목표 변화를 고려한 성과측정지표의 적정성 재평가
- 발생한 재무적 오류, 윤리적 위반, 법률 위반사례를 확인하여 현재 성과평가지표가 통제를 우회할만한 과도한 압박을 초래하는지 여부 고려
- 기존 통제를 우회하거나 편법 사용을 초래할 정도의 과도한 압박이 존재하는 항목의 원천과 변화사항을 모니터링
- 외부기관을 통한 벤치마킹 및 직원 인터뷰 수행
- 선택한 회계정책이나 절차가 현재 성과측정방법에 의해 왜곡될 수 있는지 고려
- 성과측정지표 평가 결과를 고려한 성과측정지표 개선과 채용, 평가 및 승진 방식을 변경

52 이사회는 성과평가가 적절하게 완료되었음을 관리감독하고, 관련 보상 계획을 승인한다. 특히, 이사회는 고위 경영진을 위해 수립된 성과측정 및 보상 계획이 기업의 전략 목표와 적절히 일치하고 부정한 재무보고를 유발시킬 수 있는 과도한 압박을 주지 않으면서 바람직한 책임감을 고취할 수 있도록 감독한다.

적용기법 5.4 성과에 대한 보상을 연계

53 경영진은 필요에 따라 정기적인 개별 보상이나 징계조치에 대한 객관적인 직원 평가 및 보상 시스템을 설계한다. 보상 및 징계 결정은 임직원의 윤리·행동강령 및 내부회계관리제도에 대한 개인과 조직의 목표 준수 여부를 기반으로 한다.

원칙 6 회사는 관련된 위험을 식별하고 평가할 수 있도록 내부회계관리제도의 목적을 명확하게 설정한다.

적용기법 6.1 재무제표 계정과목, 주석정보 및 경영자 주장 확인

54 경영진은 주석정보를 포함한 재무제표 작성 과정의 신뢰성을 확보하고 중요한 왜곡표시가 발생하지 않도록 주요 계정과목과 주석정보에 대한 명확한 목적을 제시한다.

55 이를 위해 각각의 외부 재무보고와 관련된 회계기준 및 규제사항을 준수하여야 하며, 주요 계정과목과 주석정보에 대한 회계정책, 지침 및 절차 등을 통해 목적을 명확하게 제시할 수 있다. 일반적으로 회사는 재무제표 계정과목과 주석정보에 대해 명시적 혹은 암묵적으로 경영자 주장을 적용한다. 내부회계관리제도가 모든 왜곡표시 위험을 관리할 수 없으므로, 다음에 제시되는 중요성 금액을 고려하여 중요한 왜곡표시가 발생할 수 있는 재무제표 계정과목을 선정한다. 선정된 각 계정과목과 주석정보의 정보를 구성하는 기초 거래와 프로세스도 대상에 포함된다.

적용기법 6.2 재무보고 목적의 구체화

56 일반적으로 대표이사는 구체적이고 다양한 목적을 포괄할 수 있는 재무보고 목적을 제시한다. 이러한 목적을 구체화하기 위해 경영진은 구체적이고, 측정 가능하며, 달성 가능하고, 관련성 있고, 적시에 처리할 수 있는 방식을 적용한다. 경영진은 회사의 정책, 지침 및 절차에서 제시하는 재무보고의 주요 항목들에 대한 목적이 회사의 사업 및 거래 성격에 따라 구체적으로

제시되고 회계원칙에 부합하는지 확인하여야 한다.

적용기법 6.3 중요성의 고려

57 계정과목 및 주석정보가 개별적 또는 다른 계정과목이나 주석정보와 결합하여 재무제표의 중요한 왜곡표시의 발생가능성이 낮지 않다면(Reasonable Possibility), 이를 유의한 계정과목 및 주석정보("유의한 계정과목 등"이라 함)라 한다.

58 경영진은 다음과 같은 양적 요소와 질적 요소를 모두 고려하여 외부 재무보고의 유의한 계정과목 등을 선정한다.

- 재무제표 정보이용자
- 재무제표 정보이용자의 판단이나 의사결정에 중요한 영향을 미치는 항목
- 재무제표 요소의 크기(예 : 유동자산, 유동부채, 총자산, 총수익, 순이익) 및 재무제표 종류(예 : 재무상태표, (포괄)손익계산서, 현금흐름표)
- 회사 업종의 특성
- 잔액이나 특정 거래 평가가 어려운 정도
- 재무제표의 주요 추세(예 : 이익, 매출, 현금흐름 등)

적용기법 6.4 회계정책의 수립 및 변경

59 경영진은 회계기준에 따른 회계처리를 위해 회사 고유의 회계정책, 지침 및 절차 등이 필요한 부분을 파악하고 관련된 정책과 절차를 구비한다. 회사의 모든 중요한 항목에 대해 정책이 마련되어야 하나, 항목별로 요구되는 회계정책 등의 구체적인 문서화 수준은 다음 항목에 비례하여 그 필요성이 증대된다.

- 회사의 회계처리가 복잡하거나, 높은 수준의 판단이 개입되는 경우
- 회사의 거래가 복잡하고 다양한 경우
- 업무처리 인력의 회계 및 관련 업무 전문성이 충분하지 않은 경우

60 또한, 경영진은 회사의 사업과 관련된 회계기준의 제/개정이 존재하는지 여부를 확인하고 회계정책의 변경 필요성을 검토한다. 주기적으로 경영진은 재무보고에 중요한 영향을 미칠 만한 회계기준뿐 아니라, 최근의 주요 이슈 항목 및 감독당국의 강조사항에 대한 분석 결과를 감사(위원회)에 보고한다. 동종 산업 내 유사기업의 회계정책과 유의적인 차이점을 확인한 내용을 포함한다. 해외 사업장의 경우에는 추가적으로 해당 국가 회계기준에 부합하는 재무제표 작성을 위한 정책 및 절차 관리 활동까지를 포함한다.

적용기법 6.5 다양한 기업활동의 고려

61 경영진은 감사(위원회)의 감독하에서 회사의 모든 주요 활동이 재무제표에 적절하게 반영되었는지 여부를 확인하기 위해 다양하게 진행된 기업 활동을 고려한다. 또한, 경영진은 재무제표 정보이용자가 기업의 중요한 거래와 사건을 이해할 수 있도록 재무제표가 표시되고 공시되었는지를 확인한다. 특히 위험평가 절차에서 누락될 수 있는 회사의 비경상적인 활동에 대해 유의한다.

원칙 7 회사는 목적 달성에 영향을 미치는 위험을 전사적으로 식별하고, 위험의 관리방안을 판단하기 위해 위험을 분석한다.

적용기법 7.1 위험 식별 절차

62 경영진은 재무제표에서 중요한 누락이 발생하거나 왜곡이 발생할 위험을 확인하고 주요 계정의 경영자 주장 및 공시사항별로 위험의 발생 가능성을 확인하는 위험 식별 절차를 수행한다. 동 과정에서 각 재무제표 계정 및 공시사항의 근거가 되는 거래의 식별, 처리, 측정, 분류, 기록 및 보고와 연계된 업무 프로세스 및 사업단위를 파악한다. 관련 부서와 업무프로세스를 파악하는 것이 복잡하고 어려울 수 있으므로, 각 사업부나 팀의 리더 혹은 프로세스 책임자와의 논의를 통해 확인하는 것이 바람직하다. 또한 관련 부서와 업무프로세스를 지원하는 정보기술 시스템(IT system)을 식별하는 것을 포함한다. 계정과목 프로세스 연계표 등을 이용하여 계정과목과 연관된 프로세스 및 연관 위험을 표시하는 것이 도움이 된다.

적용기법 7.2 계정과목 등에 대한 위험평가

63 경영진은 계정과목 각각의 경영자 주장을 고려하여 잠재적으로 중요한 왜곡표시가 발생할 위험을 평가한다. 재무제표와 공시항목 단위에서 위험평가 시에는 전사적 통제의 수준, 계정과 관련된 위험 및 프로세스에 관련된 위험을 종합적으로 고려하여 평가한다. 위험을 식별하고 평가하는 절차에서 양적 요소와 질적 요소를 모두 고려하여 유의한 계정과목 등을 선정한다. 특정 계정과목이 유의한 계정과목 등으로 선정되지 않은 경우에도 다른 계정과목이나 주석정보와 결합하여 중요한 왜곡표시가 발생할 위험이 낮지 않은지(Reasonable Possibility) 고려하여야 한다.

64 하기와 같은 양적 요소와 질적 요소를 고려하여 주요 재무제표 항목별 잠재적인 중요한 왜곡표시 발생 위험을 평가하고 그 결과를 높음, 중간 및 낮음 등으로 분류한다. 만일 특정 계정에 속하는 세부 계정에 따라 위험의 정도가 다른 경우 세부 계정의 수준에서 계정의 위험의 정도를 결정한다. 위험을 식별하고 분석하는 절차는 다음을 포함하는 양적 요소와 질적 요소를 모두 고려한다. 이러한 위험평가 결과와 위험 대응 방안은 감사(위원회) 및 내부회계관리자의 확인과 검토가 필요하다. 이에 위험평가 절차가 문서화되지 않거나 적절하지 않은 경우에는 내부회계관리제도가 적절하게 설계 운영되지 못할 가능성이 높다.

- 재무제표에 미치는 영향 – 일반적으로 잠재적인 왜곡표시 위험은 정량적으로 측정된다. 영리 기업의 중요성 금액은 일반적으로 직전 평가기간의 세전순이익 또는 당해 평가기간 예상 세전순이익의 일정 비율로 결정한다. 다만, 회사의 과거 경험에 비추어 특정 평가기간의 중요성 금액을 결정하는데 사용하는 세전순이익이 비경상적이라고 판단하는 경우, 경영진은 비경상적이거나 비반복적인 성격의 항목을 고려하여 조정한 세전순이익을 사용할 수 있다. 한편, 세전순이익이 중요성 금액을 결정하는데 적절하지 않다고 판단하는 경우에는, 총자산 또는 영업수익(또는 매출액)을 이용할 수 있다. 경영진은 중요성 금액의 산출근거를 적절히 문서화한다.

65 중요성 금액으로 총자산 기준을 사용하는 경우 총자산의 구성내용에 대한 검토가 필요한 경우도 있다. 예를 들어, 총자산 중 영업권 등 무형자산의 비중이 큰 경우 이를 포함한 중요성

금액이 회사의 규모 및 특성을 대표할 수 있는지 검토한다.

66 세전순이익 기준보다 총자산 또는 영업수익(또는 매출액) 기준을 적용하는 것이 더 적절한 경우의 예는 다음과 같다.

- 직전 평가기간에 손실이 발생했거나 이익규모가 적은 경우(또는 당해 평가기간에 손실이 발생하거나 적을 것으로 예상되는 경우)
- 사업 초기단계로서 세전순이익의 변동성이 크거나 빠르게 성장하는 경우
- 영업활동이 거의 없는 회사의 경우
- 세전순이익이 영업의 규모를 적절히 반영하지 못하는 경우

67 실무적으로 재무제표에 대한 중요한 왜곡표시 위험을 충분히 감소하기 위해 1차적으로 정해진 중요성 금액의 일정비율에 해당하는 수행 중요성을 적용한다. 일반적으로 일정한 비율은 전사적 수준 통제와 고유위험을 고려한 위험평가 결과에 따라 50~75%로 적용할 수 있다.

68 또한 경영진은 특정 계정의 왜곡표시 위험이 과소평가될 수 있는 가능성에 대하여 정성적 평가를 수행한다. 이를 위해 다음의 질적 요소를 고려한다.

- 계정 특성
  - 계정과목 내 개별 거래의 복잡성, 동질성
  - 추정이나 판단이 개입되는 회계처리 및 평가
  - 회계처리 및 보고의 복잡성
  - 우발채무의 발생가능성
  - 특수관계자와 유의적 거래의 존재 여부
  - 계정과목 성격의 변화 및 당기 금액 변화 정도
  - 비경상적인 거래
  - 관련 회계처리 기준의 변경
  - 법규 및 감독당국의 강조 사항
  - 주요한 외부환경의 변화가 존재하는 계정
- 계정과 관련된 프로세스의 특성
  - 프로세스의 복잡성
  - 프로세스의 변경 정도
  - 중앙 집중화 및 동질성 정도
  - 프로세스를 지원하는 IT 시스템의 복잡성 및 변화 정도
  - 프로세스에 개입하는 내부 외부 이해 관계자의 수(혹은 부서의 수)
- 부정위험
  - 부정에 쉽게 노출되는 계정으로 부정행위 발생 가능성의 정도
- 전사적 수준의 요소
  - 계정, 프로세스 및 부정위험에 영향을 미칠 수 있는 전사적 수준의 정책, 절차 및 통제 수준을 고려(예를 들어 내부회계관리조직의 변화, 부정관리 프로그램의 수준, 교육의 수준, 회계정책 관리 등을 고려)

적용기법 7.3 기업 구성원과의 논의

69 주요 재무회계 및 내부회계관리제도 관리 인력은 다음 구성원들과 정기적인 회의를 통해 위험평가가 적절하였는지를 확인한다.

- 재무보고와 관련된 위험에 영향을 미칠 수 있는 중요한 사업계획, 주요 약정 및 활동을 확인하기 위한 경영진과의 회의
- 내부회계관리제도와 관련된 위험에 영향을 미칠 수 있는 정보기술(IT)의 변화를 모니터링하기 위한 IT 담당자와의 논의
- 인력 및 직원의 이동이 내부회계관리제도에 필요한 역량에 어떤 영향을 미치는지 파악하고 평가하기 위한 인사 담당자와의 논의
- 법률 및 규제 변경사항 대응을 위한 법무팀과의 논의
- 경영진이 관심을 가지는 기타 분야의 담당자

적용기법 7.4 식별된 위험의 중요도와 발생 가능성에 대해 평가

70 경영진은 중요한 누락 및 왜곡표시가 발생할 고유위험의 중요도와 그 발생 가능성에 따라 위험을 분석하고 평가한다. 이후 위험평가 결과를 기반으로 어떻게 해당 위험을 허용 가능한 수준 이하로 관리할 것인지 결정한다.

적용기법 7.5 내/외부 요인 고려

71 경영진은 재무보고 목적 달성을 위한 회사의 능력에 영향을 줄 수 있는 다음의 외부 요인을 고려한다.

- 경기 변동
- 자연재해, 인재 또는 환경 변화
- 회계기준 제/개정
- 법률 및 규제 변화
- 소비자 수요 변화
- 기술 변화

72 경영진은 재무보고 목적 달성을 위한 회사의 능력에 영향을 줄 수 있는 다음의 내부 요인을 고려한다.

- 자본 조달 방식
- 경영진 책임의 변화
- 인사 채용 및 교육 고려사항
- 직원의 회사 자산에 대한 접근성
- 내부 IT 시스템의 변화

73 이러한 요인이 확인되는 경우, 경영진은 각 요인을 고려한 위험평가 결과의 수정 및 이후 적절한 대응 조치를 취한다. 뿐만 아니라, 중요한 변화사항 및 대응 방안에 대한 내/외부 의사소통이 필요한지 고려한다.

적용기법 7.6 위험 대응 방안에 대한 평가

74 경영진이 허용 가능한 수준 이하로 위험이 감소되었는지를 평가할 때 회피, 수용, 감소, 공유와 같은 다양한 위험 대응 방안을 고려한다. 내부회계관리제도는 이 과정에서 경영진이 외부 재무보고 목적과 관련된 위험을 충분히 고려할 것을 요구하나, 경영진은 운영 위험 등 다른 종류의 위험을 종합적으로 고려할 수 있다. 경영진은 또한 결정한 위험 대응 방안들이 어떻게 상호작용하여 위험을 수용 가능한 수준으로 감소시키는지 고려한다.

75 내부회계관리제도는 경영진이 재무제표에 중요한 왜곡표시가 발생하지 않을 것이라는 합리적인 확신을 가질 것을 요구한다. 그러므로 경영진은 중요한 재무제표 요소가 왜곡표시될 위험을 충분히 고려하여 위험 대응 방안을 결정하여야 한다.

원칙 8 내부회계관리제도 목적 달성에 대한 위험 평가 시 잠재적인 부정 가능성을 고려한다.

적용기법 8.1 부정위험 평가 수행

76 경영진은 부정행위가 발생할 수 있는 다양한 방식을 확인하기 위해 다음 사항을 고려한 종합적인 부정위험 평가를 수행한다.

- 회사가 속한 산업과 시장에서 발생하는 부정 유형 및 시나리오
- 과거 일정기간 회사에서 발생한 부정의 유형(내부고발 정보 등을 고려)
- 회사가 사업을 수행하는 지역적 특성
- 부정을 유발할 수 있는 유인
- 자동화의 정도
- 재무보고와 관련한 판단과 추정의 정도
- 특정 계정과목을 기록하고 계산하는 방법(예 : 재고자산을 일시에 기록하고 계산하는 방식)
- 경영진이 중대한 영향을 미치는 복잡하고 비경상적인 거래
- 기말에 집중된 거래
- 통제활동을 우회하는 경영진의 통제 무시 및 권한 남용에 대한 취약한 정도

적용기법 8.2 통제를 무시하거나 우회하는 접근법 고려

77 경영진은 평가된 위험의 대응 방안으로 부정방지 프로그램과 거래수준의 통제활동을 고려한다. 수립된 부정방지를 위한 통제활동에 불구하고 이를 우회하거나 무시할 수 있는 다음과 같은 방법을 고려한다.

- 허위의 사건이나 거래를 기록
- 정상적인 거래의 기간 귀속 변경(특히 회계기간 말에 근접한 거래)
- 준비금이나 충당금을 임의로 설정하거나 취소
- 중요한 또는 비경상적인 거래와 관련된 계약 조건 등의 회계정보의 위조, 변조 및 훼손

적용기법 8.3 부정위험에 대한 대응방안

78 경영진은 부정위험에 대한 대응 방안으로 내부회계관리제도와 내부감사 수행을 고려한다. 특히 부정위험 중 부정한 재무보고 위험이나 자산의 유용 위험을 고려한 부정위험 평가 결과를

기반으로 내부회계관리제도를 통한 관리를 수행하는 것을 일차적으로 고려하되, 통제활동을 통한 관리가 어렵거나 내부감사부서(기능)를 통한 대응이 효과적이고 효율적인 경우에는 내부감사부서(기능)를 이용한 관리를 수행할 수 있다. 다음 항목을 부정위험에 대한 내부회계관리제도로 고려한다.

- 윤리 · 행동강령 및 경영진의 의지 표명
- 내부고발제도(익명성 보장 및 내부고발자 보호제도 포함)
- 내부회계관리규정 위반 행위에 대한 신고제도(내부회계관리제도와 통합관리 가능)
- 업무분장, 중요 자산 및 DB에 대한 접근제한
- 예외 없이 적용되는 시스템에 의한 통제 등
- 재무보고절차, 재무제표, 자산/부채 건전성에 대한 내부감사
- 채용 및 승진 시 윤리적 요소 고려

79 감사(위원회)는 주기적인 내부감사의 수행 여부, 해당 절차가 부정위험에 대한 검토를 충분히 수행하고 있음을 확인한다. 또한 부정위험 평가 결과와 이에 대한 대응방안 등은 이사회 혹은 감사(위원회)의 검토 확인이 필요하다.

적용기법 8.4 보상정책과 연관된 유인과 압박에 대한 검토

80 경영진은 성과평가, 보상 또는 채용의 과정과 결과로 인해 임직원이 자신의 행동을 합리화할 가능성을 고려한다. 이사회와 경영진은 기업의 보상 프로그램 및 성과평가 절차를 검토하여 구성원이 부정을 저지를 수 있는 잠재적 유인과 압력을 파악한다. 검토에는 재무 목표의 달성 또는 미달성이 잠재적으로 개인의 업무평가, 보상 및 고용에 영향을 미치는 방식을 포함한다. 이러한 검토 결과는 주로 내부감사 계획에 고려된다.

원칙 9 회사는 내부회계관리제도에 중요한 영향을 미칠 수 있는 변화를 식별 · 분석하여 내부회계관리제도를 유지 · 관리한다.

적용기법 9.1 내/외부 변화 파악

81 경영진은 내/외부 환경 변화를 지속적으로 관찰하고 회사의 사업과 외부 재무보고에 대한 잠재적 영향을 평가할 수 있는 절차를 수립한다. 먼저 다음과 같은 방안을 포함하여 외부 환경 변화를 확인한다.

- 뉴스 클리핑 서비스
- 웹 사이트 및 소셜미디어
- 웹 사이트 트랙킹 툴(tracking tools)
- 검색 엔진
- 무역 출판물 및 전시회
- 컨퍼런스
- 전문 기관 등

82 이러한 외부 환경 변화의 대응 방안을 포함하여 원칙 7 "위험 식별 및 분석"의 중점 고려사항인 "내부 및 외부 요인 분석"을 수행하는 것은 일회성이 아닌 평가기간 동안 반복적이고 지속

적이어야 한다. 이를 위해 내부회계관리제도에 영향을 미칠 수 있는 다음과 같은 항목을 정의하고 관련 사항을 파악한다.

- IT를 포함한 프로세스의 변경
- 조직 및 대규모 인력의 변경
- 경영진 및 경영구조 등의 변화
- 주요 사업의 변화(신규 사업, 신규 지역 등)

83 확인된 내부회계관리제도 변화사항의 영향 정도를 평가하고, 기존 내부회계관리제도 통제의 개선이나 신설이 필요한지를 결정한다. 통제가 변경되거나 신설되는 경우에는 설계의 효과성을 평가하고 적용하는 것이 필요하다. 이와 같이 일상적으로 중요한 변화를 파악하고 변화하는 통제의 설계의 효과성을 평가하는 변화관리체계를 유지하는 경우에는 별도의 설계 평가를 수행하지 않을 수 있다. 이러한 변화관리체계는 해당 업무를 처리하는 부서가 수행하고 내부회계관리제도 전담부서 혹은 해당 업무 담당자가 확인하는 절차가 적절하다.

적용기법 9.2 중요한 변화에 대한 위험평가 수행 및 대응방안 수립

84 새로운 사업전략을 추진하거나 현재 전략을 중요하게 변경하는 경우, 경영진은 변경사항이 기업 전반에 걸쳐 설정된 모든 목표 달성, 특히 외부 재무보고 목적에 어떠한 영향을 미치는지 세부적인 위험평가를 수행한다. 정기적인 위험평가절차와 별도로 내부회계관리제도에 영향을 미칠 수 있는 변화를 파악하고 관련된 위험을 평가하는 변화관리체계를 유지한다. 변화관리체계에 따라 평가된 위험에 대한 대응방안은 정기 위험평가절차에 따라 통제활동을 수립하는 절차와 동일한 방식으로 적용한다. 즉 중요한 변화에 대해 기존 통제절차의 적정성을 검토하고, 변화된 위험에 따라 통제활동을 수정한다. 일반적으로 동 과정에서 통제활동의 설계뿐만 아니라, 변경된 통제활동의 설계 적정성을 평가하고 의사소통을 포함하는 것이 효율적이다. 효과적인 내부회계관리제도 변화관리체계를 근거로 매년 수행하여야 하는 설계의 적정성 평가를 효율적으로 진행할 수 있다.

적용기법 9.3 업무승계를 통한 변화 고려

85 전반적인 업무승계 프로세스의 일환으로, 경영진은 내부회계관리제도의 주요 직책의 변경 계획을 확인하고, 회사 임직원과의 인터뷰 등을 통해 현재 재직 중인 경영진의 경영방식 및 가치를 검토·확인한다.

적용기법 9.4 대표이사 및 고위 경영진 변경 고려

86 대표이사 및 내부회계관리제도의 주요한 역할을 담당하는 임원 선정 시 다음과 같은 지표를 자격 요건으로 포함할 수 있다.

- 위험에 대한 태도
- 위험 허용치의 수준
- 내부통제 및 내부회계관리제도에 대한 전문성

87 후보자 평가 시 해당 지표를 사용하고, 내부회계관리제도에 대한 의지, 성과 및 비용 절감과

내부회계관리제도와의 균형 유지 방안 및 과거 업무 수행 실적 등을 고려한다.

원칙 10 회사는 내부회계관리제도의 목적 달성을 저해하는 위험을 수용 가능한 수준으로 줄일 수 있는 통제활동을 선택하고 구축한다.

적용기법 10.1 통제 매트릭스, 워크숍 및 동일 업종의 통제활동 등을 이용하여 식별 및 분석된 위험에 대응하는 통제활동을 설계

88 재무제표 등의 중요한 왜곡위험이 경영자 주장별로 식별되어 평가되면, 다음과 같이 고유위험이 발생하는 프로세스를 확인하고 각각의 위험을 감소시킬 수 있는 통제활동을 수립한다. 상기 위험에는 부정위험을 포함한다.

- 각 계정의 전표가 기표되는 프로세스와 전표의 기초 정보의 확인
- 전표의 기초 거래가 시작되고 처리되는 프로세스 확인
- 각 프로세스의 정책 및 절차를 고려하여 발생할 수 있는 위험과 연계
- 위험은 계정별 경영자 주장 혹은 정보처리위험(완전성, 정확성, 유효성, 접근제한)을 고려
- 위험의 평가 결과를 고려한 통제 수준의 선택 및 설계

89 다만, 이미 프로세스별 위험분석 및 평가가 수행된 경우에는 중복적인 절차를 수행할 필요는 없다. 회사는 위험평가 수행 과정 혹은 이후 통제 설계 과정에서 계정과목 프로세스 연계도를 작성하는 것이 다음과 같이 유용하다.

- 계정과목과 관련된 통제활동을 확인할 수 있는 가시성 증대
- 특정 프로세스의 변화 시, 혹은 계정의 변화 시 검토 대상이 되는 프로세스와 통제활동에 대한 파악이 용이
- 추적조사의 단위 설정이 유용

90 일반적으로 경영진은 외부 재무보고 과정의 신뢰성을 제고하기 위한 회계정책 및 절차를 수립하고, 회계정보의 기반이 되는 거래처리에도 적용할 수 있는 업무처리 정책, 절차 및 지침 등을 마련하여 임직원에게 제시하거나 시스템을 통해 이러한 정책과 절차를 내재화하기도 한다. 이러한 전사수준통제의 정책 절차가 미흡할수록 관련 회계처리 및 거래처리와 관련된 통제활동은 더욱 정교하게 설계되어야 할 것이다.

91 적절한 통제활동을 식별하거나 설계하기 위해 담당자 간의 논의과정이 필요하다. 예를 들어, 해당 프로세스 담당자, 통제활동 담당자, 회계부서 및 내부회계관리제도 전담팀 또는 내부통제 전문가를 포함한 논의를 진행한다. 효과적인 논의를 위해서는 추적조사의 방법 등을 통해 문서화한 업무흐름도와 통제기술서가 유용할 것이다. 내부회계관리제도 전담팀 혹은 유사한 부서는 내부회계관리제도 변화관리체계의 일환으로 통제활동의 유지 관리가 적절히 이뤄졌는지 확인하기 위해 주기적으로 통제기술서 및 업무흐름도의 검토를 수행하는 것이 바람직하다. 업무흐름도 및 통제기술서의 변화관리가 적절하게 이뤄지지 않은 경우에는 확대된 추적조사를 수행하여 내부회계관리제도 설계의 적정성을 확인할 수도 있다.

92 통제활동의 수립은 다양한 방법을 통해 이뤄질 수 있으며, 다음의 방안을 포함한다.

- 통제기술서, 업무흐름도 등의 문서를 기반으로 식별된 위험에 대응하는 통제활동을 식별
- 식별된 위험을 관리하기 위한 통제활동 식별을 위한 미팅 및 워크숍 수행

• 유사 업종, 시스템을 사용하는 회사의 통제활동의 수정 적용

93 통제활동의 설계 시 다양한 유형의 통제활동을 조합하여 적용하는 것이 바람직하다. 업무분장, 거래 관련 다양한 통제활동 및 업무성과 검토 등의 통제활동을 고려한다. 경영진은 일반적으로 자동통제를 우선적으로 고려할 것이나, 자동통제의 적용이 불가능하거나 비효율적으로 판단한 경우에는 수동통제를 적용한다.

적용기법 10.2 제3자에게 아웃소싱하는 경우 통제활동의 수립 또는 평가

94 회사는 일부 프로세스를 외부의 제3자에게 아웃소싱할 수 있고, 해당 서비스업체는 해당 지역 또는 국제 기준에 따라 "서비스조직의 통제에 대한 인증보고서"를 발행하거나 또는 발행하지 않을 수 있다. 예를 들어 국내에서는 ISAE3402 인증 기준에 따른 3402 보고서(한국공인회계사회나 국제감사인증기준위원회가 인증한 서비스조직의 통제에 대한 보고서)를 발행할 수 있다.

95 회사가 일부 프로세스, 정책 및 절차를 수행하기 위해 아웃소싱 서비스 조직에 의존하더라도, 효과적인 내부회계관리제도를 설계 및 운영하는 궁극적인 책임은 경영진에게 있다.

96 경영진은 외부서비스제공자의 활동에 대하여 이해하고, 이러한 활동이 회사의 외부 재무보고 프로세스에서 중요한 거래처리 유형, 계정 또는 공시사항에 영향을 미치는지 여부를 파악한다. 재무제표와 관련된 외부서비스제공자 활동의 중요성을 결정할 때, 다음과 같은 양적·질적 요소를 고려한다.

- 재무제표와 관련하여 외부서비스제공자가 처리한 거래나 정보의 금액적 중요성
- 외부서비스제공자의 프로세스에 의해 영향을 받는 경영자 주장과 관련하여 중요하게 누락 또는 왜곡표시될 위험(부정위험을 포함)
- 외부서비스제공자가 제공하는 서비스의 성격과 복잡성
- 서비스가 많은 회사에서 널리 사용되고 표준화되었는지 혹은 일부 기업에서만 사용되는지 여부
- 외부서비스제공자의 프로세스와 통제활동을 관리하는 회사의 프로세스와 통제활동이 충분하게 정교한지 여부
- 외부서비스제공자의 프로세스에 영향을 받는 회사의 거래와 관련된 통제활동의 수준
- 기업과 외부서비스제공자 간의 계약 조건 및 외부서비스제공자에 위임된 권한의 크기

97 경영진은 외부서비스제공자의 프로세스가 외부 재무보고, 즉 내부회계관리제도에 중요하다고 판단되면 중요한 왜곡표시를 방지하기 위해 다음 절차를 수행한다.

- 재무제표 왜곡표시와 관련하여 외부서비스제공자가 수행하는 통제활동을 식별
- 외부서비스제공자가 수행하는 활동에 관련된 회사의 통제활동을 수립

98 외부서비스제공자의 통제에 대한 인증보고서가 발행되는 경우 다음을 확인할 수 있다.

- 어떤 중요한 재무프로세스가 인증 대상인지
- 관련된 적절한 통제활동이 설계되고 운영되고 있는지
- 왜곡표시 위험을 방지하기 위해 회사에 필요한 통제활동이 무엇인지

99 적절한 인증보고서가 존재하지 않는 경우, 경영진은 외부서비스제공자와의 사전 협의를 통해 외부 재무보고의 중요한 왜곡이 발생하지 않도록 외부서비스제공자의 통제활동과 회사의 통제활동을 수립하여야 한다. 외부서비스제공자와의 협의가 이뤄지지 않았다는 이유로 해당 프

로세스를 제외한 내부회계관리제도의 평가는 인정되지 않는다. 이러한 경우 내부회계관리제도의 평가 시 외부서비스제공자의 통제활동을 회사가 직접 평가하거나 외부서비스제공자의 통제활동의 적정성을 모니터링하는 절차를 평가하는 방안을 고려한다.

적용기법 10.3 통제활동의 유형과 통제위험을 고려

100 재무제표 등의 중요한 왜곡표시 위험을 감소시킬 수 있는 통제활동 수립 시, 설계·운영 개념체계에서 제시한 다양한 유형의 통제활동을 고려한다. 업무성과 검토통제의 적용을 고려하는 경우에는 거래수준 통제활동과의 연계하는 방안을 고려한다. 또한, 적발통제만으로 구성된 프로세스의 경우 위험에 대한 대응이 늦어질 수 있는 가능성을 고려한다. 경영진은 통제활동 수립 시, 통제활동별로 통제가 효과적으로 운영되지 않을 위험을 고려한다. 즉, 잔여위험을 고려할 때, 왜곡표시 위험이 일정 수준 이하로 감소하였는지를 확인하는 것이다. 통제활동별 통제위험 평가 시 다음을 포함하는 다양한 요인을 평가한다.

- 통제의 유형(예 : 수동 또는 자동) 및 운영 빈도
- 통제의 복잡성
- 경영진의 통제 무시 위험
- 통제를 수행하는데 필요한 판단의 정도
- 통제를 수행하는 인원에게 요구되는 역량
- 통제를 수행하는 핵심 인력의 변경
- 통제가 예방 또는 적발하고자 하는 왜곡표시의 성격 및 중요성
- 통제가 다른 통제(예 : 정보기술 일반통제)의 효과성에 의존하는 경우 해당 통제의 평가 결과
- 과거 기간의 통제 운영에 대한 증거

101 재무보고와 관련된 중요한 회계 추정이나 각종 평가, 특수관계자 거래 또는 판단의 정도가 큰 회계정책의 적용은 통제위험이 높은 것으로 평가된다. 통제활동의 위험이 높거나 여러 개의 통제활동으로 구성된 경우에는 왜곡표시 발생을 방지할 수 있도록 더욱 정교하게 설계되어야 한다. 예를 들어, 경영진 검토통제(Management Review Control, 판단과 주관이 개입되는 중요한 항목에 대해 경영진이 최종적으로 점검하는 통제활동)는 통상적으로 보고서를 검토하는 활동으로 구성된다. 이러한 경우, 해당 보고서를 검토함으로써 왜곡표시 위험을 방지하기 위해서는 명확한 검토 항목과 항목별 허용치를 기준으로 비교하고 확인하는 절차를 포함한다. 검토 항목에는 중요 가정들의 적정성, 근거 자료의 신뢰성 및 적용된 각종 계산 방법의 적정성이나 올바른 계산결과 등을 포함한다. 동 항목은 다양한 평가보고서의 적정성을 검토하는 통제활동에 포함하여야 하는 항목과 동일하다.

적용기법 10.4 업무분장이 어려운 경우 보완통제 활동 고려

102 업무분장은 매우 효과적인 거래수준 통제활동 중 하나다. 특히 복잡한 시스템 하에서 업무처리가 이뤄지는 경우 업무분장은 반드시 고려되어야 하는 항목이다. 그러나 충분한 인력이 확보되지 않는 경우나 다른 제약조건으로 인해 업무분장이 제대로 이뤄지지 않을 수 있다. 실질

적인 적용이 어렵다는 이유로 왜곡표시 위험이 감소하는 것은 아니므로 경영진은 업무분장이 이뤄지기 어려운 경우 적절한 보완통제 활동을 수립한다. 예를 들어, 재고의 입고 처리와 대금 지급 업무가 분리되지 않는 경우, 이로 인한 재무제표 왜곡표시 위험을 충분히 제거할 수 있는 재고 실사 등의 보완통제 활동을 수립하여 적용한다.

적용기법 10.5 업무분장 기준 수립

103 경영진은 동일인이 처리하는 것이 부적절한 업무에 대한 업무분장 기준을 수립하여야 한다. 이를 위해 외부 재무보고 과정의 업무흐름도, 관련 조직도 및 자동 분석 프로그램 등을 이용할 수 있다. 회사의 특성에 따라 업무분장이 필요한 기준의 정도는 다양할 수 있다. 시스템을 통한 업무분장은 일종의 자동통제로 매우 효율적이고 효과적일 수 있으나, 이의 적용을 위해서는 업무의 재설계 등이 필요하고, 기존 방식의 업무처리와 통제활동을 고수하려는 인원의 반대에 직면할 수 있다. 그러나 시스템의 중요도가 지속적으로 증가하는 현실에서 시스템상 업무분장은 필수적인 항목이 되어가고 있다. 예를 들어, 대부분의 재무제표와 거래처리 전표가 시스템을 통해 산출되는 경우 실물전표를 작성하고 승인하는 업무분장이 이뤄졌다 하더라도, 시스템상의 업무분장이 이뤄지지 않는 경우 실물전표에 대한 업무분장은 무력화될 가능성이 크다. 회사의 업무분장 기준이 수립되는 경우 특정 업무에 해당하는 시스템상의 업무분장이 필수적으로 고려되어야 한다. 또한, 이러한 업무분장 기준이나 민감한 정보에 대한 접근제한은 권한을 부여하는 정책과 절차를 수립하거나 주기적으로 권한의 적정성을 재검토할 때 고려되어야 한다.

104 이러한 업무분장 기준은 접근제한 기준과 함께 내부회계관리제도 조직과 관련된 원칙 등에서 강조하는 직무기술서 등을 통해 제시되는 것이 바람직하다. 또한, 회사의 조직, 인원, 프로세스 및 시스템의 변경 등을 고려하여 주기적으로 업데이트한다.

원칙 11 회사는 내부회계관리제도 목적 달성을 지원하는 정보기술 일반통제를 선정하고 구축한다.

적용기법 11.1 통제기술서를 이용한 IT 연관 항목(IT dependency) 문서화

105 회사는 통제기술서, 업무흐름도 또는 업무기술서를 통해 통제활동 적용에 사용되는 시스템과 관련 기능을 문서화한다. 이는 단순히 자동통제뿐 아니라, IT 연관성을 가진 모든 통제활동을 포함한다. 이러한 IT 연관 항목 문서는 IT와 외부 재무보고와 연관된 통제활동 간의 연관성을 명확하게 한다. IT 연관 항목은 자동통제, 리포트, 보안, 계산, 인터페이스 등으로 구분할 수 있다. 경영진은 문서화된 IT 연관 항목과 관련된 시스템을 외부 재무보고와 관련된 시스템으로 정하고 IT 연관 항목이 적정하게 작동하기 위해 필요한 정보기술 일반통제의 각 항목(개발, 변경, 보안, 운영)과의 연관관계를 이해한다. 또한 다양해지는 애플리케이션을 포함한 여러 기술간의 연관관계에 대해서도 이해한다. 이러한 이해를 기반으로 최종적으로 정보기술 일반통제를 수립할 대상 시스템을 정한다.

적용기법 11.2 최종 사용자 컴퓨팅(End-User Computing)에 대한 평가

106 경영진은 재무보고의 중요한 프로세스나 관련 통제활동에 사용되는 엑셀, 스프레드시트 등을 포함한 최종 사용자 컴퓨팅(이하 "EUC"라 함)의 사용 현황을 확인하고, 해당 EUC의 사용으로 인해 발생할 수 있는 재무제표 왜곡위험을 평가한다. 평가된 고유위험과 통제위험의 수준에 따라 회사는 다음과 같은 절차에 관련된 통제활동들을 설계하고 운영한다. 이는 정보기술 일반통제 항목과 유사하다.

- 정보기술 인프라 관련 통제활동
- 보안 관리 통제활동
- EUC 개발 및 유지 관리 통제활동
- EUC 정보와 다른 시스템 간 완전성 및 정확성 관련 통제활동

107 EUC 항목에 대한 위험평가 결과가 높은 것으로 판단되는 경우, 해당 EUC를 시스템의 애플리케이션으로 전환하는 것을 고려한다. 일반적으로 EUC에 대한 통제활동은 시스템 애플리케이션에 대한 정보기술 일반통제와 같이 강력하게 설계하지 않는다. 따라서 EUC의 복잡성이 증가하여 왜곡위험이 증가될수록 EUC 통제활동으로 충분하지 않을 수 있다.

적용기법 11.3 IT 기능의 제3자 아웃소싱 시 통제활동 수립 혹은 평가

108 경영진은 IT 기능의 특정 부분을 외부업체에 아웃소싱할 수 있다. 외부서비스제공자는 인증업무기준서 3402에 따른 "서비스조직의 통제에 대한 인증보고서"를 제공하거나 제공하지 않을 수 있다.

109 보고서를 이용할 수 있는 경우 경영진은 다음 항목을 확인한다.

- 재무적으로 중요한 IT 관련 기능과 프로세스가 대상으로 포함되었는지
- 서비스제공업체의 통제활동이 적절하게 설계되고 운영되었는지
- 관련 프로세스 및 기능에 대한 회사의 통제가 적절한지

110 적절한 인증보고서가 존재하지 않는 경우, 경영진은 외부 재무보고의 중요한 왜곡이 발생하지 않도록 외부서비스제공자와 회사의 통제활동을 수립하여야 한다. 또한, 내부회계관리제도의 평가 시 외부서비스제공자의 통제활동을 직접 평가하거나 외부서비스제공자의 통제활동의 적정성을 모니터링하는 절차를 평가하는 방안이 적용될 수 있다.

적용기법 11.4 접근제한 및 업무분장이 실행될 수 있는 시스템 구성

111 재무적으로 중요한 프로세스를 지원하는 응용 프로그램, 데이터베이스, 운영 체제 및 네트워크에 회사의 정책 및 절차에 따라 접근제한과 업무분장을 구현한다. 특히 재무적으로 중요한 기능이나 데이터에 대한 접근제한이 적절히 이뤄져야 한다. 보안관리 프로세스 관련 통제활동 수립 시 이러한 접근제한과 업무분장을 고려한다. 이러한 통제활동에는 권한관리절차, 사용자 및 시스템 인증절차, 암호설정 등이 모두 포함된다. 시스템의 광범위한 접근권한을 보유하는 슈퍼유저 권한 사용으로 인한 위험 역시 관리하여야 한다. 업무분장이 이뤄지기 어려운 경우에 보완통제가 필요한 것과 마찬가지로 접근제한이 이뤄지기 어려운 경우에도 보완통제가 필요하다.

적용기법 11.5 거래 및 데이터 처리의 완전성, 정확성 및 유효성을 지원하는 시스템 구성

112 경영진은 배치(batch) 단위든 실시간(real-time)이든 상관없이 거래가 완전하고 정확하며 유효하게 처리되도록 하는 통제활동을 선택하고 개발한다. 거래 및 데이터 처리 과정에 문제가 존재하는지 여부를 확인하기 위해 시스템 상태 및 로그를 수작업으로 일일이 검토할 수 있고, 문제 발생시 자동 경보체계를 갖춘 시스템을 사용할 수도 있다. 경영진은 문제가 누락없이 확인되고 확인된 문제에 필요한 조치가 적시에 취해질 수 있는 통제활동을 수립한다. 경영진은 중요 재무 데이터 및 프로그램이 주기적으로 백업되며, 완전하고 정확하게 복원될 수 있는 절차와 통제를 마련한다. 이러한 복원절차는 실제 복원의 적정성 확인을 위해 주기적으로 테스트하여 백업 및 복원 프로세스가 올바르게 작동하는지 확인한다. 이는 외감법에서 요구하는 회계정보를 기록·보관하는 장부(자기테이프·디스켓, 그 밖의 정보보존장치를 포함)의 관리 방법과 위조·변조·훼손 및 파기를 방지하기 위한 통제에 해당한다.

적용기법 11.6 보안 및 권한 관리

113 재무 관련 경영진 혹은 관리자는 재무적으로 중요한 시스템 및 프로세스에 대해 수행할 업무에 필요한 적절한 접근권한을 정의하는 정책을 수립한다. 동 정책은 업무분장을 포함하며 일반적으로 직무기술서와 연계된다. 시스템 접근제한 정책의 적절한 운영을 위해서는 각 기능별로 필요한 화면, 프로그램, 보고서 등을 정의하는 것을 고려한다. 시스템(예 : 응용 프로그램, 데이터베이스, 운영 체제 또는 네트워크)에 새로운 접근권한의 요청이나 변경 요청이 발생하는 경우 접근 요청을 승인하는 인원은 수립된 시스템별 접근제한 정책에 따른 검토를 수행하여야 한다. 일반적으로 이러한 통제절차는 계속적인 프로세스 및 시스템의 변경으로 인해 통제위험이 높아질 수 있다. 이에 경영진은 재무적으로 중요한 접근제한과 업무분장이 적절히 준수되는지를 확인하는 통제활동을 주기적으로 수행하는 것이 바람직하다. 이와 같은 통제활동은 외감법에서 요구하는 회계정보를 기록·보관하는 장부의 관리 방법과 위조·변조·훼손 및 파기를 방지하기 위한 통제에 해당한다. 이외에 부적절한 경로 등을 통해 과다하게 시도되는 로그인 등과 같은 문제를 포함한 문제보고서(Problem report)는 주기적으로 검토하며, 문제가 확인되면 적절한 후속조치를 취한다.

적용기법 11.7 패키지 소프트웨어에 대한 시스템 개발 방법론 적용

114 경영진은 새로운 패키지 소프트웨어를 선택할 때 기능성, 응용 프로그램 통제, 보안 기능 및 데이터 변환 요구사항을 포함한 많은 요소를 고려한다. 경영진은 충분한 능력을 보유한 내부 인력을 활용하거나 외부의 공급 업체를 통해 조직의 요구사항을 고려하여 소프트웨어를 구현한다.

115 경영진은 재무적으로 중요한 패치를 설치하거나 시스템을 업그레이드하기 위해 정의된 변경 절차를 준수한다. 동 절차는 업그레이드나 패치의 성격과 적합한 사항인지를 확인하는 것을 포함한다. 이후 적절한 것으로 판단되면 패치 또는 업그레이드를 실제 운영시스템에서 적용하기 전에 실제 운영시스템과 동일한 환경의 시스템에서 시스템 테스트 및 사용자 테스트를 수행한다. 변경 대상 기능 사용자, 재무팀 및 IT팀과 같은 주요 이해관계자는 변경사항이 적

용되기 전에 이를 검토 승인하고 변경 절차가 적절히 이뤄졌음을 증명하는 문서화를 수행한다.

적용기법 11.8 사내에서 개발된 소프트웨어(In-House 시스템)에 대한 시스템 개발 방법론 적용

116 경영진은 주요 시스템 개발 및 변경 관련 문제 해결을 다루는 시스템 개발 방법론을 따른다. 동 방법론은 다음 항목을 포함한 여러 프로세스 및 통제활동을 제시한다.

- 개시, 진행에 대한 승인, 증적 기록 및 분석 – 프로그램 변경사항은 변경로그가 빠짐없이 기록되고 개발사항은 개발사양서에 기록된다. 프로그램 변경 및 개발의 진행사항은 추적이 가능하고, 적절한 이해관계자는 진행 여부에 대한 검토와 승인 절차를 수행한다. 외부 재무보고 내부통제, 즉 내부회계관리제도에 미칠 수 있는 영향이 존재하는 프로그램 변경 및 개발의 경우 관련 재무보고 절차의 담당자의 승인이 필요하다.
- 설계 및 구성 – 설계 단계에서 프로그래밍 표준을 따르고 프로그램 버전 통제(version control)를 수행한다.
- 테스트 및 품질 보증 – 실제 운영시스템에 적용하기 전(Go-Live하기 전에) 변경사항이 요청사항을 만족하고 기존 소프트웨어에 의도하지 않은 문제를 발생시키는지 여부를 확인하는 테스트를 수행한다. 테스트의 양과 종류는 변경의 성격(크기, 복잡성 등)에 따라 단위, 시스템, 통합 및 사용자 승인 테스트가 다양하게 고려될 수 있다.
- 데이터 변환 – 데이터가 변환되는 경우 기존 시스템의 데이터가 완전하고 정확하며 유효하게 변환될 수 있는 절차와 통제를 수행한다.
- 프로그램 적용 및 이관 승인 – 변경사항은 실제 운영시스템에 적용하기 전에 관련 이해관계자가 승인하고, 승인된 프로그램만이 적용될 수 있는 절차와 통제를 수행한다.
- 문서화 및 교육 – 필요한 경우 최종 사용자 매뉴얼 및 IT 매뉴얼을 업데이트하고 교육을 수행한다.

원칙 12 회사는 기대사항을 정한 정책과 그 정책을 실행하기 위한 절차를 통하여 통제활동을 적용한다.

적용기법 12.1 정책 및 절차 수립 및 문서화

117 경영진은 외부 재무보고 과정의 중요한 모든 통제활동과 관련된 정책 및 절차를 수립하고 문서화한다. 회사가 선택한 회계기준에 부합하는 회사의 회계기준과 관련된 업무절차서 등은 내부회계관리제도가 효과적으로 운영되기 위한 기반에 해당한다. 내부회계관리제도 통제기술서의 통제는 이러한 정책 및 절차와 연계되어 관리 운영될 필요가 있다. 회사의 다양한 절차는 업무흐름도, 업무기술서 및 통제기술서와 같은 다양한 형식을 사용하여 문서화할 수 있다. 경영진은 다음과 같은 사항을 포함하는 정책 및 절차를 제시하기 위한 표준화된 문서 형식을 정할 수 있다.

- 외부 재무보고의 중요한 잠재적 왜곡표시 위험에 대한 정책과 절차
- 회사가 적용할 주요 회계정책 및 절차 및 연관된 현업 부서의 정책과 절차
- 정책과 절차가 적용되는 지역, 사업부와 부서 및 프로세스
- 정책 및 절차의 최종 책임자와 생성, 구축, 실행, 유지관리 담당자와 해당인원의 역할과 책임

- 통제활동을 실행하는 과정의 일부로 취해지는 시정조치를 포함한 정책과 절차를 적용하는 데 필요한 항목
- 정책이 적용되지 않는 예외사항에 대한 보고 절차
- 관련된 정책과 절차 간의 상호 참조사항
- 통제활동 및 절차를 수행하는 담당자에게 요구되는 역량
- 통제활동 및 절차 수행이 필요한 시기
- 적정성에 대한 최종 검토 일자

적용기법 12.2 사업본부장 혹은 부서장을 통한 통제활동의 적용

118 사업본부장 혹은 부서장 등은 관련 정책 및 절차를 일상 업무에 적용함으로써 본인의 책임하에 있는 부분에서 통제활동을 적용하게 된다. 경우에 따라 내부통제전담부서나 유사한 기능을 통해 각 사업본부장이나 부서장과 협력하여 회사 전체에서 일관되게 정책 및 절차를 적용할 수 있도록 지원하기도 한다. 정책 및 절차는 교육 프로그램, 회의 및 공식 및 비공식 문서 배포 등 다양한 방법으로 전달된다.

적용기법 12.3 정책, 절차 및 통제활동의 정기적/비정기적 유효성 평가

119 정기적으로 혹은 재무보고의 중요한 프로세스와 시스템이 변경되는 경우, 통제활동의 최종 책임자는 재무보고 및 통제 전문가와 함께 통제활동의 유효성을 확인하기 위해 통제기술서, 업무흐름도 및 업무기술서 등 관련 문서를 검토하고 필요시 업데이트한다. 이를 통해 중복 혹은 진부화되거나 효과적이지 않은 통제활동을 개선한다. 통제활동과 관련된 문서화가 정교하고 체계적일수록 유효성 평가가 적절히 진행될 수 있다. 업무흐름도가 존재하지 않거나 통제활동 관련 문서가 적절히 업데이트되지 않는 경우 통제활동 설계의 유효성 평가는 문서 검토 보다 추적조사를 적용하는 것이 바람직하다.

원칙 13 회사는 내부회계관리제도의 운영을 지원하기 위하여 관련 있는 양질의 정보를 취득 또는 생산하고 사용한다.

적용기법 13.1 정보 요구사항 목록 작성

120 경영진은 다양한 출처로부터 광범위한 정보를 획득 및 이용할 수 있다. 관련 있는 정보가 되기 위해서는 외부 재무보고를 감독하고 내부통제체계를 모니터링하는 임직원의 요구와 책임에 부합하고 유용성과 신뢰성을 갖춰야 한다. 경영진은 내부회계관리제도의 설계, 운영 및 평가에 필요한 정보를 식별하고 정보 요구사항 목록을 작성함으로써 내부회계관리제도 측면에 필요한 정보에만 집중할 수 있을 것이다. 효과적인 내부회계관리제도를 위해 경영진은 내부회계관리제도 관련 문서에 포함되는 중요한 정보를 파악하고 이의 신뢰성을 확보하기 위해 다음과 같은 절차를 취할 수 있다.

- 통제가 효과적으로 작동하기 위해 필요한 중요한 정보를 파악(예 : 재고수불리포트, 각종 평가 보고서, 평가에 사용되는 각종 예측 정보 등)
- 필요한 정보의 취득과 관리 방안(적용기법 13.2~13.5에 기술함)

• 해당 정보의 원천과 산출 방식의 신뢰성에 관련된 통제의 파악, 통제가 존재하지 않는 경우에는 신설을 고려(적용기법 13.6에 기술한 품질관리 방안)
• 재무정보를 포함한 관리 방안(적용기법 13.7에 기술함)

121 이를 위해 재무보고 관리자는 외부 재무보고 목적 및 경영진이 강조하는 관련 위험에 해당하는 정보의 영역별 유형을 정의한다. 각 영역별로 최적의 내부 및 외부 원천에서 관련 있는 정보를 식별하고 정보 목록을 작성한다. 각각의 정보마다 필요한 정보를 수집하는 업무 수행인원을 정하는데 정보 목록을 활용할 수 있다.

122 다음과 같은 영역별 정보 유형을 구분한다.
• 외부 위험과 추세정보: 애널리스트 보고서, 경쟁자 분석 보고, 인수 대상 분석 및 소송 활동 등
• 주요 재무정보 및 추세정보: 주가, 원재료가격, 환율, 총이익률 및 판가
• 내부위험과 추세정보: 계약실적, 매출실적 정보, 현금수지 예측, 월별 재무제표 및 재고수불부 등 내부회계관리제도에 사용되는 주요 정보
• 규정 관련 변경사항: 외감법, 내부회계관리제도 감독규정, 회계기준, 감사기준 및 내부회계관리제도와 관련된 규정

123 내부회계관리제도에 사용되는 정보는 시스템에서 산출되는 정보를 포함하고 있으며, 정보의 신뢰성 검토는 정보의 중요성과 성격에 따라 다양한 방안이 적용될 수 있다.

적용기법 13.2 외부 원천에서 정보 취득

124 재무 담당자는 관련 있는 정보를 수집하기 위해 외부의 간행물, 이벤트 및 기타 정보에 의존한다. 데이터 및 정보의 출처는 다양하며 다음을 포함할 수 있다.
• 업계 간행물 구독 및 규정 업데이트 서비스
• 산업 컨퍼런스, 박람회 및 기타 행사 참여
• 공급 업체, 고객 또는 외부서비스제공자와의 일상적인 커뮤니케이션
• 관련 단체에 회원 가입 및 활동
• 산업의 연구 보고서
• 동종업계 간 정보 교환 및 공시 분석 자료

125 재무 담당자는 수집된 외부 정보를 확인하고 중요한 사건, 추세 및 변경사항을 내부회계관리제도에 반영한다. 또한, 회계기준이나 각종 규정의 변경사항을 확인하고, 분석하여 내부회계관리조직을 포함한 외부 재무보고 관련자에게 전달한다.

적용기법 13.3 비재무 부문 경영진으로부터의 정보 수집

126 내부회계관리제도는 사업 전반에 걸쳐 발생하는 비재무 활동의 영향도 받는다. 회계, 공시 및 내부회계관리제도를 유지 관리하기 위해서는 비재무 부서를 포함한 타 부서의 새로운 사건, 변화 또는 중요한 추세에 대한 정보가 필요하다. 따라서 회계 및 재무 임원 및 담당자는 현업, 인사부서, 준법 및 제품개발부서와 같은 다른 사업 영역의 경영진 및 담당자와 회의 등을 통해 다음과 같은 정보를 포함한 주요한 사업 계획이나 변화사항을 구두 및 서면으로 수집하고 확인할 수 있다.

- 신규 고객 및 거래가 중단된 중요 고객, 공급업체 또는 기타 이해관계자
- 직원 이직률 및 영향 분석
- 예상하지 못한 긍정/부정적인 추세
- 윤리·행동강령에 부합하지 않는 행동의 징후
- 예산 대비 실적 분석이나 예측치
- 계약상, 준법 또는 규제 관련 이슈사항
- 고객 또는 공급업체의 불만사항
- 내부감사 및 내부통제 평가보고서의 결과
- 기타 내부회계관리제도에 영향을 미치는 항목과 관련된 정보

127 회계 및 재무 담당자는 수집된 정보가 재무제표 및 내부회계관리제도에 미치는 영향을 평가하기 위하여 충분한 논의를 수행한다. 중요한 분석결과를 내부회계관리자 및 감사(위원회)에 보고하고 변경이 필요한 정책 및 절차에 적절한 조치를 취한다.

적용기법 13.4 정보의 저장과 관리

128 경영진은 재무제표 및 내부회계관리제도를 위한 정보를 수집, 변경, 생성, 공유하기 위한 정책을 수립한다. 이러한 정책의 목적은 회사의 임직원이 정보를 효율적으로 이용하고 관련 있는 정보를 이용할 수 있도록 하는 것이다.

129 내부회계관리조직의 역할을 담당하는 경영진 및 직원 역시 정보를 식별하고 분류하는 절차를 따른다. 이러한 절차는 각 정보가 기록되어 저장되기 전에 다음을 포함하는 속성을 지정하도록 할 수 있다.

- 정보 소유자
- 정보 이용 가능 인원
- 출처(시스템 및 담당자 포함)
- 정보 중요성
- 빈도 및 시점
- 관련 프로세스
- 보유 기간

130 일단 저장된 정보는 완전성, 정확성, 보안, 유효성 및 중복방지를 위한 통제활동의 대상이 된다. 정보는 시스템이나 물리적인 보관소에 저장될 수 있다. 경영진은 이와 같이 재무제표의 기초가 되는 회계정보의 위조, 변조, 훼손 및 파기 방지를 위한 통제활동을 설계 및 운영하여야 한다.

적용기법 13.5 시스템을 이용한 데이터의 정보화

131 경영진은 IT 시스템의 응용 프로그램을 이용하여 내부 및 외부 원천에서 데이터를 수집하고, 해당 데이터를 정보로 변환하며, 처리 및 보고 과정에서 데이터와 정보의 품질을 유지 관리한다. 재무보고 관련 거래에 대한 데이터 수집 및 처리(예 : 개시/입력, 승인, 측정, 분류, 기록, 처리 및 보고) 활동은 회사 정책 및 절차 설명서에 문서화된다. 시스템의 응용 프로그램 설계

시 실재성 및 유효성에 대한 입력 관련 통제 및 완전성과 정확성에 대한 출력 관련 통제와 같은 자동통제 활동이 포함된다. 이러한 응용 프로그램은 정보기술 일반통제를 통해 그 신뢰성과 유효성이 보전될 수 있다.

적용기법 13.6 정보의 품질 관리 방안

132 경영진은 내부회계관리제도와 이에 사용되는 정보의 신뢰성을 보장하기 위해 데이터 품질 관리 방안 등을 수립한다. 경영진은 다양한 데이터 원천에서 신속하게 취합하고 배포하기 위해 관련 정책, 절차 및 책임을 공식화한다.

133 대상 정보의 양, 복잡성, 사용자 요구 및 수요 등을 고려하고, 데이터 품질 관리 방안에는 다음 사항에 대한 정책 및 절차를 포함한다.

- 데이터 관리부서, 현업부서 및 IT부서 간의 역할 및 책임 설정
- 특정 정보의 원천 데이터 유효성 확인 방안
- 시스템 인터페이스나 주요 데이터 입력 이전에 확인할 데이터 신뢰성 검토 항목(특히, 프로그램 개발 및 변경 시 고려)
- 기초 데이터 및 처리 과정에서 생성된 정보에 대한 접근권한
- 전송 중이거나 저장된 데이터의 보호
- 통제활동에 이용되는 주요 정보의 신뢰성 검토를 위해 사용자가 확인할 사항

적용기법 13.7 재무보고 관련 데이터와 정보의 식별 및 유지 관리

134 경영진은 데이터 등급이나 유형을 정의하고 데이터를 보호, 유지·관리하기 위해 준수할 사항을 포함한 정책 및 절차를 수립한다. 동 정책 및 절차에 회계정보를 기록·보관하는 장부(자기테이프·디스켓, 그 밖의 정보보존장치를 포함)의 관리 방법과 위조, 변조, 훼손 및 파기를 방지하기 위한 통제절차를 포함한다. 이를 통해 임직원의 승인되지 않은 접근이나 변경으로부터 정보를 보호하고, 법률 등에서 요구하는 데이터 보관 및 삭제 요구사항을 준수하도록 한다. 데이터 관리자는 데이터 관리 정책을 이행하기 위한 프로세스와 저장소를 개발하고, 주기적으로 공지사항 등을 통해 거래 프로세스 책임자에게 데이터 관련 요구사항을 전달한다. 동 과정에서는 법률 요구사항을 준수하고 정보를 관리·저장하는데 따른 기업의 효익과 비용 및 정보의 상대적인 가치를 고려하는 것이 중요하다.

원칙 14 회사는 내부회계관리제도의 운영을 지원하기 위하여 필요한 내부회계관리제도에 대한 목적과 책임 등의 정보에 대해 내부적으로 의사소통한다.

적용기법 14.1 내부회계관리제도의 목적과 내부통제 관련 의사소통

135 경영진은 내부회계관리제도의 목적, 내부회계관리규정을 포함한 정책과 절차, 통제활동 및 이의 중요성에 대해 충분한 의사소통을 수행한다. 의사소통 방안은 의사소통 대상, 정보의 성격, 시기의 민감도, 비용, 법적 또는 규제사항 및 기술적 실현가능성 등에 따라 다양한 방법을 적용한다.

- 눈에 잘 띄는 게시판이나 회사의 홈페이지 등에 부서별 비전 또는 목표 게시

• 내부통제 관련 사항 또는 회계정책 변경 등을 논의하기 위한 회계 및 재무팀과 내부회계관리부서의 미팅
• 내부회계관리규정, 주요 정책 및 절차의 인지도, 준수와 관련된 정기 설문조사
• 윤리 · 행동강령, 역할과 책임, 정책 및 절차 등을 포함한 내부회계관리제도 목적의 특정 인트라넷 사이트 구축
• 내부통제 관련 정기적인 전사 메일, 뉴스레터, 컨퍼런스콜, 웹캐스트, 미팅 등
• 공장, 영업 사무소, 주요 고객 및 기타 지역에 대한 재무담당 임원 및 경영진의 방문

적용기법 14.2 내부회계관리제도의 책임에 대한 의사소통

136 재무적으로 유의한 프로세스와 시스템과 관련한 내부회계관리제도 문서 등은 내부회계관리자를 포함한 주요 역할 수행자와 감사(위원회)의 접근이 가능한 곳에 보관된다. 보관될 항목은 다음을 포함한다.

• 내부회계관리규정 등
• 위험평가 관련 문서
• 업무흐름도와 보조적인 업무기술서를 포함한 업무프로세스 문서
• 위험평가에 대응하여 수립된 내부통제 활동
• 개별 내부통제 활동의 수행자, 검토 및 책임자 등 담당자 목록

137 내부회계관리조직은 상시적인 모니터링 및 독립적인 평가를 통해 해당 문서를 검토 확인한다. 특정 내부통제 관련 수정 및 변경사항은 정보의 저장 위치가 포함된 링크 등을 통해 통제 수행자, 검토 및 책임자와 공유된다.

적용기법 14.3 이사회 보고 및 논의를 위한 지침 수립

138 이사회는 이사회에서 공유되어야 할 정보의 범위, 충분한 논의 및 검토 책임 및 방법 등을 규정하는 지침을 수립한다. 핵심적인 사항으로 다음을 포함할 수 있다.

• 이사회를 포함한 위원회 회의 빈도 및 회의 횟수
• 각 이사회 또는 위원회 회의 목적(사업전략 검토, 연간 예산, 사업 계획 검토 등)
• 각 회의 시 공유될 정보의 성격 및 범위
• 회의록의 준비 및 승인과 관련한 책임

적용기법 14.4 경영진과 이사회 간의 의사소통

139 최고재무책임자, 재무담당 임원 및 내부회계관리자는 주요 재무정보, 예측치와의 비교 결과 및 조정된 예측치, 예산 실적 대비 분석을 포함한 재무보고에 중요한 영향을 미치는 사항에 대해 이사회에 보고하고 논의한다. 감사(위원회)는 이러한 논의 정보를 확인하고 재무제표와 재무보고 절차에 미칠 수 있는 영향을 확인한다.

140 주기적으로 대표자와 최고재무책임자는 공시용 재무제표 초안을 이사회 혹은 감사(위원회)에 제시하고, 직전 보고 이후 중요한 사건, 중요한 추정이나 가정의 변경사항 및 중요한 신규 주석사항 등에 대한 충분한 논의가 이뤄질 수 있도록 한다. 또한, 대표자와 최고재무책임자는

외부감사인과 이사회 혹은 감사(위원회)에 참석하거나 또는 외부감사인과의 별도 회의를 통하여 외부감사인의 독립적인 의견을 확인한다.

141 이러한 주기적으로 진행하는 공시 전 회의에서 최고재무책임자와 내부회계관리자는 내부회계관리제도의 주요 변경사항, 평가 결과, 확인된 재무보고 관련 이슈, 이와 관련된 내부회계관리제도 미비점 및 조치사항을 보고한다. 유의적인 사항은 모두 서면으로 보고되어야 한다. 감사(위원회)는 회의 이전에 최고재무책임자 혹은 내부회계관리자 및 외부감사인과 각각 별도로 회의를 수행한다. 이러한 과정에서 감사(위원회), 경영진 및 외부감사인간에 민감한 정보를 공유하고 면밀한 질문을 할 수 있는 기회를 제공하여 내부회계관리제도와 관련한 각자의 책임을 충실하게 수행할 수 있도록 한다.

적용기법 14.5 회사 임직원에 대한 내부고발제도 홍보

142 경영진과 이사회는 직원들이 우려되거나 알게 된 비윤리적 행위 사례, 외부 재무보고 관련 문제, 기타 내부 통제 관련 중요한 사항 등을 직접 소통할 수 있는 내부고발제도를 마련한다. 해당 제도를 직원들에게 적극적으로 홍보하기 위해 사무실 내 유동 인구가 많은 곳의 게시판 등을 이용하거나 인사 부서의 정기적인 메일링 등 다양한 방식을 사용한다. 내부고발제도의 의의, 대상이 되는 항목, 조사 절차, 조치 및 보고절차와 익명성 보장 방안 등이 포함되어 충분한 인지와 적극적인 참여를 유도하도록 한다.

143 내부고발제도는 직원의 익명성뿐 아니라 소통되는 정보의 완전한 비밀을 보장하여야 한다. 제기된 문제는 독립적이고 객관적인 제3자에 의해 적시에 검토되고, 이사회나 감사(위원회)에 보고되어야 한다. 외감법에서 규정한 바에 따라 감사(위원회)는 필요시 외부전문가를 선임하여 위반사실 등을 조사하도록 하고 그 결과에 따라 회사의 대표자에게 시정 등을 요구하여야 한다.

적용기법 14.6 대체적인 보고 방식을 통한 의사소통 활성화

144 경영진은 직속 상관 이외 사람에게 보고할 수 있는 대체적인 방식을 제공하여 직원들에게 의견 개진 기회가 충분히 있다는 인식과 신뢰도를 제고한다. 이러한 대체적인 보고 방식을 통해 개진된 의견이 일방적으로 무시되거나 악용되지 않도록 내부고발장치 등을 통한 보완장치를 마련하는 것이 실질적인 제도 운영에 효과적이다. 대체적인 보고 및 의사소통 방식에는 다음과 같은 다양한 방안이 포함될 수 있다.

- 직속 상관과는 별개로 직원을 지원하는 멘토링 프로그램
- 직원들이 자유롭게 의견을 제시하고 질의 가능한 형식의 회의
- 다양한 문제를 논의하고 경영진에게 의견을 개진할 수 있는 여러 부서의 특정 직급 이하 직원들로만 구성된 직원협의회

적용기법 14.7 부서 내외 간 다방면의 내부통제 의사소통 프로세스 및 회의체 구성

145 각 부서의 경영진은 사업부 내외간의 의사소통 프로세스를 구축하고 회의체를 구성하여, 임직원들이 내부통제 문제를 전사차원에서 논의할 수 있도록 한다. 각 부서의 내부통제 책임자

에게 이러한 절차와 회의를 통해 내부회계관리제도를 포함한 내부통제에 대한 사항을 논의할 역할과 책임을 부여한다. 이러한 절차와 회의는 내부통제 관련 이슈, 경향 및 중요한 변화사항 등을 논의하기 위해 주기적으로 수행한다. 공유서비스센터(Shared Service Center)의 이슈는 해당 서비스를 제공받는 조직 및 부서와 공유하고 검토한다. 특정 영업 조직 또는 부서 내에서 발견된 내부통제 이슈는 타 영업조직 또는 부서와 공유하고 검토한다. 각 조직 및 부서에서는 해당 이슈의 영향 여부를 평가하고 대응 방안을 협의하여 실행한다. 이러한 절차는 내부통제전담부서의 관리하에 진행되는 것이 효과적이고 효율적이다.

원칙 15 회사는 내부회계관리제도의 운영에 영향을 미치는 사항에 대해 외부관계자와 의사소통한다.

적용기법 15.1 외부 관계자에게 정보 제공

146 경영진은 외부 재무보고에 대한 회사의 내부통제 정보에 관심을 가지고 있거나 정보를 얻고자 하는 외부 정보이용자를 고려한다. 회사의 공시담당 위원회(혹은 외부 의사소통을 담당하는 조직이나 개인)는 회사의 외부 재무보고 목적에 중요한 진행 중인 사건, 정책, 활동 및 외부 관계자에게 영향을 미치는 사항을 평가하는 프로세스를 수립한다. 공시담당 위원회는 다음과 같은 정보를 고려하여 필요하다고 판단하는 공시 정보를 결정한다.

- 중요한 채무, 채권 또는 외부 이해관계자와의 약정사항을 반영하는 거래 및 잔액에 대한 내부통제
- 약정사항 준수 여부에 대한 모니터링 결과
- 정상적인 거래과정에서 외부 관계자로부터 수집한 정보 보호정책
- 웹 기반 고객 주문 시스템의 미승인 주문을 방지하기 위하여 고객사 임직원의 접근을 관리할 고객사 책임
- 배경조사 및 신용조사 수행 또는 채권회수대행기관 사용과 관련된 정책

적용기법 15.2 외부 정보의 입수

147 경영진 및 기타 구성원은 외부 재무보고 목적이나 관련 내부회계관리제도에 직접 또는 간접적인 영향을 줄 수 있는 변화사항을 파악하고 대응하기 위해, 담당 분야의 새로운 주요사항을 지속적으로 파악한다. 각 사업부 또는 기능별 관리자는 회사 외부로부터 정보를 받을 수 있는 적절한 수단을 확인하고, 회사 내에서 관련 정보를 수집, 검토, 공유할 책임이 있는 관리자와 기타 구성원의 역할을 지정한다. 정보의 출처는 다음을 포함할 수 있다.

- 재무회계, 재무보고, 공시 기준 관련 최근 공시자료
- 재무회계 및 재무보고 이슈의 영향을 분석하는 연구 저널
- 경쟁사 혹은 동종업계에 대한 감독기관의 규제 내용
- 산업협회 또는 무역협회 등의 모임에서 습득된 정보
- 핵심 통계자료나 회계 추정과 관련된 업계, 시장, 경제 또는 경쟁업체의 데이터
- 법적 규제 변경사항에 대한 외부 고문으로부터의 주의사항
- 새로운 회계 및 공시 요구사항을 이해하기 위한 외부감사인 및 자문업체와의 정기적인 회의

• 주요 거래 또는 사건에 대한 복잡한 회계처리 및 공시사항을 평가할 전문 지식을 갖춘 외부 자문기관 또는 전문가와의 회의
• 회계기준, 감사 및 내부회계관리제도 관련 기준 설정 기관 및 규제기관의 주요 진행사항과 간행물
• 후원사, 소셜 미디어 웹 사이트 또는 다양한 방식의 게시물

적용기법 15.3 외부 관계자에 대한 설문조사

148 경영진은 고객, 공급업체 및 기타 관련자에게 그들이 인식하는 회사 임직원의 청렴성 및 윤리 준수 여부에 대한 설문조사를 수행한다. 이러한 설문조사는 주요 고객/공급업체 담당자와는 독립적인 직원이 수행한다. 이는 회사 고객과 공급업체의 의견을 수집하는 통로이며, 고객 등과의 약속이나 약정에 대한 중요한 정보를 얻는 방법이다. 또한 현재 당사자 간의 공식적인 계약이 이러한 약정 사항을 정확하게 반영하고 일치하는지 여부를 확인시켜 줄 수 있다.

149 경영진은 다양한 방법으로 외부 관계자의 설문조사를 수행하며, 다음과 같은 방법이 이용될 수 있다.
• 모든 고객에게 회사 및 제품/서비스와 관련된 표준 질문이 기재된 설문조사를 정기적으로 발송
• 회사의 홈페이지에 의견개진 공간을 제공하거나 외부 관계자에게 보내는 정기적인 문서에 의견개진 기능을 제공
• 필요한 경우 직접 면담 또는 화상 회의 등 외부 관계자와 회의 시 정기적으로 조사

적용기법 15.4 외부 관계자에게 내부고발제도 소개

150 부적절하고 신뢰할 수 없는 재무보고에 대한 의견개진 방안으로 고객, 공급업체, 아웃소싱 업체 등의 외부 관계자들에게 신고 가능한 번호, 이메일 주소 등을 제공한다. 연락처 정보는 회사의 홈페이지, 고객에게 발송한 인보이스 등 다양한 곳에서 확인 가능하도록 한다. 내부 인원의 고발제도와 마찬가지로 익명성과 조사절차의 독립성을 포함하여 소개한다.

적용기법 15.5 외부 감사 논의사항에 대한 검토

151 경영진은 외부감사인이 재무제표 감사 및 독립적인 내부회계관리제도의 효과성 평가 과정에서 확인한 유의한 사항의 내용을 서면으로 제공받는다. 이사회 및 감사(위원회)는 동 항목의 검토를 위해 외부감사인과 발견된 내용을 확인하고, 경영진은 제시된 해결방안을 논의한다.

원칙 16 회사는 상시적인 모니터링과 독립적인 평가 방안을 수립하여 내부회계관리제도 설계 및 운영의 적정성을 평가한다.

적용기법 16.1 모니터링 활동의 조합에 대한 정기적인 검토

152 고위 경영진은 주기적인 회의를 통하여 내부회계관리제도에 대한 모니터링 활동인 상시적인 모니터링(Ongoing Evaluations)과 독립적인 평가(Separate Evaluations)가 적절한 비율로 수행되고 있는지 검토한다. 이 두 가지 모니터링 활동의 비중은 선택이 가능하고 이를 결정하는

것은 다음 항목의 평가 결과에 따라 달라질 수 있다.

- 감독 및 규제기관의 요구사항과 내부회계관리제도 목적의 수준
- 산업 및 규제 환경의 변화 정도
- 내부회계관리제도 효과성에 대한 과거의 평가 결과
- 프로세스별 상시적인 모니터링에 해당하는 통제활동의 정도
- 내부회계관리제도의 구성요소에 영향을 주는 당해 연도의 변경사항

153 고위 경영진은 다음과 같은 상황에서 독립적인 평가의 빈도를 증가시킬 수 있다.

- 기존 모니터링 활동 과정이나 업무처리 과정에서 내부회계관리제도의 잠재적 미비점이 제기된 경우
- 내부회계관리제도의 잠재적 미비점과 연계된 핵심 지표가 설정된 임계치(Threshold)를 초과하는 경우

154 회사는 외감법에서 정한 내부회계관리제도 평가 절차를 내부회계관리규정이나 세부지침에 반영한다(내부회계관리제도 평가 및 보고 모범규준 문단 5).

- 내부회계관리자의 운영실태평가
  - 대표자, 내부회계관리자 및 관련 조직의 역할 및 책임
  - 대표자, 내부회계관리자 및 관련 조직의 평가 절차
  - 외감법 등의 법규 요구사항 준수 여부를 평가하는 방식 및 절차
  - 평가 계획 및 결과 등 감사(위원회) 보고 시기, 항목 및 방식(대면보고 포함)
  - 내부회계관리제도 평가 결과를 고려한 임직원의 인사 및 보수 등 성과평가 반영 계획 및 내역
  - 내부회계관리규정 위반사항의 존재 여부 및 위반 시 조치 내역
  - 발견된 미비점에 대한 개선 계획 및 현황(직전년도의 개선조치 이행 결과 포함)
- 감사(위원회)의 평가
  - 감사(위원회)의 평가 관련 역할 및 책임
  - 대표자 및 내부회계관리자의 주요 보고사항에 대한 감사(위원회)의 평가 절차(즉, 재무제표에 중요한 왜곡표시 발생가능성이 존재하지 않도록 적절한 평가 계획과 실행이 이뤄졌는지 확인하는 절차)
  - 보고된 시정 계획의 적정성 및 개선조치 내역의 적정성 검토
  - 임직원의 성과평가에 반영되었거나 반영될 계획의 적정성 검토
  - 유의한 미비점 및 중요한 취약점이 누락 없이 보고되었는지를 평가하는 절차(기중에 발생한 외부재무보고 관련 문제점이 내부회계관리제도에서 관리되지 않은 원인을 파악하는 등의 절차)
  - 평가 결과의 보고 시기, 항목 및 방식(대면보고 포함)

적용기법 16.2 출발점(Baseline)의 설정

155 경영진은 다음과 같은 절차를 통해 현재 내부회계관리제도의 설계된 상태를 이해하는 출발점을 설정하고 관리한다.

- 내부회계관리제도 통제활동의 적용이 이뤄진 시점의 확인

- 내부회계관리제도 통제활동의 설계의 효과성에 대한 최초 평가가 이뤄진 출발점의 결정
- 출발점 이후 내부회계관리제도 관련 변경사항 관리

156 경영진은 설정된 출발점을 다음과 같이 활용할 수 있다.

- 내/외부에서 발생한 중요한 변화로 인해 통제활동의 설계 및 운영에 필요한 변화가 있는지 여부를 확인
- 통제활동의 설계와 운영에 영향을 미치는 회사의 인력, 프로세스 및 시스템 등의 영향에 대한 평가
- 이전 출발점에 중요한 변화로 인한 새로운 출발점의 설정
- 설계 효과성에 대한 독립적인 평가 방법의 결정

157 고위 경영진은 상시적인 모니터링과 독립적인 평가 중 적정한 방법을 선택하기 위해 출발점 정보를 사용할 수 있다.

적용기법 16.3 업무성과 검토 시 측정지표 설정 및 적용

158 경영진은 통제활동의 상시적인 모니터링을 수행하는 방안으로 재무거래의 완전성이나 정확성을 관리할 수 있는 업무성과 검토 시 측정지표 수립을 고려한다. 모니터링 대상이 되는 프로세스와 통제활동을 고려하고, 해당 통제의 효과성이나 프로세스의 효과성 및 효율성을 모니터링할 수 있는 업무성과 검토 방안을 마련한다. 업무성과의 유의적인 사항에 대한 확인이 가능한 측정지표, 모니터링의 방식과 빈도를 결정한다. 이는 통상적으로 수행되는 영업 및 예산 실적 분석 등이 세분화된 방식으로 수행된다면 적용 가능할 것이다.

159 해당 측정지표는 다음과 같은 정보가 이용될 수 있다.

- 현재 실적 분석 정보와 과거 실적 분석 정보의 비교 분석
- 예상 업무실적과 비교한 현재 업무실적의 원인 분석 및 핵심 지표의 비교 등 포함

160 일부 측정지표에는 현재 실적 및 성과 데이터 각각에 대한 허용 가능한 차이가 명확하게 정의되어 예외사항을 파악하는데 사용된다. 허용 가능한 차이가 명확하게 정의되기 어려운 측정지표의 경우에는 지식과 경험이 있는 임직원이 합리적인지 여부를 검토한다. 예를 들어, 판매가격 적용의 분석을 통해 허용 가능한 차이와 그 이상의 차이로 구분한 보고서를 검토하고, 예외사항에 대한 사후 조치를 통해 통제활동을 지속적으로 모니터링할 수 있을 것이다.

적용기법 16.4 현황판의 사용

161 상시적인 모니터링의 일환으로 경영진은 일상적인 활동에서 내부회계관리제도 평가자 및 감사(위원회)가 활용할 수 있는 현황판을 설계하여 구축한다. 현황판의 책임자는 회사의 프로세스, 위험관리 및 내부통제 등에 최고의 전문지식을 보유한 인원으로서 내부회계관리제도 평가의 주요 역할을 담당하는 관리자로 지정한다. 현황판에는 다음과 같은 항목이 포함될 수 있다.

- 통제 설계 및 운영 현황과 관련된 상세 정보 및 요약 정보
- 상시적인 모니터링 방안의 업무성과 검토 지표별 측정치와 예외사항 조치 현황
- 통제활동의 각종 현황에 대한 시각화된 정보

• 전사수준 및 거래수준 통제활동의 성숙도
• 평가 주기와 가장 최근의 평가에 대한 상세 현황
• 발견된 통제 미비사항 및 항목별 개선 현황
• 프로세스 및 하위 프로세스의 핵심 관계자 및 연락처

적용기법 16.5 모니터링 활동을 위한 IT 활용

162 경영진은 자동화된 모니터링 프로그램(Automated Monitoring Application, 이하 "상시 모니터링 시스템"이라 함)을 이용하여 내부회계관리제도에 대한 모니터링을 수행할 수 있다. 경영진은 상시 모니터링 시스템을 사용하여 객관적인 방식과 저렴한 비용으로 대량의 데이터를 효율적이고 지속적으로 검토할 수 있다. 상시 모니터링 시스템에는 다음이 포함된다.

• 사전에 정의된 기준을 벗어난 거래의 예외사항을 확인하여 취합(전결권한을 초과하여 진행되는 거래, 생성자와 승인자가 동일한 전표 등)
• 비경상적인 거래의 추세 또는 패턴 모니터링(거래별 예외처리 건수)
• 프로세스의 개선 방향이나 개선점을 제시할 수 있는 자동화된 성과지표 및 측정지표(예를 들어 특정 재고의 비율 증가, 음수재고 현황 및 추세분석, 재고 실사 차이의 추세와 재고 입고 이후의 invoice 금액의 변경 비율 등)

적용기법 16.6 독립적인 평가의 수행

163 경영진은 다음과 같은 방식을 활용하여 내부회계관리제도에 대한 독립적인 평가를 수행할 수 있다. 고유위험과 통제위험이 높을수록 충분한 전문성과 독립성이 확보될 수 있는 방안을 선택하여야 한다.

• 경영진의 통제활동 검토 시, 계획되지 않는 방문을 통한 검토
• 회사 내 유사한 업무를 담당하는 수평적 위치의 다른 부서와 상호 검토 수행
• 위험이 낮은 특정 업무나 통제활동별 자가평가서 개발
• 평가를 위한 독립적인 외부 전문 기관 선임

적용기법 16.7 내부통제전담부서(기능) 혹은 내부감사부서(기능)를 활용한 독립적인 평가 수행

164 경영진은 내부회계관리제도에 대한 객관적인 관점에서의 평가를 수행하기 위해 독립적이고 전문성을 지닌 인원으로 구성된 내부통제전담부서(기능)나 내부감사부서(기능)를 이용한다. 내부회계관리제도에 대한 운영실태보고는 미비점에 대한 개선조치를 취할 임직원과 감사(위원회), 이사회 및 주주총회 등에 보고 및 배포된다. 독립적인 평가는 다음에 의해 영향을 받을 수 있다.

• 규제 및 감독기관에서 제시하는 평가 및 보고 지침
• 외부 재무보고 목적, 즉 왜곡표시 위험의 관리 수준
• 감사(위원회) 및 외부감사인 등과 논의된 내부회계관리제도가 유의한 위험을 관리하는 방식
• 감사(위원회)에 보고·승인된 독립적인 평가 계획

적용기법 16.8 외부서비스제공자의 통제 이해

165 경영진은 내부회계관리제도에 영향을 미칠 수 있는 변경사항을 파악할 수 있도록 외부서비스제공자로부터 다음과 같은 주기적인 정보를 입수하고 검토한다.
- 외부서비스제공자의 적용 가능한 통제 목적
- 외부서비스제공자의 내부통제 중 검토되고 보고서에 포함된 부분에 대한 세부 정보
- 독립적으로 수행된 감사의 세부내역 및 결과
- 보고서에 영향을 미치는 외부서비스제공자에 대한 추가 고려사항

166 식별된 변경사항이 내부회계관리제도에 미치는 영향을 판단하기 위해 다음 사항을 평가할 수 있다.
- 경영진이 비즈니스 프로세스의 변경사항과 내부회계관리제도에 미치는 영향을 적절하게 고려했는지, 그리고 변경사항이 외부서비스제공자에게 전달되었는지 여부(해당 변경사항이 회사 내부통제의 목표 및 설계에 영향을 미칠 수 있으므로)
- 경영진의 추가 검토가 필요한 예외사항이 발견되었는지 여부
- 보고서의 독립성과 객관성이 충분한지 여부

167 경영진의 이러한 검토 결과를 기반으로 외부서비스제공자에 대한 독립적인 재평가가 필요하다고 결정할 수도 있다.

원칙 17 회사는 내부회계관리제도 미비점을 평가하고 필요한 개선활동을 적시에 수행한다.

적용기법 17.1 미비점 평가 및 보고

168 경영진은 기업의 모니터링 활동 등으로 확인된 미비점을 주기적으로 평가하고 전달하기 위한 정책 및 절차를 수립한다. 경영진은 중요성에 관계없이 내부회계관리제도의 모든 미비점이 해당 통제의 책임자와 한 직급 이상의 관리자에게 보고될 수 있는 절차를 수립하며, 보고 받은 관리자들은 시정조치를 취하고 조치 현황을 관리 감독한다. 또한 경영진은 내부회계관리제도 평가 및 보고 모범규준에 따라 고위 경영진, 이사회 및 감사(위원회) 등에 추가 보고해야 하는 미비점을 분류한다. 다음 항목을 고려한 분류를 수행한다.
- 미비점의 성격 및 특성(과거 미비점 비교 등)
- 미비점의 근본 원인 및 연계된 5가지 통제요소 및 17가지 원칙
- 미비점의 원천 부서 및 프로세스
- 평가 기간 동안 발생한 재무제표의 실제 왜곡표시 금액과 내부회계관리제도에 미치는 영향 및 개선 방안
- 미비점으로 인한 기업 재무제표의 왜곡표시의 발생가능성 및 잠재적인 규모
- 유사한 영역이나 구분별 미비점의 취합 및 취합된 미비점들의 종합적인 영향 평가

적용기법 17.2 시정조치에 대한 모니터링

169 경영진은 보고된 미비점이 적시에 해결되었는지 확인하기 위해 시정조치의 진행 상태를 검토하는 절차를 수립한다. 절차에는 다음이 포함될 수 있다.
- 시정조치의 진행 상태를 검토하기 위한 정기 회의

• 시정조치가 요약된 문서 또는 보고서
• 내부통제전담부서(기능) 혹은 내부감사부서(기능)에 모니터링 감독 책임 부여

적용기법 17.3 미비점 보고를 위한 지침 수립

170 이사회 및 감사(위원회)는 보고되는 통제 미비점에 대해 고위 경영진과 해결방안 등 관련 논의를 수행한다. 이사회 및 감사(위원회)는 외부 재무보고에 영향을 미치는 내부통제 미비점에 관한 내용과 상황을 이해하고, 경영진의 결론과 시정 계획을 감독한다.

부록 C 내부회계관리제도 평가 및 보고 기준

2023. 12. 29. 제 정
2024. 12. 23. 개 정

제1장 총칙

1. (목적) 이 기준은 주식회사 등의 외부감사에 관한 법률 제8조, 동 법 시행령 제9조 및 외부감사 및 회계 등에 관한 규정 제6조에 따라 내부회계관리제도 평가 및 보고에 관한 기준과 그 절차를 정하는 데 필요한 사항을 정함을 목적으로 한다.
2. (용어의 정의)
   가. 합리적 확신이란 내부회계관리제도가 효과적으로 설계 · 운영되고 있다는 사실에 대해 평가자가 제공하는 높은 수준의 확신(절대적 수준이 아님)을 말하며, 회사의 회계와 내부회계관리제도에 충분한 전문지식을 갖춘 객관적인 관리자를 만족시키기에 충분한 확신과 정교함의 수준을 말한다.
   나. 위험기반 접근방법(하향식 접근방법)은 경영진이 회사의 사업 내용, 업무프로세스 및 회계처리에 대한 축적된 지식과 경험 및 판단을 합리적으로 활용하여 중요한 왜곡표시가 발생할 수 있는 위험이 존재하는 계정과목 및 주석 등을 파악한 후 관련 업무프로세스 및 사업단위를 결정하고, 위험 평가 결과에 따라 업무프로세스 및 사업단위에서 설계 및 운영되는 통제를 식별하여 평가하는 방법을 말한다.
   다. 중소기업이란 「중소기업기본법」 제2조에 따른 중소기업으로 분류되는 기업을 말하며, 금융회사는 「주식회사 등의 외부감사에 관한 법률 시행령」 제8조 제3항 제2호에 따른 금융회사를 말한다. 또한, 비상장 대기업이란 「자본시장과 금융투자업에 관한 법률」 제9조 제15항 제3호에 따른 주권상장법인이 아닌 회사로서 중소기업이 아닌 회사를, 비상장 중소기업은 주권상장법인이 아닌 회사로서 중소기업인 회사를 말한다.
   라. 내부통제체계란 회사가 내부회계관리제도를 설계 · 운영하는데 적용할 수 있는 효과적인 내부통제제도를 위한 구성요소별 필요한 기본원칙을 제시하는 기준을 말한다.
   마. 업무프로세스란 회사가 관련 업무를 완수하고 목표를 달성할 수 있도록 거래가 처리되는 일련의 과정으로 단순한 활동수행에서부터 사업의 핵심요소 관리, 기능적 업무수행, 상호기능적 요소 등 보다 복잡한 분야에까지 연결되어 발생할 수 있다.
   바. 재무보고요소란 회계정보의 기초가 되는 거래의 식별 · 측정 · 분류 · 기록 및 보고 과정을 구성하는 항목을 포함하여 외부공시용 재무제표(주석포함)를 구성하는 항목을 말한다.
   사. 부정위험이란 부정한 재무보고, 자산의 남용 및 부패와 같은 부정에 대한 기업의 취약점과 해당 취약점으로 인해 재무제표가 왜곡표시 될 위험을 말한다.
   아. 핵심통제란 특정 재무보고요소에 대한 경영자 주장별로 발생 가능한 위험에 대응하는 통제 중 없어서는 안 될 통제를 말한다.
   자. 전사적 수준 통제란 회사 전체에 영향을 미치거나 업무수준 통제에 전반적으로 영향을 미치는 통제를 말한다.

차. 통제위험이란 회사의 통제가 재무제표의 왜곡표시를 적시에 예방, 적발, 수정하지 못할 위험을 말한다.

카. 고유위험이란 모든 관련 통제를 고려하기 전에 거래유형, 계정잔액 또는 공시에 대한 경영자 주장이 개별적으로 또는 다른 왜곡표시와 합칠 때 중요하게 왜곡표시 될 가능성이 내재된 위험을 말한다.

타. 통제실패위험이란 통제가 효과적으로 설계되거나 운영되지 않을 위험을 말한다.

파. 사업단위는 일반적으로 법적실체(연결재무제표에서 종속회사, 유한회사, 파트너십 등), 사업부문 또는 영업시설(예 : 사업부, 생산설비, 판매조직) 등을 말하며 특정 단위조직의 사업목적, 업무프로세스, 전산환경 등이 타 조직과 독립적인 경우 별도의 사업단위로 본다.

하. 독립적인 평가란 통제 운영의 적정성을 평가하기 위해 내부 또는 외부의 인력 등이 상시 모니터링 외에 주기적으로 수행하는 내부회계관리제도의 평가방법을 말한다.

거. 상시적인 모니터링은 업무프로세스를 처리하는 과정의 일부로서 일상적으로 수행되는 평가를 말한다. 즉, 경영진이나 임직원이 통제활동을 수행하는 과정에서 하위수준의 개별적인 통제운영의 적정성을 확인할 수 있다면 해당 절차는 상시적인 모니터링에 포함된다.

너. 변화관리체계란 평가대상 기간 중에 발생하는 내부회계관리제도에 영향을 미치는 변화사항을 식별하고 변화사항에 따른 위험을 평가하여 이에 대응하는 통제의 설계 및 변경을 수행하며 관련 문서를 업데이트하는 절차를 말한다.

더. 내부회계관리제도의 미비점은 경영진과 임직원이 담당 업무를 수행하는 정상적인 과정에서 재무제표 왜곡표시를 예방하거나 적시에 적발할 수 없을 때 발생하며 재무제표 왜곡표시의 발생가능성 및 금액적 중요성에 따라 단순한 미비점, 유의한 미비점, 중요한 취약점으로 구분된다.

(1) 중요한 취약점은 하나 또는 여러 개 미비점의 결합으로서 재무제표상 중요한 왜곡표시가 예방 또는 적시에 적발되지 못할 '가능성이 낮지 않은' 경우를 말한다.

(2) 유의한 미비점은 중요한 취약점으로 분류될 수준은 아니지만 회사의 재무보고를 감독할 책임이 있는 이사회, 감사(또는 감사위원회) 등이 주목할 만한 하나 또는 여러 개 미비점의 결합을 말한다.

러. 보완통제란 본래의 통제에서 미비점이 발견되었다 하더라도 그 미비점에서 발생할 수 있는 유의한 재무제표 왜곡표시 위험을 경감시켜줄 수 있는 통제를 말한다.

제2장 내부회계관리제도 평가

제1절 개요

3. **(내부회계관리제도 평가의 목적)** 내부회계관리제도에 대한 평가는 신뢰할 수 있는 회계정보의 작성과 공시를 위한 회사의 내부회계관리제도가 회계연도 말 현재 회사에 적합한 형태로 효과적으로 설계 · 운영되는지에 대한 합리적인 확신을 제공하는 것을 목적으로 한다.

4. **(내부회계관리제도 평가의 일반원칙)** 경영진은 효율적이고 효과적인 내부회계관리제도의 평

가를 위해 위험기반 접근방법(하향식 접근방법)을 적용한다.

가. 재무제표의 중요한 왜곡표시 위험이 발생할 가능성이 낮지 않은 재무보고요소 및 중요한 왜곡표시를 적시에 예방하거나 적발하지 못할 위험에 대처하기 위한 통제가 적절히 설계되었는지에 중점을 두어 평가한다.

나. 통제 운영에 대한 평가를 진행함에 있어 위험 평가 결과에 따라 평가 절차의 성격과 범위를 결정한다.

다. 중소기업과 금융회사가 아닌 비상장 대기업은 이 장에서 정한 평가 절차 및 방법에도 불구하고 회사가 처한 환경과 상황을 고려하여 보다 유연하고 완화된 방식으로 내부회계관리제도를 평가할 수 있다.

라. 비상장 중소기업은 「주식회사 등의 외부감사에 관한 법률」 제8조 제1항, 「주식회사 등의 외부감사에 관한 법률 시행령」 제9조 제2항에 따른 내부회계관리규정과 이를 준수하는 내부회계관리제도를 갖춘 경우에는 이 별표에서 정한 기준을 준수한 것으로 본다.

5. (내부회계관리제도 평가 절차)

가. 내부회계관리제도에 대한 평가는 재무보고 위험의 식별, 재무보고 위험에 대처하는 통제의 식별, 식별된 통제의 설계 및 운영의 효과성을 평가하는 절차로 이루어진다.

나. 내부회계관리제도의 효과성을 평가할 때에는 회사가 선택한 내부통제체계의 내부통제 구성내용이 효과적인 내부회계관리제도에 필요한 정책, 절차 및 활동을 포함하고 있는지 여부를 평가한다.

6. (문서화) 경영진은 내부회계관리제도 평가 결과에 대한 합리적 확신을 제공하기 위해 다음 사항을 포함하여 문서화하여야 한다.

가. 내부회계관리제도 평가 계획, 대상, 범위 및 과정

나. 내부회계관리제도 설계의 효과성 평가

다. 내부회계관리제도 운영의 효과성 평가

라. 내부회계관리제도의 효과성에 대한 최종 결론

마. 내부회계관리제도의 평가 결과의 보고

제2절 재무보고 위험 및 통제의 식별

7. (재무보고 위험의 식별)

가. 경영진은 개별적으로 또는 다른 요소와 결합하여 재무제표에 중요한 왜곡표시를 발생시킬 수 있는 재무보고 위험을 식별하여야 한다.

나. 경영진은 사업 및 조직, 운영과 업무프로세스에 대한 지식과 이해를 바탕으로 재무보고요소의 왜곡표시가 발생하는 원천과 왜곡표시가 발생할 가능성을 고려하여야 한다. 이 과정에서 재무보고요소의 양적 요소와 질적 요소를 고려한다.

다. 경영진은 재무보고 위험을 식별하는 과정에서 부정위험을 고려히여야 한다. 이 때, 회사의 경영진(회사의 경영에 사실상 영향력을 미칠 수 있는 자 포함)이 회계정보의 작성 및 공시 과정에 부당하게 개입하여 내부회계관리규정이나 통제를 무시할 위험을 평가하여야 한다.

8. (재무보고 위험에 적절히 대처하기 위한 통제의 식별)

가. 경영진은 식별된 재무보고 위험에 적절하게 대처하기 위해 회사가 설계한 통제를 식별하여야 한다.

나. 경영진은 회사에 존재하는 모든 통제를 식별할 필요는 없으며, 재무제표의 중요한 왜곡표시를 효과적으로 예방하거나 적발할 수 있는지 여부를 고려하여 평가 대상 핵심통제를 선정한다.

9. (전사적 수준 통제의 고려) 경영진은 재무보고요소에 대한 위험 및 관련 통제를 식별할 때 기말재무제표 작성 절차 등 회사의 전사적 수준 통제의 효과성을 고려하여야 한다.

10. (정보기술 일반통제)

가. 경영진이 식별한 통제가 자동통제이거나 정보기술에 의존하는 경우, 해당 통제의 효과성에 영향을 미치는 정보기술 일반통제의 설계 및 운영에 대해 평가하여야 한다.

나. 경영진은 프로그램 개발, 프로그램 변경, 컴퓨터 운영 및 프로그램과 데이터에 대한 접근보안 등 재무보고 위험과 관련된 정보기술 일반통제를 평가한다.

11. (통제 설계에 대한 문서화)

가. 경영진은 전사적 수준 통제를 포함하여 효과적인 내부회계관리제도를 위해 회사가 설계한 통제에 대하여 문서화하여야 한다.

나. 문서화의 형태 및 범위는 회사의 규모, 성격, 복잡성에 따라 달라지며, 재무보고 위험에 적절하게 대처하기 위해 회사가 식별한 통제 위주로 문서화한다.

제3절 내부회계관리제도 설계 및 운영의 효과성 평가

12. (통제위험의 평가)

가. 경영진은 내부회계관리제도 효과성 평가 대상으로 선정한 핵심통제에 대한 통제위험을 평가하여야 한다.

나. 통제위험을 평가할 때에는 통제가 관련되어 있는 재무보고요소의 고유위험 및 통제실패위험을 고려하여야 한다.

다. 고유위험을 판단할 때에는 재무보고요소 왜곡표시의 발생가능성에 영향을 미치는 양적 요소와 질적 요소를 고려하여야 한다. 양적 요소는 재무보고요소 자체의 금액적 중요성을 말하며, 질적 요소를 판단할 때에는 다음 사항을 고려한다.

(1) 계정과목 내 개별 거래의 복잡성, 동질성
(2) 부정 발생의 가능성
(3) 추정이나 판단이 개입되는 회계처리 및 평가
(4) 회계처리 및 보고의 복잡성
(5) 우발채무의 발생가능성
(6) 특수관계자와 유의적 거래의 존재 여부
(7) 계정과목 성격의 변화 및 당기 금액 변화 정도
(8) 비경상적인 거래
(9) 관련 회계처리 기준의 변경
(10) 법규 및 감독당국의 강조 사항

(11) 주요한 외부환경의 변화가 존재하는 계정

라. 통제실패위험을 판단할 때에는 다음 사항을 고려한다.

(1) 통제의 유형과 수행 빈도

(2) 통제의 복잡성

(3) 경영진의 통제 무시 위험

(4) 통제를 수행하기 위하여 필요한 판단의 정도

(5) 통제를 수행하거나 통제 운영의 적정성을 모니터링하는 인원의 역량

(6) 통제를 수행하거나 통제 운영의 적정성을 모니터링하는 주요 인원의 변동 여부

(7) 통제가 예방 또는 적발하고자 하는 왜곡표시의 성격과 중요성

(8) 통제가 다른 통제활동의 효과성에 의존하는 정도

(9) 과거연도 통제 운영의 효과성 평가 결과

마. 재무보고요소와 관련된 위험에 적절히 대처하기 위해 둘 이상의 통제를 조합하여 설계 · 운영하는 경우 경영진은 개별 통제의 위험 특성을 분석하여야 한다.

바. 통제위험 평가 시에는 관련된 전사적 수준 통제 및 정보기술 일반통제의 효과성을 함께 고려한다.

13. (내부회계관리제도 평가의 증거자료 결정)

가. 경영진은 통제위험 평가 결과에 따라 내부회계관리제도의 효과성 평가에 필요한 증거량 및 증거자료를 수집하기 위한 평가방법 및 절차를 결정한다.

나. 내부회계관리제도 평가를 위한 증거자료는 통제에 대한 독립적인 평가와 상시적인 모니터링을 통해 얻을 수 있으며 통제위험의 크기에 따라 독립적인 평가의 평가 범위 및 평가 대상기간, 평가 수행자의 객관성 정도 등 평가절차의 성격을 조정한다.

다. 경영진은 평가 수행 시 평가 대상이 되는 기간 중 일반적으로 회계연도 말을 포함하는 충분한 기간에 대한 증거자료를 고려한다.

라. 중간평가를 통해 발견된 통제 미비점을 개선한 경우 개선된 통제가 회계연도 말을 기점으로 충분한 기간동안 운영되어 향후에도 효과적인 것으로 판단할 수 있어야 한다.

마. 경영진은 내부회계관리제도 평가에 필요한 증거자료를 결정할 때 전사적 수준 통제의 영향을 고려하여야 한다.

14. (평가 대상 사업단위의 선정)

가. 복수의 사업단위가 존재하는 경우 평가 대상 사업단위를 선정하기 위해 경영진은 개별 사업단위별 통제위험을 고려하여 평가 절차 및 범위를 결정한다.

나. 개별 사업단위별 식별된 통제에 대한 위험을 평가할 때 사업단위 특유의 위험이 존재하는지 고려하여야 한다.

다. 사업연도 중에 인수(합병)한 사업단위나, 평가기준일에 중단영업 등으로 회계처리된 사업단위도 평가대상 사업단위 결정 시 기존의 사업단위와 함께 고려한다. 다만, 다음 (1)~(4)에 해당하는 경우에는 1년을 초과하지 않는 범위 내에서 당해 사업연도의 내부회계관리제도 평가 대상에서 제외할 수 있다.

(1) 평가기준일 현재 인수(합병)일로부터 1년이 경과하지 않은 법인 또는 사업단위

(2) 평가기준일 이전에 매각, 분할, 폐지가 완료된 사업단위

(3) 평가기준일 현재 매각, 분할, 폐지가 완료되지 않은 사업단위로서 직전 평가기준일 이후 중요한 변화 없이 단기간 동안 운영된 경우

(4) 평가기준일 이전에 분할된 사업단위가 신규로 연결내부회계관리제도 적용대상에 편입되는 경우

라. 다목의 (1), (3), (4) 중 어느 하나에 해당하는 사업단위를 당해 연도의 내부회계관리제도 평가 대상에서 제외한 경우, 그 사실과 사유 및 해당 부문에 관한 정보(자산총액, 매출액 등 주요 재무제표의 금액 및 전체 회사에서 차지하는 비중 등)를 운영실태보고서에 포함한다.

15. (내부회계관리제도 설계의 효과성 평가)

가. 경영진은 내부회계관리제도 설계의 효과성에 대한 증거자료를 평가하여야 한다.

나. 통제 설계의 효과성을 평가할 때는 통제가 정책 및 절차와 긴밀하게 연계되는지, 관련된 위험이 충분히 처리될 정도로 정교한지, 예외사항 발생 시의 대응방안 등이 적절한지를 확인한다.

다. 설계의 효과성 평가 방식을 결정할 때는 회사의 내부회계관리제도의 최초 설계와 변화관리체계 수립 및 적용의 적정성을 고려하여야 한다.

16. (내부회계관리제도 운영의 효과성 평가)

가. 경영진은 내부회계관리제도 운영의 효과성에 대한 증거자료를 평가하여야 한다.

나. 통제 운영의 효과성을 평가할 때에는 통제가 설계된 대로 운영되고 있는지, 통제가 어떻게 적용되고 일관되게 적용되고 있는지, 통제를 수행하는 인원이 필요한 권한 및 역량을 보유하고 있는지를 고려한다.

17. (내부회계관리제도 평가 결과에 대한 문서화)

가. 경영진의 평가 결과는 합리적인 증거자료에 의해 뒷받침되어야 하며, 증거자료를 수집하고 평가하는데 사용된 방법 및 절차 등 경영진의 평가 근거를 문서화하여야 한다.

나. 증거자료의 형태는 위험평가 결과에 따라 다를 수 있으며, 위험평가에 근거한 평가 계획 및 결과에 대해 문서화한다.

다. 회사가 채택한 내부통제체계에서 필요하다고 제시한 회사의 전사적 수준 및 내부회계관리제도의 전반적인 구성요소들의 효과성에 대한 결론을 경영진이 어떻게 도출하였는지에 대해 문서화한다.

제3장 내부회계관리제도 평가 결과 보고

제1절 미비점에 대한 평가

18. (미비점에 대한 평가) 경영진은 회계연도 말 시점을 기준으로 각 미비점이 개별적으로 또는 결합하여 중요한 취약점인지 고려한다.

가. 하나의 통제 미비점 또는 통제 미비점들의 결합이 중요한 취약점인지 결정하기 위하여 경영진은 파악된 개별 통제 미비점의 심각성을 평가하여야 한다.

나. 경영진은 통제 미비점들이 결합되어 중요한 취약점으로 평가되는지 판단하기 위하여 개별 통제 미비점들이 동일한 재무제표 금액이나 공시사항, 또는 동일한 내부통제제도 구성요소나 원칙에 영향을 미치는지 평가하여야 한다.

다. 중요한 취약점으로 평가한 통제 미비점은 내부회계관리제도의 효과성 평가에 대한 경영진의 운영실태보고서에 반영되어야 한다. 중요한 취약점 및 유의한 미비점으로 고려된 통제 미비점은 감사(또는 감사위원회)와 이사회 및 외부감사인에게 보고되어야 한다.

19. (미비점의 심각성 평가 시 고려사항) 미비점의 심각성 평가 시에는 재무제표 왜곡표시의 발생 가능성과 잠재적 왜곡표시의 금액적 크기 등 양적 요소와 질적 요소를 모두 고려하여 미비점의 심각성을 평가하여야 한다.

가. 재무제표 금액 또는 공시사항의 왜곡표시가 발생할 가능성에 영향을 미치는 위험 요소는 다음 사항을 포함하며 이에 한정되지 않는다.

(1) 특수관계자 거래 등 관련된 재무보고요소의 성격

(2) 관련된 자산 및 부채의 손실 또는 부정에 노출된 민감도

(3) 금액 결정에 요구되는 주관성, 복잡성 및 판단의 정도

(4) 통제들의 상호 의존성 및 중복 여부를 포함한 통제와 다른 통제들간의 연관 관계

(5) 둘 이상의 연관된 미비점에 대한 평가 시 미비점들의 상호작용으로 인하여 동일한 재무제표 금액 또는 공시사항에 영향을 줄 수 있는지 여부

(6) 미비점으로 인하여 발생 가능한 미래의 결과

나. 잠재적 왜곡표시의 금액적 크기에 영향을 미치는 요소에는 다음의 사항을 포함하며 이에 한정되지 않는다.

(1) 미비점에 노출된 재무제표 금액 또는 거래금액 합계

(2) 당기에 발생하였거나 미래에 발생할 것으로 예상되는 미비점에 노출된 계정잔액 또는 거래 유형의 규모

20. (보완통제의 고려)

가. 경영진은 하나의 미비점 또는 미비점들의 결합이 중요한 취약점인지 결정할 때 보완통제의 영향을 평가하여야 한다.

나. 보완통제는 중요한 왜곡표시를 예방 또는 적발할 수 있는 정교한 수준으로 운영되어야 하며, 재무제표 왜곡표시 위험을 경감시킨다고 결론짓기 위해서는 관련 보완통제가 효과적이어야 한다.

21. (미비점 평가 시 기타 고려사항)

가. 미비점의 중요성 평가 시에는 재무제표 작성을 관리 · 감독할 경영진의 능력이 현저히 부재한 경우나 유의한 미비점들에 대한 경영진의 시정조치가 적절히 이행되지 않는 경우와 같이 내부회계관리제도에 전반적인 영향을 미칠 수 있는 상황을 함께 고려하여야 한다.

나. 경영진은 회계와 내부회계관리제도에 충분한 전문지식을 갖춘 객관적인 관리자가 업무를 수행하는 과정에서 회계처리기준에 부합하는 재무제표가 작성되었다는 합리적인 확신을 가질 수 있도록 하는 확신의 정도와 정교함의 수준을 결정하고 이를 평가에 적용하여야 한다. 만약 미비점 또는 미비점의 결합으로 인해 회계와 내부회계관리제도에 충분한 전문지식을 갖춘 객관적인 관리자가 업무를 수행하는 과정에서 회계처리기준에 부합하는 재

무제표가 작성되었다는 합리적인 확신을 가질 수 없다면 경영진은 해당 미비점 또는 미비점의 결합을 중요한 취약점으로 다루어야 한다.

다. 경영진은 미비점의 중요도를 판단할 때 재무보고를 감독할 책임이 있는 이사회, 감사(또는 감사위원회) 등의 시각도 함께 고려하여야 한다. 즉, 중요한 취약점으로 분류될 수준은 아니나 감독기구가 주목할 만큼 중요하다면 해당 미비점은 유의한 미비점으로 분류되어야 한다.

22. **(중요한 취약점의 징후)** 경영진은 다음 상황이 발생하는 경우에는 해당 내부회계관리제도의 미비점이 중요한 취약점인지를 평가하여야 한다.

가. 금액이 중요한지와 관계 없이 고위 경영진에 의한 부정이 발견된 경우

나. 중요한 왜곡표시의 수정을 반영하기 위하여 기존 재무제표를 재작성하는 경우

다. 회사의 내부회계관리제도에 의해 파악하지 못한 중요한 당기 수정사항으로써 외부감사인에 의하여 파악된 경우(최종 재무제표에 동 수정사항을 반영하였는지 여부는 관계 없음)

라. 회사의 외부 재무보고와 내부회계관리제도에 대한 감사(또는 감사위원회)의 감독기능이 효과적이지 않은 경우

마. 합리적인 근거 없이 외부감사법 제8조에서 정한 사항이 내부회계관리규정에 포함되지 않거나 준수되지 않은 경우

23. **(평가 결과 미비점에 대한 조치)** 경영진은 운영실태평가 또는 감사(또는 감사위원회) 평가 결과 확인된 내부회계관리제도의 미비점이 적시에 시정될 수 있도록 하는 체계를 마련한다.

가. 경영진은 평가를 통해 확인된 중요한 취약점과 유의한 미비점 및 개선방안을 감사(또는 감사위원회)와 이사회에게 보고한다.

나. 경영진은 감사(또는 감사위원회)와 이사회의 권고사항을 고려하여 평가 결과에 따른 필요한 조치를 결정한다.

다. 경영진은 시정 또는 개선을 요하는 사항들에 대해 계획된 기간 내에 필요한 조치가 완료될 수 있도록 하며 사후 이행 여부에 대해 확인하여 보고한다.

제2절 대표자의 내부회계관리제도에 대한 효과성 평가 결론

24. **(대표자의 내부회계관리제도 효과성 평가 결론)**

가. 대표자는 회사가 설정한 내부회계관리제도 효과성 점검을 위한 성과지표 및 평가결과 발견된 취약점을 고려하여 내부회계관리제도의 효과성에 대한 결론을 내려야 한다.

나. 대표자는 내부회계관리제도의 효과성에 대한 평가 결과를 명확하게 표시하여야 하며, 회사의 내부회계관리제도가 특정 중요한 취약점을 제외하거나 특정 사업부 등을 제외하는 등 특정 제약조건 하에서 효과적이라는 결론을 내릴 수 없다.

다. 재무제표를 재작성하는 경우 경영진은 내부회계관리제도의 효과성과 관련된 과거의 결론이 여전히 적절한지 여부와 기존 공시내용의 추가 또는 수정 필요성을 고려하여야 한다. 그러나 재무제표를 재작성하였다는 사실만으로 내부회계관리제도의 효과성과 관련된 과거의 결론을 반드시 수정하여야 하는 것은 아니다.

라. 내부회계관리제도의 특정 영역에 대한 평가가 불가능한 경우, 경영진은 통제 평가가 불가

능한 특정 프로세스가 내부회계관리제도 전반에 미치는 중요성을 고려하여 내부회계관리제도의 효과성에 대해 결론을 내려야 하며 '특정 부분을 제외하고는 효과적이다' 등의 한정적인 표현을 사용할 수 없다.

25. **(내부회계관리제도 운영실태보고서 포함 내용)** 내부회계관리제도 운영실태보고서는 다음의 내용을 포함한다. 다만 금융회사를 제외한 내부회계관리제도 검토 대상 회사는 내부회계관리제도 운영실태보고서에 아래 차목의 내용을 포함하지 아니할 수 있다.

가. 수신인이 주주총회, 이사회 및 감사(또는 감사위원회)임을 기술

나. 평가기준일에 평가 대상 기간에 대하여 내부회계관리제도의 설계 및 운영의 효과성에 대하여 평가하였다는 사실

다. 경영진이 선택한 내부통제체계와 이에 따른 내부회계관리제도의 설계 및 운영의 책임은 대표이사 및 내부회계관리자를 포함한 회사의 경영진에 있다는 사실

라. 내부회계관리제도의 설계 및 운영의 평가기준으로 평가 · 보고기준을 사용하였다는 사실

마. 중요성의 관점에서 평가 · 보고기준에 따른 내부회계관리제도 평가 결론

바. 중요한 취약점이 있는 경우 내부회계관리제도의 설계와 운영 상의 중요한 취약점에 대한 설명

(1) 중요한 취약점을 발생시킨 통제 미비점의 원인을 이해하고 각각의 중요한 취약점의 잠재적인 영향을 평가할 수 있는 정보를 공시하는 것을 고려한다.

(2) 중요한 취약점과 관련하여 내부회계관리규정을 위반한 임직원의 징계 내용 등을 포함한다.

사. 중요한 취약점에 대한 시정조치 계획. 단, 내부회계관리제도에 대하여 외부감사법 시행령 제29조에 따른 감리를 받은 경우에는 그 감리에 따른 시정조치계획을 포함한다.

아. 직전 사업연도에 보고한 중요한 취약점에 대한 시정조치 계획의 이행결과

자. 다음 (1)~(3)의 사항을 확인하고 서명하여 보고 내용에 첨부하였다는 사실

(1) 보고 내용이 거짓으로 기재되거나 표시되지 아니하였고, 기재하거나 표시하여야 할 사항을 빠뜨리고 있지 아니하다는 사실

(2) 보고 내용에 중대한 오해를 일으키는 내용이 기재되거나 표시되지 아니하였다는 사실

(3) 충분한 주의를 다하여 보고 내용의 기재 사항을 직접 확인 · 검토하였다는 사실

차. 횡령 등 자금 관련 부정위험에 대응하기 위해 회사가 수행한 내부통제 활동

카. 보고서 일자

타. 대표이사 및 내부회계관리자의 서명 날인

제3절 감사(또는 감사위원회)의 내부회계관리제도에 대한 효과성 평가 결론

26. **(감사(또는 감사위원회)의 평가)** 감사(또는 감사위원회)는 경영진과 독립적인 입장에서 내부회계관리제도가 실질적으로 운영되는지 그 실태를 평가하고 그 결과를 이사회에 보고하여 미비점이나 취약점을 시정하게 하는 역할을 수행한다. 감사(또는 감사위원회)의 평가 수행 시에는 다음의 업무를 포함하여야 한다.

가. 평가기간의 위험평가 결과를 포함한 평가 계획의 적정성 검토(당기 조치 계획 및 결과,

평가 기간, 평가자, 평가 대상과 방식의 적정성 포함)

나. 회사의 경영진(회사의 경영에 사실상 영향력을 미칠 수 있는자 포함)이 회계정보의 작성 · 공시과정에 부당하게 개입할 수 없도록 내부회계관리제도가 설계 · 운영되는지 평가

다. 대표자의 내부회계관리제도 운영실태보고서 작성에 관한 기준 및 절차 준수 여부에 대한 평가

(1) 운영실태보고서에 모든 중요한 취약점이 포함되었는지 확인(인지하거나 보고 받은 회계처리 이슈와 관련된 내부회계관리제도 적정성 평가)

(2) 운영실태보고서상 미비점 평가, 개선조치의 적정성 및 이행 현황 확인

(3) 운영실태보고서상 기타 항목의 적정성 확인과 내부회계관리제도 관리감독을 위한 검토

라. 내부회계관리규정 위반이나 운영실태보고서상 미비점으로 인한 성과평가 반영 계획이나 결과의 적정성 확인

마. 외부감사인의 내부회계관리제도 감사 계획 및 결과의 적정성 확인

바. 내부회계관리제도에 대한 독립적 평가 결과의 이사회 보고

사. 내부회계관리제도와 관련된 내부고발 사항의 검토 및 내부회계관리제도에 미치는 영향 확인

27. **(감사(또는 감사위원회)의 평가방법 및 평가 결론)**

가. 감사(또는 감사위원회)의 내부회계관리제도 평가 시 경영진의 평가와 관련된 자료를 주로 활용하고, 경영진의 평가 절차가 적절하지 않거나 충분하지 않은 경우 추가적인 테스트를 수행한다.

나. 감사(또는 감사위원회)는 전문가를 활용하여 독자적으로 평가하거나 회사의 내부감사기능을 활용하여 추가적인 테스트를 수행할 수 있으며 평가 절차 및 그 결과를 문서화하여 충분한 근거자료를 마련한다.

다. 감사(또는 감사위원회)는 대표자의 내부회계관리제도 운영실태보고서와 관련 자료, 외부감사인의 내부회계관리제도 평가 자료 등을 고려하여 내부회계관리제도의 효과성에 대한 평가 결론을 도출하고 평가 결과를 명확하게 표시하여야 한다.

28. **(내부회계관리제도 평가보고서 포함 내용)** 내부회계관리제도 평가보고서에는 다음의 내용을 포함한다.

가. 수신인이 이사회임을 기술

나. 평가기준일에 평가 대상 기간에 대하여 내부회계관리제도가 신뢰성 있는 회계정보의 작성 및 공시에 실질적으로 기여하는지를 평가한 결과 및 시정의견

다. 경영진이 선택한 내부통제체계와 이에 따른 내부회계관리제도의 설계 및 운영의 책임은 대표이사 및 내부회계관리자를 포함한 회사의 경영진에 있으며 감사(또는 감사위원회)는 관리감독 책임이 있다는 사실

라. 내부회계관리제도의 설계 및 운영의 평가 기준으로 평가 · 보고기준을 사용하였다는 사실

마. 중요성의 관점에서 평가 · 보고기준에 따른 내부회계관리제도 평가 결론

바. 중요한 취약점이 있는 경우 내부회계관리제도의 설계 및 운영상의 중요한 취약점에 대한 설명

사. 중요한 취약점이 있는 경우 중요한 취약점에 대한 시정조치 계획 또는 이미 수행 중인

절차

아. 감사(또는 감사위원회)는 내부회계관리제도 운영실태보고서를 참고하여 평가하였다는 사실, 추가적인 검토절차를 수행한 경우 해당 사실

자. 내부회계관리제도 운영실태보고서에 거짓으로 기재되거나 표시된 사항이 있거나, 기재하거나 표시하여야 할 사항을 빠뜨리고 있는지를 점검한 결과 및 조치 내용

차. 내부회계관리제도 운영실태보고서의 시정 계획이 회사의 내부회계관리제도 개선에 실질적으로 기여할 수 있는지를 검토한 결과 및 대안

카. 내부회계관리제도 운영실태 평가를 위한 경영진과의 대면 협의 및 자금 관련 부정위험에 대한 감사인과의 의사소통 내역

타. 보고서 일자

파. 감사(위원회)의 서명 날인

부록 D 내부회계관리제도 평가 및 보고 가이드라인

2023. 12. 29. 제정
2024. 12. 23. 개정

제1장 총 칙

1. (목적) 내부회계관리제도 평가 및 보고 가이드라인은 외부감사 및 회계 등에 관한 규정 시행세칙 [별표 6] 내부회계관리제도 평가 및 보고 기준(이하, '평가 · 보고기준')을 준수하기 위한 추가적인 설명과 기법을 제시하여 회사의 내부회계관리제도 평가 및 보고에 도움을 제공하는 것을 목적으로 한다.

제2장 내부회계관리제도 평가

제1절 개요

2. **(내부회계관리제도 평가의 의의)** 내부회계관리제도 평가는 내부회계관리제도가 경영진이 의도한 대로 설계되고 운영되는지 주기적인 평가를 수행하고, 그 결과 식별된 미비점이나 취약점을 지속적으로 개선하는 과정을 통하여 외부 재무보고 과정과 재무제표의 신뢰성을 제고하는데 의의가 있다.

3. **(내부통제체계)** 본 가이드라인은 경영진이 선택한 일반적으로 인정되는 내부통제체계로 내부회계관리제도운영위원회가 발표한 '내부회계관리제도 설계 및 운영 개념체계(이하 '설계 · 운영 개념체계'라 함)'나 'COSO Framework'를 선택한 경우를 기반으로 통제를 테스트하는 절차를 제시한다.

4. **(위험기반 접근방법의 적용 방법)** 내부회계관리제도에 대한 위험기반 접근방법(하향식 접근방법)의 적용에 따라 다양한 규모와 복잡성을 가진 회사들이 내부회계관리제도에 대한 평가를 효과적이고 효율적으로 수행할 수 있다.
   가. 위험기반 접근방법을 적용하기 위해서는 경영진이 회사의 사업 내용, 업무프로세스 및 회계처리에 대한 축적된 지식과 경험 및 판단을 합리적으로 활용하여야 한다.
   나. 내부회계관리제도는 재무제표에 대한 합리적 확신을 제공하는 것을 목적으로 하기 때문에 재무제표 상의 모든 계정과목이나 회사의 모든 업무프로세스를 대상으로 하지 않을 수 있다. 따라서 경영진은 중요한 재무제표 왜곡표시가 발생할 가능성이 상대적으로 높은 계정과목 및 주석정보와 이와 관련된 업무프로세스나 거래유형에 집중함으로써 내부회계

관리제도의 평가를 효율적이고 효과적으로 수행할 수 있다.

다. 재무보고의 신뢰성에 위험을 초래하는 정도에 따라 평가 절차의 성격과 범위를 결정함에 따라 경영진은 위험이 낮은 부문의 증거자료를 수집할 경우 자가평가와 같은 좀 더 효율적인 접근방식을 적용할 수 있으며 위험이 높은 부문의 증거자료를 수집할 경우 좀 더 광범위한 테스트를 수행할 수 있다.

라. 중소기업의 경우에는 위험기반 접근방법을 보다 적극적이고 광범위하게 적용함으로써 보다 효율적으로 내부회계관리제도를 평가할 수 있다.

5. **(내부회계관리제도 평가대상)** 내부회계관리제도의 5가지 구성요소(통제환경, 위험평가, 통제활동, 정보 및 의사소통, 모니터링 활동)가 모두 내부회계관리제도의 평가 대상에 포함된다.

가. 회사가 선택한 내부통제체계에서 제시된 각 통제구성요소별 원칙과 평가 대상 회사가 선택한 중점고려사항에 대한 전사적 수준의 통제 평가와 업무프로세스 수준의 거래수준 통제 평가로 구분할 수 있다.

나. 회사는 선택한 내부통제체계에서 제시하는 내부통제제도의 외부 재무보고 목적에 해당하는 효과적인 내부통제제도의 요건을 고려하여야 한다. 내부통제 요소의 각 원칙별로 문서화된 회사의 중점고려사항과 적용기법을 확인하고 각 원칙의 주요 항목별로 다음 사항을 확인하여 평가한다.

(1) 정책 및 절차가 존재하고 원칙과 중점고려사항에 부합하는지

(2) 해당 절차가 잘 지켜질 수 있는 통제가 파악되어 통제기술서에 문서화되어 있는지

(3) 해당 통제의 설계와 운영은 적절한 것인지

다. 내부회계관리제도의 평가 대상은 회사가 선택한 내부통제체계에서 제시된 각 통제구성요소별 원칙과 평가 대상 회사가 선택한 중점고려사항에 대한 전사적 수준의 통제와 외부감사법 등 법규에서 요구하는 사항이 포함된다.

(1) 통제환경 : 효과적인 내부회계관리제도를 위해 내부회계관리조직과 규정을 정비하여 외부 재무보고와 연관되는 임직원의 권한 및 책임을 제시하고 적격한 인력을 유지할 수 있는 정책과 통제활동이 설계되고 운영되는지 확인한다. 윤리·행동강령의 운영, 내부고발제도 및 감사(또는 감사위원회)의 관리감독 기능 등도 포함한다.

(2) 위험평가 : 회사의 통제 환경과 주요 변화사항을 고려하여 재무제표의 주요 계정, 주석사항 및 관련 프로세스에 대한 위험의 평가가 수행될 수 있는 절차와 통제가 설계되고 운영되는지 확인한다. 또한, 부정위험에 대한 평가도 포함한다.

(3) 통제활동 : 평가된 위험에 근거하여 경영진이 통제활동을 설계할 수 있는 체계를 유지·운영하고 연계된 정책 및 절차가 관리되는지 확인한다. 재무보고와 연관된 정보기술 일반통제를 포함하여 확인한다.

(4) 정보 및 의사소통 : 임직원의 책임을 수행할 수 있는 시의적절한 정보를 제공할 수 있는 체계 및 이에 기반한 내·외부 의사소통이 원활하게 이뤄질 수 있는 체계와 통제활동이 설계되고 운영되는지 확인한다.

(5) 모니터링 활동 : 내부회계관리제도의 설계 및 운영 여부를 주기적으로 평가하는 체계를 수립하여 적용하고 있고 미비점에 대해 필요한 조치를 취하고 있음을 확인한다.

평과 결과와 미비점에 대한 개선계획이 포함된 내부회계관리제도 운영실태보고와 감사(또는 감사위원회)의 독립적인 평가가 이뤄지는지 확인한다.

6. (내부회계관리제도 평가절차)

가. 내부회계관리제도의 평가의 일반적인 절차는 다음과 같다.

(1) 재무보고 위험의 식별

① 전사적 수준에서의 내부회계관리제도 고려

② 유의한 계정과목 및 주석정보의 파악

③ 경영자 주장의 식별

④ 유의한 업무프로세스 파악

(2) 재무보고 위험에 적절히 대처하기 위한 통제의 식별

(3) 내부회계관리제도 설계의 효과성 평가

(4) 내부회계관리제도 운영의 효과성 평가

(5) 내부회계관리제도 평가 결과 보고

나. 재무보고 위험의 식별 과정은 위험기반 접근방법(하향식 접근방법)을 적용하여 재무제표에 중요한 왜곡표시가 발생할 수 있는 위험을 식별하고 평가하기 위한 과정으로 내부회계관리제도의 '위험평가' 절차를 주로 구성한다. 이러한 위험평가 절차는 일반적으로 최초로 내부회계관리제도를 설계하는 단계와 매 평가기간 초반에 이루어진다. 매 평가기간 초반에 당기의 내부회계관리제도 평가 계획을 수립할 때 수행하고 중요한 변화사항이 발생할 때마다 위험평가를 수행하고 필요한 후속조치를 취한다. 이를 위해 경영진은 중요한 변화사항을 확인하고 기존의 위험평가 결과 및 통제에 미치는 영향을 확인하여 대응할 수 있는 변화관리체계를 유지하는 것이 일반적이다. 중요한 변화사항은 합병이나 사업양수도 등으로 인한 사업단위의 변경, 중요한 신규 거래의 발생, 회계처리방법의 변경 등을 포함한다.

7. (문서화)

가. 경영진은 수립된 회사의 내부회계관리제도 설계 및 운영의 적정성에 대한 평가 절차에 따라 평가대상기간에 대한 평가가 이뤄졌음을 충분히 문서화한다.

나. 문서화 된 내역은 경영진의 책임하에 내부회계관리제도가 효과적으로 설계, 운영 및 평가되고 있다는 근거로서 감사(또는 감사위원회) 및 주주총회 보고 뿐 아니라 외부감사인의 내부회계관리제도 및 운영실태에 대한 검토 및 감사에 대한 근거로 사용된다.

제2절 재무보고 위험 및 통제의 식별

2.1절 재무보고 위험의 식별

8. (재무보고 위험의 식별)

가. 내부회계관리제도에 대한 경영진의 평가는 재무보고의 신뢰성에 대한 위험의 식별과 평가에서 출발한다. 일반적으로 재무보고 위험의 식별은 회계처리기준의 요구사항이 회사

의 사업, 운영 및 거래에 어떻게 적용되고 있는지 평가하는 것으로 시작한다. 경영진은 회계처리기준에 따라 회사의 재무상태, 재무성과 및 현금흐름을 공정하게 표시하는 재무제표를 외부정보이용자에게 제공하여야 한다. 하나 이상의 재무제표 금액과 공시사항에 누락을 포함한 중요한 왜곡표시가 있는 경우 적정한 표시가 아니다.

나. 경영진은 사업 및 조직, 운영과 프로세스에 대한 지식과 이해를 바탕으로 재무보고요소의 왜곡표시 위험과 그 원천을 고려한다. 왜곡표시 위험은 사업에 영향을 미치는 대내외 위험 요소로부터 발생할 수 있다. 또한, 왜곡표시 위험은 재무보고와 관련된 거래의 개시, 승인, 처리, 기록 및 수정절차와 같은 원천으로부터 발생할 수 있다. 경영진은 잠재적 왜곡표시 가능성과 원천 및 중요한 왜곡표시가 발생하는 원인을 식별하기 위해 재무보고요소에서 '무엇이 잘못될 수 있는가'를 고려하는 것이 효과적이다.

다. 재무보고 위험을 식별하기 위한 방법 및 절차는 회사의 특성에 따라 달라질 수 있다. 이러한 특성에는 회사의 크기, 복잡성, 조직구조와 프로세스 및 재무보고 환경뿐만 아니라 경영진이 채택한 내부통제체계에서 제시하는 방안 등이 포함된다. 예를 들어, 대규모 기업이나 복잡한 비즈니스 프로세스에서 재무보고 위험을 식별하기 위해 경영진은 전문 지식을 가진 직원을 포함하여 다양한 직원들을 참여시킬 수 있다. 참여한 인원은 회계처리기준과 거래를 발생부터 승인, 기록 및 처리하는데 필요한 시스템을 포함한 관련된 프로세스 및 절차를 충분히 이해할 필요가 있다. 반면, 프로세스 또는 위험이 거의 변화하지 않고 덜 복잡한 비즈니스 프로세스를 가진 기업의 경우 경영진의 일상적인 모니터링 활동이 재무보고 위험을 적절히 식별하는데 충분한 정보를 제공할 수 있다.

9. (유의한 계정과목과 주석정보의 파악)

가. 내부회계관리제도는 재무제표의 신뢰성에 대한 합리적 확신을 제공하는 것을 목적으로 하므로 모든 계정과목 및 주석정보에 대한 통제를 파악하고 설계 및 운영의 효과성을 평가하여야 하는 것은 아니며 유의한 계정과목과 주석정보(이하 '유의한 계정과목 등'이라 함)만을 대상으로 할 수 있다.

나. 계정과목 및 주석정보가 개별적 또는 다른 계정과목이나 주석정보와 결합하여 재무제표의 중요한 왜곡표시의 발생가능성이 낮지 않다면(Reasonable Possibility) 이를 유의한 계정과목 등이라 한다. 유의한 계정과목 등을 식별할 때에는 양적 요소와 질적 요소를 함께 고려한다.

다. 유의한 계정과목 등을 식별함에 있어 특정 계정과목 혹은 사업단위가 양적 요소를 충족시켜 평가범위에 포함되더라도 당해 계정과목 등과 관련된 업무프로세스의 위험평가 결과에 따라 평가자, 평가방법, 테스트범위 및 시기 등을 유연하게 조정할 수 있다.

라. 중소기업의 경우에도 양적 요소 뿐 아니라 질적 요소도 함께 고려하는 것이 중요하다. 중소기업의 경우 양적인 측면에서 중요성 금액을 초과하는 계정과목이라도 질적 요소를 고려할 때 중요한 재무제표 왜곡표시의 발생가능성이 크지 않다고 판단되는 경우에는 내부회계관리제도의 평가대상에서 제외할 수 있다. 단, 이 경우에는 평가대상에서 제외한 근거(질적 요소의 적용 내용과 결론 등)를 명확히 문서화하여야 한다. 반대로 중요성 금액에 미달하더라도 질적으로 중요한 경우 내부회계관리제도 평가 범위에 포함할 수 있다.

10. (양적 요소)

가. 유의한 계정과목 등을 식별하기 위한 양적 요소는 계정과목의 금액을 고려하며 일반적으로 설계・운영 적용기법에서 제시하는 '중요성 금액'과 '수행 중요성(Performance Materiality)' 기준을 활용한다. 경영진은 내부회계관리제도 평가 과정에서 회사에 존재하는 미비점을 발견하지 못할 가능성에 대비하여 보수적으로 중요성 기준의 50~75%를 적용한 수행 중요성 기준으로 유의한 계정과목 등을 선정한다. 수행 중요성을 적용함에 따라 유의한 계정과목 등이 추가로 선정되어 회사의 내부회계관리제도 평가가 잘못 수행될 위험을 최소화할 수 있다.

나. 중요성 금액 또는 수행 중요성 기준을 설정한 이후 평가시점에서 실제 재무상태나 경영성과가 크게 변동된 경우에는 그 변경을 고려한다. 예를 들어, 중요성 금액을 당해 평가기간의 추정 세전순이익에 의해 결정한 경우 평가시점의 실제 세전순이익이 추정금액과 크게 다르다면 중요한 변화로 판단할 수 있다.

11. (질적 요소) 유의한 계정과목 등을 식별하기 위해 고려할 질적 요소는 다음과 같다.

가. (계정과목 내 개별 거래의 복잡성, 동질성) 특정 계정과목이 다양한 거래와 관련하여 처리되거나 관련 거래가 복잡할수록 그 계정과목(예를 들어, 복잡한 구조의 투자 상품)은 재무제표 왜곡표시를 야기할 위험이 크기 때문에 중요성 금액 또는 수행 중요성 기준 이하라 하더라도 내부회계관리제도의 평가범위에 포함할 것을 고려한다.

나. (추정이나 판단이 개입되는 회계처리 및 평가) 회계처리 상 복잡한 추정이나 판단을 요하거나 불확실성이 높은 계정과목(예를 들어, 판매보증충당부채, 공사손실충당부채, 소송충당부채 등)은 계산상의 오류나 경영진의 의도적인 재무제표 왜곡표시가 발생할 가능성이 상대적으로 높다.

다. (회계처리 및 보고의 복잡성) 신규 또는 복잡한 회계처리의 영향을 받는 계정과목(특히, 당해 회계처리와 관련하여 다양한 해석이 존재하는 경우)은 재무제표 왜곡표시의 위험이 상대적으로 높다.

라. (우발채무의 발생가능성) 특정 계정과목과 관련되어 수행하는 업무프로세스에서 유의한 우발채무가 발생할 가능성이 높은 경우 양적 요소에 추가하여 고려한다.

마. (특수관계자와 유의적 거래의 존재 여부) 특수관계자와의 거래는 제3자와의 거래에 비하여 의도적인 재무제표 왜곡표시의 가능성이 상대적으로 높기 때문에 양적 요소에 추가하여 고려한다.

바. (계정과목 성격의 변화 및 당기 금액 변화 정도) 회사 회계정책 등의 변경으로 당기 계정과목의 성격이 변화한 경우나 당기 금액의 급격한 변화가 존재하는 경우에는 재무제표 왜곡표시 위험이 상대적으로 높다. 당기 이전부터 계속 유의한 계정과목으로 분류된 계정과목의 금액이 당기에 중요성 금액 또는 수행 중요성 기준에 미치지 못하는 경우 계정과목 규모의 감소가 일시적인 것인지 여부를 추가적으로 검토하고, 향후 지속적으로 양적 요소를 충족시키지 못할 가능성이 낮지 않은 경우에는 유의한 계정과목 등으로의 분류를 고려한다.

사. (비경상적인 거래) 빈번하게 발생하지 않는 거래와 관련된 회계처리의 경우 재무제표 왜

곡표시 위험이 크다고 판단할 수 있다.

아. (관련 회계처리기준의 변경) 회사가 회계처리기준을 변경하거나 새로운 회계처리기준의 도입과 관련된 계정과목 역시 재무제표 왜곡표시 위험이 증가한다.

자. (법규 및 감독당국의 강조 사항) 금융감독원 등의 규제기관에서 중점 점검항목으로 강조하거나 감리 등을 통해 지적되는 항목은 일반적으로 재무제표 왜곡표시 위험이 크다고 판단할 수 있다.

차. (주요한 외부환경의 변화가 존재하는 계정) 회사의 사업을 영위하는 외부환경에 중요하거나 급격한 변화가 존재하는 경우 이와 관련된 계정과목은 일반적으로 재무제표 왜곡표시 위험이 크다고 판단할 수 있다.

카. (부정 발생의 가능성) 부정한 재무보고, 자산의 남용 및 부패와 같은 부정에 쉽게 노출될 가능성을 고려하는 것으로 문단 12 (부정위험 평가)를 참조한다.

12. (부정위험 평가)

가. 경영진은 위험식별 과정에서 계정과목과 프로세스에서 부정에 쉽게 노출되어 부정 행위가 발생할 가능성의 정도를 고려하여야 한다. 부정위험 평가에 요구되는 업무의 정도는 회사의 운영 활동과 재무보고 환경의 규모 및 복잡성에 비례한다.

나. 경영진은 부정에 의한 왜곡표시 위험이 규모나 유형에 관계 없이 모든 조직에 일반적으로 존재하며 특정 지역 또는 부문 및 개별 재무보고요소에 따라 다를 수 있음을 인식하여야 한다. 예를 들어, 모든 규모와 유형의 회사에서 부정한 재무보고를 초래할 수 있는 부정위험의 유형은 경영진의 내부회계관리규정이나 통제를 무시할 위험이다.

13. (경영자 주장)

가. 경영진은 파악된 유의한 계정과목 등에 대한 경영자 주장을 식별한다. 재무제표에 대한 경영자 주장(Financial Statements Assertions)이란 재무제표의 계정과목 및 주석사항에 대하여 경영자가 명시적 혹은 묵시적으로 주장하는 내용을 말하며 회계처리기준에 따라 재무제표를 작성 및 공시하였다는 사실을 주장하는 것이다.

나. 경영자 주장은 다음의 일곱 가지로 분류된다.

(1) (실재성) 실재성이란 재무상태표에 기록되어 있는 자산, 부채 및 자본이 보고기간 종료일 등 주어진 특정일 현재 존재하고 있으며, 기록된 거래들이 특정 기간 동안 실제로 발생한 사건을 기록하고 있음을 주장하는 것이다. 예를 들면, 재무상태표상의 재고자산은 회사가 보고기간 종료일 현재 실제로 보유하고 있는 자산을 나타낸다고 경영진은 주장한다.

(2) (완전성) 완전성이란 특정한 기간동안 발생한 모든 거래와 사건들이 해당 기간의 기록으로 모두 기록되었음을 주장하는 것이다. 이는 재무제표에 기록되지 않은 자산, 부채, 거래나 사건 혹은 공시되지 않은 항목은 없다는 주장이다. 예를 들어, 경영자는 모든 이자비용이 빠짐없이 (포괄)손익계산서에 표시되었고 재무상태표에 표시되지 않은 부채는 존재하지 않는다고 주장한다. 완전성에 대한 주장은 재무제표에 포함되어야 할 항목의 누락 여부에 관한 주장으로 일반적으로는 부채와 비용 계정과 관련되는

것에 반하여 실재성 또는 발생사실의 주장은 재무제표에 포함되지 않아야 할 가공의 항목이 없다는 사실에 관한 주장으로 자산이나 수익 계정과 보다 밀접하게 관련된다.

(3) (권리와 의무) 권리와 의무는 재무제표에 표시된 자산에 대해 해당 일자에 회사가 소유권 혹은 독점적인 사용권을 보유하고 있으며 부채는 해당 일자에 회사가 변제하여야 할 의무가 있는 채무가 존재한다는 주장이다. 예를 들어, 회사가 차입을 통하여 유형자산을 구입한 경우 재무상태표상의 유형자산은 회사가 미래 경제적 효익을 받을 수 있는 독점적 권리를 나타내고 차입금은 회사가 상환하여야 하는 의무를 나타낸다는 주장이다.

(4) (평가) 재무제표상의 자산, 부채, 자본, 수익과 비용 항목은 회계기준에 따라 적정한 금액으로 표시되었다는 주장이다. 거래들이 수학적으로 옳게 계산되고 적절하게 요약되어 회사의 장부에 반영되었음을 의미한다. 예를 들어, 재고자산은 제조원가 또는 매입가액에 부대비용이 가산되어 원가계산방법에 따라 산정된 취득원가(순실현가능가치가 취득원가보다 낮은 경우에는 순실현가능가치)로 기록되었고, 금융자산은 보고기간 종료일 현재 공정가치 등으로 평가되었다는 주장이다.

(5) (재무제표 표시와 공시) 재무제표 구성항목 및 주석사항은 회계처리기준에 따라 공시, 분류 및 기술되어 있다는 주장이다. 예를 들어, 재무상태표 상 장기차입금으로 기록된 채무는 1년 이내에 상환되지 않는 채무임을 주장하는 것이다.

(6) (발생사실) 거래나 사건은 회계기간 동안에 실제로 발생하였다는 주장으로 일반적으로 (포괄)손익계산서 계정과목에 해당한다. 예를 들어, (포괄)손익계산서의 이자수익은 예금 또는 대여금을 통해 당기 중에 실제로 발생한 금액이라고 경영진은 주장한다.

(7) (측정) 회계적인 거래나 사건은 적절한 금액으로 재무제표에 기록되었으며, 수익이나 비용은 발생주의 원칙에 따라 적절한 회계기간에 배분되었다는 주장이다. 예를 들어, 유형자산의 취득가액은 적절한 내용연수 동안에 체계적인 방법을 통하여 감가상각비로 배분되었다는 주장이다.

14. (유의한 업무프로세스 파악)

가. 유의한 계정과목 등, 그리고 이와 관련된 경영자 주장을 파악한 후 경영진은 해당 계정과목 및 주석정보에 영향을 미치는 주요 거래유형별 유의한 업무프로세스를 파악한다.

나. 신뢰할 수 있는 재무제표의 작성 및 공시를 위해서는 재무제표 작성 및 보고 절차뿐만 아니라 장부 상에 기록된 개별 거래들이 발생, 승인, 기록 및 처리되는 전체 과정이 중요하기 때문에 경영진은 내부회계관리제도의 평가 시 회계나 경리 부서뿐만 아니라 회계처리의 기초가 되는 정보와 관련된 회사의 유의한 업무프로세스를 고려한다.

15. (업무프로세스 위험평가시 고려사항)

가. 계정과목의 특성을 고려한 질적 평가 시 관련된 프로세스 위험평가를 한꺼번에 고려하여 수행하거나 별도로 프로세스별 위험평가를 수행할 수 있다.

나. 유의한 업무프로세스 및 그 프로세스 내에서 수행되는 일련의 활동인 하위프로세스는 영위하는 사업의 내용이나 환경 등에 따라 회사마다 다를 수 있다. 예를 들어, 연구개발비

계정과 관련된 업무프로세스는 제조업(특히 첨단산업)의 경우에는 중요할 수 있으나 금융업을 영위하는 회사에서는 상대적으로 중요하지 않을 수도 있다.

다. 프로세스별 위험평가 시에는 회사의 특성을 감안하여 계정과목과의 직접적인 연관성 정도, 프로세스의 복잡성, 프로세스의 변경 정도, 중앙 집중화 및 동질성 정도, 프로세스를 지원하는 IT 시스템의 복잡성 및 변화 정도, 프로세스에 개입하는 내・외부 이해 관계자의 수(혹은 부서의 수) 등을 고려할 수 있다.

라. 유의한 업무프로세스라 하더라도 관련 하위프로세스를 모두 동일한 비중으로 고려하기보다는 각 하위 프로세스별 위험평가를 통해 내부회계관리제도 평가자, 평가방법, 범위 및 시기 등을 적절히 조정하는 것이 바람직하다.

마. 기말재무제표 작성절차는 내부회계관리제도에서 차지하는 중요성으로 인해 항상 유의한 업무프로세스로 식별되어야 한다.

2.2절 재무보고 위험에 적절히 대처하기 위한 통제의 식별

16. (재무보고 위험에 적절히 대처하기 위한 통제의 식별)

가. 위험평가 절차에 기반하여 선정된 유의한 계정과목 등에 대해 경영자 주장별로 다양한 통제가 존재하는 것이 일반적이다. 경영진은 재무보고 위험을 적절한 수준으로 감소시키기 위한 예방통제, 적발통제, 또는 두 가지를 결합한 통제를 식별할 수 있다.

나. 반면에 하나의 통제가 하나 이상의 재무보고요소의 위험을 처리할 수도 있다. 만약, 재무보고 위험을 다루기 위해 중복되는 통제가 필요한 경우가 아니라면 중복 통제를 포함한 존재하는 모든 통제를 식별할 필요는 없다. 예를 들어, 경영진은 재무제표의 중요한 왜곡표시를 초래할 수 있는 이자비용의 왜곡표시 위험이 회사의 기말재무제표 작성 절차 관련 통제에 의해 충분히 관리될 수 있다고 판단할 수 있다. 이러한 경우에 경영진은 내부회계관리제도의 평가 목적상 이자비용의 왜곡표시 위험과 관련하여 추가적인 통제에 대한 평가가 필요하지 않다고 판단할 수 있다.

17. (평가 대상 통제의 선정)

가. 경영진은 통제 운영 평가의 효율성을 고려하여 평가 대상 통제를 선정할 수 있다. 하나 이상의 통제가 존재하고 각각 재무보고 위험을 적절하게 처리하는 경우 경영진은 운영의 효과성 증거를 보다 효율적으로 얻을 수 있는 통제를 평가 대상으로 선택할 수 있다. 또한, 적절한 정보기술 일반통제가 존재하고 해당 통제의 운영이 효과적이라고 판단한다면 경영진은 자동통제가 수동통제보다 평가하기에 보다 더 효율적이라고 판단할 수 있다.

나. 또한, 회사의 모든 통제에 대해 설계와 운영의 효과성을 평가하기 보다는 핵심통제를 평가 대상으로 선정하는 것이 위험기반평가 방식에 부합하는 평가 방법이다. 경영진은 내부회계관리제도 문서 등을 기반으로 내부회계관리제도 설계와 운영의 평가 대상이 되는 핵심통제를 선정한다.

18. (핵심통제 선정시 고려사항) 핵심통제는 특정 계정과목에 대한 경영자 주장별로 발생가능한

위험에 대응하는 통제 중 없어서는 안 될 통제를 의미한다. 예를 들어, 매출에 대한 판매단가의 적용이 잘못되는 경우를 방지하기 위해 다양한 통제가 존재할 수 있다. 판매단가 적용 시 시스템에서 제시된 단가 이외에는 선택할 수 없도록 하는 입력통제나 판매주문서 승인 시 판매금액을 검토하는 통제, 전표 기표 시 관련 계약서와 거래 증빙 등을 확인하여 판매금액을 검토하는 통제 등이 사용될 수 있다. 회사의 특정 매출 유형에 예외 없이 적용되는 판매단가에 대한 입력통제는 핵심통제로 선정될 수 있을 것이다. 다른 매출 유형은 매출 확정 시 조정이 발생하는 경우가 존재하여 조정과 관련한 통제가 핵심통제로 선정될 수 있을 것이다. 이러한 핵심통제는 일반적으로 계정과목별 경영자 주장을 고려하여 선정되는 것이 필요하며 주의깊은 사고와 판단을 요구한다. 다음과 같은 특성을 지니고 있는 통제가 핵심통제로 결정될 수 있다.

가. 재무제표 왜곡표시 위험을 줄이는데 가장 직접적인 영향을 미치는 통제로 어떤 다른 통제보다도 회사가 해당 계정과목의 왜곡표시 위험을 방지하는 데 가장 우선적으로 고려하는 통제이다. 재고자산의 실재성과 관련한 경영진 주장을 만족시키기 위한 재고자산에 대한 강력한 물리적 보안 통제나 정기적인 실사를 예로 들 수 있다.

나. 하나 또는 그 이상의 유의한 계정과목, 거래유형과 공시사항의 왜곡표시 감소를 위한 통제로 이러한 통제를 핵심통제로 선정하는 이유는 중요한 재무보고에 대한 주장과 관련된 통제에 대하여 테스트를 집중함으로써 평가를 효율적으로 수행하기 위함이다.

다. 회사는 철저한 위험관리를 위해 중복적으로 통제를 설계하기도 하고 단계적으로 통제를 설계하기도 한다. 그러므로 보완적이고 중복적으로 설계된 통제는 핵심통제로 선정하지 않는 것이 일반적이다. 그러나, 단계적 통제로 수행되는 통제의 정교함이 다르거나 통제가 실패할 위험을 고려하여 의도적으로 핵심통제에 포함할 수도 있다.

라. 중소기업의 경우에는 일반적으로 경영진이 일상적 업무의 일부분으로서 수행하는 모니터링(예: 거래의 승인, 예외사항의 검토, 성과지표의 검토 등)이나 중요한 실물자산에 대한 접근통제 및 정기적인 실사, 외부 증빙과의 상호대사 등을 위주로 핵심통제를 선정할 수 있다.

2.3절 전사적 수준 통제의 고려

19. **(전사적 수준 통제의 고려)** 전사적 수준 통제는 업무프로세스의 거래수준 통제의 기반을 형성하고 경영진이 효과적인 내부회계관리제도를 유지·감독할 수 있도록 하는 체계적인 관리수단을 제공한다. 효과적인 전사적 수준 통제는 업무프로세스 수준, 거래수준 통제 및 정보기술 일반통제 등에 긍정적인 영향을 미치게 된다. 이에 전사적 수준 통제의 미비점은 거래수준이나 다른 전사적 수준 통제의 평가 방법·범위·시기 등에 중대한 영향을 미치게 된다. 경영진은 주요 계정과목의 경영자 주장이 왜곡될 수 있는 위험을 적절히 예방 또는 적발할 수 있는 통제들을 식별하고 평가하는 과정에서 전사적 수준에서의 통제를 고려한다.

20. **(전사적 수준 통제의 구분)** 전사적 수준통제는 그 성격에 따라 다음과 같이 구분할 수 있다.

가. (간접 전사 통제(Indirect Entity-Level Control)) 통제환경처럼 회사의 내부회계관리제도의 효과성에 전반적인 영향을 미치지만 중요한 재무제표 왜곡표시의 발생을 예방 및 적

발하는 데에는 간접적인 영향을 미치는 전사적 수준의 통제를 의미한다.

(1) 전사적 수준 통제가 재무보고요소와의 관계가 직접적이지 않을수록 통제가 왜곡표시를 예방하거나 적발하는데 덜 효과적일 수 있으나 통제환경과 관련된 통제와 같은 일부 전사적 수준 통제는 간접적이지만 적시에 왜곡표시를 예방하거나 적발할 가능성에 중요한 영향을 미친다.

(2) 이러한 통제는 경영진이 개별 재무보고요소의 왜곡표시 위험과 관련하여 평가 대상 통제를 선정하는데 영향을 미칠 수 있다. 그러나, 경영진은 재무보고요소에 대하여 식별된 위험을 적절하게 다루기 위하여 이러한 유형의 전사적 수준 통제만을 식별하지는 않을 것이다.

(3) 또한, 일부 간접 전사 통제는 다른 통제의 효과성을 모니터링 하는 기능을 수행하기도 하며, 이러한 간접 전사 통제가 효과적으로 운영되는 경우 모니터링 대상이 되는 통제의 평가범위를 조정할 수 있다.

나. (직접 전사 통제(Direct Entity-Level Control)) 재무제표와 관련된 경영자 주장이 왜곡될 위험을 적절히 방지하거나 적시에 적발할 수 있을 정도로 설계된 전사적 수준의 통제를 직접 전사 통제라 한다.

(1) 직접 전사 통제가 특정 재무제표 왜곡표시 위험을 효과적으로 적발 또는 예방하고 있다고 평가된다면 해당 위험과 관련된 업무프로세스 수준의 통제를 평가 대상에서 제외할 수 있다.

(2) 예를 들어, 경영진이 기말재무제표 작성절차(직접 전사 통제에 해당)를 통해 관련 왜곡표시 위험이 적절히 적발된다고 평가한 경우 동 위험과 관련된 거래수준 통제의 식별 및 평가를 생략할 수 있을 것이다.

21. **(전사적 수준 통제의 예)** 전사적 수준에서의 내부회계관리제도의 일반적인 예는 다음과 같다.

가. (통제환경) 최고경영자의 의지 및 철학, 권한과 책임의 위임, 일관성 있는 정책과 절차 및 조직 전반에 걸쳐 적용되는 윤리강령, 부정방지 프로그램 등

나. (경영진의 권한 남용 및 통제 무시(Override) 위험과 관련한 통제) 경영진이 내부통제가 존재함에도 불구하고 권한을 남용하여 이를 무시할 위험을 줄일 수 있는 제도 및 관련 통제활동 등

다. (위험평가 절차) 내부회계관리제도 목적 상 위험평가 절차는 유의한 계정과목 등의 선정, 업무프로세스와의 연계, 평가 대상 사업부문의 선정 등으로 구성

라. (중앙집중적인 업무처리활동 및 통제활동) 통합구매, 급여 계산, 자금 등 회사에 전반적인 영향을 미치는 업무처리활동 및 관련 통제

마. (영업성과에 대한 모니터링) 경영진이 사업단위별 영업성과 및 재무제표, 또는 전사 재무제표에 대한 검토를 통하여 중요한 재무제표 왜곡표시를 사전에 예방하거나 적시에 발견할 수 있기 때문에 영업성과에 대한 모니터링은 전사적 수준의 내부회계관리제도로 구분됨.

바. (통제활동에 대한 모니터링) 내부감사 및 감사(또는 감사위원회) 활동, 자체평가 프로그램 등은 전사적 수준, 현업부서의 일상적인 업무수행과정에서 수행되는 모니터링(경영진이나 중간관리자의 검토, 거래나 회계기록의 승인 등)은 업무프로세스 수준의 내부회계관리

제도로 구분됨.

사. (재무제표 작성절차) 업무프로세스 수준에서 이루어지는 모든 거래를 회사가 선택한 회계처리 정책에 의해 회계처리하고 각 사업부문에서 작성 및 제출되는 결산 관련 자료를 취합하는 등의 기말재무제표 작성절차는 전사적 수준의 내부회계관리제도로 구분할 수 있으며 아래의 내용이 포함됨. 재무제표 작성절차는 거래수준의 내부회계관리제도로 구분할 수도 있고 회계정책을 선택하고 적용하는 절차는 위험평가 절차의 항목으로 구분하기도 함.

(1) 회계정책을 선택하고 적용하는 절차

(2) 회계전표를 작성, 승인, 기록하고 총계정원장에 전기하는 절차

(3) 결산 조정사항 및 수정사항의 반영절차

(4) 재무제표 및 관련 주석사항의 작성절차

아. (이사회가 승인한 중요정책, 내부회계관리규정 및 조직 등) 외부감사법규에 따른 내부회계관리규정의 제·개정과 내부회계관리제도 관련 조직구조에 대한 승인 등

22. **(전사적 수준 통제 평가 결과의 활용)**

가. 전사적 수준의 통제와 정보기술 일반통제의 평가 결과는 일반적으로 평가 대상으로 선정한 거래수준 통제의 위험평가 시에 고려하게 된다. 전사적 수준의 통제와 정보기술 일반통제의 평가 결과가 바람직하지 않은 경우 관련된 거래수준 통제의 설계 및 운영이 부적절할 가능성이 증가하므로 평가 방법, 시기 및 정도를 확대하는 방식을 적용하여야 한다. 예를 들어, 내부회계관리제도의 전담 조직이 부재한 경우 내부회계관리제도 변화관리체계, 정보 및 의사소통, 모니터링 활동이 적절히 이뤄지지 못할 가능성이 높음에 유의하여 거래수준 통제를 평가하여야 할 수 있다. 즉, 기중에 변경되거나 되어야 하는 통제의 업데이트가 적시에 이뤄지지 못한 경우에는 이를 고려하여 거래수준이나 다른 전사적 수준 통제의 평가 방식을 결정한다.

나. 일부 전사적 수준의 통제와 정보기술 일반통제는 내부회계관리제도의 유효성이 직접적인 영향을 미치는 항목도 존재하나, 일반적으로는 거래수준에 포괄적인 영향을 미치며 그 연관관계가 명확하지 않은 부분도 존재할 수 있다.

다. 일부 전사적 수준 통제는 하위 수준의 통제가 실패할 가능성을 식별할 수 있도록 설계될 수도 있으나 해당 전사적 수준 통제만으로 재무보고 위험을 적절하게 처리할 수 있는 것은 아니다. 예를 들어, 통제 운영의 결과를 모니터링 하는 전사적 수준 통제는 잠재적인 왜곡표시를 적발하고 하위 수준의 통제가 실패하였는지 조사하도록 설계될 수 있다. 그러나, 모니터링 통제에 의하여 적발되기 전까지 존재할 수 있는 잠재적인 왜곡표시의 금액이 너무 큰 경우 해당 통제는 재무보고요소와 관련된 위험을 적절하게 처리하지 못할 수 있다.

라. 전사적 수준 통제는 프로세스, 응용시스템, 거래 또는 계정과목 수준에서 재무제표의 중요한 왜곡표시를 초래할 수 있는 재무보고요소의 왜곡표시를 예방하거나 적시에 적발할 수 있도록 충분히 정교하게 설계되고 운영될 수 있다. 이러한 경우 경영진은 재무보고 위험과 관련된 추가적인 통제를 식별하거나 평가할 필요가 없을 수 있다.

마. 설계·운영 개념체계에서 제시하는 17가지 원칙이 존재하지 않거나 기능하지 않는 경우에는 유의한 미비점이나 중요한 취약점으로 구분되는 것이 일반적이며, 감사(또는 감사위원회) 및 부정방지와 관련된 원칙은 중요한 취약점으로 고려할 수 있는 항목으로 간주된다.

2.4절 정보기술 일반통제

23. (정보기술의 사용에 따른 위험) 정보기술의 사용은 회사의 업무환경과 밀접한 관계가 있다. 날로 발전하는 정보기술로 수작업 처리 업무절차가 시스템에서 자동화되고 각종 문서들이 전자적인 형식으로 대체된다. 이러한 정보기술은 회사의 업무처리의 효율성과 효과성을 증대시키기도 하지만 다음과 같은 위험을 초래하기도 한다.

가. 데이터를 잘못 처리하거나 잘못된 데이터를 처리하는 시스템에 의존할 위험
나. 데이터에 대한 승인되지 않은 접근으로 데이터가 위조, 변조, 훼손 및 파기될 위험
다. IT부서 인원이 과도한 권한을 보유하여 업무분장이 적절하지 않을 위험
라. 승인되지 않은 마스터 파일의 수정
마. 승인되지 않은 시스템 및 프로그램의 수정
바. 시스템이나 프로그램에 필요한 변경이 적절히 이루어지지 못할 위험
사. 데이터 유실 위험 또는 필요한 데이터를 사용하지 못할 위험

24. (정보기술 일반통제)

가. 정보기술 일반통제란 정보기술 사용에 따른 위험을 적절히 예방·적발하기 위한 통제로 정보시스템이 구입·개발되고 유지·보수되며 운영되는 전반적인 통제를 의미한다.
나. 정보기술 일반통제는 단독으로 재무보고 위험을 적발 또는 예방할 수 없는 것이 일반적이나 자동통제 또는 회사의 제반 IT 기능은 효과적인 정보기술 일반통제에 의존한다. 따라서, 재무보고 위험과 관련된 핵심통제가 자동통제 또는 전산에 기반한 수동통제인 경우 해당 통제의 효과성에 영향을 미치는 정보시스템의 정보기술 일반통제를 평가한다.
다. 중소기업의 경우에는 정보기술 일반통제의 평가범위는 정보시스템에의 의존 정도, 정보시스템의 복잡도, 회사의 규모나 업종 등에 따라 달라질 수 있다. 예를 들어, 중소기업의 정보기술 환경은 규모가 작고 복잡도가 낮을 수 있어 관리가 중앙집중화되고 관련 규정이나 절차가 공식적으로 문서화되지 않을 수도 있다. 또한, 인력 제한 등으로 인하여 프로그램 개발자가 운영환경에 직접 접근하는 등 충분한 업무 분장이 이루어지지 않을 수도 있다. 이러한 경우에는 시스템에서 산출된 자료의 정확성을 확인하는 통제 위주로 내부회계관리제도를 설계·운영할 수 있다.

25. (내부회계관리제도 목적의 정보기술 일반통제의 범위) 경영진은 업무프로세스 및 자동통제나 IT에 의존하는 수동통제와 관련된 시스템 및 해당 시스템의 정보기술 일반통제 간의 연관성을 파악한다. 정보기술 일반통제에는 전산화 계획의 수립, 재난복구계획 등 다양한 영역이 존재하며 회사의 정보시스템에의 의존 정도, 회사의 규모나 업종 등에 따라 달라질 수 있으나 내부회계관리제도 목적상으로는 일반적으로 다음 (가)~(라)의 영역이 포함된다.

가. (프로그램 개발(Program Development)) 프로그램 개발과 관련하여 고려되어야 할 통제에는 일반적으로 다음의 항목을 포함한다. 단, 사업의 구조가 단순하고 복잡한 정보시스템이 요구되지 않는 중소기업에서 회사의 개별적인 수정이 허용되지 않는 범용소프트웨어를 도입하는 경우에는 일반적인 프로그램 개발방법론의 모든 영역을 고려하지 않을 수 있다.

(1) 새로운 시스템의 개발 및 도입은 적절한 경영진에 의해 승인된다.

(2) 전산시스템 및 응용 프로그램의 개발은 적절한 통제가 내재된 개발방법론을 적용하여 수행한다.

(3) 새로운 시스템의 구축에 의해 영향을 받을 수 있는 기존의 통제는 수정되거나 완전성의 유지를 위해 재설계된다.

(4) 전산시스템 및 응용프로그램의 개발은 현업부서 및 전산관련 부서의 적절한 테스트과정을 거친다.

(5) 새로운 전산시스템과 응용프로그램에 대해 시스템, 사용자, 관련 통제에 대한 적절한 문서화가 이루어진다.

(6) 새로운 시스템을 운영환경으로 이전함에 있어 접근통제가 수행된다.

(7) 새로운 시스템으로 이전된 데이터는 완전성을 유지한다.

(8) 시스템 사용자는 새로운 시스템과 응용프로그램을 사용하기에 적절한 수준의 지식을 보유하고 있다.

나. (프로그램 변경(Program Changes)) 프로그램(하드웨어 및 네트워크 포함) 변경 과정이 적절하게 통제되지 않는 경우 재무제표의 신뢰성에 중요한 영향을 미칠 수 있으며 ‘프로그램 변경’과 관련된 통제는 일반적으로 다음의 사항들을 충족시킬 수 있도록 설계 · 운영한다. 단, 범용소프트웨어를 사용하는 중소기업의 경우에는 회사의 재무보고 프로세스에 직접적인 영향을 미치는 사항의 변경이 있는지를 확인하고 기존에 설계 · 운영 중인 내부회계관리제도의 변경 필요성을 판단하여 조치하는 것으로 시스템 변경에 대한 통제를 수행할 수 있으며 동 과정의 문서화가 대기업에 비해 덜 공식적일 수 있다.

(1) 시스템에 대한 변경 요청은 적절한 경영진의 승인을 받는다.

(2) 시스템 변경의 영향을 적절히 반영하기 위해 관련 시스템, 사용자, 관련 통제문서 등을 적절히 수정한다.

(3) 시스템의 변경을 적절히 테스트하고 그 결과를 문서화한다.

(4) 운영환경에 적용된 시스템은 적절한 관리자의 승인 없이 변경되지 않는다.

(5) 변경된 시스템과 응용 프로그램을 운영환경으로 이전하기 전에 적절한 관리자가 승인한다.

(6) 각 사용자는 변경된 시스템 및 응용프로그램을 사용하기에 적절한 지식을 보유하고 있다.

다. (프로그램과 데이터에 대한 접근보안 (Access to Program and Data)) 재무제표의 신뢰성을 유지하기 위해서는 프로그램 및 데이터에 대한 접근보안이 전제되어야 한다. ‘프로그램과 데이터에 대한 접근보안’과 관련된 통제는 일반적으로 다음의 사항들을 충족시킬 수 있도록 설계 및 운영한다. 단, 소규모의 덜 복잡한 정보기술 환경을 보유한 중소기업의 경우에는 보안관리가 중앙집중화되고 규정과 절차의 문서화 수준이 높지 않으며 소수의 인원 또는 한 명의 개인이 파트타임으로 보안 관리와 모니터링을 지원하는 경우도 있다. 이러한 경우 운영체제, 데이터, 응용 프로그램에 대한 접근제한 및 업무분장의 결여로 야기되는 위험은 관련 업무에 대한 적발통제 혹은 모니터링 절차 등을 통해 보완할 수 있다.

(1) 정보보안 정책을 수립하고 있으며 보안실무를 고려하여 그 적정성을 정기적으로 검토한다.

(2) 구성원이 수행하는 업무의 내용 및 직무기술서 등을 고려하여 시스템 접근권한의 적정성을 정기적으로 검토한다.

(3) IT 자원(하드웨어, 소프트웨어, 데이터를 포함)에 대한 접근을 관리하기 위한 물리적인 접근통제 및 논리적인 접근통제(식별, 인증, 승인 메커니즘 등)를 수립하고 적용하고 있다.

(4) 적시에 사용자 계정을 추가, 수정, 삭제할 수 있는 절차를 수립하고 적용하고 있다.

(5) 보안활동에 대한 기록, 발생가능한 보안위반 사항에 대한 식별, 이에 대한 전달 및 적시대응 등을 포함한 효과적인 보안체제를 구축하고 있다.

라. (컴퓨터 운영(Computer Operation)) 재무제표의 신뢰성을 확보하기 위해서는 재무정보가 입력, 처리 및 산출되는 제반 정보시스템을 적절히 운영하여야 한다. '컴퓨터 운영'과 관련된 통제는 다음의 사항을 충족시킬 수 있도록 통제를 설계 및 운영한다. 단, 소규모의 덜 복잡한 정보기술 환경을 보유한 중소기업의 경우에는 공식적인 정보시스템 운영기능이나 장애 관리 또는 데이터의 저장 및 보존에 관한 공식적인 정책이 존재하지 않거나 관련 절차들이 수작업으로 진행될 수도 있다.

(1) 재무보고에 필요한 데이터, 거래, 프로그램을 복구하기 위해 적절한 백업 및 복구절차가 존재한다.

(2) 복구절차의 효과성과 백업자료의 질을 정기적으로 테스트하기 위한 절차가 존재한다.

(3) 백업자료에 대한 접근을 승인된 구성원에게만 허용할 수 있는 통제절차가 존재한다.

(4) 시스템과 관련된 장애나 오류 등을 기록하고 분석하여 동일한 문제의 재발을 방지할 수 있는 절차가 존재한다.

(5) 재무보고와 관련된 응용 프로그램이나 데이터에 관한 일괄처리(Batch Job) 및 온라인(On-Line) 거래가 정확하며 완전하고 적시에 처리된다.

2.5절 통제 설계에 대한 문서화

26. (통제 설계에 대한 문서화의 의의)

가. 회사가 설계한 통제에 대한 문서화는 효과적인 내부회계관리제도의 설계 및 운영을 위한 회사의 각 조직 및 기능별 역할과 통제절차를 명확하게 이해하고 수행할 수 있도록 한다는 측면에서 매우 중요하며 내부회계관리제도의 효과적인 운영 및 평가를 위한 출발점이 된다. 단, 중소기업의 경우에는 회사의 고유한 사업환경을 감안하여 문서화 수준을 유연하게 적용할 수 있다.

나. 통제 설계에 대한 문서화는 내부회계관리제도 평가뿐만 아니라 효과적인 내부통제 시스템의 다른 목적들도 지원한다. 예를 들어, 통제의 변화 여부를 포함하여 내부회계관리제

도상 통제가 식별되었고 통제 수행 책임자와 의사소통되었으며 회사에 의해 모니터링될 수 있다는 근거로 사용될 수 있다.

27. **(문서화의 형식과 범위)** 문서화의 형식과 범위는 회사의 규모, 성격, 복잡성에 따라 달라질 수 있다

가. 문서화는 종이 문서, 전자문서, 또는 다른 미디어 등 다양한 형태일 수 있으며, 정책 및 절차 매뉴얼, 업무흐름도, 조직도, 직무기술서, 내부 기안문, 양식 등 여러 가지 방법으로 수행될 수 있다.

나. 문서화에는 재무보고에 영향을 미치는 프로세스 내에 존재하는 모든 통제를 포함할 필요는 없으며 경영진이 재무보고 위험을 적절한 수준으로 감소시킬 수 있다고 판단한 통제만 포함할 수 있다.

28. **(문서화에 포함할 사항)** 내부회계관리제도 설계 및 운영의 효과성 평가 이전에 확인할 문서에는 다음의 사항들을 포함한다.

가. (업무프로세스) 회사의 주요 사업 및 업무처리 절차를 구분하여 표시한 것으로 회사 특성에 따라 다양하게 구분한다.

(1) 주요 거래유형별 업무프로세스를 구분하되 외부 재무보고 목적과 관련된 프로세스가 누락되지 않도록 한다. 특히, 외부 재무보고 목적상 중요하다고 판단하는 유의한 업무프로세스가 누락되는 경우 해당 프로세스의 통제가 식별되어 문서화되지 않고 이에 따라 관련 통제가 설계 및 운영의 평가 대상에 포함되지 않을 수 있다. 이를 방지하기 위해서는 지속적인 변화관리 및 계정과목과 프로세스 연계표의 작성, 추적조사(Walkthrough) 등을 통한 보완작업이 필요하다.

(2) 구분된 프로세스와 관련된 부서, 프로세스책임자 및 관련 업무흐름도를 추가 문서화하는 것은 관련 업무 수행의 효율성을 제고할 수 있음을 고려한다.

나. (통제목표 또는 통제실패위험)

(1) 통제목표란 경영자가 수립한 목표로써 통제목표가 달성되는 경우에는 식별된 위험을 허용가능한 수준으로 감소시킬 수 있다. 내부회계관리제도 목적상으로는 유의한 계정과목 등에 내재된 경영자 주장 및 자산의 보호, 부정방지 등을 달성하는 것이 통제목표를 구성한다.

(2) 통제실패위험이란 통제목표가 달성되지 않을 경우 재무제표 왜곡표시를 야기할 가능성을 의미한다. 예를 들어, '완전성'이라는 경영자 주장과 관련하여 '구매부서가 매월 결산 시 구매 주문의 진행상태를 확인하고 실재 현황에 따라 거래의 현황을 업데이트 한다'라는 통제목표를 설정한 경우, '구매주문 물품이 입고되었음에도 입고처리 되지 않을 위험'이나 '구매주문 물품이 입고처리 되었음에도 매입채무 기표가 이루어지지 않을 위험' 등의 위험이 존재할 수 있다.

(3) 구체적인 통제목표는 통제실패위험을 유추할 수 있으므로 통제목표와 통제실패위험 모두를 문서화하는 것이 필수적이지는 않으나 통제목표의 다양한 기술 수준을 고려하는 측면을 고려한다면 양자를 모두 문서화에 포함하는 것이 바람직하다. 또한, 통제

목표가 구체적으로 기술될수록 관련 통제실패위험과 통제활동을 유추할 수 있다는 사항을 고려한다. 이러한 통제목표는 외부 재무보고 목적을 중점적으로 기술하되 자산의 보호나 부정방지 목적으로 기술되고 구분될 수 있다.

다. (통제활동)

(1) 통제활동이란 통제목표를 달성하기 위해(또는 위험을 허용가능한 수준으로 감소시키기 위해) 경영진이 수립한 정책이나 절차, 활동 및 체계 등을 의미한다. 특히, 내부회계관리제도와 관련해서는 회사의 재무제표를 일반적으로 인정된 회계원칙에 따라 작성 및 공시하는 목적을 달성하기 위한 정책이나 절차 등을 의미한다.

(2) 유의한 계정과목 등에 대한 경영자 주장 및 이와 관련된 유의한 업무프로세스가 파악되면 경영진은 유의한 업무프로세스에서 재무제표 왜곡표시가 발생할 수 있는 위험을 관리하기 위한 통제를 식별하고 문서화한다.

(3) 통제활동은 회사 일상 업무의 일부가 되어야 하며 개별 통제목표에 따라 그 형태 및 세부 운영수준은 다를 수 있으나 목적과 관리 대상 위험이 불명확한 경우에는 통제설계의 미비점이 될 수 있다.

라. (관련 계정과목 및 경영자 주장)

(1) 각 통제활동과 관련된 계정과목 및 경영자 주장은 통제목표의 구체적인 기술을 통해 확인될 수도 있으나 별도로 관련 계정과목이나 경영자 주장을 문서에 명시하는 것이 바람직하다. 단, 중소기업의 경우에는 통제목표의 구체적인 기술을 통해 경영자 주장을 확인할 수 있는 경우 이를 별도로 문서화하지 않을 수 있다.

(2) 통제활동이 프로세스에 존재하고 발생하므로 선행하는 프로세스의 통제활동은 관련된 계정이 너무 많거나 확정되지 않은 경우도 존재한다. 이러한 사항을 고려하여 해당 프로세스의 대상 거래의 정보처리목적(Information Processing Objectives)에 해당하는 완전성, 정확성, 유효성 및 접근제한을 이용한 표시도 가능하다. 이러한 접근 방식은 특정 프로세스에서 발생할 수 있는 통제실패위험을 누락 없이 고려하여 적절한 통제활동 설계의 기반이 되기도 한다.

마. (통제의 속성)

(1) 통제유형, 수행빈도 등 통제의 속성은 내부회계관리제도 운영 효과성 평가의 방법 및 범위 등을 결정하는 요소가 될 뿐만 아니라 통제의 설계가 적절히 이뤄졌음을 확인할 수 있는 방안이므로 식별된 통제에 대한 속성을 파악하여 문서화한다.

(2) 즉, 통제유형(예를 들면, 자동통제와 수동통제)과 수행빈도는 운영 효과성 평가를 위한 테스트 절차 및 표본 수 결정 시 고려되며, 통제가 통제목표를 달성하기에 충분한 빈도로 수행되지 않는다면(예를 들어, 은행의 예금잔고와 장부의 일치 여부를 확인하는 절차가 연 1회만 수행되는 경우 등) 설계상의 미비점이 될 수도 있다. 또한, 하나의 유형에 편중되거나 고려되지 않은 경우에도 설계상의 미비점이 될 수 있다.

(3) 회사가 통제를 관리하기 위한 추가적인 유형을 구분한 경우(예 : 승인, 검증, 물리적 통제, 기준정보 관리 통제, 대사, 감독통제 등)에는 해당 구분을 추가하여 문서화한다.

바. (통제유형 : 예방통제와 적발통제(Preventive/Detective))

(1) 예방통제란 거래처리 시 재무제표의 왜곡표시를 야기하는 오류나 부정위험이 발생하

지 않도록 사전에 예방하는 통제를 말하며 거래의 사전 승인, 시스템의 입력통제, 자산에 대한 물리적 접근통제, 전산시스템에의 논리적 접근통제, 업무분장 등이 이에 해당한다.

(2) 적발통제란 오류나 부정이 이미 발생하여 이로 인해 재무제표의 왜곡표시가 발생했거나 가져올 것으로 예상되는 경우 당해 오류나 부정을 적시에 적발하는 것을 목적으로 하는 통제를 말하며 중간관리자의 검토, 실물자산 실사, 매출채권 · 은행 거래 조회 등이 이에 해당한다.

사. (통제유형 : 자동통제와 수동통제(Automated/Manual))

(1) 거래처리 시 재무제표의 왜곡표시를 야기하는 오류나 부정위험을 회사의 시스템을 통해 자동으로 관리하는 활동을 자동통제(예 : 신용한도를 초과한 주문에 대해 전산을 통한 주문 입력 발생 시 시스템이 해당 거래를 자동으로 잠금 처리하는 통제는 신용한도를 초과한 주문위험을 시스템이 자동으로 관리한다), 수작업으로 수행되는 통제(예 : 구매주문서 승인 절차에서 승인자가 거래처의 현재 거래총액을 확인하고 한도 내에 존재하는 경우 승인을 하는 통제절차는 신용한도를 초과한 주문위험을 관리한다)는 수동통제로 분류한다.

(2) 구매주문 승인자가 거래총액을 확인하는데 시스템에서 산출되는 정보를 기반으로 통제를 수행하는 경우 이는 IT의존 수동통제(IT Dependent Manual Control)로 구분한다. 이러한 IT기반 수동통제와 자동통제가 핵심통제로 구분되는 경우 관련된 시스템은 정보기술 일반통제의 대상을 파악하는데도 유용하다.

아. (수행빈도)

(1) 수행빈도는 실제 업무에서 통제가 수행되는 주기 또는 빈도를 의미하며 일별 수시(More Than Daily), 일별, 주별, 월별, 분기별, 반기별, 연간 또는 수시(Event Driven : 특정한 주기 없이 거래 발생시마다 이루어지는 통제, 예 : 유형자산 취득 또는 처분의 승인) 등으로 구분될 수 있다.

(2) 수행빈도는 거래규모, 거래 또는 통제의 속성, 회사의 인력구성 등을 고려하여 경영진이 합리적으로 결정할 수 있으나 부정이나 오류에 의한 재무제표 왜곡표시를 적절히 예방 또는 적발하기에 충분한 빈도 또는 주기로 수행되어야 한다.

자. (통제운영자의 적격성 요건) 직무기술서나 기타 문서를 통해 통제수행자의 적격성 요건이 명시되는 것이 바람직하나 재무보고와 관련된 인원의 적격성 관리가 실무적으로 어려운 경우 통제기술서에 포함된 통제운영자의 적격성 요건을 기술하고 평가 대상에 포함할 수 있다.

차. (관련된 정책 및 절차) 통제활동은 별도로 존재하는 것이 아닌 회사의 정책 및 절차의 일부이다. 기술된 통제활동이 효과적으로 운영되기 위해서는 회사의 정책 등으로 명문화하는 것이 바람직하며, 공식적인 문서화가 부족한 경우에는 조직 및 하부 조직의 관리자 등 관련자가 해당 절차와 통제활동을 명확하게 인지할 수 있는 체계를 갖추는 것이 필요하다.

카. (출발점(Baseline)) 통제활동의 변화 여부를 확인하고 설계평가를 수행하여야 하는지 판단하기 위해 가장 최근의 내부통제 설계 평가를 수행한 시점을 문서화한다. 예를 들어, 매출 프로세스 등의 변화가 발생한 경우 관련된 통제를 확인하고 각 통제별 출발점으로

기술된 일자의 설계 평가 문서 등을 확인하고 해당 통제가 변경되어야 하는지 여부를 확인할 수 있다. 통제가 변경되는 경우 해당 통제설계의 적정성을 평가하고 출발점으로 기술된 일자를 업데이트한다.

타. (통제운영책임자(Control Owner)) 통제활동의 설계와 운영의 책임을 지는 인원을 통제운영책임자로 기술하고 필요에 따라 통제를 실제 수행하는 부서, 책임자, 수행자 등을 구분하여 표시하는 것이 해당 통제활동의 권한과 책임을 명확히 하고 미비점에 대한 개선조치를 포함한 변화관리에도 유용하다.

29. **(거래수준 내부회계관리제도 문서화의 유형)** 내부회계관리제도 설계의 문서화 목적상 거래의 흐름을 파악하기 위한 업무흐름도와 업무프로세스 수준에서의 통제목표(또는 위험), 통제활동, 경영자 주장, 관련 계정과목 등을 일목요연하게 정리할 수 있는 통제기술서를 일반적으로 사용하며 업무기술서 및 업무분장표를 추가할 수 있다. 단, 업무프로세스가 단순하고 인력이 충분하지 않은 중소기업의 경우에는 통제기술서를 위주로 거래수준의 내부회계관리제도를 문서화할 수 있다.

가. (통제기술서) 통제기술서는 업무프로세스 내의 하위프로세스별 통제목표 또는 위험과 이를 관리하기 위한 통제 및 경영자 주장, 통제 유형 및 수행빈도 등을 일목요연하게 표현하는데 매우 유용하며 내부회계관리제도 문서화 목적으로 널리 사용된다.

(1) 통제기술서는 주로 통제에 대한 설명과 유형, 수행빈도 등 문단 28에서 제시하는 항목을 포함하여 작성되는 문서이나 프로세스의 시작부터 재무제표에 반영되는 복잡한 프로세스에 대한 기술과 관련된 위험을 포함하지 않는 것이 일반적이다. 이에 회사 프로세스에 대한 설명과 관련된 위험을 확인하고 통제 설계의 적정성을 검토하기 위해 업무흐름도와 업무기술서는 매우 유용할 것이다.

(2) 또한, 통제기술서 상에 각각의 통제와 관련하여 실제로 회사가 수행하는 절차를 구체적으로 기술함으로써 내부회계관리제도 설계의 효과성 평가에 활용할 수 있다.

나. (업무흐름도) 업무흐름도는 조직 내에서의 업무흐름 및 제반 문서 등을 도식적, 동태적으로 표현하기 위한 것으로 주로 하위프로세스 단위로 작성된다.

(1) 업무흐름도에는 특정 계정과 관련된 업무프로세스의 시작과 끝을 포함하고 있으며 거래과정의 위험과 통제가 통제 설계의 적정성을 확인할 수 있도록 제시된다. 필요한 경우 몇 개의 하위프로세스를 통합하거나 하나의 하위프로세스를 세분하여 작성할 수 있다.

(2) 업무흐름도를 통해 업무프로세스 내에서 발생 가능한 위험 및 관련 통제 등을 쉽게 파악할 수 있는 장점이 있으나 그 자체만으로는 통제목표나 경영자 주장 및 재무제표 계정과목 등과 연계하여 표시하기 어려운 단점이 있어 일반적으로는 통제기술서를 보완하는 목적으로 활용된다.

다. (업무기술서) 업무기술서는 각 업무프로세스에서 수행되는 업무의 내용을 설명 형식으로 기술한 문서로 업무의 출발점, 수행되는 업무처리 절차, 통제의 내용 및 관련 서류 등을 명확하게 기술한다.

(1) 업무흐름이 복잡하지 않고 단순하여 설명 형식으로 기술하기가 용이할 때 이용할 수

있는 방법으로 업무흐름도와 유사한 목적을 가진다. 업무기술서는 업무프로세스에서 수행되는 업무, 통제 및 관련 문서 등을 시간의 흐름에 따라 순차적으로 표현할 수 있는 장점이 있다.

(2) 반면, 프로세스가 복잡한 경우 프로세스와 관련된 위험과 통제의 일목요연한 파악이 어려워 통제 설계의 적정성을 파악하기에 부적절할 수 있다. 또한, 기술된 통제의 내용을 관련 통제목표나 경영자 주장 및 재무제표 계정과목 등과 연계시키기 어렵기 때문에 통제기술서를 대체하기에는 부적절하며 업무흐름도를 보완하는 문서나 간단한 프로세스의 경우 업무흐름도를 대체하는 수단으로 활용될 수 있다.

라. (업무분장표)

(1) 상충되는 업무의 적절한 분장은 오류 및 부정을 사전에 예방하고 적시에 발견할 수 있는 강력한 통제수단이 된다. 업무분장표는 업무프로세스 내에서 거래의 승인기능, 자산의 보관기능 및 회계기능 등 상충되는 업무가 적절히 분장되었는지 여부를 확인하는데 유용하게 활용될 수 있다.

(2) 그러나, 업무분장표 그 자체로 내부회계관리제도의 문서화 목적을 모두 충족시키기는 어렵고 보조적인 수단으로 활용된다. 즉, 업무분장표를 별도로 작성 및 유지하는 것이 권장될 수는 있으나 업무분장과 관련된 내용을 통제기술서 등 타 문서에 충분히 기술하고 내부회계관리제도 설계 및 운영의 효과성 평가를 수행할 수 있다.

(3) 단, 회사의 업무분장에 대한 규정과 지침은 명확하게 제시되는 것이 필요하다.

30. (전사적 수준의 내부회계관리제도 문서화)

가. 전사적 수준의 통제에 대한 문서화 내용 역시 거래수준의 문서화와 크게 다르지 않다. 단, 거래수준 통제의 문서화가 거래수준의 통제 자체를 문서화하는 반면, 전사적 수준 통제의 문서화는 17가지 원칙과 회사가 선택한 중점고려사항을 준수하기 위한 정책 및 절차가 적용될 수 있는 통제를 기술하는 것이다.

나. 이는 때로는 회사의 정책과 절차가 존재하고 관련된 업무수행 결과가 존재하는 것만으로도 수용될 수 있다. 예를 들어, 위험평가 원칙과 관련된 내부회계관리규정이나 지침에 회사가 수행할 위험평가 절차를 제시하고 이에 따라 재무제표를 기준으로 평가 대상을 선정하고 보고하는 절차가 적절히 이뤄졌음을 증명할 수 있는 문서가 존재하는 경우에는 관련된 원칙이 준수되었음을 확인할 수 있다. 물론 이러한 경우에도 위험평가가 효과적으로 수행되기 위한 통제(예 : 위험평가의 기반은 내부회계관리제도 평가 계획의 감사(또는 감사위원회) 보고 및 검토 절차)가 기술되는 것이 바람직하다. 회사가 선택한 중점고려사항을 고려하는 것은 필요하나 중점고려사항별로 통제가 설계되지 않을 수 있다.

다. 전사적 수준 통제의 문서화에는 외부감사법 등에서 요구하는 내부회계관리규정 및 보고 절차 등이 반드시 포함되어야 한다. 내부회계관리규정이나 지침에는 외부감사법 등에서 요구하는 항목의 반영과 적용을 위한 절차가 마련되는 것이 바람직하다.

라. 경영자의 내부회계관리규정 위반이나 내부통제 무시에 대처할 수 있는 부정방지 프로그램 역시 중요한 항목이다. 부정방지 프로그램과 관련된 전사적 수준의 통제는 다음과 같은 사항이 원활하게 수행될 수 있는 통제를 의미한다.

(1) 감사(또는 감사위원회) 및 이사회의 감독 기능
(2) 윤리강령의 제정, 준수 여부 조사에 관한 사항
(3) 회계처리, 회계감사 및 내부회계관리제도 등과 관련한 예외사항에 대한 처리절차(예 : 경영자가 내부회계관리규정을 위반하여 회계정보의 작성, 공시를 지시하는 경우에 있어서의 구성원의 대처방법 등)
(4) 부정사건(회사 재산의 횡령, 유용 등) 및 내부회계관리규정 위반사항에 대한 내부고발자제도 및 고발자 보호
(5) 발견 또는 제보된 내부고발 사항의 조사 및 징계에 관한 사항

제3절 내부회계관리제도 설계 및 운영의 효과성 평가

3.1절 통제위험 평가와 평가절차의 수립

31. (통제위험의 평가)

가. 선정된 핵심통제에 대해서는 이미 평가된 계정과목 및 프로세스의 고유위험 및 통제실패위험을 고려한 통제위험을 평가하여 효과성 평가시 수집해야 할 증거량 및 평가 방안을 결정한다. 위험평가에 기반한 핵심통제 선정과 내부회계관리제도의 효과성 평가 계획은 일정한 형식에 따라 문서화하고 내부회계관리자의 검토 및 감사(또는 감사위원회)의 평가 과정을 거쳐 확정되어야 한다.

나. 통제위험 평가시에는 통제와 관련된 계정과목 및 프로세스의 고유위험 평가 결과와 통제실패위험 평가결과를 함께 고려하여야 한다. 고유위험 평가시에는 문단 10 및 문단 11에서 설명하는 양적, 질적 요소를 고려하며 통제실패위험 평가시에는 다음의 항목을 고려한다.
(1) 통제의 유형(수동통제, 자동통제)과 수행빈도
(2) 통제의 복잡성
(3) 경영진의 권한남용으로 인한 통제 무시 위험
(4) 통제의 수행에 필요한 판단의 정도
(5) 통제를 수행하는 인력의 역량
(6) 통제를 수행하는 핵심 구성원의 변동
(7) 통제가 예방 또는 적발하고자 하는 왜곡표시의 성격과 중요성
(8) 통제가 다른 통제의 효과성에 의존하는 정도(예를 들어, 정보기술 일반통제)
(9) 과거 연도 통제 운영의 효과성 평가 결과

다. 특수관계자 거래, 추정이나 판단이 개입되는 재무보고요소들은 일반적으로 높은 왜곡표시 위험을 가진 것으로 평가된다. 이러한 재무보고요소들과 관련된 통제의 속성이 경영진의 통제 무시 위험에 취약하고 중요한 판단을 수반하거나 복잡할 때 해당 통제의 통제위험은 높은 것으로 평가되어야 한다.

라. 재무보고요소의 위험에 적절히 대처하기 위해 둘 이상의 통제를 조합하여 설계·운영하는 경우 경영진은 통제 각각의 위험 특성이 다를 수 있으므로 개별 통제의 위험을 각각 평가하여야 한다. 예를 들어, 중요한 추정을 수반하는 재무보고요소에는 원천 데이터를

집계하는 자동통제와 높은 수준의 판단이 필요한 수동통제의 조합이 필요할 수 있다. 이러한 경우, 큰 변화가 없는 시스템의 효과적인 정보기술 일반통제에 의존하는 자동통제는 낮은 위험을 가진다고 평가될 수 있는 반면, 수동통제는 높은 위험을 가진다고 평가된다.

마. 통제위험 평가 시에는 관련된 전사적 수준의 통제 및 정보기술 일반통제의 효과성을 함께 고려한다. 예를 들어, 통제가 효과적으로 운영되지 못할 가능성에 대한 경영진의 판단은 통제환경의 효과성에 의해 영향을 받을 수 있고 이로 인하여 해당 통제를 평가하기 위한 증거에 영향을 미칠 수 있다. 하지만, 잘 갖추어진 통제환경이라 하더라도 직접적이지 않은 전사적 수준의 통제를 근거로 통제 운영에 대한 평가를 수행하지 않을 수는 없다.

바. 전사적 수준의 통제의 설계와 운영의 효과성을 평가하는 방식은 거래수준 통제의 효과성 평가방식과 크게 다르지 않다. 회사의 통제 기술방식이 회사의 정책과 절차만을 기술하는 것은 바람직하지 않으며, 관련된 정책과 절차가 존재한다는 사실만으로 관련된 원칙과 회사의 중점고려사항이 적절히 준수되고 있다고 할 수 없음을 유의한다.

32. **(통제위험 평가와 증거량)** 계정과목 등의 고유위험과 통제실패위험 및 그에 따른 증거량의 관계는 다음과 같다.

* 높은(낮은) 증거량 : 테스트 방법, 범위, 시기를 보다 높은(낮은) 확신이 부여될 수 있도록 고려했을 때의 증거를 의미

33. **(내부회계관리제도 평가를 위한 증거자료의 수집)** 내부회계관리제도 효과성 평가를 위한 증거자료는 통제에 대한 독립적인 평가와 상시적인 모니터링 또는 두 가지 방법의 조합으로 얻을 수 있다.

가. 일반적으로 통제에 대한 독립적인 평가는 검토 대상 통제에 대하여 높은 수준의 객관성을 가진 인원에 의해 정기적으로 수행된다. 독립적인 평가는 특정 시점의 증거를 제공하며 상시적인 모니터링의 신뢰성에 대한 근거를 제공할 수 있다.

나. 상시적인 모니터링에는 자가평가 절차와 통제 운영 여부를 확인할 수 있도록 설계된 성과지표를 분석하는 절차를 포함한다. 자가평가는 다양한 수준의 객관성을 가진 인원에 의하여 수행되는 여러 유형의 절차를 포함한다.

다. 자가평가는 평가대상 통제를 운영할 책임이 있는 인원이 수행하는 평가는 물론 평가 대상 통제의 운영책임이 없는 경영진 등이 실시하는 평가를 포함하는 개념이다. 자가평가가 제공하는 증거자료의 성격은 평가자나 평가 수행 방식 등에 따라 달라진다.

34. (통제위험 평가에 따른 평가절차의 결정)

가. 경영진은 평가대상 통제의 위험평가 결과에 따라 효과성 평가시 평가자, 평가방법을 유연하게 적용하여 입수된 증거자료의 성격을 조정한다. 즉, 보다 객관적인 인원을 활용하여 상시적인 모니터링에 대한 증거자료를 추가하거나, 주기적으로 수행되는 통제에 대한 독립적인 평가범위를 증가시킬 수 있다. 또한 독립적인 평가의 대상기간을 조정함으로써 입수된 증거자료의 성격을 조정할 수 있다.

나. 통제위험이 높게 평가된 경우 경영진이 입수하는 증거자료는 일반적으로 독립적인 평가 또는 높은 수준의 객관성을 가진 인원에 의하여 수행된 상시적인 모니터링의 결과로 구성될 것이다. 즉, 높은 수준의 독립성과 전문성을 보유한 인원이 평가를 수행하고 평가방법은 문서검사 및 재수행, 잦은 빈도의 평가 및 많은 수의 샘플을 평가하는 방식을 적용한다. 상시적인 모니터링이 객관성이 낮은 인원에 의하여 수행된 경우 통제 운영과 독립된 인원에 의한 독립적인 평가로 보강하는 것을 고려한다. 이러한 경우 통제에 대한 독립적인 평가는 상시적인 모니터링 및 모니터링 대상 통제의 운영 평가에 대한 증거자료를 제공한다. 선정된 핵심통제는 재무제표의 왜곡표시 방지를 위해 반드시 필요한 통제이므로 평가에서 제외하거나 통제 운영자 본인이 직접 평가하는 방안은 적정하지 않다.

다. 통제위험이 낮게 평가된 경우에는 다소 낮은 독립성을 보유한 인원에 의해 다소 약화된 평가방법을 적용할 수 있다. 경영진은 상시적인 모니터링에 의해 입수된 증거자료가 충분하다면 독립적인 평가는 필요하지 않다고 결론지을 수도 있다.

35. (평가시기) 외부감사법규에 따라 매 사업연도마다 내부회계관리제도의 운영실태를 보고하기 위해서는 내부회계관리제도의 설계와 운영의 효과성을 평가하여야 한다. 일반적으로 내부회계관리제도의 평가는 중간평가와 기말평가 과정을 통해 이루어진다.

가. 내부회계관리제도의 평가는 경영진이 평가기준일 현재 내부회계관리제도가 효과적으로 설계·운영되고 있는지에 대한 합리적인 확신을 얻는 것을 목적으로 한다. 그러나, 재무제표에 기록된 거래는 회계기간 중 지속적으로 발생하기 때문에 충분한 기간을 대상으로 평가를 수행하여야 한다. 특히, 평가기준일과 가까운 시기는 반드시 평가 대상기간으로 포함되어야 한다. 그러나 평가기준일과 가까운 시기에 모든 평가 절차를 실시하는 것은 불가능하므로 당해 평가 대상기간의 중간에 평가를 실시하고 기중에 평가된 중요한 통제 중 평가 실시 이후 변경된 부분은 없는지, 기말 현재에도 여전히 효과적인지 등을 확인하는 평가 절차가 효율적일 수 있다.

나. 또한, 기중에 식별된 내부회계관리제도 상의 미비점(또는 취약점)을 개선하고 평가기준일 현재(또는 근접한 시점)에 충분한 기간 동안 통제의 설계와 운영이 적정함을 확인하는 경우에는 최종적인 내부회계관리제도 평가는 적정하다고 결론 내릴 수 있다. 이에 회사는 중간평가를 통해 미비점(취약점)을 조기에 확인하고 개선하는 것이 일반적이다.

다. 그러나, 중간평가만으로는 평가기준일 현재의 내부회계관리제도의 효과성에 대해 합리적 확신을 제공하기에는 부족하므로 중간평가 기준일 현재 내부회계관리제도의 효과성에 대한 평가 결론이 평가기준일 현재에도 여전히 유효한지를 확인하기 위하여 평가기준일 혹은 이에 근접한 일자에 추가적인 평가를 통해 보완하는 절차가 필요하다. 이를 '기말평가'라 하며 기말에 이루어지는 기말 결산 절차 중 중간평가에 포함되지 않는 통제는 기말 평가에 포함되어야 한다.

라. 중간평가 실시 후 평가기준일까지의 잔여기간의 길이, 평가 대상 통제의 위험평가 결과, 통제환경, 통제 발생 횟수, 중간평가 이후 통제의 유의적 변동 여부 등을 고려하여 잔여기간에 대한 기말평가의 범위, 방법 등을 결정한다.

마. 이상에서 논의된 중간평가 및 기말평가를 도해하면 다음과 같다.

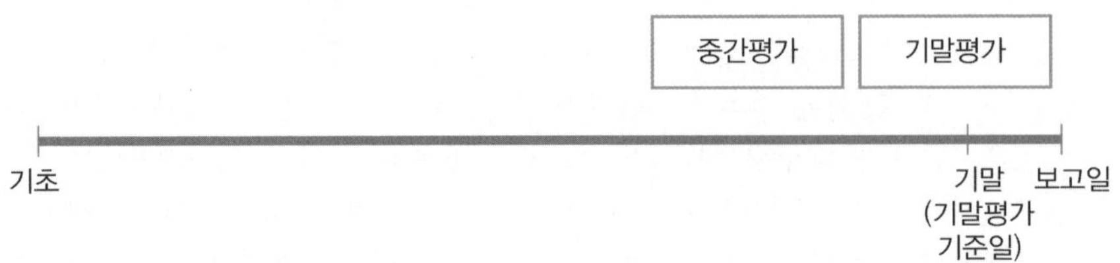

36. **(위험 평가에 따른 평가시기 결정)** 통제위험이 클수록 테스트의 수행 시기는 빈번할 수 있으며 위험이 높은 통제는 가급적 평가기준일에 평가하는 것이 효과적인 평가 방법이다.

가. 경상적으로 발생하는 거래에 대한 통제는 기중에 평가할 수 있으나, 평가기준일 근처에 발생하는 중요한 비일상적 거래와 관련된 통제나 통제위험이 큰 통제수행자의 주관적인 판단이나 추정에 크게 의존하는 통제 등은 기말 시점에 근접하여 평가하여야 한다.

나. 기말 재무보고와 관련된 통제의 경우 기말평가 기준일 시점에 해당 통제의 효과성 평가가 불가능하기 때문에 기말평가 기준일 이후에 실시한다.

37. **(평가자)** 경영진은 일반적으로 평가 대상 통제로부터 독립된 위치에 있는 자를 평가자로 지정하여 평가를 수행한다.

가. '독립된 위치에 있는 자'란 통제수행자가 소속된 해당 부서와 독립적인 제3자를 의미한다. 경영진은 내부회계관리제도의 독립적인 평가를 위해 평가 시점마다 별도의 임시조직(Task Force팀 등)을 구성하거나 일반 현업부서와는 독립적인 상시조직(예를 들어, 내부통제팀 등)을 통해 평가할 수 있다.

나. 그러나, 통제위험이 높지 않고 상시적인 모니터링이 효과적인 것으로 판단된다면 낮은 수준의 독립성을 갖는 자를 평가자로 지정하는 것도 가능하며, 이때 평가대상 통제로부터 평가자의 독립성 수준을 결정할 때에는 전사적 수준 통제테스트 결과를 포함한 위험평가 결과와 각 통제의 위험평가 결과를 고려한다.

다. 동일부서의 다른 인원의 평가 및 전담부서가 아닌 다른 부서의 평가는 낮은 수준의 독립성이나 전문성을 갖는다고 할 수 있다. 이는 다음과 같은 방안을 종합적으로 반영하여 보완될 수 있다.

(1) 내부통제팀 등 독립적인 평가자가 테스트 절차(테스트 방법, 표본의 선정방법 및 개수) 및 결론 등의 적정성 확인

(2) 내부통제팀 등 독립적인 평가자가 문서검사 및 재수행을 통하여 평가결과의 일정 부분을 검토

(3) 내부통제팀 등 독립적인 평가자가 테스트 모집단과 샘플을 직접 선정하여 평가자에게 전달

라. 아래와 같은 상황에서는 보완절차를 생략할 수 있다.

(1) 테스트 절차가 구체적으로 기술되어 별도의 전문성이 필요 없다고 판단되는 경우

(2) 평가를 적절하게 수행하지 않은 인원에 대한 성과 반영이 이뤄지는 경우

마. 중소기업은 내부회계관리제도의 독립적인 평가를 수행하는 것이 어려운 경우 통제업무를 수행하는 담당자가 평가를 수행할 수 있다. 이 경우에도 통제환경, 기말 재무보고 절차 및 중요한 추정이나 판단이 필요한 통제 등 특히 위험이 높은 것으로 평가된 통제에 대해서는 해당 통제와 독립적인 다른 부서의 인원 또는 외부의 전문가가 문단 37 다.(1)~(3)의 절차 등을 통해 해당 평가의 적정성을 확인하는 것이 필요하다. 단, 문단 37 라.(1)~(2)의 상황에서는 동 보완 절차를 생략할 수 있다.

38. (평가대상 사업단위의 선정)

가. 재무보고 위험을 처리하는데 필요한 통제들이 둘 이상의 사업장 또는 사업부에서 운영되는 경우 경영진은 일반적으로 개별 사업장과 사업부를 별도의 사업단위로 보아 재무보고 위험을 평가하고 통제 운영에 대한 증거를 평가한다. 사업단위의 정의는 회사의 상황에 따라 달라질 수 있으며 일반적으로는 법적실체(연결재무제표에서 종속회사, 유한회사, 파트너쉽 등), 사업부문 또는 영업시설(예 : 사업부, 생산설비, 판매조직) 등이 사업단위에 해당한다. 특정 단위조직의 사업목적, 업무프로세스, 전산환경 등이 타 조직과 독립적인 경우 별도의 사업단위로 본다.

나. 복수의 사업단위가 존재하는 경우 경영진은 각 사업단위의 재무적 비중 및 고유위험, 특수한 회계처리방법의 적용여부, 내부감사 또는 외부감사 결과 등의 과거경험, 사업환경의 변화 등 개별 사업단위가 지니는 상대적 중요성 및 위험을 고려하여 어느 사업단위가 평가대상에 포함되는지 결정한다.

다. 평가대상 사업단위 결정 시 경영진은 각 사업단위의 재무제표 상 중요한 왜곡표시 위험을 고려하여야 하며 동 위험에 따라 사업단위 별로 평가 절차를 달리할 수 있다. 예를 들어, 경영진은 개별적으로 또는 타 부문과 결합되었을 때 재무제표 상 중요한 왜곡표시의 발생가능성이 낮은(Do Not Present a Reasonable Possibility) 사업단위의 통제는 설계 및 운영 평가 대상에서 제외할 수 있다. 연결재무제표의 종속회사의 경우 범위에 포함된 유의한 계정과목과 관련된 모든 종속회사를 범위에 포함할 수 있으나 실무적으로는 중요한 왜곡표시의 발생가능성이 낮은 사업단위를 제외하는 것이 일반적이다. 사업단위를 제외하였음에도 충분한 범위의 선정은 이뤄져야 하며 이는 특정 유형의 매출이나 거래의 경우에도 동일하게 적용될 수 있다.

라. 경영진은 개별 사업장 또는 사업부에서 운영되는 통제위험이 낮다고 판단할 수 있는 경우가 있다. 이러한 경우 경영진은 반복적인 자가평가 또는 상시적인 모니터링을 통하여 입수된 증거자료들이 개별 사업장의 운영 결과를 모니터링하는 중앙 집중화된 통제로부터 입수된 증거들과 결합되었을 때 평가를 위한 충분한 증거자료가 구성되었다고 판단할 수 있다. 반대로, 경영진은 개별 사업장의 통제 운영이 복잡하거나 판단이 개입되어 통제

가 효과적으로 운영되지 않을 위험이 높다고 판단할 경우 사업장 통제의 효과적인 운영에 대하여 더 많은 증거자료가 필요하다고 결정할 수 있다.

마. 지점, 영업점 등 복수의 사업단위에서 중앙의 본사 차원에서 설계되어 전체 사업부 또는 지점에서 일관되게 수행되도록 하는 동질적 통제(공통 통제)가 존재하는 경우 해당 동질적 통제의 설계평가는 본사 차원에서 한번 수행하고 운영평가는 전체 사업부 또는 지점을 모집단으로 두고 표본을 추출하여 테스트할 수 있다. 즉, 4개의 지점에서 매달 1회씩 수동통제를 수행한다면 연간 총 48개의 모집단에 해당하는 표본을 추출하여 운영의 효과성을 테스트하는 것이다. 이 때 각 지점의 양적·질적 위험요소를 함께 고려하여 표본을 추출할 지점을 선정하는 것이 바람직하다.

바. 동질적 통제(공통통제)를 판단할 때에는 다음 사항을 고려한다.

(1) 해당 통제가 본사 차원에서 설계되어 일부 또는 전체 사업부(또는 지점)가 수정 없이 적용하도록 요구되는가? 해당 통제에 대한 상세한 설명이나 관련된 정책과 절차가 본사 차원에서 개발되고 관리되며 적용되는 사업부(또는 지점)에 공유되는가?

(2) 해당 통제가 비슷한 수준의 역량이나 전문성, 권한을 가진 개인에 의해 수행되는가?

(3) 해당 통제가 자동통제라면 해당 사업장(또는 지점)이 동일한 시스템 설정(Configuration)이 적용된 동일한 응용프로그램에서 작동하는가?

(4) 해당 통제가 정보시스템에서 산출되는 정보를 사용한다면 해당 사업장(또는 지점)이 동일한 정보시스템을 사용하는가?

(5) 해당 통제를 수행하기 위해 요구되는 판단이나 추정의 정도가 높지 않은가?

3.2절 내부회계관리제도 설계의 효과성 평가

39. (내부회계관리제도 설계의 효과성 평가) 경영진은 내부회계관리제도가 재무제표의 중요한 왜곡표시를 초래할 수 있는 오류나 부정을 예방하고 적시에 적발할 수 있도록 설계되었는지 여부를 판단하기 위해 내부회계관리제도 설계의 효과성을 평가한다.

가. 설계의 효과성 평가는 전사적 수준과 거래수준의 내부통제 설계에 대한 평가 등으로 구성된다.

나. 업무프로세스 내의 통제가 재무제표에 대한 경영진의 주장 및 통제목적을 효과적으로 달성하고 발생가능한 위험을 충분히 관리할 수 있는 통제의 설계 여부를 확인하기 위해 다음과 같은 항목을 고려한다.

(1) 통제가 정책과 절차와 연계되는지

(2) 관련 통제위험을 명확하게 감소시킬 수 있을 정도로 정교한지

(3) 예외사항의 정의와 적시 대응방안이 포함되는지

(4) 통제를 수행하는데 사용된 정보의 신뢰성 확보 방안이 적절한지

(5) 통제가 설계되어 수행된 기간은 충분한지

(6) 통제수행자의 적격성이 정의되었는지

(7) 통제 수행 빈도가 위험을 적시에 예방하거나 적발할 수 있는지

(8) 유의한 계정과목의 중요한 왜곡표시 원천이 완전하게 고려되었는지

다. 효과적으로 설계된 내부회계관리제도는 각 업무프로세스별 통제목표 달성을 위한 예방통제와 적발통제가 적절히 결합되는 것이 바람직하다. 예를 들어, 승인받지 않은 자금거래의 발생을 방지하기 위한 예방통제(펌뱅킹상의 승인절차, 접근제한, 인증서 관리 등) 없이 주기적인 예금결산절차를 통한 예금잔액과 장부와의 대사를 수행하는 절차(적발통제)만으로는 실재성, 완전성 등 예금계정에 대한 경영자 주장을 만족시키기에 충분하지 않을 수 있다. 단, 업무프로세스가 상대적으로 단순하고 예방통제와 적발통제의 균형을 고려할 정도의 인력이 뒷받침되지 않는 중소기업의 경우에는 예방통제나 적발통제 중 보다 효과적인 유형을 중심으로 통제를 설계할 수 있다.

40. (설계의 효과성 평가방법)

가. 경영진은 통제 설계의 효과성을 평가하기 위하여 추적조사, 관찰, 문서검사, 재수행과 같은 방법을 사용할 수 있으며 평가자는 한 가지 방법을 단독으로 적용하거나 여러 방법을 조합하여 적용함으로써 내부회계관리제도 설계의 효과성에 대한 합리적인 확신을 얻을 수 있다.

나. 추적조사는 통제 설계의 효과성 평가에 있어서 매우 효과적인 방법이다. 추적조사는 거래유형별로 1~2개의 거래를 표본으로 추출하여 거래의 시작에서 재무제표에 반영되는 종료시점까지 계약서, 증빙서류 및 회계장부 등의 거래 증적에 따라 거래 흐름을 추적하고 관련된 위험을 파악하여 관련된 통제의 설계가 적절한지 여부를 파악하는 것이다. 단, 중소기업의 경우에는 추적조사 절차를 생략하고 질문 및 문서검사 위주로 설계의 효과성을 평가할 수 있다.

다. 최초 설계평가 시에는 복잡하고 유의한 프로세스는 추적조사를 적용하고, 나머지 프로세스는 업무흐름도와 통제기술서를 검토하고 질문이나 관찰 등의 절차를 이용하여 평가할 수 있다. 추적조사 대신에 각 프로세스에서 계정과목의 중요한 왜곡표시 원천이 되는 위험을 관리하기 위한 통제를 확인하는 절차를 통해 설계 평가를 수행할 수도 있다.

41. (변화관리체계와 설계평가)

가. 설계의 효과성 평가 방식을 결정할 때는 회사의 내부회계관리제도의 변화관리체계 수립 및 적용의 적정성을 고려하여야 한다. 회사는 일반적으로 변화관리체계를 통해 중요한 변경이 존재하는 경우 추적조사를 수행하고, 그렇지 않은 경우에는 다른 방법을 적용하여 통제 설계의 적정성을 확인하고 관련 절차를 문서화한다. 이는 통제기술서를 포함한 업무흐름도, 관련 정책 및 절차의 업데이트를 포함한다.

나. 변화관리는 업무흐름도가 존재하지 않거나 대규모 변화가 발생하는 경우 변화된 사항으로 인한 위험의 변화가 파악되기 어려운 경향이 존재하므로 업무흐름도 등의 기반 문서가 충분하지 않거나 구체적이지 않은 부분에 대해 추적조사를 수행하는 것을 고려한다.

다. 경영진은 매년 통제의 설계 평가를 수행하여야 한다. 다만, 최초 설계 평가 이후 관련된 프로세스, 조직 및 시스템의 변화가 없거나 미미한 경우에는 통제에 영향을 미치는 변경이 존재하지 않음을 확인하는 것으로 설계 평가를 할 수 있다. 최초 설계와 변화관리체계가 잘 수립되고 운영되어 기중에 발생하는 프로세스, 조직 및 시스템의 변경사항에 따른 변화사항을 파악하고 통제 설계의 적정성을 평가하는 절차가 효과적으로 수행되는 경우에는 해당 절차를 평가하고 변화 여부를 확인하는 통제를 평가하는 것으로 설계 평가를 대체할 수 있다. 후속 연도마다 내부회계관리제도 전체의 설계 문서를 새로 작성하지 않더라도 전년 대비 변화사항에 대한 설계 평가가 적시에 이뤄졌을 것이기 때문이다.

라. 통제의 변경 정도를 파악하기 위해서는 다음과 같은 요소를 고려한다.

(1) 통제 설계의 변경 정보

(2) 통제 설계 및 운영의 효과성에 부정적인 영향을 미칠 수 있는 거래량 및 거래성격의 변경 정도

(3) 해당 통제가 다른 통제(예를 들면, 통제환경, 정보기술 일반통제 등)의 효과성에 의존하는 정도

(4) 통제를 수행하는 중요 담당자의 변경 여부

(5) 이전 평가에서 해당 통제에서 미비점이 식별되었는지 여부

42. (설계의 효과성 평가의 문서화) 경영진은 내부회계관리제도 설계의 효과성 평가결론을 뒷받침하기 위해 충분하고 적합한 근거를 확보하여야 하며 설계의 효과성에 대한 평가 절차 및 그 결과에 대해 문서화하여야 한다.

3.3절 내부회계관리제도 운영의 효과성 평가

43. (내부회계관리제도 운영의 효과성 평가)

가. 경영진은 내부회계관리제도가 설계된 대로 운영되고 있는지를 판단하기 위해 운영의 효과성을 평가한다. 이러한 평가는 전사적 수준 및 거래수준의 내부회계관리제도 운영에 대한 평가로 구성된다. 평가 대상의 통제위험 평가 결과를 고려하여 테스트 수행자, 테스트 방법, 범위 및 시기 등을 달리 적용할 수 있다.

나. 운영의 효과성 평가를 위한 테스트 계획에는 테스트 대상 핵심통제를 포함하고, 다음과 같은 요소를 포함하여 수립하는 것이 바람직하다.

(1) 테스트 방법 : 테스트는 질문, 관찰, 문서 검사, 재수행의 방법을 이용한다.

(2) 테스트 범위 : 통제 테스트 시 고려할 표본의 수를 결정한다.

(3) 테스트 수행 시기 : 중간평가가 어떤 기간을 대상으로 언제 수행될 것인지, 그리고 중간평가 이후 기말까지 기간에 대한 기말평가 계획을 포함한다.

(4) 기타 문서화 : 테스트 계획에는 테스트 수행자, 수행될 테스트 절차, 테스트를 통해 확인될 재무제표 주장, 어떠한 관련 증거가 검토되어야 하는지를 포함한다.

(5) 예외사항 처리 : 테스트 계획에는 어떻게 예외사항이 조사되고 파악되며 언제 추가적인 테스트가 수행될 것인지를 설명한다.

44. (운영의 효과성 평가 방법)

가. 내부회계관리제도 운영의 효과성을 평가하기 위하여 질문, 관찰, 문서검사, 재수행 등 4가지 방법을 사용할 수 있다.

나. '질문'은 그 자체로는 통제 운영의 효과성에 대한 충분한 증거를 제공하지 않는다. '관찰'은 통제가 수행되는 절차를 관찰하여 관련된 위험이 감소하는지 여부를 확인하는 절차로 질문보다 더 높은 수준의 확신을 제공한다. '문서검사'는 통제의 결과가 문서화되는 경우 해당 문서 검토를 수행하는 절차를 의미하고, '재수행'이란 통제 평가자가 통제를 동일한 상황을 가정하고 다시 반복하여 수행해 봄으로써 통제가 효과적으로 수행되었는지를 평가하는 것으로 질문, 관찰 등의 방법보다 높은 수준의 확신을 제공하여 주는 평가 방법이다.

다. 테스트의 종류별 확신의 수준은 다음과 같다.

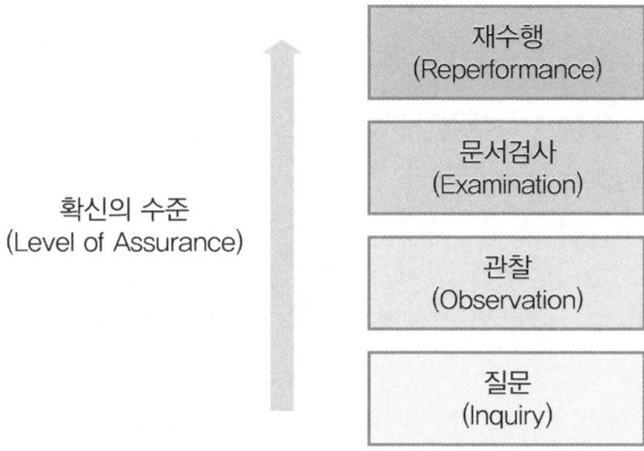

라. 평가자는 이러한 방법을 단독으로 적용하거나 여러 방법을 조합하여 적용함으로써 내부회계관리제도 운영의 효과성에 대해 합리적인 확신을 얻는다. 하나의 방법만을 사용하는 것보다 2가지 이상의 테스트를 결합하는 것이 더 큰 확신을 부여한다. 평가된 통제위험이 클수록 2가지 이상의 방법을 사용하여 증거를 입수하는 것이 바람직하다.

마. 또한, 평가 대상 통제의 성격 및 속성에 따라 수행되어야 할 테스트 방법을 적절히 선정한다. 예를 들어, 승인, 증빙 대조, 연관된 보고서 간의 상호 검증 등 문서 증거가 존재하는 통제에 대하여는 문서검사의 방법으로 통제 운영의 효과성을 평가할 수 있다. 반면에 통제환경과 관련된 문서화된 증거가 존재하지 않을 수도 있다. 통제의 문서화된 증거나 통제성과가 존재하지 않거나 존재하지 않을 것으로 기대되는 경우에는 질문과 관찰을 조합한 방법 등이 사용될 수 있다.

바. 중소기업의 경우에는 내부회계관리제도 운영의 효과성을 평가함에 있어 위험평가 결과 위험이 높지 않은 것으로 분류된 프로세스의 경우에는 재수행절차를 생략하고 질문, 관찰, 문서검사 위주로 실시할 수 있다.

45. **(테스트 범위)** 일반적으로 테스트의 범위는 표본조사 방법에 기반한 방식을 적용한다.

가. 일반적으로 통제의 빈도가 많아질수록(모집단의 규모가 커질수록) 표본 위험은 증가하므로 테스트의 범위, 즉 테스트 대상 통제의 운영평가 표본 개수는 증가한다. 또한, 통제의 빈도가 동일하더라도 위험평가 결과에 따라 표본을 달리 적용할 수 있다.

나. 통제빈도와 통제수행 모집단 개수별 표본 수를 결정할 때에는 다음의 예시를 참고할 수 있다.

| 허용가능오류를 0개로 기대하는 경우의 모집단별 테스트 표본의 개수(예시) |

통제활동의 빈도	통제수행 모집단 개수	위험별 테스트 대상 표본 수 (위험수준을 고려하여 판단)
연간	1	1
분기	4 이하	2
월간	12 이하	2~4
주간	52 이하	5~10
일간	250 이하	15~40
하루에 한 번 이상	250 초과	25~60

다. 다음과 같은 상황이 발생하는 경우에는 테스트 계획을 수립함에 있어 평가 대상 통제의 수를 확대할 것을 고려하여야 한다.

(1) 전사적 수준 또는 업무프로세스 수준의 통제 설계가 비효과적인 것으로 평가된 경우

(2) 정보기술 일반통제의 설계가 비효과적인 것으로 평가된 경우

(3) 상시적인 모니터링을 수행한 결과 내부회계관리제도가 비효과적이라고 판단되는 경우 등

라. 자동통제와 수동통제의 테스트 범위

(1) (자동통제) 자동통제의 경우 정보기술 일반통제 평가 결과가 효과적이라고 검증되었다면 하나 또는 적은 양의 표본에 대한 테스트를 통하여 운영의 효과성을 확인할 수 있다. 대표적인 자동통제의 사례는 특정 시스템에 데이터를 입력할 때 사용되는 편집체크(Edit Check)이다. 편집체크 기능은 허용 가능한 입력값의 특성(문자, 숫자, 날짜 등)을 사전에 정의하고 유효하지 않은 입력값이 입력되지 않도록 방지한다. 이러한 통제의 운영의 효과성을 테스트하기 위해서는 유효하지 않은 가격의 조합이 입력가능한지 여부에 대해 확인하는 방법 등이 있다.

(2) (수동통제) 수동통제는 자동통제보다 더 넓은 범위의 테스트를 요구한다. 즉, 각 거래가 발생할 때마다 사람이 수행하는 수동통제의 경우에는 통제가 효과적으로 운영되고 있는지에 대한 확신을 얻기 위하여 충분한 기간에 대해 다수의 테스트를 수행할 필요가 있다. 예를 들면, 연 1회 발생되는 수동통제의 경우는 모집단이 1개뿐이므로 전체에 대해 테스트를 수행하고, 분기별로 수행하는 수동통제의 경우는 총 4개의 모집단에서 2개 정도의 표본을 선택해서 테스트를 수행한다. 월 1회 발생되는 수동통제의 경우는 총 12개의 모집단에서 2~5개 정도의 표본을 선택해서 테스트를 수행한다(여기서 2~5개로 범위를 표시한 이유는 위험이 더 높다고 판단되는 경우는 표본 수를 더 늘릴 수 있기 때문이다). 마찬가지로 주단위로 수행되는 수동통제의 표본 테스트 범위는 증가될 것이다. 월별 계정잔액 대사나 특정기간의 재무보고절차에 대한 통제와 같이 발생 빈도가 낮은 통제의 경우 적은 수의 표본을 테스트하므로 이러한 통제에 대한 평가는 자주 운영되는 통제에 대한 테스트보다 주의 깊게 이루어져야 한다.

마. 테스트 범위는 경영진의 판단과 테스트를 통해 얻고자 하는 확신의 수준(Level of Assurance)에 영향을 받는다. 즉, 경영진이 판단한 테스트 대상 통제의 중요성과 부여하

고자 하는 확신수준에 따라 표본의 수가 달라진다. 더 적은 수의 표본이 테스트 될수록 잘못된 결론에 도달할 위험이 증가한다. 그러므로 매우 중요한 통제(예를 들어, 복수의 경영진 주장과 관련된 통제나 기말 시점의 적발통제는 예방통제보다 더 중요할 수 있다) 또는 중요한 계정과목에 대한 재무제표 주장을 뒷받침하는 유일한 수동통제인 경우에는 표본의 크기를 증가시켜야 한다.

46. (테스트 시기에 따른 고려사항)

가. 기말평가는 중간평가 이후 통제의 변화 여부에 대한 질문, 통제 수행여부에 대한 관찰, 통제에 대한 추가적인 문서조사나 재수행 등의 방법과 추가적인 추적조사 등을 통해 이루어진다. 이는 다음과 같이 중간평가 이후 평가기준일 시점까지 통제의 변화가 중요한지 여부를 고려하여 결정한다.

(1) 상시 모니터링 평가를 수행하는 경우 결과가 효과적인지 여부

(2) 통제에 영향을 주는 요인에 변경이 발생하였는지 여부

(3) 통제의 기반이 되는 통제가 여전히 효과적인지 여부

나. 경영진은 중간평가를 수행한 수동통제의 기말평가를 수행 시 다음 사항을 고려하여 추가로 수행할 테스트 방법 및 범위 등을 결정한다.

(1) 중간평가 결과 특정 통제가 효과적으로 운영되지 않았으나 기중에 통제 미비점의 개선이 완료된 경우에는 개선 완료 시점 이후부터 평가기준일 현재까지 충분한 기간 동안 효과적으로 운영되었다는 결론을 얻기 위해 충분한 표본을 입수하여 평가한다. 이때, '충분한 기간'이란 해당 통제의 효과성에 대한 합리적인 확신을 줄 수 있을 정도의 기간을 의미하며 통제의 위험과 빈도를 고려하여 결정하는 샘플 수와 연관하여 판단하는 것이 일반적이다. 예를 들어, 월별 통제활동의 미비점이 8월에 확인되어 해당 사항을 개선한 후 9월부터 적용한 경우 해당 통제의 운영평가 시 수행빈도와 위험을 고려할 때 3개의 샘플이 적정하다고 판단한다면 9월부터 12월까지의 기간은 '충분한 기간'에 해당할 수 있다. 그러나, 해당 통제활동이 11월과 12월에만 적용되었다면 3개의 샘플을 확인하기에는 기간이 충분하지 않기 때문에 평가기준일 현재의 미비점으로 평가된다.

(2) 중간평가 시 운영의 효과성을 확신할 수 있는 충분한 증거를 입수하지 못한 경우 기말평가 시 추가적인 증거를 입수한다.

(3) 중간평가일부터 평가기준일까지의 기간이 길수록 평가의 범위가 커진다.

(4) 중간평가일 이후 평가기준일까지의 기간 중 중요한 변경이 존재하는 경우 별도의 통제로 간주하여 평가한다.

다. 경영진의 입장에서 중간평가의 결과를 가능한 많이 활용하기 위해서는 기말평가 대상기간이 짧은 것이 유리하며 기말평가 대상기간이 지나치게 긴 경우에는 중간평가 결과의 활용이 불가능하게 된다. 즉, 기말평가 대상기간이 지나치게 길다면 중간평가 여부에 관계 없이 중간평가일로부터 평가기준일까지의 기간에 대하여 평가를 다시 수행한다.

라. 회사의 내부회계관리제도 변화관리체계가 효과적으로 구축되어 운영되는 경우 기말평가에서는 담당자에 대한 질문, 관찰 등을 통해 내부회계관리제도 설계의 변경 여부를 확인

하고, 설계상 변경이 없는 경우에는 운영의 효과성 평가를 위한 표본 수를 줄여 수행할 수 있다. 변화관리체계가 효과적으로 구축되어 운영되는 중소기업의 경우에는 기말평가에서 담당자에 대한 질문, 관찰 등을 통해 내부회계관리제도 설계의 변경 여부를 확인하는 절차를 위주로 수행할 수 있다. 예를 들어, 충분한 기간을 대상으로 수행한 중간평가 결과 효과적으로 설계되어 운영 중이라고 결론 내린 통제가 설계상 변경이 없는 경우에는 기말평가 목적의 추가적인 운영의 효과성 평가절차 없이 중간평가 시의 테스트 결과를 활용할 수 있다.

마. 또한 내부회계관리제도의 변화관리체계가 효과적이고 다음의 요건들이 모두 충족되는 경우에는 기말평가 시 질문기법만을 사용하여도 평가기준일 현재 통제의 효과성에 대한 합리적인 확신을 얻을 수 있다. 다음의 요건 중 하나라도 충족되지 않는 경우에는 평가기준일 시점 또는 평가기준일에 근접한 시점에서 질문 외의 추가적인 방법에 의한 테스트를 수행한다. 질문 외의 추가적인 기법은 관찰, 문서검사, 재수행이 사용될 수 있다.

(1) 중간평가 시 테스트된 통제의 위험평가 결과가 높지 않고 경영진이 통제를 무시할 가능성이 높지 않음

(2) 재무보고에 전반적인 영향을 미치는 통제가 아니며 기말 재무보고 관련 통제나 정보기술 일반통제에 해당하지 않음

(3) 중간평가 시 해당 통제의 운영이 효과적으로 운영되었음을 확인함

(4) 중간평가일 이후 해당 통제의 설계에 중요한 변경이 없음

(5) 중간평가일 이후 해당 통제의 운영 효과성에 영향을 미칠 만한 다른 통제의 효과성이나 환경적 위험요인에 큰 변화가 없음

바. 기말평가 절차로써 질문 기법을 활용하는 경우에는 충분하고 구체적으로 질문을 수행한다. 다음은 질문 기법의 수행 시 질문자가 고려하는 요소들이다. 또한, 질문 기법을 수행하는 경우에는 질문의 결과에 대해 주의 깊게 고려하여 추가적인 테스트가 필요한지 여부를 판단한다.

(1) 정보시스템의 신규 적용 또는 중요한 변동 여부

(2) 업무프로세스의 중요한 변동 여부

(3) 이직 등 통제수행자의 중요한 역할 및 책임의 변동 여부

(4) 산업 또는 회사 위험의 중요한 변동 여부

(5) 회계 또는 재무보고 원칙의 변동 여부

(6) 부정 또는 오류 발생 징후

(7) 법규 개정 등 감독 환경의 변화 여부

사. 자동통제 역시 수동통제와 동일한 요건들이 모두 충족되는 경우에는 자동통제의 운영 효과성에 대한 추가적인 기말평가 절차를 생략할 수 있다. 단, 중간평가일 이후 해당 통제의 설계에 중요한 변경이 없다는 것을 확인하기 위해 해당 프로그램의 변경 여부를 확인하는 절차(Benchmarking Approach) 등을 통해 변화가 존재하지 않음을 테스트 하여야 하며, 정보기술 일반통제에 대한 기말 평가는 반드시 수행되어야 한다.

47. **(운영의 효과성 평가의 문서화)** 경영진은 내부회계관리제도 운영의 효과성에 대한 평가 절차

및 그 결과에 대해 문서화한다.

가. 운영의 효과성 평가 결과의 문서화 수준은 독립적인 제3자가 테스트의 내용을 이해하고 그 적정성을 검토할 수 있을 정도의 수준으로 문서화되어야 한다.

나. 즉, 구체적인 테스트 절차와 표본의 내용(예를 들어, 유형자산 구매승인에 대한 통제를 평가하는 경우 대상 품의서 모집단의 정의 및 개수, 테스트하는 통제의 속성, 관련 증빙의 내용으로 품의서 일자, 거래처명, 금액, 최종 승인자 등), 테스트 수행자, 테스트 결과 및 전반적인 결론을 포함하여 충분히 문서화되어야 한다.

다. 만약 경영진이 회사의 장부와 기록된 증거자료가 경영진의 평가 결과를 합리적으로 지원하는데 충분하다고 판단한다면 경영진이 평가한 증거자료에 대한 사본을 별도로 유지할 필요가 없을 수 있다. 예를 들어, 회사의 통제와 경영진의 일상적인 상호작용이 평가의 근거자료를 제공하는 중소기업의 경우에는 경영진은 내부회계관리제도 평가를 위하여 별도의 문서를 작성하는 것을 제한할 수 있다. 그러나, 이 경우에도 경영진은 평가의 합리적인 근거로써 경영진의 일상적인 상호작용이 어떻게 충분한 증거를 제공하는지에 대한 문서를 포함시킬지 여부를 고려하여야 한다. 이러한 문서화는 메모, 이메일 그리고 경영진부터 직원들까지 공유된 정책 또는 지침 등을 포함한다.

48. **(운영의 효과성 테스트에서 발견된 예외사항의 평가 절차)** 테스트 중 예외사항이 발생할 경우 경영진은 예외사항의 원인을 파악하여 미비점에 해당하는지를 확인한다. 발견된 예외사항이 모집단을 대표한다고 판단되면 당해 예외사항으로 인한 통제상 미비점으로 판단하고 심각성을 평가하여 단순한 미비점, 유의한 미비점 또는 중대한 취약점인지 여부를 판단한다.

가. 먼저 예외사항이 통제상 미비점인지를 판단하기 위해서는 예외사항의 근본 원인을 충분히 이해하는 것이 중요하다. 발견된 예외사항이 체계적이고 반복적이지 않고 극히 예외적인 경우에 발생한 것으로 판단되는 경우에는 단순한 예외사항으로 구분할 수 있다. 반면, 담당자의 교체, 특정 시기에 거래나 업무가 집중되는 현상이나 인적 오류와 같은 원인으로 발생한 예외사항인 경우에는 일반적으로 미비점으로 분류한다.

나. 또한, 단순한 예외사항이 아니라도 추가적인 표본에 대한 운영의 효과성 테스트를 통해 이미 발견된 예외사항이 모집단을 대표하지 않을 수 있다는 것을 뒷받침할 수 있다고 판단한 경우에 해당하는지를 고려할 수 있다. 예를 들어, 1개 이하의 예외사항이 허용될 수 있게 설계된 테스트에서 2개의 예외사항이 발견되었을 경우 추가적인 테스트를 통해 최초 테스트 결과가 모집단을 대표하지 않는다는 결론을 내릴 수 있는지에 대해 고려하여야 한다.

다. 통제의 빈도가 연간, 분기, 월간, 주간 등에 해당하여 모집단이 작은 경우에는 예외사항이 발견되면 특별한 반증이 없는 한 미비점으로 분류하고, 일간 혹은 하루에 1번 이상 발생하는 통제활동의 테스트에서 1개의 예외사항이 발견된 경우 다음 조건을 모두 충족한다면 추가 테스트를 고려할 수 있다.

(1) 예외사항의 성격이 체계적이고 반복적이지 않는 것으로 판단되는 경우

(2) 예외사항으로 인한 재무제표 상의 왜곡표시가 발생하지 않을 것으로 판단되는 경우

라. 새로운 표본을 추출하여 추가 테스트를 수행한 결과 추가적인 예외사항이 발견되지 않는다면 최초 발견한 예외사항은 단순한 예외사항으로 구분할 수 있다. 단, 새로 추출할 표

본의 크기는 최초 표본크기의 절반 이상으로 하며 최초 표본과 새로운 표본을 합한 총 표본크기는 40개 이상으로 하는 것이 바람직하다.

마. 그러나, 추가 테스트에서도 1개 이상의 예외사항이 발생한 경우에는 미비점으로 구분하여 심각성을 평가하여야 한다. 예를 들어, 일간통제를 대상으로 위험수준을 고려하여 추출한 25개의 표본을 대상으로 한 최초 테스트에서 1개의 예외사항이 발견되었으나 위 조건을 충족하여 15개의 새로운 표본을 추출하여 추가 테스트를 수행한 결과 예외사항이 발견되지 않은 경우 단순한 예외사항으로 결론 내릴 수 있다.

| 운영의 효과성 테스트에서 발견된 예외사항에 대한 평가 |

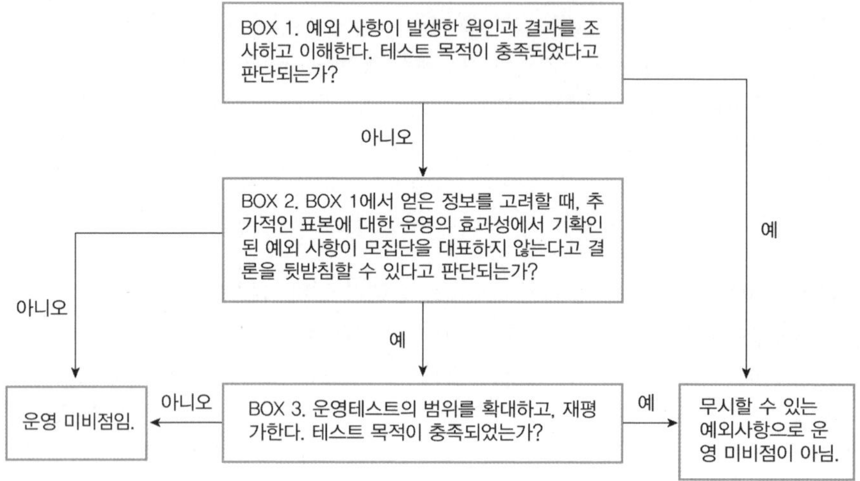

49. **(평가기준일 이전에 통제상 미비점 수정)** 경영진은 평가기준일 이전에 식별된 통제상 미비점을 개선한 경우, 내부회계관리제도가 효과적이라는 결론을 내리기 위하여 수정된 통제가 효과적으로 운영된다는 것을 확인하기 위해 충분한 테스트를 수행한다.

가. 평가기준일 전에 통제가 적절히 설계되고 운영의 효과성을 확신하기 위해 필요한 시간(즉, 통제가 효과적으로 운영된다고 결론 내리기 위하여 수정된 통제가 운영되어야 하는 최소 기간)은 일반적으로 최소 2개월 이상이나 통제의 성격이나 운영 빈도에 따라 달라진다. 경영진은 통제의 빈도가 높을수록 짧은 기간으로도 통제가 효과적으로 운영된다는 충분한 증거를 얻을 수 있다. 예를 들어, 분기통제의 경우 1개 이상, 월별 통제의 경우 최소한 2개 이상의 표본이 테스트될 수 있는 기간 동안 통제가 효과적으로 운영되어야 한다.

나. 기말 재무보고 절차와 같은 연단위로 수행되는 수동통제의 경우에는 평가기준일 이후에 운영의 효과성에 대해 테스트를 수행해야 하므로 미비점을 시정하기 위한 시간이 없다. 기말보고일 이후의 통제 수정은 통제상 미비점을 감소시키지 못하기 때문에 기말보고일 이전에 통제가 수정되어 충분한 기간 동안 적용되어야 할 것이다. 이를 위해 분기말이나 월말에 '모의테스트(Dry Run)'를 수행해서 미비점이 발생되지 않도록 할 수 있다.

제3장 내부회계관리제도 평가 결과 보고

제1절 미비점에 대한 평가

50. (내부회계관리제도 미비점) 내부회계관리제도와 관련된 통제상 미비점은 경영진과 종업원이 담당 업무를 수행하는 정상적인 과정에서 적시에 재무제표 왜곡표시를 예방하거나 적발할 수 없을 때 발생하며 설계상 미비점과 운영상 미비점으로 구분된다.

가. (설계상 미비점) 내부회계관리제도의 목적을 달성하기 위하여 필요한 통제가 존재하지 않거나 수립된 통제가 적절하게 설계되지 않아 설계된 대로 운영되더라도 통제목적이 충족되지 못하는 경우에 발생한다.

나. (운영상 미비점) 적절하게 설계된 내부회계관리제도가 설계된 대로 운영되지 못하거나 통제 업무 수행자가 통제를 효과적으로 수행하기 위한 자격요건이나 권한을 갖추고 있지 않아 통제의 목적이 충족되지 못하는 경우에 발생한다.

51. (미비점 평가)

가. 내부회계관리제도의 미비점은 재무제표 왜곡표시의 발생가능성 및 금액적 중요도에 따라 단순한 미비점, 유의한 미비점, 중요한 취약점*으로 구분하며, 중요한 취약점이 발견된 경우 경영진은 회사의 내부회계관리제도가 효과적이라고 결론을 내릴 수 없다. 경영진은 발견된 모든 미비점을 개별적으로 그리고 다른 미비점과 결합하여 평가하여 회사의 내부회계관리제도에 유의한 미비점 또는 중요한 취약점이 존재하는지 여부를 평가한다.

* 내부회계관리제도의 중요한 취약점(Material Weakness)은 내부통제의 중요한 미비점(Major Deficiency) 수준에 대응된다.

준거 기준	내부통제제도의 미비점 분류 (설계 · 운영 개념체계 문단 7)	내부회계관리제도의 미비점 분류 (설계 · 운영 개념체계 문단 27 및 평가 · 보고기준)
미비점 구분	중요한 미비점 (Major Deficiency)	중요한 취약점 (Material Weakness)
	미비점(Deficiency)	유의한 미비점 (Significant Deficiency)
		미비점 (Deficiency)

나. 경영진은 발견된 미비점이 내부회계관리제도의 5가지 구성요소와 17가지 원칙에 미치는 영향을 고려한다. 내부회계관리제도의 미비점은 경영진의 모니터링 활동, 내부감사업무, 외부감사, 규제 기관의 감독 업무 등 다양한 경로를 통하여 발견될 수 있으며, 평가 대상 미비점을 취합 시에는 다양한 경로로 확인된 재무보고상의 문제점과 관련된 미비점이 존재하는지 확인하여야 한다. 이미 효과적이라고 판단한 통제라 하더라도 관련된 재무보고에 오류나 부정이 확인되는 경우에는 해당 효과성 평가 결과가 적절한 것인지 재검토하여야 한다.

다. 미비점을 분류하기 위해서는 해당 미비점의 발생가능성(Likelihood), 금액적 크기(Magnitude), 보완통제(Compensating Controls) 등의 존재 여부, 회계와 내부회계관리제도에 충분한 전문지식을 갖춘 객관적인 관리자(Prudent Officials)의 관점 등을 고려하여야 한다. 미비점의 분류는 객관적인 기준의 적용뿐만 아니라 높은 수준의 판단을 필요로 하므로 경영진은 지속적으로 외부감사인과 충분한 협의를 거치는 것이 바람직하다.

52. **(미비점의 심각성 평가)** 미비점의 심각성 평가시에는 재무제표 왜곡표시의 발생가능성과 잠재적 왜곡표시의 금액적 크기를 고려한다.

53. **(발생가능성)** 발생가능성이란 재무제표 왜곡표시가 방지되거나 발견되지 못하는 경우가 발생할 잠재적 가능성을 말하는 것으로 재무제표의 왜곡표시가 실제로 발생하였는가 여부를 고려하는 것은 아니다.

가. 일반적으로 발생가능성은 (i) 낮은(remote), (ii) 합리적으로 발생가능한(reasonably possible), (iii) 높은(probable)의 세단계로 구분되는데, 여기에서 (ii) 합리적으로 발생 가능한(reasonably possible) 또는 (iii) 높은(probable) 가능성의 경우는 '가능성이 낮지 않은(reasonable possibility) 경우'에 해당한다. 해당 미비점의 발생가능성이 낮지 않다면(Reasonable Possibility) 유의한 미비점이나 중요한 취약점으로 분류할 수 있다.

* (i) 낮은(remote) 분류에 해당하지 않는 경우 '가능성이 낮지 않은 (reasonable possibility)' 경우에 해당하며, 이에 따라 실무적으로는 이를 'more than remote(낮지 않은 발생가능성)'이라고 표현하기도 함.

나. 발생가능성을 평가함에 있어서는 재무제표의 왜곡표시를 발생시키는 다음의 원인들을 고려한다.

(1) 예외사항의 근본적 발생원인 및 발생빈도
(2) 예외사항의 영향을 받는 계정과목, 주석사항 및 경영자 주장의 내용
(3) 계정과목, 공시사항에 내재된 주관성, 복잡성 및 판단요소의 성격
(4) 관련 자산이나 부채상의 손실, 또는 부정에 관련될 수 있는 민감도
(5) 통제미비점이 장래에 미칠 수 있는 영향의 결과
(6) 통제의 상호의존성 또는 중복성(Redundancy)의 정도

54. **(금액적 크기)** 금액적 크기란 발생할 수 있는 잠재적인 재무제표 왜곡표시의 크기(Magnitude of the Potential Misstatement)를 말한다.

가. 실제로 발생한 재무제표의 왜곡표시 금액이 아닌 발생 가능한 왜곡표시의 예상치이다.

나. 미비점으로 인한 잠재적 재무제표 왜곡표시의 크기가 중요한 수준 미만이라고 확신할 수 있다면 중요한 취약점으로 구분하지는 않으며, 금액적 크기를 평가할 때에는 다음의 요소들을 고려한다.

(1) 미비점에 따라 영향을 받는 재무제표 금액 또는 거래총액
(2) 당기에 이미 발생되었거나 향후 발생될 것으로 예상되는 미비점에 따라 영향을 받는 거래의 계정잔액 및 거래금액의 크기
(3) 보완통제의 영향으로 감소되는 발생가능한 왜곡표시의 예상치

다. '잠재적 재무제표 왜곡표시 크기의 유의한 수준'이란 회사의 재무보고를 감독할 책임이 있는 이사회, 감사(또는 감사위원회) 등이 주목할 만한 수준으로 중요성 금액 기준의 일정 비율을 의미하며, 유의한 미비점과 단순한 미비점을 구분할 수 있는 하나의 기준이 된다.

라. 잠재적 왜곡표시의 금액적 크기를 평가할 때 과대계상될 수 있는 계정잔액 또는 거래금액 합계의 최대값은 일반적으로는 기록된 금액이지만 과소계상의 경우에는 더 큰 금액으로 평가될 수 있다. 또한, 대부분의 경우에는 소액의 왜곡표시 가능성이 거액의 왜곡표시 가능성보다 더 높다.

55. (보완통제의 고려)

가. 보완통제란 본래의 통제에서 미비점이 발견되었다 하더라도 그 미비점으로 인해 발생할 수 있는 유의한 재무제표 왜곡표시 위험을 경감시켜 줄 수 있는 통제를 말한다. 효과적인 보완통제의 존재가 미비점으로 인한 재무제표 왜곡표시 위험을 경감시켜 주기 때문에 발견된 미비점이 유의한 미비점 또는 중요한 취약점인지를 결정할 때 보완통제를 고려하는 것이 필요하다.

나. 보완통제가 재무제표 왜곡표시 위험을 경감시킨다고 결론짓기 위해서는 해당 보완통제의 설계 및 운영의 효과성 평가 결과가 효과적이어야 하며, 특정 미비점이 효과적인 보완통제의 존재로 인해 유의한 미비점이나 중요한 취약점으로 분류되지 않았다고 하더라도 다른 미비점을 종합적으로 고려하여 유의한 미비점 또는 중요한 취약점에 해당하는지 여부에 대해서도 판단하여야 한다.

56. (객관적인 관리자의 판단)

가. 경영진은 미비점의 중요도를 판단할 때 회계와 내부회계관리제도에 충분한 전문지식을 갖춘 객관적인 관리자의 기준에서 정보이용자의 입장을 고려하여 판단하여야 한다. 즉, 규정에 따라 업무처리를 수행하는 관리자가 그들의 업무수행 과정에서 발생하는 거래가 회계처리기준에 따라 적정하게 재무제표에 기록되고 있다고 합리적 확신(Reasonable Assurance)을 가질 수 있어야 한다.

나. 만일 발견된 문제점에 대해 회계와 내부회계관리제도에 충분한 전문지식을 갖춘 객관적인 관리자가 그러한 합리적 확신을 가지지 못한다면 해당 미비점은 유의한 미비점 또는 중요한 취약점으로 분류되어야 한다.

57. (재무보고 감독 기구의 판단)

가. 경영진은 미비점의 중요도를 판단할 때 내부회계관리제도와 재무보고를 감독할 책임이 있는 이사회, 감사(또는 감사위원회) 등의 시각도 함께 고려하여야 한다. 즉, 중요한 취약점으로 분류될 수준은 아니지만 이러한 감독기구가 주목할 만큼 중요하다면 해당 미비점은 유의한 미비점으로 분류되어야 한다.

나. 발생한 미비점으로 인하여 5가지 구성요소와 17가지 원칙이 존재하지 않거나 기능하지 않는 경우에는 감사(또는 감사위원회)가 주목하는 항목으로 유의한 미비점이나 중요한 취약점으로 분류되어야 한다.

58. (미비점의 다른 미비점과의 종합적인 고려)(Aggregation of Deficiencies)

가. 미비점을 분류할 때에는 개별적인 미비점의 중요성뿐만 아니라 다른 미비점들과 종합적으로 고려하였을 경우의 효과에 대해서도 판단하여야 하며 이러한 종합적 고려는 유의한 계정과목별로 하도록 한다.

나. 예를 들어, 충분히 정교하게 설계 및 운영되는 직접 전사 통제와 업무프로세스 수준의 통제는 통제목적 달성에 직접적인 영향을 미치므로 해당 미비점이 유의한 미비점으로 분류되지 않더라도 다른 미비점과의 결합효과를 고려하여 유의한 미비점 및 중요한 취약점으로 구분될 수 있다.

다. 한편, 간접 전사 통제와 정보기술 일반통제는 통제 성격상 회사의 내부회계관리제도 전반에 걸쳐 중요한 영향을 미치나 특정 계정과목과 관련한 경영자 주장에는 간접적인 영향을 미친다. 따라서, 간접적인 영향을 미치는 통제의 미비점이 발견될 경우 그 자체로 미비점의 수준을 판단하기보다는 관련된 업무프로세스 수준의 통제가 효과적인지 여부를 고려하여 종합적으로 판단한다(발생가능성, 금액적 크기 등).

59. (내부회계관리제도의 미비점 평가 절차) 내부회계관리제도 상의 미비점은 그 심각성에 따라 단순한 미비점, 유의한 미비점, 중요한 취약점으로 구분하며 아래의 단계를 이용할 수 있다.

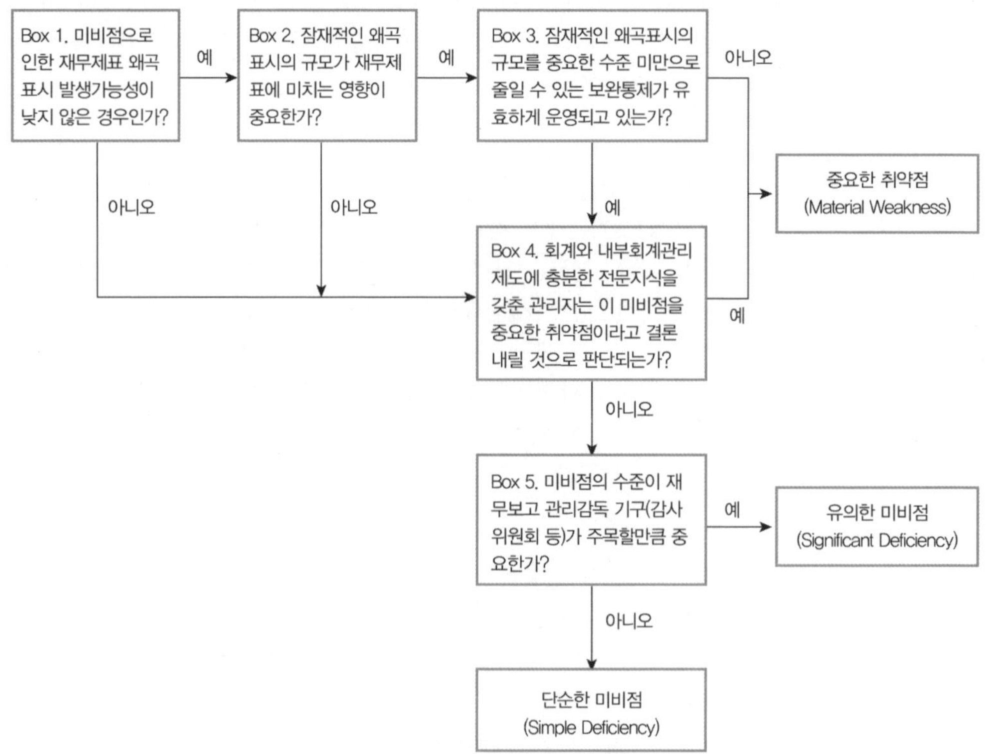

가. 내부회계관리제도의 미비점을 분류할 때에는 일반적으로 재무제표에 미치는 영향의 크기와 같은 양적 요소와 함께 질적인 특성을 고려하도록 한다.

나. 일반적으로 거래수준 통제를 평가하지 않고 전사적 수준 통제에 미비점이 존재한다는 이유만으로 내부회계관리제도가 효과적이지 않다고 결론 내리지 않는다. 단, 내부회계관리제도와 관련하여 외부감사법규 등에서 강조되는 감사(또는 감사위원회)의 기능이 미흡하거나 내부회계관리규정을 위반한 경영진의 지시사항에 대응하는 절차에 단순하지 않은 미비점이 존재하는 등의 경우에는 중요한 취약점의 징후로 고려되어야 한다.

다. 또한, 위험평가 과정에서 중요한 누락이 발생하는 미비점이 존재하는 경우, 예를 들어 중요한 주석 항목이나 현금흐름표의 영업현금 관련 항목이 평가에서 제외되는 경우 경영진은 해당 부분의 내부통제의 평가를 수행하지 않고 내부회계관리제도의 설계와 운영이 적정하다고 결론 내릴 수 없을 것이다.

라. 관련법규에서 강조하는 사항이나 회사가 선택한 내부통제체계에서 정의한 효과적인 내부회계관리제도에 부합하지 않는 경우에는 이는 적어도 유의한 미비점 이상으로 간주되어야 한다.

마. 미비점을 중요한 취약점이나 유의한 미비점으로 분류할 때에는 미비점을 계정과목별, 공시항목별 또는 내부회계관리제도의 5가지 구성요소와 17가지 원칙별로 집계하여 다른 미비점과의 결합효과를 고려하여야 한다. 특정 계정과목이나 공시항목과 관련된 통제에 다수의 미비점이 존재하게 되면 재무제표의 왜곡표시가 발생할 가능성이 높아지기 때문에 유의한 계정과목이나 공시항목별로 통제의 미비점을 집계하는 것이 필요하다. 내부회계관리제도의 5가지 구성요소와 17가지 원칙별로 통제의 미비점을 집계하는 것은 계정과목별, 공시항목별 집계방식보다 어렵고 더 많은 판단을 필요로 한다.

제2절 대표자의 내부회계관리제도에 대한 효과성 평가 결론

60. (대표자의 내부회계관리제도 효과성 평가 결론)

가. 경영진은 회사의 내부회계관리제도의 효과성에 대한 평가를 수행하고 내부회계관리제도에 대한 효과성 평가 절차를 통해 얻은 자료, 감사(또는 감사위원회) 및 외부감사인과의 논의 내용 등을 고려하여 내부회계관리제도의 효과성에 대한 평가 결론을 도출한다. 경영진은 평가기준일 현재 내부회계관리제도가 효과적으로 설계 및 운영되고 있는지 여부에 대해 경영진 스스로 합리적인 수준의 확신을 가지고 내린 종합 결론을 '내부회계관리제도 운영실태보고서'에 반영한다.

나. 대표자의 운영실태보고서에는 회사의 내부회계관리제도가 효과적인지 비효과적인지에 대한 결론을 명확한 문구를 사용하여 표명한다. 즉, 중요한 취약점이 없는 경우 '중요성의 관점에서 효과적으로 설계되어 운영되고 있다고 판단됩니다.', 중요한 취약점이 있는 경우 '중요성의 관점에서 효과적으로 설계되어 운영되고 있지 않다고 판단됩니다.'라는 문구를 운영실태보고서에 사용한다.

다. 내부회계관리자의 운영실태보고서에는 '식별된 특정 중요한 취약점을 제외하고는 효과적이다' 또는 '특정 부분을 제외하고는 효과적이다'는 식의 한정적 표현이나 '효과적이지 않다는 것을 나타내는 특별한 사항을 인지하지 못하였다'는 식의 소극적 확신(Negative Assurance)을 통한 결론표명을 할 수 없다.

61. **(외부서비스 제공자의 이용)** 회사가 재무보고와 관련된 서비스를 제공하는 외부서비스제공자를 이용하고 있는 경우, 이러한 외부서비스제공자의 서비스와 관련된 통제의 책임은 경영진에게 있으므로 경영진은 외부서비스제공자의 내부통제에 대한 평가를 수행한다.

가. 외부서비스제공자의 내부통제 설계 및 운영의 효과성을 평가하기 위해서는 다음 방식을 적용할 수 있다.

(1) 외부서비스제공자의 통제를 직접 평가

(2) 외부서비스제공자의 통제의 적정성을 충분히 모니터링할 수 있는 회사의 모니터링 통제 평가(단, 해당 서비스의 규모나 복잡성이 큰 경우에는 적절하지 않을 수 있다.)

(3) 외부서비스제공자의 감사인이 제공하는 통제 설계와 운영의 효과성 평가에 대한 보고서('서비스조직의 통제에 대한 인증업무 기준'에 의한 인증보고서, 3402 보고서(한국공인회계사회나 국제감사인증기준위원회가 인증한 서비스조직의 통제에 대한 보고서))

(4) 중소기업의 경우에는 외부서비스제공자가 제공하는 정보의 정확성을 확인하기 위한 회사의 검토 절차를 평가할 수 있다.

나. 외부서비스제공자 감사인이 3402 보고서(서비스조직의 통제에 대한 인증보고서)를 경영진에게 제공한다면, 경영진은 이러한 보고서가 외부서비스제공자의 통제 평가를 뒷받침하기에 충분한 증거를 포함하고 있는지 평가할 때 다음의 항목을 고려한다.

(1) 보고서 일자와 경영진의 평가기준일간 차이 여부

(2) 보고서의 테스트 대상 범위와 테스트 방법

(3) 외부서비스제공자 감사인의 적격성과 독립성

(4) 외부서비스제공자 감사인의 보고서 의견

다. 보고서 일자와 경영진의 평가기준일 사이에 유의한 차이가 있다면 다음과 같은 추가 절차를 수행한다. 단, 중소기업의 경우에는 외부서비스제공자의 경영진이 제공하는 확인서 입수를 통해 보고서일 이후 평가기준일 사이의 기간 동안 외부서비스제공자의 통제가 변경되었는지, 외부서비스제공자가 수행하는 통제의 효과성에 부정적 변화가 있었는지를 확인하는 절차로 대신할 수 있다.

(1) 보고서일 이후 외부서비스제공자의 통제가 변경되었는지 확인한다.

(2) 변경사항이 파악된 경우 내부회계관리제도의 효과성에 미치는 영향을 평가한다. 예를 들어, 서비스조직의 3402 보고서가 9월말 기준으로 발행되었고 회사는 12월말을 기준으로 내부회계관리제도를 평가하는 경우 회사는 9월말 기준의 3402 보고서를 활용할 수 있다. 다만, 9월말 이후 12월말까지 서비스조직의 내부통제에 중요한 변화가 존재하지 않았는지, 9월말 이후 12월까지 통제의 운영에도 변화가 존재하지 않음을 확인하여야 하며, 중요한 변화가 발생한 경우에는 관련 통제에 대한 설계 및 운영 평가를 추가로 수행하여야 한다.

라. 경영진은 회사의 감사인과 외부서비스제공자 감사인이 동일한 경우 외부서비스제공자 감사인의 적격성과 독립성을 평가하여 3402 보고서 활용 여부를 결정할 수 있다. 그러나, 3402 보고서를 발행한 외부서비스제공자 감사인이 경영진이 의존하는 외부서비스제공자의 프로세스와 관련된 내부통제를 직접 설계 또는 구축하였다면 감사인의 자기평가위협에 해당하여 독립성이 훼손되므로 경영진은 해당 보고서를 이용할 수 없다.

마. 외부서비스제공자 감사인의 보고서를 제공받지 못하거나 추가 증거의 입수가 필요하다고 판단되면 경영진은 외부서비스제공자의 통제를 직접 테스트하는 등 추가적인 절차를 취하는 것을 고려한다.

바. 경영진은 내부회계관리제도에 대한 평가 결론을 표명할 때 외부서비스제공자 감사인의 보고서를 언급해서는 안 된다.

사. 외부서비스제공자가 3402 보고서(서비스조직의 통제에 대한 인증보고서)를 제공하려 하지 않거나 외부서비스제공자에 구축된 통제의 효과성을 경영진이 직접 평가하는 것을 허용하지 않을 수 있다. 또한, 경영진은 대체적인 방법으로 프로세스에 대한 통제의 효과성 판단을 가능하게 하는 보완통제를 가지고 있지 않을 수도 있다. 그럼에도 불구하고 경영진은 내부회계관리제도 운영실태보고서에 내부회계관리제도의 효과성에 관한 종합결론을 표명하여야 하며 '특정 부분을 제외하고는 효과적이다'는 식의 한정적인 표현을 사용할 수 없다.

62. (내부회계관리제도 운영실태보고서) 내부회계관리제도 운영실태보고서에는 평가 · 보고 기준 문단 25의 내용을 포함하여야 하며, <별첨> 내부회계관리제도 운영실태보고서 예시를 참고하여 작성할 수 있다.

제3절 감사(또는 감사위원회)의 내부회계관리제도에 대한 효과성 평가 결론

63. (감사(또는 감사위원회)의 평가)

가. 감사(또는 감사위원회)는 경영진이 실시한 평가 절차와 운영실태 평가 결과의 적정성을 감독자의 관점에서 독립적으로 평가하는 과정에서 필요에 따라 경영진의 평가와 관련된 자료를 근거로 평가 절차를 수행할 수 있다.

나. 감사(또는 감사위원회)는 경영진이 수행한 평가가 충분하지 않다고 판단하거나 추가 테스트가 필요하다고 판단하는 경우 별도 테스트를 추가할 수 있다. 또한, 별도 테스트 수행을 위해 내부감사 등의 지원이 필요한 경우 대표자에게 이를 요청할 수 있다. 이러한 추가 절차는 중복적인 작업이 될 가능성이 높으므로 감사(또는 감사위원회)는 경영진의 평가 과정이 충분하지 않다고 판단되는 경우에 국한해서 진행할 수 있다.

다. 감사(또는 감사위원회)의 평가 방식은 회사의 상황에 따라 외부감사법규 등의 요구사항을 고려하여 감사(또는 감사위원회)가 결정하고 내부회계관리규정에 포함하는 것이 바람직하다.

라. 동일한 내부평가조직이 경영진의 내부회계관리제도 운영실태보고를 위한 통제 설계 및 운영 평가를 수행한 경우, 감사(또는 감사위원회)가 해당 내부평가조직이 작성한 평가 계획과 수행한 절차 및 결과 등을 충분히 관리 · 감독하였다면 감사(또는 감사위원회)가 내부회계관리제도의 운영실태를 독립적으로 평가한 것으로 판단할 수 있다. 다만, 감사(또는 감사위원회)가 경영진과는 독립적으로 내부회계관리제도를 평가하도록 한 취지를 고려할 때 평가조직의 독립성을 확보할 수 있는 방안(예 : 감사(또는 감사위원회)의 내부감사 책임자의 임면권, 성과평가 권한 등)을 마련하거나 내부평가조직 내에서 경영진의 평

가에 참여한 인원과 감사(또는 감사위원회)의 독립적인 평가에 참여한 인원을 분리하는 등의 방안을 마련할 필요가 있다.

마. 중소기업의 경우에는 감사(또는 감사위원회)는 내부회계관리제도 운영실태 평가는 경영진이 보고하는 위험평가 결과에 기반한 평가 계획, 경영진이 보고하는 중간·기말평가 절차 및 결과를 포함하여 경영진이 운영실태 보고를 위해 작성한 자료를 검토하는 절차를 위주로 이루어진다.

64. (감사(또는 감사위원회)의 효과성 평가 결론)

가. 감사(또는 감사위원회)의 평가보고서에는 경영진의 경우와 동일하게 회사의 내부회계관리제도가 효과적인지 비효과적인지에 대한 결론을 명확한 문구를 사용하여 표명한다. 감사(또는 감사위원회)는 회사의 내부회계관리제도의 효과성에 대해 감사(또는 감사위원회) 스스로 합리적인 수준의 확신을 가지고 효과성 평가에 대한 결론을 내린다.

나. 감사(또는 감사위원회)는 내부회계관리제도의 효과성 평가 절차를 통해 발견된 미비점들에 대해 중요도를 구분하여 평가 결론의 근거로 활용하며, 평가기준일 현재 존재하는 미비점은 단순한 미비점, 유의한 미비점, 중요한 취약점으로 구분한다. 감사(또는 감사위원회)는 평가기준일의 내부회계관리제도에 대한 효과성 평가의 결과로 하나 이상의 중요한 취약점이 발견된 경우에는 회사의 내부회계관리제도가 효과적이라고 결론을 내릴 수 없다.

65. **(내부회계관리제도 평가보고서)** 내부회계관리제도 평가보고서에는 평가・보고기준 문단 28의 내용을 포함하여야 하며, <별첨> 내부회계관리제도 평가보고서 예시를 참고하여 작성할 수 있다.

〈 별첨 〉

1. 내부회계관리제도 운영실태보고서 예시
   가. 비상장 중소기업 외
      (1) 중요한 취약점이 없는 경우
      (2) 중요한 취약점이 있는 경우
      (3) 평가・보고기준 문단 14 다.에 따라 일부 사업단위를 평가대상에서 제외한 경우
   나. 비상장 중소기업
2. 내부회계관리제도 평가보고서 예시
   가. 비상장 중소기업 외
      (1) 중요한 취약점이 없는 경우
      (2) 중요한 취약점이 있는 경우
   나. 비상장 중소기업

〈별첨 1〉 내부회계관리제도 운영실태보고서 예시

가. 비상장 중소기업 외

(1) 중요한 취약점이 없는 경우

xx주식회사 주주, 이사회 및 감사(위원회) 귀중

본 대표이사 및 내부회계관리자는 20xx년 x월 x일 현재 동일자로 종료하는 회계연도에 대한 당사의 (연결)내부회계관리제도의 설계 및 운영실태를 평가하였습니다.

(연결)내부회계관리제도의 설계 및 운영에 대한 책임은 본 대표이사 및 내부회계관리자를 포함한 회사의 경영진에 있습니다.

본 대표이사 및 내부회계관리자는 회사의 (연결)내부회계관리제도가 신뢰할 수 있는 (연결)재무제표의 작성 및 공시를 위하여 (연결)재무제표의 왜곡을 초래할 수 있는 오류나 부정행위를 예방하고 적발할 수 있도록 효과적으로 설계 및 운영되고 있는지의 여부에 대하여 평가하였습니다.

본 대표이사 및 내부회계관리자는 (연결)내부회계관리제도의 설계 및 운영을 위해 내부회계관리제도운영위원회에서 발표한 '내부회계관리제도 설계 및 운영 개념체계(단, '제4장 중소기업에 대한 적용'을 적용한 경우, 동 규정을 적용함을 명시 · 다른 체계를 사용한 경우 그 체계의 명칭)'를 준거기준으로 사용하였습니다. 또한 (연결)내부회계관리제도의 설계 및 운영실태를 평가함에 있어 「외부감사 및 회계 등에 관한 규정 시행세칙」 별표 6 '내부회계관리제도 평가 및 보고 기준(단, 동 기준 '제4호 다목의 완화된 방식'을 적용한 경우, '제4호 다목의 완화된 방식'을 적용함을 명시)'을 평가기준으로 사용하였습니다.

본 대표이사 및 내부회계관리자의 (연결)내부회계관리제도 운영실태 평가결과, 20××년 ×월 ×일 현재 당사의 (연결)내부회계관리제도는 '내부회계관리제도 설계 및 운영 개념체계(다른 체계를 사용한 경우 그 체계의 명칭)'에 근거하여 볼 때, 중요성의 관점에서 효과적으로 설계되어 운영되고 있다고 판단됩니다.

본 대표이사 및 내부회계관리자는 보고내용이 거짓으로 기재되거나 표시되지 아니하였고, 기재하거나 표시하여야 할 사항을 빠뜨리고 있지 아니함을 확인하였습니다.

또한 본 대표이사 및 내부회계관리자는 보고내용에 중대한 오해를 일으키는 내용이 기재되거나 표시되지 아니하였다는 사실을 확인하였으며, 충분한 주의를 다하여 직접 확인 · 검토하였습니다.

(붙임)

○ 직전 사업연도에 보고한 중요한 취약점의 시정조치 계획 이행결과

○ 횡령 등 자금 관련 부정위험에 대응하기 위해 회사가 수행한 내부통제 활동

20××년 × 월 × 일

대 표 이 사 × × × (인)

내부회계관리자 × × × (인)

(붙임)

○ 직전 사업연도에 보고한 중요한 취약점의 시정조치 계획 이행결과

○ 횡령 등 자금 관련 부정위험에 대응하기 위해 회사가 수행한 내부통제 활동

- (내부회계관리제도 운영실태보고서) 붙임 서식

구 분[*1]	회사가 수행한 통제활동[*1,2]	설계 · 운영 실태 점검 결과[*3] (수행부서, 수행 시기 등)
전사적 수준 통제	(예) 〈**부정 방지 제도 운영**〉 경영진은 횡령 사고 등의 부정 방지를 위해 내부고발자제도(익명제보채널), 부정 방지 및 모니터링 프로그램을 운영하며, 동 프로그램 준수에 대한 경영진의 의지를 정기적으로 전 임직원에게 전사 공지를 통해 전달하고 있음	(예) 테스트 수행 결과, 중요한 취약점이 발견되지 않음(내부회계팀, 'X1.7월, 'X1.10월, 'X2.1월)
자금통제 (입출금 계좌관리, 입출금 관리, 수표관리, 법인카드관리 등)	(예) 〈**계좌 등록/변경**〉 자금팀장은 계좌등록 및 변경 시 사유를 검토하여 승인함	(예) 테스트 수행 결과, XX의 중요한 취약점이 발견되지 않음(내부회계팀, 'X1.7월, 'X1.10월, 'X2.1월)
	(예) 〈**법인인감, OTP 사용통제**〉 감사팀에 의해 법인인감, OTP의 물리적 접근이 통제되고 있으며, 감사팀장의 사용대장 상 날인 · 사용 목적의 검토 및 승인을 통해 날인 · 사용이 허용됨	(예) 테스트 수행 결과, XX의 중요한 취약점이 발견되었으며 XX의 시정조치를 이행할 예정임(내부회계팀, 'X1.7월, 'X1.10월, 'X2.1월)
기타 업무 수준 통제	(예) 〈**거래처 Master 생성 · 변경 검토**〉 회계팀장은 거래처 Master 생성 · 변경 요청서 상 주요 정보(사업자등록번호, 주소 등)가 근거 문서와 일치하는지 검토 후 승인함	(예) 테스트 수행 결과, 중요한 취약점이 발견되지 않음(내부회계팀, 'X1.7월, 'X1.10월, 'X2.1월 등)

*1. 자금횡령 방지를 위한 내부회계관리제도 업무 체크포인트(' 22.12월, 한국공인회계사회, 한국상장회사협의회, 코스닥협회)에서 제시한 자금 관련 부정위험을 예방 또는 적발하기 위한 통제와 그 항목 구분을 예시로 참고하되, 회사의 규모 등 상황에 따라 회사의 통제활동을 적절하게 기재 및 구분할 수 있다.

*2. 전사적 수준 통제와 자금통제 중 자금 관련 부정위험을 예방 또는 적발하는 데 관련된 것으로 판단한 통제(다만, 자금통제는 직접 관련된 핵심통제에 한함)를 기술하되, 그 외 업무수준 통제 중 회사가 자금 관련 부정위험을 예방 또는 적발하는 데 직접 관련된 것으로 판단한 핵심통제를 포함하여 기술할 수 있다. 이때, 통제기술서의 통제활동을 통합 · 요약 기술하는 것을 원칙으로 하되, 회사의 상황에 따라 통제기술서의 통제활동 내용을 그대로 기술할 수도 있다. 다만, 통제수행자와 통제항목은 명시적으로 기술한다.

*3. 설계 및 운영 평가 수행한 결과를 표기하되, 수행팀, 수행 시기, (중요한 취약점이 있는 경우) 중요한 취약점 및 이에 대한 시정조치 계획 또는 이행 결과를 포함한다.

구 분	회사가 수행한 통제활동	회사*3	결과 (수행부서, 수행 시기 등)
전사적 수준 통제	(예) 〈**부정 방지 제도 운영**〉 경영진은 횡령 사고 등의 부정 방지를 위해 내부고발자제도(익명제보채널), 부정 방지 및 모니터링 프로그램을 운영하며, 동 프로그램 준수에 대한 경영진의 의지를 정기적으로 전 임직원에게 전사 공지를 통해 전달하고 있음	(예) A사, B사 외 4개 사	(예) 테스트 수행 결과, 중요한 취약점이 발견되지 않음(A사 XX팀, B사 외 4개사 YY팀, 'X1.7월, 'X1.10월, 'X2.1월 등)
자금통제 (입출금 계좌관리, 입출금 관리, 수표관리, 법인카드관리 등)	(예) 〈**법인인감**, OTP **사용통제**〉 감사팀에 의해 법인인감, OTP의 물리적 접근이 통제되고 있으며, 감사팀장의 사용대장 상 날인·사용 목적의 검토 및 승인을 통해 날인·사용이 허용됨	(예) A사, B사 외 4개 사	(예) 테스트 수행 결과, XX의 중요한 취약점이 발견되었으며 XX의 시정조치를 이행할 예정임(A사 XX팀, B사 외 4개사 YY팀, 'X1.7월, 'X1.10월, 'X2.1월 등)
기타 업무 수준 통제	(예) 〈**거래처** Master **생성·변경 검토**〉 회계팀장은 거래처 Master 생성·변경 요청서 상 주요 정보(사업자등록번호, 주소 등)가 근거 문서와 일치하는지 검토 후 승인함	(예) A사, C사 외 3개 사	(예) 테스트 수행 결과, 중요한 취약점이 발견되지 않음(A사 XX팀, C사 외 3개사 YY팀, 'X1.7월, 'X1.10월, 'X2.1월 등)

*1. 자금횡령 방지를 위한 내부회계관리제도 업무 체크포인트('22.12월, 한국공인회계사회, 한국상장회사협의회, 코스닥협회)에서 제시한 자금 관련 부정위험을 예방 또는 적발하기 위한 통제와 그 항목 구분을 예시로 참고하되, 회사의 규모 등 상황에 따라 회사의 통제활동을 적절하게 기재 및 구분할 수 있다.

*2. 전사적 수준 통제와 자금통제 중 자금 관련 부정위험을 예방 또는 적발하는 데 관련된 것으로 판단한 통제(다만, 자금통제는 직접 관련된 핵심통제에 한함)를 기술하되, 그 외 업무수준 통제 중 회사가 자금 관련 부정위험을 예방 또는 적발하는 데 직접 관련된 것으로 판단한 핵심통제를 포함하여 기술할 수 있다. 이때, 통제기술서의 통제활동을 통합·요약 기술하는 것을 원칙으로 하되, 회사의 상황에 따라 통제기술서의 통제활동 내용을 그대로 기술할 수도 있다. 다만, 통제수행자와 통제항목은 명시적으로 기술한다.

*3. 작성 및 공시 범위는 연결 내부회계관리제도 평가·보고 대상 전체와 같으며, 각 통제를 설계 및 운영한 회사를 기재한다(다만, 대상 회사가 3개 이상인 경우, '●●, ●● 외 ●개사'로 기재 가능).

*4. 설계 및 운영 평가 수행한 결과를 표기하되, 수행팀, 수행 시기, (중요한 취약점이 있는 경우) 중요한 취약점 및 이에 대한 시정조치 계획 또는 이행 결과를 포함한다.

(2) 중요한 취약점이 있는 경우

xx주식회사 주주, 이사회 및 감사(위원회) 귀중

본 대표이사 및 내부회계관리자는 20xx년 x월 x일 현재 동일자로 종료하는 회계연도에 대한 당사의 (연결)내부회계관리제도의 설계 및 운영실태를 평가하였습니다.

(연결)내부회계관리제도의 설계 및 운영에 대한 책임은 본 대표이사 및 내부회계관리자를 포함한 회사의 경영진에 있습니다.

본 대표이사 및 내부회계관리자는 회사의 (연결)내부회계관리제도가 신뢰할 수 있는 (연결)재무제표의 작성 및 공시를 위하여 (연결)재무제표의 왜곡을 초래할 수 있는 오류나 부정행위를 예방하고 적발할 수 있도록 효과적으로 설계 및 운영되고 있는지의 여부에 대하여 평가하였습니다.

본 대표이사 및 내부회계관리자는 (연결)내부회계관리제도의 설계 및 운영을 위해 내부회계관리제도운영위원회에서 발표한 '내부회계관리제도 설계 및 운영 개념체계(단, '제4장 중소기업에 대한 적용'을 적용한 경우 동 규정을 적용함을 명시 · 다른 체계를 사용한 경우 그 체계의 명칭)'를 준거기준으로 사용하였습니다. 또한 (연결)내부회계관리제도의 설계 및 운영실태를 평가함에 있어 「외부감사 및 회계 등에 관한 규정 시행세칙」 별표 6 '내부회계관리제도 평가 및 보고 기준(동 기준 '제4호 다목의 완화된 방식'을 적용한 경우, '제4호 다목의 완화된 방식'을 적용함을 명시)'을 평가기준으로 사용하였습니다.

본 대표이사 및 내부회계관리자의 (연결)내부회계관리제도 운영실태 평가결과, 20××년 ×월 ×일 현재 당사의 (연결)내부회계관리제도는 다음과 같은 중요한 취약점으로 인해 '내부회계관리제도 설계 및 운영 개념체계(다른 체계를 사용한 경우 그 체계의 명칭)'에 근거하여 볼 때, 중요성의 관점에서 효과적으로 설계되어 운영되고 있지 않다고 판단됩니다.

〈중요한 취약점의 내용〉

〈중요한 취약점에 대한 시정조치 계획
(내부회계관리제도에 대한 감리를 받은 경우에는 그 감리에 따른 시정조치 계획을 포함)〉

본 대표이사 및 내부회계관리자는 보고내용이 거짓으로 기재되거나 표시되지 아니하였고, 기재하거나 표시하여야 할 사항을 빠뜨리고 있지 아니함을 확인하였습니다.

또한 본 대표이사 및 내부회계관리자는 보고내용에 중대한 오해를 일으키는 내용이 기재되거나 표시되지 아니하였다는 사실을 확인하였으며, 충분한 주의를 다하여 보고내용의 기재사항을 직접 확인 · 검토하였습니다.

(붙임)

○ 중요한 취약점에 대한 상세평가내용
  - 중요한 취약점을 발생시킨 통제 미비점의 원인을 이해하고 각각의 중요한 취약점의 잠재적인 영향을 평가할 수 있는 정보
  - 중요한 취약점과 관련하여 내부회계관리규정을 위반한 임직원의 징계 내용 등을 포함

○ 직전 사업연도에 보고한 중요한 취약점의 시정조치 계획 이행결과

○ 횡령 등 자금부정 위험에 대응하기 위해 회사가 수행한 내부통제 활동

20××년 × 월 × 일
대 표 이 사 × × × (인)
내부회계관리자 × × × (인)

(붙임)

○ 중요한 취약점에 대한 상세평가내용

○ 직전 사업연도에 보고한 중요한 취약점의 시정조치 계획 이행결과

○ 횡령 등 자금 관련 부정위험에 대응하기 위해 회사가 수행한 내부통제 활동

- (내부회계관리제도 운영실태보고서) 붙임 서식

구 분*1	회사가 수행한 통제활동*1,2	설계·운영 실태 점검 결과*3 (수행부서, 수행 시기 등)
전사적 수준 통제	(예) 〈**부정 방지 제도 운영**〉 경영진은 횡령 사고 등의 부정 방지를 위해 내부고발자제도(익명제보채널), 부정 방지 및 모니터링 프로그램을 운영하며, 동 프로그램 준수에 대한 경영진의 의지를 정기적으로 전 임직원에게 전사 공지를 통해 전달하고 있음	(예) 테스트 수행 결과, 중요한 취약점이 발견되지 않음(내부회계팀, 'X1.7월, 'X1.10월, 'X2.1월)
자금통제 (입출금 계좌관리, 입출금 관리, 수표관리, 법인카드관리 등)	(예) 〈**계좌 등록/변경**〉 자금팀장은 계좌등록 및 변경 시 사유를 검토하여 승인함	(예) 테스트 수행 결과, XX의 중요한 취약점이 발견되지 않음 (내부회계팀, 'X1.7월, 'X1.10월, 'X2.1월)
	(예) 〈**법인인감, OTP 사용통제**〉 감사팀에 의해 법인인감, OTP의 물리적 접근이 통제되고 있으며, 감사팀장의 사용대장 상 날인·사용 목적의 검토 및 승인을 통해 날인·사용이 허용됨	(예) 테스트 수행 결과, XX의 중요한 취약점이 발견되었으며 XX의 시정조치를 이행할 예정임 (내부회계팀, 'X1.7월, 'X1.10월, 'X2.1월)
기타 업무 수준 통제	(예) 〈**거래처 Master 생성·변경 검토**〉 회계팀장은 거래처 Master 생성·변경 요청서 상 주요 정보(사업자등록번호, 주소 등)가 근거문서와 일치하는지 검토 후 승인함	(예) 테스트 수행 결과, 중요한 취약점이 발견되지 않음(내부회계팀, 'X1.7월, 'X1.10월, 'X2.1월 등)

*1. 자금횡령 방지를 위한 내부회계관리제도 업무 체크포인트('22.12월, 한국공인회계사회, 한국상장회사협의회, 코스닥협회)에서 제시한 자금 관련 부정위험을 예방 또는 적발하기 위한 통제와 그 항목 구분을 예시로 참고하되, 회사의 규모 등 상황에 따라 회사의 통제활동을 적절하게 기재 및 구분할 수 있다.

*2. 전사적 수준 통제와 자금통제 중 자금 관련 부정위험을 예방 또는 적발하는 데 관련된 것으로 판단한 통제(다만, 자금통제는 직접 관련된 핵심통제에 한함)를 기술하되, 그 외 업무수준 통제 중 회사가 자금 관련 부정위험을 예방 또는 적발하는 데 직접 관련된 것으로 판단한 핵심통제를 포함하여 기술할 수 있다. 이때, 통제기술서의 통제활동을 통합·요약 기술하는 것을 원칙으로 하되, 회사의 상황에 따라 통제기술서의 통제활동 내용을 그대로 기술할 수도 있다. 다만, 통제수행자와 통제항목은 명시적으로 기술한다.

*3. 설계 및 운영 평가 수행한 결과를 표기하되, 수행팀, 수행 시기, (중요한 취약점이 있는 경우) 중요한 취약점 및 이에 대한 시정조치 계획 또는 이행 결과를 포함한다.

		회사[3]	(수행부서, 수행 시기 등)
전사적 수준 통제	(예) 〈**부정 방지 제도 운영**〉 경영진은 횡령 사고 등의 부정 방지를 위해 내부고발자제도(익명제보채널), 부정 방지 및 모니터링 프로그램을 운영하며, 동 프로그램 준수에 대한 경영진의 의지를 정기적으로 전 임직원에게 전사 공지를 통해 전달하고 있음	(예) A사, B사 외 4개 사	(예) 테스트 수행 결과, 중요한 취약점이 발견되지 않음(A사 XX팀, B사 외 4개사 YY팀, 'X1.7월, 'X1.10월, 'X2.1월 등)
자금통제 (입출금 계좌관리, 입출금 관리, 수표관리, 법인카드관리 등)	(예) 〈**법인인감**, OTP **사용통제**〉 감사팀에 의해 법인인감, OTP의 물리적 접근이 통제되고 있으며, 감사팀장의 사용대장 상 날인 · 사용 목적의 검토 및 승인을 통해 날인 · 사용이 허용됨	(예) A사, B사 외 4개 사	(예) 테스트 수행 결과, XX의 중요한 취약점이 발견되었으며 XX의 시정조치를 이행할 예정임 (A사 XX팀, B사 외 4개사 YY팀, 'X1.7월, 'X1.10월, 'X2.1월 등)
기타 업무 수준 통제	(예) 〈**거래처** Master **생성 · 변경 검토**〉 회계팀장은 거래처 Master 생성 · 변경 요청서 상 주요 정보(사업자등록번호, 주소 등)가 근거 문서와 일치하는지 검토 후 승인함	(예) A사, C사 외 3개 사	(예) 테스트 수행 결과, 중요한 취약점이 발견되지 않음(A사 XX팀, C사 외 3개사 YY팀, 'X1.7월, 'X1.10월, 'X2.1월 등)

*1. 자금횡령 방지를 위한 내부회계관리제도 업무 체크포인트('22.12월, 한국공인회계사회, 한국상장회사협의회, 코스닥협회)에서 제시한 자금 관련 부정위험을 예방 또는 적발하기 위한 통제와 그 항목 구분을 예시로 참고하되, 회사의 규모 등 상황에 따라 회사의 통제활동을 적절하게 기재 및 구분할 수 있다.

*2. 전사적 수준 통제와 자금통제 중 자금 관련 부정위험을 예방 또는 적발하는 데 관련된 것으로 판단한 통제(다만, 자금통제는 직접 관련된 핵심통제에 한함)를 기술하되, 그 외 업무수준 통제 중 회사가 자금 관련 부정위험을 예방 또는 적발하는 데 직접 관련된 것으로 판단한 핵심통제를 포함하여 기술할 수 있다. 이때, 통제기술서의 통제활동을 통합 · 요약 기술하는 것을 원칙으로 하되, 회사의 상황에 따라 통제기술서의 통제활동 내용을 그대로 기술할 수도 있다. 다만, 통제수행자와 통제항목은 명시적으로 기술한다.

*3. 작성 및 공시 범위는 연결 내부회계관리제도 평가 · 보고 대상 전체와 같으며, 각 통제를 설계 및 운영한 회사를 기재한다(다만, 대상 회사가 3개 이상인 경우, '●●, ●● 외 ●개사'로 기재 가능).

*4. 설계 및 운영 평가 수행한 결과를 표기하되, 수행팀, 수행 시기, (중요한 취약점이 있는 경우) 중요한 취약점 및 이에 대한 시정조치 계획 또는 이행 결과를 포함한다.

(3) 평가 · 보고기준 14.다.에 따라 일부 사업단위를 평가대상에서 제외한 경우

– 중요한 취약점이 없는 경우의 운영실태보고서 예시이며, 중요한 취약점이 있는 경우에도 동일 방식으로 적용

xx주식회사 주주, 이사회 및 감사(위원회) 귀중

본 대표이사 및 내부회계관리자는 20××년 ×월 ×일 현재 동일자로 종료하는 회계연도에 대한 당사의 (연결)내부회계관리제도의 설계 및 운영실태를 평가하였습니다.

(연결)내부회계관리제도의 설계 및 운영에 대한 책임은 본 대표이사 및 내부회계관리자를 포함한 회사의 경영진에 있습니다.

본 대표이사 및 내부회계관리자는 회사의 (연결)내부회계관리제도가 신뢰할 수 있는 (연결)재무제표의 작성 및 공시를 위하여 (연결)재무제표의 왜곡을 초래할 수 있는 오류나 부정행위를 예방하고 적발할 수 있도록 효과적으로 설계 및 운영되고 있는지의 여부에 대하여 평가하였습니다.

본 대표이사 및 내부회계관리자는 (연결)내부회계관리제도의 설계 및 운영을 위해 내부회계관리제도 운영위원회에서 발표한 '내부회계관리제도 설계 및 운영 개념체계(단, '제4장 중소기업에 대한 적용'을 적용한 경우 동 규정을 적용함을 명시 · 다른 체계를 사용한 경우 그 체계의 명칭)'를 준거기준으로 사용하였습니다. 또한 (연결)내부회계관리제도의 설계 및 운영실태를 평가함에 있어 「외부감사 및 회계 등에 관한 규정 시행세칙」 별표 6 '내부회계관리제도 평가 및 보고 기준(단, 동 기준 '제4호 다목의 완화된 방식'을 적용한 경우, '제4호 다목의 완화된 방식'을 적용함을 명시)'을 평가기준으로 사용하였습니다.

본 대표이사 및 내부회계관리자의 (연결)내부회계관리제도 운영실태 평가결과, 20××년 ×월 ×일 현재 당사의 (연결)내부회계관리제도는 '내부회계관리제도 설계 및 운영 개념체계(다른 체계를 사용한 경우 그 체계의 명칭)'에 근거하여 볼 때, 중요성의 관점에서 효과적으로 설계되어 운영되고 있다고 판단됩니다.

당사는 (평가 제외 사유 공시 : 평가기준일 현재 합병일로부터 1년이 경과하지 않아 (연결)내부회계관리제도 평가를 현실적으로 수행하기 어려운) 피합병부문인 ××주식회사 부문(합병기준일 20××년 ×월 ×일, 평가기준일 현재 자산총액 및 매출액은 ×원 및 ×원, 합병 후 자산총액 및 매출액의 ×% 및 ×%에 해당)을 (연결)내부회계관리제도 평가 대상에서 제외하였습니다.

본 대표이사 및 내부회계관리자는 보고내용이 거짓으로 기재되거나 표시되지 아니하였고, 기재하거나 표시하여야 할 사항을 빠뜨리고 있지 아니함을 확인하였습니다.

또한 본 대표이사 및 내부회계관리자는 보고내용에 중대한 오해를 일으키는 내용이 기재되거나 표시되지 아니하였다는 사실을 확인하였으며, 충분한 주의를 다하여 직접 확인 · 검토하였습니다.

(붙임)

○ 직전 사업연도에 보고한 중요한 취약점의 시정조치 계획 이행결과

○ 횡령 등 자금부정 위험에 대응하기 위해 회사가 수행한 내부통제 활동

20××년 × 월 × 일

대 표 이 사 × × × (인)

내부회계관리자 × × × (인)

(붙임)
○ 직전 사업연도에 보고한 중요한 취약점의 시정조치 계획 이행결과
○ 횡령 등 자금 관련 부정위험에 대응하기 위해 회사가 수행한 내부통제 활동

- (내부회계관리제도 운영실태보고서) 붙임 서식

구 분[*1]	회사가 수행한 통제활동[*1,2]	설계 · 운영 실태 점검 결과[*3] (수행부서, 수행 시기 등)
전사적 수준 통제	(예) 〈**부정 방지 제도 운영**〉 경영진은 횡령 사고 등의 부정 방지를 위해 내부고발자제도(익명제보채널), 부정 방지 및 모니터링 프로그램을 운영하며, 동 프로그램 준수에 대한 경영진의 의지를 정기적으로 전 임직원에게 전사 공지를 통해 전달하고 있음	(예) 테스트 수행 결과, 중요한 취약점이 발견되지 않음(내부회계팀, 'X1.7월, 'X1.10월, 'X2.1월)
자금통제 (입출금 계좌관리, 입출금 관리, 수표관리, 법인카드관리 등)	(예) 〈**계좌 등록/변경**〉 자금팀장은 계좌등록 및 변경 시 사유를 검토하여 승인함	(예) 테스트 수행 결과, XX의 중요한 취약점이 발견되지 않음 (내부회계팀, 'X1.7월, 'X1.10월, 'X2.1월)
	(예) 〈**법인인감**, OTP **사용통제**〉 감사팀에 의해 법인인감, OTP의 물리적 접근이 통제되고 있으며, 감사팀장의 사용대장 상 날인 · 사용 목적의 검토 및 승인을 통해 날인 · 사용이 허용됨	(예) 테스트 수행 결과, XX의 중요한 취약점이 발견되었으며 XX의 시정조치를 이행할 예정임 (내부회계팀, 'X1.7월, 'X1.10월, 'X2.1월)
기타 업무 수준 통제	(예) 〈**거래처** Master **생성 · 변경 검토**〉 회계팀장은 거래처 Master 생성 · 변경 요청서 상 주요 정보(사업자등록번호, 주소 등)가 근거 문서와 일치하는지 검토 후 승인함	(예) 테스트 수행 결과, 중요한 취약점이 발견되지 않음(내부회계팀, 'X1.7월, 'X1.10월, 'X2.1월 등)

*1. 자금횡령 방지를 위한 내부회계관리제도 업무 체크포인트('22.12월, 한국공인회계사회, 한국상장회사협의회, 코스닥협회)에서 제시한 자금 관련 부정위험을 예방 또는 적발하기 위한 통제와 그 항목 구분을 예시로 참고하되, 회사의 규모 등 상황에 따라 회사의 통제활동을 적절하게 기재 및 구분할 수 있다.

*2. 전사적 수준 통제와 자금통제 중 자금 관련 부정위험을 예방 또는 적발하는 데 관련된 것으로 판단한 통제(다만, 자금통제는 직접 관련된 핵심통제에 한함)를 기술하되, 그 외 업무수준 통제 중 회사가 자금 관련 부정위험을 예방 또는 적발하는 데 직접 관련된 것으로 판단한 핵심통제를 포함하여 기술할 수 있다. 이때, 통제기술서의 통제활동을 통합 · 요약 기술하는 것을 원칙으로 하되, 회사의 상황에 따라 통제기술서의 통제활동 내용을 그대로 기술할 수도 있다. 다만, 통제수행자와 통제항목은 명시적으로 기술한다.

*3. 설계 및 운영 평가 수행한 결과를 표기하되, 수행팀, 수행 시기, (중요한 취약점이 있는 경우) 중요한 취약점 및 이에 대한 시정조치 계획 또는 이행 결과를 포함한다.

- (연결 내부회계관리제도 운영실태보고서) 붙임 서식

구 분[*1]	회사가 수행한 통제활동[*1,2]	대상회사[*3]	설계·운영 실태 점검 결과[*4] (수행부서, 수행 시기 등)
전사적 수준 통제	(예) 〈**부정 방지 제도 운영**〉 경영진은 횡령 사고 등의 부정 방지를 위해 내부고발자제도(익명제보채널), 부정 방지 및 모니터링 프로그램을 운영하며, 동 프로그램 준수에 대한 경영진의 의지를 정기적으로 전 임직원에게 전사 공지를 통해 전달하고 있음	(예) A사, B사 외 4개 사	(예) 테스트 수행 결과, 중요한 취약점이 발견되지 않음(A사 XX팀, B사 외 4개사 YY팀, 'X1.7월, 'X1.10월, 'X2.1월 등)
자금통제 (입출금 계좌관리, 입출금 관리, 수표관리, 법인카드관리 등)	(예) 〈**법인인감**, OTP **사용통제**〉 감사팀에 의해 법인인감, OTP의 물리적 접근이 통제되고 있으며, 감사팀장의 사용대장 상 날인·사용 목적의 검토 및 승인을 통해 날인·사용이 허용됨	(예) A사, B사 외 4개 사	(예) 테스트 수행 결과, XX의 중요한 취약점이 발견되었으며 XX의 시정조치를 이행할 예정임 (A사 XX팀, B사 외 4개사 YY팀, 'X1.7월, 'X1.10월, 'X2.1월 등)
기타 업무 수준 통제	(예) 〈**거래처** Master **생성·변경 검토**〉 회계팀장은 거래처 Master 생성·변경 요청서 상 주요 정보(사업자등록번호, 주소 등)가 근거 문서와 일치하는지 검토 후 승인함	(예) A사, C사 외 3개 사	(예) 테스트 수행 결과, 중요한 취약점이 발견되지 않음(A사 XX팀, C사 외 3개사 YY팀, 'X1.7월, 'X1.10월, 'X2.1월 등)

*1. 자금횡령 방지를 위한 내부회계관리제도 업무 체크포인트('22.12월, 한국공인회계사회, 한국상장회사협의회, 코스닥협회)에서 제시한 자금 관련 부정위험을 예방 또는 적발하기 위한 통제와 그 항목 구분을 예시로 참고하되, 회사의 규모 등 상황에 따라 회사의 통제활동을 적절하게 기재 및 구분할 수 있다.

*2. 전사적 수준 통제와 자금통제 중 자금 관련 부정위험을 예방 또는 적발하는 데 관련된 것으로 판단한 통제(다만, 자금통제는 직접 관련된 핵심통제에 한함)를 기술하되, 그 외 업무수준 통제 중 회사가 자금 관련 부정위험을 예방 또는 적발하는 데 직접 관련된 것으로 판단한 핵심통제를 포함하여 기술할 수 있다. 이때, 통제기술서의 통제활동을 통합·요약 기술하는 것을 원칙으로 하되, 회사의 상황에 따라 통제기술서의 통제활동 내용을 그대로 기술할 수도 있다. 다만, 통제수행자와 통제항목은 명시적으로 기술한다.

*3. 작성 및 공시 범위는 연결 내부회계관리제도 평가·보고 대상 전체와 같으며, 각 통제를 설계 및 운영한 회사를 기재한다(다만, 대상 회사가 3개 이상인 경우, '●●, ●● 외 ●개사'로 기재 가능).

*4. 설계 및 운영 평가 수행한 결과를 표기하되, 수행팀, 수행 시기, (중요한 취약점이 있는 경우) 중요한 취약점 및 이에 대한 시정조치 계획 또는 이행 결과를 포함한다.

나. 비상장 중소기업

××주식회사 주주, 이사회 및 감사(위원회) 귀중

본 대표이사 및 내부회계관리자는 20xx년 x월 x일 현재 동일자로 종료하는 회계연도에 대한 당사의 내부회계관리제도의 설계 및 운영실태를 평가하였습니다. 당사는 「주식회사 등의 외부감사에 관한 법률」에 따라 내부회계관리규정과 이를 관리·운영하는 조직을 구비하고 있으며 다음과 같이 내부회계관리규정의 각 사항을 모두 준수하고 있습니다. (미준수 사항이 있는 경우: 내부회계관리규정의 각 사항에 대한 준수 여부는 다음과 같습니다.)

내부회계관리규정 준수 여부	예	아니오	비고
• 회계정보의 식별·측정·분류·기록 및 보고 방법에 관한 사항의 준수			
• 회계정보의 오류를 통제하고 이를 수정하는 방법에 관한 사항의 준수			
• 회계정보에 대한 정기적인 점검 및 조정 등 내부검증에 관한 사항의 준수			
• 회계정보를 기록·보관하는 장부의 관리 방법과 위조·변조·훼손 및 파기를 방지하기 위한 통제 절차에 관한 사항의 준수			
• 회계정보의 작성 및 공시와 관련한 임직원의 업무 분장과 책임에 관한 사항의 준수			
• 내부회계관리규정의 제정 및 개정을 위한 절차의 준수			
• 내부회계관리자의 자격요건 및 임면절차의 준수			
• 대표이사 등의 운영실태 보고 기준 및 절차의 준수			
• 감사(위원회)의 평가·보고 기준 및 절차의 준수			
• 감사(위원회)의 평가 결과를 회사의 대표이사 등의 인사·보수 및 차기 사업연도 내부회계관리제도 운영계획 등에 반영하기 위한 절차 및 방법의 준수			
• 회사의 대표이사 등을 대상으로 하는 교육·훈련의 계획·성과평가·평가결과의 활용 등에 관한 사항의 준수			
• 회사의 대표이사 등이 내부회계관리규정을 관리·운영하는 임직원 또는 회계정보를 작성·공시하는 임직원에게 내부회계관리규정에 위반되는 행위를 지시하는 경우에 해당 임직원이 지시를 거부하더라도 그와 관련하여 불이익을 받지 아니하도록 보호하는 제도에 관한 사항의 준수			
• 내부회계관리규정 위반행위 신고제도의 운영에 관한 사항의 준수			
• 법 제22조 제3항·제4항에 따른 조사·시정 등의 요구 및 조사결과 제출 등과 관련하여 필요한 감사의 역할 및 책임에 관한 사항의 준수			
• 법 제22조 제5항에 따른 자료나 정보 및 비용의 제공과 관련한 회사 대표이사의 역할 및 책임에 관한 사항의 준수			
• 내부회계관리규정을 위반한 임직원의 징계 등에 관한 사항의 준수			

※ 비고란에는 예외사항 또는 미준수의 사유를 기재하거나 직전 사업연도에 보고한 점검 결과의 시정조치 이행결과를 기재

본 대표이사 및 내부회계관리자는 보고내용이 거짓으로 기재되거나 표시되지 아니하였고, 기재하거나 표시하여야 할 사항을 빠뜨리고 있지 아니함을 확인하였습니다. 또한 본 대표이사 및 내부회계관리자는 보고내용에 중대한 오해를 일으키는 내용이 기재되거나 표시되지 아니하였다는 사실을 확인하였으며, 충분한 주의를 다하여 보고내용의 기재사항을 직접 확인 검토하였습니다.

20××년 × 월 × 일
대 표 이 사 × × × (인)
내부회계관리자 × × × (인)

〈별첨 2〉 내부회계관리제도 평가보고서 예시

가. 비상장 중소기업 외

(1) 중요한 취약점이 없는 경우

×× 주식회사 이사회 귀중

본 감사(위원회)는 20××년 ×월 ×일 현재 동일자로 종료하는 회계연도에 대한 당사의 (연결)내부회계관리제도의 설계 및 운영실태를 평가하였습니다.

내부회계관리제도의 설계 및 운영에 대한 책임은 대표이사 및 내부회계관리자를 포함한 회사의 경영진에 있으며 본 감사(위원회)는 관리감독 책임이 있습니다.

본 감사(위원회)는 대표이사 및 내부회계관리자가 본 감사(위원회)에게 제출한 (연결)내부회계관리제도 운영실태보고서를 참고로, 회사의 (연결)내부회계관리제도가 신뢰할 수 있는 (연결)재무제표의 작성 및 공시를 위하여 (연결)재무제표의 왜곡을 초래할 수 있는 오류나 부정행위를 예방하고 적발할 수 있도록 효과적으로 설계 및 운영되고 있는지 여부에 대하여 평가하였으며, (연결)내부회계관리제도가 신뢰성있는 회계정보의 작성 및 공시에 실질적으로 기여하는지를 평가하였습니다.

또한 본 감사(위원회)는 (연결)내부회계관리제도 운영실태보고서에 거짓으로 기재되거나 표시된 사항이 있거나, 기재하거나 표시하여야 할 사항을 빠뜨리고 있는지를 점검하였으며, (연결)내부회계관리제도 운영실태보고서의 시정 계획이 해당 회사의 (연결)내부회계관리제도 개선에 실질적으로 기여할 수 있는지를 검토하였습니다.

회사는 (연결)내부회계관리제도의 설계 및 운영을 위해 내부회계관리제도운영위원회에서 발표한 '내부회계관리제도 설계 및 운영 개념체계(단, '제4장 중소기업에 대한 적용'을 적용한 경우 동 규정을 적용함을 명시·다른 체계를 사용한 경우 그 체계의 명칭)'를 준거기준으로 사용하였습니다.

본 감사(위원회)는 (연결)내부회계관리제도의 설계 및 운영실태를 평가함에 있어 「외부감사 및 회계 등에 관한 규정 시행세칙」 별표 6 '내부회계관리제도 평가 및 보고 기준(단, 동 기준 '제4호 다목의 완화된 방식'을 적용한 경우, '제4호 다목의 완화된 방식'을 적용함을 명시)'을 평가기준으로 사용하였습니다.

본 감사(위원회)의 의견으로는, 20××년 ×월 ×일 현재 당사의 (연결)내부회계관리제도는 '내부회계관리제도 설계 및 운영 개념체계(다른 체계를 사용한 경우 그 체계의 명칭)'에 근거하여 볼 때, 중요성의 관점에서 효과적으로 설계되어 운영되고 있다고 판단됩니다.

(붙임)

- ○ 권고사항
- ○ (연결)내부회계관리제도가 신뢰성 있는 회계정보의 작성 및 공시에 실질적으로 기여하지 못하고 있다고 판단한 경우 그 시정 의견

○ (연결)내부회계관리제도 운영실태보고서에 거짓으로 기재되거나 표시된 사항이 있거나, 기재하거나 표시하여야 할 사항을 빠뜨리고 있는지를 점검한 결과에 대한 조치내용

○ (연결)내부회계관리제도 운영실태보고서의 시정 계획이 해당 회사의 (연결)내부회계관리제도를 개선하는데 실질적으로 기여하지 못하고 있다고 판단한 경우 대안

○ (연결)내부회계관리제도 운영실태 평가를 위한 경영진과의 대면 협의 및 자금 관련 부정위험에 대한 감사인과의 의사소통 내역

구 분	일자	참석자	주요 논의내용*
경영진(대표자, 내부회계관리자 등)			
외부감사인			

* 이전연도 발견된 미비점에 대한 시정계획의 이행결과 검토, 자금관련 부정위험 통제를 위한 회사의 통제활동에 대한 평가, 경영진과 감사인의 내부회계관리제도에 대한 평가 내역 차이 등

20××년 × 월 × 일

(감사 설치 회사) 감사 × × × (인)

(감사위원회 설치 회사) 감사위원회 위원장 × × × (인)

(2) 중요한 취약점이 있는 경우

×× 주식회사 이사회 귀중

본 감사(위원회)는 20××년 ×월 ×일 현재 동일자로 종료하는 회계연도에 대한 당사의 (연결)내부회계관리제도의 설계 및 운영실태를 평가하였습니다.

내부회계관리제도의 설계 및 운영에 대한 책임은 대표이사 및 내부회계관리자를 포함한 회사의 경영진에 있으며 본 감사(위원회)는 관리감독 책임이 있습니다.

본 감사(위원회)는 대표이사 및 내부회계관리자가 본 감사(위원회)에게 제출한 (연결)내부회계관리제도 운영실태보고서를 참고로, 회사의 (연결)내부회계관리제도가 신뢰할 수 있는 (연결)재무제표의 작성 및 공시를 위하여 (연결)재무제표의 왜곡을 초래할 수 있는 오류나 부정행위를 예방하고 적발할 수 있도록 효과적으로 설계 및 운영되고 있는지의 여부에 대하여 평가하였으며, (연결)내부회계관리제도가 신뢰성있는 회계정보의 작성 및 공시에 실질적으로 기여하는지를 평가하였습니다.

또한 본 감사(위원회)는 (연결)내부회계관리제도 운영실태보고서에 거짓으로 기재되거나 표시된 사항이 있거나, 기재하거나 표시하여야 할 사항을 빠뜨리고 있는지를 점검하였으며, (연결)내부회계관리제도 운영실태보고서의 시정 계획이 해당 회사의 (연결)내부회계관리제도를 개선에 실질적으로 기여할 수 있는지를 검토하였습니다.

회사는 (연결)내부회계관리제도의 설계 및 운영을 위해 내부회계관리제도운영위원회에서 발표한

'내부회계관리제도 설계 및 운영 개념체계(단, '제4장 중소기업에 대한 적용'을 적용한 경우 동 규정을 적용함을 명시·다른 체계를 사용한 경우 그 체계의 명칭)'를 준거기준으로 사용하였습니다.

본 감사(위원회)는 (연결)내부회계관리제도의 설계 및 운영실태를 평가함에 있어 「외부감사 및 회계 등에 관한 규정 시행세칙」 별표 6 '내부회계관리제도 평가 및 보고 기준(단, 동 기준 '제4호 다목의 완화된 방식'을 적용한 경우, '제4호 다목의 완화된 방식'을 적용함을 명시)'을 평가기준으로 사용하였습니다.

본 감사(위원회)의 의견으로는, 20××년 ×월 ×일 현재 당사의 (연결)내부회계관리제도는 다음과 같은 중요한 취약점으로 인해 '내부회계관리제도 설계 및 운영 개념체계(다른 체계를 사용한 경우 그 체계의 명칭)'에 근거하여 볼 때, 중요성의 관점에서 효과적으로 설계되어 운영되고 있지 않다고 판단됩니다.

〈중요한 취약점 및 시정조치 계획〉

(붙임)

○ 운영실태보고서에 보고한 중요한 취약점 요약
○ 권고사항
○ (연결)내부회계관리제도가 신뢰성 있는 회계정보의 작성 및 공시에 실질적으로 기여하지 못하고 있다고 판단한 경우 그 시정 의견
○ (연결)내부회계관리제도 운영실태보고서에 거짓으로 기재되거나 표시된 사항이 있거나, 기재하거나 표시하여야 할 사항을 빠뜨리고 있는지를 점검한 결과에 대한 조치내용
○ (연결)내부회계관리제도 운영실태보고서의 시정 계획이 해당 회사의 (연결)내부회계관리제도를 개선하는데 실질적으로 기여하지 못하고 있다고 판단한 경우 대안
○ (연결)내부회계관리제도 운영실태 평가를 위한 경영진과의 대면 협의 및 자금 관련 부정위험에 대한 감사인과의 의사소통 내역

구 분	일자	참석자	주요 논의내용*
경영진(대표자, 내부회계 관리자 등)			
외부감사인			

* 이전연도 발견된 미비점에 대한 시정계획의 이행결과 검토, 자금관련 부정위험 통제를 위한 회사의 통제활동에 대한 평가, 경영진과 감사인의 내부회계관리제도에 대한 평가 내역 차이 등

20××년 × 월 × 일

(감사 설치 회사) 감사 × × × (인)

(감사위원회 설치 회사) 감사위원회 위원장 × × × (인)

××주식회사 이사회 귀중

본 감사(위원회)는 20××년 ×월 ×일 현재 동일자로 종료하는 회계연도에 대한 당사의 내부회계관리제도의 설계 및 운영실태를 평가하였습니다. 당사는 「주식회사 등의 외부감사에 관한 법률」에 따라 내부회계관리규정과 이를 관리·운영하는 조직을 구비하고 있으며 다음과 같이 내부회계관리규정의 각 사항을 모두 준수하고 있습니다. (미준수 사항이 있는 경우: 내부회계관리규정의 각 사항에 대한 준수 여부는 다음과 같습니다.)

본 감사(위원회)는 대표이사 및 내부회계관리자가 본 감사(위원회)에게 제출한 내부회계관리제도 운영실태보고서를 참고로, 회사의 내부회계관리제도가 신뢰할 수 있는 재무제표의 작성 및 공시를 위하여 재무제표의 왜곡을 초래할 수 있는 오류나 부정행위를 예방하고 적발할 수 있도록 효과적으로 설계 및 운영되고 있는지의 여부에 대하여 평가하였으며, 내부회계관리제도가 신뢰성 있는 회계정보의 작성 및 공시에 실질적으로 기여하는지를 평가하였습니다. 또한 본 감사(위원회)는 내부회계관리제도 운영실태보고서에 거짓으로 기재되거나 표시된 사항이 있거나, 기재하거나 표시하여야 할 사항을 빠뜨리고 있는지를 점검하였으며, 내부회계관리제도 운영실태보고서의 시정 계획이 회사의 내부회계관리제도 개선에 실질적으로 기여할 수 있는지를 검토하였습니다.

내부회계관리규정 준수 여부	예	아니오	비고
• 회계정보의 식별·측정·분류·기록 및 보고 방법에 관한 사항의 준수			
• 회계정보의 오류를 통제하고 이를 수정하는 방법에 관한 사항의 준수			
• 회계정보에 대한 정기적인 점검 및 조정 등 내부검증에 관한 사항의 준수			
• 회계정보를 기록·보관하는 장부의 관리 방법과 위조·변조·훼손 및 파기를 방지하기 위한 통제 절차에 관한 사항의 준수			
• 회계정보의 작성 및 공시와 관련한 임직원의 업무 분장과 책임에 관한 사항의 준수			
• 내부회계관리규정의 제정 및 개정을 위한 절차의 준수			
• 내부회계관리자의 자격요건 및 임면절차의 준수			
• 대표이사 등의 운영실태 보고 기준 및 절차의 준수			
• 감사(위원회)의 평가·보고 기준 및 절차의 준수			
• 감사(위원회)의 평가 결과를 회사의 대표이사 등의 인사·보수 및 차기 사업연도 내부회계관리제도 운영계획 등에 반영하기 위한 절차 및 방법의 준수			
• 회사의 대표이사 등을 대상으로 하는 교육·훈련의 계획·성과평가·평가결과의 활용 등에 관한 사항의 준수			

• 회사의 대표이사 등이 내부회계관리규정을 관리 · 운영하는 임직원 또는 회계정보를 작성 · 공시하는 임직원에게 내부회계관리규정에 위반되는 행위를 지시하는 경우에 해당 임직원이 지시를 거부하더라도 그와 관련하여 불이익을 받지 아니하도록 보호하는 제도에 관한 사항의 준수			
• 내부회계관리규정 위반행위 신고제도의 운영에 관한 사항의 준수			
• 법 제22조 제3항 · 제4항에 따른 조사 · 시정 등의 요구 및 조사결과 제출 등과 관련하여 필요한 감사의 역할 및 책임에 관한 사항의 준수			
• 법 제22조 제5항에 따른 자료나 정보 및 비용의 제공과 관련한 회사 대표이사의 역할 및 책임에 관한 사항의 준수			
• 내부회계관리규정을 위반한 임직원의 징계 등에 관한 사항의 준수			

※ 비고란에는 예외사항 또는 미준수의 사유를 기재하거나 아래 사항을 기재

○ 내부회계관리제도가 신뢰성 있는 회계정보의 작성 및 공시에 실질적으로 기여하지 못하고 있다고 판단한 경우 그 시정 의견

○ 내부회계관리제도 운영실태보고서에 거짓으로 기재되거나 표시된 사항이 있거나, 기재하거나 표시하여야 할 사항을 빠뜨리고 있는지를 점검한 결과에 대한 조치내용

○ 내부회계관리제도 운영실태보고서의 시정 계획이 해당 회사의 내부회계관리제도를 개선하는데 실질적으로 기여하지 못하고 있다고 판단한 경우 대안

20××년 × 월 × 일

(감사 설치 회사) 감사 × × × (인)

(감사위원회 설치 회사) 감사위원회 위원장 × × × (인)

부록 E 연결내부회계관리제도 평가 · 보고 대상범위 선정(Scoping) 가이드라인

2023. 12. 29. 제정

제1장 총칙

1. **(목적)** 이 가이드라인은 「주식회사 등의 외부감사에 관한 법률」 제8조, 동법 시행령 제9조, 「외부감사 및 회계 등에 관한 규정」 제6조에 따라 연결내부회계관리제도 평가 및 보고 대상범위를 선정하는 절차 및 양적 · 질적 판단기준과 참고할 만한 사례를 제시하여 회사가 효과적인 연결내부회계관리제도 평가 및 보고를 할 수 있도록 도움을 제공하는데 그 목적이 있다.
2. **(용어의 정의)** 이 가이드라인에서 사용하는 용어의 정의는 여기에서 추가로 정한 경우 이외에는 「내부회계관리제도 평가 및 보고기준」*에서 정하는 바에 따른다.

   * 용어의 의미 등에 상충이 없는 한 금융감독원 및 한국상장회사협의회가 제정 · 운영하는 「내부회계관리제도 설계 및 운영 개념체계」, 「내부회계관리제도 설계 및 운영 적용기법」, 「내부회계관리제도 평가 및 보고기준」, 「내부회계관리제도 평가 및 보고 가이드라인」을 참고할 수 있음.

   가. '연결내부회계관리제도 평가 · 보고 대상범위 선정(Scoping)'이란 회사가 부문과 관련된 연결재무제표의 중요한 왜곡표시 위험에 대해 양적 · 질적 판단기준을 적용하여 연결내부회계관리제도 평가 · 보고 대상 부문의 범위를 결정하는 과정을 말한다.

   나. '유의적 부문'이란 '재무적으로 유의적인 부문'과 '특정 위험에 따른 유의적인 부문'으로 구분할 수 있으며, 재무적으로 유의적인 부문은 연결재무제표와 관련하여 개별적으로 재무적인 유의성을 가지는 부문을 말하며, 특정 위험에 따른 유의적인 부문이란 부문의 고유한 성격이나 상황으로 인하여 연결재무제표상 유의적인 중요한 왜곡표시위험을 포함할 가능성이 있는 부문을 말한다.

   다. '유의적이지는 않지만 개별적으로 중요한 왜곡표시를 발생시킬 가능성이 낮지 않은 부문'이란 개별 부문에서 식별된 중요한 왜곡표시위험이 유의적인 위험은 아니더라도 해당 위험으로 인하여 연결재무제표의 특정 거래유형, 계정잔액 또는 공시에 중요한 왜곡표시를 발생시킬 가능성이 낮지 않은 부문을 말한다.

   라. '유의적이지는 않지만 다른 부문과 합쳤을 때, 중요한 왜곡표시를 발생시킬 가능성이 낮지 않은 부문'이란 식별된 중요한 왜곡표시위험이 유의적인 위험이 아니더라도 둘 이상의 부문을 합칠 경우 해당 위험으로 인하여 연결재무제표의 특정 거래유형, 계정잔액 또는 공시에 중요한 왜곡표시를 발생시킬 가능성이 낮지 않은 부문을 말한다.
3. **(적용 범위)** 이 가이드라인은 회사가 연결재무제표의 중요성(또는 수행중요성) 및 유의한 계정과목과 주석정보(이하 "유의한 계정과목 등")를 선정한 뒤, 유의한 계정과목 등과 관련된 부문의 범위를 선정하여 연결내부회계관리제도를 평가 · 보고 하는데 적용된다.
4. **(평가 · 보고 대상범위 선정 절차)** 연결내부회계관리제도 평가 · 보고 대상 범위 선정(Scoping)을 위한 절차는 유의적 부문을 선정하는 절차(1단계), 유의적이지는 않지만 개별적으로 중요한 왜곡표시를 발생시킬 가능성이 낮지 않은 부문을 선정하는 절차(2단계), 유의적이지는 않

대한 내부회계관리제도 프로세스를 평가·보고한다는 것을 의미하며, 평가·보고 범위는 '부문의 전체 프로세스(Full scope)', '부문의 특정 프로세스(Specific scope)', '그룹 차원의 통제 프로세스(Limited scope)'로 구분할 수 있다.

가. 부문의 전체 프로세스(Full scope) : 재무적으로 유의적인 부문, 특정 위험으로 인해 유의적인 부문 및 유의적이지는 않으나 개별적으로 또는 다른 부문과 합쳤을 때 중요한 왜곡표시를 발생시킬 가능성이 낮지 않은 부문이 연결재무제표의 유의한 계정과목 등에 광범위한 영향을 미치는 경우 부문의 재무제표상 유의한 계정과목 등과 관련된 내부회계관리제도 프로세스 전체를 연결내부회계관리제도 평가·보고 범위에 포함하여야 한다.

나. 부문의 특정 프로세스(Specific scope) : 특정 위험으로 인해 유의적인 부문 및 유의적이지는 않으나 개별적으로 또는 다른 부문과 합쳤을 때 중요한 왜곡표시를 발생시킬 가능성이 낮지 않은 부문이 연결재무제표의 유의한 계정과목 등 중에서 특정 계정과목 등에 한정된 영향을 미치는 경우 부문의 재무제표상 특정 유의한 계정과목 등과 관련된 내부회계관리제도 프로세스만을 연결내부회계관리제도 평가·보고 범위에 포함할 수 있다.

다. 그룹 차원의 통제 프로세스(Limited scope) : 개별적으로 또는 다른 부문과 합쳤을 때 연결재무제표에 중요한 왜곡표시를 발생시킬 가능성이 낮은 부문에 대해 그룹 수준의 위험평가와 부문의 재무보고 결과에 대한 모니터링 등 그룹 차원의 통제를 통하여 잔여 부문의 위험에 대응한다.

5. **(가이드라인 준수 효과)** 회사가 이 가이드라인에 따라 연결내부회계관리제도 평가·보고 대상 범위를 선정하고 설계평가 및 운영평가를 하여 이사회 등에 보고한 경우 외부감사인은 회사의 연결내부회계관리제도 평가·보고와 관련하여 회사의 연결내부회계관리제도에 유의한 미비점 또는 중요한 취약점이 발견되지 않는 이상 연결내부회계관리제도 감사 수행 및 감사의견을 형성함에 있어 회사의 평가·보고 절차를 존중하여야 한다.

제2장 유의적 부문 선정(1단계)

6. 회사는 재무적으로 유의적인 부문 또는 특정 위험으로 인해 유의적인 부문을 선정함에 있어 양적 또는 질적 판단기준을 고려하여 어떤 부문을 유의적 부문으로 선정할지를 판단하여야 한다.

가. (양적 판단기준) 연결재무제표상 매출, 총자산, 세전손익 등 재무지표 중에서 주요 재무지표를 선정한 뒤, 주요 재무지표의 15%를 초과하는 부문은 재무적으로 유의적인 부문으로 선정하는 것을 우선 고려하여야 한다.

위의 우선적 고려기준에도 불구하고 회사는 부문의 업종, 규모, 그룹 구조에 따른 중요한 왜곡표시 위험 등을 고려하여 주요 재무지표의 15%보다 높거나 낮은 백분율을 적용할 수 있으며, 다수의 재무적 지표를 고려하여 유의적인 부문을 선정하는 것이 타당하다고 판단될 경우에는 다수의 재무적 지표를 이용하여 유의적 부문을 선정할 수 있다.

나. (질적 판단기준) 회사는 특정 위험에 따른 유의적인 부문을 결정하기 위해서 다음의 질적 판단기준에 해당하는 부문인지를 양적 판단기준과 함께 종합적으로 고려할 필요가 있다.

(1) 부문에서 식별한 유의적 위험이 연결재무제표 및 공시에 중요한 영향을 미치는 부문
(2) 그룹 수준에서 결정한 유의적 위험과 관련된 부문
(3) 규제 목적으로 유의적인 부문
(4) 명확한 사업적 목적이 존재하지 않는 부문
(5) 신규 취득한 부문
(6) 지속적으로 손실이 발생하거나 전기에 유의한 미비점 또는 중요한 취약점이 존재한 부문
(7) 부문 경영진의 회계 관련 적격성이 부족한 부문
(8) 부정위험이 높은 부문
(9) 기타 회사가 특정위험이 있다고 판단한 부문

제3장 유의적이지는 않지만 개별적으로 중요한 왜곡표시를 발생시킬 가능성이 낮지 않은 부문 선정(2단계)

7. 1단계에 따른 유의적 부문으로 선정되지는 않았으나 개별적으로 특정 거래유형, 계정잔액 또는 공시에 중요한 왜곡표시를 발생시킬 가능성이 낮지 않은 부문은 연결내부회계관리제도 평가·보고 대상 범위에 포함할 것을 고려하여야 한다.

가. (양적 판단기준) 1단계에 따른 유의적인 부문으로 선정되지 않은 부문의 연결재무제표상 유의한 계정과목 금액이 중요성 금액의 4배수 이상인 경우 회사는 연결내부회계관리제도 평가·보고 대상 부문으로 포함할 것을 우선적으로 고려하여야 한다.

다만, 1단계에 따른 유의적인 부문으로 선정되지 않은 부문의 연결재무제표상 유의한 계정과목 금액이 중요성 금액의 4배수 이상이지만 그 발생원인, 성격 등을 볼 때 연결재무제표상 중요한 왜곡표시를 발생시킬 가능성이 낮다고 판단된다면 회사는 2단계 관련 부문 선정에서 제외할 수 있다.

나. (질적 판단기준) 회사는 2단계 관련 부문을 선정함에 있어 다음의 질적 판단기준에 해당하는 부문인지를 양적 판단기준과 함께 종합적으로 고려할 필요가 있다.

(1) 유의적인 변화(예 : 양수, 자산취득 등)가 발생한 부문
(2) 그룹이 공통적으로 사용하는 시스템, 프로세스 및 통제를 활용하지 않는 부문
(3) 그룹 차원 통제의 운영 효과성이 낮은 부문
(4) 내부감사기능 업무가 수행되지 않는 부문
(5) 그룹 차원에서 수행한 분석적 절차를 통해 비경상적인 변동이 식별된 부문
(6) 기타 중요한 왜곡표시를 발생시킬 가능성이 낮지 않다고 판단되는 부문

제4장 유의적이지는 않지만 다른 부문과 합쳤을 때 중요한 왜곡표시를 발생시킬 가능성이 낮지 않은 부문 선정(3단계)

8. 1단계 및 2단계에서 선정되지 않은 개별 잔여 부문이 다른 부문과 합쳤을 때 잔여 위험으로 인해 특정 거래유형, 계정잔액 또는 공시에 중요한 왜곡표시를 발생시킬 가능성이 낮지 않은 부문은 연결내부회계관리제도 평가·보고 대상 범위에 포함하여야 한다.

가. (양적 판단기준) 회사는 1단계 및 2단계에서 선정되지 않은 잔여 부문의 연결재무제표상 유의한 계정과목 합계금액이 중요성 금액의 8배수 이상인 경우 연결내부회계관리제도 평가·보고대상 부문으로 포함할 것을 고려하여야 한다.

다만, 잔여 부문의 유의한 계정과목 합계금액이 중요성 금액의 8배수 이상이지만 그 발생원인, 성격 등을 고려할 때 연결재무제표상 중요한 왜곡표시를 발생시킬 가능성이 낮다고 판단되는 경우 3단계에 따른 부문 선정에서 제외할 수 있다.

한편, 양적 판단기준을 적용함에 있어 회사는 위의 중요성 금액과 더불어 아래의 양적기준을 추가로 고려할 수도 있다.

(1) 잔여 금액이 유의한 계정과목에서 차지하는 비중
(2) 특정 개별 부문이 유의한 계정과목의 잔여 금액에서 차지하는 비중
(3) 잔여 금액을 구성하는 부문의 개수

나. (질적 판단기준) 회사는 3단계 관련 부문을 선정함에 있어 다음의 질적 판단기준을 양적 판단기준과 함께 종합적으로 고려할 필요가 있다.

(1) 부문의 자산, 부채 또는 거래의 성격
(2) 부문에서 중요한 왜곡표시 위험의 수준
(3) 특정 부문에서의 왜곡표시 위험이 다른 부문에도 해당됨으로써 연결재무제표상의 중요한 왜곡표시 위험을 나타내는지 여부
(4) 기록과 정보처리의 중앙집중화의 정도
(5) 부문으로의 권한 이양과 부문의 활동에 대한 감독을 포함한 통제환경의 효과성
(6) 부문에 대한 모니터링 활동 등 그룹 차원 통제의 주기, 시기 및 범위
(7) 기타 잔여 부문이 다른 부문과 합쳤을 때 중요한 왜곡표시를 발생시킬 가능성

〈 연결내부회계관리제도 평가·보고 대상범위 선정 사례 〉

[1단계]

사례 1

벤치마크의 15%를 초과하는 유의적 부문

감사기준서 600(유의적 부문) A5는 벤치마크의 15%를 초과하는 부문을 유의적 부문으로 간주할 수 있다고 예시하고 있다.

A5 예를 들어 그룹업무팀은 선택한 벤치마크의 15%를 초과하는 부문을 유의적 부문으로 간주할 수 있을 것이다. 해당 상황에 따라서는 더 높거나 낮은 백분율 값도 적합한 것으로 볼 수 있을 것이다.

사례 2

주요 재무지표의 C%보다 높거나 낮은 백분율 적용

A사는 14개의 부문(종속회사)을 보유하고 있다. 부문1은 주요 재무지표의 12%, 부문2는 10%, 나머지 부문은 각각 2~8% 사이를 차지하고 있다.

15%를 초과하는 부문은 없으나 A사는 그룹 구조에 따른 중요한 왜곡표시 위험을 고려하여 주요 재무지표 비율이 상대적으로 높은 부문1과 부문2를 유의적 부문으로 선정하였다.

사례 3

다수의 재무지표 적용

B사는 매출액의 변동성은 낮으나 세전손익의 변동성은 높은 부문을 보유하고 있다.

B사는 매출액을 주요 재무지표로 선정하였으나, 주요 부문의 특성에 따른 중요한 왜곡표시 위험을 고려하여 세전손익과 매출액 등 다수의 재무지표를 사용하는 것이 적절하다고 판단하였으며, 적어도 한 가지 이상의 재무지표 기준을 충족할 경우 유의적 부문으로 판단하였다.

사례 4

부문의 유의적 위험이 그룹에 중요한 영향을 미칠 경우

C사는 제조업 부문과 보험업 부문을 보유하고 있다. 보험계약부채의 중요성과 보험준비금 추정의 불확실성 등을 고려하여 보험업 부문의 유의적 위험이 그룹에 중요한 영향을 미칠 수 있다고 판단하였으며, 매출 규모 및 종업원 수 등을 감안할 때 연결재무제표 전반에 미치는 영향이 광범위하다고 판단하여 보험업 부문의 전체 프로세스를 평가·보고 대상 범위에 포함하였다.

사례 5

부문의 유의적 위험이 그룹에 중요한 영향을 미칠 경우

D사의 부문1은 그룹의 주요 생산법인으로서 원가 집계 프로세스의 중요성이 높으며, 이에 따라 연결재무제표상 유의한 계정과목인 재고자산 등에 대한 중요한 왜곡표시 위험이 존재한다고 판단하였다.

부문1은 연결재무제표의 특정 유의한 계정과목 등에 영향을 미치므로 연결재무제표의 왜곡표시가 발생할 가능성을 낮은 수준으로 유지하기 위하여 부문1의 원가 및 재고자산 등 특정한 계정과목과 관련된 프로세스를 평가·보고 대상 범위에 포함하였다.

사례 6

그룹 수준의 유의적 위험이 부문에도 관련된 경우

E사는 손상된 재고자산이나 장기간 이동이 없는 무이동 재고자산을 완전하게 식별하지 못하여 재고자산 평가손실충당금의 추정치 금액이 적정하게 평가되지 않을 위험을 그룹 수준의 중요한 왜곡표시 위험으로 판단하였다.

E사의 부문1은 재무적으로 유의적 부문에 해당하지는 않으나 연결재무제표상 재고자산 비중이 높으므로 중요한 왜곡표시가 발생할 수 있는 특정한 계정과목이 존재한다고 판단하였고 이에 따라 부문1의 특정한 계정과목과 관련된 프로세스를 평가·보고 범위에 포함하였다.

[2단계]

사례 7

부문의 개수와 상대적인 재무적 규모 고려

F사는 100개의 부문을 가지고 있으며, 부문의 규모 및 중요한 왜곡표시 위험을 고려하여 11개의 부문을 유의적 부문으로 식별하였다. 유의적이지 않은 89개의 부문 중 85개의 부문은 연결재무제표 매출액(연결재무제표 중요성을 결정하는데 사용된 측정기준)의 9%를 차지하고, 나머지 4개 부문은 7%를 차지한다.

F사는 7%를 차지하는 4개 부문의 연결재무제표상 유의한 계정과목 일부가 연결재무제표 중요성의 4배수를 초과함에 따라, 개별적으로 중요한 왜곡표시를 발생시킬 가능성이 낮지 않은 부문으로 판단하고 내부회계관리제도 평가·보고 범위에 포함하였다.

사례 8

유의적인 변화가 발생한 부문

G사는 사업다각화를 위해 당기 중에 호텔 및 골프장 부문을 인수하였다. 신규 사업 부문이 G사의 주요 재무지표인 연결재무제표 자산에서 차지하는 비중은 5%이며, 그룹의 유의적인 위험에도 해당되지 않아 유의적인 부문으로 선정되지는 않았다.

그러나 G사는 신규 사업 부문이 기존 사업 부문과 성격이 상이함에 따라 신규 사업과 관련된 거래유형이 중요한 왜곡표시를 발생시킬 가능성이 낮지 않은 부문으로 판단하여 유의한 계정과목과 관련된 신규 사업거래 프로세스를 내부회계관리제도 평가·보고 범위에 포함하였다.

사례 9

그룹 공통 시스템, 프로세스 및 통제를 활용하지 않는 부문

H사는 소비재를 생산 및 판매하고 있다. 100개의 국가에서 지역 총판과의 독점판매계약(B2B 거래)을 체결하여 영업을 영위하고 있으나, 일부 미주 지역에서는 대리점을 운영하여 소비자에게 직접 판매·활동(B2C 거래)을 영위하고 있다. 소비자와의 직접적인 판매 활동을 위해 별도의 시스템 및 거래 구조를 운영하고 있고, 해당 부문의 매출액은 연결 매출액의 3%를 차지하고 있다.

H사는 B2C 거래가 영위되고 있는 부문을 부문의 독특한 중요한 사업이나 프로세스라고 보아 개별적으로 중요한 왜곡표시를 발생시킬 가능성이 낮지 않은 부문으로 판단하고 유의한 계정과목과 관련된 B2C 거래 프로세스를 내부회계관리제도 평가·보고 범위에 포함하였다.

사례 10

그룹 공통 시스템, 프로세스 및 통제를 활용하지 않는 부문

I사는 20개의 부문 중 1개의 부문을 제외하고는 모두 동일한 ERP시스템을 사용하고 있으며, 동일한 ERP시스템을 사용하고 있지 않은 부문은 단독으로 다른 ERP시스템을 사용하고 있다. 또한, I사는 ERP시스템에 대해 모두 공통적인 프로세스와 통제를 설계하여 운영하도록 하고 있으나, 해당 부문은 독립적인 프로세스와 통제를 설계하여 운영하고 있으므로, I사는 해당 부문을 개별적으로 중요한 왜곡표시를 발생시킬 가능성이 낮지 않은 부문으로 판단하고 내부회계관리제도 평가・보고 범위에 포함하였다.

사례 11

그룹 차원 통제의 운영 효과성이 낮은 경우

J사는 연결재무제표 작성을 위해 그룹 수준에서 내부거래 금액과 미실현 손익, 내부거래 관련 계정 등을 모니터링하고 조정하는 통제활동을 수행하고 있다. 내부거래 금액 등의 확인을 위해 그룹의 연결시스템상 내부거래를 집계하고 제거하는 작업이 이루어지고 있으나 일부 부문의 경우 내부거래 입력에 있어 오류 및 누락이 자주 발생하고 있으며 이에 대한 효과적인 모니터링이 이루어지고 있지 않다.

이에 J사는 연결재무제표 작성을 위한 내부거래 모니터링과 관련된 그룹 차원 통제의 운영 효과성이 낮다고 판단하였으며, 오류 및 누락 등으로 인해 개별적으로 특정 거래유형 등에 중요한 왜곡표시를 발생시킬 가능성이 낮지 않은 부문을 식별하여 연결 내부회계 관리제도 평가・보고 범위에 포함하였다.

사례 12

그룹 차원 분석적 절차로 비경상적인 변동이 식별된 부문

K사는 내부회계관리제도 평가・보고범위 선정을 위해 연결재무제표 수준에서 분석적 절차를 수행하였으며, 특정 부문이 매출채권 잔액은 감소하였으나 회수기일이 전기 대비 급증하였고, 미착재고의 변동과 외상매입금의 변동 양상이 과거 비율과 상이하게 변동되었음을 식별하였다.

K사는 특정 부문이 K사의 주요 재무지표인 연결재무제표 자산의 3% 수준으로 유의적인 부문으로 식별되지 않았으나, 분석적 절차 수행 결과 비경상적 변동이 있다고 보아 해당 부문을 개별적으로 중요한 왜곡표시를 발생시킬 가능성이 낮지 않은 부문으로 판단하고 내부회계관리제도 평가・보고 범위에 포함하였다.

[3단계]

사례 13

부문의 개수와 상대적인 재무적 규모 고려

L사는 200개의 부문을 가지고 있으며, 부문의 규모 및 중요한 왜곡표시 위험을 고려하여 45개의 부문을 내부회계관리제도 평가·보고 범위에 포함하였다. 유의한 계정과목에서 155개 잔여 부문의 합계금액은 모두 중요성 금액의 8배수 이내이며, 유의한 계정과목에서 각각 잔여 부문이 차지하는 비중은 1% 미만이다. 또한, 잔여 부문의 합계금액은 연결재무제표의 중요성을 결정하는데 사용되었던 측정기준인 연결재무제표 자산의 9% 수준이다.

이에 L사는 155개 잔여 부문은 연결재무제표의 중요한 왜곡표시를 발생시킬 가능성이 낮다고 판단하여 내부회계관리제도 평가·보고 범위에서 제외하였다.

사례 14

부문의 자산, 부채 또는 거래의 성격 및 금액 고려

M사는 3개의 부문을 보유하고 있으며, 이 중 부문1은 수행의무가 다수인 거래 및 진행률 매출 등 유의적인 판단이 요구되는 복잡한 매출거래의 성격을 가지고 있다.

이에 M사는 부문1이 1단계 및 2단계에 따른 평가·보고 대상에는 해당되지 않으나 특정 거래유형, 계정잔액 등에서 중요한 왜곡표시를 발생시킬 가능성이 낮지 않다고 판단하여 연결 내부회계관리제도 평가·보고 범위에 포함하였다.

사례 15

기록과 정보처리의 중앙집중화의 정도

N사의 특정 부문은 데이터가 중앙에서 추출되는 자동화된 기술을 사용하고 있어 부문이 수정하는 전표가 없으며, 전표 거래처리에 관여하는 직원의 수가 극히 제한되어 있다.

이에 N사는 해당 부문이 1단계 및 2단계에 따른 평가·보고 대상에는 해당되지 않으며, 특정 거래유형, 계정잔액 등에서 중요한 왜곡표시를 발생시킬 가능성이 낮다고 판단하여 해당 부문을 연결 내부회계관리제도 평가·보고 범위에서 제외하였다.

사례 16

그룹 차원 통제의 주기, 시기 및 범위

O사는 총 30개의 종속회사 중 12개의 부문을 1단계 및 2단계에 따른 평가·보고 대상으로 선정하였다. 그 외 18개의 잔여 부문을 총 4개의 세부 그룹으로 식별하여 각 세부 그룹의 양적 및 질적 판단기준을 검토하였으며, 2개의 세부 그룹을 중요한 왜곡표시 위험이 낮지 않다고 판단하였다.

O사는 유의한 계정과목별 잔여금액의 유의성과 그룹 차원 통제의 효과성 및 주기 등을 고려하여 각 세부 그룹의 중간 지배회사에서 운영 중인 그룹 차원 통제의 효과성에 의존할 수 있다고 판단한 뒤, 그룹 차원 통제를 평가·보고 범위에 포함하였다. 또한, 예측불가능성의 요소를 포함하여 중요한 왜곡표시 위험의 식별가능성을 높이기 위해 종속회사의 통제활동을 순환기준에 따라 평가·보고 범위에 포함하여 주기적으로 모니터링하는 계획을 수립하였다.

사례 17

종합 사례

P사는 총 30개의 종속회사를 보유하고 있는 건설업을 주업으로 영위하는 회사로 연결내부회계 평가·보고 대상 범위를 선정하려고 한다. P사는 내부거래가 제거된 연결재무제표를 기준으로 중요성 기준을 설정하고 각 계정과목에 대한 위험평가를 우선 실시하였다. 이후 연결내부회계관리제도 평가 및 보고 대상 범위를 선정하기 위한 절차를 진행하였다.

스코핑 1단계 절차인 유의적인 부문을 선정하기 위한 양적 판단기준으로 회사는 매출액을 선정하고 매출액이 5%를 초과하는 부문(종속회사)을 우선 유의적인 부문으로 선정하였다. 주요 종속기업인 Ⓐ사는 연결재무제표 매출액의 60%를 차지하므로 1단계 대상으로 선정하고, 추가로 그룹 구조를 고려하여 매출액의 5% 이상을 차지하는 부문 2개(Ⓑ사, Ⓒ사)를 재무적으로 유의한 부문으로 판단한 뒤, 각 부문의 전체 프로세스(계정과목)를 평가·보고 대상으로 선정하였다. 이에 더해 질적 판단기준(부정위험 등)을 적용하여 Ⓓ사를 1단계인 유의적인 부문으로 선정하고 부정위험 등과 관련된 Ⓓ사의 프로세스(계정과목)를 평가·보고 대상으로 선정하였다.

유의적이지는 않지만 개별적으로 중요한 왜곡표시를 발생시킬 가능성이 낮지 않은 부문(2단계)을 추가로 선정하기 위하여 회사는 유의한 계정과목 중 중요성 금액의 4배수를 초과하는 5개 종속기업의 22개 프로세스(계정과목)를 연결내부회계 평가·보고 대상으로 선정하였다. 또한, 질적 판단기준을 적용하여 유의적인 변화가 발생하였거나 그룹 시스템을 사용하지 않는 부문, 내부감사기능 업무가 수행되지 않은 부문(계정과목)의 특정 프로세스를 추가로 2단계 대상으로 선정하였다.

3단계 절차로 유의한 계정과목에서 1단계 및 2단계로 선정되지 않은 잔여 부문(계정과목)의 합계가 중요성의 8배수를 초과하는 3개의 계정과목에 대해서는 잔여 부문의 합계가 유의한 계정과목에서 차지하는 비중 및 특정 개별 부문이 유의한 계정과목의 잔여 금액에서 차지하는 비중 등을 고려하여 3개 종속기업의 5개 프로세스를 추가로 평가·보고 대상으로 선정하였다. 이에 더해 자산, 부채 또는 거래의 성격, 중요한 왜곡표시 위험 수준 등 질적 판단기준도 적용하여 3단계 평가·보고 대상부문(계정과목)을 선정하였다.

| 저 | 자 | 소 | 개 |

김 형 남

한서회계법인의 파트너이며 한국공인회계사이자 공인부정조사사(CFE), 공인정보시스템감사사(CISA)이다.
연세대학교 경제학 석사이며 홍익대학교에서 경제학을 전공하였다.
Deloitte 안진회계법인에서 기업구조조정 프로젝트를 경험한 후, 삼정 KPMG의 금융사업본부에서 내부회계관리제도 구축 및 평가, 은행 내부통제 진단, M&A, 국제회계기준 도입 등 다양한 금융회사에 대한 컨설팅과 회계감사를 담당하였다.
특히, 국내에 내부회계관리제도 도입 당시 내부감사 및 내부통제 전문 컨설팅 그룹인 Protiviti에서 전문적인 지식을 습득하고 다양한 프로젝트 경험을 쌓았다.
현재는 다양한 금융회사, 부동산자산운용회사, 기업체, 금융감독원 등 정부기관 등에서 강연과 공인회계사 전문 컨설팅을 제공하고 있다.

김 덕 래

KT&G의 아태 CIC 경영지원실장으로 한국공인회계사이며 보험계리사이다.
연세대학교 경제학 석사이며 경성대 경영회계학과를 졸업하였다.
전 다이와증권의 상근감사로서 내부통제 관련 업무를 깊이 있게 검토 및 평가를 수행하였으며, 삼정KPMG, EY한영회계법인 등에서 다수 금융기관의 외부감사 및 컨설팅 업무를 수행하였다.

2025년 개정증보판 **내부회계관리제도 실무**

2020년 2월 21일 초판 발행
2025년 1월 23일 6판 발행

저자협의
인지생략

저 자 김 형 남
김 덕 래

발 행 인 이 희 태
발 행 처 **삼일피더블유씨솔루션**

서울특별시 용산구 한강대로 273 용산빌딩 4층
등록번호 : 1995. 6. 26. 제3－633호
전 화 : (02) 3489－3100
F A X : (02) 3489－3141
I S B N : 979－11－6784－326－5 93320

정가 75,000원